Anforderungsbereich III (Reflexion und Problemlösung)

Er umfasst den kritischen und reflektierten Umgang mit neuen Problemstellungen, den eingesetzten Methoden und den gewonnenen Erkenntnissen. Ziel sind eigenständige Begründungen, Folgerungen, Deutungen und Wertungen.

beurteilen

den Stellenwert von Sachverhalten oder Prozessen in einem Zusammenhang bestimmen, um kriterienorientiert zu einem begründeten Sachurteil zu gelangen

entwickeln

zu einem Sachverhalt oder zu einer Problemstellung eine Einschätzung, ein Lösungsmodell, eine Gegenposition oder ein begründetes Lösungskonzept darlegen

erörtern

zu einer vorgegebenen Problemstellung eine reflektierte, abwägende Auseinandersetzung führen und zu einem begründeten Sach- und / oder Werturteil kommen

sich auseinandersetzen

zu einem Sachverhalt, einem Konzept, einer Problemstellung oder einer These usw. eine Argumentation ➔ *entwickeln*, die zu einem begründeten Sach- und / oder Werturteil führt

Stellung nehmen

Beurteilung (➔ *beurteilen*) mit zusätzlicher Reflexion individueller, sachbezogener und / oder politischer Wertmaßstäbe, die Pluralität gewährleisten und zu einem begründeten eigenen Werturteil führen

überprüfen

Inhalte, Sachverhalte, Vermutungen oder Hypothesen auf der Grundlage eigener Kenntnisse oder mithilfe zusätzlicher Materialien auf ihre sachliche Richtigkeit bzw. auf ihre innere Logik hin untersuchen

Operator, der Leistungen in allen drei Anforderungsbereichen verlangt:

interpretieren

Sinnzusammenhänge aus Quellen erschließen und ein begründetes Sachurteil oder eine Stellungnahme abgeben, die auf einer Analyse beruhen

Operatoren zusammengestellt nach: http://db2.nibis.de/1db/cuvo/datei/ge_go_kc_druck_2017.pdf (Zugriff: 11. November 2019)

Tipps für den richtigen Umgang mit den Operatoren und den Aufgaben im Buch:

- Nützliche Erklärungen zu den einzelnen Operatoren bietet die Übersicht auf Seite 508 bis 515.
- Zu Aufgaben, die mit einem **H** (= Helfen) oder **F** (= Fordern) gekennzeichnet sind, finden Sie im Anhang auf Seite 543 bis 553 Hinweise und weitere Informationen.

Gewusst wie: Lerntipps fürs Abitur!

Kennen Sie das auch: Sie stehen kurz vor der Abiturprüfung und wissen nicht, wie Sie sich die ganze Stofffülle merken sollen? Typische Eselsbrücken aus dem Geschichtsunterricht wie „Sieben, fünf, drei – Rom schlüpft aus dem Ei" oder „Zehn, sieben, sieben – Heinrich muss nach Canossa schieben" helfen beim Abitur nur bedingt weiter. Daher wollen wir Ihnen auf dieser Seite ein paar ausgewählte Techniken und Hilfen vorstellen, mit denen Sie sich den Lernstoff besser aneignen können.

Lerntipp 1

Was hat mein Stuhl mit der konstitutionellen Monarchie zu tun?

Stellen Sie sich folgende Situation vor: Sie gehen durch Ihr Zimmer und legen gedanklich an bestimmten Orten jeweils eine Information zu den Hauptphasen der Französischen Revolution ab. Wie soll das funktionieren? Ganz einfach! Hier ein Beispiel: Stuhl – Konstitutionelle Monarchie, Schreibtisch – Republik und „Schreckensherrschaft", Regal – Direktorium. Ausgewählte **Orte** werden also mit verschiedenen **Inhalten** verbunden. Und nicht nur das. Sie sind zudem durch kleine **Geschichten** miteinander zu verknüpfen. Der Fantasie sind dabei keine Grenzen gesetzt. Am Beispiel des Stuhles kann das Ganze dann so aussehen: Eigentlich bräuchte ich dringend einen neuen Stuhl. Seine „Konstitution" ist nicht mehr gut. Lieber würde ich wie ein „Monarch" auf einem neuen Stuhl thronen (= Konstitutionelle Monarchie).

Zudem ist es wichtig, dass der von Ihnen festgelegte Weg in der richtigen **Abfolge** wiederholt wird, um sich die Begriffe dauerhaft merken zu können. Dabei müssen Sie Ihre Route im Zimmer nicht immer selbst abschreiten, sondern können diese auch in Gedanken durchlaufen.

Lerntipp 2

Werden Sie kreativ und fertigen Sie Gedankenlandkarten an!

Bei dieser Methode geht es darum, Ihre Gedanken zu einem Thema aufs Papier zu bringen. Die Gedankenlandkarten – auch **Mindmaps** genannt – helfen Ihnen, Ideen zu ordnen, übersichtlich darzustellen und Wissen zu verknüpfen. Welche Schritte bei der Gestaltung einer Mindmap zu beachten sind, finden Sie unter dem Code **32035-86**. Im Internet gibt es übrigens kostenlose **Programme** (z. B.: Free Mind, FreePlane und Mindmapping), mit denen sich ganz einfach und schnell Mindmaps kreieren lassen.

Lerntipp 3

Reden ist Silber, Schweigen ist Gold – stimmt das überhaupt?

Das bekannte Sprichwort kann beim Lernen ignoriert werden. Hier ist es sogar ratsam, über das Gelernte zu sprechen. **Erzählen** Sie einem Freund oder Familienmitglied von dem Thema, mit dem Sie sich gerade beschäftigen. Ein guter Nebeneffekt ist, dass Sie sich damit auch testen, ob Sie alles verstanden haben. Sie können natürlich auch kleine Gruppen mit Ihren Mitschülern bilden und sich gegenseitig abfragen. Lernen Sie lieber alleine, hilft auch **halblautes oder lautes Üben** beim Einprägen neuer Informationen.

Lerntipp 4

Merke: Wiederholung macht den Meister!

Die Themenvielfalt, die Sie für das Abitur beherrschen sollen, ist nicht gerade gering. Daher sollten Sie es unbedingt vermeiden, sich zu überfordern und zu viel auf einmal zu lernen. Effizienter ist es, sich den Lernstoff vorab in **überschaubare Einheiten** einzuteilen und das angeeignete Wissen **regelmäßig zu wiederholen**. Nach nur einmaligem Lernen ist die Wahrscheinlichkeit nämlich hoch, in wenigen Tagen die Hälfte davon wieder zu vergessen. Erst durch häufige Wiederholungen prägen sich die Informationen auch dauerhaft ins Gedächtnis ein.

Weitere Tipps: Verschiedene YouTube-Videos zu Lern- und Merktechniken, darunter auch welche Lernfehler unbedingt vermieden werden sollten und wie man sich am besten Zahlen merken kann, haben wir für Sie unter dem Code **32035-01** zusammengestellt.

BUCHNERS KOLLEG

Geschichte

Ausgabe Niedersachsen
Abitur 2022

C.C.Buchner Verlag

Buchners Kolleg Geschichte

Ausgabe Niedersachsen
Abitur 2022

Unterrichtswerk für die Oberstufe

Bearbeitet von Thomas Ahbe, Friedrich Anders, Boris Barth, Klaus Dieter Hein-Mooren, Stephan Kohser, Heike Krause-Leipoldt, Ulrich Mücke, Oliver Näpel, Thomas Ott, Markus Reinbold, Reiner Schell, Stefanie Witt und Hartmann Wunderer

Zu diesem Lehrwerk sind erhältlich:
- Digitales Lehrermaterial **click & teach** Einzellizenz, Bestell-Nr. 320451
- Digitales Lehrermaterial **click & teach** Box (Karte mit Freischaltcode), ISBN 978-3-661-32045-8

Weitere Materialien finden Sie unter www.ccbuchner.de.

Dieser Titel ist auch als digitale Ausgabe **click & study** unter www.ccbuchner.de erhältlich.

1. Auflage, 1. Druck 2020
Alle Drucke dieser Auflage sind, weil untereinander unverändert, nebeneinander benutzbar.

Das Werk folgt der reformierten Rechtschreibung und Zeichensetzung. Ausnahmen bilden Texte, bei denen künstlerische, philologische oder lizenzrechtliche Gründe einer Änderung entgegenstehen.

Auf verschiedenen Seiten dieses Buches finden sich Mediencodes. Sie verweisen auf optionale Unterrichtsmaterialien und Internetadressen (Links). Haftungshinweis: Trotz sorgfältiger inhaltlicher Kontrolle wird die Haftung für die Inhalte externer Seiten ausgeschlossen.

Redaktion: Stefanie Witt
Korrektorat: Kerstin Schulbert
Layout, Satz und Grafiken: mgo360 GmbH & Co. KG, Bamberg
Karten: ARTBOX Grafik und Satz GmbH, Bremen; mgo360 GmbH & Co. KG, Bamberg
Umschlag: mgo360 GmbH & Co. KG, Bamberg (Unter Verwendung eines Fotos vom 1. Oktober 2018, welches das „Band der Einheit" in Berlin mit am Boden haftenden Ortsschildern aller 11 040 deutschen Städte und Gemeinden zeigt.)
Druck und Bindung: Mohn Media Mohndruck GmbH, Gütersloh

www.ccbuchner.de

ISBN 978-3-661-**32035**-9

1. Krisen, Umbrüche und Revolutionen

2. Wechselwirkungen und Anpassungsprozesse

3. Wurzeln unserer Identität

4. Geschichts- und Erinnerungskultur

5. Abiturvorbereitung

Anhang

Hinweis: Die Inhalte des vorliegenden Lehrwerkes sind auf Kurse mit erhöhtem Anforderungsniveau abgestimmt. Bei den Arbeitsfragen zu den (Text-)Materialien finden Sie Vorschläge, wie Kurse auf grundlegendem Anforderungsniveau mit dem Band unterrichtet werden können. Die Aufgaben für die gA-Kurse sind speziell durch einen Unterstrich gekennzeichnet (z. B. 1., 2., 3., 4.).

Zur Arbeit mit dem Buch

Das vorliegende **Lern- und Arbeitsbuch** wurde eigens nach den Vorgaben des Kerncurriculums für Niedersachsen und den fachbezogenen Hinweisen zur schriftlichen Abiturprüfung konzipiert.

Einführungsseiten

leiten mit problemorientierten Bildern und Texten, einer **Lernstandserhebung** sowie den **Kompetenzerwartungen** in die vier Rahmenthemen ein.

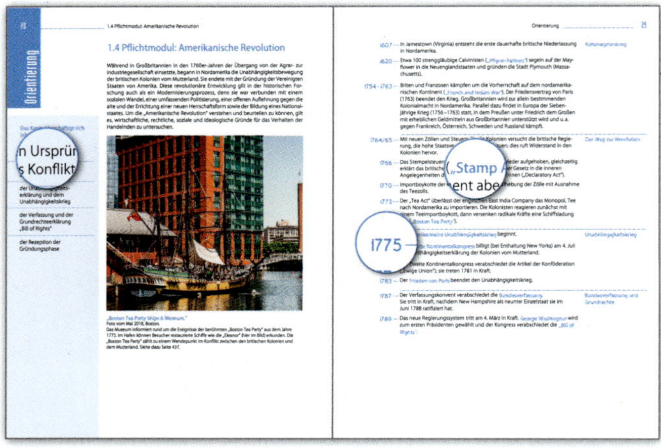

Orientierungsseiten

informieren überblicksartig über die Themen der **Pflichtmodule** (blau) bzw. der **Wahlmodule** (grün). Die Doppelseite umfasst ein Auftaktbild, einen kurzen Text zum Einstieg ins Thema, die **Lerninhalte** des jeweiligen Moduls sowie eine **Chronologie** mit zentralen Daten und Fakten.

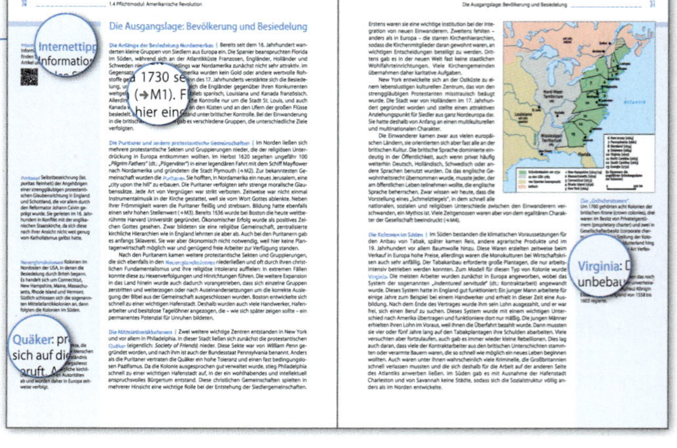

Darstellungen

vermitteln ein Verständnis für historische Zusammenhänge und Strukturen. Sie sind mit den Materialien durch Querverweise vernetzt. (→M1, →M2 etc.)
Die Randspalte enthält **Namens- und Begriffserklärungen**, weiterführende **Internettipps** sowie Hinweise auf **animierte Karten** und **„Geschichte In Clips"**. Um die Filme, Karten und Tipps abzurufen, geben Sie im Suchfeld auf www.ccbuchner.de den im Buch genannten **Mediencode** (z. B. 32035-01) ein oder steuern Sie die digitalen Inhalte direkt über die **QR-Codes** an.

Materialien

vertiefen zentrale Themenaspekte und stellen kontroverse Sichtweisen dar. Die Aufgaben sind farblich je nach **Anforderungsbereich** gekennzeichnet. Erläuterungen dazu stehen ganz vorne im Buch. Tipps zum richtigen **Umgang mit den Operatoren** finden Sie ab Seite 508. Über Angebote zum Helfen (**H**) und Fordern (**F**) informiert Seite 543 ff.

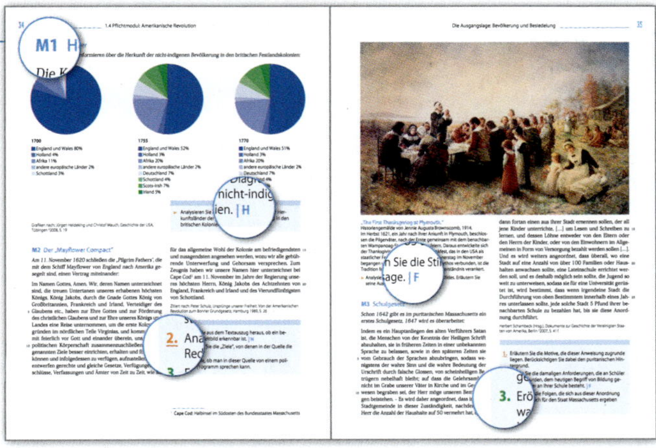

Weitere Hinweise

- Aufgaben, die eine **Partner-/Gruppenarbeit** sowie spezifische **Präsentationsformen** erfordern, sind zusätzlich ausgewiesen.
- Aufgaben für **gA-Kurse** sind durch einen Unterstrich gekennzeichnet.

Kernmodule

sind **rot** gekennzeichnet. Sie behandeln **historische Theorien und Erklärungsmodelle** und vernetzen zum Teil die Kapitel durch Querverweise und Aufgaben miteinander.

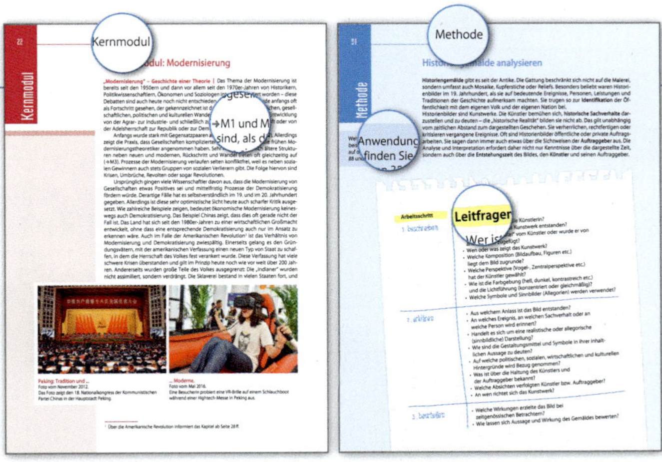

Methoden

erläutern **historische Arbeitstechniken** für die eigenständige Erarbeitung und Wiederholung an einem konkreten Beispiel. Die **Musterlösungen** können Sie auf Seite 530 bis 542 nachlesen. Zudem finden Sie hinten im Buch grundlegende **Hinweise zur methodischen Arbeit**.

Geschichte kontrovers

präsentiert Standpunkte vornehmlich von Fachwissenschaftlern, die zur Diskussion anregen und die eigene **Urteilskompetenz** fördern sollen.

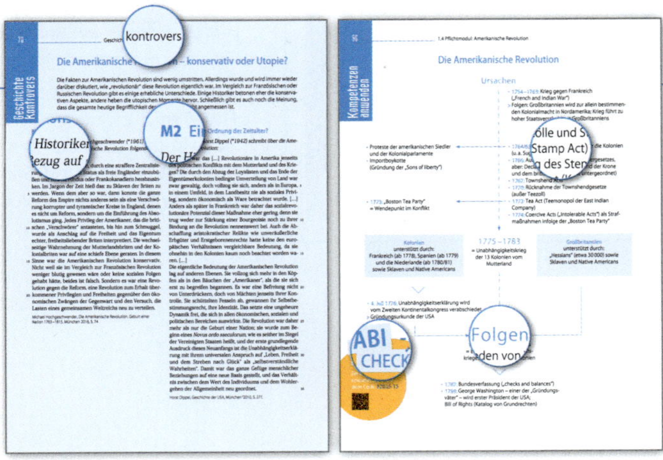

Kompetenzen anwenden

Auf dieser Doppelseite fassen **Schaubilder** die wesentlichen Lerninhalte des Kapitels zusammen. Mithilfe von **Materialien** und Arbeitsaufträgen sowie einem **interaktiven Quiz** können das erworbene Wissen und die angeeigneten methodischen Kenntnisse getestet werden.

Independence Day – Unabhängigkeitstag.
Foto vom 4. Juli 2010.
Die Aufnahme zeigt eine Gruppe von marschierenden Männern in historischen Kostümen bei einer Parade am Nationalfeiertag der USA in Amherst (Massachusetts). Es handelt sich dabei um eine Neuinszenierung von Soldaten des First New Hampshire Regiments aus dem Amerikanischen Unabhängigkeitskrieg.

Auf Luthers Spuren: Sightseeing in Wittenberg.
Foto vom 30. Oktober 2017.
Eine Gruppe von Touristen betrachtet die bronzene Thesentür aus dem 19. Jahrhundert an der Wittenberger Schlosskirche.

Französischer Nationalfeiertag.
Foto vom 14. Juli 2012.
Eine Militärparade findet auf den Champs-Elysées vor dem Pariser Triumphbogen statt.

1. Krisen, Umbrüche und Revolutionen

Was steckt hinter den Begriffen Krise, Umbruch und Revolution? Was unterscheidet sie und was ist ihnen gemeinsam? Sicher kennen Sie Beispiele wie Wirtschaftskrisen, politische und gesellschaftliche Umbrüche oder Revolutionen wie die Französische. In diesem Rahmenthema lernen Sie, warum eine Krise noch keinen Umbruch bedeutet und erst recht keine Revolution. Vielmehr bezeichnet sie einen unsicheren Schwebezustand, der sich bis zur Revolution hin verstärken, aber auch wieder auflösen kann. Nicht immer ist Gewalt im Spiel. Und manche alten Strukturen geraten nicht deshalb ins Wanken, weil sich jemand dagegen auflehnt, sondern aus ganz anderen Gründen. Um das vielschichtige Wechselspiel von Ursache und Wirkung, um konkrete Beispiele und die Frage, wie Zeitgenossen und heutige Betrachter die geschichtlichen Ereignisse wahrnahmen bzw. deuten, geht es auf den folgenden Seiten.

Kompetenzen

Am Ende des ersten Rahmenthemas sollten Sie Folgendes können:

... Wendepunkte und beschleunigte Veränderungsprozesse in Form von Krisen, Umbruchsituationen oder Revolutionen benennen und erklären.

... Bedingungen, Verlauf und Folgen von beschleunigten Veränderungsprozessen analysieren und beurteilen.

... sich mit der Gleichzeitigkeit von Kontinuität und Wandel sowie deren Bedeutung in der Geschichte auseinandersetzen.

... unterschiedliche zeitgenössische und moderne Deutungen dieser Prozesse analysieren und überprüfen.

Was wissen und können Sie schon?

Bilden Sie Kleingruppen und bearbeiten Sie die Bildmaterialien auf der linken Seite:

1. Beschreiben Sie in wenigen Worten die drei Fotos: Wer oder was ist dargestellt? Was wird thematisiert?
2. Arbeiten Sie heraus, auf welche historischen Ereignisse sich die Bildinhalte beziehen.
3. Ordnen Sie die in Aufgabe 2 ermittelten historischen Ereignisse folgenden Begriffen zu: Krisen, Umbruchsituationen und Revolutionen. Begründen Sie jeweils Ihre Meinung.
4. Präsentieren Sie im Anschluss Ihre Ergebnisse im Kurs und vergleichen Sie zusammenfassend Ihre Einschätzungen.

1.1 Kernmodul: Krisen

Begriffliche Herkunft | Das Wort „Krise" stammt vom altgriechischen *krísis* (Entscheidung, Bewertung, Zuspitzung). Seit der Antike bis in die Frühe Neuzeit wurde der Begriff vielfältig verwendet. In der Medizin galt er als das entscheidende Stadium eines Krankheitsverlaufs, das zur Genesung oder zum Tod führt; in der Kriegführung stand er für die Entscheidungsphase während einer Schlacht; in der Rechtslehre bezeichnete er die Urteilsfindung; in der religiösen Vorstellung war damit der göttliche Richtspruch gemeint, der die Menschen entweder zu Heil oder Verdammnis bestimmte.

Von diesen Bedeutungsvarianten sind etliche moderne Begriffe abgeleitet, etwa „Kritik" (Beurteilung, Prüfung; Beanstandung), „kritisch" (prüfend; entscheidend, klärend; auch: überhandnehmend) oder „Kriterium" (Unterscheidungsmerkmal, Maßstab).

„Krise" wird heute ganz allgemein als eine Entwicklung verstanden, in der Störungen, Widersprüche oder Konflikte auftreten, sich verstärken und unweigerlich auf eine Entscheidung zusteuern. Ein solcher Prozess kann in Politik, Wirtschaft oder Gesellschaft, aber auch im privaten Bereich stattfinden. Er stellt die bisherigen Verhältnisse grundlegend infrage und sorgt damit für Unsicherheit und ein Gefühl der Bedrohung. Der Ausgang einer Krise ist für die Dauer ihres Verlaufs ungewiss: Die Betroffenen können die Krise bewältigen (Krisenmanagement) oder an den Problemen scheitern. Daher werden Krisen zugleich als dringliche Herausforderung und als Bewährungsprobe aufgefasst (→M1).

Karriere eines Begriffs | Der Begriff „Krise" war nicht immer so prominent wie in unserer Zeit. Wie der Bielefelder Historiker *Reinhart Koselleck* (1923–2006) nachwies, ging er erst seit dem ausgehenden 18. Jahrhundert in die Alltagssprachen ein, zunächst im Englischen und Französischen (*crisis*, *crise*), später auch im Deutschen (→M2). Im Lauf des 19. und 20. Jahrhunderts wurde der Begriff eingesetzt, um in der Öffentlichkeit auf alarmierende Vorgänge hinzuweisen oder sie zumindest zu behaupten (→M3).

Heutzutage wird das Wort häufig in negativem Zusammenhang verwendet, etwa wenn ein Leistungsabfall eintritt (z.B. Formkrise, Schaffenskrise), Knappheit und Not herrschen (Energiekrise, Versorgungskrise, humanitäre Krise) oder schwierige persönliche Übergänge zu bewältigen sind (Beziehungskrise, Identitätskrise, Pubertätskrise, Midlife-Crisis).

Krise?

- ► Präsentation: Geben Sie in einer Mindmap wieder, welche Arten von Krisen Ihnen bekannt sind.
- ► Erklären Sie ausgehend von Ihrer erstellten Mindmap, welche verschiedenen Kennzeichen eine Krise Ihrer Meinung nach haben kann. | F
- ► Vergleichen Sie Ihre Ergebnisse mit der Übersicht in M1.

Krisen in der Geschichte | Auch die Geschichtswissenschaft verwendet den Begriff der Krise. Als historische Krisen gelten solche Phasen, in denen Menschen tief greifende Veränderungen ihrer Lebenswelt wahrnahmen, ohne sie mit herkömmlichen Mitteln bewältigen zu können. Der Verlauf historischer Krisen ist für die Zeitgenossen nur bedingt beeinflussbar. Ausgang und Folgen der Krise lassen sich erst in der Rückschau absehen (→M4 und M5).

Für die Geschichtsforschung ist dieses Konzept höchst reizvoll. Denn zum einen geht es um die – subjektive – Erfahrung von Veränderungen in einer Zeit (Wie haben die Menschen den Wandel wahrgenommen?). Zum anderen wird jene Zeit in der Nachbetrachtung – objektiv – in einen sinnvollen historischen Zusammenhang gestellt (Krisen als Phasen des Übergangs und Umbruchs). Die historische Krisen-Erzählung betont gerade die Offenheit der Geschichte, und damit ihre Dramatik. Menschen haben in der Vergangenheit Krisen erlebt und darauf reagiert. Was aus diesem Verhalten resultieren würde und wozu dies letztlich geführt hat, musste den Zeitgenossen jedoch verborgen bleiben (→M6).

M1 Krisen in der Moderne

*Die Historiker Rüdiger Graf (*1975) und Konrad H. Jarausch (*1941) geben einen schematischen Überblick zu Krisen der neueren und neuesten Zeit:*

Krisentypus	Beschreibung	Beispiele
internationale Krisen	• internationale Konfrontationen, die bereits von Zeitgenossen als Krisen beschrieben werden • Spannungen, die bis an den Rand eines Krieges führen können oder diesen einleiten	• Faschodakrise (1898) • Erste Marokkokrise (1904–1906) • Julikrise (1914) • Erste Berlinkrise (1947/48) • Kubakrise (1962)
politische Systemkrisen	• Konflikt innerhalb einer Regierung, der deren Existenz bedroht • Phase nach dem erzwungenen Abtreten einer Regierung bis zur neuen Regierungsbildung • politische Entwicklung, die das ganze Staatswesen gefährdet oder den allgemeinen Wunsch nach einem Systemwechsel entstehen lässt	• Krise der Weimarer Republik (1929–1933) • Entstehung der Fünften Republik in Frankreich (1958) • Krise der Ostblockstaaten (um 1980–1989/91)
Wirtschaftskrisen	• vor der Industrialisierung: Agrarkrisen, verursacht durch Missernten oder Spekulationen • im Industriezeitalter: drastische Einbrüche des Wirtschaftswachstums, entweder kurzzeitig (Rezession) oder von längerer Dauer (Depression)	• Tamborakrise (1815–1817) • Gründerkrach (1873) • Weltwirtschaftskrise (nach 1929) • Ölkrise (1973) • globale Finanzkrise (2007/08)
gesellschaftliche Krisen	• Zuspitzung von Problemen innerhalb der Gesellschaft • sie betreffen entweder bestimmte gesellschaftliche Schichten, gesellschaftliches Verhalten und Lebensstile oder den Zusammenhalt der Gesellschaft insgesamt	• Soziale Frage (19. Jh.) • Hyperinflation in Deutschland (1923) • Wohnungsnot nach dem Zweiten Weltkrieg • demografischer Wandel seit dem späten 20. Jh.
„kulturelle Krisen"	• Schlagwort in der Auseinandersetzung mit geistig-kulturellen Entwicklungen, die entweder als „Verfall" abgelehnt oder als „Fortschritt" begrüßt werden	• Streit um die Rolle der Frau in der Gesellschaft im 20. Jh. • moderne vs. klassische Kunst • Streit um Bildungsgüter (z. B. alte Sprachen im Unterricht, bestimmte Erziehungsmethoden) • analoges Zeitalter vs. Digitalisierung

Tabelle zusammengestellt nach: Rüdiger Graf und Konrad H. Jarausch, „Crisis" in Contemporary History and Historiography, in: Docupedia-Zeitgeschichte, 27. März 2017; http://docupedia.de/zg/Graf_jarausch_crisis_en_2017 (Zugriff: 1. November 2018; übersetzt und ergänzt von Thomas Ott)

1. Wählen Sie jeweils eines der genannten Beispiele einer internationalen Krise, politischen Systemkrise, Wirtschafts- und gesellschaftlichen Krise aus und informieren Sie sich über die Hintergründe. Beurteilen Sie daraufhin, ob und inwieweit die Definition einer Krise wie auf Seite 10 im Verfassertext „Begriffliche Herkunft" (dritter Absatz) erfüllt ist.
2. Erörtern Sie, inwieweit die „kulturelle Krise" von den übrigen Krisentypen abweicht.
3. Geben Sie weitere Beispiele aus Geschichte und Gegenwart für die in der Übersicht genannten Krisentypen wieder.
4. Gruppenarbeit: Diskutieren Sie, ob es neben den hier aufgeführten Typen von Krisen noch wesentlich andere Arten einer Krise gibt. Tragen Sie die Ergebnisse zusammen, und ergänzen Sie ggf. die vorliegende Übersicht.

M2 Krise als neues Zeitverständnis

Reinhart Koselleck (siehe Seite 10) schreibt über die Entwicklung des Krisenbegriffs:

Seit der zweiten Hälfte des 18. Jahrhunderts kam eine religiöse Tönung in den Wortgebrauch, die aber schon als posttheologisch, nämlich als geschichtsphilosophisch[1] bezeichnet werden muss. Dabei spielt [...] die Assoziationskraft des Jüngsten Gerichtes[2] und der Apokalyptik[3] dauernd in die Wortverwendung hinein [...]. Auch deshalb führt die geschichtsphilosophische Begriffsbildung von ‚Krise' zu harten dualistischen Alternativen. [...]
Entweder gibt die Krise zu erkennen, dass es sich zwar um eine einmalige Situation handelt, dass sie sich aber – wie bei Krankheitsverläufen – grundsätzlich wiederholen könne. Oder die Krise wird in Analogie zum Jüngsten Gericht zwar auch als einmalige, vor allem aber als letzte Entscheidung gedeutet, nach der alles ganz anders sein werde. [...]
So kann der Krisenbegriff die neuzeitliche Erfahrung so weit verallgemeinern, dass ‚Krise' zum Dauerbegriff für ‚Geschichte' schlechthin wird. Dies ist erstmals der Fall bei Schillers[4] Diktum: *Die Weltgeschichte ist das Weltgericht*[5] [...]. [...] Schiller [hat] die ganze Weltgeschichte als einzige Krise gedeutet, die sich stets und ständig vollzieht. Der Richtspruch wird nicht von außen, etwa von Gott oder von den Historikern ex post[6] über die Geschichte gesprochen, sondern er vollzieht sich durch die Handlungen und Unterlassungen der Menschen hindurch. [...]
Eine andere Variante liegt in der wiederholten Anwendbarkeit eines Krisenbegriffs, der zugleich – etwa auf der aufsteigenden Linie des Fortschritts – eine historisch einmalige Durchgangsphase darstellt. Er gerinnt dann zu einem Epochenbegriff, der eine kritische Übergangszeit indiziert, nach der, wenn nicht alles, so doch grundsätzlich sehr vieles sehr anders sein werde. [...]
In allen Fällen handelt es sich um die tastenden Versuche, eine zeitspezifische Ausdrucksmöglichkeit zu gewinnen, die die Erfahrung einer neuen Zeit auf den Begriff bringen sollte, deren Herkunft verschieden tief gestaffelt wird und deren unbekannte Zukunft allen Wünschen und Ängsten, Befürchtungen oder Hoffnungen freien Spielraum zu lassen schien. ‚Krise' wird zur strukturellen Signatur der Neuzeit.

Reinhart Koselleck, Krise, in: Ders., Otto Brunner und Werner Conze (Hrsg.), Geschichtliche Grundbegriffe. Historisches Lexikon zur politisch-sozialen Sprache in Deutschland, Bd. 3, Stuttgart 1982, S. 617–650, hier S. 626 f.

[1] **Geschichtsphilosophie**: Nachdenken über Sinn, Eigenart und mögliche Gesetzmäßigkeiten der Geschichte. Zu den Leitfragen zählen: Was treibt die Entwicklung einer Gesellschaft oder der ganzen Menschheit an? Wie ist der Verlauf der Geschichte zu deuten? Wozu befassen wir uns mit der Vergangenheit?
[2] **Jüngstes Gericht**: im jüdischen, christlichen und muslimischen Glauben Vorstellung eines göttlichen Gerichts über alle Menschen am Ende der Zeiten
[3] **Apokalyptik** (von altgriech. *apokálypsis*: Enthüllung, Offenbarung): Darstellung oder Vorhersage eines Weltendes in Wort und Bild
[4] **Friedrich Schiller** (1759–1805): deutscher Dichter, Publizist, Arzt, Philosoph und Historiker
[5] Zitat aus Schillers Gedicht „Resignation. Eine Phantasie", 1786 veröffentlicht
[6] **ex post** (lat.): hinterher, im Nachhinein

1. Erläutern Sie den Zusammenhang zwischen der religiösen Vorstellung eines Jüngsten Gerichts und dem von Koselleck skizzierten Verständnis von Krise.
2. Erklären Sie, welche Vorgänge in Politik, Wirtschaft, Gesellschaft und im Denken seit Ende des 18. Jahrhunderts für die „Erfahrung einer neuen Zeit" (Zeile 35) sorgten. Dazu können Sie auch vorab Informationen aus Fachbüchern und/oder dem Internet zusammentragen.

M3 Wirtschaftskrisen in der Sicht von Marx und Engels

Der Ökonom und Philosoph Karl Marx (1818–1883) und der Philosoph, Soziologe und Unternehmer Friedrich Engels (1820–1895) verfassen 1847/48 das „Manifest der Kommunistischen Partei" (siehe auch M1 auf Seite 18). In der Programmschrift heißt es zur Zukunft von Marktwirtschaft und bürgerlicher Gesellschaft:

Die Bourgeoisie[7] hat in ihrer kaum hundertjährigen Klassenherrschaft massenhaftere und kolossalere Produktionskräfte geschaffen als alle vergangenen Generationen zusammen. Unterjochung der Naturkräfte, Maschinerie, Anwendung der Chemie auf Industrie und Ackerbau, Dampfschifffahrt, Eisenbahnen, elektrische Telegrafen, Urbarmachung ganzer Weltteile, Schiffbarmachung der Flüsse, ganze aus dem Boden hervorgestampfte Bevölkerungen – welches frühere Jahrhundert ahnte, dass solche Produktionskräfte im Schoß der gesellschaftlichen Arbeit schlummerten.
[...] Die [...] moderne bürgerliche Gesellschaft, die so gewaltige Produktions- und Verkehrsmittel hervorgezaubert hat, gleicht dem Hexenmeister, der die unterirdischen Gewalten nicht mehr zu beherrschen vermag, die er heraufbeschwor. Seit Dezennien[8] ist die Geschichte der Industrie und des Handels nur die Geschichte der Empörung der modernen Produktivkräfte gegen die modernen Produktionsverhältnisse, gegen die Eigentumsverhältnisse, welche die Lebensbedingungen der Bourgeoisie und ihrer Herrschaft sind. Es genügt, die Handelskrisen zu nennen, welche in ihrer periodischen Wiederkehr immer drohender die Existenz der ganzen bürgerlichen Gesellschaft infrage stel-

[7] **Bourgeoisie** (frz.): Besitzbürgertum
[8] **Dezennium** (lat.): Jahrzehnt

len. In den Handelskrisen wird ein großer Teil nicht nur der erzeugten Produkte, sondern der bereits geschaffenen Produktivkräfte regelmäßig vernichtet. In den Krisen bricht eine gesellschaftliche Epidemie aus, welche allen früheren Epochen als ein Widersinn erschienen wäre – die Epidemie der Überproduktion. Die Gesellschaft findet sich plötzlich in einen Zustand momentaner Barbarei zurückversetzt; eine Hungersnot, ein allgemeiner Vernichtungskrieg scheinen ihr alle Lebensmittel abgeschnitten zu haben; die Industrie, der Handel scheinen vernichtet, und warum? Weil sie zu viel Zivilisation, zu viel Lebensmittel, zu viel Industrie, zu viel Handel besitzt. Die Produktivkräfte, die ihr zur Verfügung stehen, dienen nicht mehr zur Beförderung der bürgerlichen Eigentumsverhältnisse; im Gegenteil, sie sind zu gewaltig für diese Verhältnisse geworden, sie werden von ihnen gehemmt; und sobald sie dies Hemmnis überwinden, bringen sie die ganze bürgerliche Gesellschaft in Unordnung, gefährden sie die Existenz des bürgerlichen Eigentums. [...] – Wodurch überwindet die Bourgeoisie die Krisen? Einerseits durch die erzwungene Vernichtung einer Masse von Produktivkräften; anderseits durch die Eroberung neuer Märkte und die gründlichere Ausbeutung alter Märkte. Wodurch also? Dadurch, dass sie allseitigere und gewaltigere Krisen vorbereitet und die Mittel, den Krisen vorzubeugen, vermindert.

Karl Marx und Friedrich Engels, Manifest der Kommunistischen Partei, in: Dies., Werke, Bd. 4, Berlin [6]1972, S. 459–493, hier S. 467 f.

1. Geben Sie den Gedankengang von Marx und Engels in eigenen Worten wieder. | H
2. Arbeiten Sie den Krisenbegriff heraus, den Marx und Engels hier vertreten. Berücksichtigen Sie dabei Ursachen, Häufigkeit, Ausmaß, Folgen und Vorhersagbarkeit der geschilderten Krisenfälle.
3. Recherchieren und erklären Sie, inwieweit Marx' Krisentheorie von anderen Wirtschaftswissenschaftlern geteilt oder abgelehnt wurde.

M4 „Lob der Krisen"

Der Schweizer Kulturhistoriker Jacob Burckhardt (1818–1897) stellt in seinen „Weltgeschichtlichen Betrachtungen" um 1870 Überlegungen zu „geschichtlichen Krisen" an:

Zum *Lobe der Krisen* lässt sich nun vor allem sagen: Die Leidenschaft ist die Mutter großer Dinge, d. h. die wirkliche Leidenschaft, die etwas Neues und nicht nur das Umstürzen des Alten will. Ungeahnte Kräfte werden in den Einzelnen und in den Massen wach, und auch der Himmel hat einen andern Ton. Was etwas *ist*, kann sich geltend machen, weil die Schranken zu Boden gerannt sind oder eben werden.
Die Krisen und selbst ihre Fanatismen sind [...] als echte Zeichen des Lebens zu betrachten, die Krisis selbst als eine Aushilfe der Natur, gleich einem Fieber, die Fanatismen als Zeichen, dass man noch Dinge kennt, die man höher als Habe und Leben schätzt. [...]
Die Krisen räumen auf: zunächst mit einer Menge von Lebensformen, aus welchen das Leben längst entwichen war, und welche sonst mit ihrem historischen Recht nicht aus der Welt wären wegzubringen gewesen. Sodann aber auch mit wahren Pseudoorganismen, welche überhaupt nie ein Recht des Daseins gehabt und sich dennoch im Laufe der Zeit auf das Stärkste bei dem ganzen übrigen Leben assekuriert[1], ja hauptsächlich die Vorliebe für alles Mittelmäßige und den Hass gegen das Unversöhnliche verschuldet haben. Die Krisen beseitigen auch die ganz unverhältnismäßig angewachsene Scheu vor „Störung" und bringen frische und mächtige Individuen empor.

Jacob Burckhardt, Werke. Kritische Gesamtausgabe, Bd. 10, München bzw. Basel 2000, S. 484

1. Fassen Sie zusammen, was nach Burckhardts Auffassung für Krisen charakteristisch ist. | F
2. Arbeiten Sie heraus, inwieweit sich der Verfasser an den überlieferten medizinischen Begriff der Krise anlehnt. Ziehen Sie dazu auch den Verfassertext „Begriffliche Herkunft" auf Seite 10 heran.
3. Vergleichen Sie das Krisenverständnis Burckhardts mit dem des Kommunistischen Manifestes in M3. Stellen Sie Unterschiede und Ähnlichkeiten heraus.

[1] **assekurieren**: versichern

M5 Merkmale historischer Krisen

Der einst in Bochum und Göttingen lehrende Historiker Rudolf Vierhaus (1922–2011) benennt eine Reihe von Kennzeichen für Krisen in der Geschichte:

Versucht man, einige offensichtliche Merkmale von Prozessen aufzuzählen, die gehaltvoll als historische Krisen bezeichnet werden können, so stellen sich die folgenden ein:
1. Krisen verlaufen meist ungleichmäßig. Es können Beschleunigungen, aber auch Verzögerungen und Aufstauungen eintreten, und gerade sie können die besonderen Krisenerfahrungen auslösen.
2. Krisen haben komplexen Charakter. Krisenhafte Entwicklungen in einem Bereich des gesellschaftlichen Lebens [...] machen allein noch keine Krise aus, sondern erst das Zusammentreffen von ähnlichen Erscheinungen in mehreren Lebensbereichen und ihr wechselseitiges Aufeinanderwirken bzw. die von der Krise in einem Lebensbereich ausgreifende Verzerrung im sozialen Funktionszusammenhang. Dadurch entsteht
3. Krisengefühl oder, in gesteigerter Form, Krisenbewusstsein. Die Betroffenen bemerken Veränderungen, ohne Ursachen, Ausmaß und Folgen schon übersehen oder gar erklären zu können; sie fühlen sich verunsichert, weil der gewohnte Zuschnitt der Lebensverhältnisse nicht mehr stimmt; weil bisherige Erfahrungen nicht mehr ausreichen, das, was geschieht, beurteilen und sich darauf einstellen zu können; weil die einen sich von Verlusten bedroht, die anderen Chancen vor sich sehen. Subjektives Krisenbewusstsein, das das Handeln der Menschen mitbestimmt und dadurch auch Verlauf und Ausgang der Krisen beeinflusst, genügt jedoch nicht, um von einer tatsächlichen Krise zu sprechen. Dass Menschen ihre eigene Zeit als krisenhaft erfahren und als Krise benannt haben, berechtigt deshalb den Historiker nicht, dieses Urteil zu übernehmen. Denn Krisen müssen
4. einen objektiven Charakter haben. Das heißt: es müssen tatsächliche strukturelle Veränderungen feststellbar sein, die nicht intendiert zu sein brauchten und die meistens auch dann, wenn Veränderungsabsichten an ihrem Anfang standen oder in sie eingegangen sind, in ihren Auswirkungen nicht intendiert waren. Krisen in ihrem vollen Ausmaß sind nicht gemacht; sie entwickeln eine eigene Dynamik und werden von den betroffenen Menschen deshalb als ein nicht (mehr) lenkbarer Vorgang ungewissen Ausgangs erlebt. Damit ist
5. die Offenheit von Krisen angesprochen. Krisen sind nicht streng kausale, zielgerichtete Abläufe, sondern Entwicklungen mit alternativen Möglichkeiten, auch wenn diese nicht realisiert werden. In jedem Falle aber geht eine in Krise geratene Gesellschaft verändert aus ihr hervor. [...]

Grundsätzlich lassen sich politisch-soziale Krisen nicht auf *naturale Ursachen* zurückführen: also z. B. auf geologische Katastrophen, Dürren oder Epidemien. Diese können allerdings eine Rolle spielen, insofern sich ökonomische Krisenfolgen aus ihnen ergeben oder Administrationen sich als unfähig erweisen, mit ihnen fertig zu werden und deshalb an Ansehen und Geltung verlieren. *Ökonomische Ursachen*, also z. B. Währungszerfall, Verzerrungen in Produktion und Konsumtion, Preisinflationen etc. können durch ihre Auswirkungen auf die Gesellschaft und die politischen Institutionen zur großen Krise werden – nämlich durch Vertrauensverlust der Menschen, Verarmung von erheblichen Gruppen, dadurch erzwungene Abwanderung, defizitäre Politik und Ansehensverlust von Regierungen, die der Entwicklung ohnmächtig gegenüberstehen oder falsch reagieren. *Soziale Ursachen*, also z. B. demografische Katastrophen oder Überbevölkerung, sich verschärfende Rassen-, Klassen-, Generationskonflikte, Emanzipationsbestrebungen aufstiegswilliger und Abwehrmaßnahmen abstiegsbedrohter Gruppen, haben in der Regel auch politische Auswirkungen. Und direkte *politische Ursachen*, also Verschlechterungen der internationalen Beziehungen, Misserfolge der Regierungen in der inneren und äußeren Politik, Unfähigkeit, mit politischen Gegnern fertigzuwerden oder den geltenden Gesetzen Beachtung zu verschaffen oder gesetzgeberische Maßnahmen zu ergreifen, offenbar werdende Korruption der Regierenden und Abkehr der Regierten vom bestehenden System, Sturz von Regierungen und revolutionäre Veränderungen von Regierungssystemen, wirken zurück auf das Verhalten der sozialen Gruppen untereinander und auf die wirtschaftliche Stabilität.

Rudolf Vierhaus, Zum Problem historischer Krisen [zuerst 1978], in: Ders., Vergangenheit als Geschichte. Studien zum 19. und 20. Jahrhundert, hrsg. von Hans Erich Bödeker, Benigna von Krusenstjern und Michael Matthiesen (Veröffentlichungen des Max-Planck-Instituts für Geschichte, Bd. 183), Göttingen 2003, S. 49–63, hier S. 56–58

1. Präsentation: Stellen Sie die genannten Merkmale von Krisen (Zeile 4 bis 46) in einem Schaubild dar. Unterscheiden Sie dabei zwischen Bedingungen, die nach Vierhaus notwendig sind, und denen, die ihm zufolge nicht unbedingt gegeben sein müssen.
2. Präsentation: Arbeiten Sie die Aussagen über mögliche Ursachen von Krisen (Zeile 47 bis 77) in Form einer Checkliste heraus.
3. Gruppenarbeit: Wählen Sie aus M1 auf Seite 11 ein Beispiel aus dem Bereich „politische Systemkrisen", „Wirtschaftskrisen" oder „gesellschaftliche Krisen". Überprüfen Sie anhand Ihres Schaubildes und Ihrer Checkliste aus der ersten und zweiten Aufgabe, inwieweit die Bedingungen für eine historische Krise erfüllt sind. | F

M6 Eurokrise

*Am 19. Mai 2010 hält Bundeskanzlerin Angela Merkel (*1954) eine Rede im Deutschen Bundestag. Darin wirbt sie für die Verabschiedung weiterer Gesetze zur Rettung der gemeinsamen europäischen Währung:*

Heute sind wir zusammengekommen, um eine Entscheidung zu fällen, die für die Zukunft Deutschlands und Europas noch bedeutender ist; denn jeder von uns spürt: Die gegenwärtige Krise des Euro ist die größte Bewährungsprobe, die Europa seit Jahrzehnten, ja wohl seit Unterzeichnung der Römischen Verträge im Jahre 1957[1] zu bestehen hat. Diese Bewährungsprobe ist existenziell, und ich füge hinzu: Sie muss bestanden werden.
Bringen wir es auf den Punkt. Der Euro, der zusammen mit dem Binnenmarkt das Fundament für Wachstum und Wohlstand auch in Deutschland darstellt, ist in Gefahr. Wenden wir diese Gefahr nicht ab, dann sind die Folgen für Europa unabsehbar, und dann sind auch die Folgen über Europa hinaus unabsehbar. Eine Ahnung von dem, was dann geschehen könnte, haben wir [...] mit den schon fast hysterisch anmutenden Turbulenzen auf den internationalen Märkten bekommen.
Was dort sichtbar wurde – Sie alle haben es mitverfolgt –, war dramatisch. Deshalb gab es zur Sicherung der Stabilität des gesamten Euro-Finanzsystems wenige Tage später keine vernünftige Alternative. Die Ultima Ratio[2] war erreicht; das heißt nichts anderes, als dass der Euro insgesamt in Gefahr war. Aber das, was sich in jenen Tagen abspielte, war nur die ökonomische Ahnung dessen, was auf Deutschland, Europa und die Welt zukäme, wenn nicht oder falsch gehandelt würde. Die politischen Folgen dagegen sind noch nicht einmal in Gedanken vorstellbar.
Legen wir deshalb einen Moment die technischen Eckdaten des vorliegenden Gesetzentwurfs beiseite: [...] Das sind die Zahlen und Eckdaten. Aber legen wir sie kurz beiseite; denn wir wissen: Es geht um viel mehr als um diese Zahlen; es geht um viel mehr als um eine Währung. Die Währungsunion ist eine Schicksalsgemeinschaft. Es geht deshalb um nicht mehr und nicht weniger als um die Bewahrung und Bewährung der europäischen Idee.
Das ist unsere historische Aufgabe; denn scheitert der Euro, dann scheitert Europa. Wenden wir diese Gefahr aber ab, dann werden der Euro und Europa stärker als zuvor sein. [...]
Meine Damen und Herren, ich habe an dieser Stelle vor nicht ganz zwei Wochen gesagt: Europa steht am Scheideweg. – Das gilt unverändert. Europa steht am Scheideweg, und es liegt jetzt an uns, den richtigen Weg einzuschlagen, um die existenzielle Bewährungsprobe zu bestehen, in der Europa sich befindet. Wir wissen, dass wir Europa brauchen, um die großen Zukunftsaufgaben, die wir als Mitgliedstaaten nicht alleine bewältigen können, mit Erfolg anzugehen. Ein Weg zurück aus Europa ist in Zeiten der Globalisierung kein Weg.

Stenografische Berichte des Deutschen Bundestages, 17. Wahlperiode, 42. Sitzung, 19. Mai 2010, S. 4125f. und 4131; http://dipbt.bundestag.de/doc/btp/17/17042.pdf (Zugriff: 1. November 2018)

1. Analysieren Sie die Rede auf Aussagen und Formulierungen, die Alternativen andeuten, und solche, die keine Wahlmöglichkeit erkennen lassen.
2. Arbeiten Sie heraus, inwieweit der Text den Deutungsmustern einer Krise entspricht. Ziehen Sie dazu auch die Darstellung auf Seite 10 und M2 auf Seite 12 heran.
3. Präsentation: Verfassen Sie eine Erwiderung auf die Rede Merkels, in der Sie den Befund einer Krise zu relativieren versuchen. Argumentieren Sie, indem Sie die Überlegungen in M5 auf Seite 14 mit einbeziehen.

[1] **Römische Verträge** (1957): in Rom geschlossene Abkommen zur Gründung der Europäischen Wirtschaftsgemeinschaft (EWG), der Europäischen Atomgemeinschaft (EURATOM) und zur Schaffung gemeinsamer Institutionen für die spätere sogenannte Europäische Gemeinschaft (EG), die Vorläuferorganisation der Europäischen Union

[2] **Ultima Ratio** (lat.): letztes Mittel, einziger Ausweg

1.2 Kernmodul: Revolutionen

Was sind Revolutionen? | Der Begriff „Revolution" erhielt erst seit der Französischen Revolution[1] nach 1789 seine heutige Bedeutung, vorher bestanden zahlreiche andere Interpretationen. Eine eindeutige und allgemein akzeptierte Definition von „Revolution" existiert nicht und ist auch nicht möglich. Im Historischen Materialismus, der aus dem Marxismus entstanden war, ist eine derartige Definition, die für alle Revolutionen gelten sollte, zwar versucht worden, doch hält diese aus heutiger Sicht einer näheren Betrachtung nicht mehr stand (→M1). Die marxistische Variante der Interpretation von Revolutionen wird deshalb heute fast überhaupt nicht mehr vertreten. Die Gründe und die Abläufe von Revolutionen konnten und können sehr unterschiedlich sein, und oft ist es kaum möglich, übergreifend und sinnvoll zu vergleichen. Stattdessen gibt es viele unterschiedliche Theorien, die alle ihre Stärken und Schwächen haben (→M2–M4).

Revolutionen lassen sich aber grob von Revolten, Rebellionen, Putschen oder von Reformen abgrenzen. Reformen versuchen langsame (evolutionäre) Veränderungen innerhalb des bestehenden Systems durchzuführen, ohne dass der Staat oder die Gesellschaft grundsätzlich infrage gestellt wird. Diese Veränderungen können die Wirtschaft, die Politik, das Recht, die Kultur oder auch das soziale System betreffen. Revolten, Rebellionen oder auch Putsche hingegen zielen ebenfalls nicht unbedingt auf grundsätzliche Veränderungen ab: Hier versucht etwa eine bestimmte Gruppe oder ein einzelner Akteur mit Gewalt an die Macht zu kommen oder den herrschenden Eliten bestimmte Zugeständnisse abzutrotzen. Oft sind die „Massen" der Bevölkerung nicht an solchen Aktionen beteiligt, und die bestehende Ordnung wird nicht grundsätzlich infrage gestellt. Beispielsweise gab es in der Frühen Neuzeit häufig Agrarrevolten, wenn hungernde Bauern materielle Erleichterungen von der Regierung oder von den Herrschern forderten. Rebellionen oder Revolten konnten aber, auch wenn sie zunächst scheiterten, dazu beitragen, dass langsam eine revolutionäre Situation entstand.

Internettipp
Im jungen Politik-Lexikon der Bundeszentrale für politische Bildung finden Sie einen Eintrag zum Begriff „Revolution". Siehe dazu den Code **32035-02**.

Wie lassen sich Revolutionen charakterisieren? | Revolutionen verlaufen viel radikaler als Rebellionen oder Revolten. Immer beteiligen sich zumindest Teile der Eliten an den Bewegungen, die Änderungen im System fordert. Manchmal streben diese „Revolutionäre" anfangs gar nicht den vollständigen Umsturz einer Gesellschaft an, sondern haben vordergründig sogar konservative Ziele: Ein vergangener, angeblich besserer Zustand soll wiederhergestellt werden. Typisch für Revolutionen ist aber, dass nach ihrem Beginn Dynamiken freigesetzt werden, die von den Revolutionären selbst kaum oder gar nicht mehr kontrollierbar sind: Dafür ist u.a. die sehr hohe Beteiligung des „Volkes" verantwortlich, das als eigenständiger Akteur auftritt. Oft spielten bei Revolutionen auch neue Ideologien und Weltanschauungen eine Rolle, mit denen das Verlangen nach Veränderungen gerechtfertigt wurde. Dies kann beispielsweise die Forderung nach bestimmten Freiheiten und nach Menschenrechten sein (etwa in der Französischen oder in der Amerikanischen Revolution[2]), aber auch die nach einer Diktatur des Proletariats (in der Russischen Revolution 1917/18). Derartige Weltanschauungen erheben häufig einen absoluten Geltungsanspruch, und dieser Umstand erklärt auch, warum Revolutionen manchmal zu fast unbegrenzter Gewaltanwendung tendieren (→M5 und M6).

Typisch für Revolutionen ist ferner, dass diejenigen Veränderungen, die an ihrem Ende stehen, dauerhaft sind. Diese können beispielsweise darin bestehen, dass eine grundsätzlich andere Regierungs- oder Verfassungsform geschaffen wird, dass andere soziale Gruppen und Eliten an die Macht gekommen sind oder dass ein völlig anderes

[1] Zur Französischen Revolution und ihrer Wirkung siehe das Kapitel auf Seite 124ff.
[2] Über die Amerikanische Revolution informiert Seite 28ff.

Wirtschaftssystem errichtet wird. Zwischen diesen und weiteren möglichen Veränderungen existieren zahlreiche Kombinationen und Zwischenstufen. In der Amerikanischen Revolution gab es keinen ernsthaften Versuch zu einer Gegenrevolution, weil die potenziellen Gegenrevolutionäre das Land verlassen hatten und die Unabhängigkeit der USA deshalb zu einem Faktum geworden war, das innerhalb des neuen Staates nicht mehr infrage gestellt wurde. In vielen Revolutionen war dies aber anders: Der Versuch zu einer Gegenrevolution – gleichgültig, ob diese erfolgreich oder erfolglos war – löste häufig sehr blutige Kämpfe und Säuberungen aus und radikalisierte auch die revolutionäre Bewegung.

„Die Erstürmung der Bastille."
Ölgemälde von Charles Thévenin, 1793.
Die Festung war Ende des 14. Jahrhunderts zur Verteidigung gegen die Engländer erbaut und später zum Staatsgefängnis gemacht worden. Die im Bild gezeigte blau-weiß-rote Trikolore (lat. *tricolor*: dreifarbig) ist eine Kombination aus den Farben der Stadt Paris (blau und rot) und dem weißen Lilienbanner der Monarchie. Offiziell wurde die Trikolore erst 1794 zur Nationalflagge erklärt.

Sind Revolutionen stets gewaltsam? | Noch vor wenigen Jahrzehnten wurde angenommen, dass Revolutionen immer mit Gewalt verbunden sind: Vorbilder wie die Amerikanische, die Französische und die Russische Revolution schienen dies eindrucksvoll zu bestätigen. Auch 1848 in Europa und 1918/19 im Deutschen Reich war revolutionäre und gegenrevolutionäre Gewalt an der Tagesordnung und forderte viele Todesopfer. Ein weiteres historisches Beispiel zeigt allerdings auch einen anderen Blickwinkel: Ende der 1980er-Jahre brach die Sowjetunion zusammen. Von wenigen Ausnahmen abgesehen (Rumänien oder die Republiken im Kaukasus) blieb offene Gewalt hier aber aus. In der ehemaligen DDR kollabierte das alte System friedlich, und auch in der Tschechoslowakei trat die ehemals herrschende Schicht fast ohne Widerstand ab. Deshalb sprechen Zeitgenossen und Historiker von der „samtenen" Revolution. Ob und wie dieses Faktum des friedlichen Umsturzes in eine Gesamttheorie der Revolutionen integriert werden kann, ist derzeit noch offen.

M1 Revolutionstheorie von Marx und Engels

Karl Marx (1818–1883) und Friedrich Engels (1820–1895) schreiben vom Dezember 1847 bis Januar 1848 im Auftrag des „Bundes der Kommunisten“ das „Manifest der Kommunistischen Partei“. Darin heißt es:

Es ist hohe Zeit, dass die Kommunisten ihre Anschauungsweise, ihre Zwecke, ihre Tendenzen vor der ganzen Welt offen darlegen und dem Märchen vom Gespenst des Kommunismus ein Manifest der Partei selbst entgegenstellen. [...]

Bourgeois und Proletarier[1]

Die Geschichte aller bisherigen Gesellschaft ist die Geschichte von Klassenkämpfen. Freier und Sklave, Patrizier und Plebejer, Baron und Leibeigener, Zunftbürger und Gesell, kurz, Unterdrücker und Unterdrückte standen in stetem Gegensatz zueinander, führten einen ununterbrochenen, bald versteckten, bald offenen Kampf, einen Kampf, der jedesmal mit einer revolutionären Umgestaltung der ganzen Gesellschaft endete oder mit dem gemeinsamen Untergang der kämpfenden Klassen. [...]
Die aus dem Untergange der feudalen Gesellschaft[2] hervorgegangene moderne bürgerliche Gesellschaft hat die Klassengegensätze nicht aufgehoben. Sie hat nur neue Klassen, neue Bedingungen der Unterdrückung, neue Gestaltungen des Kampfes an die Stelle der alten gesetzt.
Unsere Epoche, die Epoche der Bourgeoisie, zeichnet sich jedoch dadurch aus, dass sie die Klassengegensätze vereinfacht hat. Die ganze Gesellschaft spaltet sich mehr und mehr in zwei große feindliche Lager, in zwei große, einander direkt gegenüberstehende Klassen: Bourgeoisie und Proletariat. [...] Jede dieser Entwicklungsstufen der Bourgeoisie war begleitet von einem entsprechenden politischen Fortschritt. [...] Die Bourgeoisie hat in der Geschichte eine höchst revolutionäre Rolle gespielt. [...]
Das Bedürfnis nach einem stets ausgedehnteren Absatz für ihre Produkte jagt die Bourgeoisie über die ganze Erdkugel. [...] In demselben Maße, worin sich die Bourgeoisie, d.h. das Kapital, entwickelte, in demselben Maße entwickelte sich das Proletariat. [...] Aber mit der Entwicklung der Industrie vermehrt sich nicht nur das Proletariat; es wird in größeren Massen zusammengedrängt, seine Kraft wächst, und es fühlt sie mehr. [...] [Die Bourgeoisie] produziert vor allem ihren eigenen Totengräber.

Proletarier und Kommunisten

[...] Der erste Schritt in der Arbeiterrevolution [ist] die Erhebung des Proletariats zur herrschenden Klasse, die Erkämpfung der Demokratie. [...] Das Proletariat wird seine politische Herrschaft dazu benutzen, der Bourgeoisie nach und nach alles Kapital zu entreißen, alle Produktionsinstrumente in den Händen des Staats, d.h. des als herrschende Klasse organisierten Proletariats, zu zentralisieren und die Masse der Produktionskräfte möglichst rasch zu vermehren. [...]
An die Stelle der alten bürgerlichen Gesellschaft mit ihren Klassen und Klassengegensätzen tritt eine Assoziation[3], worin die freie Entwicklung eines jeden die Bedingung für die freie Entwicklung aller ist. [...]
Mit einem Wort, die Kommunisten unterstützen überall jede revolutionäre Bewegung gegen die bestehenden gesellschaftlichen und politischen Zustände. [...]
Die Kommunisten verschmähen es, ihre Ansichten und Absichten zu verheimlichen. Sie erklären es offen, dass ihre Zwecke nur erreicht werden können durch den gewaltsamen Umsturz aller bisherigen Gesellschaftsordnung. Mögen die herrschenden Klassen vor einer kommunistischen Revolution zittern. Die Proletarier haben nichts in ihr zu verlieren als ihre Ketten. Sie haben eine Welt zu gewinnen.
Proletarier aller Länder, vereinigt euch!

Theo Stammen und Alexander Classen (Hrsg.), Karl Marx: Das Manifest der kommunistischen Partei, Paderborn 2009, S. 66-69, 72, 74, 77, 84-86, 96 und 207

1. Präsentation: Beschreiben Sie mithilfe eines Schaubildes das Revolutionsverständnis von Marx und Engels. Unterscheiden Sie dabei die verschiedenen Phasen der revolutionären Entwicklung.
2. Setzen Sie die Merkmale der bürgerlichen, sozialistischen und kommunistischen Gesellschaft zueinander in Beziehung.
3. Nehmen Sie Stellung zum Demokratieverständnis von Marx und Engels (siehe bes. Zeilen 40ff.). Grenzen Sie es vom heutigen Demokratieverständnis ab.

[1] „Unter **Bourgeoisie** wird die Klasse der modernen Kapitalisten verstanden, die Besitzer der gesellschaftlichen Produktionsmittel sind und Lohnarbeit ausnutzen. Unter **Proletariat** die Klasse der modernen Lohnarbeiter, die, da sie keine eigenen Produktionsmittel besitzen, darauf angewiesen sind, ihre Arbeitskraft zu verkaufen, um leben zu können.“ Fußnote von Engels zur englischen Ausgabe von 1888.

[2] **Feudalismus**: In dieser Gesellschaftsordnung des Mittelalters und der Frühen Neuzeit übt der adlige Lehnsherr richterliche, politische und militärische Herrschaftsfunktionen aus. Bürger und Bauern, der „Dritte Stand“, genießen den Schutz des Lehnsherrn, sind ihm aber zu Diensten und Abgaben verpflichtet und unterstehen seiner Herrschaft.

[3] **Assoziation**: im Sinne von Marx und Engels freiwillige Verbindung aller Gesellschaftsmitglieder, nicht nur einer gesellschaftlichen Teilgruppe

M2 Eine Begriffsdefinition

Der Historiker Theodor Schieder (1908–1984) setzt sich mit dem Begriff „Revolution" auseinander. Er kommt dabei zu folgendem Schluss:

Je größer der Anwendungsbereich eines Begriffs wird, desto schwieriger ist es, seinen spezifischen Gehalt zu bestimmen. Dies gilt auch für den Begriff „Revolution". Man wird sich daher im einzelnen Fall einer Revolution an die Ereignisse zu halten haben, die im Geschehensablauf durch relativ feste Daten oder Datenketten markiert sind. Diese Ereignisse spielen sich in der Regel innerhalb der politischen Institutionen ab, erfassen aber je nach ihrer Komplexität gesellschaftliche, kulturell-ideologische, materielle Lebensbereiche. Diese Komplexität ist es, die revolutionäre Ereignisse nach ihrer historischen Bedeutung unterscheiden lässt: Ein *Staatsstreich* führt beispielsweise nur einen irregulären Regierungswechsel oder – in der Monarchie – eine irreguläre Erbfolge herbei, ohne an der Grundstruktur eines politischen und sozialen Systems etwas zu ändern. [...] *Rebellionen* können als Form der Wiederherstellung einer bestimmten politischen Struktur und Sozialstruktur, als Akt sozialer Chirurgie verstanden werden, mit dem eine durch Machtmissbrauch von Einzelnen oder ganzen Schichten gestörte Ordnung restituiert[1] wird. In der modernen Revolutionssoziologie unterscheidet man solche Vorgänge auf drei Ebenen – auf der Ebene 1. der *Regierung*, 2. der *Regierungsform* und 3. der *Gesellschaftsverfassung* – und bemisst danach den Wirkungsgrad und die Stufe einer revolutionären Aktion. [...]
Die großen modernen Revolutionen sind insofern Totalrevolutionen, als von ihnen alle Bereiche erfasst und in verschiedenem Grad dauerhaft umgeformt wurden. Ihnen kommt auch Ausstrahlung über ihren nationalen Ursprungsherd hinaus zu.

Theodor Schieder, Artikel „Revolution", in: C. D. Kernig (Hrsg.), Sowjetsystem und demokratische Gesellschaft. Eine vergleichende Enzyklopädie, Bd. V, Freiburg/Basel/Wien 1972, Sp. 696

1. Präsentation: Beschreiben Sie die von Schieder genannten Typen des schnellen Wandels. Notieren Sie dazu die jeweiligen Charakteristika in einem Schaubild. | H
2. Erläutern Sie Schieders Modell, indem Sie selbst gewählte historische Beispiele untersuchen.
3. Präsentation: Entwickeln Sie eine eigene Definition des Begriffes „Revolution". | F

M3 Reformen können gefährlich sein

Der französische Schriftsteller und Politiker Alexis de Tocqueville (1805–1859) analysiert in den 50er-Jahren des 19. Jahrhunderts die Ursachen der Französischen Revolution und verallgemeinert seine Untersuchung zu folgender grundsätzlichen Hypothese:

Man gelangt nicht immer nur dann zur Revolution, wenn eine schlimme Lage zur schlimmsten wird. Sehr oft geschieht es, dass ein Volk, das die erdrückendsten Gesetze ohne Klage und gleichsam, als fühlte es sie nicht, ertragen hatte, diese gewaltsam beseitigt, sobald ihre Last sich vermindert. Die Regierung, die durch eine Revolution vernichtet wird, ist fast stets besser als die unmittelbar voraufgegangene, und die Erfahrung lehrt, dass der gefährlichste Augenblick für eine schlechte Regierung der ist, wo sie sich zu reformieren beginnt.

Alexis de Tocqueville, Der alte Staat und die Revolution, hrsg. von Jacob Peter Mayer, Reinbek 1969, S. 153 (übersetzt von Theodor Oelckers)

1. Vergleichen Sie die Bedeutung von Revolutionen für Tocqueville und Marx/Engels (M1).
2. Überprüfen Sie Tocquevilles Aussage über Revolutionen auf der Grundlage Ihres Wissens über die Französische Revolution (siehe das Kapitel auf Seite 124 ff.). Beziehen Sie sich auch – auf Grundlage eigener Recherche – auf die Russische Revolution von 1917. | H

[1] **restituieren**: zurückgeben; hier im Sinne von wiederherstellen

M4 Ursachen von Revolutionen

*Der amerikanische Soziologe und Politikwissenschaftler Jack A. Goldstone (*1953) nennt 1991 folgende zusammenwirkende Trends für die Zusammenbrüche von Staaten:*

1. Zunehmender Druck auf die Staatsfinanzen, da die Inflation die Staatseinnahmen unterhöhlte und das Bevölkerungswachstum die Realausgaben erhöhte. Die Staaten versuchten, sich selbst zu erhalten, indem sie die Einnahmen auf verschiedene Arten erhöhten, doch diese Versuche entfremdeten Eliten, Bauernschaft und die städtischen Konsumenten vom Staat und versagten gleichzeitig als Mittel gegen die wachsende Verschuldung und schließlich den Bankrott.
2. Konflikte zwischen Eliten wurden immer vorherrschender, da eine größere Zahl an Familienmitgliedern und die Inflation es manchen Familien erschwerte, ihren Status zu halten, während Bevölkerungswachstum und steigende Preise zum Aufstieg anderer Familien und somit zu Anwärtern neuer Elitepositionen führten. Die finanziell schwache Situation des Staates erlaubte es diesem nicht, allen diesen Anwärtern entsprechende Positionen zur Verfügung zu stellen, und innerhalb der Elitehierarchie kam es zu beträchtlichen Änderungen und Verschiebungen. [...] Wenn die zentralen Autoritäten dann aufgrund von Bankrott oder Krieg zusammenbrachen, traten beim Kampf um die Macht die Elitegruppen in den Vordergrund.
3. Die Unruhen in der Bevölkerung nahmen in dem Maße zu, in dem Konkurrenz um Boden, Landflucht, übersättigte Arbeitsmärkte, abnehmendes Realeinkommen und Anstieg des Anteils der jugendlichen Bevölkerung zu einem Anstieg des Potenzials für Massenmobilisierung innerhalb der Bevölkerung führten. Unruhen traten sowohl in ländlichen als auch in städtischen Gebieten [...] in verschiedenen Varianten auf: Als Hungeraufstände, Angriffe auf die Landbesitzer und Staatsbeamte oder Land- und Nahrungsbeschlagnahmungen. [...]
4. Die Bedeutung der [...] Ideologien nahm zu.

Jack A. Goldstone, Revolution and Rebellion in the Early Modern World, 1991; zitiert nach: Shmuel N. Eisenstadt, Die großen Revolutionen und die Kulturen der Moderne, Wiesbaden 2006, S. 44f. (vereinfacht; übersetzt von Ulrike Brandhorst)

1. Präsentation: Fassen Sie die Ursachen für eine Revolution nach Goldstone zusammen. Tipp: Verwenden Sie die Form eines Schaubildes mit Folge- und Beziehungspfeilen.
2. Analysieren Sie zum Beispiel die Französische Revolution mithilfe der von Goldstone genannten Faktoren.
3. Erläutern Sie Goldstones Überlegungen anhand eines selbst gewählten historischen Beispiels.

M5 Charakter von Revolutionen

Der israelische Soziologe Shmuel Noah Eisenstadt (1923–2010; siehe auch Seite 27) stellt fest:

Revolutionen, insbesondere die „großen Revolutionen", zeigen zunächst natürlich den radikalen Wandel der politischen Herrschaft weit entfernt von der bloßen Absetzung eines Herrschers oder des Wechsels der herrschenden Gruppen an. Sie bezeichnen eine Situation, in der Absetzung und Wandel, manchmal in Verbindung mit der Exekution oder Ermordung, manchmal „nur" mit der Entthronung und Verbannung des Herrschers, in einem radikalen Wandel der politischen Spielregeln und der Symbole und Grundlagen der Legitimation des Regimes endeten. Ein solcher Wandel ist normalerweise ein gewalttätiger Akt, aber die Gewalt, die sich in diesen Revolutionen entwickelt, ist nicht diejenige, die man auch in vielen Demonstrationen oder Aufständen findet. Was diese Gewalt auszeichnet, ist vielmehr ihre ideologische Rechtfertigung, die bis zur Sanktionierung reicht. Eine solche Rechtfertigung wurzelt oft in dem Versuch, den Wandel in den Symbolen, den Grundlagen der Legitimation und dem institutionellen Rahmen eines Regimes mit neuen Visionen der politischen und sozialen Ordnung zu verbinden. Es ist diese Kombination, die für die großen Revolutionen kennzeichnend ist. [...]
Wie groß auch immer die Differenzen zwischen diesen Revolutionen sind, sie alle teilten [...] einige grundlegende Charakteristika. In allen entstand der Versuch, das Staatswesen zu erneuern – die Zerstörung der alten und die Begründung neuer politischer Institutionen auf der Basis einer neuen Vision, in der Gleichheit, Gerechtigkeit, Freiheit und Partizipation der Gemeinschaft am politischen Zentrum verkündet wurde. Das Propagieren dieser zentralen Anliegen war natürlich nicht auf diese Revolutionen begrenzt; sie können in vielen Protestbewegungen der Menschheitsgeschichte verfolgt werden. Neu war erstens die Kombination dieser immer wiederkehrenden Protestthemen mit neuen „modernen" Themen, wie mit dem Glauben an den Fortschritt und mit den Forderungen nach uneingeschränktem Zugang zu den politischen Zentren. Neu war zweitens die Kombination all dieser Themen mit einer allgemeinen utopischen Vision der Erneuerung der Gesellschaft und der politischen Ordnung – und eben nicht einfach nur die millenarische[1] Vision des Protests. Von zentraler Bedeutung waren die ausgeprägte utopischen Komponente, die [...] auf starken utopischen Visionen dieser Gesellschaften oder Kulturen, in denen diese Revolutionen sich ereigneten, aufbaute, ebenso wie die Verlagerung solch utopischer Visionen in die Zentren ihrer jeweiligen Gesellschaften.

Shmuel N. Eisenstadt, Die Antinomien der Moderne. Die jakobinischen Grundzüge der Moderne und des Fundamentalismus, Frankfurt am Main 1998, S. 44ff. (übersetzt von Georg Stauth)

[1] **millenarisch**: Lehre von der Erwartung des tausendjährigen Reiches Christi auf Erden nach seiner Wiederkunft vor dem Weltende

1. Geben Sie den Inhalt der Quelle (M5) mit eigenen Worten wieder.
2. Erklären Sie ausgehend von der Quelle und dem Verfassertext auf Seite 17 die Rolle von Gewalt in Revolutionen.
3. Setzen Sie sich mit der Funktion von Utopien in Revolutionen auseinander, wie sie Eisenstadt darstellt.

M6 Revolution und Freiheit

Die deutsch-amerikanische Philosophin Hannah Arendt (1906–1975) äußert sich über Revolutionen wie folgt:

[...] [E]ine neue Erfahrung, in der die menschliche Fähigkeit für Anfangen überhaupt erfahren wurde, bildet die Wurzel für das ungeheure Pathos, mit dem die Amerikanische wie die Französische Revolution darauf bestanden, dass nichts an Größe und Bedeutung Vergleichbares sich je in der gesamten überlieferten Geschichte ereignet habe; und da es dieses Pathos ist, das den Ereignissen ihr eigentliches Gewicht gibt, wäre es in der Tat absurd, wenn wir es mit nichts anderem zu tun hätten als mit der erfolgreichen Verteidigung überkommener und wohl begründeter Rechte.
Nur wo dieses Pathos des Neubeginns vorherrscht und mit Freiheitsvorstellungen verknüpft ist, haben wir das Recht, von Revolution zu sprechen. Woraus folgt, dass Revolutionen prinzipiell etwas anderes sind als erfolgreiche Aufstände, dass man nicht jeden Staatsstreich zu einer Revolution auffrisieren darf und dass nicht einmal jeder Bürgerkrieg bereits eine Revolution genannt zu werden verdient. [...]
Alle diese politischen Phänomene haben mit der Revolution die Gewalttätigkeit gemein, und dies ist der Grund, warum sie so oft revolutionär genannt werden. Aber die Kategorie der Gewalt wie die Kategorie des bloßen Wechsels oder Umsturzes ist für eine Beschreibung des Phänomens der Revolution ganz unzulänglich; nur wo durch Wechsel ein Neuanfang sichtbar wird, nur wo Gewalt gebraucht wird, um eine neue Staatsform zu konstituieren, einen neuen politischen Körper zu gründen, nur wo der Befreiungskampf gegen den Unterdrücker die Begründung der Freiheit wenigstens mitintendiert, können wir von einer Revolution im eigentlichen Sinne sprechen. Und Tatsache ist, dass zwar die Geschichte immer [...] Männer [...] hervorgebracht hat, die nach der Macht um der Macht willen streben, und solche, die, gierig nach neuen Dingen [...], die Unruhe um der Unruhe willen begehren, dass aber der revolutionäre Geist der letzten Jahrhunderte, nämlich das Verlangen, zu befreien *und* der Freiheit selbst eine neue Stätte zu gründen, zumindest in den Jahrhunderten unserer Zeitrechnung beispiellos ist und nicht seinesgleichen hat.

Hannah Arendt, Über die Revolution, Frankfurt am Main 1968, S. 41 f.

1. Fassen Sie die Kernaussage des Textes kurz zusammen.
2. Arbeiten Sie heraus, was Hannah Arendt unter „Pathos des Neubeginns" im Zusammenhang mit „Freiheitsvorstellungen" meint.
3. Setzen Sie sich anhand dieses Textes mit der Frage der Gewalt in Revolutionen auseinander. Vergleichen Sie anschließend die Thesen von Hannah Arendt mit denen von Shmuel N. Eisenstadt (M5).

1.3 Kernmodul: Modernisierung

„Modernisierung" – Geschichte einer Theorie | Das Thema der Modernisierung ist bereits seit den 1950ern und dann vor allem seit den 1970er-Jahren von Historikern, Politikwissenschaftlern, Ökonomen und Soziologen intensiv diskutiert worden – diese Debatten sind auch heute noch nicht entschieden. Modernisierung wurde anfangs oft als Fortschritt gesehen, der gekennzeichnet ist durch sozialen, wirtschaftlichen, gesellschaftlichen, politischen und kulturellen Wandel. Beispiele hierfür sind die Entwicklung von der Agrar- zur Industrie- und schließlich zur Dienstleistungsgesellschaft oder von der Adelsherrschaft zur Republik oder zur Demokratie.

Anfangs wurde stark mit Gegensatzpaaren argumentiert (→M1 und M2). Allerdings zeigt die Praxis, dass Gesellschaften komplizierter strukturiert sind, als die frühen Modernisierungstheoretiker angenommen haben. Sehr häufig finden sich ältere Strukturen neben neuen und modernen, Rückschritt und Wandel treten oft gleichzeitig auf (→M3). Prozesse der Modernisierung verlaufen selten konfliktfrei, weil es neben sozialen Gewinnern auch stets Gruppen von sozialen Verlierern gibt. Die Folge hiervon sind Krisen, Umbrüche, Revolten oder sogar Revolutionen.

Ursprünglich gingen viele Wissenschaftler davon aus, dass die Modernisierung von Gesellschaften etwas Positives sei und mittelfristig Prozesse der Demokratisierung fördern würde. Derartige Fälle hat es selbstverständlich im 19. und im 20. Jahrhundert gegeben. Allerdings ist diese sehr optimistische Sicht heute auch scharfer Kritik ausgesetzt. Wie zahlreiche Beispiele zeigen, bedeutet ökonomische Modernisierung keineswegs auch Demokratisierung. Das Beispiel Chinas zeigt, dass dies oft gerade nicht der Fall ist. Das Land hat sich seit den 1980er-Jahren zu einer wirtschaftlichen Großmacht entwickelt, ohne dass eine entsprechende Demokratisierung auch nur im Ansatz zu erkennen wäre. Auch im Falle der Amerikanischen Revolution[1] ist das Verhältnis von Modernisierung und Demokratisierung zwiespältig. Einerseits gelang es den Gründungsvätern, mit der amerikanischen Verfassung einen neuen Typ von Staat zu schaffen, in dem die Herrschaft des Volkes fest verankert wurde. Diese Verfassung hat viele schwere Krisen überstanden und gilt im Prinzip heute noch wie vor weit über 200 Jahren. Andererseits wurden große Teile des Volkes ausgegrenzt: Die „Indianer" wurden nicht assimiliert, sondern verdrängt. Die Sklaverei bestand in vielen Staaten fort, und

Peking: Tradition und ...
Foto vom November 2012.
Das Foto zeigt den 18. Nationalkongress der Kommunistischen Partei Chinas in der Hauptstadt Peking.

... Moderne.
Foto vom Mai 2016.
Eine Besucherin probiert eine VR-Brille auf einem Schlauchboot während einer Hightech-Messe in Peking aus.

[1] Über die Amerikanische Revolution informiert das Kapitel ab Seite 28 ff.

die völlige rechtliche Gleichstellung der Afroamerikaner fand erst in den 1960er-Jahren statt. Auch in diesem Beispiel verschränkten sich also moderne und traditionelle Formen und es ist schwierig zu entscheiden, welche von beiden dominierte.

Technischer Fortschritt | Auch stehen wir heute dem technischen Fortschritt viel skeptischer gegenüber, als dies die Zeitgenossen vor 100 oder 200 Jahren taten. In der Vergangenheit wurden häufig technischer Fortschritt, Modernisierung und Steigerung der Lebensqualität gleich gesetzt. Wir wissen heute, dass zahlreiche neue Errungenschaften unser Leben erheblich erleichtern und verbessern können. Zugleich ist aber auch klar, dass dieser Fortschritt einen Preis hat: zu nennen wäre z. B. Umweltverschmutzung, zu hoher Ressourcenverbrauch oder auch schwere Unfälle wie die Explosionen in den Atomkraftwerken von Tschernobyl (1986) und Fukushima (2011). Technischer Fortschritt ist nicht einfach „gut" oder „schlecht", er erfordert eine differenzierte Bewertung, und technische Modernisierung kann, muss aber keineswegs zu einer freieren Gesellschaft führen. Diejenigen Menschen, die zur Zeit der Amerikanischen Revolution lebten, waren zu einer solchen Abwägung noch nicht in der Lage, weil die Industrielle Revolution in Großbritannien erst etwa 1760 begonnen hatte. Für die amerikanischen Siedler war es beispielsweise selbstverständlich, dass die großen Urwälder an der Ostküste so schnell wie möglich abgeholzt werden mussten, um Platz für Farmen und neue Ortschaften zu schaffen – sie glaubten an die unbegrenzte Macht des Fortschritts.

Gesellschaftlicher Wandel | Kritisiert worden ist ferner, dass es schwierig sei, einzelne Prozesse von gesellschaftlichem Wandel isoliert zu beschreiben und Modernisierung ausschließlich positiv zu sehen. Stets fanden und finden Wechselwirkungen zwischen Tradition und Moderne statt, und im konkreten Einzelfall ist es häufig schwierig, genau abzugrenzen, was genau traditionell und was modern ist. Wenn man beispielsweise die Säkularisierung einer Gesellschaft als etwas Modernes und Positives ansieht, entstehen bei der Interpretation der Amerikanischen Revolution einige Probleme. Einerseits steht am Ende der Revolution die klare Trennung von Kirche und Staat. Andererseits ist aber ganz unübersehbar, dass protestantische christliche Kirchen und Sekten auch noch nach der Revolution – teilweise sogar bis heute – über einen enormen Einfluss verfügten und verfügen, der bis in die Tagespolitik hineinreicht. Ein simples Schema „traditionell – modern" kann diese sehr komplexen Vorgänge nicht erfassen.

Der Soziologe Shmuel N. Eisenstadt hat demgegenüber den Begriff der „multiple modernities" geprägt (→M4). Damit ist gemeint, dass es die *eine* Moderne nicht gibt. Gesellschaften, die sich wie z. B. China modernisieren, können zwar, müssen aber keineswegs dem westlichen Modell folgen. Zugleich existieren oft eigenartige Mischformen. Die USA waren bei ihrer Gründung – betreffend die Staatsform – sicherlich der „modernste" Staat der Welt. Zugleich aber existierte in vielen Bundesstaaten die Sklaverei, die mit modernen politischen und wirtschaftlichen Vorstellungen überhaupt nicht in Einklang zu bringen ist. Ein weiteres Beispiel: Heutige islamische Fundamentalisten bekämpfen offensiv die westliche Moderne. Zugleich nutzen sie aber auch virtuos das Internet und andere moderne Kommunikationsmittel, um ihre Hassbotschaften zu verbreiten.

M1 Traditional und Modern

Der deutsche Historiker Hans-Ulrich Wehler (1931–2014) hat 1975 folgenden Katalog von Begriffen zusammengestellt, um seine modernisierungstheoretischen Vorstellungen anschaulich zu machen:

	Traditional	Modern
Alphabetismus[1]	gering	hoch
Berufe	einfach, stabil	ausdifferenziert, wechselnd
Soziale Bewegung	stabil	mobil
Soziale Differenzierung	gering	hoch
Einkommen	niedrig, große Unterschiede	hoch, tendenzielle Angleichung
Familie	Dominanz großer Primärgruppe	Kernfamilie, konkurrierender Gruppeneinfluss
Herrschaft	lokal, personal	zentralistisch, anonym
Kommunikation	personal	Medien
Konflikte	offen, disruptiv[2]	institutionalisiert, eingehegt
Soziale Kontrolle	direkt, personal	indirekt, bürokratisch
Lebenserwartung	gering	hoch
Mobilität	gering	hoch
Politische Partizipation[3]	gering	groß
Produktivität	gering	hoch
Recht	religiös, personalistisch	abstrakt, formelle Verträge
Religion	Dogmatik, Staatsbeistand	Säkularisierung, Trennung von Staat und Kirche
Siedlungsweise	ländlich	städtisch
Sozialstruktur	homogen, stabile lokale Gruppen	heterogen, hohe Mobilität
Technik	gering	hoch
Wirtschaft	agrarische Subsistenzweise[4]	Technologie

Zitiert nach: Hans-Ulrich Wehler, Modernisierungstheorie und Gesellschaftsgeschichte, in: Ders., Die Gegenwart als Geschichte, München 1995, S. 20 (gekürzt)

1. Erklären Sie einzelne Begriffspaare. Hier ein kurzes Beispiel: „Recht: In traditionellen Gesellschaften ist das Rechtswesen oft an religiösen Werten orientiert, und ein Urteil wird nicht unabhängig von Macht und Einfluss der Prozessbeteiligten gesprochen. In modernen Gesellschaften ..."
2. Wehler hat diese Gegenüberstellung als „Dichotomien-Alphabet" bezeichnet. Erläutern Sie den Begriff.
3. Modernisierungen sind stets positiv. Nehmen Sie Stellung zu dieser Aussage.

[1] **Alphabetismus**: Fähigkeit, lesen und schreiben zu können
[2] **disruptiv**: störend
[3] **Partizipation**: Teilhabe
[4] **agrarische Subsistenzweise**: bäuerliche Wirtschaft für den Eigenbedarf

Hans-Ulrich Wehler.
Foto vom Oktober 2008, Buchmesse in Frankfurt am Main.
Wehler lehrte von 1971 bis 1996 als Professor für Allgemeine Geschichte mit besonderer Berücksichtigung der Geschichte des 19. und 20. Jahrhunderts an der Universität Bielefeld. Er gilt als einer der einflussreichsten deutschen Historiker in der zweiten Hälfte des 20. Jahrhunderts. Zu seinen bekanntesten Publikationen zählt seine fünfbändige „Deutsche Gesellschaftsgeschichte", die sich mit der Zeit von 1700 bis 1990 beschäftigt.

M2 Historische Modernisierungsforschung

Hans-Ulrich Wehler schreibt:

Diese historische Modernisierungsforschung bevorzugt die Analyse eines Bündels von Basisprozessen, z. B.

- die Entwicklung des Kapitalismus, insbesondere des Industriekapitalismus;
- die Bildung von Klassen und damit neuer Muster der sozialen Ungleichheit;
- die Entstehung und den Ausbau des bürokratischen Anstaltsstaats[1], vor allem in Form des Nationalstaats mit einem demokratischen politischen System;
- die kulturelle Mobilisierung[2] und Rationalisierung;
- die „Entzauberung" der Welt: die Verwissenschaftlichung der Produktion und der Lebensführung;
- die Urbanisierung usw.

Zugleich gibt die historische Modernisierungsforschung Entwicklungskriterien an (die Bewegung hin zum Kapitalismus, zur Klassengesellschaft, zum modernen Staat), die idealtypisch-hypothetisch[3] verwendet werden können. Sie macht auch die normativen Implikationen[4] klar, um die in jeder Modernisierungsforschung kein Weg herumführt und die deshalb [...] diskussionsfähig gemacht werden müssen.

Hans-Ulrich Wehler, Diktaturenvergleich, Totalitarismustheorie, DDR-Geschichte, in: Ders., Umbruch und Kontinuität. Essays zum 20. Jahrhundert, München 2000, S. 120

► Weisen Sie „normativ[e] Implikationen" (Zeile 18) nach Wehler in den von Jens Flemming (M3) referierten Modernisierungstheorien nach.

[1] **bürokratischer Anstaltsstaat**: Fachleute führen die Staatsgeschäfte nach demokratisch festgelegten Regeln.

[2] **kulturelle Mobilisierung**: Alte, überlieferte Rollen weichen neuen Lebensstilen freier Individualität.

[3] **idealtypisch-hypothetisch**: Auf der Grundlage theoretischer Überlegungen werden Analysekriterien oder Modelle gewonnen, die z. B. bei der Untersuchung historischer Ereignisse helfen können.

[4] **normative Implikationen**: Annahmen über Gesetzmäßigkeiten

M3 Modernisierungstheorie als Denkanstoß

*Der deutsche Historiker Jens Flemming (*1944) schreibt in einem Lexikonartikel über Modernisierungstheorien:*

Modernisierungstheorien oder Elemente von Modernisierungstheorien, wie sie derzeit in der Geschichtsschreibung benutzt werden, versuchen den sozialen, kulturellen und wirtschaftlichen Wandel zu erfassen, der sich im Zeitalter der industriellen und demokratischen Revolution seit dem späten 18. Jh. vollzieht. Dabei geht es um den Übergang von Agrar- zur Industrie-, von der ständischen zur Klassengesellschaft. Geprägt wird dieser Prozess durch die fortschreitende „Entzauberung der Welt" (Max Weber[1]). Ältere Regelwerke, Normen für Sinnbezüge werden fragwürdig, Religion und Kirche müssen sich der Konkurrenz der Wissenschaften erwehren. Am Ende stehen der säkularisierte Mensch und die säkularisierte Gesellschaft. An die Stelle von Selbstgenügsamkeit und Statik treten Bewegung, Tempo und Mobilität. Darin eingeschlossen sind Bürokratisierung, Rationalisierung und Zentralisierung, Mechanisierung und Kommerzialisierung, Verstädterung, steigende Produktivität und steigende Masseneinkommen. Konflikte werden institutionalisiert und verrechtlicht, insoweit entschärft und gezähmt. Verkehrsmittel durchdringen Landstriche und ganze Kontinente, Raum und Zeit, Metropole und Peripherie rücken zusammen. Moderne Gesellschaften sind im Vergleich zu traditionalen komplexer, arbeitsteiliger und durchlässiger. Sozialer Status orientiert sich nicht mehr an Geburt und Herkunft, sondern an individueller Tüchtigkeit und beruflicher Leistung. Staatliche Herrschaft bedarf neuer Formen der Legitimation, muss Möglichkeiten der politischen Teilhabe für alle bieten, die Erwartungen und Interessen der Bürger zu befriedigen. Milieus und Lebenswelten verlieren an Geschlossenheit und Bindekraft, Rollen und Rollenbilder verändern sich ebenso wie die Beziehungen der Geschlechter, der Generationen und Klassen.

Ein derartiges Raster von Merkmalen und Kategorien entworfen zu haben, ist zweifellos ein Verdienst. Der Nachteil jedoch ist, dass diese ungeordnet, ohne plausiblen inneren Zusammenhang bleiben; überhaupt arbeiten Modernisierungstheorien mit relativ starren, schematischen Gegensatzpaaren, die in dieser Reinheit gewöhnlich nicht in der Wirklichkeit anzutreffen sind. Historische Prozesse verlaufen nicht linear, sondern in Sprüngen, sind widersprüchlich und vielschichtig. Fortschritt und Rückschritt, Tradition und Modernität sind nicht säuberlich getrennt, sondern liegen häufig dicht beieinander. Kennzeichnend ist die Gleichzeitigkeit höchst unterschiedlicher Entwicklungen und Entwicklungslinien, spannend sind die Brüche, die Ambivalenzen und Mischungsverhältnisse. Insofern liefern sozialwissenschaftliche Konzepte der Modernisierung bestenfalls Denkanstöße, Ausgangspunkte für vergleichende Betrachtungen. Idealtypen, die sich am historischen Material aber erst noch zu bewähren haben.

Manfred Asendorf, Jens Flemming, Achatz von Müller und Volker Ullrich (Hrsg.), Geschichte. Lexikon der wissenschaftlichen Grundbegriffe, Hamburg 1994, S. 446f.

1. Fassen Sie Flemmings Ausführungen zu Modernisierungstheorien stichpunktartig zusammen.
2. Beurteilen Sie ausgehend von den kritischen Anmerkungen zu den Modernisierungstheorien, ob diese ein sinnvolles Modell zur Betrachtung geschichtlicher Prozesse sein können.
3. Präsentation: Entwickeln Sie ausgehend von M1, M2 und M3 einen Kriterienkatalog, mit dem sich untersuchen lässt, ob ein Modernisierungsprozess vorliegt, und überprüfen Sie anhand dessen, inwieweit bei der Französischen Revolution (siehe das Kapitel auf Seite 124ff.) oder der Amerikanischen Revolution (siehe das Kapitel auf Seite 28ff.) Formen von Modernisierungsprozessen auszumachen sind.

[1] **Max Weber** (1864–1920): deutscher Jurist, Soziologe und Nationalökonom

Shmuel Noah Eisenstadt.
Foto vom November 2006, Bergen (Norwegen).
Der in Warschau geborene Soziologe Shmuel N. Eisenstadt hält den „Internationalen Holberg-Gedenkpreis" in die Kamera. Die Auszeichnung wird an herausragende wissenschaftliche Arbeiten u. a. in den Geistes- und Sozialwissenschaften von der Universität Bergen verliehen. Eisenstadt lehrte seit 1959 an der Hebräischen Universität von Jerusalem.
Eine weitere Textquelle von Eisenstadt finden Sie im Kernmodul „Revolutionen" auf Seite 20 (M5).

M4 „multiple modernities"

Der israelische Soziologe Shmuel N. Eisenstadt (1923–2010) kritisiert Modernisierungstheorien wie folgt:

Der Begriff *multiple modernities* steht für eine Sicht der heutigen Welt, [...] die den im wissenschaftlichen wie auch im allgemeinen Diskurs lange Zeit vorherrschenden Sichtweisen zuwiderläuft. Er richtet sich gegen die in den 1950er-Jahren vorherrschenden Sichtweisen der „klassischen" Modernisierungs- und Konvergenztheorien[1] wie überhaupt gegen die klassischen soziologischen Analysen [...]. Sie alle nahmen an [...], dass das kulturelle Programm der Moderne, wie es sich im modernen Europa entwickelte, und die institutionellen Grundkonstellationen, die sich dort herausbildeten, letzten Endes in allen modernen und in der Modernisierung begriffenen Gesellschaften die Oberhand gewinnen und mit der Ausbreitung der Moderne schließlich überall auf der Welt gelten würden.
Diese Annahmen wurden durch die Realität, wie sie sich bereits in den frühen Bezugssystemen der Moderne und erst recht nach dem Zweiten Weltkrieg abzeichnete, nicht bestätigt. Die tatsächliche Entwicklung der Gesellschaften, die einen Modernisierungsprozess durchgemacht haben, hat die homogenisierenden und hegemonialen Annahmen dieses westlichen Programms der Moderne widerlegt. [...]
Der Gedanke der *multiple modernities* geht davon aus, dass sich die heutige Welt – und die Geschichte der Moderne überhaupt – am ehesten als Geschichte einer in ständiger Neu- und Umbildung begriffenen Vielfalt von kulturellen Programmen verstehen und erklären lässt. [...] Eine der wichtigsten Implikationen des Begriffs *multiple modernities* ist, dass Moderne nicht gleich Verwestlichung ist und dass die westlichen Muster der Moderne nicht die einzigen „authentischen" Formen der Moderne sind, auch wenn sie historisch Vorrang haben und für andere Muster immer noch einen grundsätzlichen Bezugspunkt darstellen.
Von zentraler Bedeutung für die Analyse der sich ständig verändernden Vielfalt der Moderne ist die Tatsache, dass sich diese eigenen Muster, die in vielerlei Hinsicht radikal von dem „ursprünglichen" europäischen Muster abwichen, nicht nur in den nicht-westlichen Gesellschaften bildeten, [...] sondern auch – und tatsächlich zuallererst – in Gesellschaften, in denen im Rahmen der westlichen Expansion scheinbar rein westliche institutionelle Systeme entstanden, nämlich in den Gesellschaften Nord- und Südamerikas.

Shmuel N. Eisenstadt, Theorie und Moderne. Soziologische Essays, Wiesbaden 2006, S. 473 ff.

1. Geben Sie mit eigenen Worten wieder, was Eisenstadt unter den Begriffen des „westlichen Programms der Moderne" (Zeile 21) und den „multiple modernities" (Zeile 22) versteht.
2. Arbeiten Sie mit eigenen Beispielen heraus, wo sich widersprüchliche Fälle von unterschiedlichen Modernen entwickelt haben. Sie können beispielsweise von dem chinesischen Fall ausgehen. Siehe dazu als Anregung die beiden Bilder auf Seite 22.

[1] **Konvergenztheorie**: Diese Theorie geht davon aus, dass sich alle sozialen Systeme irgendwann in dieselbe oder in eine ähnliche Richtung entwickeln. Abweichungen werden als unnormal interpretiert und sind erklärungsbedürftig. Kritisch ist dagegen eingewandt worden, dass diese Theorie viel zu schematisch operiert.

1.4 Pflichtmodul: Amerikanische Revolution

Während in Großbritannien in den 1760er-Jahren der Übergang von der Agrar- zur Industriegesellschaft einsetzte, begann in Nordamerika die Unabhängigkeitsbewegung der britischen Kolonien vom Mutterland. Sie endete mit der Gründung der Vereinigten Staaten von Amerika. Diese revolutionäre Entwicklung gilt in der historischen Forschung auch als ein Modernisierungsprozess, denn sie war verbunden mit einem sozialen Wandel, einer umfassenden Politisierung, einer offenen Auflehnung gegen die alte und der Errichtung einer neuen Herrschaftsform sowie der Bildung eines Nationalstaates. Um die „Amerikanische Revolution" verstehen und beurteilen zu können, gilt es, wirtschaftliche, rechtliche, soziale und ideologische Gründe für das Verhalten der Handelnden zu untersuchen.

Das Kapitel beschäftigt sich inhaltlich mit ...

- den Ursprüngen des Konflikts
- den Perspektiven der Konfliktparteien
- der Unabhängigkeitserklärung und dem Unabhängigkeitskrieg
- der Verfassung und der Grundrechteerklärung „Bill of Rights"
- der Rezeption der Gründungsphase

„Boston Tea Party Ships & Museum."
Foto vom Mai 2018, Boston.
Das Museum informiert rund um die Ereignisse der berühmten „Boston Tea Party" aus dem Jahre 1773. Im Hafen können Besucher restaurierte Schiffe wie die „Eleanor" (hier im Bild) erkunden. Die „Boston Tea Party" zählt zu einem Wendepunkt im Konflikt zwischen den britischen Kolonien und dem Mutterland. Siehe dazu Seite 43 f.

Koloniegründung

1607 — In Jamestown (Virginia) entsteht die erste dauerhafte britische Niederlassung in Nordamerika.

1620 — Etwa 100 strenggläubige Calvinisten („Pilgrim Fathers") segeln auf der Mayflower in die Neuenglandstaaten und gründen die Stadt Plymouth (Massachusetts).

1754 - 1763 — Briten und Franzosen kämpfen um die Vorherrschaft auf dem nordamerikanischen Kontinent („French and Indian War"). Der Friedensvertrag von Paris (1763) beendet den Krieg. Großbritannien wird zur allein bestimmenden Kolonialmacht in Nordamerika. Parallel dazu findet in Europa der Siebenjährige Krieg (1756–1763) statt, in dem Preußen unter Friedrich dem Großen mit erheblichen Geldmitteln aus Großbritannien unterstützt wird und u. a. gegen Frankreich, Österreich, Schweden und Russland kämpft.

Der Weg zur Revolution

1764/65 — Mit neuen Zöllen und Steuern für die Kolonien versucht die britische Regierung, die hohe Staatsverschuldung abzubauen; dies ruft Widerstand in den Kolonien hervor.

1766 — Das Stempelsteuergesetz („Stamp Act") wird wieder aufgehoben, gleichzeitig erklärt das britische Parlament aber, jederzeit per Gesetz in die inneren Angelegenheiten der Kolonien eingreifen zu können („Declaratory Act").

1770 — Importboykotte der Kolonisten führen zur Aufhebung der Zölle mit Ausnahme des Teezolls.

1773 — Der „Tea Act" überlässt der englischen East India Company das Monopol, Tee nach Nordamerika zu importieren. Die Kolonisten reagieren zunächst mit einem Teeimportboykott, dann versenken radikale Kräfte eine Schiffsladung Tee („Boston Tea Party").

Unabhängigkeitskrieg

1775 — Der amerikanische Unabhängigkeitskrieg beginnt.

1776 — Der Zweite Kontinentalkongress billigt (bei Enthaltung New Yorks) am 4. Juli die Unabhängigkeitserklärung der Kolonien vom Mutterland.

1777 — Der Zweite Kontinentalkongress verabschiedet die Artikel der Konföderation („Ewige Union"); sie treten 1781 in Kraft.

1783 — Der Frieden von Paris beendet den Unabhängigkeitskrieg.

Bundesverfassung und Grundrechte

1787 — Der Verfassungskonvent verabschiedet die Bundesverfassung.
Sie tritt in Kraft, nachdem New Hampshire als neunter Einzelstaat sie im Juni 1788 ratifiziert hat.

1789 — Das neue Regierungssystem tritt am 4. März in Kraft. George Washington wird zum ersten Präsidenten gewählt und der Kongress verabschiedet die „Bill of Rights".

Die Ausgangslage: Bevölkerung und Besiedelung

Internettipp
Informationen über die Kolonialzeit finden Sie auch in einem Online-Artikel unter dem Code **32035-03**.

Die Anfänge der Besiedelung Nordamerikas | Bereits seit dem 16. Jahrhundert wanderten kleine Gruppen von Siedlern aus Europa ein. Die Spanier beanspruchten Florida im Süden, während sich an der Atlantikküste Franzosen, Engländer, Holländer und Schweden niederließen. Allerdings war Nordamerika zunächst nicht sehr attraktiv. Im Gegensatz zu Süd- oder Mittelamerika wurden kein Gold oder andere wertvolle Rohstoffe gefunden. Erst seit dem Beginn des 17. Jahrhunderts verstärkte sich die Besiedelung, und seit etwa 1730 setzten sich die Engländer gegenüber ihren Konkurrenten weitgehend durch (➔M1). Florida blieb spanisch, Louisiana und Kanada französisch. Allerdings bestand hier eine wirkliche Kontrolle nur um die Stadt St. Louis, und auch Kanada war extrem dünn, fast nur an den Küsten und an den Ufern der großen Flüsse besiedelt. Die restliche Ostküste stand unter britischer Kontrolle. Bei der Einwanderung in die britischen Besitzungen gab es verschiedene Gruppen, die unterschiedliche Ziele verfolgten.

Die Puritaner und andere protestantische Gemeinschaften | Im Norden ließen sich mehrere protestantische Sekten und Gruppierungen nieder, die der religiösen Unterdrückung in Europa entkommen wollten. Im Herbst 1620 segelten ungefähr 100 *„Pilgrim Fathers"* (dt.: „Pilgerväter") in einer legendären Fahrt mit dem Schiff Mayflower nach Nordamerika und gründeten die Stadt Plymouth (➔M2). Zur bekanntesten Gemeinschaft wurden die Puritaner. Sie hofften, in Nordamerika ein neues Jerusalem, eine „city upon the hill" zu erbauen. Die Puritaner verfolgten sehr strenge moralische Glaubenssätze. Jede Art von Vergnügen war strikt verboten. Zeitweise war nicht einmal Instrumentalmusik in der Kirche gestattet, weil sie vom Wort Gottes ablenkte. Neben ihrer Frömmigkeit waren die Puritaner fleißig und strebsam. Bildung hatte ebenfalls einen sehr hohen Stellenwert (➔M3). Bereits 1636 wurde bei Boston die heute weltberühmte Harvard Universität gegründet. Ökonomischer Erfolg wurde als positives Zeichen Gottes gesehen. Zwar bildeten sie eine religiöse Gemeinschaft, zentralisierte kirchliche Hierarchien wie in England lehnten sie aber ab. Auch bei den Puritanern gab es anfangs Sklaverei. Sie war aber ökonomisch nicht notwendig, weil hier keine Plantagenwirtschaft möglich war und genügend freie Arbeiter zur Verfügung standen.

Puritaner: Selbstbezeichnung (lat. *puritas*: Reinheit) der Angehörigen einer strenggläubigen protestantischen Glaubensrichtung in England und Schottland, die vor allem durch den Reformator Johann Calvin geprägt wurde. Sie gerieten im 16. Jahrhundert in Konflikt mit der anglikanischen Staatskirche, da sich diese nach ihrer Ansicht nicht weit genug vom Katholizismus gelöst hatte.

Nach den Puritanern kamen weitere protestantische Sekten und Gruppierungen, die sich ebenfalls in den Neuenglandkolonien niederließen und oft durch ihren christlichen Fundamentalismus und ihre religiöse Intoleranz auffielen: In extremen Fällen konnte diese zu Hexenverfolgungen und Hinrichtungen führen. Die weitere Expansion in das Land hinein wurde auch dadurch vorangetrieben, dass sich einzelne Gruppen zerstritten und weiterzogen oder nach Auseinandersetzungen um die korrekte Auslegung der Bibel aus der Gemeinschaft ausgeschlossen wurden. Boston entwickelte sich schnell zu einer wichtigen Hafenstadt. Deshalb wurden auch viele Handwerker, Hafenarbeiter und besitzlose Tagelöhner angezogen, die – wie sich später zeigen sollte – ein permanentes Potenzial für Unruhen bildeten.

Neuenglandkolonien: Kolonien im Nordosten der USA, in denen die Besiedelung durch Briten begann. Es handelt sich um Connecticut, New Hampshire, Maine, Massachusetts, Rhode Island und Vermont. Südlich schlossen sich die sogenannten Mittelatlantikkolonien an, dann folgten die Kolonien im Süden.

Die Mittelatlantikkolonien | Zwei weitere wichtige Zentren entstanden in New York und vor allem in Philadelphia. In dieser Stadt ließen sich zunächst die protestantischen Quäker (eigentlich: *Society of Friends*) nieder. Diese Sekte war von *William Penn* gegründet worden, und nach ihm ist auch der Bundesstaat Pennsylvania benannt. Anders als die Puritaner vertraten die Quäker ein hohe Toleranz und einen fast bedingungslosen Pazifismus. Da die Kolonie ausgesprochen gut verwaltet wurde, stieg Philadelphia schnell zu einer wichtigen Hafenstadt auf, in der ein wohlhabendes und intellektuell anspruchsvolles Bürgertum entstand. Diese christlichen Gemeinschaften spielten in mehrerer Hinsicht eine wichtige Rolle bei der Entstehung der Siedlergemeinschaften.

Quäker: protestantische Sekte, die sich auf die Gleichheit aller Menschen beruft. Aus ihrem Bibelverständnis heraus lehnen sie Eid, Kriegsdienst und Sklaverei sowie jegliche kirchlichen und staatlichen Autoritäten ab und wurden daher in Europa zeitweise verfolgt.

Erstens waren sie eine wichtige Institution bei der Integration von neuen Einwanderern. Zweitens fehlten – anders als in Europa – die starren Kirchenhierarchien, sodass die Kirchenmitglieder daran gewohnt waren, an wichtigen Entscheidungen beteiligt zu werden. Drittens gab es in der neuen Welt fast keine staatlichen Wohlfahrteinrichtungen. Viele Kirchengemeinden übernahmen daher karitative Aufgaben.

New York entwickelte sich an der Ostküste zu einem lebenslustigen kulturellen Zentrum, das von den strenggläubigen Protestanten misstrauisch beäugt wurde. Die Stadt war von Holländern im 17. Jahrhundert gegründet worden und stellte einen attraktiven Anziehungspunkt für Siedler aus ganz Nordeuropa dar. Sie hatte deshalb von Anfang an einen multikulturellen und multinationalen Charakter.

Die Einwanderer kamen zwar aus vielen europäischen Ländern, sie orientierten sich aber fast alle an der britischen Kultur. Die britische Sprache dominierte eindeutig in der Öffentlichkeit, auch wenn privat häufig weiterhin Deutsch, Holländisch, Schwedisch oder andere Sprachen benutzt wurden. Da das englische Gewohnheitsrecht übernommen wurde, musste jeder, der am öffentlichen Leben teilnehmen wollte, die englische Sprache beherrschen. Zwar wissen wir heute, dass die Vorstellung eines „Schmelztiegels", in dem schnell alle nationalen, sozialen und religiösen Unterschiede zwischen den Einwanderern verschwanden, ein Mythos ist. Viele Zeitgenossen waren aber von dem egalitären Charakter der Gesellschaft beeindruckt (→M4).

Die „Gründerstaaten".
Um 1760 gehörten acht Kolonien der britischen Krone (crown colonies), drei waren im Besitz von Privateigentümern (proprietary charter) und zwei in Gesellschafterbesitz (corporate charter). Die rechtliche Stellung der Kolonien gegenüber dem Mutterland hing von einer „Charter", einer Art Verfassungsstatut, ab.

Die Kolonien im Süden | Im Süden bestanden die klimatischen Voraussetzungen für den Anbau von Tabak, später kamen Reis, andere agrarische Produkte und im 19. Jahrhundert vor allem Baumwolle hinzu. Diese Waren erzielten zeitweise beim Verkauf in Europa hohe Preise, allerdings waren die Monokulturen bei Wirtschaftskrisen auch sehr anfällig. Der Tabakanbau erforderte große Plantagen, die nur arbeitsintensiv betrieben werden konnten. Zum Modell für diesen Typ von Kolonie wurde **Virginia**. Die meisten Arbeiter wurden zunächst in Europa angeworben, wobei das System der sogenannten „*indentured servitude*" (dt.: Kontraktarbeit) angewandt wurde. Dieses System hatte in England gut funktioniert: Ein junger Mann arbeitete für einige Jahre zum Beispiel bei einem Handwerker und erhielt in dieser Zeit eine Ausbildung. Nach dem Ende des Vertrages wurde ihm sein Lohn ausgezahlt, und er war frei, sich einen Beruf zu suchen. Dieses System wurde mit einem wichtigen Unterschied nach Amerika übertragen und funktioniere dort nur mäßig. Die jungen Männer erhielten ihren Lohn im Voraus, weil ihnen die Überfahrt bezahlt wurde. Dann mussten sie vier oder fünf Jahre lang auf den Tabakplantagen ihre Schulden abarbeiten. Viele versuchten aber fortzulaufen, auch gab es immer wieder kleine Rebellionen. Dies lag auch daran, dass viele der Kontraktarbeiter aus den britischen Unterschichten stammten oder verarmte Bauern waren, die so schnell wie möglich ein neues Leben beginnen wollten. Auch waren unter ihnen wahrscheinlich viele Kriminelle, die Großbritannien schnell verlassen mussten und die sich deshalb für die Arbeit auf der anderen Seite des Atlantiks anwerben ließen. Im Süden gab es mit Ausnahme der Hafenstadt Charleston und von Savannah keine Städte, sodass sich die Sozialstruktur völlig anders als im Norden entwickelte.

Virginia: Die Siedler nannten das noch unbebaute Land nach der unverheirateten (engl. *virgin*: Jungfrau) Königin Elisabeth I., die England von 1558 bis 1603 regierte.

Afroamerikaner und die Anfänge der Sklaverei in den Kolonien im Süden | Vor allem in Virginia suchten die Plantagenbesitzer schon seit den 1640er- und 1650er-Jahren nach Alternativen zu ihren unzuverlässigen europäischen Kontraktarbeitern. Die Versuche, die indigene Bevölkerung zur Zwangsarbeit einzusetzen, waren aber nur wenig erfolgreich: Diese kannten das Land, versuchten zu entfliehen, wann immer dies möglich war und hofften auf die Solidarität ihrer Völker, die versuchten, sie zu befreien. 1619 verkaufte ein holländisches Piratenschiff zum ersten Mal 20 Afrikaner an die Siedler in Virginia. Anfangs wurden diese genauso behandelt, wie andere Kontraktarbeiter, d.h. sie wurden nach einigen Jahren frei gelassen. Dann stellten die Plantagenbesitzer aber zunehmend fest, dass farbige Afrikaner die Lösung für das Problem der Arbeitskräfte darstellten. Sie waren fremd im Land, konnten sich mit niemandem solidarisieren und waren zudem, wenn sie zu fliehen versuchten, wegen ihrer Hauptfarbe leicht erkennbar. Außerdem mussten sie nicht freigelassen werden, sondern konnten lebenslang Zwangsarbeit verrichten. Seit den 1660er-Jahren wurden auf den Tabakplantagen deshalb immer mehr Afrikaner als Sklaven eingesetzt. Zwar verabschiedete das Parlament von Virginia erst 1705 den ersten „slave code", in dem die Sklaverei gesetzlich geregelt wurde, aber alle wesentlichen Entscheidungen waren schon in den Jahrzehnten davor getroffen worden. Diese Institution der „Rassensklaverei" entstand in der Neuen Welt, in England gab es hierfür keine Vorbilder (➔M5).

(geschätzt, in Tausend) in Klammern der Anteil von Schwarzen an der Gesamtbevölkerung	1700	1780
New Hampshire*	5,0 (3 %)	88 (1 %)
Massachusetts*	56,0 (1 %)	269 (2 %)
New York*	19,0 (12 %)	210 (10 %)
New Jersey*	14,0 (6 %)	140 (8 %)
Virginia*	59,0 (30 %)	538 (41 %)
North Carolina*	11,0 (4 %)	270 (34 %)
South Carolina*	5,7 (43 %)	180 (54 %)
Georgia*	—	56 (37 %)
Pennsylvania**	18,0 (2 %)	327 (2 %)
Delaware**	2,5 (6 %)	45 (7 %)
Maryland**	30,0 (11 %)	245 (33 %)
Connecticut***	26,0 (2 %)	207 (3 %)
Rhode Island***	5,9 (5 %)	53 (5 %)
* um 1760 Kronkolonien ** um 1760 im Besitz von Privateigentümern *** um 1760 in Gesellschafterbesitz		

Nach: Udo Sautter, Die Vereinigten Staaten. Daten, Fakten, Dokumente, Tübingen/Basel 2000, S. 105 f. (Tab. 26 und 27)

Bevölkerungsentwicklung.

► Analysieren Sie den Zusammenhang zwischen Bevölkerungsentwicklung und geografischer Lage (siehe dazu die Karte auf Seite 31). Berücksichtigen Sie dabei auch die afroamerikanische Bevölkerung.

Die „frontier" | Neben diesen drei unterschiedlichen Siedlungszonen an der Küste existierte noch eine vierte im Landesinnern, die allerdings geografisch kaum zu bestimmen ist, weil sie sich ständig und sehr dynamisch verschob. Diese Region ist im Nachhinein von dem Historiker *Frederick Jackson Turner* (1861–1932) als *„frontier"* (d.h. Siedlungsgrenze) bezeichnet worden. Seit dem Beginn der Kolonisierung waren kontinuierlich einzelne Personen in Richtung Westen gewandert, wobei die Motive vielfältig waren. Manche junge Männer wollten unabhängig von jeder staatlichen Autorität sein, andere begaben sich auf die Jagd nach wertvollen Pelztieren oder suchten neues Farmland und gründeten einfache Bauernhöfe. Hinzu kamen Abenteurer, Flüchtlinge, Kriminelle oder Außenseiter; später auch Goldsucher. Um in der lebensfeindlichen Welt zu überleben, organisierten sie häufig primitive Formen von Selbstverwaltung. Diese Zonen der Gesetzlosigkeit haben Zeitgenossen, aber auch Romanautoren und später Filmregisseure stets fasziniert. Einerseits mussten sich diese Weißen, die sich in die Wildnis begaben, im Einzelfall mit der indigenen Bevölkerung arrangieren. Andererseits stellten sie aber auch eine permanente Ursache für Unruhen und Konflikte sowohl mit den „Indianern", als auch mit den kolonialen Behörden dar.

„Young Omahaw, War Eagle, Little Missouri, and Pawness." Ölgemälde von Charles Bird King, 1821.

„Indianer": Die Namensgebung geht auf den Irrtum von Christoph Kolumbus zurück, der glaubte, 1492 in Indien gelandet zu sein. Der Begriff gilt heute als herabsetzend und wird in den USA meist durch die Bezeichnung „Native Americans" oder „indigene Bevölkerung" ersetzt. Erst 1924 erhielten sie die volle amerikanische Staatsbürgerschaft.

Die Rolle der Native Americans („Indianer") | Als sich die ersten Europäer in Nordamerika niederließen, trafen sie auf kriegerische Völker, die sich nicht einfach unterwerfen ließen. In den 1620er-Jahren tobten zum Beispiel in Virginia mehrere Indianerkriege, die von beiden Seiten mit extremer Brutalität ausgetragen wurden. Auch deshalb galt Virginia anfangs als „deadly trap" (dt.: tödliche Falle) und 1622 wäre die noch kleine britische Kolonie bei einem Überfall fast vollständig vernichtet worden.

Drei Gründe waren aber dafür verantwortlich, dass die Engländer im Laufe des 17. und 18. Jahrhunderts die Oberhand gewannen:

- Erstens waren sie im Bereich der Feuerwaffen, vor allem bei der Artillerie, waffentechnisch überlegen.
- Zweitens haben sich die Native Americans, anders als die Engländer oder die Franzosen, nicht als ein einheitliches Volk begriffen, sondern sie bestanden aus vielen kleinen und größeren Völkern, die sich auch gegenseitig kontinuierlich bekriegten. Der etwas veraltete Begriff „Stamm" suggeriert eine Einheitlichkeit, die nur selten gegeben war. Diese Vielfalt kann man daran erkennen, dass bis heute unklar ist, wie viele unterschiedliche Sprachen und Dialekte die nordamerikanischen „Indianer" gesprochen haben. Schätzungen bewegen sich zwischen 250 und 500, und in vielen Fällen ist die Herkunft dieser Sprachen immer noch nicht geklärt. Die großen Unterschiede zwischen diesen Völkern haben die Engländer und Franzosen oft geschickt ausgenutzt. Erst seit der Mitte des 18. Jahrhunderts begannen sich mehrere, vorher verfeindete Indianervölker zusammenzuschließen, aber zu diesem Zeitpunkt war es für sie schon zu spät: Sie waren gegenüber den Europäern hoffnungslos ins Hintertreffen geraten.
- Drittens schließlich genossen die Natives – anders als viele Europäer und Afrikaner – keine Immunität gegen europäische Krankheiten. Auch wenn keine verlässlichen Zahlen existieren, wird geschätzt, dass in einigen Regionen bis zu 90 Prozent der indigenen Bevölkerung an Pocken, Masern, Cholera, Tuberkulose und an anderen Krankheiten starben, die zuvor in Amerika unbekannt gewesen waren.

M1 Herkunftsländer

Die Kreisdiagramme informieren über die Herkunft der nicht-indigenen Bevölkerung in den britischen Festlandskolonien:

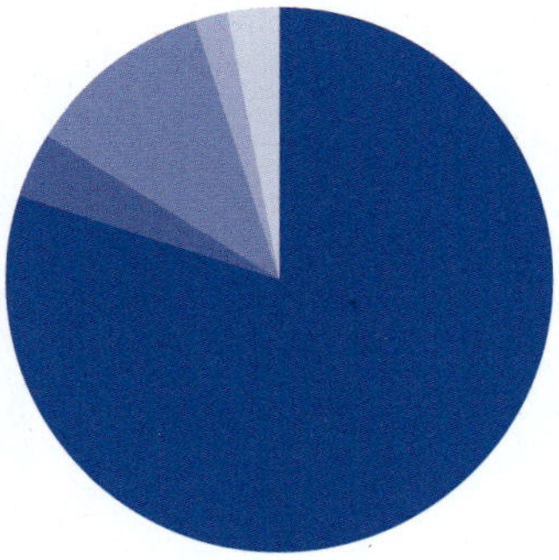

1700
- England und Wales 80%
- Holland 4%
- Afrika 11%
- andere europäische Länder 2%
- Schottland 3%

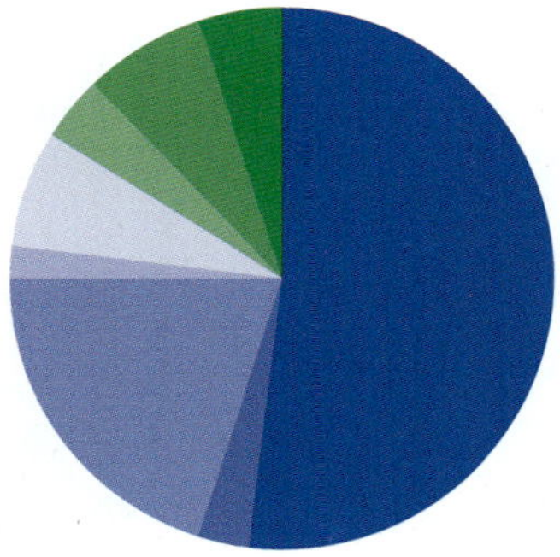

1755
- England und Wales 52%
- Holland 3%
- Afrika 20%
- andere europäische Länder 2%
- Deutschland 7%
- Schottland 4%
- Scots-Irish 7%
- Irland 5%

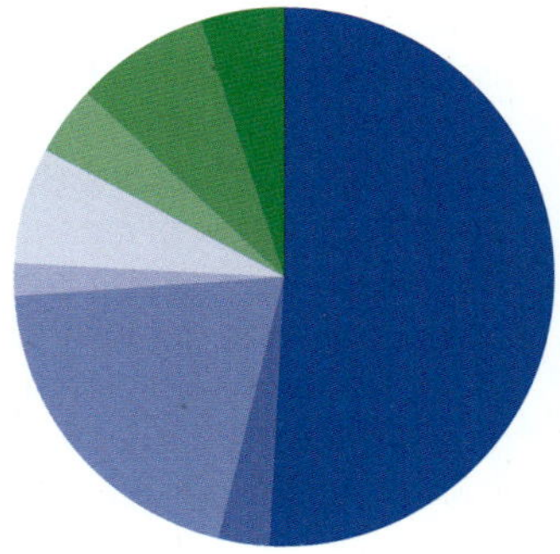

1770
- England und Wales 51%
- Holland 3%
- Afrika 20%
- andere europäische Länder 2%
- Deutschland 7%
- Schottland 4%
- Scots-Irish 8%
- Irland 5%

Grafiken nach: Jürgen Heideking und Christof Mauch, Geschichte der USA, Tübingen [6]2008, S. 19

▸ Analysieren Sie die Diagramme hinsichtlich der Herkunftsländer der nicht-indigenen Bevölkerung in den britischen Kolonien. | H

M2 Der „Mayflower Compact"

Am 11. November 1620 schließen die „Pilgrim Fathers", die mit dem Schiff Mayflower von England nach Amerika gesegelt sind, einen Vertrag miteinander:

Im Namen Gottes, Amen. Wir, deren Namen unterzeichnet sind, die treuen Untertanen unseres erhabenen höchsten Königs, König Jakobs, durch die Gnade Gottes König von Großbritannien, Frankreich und Irland, Verteidiger des Glaubens etc., haben zur Ehre Gottes und zur Förderung des christlichen Glaubens und zur Ehre unseres Königs und Landes eine Reise unternommen, um die erste Kolonie zu gründen im nördlichen Teile Virginias, und kommen hiermit feierlich vor Gott und einander überein, uns in einer politischen Körperschaft zusammenzuschließen, um die genannten Ziele besser einrichten, erhalten und fördern zu können und infolgedessen zu verfügen, aufzustellen und zu entwerfen gerechte und gleiche Gesetze, Verfügungen, Beschlüsse, Verfassungen und Ämter von Zeit zu Zeit, wie sie für das allgemeine Wohl der Kolonie am befriedigendsten und zusagendsten angesehen werden, wozu wir alle gebührende Unterwerfung und Gehorsam versprechen. Zum Zeugnis haben wir unsere Namen hier unterzeichnet bei Cape Cod[1] am 11. November im Jahre der Regierung unseres höchsten Herrn, König Jakobs des Achtzehnten von England, Frankreich und Irland und des Vierundfünfzigsten von Schottland.

Zitiert nach: Peter Schulz, Ursprünge unserer Freiheit. Von der Amerikanischen Revolution zum Bonner Grundgesetz, Hamburg 1989, S. 26

1. Arbeiten Sie aus dem Textauszug heraus, ob ein bestimmtes Weltbild erkennbar ist. | H
2. Analysieren Sie die „Ziele", von denen in der Quelle die Rede ist.
3. Erörtern Sie, ob man in dieser Quelle von einem politischen Programm sprechen kann.

[1] **Cape Cod**: Halbinsel im Südosten des Bundesstaates Massachusetts

„The First Thanksgiving at Plymouth."
Historiengemälde von Jennie Augusta Brownscomb, 1914.
Im Herbst 1621, ein Jahr nach ihrer Ankunft in Plymouth, beschlossen die Pilgerväter, nach der Ernte gemeinsam mit dem benachbarten Wampanoag-Stamm ein Fest zu feiern. Daraus entwickelte sich der Thanksgiving-Day, eine Art Erntedankfest, das in den USA als staatlicher Feiertag immer am vierten Donnerstag im November begangen wird. Eng mit dem Gründungsmythos verbunden, ist die Tradition fest im US-amerikanischen Selbstverständnis verankert.

▶ Analysieren Sie die Stilelemente des Gemäldes. Erläutern Sie seine Aussage. | F

M3 Schulgesetz

Schon 1642 gibt es im puritanischen Massachusetts ein erstes Schulgesetz, 1647 wird es überarbeitet:

Indem es ein Hauptanliegen des alten Verführers Satan ist, die Menschen von der Kenntnis der Heiligen Schrift abzuhalten, sie in früheren Zeiten in einer unbekannten Sprache zu belassen, sowie in den späteren Zeiten sie vom Gebrauch der Sprachen abzubringen, sodass wenigstens der wahre Sinn und die wahre Bedeutung der Urschrift durch falsche Glossen, von scheinheiligen Betrügern nebelhaft bleibt; auf dass die Gelehrsamkeit nicht im Grabe unserer Väter in Kirche und im Gemeinwesen begraben sei, der Herr möge unseren Bemühungen beistehen. – Es wird daher angeordnet, dass in jeder Stadtgemeinde in dieser Zuständigkeit, nachdem der Herr die Anzahl der Haushalte auf 50 vermehrt hat, diese dann fortan einen aus ihrer Stadt ernennen sollen, der all jene Kinder unterrichte, [...] um Lesen und Schreiben zu lernen, und dessen Löhne entweder von den Eltern oder den Herrn der Kinder, oder von den Einwohnern im Allgemeinen in Form von Versorgung bezahlt werden sollen [...]. Und es wird weiters angeordnet, dass überall, wo eine Stadt auf eine Anzahl von über 100 Familien oder Haushalten anwachsen sollte, eine Lateinschule errichtet werden soll, und es deshalb möglich sein sollte, die Jugend so weit zu unterweisen, sodass sie für eine Universität gerüstet ist, wird bestimmt, dass wenn irgendeine Stadt die Durchführung von oben Bestimmtem innerhalb eines Jahres unterlassen sollte, jede solche Stadt 5 Pfund ihrer benachbarten Schule zu bezahlen hat, bis sie diese Anordnung durchführt.

Herbert Schambeck (Hrsg.), Dokumente zur Geschichte der Vereinigten Staaten von Amerika, Berlin [2]2007, S. 41 f.

1. Erläutern Sie die Motive, die dieser Anweisung zugrunde liegen. Berücksichtigen Sie dabei den puritanischen Hintergrund.
2. Stellen Sie die damaligen Anforderungen, die an Schüler gestellt wurden, dem heutigen Begriff von Bildung gegenüber, der an Ihrer Schule besteht. | F
3. Erörtern Sie die Folgen, die sich aus dieser Anordnung wahrscheinlich für den Staat Massachusetts ergeben haben.

M4 Was ist ein Amerikaner?

Der gebürtige Franzose Hector St. John de Crèvecoeur (1735–1815) kommt 1754 als Soldat nach Nordamerika, wo er viel reist. 1793 wird er französischer Konsul in New York. Crèvecoeur beantwortet die Frage, was ein Amerikaner ist, wie folgt:

Hier gibt es keine aristokratischen Familien, keine Fürstenhöfe, keine Könige, keine Bischöfe, keine geistliche Oberherrschaft, keine unsichtbare Macht, die wenigen eine sehr sichtbare verleiht, keine großen Manufakturbesitzer, die Tausende beschäftigen, keine Übertreibung des Luxus. Die Reichen und die Armen sind nicht so weit voneinander entfernt wie in Europa. [...]
Rechtsanwalt oder Kaufmann sind die erhabensten Titel, die unsere Städte gewähren; der eines Farmers ist die einzige Bezeichnung für die ländlichen Bewohner unseres Gemeinwesens. Gewiss wird der Reisende einige Zeit benötigen, ehe er sich mit unserem Wortschatz anfreunden kann, dem es wohl an würdevollen Bezeichnungen und Ehrennamen gebricht. So sieht er an einem Sonntag eine Versammlung respektabler Farmer und ihrer Frauen, alle in schmuckes, selbsterzeugtes Tuch gekleidet, wohlberitten oder in ihren eigenen schlichten Wagen. Unter ihnen gibt es keinen Hochwohlgeborenen außer dem unbelesenen Friedensrichter. Dort erblickt er einen Pfarrer, so schlicht wie seine Herde, einen Farmer, der nicht von der Arbeit anderer in Saus und Braus lebt. Wir haben keine Prinzen, für die wir uns abmühen, hungern und bluten; wir sind die vollkommenste Gesellschaft, die jetzt in der Welt existiert. Hier ist der Mensch so frei, wie er sein sollte [...].
In diesem großen amerikanischen Asyl haben sich die Armen Europas auf die eine oder andere Weise und im Ergebnis verschiedener Ursachen zusammengefunden; zu welchem Zweck sollten Sie einander fragen, aus welchem Land sie kommen? Ach, zwei Drittel von ihnen hatten kein Heimatland. Kann ein Unglücklicher, der umherstreifen muss, der arbeitet und hungert, dessen Leben ständig voll tiefen Elends und bedrückender Armut ist – kann dieser Mensch England oder irgendein anderes Königreich sein Heimatland nennen? Ein Land, das kein Brot für ihn hatte, dessen Felder ihm keine Ernte lieferten, dem nichts anderes als das Stirnrunzeln der Reichen, die Härte der Gesetze, Kerkerhaft und schwere Strafen zuteil wurden; dem kein Fußbreit der unendlichen Oberfläche dieses Planeten gehörte? Nein! Gedrängt von einer Vielfalt von Beweggründen kamen sie hierher, wo alles darauf gerichtet war, ihnen neues Leben einzuhauchen; neue Gesetze, eine neue Lebensweise, ein neues Gesellschaftssystem; hier sind sie Menschen geworden [...]. Welche unsichtbare Kraft hat diese überraschende Metamorphose[1] bewirkt? Die der Gesetze und die ihres Fleißes. Die Gesetze, die nachsichtigen Gesetze schützen sie bei ihrer Ankunft; sie erhalten reichen Lohn für ihre Arbeit; der angehäufte Lohn verschafft ihnen Land; dieses Land verleiht ihnen den Titel freier Menschen, und diesem Titel haftet jeglicher Vorteil an, welchen Menschen je erlangen können. [...]
Sein Heimatland ist nun das, welches ihm Boden gibt, Brot, Schutz und Ansehen. Ubi panis ibi patria[2] ist das Motto aller Emigranten. Was also ist dann der Amerikaner, dieser neue Mensch? Er ist weder ein Europäer noch Abkömmling eines Europäers, daher diese seltsame Mischung des Blutes, welche ihr in keinem anderen Land finden werdet. Ich könnte euch eine Familie nennen, wo der Großvater ein Engländer war, dessen Frau eine Holländerin, deren beider Sohn eine Französin heiratete, und dessen gegenwärtige vier Söhne nun vier Frauen verschiedener Nationalität geehelicht haben. Derjenige ist Amerikaner, der all seine alten Vorurteile und Verhaltensweisen hinter sich gelassen hat und aus der neuen Lebensform, die er angenommen hat, von der neuen Regierung, der er gehorcht, und von dem neuen Stand, den er bekleidet, neue empfängt. [...] Hier sind die Einzelwesen aller Nationen verschmolzen zu einem neuen Menschenschlag, dessen Taten und Nachkommenschaft eines Tages große Veränderungen in der Welt hervorrufen werden. Die Amerikaner sind die Pilger des Westens. [...] Der Amerikaner ist ein neuer Mensch, der nach neuen Grundsätzen handelt; er muss deshalb neue Gedanken hegen und neue Meinungen formen. Aus unfreiwilligem Müßiggang, sklavischer Abhängigkeit, Armut und nutzloser Fron ist er zu einem Schaffen ganz anderer Art übergegangen, das durch ein reichliches Auskommen belohnt wird, – das ist ein Amerikaner. [...] Nun langen wir bei den großen Wäldern an, nahe den letzten bewohnten Gebieten; hier scheinen sich die Menschen noch weiter jenseits der Reichweite der Regierung zu befinden, wodurch sie in gewissem Maße sich selbst überlassen sind. Wie könnte diese in jeden Winkel dringen? Da die Menschen durch Unglück, den Zwang des Neubeginns, durch das Verlangen, große Landgebiete zu erwerben, durch Müßiggang, häufig auch durch mangelnde Sparsamkeit und durch alte Schulden dorthin getrieben wurden, bietet das Wiederzusammenführen solchen Volkes kein sehr angenehmes Schauspiel. Wenn Zwietracht, Mangel an Einmütigkeit und Freundschaft, wenn entweder Trunksucht oder Müßiggang in solch fernen Gebieten vorherrschen, müssen Hader, Untätigkeit und Elend folgen. Gegen solche Übel stehen nicht dieselben Heilmittel zur Verfügung wie in einer lange bestehenden Gemeinschaft. Die wenigen Friedensrichter, die sie haben, sind im Allgemeinen kaum besser als der Rest; oft befinden sich die Menschen in einem regelrechten Kriegszustand ist auch ihr Verhältnis zu den wilden Bewohnern dieser ehrwürdigen Wälder, die ihnen zu entreißen sie hergekommen sind. Hier scheinen die

[1] **Metamorphose:** Verwandlung

[2] **Ubi panis ibi patria:** lat., „wo ich Brot finde, dort bin ich zu Hause"

Menschen nicht besser zu sein als Fleisch fressende Tiere einer höheren Stufe, die sich von anderen wilden Tieren ernähren, wenn sie sie fangen können, und falls sie dieses nicht vermögen, leben sie vom Ackerbau. [...] Die Kraft des Beispiels und der Kontrolle durch das Schamgefühl dort entratend, stellen viele Familien den abscheulichsten Teil unserer Gesellschaft dar. Sie sind eine Art verlorener Hoffnung und schreiten der höchst ehrenwerten Armee von erfahrenen Männern, die nach ihnen kommen, um zehn oder zwölf Jahre voraus. [...] Sie machen fleißigeren Menschen Platz, die die Landkultivierung abschließen und das Blockhaus in eine behagliche Wohnstätte verwandeln werden, und die Freude, dass diese ersten schweren Arbeiten beendet sind, wird das bislang barbarische Land binnen weniger Jahre in einen schönen, fruchtbaren, wohlgeordneten Distrikt verwandeln.

Heinz Förster (Hrsg.), Was ist ein Amerikaner? Zeugnisse aus dem Zeitalter der amerikanischen Revolution, Leipzig/Weimar 1987, S. 8 ff.

1. Erklären Sie, was Amerika nach Meinung Crèvecoeurs von Europa unterscheidet.
2. Charakterisieren Sie Crèvecoeurs Vision von einem „neuen Menschen".
3. Erläutern Sie die Position, die die ersten Siedler in den Wäldern nach Ansicht des Autors in der amerikanischen Zivilisationsgeschichte einnehmen.
4. Diskutieren Sie in der Klasse, ob sich Elemente dieses Amerikabildes bis in die Gegenwart erhalten haben.

M5 Ein ehrenwerter Handel?

In der britischen Hafenstadt Bristol findet im Sommer 1999 eine Ausstellung mit dem Titel „Ein ehrenwerter Handel? Bristol und der transatlantische Sklavenhandel" statt. Die „Frankfurter Allgemeine Zeitung" berichtet darüber im August 1999:

Die Ausstellung weist deutlich darauf hin, dass afrikanische Häuptlinge selbst am Handel interessiert waren und ihresgleichen den Europäern bereitwillig zum Kauf anboten. Die Menschen wurden im Tausch vor allem gegen Gewehre und Munition veräußert – Waffen wurden bald für einzelne afrikanische Stämme zur Notwendigkeit, um sich gegen andere Stämme zur Wehr setzen zu können. Zunächst hatten sich einige afrikanische Oberhäupter dem Handel verweigert. Doch ihre Ablehnung schlug schnell in Kollaboration[1] um: Widerstand führte oftmals erst recht zur brutalen Versklavung des eigenen Stammes. Sie hofften, durch die Gefangennahme von Mitgliedern anderer Stämme, die sie dann den weißen Händlern als Sklaven anboten, der eigenen Ausrottung zuvorzukommen. So entzündete der Sklavenhandel grausame Kriege, die zwischen den verschiedenen afrikanischen Stämmen ausbrachen. Den britischen Händlern war es recht: Je leichter sich der Kauf von Menschen in Afrika gestaltete, desto weniger mussten sie auf eigene Gefahr entführen und verschleppen.

Trotz breitester Übersicht wird das Individuum in Bristol nicht vergessen. So kann der Besucher beispielsweise das Schicksal von Olaudah Equiano verfolgen. Geboren im Gebiet des heutigen Nigeria, wurde der Schwarze im Alter von zehn Jahren an englische Sklavenhändler verkauft. Nachdem er mit seinem ersten Besitzer, einem Offizier der britischen Marine, den Siebenjährigen Krieg[2] überstanden hatte, brach dieser sein Versprechen, verweigerte ihm die Freiheit und verkaufte ihn stattdessen auf die westindischen Inseln. Erst 1766 gelang es Equiano, sich freizukaufen. Er schrieb seine Geschichte auf: „The interesting narrative of the Life of Olaudah Equiano, or Gustavus Vassa, the African" erschien 1789 in England. [...] Geschildert wird die Schiffspassage von Afrika nach Amerika, wo der arme Teufel mit Hunderten anderer Schwarzer dicht an dicht im Bauch des Schiffes saß. Er hörte die Schreie der Gequälten und das Wimmern der Sterbenden, doch konnte er sich nicht bewegen – nicht um ihnen zu helfen, nicht einmal, um die Latrineneimer zu erreichen. Der Plantagenbesitzer John Pinney, damals ein Vorzeigebürger Bristols, dessen georgianisches[3] Stadthaus ein paar Straßen weiter zu besichtigen ist, wird ebenfalls zitiert. Er war zunächst über den Menschenhandel schockiert. Doch seine Skrupel wichen rasch: „Sicherlich hat Gott sie für unseren Nutzen vorgesehen."

„Der Mensch, nichts als Arbeitsware" von Felicitas von Lovenberg, in: F.A.Z. vom 6. August 1999,

1. Gliedern Sie den Zeitungsartikel in sinnvolle Abschnitte und versehen Sie diese mit passenden Oberbegriffen.
2. Erläutern Sie anhand des Textes die sozialen und politischen Folgen des Sklavenhandels für Afrika. | H
3. Erörtern Sie die Möglichkeiten und Grenzen einer Ausstellung für das Verständnis eines historischen Themas.

[1] **Kollaboration**: Zusammenarbeit mit dem Feind

[2] **Siebenjähriger Krieg**: See- und Kolonialkrieg zwischen England und Frankreich; gleichzeitig führten in Europa Preußen (als Verbündeter Englands), Österreich und Russland (verbündet mit Frankreich) Krieg gegeneinander (1756–1763).

[3] **georgianisch**: Epochenbezeichnung für die Zeit der englischen Könige Georg I.- IV. (1714–1830)

Die Ursprünge des Konfliktes

Die rechtliche Stellung der Kolonien | Die 13 Kolonien, die später ihre Unabhängigkeit von Großbritannien erklären sollten, waren zu Beginn des Konfliktes London nach drei unterschiedlichen Prinzipien unterstellt:

- Acht waren *Kronkolonien (crown colonies)*, d.h., sie gehörten direkt der Krone (New Hampshire, Massachusetts, New York, New Jersey, Virginia, Nord- und Süd-Carolina und Georgia).
- Drei Kolonien waren *Eigentümerkolonien (proprietary charter)*, d.h., sie gehörten privaten Besitzern (Pennsylvania, Delaware und Maryland).
- Zwei Kolonien besaßen eine *königliche Charter (corporate charter)*. Hier gab es keinen Gouverneur, sondern die Kolonien regierten sich selbst (Connecticut und Rhode Island).

In der Praxis spielten diese Unterschiede aber nur eine geringe Rolle. In den Kronkolonien hatte ein Gouverneur, der vom König ernannt worden war, die Regierungsgewalt inne. Wichtig war aber, dass in allen Kolonien daneben auch ein *Kolonialparlament (assembly)* bestand, das nach dem Vorbild des englischen Parlaments meist nach dem **Zensuswahlrecht** gewählt worden war. Der Gouverneur besaß gegenüber diesen Parlamenten ein Vetorecht. Diese Parlamente verfügten über weitgehende Befugnisse in der regionalen Finanzpolitik. Sie bestimmten, welche Steuern erhoben und wie die eingenommenen Gelder ausgegeben wurden. Oft setzten sie auch die Höhe des Gehaltes des Gouverneurs fest. Potenziell bestand also ein Spannungsverhältnis zwischen den Parlamenten und den königlichen Institutionen, das allerdings vor der Mitte des 18. Jahrhunderts nur selten zu Konflikten geführt hatte.

Zensuswahlrecht: Wahlsystem, bei dem das Wahlrecht an den Nachweis von Besitz, Einkommen oder Steuerleistung (Zensus) gebunden ist.

Anfangs hatte die britische Regierung den Siedlern erhebliche Freiheitsrechte eingeräumt und sich – solange es keine gravierenden Probleme gab – aus den inneren Angelegenheiten der Kolonien herausgehalten. Dies war darauf zurückzuführen, dass im 17. Jahrhundert Großbritannien von sehr schweren innenpolitischen Krisen, Kriegen und Bürgerkriegen erschüttert wurde. Hierzu gehörten der Konflikt zwischen dem König und dem Parlament in London, der mit der Hinrichtung des Königs im Jahre 1649 endete, die Frage einer schottischen Unabhängigkeit und schließlich das Problem, ob England ein katholisches oder ein protestantisches Land sein solle. Vor diesen Hintergründen hatte in Großbritannien kaum jemand Zeit und Interesse, sich vertieft um die Kolonien zu kümmern, solange keine Rebellionen ausbrachen. Vor dem *„French and Indian War"* von 1754 mussten die Kolonien deshalb auch ihre Verteidigung selbst organisieren und finanzieren.

Die Gesellschaft in den Kolonien | Sozial waren die britischen Kolonien in Nordamerika viel egalitärer als die Gesellschaft Großbritanniens. Es gab keinen Adel, ebenso bestanden auch fast keine anderen ständischen Vorrechte. Selbstverständlich gab es soziale Unterschiede, nur sahen diese ganz anders aus als im Mutterland. Die reichen Plantagenbesitzer in Virginia oder große Kaufleute und Händler in den Neuenglandkolonien vertraten auch innerhalb der kolonialen Gesellschaft selbstbewusst ihre Interessen. In den nördlichen Städten entstand eine breite Mittelschicht von Farmern, Rechtsanwälten, Ärzten, Lehrern, Kaufleuten und Handwerkern, die am politischen Leben teilnahmen. Daneben bestand sowohl in den Städten als auch auf dem Land eine breite Unterschicht und – im Süden – lebten Sklaven und einige rechtlose freie Farbige. Bittere Armut, die in allen europäischen Gesellschaften fast immer existierte, war in Amerika viel seltener. In Fällen, in denen soziale Spannungen zu stark wurden, bestand stets die Möglichkeit, einfach nach Westen in Richtung Indianerterritorien weiterzuwandern – was viele soziale und ökonomische Konflikte entschärfte.

Reenactment:
„French and Indian War."
Foto von Juni 2006.
Verschiedene Akteure stellen eine Schlacht des „Franzosen- und Indianerkriegs" im US-Bundesstaat New York nach.

Die wirtschaftliche Entwicklung | Wirtschaftlich standen sich widersprüchliche Trends gegenüber. Durch die hohen Geburtenraten und die ständige Zuwanderung aus Europa stieg die Bevölkerung stark an. Für das Jahr 1770 wird geschätzt, dass im britischen Nordamerika ca. 2,5 Millionen Einwohner lebten. Zum Vergleich: In Großbritannien waren es etwa 6,5 Millionen. Einerseits waren damit die ökonomischen Perspektiven der Kolonien sehr gut. Sie produzierten vor allem Rohstoffe, für die in Großbritannien Absatzmärkte existierten, wurden aber auch als Markt für britische Produkte immer wichtiger. Andererseits versuchte die britische Regierung, die ökonomischen Entwicklungen in den Kolonien zu beeinflussen. Eine große Zahl von Gesetzen und Verboten regulierte den Handel und die Güterproduktion. Seit dem *Navigationsgesetz (Navigation Act)* von 1651, das in den kommenden Jahrzehnten erweitert und präzisiert wurde, war es den Kolonisten verboten, Dinge herzustellen, die englischen Waren Konkurrenz machen konnten. Hierzu gehörten Kleidung, Hüte und Eisen. Außerdem durften Produkte aus den Kolonien wie z.B. Tabak oder Reis nur in Großbritannien verkauft werden. Güter, die aus anderen Teilen Europas eingeführt wurden, mussten über England transportiert werden. Zugleich erwies es sich aber als schwierig, alle diese Vorschriften umzusetzen, weil vor Ort Kontrolleure und Truppen fehlten und zugleich der „Schmuggel" blühte. Beispielsweise wurde allein im Jahr 1757 in der französischen Kolonie St. Domingue (heute Haiti) mehr als 150 amerikanische Handelsschiffe gesichtet, die offen Schmuggel betrieben. In diesem Jahr bestand zwischen Großbritannien und Frankreich immerhin der Kriegszustand. Auch hier waren viele Kolonisten an große Freiheiten gewöhnt. Die Periode zu Beginn des 18. Jahrhunderts wurde deshalb später als „salutary neglect" (dt.: „heilsame Vernachlässigung") bezeichnet.

Der „French and Indian War" | Dieser von 1754 bis 1763 andauernde Krieg zwischen Frankreich und Großbritannien hatte mehrere Ursachen. Erstens bestand eine große Rivalität zwischen den beiden Mächten, die sowohl in Europa, als auch in Asien (Indien) sowie in Nordamerika im 18. Jahrhundert häufig militärisch ausgetragen worden war. Zweitens hatten beide Mächte ein Interesse daran, in das fruchtbare und strategisch wichtige Tal des Ohio vorzustoßen und dieses mit eigenen Kolonisten zu besiedeln. Der Krieg begann, als beide Seiten Forts (Befestigungsanlagen) in der Region errichteten. Vor allem zu Beginn des Konfliktes hatten die Franzosen trotz ihrer zahlenmäßigen Unterlegenheit deutliche Vorteile. Zum ersten Mal schickte die britische Regierung deshalb große reguläre Truppenverbände nach Nordamerika. Die englischen Truppen wurden aber schlecht geführt und fast alle Indianervölker unterstützten anfangs die Franzosen. Beispielsweise wurde eine britische Armee, die von General *Edward Braddock* (1695–1755) befehligt wurde, im Frühjahr 1755 südlich des Eriesees vernichtend geschlagen. Der Krieg wurde häufig als Klein- und Guerillakrieg geführt, und war deshalb besonders grausam: Auch Zivilisten und harmlose Siedler wurden auf beiden Seiten massakriert oder vertrieben.

Je länger der Konflikt dauerte, desto stärker gewannen die Briten die Oberhand. Entscheidend war, dass sie die Seeherrschaft errangen und die französischen Häfen blockierten. Sie fingen französischen Nachschub ab und führten vom Meer aus Landungsoperationen in Kanada durch. Dieser Krieg war nicht durch große Schlachten gekennzeichnet, sondern durch viele kleine Gefechte und langwierige Belagerungen von Forts und von Städten. Obwohl sich die Franzosen zäh verteidigten, konnten sie ihre Niederlage 1762/63 nicht verhindern. Am Ende des Krieges kämpften auf beiden Seiten auch Indianervölker, die wiederum ihre eigenen Interessen vertraten und aus deren Perspektive die jeweiligen Europäer mächtige und willkommene Verbündete darstellten. Gelegentlich wechselten sie die Seiten, wenn ihnen vorteilhafte Versprechungen oder wertvolle Geschenke gemacht wurden. Der britische Sieg verschlechterte die Situation der Native Americans erheblich, weil sie nun die beiden europäischen Mächte nicht mehr gegeneinander ausspielen konnten.

Guerillakrieg: Als Guerilla (dt.: der „kleine Krieg") oder Partisanenkrieg wird eine Kriegsführung bezeichnet, bei der die schwächere Seite Schlachten vermeidet. Stattdessen werden Hinterhalte gelegt und Überfälle durchgeführt. Oft beteiligen sich auch Zivilisten, d.h. sie kämpfen einige Wochen und kehren dann in ihren Heimatort zurück. Für die Gegenseite ist nur schwer zu erkennen, wer Kriegsteilnehmer und wer Zivilist ist, deshalb tendieren solche Konflikte zu extremer Grausamkeit.

„Join, or die."
Holzschnitt nach einem Entwurf von Benjamin Franklin.
Die Zeichnung erschien erstmals am 9. Mai 1754 in der „Pennsylvania Gazette" und gilt als die erste politische Karikatur Nordamerikas. An anderer Stelle hat Franklin einmal gesagt: „Entweder wir halten zusammen oder hängen einzeln."
Benjamin Franklin (1706–1790) war zunächst Buchdrucker und Zeitungsmacher, dann Schriftsteller, Erfinder, Politiker und später auch Gesandter seiner Heimat in Großbritannien und Frankreich. Weitere Informationen zu Franklin finden Sie auf Seite 76.

▶ Interpretieren Sie die Karikatur. Berücksichtigen Sie dabei die Entstehungszeit und das Motto.

Folgen der Konflikte | 1763 wurde in Paris Frieden geschlossen. Großbritannien war der eindeutige Sieger und hatte erhebliche Territorien in Nordamerika gewonnen. Es erhielt u. a. das französische Quebec und das spanische Florida zugesprochen. Großbritannien war zur allein bestimmenden Kolonialmacht in Nordamerika geworden. Die Franzosen waren als Konkurrent ausgeschaltet. Allerdings war der Preis für diesen Sieg hoch: Die britische Regierung stand vor einer Staatsverschuldung, die über 130 Millionen Pfund betrug und für die jedes Jahr Zinsen von etwa fünf Millionen Pfund fällig waren. Diese sehr hohe Summe musste so schnell wie möglich reduziert werden. Intensiv wurde in Großbritannien über eine Neuordnung des Empires diskutiert. Immerhin brachten manche Briten im Mutterland bis zu 26-mal mehr Steuern pro Kopf auf als Briten in Nordamerika. Deshalb hatten später britische Steuerzahler nur wenig Verständnis für die Proteste der amerikanischen Siedler.

Die neu eroberten Gebiete in Nordamerika wurden sofort direkt der Krone unterstellt. Die Gebirgskette der Appalachen wurde zudem als Grenze der Kolonien festgelegt. Das Territorium westlich davon wurde der indigenen Bevölkerung überlassen, und die weitere Besiedelung des Westens wurde verboten. Damit sollten erstens Konflikte mit den Native Americans vermieden werden. Zweitens sollten Kolonisten daran gehindert werden, nach Westen weiterzuwandern und sich damit dem britischen Zugriff zu entziehen. Weiterhin wurde begonnen, die bestehenden Gesetze im ökonomischen Bereich viel stärker als zuvor zu überwachen. Unter den Siedlern, die sich an die lockere britische Herrschaft gewöhnt hatten und die zudem im Krieg gegen Frankreich loyal ihre Pflicht erfüllt hatten, verbreitete sich Empörung. Hierzu trug bei, dass deutlich mehr britische Truppen als vor dem Krieg in den Kolonien stationiert wurden und dass diese auf Kosten der Kolonisten untergebracht und versorgt werden sollten. Viele adlige britische Offiziere behandelten die selbstbewussten Kolonisten, die auf ihre Freiheitsrechte pochten, zudem mit Herablassung oder sogar mit offener Verachtung und hielten sie für primitive Bauern.

Die neuen Steuergesetze | Ohne Rücksicht auf die Stimmung der amerikanischen Siedler zu nehmen, änderte die britische Regierung ihre Steuerpolitik. Die hohen Steuern auf Zuckerrohrsirup (Melasse), einem Vorprodukt von Rum, wurden gesenkt, aber nur, um auf diese Weise den weit verbreiteten Schmuggel unattraktiv zu machen. Zugleich wurden 1764 im *Zuckergesetz (Sugar Act)* neue hohe Steuern auf Kaffee, Seide, Wein und weitere Waren erhoben, wenn diese aus Häfen eingeführt wurden, die nicht zum britischen Reich gehörten. Außerdem wurde den lokalen Gerichten der Siedler die Aufsicht über die Abgaberechte entzogen, weil diese sehr milde geurteilt und häufig sogar an dem Schmuggel mitverdient hatten. Ferner wurde den Kolonien verboten, eigenes Geld zu drucken. 1765 folgte das *Steuermarkengesetz (Stamp Act)*, von dem sich die Regierung in London Mehreinnahmen in Höhe von etwa 100 000 Pfund erhoffte (→M1). Nicht nur alle offiziellen Dokumente, sondern auch alle Papierprodukte wie Zeitungen oder Spielkarten mussten mit einem Steuerstempel versehen werden. Die neuen Maßnahmen trafen in den Kolonien mit einer wirtschaftlichen Krise zusammen, die den Kriegsboom abgelöst hatte.

Der Protest der Kolonialparlamente bewirkte nichts. Ihrer Meinung nach waren nur sie berechtigt, Steuern zu beschließen, weil keine Abgeordneten der Kolonien im Londoner Parlament vertreten waren. Die Forderung *„No taxation without representation"* wurde schnell populär. Aus Protest trafen sich Vertreter von neun Kolonialparlamenten im Oktober 1765 in New York zum *Stamp Act Congress*. Sie richteten Petitionen an den König, an das Oberhaus und das Unterhaus in London und legten dar, dass sie nur Steuern zahlen würden, wenn ihre eigenen Abgeordneten zugestimmt hätten (→M2).

Stempelsteuermarke.
Faksimile einer Stempelsteuermarke von 1765.

„Sons of liberty" | Zugleich organisierten vor allem Kaufleute aus den großen Hafenstädten offenen Widerstand gegen die ungeliebten Gesetze. Sie riefen dazu auf, alle englischen Waren zu boykottieren. Die *„Sons of liberty"* (dt.: „Söhne der Freiheit") wurden als eine Geheimgesellschaft gegründet. Da sich ihr sowohl viele Handwerker (Sattler, Schreiner, Maler, Schmiede, Drucker und Schreiber) als auch Lehrer und Juristen anschlossen, fand hier ein regelrechter Demokratisierungsprozess statt. Viele Händler, die vorher vom Schmuggel profitiert hatten, schlossen sich der Bewegung an, weil ihre wirtschaftliche Existenz bedroht war. Die „Sons of liberty" waren auch zu gewalttätigen Aktionen bereit. Sie überwachten den Warenboykott und verhinderten den Verkauf von Steuermarken. In vielen Fällen wurden britische Beamte verprügelt oder geteert und gefedert. Diese Prozedur war schmerzhaft, extrem unangenehm und erniedrigend, verlief aber nicht tödlich. Der Boykott war erfolgreich, und bis Ende 1765 gingen die Steuereinnahmen auf 30 500 Pfund zurück. Die britische Regierung und das Parlament in London agierten in der Folge planlos. Anfang 1766 wurde das Steuermarkengesetz wieder aufgehoben. Zugleich wurde aber im sogenannten *Deklarationsgesetz (Declaratory Act)* erklärt, dass die Kolonien der Krone und dem britischen Parlament untergeordnet seien. Deshalb hätten die Kolonisten auch nicht das Recht über ihre eigene Besteuerung zu bestimmen. Aber schon 1767 wurden mit den *Townshend-Gesetzen* – benannt nach dem britischen Schatzkanzler Charles Townshend – erneut Zölle erhoben: Diesmal waren besonders Importe von Gebrauchsgegenständen wie Glas, Blei, Farben, Papier und Tee betroffen. Wahrscheinlich wäre ein Kompromiss möglich gewesen, wenn es nur um die einzelnen Steuern gegangen wäre, aber der Konflikt wurde immer mehr zu einem Prinzipienstreit (→M3).

Teekanne aus dem Jahr 1766.
Der Schriftzug ruft zur Abschaffung des Stamp Act auf.

Gründe für die widersprüchlichen britischen Reaktionen | Neben den hohen Staatsschulden gab es in England weitere Probleme. 1760, noch im *Siebenjährigen Krieg* (1756–1763), war in England König *Georg II.* gestorben und sein Enkel bestieg als *Georg III.* den Thron. Im Vergleich zu seinem Vorgänger versuchte er, seine Herrschaft in England deutlich zu stärken. Dies löste schwere und kontinuierliche Konflikte mit dem Parlament aus, das nicht bereit war, Rechte abzutreten. Dem König wurde vorgeworfen, seine Kompetenzen zu übertreten. In der Öffentlichkeit wurde er gelegentlich als ein Tyrann bezeichnet, der die Grenzen seiner Macht überschreite. Die anti-monarchische Propaganda, die später im Amerikanischen Unabhängigkeitskrieg[1] erfolgreich sein sollte, bestand also schon mehr als zehn Jahre vorher in England. Außerdem gab es im Parlament permanente Intrigen und Streitigkeiten zwischen einzelnen mächtigen Persönlichkeiten und Gruppierungen, die versuchten, sich ohne Rücksicht auf Inhalte gegenseitig Einfluss streitig zu machen.

Die Krise um das Stempelsteuergesetz traf die britische Regierung völlig unvorbereitet, weil sie überhaupt nicht mit einer derartigen Zuspitzung gerechnet hatte. Außerdem war vielen Akteuren in London nicht klar, dass bereits in den Jahrzehnten zuvor ein schleichender, aber kontinuierlicher Autoritätsverlust der britischen Behörden stattgefunden hatte. Da die Mehrheiten im englischen Parlament wechselten und Regierungen oft instabil waren, schwankte der Kurs gegenüber den Kolonisten zwischen einer harten und einer kompromissbereiten Linie, je nachdem, welche Gruppierung sich gerade im Parlament durchsetzte. Dies bestärkte wiederum die amerikanischen Proteste, denn die Siedler machten die Erfahrung, dass sie mit ihren Aktionen indirekt Einfluss auf die Politik des Parlaments nehmen konnten. Ein weiteres Problem stellte die große Entfernung dar. Manchmal dauerte es Monate, bis Nachrichten aus den Kolonien London erreicht hatten und die Antwort wieder in Amerika eintraf. Da zugleich aber das politische Leben weiterging, handelte das englische Parlament häufig in einer gewissen Unsicherheit, was eigentlich genau in den Kolonien geschah. Oft wurden Entscheidungen getroffen, die durch die Entwicklungen vor Ort bereits überholt oder nicht mehr durchführbar waren.

Weitere Eskalation: das „Boston Massacre“ | Wiederum entstand sehr schnell eine breite Boykottbewegung, die dazu aufrief, die Importe durch einheimische Produkte zu ersetzen. Auch eskalierte die Gewalt gegen britische Beamte und gegen amerikanische Siedler, die sich nicht der Boykottbewegung anschlossen. Daraufhin wurden zwei zusätzliche Regimenter britischer Soldaten nach Boston verlegt. Polarisierend wirkte das sogenannte „Boston Massacre“ von 1770, auch wenn das Wort Massaker übertrieben wirkt. Eine Gruppe britischer Soldaten wurde am 5. März von einer großen Menschenmenge aggressiv bedrängt. Es kam zu Beleidigungen und Handgreiflichkeiten, woraufhin sich ein Schuss löste und die Soldaten das Feuer eröffneten. Dabei kamen drei Menschen ums Leben und acht wurden verwundet, von denen zwei später starben. Die folgende Gerichtsverhandlung vor einem amerikanischen Gericht war sehr fair und gestand den Soldaten zu, dass sie geglaubt hätten, sich in einer Notwehrsituation befunden zu haben. Nur einen Monat später wurden auch die Townshend-Gesetze wieder zurückgenommen. Dies wurde von der aufgehetzten Bevölkerung aber kaum zur Kenntnis genommen. Die Bewegung hatte ihre ersten Märtyrer, und die Beerdigung der Opfer wurde zu einer anti-britischen Demonstration umfunktioniert. Die „Sons of liberty“ hatten einen derartigen Zulauf, dass die Führung die große Anhängerschaft, die sich zunehmend radikalisierte, kaum noch kontrollieren konnte. In Boston bestand ohnehin in den unteren Schichten ein erhebliches Unruhepotenzial. Neu war allerdings, dass nun die Eliten und die Unterschichten kooperierten.

[1] Zum Amerikanischen Unabhängigkeitskrieg siehe das Kapitel ab Seite 58.

„The Bloody Massacre in King-Street, March 5, 1770."
Kolorierter Kupferstich (Ausschnitt) von dem aus Boston stammenden Silberschmied Paul Revere, 1770. Dieser populäre Kupferstich ist typisch für die amerikanische Bildpropaganda. Er zeigt wehrlose Bürger, die von britischen Truppen kaltblütig zusammengeschossen werden. Dargestellt wird nicht eine wütende Menschenmenge, die ihrerseits die Soldaten bedroht, sondern anständige Bostoner Bürger. Auch fehlt eines der Todesopfer: Crispus Attucks war ein Farbiger, der als Gelegenheitsarbeiter im Hafen arbeitete. Offenbar wurde er aus rassistischen Gründen nicht abgebildet.

Der Wendepunkt: die „Boston Tea Party" | Anfang 1773 geriet die East India Company, die vor allem in Indien tätig war, in finanzielle Schwierigkeiten. Sie war die wichtigste britische Handelskompanie. Um sie finanziell zu entlasten, wurde ein Gesetz erlassen, das den Teeimport dieser Gesellschaft nach Amerika erleichterte und verbilligte. Die Regierung hoffte auf steigende Gewinne durch steigende Umsätze. Eigentlich hätte dies die Amerikaner zufriedenstellen sollen, aber es blieben die verhassten Steuern und vor allem bestand weiterhin keine Möglichkeit, bei den Abgaben mitzubestimmen. Außerdem waren durch die billigen Importe amerikanische Teehändler nicht mehr konkurrenzfähig.

East India Company: Die englische Ostindienkompanie wurde 1600 als Aktiengesellschaft gegründet. Sie bildete das Rückgrat des britischen Imperiums in Asien. Die Kompanie verfügte über eine eigene Verwaltung, hatte das Recht, selbstständig Verträge zu schließen und stellte Söldnerarmeen und Flotten auf.

Eine weitere Aktion heizte die Stimmung an. Anfang Dezember 1773 weigerte sich die Stadtverwaltung von Boston, der Entladung von drei Teeschiffen, die im Hafen lagen, zuzustimmen. Viele Details der folgenden Vorfälle sind ungeklärt: Die Angaben, wie viele Menschen sich beteiligten, schwanken stark, wahrscheinlich waren es zwischen 50 und 100 Männer, einige Quellen geben aber auch höhere Zahlen an. Die Teilnehmer, die sich als „Indianer" verkleidet hatten, stürmten in der Nacht vom 16. auf den 17. Dezember im Hafen von Boston die Dartmouth. Dieses Schiff hatte etwa 45 Tonnen Tee aus Ostindien geladen, der etwa 10 000 Pfund wert war. Unter großem Geschrei wurde dieser Tee ins Wasser geworfen. Da die Aktion mehrere Stunden dauerte, wurde eine unbekannte Zahl von Schaulustigen angelockt. Die Obrigkeit reagierte nicht: Weder Soldaten noch Sheriffs ließen sich blicken. Wegen der aufwändigen Verkleidungen kann es sich nicht um eine spontane Aktion gehandelt haben, wie später aber gelegentlich behauptet wurde. Mit der später ironisch als *„Boston Tea Party"* bezeichneten Aktion war ein Wendepunkt im Konflikt zwischen Kolonien und Mutterland erreicht (→M4).

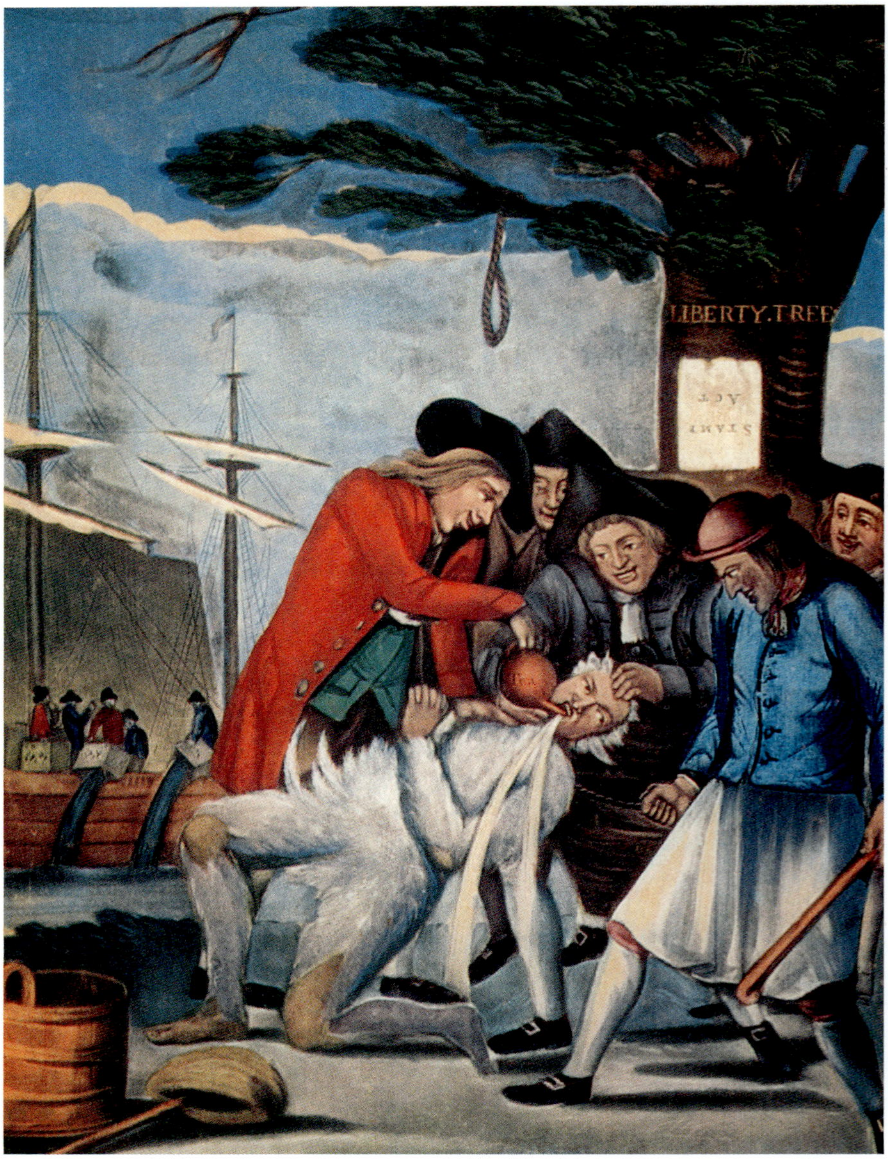

Geteert und gefedert.
Nachträglich kolorierte Zeichnung von 1774, veröffentlicht in einer britischen Zeitung.
Die Zeichnung zeigt einen Steuerbeamten, der von einer Gruppe rebellischer Bostoner geteert und gefedert wird. Zudem wird der Beamte gezwungen, Tee zu trinken. Am Baum hängt ein Papier mit den auf dem Kopf stehenden Worten „Stamp Act". Im Hintergrund schütten Personen den Inhalt einer Schiffsladung ins Wasser.

- Arbeiten Sie die Elemente aus der Zeichnung heraus, die darauf hindeuten, dass es sich hierbei um eine propagandistische Darstellung handelt.

Die „Unerträglichen Gesetze" | Diesmal reagierte die britische Seite sehr hart. Zweimal hatte das Parlament den Siedlern nachgegeben, doch diesmal waren diese zu weit gegangen (→M5). Immer mehr Engländer plädierten dafür, die Kolonisten jetzt mit militärischer Gewalt zu unterwerfen. Nach Bekanntwerden der Nachrichten beschloss das Parlament 1774 vier Gesetze, denen jetzt auch Abgeordnete der gemäßigten Richtung zustimmten. Diese *Coercive Acts* (engl. coercive: zwingen, etwas erzwingen) bezeichneten die Kolonisten als *„Unerträgliche Gesetze"* (*„Intolerable Acts"*). Im Einzelnen bestimmten sie:

- Der Hafen von Boston sollte vorübergehend stillgelegt werden, bis die Stadt für den Tee bezahlt haben würde.
- Die lokalen Versammlungen verloren das Recht der Selbstregierung, und die Gemeindeversammlungen in Massachusetts wurden direkt unter die Kontrolle des Königs gestellt.
- Bewohner der Kolonien und vor allem Beamte, die des Verrates beschuldigt wurden, sollten nicht mehr vor amerikanischen Gerichten, sondern in London oder in anderen Teilen des Empires vor Gericht gestellt werden.
- Die britischen Truppen sollten aufgestockt und bei Bedarf auch in Privathäusern einquartiert werden können.

Eine weitere Bestimmung – das *Quebec-Gesetz (Quebec Act)* – war zwar nicht direkter Bestandteil dieser Gesetze, sie hätte aber, wenn sie durchgeführt worden wäre, weitreichende Folgen gehabt: Ein großer Teil des Ohiogebietes wurde Kanada zugeschlagen, um das Territorium der Kontrolle der Kolonisten zu entziehen. Damit wäre der weiteren Westexpansion der nordamerikanischen Kolonien ein Riegel vorgeschoben worden.

Viele Historiker sind heute der Meinung, dass bereits die „Boston Tea Party" und ihre Folgen den Beginn der Amerikanischen Revolution markiere. Zweimal hatte das britische Parlament versucht, die Kolonisten finanziell stärker an den Kosten zu beteiligen, und zweimal waren die Maßnahmen wegen der starken Proteste wieder zurückgenommen worden. Ein drittes Mal sollte es – aus britischer Perspektive – nicht mehr geben.

The Hated Stamp.
Holzschnitt aus dem „Pennsylvania Journal", 1765.
Das „Stamp Act" traf vor allem die Zeitungsmacher. Sie protestierten mit solchen Cartoons auf den Titelblättern ihrer Zeitungen gegen das Gesetz.

- Beschreiben Sie den Holzschnitt.
- Erläutern Sie die beabsichtigte Wirkung der Abbildung auf die Bevölkerung.
- Beurteilen Sie, inwieweit die Presse die Öffentlichkeit für ihre Interessen instrumentalisierte.

M1 The Stamp Act

In Großbritannien wird eine „Stempelsteuer" erhoben. Am 22. März 1765 beschließt das britische Parlament mit großer Mehrheit, diese Steuer in Zukunft auch in seinen nordamerikanischen Kolonien zu erheben. Im Beschluss heißt es:

Es sei hiermit verordnet [...], dass vom [1.11.1765] an und hernach in den Kolonien in Amerika, die derzeit oder künftig der Herrschaft seiner Majestät, seiner Erben und Nachfolger unterstehen, erhoben, auferlegt, gesammelt und an seine Majestät gezahlt werden soll:
Für jedes Stück Pergament oder Blatt Papier, auf dem bei welchem Gerichtshof in den britischen Kolonien in Amerika auch immer, eine Erklärung, Prozessverteidigung, Erwiderung, Replik[1], Einwendung oder ein Gesuch, handschriftlich oder gedruckt, abgefasst werden wird, sowie für jede Kopie davon, eine Stempelsteuer von drei Pence. [...]
Für jedes Blatt, auf welchem [...] ein Seefrachtvermerk oder Seefrachtbrief – für welche Art von Gütern, Waren, Handelsartikeln, die aus den genannten Kolonien und Ansiedlungen ausgeführt werden sollen, er auch immer angefertigt worden sein mag – oder eine Tilgung oder eine im Bereich der genannten Kolonien gewährte Freigabe abgefasst ist, eine Stempelsteuer von vier Pence. [...]
Und für jede Packung Spielkarten und alle Würfel, die verkauft oder benutzt werden [...], [werden] folgende Stempelsteuern [erhoben]:
Für jede Packung solcher Karten die Summe von einem Schilling. Und für jedes Paar solcher Würfel die Summe von zehn Schillingen. [...]
Für ein Pamphlet[2] und eine solche Schrift, die höchstens einen halben Bogen[3] umfasst [...], eine Stempelsteuer von einem Halfpenny pro gedruckter Kopie. [...]
Für jede in einer Gazette[4], Zeitung oder einer anderen Schrift oder einem Pamphlet erhaltene Anzeige [...] eine Steuer von zwei Schilling. [...]
Für jeden Almanach[5] oder Kalender für ein bestimmtes Jahr oder einen beliebigen Zeitraum darunter, der nur einseitig [...] beschriftet oder bedruckt ist [...], eine Stempelsteuer von vier Pence. [...]
Vergehen gegen [...] Gesetze des Parlaments hinsichtlich des Handels oder der Steuereinnahmen [...] werden in einem öffentlichen Gerichtshof oder in einem Admiralitätsgerichtshof [...] zur Verhandlung gebracht.

Angela und Willi Paul Adams (Hrsg.), Die Entstehung der Vereinigten Staaten und ihrer Verfassung. Dokumente 1754–1791, Münster 1995, S. 78f.

1. Beschreiben Sie anhand der Materialien, die Sie täglich benutzen, was alles unter das Stempelsteuergesetz fiel.
2. Erläutern Sie die Motive der Krone für das Stempelsteuergesetz.
3. Überprüfen Sie, ob die Maßnahme, Würfel und Spielkarten zu besteuern, bestimmten gesellschaftlichen Vorstellungen entspricht.

M2 The Stamp Act Resolutions

Im April 1765 erreicht das „Stempelsteuergesetz" die Kolonien. Eine breite Protestwelle entsteht. In den Parlamenten der Kolonien wird das Stempelsteuergesetz verurteilt. Abgeordnete von neun Kolonien treffen sich illegal in New York und beschließen am 19. Oktober 1765:

- Es ist für die Freiheit eines Volkes unabdingbar und das unbezweifelte Recht von Engländern, dass ihnen keine Steuern auferlegt werden ohne ihre Zustimmung, die sie persönlich oder durch ihre Abgeordneten erteilt haben.
- Das Volk dieser Kolonien ist im Unterhaus von Großbritannien nicht vertreten und kann es wegen der geografischen Gegebenheiten auch nicht sein.
- Die einzigen Vertreter des Volkes dieser Kolonien sind Personen, die von ihm selbst gewählt worden sind. Keine

1 **Replik**: Entgegnung

2 **Pamphlet**: Flugschrift, Broschüre
3 **Bogen**: Ein Druckbogen hat 16 Seiten.
4 **Gazette**: Zeitung
5 **Almanach**: Jahrbuch mit Kalender und Texten

Steuern sind ihm jemals in verfassungsmäßiger Weise auferlegt worden und können ihm in Zukunft auferlegt werden, außer durch seine jeweiligen Legislativen.

- Da alle Bewilligungen für die Krone freiwillige Gaben des Volkes sind, ist es unvernünftig und unvereinbar mit den Grundsätzen und dem Geist der britischen Verfassung, dass das Volk Großbritanniens Seiner Majestät das Eigentum der Bewohner der Kolonien übereignet. […]
- Dass die Stempelsteuerakte, die den Einwohnern dieser Kolonien Steuern auferlegt […], offenbar den Umsturz der Rechte und Freiheiten der Kolonisten erstreben. […]
- Dass die Zölle, die durch verschiedene frühere Parlamentsbeschlüsse verhängt wurden, extrem belastend und kränkend sind; wegen der Verknappung des Hartgeldes ist ihre Bezahlung absolut nicht zu verwirklichen.
- Da die Gewinne aus dem Handelsverkehr der Kolonien letztlich in Großbritannien zusammenfließen und sie ihrerseits die Fabrikate bezahlen, die sie nur von dort beziehen dürfen, so leisten sie dadurch praktisch einen sehr großen Beitrag zu allen Geldbewilligungen, die der Krone dort gewährt werden.
- Dass die durch verschiedene Parlamentsbeschlüsse kürzlich auferlegten Handelsbeschränkungen diesen Kolonien die Möglichkeit nehmen, die Fabrikate Großbritanniens zu kaufen.
- Dass Wachstum, Wohlergehen und Glück dieser Kolonien vom vollen und freien Genuss ihrer Rechte und Freiheiten, sowie von einem gegenseitig freundschaftlichen und gewinnbringenden Verkehr mit Großbritannien abhängen.
- Dass den britischen Untertanen in diesen Kolonien das Recht zusteht, Bittschriften beim König sowie bei jedem Parlamentshaus einzureichen.

Basierend auf: Willi Paul Adams und Angela Meurer Adams (Hrsg.), Die Amerikanische Revolution in Augenzeugenberichten, München 1976, S. 51, und Fritz Wagner, USA. Geburt und Aufstieg der neuen Welt. Geschichte in Zeitdokumenten 1607–1865, München 1947, S. 44 f.

1. Beschreiben Sie die Argumentation des Stempelsteuerkongresses.
2. Erläutern Sie anhand von M1 und M2 den Zusammenhang von Wirtschaft und Politik. | H
3. Nehmen Sie aus der Sicht des britischen Parlamentes Stellung zu den Vorwürfen und leiten Sie mögliche Reaktionen daraus ab (M1 und M2). | H

M3 Natürliches und verfassungsmäßiges Recht

Am 11. Februar 1768 entsendet das Repräsentantenhaus von Massachusetts einen Rundbrief an die anderen Kolonialparlamente:

Es ist ein wesentliches, unabänderliches Recht, Bestandteil der Natur der englischen Verfassung und ein Grundrecht, das von den Untertanen im Mutterland immer als heilig und unantastbar betrachtet wurde, dass die Güter, die ein Mensch ehrlich erworben hat, uneingeschränkt sein Eigentum sind. Er kann freiwillig davon abgeben, aber sein Eigentum kann ihm nicht gegen seinen Willen genommen werden. Ganz unabhängig von ihren in den Gründungsurkunden und Freibriefen zugesicherten Rechten dürfen die Untertanen in Amerika daher dieses natürliche und verfassungsmäßige Recht für sich mit der Unerschrockenheit beanspruchen, die dem Charakter freier Menschen und Untertanen angemessen ist. […] Die Gesetze, die dort [im Parlament von Westminster] gemacht worden sind und Abgaben von den Bewohnern dieser Provinz mit dem alleinigen und klar ausgedrückten Zweck der Erhebung von Steuergeldern verlangen, sind eine Verletzung ihrer natürlichen und verfassungsmäßigen Rechte. Denn da sie im britischen Parlament nicht repräsentiert sind, vergibt das Unterhaus seiner Majestät in Britannien durch diese Gesetze ihren Besitz ohne ihre Zustimmung. Dieses Repräsentantenhaus ist weiterhin der Meinung, dass seine Wähler in Anbetracht der örtlichen Verhältnisse auf keinen Fall im Parlament repräsentiert sein können und dass es auch in Zukunft unpraktikabel sein wird, dass sie dort gleichmäßig vertreten sein können; und dass sie folglich in einem Land von dem sie 3 000 Seemeilen weit entfernt sind, überhaupt nicht repräsentiert sind. […]
Und da wir guten Grund für die Annahme haben, dass die Feinde der Kolonien uns den Ministern Seiner Majestät und dem Parlament als abtrünnige und unloyale Untertanen hingestellt haben, die geneigt sind, sich vom Mutterland unabhängig zu machen, nutzen wir die Gelegenheit, Seiner Majestät und seinen Ministern in den untertänigsten Worten zu versichern, dass wir keinen Zweifel daran hegen, dass dieser Vorwurf, was das Volk dieser Provinz und aller anderen Kolonien angeht, ungerechtfertigt ist.

Angela und Willi Paul Adams (Hrsg.), a. a. O., S. 60 f.

1. Geben Sie den Inhalt der Quelle mit eigenen Worten wieder.
2. Charakterisieren Sie die Motive, die diesem Rundbrief zugrunde liegen.
3. Analysieren Sie, was mit dem Begriff der „natürlichen und verfassungsmäßigen Rechte" (Zeile 17 f.) gemeint ist.

„Boston Tea Party."
Kolorierter Kupferstich aus der 1789 in London veröffentlichten „History of North America" von W. D. Cooper.

► Der Kupferstich weicht an einem wichtigen Punkt von dem überlieferten Geschehen ab. Arbeiten Sie diesen heraus und erläutern Sie die Intention des Künstlers.

M4 „Das Volk sollte sich nie erheben, ohne etwas Erinnerungswürdiges zu tun …"

Nach der „Boston Tea Party" schreibt John Adams[1] am 17. Dezember 1773 in sein Tagebuch:

Gestern Abend wurden drei Ladungen Bohea-Tee ins Meer geschüttet. Heute Morgen segelt ein Kriegsschiff los [nach England].

Dies ist die bisher großartigste Maßnahme. Dieses letzte Unternehmen der Patrioten hat eine Würde, eine Majestät, eine Erhabenheit an sich, die ich bewundere. Das Volk sollte sich nie erheben, ohne etwas Erinnerungswürdiges zu tun – etwas Beachtenswertes und Aufsehenerregendes. Die Vernichtung des Tees ist eine so kühne, entschlossene, furchtlose und kompromisslose Tat, und sie wird notwendigerweise so wichtige und dauerhafte Konsequenzen hervorrufen, dass ich sie als epochemachendes Ereignis betrachten muss.

Dies war nur ein Angriff auf Eigentum. Ähnlicher Gebrauch der Volksgewalt kann zur Vernichtung von Menschenleben führen. Viele wünschten, dass im Hafen ebenso viele Leichen wie Teekisten schwämmen – eine viel geringere Zahl von Menschenleben jedoch würde die Ursache all unseres Unglücks beseitigen.

Die bösartige Genugtuung, mit der Hutchinson, der Gouverneur […] und die Zollkommissare die schwierige Lage des Volkes bei dem Kampf um die Rücksendung des Tees nach London und zum Schluss auch die Vernichtung des Tees

[1] **John Adams** (1735–1826): Der Jurist kam aus einer puritanischen Familie aus Massachusetts. Er unterstützte die Unabhängigkeitsbewegung und beteiligte sich an der Abfassung der Unabhängigkeitserklärung (siehe M1, Seite 65 f.). Er wurde 1789 Vizepräsident und 1797 zweiter Präsident der Vereinigten Staaten.

mit angesehen haben, ist unglaublich. Man kann sich kaum vorstellen, dass es so gewissenlose und hemmungslose Menschen gibt. Welche Maßnahmen wird das Ministerium ergreifen? Werden sie empört sein? Werden sie es wagen, empört zu sein? Werden sie uns bestrafen? Wie? Indem sie Truppen einquartieren? Die Gründungsurkunde widerrufen? Noch höhere Zölle einziehen? Unseren Handel beschränken? Sich an Einzelnen rächen? Oder wie?
Die Frage ist, ob die Vernichtung des Tees nötig war. Ich fürchte, sie war absolut notwendig. Er konnte nicht zurückgeschickt werden, weil Gouverneur, Admiral und der Zoll es nicht erlaubten. Allein in deren Macht lag es, den Tee zu retten. An der Wasserfestung und den Kriegsschiffen wären die Teeschiffe nicht vorbeigekommen. Die Alternative war daher, den Tee zu vernichten oder an Land zu bringen. Ihn an Land zu bringen, hätte bedeutet, dass wir das Besteuerungsrecht des Parlaments anerkennen, gegen das der Kontinent zehn Jahre lang gekämpft hat. Es hätte bedeutet, dass wir die Arbeit von zehn Jahren zunichte machen und uns und unsere Nachkommen den ägyptischen Sklaventreibern unterwerfen – den drückenden Abgaben, der Schmach und Schande, den Anschuldigungen und der Verachtung, dem Elend und der Unterdrückung, der Armut und der Knechtschaft.

Herbert Schambeck u.a. (Hrsg.), Dokumente zur Geschichte der Vereinigten Staaten von Amerika, Berlin ²2007, S. 69f.

1. Weisen Sie anhand der sprachlichen Elemente die Position Adams zur „Boston Tea Party" nach (siehe dazu nochmals die Darstellung auf Seite 43f.). | H | F
2. Präsentation: Entwickeln Sie zum selben Anlass einen Tagebucheintrag aus der Sicht eines Loyalisten (Königstreuen), der die britische Politik verteidigt.

M5 Die versklavte Nation

*Der Historiker Bernd Stöver (*1961) bewertet die Reaktion der Kolonien auf die britischen Gegenmaßnahmen nach der „Boston Tea Party" wie folgt:*

In den Ostküstenkolonien führte die harte britische Linie zum exakten Gegenteil dessen, was man sich in London versprochen hatte: Statt Einschüchterung bewirkten die Zwangsmaßnahmen sofort eine übergreifende Solidarisierung. [...] Es war [...] kein Zufall, dass sich der Begriff der Versklavten Nation (Enslaved Nation) langfristig zu einem weiteren zentralen Topos politischer Identität in den USA entwickelte, mit dem sich die Amerikaner nach ihrer Staatsgründung bis ins 21. Jahrhundert als Schutzmacht und Helfer jener Nationen weltweit empfahlen, die nach Freiheit strebten. Großbritannien und sein „despotischer König" übernahmen im traditionell manichäischen[1] Weltbild der Siedler die Rolle einer dunklen Macht, die die eigene Welt, die Welt der Freiheit und „des Lichts" bedrohte. Unabhängig von jedem Wirklichkeitsgehalt war dies nun die Basis, auf der sich religiöse Fundamentalisten und politische Radikale in der Unabhängigkeitsbewegung zusammenfinden konnten. In diesem Bild wurden zuletzt alle Gegner zu universalen Feinden einer politischen und religiösen Erneuerung der Welt, wie sie in den Kolonien über einhundert Jahre zuvor begonnen worden war. Zu speziellen Verrätern im eigenen Land erklärte man die sogenannten Loyalisten[2] oder Tories[3], die als Parteigänger der Briten die Rechte Großbritanniens verteidigten.

Bernd Stöver, Geschichte der USA. Von der ersten Kolonie bis zur Gegenwart, München ²2018, S. 93f.

1. Erklären Sie das Feindbild, dass der Historiker hier schildert.
2. Setzen Sie dieses Feindbild in Beziehung zu Ihren Kenntnissen der religiösen Sekten. | H

[1] **manichäisch**: mit drängendem Glauben; nach dem persischen Religionsgründer Mani aus dem 3. Jahrhundert n. Chr. benannt
[2] **Loyalist**: Königstreuer; zu den Loyalisten siehe auch Seite 52.
[3] **Tory**: Konservativer

Perspektiven der Konfliktparteien

Neue Formen von Öffentlichkeit | Bereits während des Widerstandes gegen den Stamp Act[1] waren neue Formen der Opposition erprobt worden, die sich später während des Unabhängigkeitskrieges[2] bewährten. Die Koordination von Protesten hatte eine intensive Kommunikation zwischen den einzelnen Kolonien erfordert, die zuvor fast überhaupt nicht existiert hatte. Neu gebildete *Committees of Correspondence* informierten sich gegenseitig über drohende britische Schritte. Große Teile der Bevölkerung waren vorher kaum am politischen Leben interessiert gewesen. Durch die stetige Eskalation wurden diese Gruppen nach und nach politisiert. Formen des Protestes wurden quasi eingeübt: Hierzu gehörten lokale Versammlungen, Flugblätter, Zeitungen und Pamphlete, Demonstrationen in den Straßen, Predigten in den Kirchen und lebhafte Diskussionen auf öffentlichen Plätzen oder in Wirtshäusern. Freiheitsbäume oder Freiheitsmasten symbolisierten den Willen zum Widerstand und regelmäßig wurden öffentlich Strohpuppen verbrannt, die englische Politiker oder Steuerbeamte darstellten. Zur Verbreitung von neuen Ideen trug der umfassende Grad der Alphabetisierung bei, der sehr viel höher als in vielen europäischen Ländern war. Auch ist vonseiten der Historiker angemerkt worden, dass diese Debatten einen hohen Unterhaltungswert in Gesellschaften boten, in denen es sonst nur wenig Ablenkung gab. In den Jahren vor dem Unabhängigkeitskrieg entstanden neue, moderne Formen von Öffentlichkeit und von öffentlicher Kommunikation (➔M1).

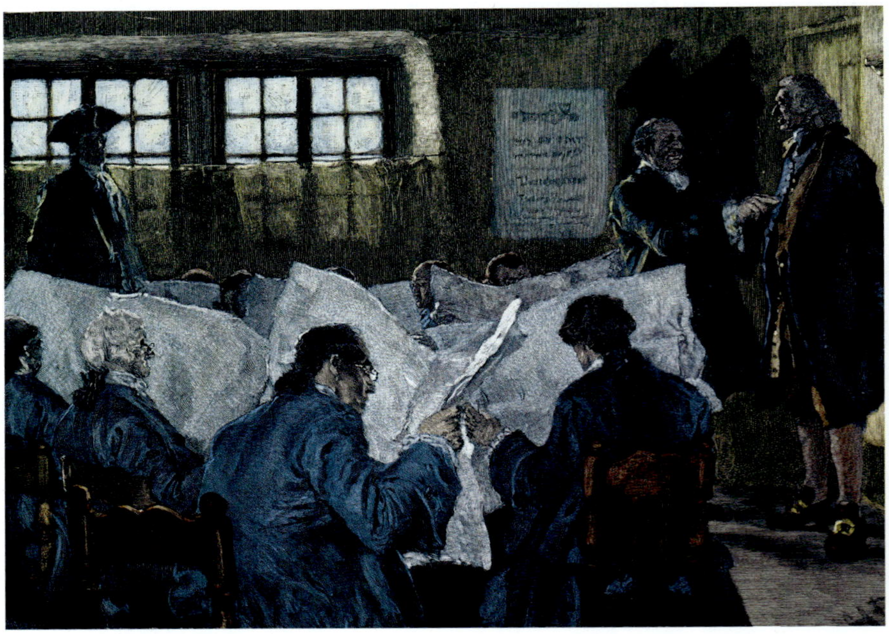

Im Lesesaal eines New Yorker Kaffeehauses, Ende 1700.
Kolorierter Holschnitt nach einer Illustration des US-Amerikaners Howard Pyle, um 1900.

Der erste Kontinentalkongress | An diesem vom 5. September bis 26. Oktober 1774 tagenden Kongress, der in Philadelphia stattfand, nahmen 56 Vertreter von 12 nordamerikanischen Kolonien teil, nur Georgia fehlte. Beruflich war die Vertretung homogen: Unter den Delegierten waren u. a. 30 Anwälte und Richter, neun Kaufleute und vier Handwerker. Jede Delegation hatte nur eine Stimme – eine Rücksichtnahme auf die kleinen Kolonien. Dieser Kongress verstand sich als ein Organ, das alle Kolonien repräsentierte. Der starke Einfluss der Protestanten war daran erkennbar, dass der Kongress

---

[1] Lesen Sie hierzu nochmals Seite 41.
[2] Über den Unabhängigkeitskrieg informiert das folgende Kapitel ab Seite 58.

nebenbei Glücksspiel, Wetten, Pferderennen, Boxveranstaltungen, Hahnenkämpfe und andere Vergnügungen verbot, die als unsittlich angesehen wurden. Allerdings scheint sich fast niemand an diese Anweisungen gehalten zu haben. Vor allem war es notwendig, eine einheitliche Wirtschaftspolitik und Boykottmaßnamen gegenüber Großbritannien zu verfolgen. Dies war, obwohl am Ende Einigkeit erreicht wurde, alles andere als einfach, weil die verschiedenen Kolonien unterschiedliche Interessen verfolgten. Wichtig war ferner, dass *Komitees* eingerichtet wurden, die die vom Kongress erweiterten Boykottmaßnahmen überwachen sollten. Damit erhielt der Kongress bürokratische und exekutive Werkzeuge, die nur ihm unterstanden. Zu diesem Zeitpunkt bestand noch die Hoffnung, dass ein Krieg gegen England vermieden werden könne. Vorsichtshalber wurden aber alle Kolonien aufgefordert, ihre **Milizen** zu vergrößern und kampfbereit zu machen. Die britische Marine reagierte auf die Beschlüsse des Kongresses mit einer Seeblockade, die allerdings noch Lücken aufwies. Die Kolonisten sollten wirtschaftlich in die Knie und zum Einlenken gezwungen werden.

Miliz (von lat. *militia*: Militärdienst): Bürger- oder Volksarmee, deren Angehörige nur kurzfristig ausgebildet und nur im Kriegsfall einberufen werden

Der erste Kontinentalkongress von 1774.
Undatierte Illustration.
Im Vordergrund ist der Rechtanwalt und Politiker Patrick Henry (1736–1799) bei einer Rede in Carpenters' Hall in Philadelphia (Pennsylvania) zu sehen. Der Rechtsanwalt bekleidete von 1776 bis 1779 sowie von 1784 bis 1786 das Amt des Gouverneurs von Virginia. Bereits am zweiten Versammlungstag des Kontinentalkongresses verkündete Henry: „Die Unterscheidung zwischen Virginiern, Pennsylvaniern, New Yorkern und Neuengländern hat aufgehört. Ich bin kein Virginier, sondern ein Amerikaner."
Diese Ansicht teilten damals noch längst nicht alle Delegierten.
Henry ging vor allem mit seiner „Give me liberty, or give me death!"-Rede von 1775 in die US-amerikanische Geschichte ein.

Bunker Hill Monument.
Foto vom Mai 2011.
Der knapp 64 m hohe Granitobelisk wurde in der ersten Hälfte des 19. Jahrhunderts zum Gedenken an die Schlacht von Bunker Hill in Charlestown (Massachusetts) errichtet.

Loyalisten und Patrioten | Die Anhänger der britischen Krone und diejenigen, die einen Konflikt mit Großbritannien vermeiden wollten, werden als *Loyalisten* bezeichnet. Diejenigen, die zu einer Rebellion tendierten, nannten sich oft *Patrioten*. Zeitgenössisch waren auch die Begriffe „Whigs“ (anti-britisch) und „Tories“ (pro-britisch) üblich (→M2). Leider wissen wir bis heute nicht, wie groß die Zahl derjenigen Menschen war, die keine Unabhängigkeit von Großbritannien wollten – zu diesen Zeiten gab es noch keine Meinungsumfragen. Viele Historiker vertreten aber die Meinung, dass die Zahl der Loyalisten lange deutlich unterschätzt worden sei. Wahrscheinlich waren mindestens 20 Prozent der Amerikaner streng königstreu. Während des Krieges stellten auch sie eigene Milizen auf, die aufseiten der Engländer kämpften. Viele weitere Amerikaner, die keine bekennenden Loyalisten waren, wollten keinen Krieg bzw. waren der Meinung, dass mit etwas gutem Willen ein Kompromiss zwischen den beiden Parteien gefunden werden könne. Andere sympathisierten zwar durchaus mit der Unabhängigkeit, hielten aber einen offenen Kampf gegen die Großmacht Großbritannien militärisch für aussichtslos. Entscheidend war, dass sich in den Monaten vor Kriegsausbruch auf beiden Seiten stets die „Hardliner“ durchsetzten, die keinen Kompromiss wollten, sondern unversöhnlich den Konflikt schürten.

Die ersten Gefechte | Niemals ist geklärt worden, wer den ersten Schuss abgegeben hat. London hatte den Generälen in Amerika die Anweisung gegeben, scharf durchzugreifen. Daraufhin wurden britische Truppen entsandt, um ein Waffendepot der Kolonisten in Concord zu beschlagnahmen, das ungefähr 30 Kilometer von Boston entfernt lag. Die Kolonisten hatten aber mit einer derartigen Aktion gerechnet, und durch ein gut vorbereitetes System von schnellen Reitern wurden alle Milizen der Region alarmiert. Als die Briten am 19. April 1775 auf eine kleine Miliztruppe trafen, kam es zunächst zu wüsten Beschimpfungen und dann löste sich ein Schuss, möglicherweise aus Versehen. Bei der folgenden Schießerei starben acht Kolonisten, ein Engländer wurde verwundet. In Concord war inzwischen das Waffenlager von den Siedlern fast völlig geräumt worden. Als die Briten nach Boston zurückmarschieren wollten, sahen sie sich einer Übermacht gegenüber. Der Abmarsch gestaltete sich zu einem Spießrutenlauf: Die Engländer wurden aus Gebäuden, aus Büschen und aus anderen Hinterhalten permanent beschossen und hatten erhebliche Verluste zu beklagen. Im Juni folgte das nächste große Gefecht bei *Bunker Hill*. Zwar mussten sich die Kolonisten hier zurückziehen, doch waren die britischen Verluste viel höher als die der Amerikaner.

Der Zweite Kontinentalkongress | Dieser vom 10. Mai 1775 bis zum 1. März 1783 tagende Kongress war schon länger vorbereitet worden, doch bekam er durch die ersten Gefechte einen völlig anderen Charakter als geplant. Zunächst erhielten die Radikalen einen erheblichen Zulauf. Dennoch wollte die Mehrheit, vor allem die Kaufleute der Kolonien am Mittelatlantik und die Pflanzer im Süden, immer noch einen großen Krieg vermeiden, weil für sie ökonomisch zu viel auf dem Spiel stand. Sie suchten noch einmal nach einem Kompromiss. Faktisch stellte dieser Kongress aber die Vorform einer ersten amerikanischen Regierung dar, und die Kolonisten befanden sich bereits im Krieg, auch wenn dieser noch nicht formell erklärt war.

Der Kongress war deshalb gezwungen, weitere Vorbereitungen zu treffen, die eskalierend wirkten. Hierzu gehörten Fragen der Geldbeschaffung, der Rüstung, die weitere Ausgestaltung des Boykotts, der Aufbau eines landesweiten Nachrichten- und Transportwesens und der Aufbau einer Armee. Am 26. Mai 1775 wurde der Verteidigungsstatus (state of defence) für alle Kolonien ausgerufen, und im Juni 1775 wurde *George Washington*[1], ein erfahrener und beliebter Offizier, zum Oberbefehlshaber ernannt. Dies war auch ein politisches Signal an den Süden, weil Washington ein sehr

[1] Ausführliche Informationen zu George Washington finden Sie auf Seite 75.

reicher Plantagenbesitzer aus Virginia war. Damit sollte britischen Versuchen ein Riegel vorgeschoben werden, den Süden und den Norden auseinanderzubringen. Der letzte Schritt zur Eskalation fand statt durch eine Erklärung des britischen Königs. Er hatte sich einerseits geweigert, eine Petition, in der noch einmal ein Kompromiss angeboten wurde, zur Kenntnis zu nehmen. Andererseits hatte er die Amerikaner öffentlich pauschal zu Rebellen erklärt, gegen die hart durchzugreifen sei. Damit war der offene Krieg unausweichlich geworden.

Der zweite Kontinentalkongress entwickelte sich wie erwähnt in den folgenden Jahren faktisch zu einer Art von amerikanischer Regierung, auch wenn er wegen der militärischen Entwicklungen mehrfach den Tagungsort wechseln musste. Seine Aufgaben waren schwierig und der Kongress war ständig überfordert. Er verfügte über kein eigenes Budget, musste aber sehr hohe Geldsummen organisieren. Der Kongress hatte nicht das Recht, eigene Steuern zu erheben. Hinzu kam die Organisation der Versorgung von Washingtons Kontinentalarmee. Häufig fehlte es am Nötigsten, und oft konnte auch kein Sold an die Soldaten gezahlt werden, sodass die Moral der Truppen sank. Hinzu kam, dass der Kongress eine eigene einheitliche Außenpolitik entwickeln musste. Auch achteten die Einzelstaaten sehr darauf, dass ihre Rechte nicht verletzt wurden, und deshalb übertrugen sie dem Kongress nur diejenigen Kompetenzen, bei denen dies unvermeidbar war. Aus diesen Gründen entstanden erhebliche Reibungsverluste, und der Kongress agierte bei Weitem nicht so effektiv, wie dies bei einer anderen Arbeitsaufteilung möglich gewesen wäre.

Intellektuelle Hintergründe der Freiheitsbewegung | Auf viele heutige Beobachter wirken einige Argumente der amerikanischen Freiheitsbewegung fremd oder irritierend. Manche politische Denkformen waren für intellektuelle Zeitgenossen damals selbstverständlich, heute sind sie weitgehend in Vergessenheit geraten.

Weit verbreitet war die Theorie eines *Gesellschaftsvertrages*. Vor allem der Engländer *Thomas Hobbes* (1588–1679) war davon ausgegangen, dass der *Naturzustand* der Menschheit ein rechtsfreier Raum gewesen sei, in dem ein Krieg aller gegen alle geherrscht habe. Um einen geordneten Staat zu schaffen, habe es einen Bund zwischen Volk und Herrscher (König) gegeben, der die Pflicht gehabt habe, gerechte Gesetze zu schaffen und durchzusetzen. Der absolutistische Herrscher – der König mithilfe des Adels – sicherte den Frieden, und die Untertanen hatten ihre Rechte auf ihn übertragen. Obwohl scharfe Kritik an dieser These entstand, war diese Vertragstheorie bis zum Ende des 18. Jahrhunderts in der angelsächsischen Welt einflussreich. Der Gesellschaftsvertrag legitimierte die monarchische Ordnung moralisch und sozial. Bereits während der Bürgerkriege in England im 17. Jahrhundert war daraus aber auch die Frage abgeleitet worden, ob es ein Widerstandsrecht des Volkes gegen einen ungerechten König oder gegen einen Tyrannen gäbe. Diese Diskussion ging auf *John Locke* (1632–1704), einen weiteren wichtigen britischen Staatstheoretiker, zurück. Locke zufolge war eine Regierung nur dann legitim, wenn sie die Zustimmung der Regierten besaß. Die Aufgabe der Regierung bestand darin, Leben, Freiheit und Besitz zu schützen. Leistete sie dies nicht, hatten die Untertanen ein Recht auf Widerstand. Wenig überraschend hat Locke viele amerikanische Revolutionäre, die seine Schriften gut kannten, beeinflusst.

Heutige Beobachter haben ebenfalls oft Schwierigkeiten, den exzessiven Gebrauch des Freiheitsbegriffes mit der amerikanischen Realität zusammenzubringen. Viele Kolonisten sprachen von „Freiheit" und der „Versklavung" durch die britische Krone, hatten aber oft keinerlei Probleme damit, selbst Sklaven zu besitzen. Dieser Widerspruch lässt sich zumindest teilweise auflösen, wenn man bedenkt, dass in der englischen Sprache der Freiheitsbegriff in der Frühen Neuzeit nicht mit unserem heutigen Konzept übereinstimmte: „Frei" war ein Mann, wenn er über Besitz verfügte oder

Wappen der USA.
Die Vorderseite des noch heute verwendeten großen Wappens ist im Wesentlichen seit der ersten, 1782 vom Kongress verabschiedeten Fassung unverändert geblieben: Über dem Weißkopfseeadler prangen 13 Sterne und auf seiner Brust trägt er ein Schild in den amerikanischen Farben. Im Schnabel hält der Adler ein Spruchband mit dem Motto: „E Pluribus Unum": „Aus Vielen (wird, werde oder wurde) Eines". Mit den Krallen umfasst das Wappentier links einen Olivenzweig und rechts Pfeile.

- Analysieren Sie die Symbolik des Wappens.
- Interpretieren Sie es vor dem Hintergrund seiner Entstehungszeit.

Vermögen besaß und Steuern zahlte. Tagelöhner, landlose Arbeiter oder Sklaven wurden deshalb nicht als „frei" angesehen. Konsequenterweise war deshalb das Wahlrecht in den USA zunächst an Besitz gebunden. Eine andere ebenfalls im englischen Sprachraum verbreitete Version von Freiheit besagte, dass Freiheit diejenige Ordnung meinte, die auf denjenigen Privilegien beruhte, die vom Herrscher verliehen worden waren. Eine Rücknahme dieser Privilegien bedeutete deshalb Unfreiheit. Allerdings gab es auch Ausnahmen von diesen gängigen Interpretationen, und im Zeitalter der Amerikanischen Revolution fand ein langsamer Wandel der Begrifflichkeit statt.

Die amerikanische Propaganda | Den Kampfhandlungen gingen umfangreiche propagandistische Vorbereitungen voraus. Hierbei ging es in erster Linie darum, die Zweifler in den eigenen Reihen auf die Seite der Kriegspartei zu ziehen, weil immer noch viele Kolonialisten von der Aussicht auf einen großen Krieg nicht begeistert waren. Daneben zielten die zahlreichen Publikationen auf das neutrale Ausland, weil die amerikanische Politik erklärt und gerechtfertigt werden musste und nach möglichen Verbündeten Ausschau gehalten wurde. Vor allem in den Neuenglandkolonien hatte die Propaganda häufig einen sehr starken Bezug auf die protestantische Religion: Der Konflikt wurde gedeutet als ein Kampf zwischen Gut und Böse, wobei die himmlischen Mächte eindeutig aufseiten der Amerikaner standen.

Die wichtigste Schrift, die in Amerika einen sehr starken Eindruck hinterließ, war der Text „Common Sense" von Thomas Paine, der zunächst anonym publiziert wurde. In ihm wurde die Notwendigkeit einer amerikanischen Unabhängigkeit erläutert (→M3 und M4). Die Kolonisten hätten das Recht auf Widerstand gegen eine korrupte und tyrannische britische Monarchie. Die Schrift erschien am 10. Januar 1776 und erreichte innerhalb weniger Wochen eine Auflage von über 100 000 Exemplaren, insgesamt wurde sie 500 000 Mal verkauft. Da sie in einem einfachen, verständlichen und zugleich leidenschaftlichen Stil geschrieben war, konnten auch weniger gebildete Menschen etwas damit anfangen. Scharf wurde der englische König angegriffen und z. B. als „gekrönte[r] Schurke" bezeichnet. Auch die visionäre Sprache faszinierte: „Es steht in unserer Macht, die Welt noch einmal von Neuem zu beginnen." Die Schrift erschien genau zum richtigen Zeitpunkt und verstärkte die latente Stimmung für eine republikanische Staatsform. Thomas Paine war erst zwei Jahre zuvor in die Kolonien gekommen und hatte sich schnell der Unabhängigkeitsbewegung angeschlossen. Er stammte aus einfachen Verhältnissen, hatte sich aber als Autodidakt eine fundierte Bildung angeeignet und arbeitete in Amerika erfolgreich als aufklärerischer Journalist und Publizist. Bemerkenswert ist auch, dass er sich sehr früh der Anti-Sklavereibewegung anschloss und in flammenden Appellen die Abschaffung der Sklaverei und des Sklavenhandels forderte.

Common Sense: Der Titel „Common Sense" ist mit einem deutschen Begriff nicht zu übersetzen. Er bedeutet zugleich gesunder Menschenverstand, Gemeinsinn, Nüchternheit und praktische Vernunft.

Thomas Paine (1737–1809): englischer Steuereinnehmer, Journalist und Politiker; emigrierte 1774 nach Amerika, wurde Mitherausgeber des Pennsylvanian Magazine und Aktivist im Kampf gegen die Sklaverei; 1776 Veröffentlichung seiner Schrift „Common Sense". Paine gilt als einer der geistigen „Gründungsväter" der USA.

Sehr wichtig war die Entwicklung einer propagandistischen Bildkultur: Vor allem George Washington hatte verstanden, wie mit Bildern Politik gemacht werden konnte. Selbst in schwierigen Situationen im Krieg fand er stets Zeit, Malern und Bildhauern als Modell zur Verfügung zu stehen. Er achtete aber darauf, dass hieraus kein monarchischer Personenkult entstand. Nicht eine zeremonielle Überhöhung, sondern seine einfache Volkstümlichkeit sowie seine militärische Autorität standen im Vordergrund. In der amerikanischen Bildpropaganda wurden Themen, die sich patriotisch interpretieren ließen, gerne und häufig aufgegriffen. Hierzu gehörte das „Boston Massaker" von 1770 oder Washingtons Überquerung des Flusses Delaware im Jahre 1776.[1] Andere Themen, die später für den amerikanischen Sieg mitverantwortlich waren, fehlten völlig. Die sehr wichtige, wahrscheinlich kriegsentscheidende Hilfe der Franzosen wurde überhaupt nicht dargestellt, und auch Afroamerikaner finden sich selten.

[1] Zum „Boston Massaker" siehe die zeitgenössische Abbildung auf Seite 43. Über das berühmte Historiengemälde „Washington Crossing the Delaware" von Emanuel Gottlieb Leutze aus dem Jahre 1851 informiert Seite 95.

M1 Neue Öffentlichkeit

*Der Historiker Michael Hochgeschwender (*1961) schreibt über die Entstehung einer modernen Öffentlichkeit in den nordamerikanischen Kolonien:*

Ein wichtiges Element bei der Konstitution der modernen Öffentlichkeit war zudem die Lese- und Schreibfähigkeit der Bevölkerung. [...] In den 13 Kolonien in der Mitte des 18 Jahrhunderts [dürfte es] einen im Vergleich zu Europa höheren Alphabetisierungsgrad gegeben haben. In den puritanischen Einzugsgebieten Neuenglands, wo die Fähigkeit, die Bibel zu lesen, für die Kirchenmitgliedschaft konstitutiv war, aber auch unter evangelikal Erweckten dürfte die Lesefähigkeit selbst bei Frauen bei über 50 Prozent gelegen haben. [...]

Vormoderne und frühmoderne Gesellschaften waren noch erheblich stärker als heutige durch eine aushäusige Öffentlichkeit und eine orale Kultur geprägt. Mangels anderer Unterhaltungsmöglichkeiten war es durchaus üblich, Rednern selbst über längere Zeiträume zuzuhören. Noch im 19. Jahrhundert konnten beispielsweise Prunkreden aus Anlass von nationalen Feiertagen vier oder sechs Stunden dauern. Protestantische Predigten zogen sich ebenfalls über Stunden hin und wurden im Nachgang von den mehr oder minder gläubigen Zuhörern eingehend diskutiert, dienten sie doch nicht allein der frommen Erbauung, sondern auch der Unterhaltung und Belehrung. In Kirchen, bei Erweckungsgottesdiensten im Freien, auf Festplätzen und an Straßenkreuzungen konnten Kontroversen ausgetragen werden. Meinungsvielfalt war für die britische und nordamerikanische, aber auch die französische Diskussionslandschaft charakteristisch. Daneben bildeten sich im 18. Jahrhundert neue diskursive Orte und Räume heraus, vor allem Kaffee- und Teehäuser für die Mittel- und Oberklassen sowie Tavernen für die Unterklassen. Salons, Zirkel und Geheimgesellschaften waren eher etwas für die Eliten. [...]

Das 18. Jahrhundert pflegte nicht nur eine Kultur des gesprochenen Wortes, sondern auch, in den gebildeten Ständen zumindest, eine Kultur des Briefes, zumal des transkontinentalen Briefes. Über Briefe informierte man sich, man gab Anweisungen, holte Erkundigungen ein oder hielt einfach eine bestehende Beziehung aufrecht, die anderntags wieder nützlich sein konnte. Zuerst in Großbritannien, dann auch in Nordamerika wurde der regelmäßige, meist politisch oder literarisch motivierte Briefverkehr in den *corresponding societies* institutionalisiert. Diese bildeten [...] eine organisatorische Basis für das revolutionäre Geschehen, und zwar transatlantisch wie zwischen den Kolonien.

Michael Hochgeschwender, Die Amerikanische Revolution. Geburt einer Nation 1763–1815, München 2016, S. 77 ff.

1. Fassen Sie die Argumentation mit eigenen Worten zusammen.
2. Analysieren Sie, was mit den Begriffen der „aushäusige[n] Öffentlichkeit" und der „orale[n] Kultur" (Zeile 12 f.) gemeint ist.
3. Interpretieren Sie den Zusammenhang zwischen dieser Öffentlichkeit und der Amerikanischen Revolution.

M2 Gut gegen Böse?

*In einer Einführung über die amerikanische Geschichte schreibt der Historiker Mark Häberlein (*1966):*

Die britische Politik der Jahre 1763 bis 1775 kann keineswegs als durchweg repressiv und autoritär bezeichnet werden. Ihre negative Wirkung entfalteten die Maßnahmen der Regierung vor allem deshalb, weil sie von den Amerikanern nicht isoliert, sondern als Bestandteile einer angeblichen Verschwörung gegen die Freiheiten der Kolonisten gesehen wurden. [...] Die oppositionellen Denker des 18. Jahrhunderts sahen sich im Gegensatz zu den machthabenden Politikern im damaligen England als Real Whigs, als Bewahrer der echten, unverfälschten Whig-Tradition an. Zentrale Elemente ihres Denkens waren die Gegensätze zwischen Freiheit und Macht sowie zwischen Tugend und Korruption. Persönliche Freiheit erschien ihnen als höchstes Gut, das am besten aufgehoben war bei wirtschaftlich unabhängigen, tugendhaften, um das Gemeinwohl besorgten Landbesitzern. Allerdings hielten die Real Whigs Freiheit für ein stets gefährdetes Gut. Gefahr für die Freiheit ging ihrer Ansicht nach vor allem von den Regierenden aus, da diese stets dazu neigten, ihre Macht zu vergrößern und zu missbrauchen. [...]

In Kolonien wie Virginia und South Carolina hatte das Country-Ideal des unabhängigen, um das Gemeinwohl besorgten Landbesitzers unter der Sklaven besitzenden Oberschicht eine starke Integrationskraft. Schließlich genossen die amerikanischen Kolonisten zwar faktisch große Freiheiten, doch waren diese Freiheiten nie rechtsverbindlich fixiert worden und wurden daher stets als gefährdet angesehen, zumal über die Absichten der Regierung keine Klarheit bestand.

Da Freiheit stets bedroht war und Macht immer zum Missbrauch verleitete, wurden die Maßnahmen der britischen Politik nicht isoliert angesehen, sondern als Bausteine eines umfassenden Planes, die Freiheitsrechte der Kolonisten zu beschneiden. Demnach galt es, den Anfängen zu wehren und jegliche Maßnahme zu verhindern, mittels deren die Rechte der Kolonisten unterminiert werden sollten. Es fiel den Kolonisten leicht, die politischen Initiativen Londons

mit den klassischen Mechanismen der Korruption zu identifizieren, die die englische Whig-Opposition immer wieder angeprangert hatte […].
Die puritanischen Geistlichen in Neuengland, die bereits den Kampf zwischen England und Frankreich im Siebenjährigen Krieg zu einer endzeitlichen Auseinandersetzung zwischen Gut und Böse stilisiert hatten, gaben nun auch dem Konflikt zwischen Großbritannien und den Kolonien eine apokalyptische Dimension, indem sie etwa das Quebec-Gesetz und die Strafgesetze gegen Massachusetts[1] als Werkzeuge des Antichrist geißelten.

Philipp Gassert, Mark Häberlein und Michael Wala, Kleine Geschichte der USA, Stuttgart 2008, S. 126–129

1. Geben Sie die wesentlichen Aussagen des Textes stichpunktartig wieder. | F
2. Vergleichen Sie die englische und die amerikanische Perspektive auf den Konflikt.
3. Setzen Sie sich anschließend mit den beiden Positionen auseinander, und erörtern Sie die tieferen Gründe für die jeweiligen Missverständnisse.

M3 Common Sense

Im Januar 1776 veröffentlicht Thomas Paine anonym die Streitschrift „Common Sense". Er schreibt:

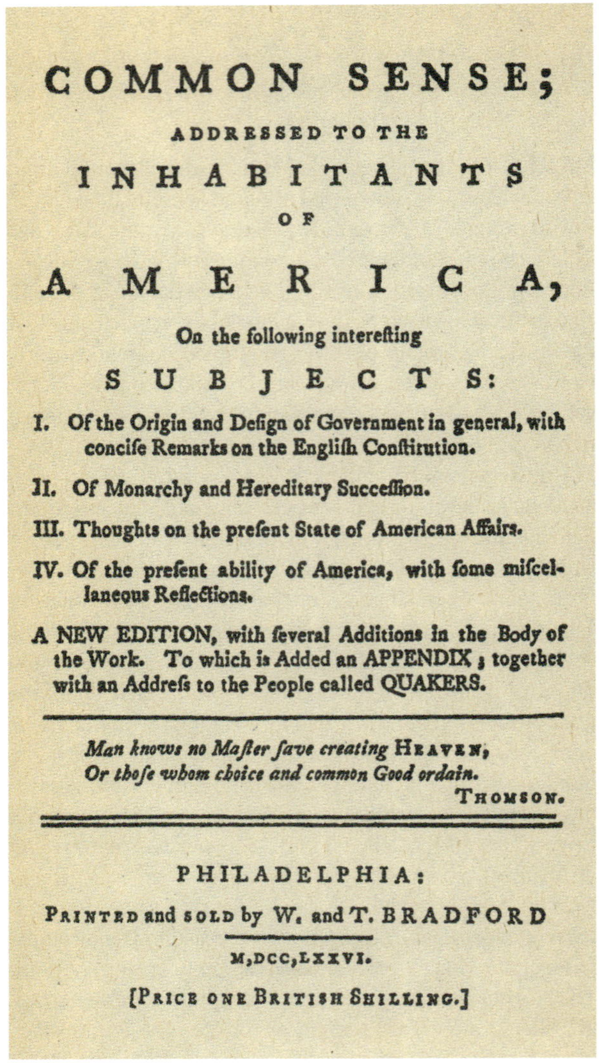
COMMON SENSE;
ADDRESSED TO THE
INHABITANTS
OF
AMERICA,
On the following intereſting
SUBJECTS:
I. Of the Origin and Deſign of Government in general, with conciſe Remarks on the Engliſh Conſtitution.
II. Of Monarchy and Hereditary Succeſſion.
III. Thoughts on the preſent State of American Affairs.
IV. Of the preſent ability of America, with ſome miſcellaneous Reflections.
A NEW EDITION, with ſeveral Additions in the Body of the Work. To which is Added an APPENDIX; together with an Addreſs to the People called QUAKERS.

Man knows no Maſter ſave creating HEAVEN,
Or thoſe whom choice and common Good ordain.
THOMSON.

PHILADELPHIA:
PRINTED and SOLD by W. and T. BRADFORD
M,DCC,LXXVI.
[PRICE ONE BRITISH SHILLING.]

„Common Sense."
Titelblatt der Originalausgabe von 1776.

Über die Monarchie und die Erbfolge
Da alle Menschen nach der Ordnung der Schöpfung ursprünglich gleich waren, kann diese Gleichheit nur durch spätere Ereignisse zerstört worden sein […], ohne dass man dabei auf solch harte und böse klingende Begriffe wie Unterdrückung und Habgier zurückgreifen muss. […] Aber es gibt noch eine andere und wichtigere Unterscheidung, die auf keinen wahrhaft natürlichen oder religiösen Grund zurückgeführt werden kann, nämlich die Unterscheidung der Menschen in Könige und Untertanen. Die Natur unterscheidet nur nach männlich und weiblich, der Himmel nach gut und böse […].
Kurz gesagt: Monarchie und Erbfolge (und dies nicht nur in diesem oder jenem Königreich) haben nichts anderes bewirkt, als die Welt in Schutt und Asche zu legen. Es ist eine Regierungsform, gegen die das Wort Gottes Zeugnis ablegt und die mit Blut befleckt ist. […]

Gedanken über den gegenwärtigen Stand der Sache Amerikas
Unsere Pläne zielen auf den Handel, und dieser wird, wenn er ordentlich betrieben wird, uns den Frieden und die Freundschaft mit ganz Europa sichern; denn es liegt im Interesse ganz Europas, Amerika als Freihafen zu haben. […] Da ganz Europa der Absatzmarkt für unseren Handel ist, sollten wir keine parteiische Verbindung mit einem Teil davon eingehen. Es liegt im wahren Interesse Amerikas, sich aus europäischen Streitigkeiten herauszuhalten, was es niemals tun kann, solange es durch die Abhängigkeit von Großbritannien zum Zugewicht in der Waagschale der britischen Politik wird. […]
Alles, was wahr und naturgemäß ist, spricht für die Trennung. Das Blut der Getöteten, die klagende Stimme der Natur schreien: ES IST ZEIT SICH ZU TRENNEN. […]

[1] Lesen Sie hierzu nochmals Seite 45.

Um die Sache auf einen Punkt zu bringen: Ist die Macht, die eifersüchtig auf unseren Reichtum ist, geeignet, uns zu regieren? Wer auch immer auf diese Frage mit Nein antwortet, ist ein Unabhängiger [independent], denn Unabhängigkeit bedeutet nichts anderes, als dass entweder wir unsere eigenen Gesetze machen werden, oder der König, der größte Feind, den dieser Kontinent hat oder haben kann, uns sagen wird: Es soll keine anderen Gesetze geben als solche, die mir gefallen.

Aber wo bleibt, sagen einige, der König von Amerika? Ich sage dir, mein Freund, er regiert oben im Himmel und richtet keine Gemetzel unter der Menschheit an so wie der königliche Unmensch aus Großbritannien. [...] Eine eigene Regierung ist unser natürliches Recht; und wenn man ernsthaft über die Vergänglichkeit menschlicher Dinge nachdenkt, wird man zur Überzeugung kommen, dass es sehr viel sicherer und weiser ist, uns gelassen und überlegt eine eigene Verfassung zu schaffen, solange wir noch die Möglichkeit dazu haben, als ihre Entstehung der Zeit und dem Zufall anzuvertrauen.

Thomas Paine, Common Sense, übersetzt und herausgegeben von Lothar Meinzer, Stuttgart 1982, S. 16, 27, 36 f., 45 und 52 f.

1. Beschreiben Sie Paines Haltung zur Monarchie.
2. Erläutern Sie, wie Paine das Verhältnis zwischen den Kolonien und England sieht.
3. Vergleichen Sie Paines Argumentation mit der Rechtsauffassung der Verfasser des Stempelsteuerprotestes (M2, Seite 46 f.).
4. Erörtern Sie Pro und Kontra der verfassungsrechtlichen Prinzipien für ein unabhängiges Amerika. | H

Internettipp

Den Artikel „Thomas Paine war Rebell und Weltveränderer" von Theo Stemmler auf „Welt Online" finden Sie unter dem Code **32035-04**.

M4 „Welche Vorteile wird die Unabhängigkeit bringen?"

In einem anonymen Zeitungsartikel aus Philadelphia heißt es am 17. Februar 1776:

Einen freien und unbeschränkten Handel; eine große Zunahme des Wohlstandes und einen entsprechenden Anstieg des Grundstückswertes; die Einrichtung und allmähliche Entwicklung und Verbesserung der Manufakturen und der Naturwissenschaften; einen großen Andrang von Einwanderern, die, angezogen von der Milde freier, gleicher und toleranter Regierung, ihre Heimatländer verlassen und in diesen Kolonien siedeln; eine erstaunliche Vermehrung unserer derzeitigen Bevölkerung. Wo Fleiß belohnt wird; wo Freiheit und Eigentum gesichert sind; wo die Armen leicht ihren Lebensunterhalt finden, und wo die mittlere Klasse mit ihrer Arbeit ihre Familien bequem unterhalten kann, dort muss sich die Bevölkerung schnell vermehren. Einigen dieser Umstände verdanken wir bereits die Verdoppelung unserer Einwohnerzahl in etwas mehr als den vergangenen 25 Jahren. Wenn unter den bisherigen Beschränkungen unseres Handels und der Manufakturen die Bevölkerung derart zugenommen hat, ist es nur vernünftig, einen noch rapideren Anstieg zu erwarten, wenn diese Beschränkungen erst einmal aufgehoben sind. [...] Nehmen wir an, der Krieg dauere sechs Jahre und jedes Jahr koste uns drei Millionen. Wenn am Ende dieser Zeit der Sieg unsere Unabhängigkeit bewirkt und sichert, werden in der Rückschau 18 Millionen vielleicht nicht als eine große Belastung angesehen werden. Ungehinderter Handel wird dann neue Quellen des Reichtums eröffnen. [...]

Für die Freiheit ist kein Preis zu hoch, und spätere Generationen werden die Unabhängigkeit für 18 Millionen als einen billigen Kauf betrachten.

Angela und Willi Paul Adams (Hrsg.), Die Entstehung der Vereinigten Staaten und ihrer Verfassung. Dokumente 1754–1791, Münster 1995, S. 185 f.

1. Arbeiten Sie aus M3 und M4 die Motive für den Unabhängigkeitskampf der nordamerikanischen Kolonien heraus.
2. Präsentation: Entwickeln Sie zum Zeitungsartikel einen ablehnenden und/oder einen zustimmenden Leserbrief.

Unabhängigkeitserklärung und Unabhängigkeitskrieg

Die Unabhängigkeitserklärung | Da der Krieg bereits 1775 ausgebrochen war, arbeitete der Zweite Kontinentalkongress – wenn auch langsam – auf die Unabhängigkeit hin. Allerdings lehnten noch im November die Kolonialparlamente von Pennsylvania, New York, Delaware und Maryland eine Unabhängigkeitserklärung ab, weil sie auf eine Wiederherstellung des vorherigen Verhältnisses zu Großbritannien – allerdings zu amerikanischen Bedingungen – hofften. Erst am 2. Juli 1776 wurde festgestellt: „These United Colonies are, and of right ought to be, free and independent states." Zwei Tage später, am 4. Juli, wurde die *„Declaration of Independence"* mit der notwendigen Einstimmigkeit angenommen (➔M1).[1] Die Delegation aus New York nahm an der Abstimmung nicht teil, weil sie noch keine Instruktionen erhalten hatte.

Die Unabhängigkeitserklärung war von einem Ausschuss unter der Leitung des erst 33-jährigen Rechtsanwaltes *Thomas Jefferson*[2] entworfen worden. In der **Präambel** wurde das Recht auf Loslösung aus dem Naturrecht abgeleitet. Eine Regierung beruhe auf der Zustimmung der Regierten, und wenn die Regierung ihre Aufgaben nicht erfülle, könne sie ersetzt werden. Außerdem wurden in der Erklärung die Prinzipien der Gleichheit und der Volkssouveränität hervorgehoben. Daneben konzentrierte sich die Schrift aber vor allem darauf, den König von England als einen Tyrannen darzustellen, dem die Treue aufgekündigt wurde. Nicht das britische Parlament, wo die Beschlüsse gegen die Kolonisten gefasst worden waren, sondern Georg III. war der Adressat. In einer langen Liste wurde aufgezählt, wo der König seine Befugnisse überschritten hatte. Einige dieser Vorwürfe waren frei erfunden, andere gingen gerade nicht auf den Monarchen, sondern auf das britische Parlament zurück. Die personalisierte Zuspitzung hatte aber eine starke propagandistische Wirkung.

Präambel: Eine Präambel ist eine Art Vorwort, das einem wichtigen Text wie einer Verfassung oder einer Grundsatzerklärung vorangestellt wird, um die Entstehung, den höheren Sinn oder den Zweck dieses Textes kurz zu erläutern.

Internettipp
Den vollständigen Text der Unabhängigkeitserklärung in deutscher Übersetzung finden Sie unter dem Code **32035-05**.

Die militärische Ausgangslage | Auf den ersten Blick sahen die Perspektiven der Amerikaner nicht gut aus. Großbritannien verfügte über eine professionelle und kampferfahrene Armee, die mit modernen Waffen ausgestattet war. Allerdings wurde dieses Heer häufig von unfähigen Offizieren kommandiert, weil in vielen Regimentern Offiziersstellen käuflich geworden waren. Aber die Engländer hatten eine der stärksten Flotten der Welt, die die amerikanischen Häfen blockierte und gezielte Landungsoperationen durchführte. Die Amerikaner konnten hingegen zunächst nur Milizen aufstellen. Diese waren zwar hoch motiviert, hatten aber viel weniger Erfahrung und waren schlechter bewaffnet als die Engländer. In einer großen Schlacht gegen disziplinierte Truppen oder bei komplizierten taktischen Manövern waren sie ohne Chance. George Washington[3] und seine Generäle vermieden deshalb bewusst derartige Gefechte. Stattdessen wurde eine Doppelstrategie gewählt: Die Milizen verteidigten ihre Heimat, führten einen Guerillakrieg und standen als Hilfstruppen zur Verfügung. Daneben baute General Washington unter extremen Schwierigkeiten ein stehendes Heer, die *Kontinentalarmee*, auf. Er warnte vor übertriebenen Erwartungen: Ein schneller Sieg sei unmöglich und man müsse eine reine Defensivstrategie führen, die unpopulär sei und bei der anfangs wenig Ruhm zu erwerben sei.

Drei Umstände kamen den Amerikanern aber zugute:

- Erstens waren weite Teile des Landes nur dünn besiedelt, und die Nachschubwege waren sehr lang. Um alle Territorien auch nur annähernd zu kontrollieren, hätten die Engländer riesige Mengen an Truppen aufbieten müssen, die dann aber kaum zu

---

[1] Zum Gemälde „Declaration of Independence" von John Trumbull siehe Seite 88.
[2] Ausführliche Informationen zu Thomas Jefferson erhalten Sie auf Seite 76.
[3] Über George Washington informiert vor allem Seite 75.

versorgen gewesen wären. Die Amerikaner hingegen kämpften in einer Umgebung, die sie gut kannten, und häufig brauchten sie sich nur zu verteidigen.

- Zweitens machten die Amerikaner ihre Unterlegenheit dadurch wett, dass sie eine konsequente Guerillataktik anwendeten. Sie vermieden eine große Schlacht und griffen mit kleinen, beweglichen Einheiten die Engländer an Stellen an, an denen diese nicht damit rechneten. Dadurch wurden die Engländer wiederum gezwungen, ihre Truppen im Land zu verteilen.
- Drittens konnten die Engländer ihre Übermacht nicht wirklich einsetzen, weil der Krieg auf andere Kontinente übergriff: Nach der französischen Kriegserklärung von 1778 mussten die Briten auch in Asien und in Europa kämpfen und konnten ihre überlegene Flotte nicht mehr allein im Atlantik konzentrieren.

Die Engländer wollten schnell eine Entscheidung erzwingen, weil sie ein Eingreifen Frankreichs oder anderer europäischer Mächte auf der Seite der „Rebellen" befürchteten. Außerdem wollten sie aus Kostengründen einen langen Krieg vermeiden. Deshalb versuchten die jeweiligen Oberbefehlshaber, eine Entscheidungsschlacht herbeizuführen. Wenn es zu großen Gefechten kam, behielten die Engländer meist die Oberhand, aber es gelang ihnen nicht, die amerikanischen Truppen zu solchen Kämpfen zu zwingen.

Die „Hessen" | Die europäischen regulären Armeen rekrutierten sich entweder aus freiwilligen Söldnern oder aus armen Bauern und Handwerkern, die zum Dienst „gepresst", also gezwungen wurden. In der britischen Armee in Nordamerika dienten etwa 30000 „Hessen", die von mehreren deutschen Fürsten für die Dauer des Krieges verliehen wurden. Diese Einheiten stammten aus kleinen und armen deutschen Fürstentümern wie Hessen-Kassel, Hessen-Hanau, Anhalt-Zerbst, Braunschweig-Wolfenbüttel und Waldeck. Die deutschen Fürsten wurden für diese Praxis, ihre eigenen „Landeskinder" zu Geld zu machen, scharf kritisiert. Dies hing auch damit zusammen, dass in der aufgeklärten europäischen Öffentlichkeit Sympathien für den Freiheitskampf der Amerikaner bestanden. Allerdings war es in der Frühen Neuzeit üblich, Truppen für Geld zu verleihen. Besonders die kleinen deutschen Herrscher besserten hiermit ihren Haushalt auf.

Britische und hessische Soldaten des amerikanischen Unabhängigkeitskrieges.
Kolorierter Holzstich, 19. Jahrhundert. Die hessischen Soldaten sind an der hohen Kopfbedeckung zu erkennen.

Früher wurde angenommen, dass diese Soldaten in Amerika nur ungern und gezwungenermaßen gekämpft hätten. Die neuere historische Forschung hat aber gezeigt, dass das Gegenteil korrekt ist. Die Kampfkraft der disziplinierten „Hessen", die oft hohe Verluste erlitten, wurde von den Amerikanern gefürchtet. Die Wirkung der amerikanischen Propaganda war auch begrenzt, weil – zumindest zu Beginn des Einsatzes – fast kein Deutscher Englisch verstand. Trotz intensiver amerikanischer Propaganda war die Zahl der Deserteure niedrig. Wenn „Hessen" gefangen genommen wurden, behandelte man sie, wenn dies möglich war, sehr gut und versprach ihnen sogar die Freiheit. Allerdings scheint die Idee der „Freiheit" für diese Deutschen bei Weitem nicht so attraktiv gewesen zu sein, wie die Amerikaner annahmen. Nach dem Ende des Krieges ließen sich nur etwa 5000 in den USA nieder, der Rest kehrte nach Europa zurück. Die Gründe sind vielfältig: Manche hatten Familien in Deutschland, und in den wenigen Quellen taucht manchmal Heimweh auf. Landschaft, Klima, Menschen und Lebensbedingungen unterschieden sich erheblich, viele amerikanische Städte wirkten klein, kulturarm und primitiv. New York, Philadelphia und Boston hingegen, sowie der im Vergleich mit Deutschland viel höhere Lebensstandard, wurden oft sehr positiv wahrgenommen. Durchweg reagierten die Deutschen mit großer Ablehnung auf die weit verbreitete Sklaverei (➔M2).

Frankreich hat sich Amerika angeschlossen
- der Adel fand die Aufstände in Amerika nicht gut
↳ hatten angst, dass in Frankreich das gleiche passiert
- die „normale" Bevölkerung war aber für die Unabhängigkeit

Die Rolle Frankreichs | Zwar bestand zwischen Großbritannien und Frankreich traditionell eine erhebliche Rivalität, die in der Vergangenheit häufig zu Kriegen geführt hatte. Die französische Gesellschaft reagierte jedoch gespalten auf die amerikanische Unabhängigkeitsbewegung. Ein Teil des regierenden Adels lehnte diese strikt ab, weil befürchtet wurde, dass die revolutionären Strömungen auf das absolutistische Frankreich übergreifen könnten. Auch waren die Staatsfinanzen in einem schlechten Zustand. Einige Fachleute waren davon überzeugt, dass sich Frankreich einen erneuten Krieg gegen England nicht leisten könne.

In anderen Teilen der französischen Gesellschaft fand sich aber offener Enthusiasmus für die Amerikaner. Philosophen der Aufklärung, große Teile des ebenfalls aufgeklärten Bürgertums und auch viele Militärs waren von der Freiheitsbewegung begeistert. Sie drängten in der Öffentlichkeit vehement darauf, die Amerikaner nicht nur mit Geld und Waffen zu unterstützen, sondern England auch den Krieg zu erklären. Spontan verließen einige französische Offiziere ihre Armee, reisten nach Amerika und traten amerikanischen Truppen bei. Für die amerikanische Armee erwiesen sich ihre Erfahrung und ihre Fachkenntnisse als sehr wertvoll.

Zwar rechnete niemand ernsthaft damit, dass Kanada in einem Krieg zurückerobert werden könne, aber zumindest eine Schwächung Großbritanniens war der französischen Regierung hoch willkommen. Insgeheim stellte sie schon 1776 zwei Millionen Livres für private Munitionstransporte an die Amerikaner bereit. Risikobereite französische Investoren, die die Amerikaner auf eigene Faust unterstützten, wurden nach außen gedeckt. Aber erst nach erheblichen Auseinandersetzungen konnte der französische Hof überzeugt werden, auf amerikanischer Seite in den Krieg einzutreten. Der amerikanische Sondergesandte *Benjamin Franklin*[1], der in Frankreich ein hohes Ansehen genoss, bearbeitete zielbewusst die französische Gesellschaft (→M3). Entscheidend war 1777 der unerwartete amerikanische Sieg in der *Schlacht von Saratoga* (siehe weiter unten). Da das amerikanische Experiment nun Aussicht auf Erfolg zu haben schien, unterzeichnete die französische Regierung am 6. Februar 1778 den Bündnisvertrag, erkannte den neuen Staat diplomatisch an und erklärte kurz darauf Großbritannien den Krieg. 1779 schlugen sich Spanien und 1780/81 auch die Niederlande auf die Seite der Amerikaner. Damit hatte sich der Konflikt zu einem umfassenden Krieg der europäischen Seemächte ausgeweitet. Die meisten Historiker sind sich heute sicher, dass die französische Kriegsteilnahme entscheidend war: Wäre sie nicht erfolgt, hätte sich der Konflikt in Amerika noch viele Jahre länger hingezogen, und vielleicht hätten die Engländer diesen Krieg sogar gewonnen.

- erst war England stärker
↳ Kommunikations-schwierigkeiten

Der Kriegsverlauf | Der Krieg war langwierig und verlief in mehreren Phasen:

- In der ersten Phase dominierten die Briten, aber sie erzielten keine entscheidenden Vorteile. Ein amerikanischer Vorstoß nach Kanada schlug fehl. Im Gegenzug eroberte eine englische Armee vom Atlantik aus New York. In den folgenden Jahren stellte diese Stadt das Zentrum der britischen Operationen dar. Washingtons Armee war demoralisiert und drohte auseinanderzubrechen (→M4). Deshalb überquerte Washington am zweiten Weihnachtstag 1776 in einem sehr riskanten Manöver mit etwa 2 500 Mann den Fluss Delaware[2] und überfiel die hessischen Truppen bei *Trenton* in New Jersey. Der überraschende Erfolg in dieser Schlacht stellte die Moral der Amerikaner wieder her.
- Der nächste englische Plan sah vor, dass der britische General *John Burgoyne* (1722–1792) aus Kanada vorstoßen und General *William Howe* (1729–1814) mit seiner Armee von New York aus nach Norden ziehen sollte. Hierdurch wären die Neuenglandkolonien von den übrigen Kolonien abgetrennt worden. Howe hielt sich jedoch

---

[1] Biografische Informationen über Benjamin Franklin finden Sie auf Seite 76.

[2] Zum berühmten Gemälde „Washington crossing the Delaware" von Leutze siehe die Methode auf Seite 95.

nicht an diese Befehle, zog nach Süden und eroberte Philadelphia. Dies brachte ihm zwar Prestige ein, führte aber dazu, dass die Armee von Burgoyne ohne Unterstützung isoliert war und – als sie keinen Nachschub mehr erhielt – am 17. Oktober 1777 bei Saratoga kapitulieren musste. Der Sieg bei Saratoga hatte die entscheidende Folge, dass die bis dahin unentschlossene französische Regierung England den Krieg erklärte. Am 6. Februar 1778 wurde, wie bereits weiter oben erwähnt, der amerikanisch-französische Bündnisvertrag unterzeichnet.

- Im Winter 1777/78 bezog Washington mit der Kontinentalarmee ein Winterquartier in *Valley Forge* im südlichen Pennsylvania. Trotz der vorangehenden Erfolge war die Kampfkraft schwach und wurde zusätzlich durch Hunger, Krankheiten und Kälte untergraben. Ohnehin waren während des gesamten Krieges die Verluste durch Krankheiten und Seuchen deutlich höher als durch Kampfhandlungen. Auch war Washington darüber frustriert, dass der Kongress nicht genug Geld für einfachste Dinge wie Decken, Zelte, Kleidung und Verpflegung bereitstellen konnte. Die Armee wurde aber in Valley Forge von Baron *Friedrich Wilhelm von Steuben* (1730–1794), einem erfahrenen preußischen Offizier, ganz neu ausgebildet. Der Drill war hart, aber die demoralisierten Soldaten sahen ein, dass nur durch scharfe Disziplin die britische Überlegenheit auf dem Schlachtfeld ausgeglichen werden konnte.
- In der nächsten Phase wechselten die Briten erneut ihre Strategie und wendeten sich gegen den Süden. Ende 1778 eroberte eine große englische Streitmacht Georgia. 1780 wurden auch ein Teil von Süd-Carolina und die Stadt Charleston eingenommen. Wiederum funktionierte die Koordination der englischen Truppen untereinander aber nicht. General *Charles Cornwallis'* (1738–1805) Armee zog nach Virginia weiter und stand an der Küste bereit, um eventuell mit Unterstützung der britischen Flotte schnell nach New York zu gelangen. Washington hatte diesen Plan aber durchschaut: Die französische Flotte blockierte die Chesapeake Bay, und Washington zog mit der Kontinentalarmee so schnell es ging ebenfalls nach Virginia. Da die britische Flotte eine Niederlage gegen die französischen Schiffe erlitt, waren die britischen Truppen

Die Schlacht von Monmouth.
Ölgemälde (ca. 701 x 396 cm) von Emanuel Gottlieb Leutze, um 1857. Das Historiengemälde zeigt die Schlacht von Monmouth (New Jersey) am 28. Juni 1778, in der sich die amerikanische Kontinentalarmee unter General George Washington (Bildmitte) und die britische Armee unter Sir Henry Clinton gegenüberstand. Informationen zur Quellenart „Historiengemälde" finden Sie auf Seite 94.

▶ Gliedern Sie das Bild in sinnvolle Bereiche (z. B. nach Bildebenen, Handlungen, Personengruppen).

▶ Charakterisieren Sie die einzelnen Personengruppen (Mimik, Gestik, Attribute) und deren Beziehungen zueinander.

▶ Erläutern Sie, welche Aussage der Künstler in seinem Bild trifft.

Internettipp
Informationen über den Maler Emanuel Gottlieb Leutze finden Sie unter dem Code 32035-06.

zugleich vom Wasser abgeschnitten und zu Lande eingekreist. Schnell wurde der Nachschub knapp. General Cornwallis musste am 19. Oktober 1781 in der *Schlacht bei Yorktown* kapitulieren. Damit war der Krieg militärisch entschieden. Zwar fanden keine großen Schlachten mehr statt, aber die Briten hielten New York. Bis zum Friedensschluss wurde der grausame Kleinkrieg zwischen den jeweiligen Milizen weiter geführt.

Das Ende des Krieges | Die Friedensverhandlungen waren kompliziert, obwohl der militärische Sieg der anti-englischen Allianz feststand. Der englische König Georg III. wollte den Krieg eigentlich fortsetzen, stieß im Parlament aber auf sehr starken Widerstand. Entscheidend war, dass die britischen Staatsschulden inzwischen auf 232 Millionen Pfund angestiegen waren und eine Fortsetzung der Auseinandersetzungen nicht mehr finanzierbar war. Ferner hatten die Amerikaner, Frankreich und Spanien vereinbart, dass sie nur gemeinsam Frieden schließen konnten, die Spanier hofften aber noch darauf, Gibraltar zu erobern. Um Fakten zu schaffen, verhandelte die amerikanische Delegation in Paris deshalb heimlich mit den Engländern.

Der *Frieden von Paris*, der erst am 3. September 1783 unterzeichnet wurde, legte fest, dass England die Souveränität der 13 Kolonien anerkannte. Das Gebiet zwischen den Appalachen und dem Mississippi wurde abgetreten, Kanada blieb in britischer Hand. Sehr viele Loyalisten, geschätzt wird etwa 80 000 bis 100 000, wurden entweder vertrieben oder wanderten freiwillig nach England oder Kanada aus. Ihr Besitz wurde meist beschlagnahmt. Sehr häufig handelte es sich um Mitglieder der Oberschichten. Geschätzt wird, dass bis 1783 mehr als 70 Prozent der ehemaligen kolonialen Amtsinhaber ihre Stellung verlor. Damit fehlten in vielen Regionen Fachleute, die über entsprechende Erfahrungen in der Verwaltung oder im Gerichtswesen verfügten. Diese Emigrationswelle erklärt, warum es in den USA – im Unterschied zu vielen anderen Revolutionen – niemals einen Versuch zur Gegenrevolution gegeben hat: Fast alle potenziellen Gegenrevolutionäre hatten das Land verlassen.

Internettipp
Eine animierte Karte zum Thema „Die Geburt der Vereinigten Staaten von Amerika" – von den Anfängen bis zur Unabhängigkeit – können Sie unter dem Code **32035-07** abrufen.

Das Problem der Sklaverei | Zwischen der amerikanischen Freiheitsrhetorik und der Sklaverei bestand – aus heutiger Sicht – ein erheblicher Widerspruch. Eine Debatte um die Rechtmäßigkeit der Sklaverei entwickelte sich aber nur zögernd, auch weil viele der führenden Personen aus den Südstaaten selbst Sklavenbesitzer waren (➔M5). Die Engländer hatten während des Krieges versucht, diesen Gegensatz auszunutzen. Entlaufenen Sklaven versprachen sie die Freiheit und – nach dem Ende des Krieges – ein Stück Land. Viele tausend Sklaven wurden von englischen Truppen befreit, einige sind auch entflohen. Aus diesen freien Farbigen formierten die Engländer eigene Truppen, die – hoch motiviert – gegen die Amerikaner eingesetzt wurden. Besonders das von 1775 bis 1776 existierende *Ethiopian Regiment* hatte sich tapfer geschlagen, doch musste es hohe Verluste durch eine Pockenepidemie hinnehmen. Allerdings hielten die Engländer nach dem Ende des Krieges ihre Versprechen zunächst nicht ein. Die freien Schwarzen blieben mehrere Jahre lang im sehr kalten Nova Scotia (Kanada) und erhielten kein Land. Erst später wurden sie in die 1808 gegründete britische Kolonie Sierra Leone an der westafrikanischen Küste gebracht, die sie militärisch schützen sollten.

Auch in der amerikanischen Kontinentalarmee und bei den Milizen gab es Afroamerikaner. Ihre Zahl wird auf etwa 5 000 geschätzt. In einigen Südstaaten wie Georgia oder South Carolina wurde der Einsatz von freien Farbigen oder von Sklaven aber strikt abgelehnt. Es war völlig undenkbar, Waffen an Schwarze zu geben. Diese Menschen wurden als Arbeiter, beim Straßenbau oder beim Bau von Befestigungen eingesetzt.

Bei den Diskussionen um die amerikanische Verfassung und um den Aufbau des Staates spielte die Institution der Sklaverei zunächst nur eine geringe Rolle. Dies lag teilweise daran, dass die südlichen Staaten die Sklaverei als wirtschaftlich lebensnotwendig ansahen und sie niemals freiwillig abgeschafft hätten. Dieser Umstand war dem Norden, der einen lebensfähigen Gesamtstaat anstrebte, wiederum bewusst.

Zwar hat es einige Versuche gegeben, bei den Diskussionen um die Verfassung die Sklaverei zu thematisieren, aber der Süden setzte sich hier in allen Punkten durch. Beispielsweise fand sich in Thomas Jeffersons Entwurf der Unabhängigkeitserklärung eine Passage, die den Sklavenhandel scharf verurteilte. Diese Sätze wurden aber vom Kontinentalkongress gestrichen.

Ab 1780 wurde schrittweise in den nördlichen Staaten die Sklaverei eingeschränkt oder abgeschafft. Dies stellte keinen großen Einschnitt dar, weil Sklaven hier ohnehin keine ökonomische Rolle gespielt hatten. In den folgenden Jahren und Jahrzehnten änderte sich vor allem im Norden die Sicht auf die Farbigen. Auch unterlag die Vorstellung von „Freiheit", die bis dahin meist an Besitz gebunden war, einem langsamen Wandlungsprozess, der auch durch die Französische Revolution vorangetrieben wurde. Aus bescheidenen Anfängen entstand die *Abolitionistenbewegung* (von engl. „to abolish": abschaffen), die die Sklaverei ganz verbieten wollte. Schon während des Unabhängigkeitskrieges wurde der Widerspruch zwischen der Forderung nach Freiheit und der Sklaverei in wachsendem Maße diskutiert. Immerhin wurde – unter starkem britischem Druck – 1808 der transatlantische Sklavenhandel ganz verboten und offen von britischen Kriegsschiffen bekämpft.
Dennoch hatten einige „Gründungsväter" aus dem Süden, selbst wenn sie Sklavenbesitzer waren, ein schlechtes Gewissen. George Washington ließ in seinem Testament alle Sklaven, die er besaß, frei und stellte Geldmittel zur Verfügung, damit sie ein neues Leben als freie Schwarze beginnen konnten. Ähnlich wie er handelten auch einige weitere Sklavenbesitzer in Virginia. Thomas Jefferson publizierte 1785 zuerst anonym in Paris eine erste Fassung seiner berühmten Schrift „Notes on the state of Virginia". In dieser Schrift sprach er sich gegen die Sklaverei aus, aber er konnte keine Lösung für das Problem finden, was dann mit den freien Schwarzen geschehen solle. Schließlich war es unmöglich, sie alle nach Afrika zurückzubringen. Allerdings war ein ausgeprägter Rassismus auch im Norden allgegenwärtig. Kaum jemand konnte sich vorstellen, dass die Farbigen nach der Abschaffung der Sklaverei zu gleichberechtigten Bürgern der USA werden würden.

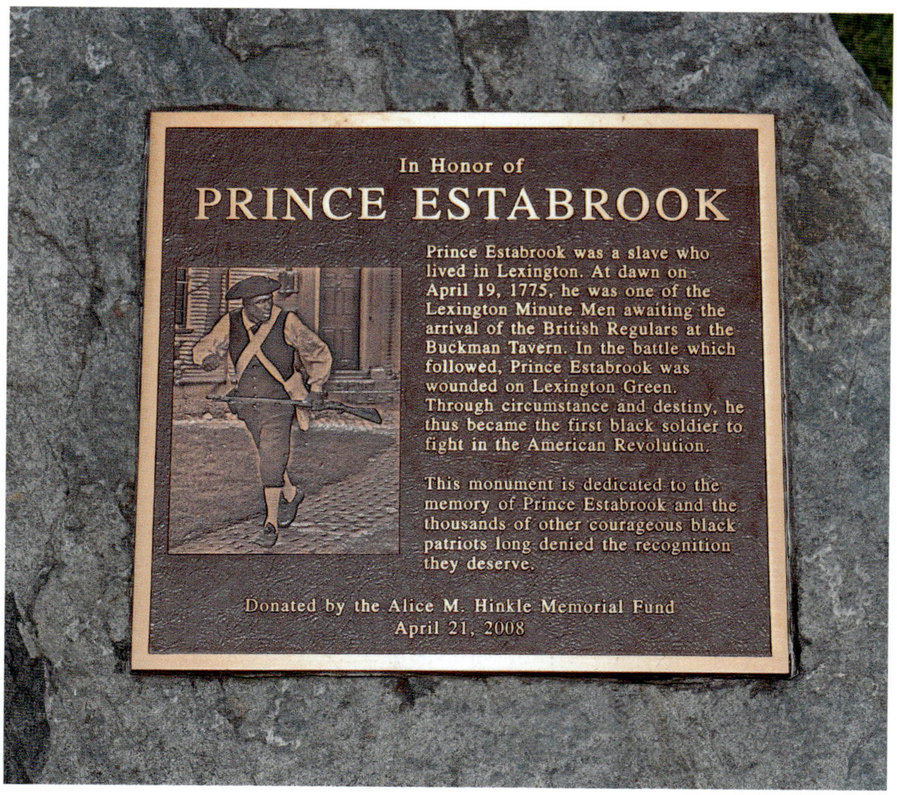

-Thomas Jefferson war gegen Sklavenhandel
- ~~die~~ es entstanden Diskussionen um die Sklaven
- sie wollten den handel möglichst unterlassen
↳ war schwer umsetzbar da ~~d~~ sie nicht genug Geld hatten sie zurück nach Afrika zu bringen
- aber Gesetze sollten auch nicht komplett gleichgestellt werden
- im Norden war es leichter umsetzbar
- im Süden waren sie noch Abhängiger von den Sklaven für die Wirtschaft

Denkmal für Prince Estabrook.
Foto vom September 2016, Lexington (Massachusetts).
Prince Estabrook, ein schwarzer Sklave, kämpfte in den Gefechten von Lexington im April 1775.

▶ Das Denkmal wurde 2008 gestiftet. Diskutieren Sie mögliche Gründe, warum es erst so spät errichtet wurde.

-anfangs machten sie mit den Männern beim Boykott mit
-als der Krieg begann haben sie vieles neu gemacht oder erfunden z.B. Gewebt oder Tee
-irgendwann waren sie bei den Armeen dabei
-> viele Vergewaltigungen
-> Todesstrafe

Denkmal für „Molly Pitcher".
Foto von 2010.
Das Denkmal zeigt „Molly Pitcher" bzw. Mary Ludwig Hays McCauley (um 1744–1832) mit einem Kanonenstopfer in den Händen. Angeblich kämpfte sie während der Schlacht von Monmouth (siehe Seite 61) anstelle ihres verwundeten Mannes und bediente die Kanonen.

Internettipp
Weitere Informationen über „Molly Pitcher" finden Sie in einem englischsprachigen Artikel des Fernsehsenders „History". Siehe dazu den Code **32035-08**.

Die Rolle der Frauen bei der Unabhängigkeit | Bereits bei den Boykottmaßnahmen, die dem Ausbruch des Krieges vorangingen, waren ganz neue Aufgaben für die Frauen in der amerikanischen Gesellschaft entstanden. Sie beteiligten sich an den Boykotten, gründeten Geheimbünde, demonstrierten wie die Männer auf den Straßen und publizierten in Zeitungen. Vor allem aber betätigten sie sich praktisch: Sie setzten sich an Spindeln und Webstühle und stellten Waren und vor allem Kleidung her, sodass die Anfänge einer eigenen amerikanischen Textilfertigung begannen. Zwar war die Qualität schlechter als die der britischen Waren, die teilweise bereits mit vorindustriellen Methoden hergestellt wurden, aber viele Kolonisten waren stolz darauf, ihre Eigenständigkeit durch diese einfache Kleidung zu demonstrieren. Frauen versuchten, Ersatzstoffe für britische Waren zu finden. So wurde beispielsweise Tee aus einheimischen Kräutern gekocht oder Beerensaft zum Färben von Stoffen verwendet. Die Wirkungen dieser Tätigkeiten waren zwiespältig. Einerseits ließ sich Nähen oder Weben mühelos mit traditionellen Frauenrollen in Einklang bringen. Andererseits handelte es sich um patriotische Tätigkeiten, durch die Frauen in die Politik hineingezogen wurden.

Auch während des Krieges übernahmen Frauen eigenständig ganz neue Aufgaben. Sie kümmerten sich auf dem Land allein um die Farmen und um die Kindererziehung, wenn die Männer in den Milizen dienten. Häufig begleiteten sie die Armee, wuschen Wäsche, bereiteten Essen zu und übernahmen viele kleine Aufgaben, um die Männer zu entlasten. Auch wenn dies fromme Amerikaner zu verhindern versuchten, fanden sich bei allen Armeen auch stets Prostituierte. Zwar gab es auch Vergewaltigungen, aber viele Berichte darüber waren – wie wir heute wissen – Kriegspropaganda. General Washington griff in solchen Fällen scharf durch, und meistens wurde bei Vergewaltigung die Todesstrafe verhängt.

Forderungen nach einer verstärkten Beteiligung an der Politik, eventuell sogar das Frauenwahlrecht, hatten in der amerikanischen Gesellschaft aber keine Chance, umgesetzt zu werden. Viele Frauen waren deshalb der Meinung, dass ihre aufopferungsvolle Tätigkeit nicht angemessen gewürdigt wurde (→M6). Durch einen Fehler konnten in New Jersey bei der Wahl von 1787 einige Frauen abstimmen. Das Wahlgesetz sprach nur von Eigentümern, definierte aber nicht das Geschlecht, und einige Frauen (meist Witwen) verfügten über Grundbesitz. Dieser „Fehler" wurde 1807 korrigiert, weil sich niemand – von vielen Frauen abgesehen – ein Frauenwahlrecht vorstellen konnte. Erst seit 1920 war es Frauen in den USA möglich, bei den Präsidentschaftswahlen teilzunehmen.

M1 „Declaration of Independence“

Der Zweite Kontinentalkongress beschließt am 2. Juli 1776, dass die 13 Vereinigten Kolonien freie und unabhängige Staaten sind. In der am 4. Juli 1776 vom Kongress gebilligten Unabhängigkeitserklärung der „Vereinigten Staaten von Amerika“ heißt es:

Wenn es im Laufe der Menschheitsgeschichte für ein Volk notwendig wird, die politischen Bande zu lösen, die es mit einem anderen Volke verbunden haben, und unter den Mächten der Erde den selbstständigen und gleichberechtigten Rang einzunehmen, zu dem natürliches und göttliches Gesetz es berechtigen, so erfordert geziemende Achtung vor den Ansichten der Menschen, dass es die Gründe darlegt, die es zur Absonderung bewegen.

Folgende Wahrheiten bedürfen für uns keines Beweises: Dass alle Menschen gleich geschaffen sind; dass sie von ihrem Schöpfer mit gewissen unveräußerlichen Rechten ausgestattet sind, dass dazu Leben, Freiheit und das Streben nach Glück gehören, dass zur Sicherung dieser Rechte Regierungen unter den Menschen eingesetzt sind, die ihre rechtmäßige Autorität aus der Zustimmung der Regierten herleiten; dass, wenn immer irgendeine Regierungsform diesen Zielen abträglich wird, das Volk berechtigt ist, sie zu ändern oder abzuschaffen und eine neue Regierung einzusetzen und diese auf solchen Prinzipien zu errichten und ihre Gewalten solchermaßen zu organisieren, wie es ihm zur Gewährleistung seiner Sicherheit und seines Glücks am ratsamsten erscheint. Die Vernunft gebietet freilich, dass seit Langem bestehende Regierungen nicht aus geringfügigen und flüchtigen Anlässen geändert werden sollten; und dementsprechend hat alle Erfahrung gezeigt, dass die Menschen eher geneigt sind zu leiden, solange die Missstände erduldbar sind, als sich durch Beseitigung altgewohnter Formen Recht zu verschaffen. Aber wenn eine lange Reihe von Missbräuchen und Übergriffen, die ausnahmslos das gleiche Ziel verfolgen, die Absicht deutlich werden lässt, das Volk unumschränktem Despotismus zu unterwerfen, so ist es sein Recht wie auch seine Pflicht, eine solche Regierung zu beseitigen und durch neue schützende Einrichtungen für seine künftige Sicherheit Vorsorge zu treffen. […]

Die Regierungszeit des jetzigen Königs von Großbritannien ist voll wiederholt begangenen Unrechts und ständiger Übergriffe, die alle unmittelbar auf die Errichtung einer unumschränkten Tyrannei über unsere Staaten abzielen.

Es folgt eine Auflistung von 18 Beschwerden; darunter:

Er hat es abgelehnt, andere Gesetze zugunsten großer Bevölkerungskreise zu verabschieden, wenn diese Menschen nicht auf das Recht der Vertretung in der Legislative verzichten wollten, ein Recht, das ihnen unschätzbar wichtig ist und nur Tyrannen schrecken kann. […]

Er hat wiederholt Volksvertretungen aufgelöst, weil sie mit männlicher Festigkeit seinen Eingriffen in die Rechte des Volkes entgegengetreten sind. […]

Die amerikanische Unabhängigkeitserklärung.
Undatiertes Foto, Washington D.C.
Besucher betrachten die im Nationalarchiv der Vereinigten Staaten ausgestellte Unabhängigkeitserklärung. Daneben bewahrt das Archiv auch die Originalkopien der Verfassung der Vereinigten Staaten und der Bill of Rights auf. Siehe hierzu Seite 72 ff.

Er hat Richter in Bezug auf ihre Amtsdauer, die Höhe und den Zahlungsmodus ihrer Gehälter von seinem Willen allein abhängig gemacht.

Er hat eine Unzahl neuer Behörden eingerichtet und Schwärme von Beamten hierher geschickt, um unser Volk zu belästigen und seine Substanz aufzuzehren.

Er hat in Friedenszeiten bei uns ohne die Zustimmung der gesetzgebenden Körperschaften stehende Heere unterhalten.

Er hat danach gestrebt, das Militär von der Zivilgewalt unabhängig zu machen und es ihr überzuordnen.

Er hat sich mit anderen zusammengetan, um uns einer Form der Rechtsprechung zu unterwerfen, die unserer Verfassung fremd und von unseren Gesetzen nicht anerkannt war; und er hat seine Zustimmung zu ihren angemaßten gesetzgeberischen Handlungen erteilt […].

Er hat seinen Herrschaftsanspruch hier aufgegeben, indem er uns als außerhalb seines Schutzes stehend erklärte und Krieg gegen uns führte.

Er hat unsere Meere geplündert, unsere Küsten verwüstet, unsere Städte niedergebrannt und unsere Mitbürger getötet.

Er schafft zum gegenwärtigen Zeitpunkt große Heere fremder Söldner heran, um das Werk des Todes, der Verwüstung und der Tyrannei zu vollenden, das er bereits mit solcher Grausamkeit und Heimtücke begonnen hat, wie sie in den barbarischsten Zeiten kaum ihresgleichen finden, und die des Oberhauptes einer zivilisierten Nation gänzlich unwürdig sind. […]

Er hat Erhebungen in unserer Mitte angeschürt und sich bemüht, auf die Bewohner unserer Grenze zur Wildnis hin die erbarmungslosen indianischen Wilden zu hetzen,

deren Kriegführung bekanntlich darin besteht, alles ohne Rücksicht auf Alter, Geschlecht oder Zustand niederzumachen. […]
Daher tun wir, die in gemeinsamem Kongress versammelten Vertreter der Vereinigten Staaten von Amerika, unter Anrufung des obersten Weltenrichters als Zeugen für die Rechtschaffenheit unserer Absichten, im Namen und Auftrag des wohlmeinenden Volkes unserer Kolonien feierlich kund zu wissen, dass diese Vereinigten Kolonien freie und unabhängige Staaten sind und rechtens sein sollen; dass sie von jeglicher Treuepflicht gegen die britische Krone entbunden sind und dass jede politische Verbindung zwischen ihnen und dem Staate Großbritannien vollständig gelöst ist und sein soll; und dass sie als freie und unabhängige Staaten das uneingeschränkte Recht haben, Krieg zu führen, Frieden zu schließen, Bündnisse einzugehen, Handel zu treiben und alle sonstigen Handlungen vorzunehmen und Tätigkeiten auszuüben, zu denen unabhängige Staaten rechtens befugt sind.

Udo Sautter, Die Vereinigten Staaten. Daten, Fakten, Dokumente, Tübingen/Basel 2000, S. 148 und 150

1. Beschreiben Sie das Verhältnis zwischen dem englischen König und den Kongressteilnehmern.
2. Ordnen Sie die Unabhängigkeitserklärung in den historischen Zusammenhang ein. | H
3. Weisen Sie die Einflüsse Paines (siehe M3, Seite 56 f.) auf die Unabhängigkeitserklärung nach.
4. Beurteilen Sie, welche politische Bedeutung die Erklärung über den aktuellen Anlass hinaus hatte. | H
5. Interpretieren Sie die „Declaration of Independence" aus der Sicht eines modernisierungstheoretisch argumentierenden Historikers (siehe hierzu das Kernmodul auf Seite 22 ff.). Verfassen Sie in diesem Sinne einen Kommentar zu einem Jahrestag des 4. Juli 1776. | H

M2 „Einsatz in der Fremde?"

Die Historikerin Lena Haunert untersucht die Erfahrungen, die hessische Offiziere im Unabhängigkeitskrieg gemacht haben – zu den einfachen Soldaten liegen leider fast keine Quellen vor:

Aus der durchgehend negativen Darstellung des politischen Systems der aufständischen Kolonien [ist] zu folgern, dass die Verfasser der untersuchten Aufzeichnungen die Herrschaftsform ihrer Heimat nicht grundsätzlich ablehnten. Sie verstanden sich als ihrem Landesherrn treu ergebene Untertanen, waren aufgrund ihrer beruflichen und ständischen Position freilich aber auch eng mit dem System verbunden. Wie stark ihr Weltbild in der ständischen Gesellschaft verhaftet blieb, zeigen die herablassenden Kommentare über die vermeintlich niedere, wenn nicht gar kriminelle Herkunft deutschstämmiger Siedler in Amerika oder auch die Anmerkungen zur Zusammensetzung der politischen und militärischen Führung der aufständischen Amerikaner.
Die Verfasser hielten an traditionellen Werten fest, sahen sich allerdings zugleich als aufgeklärte und kultivierte, dem Fortschritt zugewandte Mitglieder einer arbeitsamen und zivilisierten Gesellschaft an. Ausdruck findet dies beispielsweise in der Beschäftigung mit dem Bildungswesen der Kolonien, in dessen Rahmen direkt oder indirekt auf die eigene Bildung und die deutsche Wissenschaftslandschaft abgehoben wird. […] Der Einfluss der Aufklärung sowie der Anspruch auf Kultiviertheit und Zivilisiertheit spiegelt sich schließlich nicht zuletzt in der Kritik an der grausamen Behandlung schwarzer Sklaven oder auch in der ausdrücklichen Offenheit gegenüber anderen Konfessionen wider. […]
Bezüglich des Zugehörigkeitsgefühls zur Herkunftsgesellschaft lassen die überlieferten Aufzeichnungen eine starke Bindung an den jeweiligen Landesherrn beziehungsweise das jeweilige Herkunftsterritorium erkennen. […] Zugleich sorgten die räumliche Distanz zur Heimat sowie die Konfrontation mit der amerikanischen Lebenswelt aber offensichtlich für ein intensiveres Zusammengehörigkeitsgefühl unter den verschiedenen deutschen Truppen und damit zusammenhängend für ausgeprägteres die jeweilige territoriale Zugehörigkeit übergreifendes „deutsches" Selbstbild. Eine europäische Identität ist hingegen lediglich in Ansätzen erkennbar […]. Auch blieb die Identifikation mit dem Auftraggeber Großbritannien begrenzt, umso mehr, als der Krieg einen unvorteilhaften Verlauf nahm. Das persönliche Interesse war es vorrangig, den Landesherrn zufriedenzustellen und die eigene Ehre zu wahren.

Lena Haunert, Einsatz in der Fremde? Das Amerikabild der deutschen Subsidientruppen im Amerikanischen Unabhängigkeitskrieg, Darmstadt 2014, S. 212 ff.

1. Arbeiten Sie das Wertesystem heraus, das für die Offiziere dieser Truppen handlungsleitend war.
2. Nehmen Sie Stellung zu der These, dass die amerikanische „Freiheit" für viele „Hessen" nicht attraktiv war.

M3 „Eine Schlacht, die den Sieger kein Blut kostet, ist ein ruhmloser Erfolg"

Benjamin Franklin (siehe Seite 76) verfasst 1777 eine scharfe Satire. Er schreibt anonym einen fingierten Brief eines Grafen von Schaumbergh an einen Baron Hohendorf, die beide allerdings nicht existieren. Mehrere französische Zeitungen drucken diesen „Brief" aber gerne ab, ohne den wirklichen Verfasser zu nennen:

Eine Schlacht, die den Sieger kein Blut kostet, ist ein ruhmloser Erfolg, während die Besiegten sich mit Ruhm bedecken, da sie mit der Waffe in der Hand untergehen. Entsinnen Sie sich, dass von den 300 Spartanern, welche die Thermopylen verteidigten, keiner zurückkehrte?[1] Wie glücklich wäre ich, könnte ich dasselbe von meinen tapferen Hessen sagen! [...]

Sie haben recht daran getan, jenen Dr. Crumerus nach Europa zurückzuschicken, der beim Kurieren der Dysenterie [Durchfall] so erfolgreich war. [...] Besser, sie zerplatzen in ihren Kasernen, als dass sie in der Schlacht davonlaufen und den Ruhm unserer Waffen beflecken. Außerdem wissen Sie, dass man mir alle als getötet bezahlt, die an einer Krankheit sterben, und für Geflohene bekomme ich keinen Farthing[2]. Meine Italienreise, welche mich beträchtliches Geld gekostet hat, lässt es wünschenswert erscheinen, dass unter ihnen eine große Sterblichkeit herrsche. Sie werden deshalb allen Beförderung versprechen, welche sich hervortun; Sie werden sie ermuntern, den Ruhm inmitten der Gefahr zu suchen; Sie werden Major Maundorff sagen, dass ich äußerst unzufrieden bin, weil er die 345 Mann gerettet hat, welche dem Gemetzel von Trenton[3] entronnen sind. Während des ganzen Feldzugs hat er keine zehn Tote im Ergebnis seiner Befehle vorzuweisen. Schließlich möge es Ihr Hauptziel sein, den Krieg zu verlängern und ein entscheidendes Gefecht auf beiden Seiten zu verhindern, denn ich habe für eine große italienische Oper Anstalten getroffen und möchte mich nicht gezwungen sehen, diese aufzugeben. Inzwischen bete ich, mein lieber Baron von Hohendorf, dass Gott Sie schützen und behüten möge.

Heinz Förster (Hrsg.), Was ist ein Amerikaner. Zeugnisse aus dem Zeitalter der amerikanischen Revolution, Leipzig 1987, S. 232 f.

1. Analysieren Sie die rhetorische Mittel, die in diesem Text verwendet werden.
2. Ordnen Sie die Quelle in den Kontext der amerikanischen Kriegspropaganda ein. | H
3. Erörtern Sie, mit welchen geeigneten Mitteln die Gegenseite auf derartige Angriffe hätte reagieren können.
4. Setzen Sie sich mit der Wirkung von Satire generell auseinander.

M4 „Was ist [...] ein Tory?"

Im Dezember 1776, als sich die Armee von George Washington auf dem Rückzug befindet, verfasst Thomas Paine (siehe Seite 54), der bei der Armee weilt, einen Appell an seine Landsleute:

Wie kommt es, dass der Feind die Provinzen Neuenglands verlassen und unsere mittleren zum Kriegsschauplatz gemacht hat? Die Antwort ist einfach: Neuengland ist nicht von Tories verseucht, aber wir sind es. Ich habe mich gehütet, ein Geschrei gegen sie anzustimmen, und habe zahllose Argumente gebraucht, um ihnen die Gefahr aufzuzeigen, aber es ist nicht angebracht, eine Welt entweder ihrer Torheit oder ihrer Niedrigkeit zu opfern. Die Zeit ist jetzt gekommen, in der entweder sie oder wir unsere Haltung ändern müssen, oder einer von uns oder beide gehen zugrunde. Was ist nun eigentlich ein Tory? Großer Gott! Was ist er denn? Ich würde mich nicht scheuen, mit hundert Whigs gegen tausend Tories anzugehen, sollten diese versuchen, die Waffen zu erheben. Jeder Tory ist ein Feigling; denn knechtische, sklavische und eigennützige Furcht ist die Grundlage des Torytums, und unter einem solchen Einfluss kann ein Mensch zwar grausam sein, aber niemals tapfer. [...]

Ich spürte einmal den ganzen Zorn, den ein Mann gegen die niedrigen Grundsätze empfinden sollte, wie sie die Tories vertreten. Ein bekannter Tory, der eine Schenke in Amboy betreibt, stand unter seiner Tür, mit einem so hübschen Kind an der Hand, [...] und nachdem er seine Meinung so offen geäußert hatte, wie er es für klug hielt, schloss er mit diesen unväterlichen Worten: „Nun, gib mir Frieden in meinen Tagen!" Es gibt niemand auf unserem Kontinent, der nicht fest davon überzeugt ist, dass früher oder später schließlich doch eine Trennung stattfinden muss, und ein guter Vater hätte gesagt: „Wenn es schon Unruhen geben muss, dann hoffentlich noch zu meinen Lebzeiten, damit mein Kind in Frieden leben kann"; und wenn man sich diesen einzigen Satz gut überlegt, so genügt das, um jeden an seine Pflicht zu erinnern.

Herbert Schambeck (Hrsg.), Dokumente zur Geschichte der Vereinigten Staaten von Amerika, Berlin ²2007, Seite 122 f.

1. Charakterisieren Sie die Argumentation von Thomas Paine.
2. Arbeiten Sie heraus, wer nach Paine ein „Tory" ist.

[1] Gemeint ist hier die Schlacht bei den Thermopylen um 480 v. Chr. zwischen Spartanern und Persern.

[2] **Farthing**: kleine britische Münze

[3] Hier wird auf die Schlacht von Trenton Ende Dezember 1776 angespielt, bei der hessische Truppen durch die amerikanische Armee geschlagen wurden.

M5 Petition an die Revolutionäre zur Abschaffung der Sklaverei

Am 13. Januar 1777 erhält die Gesetzgebende Versammlung von Massachusetts folgende Bittschrift:

Diese Petition einer großen Anzahl von Schwarzen, die im Zustand der Sklaverei gehalten werden inmitten eines freien und christlichen Landes, legt in aller Demut dar, dass ihre Verfasser begreifen, dass sie mit allen anderen Menschen ein natürliches und unveräußerliches Recht auf die Freiheit gemeinsam haben, die der große Schöpfer des Weltalls der ganzen Menschheit gleichermaßen verliehen hat und auf die sie niemals durch irgendeinen Vertrag oder eine Vereinbarung verzichtet haben – sondern sie wurden unrechtmäßig durch die Handhabung grausamer Macht von ihren liebsten Freunden getrennt und einige sogar aus den Armen ihrer zärtlichen Eltern fortgerissen – aus einem volkreichen, freundlichen und fruchtbaren Land wurden sie unter Verletzung des Naturrechts und des Völkerrechts und allen zarten Gefühlen der Menschlichkeit zum Trotz hierhergebracht, um wie Lasttiere verkauft und wie diese zu lebenslanger Sklaverei verurteilt zu werden.

In einem Volk, dass sich zur milden Religion Jesu bekennt, das sich den Geheimnissen des rationalen Seins nicht verschließt und dem es auch nicht an Mut fehlt, sich den ungerechten Versuchen anderer, es in einen Zustand der Knechtschaft und Unterwerfung zu zwingen, zu widersetzen, brauchen wir das hohe Haus nicht daran zu erinnern, dass ein Leben in Sklaverei wie das der Unterzeichneten, ohne alle sozialen Rechte und ohne alles, was das Leben erträglich macht, schlimmer ist als das Nichtsein.

Dem löblichen Beispiel des guten Volkes dieser Staaten folgend, haben die Verfasser dieser Petition lange und geduldig das Ergebnis einer Petition nach der anderen, die sie der Legislative dieses Staates zugeleitet haben, abgewartet, aber sie können nur bekümmert feststellen, dass sie alle einen nur zu ähnlichen Erfolg gehabt haben. Sie können nicht umhin, ihrem Erstaunen Ausdruck zu geben, dass niemals bedacht worden ist, dass alle Prinzipien, nach denen Amerika im Laufe seiner unglücklichen Differenzen mit Großbritannien gehandelt hat, stärker als tausend Argumente für die Verfasser dieser Petition sprechen. Daher flehen sie das hohe Haus in aller Demut an, dieser Petition gebührend Gewicht beizumessen und sie zu erwägen und durch die Legislative ein Gesetz zu erlassen, durch das sie wieder in den Genuss all dessen gesetzt werden, was das natürliche Recht eines jeden Menschen ist […].

Eberhard Brüning (Hrsg.), Anspruch und Wirklichkeit. Zweihundert Jahre Kampf um Demokratie in den USA: Dokumente und Aussagen, Berlin 1976, S. 107 f.

1. Arbeiten Sie die Argumente der Verfasser dieser Bittschrift gegen die Sklaverei heraus.
2. Nehmen Sie Stellung zu der Petition. | F

Phillis Wheatley.
Stich aus ihrem 1773 veröffentlichten Gedichtband.

- ▶ Beschreiben Sie das Leben der Phillis Wheatley. Recherchieren Sie dazu im Internet.
- ▶ Überprüfen Sie die Behauptung, dass Sklavinnen damals doppelt unterdrückt waren.

M6 Politische Rechte für Frauen?

Abigail und John Adams (siehe Seite 48) führen eine lange und gute Ehe. Anfang 1776 kommt es allerdings zu einem Streit zwischen ihnen, bei dem es um die Gleichberechtigung der Geschlechter geht. Die beiden folgenden Quellen sind typisch für die Art der Auseinandersetzungen während der Unabhängigkeit. Sie zeigen aber auch, dass tiefe Risse über das richtige Vorgehen bis in einzelne Familien hineingehen konnten.
Abigail Adams schreibt am 31. März 1776 an ihren Ehemann:

Ich sehne mich nach der Nachricht, dass Ihr die Unabhängigkeit erklärt habt. Und, nebenbei, in dem neuen Gesetzbuch, das Ihr – meiner Meinung nach – notwendig machen müsst, solltet Ihr – wie ich wünsche – an die Frauen denken und sie großzügiger und günstiger behandeln als eure Vorfahren es taten. Gebt keine solche unbegrenzte Macht mehr in die Hände der Ehemänner. Erinnert euch, dass alle

Männer Tyrannen wären, wenn sie könnten. Wenn den Frauen keine besondere Sorge und Berücksichtigung zuteil wird, sind wir entschlossen, einen Aufruhr zu schüren. Wir werden uns nicht durch irgendwelche Gesetze gebunden fühlen, bei denen wir kein Stimm- oder Vertretungsrecht haben.

Dass euer Geschlecht von Natur aus tyrannisch ist, ist als Wahrheit so völlig bewiesen, dass es keine Erörterung mehr erlaubt. Aber die von euch, die glücklich sein wollen, geben freiwillig das strenge Anrecht des Herren auf zugunsten des sanfteren und teureren als Freund. Warum dann nehmt Ihr es nicht aus der Macht der Bösen und Zügellosen, ohne Strafe mit uns grausam und entwürdigend umzugehen? Männer von Verstand verabscheuen in allen Zeiten solche Sitten, die uns nur als die Mägde eures Geschlechtes behandeln. Betrachtet uns also als von der Vorsehung unter euren Schutz gestellt. Und in Nachahmung des höchsten Wesens macht von dieser Gewalt nur zu unserem Glück Gebrauch.

John Adams antwortet am 14. April 1776:

Was dein außerordentliches Gesetzbuch betrifft, da kann ich nur lachen. Man hat uns erzählt, dass unser Kampf (gegen England) die Bande der Obrigkeit überall gelockert habe, dass Kinder und Lehrlinge ungehorsam würden, dass Schulen und Universitäten aufgewühlt würden, dass Indianer ihre Wächter missachteten und Neger unverschämt gegen ihre Herren würden. Aber dein Brief war der erste Hinweis, dass noch ein anderer Klüngel – zahlreicher und mächtiger als alle anderen – zur Unzufriedenheit herangezüchtet wird. Das ist ein ziemlich grobes Kompliment, aber du bist so frech, dass ich es nicht ausstreichen werde.

Verlass dich drauf, wir wissen etwas Besseres, als unsere männlichen Einrichtungen außer Kraft zu setzen. Obwohl sie in voller Rechtskraft stehen, sind sie – wie dir bekannt – wenig mehr als Theorie. Wir wagen es nicht, unsere Gewalt auszuüben. Wir sind verpflichtet, fair und sanft vorzugehen: Und in der Praxis – du weißt es – sind wir die Untergebenen.

Erster und zweiter Text: Gerold Niemetz (Hrsg.), Vernachlässigte Fragen der Geschichtsdidaktik, Hannover 1992, S. 96

Abigail Adams.
Porträt von Mather Brown, 1785.
Abigail Adams (1744–1818) kam aus einer angesehenen Familie aus Massachusetts und war an philosophischen und politischen Fragen sehr interessiert. 1766 heiratete sie John Adams. Ihr Rat beeinflusste dessen Politik und Karriere maßgeblich.

1. Geben Sie die Argumente von Abigail Adams wieder.
2. Ordnen Sie den Briefwechsel in die zeitgenössische Situation ein.
3. Setzen Sie sich mit der Antwort von John Adams auseinander. | H
4. Entwickeln Sie Argumente für eine Fortsetzung des Streites zwischen dem Ehepaar Adams. | H

Die Amerikanische Revolution – konservativ oder Utopie?

Die Fakten zur Amerikanischen Revolution sind wenig umstritten. Allerdings wurde und wird immer wieder darüber diskutiert, wie „revolutionär" diese Revolution eigentlich war. Im Vergleich zur Französischen oder Russischen Revolution gibt es einige erhebliche Unterschiede. Einige Historiker betonen eher die konservativen Aspekte, andere heben die utopischen Momente hervor. Schließlich gibt es auch noch die Meinung, dass die gesamte heutige Begrifflichkeit den Ereignissen nicht angemessen ist.

M1 Konservativ?

*Der Historiker Michael Hochgeschwender (*1961) vertritt in Bezug auf die Amerikanische Revolution folgende Meinung:*

Viele Kolonisten glaubten, durch eine straffere Zentralisierung des Empire ihren Status als freie Engländer einzubüßen und zu Iren, Hindus oder Frankokanadiern herabzusinken. Im Jargon der Zeit hieß das: zu Sklaven der Briten zu werden. Wenn dem aber so war, dann konnte die ganze Reform des Empire nichts anderes sein als eine Verschwörung korrupter und tyrannischer Kreise in England, denen es nicht um Reform, sondern um die Einführung des Absolutismus ging. Jedes Privileg der Amerikaner, das die britischen „Verschwörer" antasteten, bis hin zum Schmuggel, wurde als Anschlag auf die Freiheit und das Eigentum echter, freiheitsliebender Briten interpretiert. Die wechselseitige Wahrnehmung der Mutterlandsbriten und der Kolonialbriten war auf eine schiefe Ebene geraten. In diesem Sinne war die Amerikanischen Revolution konservativ. Nicht weil sie im Vergleich zur Französischen Revolution weniger blutig gewesen wäre oder keine sozialen Folgen gehabt hätte, beides ist falsch. Sondern es war eine Revolution gegen die Reform, eine Revolution zum Erhalt überkommener Privilegien und Freiheiten gegenüber den ökonomischen Zwängen der Gegenwart und den Versuch, die Lasten eines gemeinsamen Weltreichs neu zu verteilen.

Michael Hochgeschwender, Die Amerikanische Revolution. Geburt einer Nation 1763–1815, München 2016, S. 74

M2 Eine neue Ordnung der Zeitalter?

*Der Historiker Horst Dippel (*1942) schreibt über die Amerikanische Revolution:*

Was aber war das [...] Revolutionäre in Amerika jenseits des politischen Konflikts mit dem Mutterland und des Krieges? Die durch den Abzug der Loyalisten und das Ende der Eigentümerkolonien bedingte Umverteilung von Land war zwar gewaltig, doch vollzog sie sich, anders als in Europa, in einem Umfeld, in dem Landbesitz nie als soziales Privileg, sondern ökonomisch als Ware betrachtet wurde. [...] Anders als später in Frankreich war daher das sozialrevolutionäre Potenzial dieser Maßnahme eher gering, denn sie trug weder zur Stärkung einer Bourgeoisie noch zu ihrer Bindung an die Revolution nennenswert bei. Auch die Abschaffung aristokratischer Relikte wie unveräußerliche Erbgüter und Erstgeborenenrechte hatte keine den europäischen Verhältnissen vergleichbare Bedeutung, da sie ohnehin in den Kolonien kaum noch beachtet worden waren. [...]

Die eigentliche Bedeutung der Amerikanischen Revolution lag auf anderen Ebenen. Sie vollzog sich mehr in den Köpfen als in den Bäuchen der „Amerikaner", als die sie sich erst zu begreifen begannen. Es war eine Befreiung nicht von Unterdrückern, doch von Mächten jenseits ihrer Kontrolle. Sie schüttelten Fesseln ab, gewannen ihr Selbstbestimmungsrecht, ihre Identität. Das setzte eine ungeheure Dynamik frei, die sich in allen ökonomischen, sozialen und politischen Bereichen auswirkte. Die Revolution war daher mehr als nur die Geburt einer Nation; sie wurde zum Beginn eines *Novus ordo saeculorum*, wie es seither im Siegel der Vereinigten Staaten heißt, und der erste grundlegende Ausdruck dieses Neuanfangs ist die Unabhängigkeitserklärung mit ihrem universalen Anspruch auf „Leben, Freiheit und dem Streben nach Glück" als „selbstverständliche Wahrheiten". Damit war das ganze Gefüge menschlicher Beziehungen auf eine neue Basis gestellt, und das Verhältnis zwischen dem Wert des Individuums und dem Wohlergehen der Allgemeinheit neu geordnet.

Horst Dippel, Geschichte der USA, München [9]2010, S. 27 f.

„Zerstörung der königlichen Bildsäule zu New York."
Zeitgenössischer Kupferstich von Franz Xavier Habermann.
Am 9. Juli 1776 wurde in New York das Standbild des englischen Königs Georg III. gestürzt.

M3 Keine revolutionäre Bewegung?

Bereits 1963 hat sich die deutsch-amerikanische Philosophin Hannah Arendt (1906–1975) mit dem gleichen Problem beschäftigt:

[Bei der Beschäftigung mit der Amerikanischen und der Französischen Revolution] dürfen wir […] nicht vergessen, dass die Männer dieser beiden Revolutionen sich vor allem dadurch von allen ihnen folgenden „Revolutionären" unterscheiden, dass sie die Revolution in der Überzeugung begannen, sie stellten nicht mehr als eine alte Ordnung der Dinge wieder her, welche von der Monarchie im Zeitalter des Absolutismus verletzt und vergewaltigt worden war. Wenn sie vor allem in den Anfangsstadien der Revolutionen immer wieder versicherten, sie wollten den Prozess des Absolutismus rückgängig machen und eine Ordnung restaurieren, welche zu Beginn der Neuzeit verlorengegangen war, so ist an ihrer Aufrichtigkeit nicht im Mindesten zu zweifeln.

Dieser Anfangsaspekt der Revolutionen hat zu einer Verwirrung über Sinn und Bedeutung von Revolution überhaupt geführt und zu einem Fehlurteil über die Amerikanische Revolution, die nicht ihre eigenen Kinder verschlang[1] und wo daher die gleichen Männer, welche die „Restauration" in Gang gesetzt hatten, auch die Revolution machten, den neuen Staat gründeten und sogar lange genug lebten, um zu Amt und Würden in der neuen Ordnung der Dinge aufzusteigen. Was sie zum Zwecke der Restauration in die Wege geleitet hatten, ein Handeln also, das kein anderes Ziel verfolgte als das der Wiedergewinnung uralter, verbriefter Rechte und Freiheiten, führte zur Revolution, und alle Theorien und Vorstellungen von englischer Verfassung, den angestammten Rechten aller Engländer und ihrer Gültigkeit in den Kolonien endete mit der Unabhängigkeitserklärung. Dies hatte keiner von ihnen gewollt oder vorausgesehen, denn die Bewegung, die zur Revolution führte, war nicht im Mindesten revolutionär. Niemand wusste dies auch im Nachhinein besser als Benjamin Franklin, der rückblickend allen Versuchen, die Revolution und die Unabhängigkeitserklärung gleichsam ideologisch zu verklären, mit den Worten entgegentrat: „I never had heard in any Conversation from any Person drunk or sober, the least Expression of a wish for separation, or Hint that such a Thing would be advantageous to America."[2] So ist es in der Tat so gut wie unmöglich auszumachen, ob die Männer der Amerikanischen Revolution nun Konservative oder Revolutionäre waren, was aber nur heißt, dass diese Termini außerhalb ihres historisch-politischen Zusammenhanges sinnlos sind; das konservative Denken entzündete sich an der Französischen Revolution, es gibt so etwas überhaupt nicht vor dem neunzehnten Jahrhundert.

Hannah Arendt, Über die Revolution, Frankfurt am Main 1968, S. 53 f.

1. Fassen Sie die Kernaussagen der Autoren (M1 bis M3) mit eigenen Worten zusammen.
2. Nehmen Sie Stellung zu den drei Quellen und setzen Sie sich mit den Gemeinsamkeiten und Unterschieden auseinander.
3. Interpretieren Sie die drei Quellen unter der Fragestellung, ob die Amerikanische Revolution eher konservativ war oder ob sie eher Neuartiges brachte. | F
4. Erörtern Sie, ob es sinnvoll ist, heutige Begriffe auf historische Sachverhalte anzuwenden.

[1] Der Ausspruch „Die Revolution verschlingt (frisst) ihre eigenen Kinder" stammt von dem girondistischen Abgeordneten Pierre Victurnien Vergniaud, der im Oktober 1793 während der Französischen Revolution hingerichtet wurde.

[2] Die Aussage des amerikanischen Politikers und Naturwissenschaftlers Benjamin Franklin (1706–1790) lautet übersetzt: „Ich habe niemals in irgendeinem Gespräch von irgendeiner Person, betrunken oder nüchtern, den kleinsten Ausdruck eines Wunsches nach Trennung gehört, oder auch nur einen Hinweis, dass solch eine Angelegenheit vorteilhaft für Amerika wäre."

Amerikanische Verfassung und Bill of Rights

Zentralstaat oder Staatenbund? | Bei den Debatten um die kommende Staatsform standen sich zwei Gruppierungen gegenüber, deren Namen irreführend sind. Die *Federalists* (dt.: Föderalisten) plädierten für einen starken Zentralstaat, die *Anti-Federalists* wollten einen lockeren Staatenbund mit einer schwachen Zentralregierung (→M1). Allerdings bestanden die Anti-Federalists aus sehr unterschiedlichen Gruppen mit unterschiedlichen Interessen: Reiche Pflanzer hatten mit den Siedlern an der Indianergrenze oder mit Kaufleuten in New York nur wenig gemeinsam. Einige agitierten aber mit großer Heftigkeit gegen die Schaffung eines Zentralstaates.

Nachdem die äußere Bedrohung fortgefallen war, bröckelte auch der Zusammenhalt der einzelnen Staaten untereinander. Zwischen 1777 und 1781 wurde immerhin ein lockerer Staatenbund geschaffen, dem ein Kongress an der Spitze vorstand. Berechtigte Skepsis bestand in der Frage, ob es überhaupt möglich sei, ein flächenmäßig so großes Land als Republik zu verwalten. Vielen schien es besser zu sein, die Souveränität bei den einzelnen Staaten zu lassen, wo sich wenigstens die Eliten untereinander persönlich kannten. Furcht bestand auch vor einem unkontrollierbaren Populismus. Deshalb wurden einige Wahlen und Ernennungen nicht direkt, sondern indirekt geplant.

Eine wichtige Entscheidung traf der Kongress im Juli 1787 mit der *„Northwest Ordinance"*. In ihr wurde festgelegt, dass im Westen neue Staaten in die Union aufgenommen werden konnten, wenn sie mindestens 60 000 Einwohner hatten und sich eine republikanische Verfassung gegeben hatten. Damit wurde die weitere Westexpansion vorangetrieben. Allerdings war die Lösung weiterer großer Probleme wegen des Krieges nur aufgeschoben worden. Der Kongress verfügte über fast keine Machtmittel, die Schwierigkeiten anzugehen. Vor allem im Bereich der Wirtschaftspolitik bestand dringender Handlungsbedarf. Teile des Landes waren zerstört. Wegen der hohen Kriegsschulden bestand die permanente Gefahr eines Staatsbankrotts, die Preise für Agrarprodukte fielen, und die oft zwangsweise Eintreibung von Steuern stieß in der ländlichen Bevölkerung auf Widerstand. 1786/87 rebellierten verschuldete Farmer in Massachusetts („Shays' Rebellion"), und der Staat musste Truppen gegen die Farmer einsetzen. Diese und weitere kleine agrarische Revolten zeigten deutlich, wie schwach die USA noch waren. Hierdurch wurden die Federalists bestärkt, die die Macht der Einzelstaaten durch eine Verfassung begrenzen wollten. Das Dilemma war vielen Zeitgenossen bewusst: Der Kongress war nicht in der Lage, die Aufgaben einer Regierung zu erfüllen, und die sou-

Shays' Rebellion: Ab August 1786 behinderten einige hundert Farmer aus Massachusetts mit Gewalt die Durchführung von Gerichtsverfahren. Sie sahen sich von Zwangsversteigerungen und dem Verlust ihrer Existenzgrundlage bedroht. Ihr Anführer war der pensionierte Hauptmann Daniel Shays. Erst im Februar 1787 gelang es einer Miliz von 4000 Mann, die Proteste der Farmer mit Gewalt zu beenden.

Unterzeichner der Verfassung der Vereinigten Staaten.
Undatiertes Foto, National Constitution Center in Philadelphia.
Das Foto zeigt überlebensgroße Bronzestatuen der Delegierten der Verfassunggebenden Versammlung, die 1787 die Amerikanische Verfassung in Philadelphia unterzeichneten.
Im Vordergrund ist auf dem Stuhl sitzend Benjamin Franklin dargestellt.

veränen Einzelstaaten hatten nicht die Mittel und die Kraft, die schwierige Nachkriegssituation in den Griff zu bekommen. Letztlich erwies es sich als nicht vermeidbar, eine Finanzpolitik des Bundes einzuführen, die von den Einzelstaaten unabhängig war.

Die Amerikanische Verfassung | In zahlreichen Publikationen, Pamphleten und sonstigen Schriften fanden wieder umfangreiche Diskussionen um die zukünftige Gestaltung des Staates statt (→M2). Vielen Intellektuellen war klar, dass sich die einmalige Chance bot, etwas völlig Neues, eine Utopie in die Realität umzusetzen, für die es in der Geschichte keine Vorbilder gab. Fast alle Einzelstaaten hatten zwischen 1776 und 1780 bereits Verfassungen eingeführt, in denen die Macht der Gouverneure gegenüber den gewählten Kongressen stark eingeschränkt wurde. Bei diesen Verfassungen gab es sehr große Unterschiede. Da aber gleichzeitig keine handlungsfähige Zentralregierung bestand, drohte zwischen 1783 und 1787 mehrfach der Zusammenbruch des neuen Staates. Viele Akteure waren entsetzt und beschworen die verlorene Einigkeit – einige waren sogar der Meinung, dass diese Krise für die Amerikaner gefährlicher sei, als der gesamte vergangene Krieg. 1786 mussten einige Sitzungen des Kontinentalkongresses abgesagt werden, weil die Mindestzahl von neun Staaten nicht vertreten war, die von der Geschäftsordnung verlangt wurde.

Obwohl sehr unterschiedliche Vorstellungen aufeinandertrafen, war am Ende doch die Bereitschaft hoch, Kompromisse einzugehen. Erst im Mai 1787 trafen sich in Philadelphia 55 Delegierte aus 12 Staaten, um unter dem Vorsitz von George Washington eine Verfassung für den gesamten neuen Staat einzuführen. Dahinter stand die Überzeugung, dass Regierungen dem Volk dienen müssten, und sie nicht dazu da seien, es zu beherrschen. Die Verhandlungen fanden geheim statt, um Lösungen zu erleichtern. Anfangs war in fast allen Staaten das Wahlrecht an Landbesitz gebunden. Allerdings war Landbesitz sehr verbreitet und es wird geschätzt, dass in einigen Regionen 70 bis 90 Prozent der erwachsenen weißen Männer wahlberechtigt waren. Frauen, Afroamerikaner und die Native Americans hatten kein Wahlrecht.

Nach heftigen Auseinandersetzungen wurden Staat und Kirche voneinander getrennt. Alle Religionsgemeinschaften wurden gleichgestellt und damit sowohl religiöse Freiheit als auch Demokratisierung gefördert. Dies entsprach der Tradition vieler protestantischer Gemeinschaften in den USA, die jede Form von Staatskirche und hierarchische Kirchenstrukturen ablehnten.

Die „Gründungsväter" – siehe weiter unten – erkannten, dass eine gewisse Flexibilität notwendig war. Deshalb wurden Ergänzungen (*amendments*) ermöglicht, d. h., Verfassungszusätze konnten nachträglich eingefügt werden. Auch hier war die Kompromissbereitschaft hoch. Diese wurde dadurch erleichtert, dass das Gremium recht homogen zusammengesetzt war: Es handelte sich – mit wenigen Ausnahmen – um wohlhabende, gebildete Männer, die alle seit der Kolonialzeit politische Erfahrungen gesammelt hatten und die bereits Ämter als Gouverneure, Abgeordnete, Richter oder Offiziere bekleidet hatten.

„checks and balances" | Das Prinzip der Amerikanischen Verfassung basierte auf den „checks and balances", der gegenseitigen Kontrolle durch die Exekutive, Legislative und Judikative.[1] Den Schöpfern der Verfassung war klar, dass aus diesen miteinander verschränkten Kompetenzen Konflikte entstehen würden, aber derartige Auseinandersetzungen waren gewollt, um Machtkontrolle auszuüben. Das Menschenbild, das dahinter stand, war pessimistisch: Es würde immer Personen geben, die versuchen würden, Macht zu missbrauchen oder ihre Kompetenzen zu überschreiten. Deshalb mussten Institutionen geschaffen werden, die solche Übergriffe verhinderten (→M3). Außerdem bestand Einigkeit darüber, dass die Einzelstaaten weitgehende Rechte behalten sollten. Sie blieben zuständig für Justiz, Polizei oder Kultur, auch konnten sie intern Regelungen

Internettipp
Den vollständigen Text der Verfassung der Vereinigten Staaten von Amerika in deutscher Übersetzung finden Sie unter dem Code **32035-09**.

[1] Ein Schaubild zur Amerikanischen Verfassung finden Sie auf Seite 83.

treffen, die sich von anderen Staaten unterschieden (z.B. später Alkoholverbot für Jugendliche oder unterschiedliche Waffengesetze). Das Wahlrecht war Angelegenheit der Einzelstaaten. Der Präsident wurde bzw. wird indirekt durch Wahlmänner gewählt, die von den Staaten gestellt werden. Jeder Staat stimmt nach der Wahl einheitlich für denjenigen Kandidaten, der in ihm die Mehrheit gewonnen hat, die Stimmen für den Verlierer verfallen.

We the People
Article. I

„We the People of the United States."
Erste Seite der amerikanischen Verfassung von 1787.

Das System der Gewaltenteilung in der Amerikanischen Verfassung lässt sich wie folgt erklären:

- Der Präsident stellt die Exekutive und hat eine sehr starke Stellung. Er ernennt die Regierung und hat den Oberbefehl über die Streitkräfte. Faktisch hatte der Präsident mehr Macht als der britische König, die ihm – anders als dem Monarchen – aber nur für eine bestimmte Zeit übergeben wurde. Die Verfassung sieht kein Kabinett vor, aber im Laufe der Jahrzehnte wurden immer mehr Ministerien (*departements*) eingerichtet, deren Leiter vom Präsidenten berufen werden. Diese Minister müssen vom Senat bestätigt werden. Der Präsident kann sich mit den Ministern beraten, bleibt in seiner Entscheidung aber frei. Allerdings darf der Kongress mit Mehrheit Maßnahmen des Präsidenten außer Kraft setzen. Auch kann der Präsident vom Kongress abgesetzt werden (*impeachment*).
- Der Kongress stellt die Legislative dar. Er besteht aus dem *Repräsentantenhaus* und dem *Senat*. Beide nehmen gleichberechtigt am Gesetzgebungsverfahren teil. Die Mitglieder des Repräsentantenhauses werden direkt alle zwei Jahre vom Volk gewählt, wobei hier die Größe der Bundesstaaten eine Rolle spielt: Je größer ein Staat ist, desto mehr Abgeordnete entsendet er. In den Senat hingegen entsenden alle Bundesstaaten jeweils zwei Abgeordnete, dies war ein Zugeständnis an die kleinen Staaten. Zu Beginn der Republik zählte er 26 Mitglieder (13 Staaten), heute sind es 100 (50 Bundesstaaten). Bis 1913 wurden sie von den jeweiligen Staatsparlamenten gewählt, seitdem findet eine direkte Wahl durch die Stimmberechtigten des Staates statt.
  Der Präsident kann mit seinem Veto ein Gesetz verhindern, dann wird der Entwurf an diejenige Kammer zurückgesandt, die ihn zuerst vorgeschlagen hat. Das Veto kann überstimmt werden, wenn beide Kammern den Entwurf mit einer Mehrheit von mindestens zwei Dritteln annehmen.
- Die Jurisdiktion liegt beim *Obersten Bundesgericht* (Supreme Court), in dem ursprünglich fünf, heute neun Richter sitzen. Diese werden auf Lebenszeit vom Präsidenten ernannt, allerdings muss der Senat diesen Ernennungen zustimmen. Hierdurch soll sichergestellt werden, dass die Richter unabhängig von äußeren Einflüssen sind. Das Gericht kontrolliert den Präsidenten und den Kongress und kann Gesetze sowohl des Bundes, als auch der Einzelstaaten außer Kraft setzen, wenn diese nicht mit der Verfassung zu vereinbaren sind. Urteile werden mit einfacher Mehrheit gefällt. Allerdings findet sich dieses Recht, die Verfassungsmäßigkeit von Gesetzen zu prüfen, nicht ausdrücklich in der Verfassung. Es wurde erst durch eine Entscheidung des Supreme Courts im Jahre 1803 etabliert und wurde dann allgemein anerkannt.

Die Hauptstadt des neuen Staates war erst Philadelphia, aber 1800 zog die Regierung in die neu gegründete Stadt Washington um. Die meisten Staaten nahmen schon 1787 die Verfassung an. George Washington wurde zum ersten Präsidenten der USA gewählt. Allerdings weigerten sich mehrere Staaten, die Verfassung zu ratifizieren, weil sie schwerwiegende Mängel sahen: Beispielsweise fehlte ein Katalog der Grundrechte.

Bill of Rights – Ideal und Realität | Die Idee, die Verfassung durch Zusätze ergänzen zu können, war eine kluge Maßnahme. Denn schon bei den Beratungen in den jeweiligen Einzelstaaten wurde deutlich, dass eine ausdrückliche *„Bill of Rights"*, ein Katalog von Grundrechten, notwendig war. Diese Forderung der Anti-Federalists wurde 1789 erfüllt, als zehn Ergänzungsartikel in die Verfassung aufgenommen wurden. Vorbild war die „Virginia Bill of Rights", die im Juni 1776 verabschiedet worden war (➔M4). In ihr findet sich bereits die Gewaltenteilung, regelmäßige Wahl der Abgeordneten, Geschworenengerichte und ein Katalog von Grund- und Menschenrechten.

In den Zusatzartikeln zur Verfassung, die sich an der britischen Tradition orientierten, wurde ausdrücklich garantiert: Rede-, Presse- und Petitionsfreiheit, die Freiheit der öffentlichen friedlichen Versammlung, das Recht, im Interesse einer geordneten Miliz Waffen zu tragen, der Schutz vor ungerechtfertigter Verhaftung und Durchsuchung, der Schutz vor zweifacher Anklage in derselben Sache, das Recht auf einen Prozess vor einer Jury und der Schutz vor grausamen Strafen. Die Religionsfreiheit mit der Trennung von Kirche und Staat fand allerdings kein Vorbild in der britischen Tradition (➔M5).

Das Niveau der teilweise sehr kontroversen Debatten war beeindruckend hoch. Beispielsweise diskutierten die drei Intellektuellen *James Madison* (1751–1836), *John Jay* (1745–1829) und *Alexander Hamilton* (1757–1804) unter dem Pseudonym „Publius", ob die Republiken des antiken Roms oder Griechenlands möglicherweise Anregungen für den Staatsaufbau geben könnten. Sie kamen aber schnell zu dem Schluss, dass die damaligen Lösungen nicht für den Aufbau eines modernen Staates geeignet seien. Diese und andere Debatten publizierten sie 1787/88 zunächst in mehreren New Yorker Zeitungen und dann zusammengefasst unter dem Titel „The Federalist", um Werbung für die Verfassung zu machen. Bis heute stellen diese Diskussionen eindrucksvolle Dokumente zur politischen Theorie dar. Dennoch zogen sich in einigen Staaten die Debatten hin: Erst am 29. Mai 1790 ratifizierte Rhode Island als letzter Staat die Verfassung (➔M6 und M7).

Internettipp
Einen Artikel über die Geschichte der Grundrechte – darunter auch über die „Virginia Bill of Rights" und „Bill of Rights" – finden Sie unter dem Code **32035-10**.

Exkurs: „Gründungsväter" | Im Folgenden werden drei bedeutende amerikanische Politiker vorgestellt, die auch als „Gründungsväter" bekannt sind. Dieser Begriff bezeichnet diejenigen Männer, die an der Unterzeichnung der Amerikanischen Unabhängigkeitserklärung und Verfassung bzw. an der Unabhängigkeitsbewegung beteiligt waren.

George Washington.
Ölgemälde von 1797.

- *George Washington* (1732–1799): Der aus Virginia stammende Washington war ein wohlhabender Plantagenbesitzer, der gemeinsam mit seiner Frau zeitweise fast 400 Sklaven besaß. Während des Unabhängigkeitskrieges war er der unumstrittene Befehlshaber der amerikanischen Armee, obwohl seine strategischen Fähigkeiten begrenzt waren. Er verfügte aber über eine Reihe von anderen Talenten, mit denen er dieses Defizit mühelos kompensierte. Niemand bezweifelte seine persönliche Integrität und seine Führungsqualitäten. Washington war sich seiner Schwächen bewusst und suchte sich deshalb fähige Berater. Er versuchte nicht, um jeden Preis seinen eigenen Willen durchzusetzen, sondern war guten Ratschlägen gegenüber stets aufgeschlossen. Ferner war er ein brillanter und sorgfältiger Organisator, der sich unermüdlich für die Interessen der Armee einsetzte und deshalb von seinen Soldaten und Offizieren verehrt wurde. 1787 wurde er Vorsitzender des Verfassungskonvents in Philadelphia. Möglicherweise ist ihm nach dem Ende des Krieges aus Kreisen der Armee sogar angeboten worden, Militärdiktator zu werden, doch er lehnte ab und zog sich vorübergehend in das private Leben zurück. Später wurde er zum ersten amerikanischen Präsidenten gewählt. Während seiner Amtszeit von 1789 bis 1797 setzte er sich stark für die Festigung der republikanischen Demokratie ein. Nach außen versuchte er, die junge Republik durch eine strikte Neutralitätspolitik zu festigen. Eine dritte Wiederwahl zum Präsidenten lehnte er ab. Washington genießt bis heute in den USA ein sehr hohes Ansehen (→M8).

- *Thomas Jefferson* (1743–1826): Auch Jefferson stammte aus Virginia, war als Rechtsanwalt ausgebildet worden und besaß als Plantagenbesitzer über 140 Sklaven. Seine Haltung gegenüber der Sklaverei war widersprüchlich: Er lehnte diese Institution zwar ab, konnte aber keine wirkliche Alternative dazu finden. Außerdem hatte er mindestens ein Kind mit einer seiner Sklavinnen.

  Jefferson gilt als ein hervorragender Autor und einflussreicher Staatstheoretiker: Die Unabhängigkeitserklärung und Teile der Amerikanischen Verfassung stammten von ihm. Er setzte sich stark für die Trennung von Religion und Staat sowie für weitgehende individuelle Freiheiten ein. Seine Interessenfelder waren breit gefächert, u.a. befasste er sich mit Architektur. Daneben beschäftigte er sich auch intensiv mit den indianischen Kulturen.

Thomas Jefferson.
Ölgemälde von 1800.

  Jefferson war in diplomatischen Missionen in Europa tätig. Von 1785 bis 1789 war er amerikanischer Botschafter in Paris. 1789 wurde er Außenminister unter Washington, den er in vielen Angelegenheiten beriet. 1800 wählte man ihn – allerdings gegen massive Widerstände – zum dritten Präsidenten der USA.

- *Benjamin Franklin* (1706–1790): Der in Boston geborene Franklin war ein vielseitiger Mensch, der auch in gegnerischen politischen Lagern erheblichen Respekt genoss. Er kam aus kleinen sozialen Verhältnissen und hatte ursprünglich als Drucker und als Publizist gearbeitet. Eher nebenbei befasste er sich mit der Elektrizität und erfand den Blitzableiter – auch wegen weiterer Erfindungen wurde er als ein bedeutender Gelehrter verehrt, der sich häufig in Europa aufhielt. In Amerika wurde er zum Mittelpunkt eines Kreises von aufgeklärten Denkern, Naturwissenschaftlern und Künstlern. Direkt nach Ausbruch der Feindseligkeiten wurde er – obwohl schon im hohen Alter – nach Paris entsandt, um dort für ein französisch-amerikanisches Bündnis zu werben. Durch eine hartnäckige, kluge und sachliche Diplomatie konnte Franklin, der im ausschweifenden französischen Hofleben einen bewusst einfachen Lebensstil pflegte, zunächst kleine Kredite, Waffenlieferungen, die Anwerbung von französischen Offizieren und am Ende tatsächlich eine französische Kriegserklärung an Großbritannien erreichen.

Benjamin Franklin.
Ölgemälde von 1778.

Internettipp
Eine Auflistung aller US-Präsidenten seit 1789 bietet der Code **32035-11**.

M1 Starker oder schwacher Zentralstaat?

Am 8. Juni 1783 übt General George Washington (siehe Seite 75) in einem Rundschreiben an die Gouverneure Kritik am zahlungsunfähigen Kongress und fährt fort:

Wenn die Einzelstaaten es nicht hinnehmen, dass der Kongress die Rechte ausübt, mit denen die Verfassung ihn unzweifelhaft ausgestattet hat, wird sehr rasch Anarchie und Verwirrung hereinbrechen. [...] Es ist für das Wohlergehen der Einzelstaaten unabdingbar, dass es irgendwo eine Oberste Macht zur Regelung der allgemeinen Belange der konföderierten Republik gibt; ohne sie kann die Union nicht von langer Dauer sein. [...] Nur in unserem Zustand der Vereinigung in einem Reich [empire] haben fremde Nationen unsere Unabhängigkeit anerkannt, unsere Macht akzeptiert und unsere Kreditwürdigkeit beurteilt. Die Verträge der europäischen Mächte mit den Vereinigten Staaten würden bei einer Auflösung der Union keine weitere Gültigkeit haben. [...]
Ich könnte jedem der Überzeugung Zugänglichen beweisen, dass der Krieg in einem kürzeren Zeitraum und mit weit weniger Kosten zum selben glücklichen Ende hätte gebracht werden können, wenn die Ressourcen des Kontinents richtig hätten herangezogen werden können. Die Leiden und Enttäuschungen, die sehr oft aufgetreten sind, resultieren in allzuviel Fällen stärker aus dem Mangel an Entschlossenheit und Energie in der Kontinentalregierung, als aus mangelhafter Durchführung in den Einzelstaaten.

Angela und Willi Paul Adams (Hrsg.), Die Entstehung der Vereinigten Staaten und ihre Verfassung. Dokumente 1754–1791, Münster 1995, S. 295

1. Fassen Sie die Argumente zusammen, die General Washington vorträgt.
2. Arbeiten Sie den Kontext heraus, in dem diese Quelle steht.
3. Präsentation: Entwickeln Sie in Form eines Thesenpapiers mögliche Gegenargumente derjenigen Seite, die für einen schwachen Zentralstaat eingetreten ist. | H

M2 Diskussion über die Verfassung

Im Januar 1776 veröffentlicht John Adams (siehe auch Seite 48) zunächst anonym seine Vorstellungen über die Prinzipien republikanischen Regierens, die die Verfassungsdiskussion nachhaltig beeinflussen:

Ist die Vertretung des Volkes in einer Versammlung erreicht, erhebt sich die Frage, ob alle Regierungsmacht – legislative, exekutive und judikative – bei dieser Körperschaft belassen werden soll? Ich glaube, dass ein Volk, dessen Regierung einer einzigen Versammlung überlassen ist, weder lange frei sein noch jemals glücklich sein kann. Meine Gründe für diese Überzeugung sind folgende:

1. Eine einzelne Versammlung ist für alle Untugenden, Dummheiten und Schwächen eines Individuums anfällig – Stimmungen, Gefühlsausbrüche, enthusiastische Höhenflüge, Parteilichkeit und Vorurteile – was zu voreiligen und absurden Beschlüssen führen kann. All' diese Fehler sollten durch eine Kontrollgewalt korrigiert werden.
2. Eine einzelne Versammlung droht habgierig zu sein und wird langfristig sich nicht scheuen, sich von den Lasten auszunehmen, die sie ohne Gewissensbisse ihrer Wählerschaft auferlegt.
3. Eine einzelne Versammlung droht machthungrig zu werden und wird nach einiger Zeit nicht zögern, sich selbst für immerwährend zu erklären. Dies war ein Fehler des Langen Parlaments [in England von 1640 bis 1660] und noch mehr Hollands, dessen Versammlung selbst ihre Amtszeit von einem auf sieben Jahre verlängerte, schließlich Mitgliedschaft auf Lebenszeit und nach einer Reihe von Jahren beschloss, alle durch Tod oder anderswie entstehenden Vakanzen selbst wieder zu besetzen, ohne jegliches Anrufen der Wählerschaft.
4. Obzwar außerordentlich gut geeignet und völlig unabdingbar als Zweig der Legislative, ist eine Repräsentativversammlung nicht in der Lage, die exekutive Gewalt auszuüben, da ihr zwei wesentliche Eigenschaften abgehen: Verschwiegenheit und Schnelligkeit.
5. Noch weniger geeignet ist eine Repräsentativversammlung für die Ausübung der rechtsprechenden Gewalt, da sie zu zahlreich, zu langsam und zu wenig erfahren in der Rechtsprechung ist.
6. Eine einzelne Versammlung, die alle Regierungsgewalten innehat, würde willkürliche Gesetze im eigenen Interesse machen, alle Gesetze willkürlich im eigenen Interesse ausüben und alle Streitigkeiten zu ihren eigenen Gunsten entscheiden.

Angela und Willi Paul Adams (Hrsg.), a.a.O, S. 246f.

1. Geben Sie mit eigenen Worten die wichtigsten Argumente des Textes wieder.
2. Ordnen Sie das Menschenbild, das in dieser Quelle erkennbar wird, in den zeitgenössischen Kontext ein. | H
3. Setzen Sie sich mit den Konsequenzen auseinander, die sich aus der Argumentation von Adams ergeben.

M3 Die Furcht vor Tyrannei

*Der Jurist und Journalist Thomas Darnstädt (*1949) schreibt in einem 2008 veröffentlichten Aufsatz:*

25 von 56 Unterzeichnern der Unabhängigkeitserklärung waren Rechtsanwälte, und als die Verfassung ein paar Jahre später die Unabhängigkeit von der Krone staatsrechtlich besiegelte, schwärmte der damals auch in der Alten

Welt geschätzte politische Kolumnist Thomas Paine[1]: „Das Recht ist jetzt König."
Ein Weltreich, auf Recht gebaut. Das Volk, der neue Souverän, spielte für die amerikanischen Verfassungsväter eine ambivalente Rolle: Es sollte zwar an allen Hebeln der Macht sitzen – aber möglichst keinen davon bedienen. Das unveräußerliche Recht, nach Glückseligkeit zu streben, könnte zu schwersten Störungen der grandiosen Republik-Maschine führen. Ungezügelter „Ehrgeiz" und „Leidenschaft" im Volke, warnte Hamilton[2], könnten schnell zu einer „Tyrannei" der Mehrheit werden.
Die Furcht vor Tyrannei war der Grund für die Lossagung von der britischen Krone, die Furcht vor Tyrannei war der alles bestimmende Gedanke der amerikanischen Verfassung. Damit die Freiheit von fremder Autorität nicht in Zügellosigkeit tyrannische Formen annehme, konstruierten die Verfassungsjuristen eine „repräsentative" Demokratie, um die „Wirkungen der Freiheit" zu kontrollieren. Nicht einfach die Mehrheit sollte sagen, wo es langgeht, sondern der Mehrheitswille werde abgepuffert von Repräsentanten im alten, staatstragenden Sinne: Es sollte nicht so sehr darauf ankommen, ob die Abgeordneten die Mehrheitsverhältnisse und sozialen Schichten im Volk repräsentieren, sondern ob es kompetente Leute sind, Honoratioren mit Common Sense[3]. [...]
Gewaltenteilung war das Patentrezept, Tyrannei in Zaum zu halten, ein raffiniertes System der checks und balances, in dem „Ehrgeiz dem Ehrgeiz entgegenwirkt" (Madison[4]).

Thomas Darnstädt, Revolution der Juristen, in: Spiegel Special Geschichte Nr. 4/2008, S. 82

1. Geben Sie die Kernaussagen des Textes wieder. Klären Sie vorab unbekannte Begriffe.
2. Erläutern Sie, welche Position Darnstädt gegenüber dem Werk der Verfassungsväter einnimmt.
3. Überprüfen Sie anhand des Schaubildes auf Seite 83 Darnstädts Behauptung, das Volk „sollte zwar an allen Hebeln der Macht sitzen – aber möglichst keinen davon bedienen" (Zeile 9 f.).

[1] **Thomas Paine**: Siehe Seite 54 und M3 auf Seite 56 f.
[2] **Alexander Hamilton** (1755–1804) zählte wie **James Madison** (1751–1836) und **John Jay** (1749–1829) zu den Autoren der „Federalist Papers", die sich für einen starken Bundesstaat und die Annahme der Verfassung von 1787 einsetzten.
[3] **Common Sense**: Siehe hierzu Seite 54.
[4] **James Madison**: siehe Anmerkung 2

M4 Virginia Bill of Rights

Am 15. Mai 1776 fordert der Zweite Kontinentalkongress die zur Trennung von Großbritannien bereiten Kolonien auf, sich eigene Verfassungen zu geben. Die Verfassunggebende Versammlung von Virginia stellt am 12. Juni 1776 ihrer „Constitution" eine Rechteerklärung voran, die für alle späteren Grundrechtserklärungen vorbildlich ist:

Abschnitt 1: Alle Menschen sind von Natur aus in gleicher Weise frei und unabhängig und besitzen bestimmte angeborene Rechte, welche sie ihrer Nachkommenschaft durch keinen Vertrag rauben oder entziehen können, wenn sie eine staatliche Verbindung eingehen, und zwar den Genuss des Lebens und der Freiheit, die Mittel zum Erwerb und Besitz von Eigentum und das Erstreben und Erlangen von Glück und Sicherheit.
Abschnitt 2: Alle Macht ruht im Volke und leitet sich folglich von ihm her; die Beamten sind nur seine Bevollmächtigten und Diener und ihm jederzeit verantwortlich.
Abschnitt 3: Eine Regierung ist oder sollte zum allgemeinen Wohle, zum Schutze und zur Sicherheit des Volkes, der Nation oder Allgemeinheit eingesetzt sein; von all den verschiedenen Arten und Formen der Regierung ist diejenige die beste, die imstande ist, den höchsten Grad von Glück und Sicherheit hervorzubringen [...]; die Mehrheit eines Gemeinwesens hat ein unzweifelhaftes, unveräußerliches und unverletzliches Recht, eine Regierung zu verändern oder abzuschaffen, wenn sie diesen Zwecken unangemessen oder entgegengesetzt befunden wird, und zwar so, wie es dem Allgemeinwohl am dienlichsten erscheint. [...]
Abschnitt 5: Die gesetzgebende und ausführende Gewalt des Staates sollen von der richterlichen getrennt und unterschieden sein [...].
Abschnitt 6: Die Wahlen der Abgeordneten, die als Volksvertreter in der Versammlung dienen, sollen frei sein; alle Männer, die ihr dauerndes Interesse und ihre Anhänglichkeit an die Allgemeinheit erwiesen haben, besitzen das Stimmrecht. Ihnen kann ihr Eigentum nicht zu öffentlichen Zwecken besteuert oder genommen werden ohne ihre eigene Einwilligung oder die ihrer so gewählten Abgeordneten, noch können sie durch irgendein Gesetz gebunden werden, dem sie nicht in gleicher Weise um des öffentlichen Wohles willen zugestimmt haben. [...]
Abschnitt 8: Bei allen schweren oder kriminellen Anklagen hat jedermann ein Recht, Grund und Art seiner Anklage zu erfahren, den Anklägern und Zeugen gegenübergestellt zu werden, Entlastungszeugen herbeizurufen und eine rasche Untersuchung durch einen unparteiischen Gerichtshof von zwölf Männern seiner Nachbarschaft zu verlangen, ohne deren einmütige Zustimmung er nicht als schuldig befunden werden kann; auch kann er nicht gezwungen werden, gegen sich selbst auszusagen; niemand kann seiner Freiheit beraubt werden außer durch Landesgesetz oder das Urteil von seinesgleichen. [...]

Abschnitt 12: Die Freiheit der Presse ist eines der starken Bollwerke der Freiheit und kann nur durch despotische Regierungen beschränkt werden. [...]
Abschnitt 16: Die Religion oder die Ehrfurcht, die wir unserem Schöpfer schulden, und die Art, wie wir sie erfüllen, können nur durch Vernunft und Überzeugung bestimmt sein und nicht durch Zwang oder Gewalt; daher sind alle Menschen gleicherweise zur freien Religionsausübung berechtigt, entsprechend der Stimme ihres Gewissens; es ist die gemeinsame Pflicht aller, christliche Nachsicht, Liebe und Barmherzigkeit aneinander zu üben.

Günther Franz (Hrsg.), Staatsverfassungen, München [3]1975, S. 7, 9 und 11

1. Arbeiten Sie die Grundprinzipien der Erklärung heraus. Welche sind für eine Demokratie unverzichtbar? | H
2. Nehmen Sie Stellung zu der Aussage, dass diejenige Regierung „die beste" sei, „die imstande ist, den höchsten Grad von Glück und Sicherheit hervorzubringen" (Zeile 16f.).

M5 „Bill of Rights"

Am 25. September 1789 verabschiedet der Kongress zehn Ergänzungsartikel (amendments) der Verfassung: die „Bill of Rights". Folgende Grundrechtsartikel treten am 15. Dezember 1791 in Kraft:

Artikel I: Der Kongress darf kein Gesetz erlassen, das die Einführung einer Staatsreligion zum Gegenstand hat, die freie Religionsausübung verbietet, die Rede- oder Pressefreiheit oder das Recht des Volkes einschränkt, sich friedlich zu versammeln und die Regierung durch Petition um Abstellung von Missständen zu ersuchen.
Artikel II: Da eine gut ausgebildete Miliz für die Sicherheit eines freien Staates erforderlich ist, darf das Recht des Volkes, Waffen zu besitzen und zu tragen, nicht beeinträchtigt werden.
Artikel III: Kein Soldat darf in Friedenszeiten ohne Zustimmung des Eigentümers in einem Hause einquartiert werden und in Kriegszeiten nur in der gesetzlich vorgeschriebenen Weise.
Artikel IV: Das Recht des Volkes auf Sicherheit der Person und der Wohnung, der Urkunden und des Eigentums, vor willkürlicher Durchsuchung, Verhaftung und Beschlagnahme darf nicht verletzt werden, und Haussuchungs- und Haftbefehle dürfen nur bei Vorliegen eines eidlich oder eidesstattlich erhärteten Rechtsgrundes ausgestellt werden und müssen die zu durchsuchende Örtlichkeit und die in Gewahrsam zu nehmenden Personen oder Gegenstände genau bezeichnen.
Artikel V: Niemand darf wegen eines Kapitalverbrechens oder eines sonstigen schimpflichen Verhaltens zur Verantwortung gezogen werden, es sei denn aufgrund eines Antrages oder einer Anklage durch ein Großes Geschworenengericht. [...] Niemand darf wegen derselben Straftat zweimal durch ein Verfahren in Gefahr des Leibes und des Lebens gebracht werden. Niemand darf in einem Strafverfahren zur Aussage gegen sich selbst gezwungen noch des Lebens, der Freiheit oder des Eigentums ohne vorheriges ordentliches Gerichtsverfahren nach Recht und Gesetz beraubt werden. Privateigentum darf nicht ohne angemessene Entschädigung für öffentliche Zwecke eingezogen werden.
Artikel VI: In allen Strafverfahren hat der Angeklagte Anspruch auf einen unverzüglichen und öffentlichen Prozess vor einem unparteiischen Geschworenengericht desjenigen Staates und Bezirks, in welchem die Straftat begangen wurde, wobei der zuständige Bezirk vorher auf gesetzlichem Wege zu ermitteln ist. Er hat weiterhin Anspruch darauf, über die Art und Gründe der Anklage unterrichtet und den Belastungszeugen gegenübergestellt zu werden, sowie auf Zwangsvorladung von Entlastungszeugen und einen Rechtsbeistand zu seiner Verteidigung.
Artikel VII: In Zivilprozessen, in denen der Streitwert zwanzig Dollar übersteigt, besteht ein Anrecht auf ein Verfahren vor einem Geschworenengericht, und keine Tatsache, über die von einem derartigen Gericht befunden wurde, darf von einem Gerichtshof der Vereinigten Staaten nach anderen Regeln als denen des gemeinen Rechts erneut einer Prüfung unterzogen werden.
Artikel VIII: Übermäßige Bürgschaften dürfen nicht gefordert, übermäßige Geldstrafen nicht auferlegt und grausame oder ungewöhnliche Strafen nicht verhängt werden.
Artikel IX: Die Aufzählung bestimmter Rechte in der Verfassung darf nicht dahingehend ausgelegt werden, dass durch sie andere dem Volke vorbehaltene Rechte versagt oder eingeschränkt werden.
Artikel X: Die Machtbefugnisse, die von der Verfassung weder den Vereinigten Staaten übertragen noch den Einzelstaaten entzogen werden, bleiben den Einzelstaaten oder dem Volke vorbehalten.

Udo Sautter, Die Vereinigten Staaten. Daten, Fakten, Dokumente, Tübingen/Basel 2000, S. 195–197

1. Fassen Sie Gemeinsamkeiten und Unterschiede der „Virginia Bill of Rights" von 1776 (M4) und der „Bill of Rights" von 1789 zusammen. | F
2. Präsentation: Nehmen Sie in einem Plädoyer Stellung zu der Aufnahme der „Bill of Rights" in die Verfassung der Vereinigten Staaten.

M6 „Eigene Unfehlbarkeit ein wenig bezweifeln"

In einer viel zitierten Rede fordert der 81-jährige Benjamin Franklin (siehe Seite 76) am 17. September 1787 Kompromissbereitschaft:

Herr Präsident! Ich bekenne, dass diese Verfassung verschiedene Teile enthält, die ich im Augenblick nicht billige, aber ich bin nicht sicher, dass ich sie niemals billigen werde. Ich habe lange gelebt und habe oft erfahren, dass ich nach besserer Information und eingehender Prüfung gezwungen war, meine Meinung auch in wesentlichen Fragen zu ändern. Daher neige ich dazu, je älter ich werde, desto stärker mein eigenes Urteilsvermögen in Zweifel zu ziehen und dem Urteil anderer größere Achtung zu zollen. Die meisten Menschen, wie auch die meisten religiösen Gruppen, glauben sich allein im Besitz aller Wahrheit. Sie glauben, dass die anderen in dem Grad irren, in dem sie sich von ihnen unterscheiden. Stele, ein Protestant, sagte dem Papst in einer Widmung, der einzige Unterschied zwischen den Lehrmeinungen der Kirchen über die Gewissheit ihrer Lehren bestehe darin, dass die katholische Kirche unfehlbar und die anglikanische Kirche niemals im Unrecht sei. Viele Privatpersonen haben eine nicht weniger hohe Meinung von ihrer eigenen Unfehlbarkeit und der ihrer Gruppe. Wenige aber haben es so natürlich ausgedrückt wie eine gewisse Französin, die bei einem Streit mit ihrer Schwester ausrief: „Ich weiß nicht, wie es kommt, Schwester, aber ich kenne niemanden außer mir selbst, der immer recht hat." [...]
In diesem Sinne, Sir, stimme ich dieser Verfassung mit allen etwaigen Fehlern zu. [...] Ich kann nicht umhin, Sir, den Wunsch auszudrücken, jedes Konventsmitglied, das noch Einwände gegen die Verfassung hat, möge in diesem Fall, wie ich, seine eigene Unfehlbarkeit ein wenig bezweifeln und zur Dokumentation unserer Einmütigkeit diese Verfassung unterzeichnen.

Angela und Willi Paul Adams (Hrsg.), a.a.O., S. 333f.

1. Geben Sie Franklins Argumente mit eigenen Worten wieder.
2. Charakterisieren Sie die rhetorischen Mittel, mit denen Franklin arbeitet.
3. Setzen Sie die Rede Franklins in Beziehung zu den Ihnen bekannten Debatten um die Verfassung. Lesen Sie dazu nochmal den Verfassertext auf Seite 72f.

M7 „Offenheit des politischen Zentrums"

Der israelische Soziologe Shmuel N. Eisenstadt (siehe Seite 27) schreibt über die neuartigen Elemente des amerikanischen politischen Systems:

Einer der wichtigsten Aspekte dieser amerikanischen Zivilisation war die – zumindest prinzipielle – Offenheit des politischen Zentrums für alle Mitglieder der Gemeinschaft. Der politische Zugang war nicht wie in Europa der Kernpunkt ständiger ideologischer Kämpfe. Dies hatte weitreichende Folgen und führte dazu, dass es [...] schon aus strukturellen Gründen kaum zur Entwicklung eines Protests und eines Bewusstseins kam, deren Ziel die Abschaffung oder Transformation der Hierarchie und der Umbau des politischen Zentrums gewesen wäre. Stattdessen entstand eine einmalige Kombination aus einer Politik, die einerseits hoch moralistisch, andererseits aber darauf angewiesen war, sich durch Wahlgeschenke die politische Unterstützung der Kommunen zu sichern, und zwischen diesen beiden Polen ständig hin und her schwankte [...].
Diese Merkmale der amerikanischen Zivilisation führten zur Transformation vieler der aus Europa mitgebrachten Institutionen, markierten aber auch [...] ihren Unterschied zur kanadischen Szenerie. So gingen, um nur einige Beispiele zu nennen, die Prinzipien der Gewaltenteilung, eines zwischen Exekutive, Legislative und Judikative ausgewogenen Regierungssystems, die Trennung von Kirche und Staat und vor allem die Annahme der Volkssouveränität weit über das hinaus, was in England oder Kanada praktiziert wurde.
Zugleich erlangten die Repräsentationsinstitutionen und die juristischen wie auch die religiösen und die Bildungsinstitutionen eine weitaus größere Autonomie als im Mutterland. Sie wurden zu den wichtigsten Bereichen für die Entfaltung der institutionellen Implikationen[1], die mit den Werten der neuen Ordnung verbunden waren, und nahmen im allgemeinen Bezugsrahmen der Gesellschaft relativ früh eine in keinem europäischen Land erreichte zentrale Stellung ein.

Shmuel N. Eisenstadt, Theorie und Moderne. Soziologische Essays, Wiesbaden 2006, S. 484f.

1. Fassen Sie die Argumente Eisenstadts stichpunktartig zusammen.
2. Erklären Sie, was mit dem Begriff der „Offenheit des politischen Zentrums" (Zeile 2f.) gemeint ist.
3. Erläutern Sie ausgehend vom Text die Transformation der aus Europa mitgebrachten Institutionen (siehe ab Zeile 19). | H

[1] **Implikation**: Einbeziehung, Verflechtung

Federal Hall National Memorial mit der Statue von George Washington an der Wall Street.
Foto vom September 2015, New York City.
Obwohl die Federal Hall nur für kurze Zeit als erstes Kapitolgebäude funktionierte, fanden hier wichtige Ereignisse statt, so u.a. der Amtsantritt George Washingtons. Auch die "Bill of Rights" wurde dem ersten Kongress der Vereinigten Staaten in diesem Gebäude erstmals vorgestellt.

M8 Washingtons „Abschiedsbotschaft"

George Washington wendet sich am Ende seiner zweiten Amtsperiode 1796 mit einer „Abschiedsbotschaft" an das Volk. Sie wird zu einer Art Programm und Maßstab für alle späteren Präsidenten. Er geht in ihr u.a. auf außenpolitische Belange der jungen Nation ein:

Das große Gesetz für unser Verhalten fremden Nationen gegenüber ist: während wir unsere Handelsbeziehungen ausdehnen, mit ihnen so wenig politische Verbindung wie möglich zu haben. So weit wir bereits Verbindungen eingegangen sind, müssen wir ihnen mit unverbrüchlicher Treue nachkommen. – Da aber lasst uns Halt machen. –
Europa hat eine Reihe wesentlicher Interessen, die für uns gar keine oder eine sehr geringe Bedeutung haben. – Daher muss es häufig in Verwicklungen geraten, deren Ursachen unseren Interessen wesentlich fremd sind. – Es kann für uns deshalb nicht klug sein, uns durch künstliche Bande in die üblichen Wechselfälle seiner Politik oder in die üblichen Verbindungen und Zusammenstöße seiner Freundschaften und Feindschaften zu verwickeln. –
Unsere gesonderte und abgetrennte Lage fordert von uns und macht uns auch fähig, einen eigenen Weg zu gehen. – Wenn wir ein Volk bleiben, unter einer tatkräftigen Regierung, ist die Zeit nicht fern, da wir in der Lage sind, eine Haltung einzunehmen, durch die dafür Sorge getragen wird, dass die Neutralität, zu der wir uns jederzeit entscheiden können, peinlich genau geachtet wird; – eine Zeit, da kriegführende Staaten in der Erkenntnis der Unmöglichkeit, bei uns Eroberungen zu machen, uns nicht leichtherzig herausfordern werden; da wir zwischen Frieden und Krieg wählen können, wie unsere Interessen, von unserem Gerechtigkeitssinn geleitet, es uns gebieten. – [...]
Harmonie und freier Verkehr mit allen Nationen sind durch Politik, Humanität und Interesse angeraten. – Aber auch unsere Handelspolitik sollte einen entsprechenden und unparteiischen Standpunkt einnehmen: – besondere Begünstigungen oder Bevorzugungen weder suchen noch gewähren, – den natürlichen Lauf der Dinge beachten, die Handelswege durch friedliche Mittel, aber nie durch Zwang, vermehren und vervielfältigen – mit gleichgesinnten Mächten Verkehrsregeln verabreden und festsetzen, so gut als die gegenwärtigen Umstände und die beiderseitigen Ansichten gestatten, damit der Handel einen regelmäßigen Gang nimmt, die Rechte unserer Kaufleute bestimmt werden und die Regierung in die Lage versetzt wird, sie zu unterstützen; – diese müssen natürlich zeitlich begrenzt und so gefasst sein, dass sie von Zeit zu Zeit widerrufen oder verändert werden können, wie die Erfahrung und die Verhältnisse es vorschreiben; dabei ist dauernd im Auge zu behalten, dass es töricht ist, von einer Nation für eine andere uneigennützige Begünstigungen zu erwarten; – denn sie muss mit einem Teil ihrer Unabhängigkeit das bezahlen, was sie auf diese Weise empfängt; – bei solchen Fällen wird sie sich in die Lage bringen, Gegenwerte für nicht wirkliche Vorteile getauscht zu haben und dennoch der Undankbarkeit geziehen zu werden, weil sie nicht mehr gegeben hat.

Herbert Schambeck u.a. (Hrsg.), Dokumente zur Geschichte der Vereinigten Staaten von Amerika, Berlin [2]2007, Seite 238ff.

1. Fassen Sie mit eigenen Worten die Abschiedsbotschaft von George Washington zusammen. Beachten Sie dabei besonders das Verhältnis von Außenpolitik und Handel (Wirtschaft).
2. Setzen Sie sich mit den Konsequenzen für die Außenpolitik der USA auseinander, die sich bei der Umsetzung von Washingtons Vorstellungen ergeben. | F

Methode

Verfassungsschemata auswerten

Der Aufbau eines Staates ist oft kompliziert und Verfassungen umfassen viele eng beschriebene Seiten. **Verfassungsschemata** können dabei helfen, Zusammenhänge, Strukturen und Beziehungen anschaulich zu machen. Sie stellen **konstruierte Hilfsmittel** dar und ersetzen keine historischen Quellen und Darstellungen. Grafiken vereinfachen, lassen manche Aspekte weg und berücksichtigen Entwicklungen und Veränderungen nur bedingt. Ihre **Vorteile** sind, dass sie Wesentliches deutlich und Vergleiche leichter möglich machen, als es ein reiner Text könnte. Jedes Schaubild muss aber zunächst einmal richtig gelesen und dann geprüft werden. Die folgenden Leitfragen sollen helfen, Verfassungsschemata korrekt zu analysieren und auszuwerten.

Ein weiteres Anwendungsbeispiel finden Sie auf Seite 333.

Arbeitsschritt	**Leitfragen**
1. beschreiben	• Welches politische System zeigt das Verfassungsschema? • Wie ist das Schema aufgebaut (hierarchisch, von unten nach oben, von links nach rechts, konzentrisch)? • Gibt es einen schlüssigen Ansatz zur Beschreibung des Schemas? Verändert sich die Art der Beschreibung, wenn an einer anderen Stelle begonnen wird? • Welche Ämter, Institutionen und Einrichtungen werden erwähnt? Wer hat Zugang zu ihnen, wer nicht? • Welche Teile der Bevölkerung werden genannt, welche nicht? • Welche Elemente sind zu erschließen (Bezugspfeile, Farben, Symbole, Größenverhältnisse der Elemente)?
2. erklären	• In welcher Beziehung stehen die einzelnen Elemente der Verfassung zueinander? Welche Institutionen stehen „oben", welche „unten"? • Wer hat welche Aufgaben, Rechte und Pflichten? • Welche Institutionen der Verfassung sind am bedeutsamsten? • Welche Grundprinzipien der Verfassung lassen sich aus dem Schaubild herausarbeiten? • Welche „Stärken" und „Schwächen" der Verfassung sind zu erkennen? • Gibt es eventuell wichtige Aspekte, die das Schaubild nicht oder nur unzureichend darstellt?
3. beurteilen	• Inwieweit stimmt die Darstellung mit der historischen Wirklichkeit überein? (Welche Aspekte werden vereinfacht oder weggelassen? Inwieweit berücksichtigt das Schema historische Veränderungen im Staatsaufbau?) • In welcher Weise könnte das Schaubild verändert werden, um den Aufbau des Staates angemessener als bisher zu erfassen?

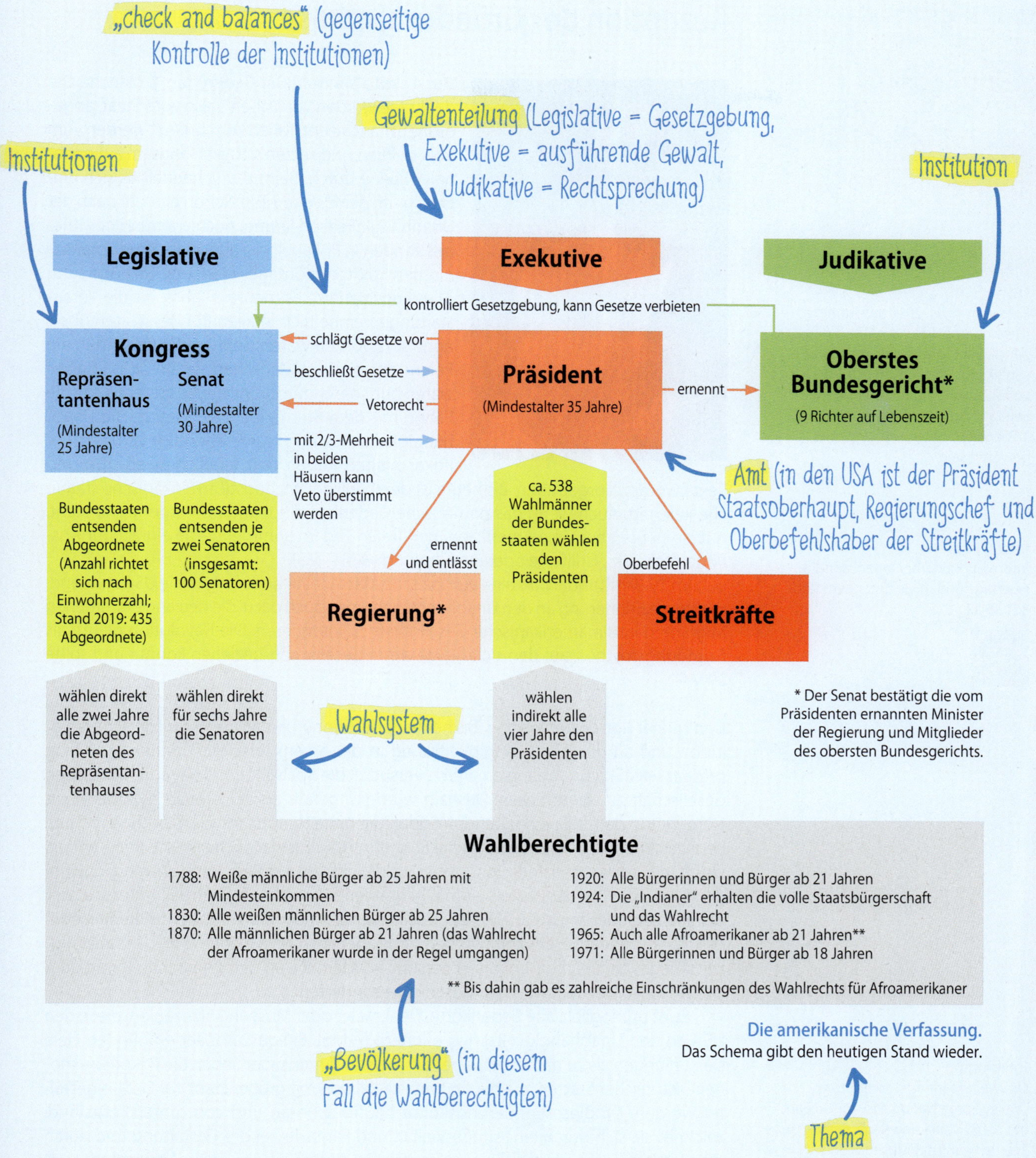

Die amerikanische Verfassung.
Das Schema gibt den heutigen Stand wieder.

▸ Analysieren Sie das Schaubild zur amerikanischen Verfassung mithilfe der Arbeitsschritte auf Seite 82. Ihre Ergebnisse können Sie mit der Lösungsskizze auf Seite 530 vergleichen.

Rezeption der Gründungsphase

Uncle Sam.
Foto vom 4. Juli 2010 aus Amherst (New Hampshire).
„Uncle Sam" gilt als die nationale Personifikation der USA. Pate für diese volkstümliche Figur soll ein Armeelieferant aus dem Krieg von 1812 bis 1814 gegen Briten und „Indianer" gewesen sein.

Der 4. Juli als nationaler Gedenktag | Manche Gedenktage werden von „oben", also vom Staat, angeordnet, manche entstehen von „unten", werden vom Volk gefeiert und setzen sich erst langsam auf nationaler Ebene durch. Beim *4. Juli* handelt es sich eindeutig um den zweiten Typ. Schon ein Jahr nach der Unabhängigkeitserklärung, noch während des Krieges, fanden in Philadelphia und in anderen amerikanischen Städten spontane Feiern und Umzüge statt. Allerdings dauerte es mehrere Jahre, bis die Veranstaltungen einheitlich in allen Bundesstaaten übernommen worden waren. Sehr häufig begannen die Feiern mit einer militärischen Parade, die Straßen waren bunt geschmückt und etwas später wurde die Fahne mit dem Sternenbanner gezeigt. Die Unabhängigkeitserklärung wurde öffentlich verlesen, Politiker hielten Reden und feierliche Gedichte und Texte wurden vorgetragen. Bis heute ist der 4. Juli der wichtigste amerikanische staatliche Feiertag. Auch wenn das patriotische Gedenken eindeutig im Vordergrund steht, nutzen heute aber viele Amerikaner den freien Tag im Sommer gerne einfach für Ausflüge, Picknicks, Grillfeste oder die Erholung (➔M1–M3).

Im 19. Jahrhundert, als eine europäische Masseneinwanderung in die USA stattfand, diente die Erinnerung an den Unabhängigkeitskrieg auch dazu, die neu angekommenen Migranten in die amerikanische Gesellschaft zu integrieren. Die Revolution diente als Gründungsmythos, auf den sich die gesamte Gesellschaft beziehen konnte und sollte (➔M4).

Internettipp
Informationen über amerikanische Feiertage finden Sie unter dem Code **32035-12**.

Denkmäler und Gedenkorte | Bis heute ist die Erinnerung an die Amerikanische Revolution und an den Unabhängigkeitskrieg in der amerikanischen Öffentlichkeit sehr präsent (➔M5). Von Anfang an wurde versucht, die Spaltungen in der amerikanischen Gesellschaft zu überbrücken. Deshalb wurde ungefähr an der Grenze zwischen dem Norden und dem sklavenhaltenden Süden die neue Hauptstadt Washington errichtet. Kennzeichnend für die amerikanische Erinnerungskultur war auch hier, dass sie – anders als oft in Europa – meistens von „unten" und nicht von der Regierung ausging, obwohl diese oder die Bundesstaaten einmal begonnene Projekte oft finanziell unterstützten. Vor allem seit der zweiten Hälfte des 19. Jahrhunderts ergriffen Privatleute, Medien oder Parteien die Initiative. Erwähnt werden sollte aber auch, dass während des Unabhängigkeitskrieges zahlreiche Denkmäler zerstört wurden, die an den englischen König oder andere Personen der britischen Geschichte erinnerten.

Es ist unmöglich, alle Gedenkorte, Denkmäler oder Museen aufzuzählen, die in den USA an den Unabhängigkeitskrieg erinnern (➔M6). Einige Europäer empfinden viele Darstellungen als zu pathetisch, aber die meisten Amerikaner lieben die Rekonstruktionen historischer Stätten, die häufig fantasievoll und mit großer Liebe für Details gestaltet werden. Da diese Erinnerungskultur häufig spontan und von „unten" entstand, zeichnet sie sich durch eine große Vielfalt und Fantasie bei der Gestaltung und durch eine farbenfreudige Symbolik aus. Ein Beispiel hierfür ist der große Nationalpark um *Valley Forge*. Er ging auf eine private Initiative zurück. Das weitläufige Gelände kann mit dem Auto befahren werden, zu sehen sind neben einem Museum, Kanonen und Denkmälern typische Unterkünfte der Soldaten und das Haus, in dem General George Washington im Winter 1777/78 gewohnt hat. Valley Forge steht als Symbol für die amerikanische Durchhaltekraft, die 2009 von US-Präsident *Barack Obama* (*1961) in seiner Inaugurationsrede beschworen wurde.

Internettipp
Um weitere Informationen zum „Valley Forge National Historical Park" in Pennsylvania und dem „Boston Tea Party Ships & Museum" in Massachusetts zu erhalten, siehe den Code **32035-13**.
Eine Abbildung zum Museum in Boston finden Sie auf Seite 28.

Familie Washington.
Foto vom Juni 2007, Mount Vernon (Virginia).
Im 2006 eröffneten Ford Orientation Center steht in der Eingangshalle eine lebensgroße Bronzegruppe, die George Washington gemeinsam mit seiner Frau Martha sowie seinen Enkeln, der sechsjährigen Nelly und dem vierjährigen Washy, zeigt.
Das Center befindet sich in Mount Vernon, dem ehemaligen Landsitz von Washington.

Internettipp
Über George Washington und Mount Vernon informiert ausführlich die Internetseite des Museums unter dem Code **32035-14**.

Kennzeichnend für viele Museen ist, dass sie einerseits versuchen, eine realistische Atmosphäre abzubilden, dass sie andererseits aber den Gründungsmythos der USA auch nicht infrage stellen. Dies lässt sich etwa zeigen mit dem Museum, das in Boston der *Tea Party* gewidmet ist. Hier wird dem Besucher für einen hohen Eintrittspreis eine regelrechte Show geboten, bei der engagiertes Personal in zeitgenössischen Kostümen die Besucher in die Inszenierung mit einbezieht.

Einflüsse der Amerikanischen Revolution auf Film und Literatur | Die Zahl der Filme, die sich mit der amerikanischen Unabhängigkeit beschäftigen, ist im Vergleich zu anderen historischen Themen relativ gering. Natürlich gibt es immer wieder Spiel- und Dokumentarfilme auf unterschiedlichem Niveau zu diesem Thema, aber in der amerikanischen Kinokultur dominierten und dominieren andere historische Themen: Dies sind vor allem der amerikanische Bürgerkrieg (1861–1865), die Sklaverei, der Zweite Weltkrieg oder der Vietnamkrieg. Die Gründe hierfür sind nicht ganz klar. Der im Jahr 2000 veröffentlichte Kriegsfilm „The Patriot" war zwar kommerziell erfolgreich, aber viele Kritiker warfen ihm vor, sich viel zu weit von der Realität des Unabhängigkeitskrieges entfernt zu haben. Möglicherweise ist der Stoff der „founding fathers" (dt.: „Gründungsväter") auch zu komplex für das Medium Film á la Hollywood. Wie soll man etwa Thomas Jefferson darstellen? Er war ein extrem talentierter Politiker, vielseitiger Autor und der dritte Präsident der USA. Er sprach sich gegen die Sklaverei aus, hatte aber mindestens ein Kind mit einer seiner Sklavinnen. Viele weitere Beispiele für derartige Widersprüche lassen sich leicht finden.

Sehr starke Spuren hat der Unabhängigkeitskrieg aber in der Literatur hinterlassen. Bis 1815 wurden in den USA bereits etwa 60 Geschichten des Unabhängigkeitskrieges veröffentlicht, die alle – mehr oder weniger nationalistisch – die neue Nation feierten. Hinzu kamen Erinnerungsschriften und Memoiren von einigen der wichtigsten Beteiligten. Nahezu vollständig ausgeblendet wurde in diesen Darstellungen, dass auch königstreue Milizen gegen die Revolution gekämpft hatten, und dass dieser Krieg von beiden Seiten mit extremer Grausamkeit geführt worden war. Auch in Romanen war der Unabhängigkeitskrieg schon sehr früh präsent. Ursprünglich ging es dabei einigen Autoren darum, eine eigenständige Literaturgattung zu schaffen, die unabhängig von englischen Einflüssen amerikanische Themen bearbeiten sollte. Seitdem ist eine so hohe Zahl von

„The Patriot."
Filmplakat von 2000.
Der US-amerikanische Film von 2000 spielt zur Zeit des Amerikanischen Unabhängigkeitskrieges mit Mel Gibson in der Hauptrolle.

- Beschreiben Sie die Elemente auf dem Filmplakat.
- Arbeiten Sie heraus, inwiefern die Elemente auf dem Plakat dem Filmtitel „The Patriot" gerecht werden.

Romanen erschienen, in denen die Revolution eine Rolle spielt, dass es unmöglich ist, präzise Angaben zu Themenfeldern und Inhalten zu machen. Das Thema war und ist auf dem Buchmarkt nach wie vor populär. So entstand Ende der 1990er-Jahre eine breite und erregte öffentliche Debatte, als durch Gentests Jeffersons Affäre mit seiner Sklavin nachgewiesen wurde. Bücher zu den „founding fathers" haben weiterhin Konjunktur und verkaufen sich in hohen Auflagen.

„Richtige" Erinnerung und Politik | Sehr häufig wurden und werden bei den Gedenkfeiern die Gründungsväter als Vorbild gepriesen und an die Zuhörer wird appelliert, die amerikanischen Werte, die mit der Unabhängigkeitserklärung verbunden sind, in Ehren zu halten. Was aber sind diese amerikanischen Werte genau? Sehr häufig haben politische Gruppierungen und Parteien versucht, die Erinnerung an die Unabhängigkeitserklärung, die Revolution und die Verfassung für ihre Ziele zu instrumentalisieren (→M7). Beispielsweise wird festgestellt, dass alle Menschen gleich seien. Dieser Satz lieferte im 19. Jahrhundert der Anti-Sklavereibewegung wertvolles argumentatives Material. Während des amerikanischen Bürgerkrieges beriefen sich aber auch die Konföderierten, die die Sklaverei beibehalten wollten, auf den Geist der Freiheit von 1776 und behaupteten, sie würden durch den Norden unterdrückt. Der Satz wurde ebenso propagiert, um Werbung für das Frauenwahlrecht zu machen, das erst nach dem Ende des Ersten Weltkrieges eingeführt wurde. Nach dem Zweiten Weltkrieg bezog sich die Bürgerrechtsbewegung, die sich gegen die Diskriminierung von Afroamerikanern und gegen den Einsatz amerikanischer Truppen im Vietnamkrieg einsetzte, auf diesen Gedenktag. Bis heute fordern Politiker, Einzelpersonen und einflussreiche Lobbygruppen mit Berufung auf den 4. Juli und auf die amerikanische Verfassung aber auch den ungehinderten Zugang zu Schusswaffen für alle Amerikaner. 2009 entstand die populistische Protestbewegung der „Tea-Party" am rechten Rand der Republikanischen Partei. Sie verlangte vehement, die Macht der Regierung einzuschränken, und bezog sich direkt auf die rebellische Bostoner Tea Party.

Diese Beispiele zeigen, dass ganz unterschiedliche politische Interessengruppen und Personen ihre Vorstellungen in die Vergangenheit zurückprojizieren und versuchen, die bedeutenden populären Gedenktage und Ereignisse für aktuelle politische Debatten zu nutzen.

Der Einfluss der amerikanischen Unabhängigkeit auf Europa | In Europa wurde der Unabhängigkeitskrieg der Amerikaner entweder mit Faszination oder mit offener Ablehnung beobachtet. Royalisten (Königstreue) waren entsetzt über den Erfolg der „Rebellen". Aufgeklärte Europäer, die die feudalen Staatsstrukturen ablehnten, waren hingegen von dem Experiment begeistert: Hier schien eine ganz neue Utopie von Freiheit und Gleichheit Wirklichkeit zu werden. Zwar ist es unmöglich, den Einfluss des Unabhängigkeitskrieges auf die Vorgeschichte der Französischen Revolution von 1789 präzise zu bestimmen, aber gerade in Frankreich und in anderen westeuropäischen Ländern beobachteten Intellektuelle die Ereignisse auf der anderen Seite des Atlantiks sehr genau. Sie versuchten, diese fremden Erfahrungen auf die Situation in ihren eigenen Staaten zu übertragen.

Im absolutistischen Königreich Frankreich trafen sich Aufklärer in Kaffeehäusern oder in Salons und diskutierten, ob die Entwicklungen in der Neuen Welt ein Vorbild für Europa sein könnten. Irische Rebellen, die sich von England unterdrückt fühlten, gründeten Geheimgesellschaften, um eine eigene Revolution vorzubereiten. Selbst in Großbritannien diskutierten Oppositionelle darüber, ob und wie die neue Idee der „Freiheit" für das eigene Land geeignet sein könnte. Soldaten, Offiziere, Intellektuelle oder auch einfache Menschen, die nach dem Ende des Krieges nach Europa zurückkehrten, berichteten in Schriften, Pamphleten und in mündlichen Auseinandersetzungen von dem fernen Land, in dem eine völlig neue Staatsform entstand. Sie schilderten einen Staat, in dem es keinen Adel gab und in dem jeder Mensch nach seinen Fähigkeiten beurteilt wurde. Zwar konnte das Leben in oder am Rande der Wildnis entbehrungsreich sein, aber viele Rückkehrer berichteten von den Chancen, die sich dort auch ergeben konnten. Die Sympathien in Europa lagen eindeutig auf der Seite der Vereinigen Staaten. Während in Frankreich in den 1780er-Jahren bitterste Armut herrschte, war es in den USA infolge der Revolution offenbar gelungen, einen sehr viel höheren Wohlstand auch für die untersten Schichten der Bevölkerung zu sichern.

Auch wenn die Revolution, die seit 1789 Frankreich und in der Folge Europa erschütterte, andere Ursachen gehabt hat, war doch die Erfahrung der USA im Hintergrund präsent. Hinzu kam, dass der teure Krieg die französischen Staatsfinanzen an den Rande des Bankrotts gebracht hatte. Ein Grund für den Beginn der Französischen Revolution bestand darin, dass kein Geld mehr für notwendige Ausgaben da war, dass aber gleichzeitig die Hofgesellschaft in Versailles weiterhin einen prunkvollen und aufwändigen Lebensstil pflegte. Während der Französischen Revolution stellten die „Bills of Rights" ein Vorbild für die Erklärung der Menschen- und Bürgerrechte dar.[1]

Freiheitsstatue.
Foto vom Juni 2015, New York.
Die Idee zu dieser Statue geht zurück auf eine Bemerkung des französischen Juristen und Politikers Édouard René Lefebvre de Laboulaye (1811–1883). Er hatte gesagt, dass ein Monument der amerikanischen Unabhängigkeit ein gemeinsames französisch-amerikanisches Projekt sein müsse. Die Statue wurde nach einigen Verzögerungen 1886 eingeweiht als ein Geschenk des französischen Volkes an die USA. In der linken Hand hält sie eine Tafel mit dem Datum der amerikanischen Unabhängigkeitserklärung, zu ihren Füßen liegen zerbrochene Ketten. Sie steht auf Liberty Island, wo sich zeitweise die erste Anlaufstelle für die Migranten befand, die aus Europa in die USA auswanderten.

[1] Zur Französischen Revolution lesen Sie das Kapitel ab Seite 124. Zur Erklärung der Menschen- und Bürgerrechte siehe M3 auf Seite 142 f.

M1 „Declaration of Independence, July 4th, 1776"

Das um 1820 fertiggestellte Ölgemälde (53,7 x 79,1 cm) stammt von dem amerikanischen Maler John Trumbull. Im Vordergrund des Bildes überreicht Thomas Jefferson (siehe Seite 76) dem Präsidenten des Zweiten Kontinentalkongresses die Unabhängigkeitserklärung. Links von ihm (im braunen Anzug) ist John Adams (siehe Seite 48) zu erkennen, rechts Benjamin Franklin (siehe Seite 76). Im Hintergrund sind die Kongressmitglieder dargestellt.

US-amerikanische Zwei-Dollar-Note.
Rückseite, Serie 1995.

1. Informieren Sie sich über das Historiengemälde im Internet und/oder in Fachbüchern. Beschreiben Sie anschließend das Kunstwerk hinsichtlich der formalen Kennzeichen und des Bildinhaltes. Ziehen Sie dazu auch die Leitfragen von Seite 94 heran. | H
2. Ordnen Sie das Gemälde in den historischen Kontext ein.
3. Beurteilen Sie, inwieweit Historiengemälde dazu geeignet sind, ein eigenes Geschichtsverständnis zu entwickeln.

M2 Stolz auf die Nation

John F. Kennedy (1917–1963) von der Demokratischen Partei wird 1961 US-Präsident. Er ist der erste katholische und jüngste gewählte Präsident der USA. Aus Anlass der Unabhängigkeitsfeier spricht er am 4. Juli 1962 in der Independence Hall in Philadelphia, dort, wo die Unabhängigkeitserklärung formuliert worden ist:

Was jedoch dieses große Dokument [die Unabhängigkeitserklärung] von allen anderen unterschied, war die endgültige, unwiderrufliche Entscheidung, die mit ihm getroffen wurde: die Geltendmachung der Unabhängigkeit, freie Staaten anstelle von Kolonien und die Verpflichtung, für dieses Ziel Leben, Gut und die heilige Ehre einzusetzen.
[Diese] Erklärung hat nicht nur eine Revolution gegen die Engländer, sondern überhaupt eine Revolution im Leben der Menschen ausgelöst. Ihre Verfasser waren sich dieser weltweiten Auswirkungen voll bewusst; und George Washington erklärte, „dass es bei dem Experiment, das den Händen des amerikanischen Volkes anvertraut wurde, letztlich um Freiheit und Selbstregierung überall auf der Welt geht". Diese Prophezeiung hat sich bewahrheitet. 186 Jahre lang hat diese Idee der nationalen Unabhängigkeit den Erdball erschüttert – und sie ist auch heute weiterhin die gewaltigste Kraft überall auf der Welt. [...]
Wenn es ein Problem gibt, das die Welt heute teilt, dann ist es die Unabhängigkeit – die Unabhängigkeit Berlins oder Laos' oder Vietnams, das Sehnen nach Unabhängigkeit hinter dem Eisernen Vorhang, der friedliche Übergang zur Unabhängigkeit in jenen neu entstehenden Gebieten, deren Schwierigkeiten einige gern ausbeuten möchten.

*Der von 2001 bis 2009 regierende US-Präsident George Walker Bush (*1946) von der Republikanischen Partei hält am 3. Juli 2006 folgende Ansprache:*

Am 230. Jahrestag der Unterzeichnung der Unabhängigkeitserklärung würdigen wir den Mut und den Einsatz jener, die dieses Land gegründet haben, und wir zelebrieren die Werte der Freiheit und Gleichheit, die unser Land stark gemacht haben.
Die Patrioten des Unabhängigkeitskrieges handelten aufgrund der Überzeugung, dass „alle Menschen gleich geschaffen worden sind" und „dass sie von ihrem Schöpfer mit bestimmten unveräußerlichen Rechten ausgestattet sind". Durch die Verbreitung dieser Ideale haben Generationen von Amerikanern bei vielen Menschen in jedem Teil der Erde die Hoffnung auf Freiheit geweckt.
Wenn sie ihre Unabhängigkeit feiern, können die Amerikaner stolz auf ihre Geschichte sein und mit Zuversicht in die Zukunft blicken. Wir erbieten unsere Dankbarkeit allen amerikanischen Patrioten der Gegenwart und der Vergangenheit, die bestrebt waren, die Freiheit zu verbreiten und die Grundlagen für Frieden zu legen. Aufgrund ihrer Opfer bleibt dieses Land auch weiterhin ein Leuchtfeuer der Hoffnung für all jene, die von Freiheit träumen – und für die Welt ein leuchtendes Beispiel dafür, was freie Menschen erreichen können. Möge Gott die Vereinigten Staaten von Amerika weiterhin segnen.

Independence Hall in Philadelphia.
Undatiertes Foto.

Erster Text: Europa-Archiv 17. Jg. (1962), S. D 373 f. (etwas vereinfacht); zweiter Text: https://de.usembassy.gov/de/unabhangigkeitstag-4/ (Übersetzung: Amerika Dienst; Zugriff: 5. April 2019)

▶ Ordnen Sie die beiden Reden in ihren historischen Kontext ein und vergleichen Sie anschließend die politischen Einstellungen der Präsidenten. | F

M3 Eine Erklärung besorgter schwarzer Bürger

Am 4. Juli 1970 veröffentlicht ein „Nationalkomitee Schwarzer Geistlicher" folgende „Unabhängigkeitserklärung":

Wir halten es für selbstverständliche Wahrheiten, dass alle Menschen nicht nur gleich geschaffen und von ihrem Schöpfer mit bestimmten unveräußerlichen Rechten ausgestattet sind, zu denen das Leben, die Freiheit und das Streben nach Glück gehören, sondern dass die Menschen, wenn diese Gleichheit und diese Rechte vorsätzlich und konsequent verweigert, vorenthalten und versagt werden, bei ihrer Selbstachtung und ihrer Ehre verpflichtet sind, sich in gerechtem Zorn zu ihrem Schutz zu erheben. [...]
Wir, das schwarze Volk der Vereinigten Staaten von Amerika, in allen Teilen dieses Staatenbundes, rufen daher den höchsten Richter dieser Welt zum Zeugen für die Redlichkeit unserer Absichten an und erklären [...], dass wir rechtens frei und unabhängig sein werden von der Ungerechtigkeit, Ausbeutungsherrschaft, institutionalisierten Gewalt und dem Rassismus des weißen Amerika und dass wir, wenn wir nicht die volle Abschaffung dieser Unmenschlichkeiten und Befreiung von ihnen erlangen, dazu aufrufen werden, diesem Staat den Gehorsam aufzukündigen, und uns in jeder Weise weigern werden, an dem Übel mitzuwirken, das uns und unseren Gemeinden zugefügt wird.

Eberhard Brüning (Hrsg.), Anspruch und Wirklichkeit. Zweihundert Jahre Kampf um Demokratie in den USA: Dokumente und Aussagen, Berlin (Ost) 1976, S. 664–668; Zitat S. 664 und 667 f.

Briefmarke mit offiziellem Bicentennial Logo von 1976.
Die Regierung nutzte die Zweihundertjahrfeier (Bicentennial), „um mit Stolz auf das von uns Erreichte zu zeigen und ein erregendes Bild unserer Entwicklung zu entwerfen". Diese Vorstellung wurde von denen kritisiert, die die Bedeutung des 4. Juli in dem stets neuen Vergleich zwischen Ideal und Wirklichkeit sehen.

- Beurteilen Sie die Ankündigung, dem „Staat den Gehorsam aufzukündigen" (Zeile 19). Berücksichtigen Sie dabei die Aussagen der Unabhängigkeitserklärung (siehe M 1, Seite 65 f.). Recherchieren Sie dazu im Internet die Hintergründe der Bürgerrechtsbewegung.

M4 Öffentliche Wahrnehmung und historische Analyse

Der amerikanische Historiker Michael A. McDonnell schreibt:

Wir alle lieben eine gute Geschichte. Und in den besten Geschichten messen sich normalerweise Gut und Böse, Helden und Schurken. Solche Geschichten werden noch fesselnder, wenn sie eine höhere Bedeutung haben [...]. Wenn ein Kampf zwischen guten und bösen Menschen zu einem Kampf zwischen den Kräften der Freiheit und der Tyrannei wird. Wenn das Schicksal der Menschheit auf dem Spiel steht. Wenn David es mit Goliath aufnimmt und, gegen alle Wetten, konfrontiert mit dem Unglück in einem ruhmreichen Fall triumphiert.
Solche Geschichten sind unwiderstehlich, besonders wenn sie Gründungsgeschichten sind. Die Geschichte des amerikanischen Unabhängigkeitskrieges ist eine dieser Fabeln. [...] Es gibt einen klaren Anfang bei Lexington und Concord und eine Serie von Fortschritten in der Mitte. [...] Epische Schlachten bei Bunker Hill, Trenton, Saratoga und Cowpens. Gerichtsverfahren und Leiden in New York, Valley Forge, Morristown und Charlston. Klare Linien werden gezogen zwischen den Patrioten und den britischen Kräften der Monarchie und ihren loyalistischen Speichelleckern. Und der Einsatz ist hoch und offensichtlich: Unabhängigkeit oder Abhängigkeit, Demokratie oder Monarchie, Freiheit oder Tyrannei. Die Wahl ist einfach, und der Ausgang ist fast unvermeidbar: Sieg bei Yorktown und die Schaffung einer neuen Nation.
Das Problem ist, dass viel zu viele Menschen – und viel zu viele verwirrende Details – in dieser simplen Fabel ausgelassen werden. Wenn die Geschichte der Revolution zu einem Wettlauf zwischen freiheitsliebenden Patrioten und den despotischen Briten wird, was machen wir dann mit den Native Americans, die in dieser Zeit ihre eigene Unabhängigkeit zu bewahren versuchten? Wie erklären wir die vielen unterschiedlichen Reaktionen der afroamerikanischen Sklaven? [...] Was machen wir mit den Frauen, die ihre Ehemänner und Söhne zu Hause behalten wollten? Und was machen wir mit den zehntausenden von Menschen, die mit beiden Seiten unzufrieden [...] waren oder versuchten, zwischen ihnen zu lavieren und das Beste aus einer schlechten Situation zu machen? [...] Diese „anderen"

passen einfach nicht – können nicht passen – in die wichtigere Erzählung, obwohl sie weit mehr als die Mehrheit der damaligen Bevölkerung ausmachten.

Michael A. McDonnell, War Stories. Remembering and Forgetting the American Revolution, in: Patrick Spero und Michael Zuckermann (Hrsg.), The American Revolution Reborn, Philadelphia 2016, S. 9-28, hier: S. 9f. (übersetzt von Boris Barth)

1. Erklären Sie den Unterschied zwischen der historischen Analyse, wie sie hier von McDonnell vorgenommen wird, und den öffentlichen Feiern zur amerikanischen Unabhängigkeit.
2. Arbeiten Sie anhand Ihrer Kenntnisse die mögliche Wahrnehmung der Amerikanischen Revolution durch Frauen oder Sklaven in der Erinnerungskultur heraus.
3. Setzen Sie sich mit den Gründen auseinander, die dafür verantwortlich sind, dass große Gruppen von Menschen in den offiziellen Erzählungen keine Rolle spielen.

M5 Erinnerung an die Amerikanische Revolution: die „Gründungsväter"

Der amerikanische Historiker Andrew M. Schocket beschäftigt sich mit der gegenwärtigen Präsenz der Amerikanischen Revolution in den USA:

Wenn Sie im 21. Jahrhundert in den Vereinigten Staaten leben, können Sie der Amerikanischen Revolution nicht entkommen. Fahren Sie ein Stück. Die Chancen sind groß, dass Sie in Ihrer Nachbarschaft auf Straßen stoßen, die den Namen „Washington", oder „Jefferson", oder „Franklin", oder „Adams", oder „Madison", oder „Hamilton" tragen […]. Gehen Sie in einen Buchladen oder in eine lokale Bibliothek. Sie werden eine Darstellung finden, die die letzten am besten verkauften Gründerbiografien zeigt. Schauen Sie in Ihre Tasche und sehen sie, welche Gesichter von den Geldscheinen oder Münzen in Ihrer Brieftasche zurückschauen. Schreiben Sie einen Brief. Vielleicht werden sie eine „forever" Briefmarke aufkleben, geschmückt mit der Freiheitsglocke. Haben Sie ein dreitägiges Wochenende? Das könnte der Presidents' Day oder der 4. Juli sein. Wenn Sie den Fernseher anstellen, werden Sie begrüßt von werbenden Schauspielern in Kostümen der Washington-Zeit, die Ihnen irgendetwas verkaufen möchten. Wechseln Sie den Sender. Früher oder später werden Sie auf eine politische Kampagne stoßen, die uns daran erinnert, was die Gründer für unser Land wollten und wie sehr die jetzigen Kandidaten ihre Absichten verehren. […]

Viele Amerikaner und ausländische Beobachter haben festgestellt, dass wir das einzige Land zu sein scheinen, dessen Bürger in einer ständigen Konversation mit unseren Gründern sein wollen, als ob Männer, die seit zwei Jahrhunderten tot sind, uns noch viel zu sagen hätten. […] Weder die Vereinigten Staaten noch ihre Gründer halten ein Monopol auf Weisheit, weder auf politische noch auf andere, und ein schneller Blick auf den Globus zeigt, dass es viele andere Demokratien gibt […]. Weiterhin haben alle Länder ihre Heroen, ihre Beispiele, die auf Briefmarken oder auf Geld erscheinen, sind Gegenstand von Biografien und Filmen, werden in politischen Reden erwähnt und werden in Bronze gegossen. […] Allerdings war die Amerikanische Revolution ungewöhnlich, und so ist auch ihr Verhältnis zur amerikanischen Gegenwart. Anders als viele andere Länder können sich die Vereinigten Staaten auf zwei Jahrhunderte als ihr bahnbrechendes Gründungsmoment beziehen. Die meisten anderen Nationen haben entweder mehrere Gründungsmomente oder haben verschiedene Evolutionen erlebt. Anders als die Vereinigten Staaten beziehen die meisten Länder ihre Ursprünge auf Herkunft und Sprache, und nicht auf die Etablierung einer bestimmten politischen Struktur. Die Vereinigten Staaten erhielten ihre Regierungsform durch die föderale Verfassung, die als die krönende Errungenschaft der Revolution diente, und deshalb schauen die Menschen auf diejenigen Leute, die diese Form der Autoritäten für sie geschaffen haben. […] Wenige andere Nationen haben eine einzige Generation von Führern, die eine derart wortreiche Erbschaft hinterlassen haben, die immer verfügbar ist für offensichtliche Autorität und – vielleicht – Ausbeutung.

Andrew M. Schocket, Fighting over the Founders. How We Remember the American Revolution, New York 2015, S. 1 und 6 (übersetzt von Boris Barth)

1. Fassen Sie die wesentlichen Aspekte des Textes zusammen.
2. Analysieren Sie die Argumente, die der Autor für die Unterschiede zwischen dem Gründungsmythos der USA und denjenigen anderer Nationen anführt. | F
3. Erörtern Sie, ob und inwieweit diese Argumente stichhaltig sind. Recherchieren Sie dazu typische Gründungsmythen anderer Staaten.

M6 Gedenkstätten und Museen

Der amerikanische Historiker Andrew M. Schocket setzt sich mit Gedenkstätten und Museen zur Amerikanischen Revolution auseinander:

Die verschiedenen historischen Gedenkstätten, Museen und Attraktionen, die ich besucht habe, beschäftigen sich mit den gleichen ideologischen Diskussionen zum Thema der Amerikanischen Revolution, wie Politiker und Schriftsteller, aber in einer unterschiedlichen und subtileren Weise. Politiker sind frei, an kleine, aufgeladene und ideologische Teile ihrer Wählerschaft zu appellieren, im Bewusstsein, dass ihre Worte kurzlebig sind. Sie beziehen sich auf die Revolution, weil sie Begriffe benutzen können, die bekannt sind, und sie stellen sich auf Zuhörer ein, die ihre Aufrichtigkeit nicht infrage stellen. Autoren von Büchern können darauf zählen, genug Platz zu haben, um ein ausgedehntes Argument mit mehr Nuancen zu entwickeln, aber ihnen fehlt die Schlagkraft einer politischen Rede. [...] Die meisten Gedenkstätten und Museen verfeinern besondere Ausstellungen über Jahre der Entwicklung, oft in Konsultationen mit eigenen und externen Ratgebern. Sie achten auf die potenzielle Öffentlichkeit, wollen so viele Besucher wie möglich aus dem gesamten nationalen Spektrum anziehen und wollen niemanden beleidigen. Aber sie haben eine unbeständige Öffentlichkeit mit einer kurzen Aufnahmebereitschaft. Auch arbeiten die meisten als non-profit-Organisationen und müssen Rücksicht auf ihre Geldgeber nehmen, ob öffentlich oder privat, in vielen Fällen beides. Gedenkstätten, Museen und Attraktionen zur Amerikanischen Revolution stellen eine zugängliche und nuancierte, aber dennoch ideologische Präsentation der Amerikanischen Revolution bereit, und kritische Themen stehen auf dem Spiel: Es geht nicht nur darum, wie wir über die Revolution selbst denken, sondern auch darum, wie sich die Implikationen für die zeitgenössische amerikanische Gesellschaft darstellen.

Andrew M. Schocket, a.a.O., S. 86 (übersetzt von Boris Barth)

1. Geben Sie den Text mit eigenen Worten wieder.
2. Vergleichen Sie die jeweiligen Möglichkeiten, die Politiker, Buchautoren und Museen haben, um die Amerikanische Revolution darzustellen.
3. Arbeiten Sie die Probleme heraus, die Museen und Gedenkstätten berücksichtigen müssen, wenn sie sich mit der Revolution beschäftigen.

„The spirit of '76 (Yankee Doodle)."
Ölgemälde (61 x 45 cm) von Archibald Willard, um 1875.
1876 wurde die Jahrhundertfeier der amerikanischen Unabhängigkeit auf einer großen Ausstellung (Centennial Exposition) in Philadelphia begangen. Der amerikanische Maler Archibald Willard stellte dort dieses Bild aus, das in der Folge sehr populär wurde.

- Charakterisieren Sie die Szene (Bildaufbau, Perspektive, Lichtführung, Farbgebung) und die dargestellten Personen (Mimik, Gestik, Attribute). | H
- Diskutieren Sie mögliche Gründe, warum das Bild damals so populär war. Berücksichtigen Sie dabei auch die Entstehungszeit des Gemäldes.

M7 „Wer ist ein amerikanischer Patriot?"

Der deutsche Historiker Michael Hochgeschwender befasst sich mit den Problemen der amerikanischen Erinnerungskultur:

Die Frage, wie man in den USA eine klassen-, individuen- und rassenübergreifende Solidarität erzeugen könnte, wurde stets mit dem Hinweis auf einen an den Gründervätern ausgerichteten Patriotismus beantwortet, dessen Inhalte sich indes der Definition entzogen. Wer ist ein amerikanischer Patriot? Der *conservative*, der am idealisierten und mythischen Erbe der Revolution uneingeschränkt und unkritisch festhalten will? Der kritische *liberal*, der mit vielen revolutionären Diskursen nichts mehr anzufangen vermag, sich aber dennoch auf ihren Geist und ihr Erbe beruft, um es dann dem jeweils aktuellen Zeitgeist anzupassen? Der *radical*, der am liebsten die gesamte Revolution als rassistisch, kapitalistisch und frauenfeindlich über Bord werfen möchte, oder der vorsichtig reformistische *progressive*? Der *populist*, der sich wie in einem Warenladen aller Traditionen bedient, sie radikalisiert und beständig das Loblied des kleinen Mannes singt, der von den herrschenden Eliten bedrängt, unterdrückt und ausgebeutet wird? Sie alle können sich durchaus mit Recht auf die Ideen und Ideale der Amerikanischen Revolution berufen, denn im Grunde waren all diese Varianten des amerikanischen Patriotismus – in ihrer zeitgebundenen Form – damals bereits vorhanden. Nicht minder unbestimmt blieb das Verhältnis zwischen der fortschrittsoptimistischen, als genuin amerikanisch ausgegebenen Suche nach dem schlechthin Neuen und dem Fortleben europäischer Traditionen, was insgesamt zu einer unausgeglichenen, dafür aber umso dynamischeren Ideenmischung in den USA führte, die beständig Hoffnung predigte, aber ihren eigenen Ansprüchen gegenüber den sozial und kulturell Marginalisierten nie ganz gerecht werden konnte.

Michael Hochgeschwender, Die amerikanische Revolution. Geburt einer Nation 1763–1815, München 2016, S. 444 f.

1. Stellen Sie die in der Quelle genannten Positionen gegenüber, mit denen sich sehr unterschiedliche politische Gruppen auf die Amerikanische Revolution beziehen. | F
2. Präsentation: Vergleichen Sie mithilfe einer Tabelle die amerikanischen und die europäischen Traditionen.
3. Überprüfen Sie die Frage, ob und in welcher Weise diese unterschiedlichen Kombinationen „zu einer unausgeglichenen, dafür aber umso dynamischeren Ideenmischung" führte, wie im Text angegeben wird (siehe Zeile 27 f.).

US-Propagandaplakat.
Plakat von 1943.

- ▶ Gliedern Sie das Bild in sinnvolle Bereiche und beschreiben Sie die dargestellten Personengruppen.
- ▶ Ordnen Sie das Plakat in den historischen Kontext ein. Beziehen Sie dabei einzelne Bildelemente und den Text auf dem Plakat mit ein. | F

Methode

Historiengemälde analysieren

Historiengemälde gibt es seit der Antike. Die Gattung beschränkt sich nicht auf die Malerei, sondern umfasst auch Mosaike, Kupferstiche oder Reliefs. Besonders beliebt waren Historienbilder im 19. Jahrhundert, als sie auf bedeutende Ereignisse, Personen, Leistungen und Traditionen der Geschichte aufmerksam machten. Sie trugen so zur **Identifikation** der Öffentlichkeit mit dem eigenen Volk und der eigenen Nation bei.
Historienbilder sind Kunstwerke. Die Künstler bemühen sich, **historische Sachverhalte** darzustellen und zu deuten – die „historische Realität" bilden sie nicht ab. Das gilt unabhängig vom zeitlichen Abstand zum dargestellten Geschehen. Sie verherrlichen, rechtfertigen oder kritisieren vergangene Ereignisse. Oft sind Historienbilder öffentliche oder private Auftragsarbeiten. Sie sagen dann immer auch etwas über die Sichtweisen der **Auftraggeber** aus. Die Analyse und Interpretation erfordert daher nicht nur Kenntnisse über die dargestellte Zeit, sondern auch über die **Entstehungszeit** des Bildes, den **Künstler** und seinen Auftraggeber.

Weitere Anwendungsbeispiele finden Sie u.a. auf den Seiten 35, 61, 88 und 112.

Arbeitsschritt	Leitfragen
1. beschreiben	• Wer ist der Künstler/die Künstlerin? • Wann und wo ist das Kunstwerk entstanden? • Stammt der „Bildtitel" vom Künstler oder wurde er von anderer Seite zugefügt? • Wen oder was zeigt das Kunstwerk? • Welche Komposition (Bildaufbau, Figuren etc.) liegt dem Bild zugrunde? • Welche Perspektive (Vogel-, Zentralperspektive etc.) hat der Künstler gewählt? • Wie ist die Farbgebung (hell, dunkel, kontrastreich etc.) und die Lichtführung (konzentriert oder gleichmäßig)? • Welche Symbole und Sinnbilder (Allegorien) werden verwendet?
2. erklären	• Aus welchem Anlass ist das Bild entstanden? • An welches Ereignis, an welchen Sachverhalt oder an welche Person wird erinnert? • Handelt es sich um eine realistische oder allegorische (sinnbildliche) Darstellung? • Wie sind die Gestaltungsmittel und Symbole in ihrer inhaltlichen Aussage zu deuten? • Auf welche politischen, sozialen, wirtschaftlichen und kulturellen Hintergründe wird Bezug genommen? • Was ist über die Haltung des Künstlers und der Auftraggeber bekannt? • Welche Absichten verfolgten Künstler bzw. Auftraggeber? • An wen richtet sich das Kunstwerk?
3. beurteilen	• Welche Wirkungen erzielte das Bild bei zeitgenössischen Betrachtern? • Wie lassen sich Aussage und Wirkung des Gemäldes bewerten?

Sonnenaufgang: Zeichen für den Beginn einer neuen Zeit oder Symbol für die Aufklärung

Flagge der Vereinigten Staaten (existiert 1776 noch nicht)

Westufer des Delaware (Pennsylvania)

Drei stehende Männer im Mittelpunkt des Bildes

Weitere Boote der Armee Washingtons symbolisieren die Streitmacht

„Washington Crossing the Delaware."
Ölgemälde (378,5 x 647,7 cm)
von Emanuel Gottlieb Leutze (siehe Seite 61), Düsseldorf 1851.

Titel des Gemäldes

George Washington: heroische Haltung und Ruhepol im Bild verweisen auf die Position des Oberbefehlshabers

Zwölf Personen im Boot symbolisieren „Vollkommenheit" oder die ersten Unterzeichner der Unabhängigkeitserklärung

Hinweis auf die Jahreszeit; Eisschollen verstärken die Dramatik

Bootsform und Größe sind bewusst vereinfacht bzw. verkleinert

- Analysieren Sie das Gemälde mithilfe der Arbeitsschritte auf Seite 94.
  Ihre Ergebnisse können Sie mit der Lösungsskizze auf Seite 531 vergleichen.

Die Amerikanische Revolution

Ursachen

- 1754–1763: Krieg gegen Frankreich („French and Indian War")
  > Folgen: Großbritannien wird zur allein bestimmenden Kolonialmacht in Nordamerika; Krieg führt zu hoher Staatsverschuldung Großbritanniens

- 1764/65: neue Zölle und Steuern für die Kolonien (u.a. Sugar Act, Stamp Act)
- 1766: Aufhebung des Stempelsteuergesetzes, aber: Declaratory Act (Kolonien sind der Krone und dem britischen Parlament untergeordnet)
- 1767: Townshend Acts
- 1770: Rücknahme der Townshendgesetze (außer Teezoll)
- 1773: Tea Act (Teemonopol der East Indian Company)
- 1774: Coercive Acts („Intolerable Acts") als Strafmaßnahmen infolge der „Boston Tea Party"

→ Reaktion auf 1764/65:

- Proteste der amerikanischen Siedler und der Kolonialparlamente
- Importboykotte (Gründung der „Sons of liberty")

→ Reaktion auf 1773:

- 1773: „Boston Tea Party" = Wendepunkt im Konflikt

1775–1783

= Unabhängigkeitskrieg der 13 Kolonien vom Mutterland

Kolonien
unterstützt durch:
Frankreich (ab 1778), Spanien (ab 1779) und die Niederlande (ab 1780/81) sowie Sklaven und Native Americans

Großbritannien
unterstützt durch:
„Hessians" (etwa 30 000) sowie Sklaven und Native Americans

- 4. Juli 1776: Unabhängigkeitserklärung wird vom Zweiten Kontinentalkongress verabschiedet
  > Gründungsurkunde der USA

Folgen

1783: Frieden von Versailles
= Ende des Unabhängigkeitskrieges zugunsten der Kolonien

- 1787: Bundesverfassung („checks and balances")
- 1789: George Washington – einer der „Gründungsväter" – wird erster Präsident der USA; Bill of Rights (Katalog von Grundrechten)

ABI CHECK
Ein interaktives Quiz erwartet Sie unter dem Code **32035-15**.

M1 Ein Ereignis mit Folgen

Der deutsche Historiker Willi Paul Adams (1914–2002) über die Voraussetzungen für die Amerikanische Revolution:

Die Gründung des amerikanischen Nationalstaates war neben der Französischen Revolution das folgenträchtigste Ereignis der politischen Entwicklung des europäisch-amerikanischen Raumes im 18. Jahrhundert. Die staatliche Verselbstständigung der Amerikaner beruhte auf wirtschaftlichen, sozialen und im engeren Sinne des Wortes politischen Vorgängen in Europa. Von den ersten Siedlungen der Europäer bis hin zur Unabhängigkeit und darüber hinaus ist die Gesellschaft der Weißen in Nordamerika [...] zunächst einmal ein „Fragment Europas" gewesen. [...]
In Amerika kämpften übergesiedelte Europäer mit militärischer Unterstützung mehrerer europäischer Mächte um ihre Selbstbestimmung. Ihr Widerstandswille war zudem Teil der Entschlossenheit einer bereits prosperierenden einheimischen Mittelklasse, die ungehinderte weitere Entwicklung ihres Wohlstandes zu verteidigen. Das Besondere an der zur Revolution führenden „relativen Deprivation"[1] der breiten kolonialen Mittelklasse nach 1763 war, dass sie noch nicht erlitten, sondern als Folge der nun einsetzenden strikteren britischen Kolonialpolitik lediglich befürchtet wurde. Der Widerstand gegen das Zucker- und Steuermarkengesetz von 1764/65, der einem steuerzahlenden Engländer unverhältnismäßig heftig erscheinen musste, zeigte an, dass ein großer Teil der Kaufmannsschicht, der Politiker und der breiten Bevölkerung nicht länger bereit war, wirtschaftliche Interessen der Kolonien denen des Mutterlandes unterzuordnen. Eine echte Adelsklasse, die ihr Geschick etwa mit dem der englischen identifizierte, gab es in den Kolonien nicht. Die Amerikanische Revolution war voll und ganz eine bürgerliche: Große Teile der Ober- und Mittelklasse bürgerlicher Kolonialeuropäer beteiligten sich an der gewaltsamen Übernahme der Macht. Zu einem Zusammenbruch der Gesellschaftsordnung und einer sozialen Umwälzung führte der Kampf um die Unabhängigkeit deshalb nicht.

Willi Paul Adams, Revolution und Nationalstaatsgründung 1763–1815, in: Ders. (Hrsg.), Die Vereinigten Staaten von Amerika, Frankfurt am Main 1977, S. 22 f.

1. Analysieren Sie ausgehend vom Text den Zusammenhang zwischen Europa und Amerika bei der Amerikanischen Revolution.
2. Arbeiten Sie die Rolle wirtschaftlicher Faktoren bei der Eskalation heraus, die zur Amerikanischen Revolution führten.
3. Erläutern Sie die Gründe, warum – nach Willi Paul Adams – eine soziale Umwälzung ausblieb. | H

M2 Eine revolutionäre Bewegung

Der US-amerikanische Historiker Robert Roswell Palmer (1909–2002) schreibt:

Die Bewegung, die sich um 1760 zu entwickeln begann, war in einem tiefer gehenden Sinne revolutionär.
Damit ist eine Situation gemeint, in der das Vertrauen in die Gerechtigkeit oder Tragbarkeit der herrschenden Regierung schwindet, in der alte Treuepflichten verblassen, Verpflichtungen als Bürde empfunden werden, Recht für Willkür gehalten und Respekt vor der Obrigkeit als eine Art Demütigung empfunden wird. Ansehen scheint unverdient, althergebrachte Formen von Einkommen und Besitz scheinen zu Unrecht erworben zu sein, und die Regierungen scheinen den Regierten so fernzustehen, dass diese meinen, die Regierung vertrete in Wahrheit gar nicht ihre Interessen. In einer solchen Situation geht der Gemeinschaftssinn verloren, und was die sozialen Klassen verbinden sollte, verwandelt sich in Eifersucht und Enttäuschung. Leute, die früher ein integrierender Teil der Gemeinschaft waren, betrachten sich plötzlich als Außenseiter, und andere, die ihr nie recht angehörten, fühlen sich plötzlich übergangen. [...]
Keine menschliche Gesellschaft kann gedeihen, wenn eine so negative Einstellung sich ausbreitet oder lange Zeit andauert. Die Krise trifft die Gesellschaft selbst politisch, ökonomisch, soziologisch, psychologisch, persönlich und auch moralisch. Die Folge muss nicht unbedingt eine Revolution sein, aber aus derartigen Situationen können Revolutionen entstehen. Will man eine fortschreitende Zersetzung verhindern, so muss etwas geschehen, eine neue Grundlage der Gemeinschaft muss gefunden werden.

Robert R. Palmer, Das Zeitalter der demokratischen Revolution. Eine vergleichende Geschichte Europas und Amerikas von 1760 bis zur Französischen Revolution, Frankfurt am Main 1970, S. 33 f.

1. Palmer vertritt die Meinung, eine revolutionäre Situation könne entstehen, wenn eine Regierung ihre Legitimität verliert. Analysieren Sie am Beispiel der Amerikanischen Revolution, welche Faktoren für diesen Verlust von Glaubwürdigkeit verantwortlich waren.
2. Interpretieren Sie, was Robert R. Palmer meint, wenn er die Amerikanische Revolution als „tiefer gehend revolutionär" (vgl. Zeile 2) bezeichnet. | F

[1] **Deprivation:** Mangel, Verlust

Orientierung

1.5 Wahlmodul: Die Krise der spätmittelalterlichen Kirche und die Reformation

Im Mittelalter baute die christliche Kirche auf zwei Prinzipien: Einheit im Glauben und Einheit der geistlichen Führung durch den Papst. Mit der Spaltung des Papsttums wurde dieses Gefüge schwer erschüttert. Abhilfe sollten die großen Kirchenversammlungen (Konzilien) des 15. Jahrhunderts schaffen, die das Papsttum wieder vereinten und die Kirchenorganisation zu verbessern suchten. Die angestrebte Reform der Kirche blieb jedoch unvollendet. Unterdessen wurde der Wunsch nach religiöser Erneuerung immer populärer.

Im 16. Jahrhundert gingen Kritiker so weit, mit der päpstlich beherrschten Kirche offen zu brechen. Sie forderten eine Rückbesinnung auf die Wurzeln des Christentums. Diese Bewegung, die später sogenannte Reformation, hatte ihre Zentren in Wittenberg, Zürich und Genf, von wo sich die neuen Lehren in Europa ausbreiteten. Auch die katholische Kirche unternahm damals eine Reform, doch die Spaltung in verschiedene, sich gegenseitig ausschließende Glaubensrichtungen war nicht mehr aufzuhalten. Reformation und katholische Reform verwandelten die vormalige Einheit der Kirche in einen Plural an christlichen Bekenntnissen, wie er für die Neuzeit prägend wurde.

Das Kapitel beschäftigt sich inhaltlich mit ...

religiösen Krisen und Bewältigungsstrategien im 14. und 15. Jahrhundert

Martin Luther und der Reformation

der Entwicklung der Reformation

Lösungsversuchen religiöser Krisen

Europa im 16. Jahrhundert.

Großes Schisma und Reformkonzilien

1378 — Spaltung der Kirche in ein Papsttum in Rom und in Avignon, Beginn des Großen Abendländischen Schismas.

1409 — Konzil zu Pisa: Die Kardinäle wählen einen dritten Papst.

1414 - 1418 — Konzil zu Konstanz: Das Schisma wird überwunden, Reformen für die Kirche werden angestoßen.

1419 - 1436 — In den Hussitenkriegen erheben sich die Anhänger des hingerichteten Jan Hus in Böhmen gegen die alte Kirche.

1431 - 1449 — Konzil zu Basel: Papst und Kirchenversammlung streiten um die Führung des Christentums.

Anfänge der Reformation

1517 — Martin Luther in Wittenberg kritisiert öffentlich den Ablasshandel.

Januar 1521 — Luther wird vom Papst wegen Ketzerei mit dem Kirchenbann belegt.

Mai 1521 — Nach dem Reichstag zu Worms fallen Luther und seine Anhänger in die Reichsacht (Wormser Edikt).

um 1520/25 — „Reformation von unten": Einige Städte und Gemeinden im Reich führen selbstständig evangelische Kirchenordnungen ein.

seit 1523 — Zürich und andere Schweizer Orte schaffen ihre eigene Kirche, angeleitet durch die Lehren des Reformators Ulrich Zwingli.

1524 - 1526 — Bauernkrieg: Die Erhebung des „Gemeinen Mannes" im Reich wird blutig niedergeschlagen.

Glaubensspaltung in Europa

um 1527/30 — Beginn der Fürstenreformation: Fürsten führen in ihren Territorien Luthers evangelische Lehre und eigene Kirchenordnungen ein.

1530 — In der Confessio Augustana legen die evangelischen Reichsstände ihr Bekenntnis fest.

um 1530/40 — England, Skandinavien und weite Teile des Reiches trennen sich von der katholischen Kirche und führen neue Kirchenordnungen ein.

1534/40 — Gründung der Gesellschaft Jesu (Jesuitenorden), die zu einem Vorreiter der katholischen Erneuerung wird.

1545 — Beginn des Konzils von Trient, das bis 1563 tagt.

ab etwa 1550 — Das Reformiertentum, maßgeblich beeinflusst von Johannes Calvin in Genf, breitet sich in Teilen Europas aus.

1555 — Der Augsburger Religionsfrieden bestätigt die Glaubensspaltung im Reich und schafft Regeln für das Zusammenleben von Katholiken und Protestanten.

Konfessionsbildung und Konfessionalisierung

seit 1563 — Mithilfe der Reformen des Trienter Konzils nimmt das Papsttum eine Erneuerung der katholischen Kirche vor.

1577 — Die Konkordienformel grenzt das evangelisch-lutherische Bekenntnis von katholischem und reformiertem Glauben ab.

1598 — Edikt von Nantes: Ausgleich in Frankreich zwischen Katholiken und Protestanten nach Jahrzehnten des Bürgerkrieges.

1609 — Spanien gesteht den nördlichen Niederlanden ihre (vorläufige) Unabhängigkeit zu. In den Niederlanden gilt das reformierte Bekenntnis.

1618 - 1648 — Dreißigjähriger Krieg: Mitteleuropa versinkt in einem politischen und konfessionellen Dauerkonflikt.

Oktober 1648 — Friede von Münster und Osnabrück (Westfälischer Friede): neue Friedensordnung in Mitteleuropa, verbesserter Religionsfrieden im Reich.

Gespaltenes Papsttum | Seit Anfang des 14. Jahrhunderts residierten die Päpste in Avignon, wo sie unter dem Einfluss des französischen Königs standen. Erst 1376 gelang Papst *Gregor XI.* die Rückkehr nach Rom. Sein Nachfolger *Urban VI.* wollte die Macht der mehrheitlich französischen Kardinäle brechen und ging entschieden gegen sie vor. Diese erklärten ihn 1378 für amtsunfähig und wählten einen neuen Papst, der sich jedoch gegen Urban in Rom nicht durchsetzen konnte. Er zog daher nach Avignon. Damit war die Kirche gespalten – in ein römisches und ein avignonesisches Papsttum. Das Schisma betraf weite Teile Europas.

Schisma (altgriech.: Spaltung, Trennung): Spaltung einer Religionsgemeinschaft, aus der keine abweichende Glaubensrichtung hervorgeht. Als Schisma wird etwa auch die Trennung zwischen römischer und griechisch-orthodoxer Kirche im 11. Jahrhundert bezeichnet.

Kurie (von lat. *curia*: Rat, Hof): Gesamtheit der dem Papst unterstehenden Zentralbehörden zur Leitung der katholischen Kirche

Klerus (von lat. *clericus*: Geistlicher): Sammelbegriff für alle Geistlichen

Autoritätsverlust | Die Spaltung beschädigte das Ansehen der Kirche erheblich. Die Päpste sprachen sich gegenseitig die Berechtigung ab. Weltliche Herrscher ergriffen nach eigenem Ermessen für eines der beiden Kirchenoberhäupter Partei.

Schon vor dem Schisma hatte sich die päpstliche Kurie zu einem mächtigen Verwaltungsapparat entwickelt. Für rechtliche Entscheidungen, Gnadenerweise und die Vergabe kirchlicher Ämter erhob sie hohe Gebühren und Steuern. Durch die Kirchenspaltung wuchs noch einmal der Geldbedarf, da nun gleich zwei Päpste ihre Hofhaltung finanzieren mussten. In vielen Ländern klagten die Menschen über die steigenden Abgaben an den Klerus, der dafür immer prunkvoller auftrat (→M1).

Sigmund, auch Sigismund (1368–1437): Herrscher aus dem Haus Luxemburg, das nach ihm ausstarb. 1378–1388 und 1411–1415 Kurfürst von Brandenburg, seit 1387 König von Ungarn und Kroatien, seit 1411 römisch-deutscher König, seit 1419 auch König von Böhmen, 1433 zum Kaiser gekrönt

Dekret (von lat. *decernere*: beschließen, entscheiden): rechtlich bindende Verfügung

Lösungsansatz: Konzil | Der Verfall der Kirche durch das Schisma, den Ämterhandel und die Verweltlichung der Würdenträger verlangte nach Abhilfe. Die damals oft beschworene Reform wäre eigentlich Sache der Päpste gewesen, die jedoch heillos zerstritten blieben. Als Lösung wurde schließlich eine allgemeine Kirchenversammlung angeregt, ein *Konzil*. Hier sollten Kardinäle, Bischöfe und Äbte sowie Vertreter der Universitäten über Fragen der kirchlichen Ordnung und des Glaubens beraten und entscheiden. Vordringlich war dabei die Wiedervereinigung unter einem einzigen Oberhaupt.

Der erste Anlauf eines *Konzils in Pisa* 1409 misslang. Dem dort neu gewählten Papst wollten sich die beiden bisherigen nicht beugen. Danach beanspruchten gleich drei Päpste die Führung der Kirche.

Die Versammlung von Konstanz | Das in Pisa begonnene Konzil trat von 1414 bis 1418 erneut zusammen, diesmal in Konstanz am Bodensee, unter dem Schutz des römisch-deutschen Königs Sigmund. Die über 2300 Konzilsväter, wie die stimmberechtigten Teilnehmer genannt wurden, stammten aus ganz Europa und waren, ähnlich den Studierenden an den damaligen Universitäten, in „Nationen" organisiert. Es war die größte kirchliche Versammlung des Mittelalters.

Das Konzil stand vor drei Aufgaben: Beseitigung des Schismas (*causa unionis*), Erneuerung der kirchlichen Ordnung (*causa reformationis*), Erörterung von Glaubensfragen (*causa fidei*). In der Frage der Kirchenspaltung beanspruchte das Konzil selbst die oberste Gewalt (Dekret *„Haec sancta"*). Es trat somit, wenn auch nur vorübergehend, an die Stelle des Papstes (→M2). Die amtierenden Päpste wurden per Konzilsbeschluss abgesetzt oder traten freiwillig zurück. Erst 1417 wählte das Konzil einen neuen, allgemein anerkannten Papst, *Martin V.* Das Schisma war damit beendet. Für die weitere Kirchenreform wurde vereinbart, künftig regelmäßige Konzilien abzuhalten (Dekret *„Frequens"*).

Das Konzil zu Basel | Das Folgekonzil fand 1423 in Pavia statt, wegen der Pest wurde es nach Siena verlegt. Der Papst blieb ihm fern und löste es angesichts der geringen Teilnahme kurzerhand auf. Martin V. versuchte eine eigene Kirchenreform und sah das Konzil nur als Hilfsorgan, nicht als übergeordnete Instanz. Hier bahnte sich ein Gegensatz zwischen Anhängern des Konzils und des Papstes an.

Internettipp
Die Stadt Konstanz bietet ein multimediales Informationsforum zur Geschichte des dort abgehaltenen Konzils. Siehe dazu den Code **32035-16**.

Als das nächste Konzil 1431 in Basel zusammentrat, brach der Konflikt offen aus. Der neue Papst *Eugen IV.* wollte das Konzil verlegen, doch die Versammlung widersetzte sich. Sie wählte 1439 einen eigenen Papst (*Felix V.*). Auf einmal gab es ein neues Schisma.

Das Basler Konzil tagte bis 1449 und beschloss weitere Reformen. Seine lange Dauer erklärt sich auch aus dem Ringen um die oberste Gewalt in der Kirche. Hier behauptete sich der römische Papst. Dieser veranlasste den in Basel gewählten Felix V. zum Rücktritt und bewog die Versammlung schließlich zur Aufgabe. Damit war der Versuch gescheitert, das Papsttum grundsätzlich an die Mitbestimmung des Konzils zu binden.

Der Prozess gegen Hus | Die Konzilien befassten sich auch mit Abweichlern im Glauben. In Konstanz wurde der Prager Theologe und Reformprediger **Jan Hus** vorgeladen. Man warf ihm vor, er vertrete die radikalen Lehren des Engländers *John Wyclif* (ca. 1320–1384), der Sinn und Zweck der Amtskirche angezweifelt hatte. Das Konzil hat Wyclifs Kirchenkritik rückwirkend verdammt und Hus als Ketzer verurteilt. Im Juli 1415 wurde Hus verbrannt, ein Jahr später auch sein Mitstreiter, *Hieronymus von Prag*.

Die Hussitenfrage | In Böhmen wurde der hingerichtete Hus als Märtyrer gefeiert. Seine Anhänger sagten sich von der katholischen Kirche los, ebenso von König Sigmund, der dem Urteil in Konstanz zugestimmt hatte. Die bald sogenannten *Hussiten* bildeten eigene Gemeinden. Die Predigt durfte auch von **Laien** und in der Volkssprache (statt auf Latein) gehalten werden, die Kommunion wurde allen Gläubigen in Gestalt von Brot und Wein (*Laienkelch*) gereicht.

Vergeblich versuchten Papst, Kaiser und Fürsten, die Bewegung gewaltsam zu unterdrücken. Die Hussiten behaupteten sich gegen die sie geführten Kreuzzüge. Erst das Konzil von Basel ging den Weg der Verständigung. 1433 vereinbarten das Konzil und der gemäßigte Teil der Hussiten (**Utraquisten**) ein Friedensabkommen. Die Duldung einer hussitischen Kirche in Böhmen neben der katholischen wurde zwar vom Papst nicht anerkannt, galt aber als Landesgesetz.

Kirche in der Kritik | Ungeachtet der Reformen verlor die Kirche seit dem 15. Jahrhundert weiter an Ansehen. Die Päpste wollten durch die Förderung der Künste und durch prächtige Bauten beweisen, dass sie kulturell auf der Höhe der Zeit standen. Das **Renaissancepapsttum** erschien vielen jedoch als Inbegriff für Verschwendung und Maßlosigkeit, zumal es sich weiterhin über Abgaben aus ganz Europa finanzierte. Bischöfe und Kardinäle, die es den Päpsten an Repräsentation gleichtun wollten, gerieten darüber ebenfalls in Verruf.

Demgegenüber war der niedere Klerus (einfache Pfarrer und Prediger) oft schlecht ausgebildet und auf seinen Stellen mangelhaft versorgt. Auch litt die geistliche Disziplin: Viele Kleriker lebten im **Konkubinat** und hatten uneheliche Kinder.

Der **Humanismus**, die damals sich ausbreitende Bildungsbewegung, legte kritische Maßstäbe an das überlieferte Wissen. Das betraf zumal die Lehrinhalte an Schulen und Universitäten, für die die Kirche verantwortlich war.

Die Gesellschaft auf Sinnsuche | Zugleich war das 15. und beginnende 16. Jahrhundert eine Zeit intensiver Frömmigkeit. Pilgerfahrten, fromme Stiftungen sowie der Kult um **Reliquien** hatten Hochkonjunktur. Viele Menschen traten in Klöster ein oder gründeten Laiengemeinschaften für ein Leben in strikter Hinwendung zu Gott. Darin zeigte sich ein tiefes Verlangen nach religiöser Erfüllung, dem die Kirche mit herkömmlichen Mitteln kaum noch entsprechen konnte (→M3). Als Kehrseiten des damaligen religiösen Eifers kam es zu Ausschreitungen gegen Juden sowie zu einer Welle von Hexenverfolgungen.

Jan Hus (um 1370–1415): tschechischer Theologe, Prediger und Kirchenkritiker, Rektor der Universität Prag, wird bis heute als tschechischer Nationalheld verehrt

Laien (von lat. *laicus*: weltlich): Bezeichnung für Christen ohne geistliches Amt

Utraquisten (von lat. *sub utraque specie*: unter beiderlei Gestalt): christliche Glaubensgemeinschaft in Böhmen, die das Abendmahl unter Einschluss des Laienkelchs praktizierte

Renaissancepapsttum: spätere Bezeichnung für die Regierung der Päpste von Mitte des 15. bis zur Mitte des 16. Jahrhunderts, die wie weltliche Fürsten auftraten und ihren Herrschaftssitz Rom zu einem Zentrum der Renaissance (Wiederbelebung der klassischen Antike) machen wollten

Konkubinat (von lat. *concubinus*: Geliebter): (heute veraltet für) eheähnliches Verhältnis. Im Mittelalter wurde es als Lebensgemeinschaft für Personen geduldet, die keine Ehe eingehen konnten.

Humanismus (von lat. *humanitas*: Menschenwürde): spätere Bezeichnung für eine geistige Bewegung im Europa des 14. bis 16. Jahrhunderts. Sie nahm das Wissen und die Ideen der griechisch-römischen Antike zum Vorbild, um die eigene Gesellschaft sittlich zu verbessern.

Reliquie (von lat. *reliquiae*: Zurückgelassenes): (angeblicher) Überrest einer heiligen Person, etwa ein Körperteil, getragene Kleidung, ein Gegenstand aus deren Besitz

„Über die Sage, dass Sankt Peters Schifflein zu unserer Zeit an einem Fels zerstoßen wird."
Holzschnitt von Hans von Kulmbach, 1508.
Das Bild illustriert ein astrologisches Werk des Priesters und Gelehrten Joseph Grünpeck, das 1508 zuerst lateinisch, im selben Jahr dann auch in deutscher Übersetzung erschien und bis 1522 in Nachdrucken verbreitet wurde.

- ▶ Beschreiben Sie den Holzschnitt.
- ▶ Charakterisieren Sie die dargestellten Personen.
- ▶ Interpretieren Sie, was das Bild offensichtlich anmahnt.

Ablass (althochdt. *Ablaz*: Nachlass): kirchliche Vorstellung von der Verringerung zeitlicher Sündenstrafen im Jenseits. Ein Ablass wurde als Gegenleistung für gute Werke gewährt, wenn der Betreffende zugleich Buße tat. Im Spätmittelalter bot die Kirche Ablässe gegen Gebühren an.

Martin Luther (1483–1546): Theologe und Reformator aus Eisleben in Thüringen. Seit 1505 Mitglied des Ordens der Augustiner-Eremiten, seit 1512 Professor für Bibelauslegung an der Universität Wittenberg. Im Streit um seine Ansichten über Glaube und Kirche wurde er 1521 vom Papst zum Ketzer erklärt. Seit 1525 lebte er als Ehemann, Hausvater und Priester in Wittenberg. Auf seine Lehren geht die evangelisch-lutherische Kirche zurück.

Internettipp
Aus Anlass des Reformationsjubiläums 2017 entstand eine virtuelle Wissensplattform mit multimedialen Inhalten zu Geschichte und Wirkung der Reformation. Siehe hierzu den Code **32035-17**.

Stein des Anstoßes | Zu den Formen damaliger Frömmigkeit zählte auch der **Ablass**. Die Neigung, den Ablass als einfachen Loskauf von Sündenstrafen zu verstehen und daraus ein Geschäft zu machen, war weit verbreitet, fand aber auch ihre Kritiker. Seit 1506 wurde ein neuer Petersdom in Rom errichtet, Ablasskampagnen in ganz Europa sollten den Bau mitfinanzieren (sogenannter Petersablass). Im Streit um diese Praktiken meldete sich der junge Mönch **Martin Luther** zu Wort, ein Hochschullehrer im sächsischen Wittenberg. Im Herbst 1517 veröffentlichte er 95 Thesen gegen den Ablass. Darin kritisierte er nicht nur den Ablasshandel, sondern bestritt auch die von der Kirche behauptete Wirksamkeit des Ablasses (➔M4).

Eine theologische Initiative | Luthers Thesen standen im Zusammenhang mit seiner Suche nach religiöser Orientierung. Die Frage „Wie finde ich einen gnädigen Gott?" stand im Zentrum seines theologischen Ansatzes. Um 1518 gelangte Luther zu einer Antwort. Der Mensch findet demnach Rechtfertigung vor Gott allein gemäß der Heiligen Schrift (*sola scriptura*). Ihr zufolge befreie ausschließlich Gottes Gnade (*sola gratia*) den Menschen von den Sündenstrafen. Diese Gnade wiederum sei ein Geschenk, das sich nicht verdienen lasse, sondern nur durch den Glauben (*sola fide*) erfahren werden könne. Seine Anschauung stützte Luther auf die Bibel, besonders auf die Psalmen und die Schriften des Apostels Paulus.

Psalmen (von altgriech. *psalmós*: Lied, Saitenspiel): Sammlung von Gedichten, Liedtexten und Gebeten im Alten Testament

Eine neue Lehre | Die *Rechtfertigungslehre* Luthers definierte die Beziehung zwischen Gott und den Menschen grundlegend neu. Sie widersprach den bisherigen Ansichten von einer *Werkgerechtigkeit*, wonach der Mensch seine Sündenstrafen durch gute Taten ausgleichen könne. Damit entfiel jedoch auch die Funktion der Kirche zur Vermittlung des Seelenheils. Die Kirche sollte stattdessen der Schulung des Glaubens dienen, indem sie für das rechte Verständnis der Bibel sorgte.

Diese Lehren konnte Luther durch seine Vorlesungen, Predigten und Briefe verbreiten, vor allem aber mithilfe des Buchdrucks. Luther gewann zahlreiche Anhänger und fand in der Bevölkerung teils begeisterten Zuspruch. Seine Schriften erreichten Massenauflagen und verschafften ihm nationale Berühmtheit. Luther erschien vielen als Hoffnungsträger, der eine Alternative zu den kirchlichen Missständen bot. Er trat damit eine Bewegung los, die er als *evangelisch* bezeichnete, da sie Christi Botschaft (das Evangelium) als alleinigen Maßstab in Glaubensfragen ansah (→M5).

Der Fall Luther | Luther ging es um die Erneuerung der Kirche streng nach den Grundsätzen der Bibel. Als Mönch unterstand er allerdings der kirchlichen Obrigkeit. Schon seine Thesen gegen den Ablass hatte er an Erzbischof *Albrecht von Mainz* gesendet, um Beschwerde zu führen. Albrecht meldete dies nach Rom, wo man Luthers Kritik als Auflehnung gegen die kirchliche Ordnung deutete. 1518 wurde er der Ketzerei angeklagt.

Luthers wachsende Popularität und seine theologische Kompetenz forderten die Kirche heraus. Papst *Leo X.* erließ 1520 einen Aufruf, wonach Luthers Schriften verbrannt und nicht weiter gedruckt werden sollten. Luther selbst wurde eine Frist eingeräumt, seine Aussagen zurückzunehmen, andernfalls würde er als Ketzer verurteilt. Luther kam der Androhung nicht nach. Vielmehr erklärte er den Papst seinerseits für verdammenswert, solange dieser an seiner Machtfülle festhalte und den Christen falsche Lehren verordne.

Reichsacht: Ausschluss aus der Gesellschaft wegen schwerer Verbrechen. Der Geächtete war rechtlos und durfte straflos beraubt oder getötet werden. Die Reichsacht wurde vom Kaiser verhängt, jedoch erst nach einem ordentlichen Verfahren.

Wormser Edikt | Anfang 1521 wurde Luther vom Papst zum Ketzer erklärt. Doch ein Ausgleich schien immer noch möglich. Auf dem Reichstag zu Worms im Frühjahr 1521 sollte Luther angehört werden, bevor auf das Ketzerurteil die Reichsacht folgte. Erneut erhielt er die Chance, seine Lehren zu widerrufen. Doch Luther lehnte ab, da er sich keines Irrtums überführt sah: Solange er nicht durch die Bibel widerlegt werde, könne er seinen Standpunkt nicht aufgeben, das verbiete ihm sein Gewissen. Hierauf erklärte Kaiser Karl V. die Lehren Luthers für inakzeptabel, da sie mit allem brächen, wofür die Kirche bislang stehe. Der Kaiser erließ gegen Ende des Reichstages eine gesonderte Verfügung, das *Wormser Edikt*. Darin wurde die Reichsacht über Luther und seine Anhänger ausgesprochen und die Verbreitung von Luthers Schriften untersagt. Im Kurfürstentum Sachsen wurde das Edikt allerdings nicht publiziert und blieb dort unwirksam. Auch in anderen Territorien wurde das Edikt nicht konsequent vollzogen.

Karl V. (1500–1558): Herrscher aus dem Haus Habsburg, seit 1515 Herr über die Niederlande, seit 1516 König von Spanien, Herr über Neapel und Sizilien, seit 1519 römisch-deutscher König, seit 1520 „erwählter römischer Kaiser", 1530 vom Papst zum Kaiser gekrönt

Auf neuen Wegen | Luther selbst durfte Worms unbehelligt verlassen. Auf Geheiß seines Landesherrn, Kurfürst *Friedrichs von Sachsen*, wurde er heimlich auf die Wartburg bei Eisenach gebracht, wo er über ein Jahr lang versteckt blieb. Die Zeit nutzte Luther für die Übersetzung des Neuen Testaments ins Deutsche, die schon 1522 veröffentlicht wurde. Seit 1534 erschien die gesamte Bibel in Luthers Übersetzung und mit seinen Kommentaren. Es wurde der größte Erfolg einer deutschsprachigen Druckschrift im 16. Jahrhundert.

Katharina von Bora (1499–1552): stammte aus dem sächsischen Landadel, seit 1515 Nonne, Mitglied der Zisterzienserinnen, verließ 1523 die Klostergemeinschaft und heiratete 1525 Martin Luther, mit dem sie sechs Kinder hatte und ein bürgerliches Leben führte

Sakramente (von lat. *sacrare*: weihen, heiligen): Weihehandlungen, die nur von Priestern durchgeführt werden können. Im Mittelalter wurden sieben Sakramente festgelegt: Taufe, Firmung, Abendmahl (Kommunion), Buße (Beichte), Krankensalbung („letzte Ölung"), Priesterweihe und Ehe.

Leibeigenschaft: Rechtszustand einer dauernden persönlichen und wirtschaftlichen Abhängigkeit von einem Herrn

Thomas Müntzer (1486/90–1525): Theologe, Priester und Revolutionär. Er forderte neben einer Enteignung der Kirchen und Klöster auch die Abschaffung der Vorrechte des Adels. Als Teilnehmer am Bauernkrieg in Thüringen wurde er 1525 hingerichtet.

Luther brach nun endgültig mit der alten Kirche. Er gab sein Mönchsdasein auf und heiratete Katharina von Bora. In der evangelischen Glaubensgemeinschaft sollte es keine Mönche oder Nonnen geben, ebenso sollten Priester heiraten dürfen. Von den sieben Sakramenten ließ Luther nur Taufe und Abendmahl gelten, da alle anderen nicht aus der Bibel ableitbar seien.

Frühe Reformation | Die evangelische Bewegung war zwar von Luther inspiriert, aber keineswegs zentral von ihm gesteuert. Vielmehr gingen zunächst einzelne deutsche Städte daran, die kirchlichen Verhältnisse in Eigenregie umzugestalten. Bürgermeister und Räte folgten dem Drängen der mittleren und oberen Schichten, beriefen evangelische Prediger und schufen neue Kirchenordnungen (*Stadtreformation*). Ähnlich verfuhren in manchen Teilen des Reiches auch ländliche Gemeinden, die dabei auf ihre Selbstverwaltung pochten (*Gemeindereformation*). In dieser Phase, zu Anfang der 1520er-Jahre, entwickelte sich die Reformation somit auf lokaler und volkstümlicher Ebene, als „*Reformation von unten*".

Bauernkrieg | Seit 1524 kam es zu Aufständen von Bauern und Handwerkern, die sich gegen ihre Grundherren zur Wehr setzten. Schon länger hatten Adlige und Fürsten die Rechte der abhängigen Bauern eingeschränkt, sie zu immer höheren Abgaben gezwungen und zur Leibeigenschaft herabgestuft. In ihrem Widerstand beriefen sich die Bauern auf das „alte Recht" (die frühere Ordnung), bald auch auf ein angebliches „göttliches Recht" (das Recht der Unterdrückten auf Befreiung). Sie bezogen sich dabei auf Luthers Freiheitsbegriff – der jedoch nur Gewissensfreiheit meinte – und seine Kritik bestehender Verhältnisse mithilfe der Bibel (→M6).

Der „Aufstand des Gemeinen Mannes", wie der *Bauernkrieg* auch genannt wurde, breitete sich bis 1526 über weite Teile des Reiches aus. Doch gegen die Söldnertruppen der Fürsten und Reichsstädte konnten die schlecht organisierten Bauern nichts ausrichten. Die Rebellion wurde blutig niedergeschlagen.

Gegen eine radikale Reformation | Luther distanzierte sich von den Aufständischen. Er appellierte, zumal in der Auseinandersetzung mit Thomas Müntzer, an die Gehorsamspflicht der Christen gegenüber ihren weltlichen Herren: Aufruhr sei unchristlich. In seiner Schrift „Wider die mörderischen und räuberischen Rotten der Bauern" von 1525 verurteilte er einseitig die Gewaltakte mancher Bauern, billigte dagegen das grausame Vorgehen der Obrigkeit. Mit seiner Parteinahme wollte er die Reformation vor der Radikalisierung schützen. Die evangelische Lehre durfte die Ordnung der Gesellschaft nicht infrage stellen. Luther schlug sich nun ganz auf die Seite der Mächtigen. Die Fürsten sollten die neue Lehre in ihren Territorien durchsetzen.

Fürstenreformation | In der zweiten Hälfte der 1520er-Jahre begannen Fürsten im Reich mit der Einführung eigener Kirchenverfassungen. Im Kurfürstentum Sachsen entstand seit 1527 eine neue geistliche Ordnung, an der Luther und sein Weggefährte Philipp Melanchthon maßgeblich beteiligt waren. Der Fürst trat an die Stelle der bisherigen Kirchenobrigkeit, er fungierte als „Notbischof" in seinem Territorium. Eine von ihm bestellte Behörde aus Räten und Theologen, das *Konsistorium*, wachte über die Ausbildung, Versorgung und dienstliche Aufsicht der Pfarrer und übernahm die Verwaltung der kirchlich geführten Schulen und Fürsorgeeinrichtungen. In Glaubensfragen galt künftig ein einheitlicher *Katechismus* (Lehrbuch und Anleitung zum Leben in Frömmigkeit). Für Gottesdienste, Taufen und Trauungen wurden zentrale Vorschriften eingeführt.

Finanziert wurde das neuartige *landesherrliche Kirchenregiment*, indem die Regierung die Klöster auflöste und deren Vermögen einzog. Dem Vorbild Kursachsens folgten viele andere Fürsten. Der Aufbau evangelischer Landeskirchen dauerte oft mehrere Jahrzehnte (→M7).

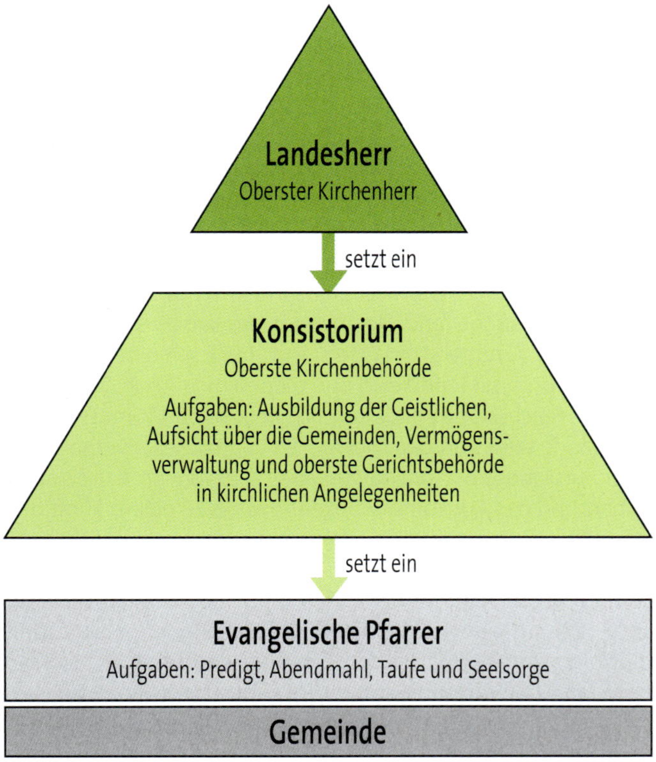

Aufbau einer evangelisch-lutherischen Landeskirche.

Philipp Melanchthon (1497–1560): Humanist, Theologe, Dichter und Reformator. Ab 1518 Professor für Altgriechisch in Wittenberg, seither Luthers Anhänger und Mitarbeiter, nach Luthers Tod Wortführer der Reformation. Er widmete sich zumal der Reform des Unterrichtswesens.

Reichsrecht und fürstliche Selbstbestimmung | Die Reformation war jedoch durch das Reichsrecht nicht gedeckt. Der Kaiser war geradezu verpflichtet, die alte Kirche im Reich zu schützen und Andersgläubige, gleich welchen Standes, als Ketzer zu verfolgen. Wie Karl V. auf die Reformation reagierte, hing freilich auch von den Machtverhältnissen zwischen Reichsoberhaupt und Reichsständen ab. Hinzu kam, dass Karl V. nicht nur Kaiser des römisch-deutschen Reiches war, sondern auch in anderen Teilen Europas regierte. Während seiner Abwesenheit vom Reich in den Jahren 1521 bis 1530 verschärfte sich die Religionsfrage. Seit 1526 war das Wormser Edikt, das Verbot der lutherischen Lehre, faktisch außer Kraft gesetzt. Als es der Reichstag 1529 per Mehrheitsbeschluss wieder einführen wollte, verwahrten sich etliche evangelische Fürsten und Reichsstädte dagegen. In Glaubensdingen, so die damalige Protestation, seien Mehrheitsentscheidungen auf Reichsebene ungültig. Als *protestantisch* bezeichnete man später alle Glaubensrichtungen, die aus der Reformation hervorgingen.

Reichsstände: Inhaber von Sitz und Stimme auf Reichstagen (geistliche und weltliche Kurfürsten und Fürsten sowie Reichsstädte)

Protestation (von lat. *protestari*: bezeugen): Rechtshandlung eines Reichsstandes, sich gegen einen Mehrheitsbeschluss zu erklären. Dabei blieb es fraglich, ob der Protestierende von der Entscheidung ausgenommen war oder ihr dennoch folgen musste.

Dialog und Dissens | Die Spaltung des Reiches in Anhänger alten und neuen Glaubens schritt weiter voran. Karl V., der 1530 den Reichstag zu Augsburg leitete, versuchte einen Ausgleich über Gespräche. Dazu legten die evangelischen Reichsstände ihre Position dar. In einer von Melanchthon verfassten Bekenntnisschrift, dem „Augsburger Bekenntnis" (*Confessio Augustana*), waren wesentliche Inhalte der evangelischen Lehre fixiert. Das Dokument machte die Unterschiede zum katholischen Glauben deutlich. Eine Einigung in der Religionsfrage kam 1530 aber nicht zustande. Sie sollte künftig entweder durch einen Reichstag, ein Religionskolloquium oder ein Konzil herbeigeführt werden.

Religionskolloquium: Religionsgespräch, Verhandlungen über theologische Lehrauffassungen.
Die Kolloquien von 1540/41, 1546 und 1557 brachten keine Einigung.

Schutzbund für den neuen Glauben | Um ihre prekäre Lage zu verbessern, gründeten evangelische Reichsstände 1531 ein Schutzbündnis, den nach dem Versammlungsort in Thüringen benannten *Schmalkaldischen Bund*. Angeführt wurde er vom Kurfürsten von Sachsen und vom Landgrafen von Hessen. Dem Bund schlossen sich weitere

Ferdinand I. (1503–1564): Herrscher aus dem Haus Habsburg, Erzherzog von Österreich, seit 1526/27 König von Böhmen, Ungarn und Kroatien. 1531 zum römisch-deutschen König gewählt, blieb er Stellvertreter Karls V. und wurde nach dessen Tod 1558 Kaiser.

Säkularisation (von lat. *saecularis*: weltlich, zeitlich): Enteignung von Kirchengut durch dessen Umwandlung in weltlichen Besitz

Hochstift: weltlicher Herrschaftsbereich eines geistlichen Reichsfürsten (Fürsterzbischof, -bischof, Reichsabt, -äbtissin usw.)

Ulrich (Huldrych) Zwingli (1484–1531): Schweizer Theologe, Priester und Reformator, seit 1523 verantwortlich für die Einführung der Reformation in Zürich und anderen Schweizer Orten. Zürich unterlag 1531 im Krieg gegen katholische Kantone. Zwingli fiel in der Schlacht.

Fürsten und Reichsstädte an. Aus der Glaubensspaltung entstand somit eine politische Opposition gegen den Kaiser und die mehrheitlich katholischen Reichsstände.

Lange Zeit drängte Karl V. auf ein Konzil, das der Papst jedoch erst 1545 nach Trient einberief. Die evangelischen Reichsstände verweigerten ihre Teilnahme. Karl V. versuchte schließlich, den Widerstand mit Waffengewalt zu brechen. 1546 wurde die Reichsacht über die beiden Anführer des Schmalkaldischen Bundes verhängt. Im Jahr darauf wurden sie von Truppen des Kaisers und seiner Verbündeten besiegt.

Erfolgreicher Widerstand | 1548 verfügte Karl V. eine neue Glaubensordnung für die protestantischen Reichsstände. Sie sollte als Zwischenlösung (*Interim*) gelten, bis das Konzil eine Einigung in der Religionsfrage fand. Doch gegen das kaiserliche Diktat wie auch gegen die Übermacht Karls V. regte sich Widerstand. 1552 schlossen mehrere Reichsfürsten ein geheimes Bündnis mit Frankreich und gingen militärisch gegen den Kaiser vor. Die meisten übrigen Reichsstände erklärten sich neutral. Karl V. musste nach Österreich fliehen, in die Erblande seines Bruders, König Ferdinand. Dieser verhandelte anstelle des Kaisers mit der Fürstenopposition. Im *Passauer Vertrag* wurde die Aufhebung des Interims vereinbart und das Augsburger Bekenntnis bis zu einem künftigen Reichstag anerkannt.

Augsburger Religionsfrieden | Der nächste Reichstag fand 1555 statt, wiederum in Augsburg. Karl V. hatte sich aus der Reichspolitik zurückgezogen, daher führte Ferdinand die Verhandlungen. Unter seiner Leitung gelang ein umfassendes Friedensabkommen zwischen den Glaubensparteien. Der *Religionsfrieden* sah vor:

- Anerkennung des Augsburger Bekenntnisses auf Dauer: Schutz der protestantischen Reichsstände vor Strafe und Verfolgung.
- Gewaltverzicht zwischen den Reichsständen in Fragen der Religion.
- Anerkennung des landesherrlichen Reformationsrechts (*ius reformandi*): Weltliche Fürsten sowie Reichsstädte durften den evangelischen Glauben in ihrem Herrschaftsbereich einführen (nach einer späteren Formel: *cuius regio, eius religio* – „wessen Herrschaft, dessen Glaube").
- Bedingter Schutz der Untertanen: Diese mussten den Glauben des Landesherrn oder der Reichsstadt übernehmen, erhielten aber das Recht zur Auswanderung aus Glaubensgründen (*ius emigrandi*).
- *Parität* (Gleichberechtigung) beider Glaubensrichtungen in Reichsstädten mit gemischtgläubiger Bevölkerung.
- Die Säkularisation von Hochstiften im Zuge der Reformation wurde bis zum Stichjahr 1552 anerkannt. Künftig galt jedoch der „Geistliche Vorbehalt" (*reservatum ecclesiasticum*): Geistliche Fürsten durften zwar für ihre Person zum Augsburger Bekenntnis übertreten, büßten aber ihre Herrschaft ein. Dadurch sollte der Bestand der alten Kirche im Reich geschützt werden. Nach einer Zusatzerklärung König Ferdinands (*Declaratio Ferdinandea*) war es Rittern, Städten und Gemeinden in den Hochstiften erlaubt, den evangelischen Glauben zu behalten (➔M8).

Friede – aber keine Einheit | Der Religionsfrieden galt lediglich im Reich, nicht für das übrige Europa. Er hob die religiöse Spaltung nicht auf, sondern legte nur die Bedingungen für ein gewaltfreies, rechtlich geordnetes Zusammenleben fest. Unabhängig davon gab es Bemühungen, die bestehenden Differenzen zu überwinden und das Christentum wieder zu vereinen. Doch seit Mitte des 16. Jahrhunderts schwanden dafür die Chancen. Einmal, weil sich die Reformation selbst aufspaltete, während sie sich international auszubreiten begann. Zum anderen, weil die katholische Kirche ihre eigene Erneuerung vornahm.

Alternativen zu Luthers Reformation | Schon in den 1520er-Jahren war in den Städten Südwestdeutschlands und in der Schweiz eine eigene reformatorische Richtung entstanden. Ihre Führungsfigur, Ulrich Zwingli in Zürich, stimmte in Vielem mit den

Lehren Luthers überein; in manchen Fragen, wie etwa der Bedeutung der Kommunion, blieb es bei unvereinbaren Auffassungen. Zwingli starb 1531. Die süddeutschen protestantischen Reichsstädte schlossen sich danach dem Luthertum an. Die Zwinglische Bewegung blieb dagegen auf Gebiete in der Schweiz beschränkt. Sie verband sich mit der Reformation nach Genfer Vorbild, die in den 1540er-Jahren von **Johannes Calvin** eingeleitet wurde.

Calvinismus | Calvin knüpfte an die Lehre Luthers an, wich aber in wesentlichen Punkten von ihr ab. Wie Luther erachtete auch Calvin die Bibel als allein maßgebliche Quelle des Glaubens. Allerdings betonte er neben der Gnade Gottes auch die Bedeutung von Gottes Geboten. Diese dienten nicht nur der Verurteilung der Sünden, sondern auch als Richtschnur zu einem gottgefälligen Leben. Glaube und Sittenstrenge waren gleichermaßen entscheidend.

Wie im Luthertum gab es zwei Sakramente, neben der Taufe die Kommunion, die jedoch von keiner **Realpräsenz** Jesu Christi ausging, sondern nur eine **Spiritualpräsenz** annahm.

Auch die *Prädestinationslehre* (von lat. *praedestinare*: im Voraus bestimmen) bildete ein Merkmal von Calvins Theologie. Sie besagt, dass Gott jeden Menschen entweder zu Heil oder Verdammnis vorherbestimme. Diese Entscheidung bleibe Gottes Geheimnis, wenngleich die Menschen an ihrer Lebensführung erkennen könnten, ob sie erwählt oder verdammt seien.

Zweite Reformation | Von Calvins Lehren geprägt oder zumindest stark beeinflusst, wurde das *Reformiertentum* zu einer weiteren großen reformatorischen Bewegung. Während lutherische Kirchen in vielen deutschen Territorien, in Skandinavien, Schlesien, im Herzogtum Preußen und im Baltikum entstanden, breitete sich das Reformiertentum in Westeuropa sowie in Ungarn und Siebenbürgen aus.

Das Reformiertentum strahlte auch auf das Reich ab. Einige Fürsten und Städte in West- und Mitteldeutschland, die bereits evangelisch waren, übernahmen seit den 1560er-Jahren reformierte Glaubensinhalte. Dieser Schritt, auch als *Zweite Reformation* bezeichnet, erschien jedoch reichsrechtlich umstritten. Es blieb offen, ob das Reformiertentum in seinen tatsächlichen Ausformungen noch zum Augsburger Bekenntnis gehörte und somit durch den Religionsfrieden von 1555 gedeckt war.

Trienter Konzil | Das Papsttum hatte auf die Glaubensspaltung in Europa erst spät reagiert. Ein Konzil, das der Verständigung mit den Protestanten dienen sollte, kam erst 1545 auf kaiserlichen Druck zustande. Die Kirchenversammlung tagte in Trient, zeitweise in Bologna, und fand nach langen Unterbrechungen 1563 ihren Abschluss.

Das Konzil unterließ es jedoch, sich der Reformation zu öffnen – die Beschlüsse grenzten die katholische Kirche streng von Luthertum und Calvinismus ab. Als Glaubensgrundlage galten neben der Bibel ebenso die von der Kirche entwickelten Bräuche und Bestimmungen (Gleichrangigkeit von „Schrift" und „Tradition"). Das Konzil bekannte sich zu den sieben Sakramenten, zur Ehelosigkeit des Klerus sowie zu den bisherigen Formen der Frömmigkeit (Anrufung der Heiligen, Verehrung von Reliquien und Bildern, Ablass), die jedoch maßvoll praktiziert werden sollten. Die Befreiung des Menschen von seinen Sünden geschehe durch Gottes Gnade, die in den Sakramenten und damit durch die Kirche gespendet werde.

In Trient wurden ebenso Maßnahmen zur Kirchenreform beschlossen. Das geistliche Personal wurde auf neue Grundsätze der Ausbildung und Amtsführung verpflichtet, um die lange vernachlässigte Seelsorge zu verbessern.

Katholische Reform und Gegenreformation | Anders als die großen Konzilien des 15. Jahrhunderts blieb das Trienter Konzil stets unter der Regie des Papstes. Der Papst leitete auch die Umsetzung der Trienter Reformen. Er erließ neue Vorschriften für die katholische Kirche in allen Ländern (etwa den *römischen Katechismus* von 1566 oder

Johannes Calvin (1509–1564): französischer Jurist, Humanist und Reformator, entwickelte eine reformierte Kirchenordnung für Genf, die 1541 in Kraft trat. Von 1536 bis 1559 verfasste er sein großes Lehrwerk „Institutio christianae religionis" (dt.: „Unterricht in der christlichen Religion").

Realpräsenz: Lehrauffassung von der Gegenwart Christi in der Abendmahlsfeier. Christus ist demnach in Brot und Wein „leibhaftig" anwesend. Gemäß der Lehre von der **Spiritualpräsenz** (von lat. *spiritus*: Seele, Geist) ist Christus nicht körperlich, sondern durch den Heiligen Geist zugegen.

Münze aus Genf von 1796.
Die Genfer Silbermünze trägt die Umschrift „Post Tenebras Lux" (lat.: Licht nach der Dunkelheit). Die Reformierten machten das Wort zu ihrem Wahlspruch.

- ▶ Interpretieren Sie den Wahlspruch im Zusammenhang mit der Reformation.

das *römische Messbuch* von 1570). Seit 1559 legte die Kurie in einem *Index verbotener Bücher* fest, welche Schriften für den Glauben schädlich seien. Priesterseminare und Kollegien wurden gegründet, die dort geschulten Kleriker sollten den katholischen Glauben wiederbeleben. Dabei halfen auch neue Ordensgemeinschaften wie die Kapuziner und die Jesuiten.

Die römische Kirche schlug einen zweifachen Kurs ein: Einerseits sollten innere Missstände beseitigt werden, um die Kirche zu stabilisieren (*katholische Reform*) (→M9). Andererseits wurde versucht, den Katholizismus dort wieder einzuführen, wo sich die Reformation durchgesetzt hatte. Die *Gegenreformation* war jedoch nur in vereinzelten Regionen in Mitteleuropa erfolgreich.

Trennschärfe im Glauben | Durch die Trienter Beschlüsse änderte sich das Selbstverständnis der katholischen Kirche. Sie vertrat nicht länger (dem Anspruch nach) die Gesamtheit aller Christen, sondern nur noch eine bestimmte Glaubensrichtung. Währenddessen kam es auch im Luthertum zu einer Festlegung der Lehrinhalte, zusammengefasst in der Konkordienformel und dem Konkordienbuch. Ähnlich verfuhren damals die reformierten Kirchen in den einzelnen Ländern.

Auf die Glaubensspaltung folgte daher in der zweiten Hälfte des 16. Jahrhunderts die Herausbildung klar definierter Glaubensgemeinschaften. Als Maßstab galt jeweils das religiöse Bekenntnis (lat. *confessio*), weshalb in der Rückschau von einem Prozess der *Konfessionsbildung* für Katholizismus, Luthertum und Reformiertentum gesprochen wird.

Konfessionalisierung | Die Konfessionsbildung zielte auf die Einheit im Glauben. Dieses Prinzip übernahmen die weltlichen Obrigkeiten, um das Bekenntnis in ihrem Herrschaftsbereich zu schützen und in der Gesellschaft zu verankern. Neben der Religion wurden nach und nach auch Politik, Recht, Wirtschaft, Kunst, Sitten und Brauchtum von der jeweils geltenden Konfession geprägt, sprich: *konfessionalisiert*. Die Anpassung erfolgte durch Vorschriften und ihre Überwachung (Vereidigung der Priester und Professoren auf das Bekenntnis, Aufsicht über die Gottesdienste und das öffentliche Leben, Bücherzensur), Bildung (Schulunterricht, Predigt, Publikationen), Repräsentation (Kirchenbau, Kirchenmusik, religiöse Feiern und Jubiläen) sowie durch den freiwilligen Gehorsam der Bevölkerung.

Konfessionelle Grenzen | Der Vorgang der Konfessionalisierung fand europaweit seit Mitte des 16. Jahrhunderts statt und betraf alle drei Bekenntnisse gleichermaßen. Er sorgte für Integration, da Herrscher und Beherrschte demselben Glauben anhingen. Zugleich konnte die Obrigkeit viel stärkere Kontrolle über die Gesellschaft ausüben als bisher.

Nach außen jedoch führte die Konfessionalisierung zu radikalen Gegensätzen. Andersgläubige blieben aus der Gemeinschaft ausgeschlossen, wurden vielfach unterdrückt oder zur Emigration gezwungen. Zwischen den Konfessionen entstanden neue mentale Grenzen, etwa durch Eheschranken, Vorurteile oder öffentliche Hetze. Seit der von Rom eingeführten Kalenderreform von 1582, die von den Protestanten abgelehnt wurde, zerfiel selbst die Zeitrechnung in konfessionelle Lager (→M10).

Konfessionelle Konflikte | Während manche Länder wie Spanien und Portugal, die italienischen Staaten, Polen und die skandinavischen Reiche zu konfessioneller Geschlossenheit gelangten, führte die Glaubensfrage in anderen Fällen zu blutigen Konflikten. Oft vermischten sich dabei religiöse Gegensätze mit politischen Machtfragen:

- In England hatte sich das Königtum schon 1534 vom Papsttum losgesagt und eine *anglikanische Staatskirche* gegründet. Auf die Einführung der Reformation folgte der kurze, aber erfolglose Versuch, den Katholizismus gewaltsam wiederherzustellen. Seitdem blieben Anhänger verschiedener Glaubensrichtungen geduldet, solange sie der Staatsgewalt Gehorsam leisteten.

Kapuziner (von ital. *cappuccio*: Haube, Kapuze): Zweig des Franziskanerordens, 1528 vom Papst bestätigt. Die Mönche leben in größter Armut und verdingen sich als Seelsorger sowie als Helfer für Kranke, Arme und Obdachlose.

Jesuiten (eigentlich: Gesellschaft Jesu): geistlicher Orden, von dem Spanier Ignatius von Loyola (1491–1556) 1534 gegründet und 1540 von Rom anerkannt. Die Jesuiten widmen sich dem Unterricht in Schule und Universität sowie der Missionierung. Sie tragen keine eigene Ordenskleidung und betonen den Gehorsam gegenüber dem Papst.

Konkordienformel (von lat. *concordia*: Eintracht): gemeinsame Bekenntnisformel evangelisch-lutherischer Reichsstände, 1577 unterzeichnet. Die Konkordienformel versuchte, einen Schlussstrich unter die Lehrstreitigkeiten innerhalb des Luthertums zu ziehen.

Konkordienbuch: Sammlung der für die evangelisch-lutherische Kirche maßgeblichen Bekenntnisschriften (u. a. Luthers Katechismen, Confessio Augustana von 1530, Konkordienformel), 1580 veröffentlicht

Kalenderreform: von Papst Gregor XIII. verfügte Korrektur des Kalendersystems. Der neue Gregorianische Kalender wich damals um zehn Tage vom bisherigen Julianischen Kalender ab, die Differenz nahm später noch zu. Protestantische Länder führten den neuen Kalender teils erst im 18. Jahrhundert ein. Auch das Reich war in dieser Frage lange gespalten.

- In Frankreich wurden die **Hugenotten** von der katholischen Mehrheit und vom Königtum verfolgt. Erst nach jahrzehntelangen Bürgerkriegen kam es im **Edikt von Nantes** (1598) zu einem rechtlichen Ausgleich.
- In den Niederlanden überwog das Reformiertentum. Die Niederlande gehörten indes zur spanischen Krone, die die Reformation bekämpfte. Mitte der 1560er-Jahre kam es zum Aufstand gegen die spanische Oberhoheit. 1581 erklärten die nördlichen Niederlande ihre Unabhängigkeit, was 1609 von Spanien vorläufig anerkannt wurde.

Der Konsens im Reich zerbricht | Im römisch-deutschen Reich herrschte seit dem Augsburger Religionsfrieden von 1555 ein Gleichgewicht zwischen den Konfessionen. Doch die Konflikte in Frankreich und den Niederlanden (letztere gehörten formal zum Reichsverband), die Einführung des Reformiertentums in einigen Territorien und die katholische Gegenreformation bedrohten den Frieden je länger desto mehr. Der Reichstag und die Reichsgerichte, die den Religionsfrieden bewahren sollten, wurden um 1600 durch die konfessionellen Gegensätze lahmgelegt. Auch der Kaiser, selbst katholisch, war nicht länger zur Vermittlung fähig. Einige Reichsstände gründeten Konfessionsbündnisse: die protestantische *Union* (1608) und die katholische *Liga* (1609).

Dreißigjähriger Krieg | Den Krieg löste jedoch erst der böhmische Aufstand von 1618 aus. Protestantische Adlige in Böhmen hatten sich gegen ihren Landesherrn, den katholischen König *Ferdinand*, aufgelehnt. Ferdinand wurde 1619 auch zum Kaiser gewählt. Die Böhmen erhoben stattdessen *Friedrich V.*, Kurfürst von der Pfalz und Anführer der protestantischen Union, zum neuen König. Er unterlag den Streitkräften des Kaisers, Spaniens und der katholischen Liga. Böhmen und die Kurpfalz wurden besetzt, die protestantische Bevölkerung enteignet und verfolgt. Aufseiten der Protestanten intervenierten nacheinander Dänemark und Schweden als evangelische Mächte, schließlich auch das katholische Frankreich, um eine Übermacht des Kaisers im Reich zu verhindern. Wiederholt wechselten auch einige Reichsstände die Fronten zwischen dem Kaiser und Spanien einerseits, Schweden und Frankreich andererseits. Die endlosen Kämpfe sowie die Raubzüge der Armeen verwüsteten weite Teile Mitteleuropas.

Friede mit Perspektiven | Zum Frieden gelangten das Reich und seine Nachbarn auf einem Kongress, der parallel in Münster und Osnabrück tagte. Der *Westfälische Friede* von 1648 schuf einen dauernden Machtausgleich zwischen Kaiser und Reichsständen. Letztere erhielten die **Landeshoheit** zuerkannt und durften Bündnisse mit auswärtigen Mächten schließen, sofern sie nicht gegen Kaiser und Reich gerichtet waren. Frankreich und Schweden traten als Garantiemächte des Friedens auf, Schweden beteiligte sich als Reichsstand künftig an der Reichspolitik. Die Niederlande und die Schweiz wurden souverän und schieden aus dem Reich aus. Der Religionsfriede von 1555 wurde nachgebessert:
- Neben Katholizismus und Luthertum war nun auch das Reformiertentum reichsrechtlich anerkannt.
- Die Ausbreitung der drei Konfessionen, wie sie bis zum Stichjahr 1624 bestanden hatte, wurde wiederhergestellt, spätere Veränderungen waren zu revidieren (*Normaljahrsregelung*). Fürsten und Reichsstädte konnten zwar weiterhin das Bekenntnis wechseln, die Untertanen durften jedoch beim bisherigen Glauben bleiben (→M11).
- Der Reichstag sah in Glaubensfragen die getrennte Abstimmung (lat. *itio in partes*) der katholischen und protestantischen Reichsstände vor, die hierauf einen gütlichen Vergleich (*amicabilis compositio*) finden sollten. Konfessionelle Mehrheitsbeschlüsse waren damit ausgeschlossen.

Das Reich wurde endgültig zu einem multikonfessionellen Staatsverband. Auf Reichsebene galt die Gleichberechtigung der Konfessionen, in den Territorien und Reichsstädten wurde der private Glaube jedes Einzelnen geduldet. Aus diesem Nebeneinander konnten langfristig die Ideen der **Toleranz** und der Religionsfreiheit entstehen.

Hugenotten: seit Mitte des 16. Jahrhunderts Bezeichnung für die Protestanten in Frankreich, die stark vom Reformiertentum geprägt waren

Edikt von Nantes: von König Heinrich IV. gewährte Bestimmung, die den Protestanten in Frankreich freie Religionsausübung und rechtliche Gleichstellung versprach, zugleich aber den katholischen Glauben als Staatsreligion festschrieb. Nach der Aufhebung des Edikts 1685 setzten neuen Verfolgungen der Protestanten ein, die massenhaft in andere Länder Europas, nach Amerika oder Südafrika flohen.

Landeshoheit: einheitliche Herrschaftsgewalt eines Fürsten oder einer reichsstädtischen Obrigkeit über die Einwohner. Sie blieb bis zum Ende des Reiches beschränkt durch Reichsgesetze, Gewohnheitsrechte und das Appellationsrecht der Untertanen an die Reichsgerichte.

Toleranz (von lat. *tolerare*: dulden, ertragen): fried- und respektvoller Umgang mit Andersdenkenden; Verhalten, das über eine rein rechtliche Duldung Andersdenkender noch hinausgeht

M1 Kirchenkritik im Spätmittelalter

*Die Historiker Thomas Martin Buck (*1961) und Herbert Kraume (*1943) sprechen über die geistige und religiöse Entwicklung in Europa während des 14. Jahrhunderts:*

Dem Hass auf den „simonistischen“[1] Klerus, der durch Geld in sein Amt gelangt war, dieses hauptsächlich zur Bereicherung nutzte und in seinem Lebenswandel selten den religiösen Ansprüchen genügte [...], stand auf der anderen Seite eine gesteigerte Volksfrömmigkeit gegenüber, die sich nicht nur in den frommen Stiftungen für Kirchen und Klöster, sondern auch in einer stetig wachsenden Produktion von volkssprachlichen Andachtsbüchern und Übersetzungen theologischer Schriften äußerte. Die *ars moriendi*, die „Kunst des (guten) Sterbens“ und der richtigen Vorbereitung auf den Tod, wurde angesichts der Allgegenwart des Todes zu einer beliebten literarischen Gattung.

Die Forderung nach Reform an Haupt und Gliedern (*reformatio in capite et in membris*) der Kirche war das Signum der Zeit: Abschaffung des päpstlichen Finanzwesens, der Pfründenhäufung[2] und des Klientelwesens[3], bessere Bildung der Geistlichen, Rückführung der geistlichen Orden auf ihre ursprünglichen Ideale, insbesondere auf das Armutsgebot. Benediktiner und Mendikanten (= Bettelorden) begannen, ihre Orden von innen zu reformieren und ihre Ordensregeln neu zu beachten. Reform wurde als eine Wiederbelebung der guten alten Ordnung verstanden, an der die Gegenwart gemessen und für unzulänglich befunden wurde.

Im Schisma sah man die schlimmste Folge der ausgebliebenen Reformen. Die Kirchenkritik ist nicht etwa Folge eines wachsenden Unglaubens, sondern im Gegenteil einer vertieften Frömmigkeit, die an die Kirche höhere Ansprüche stellte als jemals zuvor. [...] Kritik und Reformgeist wurden durch die gesteigerte Schriftlichkeit und Lesefähigkeit noch befördert. Die Masse der Handschriften in den Bibliotheken der Klöster und Domkapitel[4] wuchs gewaltig an.

Gerade in der zweiten Hälfte des 14. Jahrhunderts wurden neue Universitäten gegründet, die sich bald zu Zentren der geistigen und theologischen Auseinandersetzung entwickelten. Zwar blieb das *studium* von Paris die unbestrittene geistige Autorität nördlich der Alpen, doch hatte Kaiser Karl IV. 1348 in Prag die erste mitteleuropäische Hochschule gegründet, Kasimir der Große 1364 die von Krakau, Herzog Rudolf IV. 1365 die von Wien, Kurfürst Ruprecht I. von der Pfalz 1386 die Heidelberger Universität und König Sigmund von Ungarn 1389 die von Buda. In Köln (1388) und Erfurt (1392) war die Initiative zur Gründung eines *studium generale*[5] von der Stadt ausgegangen.

Thomas Martin Buck und Herbert Kraume, Das Konstanzer Konzil (1414–1418). Kirchenpolitik – Weltgeschehen – Alltagsleben, Ostfildern 2013, S. 49 f.

1. Präsentation: Ordnen Sie die Kritikpunkte, die gegen die Kirche erhoben wurden, in einer Mindmap. Stellen Sie dabei das Schisma ins Zentrum.

2. Arbeiten Sie heraus, welche Rolle Frömmigkeit und Bildung für die damalige Kirchenkritik spielten.

3. Die Krise der spätmittelalterlichen Kirche – eine Folge zu hoher Ansprüche der Gläubigen? Setzen Sie sich mit der These auseinander. Berücksichtigen Sie dabei auch die „Allgegenwart des Todes“ (Zeile 11 f.), also die hohe Sterblichkeit angesichts von Pest, Kriegen und Hungersnöten, die die damalige Gesellschaft bedrohten.

M2 Konzil und Papst

Das Konstanzer Konzil beschließt am 6. April 1415 folgendes Dekret:

Diese heilige Synode[6] zu Konstanz, die zum Lobe Gottes rechtmäßig im Heiligen Geist versammelt ist, erklärt, dass sie, ein allgemeines Konzil abhaltend und die irdische katholische Kirche repräsentierend, ihre Vollmacht unmittelbar von Christus hat. Ihr ist jeder, welchen Standes und welcher Würde auch immer – sei es auch die päpstliche – in denjenigen Angelegenheiten zum Gehorsam verpflichtet, die sich auf den Glauben, die Ausrottung des Schismas und die allgemeine Reform der Kirche Gottes an Haupt und Gliedern beziehen.

Desgleichen erklärt sie, dass jeder, welcher Stellung, welchen Standes und welcher Würde auch immer – sei es auch die päpstliche – der den schon beschlossenen wie auch noch zu beschließenden Geboten, Satzungen oder Anordnungen oder Vorschriften dieser heiligen Synode und eines jeden anderen rechtmäßig versammelten allgemeinen Konzils den Gehorsam verweigert, einer entsprechenden Buße unterworfen und gehörig bestraft wird, wobei nötigenfalls auch andere Rechtsmittel angewendet werden.

[1] **simonistisch:** die Käuflichkeit geistlicher Ämter und Gnaden betreffend

[2] **Pfründe** (von lat. *praebenda*: Unterhalt): Amt mit eigenem Einkommen oder gesicherter Versorgung

[3] **Klientelwesen** (von lat. *cliens*: Schutzbefohlener): Herausbildung und Versorgung eines Kreises abhängiger Gefolgsleute durch einen Schutzherrn (hier: einen kirchlichen Würdenträger)

[4] **Domkapitel** (von lat. *caput*: Kopf, Haupt): dem Bischof beigeordnetes Leitungsgremium zur Verwaltung eines Bistums

[5] **studium generale** (lat.: allgemeines Studium): im Mittelalter Bezeichnung für eine Hochschule mit umfassendem Fächerangebot

[6] **Synode** (von altgriech. *sýnodos*: Zusammenkunft): andere Bezeichnung für Konzil

45 Jahre später gibt Papst Pius II. am 18. Januar 1460 in einer Bulle (päpstliche Anordnung) bekannt:

Ein verwünschenswerter Missbrauch ist in unseren Tagen aufgekommen, dass nämlich vom römischen Papst, dem Stellvertreter Jesu Christi, […] einige vom Geist des Aufruhrs [und] durch Sünde verleitete Kritiker des Papstes sich herausnehmen, ein künftiges Konzil zu verlangen. Wie sehr ein solches Vorgehen den heiligen Canones[1] widerstreitet, wie sehr es dem christlichen Gemeinwesen schadet, kann jeder Rechtskundige erfassen. Um dieses üble Gift aus der Kirche Christi auszuscheiden, verdammen wir solchen Appell und weisen ihn als irrig und abscheulich zurück; wir erklären ihn für null und nichtig, falls er sich noch hervorwagen sollte, und betrachten ihn als sinnlos und bedeutungslos.

Erster und zweiter Text nach: Adolf Martin Ritter, Bernhard Lohse und Volker Leppin (Hrsg.), Kirchen- und Theologiegeschichte in Quellen. Bd. 2: Mittelalter, Neukirchen-Vluyn [8]2014, S. 235–237 (vereinfacht)

1. Erläutern Sie, inwieweit das Dekret des Konzils von Konstanz (erster Text) auf die damalige Krise der Kirche reagiert. Ziehen Sie zur Begründung auch den Verfassertext auf Seite 100 sowie M1 heran.
2. Stellen Sie beide Texte gegenüber und überlegen Sie, ob darin eine Verschärfung der kirchlichen Krise sichtbar wird. Vergleichen Sie dazu insbesondere die Sprache sowie die Anspruchsgrundlage von Konzilsdekret und päpstlicher Bulle (Zeile 1 bis 10 bzw. 21 f.). | H

M3 „Ein wahrer Theologe"

Der niederländische Humanist[2] Erasmus von Rotterdam (um 1466/69–1536) spricht in einer Schrift aus dem Jahr 1516 über seine Erwartungen an Theologen und Mönche:

Warum beschränken wir den allen gemeinsamen Stand auf einige wenige? Das steht nämlich nicht mit der Tatsache im Einklang, dass die Taufe, durch die die erste Angelobung auf die Philosophie Christi vollzogen wird, in gleicher Weise allen Christen gemeinsam ist. Ebenso, dass alle übrigen Sakramente und schließlich auch der Lohn des ewigen Lebens in gleicher Weise allen zukommt; und nur die Lehre sollte auf diese wenigen verwiesen werden müssen, die das Volk heute Theologen und Mönche nennt. Von denen möchte ich aber sagen – sie machen zwar nur einen geringen Anteil an dem, was christliches Volk genannt wird, aus –, sie sollten doch in höherem Maße im Leben verwirklichen, was sie hören. Ich fürchte nämlich, man könnte unter den Theologen solche finden, die weit von ihrem Namen entfernt sind, das heißt, dass sie Irdisches, nicht Himmlisches reden; und unter den Mönchen solche, die die Armut Christi und die Verachtung der Welt mehr mit den Lippen bekennen, als dass sie sich von der Welt wirklich lösten. Der ist mir ein wahrer Theologe, der nicht mit künstlich zusammengedrechselten Syllogismen[3], sondern mit Herzenswärme, durch sein Antlitz, durch seine Augen, durch sein persönliches Leben lehrt, dass man den Reichtum verachten müsse, dass der Christ nicht auf den Schutz dieser Welt vertrauen solle, sondern sich ganz vom Himmel abhängig fühlen müsse; dass man kein Unrecht vergelten dürfe, dass man die Fluchenden segnen solle, dass man sich gute Verdienste um die erwerben müsse, die Schlimmes verdienen, dass man alle Guten wie die Glieder desselben Leibes lieben und in gleicher Weise hegen müsse; dass die Bösen ertragen werden müssten, wenn man sie nicht bessern könne. Jene, die ihrer Habe beraubt, die von ihren Besitzungen vertrieben werden, die trauern, die seien selig und nicht zu bejammern; auch jetzt schon müssten die Frommen den Tod herbeisehnen, wo dieser doch nichts anderes ist als ein Übergang zum ewigen Leben. – Wenn einer dieses und Ähnliches, vom Geiste Christi angetrieben, predigt, einschärft, dazu ermahnt, einlädt und ermuntert, der ist letzten Endes ein wahrer Theologe, und sei er auch ein Ackersmann oder Tuchweber.

Nach: Ulrich Köpf (Hrsg.), Deutsche Geschichte in Quellen und Darstellung, Bd. 3: Reformationszeit, 1495–1555, Stuttgart 2001, S. 70 f.

1. Fassen Sie Erasmus' Kritikpunkte an den Theologen und Mönchen seiner Zeit zusammen.
2. Arbeiten Sie Merkmale für eine Krise der damaligen Kirche heraus, die in den Beobachtungen von Erasmus anklingen. Ziehen Sie dazu auch die Aussagen des Historikers Rudolf Vierhaus im Kernmodul „Krisen" (M5, Seite 14) heran.
3. Der Reformator Martin Luther trat später für ein „Priestertum aller Gläubigen" ein, wonach jedermann berufen sei, zu predigen und die Sakramente zu spenden. Stellen Sie diese radikale Position den Überlegungen von Erasmus gegenüber. | H

[1] **Canones** (von lat. *canon*: Maßstab, Regel): kirchenrechtliche Gesetze, Kirchenrecht

[2] **Humanist**: Anhänger des Humanismus. Siehe dazu die Definition auf Seite 101.

[3] **Syllogismen** (von altgriech. *syllogismós*: logischer Schluss): theoretische Schlussfolgerungen

M4 Luthers Thesenanschlag: Wahr oder erfunden?

Martin Luther sendet seine Thesen über den Ablass am 31. Oktober 1517 an den Erzbischof von Mainz. Am selben Tag soll er sie auch an das Portal der Wittenberger Schlosskirche angeschlagen haben. Obwohl nicht sicher ist, ob diese Begebenheit tatsächlich stattfand, wird sie in zahlreichen Historienbildern festgehalten. Dazu gehört auch das Gemälde „Martin Luthers Thesenanschlag" des belgischen Malers Ferdinand Pauwels (1830–1904) aus dem Jahr 1872:

1. Interpretieren Sie die dargestellte Szene.
2. Recherchieren Sie den Stand der historischen Forschung zur Frage der „Echtheit" von Luthers Thesenanschlag. Verwenden Sie dazu Fachliteratur und Informationen aus dem Internet.
3. Erläutern Sie den Symbolgehalt des Thesenanschlags in Hinblick auf die Krise der damaligen Kirche. Gehen Sie dabei auf die Funktion der szenischen Elemente ein (Hammer, Kirchenportal, gelehrter Text, öffentlicher Aufruf, Initiative eines Einzelnen).
4. Präsentation: Der 31. Oktober gilt als Gedenktag der Reformation (in Niedersachsen gesetzlicher Feiertag). Führen Sie eine Pro- und Kontra-Diskussion in der Klasse über die Frage, ob es die historischen Hintergründe rechtfertigen, gerade mit diesem Datum an die Reformation zu erinnern. | H

M5 „Freiheit" im Sinne der Reformation

Im November 1520 erscheint Luthers Schrift „Von der Freiheit eines Christenmenschen" auf lateinisch und deutsch. Sie ist in 30 Abschnitte gegliedert und wird zu einem zentralen Baustein in Luthers reformatorischer Lehre. Über die Rolle jedes Einzelnen in der Gesellschaft heißt es:

Zum ersten: Damit wir gründlich erkennen mögen, was ein Christenmensch sei, und wie es getan sei um die Freiheit, die ihm Christus erworben und gegeben hat, davon Sankt Paulus viel schreibt, will ich diese zwei Beschlüsse setzen: Ein Christenmensch ist ein freier Herr über alle Dinge und niemandem untertan. Ein Christenmensch ist ein dienstbarer Knecht aller Dinge und jedermann untertan.
Diese zwei Beschlüsse sind klar bei Sankt Paulus im 1. Kor[intherbrief] 9[,19]: „Ich bin frei in allen Dingen und habe mich zu eines jedermann Knecht gemacht." Ebenso im Röm[erbrief] 13[,8]: „Ihr sollt niemandem etwas verpflichtet sein, außer dass ihr euch untereinander liebt." Genauso heißt es auch von Christus in Gal[aterbrief] 4[,4]: „Gott hat seinen Sohn ausgesandt, von einem Weib geboren und dem Gesetz untertan gemacht."
Zum zweiten: Um diese beiden gegensätzlichen Aussagen der Freiheit und Dienstbarkeit zu vernehmen, sollen wir bedenken, dass ein jeglicher Christenmensch zweierlei Naturen hat, eine geistliche und eine leibliche. [...] Und um dieses Unterschiedes willen werden in der Schrift von ihm Aussagen gemacht, die völlig gegeneinander stehen, nämlich, wie ich gerade gesagt habe, von der Freiheit und Dienstbarkeit. [...]
Zum zehnten: Nun sind [...] alle Worte Gottes heilig, wahrhaftig, gerecht, friedsam, frei und aller Güte voll. Darum: Wer ihm mit einem rechten Glauben anhängt, dessen Seele wird mit ihm vereinigt, so ganz und gar, dass alle Tugenden des Wortes auch der Seele eigen werden, und entsprechend durch den Glauben die Seele durch das Wort Gottes heilig, gerecht, wahrhaftig, friedsam, frei und aller Güte voll, ein wahrhaftiges Kind Gottes wird [...]. Hieraus ist leicht zu merken, warum der Glaube so viel vermag und dass keine guten Werke ihm gleich sein können. [...] So sehen wir, dass ein Christenmensch an dem Glauben genug hat, er bedarf keines Werkes, um gut zu sein. Bedarf er aber keines Werkes mehr, so ist er gewiss entbunden von allen Geboten und Gesetzen. Ist er entbunden, so ist er gewiss frei. Das ist die christliche Freiheit, der eine Glaube, der nicht macht, dass wir müßiggehen oder übeltun, sondern dass wir keines Werkes bedürfen, um Güte und Seligkeit zu erlangen [...]. [...]
Zum 25.: Aus all dem ist leicht zu verstehen, wie gute Werke zu verwerfen und nicht zu verwerfen sind [...]. Denn wo der falsche Anhang und die verkehrte Meinung drin ist, dass wir durch die Werke gut und selig werden sollen, sind sie schon nicht gut und ganz verdammungswürdig; denn sie sind nicht frei und schmähen die Gnade Gottes, die allein durch den Glauben gut und selig macht, was die Werke nicht vermögen

[...]. Darum verwerfen wir die guten Werke nicht um ihretwillen, sondern um dieses bösen Zusatzes und falscher verkehrter Meinung willen [...].
Zum 28.: [...] Auf diese Weise gebietet auch Sankt Paulus [...], dass sie [die Christen] weltlicher Gewalt untertan und bereit sein sollen, nicht, dass sie dadurch gut werden können, sondern dass sie den anderen und der Obrigkeit damit frei dienten und deren Willen täten aus Liebe und Freiheit. Wer nun dieses Verständnis hätte, der könnte sich leicht ausrichten auf die unzähligen Gebote und Gesetze des Papstes, der Bischöfe, der Klöster [...], der Fürsten und Herren, die einige verrückte Prälaten[1] so treiben, als wären sie nötig zur Seligkeit und nennen es Gebote der Kirche, wiewohl zu Unrecht. Denn ein freier Christenmensch spricht so: „Ich will fasten, beten, dies und das tun, was geboten ist, nicht, dass ich es bedarf oder dadurch wollte gut oder selig werden, sondern ich will es dem Papst, Bischof, der Gemeinde oder meinem Mitbruder, meinem Herrn zu Willen, Beispiel und Dienst tun und ertragen, genauso wie Christus um meinetwillen viel größere Dinge getan und ertragen hat, die ihm viel weniger nötig waren. Und mögen auch die Tyrannen[2] Unrecht tun solches zu fordern, so schadet es mir doch nicht, weil es nicht gegen Gott ist."

Nach: D. Martin Luthers Werke. Kritische Gesamtausgabe, IV. Abteilung, Bd. 7, Weimar 1897 (unveränderter Nachdruck Weimar 2003), S. 20 f., 24 f., 33 f. und 37 (sprachlich normalisiert)

1. Präsentation: Ordnen Sie die Überlegungen Luthers in einer Mindmap, im Mittelpunkt die beiden Aussagen in Zeile 5 bis 7. | F

2. Präsentation: Verfassen Sie, ausgehend vom Text, eine Kurzdefinition von „christlicher Freiheit" im Sinne Luthers.

3. Vergleichen Sie das von Luther empfohlene Verhalten eines freien Christenmenschen mit dem, was Erasmus (M3) als christliche Lebensführung ansieht.

4. Luther hat die Schrift in der lateinischen Version mit einem Sendschreiben an den Papst verbunden, als Versuch einer Verständigung mit Rom. Erörtern Sie die künftige Stellung der Kirche, wie sie Luther im vorliegenden Text umreißt. Heben Sie dabei hervor, welche Gefahren für die Autorität der Kirche von Luthers Schrift ausgehen konnten.

M6 „Wir wöllen frei sein"

Der Historiker Peter Blickle (1938–2017) untersucht die im Bauernkrieg erhobenen Forderungen nach Freiheit und gegen die Leibeigenschaft:

Kein Herrschaftsrecht stand um 1500 unter einem dermaßen großen Legitimationsdruck wie das über den Leib, Leibeigenschaft genannt. Ihre Umkehrung hieß Freiheit. Auf allen gesellschaftlichen Ebenen, unter Bürgern und Bauern, Juristen und Theologen wurde sie diskutiert, auf allen politischen Ebenen wurde sie verhandelt, von der Dorfgemeindeversammlung bis hinauf in [...] den Reichstag.
Als geprägter und inhaltlich scharf konturierter Begriff tritt Freiheit in den Zwölf Artikeln der oberschwäbischen Bauern von 1525 in Erscheinung, deren dritter ausdrücklich fordert, „das wir frei seien und wöllen sein", und darunter die Aufhebung der Leibeigenschaft (Eigenschaft steht in der Quelle) versteht. Die Drucke der Zwölf Artikel in Augsburg und Breslau, Konstanz und Magdeburg, Nürnberg und Regensburg, Erfurt und Straßburg belegen die Durchschlagskraft der Freiheitsforderung bei den deutschen Bauern.
Radikalität und Prägnanz gewann der bäuerliche Freiheitsbegriff durch seine Verknüpfung mit dem Evangelium. „Zum dritten", heißt es in den Zwölf Artikeln, „ist der Brauch bisher gewesen, das man uns für eigen Leüt gehalten hat, wölchs zuo Erbarmen ist, angesehen das uns Christus all mit seinem kostparlichen Bluotvergüssen erlößt und erkauft hat". Die Begründung der Freiheit mit dem Erlösertod Christi wird ergänzt durch die Hoffnung der Bauern, sie „seien auch on Zweifel, ir [die Herren] werdend uns der Eigenschaft als war und recht Christen geren entlassen oder uns im Evangeli des berichten, daz wirs seien". Aus dem Evangelium ziehen die Bauern die dreifache Begründung der Freiheit mit dem Erlösertod Christi, der christlichen Nächstenliebe und der von Gott in die Welt gelegten Rechtsordnung des Naturrechts. Das war die Hermeneutik[3] der Betroffenen, die sich auf diese Weise das Evangelium erschloss. Sie wäre ohne die Reformation und ihren Rückgriff auf das Evangelium als alleiniger Norm für Theologie und Glauben schwer möglich gewesen. Nicht ohne Grund baten die Bauern die Reformatoren mittels eines gedruckten Aufrufs, der ausdrücklich Richterliste heißt, um Gutachten zu ihren Artikeln, also auch dem Leibeigenschaftsartikel.
Dass gerade Bauern das Problem der Unfreiheit gewissermaßen auf einen prinzipiellen theologischen, juristischen und ethischen Punkt brachten, war nicht selbstverständlich, denn neben ihnen gab es nicht wenige Bürger, namentlich in den landesherrlichen Städten[4], die nicht minder

[1] **Prälat** (von lat. *praelatus*: Bevorzugter, Vorsteher): hoher kirchlicher Würdenträger (z. B. Bischof oder Abt) oder kirchlicher Ehrentitel
[2] **Tyrann**: Gewaltherrscher, Willkürherrscher

[3] **Hermeneutik** (von altgriech. *hermēneuein*: ausdrücken, übersetzen): systematische Auslegung, sachgerechte Interpretation
[4] **landesherrliche Städte**: Städte unter der Hoheit eines Fürsten, nicht reichsunmittelbare Städte

leibeigen waren als sie selbst. Aus zahlreichen württembergischen Amtsstädten[1] liegen Urkunden vor, ausgestellt von Schultheiß[2], Richtern und Bürgern, in denen die Bürgerschaften versprechen, sich ihrem Grafen nicht zu „entfremden […], weder mit unsern Leiben, Weiben, Kinden noch Guten“. Den Leib darf man nicht entfremden, das ist Leibeigenschaft. Württemberg war kein Sonderfall. Von den meisten Reichsstädten abgesehen, gehört die Freiheit nicht zu den Statusrechten von Bürgern.

Peter Blickle, Der Bauernkrieg. Die Revolution des Gemeinen Mannes, München ^{4}2012, S. 55 f.

Die „Zwölf Artikel“ der Bauern.
Titelblatt eines Druckes aus Zwickau von 1525.
Der Titel lautet: „Beschwerung vnd freuntlich begeren mit angehefftem Christlichem erbieten der gantzen Bawerschafft So itzund versamlet yn zwelff hawbt Artickel auffs kurtzist gefuget“.
In den „Zwölf Artikeln“ fasste der Kürschner Sebastian Lotzer 1525 die Forderungen der aufständischen Bauern an die „weltlichen und geistlichen Obrigkeiten“ zusammen. Sie waren das Resultat wochenlanger Beratungen oberschwäbischer Bauern.

1. Erklären Sie, warum die Leibeigenschaft um 1500 „unter einem dermaßen großen Legitimationsdruck“ (Zeile 1 f.) stand.
2. Analysieren Sie die Hauptforderungen in den „Zwölf Artikeln“. Siehe dazu den Internettipp weiter unten. | H
3. Erläutern Sie die in Zeile 20 bis 32 besprochene Passage aus den „Zwölf Artikeln“. Stellen Sie das hier dargelegte Verständnis von Freiheit demjenigen Luthers in M5 gegenüber. | H
4. Blickle sagt an anderer Stelle über die „Richterliste“ der Bauern (Zeile 38), die Aufständischen hätten in den Reformatoren gleichsam „Verfassungsrichter“ gesehen. Erörtern Sie anhand dieser Bewertung das Verhältnis zwischen Bauernkrieg und Reformation. Ziehen Sie dazu auch den Abschnitt „Gegen eine radikale Reformation“ im Darstellungsteil auf Seite 104 heran.

Internettipp
Die „Zwölf Artikel“ der Bauern finden Sie unter dem Code **32035-18**.

[1] **Amtsstadt:** Stadt innerhalb eines Amtes (kleinräumige Verwaltungseinheit), häufig dessen Hauptort
[2] **Schultheiß:** Amtsperson zur Aufsicht über die Verwaltung und Rechtsprechung einer städtischen oder dörflichen Gemeinde

M7 Die Fürstenreformation und ihre Folgen für die Gesellschaft

*Der Kirchenhistoriker Bernd Moeller (*1931) beschreibt die Einführung der ersten evangelischen Landeskirchen:*

Das Verfahren, das man zur Neugründung der Kirche in den Territorien anwendete, war aufwändig und anspruchsvoll: Es wurden Visitationen[1] veranstaltet und damit jene alte Einrichtung des Kirchenrechts wiederbelebt, mit der die Bischöfe ihre Diözesen regierten. Nun geschah das in der neuen Form, dass staatliche Kommissionen aus Beamten und Theologen das weite Land bereisten und die kirchlichen Gegebenheiten am Ort zu ermitteln hatten – die Besitzverhältnisse, die Eignung der Pfarrer in Bezug auf Wissen, Meinungen und Sitten sowie den Zustand der Gemeinden. Im Weiteren verloren solche Kleriker, die an ihren katholischen Überzeugungen festhielten oder sonst für den evangelischen Kirchendienst ungeeignet erschienen, zumeist ihre Ämter […]. Die kirchlichen Vermögenswerte wurden vielerorts in der neuen Form des „Gemeinen Kastens" vereinigt, aus dem in Zukunft die Besoldung der Pfarrer und Lehrer sowie die Armenfürsorge bestritten werden sollten – ein Verfahren, das sich in evangelischen Städten bewährt hatte –, und es wurden die Klöster geschlossen, ihre verbliebenen Insassen versorgt, auch das nach Analogie der Städte.

Das Ganze war ein eingreifender, für Betroffene oft schmerzlicher und nicht immer seriös gehandhabter Umschichtungsprozess. Streit gab es vor allem um die Vermögensfragen. […]

Die wichtigste und kirchlich wie gesellschaftlich wirkungsreichste Veränderung im Zusammenhang der evangelischen Kirchenbildung erlebten Beruf und soziale Stellung des Pfarrers. […] Im Grunde entstand in der Figur des evangelischen Pastors ein neuer Beruf, der für die Ausfüllung einer Führungsrolle in Kirche und Gesellschaft prädestiniert war. […]

[Künftig] trat der evangelische Pastor im Unterschied zum Kleriker des Mittelalters nicht in der Masse, sondern als Einzelner auf. Die Zahl der geistlichen Personen verringerte sich in der evangelischen Kirche drastisch – in Städten mit nunmehr aufgehobenen kirchlichen Institutionen kamen Rückgänge in der Größenordnung von 50:1 vor. Gleichwohl aber nahmen Autorität und Sozialprestige[2] der Pastoren gegenüber den spätmittelalterlichen Klerikern oder Ordensleuten eher zu. Ihre Hauptaufgabe, das Predigen, war – in aller Öffentlichkeit verrichtet – doch eine ganz individuelle Betätigung, hatte aber nach der theologischen Lehre, die nun galt, für Leben und Schicksal der zuhörenden Christen unüberbietbare Bedeutung. So war die öffentliche Resonanz zumal in den Städten in der Regel groß, und dem entsprach es, dass sich vielfach ein neues Amts- und Standesbewusstsein der Pastoren entwickelte […]. Die negativen Eigenschaften der alten Kleriker hingegen fehlten ihnen zumeist: Der evangelische Pastor wurde zum akademischen Studium angehalten und in späteren Zeiten sogar verpflichtet, so dass er durch Bildung hervortrat, und ihm war die Heirat erlaubt, ja geradezu geboten, so dass die problematischen Begleiterscheinungen des Zölibats[3] aufhörten.

Insbesondere diese letztgenannte Neuerung brachte, zusammen mit dem Verschwinden des Mönchtums, die möglicherweise einschneidendste soziale Veränderung mit sich, die im Zuge der Reformation eintrat. Die enorme Neuerung, dass Luther und seine Anhänger die bis in frühe Zeiten des Christentums zurückreichende Maxime[4], Jungfräulichkeit und Ehelosigkeit besäßen einen sittlich-religiösen Vorrang gegenüber dem sexuellen Leben, grundlegend und nachhaltig bestritten, wurde durch die in der Ehe lebenden evangelischen Pastoren gewissermaßen vollzogen.

Bernd Moeller, Das Zeitalter des Ausbaus und der Konsolidierung der Reformation 1525–1555, in: Ökumenische Kirchengeschichte, Bd. 2, hrsg. von Thomas Kaufmann und Raymund Kottje, Darmstadt 2008, S. 288–308, hier S. 291 f. (gekürzt)

1. Fassen Sie zusammen, welche Änderungen durch die neue evangelische Kirchenordnung eintraten. Differenzieren Sie dabei zwischen Landesherr, Untertanen, Geistlichen und der Gesellschaft im Allgemeinen.
2. Erläutern Sie, mit welchen Mitteln die Fürstenreformation einer Radikalisierung der Reformation entgegenwirken konnte.
3. Präsentation: Entwickeln Sie, ausgehend von den Informationen im Text, ein Rollenspiel, das die Visitation einer (noch) katholischen Pfarrei nachstellt. Bringen Sie dabei die Ansprüche der landesherrlichen Kommission ebenso wie die Ängste und Bedenken der Kleriker zum Ausdruck.
4. Partnerarbeit: Vergleichen Sie die Fürstenreformation mit anderen politisch-weltanschaulichen Umwälzungen „von oben" (z.B. Entnazifizierung nach 1945, Aufarbeitung der SED-Vergangenheit in den neuen Bundesländern nach 1990). Stellen Sie Unterschiede und Ähnlichkeiten heraus.

[1] **Visitation** (von lat. *visitatio*: Besichtigung, Besuch): Inspektion, Besuch einer Aufsichtsperson zur Kontrolle von dienstlich Untergebenen

[2] **Sozialprestige**: Geltung innerhalb der Gesellschaft

[3] **Zölibat** (von lat. *caelebs*: unverheiratet): Gebot der Ehelosigkeit und Keuschheit für Geistliche

[4] **Maxime**: Leitvorstellung

M8 Reichsverfassung und Augsburger Religionsfrieden

Das Schaubild zeigt das Verfassungssystem des Heiligen Römischen Reiches Deutscher Nation und die Neuerungen durch den Augsburger Religionsfrieden von 1555:

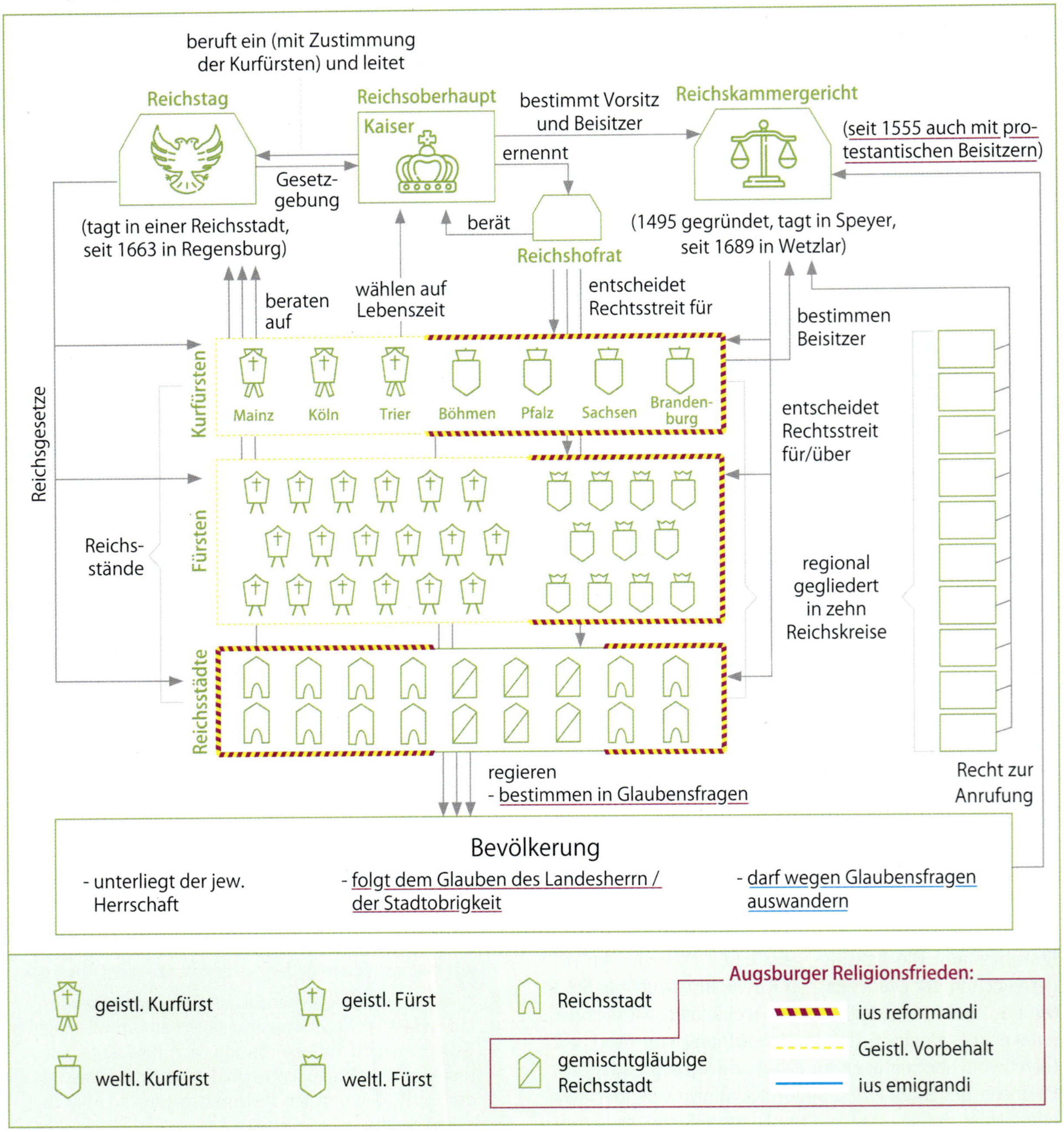

1. Beschreiben Sie die Elemente und Aussagen des Schaubildes. | H
2. Arbeiten Sie heraus, welche Bestimmungen des Religionsfriedens für eine Festschreibung der Zustände sorgen sollten, welche dagegen Veränderungen zuließen. | H
3. Präsentation: Verfassen Sie ein Schreiben, mit dem Sie als Untertan Ihrem Fürsten oder Ihrer Reichsstadt anzeigen, wegen Glaubensgründen auszuwandern. Führen Sie dabei das vom Religionsfrieden gewährte Recht an. Berücksichtigen Sie auch, dass die Emigration mit harten Auflagen verbunden war (Zurücklassen des eigenen Vermögens, Ablösezahlungen).

M9 Empfehlungen zur katholischen Reform

Der Jesuitenpater Petrus Canisius (1521–1597) verfasst 1576 ein Gutachten über die Bewahrung und Erneuerung des katholischen Glaubens im römisch-deutschen Reich. Adressiert ist das Schreiben an den päpstlichen Legaten (Botschafter), Kardinal Giovanni Morone (1509–1580):

Unter andern Missständen, die jetzt nach dem verderblichen „Evangelium" Luthers in Deutschland um sich greifen, stehen folgende nicht an letzter Stelle, durch welche die Zahl der Katholiken von Tag zu Tag kleiner wird, nämlich eine völlige Unwissenheit im Glauben, die Unkenntnis der Kirche und deren Verachtung. Ferner ist nicht nur das Leben der Laien verderbt, sondern auch das des ganzen Klerus und vor allem der Prälaten[1] und der Ordensleute. Diese Missstände zerstören neben der Häresie[2] den Rest der Kirche [...], sodass es ohne rechtzeitige Gegenmaßnahmen unmöglich wird, die Katholiken vor dem Abfall zurückzuhalten oder die Häretiker[3] wiederzugewinnen. [...]

1. Das erste und nächstliegende Mittel ist – damit hat unser Heiliger Vater [der Papst] ja schon den Anfang gemacht –, dass er weiterhin für einen guten Unterricht der deutschen Jugend in verschiedenen Seminarien sorgt, die er auf seine Kosten bauen lassen möge. Zwar hilft das bereits errichtete Deutsche Kolleg in Rom[4] schon viel zu diesem Ziel. Weil aber die Kosten dort höher sind und viele das Klima nicht ertragen und immer wieder krank werden, und wegen anderer Ungelegenheiten scheint es ratsamer zu sein, in Rom selbst nur eine kleine Zahl von Deutschen zu behalten und mehrere Seminarien in Deutschland selber zu errichten. [...] Aus derartigen Seminarien würden sicher nicht nur gelehrte, sondern auch in jeder Hinsicht erprobte junge Leute hervorgehen. [...]

2. Das zweite Mittel ist, dass der Heilige Vater mit den deutschen Bischöfen über die Errichtung solcher Seminare verhandelt, bis sie endlich etwas in Angriff nehmen. [...]

5. Vor allem in Österreich und Böhmen gibt es sehr viele Äbte und Ordensobere, die nie Mönche waren noch rechtmäßig gewählt sind. Als Laien werden sie von einem weltlichen Fürsten eingesetzt [...]. [...] Ob es nicht ratsam wäre, dass der Heilige Vater mit den Fürsten verhandelte, damit sie in Zukunft derartige Ernennungen bleiben lassen oder dass wenigstens das Präsentationsrecht[5] nur unter der Bedingung zugestanden werde, dass sie sich an die Forderungen des Trienter Konzils halten?

6. Selten visitieren die Bischöfe ihre Diözesen, noch seltener erreicht eine Visitation[6] einen Nutzen. Dies kommt vor allem daher, dass sie nicht wissen, was zu verbessern und was anzuordnen ist [...]. Daher wäre es gut, wenn der Heilige Vater darüber wenigstens mit einigen Bischöfen verhandelte und gelehrte Männer auswählte, die der Aufgabe einer Visitation gewachsen und voll Eifer für Gott sind [...].

7. Großer Schaden erwächst daraus, dass allenthalben ohne jede Auswahl ganz Unwürdige geweiht und als Pfarrer eingesetzt werden. Grund dafür ist der Mangel an Geistlichen und die Unwissenheit und Nachlässigkeit der Prälaten. Der ersten Wurzel des Übels wird leicht mit der Errichtung der Seminare begegnet, die zweite wird dadurch behoben, dass auf Geheiß seiner H[eiligkeit] eine Prüfungsordnung für Weihekandidaten und für solche, die als Pfarrer eingesetzt werden sollen, herausgegeben und den Bischöfen übersandt wird.

8. Da wir aus der Werkstätte Satans täglich viele Bücher erscheinen sehen, die mit ihrem Gift das arme Volk verführen, wird es von großem Nutzen sein, wenn vom Apostolischen Stuhl[7] einige ausgezeichnete Männer ausgewählt werden, die die Bücher der Häretiker, die größeren Schaden anrichten, vor allem die Institutionen Calvins[8] und die Verurteilung des Trienter Konzils durch Chemnitz[9] widerlegen und bekämpfen sollten. Zu diesem Zweck wird es auch ganz entsprechend sein, wenn vom Papst eine Druckerei errichtet oder mit der Herausgabe betraut würde.

Nach: Albrecht P. Luttenberger (Hrsg.), Katholische Reform und Konfessionalisierung, Darmstadt 2006, S. 313–316 (gekürzt)

1. Fassen Sie die Reformvorschläge zusammen.
2. Arbeiten Sie heraus, welche Missstände das Gutachten der eigenen Kirche und den katholischen Fürsten anlastet, welche dagegen der Reformation.
3. Vergleichen Sie die empfohlenen Reformmaßnahmen mit der Einführung evangelischer Kirchenordnungen in deutschen Territorien (siehe dazu den Verfassertext auf Seite 104 sowie M7 auf Seite 115).
4. Präsentation: Informieren Sie sich über Petrus Canisius und Giovanni Morone. Verfassen Sie Kurzbiografien über ihre Rolle im Rahmen der katholischen Reform.

[1] **Prälat**: Siehe Fußnote 1 in M5 auf Seite 113.
[2] **Häresie** (von altgriech. *haíresis*: Wahl, Anschauung): abweichende Glaubenslehre, Ketzerei
[3] **Häretiker**: Vordenker oder Anhänger einer Häresie, Ketzer
[4] **Deutsches Kolleg in Rom** (lat. *Collegium Germanicum*): 1552 gegründete päpstliche Hochschule für Priester, die die katholische Reform ins römisch-deutsche Reich tragen sollten
[5] **Präsentationsrecht**: Vorschlagsrecht zur Wahl eines Kandidaten
[6] **Visitation**: Siehe dazu Fußnote 1 für M7 auf Seite 115.
[7] **Apostolischer Stuhl**: Bezeichnung für das Papsttum
[8] **Institutionen Calvins**: Hier wird auf die Schrift „Institutio christianae religionis" (dt.: „Unterricht in der christlichen Religion") von Johannes Calvin (siehe Seite 107, Randspalte) angespielt.
[9] Der evangelische Theologe **Martin Chemnitz** (1522–1586) verfasste zwischen 1566 und 1573 eine Kritik der Trienter Konzilsbeschlüsse.

M10 „Geistlicher Rauffhandel"

Auf einem ca. 1619 veröffentlichten illustrierten Flugblatt steht zu lesen:

Ach Herr Gott / ein elends wesen /
Wir können wedr schreibn noch lesen /
Sein ungelehrt / einfältig Leut /
Verstehen nicht den grossen Streit /
So all Lehrer täglich treiben /
In dem predigen und schreiben /
[...]
Es ist etwann bey hundert Jahr /
Fiel Luther dem Bapst in die Haar /
Der Bapst wolt das nicht gut seyn lan /
Fiel den Luther auch wider an /
Das rauffen wärt ein kurtze Frist /
Da mengt sich drein der Calvinist /
Fiel Bapst und Luther in die Haar /
Drauff der Zanck noch viel ärger war /
[...]
Der Punct seynd ein grosser Hauffen /
Drumb sich die drey Männer rauffen /
Und wäret noch je länger je mehr /
Der gemein Läy beklagt das sehr /
Weil er davon wirdt irr und toll /
Weiß nicht wem Theil er glauben soll /
Und ist läyder zu vermuten /
Es möcht sich noch ein Lehr außbruten.
Beschluss:
Herr Jesu / schaw du selbst darein /
Wie uneins die drey Männer seyn /
Komm doch zu deiner Kirch behend /
Und bring solch zancken zu eim end.

Nach: Deutsche illustrierte Flugblätter des 16. und 17. Jahrhunderts, hrsg. von Wolfgang Harms, Bd. II/2, Tübingen ²1997, S. 262 f.

1. Arbeiten Sie heraus, welche Position das Gedicht im Streit zwischen den Konfessionen bezieht.
2. Der Text spricht vom „Rauffhandel" (Schlägerei) der Bekenntnisse. Finden Sie andere Begriffe für die damalige Auseinandersetzung.
3. Wie viel Uneinigkeit verträgt eine Religion? Diskutieren Sie allgemein in der Klasse.

M11 Wiederherstellung, Gleichstellung, Duldung

Am 24. Oktober 1648 werden in Münster der Friedensvertrag zwischen dem Kaiser und Frankreich sowie in Osnabrück die Vereinbarung zwischen Kaiser, Reichsständen und Schweden unterzeichnet. Im Osnabrücker Friedensvertrag (lat. Instrumentum Pacis Osnabrugensis, IPO*) heißt es in Artikel V:*

[§ 2] Der Stichtag für die Restitution in geistlichen Angelegenheiten sowie für das, was als deren Folge in den weltlichen Angelegenheiten verändert wurde, soll der 1. Januar 1624 sein. Es soll daher die Wiedereinsetzung aller Kurfürsten, Fürsten und Stände beider Konfessionen[1] unter Einschluss der freien Reichsritterschaft sowie der reichsunmittelbaren Städte und Dörfer vollständig und ohne jeden Vorbehalt geschehen, wobei [...] alles auf den Stand des vorerwähnten Jahres und Tages zurückzuführen ist.

[§ 30] Was ferner die [Landsassen[2], Vasallen[3] und Untertanen] der geistlichen und weltlichen Reichsstände betrifft, so ist, da diesen reichsunmittelbaren Ständen [...] das Reformationsrecht zusteht [...], [...] bestimmt worden, dass diese Vorschrift auch künftig von den Ständen beider Bekenntnisse beachtet und keinem Reichsstand das Recht, das ihm gemäß der Landeshoheit in Religionssachen zusteht, geschmälert werden soll.

[§ 31] Diesen Bestimmungen steht nicht entgegen, dass die Landsassen, Vasallen und Untertanen katholischer Stände, welcher Art sie auch seien, die zu irgendeinem Zeitpunkt des Jahres 1624 die öffentliche oder private Religionsausübung der Augsburgischen Konfession [...] vorgenommen haben, diese auch fernerhin einschließlich aller Nebenrechte, soweit sie diese im vorerwähnten Jahr in Anspruch genommen haben oder deren Ausübung unter Beweis stellen können, beibehalten sollen. Zu diesen Nebenrechten werden gerechnet: die Besetzung der Konsistorien, der Schule und der Kirchenämter, das Patronatsrecht[4] und ähnliche Rechte. Auch sollen sie im Besitz aller zur vorerwähnten Zeit in ihrer Gewalt befindlichen Kirchen, [...] Klöster und Spitäler einschließlich allen Zubehörs, aller Einkünfte und allen Zuwachses verbleiben. [...]

[1] Gemäß Artikel VII des IPO wurden die Reformierten den Anhängern des katholischen und evangelisch-lutherischen Bekenntnisses rechtlich gleichgestellt.
[2] **Landsasse**: Grundherr oder Adliger, der der Hoheit eines Fürsten untersteht
[3] **Vasall**: freie Person, die Lehen empfängt und verwaltet, als Lehnsnehmer dem Lehnsherrn zu Abgaben sowie militärischer oder politischer Gefolgschaft verpflichtet
[4] **Patronatsrecht** (von lat. *patronus*: Schutzherr): Schirmherrschaft über eine örtliche Kirche und ihr Personal

[§ 32] Wer [von ihnen] aber auf irgendeine Weise beeinträchtigt oder [seiner Besitztümer] entsetzt worden ist, soll ausnahmslos und vollständig in den Rechtszustand, in dem er sich im Jahre 1624 befunden hat, wiedereingesetzt werden.
Das gleiche gilt für die katholischen Untertanen von Reichsständen der Augsburgischen Konfession, denen im vorerwähnten Jahr 1624 die öffentliche oder private Ausübung des katholischen Bekenntnisses zustand. [...]

[§ 34] Ferner ist man übereingekommen, dass die der Augsburgischen Konfession angehörenden Untertanen katholischer Stände wie umgekehrt katholische Untertanen von Ständen der Augsburgischen Konfession, denen im Jahre 1624 zu keinem Zeitpunkt die öffentliche oder private Religionsausübung zustand, wie auch die, die nach der Verkündung des Friedens künftig ein anderes Glaubensbekenntnis annehmen oder annehmen werden als ihr Landesherr, mit Nachsicht geduldet und nicht daran gehindert werden sollen, sich in vollständiger Gewissensfreiheit in ihren Häusern ihrer Andacht ohne jede Nachforschung und ohne jede Beeinträchtigung privat zu widmen [...], in der Nachbarschaft so oft und wo immer sie wollen am öffentlichen Gottesdienst teilzunehmen und ihre Kinder entweder in auswärtige Schulen ihres Bekenntnisses oder zu Hause von Privatlehrern unterweisen zu lassen. Doch sollen Landsassen, Vasallen und Untertanen im Übrigen ihre Pflicht in schuldigem Gehorsam und Unterordnung erfüllen [...] und zu keinerlei Unruhen Anlass geben.

[§ 35] Ob die Untertanen aber katholischen Glaubens oder Augsburgischer Konfession sind, sollen sie doch nirgends wegen ihres Bekenntnisses verachtet [...] und auch nicht aus der Gemeinschaft der Kaufleute, Handwerker und Zünfte, von Erbschaften, Vermächtnissen, Spitälern, Siechenhäusern[1], Almosen und anderen Rechten oder Geschäften, noch viel weniger von den öffentlichen Kirchhöfen und einem ehrlichen Begräbnis ausgeschlossen [werden] [...]; vielmehr sollen sie in diesen und ähnlichen Fällen in gleicher Weise wie ihre Mitbürger Recht, Gerechtigkeit und Schutz genießen [...].

Nach: Arno Buschmann, Kaiser und Reich. Klassische Texte zur Verfassungsgeschichte des Heiligen Römischen Reiches Deutscher Nation vom Beginn des 12. Jahrhunderts bis zum Jahre 1806, Tl. 2, Baden-Baden ²1994, S. 35 und 48–51

1. Fassen Sie zusammen, in welchen Fällen das Normaljahr 1624 als Richtschnur für die konfessionellen Verhältnisse dienen sollte.
2. Erklären Sie, weshalb die Festlegung eines Normaljahrs zur allgemeinen Befriedung beigetragen hat.
3. Stellen Sie die Rechte der Bevölkerung (hier als „Landsassen, Vasallen und Untertanen" bezeichnet) den Rechten gegenüber, die ihr der Augsburger Religionsfrieden gewährte.
4. Arbeiten Sie aus den Paragrafen 34 und 35 (Zeile 42 bis 72) heraus, welche Nachteile es bisher für Andersgläubige in einer Reichsstadt oder einem Territorium geben konnte.
5. Präsentation: Tragen Sie die Bestimmungen des Westfälischen Friedens, soweit sie die Reichsstände und die Bevölkerung betreffen, in das Schaubild in M8 ein. Ziehen Sie dazu auch den Abschnitt „Friede mit Perspektiven" im Darstellungsteil auf Seite 109 heran.

[1] **Siechenhäuser**: damalige Krankenhäuser für besonders ansteckende Krankheiten wie Pest, Cholera oder Aussatz

Methode

Streitschriften untersuchen

Eine **Streitschrift** ist eine Textquelle. Mit ihr meldet sich der Verfasser in einer **öffentlichen Auseinandersetzung** über ein bestimmtes Thema zu Wort. Eine Streitschrift **„sucht Streit"**: Statt abzuwägen oder nüchtern zu beobachten, nimmt der Verfasser einseitig Partei und spitzt seine Meinung zu. Die Aussagen wirken daher leidenschaftlich, bis hin zur Übertreibung. In ihrer Argumentation setzen manche Verfasser vorsätzlich Unwahrheiten, Anfeindungen oder Spott ein. Steht die verbale Kampfansage an einen Gegner oder an eine andere Meinung im Vordergrund, spricht man auch von einer **Schmähschrift** oder einem **Pamphlet**.

Streitschriften der Vergangenheit sind oft sehr aufschlussreich, allerdings ist bei ihrer Untersuchung Vorsicht geboten. Wortwahl und Gedankengang der Quelle können gegen den Verfasser einnehmen, ihn befremdlich oder widerwärtig erscheinen lassen. Es geht jedoch weniger um ein moralisches Urteil, auch wenn eine solche Wertung in die Analyse aufgenommen werden kann. Vielmehr sind die **Motive des Verfassers und seine Position** kenntlich zu machen. Eine Streitschrift enthält kaum etwas Zuverlässiges über den darin beschriebenen Gegner. Sie gibt dagegen viel Aufschluss über den Verfasser selbst, seine Anschauungen oder seine Voreingenommenheit. Ähnliches gilt für das **Publikum**, an das sich der Text wendet. In den Anklagen oder Gehässigkeiten einer Streitschrift werden typische Sorgen, Probleme und Konflikte einer Zeit sichtbar. Mitunter ist das „Nachleben" einer Streitschrift zu berücksichtigen. Ihre Aussagen können auch die Menschen späterer Zeiten noch beeinflusst haben. In der Analyse ist klar zu trennen zwischen der ursprünglichen **Aufnahme (Rezeption)** der Streitschrift und ihren **Folgen** für die Nachwelt.

Ein weiteres Anwendungsbeispiel finden Sie auf Seite 56.

Arbeitsschritt	Leitfragen
1. beschreiben	• Wer ist der Verfasser oder Auftraggeber, welche Funktion oder Stellung hat er/sie? • Wann, wo und aus welchem Anlass wurde die Streitschrift verfasst? • Was ist der Gegenstand der Streitschrift? Was wird thematisiert? • Wie ist der Text aufgebaut? Welche Merkmale kennzeichnen ihn (Sprache, Stil)? • Tauchen im Text Übertreibungen, Unwahrheiten, Spott oder verbale Angriffe auf?
2. erklären	• Zu welcher öffentlichen Auseinandersetzung nimmt die Streitschrift Stellung? • Welchen Bezug hat der Verfasser zum Thema (Betroffener, distanzierter Beobachter)? • An wen wendet sich die Streitschrift? • Gegen wen oder welche Position ist die Streitschrift gerichtet? • Welche Absichten verfolgt der Verfasser oder Auftraggeber mit dem Text? • Welche Wirkung geht von dem Text aus?
3. beurteilen	• Was kann die Streitschrift über die Denkweise des Verfassers und seines Publikums aussagen? • Gibt es weitere Äußerungen des Verfassers zum gleichen Thema? • Wie wurde die Streitschrift von den Zeitgenossen aufgenommen? • Von wem und wie wurde der Text in späteren Zeiten rezipiert?

M Luther und die Juden

Im Jahr 1523 veröffentlicht Martin Luther seine Schrift „Dass Jesus Christus ein geborener Jude sei". Er hofft darin, die Juden würden freiwillig die evangelische Lehre übernehmen. Im Winter 1542/43 verfasst er die Schrift „Von den Juden und ihren Lügen". Luthers frühere Haltung hat sich ins Gegenteil verkehrt:

Ich habe eine Schrift erhalten, in der ein Jude ein Gespräch mit einem Christen führt und sich daran macht, die Sprüche der [Heiligen] Schrift (wie sie für unseren Glauben gelten, über unseren Herrn Christus und Maria, seine Mutter) zu verdrehen und ganz anders zu deuten. Damit meint er, unseren Glaubensgrund umzustoßen. Darauf gebe ich Euch und ihm diese Antwort [...].

[...] Ja, hier liegt der Grund, der Hader, die Anmaßung, das macht die Juden toll und töricht und treibt sie zu solch verdammtem Ansinnen, alle Sprüche der Schrift so schändlich entstellen zu müssen: Sie wollen und können nicht ertragen, dass wir Heiden mit ihnen vor Gott gleich seien und der Messias Trost und Freude für uns sei ebenso wie für sie. Ehe sie es ertrügen, dass wir Heiden, die wir von ihnen ohne Unterlass verspottet, verwünscht, verflucht, beleidigt und entehrt werden, mit ihnen am Messias teilhaben und Miterben und ihre Brüder heißen sollten, eher, so sage ich, kreuzigten sie noch zehnmal den Messias und schlügen Gott selbst tot, wenn dies möglich wäre, samt aller Engel und Geschöpfe, auch wenn sie dafür tausend Höllen statt nur einer einzigen verdienten. [...]
Diesen giftigen Hass gegen die Gojim haben sie seit ihrer Jugend eingesogen, von ihren Eltern und Rabbinern[1], und saugen ihn weiter ein, ununterbrochen, sodass es ihnen, wie es in Psalm 109 heißt, in Fleisch und Blut, in Mark und Bein übergegangen und ganz und gar zu ihrer Natur, ihrem Dasein geworden ist. Und so wenig sie ihr Fleisch und Blut, ihr Mark und Bein ändern können, so wenig können sie solchen Stolz und Neid ändern. Sie müssen so bleiben und verderben, sofern Gott nicht ausgesprochen große Wunder tut. [...] Darum wisse, lieber Christ, und zweifle nicht daran, dass du außer dem Teufel keinen erbitterteren, giftigeren, heftigeren Feind hast als einen wahren Juden, der es ernst meint, Jude zu sein. Es mag unter ihnen einige geben, die wie die Kühe oder Gänse an gar nichts glauben. Doch ihre Abstammung und Beschneidung wird niemand von ihnen los. [...]
Unseren Obrigkeiten, so sie Juden als Untertanen haben, wünsche ich und bitte sie, sie wollten [...] scharfe Barmherzigkeit gegen diese elenden Leute üben, damit es doch noch etwas helfen sollte, wiewohl wenig Aussicht besteht. Wie die treuen Ärzte, wenn der Wundbrand[2] die Knochen befallen hat, mit Unbarmherzigkeit verfahren und schneiden, sägen und Fleisch, Adern, Mark und Bein abbrennen, so verfahre man auch hier. Man verbrenne ihre Synagogen, verbiete alles, was ich oben schon nannte[3], zwinge sie zur Arbeit und behandle sie mit aller Unbarmherzigkeit, wie es Mose getan in der Wüste, als er dreitausend totschlug, damit nicht das ganze Volk verderben müsse. Sie [die Juden] wissen wahrlich nicht, was sie tun und wollen es, wie die Besessenen, nicht wissen, hören oder lernen. Darum kann man hier keine Barmherzigkeit üben, die sie in ihrem Wesen stärken würde. Will das Gesagte nicht helfen, dann müssen wir sie verjagen wie tolle Hunde, damit wir nicht, ihrer grauenvollen Lästerungen und aller Laster teilhaftig, mit ihnen zusammen Gottes Zorn verdienen und verdammt werden. Ich habe das Meine getan, ein jeder sehe, wie er das Seine tue, ich bin ohne Schuld.

Nach: D. Martin Luthers Werke. Kritische Gesamtausgabe, IV. Abteilung, Bd. 53, Weimar 1920 (unveränderter Nachdruck Weimar 2007), S. 417–552, hier S. 417, 481 f. und 541 f. (sprachlich vereinfacht)

Vage Andeutung, der erwähnte Text ist bis heute unbekannt.

Schimpfwort, den Juden in den Mund gelegt

Anfeindungen

Übertreibung

hier: abfällige Bezeichnung für alle Nichtjuden

Verweis auf Altes Testament

suggestive (stark beeinflussende) Vorstellung: Hass der Juden als nicht veränderbare, „natürliche" Eigenschaft

Vorurteil: Stolz und Neid

Anfeindungen

suggestiver (stark beeinflussender) Vergleich: Unglaube der Juden als gefährlicher „Infektionsherd"

Verweis auf Altes Testament (Exodus 32,25–28)

Vorurteil: Verblendung, Unbelehrbarkeit

Drohung

---

[1] **Rabbiner**: jüdische Geistliche
[2] **Wundbrand** (veraltet): sich ausbreitende Wundinfektion
[3] Luther forderte das Verbot jüdischer Religionslehre und die Beschlagnahme jüdischer religiöser Schriften. Juden sollten in keinen festen Behausungen wohnen und keinen erhöhten Zins für Darlehen nehmen dürfen (sogenanntes Wucherverbot).

► Analysieren Sie die Streitschrift mithilfe der Arbeitsschritte auf Seite 120. Ihre Ergebnisse können Sie mit der Beispiellösung auf Seite 532 vergleichen.

Die Krise der spätmittelalterlichen Kirche und die Reformation

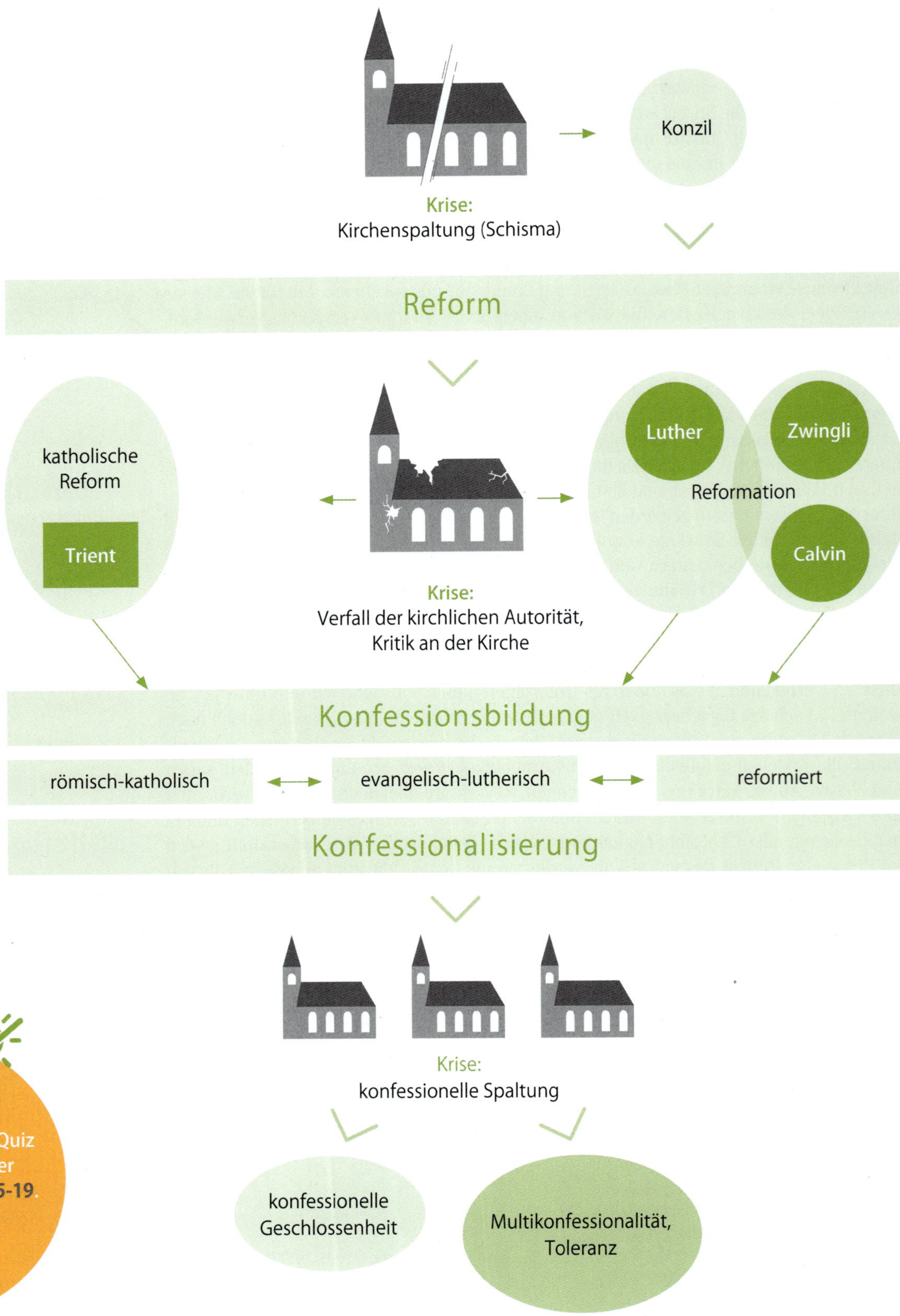

ABI CHECK

Ein interaktives Quiz erwartet Sie unter dem Code **32035-19**.

M „Es muss anders werden"

Der Kulturhistoriker Jacob Burckhardt (siehe Seite 13) bemerkt zur Dynamik von Krisen in der Geschichte:

Eine scheinbar wesentliche Vorbedingung für die Krisen ist das Dasein eines sehr ausgebildeten Verkehrs und die Verbreitung einer bereits ähnlichen Denkweise in anderen Dingen über große Strecken. Allein, wenn die Stunde da ist und der wahre Stoff, so geht die Ansteckung mit elektrischer Schnelle über hunderte von Meilen und über Bevölkerungen der verschiedensten Art, die einander sonst kaum kennen. Die Botschaft geht durch die Luft, und in dem Einen, worauf es ankommt, verstehen sie sich plötzlich Alle, und wäre es auch nur ein dumpfes: „Es muss anders werden."

*Der Kirchenhistoriker Hubert Wolf (*1959) über gescheiterte Ansätze, die Krise der spätmittelalterlichen Kirche zu überwinden:*

„Wir wissen, dass es an diesem Heiligen Stuhl schon seit einigen Jahren viele gräuliche Missbräuche in geistlichen Dingen und Exzesse gegen die göttlichen Gebote gegeben hat, ja, dass eigentlich alles pervertiert worden ist. So ist es kein Wunder, wenn sich die Krankheit vom Haupt auf die Glieder, das heißt von den Päpsten auf die unteren Kirchenführer ausgebreitet hat. Wir alle [...] sind abgewichen, ein jeder sah nur auf seinen eigenen Weg, und da ist schon lange keiner mehr, der Gutes tut, auch nicht einer." Diese Worte stammen nicht von einem zeitgenössischen Kritiker der katholischen Kirche, sondern von Papst Hadrian VI. im Jahr 1523. Keine zwei Jahre zuvor hatte Martin Luther sich auf dem Wormser Reichstag geweigert, seine Thesen zu widerrufen, woraufhin die Reichsacht über ihn verhängt wurde – ein entscheidender Schritt auf dem Weg zur Kirchenspaltung.

Hadrian VI. versuchte, der Kritik den Wind aus den Segeln zu nehmen, indem er die vielfältigen Missstände beim Namen nannte, seiner Kirche überfällige Reformen verordnete und versprach, „dass Wir jede Anstrengung unternehmen werden, dass als erstes diese Kurie, von der das ganze Übel ausgegangen ist, reformiert wird, damit sie in gleicher Weise, wie sie zum Verderben der Untergebenen Anlass geboten hat, nun auch ihre Genesung und Reform bewirkt. Dazu fühlen Wir Uns umso mehr verpflichtet, als Wir sehen, dass die ganze Welt eine solche Reform sehnlichst begehrt." Doch Hadrian VI. starb bereits im September 1523, und sein radikales Programm wurde nie umgesetzt.

Erster Text: Jacob Burckhardt, Werke. Kritische Gesamtausgabe, Bd. 10, München/Basel 2000, S. 470 f.; zweiter Text: Hubert Wolf, Die Reformierbare. Von den vielfältigen Optionen der katholischen Kirche, in: Aus Politik und Zeitgeschichte 66 (2016), Heft 52, S. 28–33, hier S. 28

1. Erläutern Sie, ob das von Burckhardt geschilderte Merkmal auf die Krise der spätmittelalterlichen Kirche zutraf.
2. Papst Hadrian VI. spricht von einer „Krankheit" der Kirche sowie von ihrer „Genesung" (Zeile 16 und 35). Weisen Sie in den Quellentexten M2, M3, M5 und M9 aus dem Wahlmodul nach, ob es gleichlautende oder sinngemäß ähnliche Befunde gibt. Argumentieren Sie, unter Bezug auf die Aussagen im Kernmodul „Krisen", dass darin ein zeitgenössisches Krisenbewusstsein zum Ausdruck kommt.
3. Setzen Sie sich mit der Frage auseinander, ob und inwieweit die kirchliche Krise von den Zeitgenossen als Chance und Bewährungsprobe verstanden wurde (vgl. dazu M2, M4 und M6 im Kernmodul „Krisen"). Verweisen Sie dabei auf die Geschehnisse um das Konstanzer Konzil, auf Jan Hus und seine Anhänger, auf die Lehre und das Verhalten von Martin Luther und auf die Reformen im Zuge des Konzils von Trient.
4. Beurteilen Sie die Bedeutung a) der Bildung (Gründung von Universitäten, Humanismus, Anstieg der Literaturproduktion usw.) und b) der damaligen Frömmigkeit für die kirchliche Krise und die Reformation.
5. Gruppenarbeit: Tragen Sie zusammen, welche Widerstände es gegen die geplanten Reformen der alten Kirche sowie gegen die reformatorische Bewegung gab (z.B. Konflikt Papst–Konzil, Wormser Edikt). Diskutieren Sie, ob diese Widerstände zu einer Verschärfung der Krise führten oder sie in eine andere Richtung lenkten.
6. Erörtern Sie, inwiefern die Krise der Kirche seit Ende des Mittelalters zu etwas wesentlich Neuem führte. Ziehen Sie dazu das Tafelbild auf der vorherigen Seite sowie M2 und M5 im Kernmodul „Krisen" heran.
7. Diskutieren Sie in der Klasse, welche Lehren sich aus der Krise der Kirche für die Gegenwart ziehen lassen.

Orientierung

1.6 Wahlmodul: Französische Revolution

Das Kapitel beschäftigt sich inhaltlich mit ...

- den Ursachen der Revolution
- den Phasen der Revolution und ihren Trägern
- der Ausstrahlung der Revolution auf Deutschland
- Napoleon als Erbe der Revolution

Die Französische Revolution von 1789 gehört zu den wirkungsmächtigsten Ereignissen in der Geschichte der Neuzeit. Ende des 18. Jahrhunderts ist das absolutistische Königtum nicht mehr in der Lage, die zerrütteten Staatsfinanzen zu ordnen. Angeleitet von den Ideen der Aufklärung erzwingen die Bürger eine Teilhabe an der Regierung. Bleibend ist am Ende die Auflösung der althergebrachten ständischen Gliederung der Gesellschaft. Dem französischen Beispiel folgen bald andere europäische Staaten – mit weniger Blutvergießen.

Im Verlauf der Revolution wurde die absolute Monarchie in Frankreich zunächst in eine konstitutionelle, das heißt an eine Verfassung gebundene, Monarchie umgewandelt. In einem zweiten Schritt errichtete das Volk eine Republik – ohne Monarchen. Eine radikaldemokratische Revolutionsregierung herrschte zeitweise mit Mitteln des Terrors. Schließlich erklärte nach einem Staatsstreich der Erste Konsul Napoleon Bonaparte „die Revolution für beendet". Bleibendes Erbe der Revolution ist die Erklärung der Menschen- und Bürgerrechte vom 26. August 1789, deren Prinzipien bis heute Gültigkeit besitzen.

Denkwürdige Szenen.
Kolorierter Holzschnitt aus dem Jahre 1793, verlegt von Jean-Baptiste Letourmi.
Ein anfangs der 1790er-Jahre populärer Bilderbogen gibt den Verlauf der Ereignisse zwischen 1789 und 1791 wieder. Zu Beginn (Abbildung links oben) wird der Dritte Stand fast erdrückt, weil er neben seinen eigenen Steuern auch noch die Lasten der ersten beiden Stände tragen muss. Das „Erwachen des Dritten Standes" in der zweiten Abbildung (rechts oben) zeigt im Hintergrund die Bastille und soll den 14. Juli 1789 beschwören. Die Abschaffung der Wappen (Abbildung unten links) verbildlicht die Beschlüsse der Nationalversammlung vom 19. Juni 1790: Abschaffung des Erbadels und adliger Titel. Auch kirchliche Insignien werden bei dieser Gelegenheit zerschlagen. In der vierten Abbildung (unten rechts) werden dank der Revolution die Lasten von den drei Ständen nun gemeinsam getragen. Doch nach wie vor erscheinen Adel und Klerus in engem Schulterschluss.

Das Ancien Régime in der Krise

1787 / 88	Steuer- und Finanzreformen scheitern am Einspruch des Adels und des Klerus.
1788	Der König beschließt, die Generalstände (Etats généraux) einzuberufen.

Die erste Revolution (Révolution de la liberté)

5. 5. 1789	Ludwig XVI. eröffnet die Generalstände in Versailles.
17. 6. 1789	Der Dritte Stand erklärt sich zur Nationalversammlung (Assemblée nationale).
14. 7. 1789	In Paris wird die Bastille gestürmt.

Konstitutionelle Monarchie

4. 8. 1789	„Augustbeschlüsse" der Nationalversammlung; die feudalen Privilegien und Rechte sollen abgeschafft werden.
26. 8. 1789	Die Menschen- und Bürgerrechte werden verkündet.
5. / 6. 10. 1789	Protestmarsch der Pariser Frauen nach Versailles; der königliche Hof und die Nationalversammlung werden nach Paris verlegt.
3. 9. 1791	Frankreich wird konstitutionelle Monarchie.
Juli / Aug. 1792	Das Königtum wird vorübergehend aufgehoben und Ludwig XVI. mit seiner Familie gefangengesetzt.

Die zweite Revolution (Révolution de l' égalité)

2. - 6. 9. 1792	In Paris werden die Gefängnisse gestürmt und zahllose Häftlinge ermordet („Septembrisaden").
21. 9. 1792	Die Monarchie wird abgeschafft und die Republik errichtet.
21. 10. 1792	Französische Truppen marschieren in Mainz ein.
21. 1. 1793	Ludwig XVI. wird wegen Landesverrats verurteilt und hingerichtet.
17. 9. 1793	„Gesetz über die Verdächtigen": Höhepunkt der „Schreckensherrschaft" („La Terreur").
27. 7. 1794	Maximilien de Robespierre und seine Anhänger werden gestürzt und hingerichtet.

Das „amtliche Ende" der Revolution

20. - 23. 5. 1795	Die Sansculotten demonstrieren für „Brot und die Verfassung" von 1793; ihr Aufstand wird niedergeschlagen.
22. 8. 1795	Die „Direktorialverfassung" wird verkündet.
9. / 10. 11. 1799	Staatsstreich Napoleon Bonapartes; er erklärt die Revolution für beendet.
21. 3. 1804	Der Code civil, ein neues bürgerliches Gesetzbuch, wird veröffentlicht.
2. 12. 1804	Napoleon Bonaparte krönt sich in Paris zum Kaiser.

Frankreich am Vorabend der Revolution | Mit 28 Millionen Menschen (davon über 700 000 in der Metropole Paris) war Frankreich am Ende des 18. Jahrhunderts das am dichtesten besiedelte Land Westeuropas. Landwirtschaft und Kolonialhandel sorgten für den Wohlstand des Königreiches. Kulturell gehörte Frankreich zu den führenden Nationen. Rund ein Drittel der Bevölkerung war alphabetisiert, wobei zwischen den ländlichen und städtischen Regionen starke Unterschiede bestanden. Die Gesellschaft war in drei Stände gegliedert: die Geistlichkeit (*la Clergé*), der Adel (*la Noblesse*) sowie die Bauern und Bürger (*Tiers Etat*).

	Erster Stand	Zweiter Stand	Dritter Stand
	Geistlichkeit	Adel	Bürger und Bauern
Anteil an der Bevölkerung	ca. 130 000 (0,5 %)	ca. 380 000 (1,4 %)	ca. 27,5 Millionen (98 %)
Anteil am Grundeigentum	10 %	20 %	70 %
Nutznießer	hohe Geistlichkeit		Großbürgertum (1 % der Bevölkerung): 30 % Sonstige (97 % der Bevölkerung): 40 %

Die drei Stände in Frankreich vor 1789.

Die alte Gesellschaftsordnung hatte bereits im Verlauf des 18. Jahrhunderts begonnen, sich aufzulösen. Schon allein die Unterschiede zwischen dem Hofadel sowie dem wohlhabenden und dem verarmten Provinzadel waren erheblich. Zudem musste der Adel seine einstmals kulturelle Führungsfunktion mit dem Großbürgertum teilen. Die Wortführer der neuen aristokratisch-bürgerlich gemischten Bildungselite setzten sich ganz im Sinne der **Aufklärung** (➔M1) ein gegen den Anspruch der Kirche, im alleinigen Besitz der Wahrheit zu sein, sowie für politische Freiheit. Damit untergruben sie die Fundamente der ständischen Ordnung.

Eine weitere Annäherung zwischen Angehörigen beider Stände brachte der ökonomische Aufschwung Frankreichs in den ersten zwei Dritteln des 18. Jahrhunderts. Dank der Aufwertung des durch Handel und Gewerbe erlangten Reichtums konnten es Adlige nun durchaus mit ihrer Standeswürde vereinbaren, sich kommerziell zu betätigen. Sie beteiligten sich an Industrieunternehmen und wurden als Fernhändler und Reeder aktiv.

Auch in der Landwirtschaft waren Adel und Großbürgertum zu Konkurrenten und Partnern geworden. Hohe Grundrenten ließen den Landbesitz zum vorrangigen Investitionsobjekt für reiche Stadtbürger werden. Die bürgerlichen und adligen Agrarunternehmer nutzten die alten **feudalen** Rechte der Grundherrschaft auf Kosten der Bauern voll aus: etwa Anspruch auf bäuerliche Fronarbeit und Feudalabgaben, das Jagd- und Fischereimonopol, die grundherrliche Gerichtsbarkeit.

Während sich die Lebensformen von Adel und Großbürgertum einander anglichen, waren die Gegensätze innerhalb des *Dritten Standes* besonders deutlich. In den Städten bestimmten das Großbürgertum (Bankiers, Unternehmer etc.) und die aufgeklärte Bildungselite (Künstler, Anwälte, Ärzte, Beamte etc.) die öffentliche Meinung. Die Sorgen der Arbeiter und Dienstboten, der Ladenbesitzer, Gastwirte und Handwerker fanden kaum Gehör; sie lebten oft am Rande des Existenzminimums. Und auf dem Land waren die Kleinbauern als stärkste Bevölkerungsgruppe häufig auf zusätzliche Erwerbsquellen angewiesen. Bei Missernten waren Kleinbauern, Gesinde und Tagelöhner von der Not unmittelbar betroffen.

Aufklärung: Die bis heute gültige Definition von „Aufklärung" lieferte der Königsberger Philosoph Immanuel Kant (1724–1804): „Aufklärung ist der Ausgang des Menschen aus seiner selbst verschuldeten Unmündigkeit." Die Vernunft sollte zum Maßstab allen Denkens werden. Auswirkungen hatte dies für den Kampf gegen (religiöse) Vorurteile, für Bildung und Rechte der Bürger sowie in einer Hinwendung zu den Naturwissenschaften.

feudal: abgeleitet von lat. *foedum:* Lehensgut

Machtkampf | Das Ancien Régime litt ständig unter finanziellen Problemen. Sie waren durch die massive Unterstützung der nordamerikanischen Kolonien in ihrem Unabhängigkeitskrieg gegen Großbritannien (1776–1783) noch vergrößert worden.[1] Alle Versuche der Krone, die Stände entsprechend ihren Einkünften gleichmäßig zur Deckung der öffentlichen Lasten heranzuziehen, scheiterten am Widerstand von Klerus und Adel.

Ludwig XVI., der seit 1774 regierte, war schließlich gezwungen, die Generalstände (*Etats généraux*) einzuberufen. Darauf hatte das absolutistische Königtum seit 1614 bewusst verzichtet, aber nur die Generalstände sollten das Recht haben, über eine Steuerreform zu beraten.

Doch wie sollte das Wahlrecht zur Ständeversammlung aussehen, vor allem, sollten die Stände getrennt, wie vor 175 Jahren, oder vereint abstimmen? Die Regierung stellte diese Probleme der Öffentlichkeit zur Diskussion. Alle „Gelehrte und andere gebildete Personen" Frankreichs wurden aufgefordert, zu den Fragen der „nationalen Erneuerung" Stellung zu nehmen. Eine Flut von Zeitungsartikeln, Flugschriften, Streit- und Schmähschriften sowie gelehrten Abhandlungen folgte. Der absolutistische Staat hatte sich selbst zur Diskussion gestellt, und die daraus entstehende Auseinandersetzung war geprägt von den Vorstellungen der aufgeklärten Bildungselite.

Im Januar 1789 wurde die Wahlordnung zu den Generalständen veröffentlicht. Die Zahl der zu wählenden Abgeordneten des Dritten Standes war zwar verdoppelt worden, doch der künftige Abstimmungsmodus blieb weiter ungeklärt. Die Wahlordnung bestimmte, dass die gesamte männliche Bevölkerung über 25 Jahre (beim Adel auch die Frauen!), die in den Steuerlisten eingetragen war, wählen durfte. Adel und Klerus konnten ihre Vertreter direkt wählen, die Angehörigen des Dritten Standes dagegen durften ihre Abgeordneten nur indirekt, über Wahlmänner, bestimmen.

Der einsetzende Wahlkampf politisierte die Bevölkerung in nie gekannter Weise. Begriffe wie Freiheit, Gleichheit, Glück, Souveränität und Repräsentation, die schon zuvor den amerikanischen Unabhängigkeitskampf geprägt hatten, wurden zu Schlagwörtern. Der neue Begriff der „Volkssouveränität" fand seinen Ausdruck in einer im Januar 1789 von dem dreißigjährigen Geistlichen Emmanuel Joseph Sieyès veröffentlichten Flugschrift mit dem Titel „Was ist der Dritte Stand?" (→M2). Im Zusammenhang mit der Wahl der Abgeordneten konnten die Wähler ihre Klagen, Beschwerden und Wünsche vorbringen. Sie wurden in „Beschwerdeheften" (*Cahiers de doléances*) zusammengefasst. Die Monarchie stand bei dieser ersten modernen „Meinungsumfrage" der Geschichte nicht zur Diskussion.

Die Revolution der Abgeordneten | Am 5. Mai 1789 eröffnete der König in Versailles die Sitzungsperiode der Generalstände. Doch die Erwartungen wurden enttäuscht. Die Stände tagten getrennt, und die Reformen sollten an die Aufrechterhaltung der Ständeordnung gebunden bleiben. Nachdem die Versammlung deshalb über einen Monat handlungsunfähig geblieben war, forderte Sieyès die Abgeordneten des Ersten und Zweiten Standes auf, gemeinsam mit dem Dritten Stand zu tagen. Dem Aufruf folgten reformwillige Männer aus Adel und Klerus. Am 17. Juni erklärten sich 491 gegen 90 Abgeordnete zur Nationalversammlung (*Assemblée nationale*), und Sieyès verkündete, „dass es der Versammlung – und nur ihr – zukommt, den Gesamtwillen der Nation auszudrücken und zu vertreten; zwischen dem Thron und dieser Versammlung kann kein Veto, keine Macht des Einspruchs stehen". Das war revolutionär! Die an Stand und Auftrag ihrer Wähler gebundenen Deputierten (*imperatives Mandat*) hatten sich eigenmächtig (*souverän*) zu Abgeordneten der gesamten Nation erklärt, die nur noch dem Allgemeinwillen (*Volonté générale*) dienen wollten. Damit hatte der Dritte Stand den ersten Schritt vom politisch unmündigen Untertanen zum mitbestimmenden Staatsbürger (*Citoyen*) vollzogen.

Ancien Régime (wörtlich: alte, ehemalige Regierung): Der Begriff steht für die vorrevolutionären Zustände.

Generalstände: Ständevertretung ganz Frankreichs mit je 300 Abgeordneten des Klerus, des Adels und des Dritten Standes (= Bürger, Bauern)

Emmanuel Joseph Sieyès (1748–1836): Angehöriger des Klerus und Politiker. Er war einer der einflussreichsten Wortführer des Dritten Standes, wurde Abgeordneter des Nationalkonvents und unterstützte 1799 als Mitglied der Regierung den Staatsstreich Napoleons.

[1] Zum Unabhängigkeitskrieg siehe das Kapitel auf Seite 58 f.

Der Ballhausschwur vom 20. Juni 1789.
Zeitgenössisches Gemälde nach einer kolorierten Zeichnung des Revolutionsmalers Jacques-Louis David von 1791.
Ursprünglich hatte David seine Arbeit als Vorlage für ein riesiges Wandgemälde im Sitzungssaal der Nationalversammlung erstellt. Der Auftrag wurde nie ausgeführt, nicht zuletzt weil die gefeierten Helden von 1789 schon bald in Misskredit fielen.
Das Historienbild gibt nicht den tatsächlichen Hergang der Ereignisse wieder. Beispielsweise sind alle scheinbar spontanen Gesten so aufeinander abgestimmt, dass sie in der Bildmitte in der zum Schwur erhobenen Hand des Präsidenten der Versammlung zusammentreffen. Auch die Verbrüderung von Vertretern verschiedener Konfessionen im Vordergrund hat nachweislich nicht stattgefunden. Letztlich ging es David darum, die Geburtsstunde einer lebendigen und – trotz der sichtbar werdenden unterschiedlichen Gemütsäußerungen – geeinten Nation darzustellen. Der Vorhang links oben will den wehenden Atem der Geschichte in diesem historischen Augenblick verkörpern.

Als die Krone daraufhin kurzfristig den Versammlungsraum der Deputierten des Dritten Standes schloss, zogen die reformbereiten Abgeordneten aller drei Stände in eine nahe gelegene Sporthalle und beteuerten am 20. Juni in einer improvisierten Erklärung, dem *Ballhausschwur*, „niemals auseinanderzugehen und sich überall zu versammeln, wo es die Umstände gebieten sollten, so lange, bis die Verfassung des Königreiches ausgearbeitet ist und auf festen Grundlagen ruht". Angesichts der Entschlossenheit der Deputierten gab der König sein alleiniges Recht, Ständeversammlungen einzuberufen, zu vertagen oder aufzulösen, preis. Feierlich erklärte sich daraufhin am 9. Juli 1789 die Mehrheit der Abgeordneten zur Verfassunggebenden Nationalversammlung (*Assemblée nationale constituante*). Der Monarch herrschte nicht mehr absolut.

Der 14. Juli 1789 und die städtische Volksrevolution | Ludwig XVI. berief Mitte Juli eine konservative Regierung und zog die Truppen um Paris und Versailles zusammen. Die Furcht vor einer politischen Wende traf in Paris mit sozialen Problemen zusammen, denn die Lebensmittelpreise hatten einen Schwindel erregenden Höhepunkt erreicht. Notleidende Bürger forderten Brot und Waffen, Demonstrationen sorgten für Unruhe. Daraufhin übernahmen die Wahlmänner der Pariser Stadtbezirke als „Kommune" die Stadtverwaltung. Ein *Ständiger Ausschuss*, der zukünftige Stadtrat, gründete eine Bürgerwehr: die Nationalgarde. Damit hatte die bürgerliche Selbstverwaltung begonnen. Sie konnte aber nicht verhindern, dass aufgrund von Gerüchten, königliche Truppen würden die Stadt angreifen, eine aufgebrachte Menge am 14. Juli die *Bastille* stürmte. Die alte Festung diente als Staatsgefängnis und Pulverlager – und galt als Symbol der Unfreiheit. Ihre Eroberung, bei der sieben Gefangene befreit werden konnten und 98 Angreifer im Kampf fielen, gab der Bevölkerung ein nicht mehr zu nehmendes Bewusstsein von Macht. Sie hatte die „Ketten der Knechtschaft" (*Jean-Jacques Rousseau*) gesprengt – und ganz Europa nahm das staunend zur Kenntnis.

Die Revolution der Bauern | Auch auf dem Lande hatte man von den Generalständen Reformen erwartet. Als diese ausblieben, protestierten die Bauern mit friedlichen und gewaltsamen Mitteln gegen ihre Grundherren. Sie verweigerten Abgaben, stürmten Herrensitze, Schlösser und Klöster und vernichteten die Urkunden, die ihre Abgaben und Pflichten belegten. Gleichzeitig verbreitete sich eine „Große Furcht" (*„Grande Peur"*) vor herumstreunenden Bettlergruppen, plündernden Räuberbanden und Rachefeldzügen der Aristokratie. Sie stellte sich im Nachhinein oft als unbegründet heraus.

Von der ständischen zur bürgerlichen Ordnung | Während die ersten Adligen ins Exil gingen, richteten sich die politischen Hoffnungen des Dritten Standes auf die Verfassunggebende Versammlung. Waren die fast 1 200 Abgeordneten in der Lage, die ständische Gesellschaftsordnung in eine auf Freiheit und Gleichheit beruhende bürgerliche Ordnung umzuwandeln? Diese Aufgabe verlangte zunächst die Umformung der ständischen in eine bürgerliche Rechtsordnung. Der erste Schritt dahin waren die *„Augustbeschlüsse"*, welche die Sonderrechte (Privilegien) von Ständen, Provinzen und Städten abschafften. Die folgende Gesetzgebung regelte erstmals die politische Gleichberechtigung aller Stände und – daraus resultierend – die rechtliche und steuerliche Gleichheit der Bürger. Freie (ständisch ungebundene) Staatsbürger sollten von nun an selbst über ihr Eigentum (vor allem über Grund und Boden) verfügen können. Eine Grundlage der „modernen" bürgerlichen Gesellschaft war geschaffen.

In einem zweiten Schritt wurde am 26. August 1789 die Erklärung der Menschen- und Bürgerrechte im Rahmen der geplanten Verfassung verabschiedet (➔M3). Die Erklärung verkündete die wirkungsmächtigsten Prinzipien der Französischen Revolution von 1789: die Freiheit des Individuums (*Liberté*), die Gleichheit der Bürger (*Egalité*) sowie, weniger deutlich, die Brüderlichkeit (*Fraternité*) aller Menschen. Diese „Charta der modernen Demokratie", so der Historiker *François Furet*, hatte auch Grenzen: Die noch schwache Forderung nach der Gleichberechtigung der Geschlechter wurde nicht eingelöst.

Von zentraler Bedeutung während der Verfassungsberatungen war die Frage, welche Kompetenzen dem Monarchen künftig zugestanden werden sollten. Seine Exekutivgewalt wurde nicht infrage gestellt, aber in der Gesetzgebung räumte die Mehrheit der Deputierten dem König nur noch ein aufschiebendes Einspruchsrecht (*suspensives Veto*) ein, mit dem er Gesetze zwar nicht generell verhindern, aber für vier Jahre blockieren konnte.

Noch während die Verhandlungen über die Verfassung auf der Stelle traten, zogen mit der Bemerkung „Die Männer trödeln, die Männer sind feige, jetzt nehmen wir die Sache in die Hand", am 5. Oktober 1789 etwa 5 000 Frauen nach Versailles, um gegen die Hungersnot in Paris zu demonstrieren; ihnen folgten rund 20 000 Nationalgardisten.

Nationalgarde: Am 11./12. Juli 1789 in Paris entstandene Bürgerwehr, die einerseits die Bürger vor der königlichen Armee schützen und andererseits das Eigentum der Bürger sichern sollte. Ihre Mitglieder kamen aus dem Bürgertum. Die Nationalgarde bestand mit Unterbrechungen bis 1871.

Kokarde.
Bandschleife in Form einer Rosette, die in der Regel am Hut getragen wurde.
Am 21. Oktober 1789 führte der Militärausschuss der Stadt Paris eine Kokarde ein, die aus einem weißen mit blauer und roter Borte eingefassten Band bestand. Damit verknüpfte man die Farben der Stadt (rot und blau) mit denen der Monarchie (weiß).

Menschenrechte: Wo immer Menschen heute Freiheit und Gerechtigkeit fordern, berufen sie sich direkt oder indirekt auf die „Erklärung der Menschen- und Bürgerrechte" von 1789. Das Vorbild lieferte die Virginia Bill of Rights von 1776, mit der sich die von der britischen Krone abtrünnige Kolonie Virginia eine eigene Verfassung gab. Im 19. Jahrhundert wurden die Menschenrechte zunächst Gegenstand nationaler Verfassungen und im 20. Jahrhundert schließlich sogar Bestandteil internationaler Abkommen. Die Vereinten Nationen oder der Europarat haben Menschenrechtsvereinbarungen getroffen, die von ihren Mitgliedstaaten anerkannt werden mussten – als Bedingung für die Aufnahme in diese internationalen Organisationen.
Die Verwirklichung und Sicherung der Menschenrechte bleibt auch in Zukunft eine ständige nationale und internationale politische Aufgabe. Sie steht und fällt mit dem Engagement der Bürger.

Nach gewalttätigen Auseinandersetzungen mit der königlichen Leibgarde musste Ludwig XVI. die von der Konstituante erarbeiteten Verfassungsartikel einschließlich der „Augustbeschlüsse" und der Menschenrechtserklärung anerkennen. Außerdem wurde er gezwungen, mit seiner Familie in die Hauptstadt zu ziehen.

Charles Maurice Talleyrand (1754–1838): Priester und Politiker. Seit 1789 war er als Bischof von Autun Vertreter des Ersten Standes in den Generalständen. Er wurde Mitglied der Nationalversammlung, leistete 1790 den Eid auf die Verfassung, woraufhin er vom Papst aus der Gemeinschaft der Gläubigen gebannt wurde. Von 1797 bis 1807 Außenminister Napoleons und nach dessen Niederlage ab 1814 erneut Außenminister.

Die Arbeit der Konstituante | Die Revolution lähmte Handel und Gewerbe. Der Staat nahm kaum noch Steuern ein. Zur Sanierung des Staatshaushalts beschlossen die Abgeordneten auf Vorschlag des 35-jährigen **Charles Maurice Talleyrand** die Verstaatlichung des Kirchenbesitzes. Orden und Klöster wurden aufgelöst und die kirchlichen Güter versteigert. Der Staat übernahm jetzt selbst die sozialen Aufgaben des Klerus, wie Schulen, Kranken- und Armenpflege, und machte aus Bischöfen und Geistlichen vom Volk wählbare Staatsdiener. Er bezahlte von nun an die Priester und forderte dafür von ihnen einen Eid auf die Verfassung. Dies führte zum Streit. Zahlreiche Priester lehnten den Eid ab – bestärkt vom Papst und vom König, der das Gesetz blockierte –, da sie sich nur der katholischen Kirche gegenüber verantwortlich fühlten.

Eine weitere spektakuläre Entscheidung der Abgeordneten war die Abschaffung des erblichen Adels am 19. Juni 1790. Bei den folgenden Bemühungen, Staat und Wirtschaft neu zu ordnen, konnten die Abgeordneten zum Teil auf die im Ancien Régime begonnenen Reformen zurückgreifen. Die nun durchgeführten Verwaltungs-, Justiz-, Finanz-, Steuer- und Gemeindereformen griffen ineinander und wurden parallel zu einer Neueinteilung des Landes in 83 etwa gleich große Verwaltungsbezirke (*Départements*) durchgeführt. Die Binnenzölle fielen und die Berufs- und Gewerbefreiheit wurde eingeführt. Gleichzeitig wurde den Handwerkern und Arbeitern das Recht auf Vereinigung und Streik genommen, um jeden Rückfall in die alte Wirtschaftsordnung zu unterbinden.

Eine neue politische Kultur | Die Revolution schuf eine neue politische Kultur. Sie zeigte sich in unzähligen öffentlichen Versammlungen, Reden, Demonstrationen, Zeitungen, Plakatanschlägen, Bildern und Grafiken. Einen besonderen Stellenwert erhielten die großartig inszenierten Revolutionsfeiern, die an den solidarischen Aufbruch und die gemeinsamen Ziele erinnerten. Theater, Dichtung, Musik, Malerei und Architektur wurden vom Revolutionsverlauf beeinflusst oder versuchten ihrerseits, die Massen zu manipulieren.

Die politischen Parteiungen begannen, sich zunehmend in Klubs und Volksgesellschaften zu organisieren. Ausgangspunkt der Entwicklung war die Vereinigung der bretonischen Deputierten zur Zeit der Generalstände. Seit dem Umzug der Nationalversammlung nach Paris wurde der **Jakobinerklub** zum Sammelpunkt politisch interessierter Bürger und Mandatsträger. Mitglieder waren zumeist Akademiker und Angehörige des Besitzbürgertums. 1791 hatte ihr Klub bereits rund 1000 Tochtergesellschaften in der Provinz. Neben dem Jakobinerklub entstand im April 1790 in Paris der **Club des Cordeliers**. In ihm sammelte sich die kleinbürgerliche städtische Volksbewegung, die **Sansculotten**. In den verschiedenen Vereinigungen – darunter auch etwa 60 reine Frauenklubs – wurde einerseits die Arbeit von Deputierten und Stadtverordneten diskutiert und vorbereitet, andererseits wurden von hier aus Petitionen und Demonstrationen in Gang gebracht. Die Bewegung erfasste die Massen. Zwischen 1789 und 1795 wurden in 5500 Orten ca. 6000 politische Klubs gezählt, sie hatten um 1794 etwa 500000 bis 600000 Mitglieder.

Jakobinerklub: benannt nach dem Dominikanerkloster Saint-Jacques, in dessen Räumen sich die Mitglieder versammelten

Club des Cordeliers: so benannt nach seinem ersten Tagungsort, einer Kirche der Franziskaner, die im Volksmund „cordeliers" genannt wurden

Sansculotten (franz. *sans culotte*: ohne Kniebundhose): Anhänger der städtischen Volksbewegung, die nicht die Kniehose (*culotte*) der „guten Gesellschaft", sondern lange Hosen der einfachen Bürger trugen. Weitere Kennzeichen der Sansculotten waren die rote Mütze („*Bonnet rouge*"), die Pike (Spieß) und das brüderliche Du.

Politische Zeitungen (Paris)	
sehr kurzlebig	89
kurzlebig	15
langlebig	31
Provinzzeitungen	25
Wissenschaftliche Zeitungen	2
Ausländische Zeitungen (in französischer Sprache)	13
Summe	175

Zeitungsgründungen im Jahre 1789.
Nach: Pierre Rétat, Die Zeitungen des Jahres 1789: einige zusammenfassende Perspektiven, in: Reinhart Koselleck und Rolf Reichardt (Hrsg.), Die Französische Revolution als Bruch des gesellschaftlichen Bewusstseins, München 1988, S. 155

Frankreich wird konstitutionelle Monarchie | Ludwig XVI. verlor nach einem gescheiterten Fluchtversuch ins Ausland (21. Juni 1791) seine Glaubwürdigkeit und sein Ansehen. Die Mehrheit der Abgeordneten wollte dennoch an der konstitutionellen Monarchie festhalten und die Revolution beenden, um endlich wieder zu stabilen Verhältnissen zurückzukehren. Diese Haltung führte zur ersten Spaltung des Jakobinerklubs. Die verfassungsorientierten, monarchisch eingestellten Mitglieder (rund 1 800 von 2 400) gründeten den **Club des Feuillants.** Ihre Gegner, die Jakobiner, nahmen für sich in Anspruch, über die „Reinhaltung" der revolutionären Prinzipien zu wachen. Sie behielten den alten Namen und das Netzwerk der Tochterklubs bei.

Club des Feuillants: benannt nach dem ehemaligen Feuillantinerkloster in Paris

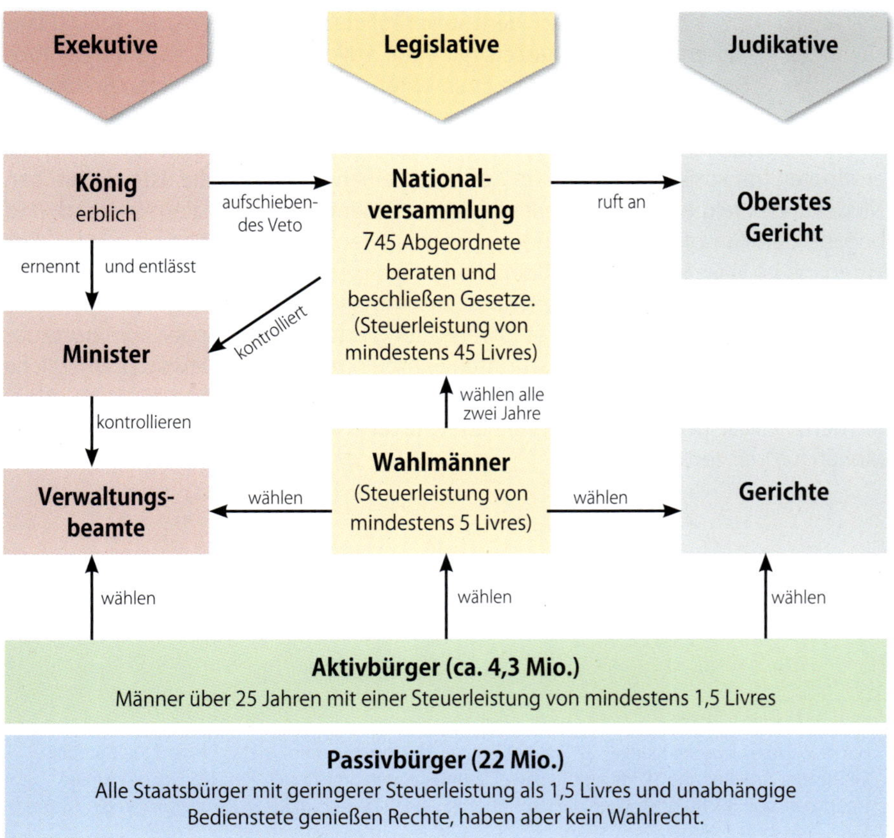

Die Verfassung der konstitutionellen Monarchie von 1791.
Über die Verfassung informiert auch M4 auf Seite 144.

▸ Arbeiten Sie die Rolle der Nationalversammlung heraus.

Internettipp
Zu den verschiedenen Verfassungen Frankreichs siehe den Code **32035-20**.

Am 14. September 1791 musste Ludwig XVI. einen Eid auf die von der Konstituante verabschiedete Verfassung ablegen. Aus Frankreich war eine konstitutionelle Monarchie geworden. Der König stand nicht mehr „über dem Gesetz", sondern regierte „nur durch dieses", wie es die Verfassung bestimmte.

Die Menschenrechte wurden dem Verfassungstext vorangestellt. Die Verfassung hatte weder den Juden die rechtliche Gleichheit eingeräumt (dies wurde am 28. September 1791 nachgeholt) noch die Sklaverei in den Kolonien abgeschafft. Auch die Gleichheit der Bürger fand im **Zensuswahlrecht** und Männerwahlrecht (ein Frauenwahlrecht gibt es in Frankreich erst seit 1944) ihre Grenzen. Die Bevölkerung wurde in politisch berechtigte (steuerzahlende) Aktivbürger (*Citoyens actifs*) und schutzbefohlene Passivbürger (*Citoyens passifs*) geteilt. Von den 4,3 Millionen Aktivbürgern erfüllten nur etwa 45 000 die Voraussetzungen, Abgeordnete wählen zu dürfen (Wahlmänner). Abgeordneter konnte hingegen jeder Aktivbürger werden.

Zensuswahlrecht: Das Recht des Wählers oder das Gewicht der Stimme ist an den Nachweis eines bestimmten Besitzes, Einkommens oder einer bestimmten Steuerleistung (Zensus) gebunden.

Sturz der Monarchie | Die neue *Gesetzgebende Nationalversammlung* (*Assemblée nationale législative*) wurde von nicht mehr als zehn Prozent der Stimmberechtigten gewählt. Sie trat am 1. Oktober 1791 zusammen. Von den 745 Deputierten bildeten 345 die Mitte. Sie besaßen keine direkten Bindungen zu bestimmten Klubs. 264 Abgeordnete gehörten zur Rechten. Sie waren oder wurden Mitglieder im Club des Feuillants und wollten die Revolution beenden. Die zahlenmäßig kleinste Abgeordnetengruppe stellten die 136 Abgeordneten der Linken. Sie hatten sich in den Klubs der Jakobiner, Cordeliers und anderer Volksgesellschaften organisiert, forderten ein allgemeines Wahlrecht und waren gegen das Vetorecht des Königs. Diese Gruppe unterteilte sich noch in *Girondisten*, deren Führungspersonal zum Teil aus dem Département Gironde stammte und die ihren Rückhalt im mittleren und gehobenen Provinzbürgertum hatten, und *Montagnards* („Bergpartei"), die ihren Aufstieg den Sansculotten verdankten.

Zwei Jahre nach dem Sturm auf die Bastille hatten über 40 000 Franzosen ihr Land verlassen, nicht nur Adlige und Geistliche, sondern auch Bürger und Bauern.[1] Die Emigranten, unter ihnen die beiden Brüder des Königs, mobilisierten die europäischen Regierungen gegen die Revolution. Als Österreich und Preußen erklärten, Ludwig XVI. militärisch zu helfen, eröffneten französische Truppen im April 1792 einen Angriff auf die österreichischen Niederlande (Belgien). Zugleich erklärte das Parlament den „nationalen Notstand" und begann den Kampf gegen die „inneren und äußeren Feinde" unter dem Motto: „Das Vaterland ist in Gefahr". Erste militärische Niederlagen und die Befürchtung, dass der König mit den „Feinden des Vaterlandes" zusammenarbeiten könnte, führten in Paris zur Absetzung der königstreuen Stadtverwaltung und zur Bildung der *Kommune des Aufstands*. Am 10. August 1792 stürmten Sansculotten und Soldaten das königliche Schloss, die Tuilerien. Unter dem Druck der Aufständischen enthoben die Abgeordneten den König seines Amtes und inhaftierten ihn und seine Familie. Die konstitutionelle Monarchie war zerbrochen.

Jakobinermütze von 1792.
Im alten Rom trugen in Freiheit entlassene Sklaven solche Kopfbedeckungen. Während der Revolutionszeit bekannten sich die Träger dieser roten Mützen („Bonnet rouge") öffentlich zu den revolutionären Idealen „Freiheit und Gleichheit". Die Jakobinermütze gilt bis heute als Symbol republikanischer Gesinnung.

[1] Zwischen 1789 und 1794 verließen nach amtlichen Angaben mehr als 150 000 Franzosen ihr Land: Rund 25 Prozent waren Kleriker, 17 Prozent Adlige, 11 Prozent Großbürger, 6 Prozent Kleinbürger, 14 Prozent Arbeiter und 19 Prozent Bauern. Darunter waren drei Viertel aller Offiziere der Armee. Hauptziele der Flüchtlinge waren die deutschen Anliegerstaaten, in denen sie allerdings keine freundliche Aufnahme erlebten.

Die zweite Revolution beginnt | Von nun an wurden die königstreuen Politiker offen verfolgt. Willkürliche Verhaftungen und erste politisch motivierte Hinrichtungen waren an der Tagesordnung. Die Furcht vor gegenrevolutionären Aktionen trug dann dazu bei, dass zwischen dem 2. und 6. September 1792 Teile der städtischen Volksbewegung Gefängnisse stürmten und wahllos Gefangene töteten (*„Septembrisaden"*). Der Terror blieb nicht auf Paris beschränkt, aber allein hier wurden um die 1 500 Menschen (Aristokraten, Eid verweigernde Priester und Strafgefangene) ermordet. Weder der vom Parlament ernannte Provisorische Vollzugsrat, dem Georges Jacques Danton als Justizminister angehörte, noch die Führer der Pariser Kommune waren fähig oder willens, diese blutigen Aktionen zu unterbinden.

In dieser gewalttätigen Atmosphäre fanden die Wahlen zu einer neuen Nationalversammlung nach dem allgemeinen Wahlrecht statt. Die Unterscheidung zwischen Aktiv- und Passivbürgern war ebenso aufgehoben worden wie das Zensuswahlrecht. Alle Männer über 21 Jahre durften wählen. Trotzdem gingen nur etwa sechs Prozent der Berechtigten zur Wahl.

Am 21. September 1792 traten die 749 Abgeordneten des Nationalkonvents (*Convention nationale*) zusammen. Sie riefen die „eine und unteilbare Republik" aus und wollten eine neue Verfassung erarbeiten. In diesem Parlament bildeten die Girondisten die neue Rechte. Sie setzten sich ein für eine dezentrale Verwaltung des Landes, die Unverletzlichkeit des Eigentums, Wirtschaftsfreiheit, Rechtssicherheit und die Fortsetzung des begonnenen „Kreuzzuges für die Freiheit der Welt" (so der girondistische Abgeordnete *Jacques-Pierre Brissot* am 31. Dezember 1792).

Georges Jacques Danton (1759–1794, hingerichtet): Er war Mitbegründer des Cordeliers-Clubs, wurde 1792 Abgeordneter des Nationalkonvents und war zeitweise Mitglied des Wohlfahrtsausschusses.

Prozess gegen den König | Die republikanische Phase der Revolution begann mit militärischen Erfolgen. In der *Schlacht von Valmy* (20. September 1792) vertrieben die Revolutionstruppen das von Preußen und Österreich angeführte Emigrantenheer. Der Kampf gegen die „Feinde der Republik" stärkte das republikanische und nationale Bewusstsein der Franzosen. Unter dem von dem Abgeordneten *Pierre Joseph Cambon* im Dezember 1792 geprägten Motto „Krieg den Palästen, Friede den Hütten!" zogen jetzt die Revolutionstruppen in Speyer, Worms, Mainz und Frankfurt am Main ein.

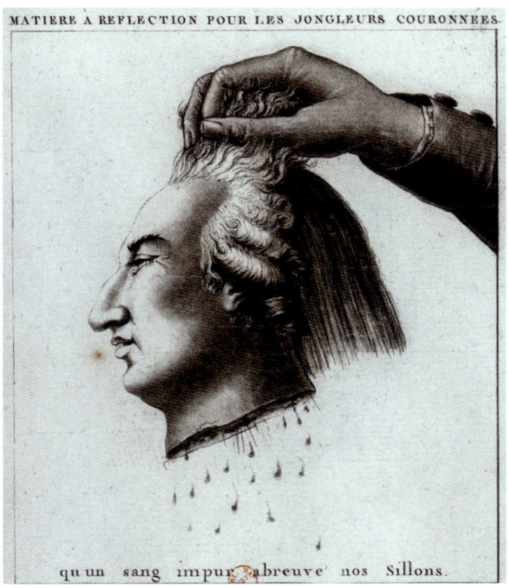

Das Haupt Ludwigs XVI. nach der Hinrichtung.
Ausschnitt aus einer Radierung des jakobinisch orientierten Stechers und Verlegers Villeneuve aus Paris, 1793. Der obere Schriftzug richtet sich warnend an die europäischen Monarchen und lautet übersetzt: „Gegenstand zum Nachdenken für gekrönte Jongleure." Die untere Zeile stammt aus dem im April 1792 verfassten revolutionären Kriegslied, der Marseillaise. Sie hat übersetzt folgenden Wortlaut: „Das unreine Blut tränke unserer Äcker Furchen."

In Paris hatte sich der Nationalkonvent zum Gericht erhoben. Nachdem im November 1792 geheime Unterlagen entdeckt worden waren, die eine Zusammenarbeit des einstigen Königs mit feindlichen Mächten belegten, wurde er wegen „Verschwörung gegen die Freiheit" und „Anschlägen gegen die nationale Sicherheit" angeklagt. Über 90 Prozent der Abgeordneten stimmten für schuldig. Uneinigkeit entstand erst über das Strafmaß und den Zeitpunkt der Strafvollstreckung. Am 21. Januar 1793 wurde „Bürger Capet", wie der abgesetzte König aus dem Geschlecht der *Capetinger* nun genannt wurde, vor den Augen des Volkes auf der Place de la Révolution, der heutigen Place de la Concorde, hingerichtet. In ganz Europa, nicht nur in den Fürstenhäusern, erschraken die Menschen über das gewaltsame Ende des französischen Monarchen.

Die Revolution in der Krise | In den Wintermonaten 1792/93 weitete sich der Krieg gegen die europäischen Mächte aus. Zugleich brachen in den Städten Hungeraufstände und auf dem Land ein grausamer Bürgerkrieg gegen die Bauern der Vendée und der Bretagne aus. In dieser zugespitzten Situation wurden ein außerordentliches Gericht, das spätere *Revolutionstribunal*, und revolutionäre Überwachungsausschüsse gebildet, um das Gewaltmonopol des Staats zurückzugewinnen. Der *Wohlfahrtsausschuss (Comité de salut public)* erhielt weitgehende Ermächtigungen und stellte das Exekutivorgan des Konvents dar. Die neu geschaffenen Instanzen sollten erstmals seit 1789 wieder hin zu einer Stärkung der Zentralgewalt führen.

Für die katastrophale innen- und außenpolitische Lage wurden die Girondisten verantwortlich gemacht. Am 2. Juni 1793 zogen – von den Sansculotten initiiert – 80 000 Bürger und Nationalgardisten vor den Konvent und erzwangen die Auslieferung von 29 führenden girondistischen Abgeordneten und zwei Ministern. Das war das Ende der Girondisten, aber zugleich auch ein schwerer Schlag gegen das repräsentative System. Selbst den Montagnards ging die Macht der Straße nun zu weit, aber sie konnten die Führung im Konvent und in den, von Girondisten gesäuberten, Ausschüssen übernehmen. Die sogenannte *Jakobinerherrschaft* begann. Die Reaktion auf diesen Pariser Aufstand waren weitere Erhebungen im ganzen Lande.

Mit der Verabschiedung einer neuen Verfassung am 24. Juni 1793 wollte der Konvent neues Vertrauen stiften. Doch die Verfassung, die ein erweitertes Wahlrecht verankerte, die erstmals soziale Grundrechte (Recht auf Arbeit, öffentliche Unterstützung, Unterricht für alle) garantierte und alle Gesetze durch Volksabstimmungen beschließen lassen wollte, blieb Programm (➔M4). Auf Druck des Wohlfahrtsausschusses beschlossen die Abgeordneten, sie erst nach Beendigung des Krieges in Kraft zu setzen.

Die belagerte Republik im Sommer 1793.
Während der Auseinandersetzungen zwischen den Revolutionstruppen und ausländischen Heeren oder gegenrevolutionären Gruppen fielen hunderttausende Menschen. Allein der Bürgerkrieg zwischen der königlich-katholisch gesinnten Landbevölkerung und den republikanischen Revolutionstruppen in der Vendée von 1793 bis 1796 kostete in einigen Gemeinden 25 bis 35 Prozent der Bevölkerung das Leben.

Die jakobinische Diktatur | In der Folgezeit bemühte sich der Konvent um weitere Zugeständnisse an die Bevölkerung: Kirchengüter wurden nationalisiert, und den Bauern wurde der Grundbesitz der Emigranten zum Kauf angeboten. Mittels Parzellierung und langer Zahlungsfristen konnten nun auch ärmere Bauern ihre Felder vergrößern. Rund ein Sechstel des Grundbesitzes wechselte seinen Eigentümer.

Schwieriger war es, gegen die Bedrohung von außen materielle und personelle Mittel zu finden. Die *allgemeine Wehrpflicht (Levée en masse)* wurde eingeführt, eine Neuerung gegenüber den üblichen Berufsheeren. Bis zum Sommer 1794 konnte so ein ca. 800 000 Mann starkes Heer aufgestellt werden. Die Hauptprobleme der Bevölkerung von Paris, Teuerung und Hunger, waren jedoch geblieben. Nach erneuten Unruhen umstellten Sansculotten am 5. September 1793 den Nationalkonvent und forderten: „Gesetzgeber! Setzt den Terror auf die Tagesordnung!" Dies galt allen Wucherern, Spekulanten und Kriegsgewinnlern. Die Abgeordneten mussten die Forderung ernst nehmen, da nur mit Unterstützung der Sansculotten die Aufstellung der Volksarmee durchzuführen, die notwendigen Waffen, Kleider und Lebensmittel für das Heer zu beschaffen sowie die aufständischen Gebiete unter Kontrolle zu bringen waren. Die einjährige Herrschaft des Schreckens (*Terreur*) begann, wobei die Montagnards aus Gründen des Machterhalts mit der Sansculotten-Bewegung paktierten.

Maximilien de Robespierre (1754–1794, hingerichtet): Rechtsanwalt; Mitglied des Jakobinerklubs und Abgeordneter des Nationalkonvents und seit Juli 1793 im Wohlfahrtsausschuss tätig

Auf zwei Parlamentsausschüsse konzentrierte sich nun die Macht. Der zwölfköpfige Wohlfahrtsausschuss übernahm vollends die Leitung und Kontrolle über Kriegsführung, Ministerien, Polizei, Verwaltung und Wirtschaft; der ebenfalls zwölfköpfige *Sicherheitsausschuss (Comité de sûreté générale)* wurde zu einem Polizeiministerium, das die Überwachungsmaßnahmen im ganzen Land koordinierte. **Maximilien de Robespierre** war der führende Kopf der Montagnards und stand seit Juli 1793 mit diktatorischer Macht an der Spitze des Wohlfahrtsausschusses. Nicht mehr die rechtliche Gleichheit war Richtschnur seines Handelns, sondern im Einklang mit den Sansculotten vor allem die wirtschaftliche Gleichheit: „Alles, was zur Erhaltung des Lebens unerlässlich ist, ist gemeinsames Eigentum." In diesem Sinne regulierten eine Reihe zwangswirtschaftlicher Maßnahmen das Wirtschaftsleben. Meinungs-, Versammlungs- und Religionsfreiheit galten nicht mehr. Kirchen und Klöster wurden geschlossen und abgerissen, der christliche Glaube verfolgt und verhöhnt. Dagegen setzten Robespierre und seine Anhänger republikanische Vernunftkulte. Ein deutliches Zeichen für die „Zeitenwende" stellte die Einführung des republikanischen Kalenders im Oktober 1793 dar. Er ersetzte den siebentägigen christlichen Wochenrhythmus durch einen zehntägigen. Zum Jahr I der „einen und unteilbaren Republik" wurde rückwirkend der 22. September 1792 erklärt – am 21. September war die Monarchie abgeschafft worden; der Revolutionskalender galt bis zum 31. Dezember 1805.

Ganz entgegen den ursprünglichen Absichten hatte die revolutionäre Regierung mittlerweile wesentliche Charakterzüge eines absolutistischen Staatswesens angenommen: Rückkehr zur staatlichen Wirtschaftslenkung, Aufbau eines starken Militärapparats, Abhängigkeit der Justiz von der Exekutive, offizielle Staatsideologie statt freier Konkurrenz der politischen Ideen.

Der Terror verselbstständigt sich | Denunziantentum und Spitzelwesen stützten den Polizei- und Justizterror. Der Sicherheitsausschuss verbot alle überregionalen Klubs, die nicht zu den Jakobinergesellschaften gehörten. Zeugnisse der Staatsbürgertreue wurden obligatorisch und Hausdurchsuchungen alltäglich. Die Gefängnisse waren bald überfüllt und die Prozesse eine Farce. Die **Guillotine**, die „Sense der Gleichheit", wie der Volksmund sie nannte, wurde zum Inbegriff der „Schreckensherrschaft". „Die Revolution frisst, gleich Saturn, ihre eigenen Kinder," so der gironistische Konventsabgeordnete *Pierre-Victurnien Vergniaud*, der bald selbst ein Opfer des Terrorregimes wurde. Als sich auch in der Bergpartei rivalisierende Flügel bildeten, ließ Robespierre Anhänger beider Fraktionen auf die Guillotine schicken (→M5). Jetzt sollte der Terror auch die Macht der Sansculotten unterbinden. Am Ende verlor sogar die Diktatur Robespierres den Rückhalt der Bevölkerung. Am 27. Juli 1794 (9. Thermidor des Jahres II) stürzte ihn

Guillotine: Hinrichtungsgerät, benannt nach dem Arzt Joseph Ignace Guillotin (1738–1834), der sich als Abgeordneter in der Konstituante für einen humaneren und für alle Stände gleichen Vollzug der Todesstrafe eingesetzt hatte eine Mehrheit des Parlaments, um die „Schreckensherrschaft" zu beenden. Er und 105 seiner engsten Anhänger wurden ohne Prozess hingerichtet. Die Bilanz des Terrors: Landesweit waren von März 1793 bis Ende Juli 1794 etwa 500 000 Menschen verhaftet und circa 50 000 guillotiniert worden. Die meisten Opfer gehörten dem Dritten Stand an, davon viele aus dem Kleinbürgertum. Diese geschätzten Zahlen berücksichtigen die Toten der Aufstände nicht.

Die Revolution und die Frauen | Mit dem Sturz der Girondisten im Juni 1793 endete auch der von wenigen Frauen und Männern geführte politische Dialog zwischen den Geschlechtern. Dabei hatten Frauen im revolutionären Alltag – wie der Zug der Marktfrauen nach Versailles zu Beginn der Revolution gezeigt hatte – eine wichtige Rolle übernommen. Sie demonstrierten gegen Missstände, entsandten Deputationen und meldeten sich mit Petitionen und Streitschriften zu Wort. Frauen organisierten sich teils in Volksgesellschaften der Männer, teils in eigenen Klubs. Nach Kriegsbeginn stellten sie freiwillige Frauenregimenter für den Kampf gegen die Feinde der Revolution auf. Trotzdem waren, sieht man von dem im September 1792 erlassenen Scheidungsrecht ab, Forderungen nach Verbesserung ihrer Stellung in Ehe und Familie, in Ausbildung und Berufsleben weitgehend unberücksichtigt geblieben. Von der Mitarbeit in den Kommunen und im Parlament blieben Frauen weiterhin ausgeschlossen.

Nach gewalttätigen Ausschreitungen verbot der Nationalkonvent im Oktober 1793 alle Frauenklubs. Danach wurde den Frauen auch das Petitionsrecht genommen und der Besuch des Parlaments sowie der Volksgesellschaften untersagt. Die gelenkte Presse verunglimpfte politisch aktive Frauen als „unweiblich" und „blutrünstig" und forderte sie auf, ihre republikanischen Aufgaben im Haushalt, in der Familie und bei der Erziehung der Kinder zu erfüllen. Es blieb nicht bei verbalen Diskriminierungen: Frauen wurden in Gefängnisse geworfen und starben auf dem Schafott. *Olympe de Gouges*, die in einem Manifest die freie Wahl des Volkes zwischen Monarchie, föderativer oder zentralistischer Republik verlangt hatte, wurde am 3. November 1793 – noch während der „Schreckensherrschaft" – wegen „Gefährdung der Volkssouveränität" hingerichtet.

Wenige Tage später musste auch die 49-jährige bürgerliche Intellektuelle *Manon Roland*, die mit einem führenden Girondisten verheiratet war und einen einflussreichen Salon in Paris führte, aufs Schafott. Ihr konnten feministische Forderungen nicht vorgeworfen werden, denn sie plädierte trotz ihres großen politischen Einflusses für die traditionelle Rolle der Frau im „Schatten" der Männer. Verurteilt wurde sie wegen „Konspiration gegen die Republik und Entfachung des Bürgerkrieges". Sie war ein Opfer ihrer girondistischen Beziehung geworden.

Olympe de Gouges.
Pastellminiatur von 1785.
Die Miniatur gilt als das einzige zuverlässige Porträt der 1748 geborenen Schriftstellerin und Frauenrechtlerin, die 1791 die „Erklärung der Rechte der Frau und Bürgerin" (siehe M3 auf Seite 143) verfasste.

Internettipp
Ein ausführliches Porträt von Olympe de Gouges finden Sie unter dem Code **32035-21**.

Sitzung des Mainzer Jakobinerklubs.
Federzeichnung von Johann Jakob Hoch.
Die Sitzung fand im Akademiesaal des Kurfürstlichen Schlosses im November 1792 statt. Der Mainzer Jakobinerklub hatte zeitweise 500 Mitglieder.

Nach der „Schreckensherrschaft“ | Nach dem Ende der „Schreckensherrschaft“ machte sich ein Gefühl der Befreiung breit. Ein neuer Anfang schien möglich. Der Nationalkonvent tagte weiter, nun dominierten die Abgeordneten der „Mitte“, eine stabile Regierung konnten sie aber nicht bilden. Schrittweise wurden der Polizei- und Justizterror, Wirtschaftslenkung und Meinungsdruck beseitigt. Politische Gefangene wurden entlassen und die Jakobinerklubs geschlossen. Eine „Säuberung“ des öffentlichen Dienstes von Jakobinern begann. Die Not der städtischen Kleinbürger hielt allerdings an, denn die Lebensmittelpreise wurden wieder freigegeben und stiegen zusätzlich noch wegen der anhaltenden Inflation. Als die Sansculotten im Mai 1795 „Brot und die Verfassung von 1793“ forderten und das Parlament bedrohten, beendeten regierungstreue Truppen diese letzte große Aktion der Sansculotten blutig.

Im August 1795 veröffentlichte der Nationalkonvent eine neue Verfassung; es war die dritte seit 1791 (→M4). Mit ihr wurde das Zensuswahlrecht wieder eingeführt. Danach erfüllten nur noch etwa 30 000 Franzosen die Voraussetzungen, um Wahlmänner zu werden und Abgeordnete wählen zu können. Die Legislative wurde in zwei Kammern geteilt: Beim *Rat der Fünfhundert* lag die ausschließliche Gesetzesinitiative, während der *Rat der Alten* die Gesetze lediglich annehmen oder zurückweisen konnte. Die Exekutive übernahm ein fünfköpfiges *Direktorium (Directoire).*

Noch stärker als die vorhergehenden Regierungen versuchte das Direktorium durch eine expansive Außenpolitik, die innenpolitische Misere auszugleichen. Es ließ sein Volksheer im Glauben an die Revolution und Nation gegen die stehenden Heere der traditionellen Mächte Europas marschieren. Mit Erfolg: Am Ende des *Ersten Koalitionskrieges* 1797 war das gesamte linksrheinische Gebiet erobert.

Wirkung auf Deutschland | Überall im territorial zersplitterten *Heiligen Römischen Reich Deutscher Nation* brachen mit den Nachrichten vom Sturm auf die Bastille alte sowie neue soziale, rechtliche und konfessionelle Konflikte aus. Regional begrenzte Bauern- und Handwerkerunruhen in Baden, in der Pfalz, im Rheinland, in Kursachsen und in Schlesien sowie lokale Aktionen in Trier, Köln, Göttingen, Hamburg, Nürnberg, Ulm und Reutlingen wurden alle mit Gewalt unterdrückt.

Der französische Versuch, die Gedanken der Aufklärung in praktische Politik umzusetzen, wurde zunächst von einem großen Teil des Bildungsbürgertums mit Sympathie verfolgt. Es entstanden ein ausgedehnter Revolutionstourismus nach Paris und eine breite Revolutionspublizistik. Zentren der intellektuellen Auseinandersetzung mit der Revolution waren die Universitäten, die höheren Schulen, Lesegesellschaften und Freimaurerlogen. In einigen deutschen Städten wurden sogar politische Vereinigungen nach dem Vorbild der französischen Jakobinerklubs gegründet.

Nirgendwo sonst im Reich fanden die Ideen der Französischen Revolution eine so intensive Verbreitung wie in Mainz. Angeregt von den Franzosen, die am 21. Oktober 1792 Mainz besetzt hatten, und gefördert von dem kurz darauf gegründeten

Tanz um den Freiheitsbaum.
Ölgemälde (19 x 30 cm) eines unbekannten Künstlers, um 1793.
Ab 1790 wurden in Frankreich „Freiheitsbäume" gesetzt. Man knüpfte damit – wie schon in den amerikanischen Kolonien – an die Tradition des Maibaumes an. Im Frühjahr 1792 standen in ganz Frankreich zehntausende solcher Bäume. Sie symbolisierten unter anderem, dass ein Ort nicht länger Eigentum der Grundherren war und dass alle Einwohner der Nation als freie Bürger angehörten. Auch im Rheinland wurden etwa 100 Freiheitsbäume errichtet. Das Bild zeigt vermutlich eine Szene, die in Aachen stattfand.

- Beschreiben Sie die abgebildete Szene.
- Analysieren Sie die Symbole und die Zusammensetzung der Tanzenden.
- Arbeiten Sie den Standpunkt des Künstlers heraus.

Jakobinerklub wurde Anfang 1793 ein *„Nationalkonvent der freien Deutschen diesseits des Rheins"* gewählt. Am 18. März riefen dessen Abgeordnete einen *„Rheinisch Deutschen Freistaat"* für das Gebiet zwischen Landau und Bingen aus. Doch der erste deutsche Versuch, eine auf Freiheit, Gleichheit und Eigentum beruhende demokratische Staats- und Gesellschaftsordnung einzuführen, scheiterte wenige Monate später – einerseits, weil die Franzosen begannen, das Land wirtschaftlich auszubeuten, andererseits, weil zur gleichen Zeit Rheinhessen und die Pfalz von österreichisch-preußischen Truppen zurückerobert wurden. Auch hatte das Schicksal der französischen Flüchtlinge und die Hinrichtung Ludwigs XVI. den Kreis der deutschen Revolutionsanhänger nach 1793 stark schrumpfen lassen (➔M5).

Unabhängig davon wurden in den deutschen Staaten zwischen 1790 und 1798/99 mehrere Verfassungen entworfen. Sie machen die intensive juristische Auseinandersetzung mit den Entwicklungen in den USA und Frankreich deutlich und begründeten zugleich eine frühe demokratische Verfassungstradition in Deutschland.

Napoleon Bonaparte (1769–1821): Er kämpfte als Offizier zunächst gegen die Royalisten, später im Auftrag des Direktoriums in Italien. Er kam 1799 durch einen Staatsstreich an die Regierung, krönte sich 1804 selbst zum Kaiser der Franzosen und nannte sich fortan Napoleon I. Er starb in Verbannung auf der Atlantikinsel St. Helena.

Das „amtliche Ende" der Revolution | In Paris brachen erneut Machtkämpfe aus, als sich militärische Rückschläge einstellten. In dieser Lage rief Sieyès, der Mann der ersten Stunde, den 30-jährigen, aus korsischem Kleinadel stammenden **Napoleon Bonaparte** zu Hilfe. Als siegreicher Oberbefehlshaber der Truppen in Italien war Bonaparte zur unentbehrlichen Stütze der Machthaber geworden. Das hinderte ihn nicht, die Regierung am 9. November 1799 (18. Brumaire des Jahres VIII) zu stürzen und den Widerstand des Parlaments mit Waffengewalt zu brechen. Ein Kollegium von drei Konsuln trat an die Stelle der alten Regierung. Bonaparte wurde *Erster Konsul* und ließ sich seine Stellung vom Volk bestätigen. Von über drei Millionen Stimmen wurden nur 1 562 gegen ihn abgegeben – bei allerdings vier Millionen Enthaltungen. Danach erklärte er die Revolution für „amtlich beendet".

Betrachtet man das Ergebnis des Jahrzehnts zwischen 1789 und 1799, so war das vermögende Bürgertum zum Gewinner der Revolution geworden. Es hatte von der Veräußerung der Nationalgüter am stärksten profitiert und den Adel endgültig aus wichtigen Positionen in Verwaltung und Militär verdrängt. Die soziale und politische Lage der städtischen Unterschichten und der kleinen Bauern hatte sich nicht wesentlich verbessert. Die ersten Anfänge einer politischen Kultur im Gesellschaftsleben und vor allem die Berufung auf vom Staat nicht mehr zurückholbare Menschenrechte der Bürger sind bleibendes Ergebnis der Epoche (➔M6).

Napoleon – Erbe der Revolution? | Napoleons Umgestaltung der Verwaltung vollendete, was der **Absolutismus** seit König *Ludwig XIV.* (1643–1715) vorbereitet hatte und was bis heute die französische Binnenstruktur kennzeichnet. Von der Zentrale Paris aus wurde das ganze Land durch staatlich besoldete, von Napoleon ernannte (also nicht mehr gewählte) Berufsbeamte verwaltet. Eine lückenlose Befehlskette führte von der Regierung über die Präfekten der ursprünglich 83 Departements und die Unterpräfekten der **Arrondissements** zu den Bürgermeistern der Gemeinden. Mit dieser straff organisierten Bürokratie verfügte Napoleon über ein Instrument zur raschen Durchsetzung seiner Pläne.

Pragmatisch bemühte sich der Erste Konsul um eine Einigung der Nation und einen Ausgleich zwischen den von der Revolution aufgerissenen Fronten. Der zuvor bekämpfte katholische Glauben wurde in einem **Konkordat** mit Papst *Pius VII.* wieder als Religion der großen Mehrheit der Franzosen anerkannt. Die Regierung behielt sich aber weiterhin die Einsetzung der Bischöfe vor und sicherte sich durch Treueid und Übernahme der Besoldung die Loyalität der Priester. Die Gefahr einer Gegenrevolution aus kirchlichen Kreisen war damit gebannt.

Diskriminierende Gesetze gegen den Adel wurden aufgehoben sowie die Rückkehr von Emigranten gestattet. Gleichzeitig entstand eine neue Führungsschicht: Zwischen 1808 und 1814 ließ Napoleon 3 263 Personen adeln. Militär und zivile Funktionsträger seines Regimes profitierten am meisten davon, Kaufleute, Bankiers, Künstler und Wissenschaftler berücksichtigte er kaum. Abgesehen davon sollten über die Zugehörigkeit zu einem bestimmten Stand nicht mehr Geburt und ständische Privilegien entscheiden, sondern Leistung und Funktion. Ein zentral reglementiertes, in erster Linie auf Effizienz bedachtes Bildungswesen schuf die Grundlagen für eine anschließende Karriere in Staat und Gesellschaft. Voraussetzung dafür war jedoch, dass man die Mittel für eine teure Ausbildung aufbringen konnte.

Der Code civil | Von zentraler Bedeutung war die Schaffung eines neuen bürgerlichen Gesetzbuches, des *Code civil* (auch *Code Napoléon*). Die 1804 veröffentlichte Gesetzessammlung regelte in knapp 2 300 Artikeln das gesamte Zivilrecht und bildete damit die rechtliche Grundlage der bürgerlichen Gesellschaftsordnung. Gleichzeitig sicherte sie die Errungenschaften der Revolution: Freiheit der Person und des Gewissens, Gleichheit vor dem Gesetz, Freiheit der wirtschaftlichen Betätigung, Garantie des Privateigentums und Emanzipation der Juden. Dagegen nahm es im Ehe- und Familienrecht Reformen zurück. Das Scheidungsrecht wurde rückgängig gemacht und die Frau wieder ganz unter die Vormundschaft der Männer gestellt.

Der Code civil fand im Gefolge der französischen Truppen bald Eingang in das deutsche Rechtssystem, zunächst im Badischen Landrecht von 1809. Neu für die deutschen Staaten war insbesondere die Übernahme der französischen Gerichtsverfassung, die Verwaltung und Justiz weitgehend trennte und die Gerichte zur unabhängigen dritten Gewalt machte.

In Frankreich entsprachen Napoleons Gesetzgebung und Reformen der Grundhaltung des Bürgertums. Zusammen mit einer wachsenden Wirtschaft verhalfen sie dem Herrscher zu ungeheurer Popularität. Die Aufrechterhaltung der persönlichen Freiheit konnte allerdings nicht darüber hinwegtäuschen, dass eine Errungenschaft der Revolution wieder verloren gegangen war: Die politischen Freiheitsrechte setzte Napoleon außer Kraft. Ein wertloses Wahlrecht, strenge Pressezensur, eingeschränkte Versammlungsfreiheit, Bespitzelung und politische Morde zeigten das andere Antlitz seiner Herrschaft.

Der Mythos Napoleons | Schon als junger Heerführer in Italien hatte Napoleon Bonaparte gezielt für seine Reputation in der Heimat gesorgt (→M7). Dennoch empfand er nach seinem Staatsstreich seine bürgerliche Herkunft gegenüber den etablierten Fürstenhäusern als Makel. Sein Legitimationsbedürfnis wollte er durch Rückbesinnung auf antike und mittelalterliche Herrschaftssymbole stillen. Zunächst regierte er als Erster

Absolutismus: die (in der Theorie) ungeteilte Herrschaft des Monarchen. Sie wird hergeleitet aus dem Gottesgnadentum des Herrschers, der über dem Gesetz steht.

Arrondissements: den Departements untergeordnete Verwaltungseinheiten

Konkordat: völkerrechtlicher Vertrag zwischen Staat und katholischer Kirche zur Regelung kirchlich-staatlicher Angelegenheiten

Internettipp
Weitere Informationen über die Französische Revolution finden Sie unter dem Code **32035-22**.

Konsul, schließlich seit dem 2. Dezember 1804 als Kaiser. Nicht das französische Königtum wollte er neu errichten, sondern als mächtigster Herrscher in Europa stellte er eine direkte Verbindungslinie zu den Kaisern Roms und deren Nachfolgern im Mittelalter her. Napoleons zweite Ehe mit der Habsburgerin *Marie Louise*, der Tochter des österreichischen Kaisers (1810), sollte seinen Aufstieg in den Kreis der traditionellen Monarchien besiegeln. Überdies führten die bei Künstlern in Auftrag gegebenen heroischen Gemälde, seine Porträts auf Münzen und seine Bauprojekte den Zeitgenossen die Einzigartigkeit der Herrschaft Napoleons vor Augen. Eine strenge Pressezensur sorgte gleichzeitig dafür, dass sein Ansehen in der Öffentlichkeit nicht beschädigt wurde.

Nach dem verlorenen Krieg gegen die verbündeten Regierungen Europas (1815) lebte Napoleon noch bis 1821 im Exil auf der Atlantikinsel St. Helena. Sein Mythos in Frankreich überlebte ihn.

Kaiserkrönung Napoleons I. in der Pariser Kathedrale Notre-Dame.
Ölgemälde (610 × 930 cm) von Jacques-Louis David, 1805/07.
Um an das mittelalterliche Zeremoniell bei solchen Anlässen anzuknüpfen, lud Napoleon eigens Papst Pius VII. nach Paris ein. Der Papst segnete und salbte den neuen Kaiser, doch die Krönung des Kaiserehepaars vollzog Napoleon selbst.
Das Gemälde veranschaulicht zugleich die widersprüchliche Entwicklung des Künstlers David. 1789 hatte er den historischen Augenblick des Ballhausschwurs verherrlicht (siehe Seite 128), 15 Jahre später glorifiziert er die Einsetzung einer neuen Erbmonarchie.

- ▶ Gliedern Sie das Gemälde in sinnvolle Abschnitte und versehen Sie diese mit passenden Überschriften.
- ▶ Napoleon krönt seine Frau zur Kaiserin, der Papst sitzt im Hintergrund. Erklären Sie, was der Maler mit diesem Gemälde zum Ausdruck bringen will.

M1 „Aufklärung" – eine Begriffsdefinition

*Die Historikerin Susanne Lachenicht (*1971) beschreibt die Wesenszüge der Aufklärung, auf die sich manche Revolutionäre berufen haben:*

Als Aufklärung (franz. *Lumières*, engl. *Enlightenment*) wird in Europa die Epoche zwischen dem Ende des 17. Jahrhunderts und ca. 1789 verstanden, die unterschiedliche Geistesströmungen hervorbrachte. Den meisten Vertretern der Aufklärung (franz. *Philosophes*) gemein ist die Überzeugung, dass der Mensch durch Vernunft Wahres und Falsches unterscheiden und durch die Erkenntnis des einzig Wahren in ein Goldenes Zeitalter gelangen könne. Der Mensch sei seiner Natur nach gut und nur durch die Entfernung vom Naturzustand verderbt worden. Durch die Rückkehr zur Natur, angeleitet von Vernunft könne der Mensch vervollkommnet und in ein freiheitliches und glückliches Dasein überführt werden. Ziel der Aufklärung war es, den Mensch von Aberglauben und Irrationalem zu befreien, Naturwissenschaften und Technik zu fördern, damit diese dem Menschen in seinem Emanzipationsprozess dienen konnten. Häufig findet sich auch ein Plädoyer für religiöse Toleranz; die Moral- und Rechtsphilosophie berief sich zunehmend auf das Naturrecht, d.h. Gesetze, die bereits vor der Gründung der Staaten vorhanden gewesen seien, wie sie dann in den Menschen- und Bürgerrechten von 1789 formuliert werden sollten. Forderungen der Aufklärung schlossen Pressefreiheit, Freiheitsrechte des Einzelnen (Schutz vor willkürlicher Verhaftung, Schutz des Eigentums, Redefreiheit) und eine neue Pädagogik zur Herausbildung des vernünftigen Menschen mit ein. Fortschrittsglaube und Optimismus, dass die Menschheit durch Aufklärung und Vernunft im Diesseits (und nicht mehr im Sinne christlicher Traditionen im Jenseits) in ein neues Arkadien, ein Goldenes Zeitalter geführt werden könne (Perfektibilitätsglaube), ist fast allen Aufklärungsphilosophen eigen. Zu den wichtigsten Aufklärern zählen in Frankreich Voltaire (eigentlich François Marie Arouet, 1694–1778), Charles de Secondat, Baron de Montesquieu (get. 1689–1755), Jean-Jacques Rousseau (1712–1778) und Denis Diderot (1713–1784), in England John Locke (1632–1704) und David Hume (1711–1776), in Deutschland Christian Wolff (1679–1754), Gotthold Ephraim Lessing (1729–1781) und Immanuel Kant (1724–1804). [...] Viele Aufklärer verwarfen mit dieser säkularen Heilsgeschichte die religiöse Offenbarung, waren nicht nur antiklerikal, sondern bekämpften Religion generell als Aberglauben und Vorurteil; beide müssten für immer beseitigt werden. An die Stelle des Dogmatismus der katholischen Kirche trat der Dogmatismus der Aufklärung, der radikale Glaube an Vernunft, Wissenschaft, Technik und den ewigen Fortschritt der Menschheit. Wichtigstes Werk der Aufklärung war die zwischen 1751 und 1785 von Diderot und Jean-Baptiste de Rond d'Alembert (1717–1783) herausgegebene *Encyclopédie*, die sämtliche *philosophes* und ihre wichtigsten Thesen umfassen sollte.

Susanne Lachenicht, Die Französische Revolution, Darmstadt ²2016, S. 38

1. Fassen Sie in wenigen Stichpunkten zusammen, was laut Susanne Lachenicht unter „Aufklärung" zu verstehen ist. | F
2. Das Naturrecht definiert den Menschen als ein von Natur aus mit Rechten ausgestattetes Wesen. Erklären Sie die Folgen dieser These für die von der Aufklärung angestoßene Entwicklung.
3. Arbeiten Sie heraus, inwieweit die Ideen der Aufklärung in Gegensatz zu den überkommenen Regierungs- und Gesellschaftsvorstellungen geraten mussten.

M2 „Was ist der Dritte Stand?"

Der katholische Geistliche Emmanuel Joseph Sieyès, genannt Abbé Sieyès, verfasst Ende 1788 die Schrift „Qu'est-ce que le tiers état?". Sie wird im Januar 1789 anonym veröffentlicht, erreicht eine Auflage von über 30 000 Exemplaren und wird damit zur maßgeblichen „Kampfschrift" des Dritten Standes:

Der Plan dieser Schrift ist ganz einfach. Wir haben uns drei Fragen vorzulegen.

1. Was ist der Dritte Stand? ALLES.
2. Was ist er bis jetzt in der politischen Ordnung gewesen? NICHTS.
3. Was verlangt er? ETWAS ZU SEIN. [...]

Also, was ist der Dritte Stand? Alles, aber ein gefesseltes und unterdrücktes Alles. Was wäre er ohne den privilegierten Stand? Alles, aber ein freies und blühendes Alles. Nichts kann ohne ihn gehen; alles ginge unendlich besser ohne die anderen. [...]

Was ist eine Nation? Eine Körperschaft von Gesellschaftern, die unter einem gemeinschaftlichen Gesetz leben und durch dieselbe gesetzgebende Versammlung repräsentiert werden usw. [...]

Der Dritte Stand umfasst also alles, was zur Nation gehört; und alles, was nicht der Dritte Stand ist, kann sich nicht als Bestandteil der Nation ansehen. Was also ist der Dritte Stand? ALLES. [...]

Unter dem Dritten Stand muss man die Gesamtheit der Bürger verstehen, die dem Stand der gewöhnlichen Leute (l'ordre commun) angehören. Alles, was durch das Gesetz privilegiert ist, einerlei auf welche Weise, tritt aus der gemeinschaftlichen Ordnung heraus, macht eine Ausnahme für das gemeinschaftliche Gesetz und gehört folglich nicht zum Dritten Stand. [...]

Der Dritte Stand hat bis zur Stunde keine wahren Vertreter auf den Generalständen gehabt. Er hat also keinerlei politische Rechte. [...]

Was verlangt der Dritte Stand? Etwas zu werden. [...] Man kann die wirklichen Forderungen des Dritten Standes nur nach den authentischen Beschwerden beurteilen, welche die großen Stadtgemeinden (municipalités) des Königreichs an die Regierung gerichtet haben. Was sieht man da? Dass das Volk etwas sein will, und zwar nur das Wenigste, was es sein kann. [...] Es will haben 1. echte Vertreter auf den Generalständen, das heißt Abgeordnete, die aus seinem Stand kommen und die fähig sind, die Interpreten seines Willens und die Verteidiger seiner Interessen zu sein. Was nützt es ihm, an den Generalständen teilzunehmen, wenn das dem seinen entgegengesetzte Interesse dort dominiert? [...] Es verlangt weiter 2. eine Zahl von Vertretern, die derjenigen ebenbürtig ist, welche die beiden anderen Stände zusammen besitzen. Diese Gleichheit der Vertretung wäre indessen völlig illusorisch, wenn jede Kammer eine eigene Stimme besäße. Der Dritte Stand verlangt deshalb 3., dass die Stimmen nach Köpfen und nicht nach Ständen gezählt werden. [...]

Ich bitte zu beachten, welch gewaltiger Unterschied zwischen der Versammlung des Dritten Standes und den Versammlungen der beiden anderen Stände besteht. Ersterer vertritt fünfundzwanzig Millionen Menschen und berät über die Interessen der Nation. Die beiden letzteren haben, sollten sie zusammentreten, nur die Vollmacht von ungefähr zweihunderttausend Einzelpersonen und denken nur an ihre Vorrechte. Man wird sagen, der Dritte Stand allein könne keine „Generalstände" bilden. Nun, umso besser, dann wird er eben eine „Nationalversammlung" bilden!

Eberhard Schmitt und Rolf Reichardt (Hrsg.), Emmanuel Joseph Sieyès. Politische Schriften 1788–1790, München/Wien [2]1981, S. 119, 123–125, 127, 130f. und 180

1. Erklären Sie, was die Ausführungen von Sieyès zu einer revolutionären „Kampfschrift" macht.
2. Arbeiten Sie Sieyès' Argumente dafür heraus, dass nur ein Stand die Nation vertreten könne.
3. Entwickeln Sie aus dem Beitrag eine Definition des Begriffes „Nation".

M3 Menschenrechte für alle?

Die „Erklärung der Menschen- und Bürgerrechte" wird am 26. August 1789 von der Verfassunggebenden Versammlung (Konstituante) verkündet und der Verfassung von 1791 vorangestellt (erster Text). In Anlehnung an dieses Dokument veröffentlicht 1791 die 43-jährige Schriftstellerin Olympe de Gouges eine „Erklärung der Rechte der Frau und Bürgerin" (zweiter Text):

Erklärung von 1789

Da die Vertreter des französischen Volkes, als Nationalversammlung eingesetzt, erwogen haben, dass die Unkenntnis, das Vergessen oder die Verachtung der Menschenrechte die einzigen Ursachen des öffentlichen Unglücks und der Verderbtheit der Regierungen sind, haben sie beschlossen, die natürlichen und unveräußerlichen und heiligen Rechte der Menschen in einer feierlichen Erklärung darzulegen, damit diese Erklärung allen Mitgliedern der Gesellschaft beständig vor Augen ist und sie unablässig an ihre Rechte und Pflichten erinnert; damit die Handlungen der Gesetzgebenden wie der Ausübenden Gewalt in jedem Augenblick mit dem Endzweck jeder politischen Einrichtung verglichen werden können und dadurch mehr geachtet werden; damit die Ansprüche der Bürger, fortan auf einfache und unbestreitbare Grundsätze begründet, sich immer auf die Erhaltung der Verfassung und das Allgemeinwohl richten mögen. Infolgedessen erkennt und erklärt die Nationalversammlung in Gegenwart und unter dem Schutze des Allerhöchsten folgende Menschen- und Bürgerrechte:

Artikel 1
Die Menschen sind und bleiben von Geburt frei und gleich an Rechten. Soziale Unterschiede dürfen nur im gemeinen Nutzen begründet sein.

Artikel 2
Das Ziel jeder politischen Vereinigung ist die Erhaltung der natürlichen und unveräußerlichen Menschenrechte. Diese Rechte sind Freiheit, Eigentum, Sicherheit und Widerstand gegen Unterdrückung. [...]

Artikel 4
Die Freiheit besteht darin, alles tun zu können, was einem anderen nicht schadet. So hat die Ausübung der natürlichen Rechte eines jeden Menschen nur die Grenzen, die den anderen Gliedern der Gesellschaft den Genuss der gleichen Rechte sichern. Diese Grenzen können allein durch Gesetz festgelegt werden. [...]

Artikel 6
Das Gesetz ist der Ausdruck des allgemeinen Willens. Alle Bürger haben das Recht, persönlich oder durch ihre Vertreter an seiner Formung mitzuwirken. Es soll für alle gleich sein, mag es beschützen, mag es bestrafen. Da alle Bürger in seinen Augen gleich sind, sind sie gleicherweise zu allen Würden, Stellungen und Beamtungen nach ihrer Fähigkeit zugelassen ohne einen anderen Unterschied als den ihrer Tugenden und ihrer Talente.

Artikel 7
Jeder Mensch kann nur in den durch das Gesetz bestimmten Fällen und in den Formen, die es vorschreibt, angeklagt, verhaftet und gefangen gehalten werden. [...]

Artikel 10
Niemand soll wegen seiner Meinung, selbst religiöser Art, beunruhigt werden, solange ihre Äußerungen nicht die durch das Gesetz festgelegte öffentliche Ordnung stören.

Artikel 11
Die freie Mitteilung der Gedanken und Meinungen ist eines der kostbarsten Menschenrechte. Jeder Bürger kann also frei schreiben, reden, drucken unter Vorbehalt der Verantwortlichkeit für den Missbrauch dieser Freiheit in den durch Gesetz bestimmten Fällen. […]

Artikel 17
Da das Eigentum ein unverletzliches und heiliges Recht ist, kann es niemandem genommen werden, wenn es nicht die gesetzlich festgelegte, öffentliche Notwendigkeit augenscheinlich erfordert und unter der Bedingung einer gerechten und vorherigen Entschädigung.

Olympe de Gouges von 1791
Wir, die Mütter, Töchter, Schwestern, Vertreterinnen der Nation, verlangen in die Nationalversammlung aufgenommen zu werden. In Anbetracht dessen, dass Unkenntnis, Vergessen oder Missachtung der Rechte der Frauen die alleinigen Ursachen öffentlichen Elends und der Korruptheit der Regierungen sind, haben wir uns entschlossen, in einer feierlichen Erklärung die natürlichen, unveräußerlichen und heiligen Rechte der Frau darzulegen, damit diese Erklärung allen Mitgliedern der Gesellschaft ständig vor Augen ist und sie unablässig an ihre Rechte und Pflichten erinnert; damit die Machtausübung von Frauen ebenso wie jene von Männern jederzeit und somit auch mehr geachtet werden kann; damit die Beschwerden von Bürgerinnen, nunmehr gestützt auf einfache und unangreifbare Grundsätze, sich immer zur Erhaltung der Verfassung, der guten Sitten und zum Wohl aller auswirken mögen. Das an Schönheit wie Mut im Ertragen der Mutterschaft überlegene Geschlecht anerkennt und erklärt somit, in Gegenwart und mit dem Beistand des Allmächtigen, die folgenden Rechte der Frau und Bürgerin:

Artikel I
Die Frau ist frei geboren und bleibt dem Manne gleich in allen Rechten. Die sozialen Unterschiede können nur im allgemeinen Nutzen begründet sein.

Artikel II
Ziel und Zweck jedes politischen Zusammenschlusses ist der Schutz der natürlichen und unveräußerlichen Rechte sowohl der Frau als auch des Mannes. Diese Rechte sind: Freiheit, Sicherheit, das Recht auf Eigentum und besonders das Recht auf Widerstand gegen Unterdrückung. […]

Artikel IV
Freiheit und Gerechtigkeit besteht darin, den anderen zurückzugeben, was ihnen zusteht. So wird die Frau an der Ausübung ihrer natürlichen Rechte nur durch die fortdauernde Tyrannei, die der Mann ihr entgegensetzt, gehindert. Diese Schranken müssen durch Gesetz der Natur und Vernunft revidiert werden. […]

Artikel VI
Das Gesetz sollte Ausdruck des allgemeinen Willens sein. Alle Bürgerinnen und Bürger sollen persönlich oder durch ihre Vertreter an seiner Gestaltung mitwirken. Es muss für alle das Gleiche sein. Alle Bürgerinnen und Bürger, die gleich sind vor den Augen des Gesetzes, müssen gleichermaßen nach ihren Fähigkeiten, ohne andere Unterschiede als die ihrer Tugenden und Talente, zu allen Würden, Ämtern und Stellungen im öffentlichen Leben zugelassen werden.

Artikel VII
Für Frauen gibt es keine Sonderrechte; sie werden verklagt, in Haft genommen und gefangen gehalten in den durch das Gesetz bestimmten Fällen. Frauen unterstehen wie Männer den gleichen Strafgesetzen. […]

Artikel X
Niemand darf wegen seiner Meinung, auch wenn sie grundsätzlicher Art ist, verfolgt werden. Die Frau hat das Recht, das Schafott zu besteigen. Sie muss gleichermaßen das Recht haben, die Tribüne zu besteigen, vorausgesetzt, dass ihre Handlungen und Äußerungen die vom Gesetz gewahrte öffentliche Ordnung nicht stören.

Artikel XI
Die freie Gedanken- und Meinungsäußerung ist eines der kostbarsten Rechte der Frau, denn diese Freiheit garantiert die Vaterschaft der Väter an ihren Kindern. Jede Mutter kann folglich in aller Freiheit sagen: „Ich bin die Mutter eines Kindes, das du gezeugt hast", ohne dass ein barbarisches Vorurteil sie zwingt, die Wahrheit zu verschleiern. […]

Artikel XVII
Das Eigentum gehört beiden Geschlechtern vereint oder einzeln. Jede Person hat darauf ein unverletzliches und heiliges Anrecht. Niemandem darf es als wahres Erbteil der Nation vorenthalten werden, es sei denn, eine öffentliche Notwendigkeit, die gesetzlich festgelegt ist, mache es augenscheinlich erforderlich, jedoch unter der Voraussetzung einer gerechten und vorher festgesetzten Entschädigung.

Ute Gerhard, Menschenrechte – Frauenrechte 1789, in: Viktoria Schmidt-Linsenhoff (Hrsg.), Sklavin oder Bürgerin? Französische Revolution und Neue Weiblichkeit 1760–1830, Frankfurt am Main 1989, S. 68–72

1. Erläutern Sie die Funktion der Präambeln beider Erklärungen.
2. Geben Sie die wesentlichen Rechte wieder, die den Bürgern nach den jeweiligen Texten eingeräumt werden.
3. Leiten Sie aus diesen Rechten bzw. Forderungen möglicherweise bestehende Missstände ab.
4. Die Forderungen von Olympe de Gouges sind unseren heutigen Vorstellungen näher. Überprüfen Sie diese These.

M4 Staatsform und Wahlrecht von 1789 bis 1795

Zwischen 1789 und 1799 werden in Frankreich vier Verfassungen verabschiedet. Sie alle dokumentieren unterschiedliche Stadien der Revolution und sind Ausdruck eines intensiven Erfahrungs- und Lernprozesses.

	Ancien Régime (Wahlordnung von 1789)	Verfassung von 1791	Verfassung von 1793 (trat nicht in Kraft)	Verfassung von 1795
Regierungsform	absolutistische Monarchie	konstitutionelle Monarchie	Republik	Republik
Staatsoberhaupt	König	König	—	5 Direktoren
Vertretungssystem	Generalstände (beratende Funktion) 1. Stand: ca. 300 Vertreter 2. Stand: ca. 300 Vertreter 3. Stand: ca. 600 Vertreter	Nationalversammlung für 2 Jahre (etwa 745 Vertreter aus 83 Départements)	Nationalrepräsentation für 1 Jahr (je 1 Abgeordneter auf 40 000 Einwohner, 749 Abgeordnete, zuzüglich 28 aus den Kolonien)	• Rat der Alten (250 Mitglieder) • Rat der Fünfhundert (beide Räte wurden alljährlich zu einem Drittel erneuert)
Wahlverfahren	nach Ständen	indirekt	direkt	indirekt
Wahlberechtigung (in den Urversammlungen)	• Männer (beim Adel auch Frauen) • 25 Jahre • Eintragung in die Steuerliste	• Männer • 25 Jahre • fester Wohnsitz seit einem Jahr • weder Tagelöhner noch Dienstleute • Steuerleistung im Wert von 3 Arbeitstagen • Mitglied der Nationalgarde • Bürgereid	• Männer • 21 Jahre • ein Jahr in Frankreich	• Männer • 21 Jahre • ein Jahr in Frankreich und/oder (ehemaliger) Soldat • Jungwähler sollten lesen und schreiben können und einer qualifizierten Arbeit nachgehen
Voraussetzungen, um als Wahlmann bestellt zu werden	—	• aktives Bürgerrecht • 25 Jahre	—	• aktives Bürgerrecht • 25 Jahre
Eigentum/Einkommen im Wert von • in Städten über 6 000 Einwohner		• 200 Arbeitstagen		• 100 Arbeitstagen
• in Städten unter 6 000 Einwohner		• 100–150 Arbeitstagen		• 150 Arbeitstagen
• auf dem Land		• ca. 150 Arbeitstagen		• 150–200 Arbeitstagen
Zahl der Wahlmänner	—	etwa 45 000	—	etwa 30 000
Voraussetzungen, um als Abgeordneter gewählt zu werden	—	aktives Bürgerrecht	aktives Bürgerrecht	Rat der Fünfhundert: • 30 Jahre • fester Wohnsitz seit 10 Jahren Rat der Alten: • 40 Jahre • fester Wohnsitz seit 15 Jahren

1. Vergleichen Sie die vier Verfassungen hinsichtlich der politischen Teilhaberechte der Bevölkerung. | F
2. Erklären Sie das unterschiedliche Ausmaß der Teilhaberechte.
3. Arbeiten Sie heraus, welche Interessen welcher gesellschaftlicher Gruppen Niederschlag in den jeweiligen Verfassungen gefunden haben.

M5 Die „Schreckensherrschaft" – Rechtfertigung und Kritik

Maximilien de Robespierre rechtfertigt am 5. Februar 1794 vor dem Nationalkonvent das Ziel der Revolution und den Terror:

Welches Ziel streben wir an? Wir wollen den friedlichen Genuss der Freiheit und der Gleichheit [...]. Wir wollen die Dinge so ordnen, dass alle niedrigen und grausamen Leidenschaften im Zaum gehalten und alle wohltätigen und edlen Leidenschaften durch die Gesetze geweckt werden; wir wollen eine Ordnung schaffen, in der sich der Ehrgeiz auf den Wunsch beschränkt, Ruhm zu erwerben und dem Vaterland zu dienen; in der Vornehmheit nur aus der Gleichheit entsteht; wo der Bürger dem Magistrat, der Magistrat dem Volke und das Volk der Gerechtigkeit unterworfen ist; eine Ordnung, in der das Vaterland das Wohlergehen eines jeden Einzelnen sichert und jeder Einzelne stolz das Gedeihen und den Ruhm des Vaterlandes genießt [...].
Wir wollen in unserem Lande die Moral gegen den Egoismus, die Rechtschaffenheit gegen die Ehre, [...] ein großherziges, mächtiges und glückliches Volk gegen ein bloß liebenswürdiges, leichtfertiges und beklagenswertes Volk eintauschen, das heißt, alle Tugenden und alle Wunder der Republik gegen alle Laster und alle Lächerlichkeiten der Monarchie.
Mit einem Wort: Wir wollen den Willen der Natur erfüllen, das Schicksal der Menschheit vollenden, das Versprechen der Philosophie halten und die Vorsehung von der langen Herrschaft des Verbrechens und der Tyrannei befreien [...].
Welche Regierungsform kann diese Wunder vollbringen? Nur die demokratische oder republikanische Regierung! Denn diese beiden Wörter sind synonym, trotz aller Missbräuche der volkstümlichen Sprache. Die Aristokratie ist ebenso wenig republikanisch wie die Monarchie. Die Demokratie ist kein Staat, in dem sich das Volk ständig versammelt und alle seine öffentlichen Angelegenheiten selbst regelt; sie ist noch weniger ein Staat, in dem hunderttausend Volksparteien durch isolierte, übereilte und widersprüchliche Maßnahmen über das Schicksal der gesamten Gesellschaft entscheiden. Eine solche Regierung hat niemals bestanden und sie könnte auch nur bestehen, um das Volk zum Despotismus zurückzuführen.
Die Demokratie ist ein Staat, in dem das souveräne Volk sich nach Gesetzen richtet, die sein eigenes Werk sind, indem es von selbst alles tut, was es tun kann, und indem es durch seine Abgeordneten tun lässt, was es nicht selbst tun kann. [...]
Von außen werden wir von allen Tyrannen umzingelt; im Innern konspirieren alle Freunde der Tyrannen gegen uns: Sie werden solange konspirieren, bis dem Verbrechen jede Hoffnung genommen ist. Man muss die inneren und äußeren Feinde der Republik beseitigen oder mit ihr untergehen. Deshalb sei in der gegenwärtigen Lage der erste Grundsatz eurer Politik, das Volk durch Vernunft und die Volksfeinde durch Terror zu lenken.
Wenn in friedlichen Zeiten der Kraftquell der Volksregierung die Tugend ist, so sind es in Zeiten der Revolution Tugend und Terror zusammen. Ohne die Tugend ist der Terror verhängnisvoll, ohne den Terror ist die Tugend machtlos. Der Terror ist nichts anderes als die unmittelbare, strenge und unbeugsame Gerechtigkeit: Er ist also eine Emanation[1] der Tugend; er ist nicht so sehr ein besonderer Grundsatz als vielmehr die Folge des allgemeinen Grundsatzes der Demokratie: angewandt auf die dringenden Bedürfnisse des Vaterlandes.

Der am 21. Oktober 1793 geschriebene Brief des Pfarrers und Schriftstellers Johann Caspar Lavater (1741–1801) aus Zürich an den Konventsabgeordneten Marie-Jean Hérault de Séchelles (1760–1794, hingerichtet) zeigt exemplarisch die Abwendung des größten Teils der europäischen Revolutionssympathisanten:

Seitdem Ihr Euren guten König umgebracht und ermordet habet auf eine unerhörte Weise und auf die despotischste Art; seitdem Ihr die Unverletzbarkeit verletzt habt, die Ihr ihm versichert hattet; seitdem Ihr auf seine Verteidigung keine Achtung mehr schluget; seitdem Ihr im Geschmack der lissabonischen Inquisition handeltet; seitdem Ihr, den Dolch in der Hand, zur Freiheit zwanget; seitdem Ihr die bewegliche Köpfmaschine an die Stelle der zerstörten Bastille setztet; seitdem man nichts mehr sagen oder schreiben darf, was man unter den despotischsten Königen sagen und schreiben durfte, seitdem zittre ich, wenn ich Euch von Freiheit reden höre. Monarchie oder Republik, das ist mir gleichgültig; aber Freiheit! Nicht das Wort jedoch, nicht die Ausrufungen, nicht die Marktschreierei gehaltener Reden werden Frankreich diese Freiheit geben. Erlaubet mir, über diesen Gegenstand Eurer (unbeschadet der Beredsamkeit) armseliger Reden frei zu sein: Wo ist die Freiheit, wo ist die Sicherheit der Ehre, des Eigentums, des Lebens? [...]
Glauben Sie mich nicht schwach genug, die Partie der Prinzen und der Royalisten von Frankreich zu nehmen; keineswegs. Ich habe nichts zu sagen als eine klare, einfache und

[1] **Emanation**, von lat. *emanare*: hervorgehen, herausfließen

niederschlagende Sache. Alle Eure Könige und alle Könige der Erde zusammen gaben nie so viele Beispiele des abscheulichen Despotismus, wie Ihr seit drei Jahren gebet. In Wahrheit, Ihr treibet Spott mit uns andern, mit dem Universum und mit den künftigen Jahrhunderten. Ich erwähne nicht einmal der groben Unmenschlichkeiten eines verwilderten Pöbels. Ich bemerke die öffentlichen Akte, die Dekrete des Nationalkonvents, die unterstützten und privilegierten Grausamkeiten der größten sogenannten Antidespoten.
Im Namen der Menschlichkeit beschwöre ich Sie auf den Knien, spottet nicht mehr dem Universum und den künftigen Jahrhunderten! Sprecht nie mehr das Wort Freiheit aus, indem ihr den allerunerträglichsten Despotismus ausübt.

Erster Text: Maximilien Robespierre, Ausgewählte Texte, Hamburg 1971, S. 582 ff.; zweiter Text: Gustav Landauer, Briefe aus der Französischen Revolution, Band 2, Berlin (Ost), ³1985, S. 104 ff.

1. Geben Sie die Ziele Robespierres aus dem ersten Text mit eigenen Worten wieder. | H
2. Beurteilen Sie die Ziele Robespierres. | H
3. Erklären Sie, welche Gefahr bei der Verfolgung dieser Ziele deutlich wird.
4. Setzen Sie sich mit der Frage auseinander, ob es auch andere Wege als den Terror gegeben hätte, die Absichten Robespierres in die Tat umzusetzen. | F
5. Arbeiten Sie die Kritikpunkte aus dem zweiten Text heraus, die der Briefeschreiber der Politik des Konvents entgegensetzt.
6. Nehmen Sie abschließend Stellung: An welche Grenzen stoßen Regierungen bei der Durchsetzung ihrer Maßnahmen?

M6 „Die Geburtsstunde von Freiheit und Demokratie"

*Die Historikerin Susanne Lachenicht (*1971) schreibt über die Bedeutung der Französischen Revolution:*

Die Französische Revolution wird bis heute als das Ereignis betrachtet, das die Vormoderne von der Moderne oder die Frühe Neuzeit von der Neuzeit trennt. Sie steht für einen Epochenumbruch, der Politik, Gesellschaft, Wirtschaft und Kultur inklusive der kollektiven Mentalitäten (Michel Vovelle) tief greifend verändert haben soll. Aus politischer Perspektive ist die Französische Revolution immer wieder als Geburtsstunde von Freiheit und Demokratie beschrieben worden. Aus dem Untertanen (*sujet*) sei der (Staats-) Bürger (*citoyen*) geworden. Gesellschaftlich und wirtschaftlich bedeutete sie – so viele Autoren – das Ende der Ständegesellschaft und damit Rechtsgleichheit und den Aufstieg des Bürgertums in Frankreich. Wirtschaftlich wird mit der Französischen Revolution durch die Abschaffung von ständischen Privilegien, von Zünften und Gilden Unternehmensfreiheit und die allmähliche Durchsetzung des Leistungsprinzips auf dem europäischen Kontinent verbunden. Kulturell bedeutete die Revolution das Ende des alten Europas, in dem Staat und Kirche bis dato ein enges Bündnis eingegangen waren. Neben die christliche Religion bzw. die christlichen Konfessionen trat 1789 eine säkulare Ideologie, die sich in England und auch in Frankreich seit dem 16. Jahrhundert entwickelt hatte: Der Nationalismus, der in Frankreich während der Revolution zum „demokratischen Nationalismus" werden sollte, verdrängte die Staatsreligion – den Katholizismus – zwar nicht, setzte jedoch an dessen Stelle eine klare Alternative, die bis zum heutigen Tag von vielen Franzosen gelebt wird: Republikanismus und Laizismus.
Schon die Revolutionäre selbst sahen in den Ereignissen zwischen 1789 und 1799 etwas Irreversibles; eine Umkehr, eine Rückkehr in alte Zeiten schien ihnen nicht mehr möglich. Nach der Hinrichtung des Königs, Ludwigs XVI. (geb. 1754), am 21. Januar 1793 soll der Abgeordnete des Nationalkonvents Pierre Joseph Cambon (1756–1820) gesagt haben: „Wir sind endlich auf der Insel der Freiheit gelandet und haben das Schiff verbrannt, das uns hinfuhr" [...]. Spätestens mit der radikalen Revolution von 1792 wurde nicht mehr das Alte, das bisher Dagewesene als Legitimation für Reformen, für Veränderung bemüht. Bis dahin waren Revolten wie der Bauernkrieg von 1525, die Englische Revolution der 1640er-Jahre sowie die Glorreiche Revolution von 1688/89 von den Revolutionären immer als Rückkehr zum „alten Recht", zu einem Zustand gesehen worden, der von den Herrschenden gewaltsam verändert worden sei und den die Revolutionäre nun wiederherstellen mussten. Vor dem Amerikanischen Unabhängigkeitskrieg[1] und den Ereignissen in Frankreich von 1789 bis 1799 bezeichnete der Begriff „Revolution" den immer wiederkehrenden Kreislauf der Gestirne oder politisch die Rückkehr zu altem Recht und alter Ordnung.
Dies änderte sich mit der Französischen Revolution. Das Neue, die Realisierung einer Utopie, der Fortschritt der Menschheit hin zu neuen Ufern waren nun Legitimation für politisches und gesellschaftliches Handeln. Die Revolution katalysierte die Entwicklung weg vom Alten, zu Bewahrenden, hin zum Neuen, zum Unbekannten; ein Wandel der Mentalitäten, der sich bereits mit der Aufklärung angekündigt hatte. Mit den Ereignissen in Nordamerika, aber vor allem durch die Umwälzungen, die in Frankreich zwischen 1789 und 1799 stattfanden, veränderte sich auch die Bedeutung des Begriffs „Revolution". Seitdem steht der Begriff „Revolution" für die mit Aufständen und Gewalt einhergehende Veränderung von staatlichen Institutionen, von Eigentumsverhältnissen, von Zugangsbedingungen zu

[1] Zum Unabhängigkeitskrieg siehe das Kapitel auf den Seiten 58 ff.

staatlichen, wirtschaftlichen und gesellschaftlichen Eliten, für die Durchsetzung neuer, manchmal staatlich verordneter Ideologien, im Grunde also für die totale, wenn nicht gar totalitäre Umwälzung von Staat, Kultur und Gesellschaft.

Susanne Lachenicht, Die Französische Revolution, a.a.O., S. 9f.

1. Gliedern Sie den Text in sinnvolle Abschnitte und versehen Sie diese mit passenden Überschriften.
2. Arbeiten Sie aus dem Text die Veränderungen heraus, die von der Französischen Revolution ausgingen. | F
3. Informieren Sie sich im Internet und/oder in der Fachliteratur über die von der Autorin genannten früheren Revolutionen (siehe ab Zeile 39 ff.). Erläutern Sie anschließend, welchen Unterschied Lachenicht beschreibt.

M7 „Der Wahrheit stets eine Nasenlänge voraus"

*Der Journalist Andreas Kilb (*1961) rezensiert 2018 in der Frankfurter Allgemeinen Zeitung eine neue Napoleon-Biografie des britischen Historikers Adam Zamoyski (*1949):*

Die Schlüsselszene dieses Buches spielt in Italien. Die französische Revolutionsarmee unter ihrem General Napoleon Bonaparte hat ein österreichisches Korps in Mantua eingeschlossen. […] Die entscheidende Brücke liegt bei dem Dorf Arcole.

Die Franzosen versuchen sie am 15. November [1796] im Sturm zu nehmen, aber die Verteidiger sind gut verschanzt. Als die erste Attacke scheitert, steigt der General vom Pferd und ergreift eine Fahne. Der Trupp, den er anführt, wird von einer gut gezielten Salve empfangen, die seinen Adjutanten tötet. Seine überlebenden Begleiter stoßen Bonaparte in einen Entwässerungsgraben. Triefnass, aber unverletzt wird er aus dem Wasser gezogen. Die Brücke bleibt in österreichischer Hand. Soweit die Fakten.

In Bonapartes Bulletin[1] an das fünfköpfige Direktorium in Paris, das nach dem Sturz Robespierres die Revolutionsgeschäfte führt, klingt alles ganz anders. Hier verschmilzt die Schlappe bei Arcole mit den Gefechten der folgenden Tage, die die Österreicher schließlich doch zum Rückzug zwingen, zu einem einzigen, durch Bonapartes Fahnenmarsch ausgelösten Triumph. Noch im selben Monat beginnt Antoine-Jean Gros, der die französische Armee begleitet, mit seinem Ölbild „Bonaparte an der Brücke von Arcole".

Es zeigt den General in Galauniform mit gezücktem Schwert und wehendem Haar. Das Gemälde, durch zahlreiche Drucke verbreitet, wird zur Ikone der siegreichen Revolution.

„Der Wahrheit stets eine Nasenlänge voraus" von Andreas Kilb, in: F.A.Z. Literaturbeilage vom 6. Oktober 2018, Frankfurter Allgemeine Zeitung GmbH, Frankfurt. Zur Verfügung gestellt vom Frankfurter Allgemeine Archiv

[1] **Bulletin:** amtlicher Bericht, offizielle Bekanntmachung

„Bonaparte an der Brücke von Arcole."
Ölgemälde (94 x 130 cm) von Antoine-Jean Gros, 1796.

1. Ein Ergebnis der Französischen Revolution war das Entstehen von Zeitungen, die sich im politischen Meinungsstreit behaupten mussten. Erklären Sie, wie Napoleon seinen Bericht vom Krieg in Italien zur Beeinflussung der Massen nutzt.
2. Setzen Sie die in der Quelle beschriebenen Ereignisse (Zeile 1–14) in Beziehung zur Aussage des Ölgemäldes von Antoine-Jean Gros auf dieser Seite. | H
3. Überlegen Sie, welche damaligen Möglichkeiten es gab, Berichte von einem fernen Kriegsschauplatz zu überprüfen. Vergleichen Sie mit heutigen „fake news".

Methode

Umgang mit historischer Fachliteratur üben

Historische Fachliteratur ist ein Sammelbegriff für wissenschaftliche Veröffentlichungen. Dazu gehören **Textsorten** wie wissenschaftliche Bücher eines Autors (Monografien), Aufsätze in Sammelbänden oder in (Fach-)Zeitschriften, gedruckte Vorträge, Lexikonartikel und Rezensionen (Buchbesprechungen). Die Literatur über die Französische Revolution beispielsweise ist unüberschaubar. Die Zahl der Veröffentlichungen geht in die Zigtausende und ständig kommen neue hinzu.

Eine für alle Mal gültige oder richtige und verbindliche **Geschichtsschreibung** gibt es nicht. Wichtig ist die Einsicht, dass sie immer **abhängig** ist von der Person, die Forschung betreibt, von der Zeit, in der geforscht wird, von den Fragen, die Untersuchende an die Vergangenheit stellen, von den ausgewerteten Quellen und von der benutzten Literatur. Für das Verständnis eines Textes, seine Einordnung und Bewertung ist es daher notwendig, ihn mit anderen Darstellungen zu vergleichen und ihn nach bestimmten **Kriterien** zu untersuchen.

Im Materialienteil des Buches gibt es zahlreiche Beispiele, um historische Fachliteratur zu analysieren.

Arbeitsschritt	Leitfragen
1. beschreiben	• Wer ist der Autor / die Autorin? • Welche Funktion, welchen Beruf oder welche Stellung hat er / sie? • Welche Textsorte liegt vor (z. B. Lexikonartikel, Fachbuch, Essay oder Rezension)? • Wann, wo und aus welchem besonderen Anlass (Jubiläum, Jahrestag etc.) ist der Text veröffentlicht worden? • Was wird thematisiert? • Wie ist der Text aufgebaut? Welche besonderen Merkmale gibt es (Sprache, Stil)? • Mit welchen Argumenten bzw. Belegen (Quellen, Sekundärliteratur) begründet der Autor / die Autorin seine / ihre Aussagen? • Welche Behauptungen oder Thesen werden aufgestellt?
2. erklären	• Welchen Zeitraum, welches Ereignis oder welche Person behandelt der Text? • Auf welche wissenschaftliche / politische Diskussion geht der Autor / die Autorin ein? • In welchem Bezug steht der Autor / die Autorin zum behandelten Thema? • An welche Adressaten wendet sich der Text? • Welche Aussageabsicht hat er? • Welchen Standpunkt nimmt der Autor / die Autorin ein?
3. beurteilen	• Wurde das Thema schlüssig und überzeugend bearbeitet oder ist die Argumentation lückenhaft? Wurden mehrere Perspektiven berücksichtigt? • Nimmt der Autor / die Autorin Wertungen vor oder stellt er / sie Vermutungen auf? • Wie lässt sich der Text bzw. die Publikation insgesamt einordnen und bewerten?

M1 „Im Zentrum der modernen Weltgeschichte"

Albert Soboul (1914–1982) fasst das Ergebnis der Revolution wie folgt zusammen:

Verfasser (Soboul: französischer Historiker und Kommunist)

Zehn Jahre revolutionäre Ereignisse hatten allerdings die Lage in Frankreich im Wesentlichen in Übereinstimmung mit den Wünschen der Bourgeoisie und Besitzenden grundlegend verändert. Die alte Aristokratie war samt ihren Privilegien und ihrer früheren gesellschaftlichen Bedeutung zerschlagen, und die letzten Spuren der Feudalität waren beseitigt. Mit der radikalen Zerstörung der gesamten feudalen Hinterlassenschaft, der Befreiung der Bauern von den Herrenrechten, den kirchlichen Zehnten und – eingeschränkt – auch von den kollektiven Zwängen (contraintes communautaires), mit der Aufhebung der Zunftmonopole und der Herstellung des nationalen Marktes beschleunigte die Französische Revolution die Entwicklung des Übergangs vom „Feudalismus" zum Kapitalismus und bildete zugleich eine ihrer entscheidenden Etappen. Indem sie andererseits die provinziellen Besonderheiten und die lokalen Vorrechte aufhob und die Staatsgewalt des Ancien Régime zerbrach, schuf sie vom Direktorium bis zum Empire die Voraussetzungen eines modernen Staates, der den wirtschaftlichen und sozialen Interessen der Bourgeoisie entsprach. [...]

Fokus auf „Signalwörter" (Hinweis auf sozialistische Geschichtsschreibung)

Die Französische Revolution steht damit im Zentrum der modernen Weltgeschichte, am Kreuzweg verschiedener gesellschaftlicher und politischer Strömungen, welche die Nationen entzweit haben und noch weiterhin entzweien werden. Ihr Enthusiasmus begeistert die einen, die an die Kämpfe für Freiheit und Unabhängigkeit und an ihren Traum von der brüderlichen Gleichheit denken – bei anderen löst er Hassgefühle aus. Den einen bedeutet ihr aufgeklärter Geist einen Angriff auf Privileg und Tradition – andere sehen darin maßlose Vernunft, die mit ihrer gewaltigen Kraft die ganze Gesellschaft neu ordnen wollte. Die Revolution, ob bewundert oder gefürchtet, lebt weiter im Bewusstsein der Menschen.

Albert Soboul, Die große Französische Revolution. Ein Abriss ihrer Geschichte (1789-1799), Frankfurt am Main [5]1988, S. 571 ff.

Fokus auf: Erscheinungsjahr (zeitliche Einordnung)

Literaturangabe (Monografie)

M2 Einfluss auf die politische Kultur Europas

*Rolf E. Reichardt (*1940) schreibt über die Französischen Revolution:*

Verfasser (Reichardt: deutscher Historiker)

Überall wirkte die Revolution bei unzufriedenen Gruppen als Anstoß, überfällige Reformen und Veränderungen im jeweils eigenen Land energischer zu betreiben. Überall löste sie eine Welle politischer Publizistik von neuer Radikalität und sozialer Reichweite aus, welche die revolutionären Grundvorstellungen und Schlagworte verbreitete. Überall verband sich damit sowohl eine neuartige Klubkultur als auch eine internationale Freiheits- und Gleichheitssymbolik – beides nach französischem Vorbild. Überall wurden durch die so bewirkten Akkulturationsprozesse[1] neue soziale Gruppen und Schichten an die Politik herangeführt beziehungsweise zusätzlich politisiert, überall erkämpften sich diese Gruppen unter Rekurs[2] auf die Revolution Zugang zum Politischen: die Intellektuellen auf der Apenninenhalbinsel, das mittlere Bürgertum im Alten Reich, die kleinen Leute auf den Britischen Inseln. Überall bildeten sich in Auseinandersetzung mit der Revolution deutlicher als zuvor gegensätzliche politische Lager heraus. So hat die Französische Revolution, wie unterschiedlich sie auch vordergründig auf einzelne Länder einwirkte, letztlich wichtige Impulse zur Herausbildung einer gemeinsamen, tendenziell demokratischen politischen Kultur Europas gegeben.

Fokus auf „Signalwörter" (Hinweis auf den Schwerpunkt des Textauszuges: Kulturgeschichte)

Rolf E. Reichardt, Das Blut der Freiheit. Französische Revolution und demokratische Kultur, Frankfurt am Main [3]2002, S. 331

Fokus auf: Erscheinungsjahr (zeitliche Einordnung)

Literaturangabe (Monografie)

---

1 **Akkulturation:** Übernahme fremder geistiger und materieller Kulturgüter durch Einzelpersonen oder ganze Gruppen

2 **Rekurs:** Rückgriff auf etwas

▶ Analysieren Sie die beiden Texte mithilfe der Arbeitsschritte auf Seite 148. Ihre Ergebnisse können Sie mit der Beispiellösung auf Seite 533 vergleichen.

Die Französische Revolution (1789–1799)

Ursachen

- Finanzkrise des Staates (u.a. Kriege, Schulden)
- soziale und wirtschaftliche Probleme (Abgaben/Steuern, Hungersnöte)
- gescheiterte Reformen
- reformunfähige Monarchie
- politischer Gestaltungswille (Dritter Stand)
- Ideen der Aufklärung (u.a. Montesquieu, Rousseau)

Phasen

Beginn der Revolution (1789) →

- Ziele: Ende der Not, Reformen, politische Mitbestimmung
- Träger: Bauern, Bürger (Dritter Stand)

Konstitutionelle Monarchie (1789–1792) →

- Ziele: Abschaffung feudaler Privilegien, neue Menschen- und Bürgerrechte, Verfassung
- Träger: gehobenes Bürgertum, liberaler Adel, Frauen

Republik und „Schreckensherrschaft" (1792–1794) →

- Ziele: Abschaffung der Monarchie, Verfassung, „Überwachungsstaat"/Terror
- Träger: Kleinbürgertum (Sansculotten), Besitzbürgertum (Jakobiner)

Direktorium (1795–1799)

- Ziele: Verfassung, Beendigung von Unruhen
- Träger: gehobenes Bürgertum

ABI CHECK

Ein interaktives Quiz erwartet Sie unter dem Code **32035-23**.

Fazit

Gewinner der Revolution
- gehobenes Bürgertum

Verlierer der Revolution
- Adel und Klerus

Das Erbe

- Menschen- und Bürgerrechte
- Aufhebung der Ständegesellschaft
- Trennung von Kirche und Staat
- Abschaffung der Monarchie, Entwicklung der Republik
- Bewusstsein für eine politische Demokratie
- Entstehung von Parteien und einer Debattenkultur
- Beginn einer politischen Frauenbewegung
- Veränderung der Presselandschaft (neue „Öffentlichkeit")
- Code Napoléon bzw. Code civil (neues Zivilrecht)

M Der „moderne Mensch" und das Störfeuer revolutionärer Politik

*Der britische Historiker Simon Schama (*1945) schreibt über die Ergebnisse der Französischen Revolution:*

Ihre beiden großen gesellschaftlichen Veränderungen – das Ende der Feudalherrschaft und die Abschaffung der Zünfte – hatten mehr versprochen als gehalten. So erleichtert sich fraglos viele Handwerker über die Beseitigung der Zunfthierarchie mit ihren strengen Arbeits- und Verdienstvorschriften fühlten, den wirtschaftlichen Ungerechtigkeiten, die Meister und Gesellen nach wie vor voneinander schieden, waren sie nun noch schutzloser ausgesetzt. Und ebenso war die Abschaffung des Feudalismus mehr eine Sache der Gesetze als der gesellschaftlichen Umschichtung und besiegelte lediglich die bereits unter dem Ancien régime angebahnte Umwandlung des Feudalherrn in einen Gutsherrn. [...]
Den größten Gewinn vom Verkauf der Kirchengüter und des Emigrantenbesitzes hatten genau dieselben Bevölkerungsgruppen, die schon unter dem Ancien régime wirtschaftlich ihren Schnitt gemacht hatten. Gewiss bedeuteten diese unwiderruflichen Verkäufe eine beträchtliche Verschiebung des Reichtums. Aber ein guter Teil dieses Transfers wickelte sich *innerhalb* der Klasse der Grundbesitzer ab. Das heißt, die fetten Katzen wurden nur noch fetter. [...]
Hat die Revolution dann wenigstens die Probleme, über die die Monarchie gestürzt war, gelöst und entsprechende staatliche Einrichtungen geschaffen? Auch hier ist es [...] einfacher, die Kontinuität zu verfolgen, vornehmlich in den Zentralisierungsbestrebungen, als einen umwerfenden Wandel auszumachen. Was die öffentlichen Finanzen angeht, so entpuppte sich die Einführung einer Papierwährung als eine Katastrophe, neben der die Insolvenzen des Ancien régime nahezu zur Bedeutungslosigkeit herabsanken. So kehrte das bonapartistische Konsulat [...] zu guter Letzt reumütig zur Metallwährung zurück. [...]
Hatte sich die Revolution dann wenigstens in dem Punkt besser bewährt, an dem die Monarchie gescheitert war, nämlich an ihrer Unfähigkeit, repräsentative Einrichtungen zur Verwirklichung ihrer Reformprogramme zu schaffen? In einer Hinsicht ja. Die verschiedenen, vom Volke gewählten gesetzgebenden Körperschaften von den Generalständen bis zum Nationalkonvent gehören in der Tat zu den eindrucksvollsten Neuerungen, die die Revolution hervorgebracht hat. [...]
Nach dem Jahr III[1] aber ging die Gewalt nicht mehr von der Straße und den Sektionen, sondern von der uniformierten Armee aus. Und hier endlich stoßen wir auf eine Umwandlung, die niemand der Französischen Revolution streitig machen kann: die Schöpfung eines neuen Rechtsträgers, des Citoyen. Doch kaum war diese hypothetisch freie Person erfunden, wurden ihre Freiheiten auch schon von der Polizeigewalt des Staates eingeschränkt. Und wenn dies auch stets im Namen des republikanischen Patriotismus geschah, waren die Zwänge darum doch nicht weniger drückend. [...]
Ein wesentliches Element, vielleicht sogar *das* wesentliche Element des Anspruchs der Revolutionäre von 1789 war die Überzeugung, *la patrie* selber besser regenerieren zu können als die königlichen Beamten. So war der Kampfgeist, der sich wie ein dicker roter Faden durch die Revolution zog, von allem Anfang an patriotisch eingefärbt und mithin der militarisierte Nationalismus keine zufällige, unbeabsichtigte Folge, sondern Herz und Seele der Französischen Revolution. Logisch folglich auch, dass all die Millionen Erben der revolutionären Macht, die wahre „neue Klasse" dieses Abschnitts der französischen Geschichte, nicht irgendeine *bourgeoisie conquérante*, sondern die *wirklichen* Eroberer waren: die napoleonischen Marschälle, deren Vermögen selbst die überlebenden Adelsdynastien vergleichsweise armselig erscheinen ließen.
Der „moderne Mensch" – der Ingenieur, der adlige Industrielle, der Wissenschaftler, der Bürokrat und General –, allem Anschein nach schon unter Ludwig XVI. drauf und dran, die Verwaltung mit Beschlag zu belegen, setzte, kaum war das Störfeuer der revolutionären Politik ausgeschaltet, seinen Marsch zur Macht auf Gedeih und Verderb fort.

Simon Schama, Der zaudernde Citoyen. Rückschritt und Fortschritt in der Französischen Revolution, München 1989, S. 834 ff.

1. Fassen Sie stichpunktartig die Ergebnisse der Französischen Revolution nach Schama zusammen.
2. Der Historiker Thomas Nipperdey hat einmal geschrieben: „Die Revolution hat die Modernisierung unterbrochen." Überprüfen Sie diese Aussage anhand der Quelle.
3. Vergleichen Sie den Text mit M6 auf Seite 146 f. Stellen Sie übereinstimmende Wertungen und Unterschiede fest.
4. Bilden Sie Arbeitsgruppen. Nennen und begründen Sie Ihre eigene Einschätzung der Französischen Revolution. Vergleichen Sie anschließend in der Klasse Ihre Ergebnisse miteinander. | H

[1] **Jahr III:** 22. September 1794 bis 22. September 1795

Neuinszenierung der Varusschlacht zwischen Römern und Germanen.
Foto vom 11. Juni 2009.
Alle zwei Jahre finden in Kalkriese (Landkreis Osnabrück) die Römer- und Germanentage statt. An diesem Ort soll es im Jahre 9 n. Chr. zur sogenannten „Varusschlacht" gekommen sein, in der eine Koalition aus germanischen Gruppen ein römisches Heer unter dem Befehlshaber Varus vernichtend schlug.

Kolonale Architektur an der Uferpromenade von Shanghai.
Foto vom 10. August 2008.
Nach Ende des ersten Opiumkrieges 1842 mussten die Chinesen den Hafen Shanghais für den Handel mit Europa, später auch für die USA und Japan, öffnen. Die ausländischen Mächte prägten das Stadtbild bis heute.

Lateinunterricht an einem Bremer Gymnasium.
Foto vom 27. Januar 2006.
Im Schuljahr 2017/18 lernten in Deutschland laut Statistischem Bundesamt 613 755 Schülerinnen und Schüler Latein als Fremdsprache.

2. Wechselwirkungen und Anpassungsprozesse

Kein politisches, wirtschaftliches oder gesellschaftliches System ist von Dauer. Das lehrt uns die Geschichte. Wenn sich jedoch Strukturen ändern, müssen wir uns anpassen. Gleichzeitig beeinflusst unser Verhalten die weitere Entwicklung dieser Strukturen. Das muss nicht immer negativ sein, denn Wechselwirkungen und Anpassungsprozesse haben auch ihre guten Seiten. Denken wir an den kulturellen Austausch, an neue Handelsbeziehungen oder private Bekanntschaften. Ob Migration oder Flucht, Imperialismus oder Wettstreit, immer treffen unterschiedliche Menschen und Systeme aufeinander. Wir müssen lernen, mit dem Ungewohnten umzugehen, und im ständigen Miteinander neue Wege des Zusammenlebens finden. Dies ist ein langfristiger Prozess, der, soll er gelingen, sowohl Toleranz als auch Geduld und Flexibilität erfordert.

Kompetenzen

Am Ende des zweiten Rahmenthemas sollten Sie Folgendes können:

... Formen der Begegnung von unterschiedlichen Kulturen sowie die Auswirkungen von Inklusion und Exklusion untersuchen und beschreiben.

... Identitätsaufbau und -wandel von Gruppen sowie die in ihnen zum Ausdruck kommenden Mentalitäten und Weltbilder untersuchen.

... historische Transformationsprozesse analysieren sowie ihre wechselseitigen Auswirkungen beurteilen.

... das Gefüge von Gruppeninteressen, ökonomischen Entscheidungen und Strukturen sowie deren Auswirkungen auf Mensch und Umwelt erläutern und beurteilen.

... sich mit unterschiedlichen Ansätzen zur Deutung historischer Anpassungs- und Transformationsprozesse auseinandersetzen.

... Werturteile aus der Geschichte der eigenen und fremder Kulturen reflektieren sowie unterschiedliche Geschichtsbilder überprüfen.

Was wissen und können Sie schon?

Bilden Sie Kleingruppen und bearbeiten Sie die Bildmaterialien auf der linken Seite:

1. Beschreiben Sie in wenigen Worten die drei Fotos: Wer oder was ist dargestellt? Was wird thematisiert?
2. Arbeiten Sie heraus, inwiefern die Bildinhalte die Auswirkungen der Begegnung von Kulturen repräsentieren.
3. Suchen Sie weitere Beispiele für Wechselwirkungen und Anpassungsprozesse in der Geschichte. Fertigen Sie eine Tabelle an, in der Sie den Verlauf und die Ergebnisse stichpunktartig festhalten.
4. Vergleichen und ergänzen Sie anschließend Ihre Tabelle im Kurs.

2.1 Kernmodul: Kulturkontakt und Kulturkonflikt

Kulturkontakt | Theorien zum Kulturkontakt gehen davon aus, dass jeder Mensch einer bestimmten Kultur bzw. einem Kulturkreis angehört. Die Menschheitsgeschichte lässt sich entsprechend als eine Abfolge von Kontakten verschiedener Kulturen betrachten. In unterschiedlichem Maße haben Kulturen in der Geschichte dabei offenbar den Antrieb und die Mittel, sich auszubreiten und so andere Kulturen zu beeinflussen. So lässt sich z. B. die Geschichte des Römischen Reiches als „Romanisierung"[1] der Mittelmeerwelt beschreiben. Die im späten Mittelalter einsetzende europäische Expansion nach Amerika, Afrika und Asien kann man als einen langen Prozess der „Europäisierung" der Welt verstehen. Und die Zeit nach dem Zweiten Weltkrieg könnte man als eine maßgeblich von den USA dominierte Phase der „Verwestlichung" der Welt interpretieren.

Allerdings betont die Wissenschaft auch, dass Kulturkontakte niemals nur in eine Richtung verlaufen: Kultur wird nicht einseitig „übertragen", sondern es gibt stets wechselseitige Beeinflussung und Vermischung (Akkulturation). Im Zuge der Romanisierung der Mittelmeerwelt veränderte sich also auch das Römische Reich, und der Kontakt mit außereuropäischen Kulturen hat auch Europa seit dem 15./16. Jahrhundert erheblich beeinflusst. Ebenso haben sich die USA durch ihre dominierende Rolle in der Welt stark verändert. Sinnvoll könnte es daher sein, von einer ununterbrochenen Geschichte des kulturellen Austausches zu sprechen. Das bedeutet dann auch, dass es keine unveränderlichen und „reinen" Kulturen gibt. Kulturen wären immer das Ergebnis von Kulturkontakten und stets im Wandel begriffen.[2] Am Beispiel der europäischen Expansion hat der Historiker *Urs Bitterli* (*1935) eine entsprechende Theorie der Kulturbegegnung entwickelt (→M1), deren Grundgedanken sich auf andere historische Epochen und Prozesse übertragen lassen.

Kulturkonflikt | Andere Wissenschaftler betonen stärker die Bedeutung eigenständiger Kulturen sowie das Konfliktpotenzial zwischen ihnen. So stellte der Politikwissenschaftler *Samuel P. Huntington* (1927–2008) die These auf, dass es in der Welt verschiedene Kulturkreise gebe, die für die Identität und das politische Handeln der Menschen von großer Bedeutung seien. Trotz der zunehmenden weltweiten Kontakte und Verflechtungen bewahrten diese Kulturkreise ihre Besonderheiten und stünden häufig in Konkurrenz zueinander. Insbesondere die USA und der Westen müssten dabei ihre Kultur gegen China und den Islam verteidigen (→M2).

Die Völkerwanderung: Akkulturation, Ethnogenese und Transformation | Ein historisches Beispiel für Kulturkontakt und Kulturkonflikt ist die Zeit der Völkerwanderung im Europa des 4. bis 6. Jahrhunderts: Die Nordgrenze des Römischen Reiches bildete eine Kontaktzone zu den sogenannten „Barbaren", insbesondere zu germanischen Gruppen. Hier fand ein Austausch von Personen, Waren, Ideen und Technologien statt (→M3). In der Folge bildeten sich neue kulturelle Gruppen mit eigenen Identitäten heraus (Ethnogenese) (→M4). Diese „Völker" gliederten sich friedlich und auch gewaltsam ins Römische Reich ein, wobei Wanderungsbewegungen eine wichtige Rolle spielten[3]. Die Kontakte und Konflikte zwischen Römern und Barbaren veränderten dann Kultur und Identität der Zuwanderer wie auch das Römische Reich nachhaltig (→M5). In der Wissenschaft umstritten ist dabei, ob man diese Veränderungen eher als Transformation oder als Untergang des Römischen Reiches interpretieren sollte.[4]

---

[1] Lesen Sie über den Prozess der Romanisierung das Wahlmodul auf den Seiten 234 bis 255.
[2] Vgl. dazu das Kernmodul „Transformationsprozesse" auf den Seiten 160 bis 163.
[3] Zu „Migration" siehe das gleichnamige Kernmodul auf den Seiten 164 bis 169.
[4] Mit dieser Diskussion beschäftigt sich das Kapitel „Geschichte kontrovers: Die Völkerwanderung – Ursache für den Untergang des Römischen Reiches?" auf der Seite 230 f.

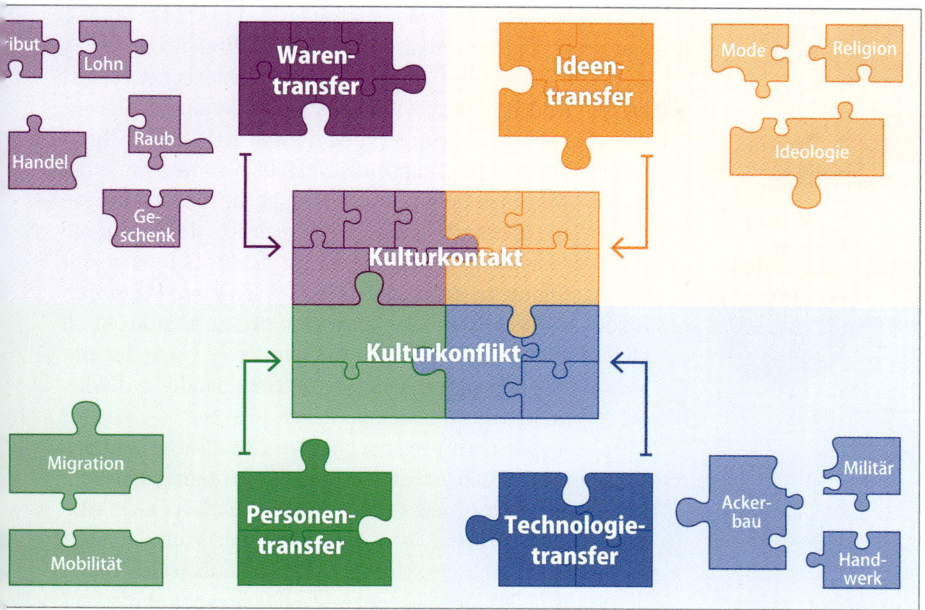

Bereiche des Kulturkontaktes / Kulturkonfliktes.

Schaubild nach: Matthias Knaut und Dieter Quast (Hrsg.), Die Völkerwanderung. Europa zwischen Antike und Mittelalter, Stuttgart 2005, S. 18

- ▶ Erklären Sie das Schaubild mit eigenen Worten.
- ▶ Gruppenarbeit: Diskutieren Sie in Gruppen Beispiele für die unterschiedlichen Bereiche des Kulturkontaktes / Kulturkonfliktes zwischen Einzelpersonen, Gruppen und Gesellschaften.

M1 Wie Kulturen einander begegnen

Der Schweizer Historiker Urs Bitterli unterscheidet am Beispiel der europäischen Expansion ab dem 15. Jahrhundert verschiedene Formen der Kulturbegegnung:

Unter Kulturberührung verstehen wir das in seiner Dauer begrenzte erstmalige oder mit großen Unterbrüchen erfolgende Zusammentreffen einer kleinen Gruppe von Reisenden mit Vertretern einer geschlossenen archaischen Bevölkerungsgruppe, wie es besonders den Charakter der frühen Entdeckungsfahrten bestimmt. […] Solche Zusammentreffen hatten für beide Teile sowohl den Reiz wie die Bedrohlichkeit des Neuen und Überraschenden. […]

Zum Kulturkontakt kam es in solchen Fällen, wenn die rückwärtigen Verbindungen zum Mutterland sich sichern und ausbauen ließen und sich andererseits aus der ersten Berührung ein dauerhaftes Verhältnis wechselseitiger Beziehungen zur Eingeborenenbevölkerung ergab, ohne dass Landnahme und Kolonisation von europäischer Seite beabsichtigt gewesen wären. […]

Kulturberührung und Kulturkontakt blieben bis zum Ende des achtzehnten Jahrhunderts die häufigsten Formen der kulturellen Begegnung zwischen Zivilisierten und Eingeborenen in Übersee. Wenn diese Begegnung einen besonders aggressiven Charakter gewann und die Europäer sich entschlossen, ihre militärisch-technische Überlegenheit mehr oder weniger rücksichtslos so lange einzusetzen, bis die Eingeborenen entweder ausgerottet, in unwegsames Hinterland zurückgetrieben oder aber derart unterjocht waren, dass sie ihr kulturelles Eigenleben einem weite Daseinsbereiche erfassenden Abhängigkeitsverhältnis aufzuopfern hatten, wird man von einem Kulturzusammenstoß sprechen müssen. […]

Im Unterschied zu den bereits beschriebenen Formen der kulturellen Begegnung setzen Akkulturation[1] und vor allem Kulturverflechtung ein länger dauerndes Zusammenleben und Zusammenwirken von Bevölkerungsgruppen verschiedener Kulturen im selben geografischen Raum voraus. Während in der Beziehung, die wir als Kulturkontakt bezeichnet haben, Aspekte des Handels oder der Mission in der Regel im Vordergrund stehen und die Permanenz des gegenseitigen Verhältnisses nicht so sehr durch Ansiedlung und Fortpflanzung der einen Partnergruppe, als vielmehr durch die laufende Ablösung ihrer Vertreter durch Neuankömmlinge gesichert wird, vollzieht sich besonders die Kulturverflechtung vor dem Hintergrund einer intensiven gesellschaftlichen Durchdringung. Diese Durchdringung tritt dann an die Stelle des historisch häufiger zu beobachtenden Kulturzusammenstoßes, wenn sich zwischen zwei oder mehreren Kulturen die zwingende Notwendigkeit zur existenzsichernden Zusammenarbeit und das Bewusstsein einer verpflichtenden Aufeinanderangewiesenheit ergibt.

Urs Bitterli, Die „Wilden" und die „Zivilisierten". Grundzüge einer Geistes- und Kulturgeschichte der europäisch-überseeischen Begegnung, München ²1991, S. 81, 95, 130 und 161

1. Präsentation: Beschreiben Sie die von Urs Bitterli genannten Formen der Kulturbegegnung. Notieren Sie dazu die jeweiligen Merkmale in einem Schaubild. | F
2. Überprüfen Sie anhand eines selbst gewählten historischen Beispieles, inwiefern die von Bitterli genannten Formen der Kulturbegegnung sich anwenden lassen.
3. Entwickeln Sie anhand Ihrer eigenen Erfahrung und der historischen Darstellungen in diesem Lehrbuch eigene Definitionen für Formen der Kulturbegegnung.

[1] **Akkulturation**: kultureller Anpassungsprozess

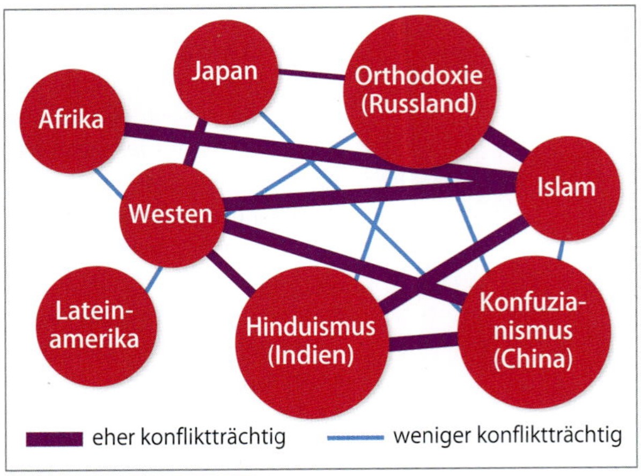

Kulturkreise nach Huntington.

Schaubild nach: Samuel P. Huntington, Kampf der Kulturen. Die Neugestaltung der Weltpolitik im 21. Jahrhundert, übersetzt von Holger Fliessbach, München [10]2002, S. 398

M2 Kulturkonflikt

In seinem 1996 erschienenen Buch „The Clash of Civilizations and the Remaking of World Order" äußert sich der amerikanische Politikwissenschaftler Samuel P. Huntington über die Bedeutung und das Verhältnis von Kulturen und Kulturkreisen:

In der Welt nach dem Kalten Krieg sind die wichtigsten Unterscheidungen zwischen Völkern nicht mehr ideologischer[1], politischer oder ökonomischer Art. Sie sind kultureller Art. Völker und Nationen versuchen heute, die elementarste Frage zu beantworten, vor der Menschen stehen können: Wer sind wir? Und sie beantworten diese Frage in der traditionellen Weise, in der Menschen sie immer beantwortet haben: durch Rückbezug auf die Dinge, die ihnen am meisten bedeuten. Die Menschen definieren sich über Herkunft, Religion, Sprache, Geschichte, Werte, Sitten und Gebräuche, Institutionen. Sie identifizieren sich mit kulturellen Gruppen: Stämmen, ethnischen Gruppen, religiösen Gemeinschaften, Nationen und, auf weitester Ebene, Kulturkreisen. Menschen benutzen Politik nicht nur dazu, ihre Interessen zu fördern, sondern auch dazu, ihre Identität zu definieren. Wir wissen, wer wir sind, wenn wir wissen, wer wir nicht sind und gegen wen wir sind. [...]
Weltpolitik wird heute nach Maßgabe von Kulturen und Kulturkreisen umgestaltet. In dieser Welt werden die hartnäckigsten, wichtigsten und gefährlichsten Konflikte nicht zwischen sozialen Klassen, Reichen und Armen oder anderen ökonomisch definierten Gruppen stattfinden, sondern zwischen Völkern, die unterschiedlichen kulturellen Einheiten angehören. Innerhalb der einzelnen Kulturkreise werden Stammeskriege und ethnische Konflikte auftreten. Die Gewalt zwischen Staaten und Gruppen aus unterschiedlichen Kulturkreisen jedoch trägt den Keim der Eskalation in sich, da andere Staaten und Gruppen aus diesem Kulturkreis ihren „Bruderländern" (*kin countries*) zu Hilfe eilen werden. [...]
In der Welt nach dem Kalten Krieg ist die Kultur eine zugleich polarisierende und einigende Kraft. Menschen, die durch Ideologien getrennt, aber durch eine Kultur geeint waren, finden zusammen [...]. Gesellschaften, die durch Ideologie oder historische Umstände geeint, aber kulturell vielfältig waren, fallen [...] auseinander [...]. Länder mit kulturellen Affinitäten kooperieren miteinander auf wirtschaftlichem und politischem Gebiet. [...]
Die philosophischen Voraussetzungen, Grundwerte, sozialen Beziehungen, Sitten und allgemeinen Weltanschauungen differieren von Kulturkreis zu Kulturkreis erheblich. Die Revitalisierung der Religion in weiten Teilen der Welt verstärkt diese kulturellen Unterschiede. Kulturen können sich verändern, und die Art ihrer Auswirkung auf Politik und Wirtschaft kann von Epoche zu Epoche variieren. Gleichwohl wurzeln die wesentlichen Unterschiede in der politischen und wirtschaftlichen Entwicklung der Kulturkreise eindeutig in ihren unterschiedlichen kulturellen Grundlagen. [...]
Der Westen ist und bleibt auf Jahre hinaus der mächtigste Kulturkreis der Erde. Gleichwohl geht seine Macht in Relation zur Macht anderer Kulturkreise zurück. In dem Maße, wie der Westen versucht, seine Werte zu behaupten und seine Interessen zu schützen, sind nichtwestliche Gesellschaften mit einer Alternative konfrontiert. Einige versuchen, den Westen nachzuahmen und sich dem Westen anzuschließen, „mitzuhalten". Andere [...] versuchen, ihre wirtschaftliche und militärische Macht auszuweiten, um dem Westen zu widerstehen, „dagegenzuhalten". Eine zentrale Achse der Weltpolitik nach dem Kalten Krieg ist daher die Interaktion der westlichen Macht und Kultur mit der Macht und Kultur nichtwestlicher Gruppierungen.

Samuel P. Huntington, a. a. O., S. 21–28

1. Geben Sie mit eigenen Worten die Thesen von Samuel P. Huntington wieder.
2. Gruppenarbeit: Bilden Sie Gruppen. Suchen und analysieren Sie historische und aktuelle Beispiele, die entweder die Argumentation von Huntington stützen oder sie infrage stellen könnten. Nutzen Sie dabei auch das Schaubild.
3. Vergleichen Sie Huntingtons Vorstellungen von abgeschlossenen und weitgehend stabilen Kulturkreisen mit den Überlegungen von Mischa Meier zur Völkerwanderung (M4).
4. Vergleichen Sie Huntingtons Vorstellungen vom Verhältnis der Kulturen mit der Theorie der Kulturbegegnung von Urs Bitterli (M1).

[1] **ideologisch > Ideologie:** feste Weltanschauung einer sozialen Gruppe oder Organisation

M3 Kulturkontakt zwischen Annäherung und Abgrenzung

*Der Historiker Jürgen Osterhammel (*1952) entwirft ein Modell, wie Kulturen an ihren Grenzen mit anderen Kulturen umgehen:*

Eine Kultur erreicht dort ihre Grenze, wo die ihr eigentümlichen Regeln und Symbole die Lebensführung und die Weltbilder der Menschen nicht länger bestimmen. [...] Die kulturelle Grenze trennt vom Fremden. Sie ist meist eine Zone des Übergangs, manchmal eine scharfe Linie. Kulturen unterscheiden sich zu bestimmten Zeitpunkten durch das Maß an Schroffheit, mit dem sie sich vom Fremden abgrenzen, durch ihre Exklusivität. [...] Kulturen variieren in den Kriterien, nach denen sie Fremdes vorzugsweise definieren – religiös als Unglauben oder Ketzerei, säkular-zivilisatorisch als Barbarentum, biologisch als rassische Minderwertigkeit usw. Sie unterscheiden sich in der Intensität der Widerstände, die sie dem Eintritt Fremder in den eigenen zivilisatorischen Kreis entgegensetzen [...]. Schließlich lassen Kulturen in unterschiedlichem Maß Übergänge, Zwischenzustände, Ambivalenzen oder mehrfache Identitäten zu.

An einer kulturellen Grenze kommt es [...] zu Grenzverhalten: zu Abgrenzungspraktiken oder umgekehrt zur Verringerung einer zunächst großen Distanz. Gesellschaften steht dabei ein Grundrepertoire des Umgangs mit dem Fremden zur Verfügung:

1. seine *Inklusion* (oder Integration): das friedliche, mit keinem Bekehrungs- oder Anpassungsdruck verbundene Hineinnehmen des Fremden, wie es ist, unter Sicherung seiner Rechtssphäre: gastfreundliche Aufnahme, strukturelle (nicht unbedingt auch gesinnungsmäßige) Toleranz, ethnisch-kultureller Pluralismus[1];
2. seine *Akkomodation*: die Herausbildung eines auf gegenseitigem Nutzen beruhenden „*modus vivendi*" zwischen selbstständig bleibenden Gruppen, die sich lernend aufeinander einstellen, aber ihre jeweilige Identität im Kern nicht aufgeben;
3. seine *Assimilierung*: die Angleichung des Fremden an das Eigene bis mitunter hin zur Auflösung einer eigenen Identität der Fremdgruppe: religiöse Missionierung, weltliche Zivilisierung – nicht immer mit gewaltlosen Mitteln;
4. seine *Exklusion*: die Abschottung der eigenen Gesellschaft durch Abwehr von Fremden, obrigkeitliche Schließung der Grenzen [...], scharfe ausländerrechtliche und fremdenpolizeiliche Maßnahmen, Immigrationskontrollen;
5. seine *Segregation*: die Ausgrenzung des Fremden, seine Isolierung von der einheimischen Umwelt – typischerweise unter Bedingungen rechtlicher und materieller Benachteiligung: also Vertreibung, Zwangsumsiedlung, Gettoisierung[2], Apartheid[3], Einrichtung von Reservaten usw., manchmal aber in konfliktmildernder Absicht die Einkapselung des Fremden, z. B. in Handelsenklaven [...], die zum beiderseitigen Vorteil den Austausch zwischen inkompatiblen Wirtschaftskulturen ermöglichen;
6. seine *Extermination*: durch Pogrome[4] und Genozid[5] [...], aber auch – schwächer – Kulturzerstörung durch radikale Zwangsassimilation oder durch Entzug der Chancen für kulturelle Reproduktion der Gruppe [...].

Jede dieser Formen kann im Übrigen eine reflexive Note erhalten, also Selbst-Integration, Selbst-Assimilierung, auch Selbst-Abkapselung als Schutz vor einer feindseligen Umwelt. [...]

Welche der Möglichkeiten des Umgangs mit dem Fremden an der kulturellen Grenze in einem besonderen Fall in Erscheinung tritt, welche also in Verhalten, Handeln oder gar Politik umgesetzt wird, hängt von einer Vielzahl von Faktoren ab, zunächst zwischen den demografischen Proportionen zwischen Selbst- und Fremdgruppe und von den inneren Dispositionen[6] der Gruppe, derjenigen Gruppe, die mit dem Fremden umgeht. Wichtig ist daneben die Art der Kontaktsituation, vornehmlich die Machtverteilung, die in ihr manifest wird.

Jürgen Osterhammel, Kulturelle Grenzen in der Expansion Europas, in: Saeculum 46/1995, S. 101–138, hier: S. 118–122

1. Geben Sie die unterschiedlichen Formen des Umgangs mit dem Fremden nach Jürgen Osterhammel mit eigenen Worten wieder.

2. Suchen und erläutern Sie historische und aktuelle Beispiele für die Formen des Umgangs mit dem Fremden nach Osterhammel.

3. Vergleichen Sie die Formen des Umgangs mit dem Fremden nach Jürgen Osterhammel mit den Typen des Kulturkontakts nach Urs Bitterli (M1). Inwiefern entwickelt Osterhammel die Theorie von Bitterli weiter?

4. Der amerikanische Psychologe John W. Berry schlägt ein eigenes Modell mit vier Formen der Akkulturation vor. Recherchieren Sie das Modell von Berry und vergleichen Sie es mit dem Modell von Osterhammel.

[1] **Pluralismus:** Vielfalt

[2] **Gettoisierung > Getto:** abgetrenntes Wohngebiet für Minderheiten, z. B. Immigranten

[3] **Apartheid:** staatlich festgelegte Rassentrennung

[4] **Pogrom:** Ausschreitungen gegen religiöse oder ethnische Minderheiten

[5] **Genozid:** Völkermord

[6] **Dispositionen:** Haltungen, Einstellungen

M4 „Völker" und Ethnogenese

*Der Althistoriker Mischa Meier (*1971) beschreibt die handelnden Gruppen und ihre Entstehung in der Völkerwanderungszeit:*

Heute wissen wir sehr gut, dass die romantische Vorstellung von Völkern als handelnden, überzeitlich existenten Einheiten jeglichem empirischen[1] Befund widerspricht. Völker sind keineswegs homogene, unveränderliche Entitäten[2], sondern höchst instabile soziale Gebilde, die permanenten Transformationsprozessen ausgesetzt sind, vorwiegend durch politische Klammern definiert werden und deren Zusammenhalt auf komplexen Identitätsbildungsprozessen beruht, die allenfalls in der Lage sind, temporäre Kohärenzsuggestionen[3] zu erzeugen.
Bereits das römische Kaiserreich selbst, ein gewaltiges Gebilde, das sich geografisch von Britannien bis in die Sahara, vom heutigen Portugal bis zum Zweistromland erstreckte, ließe sich als Vielvölkerstaat beschreiben, der nie zu vollständiger innerer Homogenität gelangt ist. Seine Kohärenz gewann es vor allem als fest gefügte politische Einheit, die durch Faktoren wie das gemeinsame Bürgerrecht, einen übergreifenden Kaiserkult, eine für alle Reichsbewohner verbindliche Gesetzgebung, aber auch durch weichere Aspekte wie etwa die Bedeutung des Lateinischen als Verwaltungs- und Militärsprache, weiträumige infrastrukturelle Maßnahmen sowie die Implementierung[4] der römischen Stadtkultur beziehungsweise des *Roman way of life* in den meisten Provinzen gewährleistet wurde. Ein Bewohner Britanniens durfte sich dadurch ebenso als römischer Bürger fühlen wie ein Syrer, Ägypter oder eben auch ein Einwohner der Stadt Rom. Mit einem konventionellen Volksbegriff lässt sich dieses Konglomerat[5] nicht annähernd beschreiben. [...]
Mittlerweile geht man mehrheitlich davon aus, dass es im *Barbaricum*[6] selbst im Verlauf der römischen Kaiserzeit – also seit dem 1. Jahrhundert – zu komplexen gesellschaftlichen Veränderungen und Ausdifferenzierungsprozessen gekommen ist, die im Ergebnis zur Ausformung (Ethnogenese) größerer, schlagkräftiger Verbände geführt haben [...]. Ihre Entwicklung kam freilich nicht an einem bestimmten Punkt zum Stillstand, vielmehr waren sie als hochdynamische, geradezu fluide Gebilde durch Abspaltungen, Zuzug aus verschiedenen Richtungen, durch Neudefinitionen im Zusammenhang permanenter Identitätsbildungsprozesse, durch Kriegsverluste, Verträge, Königserhebungen und so weiter kontinuierlichen Veränderungen unterworfen. [...]
Auf diese Weise etablierten sich langsam neue, differenzierte soziale Strukturen im *Barbaricum*, was wiederum vielfach Spannungen und sozialen Stress auslöste, der Bugwellen verursachte, die im Laufe der Zeit auch die römischen Grenzen erreichten – teilweise auch in Form von Migrationen. Eine Schicht ambitionierter, wagemutiger Krieger und entsprechender Führungspersonen bildete sich heraus [...]. Diese Krieger konstituierten das Substrat[7], aus dem sich zunächst kleinere Raubgruppen und schließlich jene größeren Verbände herausbildeten, die seit dem 3. und 4. Jahrhundert den Druck auf die römischen Grenzen erhöhten. Äußere Impulsverstärker wie die Attacken der Hunnen konnten hinzutreten. Aber die entscheidenden Veränderungen, die sich im *Barbaricum* vollzogen und damit überhaupt erst die Grundlagen für das „Völkerwanderungs"-Geschehen bereiteten, sind offenbar in hohem Maße von der römischen Seite selbst eingeleitet worden.

Mischa Meier, Die „Völkerwanderung", in: Aus Politik und Zeitgeschichte (APuZ) 26–27/2016, S. 3–10, hier S. 4 f. und 7 f.

1. Fassen Sie zusammen, was Mischa Meier zufolge in der modernen Forschung für „Völker" charakteristisch ist.
2. Erklären Sie, was man nach Mischa Meier unter „Ethnogenese" versteht. Führen Sie eine eigene Recherche durch und ergänzen Sie Ihre Definition des Begriffes. | H
3. Erörtern Sie, inwiefern sich der Prozess der Ethnogenese als Kulturbegegnung im Sinne Bitterlis (M1) kennzeichnen lässt.

M5 Kontakt und Identität

*Der österreichische Historiker Walter Pohl (*1953) beschreibt die Kontakte zwischen Barbaren und Römern und die sich daraus ergebenden Folgen:*

Die Anziehungskraft Roms musste die barbarischen Gesellschaften verändern, auch wenn darüber aus schriftlichen Quellen fast nichts zu erfahren ist. Dennoch wussten viele dort mehr oder weniger Bescheid über die Verhältnisse in römischen Provinzen und über das Funktionieren der römischen Macht. [...] Man wusste zum Beispiel in der Regel, wann ein günstiger Zeitpunkt für einen Plünderungszug war. Auch die Schwächen des römischen Systems blieben sicherlich nicht unbekannt.
Gerade die Grenzgebiete an Rhein und Donau waren in der Spätantike keine Randzonen, sondern Verdichtungsgebiete einer wenn auch nicht in allem klassischen *Romanitas*[8], deren Außenwirkung beträchtlich war. Keine Kultur zuvor hatte derart vielfältige und wirksame Repräsentationsfor-

[1] **empirisch**: auf Erfahrung, Beobachtung beruhend
[2] **Entität**: Einheit
[3] **Kohärenz**: Zusammenhalt; **Suggestion**: die absichtliche Beeinflussung einer Vorstellung
[4] **Implementierung**: Einführung
[5] **Konglomerat**: Gemisch
[6] **Barbaricum**: die nicht von den Römern besetzten Gebiete nördlich von Rhein und Donau
[7] **Substrat**: Grundlage
[8] **Romanitas**: die römische Kultur und Lebensweise

men der Macht entwickelt. Dass die Chancen auf Reichtum, Prestige und Karriere in der römischen Armee die Möglichkeiten in barbarischen Gemeinschaften weit überstiegen, liegt nahe. Durch den Kontakt zum Imperium stieg wohl auch das Gewicht barbarischer Krieger in ihren Gesellschaften, innere Spannungen wuchsen. Andererseits wanderten vermutlich lange Zeit die aktivsten und ehrgeizigsten jungen Männer aus. [...]

Ab 375 wurde es die Regel, dass einmal eingewanderte Gruppen versuchten, auf Reichsboden zu bleiben und dazu ein Abkommen, *foedus*, mit den Römern zu schließen. Der politische ebenso wie der rechtliche und der administrative Rahmen solcher Ansiedlungen war aber umso prekärer, je mehr die Einwanderer ihre Geschlossenheit zu bewahren versuchten und eigene Führungsstrukturen entwickelten. Typisch bei West- wie Ostgoten, bei Vandalen oder Burgundern war der Wechsel zwischen Bündnis und Krieg, zwischen Drohgebärden und Verhandlungen, zwischen Kämpfen an Seite der Römer und Plünderungen in römischen Provinzen. Im Ergebnis entstanden so unter Ausnutzung der römischen Infrastruktur, zunehmend autonome Machtzentren auf römischem Boden. [...]

Diese Reichsgründungen gelangen freilich nur um den Preis schwerer Konflikte innerhalb und zwischen den verschiedenen Barbarenvölkern. Die meisten großen Entscheidungsschlachten der Völkerwanderungszeit wurden dementsprechend nicht zwischen Römern und Barbaren geschlagen, sondern zwischen verschiedenen römisch-barbarischen Allianzen oder zwischen barbarischen Rivalen. [...] Ein „Kampf der Zivilisationen" war die Völkerwanderungszeit nicht; zu sehr waren einander die Konkurrenten im Kampf um die Macht ähnlich geworden.

Für die Barbaren, die ihre Heimat verließen und in fremder (wenn auch nicht ganz unbekannter) Umgebung der römischen Provinzen ihren Platz suchten, muss damit eine Identitätskrise verbunden gewesen sein. Das gilt sowohl für Individuen als auch für Völker. Die Völker bewahrten zumeist ihren Namen, der sozusagen ihr symbolisches Kapital darstellte, ihr Prestige als Krieger und ihre Zugehörigkeit zu einem erfolgreichen Verband unterstrich. Dennoch bezeichnete der Name nun in römischer Umgebung etwas anderes: Goten waren nun diejenigen, die innerhalb einer römischen Verwaltung die *libertas Gothorum*, die gotische Freiheit, als Privileg genossen; sie lebten als Minderheit in römisch gebliebener Umgebung. Die Zusammensetzung der Völker änderte sich ebenfalls grundlegend, und dieser Prozess setzte sich während des Frühmittelalters fort, als die Mehrheit der Bevölkerung allmählich den Namen der neuen Herren annahm, während diese ihre Sprache und viele Bräuche aufgaben.

Walter Pohl, Die Völkerwanderung. Wandlungen und Wahrnehmungen, in: Matthias Knaut und Dieter Quast (Hrsg.), a. a. O., S. 20–25, hier S. 23 f.

1. Fassen Sie Walter Pohls Ausführungen über die Kontakte zwischen Römern und Barbaren zusammen.
2. Erklären Sie, wie diese Kontakte die Identitäten von Barbaren und Römern veränderten. | H
3. Setzen Sie Pohls Ausführungen zur Völkerwanderungszeit in Beziehung zu Bitterlis Thesen zur Kulturbegegnung (M1). | H
4. Analysieren Sie, inwieweit die Völkerwanderung als ein Kulturkonflikt im Sinne Huntingtons (M2) verstanden werden kann.

2.2 Kernmodul: Transformationsprozesse

Wechselspiel von Wandel und Kontinuität | Geschichte handelt von Wandel und Kontinuität. Die Beschäftigung mit der Vergangenheit steht daher immer vor der Frage, wie das gleichzeitige Sich-Verändern und Gleichbleiben beschrieben und erklärt werden kann. Dies ist auch der Hintergrund vieler historischer Debatten, wenn z. B. danach gefragt wird, ob der Nationalsozialismus ein Bruch in der deutschen Geschichte war oder in der Kontinuität langfristiger Entwicklungen stand. Häufig laufen solche Diskussionen darauf hinaus, die Frage nach Wandel und Kontinuität weniger allgemein zu stellen, sondern vielmehr einzelne Bereiche der Geschichte zu betrachten. Eine radikale Veränderung des politischen Systems muss keine Veränderung der sozialen Schichtung bedeuten. Der Ausgang eines Krieges mag die internationalen Machtverhältnisse beeinflussen; aber hat er zwingenderweise auch Konsequenzen für die Geschlechtergeschichte?

Für die wissenschaftliche Auseinandersetzung mit Wandel und Kontinuität ist vor allem der französische Historiker *Fernand Braudel* (1902–1985) von großer Bedeutung. In seinem 1949 erschienenen und 1966 grundlegend überarbeiteten Werk über „Das Mittelmeer und die mediterrane Welt in der Epoche Philipps II." unterschied er zwischen drei verschiedenen Zeitebenen: „Strukturen" mit einer „langen Dauer" (*longue durée*) von mehreren Jahrhunderten, „Konjunkturen" mit einer mittleren Dauer von einigen Jahrzehnten und kurzfristigen „Ereignissen" (→M1). Seit Braudel ist somit klar, dass historische Zeit relativ ist und von den Themen, die uns beschäftigen, abhängt.

Fernand Braudel zählte zu einer Gruppe französischer Historiker, die der „Schule der Annales" („Ecole des Annales") angehören. Sie ist eine bedeutende, über mehrere Generationen wirkende Historikerschule, die Methoden aus der Soziologie und der Geografie für die Geschichtswissenschaft nutzbar macht und auch Disziplinen wie Psychologie, Linguistik und Wirtschaftswissenschaften einbezieht. Die „Ecole des Annales" beschäftigt sich u. a. auch mit der Erforschung der Kultur- und Mentalitätsgeschichte. Ihr Name leitet sich von der seit 1929 erscheinenden geschichtswissenschaftlichen Zeitschrift „Annales" (franz.: „Chronik") ab.

Zahlreiche Schlüsselbegriffe der Geschichte bezeichnen Veränderungen unterschiedlichster Natur. Dazu gehören u. a. Begriffe wie Revolution, Reform und Krise, aber auch Industrialisierung, Urbanisierung und Europäisierung sowie Expansion, Kolonisation oder Romanisierung. „Transformation" (lat. transformare: umgestalten, verwandeln) bezieht sich ähnlich wie der Begriff „Revolution" nicht auf eine konkrete historische Entwicklung. Er ist vielmehr ein Oberbegriff, der tief greifende Veränderungen (Trans-Formierungen) bezeichnet. Sprechen wir von Transformationsprozessen, so meinen wir also nicht eine langsame Veränderung eines bestimmten Aspekts einer Gesellschaft, sondern wir beziehen uns auf einen Wandel, durch den grundlegende Strukturen einer Gesellschaft innerhalb eines überschaubaren Zeitraums verändert werden. Einer der wichtigsten Begriffe, um solche Veränderungen der letzten Jahrhunderte zu beschreiben, ist „Modernisierung" (→M2). Denn Modernisierung bezieht sich nicht auf einen Teilaspekt des Wandels (in der Politik oder Wirtschaft), sondern auf alle Bereiche menschlichen Lebens (einschließlich der Wertvorstellungen und Weltanschauungen). Gegen die Modernisierungstheorien ist in den letzten Jahren eingewandt worden, sie seien zu stark auf Europa ausgerichtet und berücksichtigten nicht die Rolle Lateinamerikas, Afrikas und Asiens. Daher gewann der Begriff „Globalisierung" an Bedeutung, da man hofft, mit ihm die weltweiten Verflechtungen der Veränderungen der letzten Jahrzehnte und Jahrhunderte besser beschreiben zu können (→M3).

M1 „Geschichte in mehrere Etagen […] zerlegen"

Der Historiker Fernand Braudel entwickelt in der Mitte des 20. Jahrhunderts die Vorstellung verschiedener Zeitebenen. Im Vorwort zu seinem Werk „Das Mittelmeer und die mediterrane Welt in der Epoche Philipps II." schreibt er:

Dieses Buch zerfällt in drei Teile, von denen jeder den Versuch einer Gesamterklärung unternimmt.

Der erste führt eine gleichsam unbewegte Geschichte vor, die des Menschen in seinen Beziehungen zum umgebenden Milieu; eine träge dahinfließende Geschichte, die nur langsame Wandlungen kennt, in der die Dinge beharrlich wiederkehren und die Kreisläufe immer wieder neu beginnen. Diese fast außer der Zeit liegende, dem Unbelebten benachbarte Geschichte wollte ich weder vernachlässigen noch sie, wie es traditionell in so vielen Büchern geschieht, als nutzlose geografische Einführung an die Schwelle der eigentlichen Darstellung verbannen: jene Geschichte mit ihren mineralischen Landschaften, Äckern und Blumen, die man rasch vorzeigt und von der dann nie mehr die Rede ist, als ob die Blumen nicht in jedem Frühling wiederkämen, als ob die Herden in ihren Wanderungen innehielten, als ob die Schiffe nicht auf einem realen Meer segeln müssten, das sich mit den Jahreszeiten verändert.

Oberhalb dieser unbewegten Geschichte lässt sich eine Geschichte langsamer Rhythmen ausmachen; man möchte fast sagen – wäre dem Ausdruck sein voller Sinn nicht verloren gegangen – eine soziale Geschichte, die der Gruppen und Gruppierungen. Wie diese Grundsee das mediterrane Leben als Ganzes aufwühlt, das ist die Frage, die ich mir im zweiten Teil meines Buches gestellt habe. Dort werden nacheinander die Ökonomien, die Staaten, die Gesellschaften und die Zivilisationen untersucht; und damit mein Verständnis der Geschichte deutlicher wird, versuchte ich schließlich zu zeigen, wie all diese aus der Tiefe wirkenden Kräfte im komplexen Bereich des Krieges am Werk sind. Denn der Krieg ist, wie wir wissen, keine reine Domäne individueller Verantwortlichkeiten.

Der dritte Teil endlich ist der der traditionellen Geschichte; wenn man so will, der Geschichte nicht im Maßstab des Menschen, sondern des Individuums; der Ereignisgeschichte […]. Eine ruhelos wogende Oberfläche, vom Strom der Gezeiten heftig erregte Wellen. Eine Geschichte kurzer, rascher und nervöser Schwankungen. Überempfindlich, wie sie ist, versetzt der geringste Schritt all ihre Messinstrumente in Alarm. So ist sie von allen die leidenschaftlichste, menschlich reichste, doch die gefährlichste auch. Misstrauen wir dieser Geschichte, deren Glut noch nicht abgekühlt ist, der Geschichte, wie sie die Zeitgenossen im Rhythmus ihres Lebens – das kurz war wie das unsere – empfunden, beschrieben, erlebt haben. Sie hat die Ausmaße ihres Zorns, ihrer Träume und ihrer Illusionen. Im 16. Jahrhundert folgt der eigentlichen Renaissance die Renaissance der Armen, Bescheidenen, die begierig sind zu schreiben, von sich zu erzählen, zu den anderen zu sprechen. Diese kostbaren Berge von Papier geben ein ziemlich verzerrtes Bild, verdecken die verlorene Zeit, stehen außerhalb der Wahrheit. Der Historiker, der die Papiere Philipps II.[1] liest, gleichsam an seinem Platz und an seiner Stelle, fühlt sich in eine bizarre, dimensionslose Welt versetzt. Eine Welt heftiger Leidenschaften, gewiss; blind wie jede lebendige Welt, wie die unsere, unbekümmert um die geschichtlichen Tiefen, um jene lebhaften Gewässer, auf denen unser Boot dahinzieht wie das trunkenste aller Schiffe. Eine gefährliche Welt, deren Zauber wir jedoch gebannt haben werden, sobald wir die großen, lautlosen Strömungen in der Tiefe erkennen, deren Richtung sich nur feststellen lässt, wenn man große Zeiträume umfasst. Die dröhnenden Ereignisse sind oft nur Augenblicke, nur Erscheinungen jener großen Schicksale und erklären sich nur aus diesen. So sind wir dahin gelangt, die Geschichte in mehrere Etagen zu zerlegen oder, wenn man will, in der Zeit der Geschichte eine geografische, eine soziale und eine individuelle Zeit zu unterscheiden.

Fernand Braudel.
Foto vom 1. Oktober 1984.

Fernand Braudel, Das Mittelmeer und die mediterrane Welt in der Epoche Philipps II., Bd. 1, Frankfurt am Main ²2001, S. 20 f.

1. Fassen Sie die Thesen von Fernand Braudel zu den verschiedenen historischen Zeitebenen mit eigenen Worten zusammen. | F
2. Erläutern Sie die Aussagen Braudels anhand eines selbst gewählten historischen Beispiels.
3. Erörtern Sie, inwiefern der Klimawandel in Braudels Vorstellungen von Geschichte zu integrieren ist.

[1] **Philipp II.** (1527–1598): seit 1556 König von Spanien, seit 1580 auch König von Portugal

M2 Modernisierungstheorie

Der Historiker Hans-Ulrich Wehler (1931–2014) erläutert den Begriff „Modernisierung", indem er die Vorstellungen anderer Wissenschaftler darlegt, und begründet den Vorteil einer „historischen Modernisierungstheorie":

Modernisierung sei ein revolutionärer, unausweichlicher, irreversibler, globaler, komplexer, systemischer, langwieriger, aber in Phasen unterteilbarer, tendenziell homogenisierender und – last not least – progressiver Prozess.

In diesem Modernisierungsprozess setzten sich angeblich vor allem sechs Subprozesse durch:

1. Wirtschaftliches Wachstum als eine kumulative Dauerbewegung industrieller Expansion; sie soll hier nicht weiter verfolgt werden.
2. „Strukturelle Differenzierung", wie sie Herbert Spencer oder vor ihm Adam Smith als Basisaxiom[1] entwickelt hat. Aus dem alteuropäischen „ganzen Haus" gliedert sich eine zunehmend arbeitsteilige Wirtschaft, aus Herrschaft als individueller Verfügungsgewalt über einen Personenverband die überindividuelle Staatsorganisation eines Territoriums, aus dem öffentlichen Leben die bürgerliche Privat- und Intimsphäre aus. Auf einer Integrationsebene müssen dann, ganz à la Spencer, die Differenzierungen wieder vermittelt werden, etwa im Konsens über allgemein akzeptierte Werte.
3. Wertewandel, z. B. [...] als Übergang von partikularistischen, diffusen, unspezifischen zu universalistischen, funktional spezifizierten Wertemustern, die in Sozialisationsprozessen verinnerlicht und handlungsleitend werden.
4. Mobilisierung. Sie wird verstanden als Erzeugung von räumlicher und sozialer Mobilität, aber auch als Erhöhung der Erwartungen (kulturelle Mobilisierung, Revolution of Rising Expectations) und als Verfügbarmachung von Ressourcen und Mitteln.
5. Partizipation. Je komplizierter die Differenzierung, umso mehr – so der Gedankengang – seien Vermittlungsmechanismen erforderlich, die Teilnahme unabweisbar machen. Und je erfolgreicher die Mobilisierung von Ressourcen sei, umso wichtiger würden Entscheidungsgremien, in denen zur Legitimierung von Präferenzentscheidungen Mitwirkung notwendig werde.
6. Institutionalisierung von Konflikten. Um die Tradition ungeregelter Konflikte überwinden zu können, die noch im 19. Jahrhundert (z. B. im Konflikt zwischen Kapital und Arbeit) tendenziell an die Grenze des Bürgerkrieges führen konnten, sei eine Vermeidungsstrategie erforderlich, die Konflikte dadurch einhegt, dass sie organisations- und verfahrensabhängig gemacht werden. Der gezähmte Konflikt kann fortab zum konfliktimitierenden Ritual werden, bei dem Drohgebärde und Imponiergehabe die potenziell systemsprengende Wirkung ersetzen (Tarifkonflikt).

Den Hauptgewinn des Modernisierungsprozesses sehen viele Theoretiker [...] in der anwachsenden Herrschaft des Menschen über seine natürliche und soziale Umwelt, anders gesagt: in der anhaltenden Ausweitung der Steuerungs- und Leistungskapazitäten. [...]

[...] Die historische Modernisierungstheorie trägt dazu bei:
a) die Voraussetzungen für den epochalen Einschnitt im ausgehenden 18. Jahrhundert weiter zu klären,
b) die Zäsur, den Durchbruch der „Moderne" genauer zu bestimmen,
c) die Folgewirkungen im Okzident und dann für die Welt, die Epoche der Modernisierung präziser als bisher zu analysieren. In diesem Sinn beansprucht sie tendenziell, die moderne Epoche allmählich auf eine adäquate historische Theorie zu bringen. Sie begreift mithin, um es zu wiederholen, Modernisierung als einen auf ganz spezifischen Ausgangskonstellationen beruhenden „bestimmten Typ des sozialen Wandels, der im 18. Jahrhundert eingesetzt hat ..., der seinen Ursprung hat in der englischen Industriellen Revolution ... und in der politischen Französischen (und Amerikanischen) Revolution; er besteht im wirtschaftlichen und politischen Vorangang einiger Pioniergesellschaften und den darauf folgenden Wandlungsprozessen der Nachzügler"; diese stehen vor dem Problem, „ihre historisch überkommene Struktur und ihre typischen Spannungen (einschließlich des Impulses zur Modernisierung) mit den Einwirkungen der von außen kommenden Ideen und Techniken in einen Zusammenhang zu bringen" [Reinhard Bendix].

[...] Für die Analyse dieses okzidentalen Modernisierungsprozesses bietet die historische Modernisierungstheorie mit der Summe aller ihrer Überlegungen und Begriffe, Theoreme[2] und Ergebnisse das zurzeit wahrscheinlich differenzierteste Instrumentarium an.

Hans-Ulrich Wehler, Modernisierungstheorie und Geschichte, Göttingen 1975, S. 16 f. und 59

1. Geben Sie wieder, was Hans-Ulrich Wehler unter „Modernisierung" und unter „Modernisierungstheorie" versteht.

2. Erklären Sie, warum der Begriff „Modernisierung" mehr umfasst als z. B. der Begriff „Industrialisierung".

3. Überprüfen Sie, ob sich Braudels Vorstellungen von Zeit (M1) in dem von Wehler beschriebenen Begriff der „Modernisierung" finden.

[1] **Axiom**: Grundsatz, der keines Beweises bedarf

[2] **Theorem**: Lehrsatz

M3 Globalisierung

*Die Historiker Jürgen Osterhammel (*1952) und Niels P. Petersson (*1968) erläutern den Begriff „Globalisierung“:*

„Globalisierung“ scheint sich schon von der Wortform her für einen Platz unter den Makroprozessen der modernen Welt zu qualifizieren. Man muss den Begriff nicht gleich auf die oberste Ebene, also direkt neben (oder gar über) „Modernisierung“, stellen und in der zunehmenden Verdichtung ferner Zusammenhänge das Hauptmerkmal der Weltentwicklung sehen. Es genügt zu fragen, ob „Globalisierung“ möglicherweise so aussagekräftig und so wichtig sein könnte wie etwa „Industrialisierung“. Das wäre schon eine ganze Menge und würde das Deutungsrepertoire der Geschichtswissenschaft deutlich bereichern. Es wäre umso willkommener, als sich keine der oben genannten „Ierungen“ auf Zusammenhänge zwischen Völkern, Staaten und Zivilisationen bezieht. Sie alle machen sich im nationalen und regionalen Rahmen bemerkbar und werden auch auf diese Weise wissenschaftlich untersucht. Sollte „Globalisierung“ sich einen Rang unter den großen Entwicklungsbegriffen verdienen, dann wäre damit endlich eine breite Lücke gefüllt. Es gäbe dann eine Stelle, an der alles Inter-Kontinentale, Inter-Nationale, Inter-Kulturelle (usw.) untergebracht werden könnte, das gegenwärtig zwischen den etablierten „Diskursen“ der Historiker heimatlos herumvagabundiert.

Dass aber überhaupt eine solche Lücke existiert, liefert uns den Ausgangspunkt für die folgenden Überlegungen. Wir schlagen nicht vor, die bisherige Geschichtsschreibung in Bausch und Bogen zu verwerfen, und hüten uns vor dem albernen Anspruch, die Geschichte der Neuzeit als eine der Globalisierung neu schreiben zu wollen. Wir werden vielmehr versuchen, aus der *Perspektive* von Globalisierung einen neuen Blick auf die Vergangenheit zu werfen. Man kann es auch anders sagen: Dass viele Aspekte unseres Daseins heute nur noch im Zusammenhang weltweiter Verflechtungen verstanden werden können, ist ein Gemeinplatz. Haben solche Verflechtungen aber nicht auch in der Vergangenheit eine größere Rolle gespielt, als es im gängigen Geschichtsbild zum Ausdruck kommt? Welcher Art waren diese Verflechtungen, wie funktionierten sie, und summierten sie sich wirklich zu einem Prozess eigenen Charakters, der es rechtfertigt, den neu geschaffenen Begriff der „Globalisierung“ dafür zu verwenden? Schließlich: Wenn sich die letzte Frage bejahen lässt – kann man dann eine Zeitenwende gegen Ende des 20. Jahrhunderts identifizieren, an der Globalisierungstendenzen so dramatisch und dominant wurden, dass man es wagen kann, von einer tiefen Zäsur, also dem Beginn einer neuen Epoche zu sprechen, eines „globalen Zeitalters“ (Martin Albrow), einer „Zweiten Moderne“ (Ulrich Beck, Anthony Giddens) oder welches Etikett man auch immer wählen mag?

Jürgen Osterhammel und Niels P. Petersson, Geschichte der Globalisierung. Dimensionen. Prozesse. Epochen, München 2003, S. 9f.

1. Charakterisieren Sie den Begriff „Globalisierung“ nach Jürgen Osterhammel und Niels P. Petersson.
2. Erläutern Sie, was Osterhammel und Petersson mit der „oberste[n] Ebene“ (vgl. Zeile 4) meinen und wie sich in ihrer Darstellung „Globalisierung“ dazu verhält.
3. Nehmen Sie dazu Stellung, ob die „Globalisierung“ heute etwas grundlegend Neues ist. | H

2.3 Kernmodul: Migration

Emigration und Immigration | Migration (lat. migrare: wandern) ist die längerfristige oder dauerhafte Verlagerung des Lebensmittelpunktes von einem Ort zu einem anderen. Dabei ist es nicht von entscheidender Bedeutung, dass eine große Entfernung überbrückt wird. Wichtig ist vielmehr, dass eine politische, soziale, geografische oder kulturelle Grenze überschritten wird. Die Abwanderung aus der alten Heimat wird als Emigration, die dauerhafte Zuwanderung in die neue Heimat als Immigration bezeichnet.

Push- und Pull-Faktoren | Die Gründe für menschliche Wanderungsbewegungen sind vielfältig: Menschen wandern ab, weil sie von Armut, Hunger, Kriegen oder Naturkatastrophen bedroht sind. Oder sie werden aufgrund ihrer Abstammung, Religion, Nationalität, politischen Überzeugung oder sexuellen Orientierung benachteiligt und verfolgt. Die Motive, die Menschen dazu bewegen, abzuwandern, werden auch Push-Faktoren genannt. Als Pull-Faktoren werden die Gründe bezeichnet, aus denen Migranten in ein ganz bestimmtes Zielgebiet zuwandern, z. B. mehr Freiheit, bessere Lebensbedingungen, größere Karrierechancen (➔M2 und M3). Eine wichtige Rolle für Migrationsprozesse spielen Wissen und Netzwerke der Migranten: Informationen über Zielregionen und Kontakte zu bereits dorthin Gewanderten bestimmen maßgeblich, ob, wohin und wie Menschen migrieren (➔M4). Wenn Menschen gezwungen werden, räumlich mobil zu werden, spricht man von Zwangs- oder Gewaltmigration: Versklavung, Deportation, Vertreibung, Umsiedlung und Flucht sind Typen solcher erzwungenen Wanderungsbewegungen.

Internettipp
Umfassende Informationen zum Thema bietet auch das Dossier „Migration" der Bundeszentrale für politische Bildung. Sie finden es unter dem Code **32035-24**.

Migration in Geschichte und Gegenwart | Migrationen hat es zu allen Zeiten der Geschichte gegeben: Die Menschen waren und sind mobil (➔M1). Während der Völkerwanderungszeit (375–568) strebten Germanen und andere „Barbaren" nach Zuwanderung ins Römische Reich, um dort Siedlungs- und Herrschaftsgebiete zu finden oder um in römischen Diensten Karriere zu machen (➔M4 und M5). Im 19. Jahrhundert führte eine umfangreiche europäische Massenauswanderung 50 bis 60 Millionen Europäer auf andere Kontinente. Zur Zeit der stalinistischen und nationalsozialistischen Diktaturen sowie nach dem Zweiten Weltkrieg kam es zu millionenfacher erzwungener Migration in Europa. In den 1950er- und 60er-Jahren warb die Bundesrepublik Deutschland Millionen von „Gastarbeitern" vor allem aus der Türkei, Italien, Spanien und Griechenland an. Seit einigen Jahren kommen vermehrt Menschen aus Afrika und dem Nahen Osten nach Europa: Die europäischen Staaten versuchen, diese Migration zu kontrollieren und zu steuern. Dabei gelten besondere Regelungen für Flüchtlinge, deren Leben oder Freiheit in ihrer Heimat bedroht ist. In Deutschland wird seit 2015 kontrovers darüber diskutiert, ob diese Zuwanderung notwendig und nützlich ist oder ob sie zu viele Probleme mit sich bringt.

Akkulturation und Integration | Mit Migration gehen immer auch Kulturkontakte und Neuorientierung einher.[1] Aber auch Konflikte und Ängste können damit verbunden sein. Denn Migranten werden von der Kultur der Aufnahmegesellschaft, in die sie kommen, verändert, und verändern diese ebenfalls (Akkulturation) (➔M2). Im Laufe der Geschichte waren es häufig Migranten, die neue Ideen und Technologien mitbrachten und so die Entwicklung ihrer neuen Heimat positiv vorantrieben (➔M1). Die Eingliederung von Migranten gilt als gelungen, wenn sie keine soziale Sonderstellung in der Aufnahmegesellschaft einnehmen.

[1] Sehen Sie hierzu das Kernmodul „Kulturkontakt und Kulturkonflikt" auf den Seiten 154 bis 159.

Germanen während der Völkerwanderungszeit.
Holzstich von 1880 nach Zeichnung von Otto Knille (1832–1898). Spätere Kolorierung.

Auswanderung über See.
Holzstich von 1870. Das Bild zeigt das Zwischendeck eines Auswandererschiffes im 19. Jh.

► Charakterisieren Sie die Formen von Migration, die in den Bildern dargestellt werden. Nutzen Sie dazu auch M1 bis M3.

M1 Mobilität als „Wesenseigenheit" des Menschen

*Der italienische Demograf und Politiker Massimo Livi Bacci (*1936) skizziert Geschichte und Bedeutung menschlicher Migration:*

Sich räumlich zu bewegen ist eine „Wesenseigenheit" des Menschen, ein Bestandteil seines „Kapitals", eine zusätzliche Fähigkeit, um seine Lebensumstände zu verbessern. Es ist diese tief im Menschen verwurzelte Eigenschaft, die das Überleben der Jäger und Sammler, die Verbreitung der menschlichen Spezies über die Kontinente, die Verbreitung des Ackerbaus, die Besiedlung leerer Räume, die Integration der Welt und die erste Globalisierung im 19. Jahrhundert ermöglichte. Dieselbe Eigenschaft lässt sich auch erklären als „Anpassungsfähigkeit" des Migranten, auf Englisch *fitness* genannt. Diese *fitness* – ein Gemisch biologischer, psychologischer und kultureller Eigenschaften – war in den verschiedenen historischen Epochen und den Umständen der Migration entsprechend nicht immer von derselben Art. […]

Mit der Entstehung von Staatswesen und den daraus folgenden internationalen Migrationen entwickelte sich dann auch eine „Migrationspolitik". Dabei griff die Regierung, entweder ein weltlicher Fürst oder mächtige Institutionen, ein, um die Migrationsströme zu steuern, zu planen, im Voraus zu ordnen und zu unterstützen. Die Politik entzieht den beteiligten Personen einiges ihrer Entscheidungsfreiheit, ob viel oder wenig, ist situationsabhängig. Sie glaubt, besser als die Einzelpersonen beurteilen zu können, über welche Art von Anpassungsfähigkeit der Migrant angesichts der Umstände verfügen muss. Manchmal trifft sie Vorkehrungen, welche die Anpassungsfähigkeit des Migranten „verbessern" sollen, indem sie ihm die notwendigen Ressourcen und Kenntnisse oder besondere Vorrechte mitgibt. […]

Mit der Neuzeit nehmen, noch vor der industriellen Revolution, die Fähigkeiten zur räumlichen Bewegung zu: Die Ressourcen vermehren, die Techniken verbessern, die Infrastrukturen konsolidieren sich. Binnenländische und internationale Migrationssysteme werden geschaffen. Die Schifffahrt verbindet Eurasien, Afrika und Amerika eng miteinander. Von 1500 an exportiert Europa Humanressourcen, nachdem es jahrtausendelang Ziel von Einwanderungen und Invasionen gewesen war. Der Wille und die Fähigkeit der Staaten, auf die individuellen Entscheidungen der Mobilität Einfluss zu nehmen, steigern sich. Die Migrationen beschleunigen ihren Rhythmus, der sich im 19. Jahrhundert überstürzt […].

Das vorige Jahrhundert war vom Ersten Weltkrieg bis heute geprägt von einer widersprüchlichen Politik, von der Schockwirkung der großen Kriege auf den Ortswechsel der Menschen, von der Trennung des europäischen Ostens vom Rest Europas, von der Umkehrung des migratorischen Zyklus – das exportierende Europa beginnt wieder zu importieren –, vom tief greifenden Einfluss des demografischen Zyklus.

In der letzten Zeit wurde die Migrationspolitik restriktiver und selektiver, während sich der Druck aus demografischen und ökonomischen Ursachen, die durch die Kluft zwischen Nord und Süd erzeugt wurden, vermehrte. Die Vorrechte der Migranten werden schwächer. Die Migrationen werden empfunden als ein Tribut, der dem demografischen Wandel zu entrichten ist, als ein Heilmittel gegen die Engpässe des Arbeitsmarktes, als ein zu behebender Notstand, als eine unmittelbar bevorstehende Gefahr. [...] Die Interessenkonflikte zwischen den Herkunftsländern, den Aufnahmeländern sowie den Migranten, den wahren Protagonisten[1], waren noch nie so evident wie heute. [...] Doch besteht gerade ein wachsender Bedarf an einer Kooperation [...], wenn die widerstreitenden Interessen ausgeglichen werden sollen und wenn man den Migrationen ihre positive Funktion in der Entwicklung von Gesellschaften wiedergeben will.

Massimo Livi Bacci, Kurze Geschichte der Migration, übersetzt von Marianne Schneider, Berlin 2015, S. 8–10

1. Arbeiten Sie historische Phasen der menschlichen Migration nach Massimo Livi Bacci heraus. | H
2. Erklären Sie, inwieweit Mobilität nach Bacci ein wichtiges „Kapital" des Menschen ist. Welche Arten von „fitness" könnten dabei von Nutzen sein?
3. Erläutern Sie, was man unter „Migrationspolitik" versteht. Welche migrationspolitischen Regelungen gelten aktuell in Deutschland?
4. Bacci schreibt Migrationen eine „positive Funktion in der Entwicklung von Gesellschaften" (vgl. Zeile 67) zu. Setzen Sie sich mit dieser These auseinander.

M2 Migration und Integration

*Der Historiker Jochen Oltmer (*1965) benennt zentrale Merkmale von Migration und Integration:*

Migrationen sind räumliche Bewegungen von Menschen. Jedoch wird keineswegs jede dieser Bewegungen als Migration verstanden, touristische Unternehmungen, Reisen oder das tägliche Pendeln zwischen Wohn- und Arbeitsort etwa zählen nicht dazu. Gemeint sind vielmehr jene Formen regionaler Mobilität, die weitreichende Konsequenzen für die Lebensverläufe der Wandernden haben und aus denen sozialer Wandel resultiert. Migration kann das Überschreiten politisch-territorialer Grenzen bedeuten. Aber auch räumliche Bewegungen innerhalb eines staatlichen Gebildes lassen sich als Migration fassen; denn selbst sie können es erfordern, dass Migranten sich mit wirtschaftlichen Gegebenheiten und Ordnungen, kulturellen Mustern sowie gesellschaftlichen Normen und Strukturen auseinandersetzen, die sich zum Teil erheblich von denen des Herkunftsortes unterscheiden. Migration kann unidirektional eine Bewegung von einem Ort zu einem anderen meinen, umfasst aber nicht selten auch Zwischenziele, die häufig dem Erwerb von Mitteln zur Weiterreise dienen. Fluktuation, beispielsweise zirkuläre Bewegung oder Rückwanderung, bildete immer ein zentrales Element von Migration. Die dauerhafte Ansiedlung andernorts stellt also nur eines der möglichen Ergebnisse von Wanderungsbewegungen dar. [...]

Der Prozess der Migration bleibt grundsätzlich ergebnisoffen, denn das Wanderungsergebnis entspricht bei Weitem nicht immer der Wanderungsintention: Eine geplante Rückkehr wird aufgeschoben, die Ferne schließlich zur Heimat, und die alte Heimat erscheint fern. Räumliche Bewegungen werden abgebrochen, weil bereits ein zunächst nur als Zwischenstation gedachter Ort unverhofft neue Chancen bietet. Umgekehrt kann sich das geplante Ziel als ungeeignet oder wenig attraktiv erweisen, woraus eine Weiterwanderung resultiert. Zudem vermag der Erfolg im Zielgebiet die Rückkehr in die Heimat möglich oder der Misserfolg sie nötig machen. [...]

Migrationsentscheidungen unterliegen in der Regel multiplen Antrieben. Meist sind wirtschaftliche, soziale, politische, religiöse und persönliche Motive in unterschiedlichen Konstellationen mit je verschiedenem Gewicht eng miteinander verflochten. Hoffnungen und Erwartungen hinsichtlich einer Verbesserung der Situation nach der Abwanderung können dabei immer auch Enttäuschungen über die individuelle Lage in der Herkunftsgesellschaft widerspiegeln. Sieht man von den Gewaltmigrationen ab, streben Migranten danach, durch den temporären oder dauerhaften Aufenthalt andernorts Erwerbs- oder Siedlungsmöglichkeiten, Arbeitsmarkt-, Bildungs-, Ausbildungs- oder Heiratschancen zu verbessern und sich neue Chancen durch eigene Initiative zu erschließen. Die räumliche Bewegung soll ihnen zu vermehrter Handlungsmacht verhelfen. [...]

In der historischen Lebenswirklichkeit war Integration weder für die Zuwanderer noch für die Mehrheitsbevölkerung *ein* Globalereignis *der* Anpassung an *eine* Gesellschaft. Integration bedeutet vielmehr das langwährende, durch Kooperation und Konflikt geprägte Aushandeln von Chancen der ökonomischen, politischen, religiösen oder rechtlichen Teilhabe. Sie wird von Individuen, Gruppen oder Organisationen in der Zuwanderer- wie in der Mehrheitsbevölkerung in ihren je verschiedenen Stadien unterschiedlich wahrgenommen und vermittelt. Die lange Dauer des Prozesses bedingt, dass er zugleich Teil eines mehr oder minder tief greifenden Wandels von Wirtschaft und Gesellschaft, Politik und Kultur im Ankunftsraum ist. Dabei verblassen als distinkt[2] verstandene Unterschiede zwischen Einwanderern und länger Eingesessenen in der Wahrnehmung der Einwanderungsgesellschaft immer weiter: ethnische Zugehörigkeit, kulturelle Muster, nationale oder regionale Identitäten, Sprache. [...]

In den Zielländern werden Migranten nicht selten als Konkurrenten um begehrte Ressourcen (etwa Erwerbsmöglich-

[1] **Protagonist**: Hauptperson, hauptsächlich Handelnder

[2] **distinkt**: klar und deutlich

keiten, Versorgungsgüter oder Sozialleistungen) wahrgenommen und müssen deshalb mit Ablehnung bis hin zu Hass rechnen. Außerdem gelten sie nicht selten als Gefahr für die innere und äußere Sicherheit und für gesellschaftliche Gewissheiten, wie beispielsweise Vorstellungen über die Homogenität von Bevölkerungen oder Kulturen.

Jochen Oltmer, Migration. Geschichte und Zukunft der Gegenwart, Darmstadt 2017, S. 18–40

1. Geben Sie wieder, wie Jochen Oltmer den Begriff „Migration" erklärt. | H
2. Analysieren Sie Oltmers Definition von Integration.
3. Überprüfen Sie, welche von Oltmers Aussagen sich auf die Ereignisse der Völkerwanderung anwenden lassen.
4. Erörtern Sie Chancen und Herausforderungen von Migration für die Migranten und ihre Zielländer.

M3 Dimensionen von Migration

*Die Sozialgeografin Felicitas Hillmann (*1964) stellt wichtige Dimensionen zur Beschreibung von Migration vor:*

		Merkmal	Ausprägung
Kriterien	räumlich	Distanz	Nahwanderungen, Fernwanderungen, Binnenmigration grenzüberschreitend (international / interkontinental)
		Richtung (= Unterscheidung nach Herkunfts- und Zielregion)	Peripherie – Zentrum, Land – Stadt / Stadt – Land
	zeitlich	Permanent, dauerhaft	Langfristige Verlagerung des Lebensmittelpunktes (i. d. R. länger als ein Jahr)
		Kurzfristig	Zeitlich begrenzter Aufenthalt mit Verlagerung des Lebensmittelpunktes
		Langfristig, aber nicht-permanent	Saisonal (wiederkehrend, episodisch), Tourismus (ohne Veränderung des Lebensmittelpunktes)
Rechtlicher Status		Legal	Unterschiedliche Formen der Aufenthaltsberechtigung, Duldung (z. B. Familiennachzug, anerkannte Flüchtlinge, Asylsuchende, Gastarbeiter, Saisonarbeitnehmer, angeworbene Fachkräfte)
		Illegal	Einwanderer ohne registrierten und gültigen Aufenthaltsstatus / Visum
Motivation: Grad der Freiwilligkeit / des Zwanges		Freiwilligkeit	z. B. Ruhesitzwanderung oder Bildungstourismus (Schüleraustausch, Praktika, Auslandsstudium)
		Unfreiwilligkeit	Gewaltmigration (z. B. Flucht, Vertreibung, Deportation)
Migrationsauslösende Faktoren (i.d.R. Motivbündel)		Ökonomische Faktoren	z. B. Einkommenseinbußen, Verarmung, Verschwinden lokaler und traditioneller Wirtschaftskreisläufe, Nahrungsunsicherheit
		Politische Faktoren	z. B. politische Unruhen, Konflikte, Umsiedlungsmaßnahmen
		Soziale Faktoren	Migrationsnetzwerke, soziale Konflikte
		Psychologische Faktoren	Migrationsmythen, Traum vom besseren Leben
		Kulturelle und religiöse Faktoren	z. B. Verfolgung von Minderheiten, Diskriminierung, Veränderung traditioneller Lebensformen
		Ökologische Faktoren	z. B. Landflucht, Umwelthavarien (z. B. Tschernobyl, Fukushima), Extremwetterlagen (z. B. Dürren, Überschwemmungen)
Umstände der Migranten		Individuelle Merkmale und Merkmale der Familie / des Haushalts	Vermögen und Einkommen, Alter, Geschlecht und Familienstand, Bildung, soziale Vernetzung, Migrationserfahrungen (in der Familie), Gesundheit

Tabelle nach: Felicitas Hillmann, Migration. Eine Einführung aus sozialgeographischer Perspektive, Stuttgart 2016, S. 19

1. Fassen Sie die Dimensionen von Migration nach Felicitas Hillmann in eigenen Worten zusammen.
2. Suchen und analysieren Sie Ihnen bekannte historische und aktuelle Migrationsprozesse mit den von Hillmann genannten Dimensionen.
3. Vergleichen Sie Hillmanns Dimensionen von Migration mit den Merkmalen von Migration nach Jochen Oltmer (M2).

M4 Wanderungen in der Antike

*Der Historiker Walter Pohl (*1953) erläutert am Beispiel der Goten Charakter und Gründe von Wanderungen in der Antike:*

In historischen Atlanten werden die Wanderwege der Goten, Vandalen oder Langobarden mit bunten Pfeilen markiert, ein verwirrendes Geflecht von Zügen quer durch ganz Europa. Folgt man der Linie der gotischen Wanderung, so beginnt sie in Skandinavien, zumindest aber an der unteren Weichsel, verläuft von dort in die Steppen nördlich des Schwarzen Meers und an der unteren Donau, durchquert dann, mehrfach verschlungen, die Balkanhalbinsel, von wo der Weg der Westgoten durch ganz Italien und Südfrankreich nach Spanien weitergeht. In der Tat haben Goten alle diese Gebiete durchwandert. [...]
Der Charakter dieser Wanderungen war von Fall zu Fall ganz unterschiedlich. Die Bewegung vom unteren Weichselraum und Pommern nach Südosten war [...] wohl eine allmähliche Expansion, in deren Verlauf über einen längeren Zeitraum hinweg ein Großteil der Bevölkerung das ursprüngliche Siedlungsgebiet verließ und sich anderswo ansiedelte; dort vermischten sie sich mit Ortsansässigen, wobei sich ihre Kultur veränderte. Von dort flohen Generationen später größere und kleinere Gruppen binnen recht kurzer Zeit vor den Hunnen über die Donau auf Reichsgebiet. Die Züge auf der Balkanhalbinsel waren zumeist wohlorganisierte Märsche eines gotischen Foederatenheeres[1] auf Befehl des Kaisers (oder in Rebellion gegen ihn). Auch die Wanderungen Alarichs[2] oder Theoderichs[3] waren im Wesentlichen gut geplante Heereszüge, denen sich allerdings aus vielerlei Gründen Kämpfer und Nichtkämpfer, Frauen und Kinder, Sklaven und Abenteurer anschlossen. Vom vertraglich zugewiesenen Herrschaftsgebiet in Südgallien aus besetzten die Goten schrittweise weitere Gebiete in Gallien und Spanien. Erst nach der Aufgabe eines großen Teiles von Gallien unter fränkischem Druck wurde der Siedlungsschwerpunkt auf die iberische Halbinsel verlagert. [...]
Schon in der Antike fragte man sich auch über den Grund der Wanderungen. Typisch antik ist die Vorstellung, dass das kalte Klima besondere Fruchtbarkeit zur Folge hatte und die nördlichen Länder an Überbevölkerung litten. Dazu kam die [...] Ansicht von der Gier der Barbaren nach Gold [...]. Oft wurden Naturkatastrophen oder Missernten als Auslöser einzelner Wanderungen angenommen. Manchmal [...] tritt dazu das Motiv von der Losentscheidung darüber, wer auswandern müsse. Sicherlich waren die barbarischen Gemeinwesen Mangelgesellschaften, die leicht in existenzielle Krisen gerieten. Dazu kamen [...] die Konflikte zwischen einzelnen Barbarengruppen, die die Unterlegenen zur Flucht zwangen. [...]
Ein grundlegender Zusammenhang blieb den antiken [...] Autoren aber weitgehend verborgen, und zwar die gesellschaftlichen Veränderungen, die durch die Expansion Roms [...] in den barbarischen Gemeinschaften ausgelöst wurden. Schon die erste genauer bekannte „Völkerwanderung" in Mitteleuropa, die der Kimbern und Teutonen[4] am Ende des 2. Jahrhunderts v. Chr. war wohl eher ein Aufbruch zu neuen Möglichkeiten als eine Flucht aus unhaltbarer Lage. [...] Dabei ging es nicht darum, [...] neues Ackerland zu erobern, wo man dann in Frieden den Boden bestellen konnte. Zumindest die Kerngruppen wandernder Barbarenheere strebten offenbar danach, mithilfe von stabilen Tributverhältnissen, Sklavenarbeit und Beute ein standesgemäßes Leben als Krieger zu führen. [...]
Doch bot Rom loyalen Barbaren auch zunehmend die Gelegenheit zur Karriere in der römischen Armee. [...] Der Soldatenbedarf Roms löste eine ständige, geregelte Migration ins Imperium aus; manche dieser militärischen „Gastarbeiter" kehrten auch wieder in die Heimat zurück [...]. Dadurch entstanden auch bleibende Verbindungen zwischen einer bestimmten barbarischen Bevölkerungsgruppe und römischen Provinzen [...]. Die moderne Migrationsforschung hat festgestellt, dass Wanderungsbewegungen meist Routen und Kontaktpunkten folgen, die zunächst von wenigen begangen werden. In der Spätantike wurden solche Kontakte zunehmend genutzt, um kurzfristig (etwa in einem Bürgerkrieg) eine größere Zahl von Barbaren zu rekrutieren. Öfters wurde das Wissen um die Verhältnisse in einer Provinz auch von barbarischen Plünderern verwendet, die genaue Informationen über römische Truppenbewegungen erhalten konnten.

Walter Pohl, Die Völkerwanderung. Eroberung und Integration, Stuttgart ²2005, S. 23–29

1. Geben Sie wieder, was Walter Pohl am Beispiel der Goten über Ursachen und Arten von Wanderungen in der Antike darlegt.
2. Analysieren Sie, inwieweit sich die von Hillmann genannten Dimensionen von Migration (M3) auf Wanderungen in der Antike anwenden lassen.
3. Erläutern Sie die Bedeutung von Routen und Kontaktpunkten für Migration anhand selbst gewählter Beispiele.
4. Diskutieren Sie, welche Herausforderungen mit der Darstellung von Migrationsbewegungen in Geschichtskarten verbunden sind. Beziehen Sie dazu auch die Karte auf Seite 170 sowie Ihre Erkenntnisse aus dem Methodenkapitel auf Seite 218 f. ein.

[1] **Foederatenheer**: Barbarengruppe, die aufgrund eines Vertrages (foedus) in römischen Militärdiensten steht
[2] **Alarich I.** (um 370–410): König der Westgoten ab 394
[3] **Theoderich** (um 453–526): König der Ostgoten 471–526
[4] **Kimbern** und **Teutonen**: germanische Gruppen

M5 Wie viel Wanderung steckt in der „Völkerwanderung"?

*Der Althistoriker Mischa Meier (*1971) erklärt Mobilität und Migration in der Geschichte des Altertums:*

Hatte man bisher außergewöhnlichen Migrationsphänomenen wie der „Völkerwanderung" als Ausnahmeerscheinungen innerhalb der Geschichte des Altertums besondere Aufmerksamkeit gewidmet, so wird inzwischen zunehmend anerkannt, dass Mobilität ein nahezu omnipräsentes[1] Phänomen darstellte – keineswegs eine erklärungsbedürftige, punktuelle Sonderentwicklung, sondern tendenziell der Normalzustand. Menschen waren in Bewegung: räumlich, sozial, kulturell. Migration wiederum, heute definiert als „die auf einen längerfristigen Aufenthalt angelegte räumliche Verlagerung des Lebensmittelpunktes von Individuen, Familien, Gruppen oder auch ganzen Bevölkerungen", stellt innerhalb dieser prinzipiellen Disposition[2] lediglich ein Teilphänomen dar. Es ist während der „Völkerwanderung" weder neu noch begrenzt auf Immigration beziehungsweise Invasion.

Vielmehr konstituierte das Römische Reich bereits seit Jahrhunderten einen Raum für Binnenmigrationen unterschiedlichster Art, und auch Ein- und Auswanderungen sowie ein kontinuierlicher grenzüberschreitender Austausch gehörten selbstverständlich zum Alltag. Denn das Römische Reich übte aufgrund des vergleichsweise hohen Lebensstandards nicht nur eine generelle Anziehungskraft aus, sondern der Zuzug aus dem *Barbaricum*[3] wurde mitunter sogar großzügig gefördert, wenn etwa Mangel an Arbeitskräften und insbesondere an Rekruten herrschte. [...]

Während der „Völkerwanderung" wurden die Römer also keineswegs mit einem grundlegend neuartigen Phänomen konfrontiert. Ungewöhnlich war lediglich die Massivität, mit der in einigen Grenzregionen nunmehr der Druck zunahm (zunächst an Donau und Rhein, später dann auch in anderen Regionen); ungewöhnlich war sodann die Intensität, mit der sich insbesondere seit dem frühen 5. Jahrhundert innere Probleme (Bürgerkriege) mit dem Geschehen an der Peripherie des Reichs vermengten, was zwangsläufig eine beträchtliche Ressourcenverknappung nach sich zog; ungewöhnlich war schließlich auch die Diversität und Variabilität der einzelnen Verbände, mit denen die Römer innerhalb weniger Jahrzehnte konfrontiert wurden und die plötzlich Herausforderungen konstituierten, denen die römische Regierung auch angesichts einer zunehmend angespannten innenpolitischen Lage zumindest im lateinischsprachigen Westen mittelfristig nicht gewachsen war.

All diese Gruppen pauschal unter das Stichwort „Wanderung" zu subsumieren, verwischt allerdings grundlegende Unterschiede und erscheint daher problematisch. Zu unterscheiden sind mindestens die folgenden Gruppen: militärisch schlagkräftige Flüchtlinge wie die Goten, die 376 die Donau überschritten; mobile Armeen mit wachsender ziviler Begleitung und zunehmender Kohärenz[4] wie der Verband, mit dem der [...] Gote Alarich[5] 410 die Stadt Rom eroberte; Großverbände auf der Suche nach Integration in das Römische Reich (so einigte man sich auf eine Ansiedlung von Westgoten in Aquitanien 418/19); Großverbände auf der Suche nach politischer und wirtschaftlicher Autonomie, die etwa den Vandalen 442 in Form eines *regnum*[6] zugestanden wurde; mobile Kriegergruppen in variierenden Aggregatszuständen[7], das heißt Gewaltgemeinschaften wie die gotischen Verbände im Balkanraum; nomadisch geprägte Reiterverbände wie die Hunnen [...].

Diese Liste erhebt keinen Anspruch auf Vollständigkeit; nicht berücksichtigt wurden beispielsweise all die gescheiterten und daher in unseren Zeugnissen nur schemenhaft sichtbaren Gruppen, deren Zahl jedoch nicht unterschätzt werden sollte. [...] Deutlich werden sollte allerdings, dass Migration allein keinen hinreichenden Ansatzpunkt darstellt, um das „Völkerwanderungs"-Geschehen zu erfassen; vielmehr wäre für jeden einzelnen Fall zunächst einmal zu klären, welche Rolle Migration grundsätzlich spielte, in welcher Ausprägung sie erfolgte und welche Konsequenzen sich aus ihr ergeben haben könnten.

Mischa Meier, Die „Völkerwanderung", in: Aus Politik und Zeitgeschichte (APuZ) 26–27/2016, S. 3–10, hier S. 6 f.

1. Fassen Sie zusammen, wie Mischa Meier Mobilität und Migration im Altertum erklärt.
2. Vergleichen Sie die Thesen von Mischa Meier mit denen von Walter Pohl (M4).
3. Setzen Sie sich mit der Frage auseinander, wie viel „Wanderung" in der „Völkerwanderung" steckt. | H

[1] **omnipräsent**: allgegenwärtig
[2] **Disposition**: Bereitschaft, Veranlagung, „Wesenseigenheit"
[3] **Barbaricum**: die nicht von den Römern besetzten Gebiete nördlich von Rhein und Donau
[4] **Kohärenz**: Zusammenhalt
[5] **Alarich I.** (um 370–410): König der Westgoten ab 394
[6] **regnum**: (lat.) (König-)Reich
[7] **Aggregatzustand**: Erscheinungsform, Zustand

Orientierung

Das Kapitel beschäftigt sich inhaltlich mit ...

- den Kontakten und der wechselseitigen Beeinflussung zwischen Römern und Germanen
- der Bildung neuer germanischer Gruppen
- den Ursachen, Bedingungen und dem Verlauf der Völkerwanderung
- der Rolle von Germanen und Römern bei der Umgestaltung und Auflösung des Römischen Reiches
- der Entstehung von germanischen Reichen und ihrer Entwicklung
- der Darstellung und Deutung der Völkerwanderung von der Antike bis zur Gegenwart

2.4 Pflichtmodul: Die Völkerwanderung

Seit dem 2. Jh. v. Chr. gab es kriegerische und friedliche Begegnungen zwischen Römern und Germanen. Als Folge wurden Germanen als Sklaven, Siedler und Soldaten ins Römische Reich integriert. In Germanien entstanden durch die Kontakte mit Rom ab dem 3. Jh. neue, große Gruppen, die durch Plünderungszüge und Einwanderung am Wohlstand des Imperiums teilhaben wollten. Dabei nutzten sie Schwächephasen und Veränderungen im Römischen Reich und verstärkten diese. Als 375 die Hunnen Europa bedrohten, konnten die Römer die germanische Migration nicht mehr kontrollieren: Auf der Suche nach sicheren Siedlungs- und Herrschaftsgebieten drangen immer mehr Germanen unter ehrgeizigen Anführern dauerhaft ins Reichsgebiet ein. Dort mussten sie einen Ausgleich mit der römischen Bevölkerung finden. Kooperationen und Konflikte zwischen Germanen und Römern transformierten das Reich weiter. Zwischen dem 4. und 6. Jahrhundert entstanden germanisch-römische Königreiche, die das Kaisertum im Westen ablösten und das Europa des Mittelalters prägten.

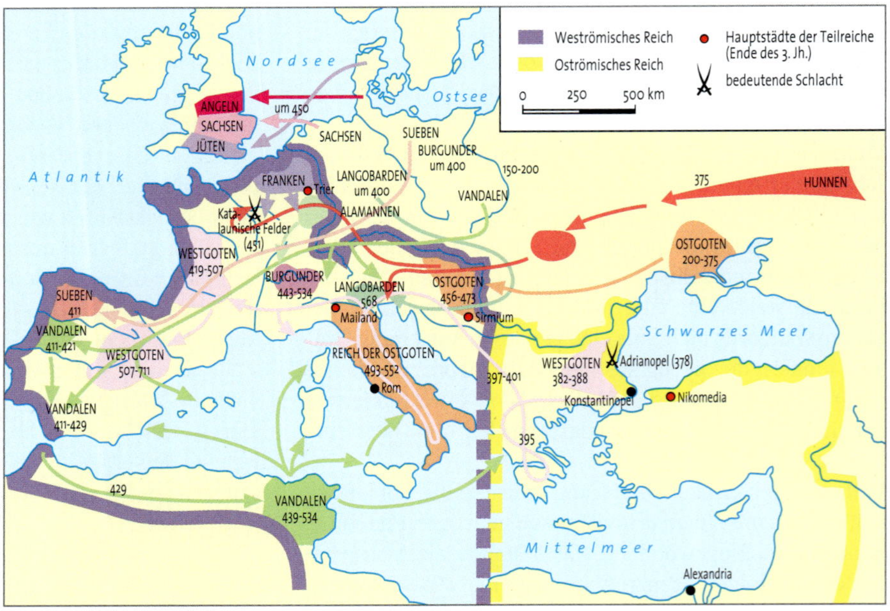

Wanderungen und Reichsgründungen germanischer Gruppen vom 4. bis 6. Jahrhundert.

- Analysieren Sie die Karte unter folgenden Fragestellungen:
  a) Über welches Thema informiert die Karte?
  b) Welchen Raum und welche Zeit stellt sie dar?
  c) Zeigt sie einen Zustand oder Entwicklungen?
- Fassen Sie auf der Grundlage Ihrer Arbeitsergebnisse zu Aufgabe 1 und Ihres Vorwissens zusammen, was Sie bislang über die Völkerwanderung wissen.
- Führen Sie eine Recherche im Internet durch und ergänzen Sie Ihre bisherige Zusammenfassung.

Germanenangriffe und Reichskrise

ab 233 — Germanen attackieren das Römische Reich an Rhein und Donau: Die Römer geben den Limes als Grenze auf.

235 - 284 — Das Römische Reich gerät in eine schwere politische, militärische und wirtschaftliche Krise: Germanen ziehen plündernd bis Spanien, Italien und Griechenland.

284 - 337 — Reformen unter den Kaisern Diokletian und Konstantin stabilisieren das Römische Reich: Die Römer nehmen vermehrt Germanen als Soldaten und Siedler auf.

Hunneneinfall und germanische Völkerwanderung

375/376 — Die Hunnen erreichen aus Asien kommend Europa: Die Wanderungsbewegungen der Germanen verstärken sich. Die Westgoten finden Aufnahme im Römischen Reich.

378 — Die Westgoten besiegen den römischen Kaiser Valens bei Adrianopel.

382/395 — Kaiser Theodosius siedelt die Westgoten auf dem Balkan an und teilt das Römische Reich in ein West- und ein Ostreich.

395 - 408 — Der Germane Stilicho befehligt als Heermeister die römische Armee im Westreich.

ab 400 — Die Römer ziehen sich aus Britannien zurück. Das Land wird von germanischen Angeln, Sachsen und Jüten in Besitz genommen.

ab 406/407 — Die Römer können die Rheingrenze nicht mehr verteidigen: Vandalen, Sueben und Burgunder wandern dauerhaft ins Reich ein.

410 — Die Westgoten erobern die Stadt Rom.

Germanische Reiche und Ende des Westreiches

ab 418 — Die Westgoten gründen ein Reich in Südfrankreich.

ab 429 — In Nordafrika entsteht das Reich der Vandalen.

451 — Römer und Germanen besiegen gemeinsam die Hunnen in der Schlacht auf den Katalaunischen Feldern.

455 — Die Vandalen plündern Rom.

476 — Der letzte weströmische Kaiser Romulus Augustulus wird vom germanischen Offizier Odoaker abgesetzt – damit endet das Westreich.

ab 486 — Der fränkische König und römische Offizier Chlodwig gründet das Frankenreich in Belgien und Nordfrankreich.

488 — Der oströmische Kaiser Zenon beauftragt den Ostgoten Theoderich, die Herrschaft Odoakers über Italien zu beenden.

493 — Theoderich gründet in Italien das Reich der Ostgoten.

498 — Der Frankenkönig Chlodwig lässt sich katholisch taufen.

507 — Chlodwig und die Franken besiegen die Westgoten. Die Westgoten ziehen sich nach Spanien zurück.

527 - 565 — Der oströmische Kaiser Justinian versucht, die ehemaligen Gebiete des Westreiches wieder unter seine Kontrolle zu bringen.

534 — Das Vandalenreich wird von den Oströmern zerstört.

552 — Das Ostgotenreich wird von den Oströmern erobert.

568 — Die Langobarden ziehen nach Italien und gründen ein Reich.

Ursachen und Verlauf der Völkerwanderung

Römer und Germanen: eine lange Beziehung | Das erste große Zusammentreffen zwischen Römern und Germanen fand Anfang des 2. Jahrhunderts v. Chr. statt, als die Kimbern und Teutonen aus dem heutigen Dänemark in den Alpenraum vorstießen. Diese waren vermutlich auf der Suche nach neuen Siedlungsgebieten, boten den Römern aber auch ihre Militärdienste an. Nachdem entsprechende Verhandlungen scheiterten, kam es zum militärischen Konflikt: Erst nach mehreren schweren Niederlagen, konnten die Römer die Kimbern und Teutonen schließlich besiegen, als diese bis nach Italien vorzudringen versuchten. Die Fremdartigkeit der germanischen Barbaren und ihre Kampfkraft beeindruckten die Römer nachhaltig.

Mitte des 1. Jahrhunderts v. Chr. dehnte *Gaius Julius Caesar* den römischen Machtbereich auf ganz Gallien (das heutige Frankreich) aus. Dort traf er auch auf Germanen, die als Siedler, Söldner oder auf Raubzügen aus den Gebieten östlich des Rheins gekommen waren. Nachdem Caesar eine große germanische Gruppe unter *Ariovist* aus Gallien vertrieben hatte, erklärte er den Rhein zur Grenze zwischen den unter römischer Herrschaft stehenden Galliern und den Germanen.

Als es trotzdem weiterhin zu germanischen Einfällen nach Gallien kam, versuchten die Römer unter Kaiser *Augustus* ab 16 v. Chr., ihre direkte Herrschaft auf die Siedlungsgebiete der Germanen zwischen Rhein und Elbe auszuweiten. Im Jahre 9 erlitt der römische Feldherr *Varus* dabei im Teutoburger Wald eine katastrophale Niederlage. Aufgrund des militärischen und politischen Widerstandes und weil die germanischen Gebiete wirtschaftlich nicht sehr ertragreich waren, verzichteten die Römer schließlich darauf, das „freie" Germanien als Provinz in ihr Reich einzubeziehen. In der Folge beschränkten sie sich auf die Defensive und die Sicherung der Flüsse Rhein und Donau sowie die Befestigung des Limes als Grenze zu den von zahlreichen kleineren germanischen Stammesgruppen besiedelten Gebieten Mitteleuropas.

Schon lange vor der Völkerwanderung[1] im 4. bis 6. Jahrhundert gab es also Migrationsbewegungen germanischer Gruppen, die von Wohlstand und Kultur der Zivilisationen am Mittelmeer angezogen wurden. Ihre Wanderungen und Vorstöße wurden aber durch die römische Expansion und Grenzsicherung im 1. und 2. Jahrhundert zunächst weitestgehend unterbunden (➔M1).

Römer und Germanen als Nachbarn | Die Grenze zwischen Römern und Germanen war allerdings nicht undurchdringlich, sondern es entwickelten sich fast zwei Jahrhunderte lang weitgehend friedliche Kontakte, die nur gelegentlich durch kriegerische Konflikte unterbrochen wurden.

Die Römer übten weiterhin Einfluss in Germanien aus und waren bestrebt, dort für stabile politische Verhältnisse zu sorgen und Bedrohungen ihrer Grenze zu verhindern. Diesem Ziel dienten Geschenke, Geldzahlungen, Gesandtschaften, der Abschluss von Bündnissen (foedera) und die Verleihung des römischen Bürgerrechts an romfreundliche germanische Anführer. Regelmäßig wurden auch die Kinder vornehmer Germanen als Geiseln im Römischen Reich erzogen und später als Herrscher zu ihren Stämmen zurückgeschickt. Germanen wurden für die römische Armee oder die Leibwache des Kaisers rekrutiert. Nach dem Ende ihrer Dienstzeiten siedelten sie als Veteranen auf römischem Gebiet oder kehrten nach Germanien zurück. Mitunter fanden bereits ganze Gruppen von Germanen als Siedler dauerhaft Aufnahme in römischem Gebiet. Auch ein grenzüberschreitender Waren- und Personenverkehr entwickelte sich.

Als Folge dieser Kontakte wurden die grenznahen germanischen Gebiete mit der Zeit wirtschaftlich und kulturell mit dem Römischen Reich verflochten und die Kenntnisse der Germanen über die sich dort bietenden Möglichkeiten nahmen immer mehr

Barbaren und Germanen: Die Römer bezeichneten alle Zivilisationen, die sie als unterlegen ansahen, als Barbaren, d. h. wörtlich als unzivilisierte Menschen, die eine unverständliche Sprache sprechen. Dazu gehörten u. a. Kelten, Skythen und Germanen. Der von ihnen bewohnte Raum ist das „Barbaricum". Der Begriff „Germanen" ist eine Sammel- und Fremdbezeichnung der Römer für einen Teil dieser Barbaren, nämlich die nördlich der römischen Grenzen bis zur Nord- und Ostsee lebenden, in eine Vielzahl von Stämmen aufgeteilten Gruppen.

Internettipp
Der Ort der „Varusschlacht" im Teutoburger Wald wird von der Forschung heute in Kalkriese bei Osnabrück lokalisiert. Weitere Informationen finden Sie unter dem Code **32035-25**.

Limes: Der obergermanisch-rätische Limes war die Landgrenze des Römischen Reiches zwischen den Flüssen Rhein und Donau. Er war mit Gräben, Wällen, Mauern und Wachtürmen gesichert.

Foedus (Pl.: foedera): So wurde von den Römern ein Bündnis oder ein Vertrag mit auswärtigen Gruppen bezeichnet. Die Vertragspartner wurden Föderaten genannt. Häufig wurden solche Föderaten in die römische Armee aufgenommen.

[1] Zur Problematisierung des Begriffes „Völkerwanderung" in der heutigen Forschung siehe Seite 224.

Militärdiplom von 149 n. Chr.

Bei Militärdiplomen handelt es sich um bronzene Urkunden, mit denen nichtrömischen Soldaten bei der ehrenvollen Entlassung nach üblicherweise 25 Jahren Dienst in der römischen Armee das Bürgerrecht und/oder das Recht zur Eheschließung verliehen wurde.

▶ Erläutern Sie, inwieweit die Militärdiplome ein Mittel der Akkulturation und Integration von Barbaren ins Römische Reich waren. Warum könnten die Römer Germanen in ihre Streitkräfte aufgenommen haben?

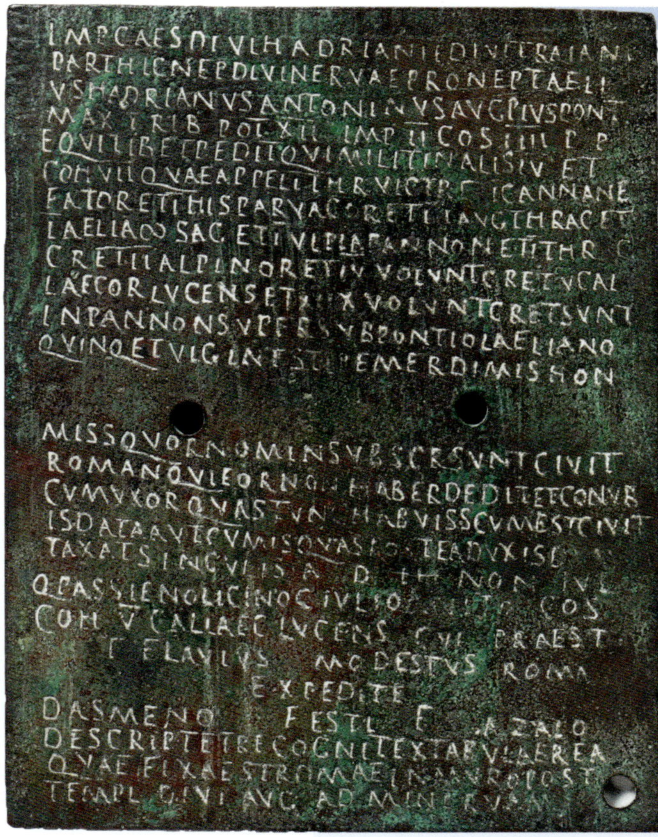

zu. Dies schuf grundsätzlich Anreize und Voraussetzungen für weitere Migration, die zunächst durch eine römische Politik der Abschreckung und kontrollierter Teilhabe der Germanen an den kulturellen und zivilisatorischen Errungenschaften des Reiches bis ins 2. Jahrhundert gut gesteuert werden konnte. In den Jahren 166 bis 182 gab es allerdings erste größere militärische Auseinandersetzungen mit Markomannen und anderen Germanen an der Donau, die auf tief greifende Veränderungen in Germanien hindeuteten.

Wandel durch Kontakt: Rom verändert die Germanen | Der stete Zustrom von Geld und Waren führte zu höherem Wohlstand und sich vergrößernden sozialen Unterschieden bei den Germanen, sodass sich die traditionellen Stammesstrukturen auflösten und sich in den germanischen Oberschichten ehrgeizige neue Führungspersönlichkeiten etablieren konnten. Viele der vormals kleinen germanischen Stammesgruppen schlossen sich unter solchen Anführern zu größeren Verbänden zusammen – so etwa die Franken, Alamannen und Goten.

Dabei handelte es sich nicht um „Völker" mit einer gemeinsamen biologischen Abstammung, Sprache und Kultur, sondern um Zusammenschlüsse von Germanen ganz unterschiedlicher Herkunft, die einem Anführer folgten, von dem sie sich Schutz und Wohlstand versprachen. Durch Kriegszüge und andere gemeinsame Erlebnisse entwickelten diese Gruppen mit der Zeit eine eigene Identität, Traditionen und ein Gemeinschaftsgefühl, mitunter auch den Glauben an eine gemeinsame Abstammung und Geschichte. Wenn sie erfolgreich waren, konnten sie weitere Gruppen, die dazugehören wollten – durchaus auch Römer –, integrieren. Nach militärischen Niederlagen lösten sich solche „Völker" aber mitunter auch rasch wieder auf. Diese Prozesse der Bildung von Gruppen bezeichnet die Forschung als „Ethnogenese" (➔M5)[1].

Auch lernten die Germanen militärisch von den Römern, sodass die römische Überlegenheit im Bereich der Bewaffnung und Taktik schrumpfte. Hinzu kamen vermutlich ein Anwachsen der Bevölkerung und grundlegende Klimaverschlechterungen in Nord- und Mitteleuropa, wodurch sich die ohnehin häufigen Nahrungsmittelkrisen in den germanischen Mangelgesellschaften noch verschärften. Aufgrund solcher regionaler Versorgungsschwierigkeiten wurden möglicherweise weiter von den römischen Grenzen entfernt lebende Gruppen mobil und wanderten in Richtung der Reichsgrenze, wodurch sie auch grenznahe Germanenstämme in Unruhe und Bewegung versetzten. Den Römern fiel es unter diesen Umständen offenbar immer schwerer, den Überblick über die politischen und militärischen Verhältnisse im Innern Germaniens zu behalten, und der Druck auf die Reichsgrenzen nahm zu.

Franken, Alamannen und Goten: Die neu entstehenden germanischen Verbände am Niederrhein wurden von den Römern als „Franken" bezeichnet, am Oberrhein als „Alamannen". Die Germanen nördlich der Donau fassten die Römer als „Goten" zusammen.

Internettipp
Eine Übersicht über die wichtigsten germanischen Stämme sowie eine interaktive Karte zu den Wanderungsbewegungen in der Völkerwanderungszeit finden Sie unter dem Code **32035-26**.

[1] Zum Begriff „Ethnogenese" siehe auch M4 auf Seite 158.

Wandel durch Konflikt: Germanen bedrohen das Römische Reich | Mitte des 3. Jahrhunderts brach schließlich das System aus befestigten Grenzen, Militärschlägen, Diplomatie und Handelsbeziehungen zusammen, mit dem das Römische Reich sein Gebiet gesichert und seine Nachbarn kontrolliert hatte. Dazu trug entscheidend bei, dass im Osten das Perserreich der Sassaniden eine aggressive Politik verfolgte und den Römern empfindliche Niederlagen zufügte. Deshalb zogen die Römer wiederholt Truppen von Rhein und Donau ab, um sie im Osten einzusetzen.

Die Germanen nutzten die ausgedünnte römische Grenzverteidigung für ausgedehnte Raub- und Plünderungszüge bis tief ins Reich hinein. In der Regel zogen sie sich anschließend mit ihrer Beute wieder zurück, ohne eine dauerhafte Einwanderung anzustreben. Franken überquerten den Rhein und drangen bis nach Spanien und Afrika vor. Goten plünderten den Balkan und Griechenland. Auch der Limes, die Grenzbefestigung zwischen Rhein und Donau, konnte von den Römern nicht verteidigt werden, sodass Alamannen in das dahinterliegende Gebiet eindrangen und sogar bis Italien vorstießen. Die Römer reagierten mit Militärschlägen, schlossen aber auch Verträge mit den Germanen oder zahlten ihnen Stillhaltegelder (Tribute).

Ausgrabungen am Harzhorn im Jahr 2013.
Um das Jahr 235/36 n. Chr. fand in Niedersachsen am Westrand des Harzes, am Harzhorn, eine militärische Auseinandersetzung zwischen einer großen Zahl römischer Soldaten und Germanen statt. Die Forschung vermutet einen Zusammenhang mit einem Feldzug des Kaisers Maximinus Thrax gegen germanische Gruppen im Elbegebiet, aus denen sich in dieser Zeit der Großverband der Alamannen bildete. Die Abbildung zeigt die archäologische Ausgrabung am Harzhorn, bei der zahlreiche römische und germanische Waffen und Ausrüstungsgegenstände gefunden wurden. Die Römer befanden sich am Harzhorn offenbar auf dem Rückweg zur Reichsgrenze und gerieten in einen Hinterhalt der Germanen, konnten sich aber mithilfe von Katapultgeschützen den Weg freikämpfen.

▶ Recherchieren Sie weitere Informationen zum „Harzhornereignis" und analysieren Sie die möglichen Gründe für diesen römischen Feldzug.

Internettipp
Hintergründe zu den Ausgrabungen am Harzhorn sowie zu den dort gemachten Funden finden Sie unter dem Code **32035-27**.

Bald überforderten diese Einfälle und der Mehrfrontenkrieg die römischen Ressourcen und stürzten das Römische Reich in eine schwere wirtschaftliche und politische Krise. Die kriegerischen Auseinandersetzungen verwüsteten viele Gebiete des Reiches. Hinzu kamen Seuchen, Bevölkerungsverluste und ein Mangel an Arbeitskräften. Warenproduktion und Handel gingen zurück und die Währung verlor an Wert. Infolgedessen sanken die Steuereinnahmen und die Finanzkraft des Staates nahm drastisch ab. Politisch ging das Vertrauen in die Zentralregierung verloren. Die Kaiser wechselten in rascher Folge, waren fast nur noch mit Kriegführung beschäftigt und wurden von der Armee ein- und abgesetzt („Soldatenkaiser").

Soldatenkaiser: So werden die Kaiser bezeichnet, die zwischen 235 und 284/85 im Römischen Reich herrschten. Mitunter gab es gleichzeitig mehrere konkurrierende Kaiser in verschiedenen Teilen des Reiches. Die Bürgerkriege unter den verschiedenen Herrschern schwächten die Verteidigungskraft zusätzlich und lösten so neue germanische Einfälle aus.

Für die Germanen bot diese Krise Möglichkeiten, durch Beute, Tribute oder auch Militärdienst am Wohlstand des Reiches teilzuhaben. Keinesfalls wollten sie das Römische Reich erobern oder zerstören. Aber es förderte die Militarisierung und die Bildung neuer Großverbände, wenn es germanischen Anführern gelang, ihren Leuten römisches Geld, Getreide oder gar Land zu verschaffen.

Stabilisierung und „Barbarisierung" des Römischen Reiches | Ab Ende des 3. Jahrhunderts beruhigte sich die Lage. Das Römische Reich passte sich durch Reformen insbesondere unter den Kaisern *Diokletian* und *Konstantin* an die Herausforderungen an und gewann an Stabilität und Stärke zurück.

Die Kaiser bauten den Verwaltungsapparat aus und trennten zivile und militärische Bereiche. Die Armee wurde stark vergrößert und umstrukturiert: Man unterschied die Grenztruppen von einer mobilen Feldarmee im Hinterland, um Gefahrensituationen besser begegnen zu können. Als neues Oberkommando der Armee wurde das Amt des Heermeisters (*magister militum*)[1] eingerichtet. Den Limes und alle nördlich von Rhein und Donau gelegenen Gebiete gaben die Römer auf. Die Grenzen und auch die Städte im Innern des Reiches erhielten neue Befestigungen. Wirtschaft und Geldsystem wurden neu geordnet. Das Kaisertum teilten sich zeitweise bis zu vier rechtmäßige Kaiser, von denen jeder für einen Teil des Reiches zuständig war. Ihre Residenzen nahmen die Kaiser in neuen Hauptstädten dichter an den Grenzen. Konstantin und seine Nachfolger führten zudem ab 312 das katholische Christentum als neue Staatsreligion im Römischen Reich ein. Das ist insofern bedeutsam, als viele Germanen mit der Zeit eine andere Form des Christentums, den *Arianismus*[2], annahmen, was dann im 5. Jahrhundert ihre religiöse Integration ins Reich erschwerte. Die Finanzlage des Reiches blieb allerdings auch weiterhin angespannt, und die einzelnen Regionen des Reiches waren nun deutlich stärker auf ihre Probleme vor Ort als auf ihre Einbindung in das Gesamtreich fokussiert.

Gegen ins Reich einfallende germanische Gruppen konnten die Kaiser nun wieder Abwehrsiege erringen. Besiegte Germanen mussten sich unterwerfen und wurden in kleinen Einheiten über das ganze Reich verteilt, um Militärdienste zu leisten, oder in verwüsteten Gebieten angesiedelt, um diese zu bewirtschaften und zu verteidigen (➔M4 und M6). Mit germanischen Anführern außerhalb der Reichsgrenzen schlossen die Römer Verträge, die sie verpflichteten, die Reichsgrenzen zu respektieren, Abgaben zu leisten und dem Kaiser Truppen zur Verfügung zu stellen. Diese Rekrutierung von Germanen war billiger, einfacher und schneller als die Aushebung von Truppen innerhalb des Reiches. Bevorzugt setzen die Römer Germanen gegen Germanen ein. Durch die vielen germanischen Soldaten veränderte sich die römische Armee: In Bewaffnung, Kleidung, Haartracht und Kampfweise ähnelte sie immer stärker germanischen Militärverbänden. Auch aus dem Römischen Reich stammende Soldaten passten sich entsprechend an. Trotz dieser „Barbarisierung" traten die Soldaten – sofern Bezahlung und Versorgung funktionierten – in der Regel verlässlich für Kaiser und Reich ein. Germanen konnten nun hohe Führungspositionen in der römischen Armee erreichen und hatten somit häufig eine doppelte Identität als germanische Anführer und römische Amtsträger.

„Hunnensturm" und Völkerwanderung | Der Vorstoß der Hunnen nach Europa brachte Ende des 4. Jahrhunderts eine ganz neue Dynamik in die römisch-germanischen Beziehungen. Militärisch waren die Hunnen Ende des 4. Jahrhunderts sowohl Germanen als auch Römern zunächst überlegen und nutzten das für verheerende Kriegs- und Beutezüge. Zunächst wurde 375 das Reich der *Ostgoten* von den Hunnen zerstört, anschließend griffen sie die *Westgoten* an, die Aufnahme im Römischen Reich fanden. Diese Ereignisse gelten in der Forschung als der Beginn der eigentlichen Völkerwanderung.

Hunnen: Mit dem Begriff „Hunnen" wurden verschiedene nomadisch lebende Reitergruppen aus den eurasischen Steppengebieten zusammengefasst. Ihre sehr mobile Lebens- und Wirtschaftsform basierte ausschließlich auf der Viehzucht ohne Ackerbau und erbrachte nur geringe Überschüsse. Um sich zuverlässig zu versorgen und Wohlstand zu erwerben, waren die Hunnen deshalb auf den Kontakt zu ackerbautreibenden Nachbarn angewiesen.

---

[1] Über germanische Heermeister erfahren Sie mehr auf der Seite 186f.

[2] Siehe hierzu auch Seite 190.

Attila (†453): König der Hunnen (434–453). Sein Tod wird in der Nibelungensage literarisch verarbeitet.

Schlacht auf den Katalaunischen Feldern: In der Schlacht im heutigen Nordostfrankreich konnte der römische Heermeister Aetius mit Unterstützung germanischer Föderaten, insbesondere der Westgoten, den hunnischen Angriff stoppen. Die Schlacht endete unentschieden, wobei der westgotische König Theoderich im Kampf fiel.

Ab 395 gelang es einer Reihe militärisch besonders erfolgreicher Anführer, die diversen hunnischen Gruppen zu vereinigen und so nördlich der römischen Donaugrenze im heutigen Ungarn ein starkes Machtzentrum zu errichten. Den Höhepunkt seiner Macht erreichte dieses Hunnenreich, in das auch verschiedene germanische Gruppen eingegliedert wurden, unter **Attila**. Existenzgrundlage blieben Raub- und Beutezüge ins Römische Reich oder aber Tribute, welche sowohl das Ost- wie auch das Westreich für die Einhaltung des Friedens an die Hunnen zahlen mussten. Im Unterschied zu den Germanen strebten die Hunnen keine Integration ins Römische Reich an. Nur vereinzelt traten kleinere hunnische Gruppen in römische Militärdienste.

Für die Römer hatte die Existenz des Hunnenreiches sowohl positive als auch negative Auswirkungen: Die Beutezüge der Hunnen und die Tributzahlungen stellten zwar einerseits eine erhebliche wirtschaftliche Belastung dar, andererseits stabilisierte das Hunnenreich die römische Donaugrenze, indem es ab 395 germanische Angriffe und Wanderungsbewegungen in diesem Bereich weitgehend unterband. In gewisser Weise gab es also eine Symbiose zwischen Römerreich und Hunnenreich.

In den Jahren 451 und 452 unternahm Attila großangelegte Einfälle nach Gallien und Norditalien, um höhere Tributzahlungen des Westreiches durchzusetzen. Diese Aggression war aber nur bedingt erfolgreich. In Gallien wurden die Hunnen in der **Schlacht auf den Katalaunischen Feldern** abgewehrt. In Italien scheiterte der hunnische Vorstoß vor allem an Seuchen und Versorgungsproblemen. Mit dem Tod Attilas 453 zerfiel das Hunnenreich. Dadurch wurden die eingegliederten germanischen Gruppen, unter anderem die Ostgoten, wieder unabhängig und drängten nun ihrerseits ins Römische Reich.

Hunnenzug.
Holzstich, um 1890, nach einem Gemälde von Friedrich Emil Klein, spätere Kolorierung.
Der militärische Erfolg der Hunnen gegen Germanen und Römer beruhte auf dem Einsatz ungepanzerter berittener Bogenschützen. Diese griffen aus der Entfernung mit speziellen Bögen an, deren Pfeile auch starke Panzerungen durchdrangen. Nach überraschenden Angriffen zogen sie sich schnell zurück, um dann erneut anzugreifen. Durch diese Taktik fügten sie ihren Gegnern große Verluste bei, blieben aber selbst außer Reichweite.

Die Aufnahme der Westgoten ins Reich und die Folgen | Um dem Angriff der Hunnen auszuweichen, erbaten 376 Teile der Westgoten die Aufnahme ins Römische Reich. Dies war bei Anerkennung der römischen Oberhoheit ein bewährtes Verfahren für germanische Gruppen und wurde deshalb vom im Ostreich regierenden Kaiser *Valens* auch gewährt. Der Kaiser wollte durch eine friedliche Integration der Westgoten neue Soldaten und Siedler gewinnen (→M2 und M3).

Allerdings geriet die Situation rasch außer Kontrolle: Es kamen mehr Goten über die Donau als vereinbart, die geplante Entwaffnung der Migranten gelang nicht, und die römische Verwaltung war mit deren Versorgung überfordert. Infolgedessen plünderten die Goten den Balkan und Kaiser Valens rückte mit der Feldarmee des Ostreiches an, um die Ordnung wiederherzustellen. 378 kam es bei der Stadt Adrianopel zur

Schlacht, in der die Römer schwere Verluste erlitten und der Kaiser fiel. Nach weiteren römischen Niederlagen kam es dann 382 zu einem Vertragsschluss („Gotenfoedus“) mit dem neuen Kaiser **Theodosius**: Die Westgoten erkannten den Kaiser an und durften sich als geschlossener Verband unter eigenen Anführern auf römischem Territorium ansiedeln. Dort konnten sie nach eigenen Gesetzen und ohne Steuern zu zahlen leben. Als sogenannte Föderaten übernahmen sie Militärdienste für die Römer, die sie dafür mit Getreidelieferungen und Geldzahlungen versorgten.

Für den weiteren Verlauf der Völkerwanderung hatten die Schlacht von Adrianopel und der Vertragsschluss von 382 weitreichende Folgen:
- Ein Großteil der römischen Feldarmee existierte nicht mehr, das Reich hatte nicht mehr genug reguläre Soldaten.
- Stattdessen wurden die Westgoten, und später auch andere germanischer Gruppen, als Föderaten zur Armee des Römischen Reiches. Da sie unter eigenen Anführern agierten, konnten diese geschlossenen Militärverbände von den Römern aber nur unzureichend kontrolliert werden und nutzten ihre militärische Macht immer wieder auch für eigene Interessen.
- Für andere germanische Gruppen wurde die Ansiedlung der Westgoten als weitgehend selbstständiger Stammesverband im Innern des Römischen Reiches zum Vorbild.
- Die Grenzen an Donau und Rhein konnten trotz des Einsatzes von Föderaten nicht mehr dauerhaft gesichert werden und standen so für die Migration weiterer germanischer Gruppen offen.

Theodosius I. (der Große) (347–395): 379 bis 395 römischer Kaiser. Nach seinem Tod wurde die Herrschaft zwischen seinen Söhnen Honorius im Westen und Arcadius im Osten aufgeteilt. Obwohl formal an der Einheit des Reiches festgehalten wurde, führte dies zu einer dauerhaften Teilung.

Die Entstehung germanischer Reiche: Chancen und Herausforderungen | 395 hinterließ Kaiser Theodosius die Herrschaft im Römischen Reich seinen beiden minderjährigen Söhnen: *Honorius* übernahm den Westteil des Reiches, *Arcadius* die Osthälfte. Insbesondere das Weströmische Reich war in den Folgejahren mit weiteren Migrationsbewegungen germanischer Gruppen konfrontiert.

Grundsätzlich lassen sich dabei drei Arten der Migration von germanischen Gruppen ins Römische Reich unterscheiden. Einige wanderten gewaltsam ins Römische Reich ein und besetzten Gebiete ohne Abmachungen mit der römischen Seite. Andere schlossen, nachdem sie zunächst unkontrolliert ins Reich eingedrungen waren, nach dem Vorbild der Westgoten Verträge mit dem Kaiser und wurden gegen Leistung von Militärdiensten von den Römern versorgt bzw. in vereinbarten Regionen angesiedelt. Dort machten sie sich nach und nach selbstständig, strebten nach günstigeren Vertragsbedingungen und gründeten schließlich unter ihren Anführern eigene Reiche. Ein Sonderfall sind die Franken, die ohne großräumige Wanderung und ohne Ansiedlungsvertrag ihre ursprünglich rechts der römischen Rheingrenze gelegenen Siedlungsgebiete über den Fluss ins Römische Reich hinein ausweiteten.

Im Einzelnen verließen 401 die Westgoten den Balkan und zogen nach Italien. Zur Verteidigung des römischen Kernlandes rief der Heermeister *Stilicho*[1] die römischen Grenztruppen vom Rhein und aus Britannien zu Hilfe. Dieser Truppenabzug führte dazu, dass die germanischen Stämme der *Angeln*, *Sachsen* und *Jüten* aus Dänemark und Norddeutschland in das ungeschützte Britannien übersetzten bzw. von den Bewohnern als Militärverbände angeworben wurden und dort eigene Reiche gründeten. Am Rhein drangen zum Jahreswechsel 406/07 die *Vandalen*, *Sueben* und *Burgunder* nach Gallien ein. Während sich die Burgunder unmittelbar am linken Rheinufer niederließen, zogen die Sueben und Vandalen bis nach Spanien weiter und teilten dort das Land zur Plünderung und Ansiedlung unter sich auf. Die Vandalen setzten 429 unter ihrem König *Geiserich* ins reiche Nordafrika über und eroberten zehn Jahre später die Stadt Karthago. Von dort aus kontrollierten sie nicht nur die für die Versorgung Roms lebenswichtigen Getreideexporte Afrikas, sondern beherrschten mit ihren Flotten auch das gesamte westliche Mittelmeer. 455 gelang ihnen sogar die Plünderung der Stadt Rom.

[1] Für weitere Informationen zu Stilicho siehe Seite 187.

Goldschatz von Como, Italien.
Dieser Schatz mit mehr als 300 römischen Goldmünzen wurde 2018 in der norditalienischen Stadt Como in einem vergrabenen Gefäß aus Speckstein gefunden. Die Münzen zeigen Porträts der römischen Kaiser Honorius, Valentinian III., Leo I., und Libius Severus. Keine Münze wurde nach 474 geprägt. Archäologen vermuten, dass die Münzen aufgrund von Unruhen und Kriegen im 5. Jahrhundert an der Fundstelle versteckt und später nicht mehr geborgen wurden. Aufgrund der Menge der Münzen und weil sich andere Wertgegenstände wie Schmuck in dem Gefäß befanden, könnte es sich nicht um den Besitz einer Privatperson, sondern um die Geldreserven einer Bank gehandelt haben.

► Präsentation: Überprüfen Sie, welche Krisen und Unruhen es in den Regierungszeiten der genannten Kaiser in Italien gab, und stellen Sie diese in einer Tabelle dar.

Internettipp
Weitere Informationen zum Goldschatz von Como liefert Ihnen der Code **32035-28**.

Den Kaisern und Heermeistern im Weströmischen Reich fehlten Soldaten, Geld und die Unterstützung des Ostreiches, um diese Germanen militärisch zu besiegen. Deshalb schlossen sie mit den meisten von ihnen Ansiedlungsverträge nach dem Vorbild des 382 mit den Westgoten geschlossenen *foedus*, um die Migrationsbewegungen zu kontrollieren.

Die sich ansiedelnden Stämme und die expandierenden Franken standen alle unter der Herrschaft von Königen. Diese übten die Herrschaft sowohl über die germanische als auch die römische Bevölkerung ihres Machtbereiches aus und übernahmen weitgehend die römischen Verwaltungsstrukturen. Ihre Herrschaft stützten sie auf eine adlige Oberschicht, der auch Römer angehören konnten. Formal erkannten sie die Oberhoheit des römischen Kaisers an, mitunter bekleideten sie auch römische Ämter, praktisch regierten sie aber selbstständig. Die vertraglich vereinbarten Militärdienste für den Kaiser leisteten sie nur, wenn es ihren eigenen Interessen entsprach. Auf diese Weise entstanden in der ersten Hälfte des 5. Jahrhunderts eine Reihe germanischer Reiche auf dem Gebiet des Weströmischen Reiches. In allen diesen Reichen bildeten die Germanen nur eine sehr kleine Minderheit.

Die germanischen Herrschaftsgründungen sahen sich alle mit ähnlichen Herausforderungen der Integration und Akkulturation konfrontiert:

- Wie konnte das eigene Siedlungsgebiet gegen die Römer und konkurrierende germanische Gruppen gesichert und die Versorgung garantiert werden?
- Wie dauerhaft waren die mit dem Kaiser geschlossenen Verträge und wie genau waren die Rechte und Pflichten der eigenen Gruppe und deren Herrscher ausgestaltet?
- Wie ließ sich das Verhältnis zur römischen Bevölkerung des eigenen Machtbereiches gestalten? Welche religiösen Unterschiede und Gemeinsamkeiten gab es?
- Wie konnte man bei der Beherrschung des eigenen Machtbereiches mit der römischen Verwaltung, den Großgrundbesitzern und den Bischöfen kooperieren?
- Wie konnte die Identität und der Zusammenhalt der eigenen Gruppe in einer römischen Umwelt bewahrt bzw. weiterentwickelt werden?

Das Ende des Weströmischen Reiches: Kontinuitäten und Diskontinuitäten | Bis 450 hatten die germanischen Landnahmen und Reichsgründungen das Weströmische Reich auf Italien und die unmittelbar angrenzenden Gebiete reduziert. Dadurch verfügten die Kaiser kaum noch über Steuereinnahmen und konnten keine eigenständige Politik mehr gegenüber den germanischen Reichsgründungen betreiben. Große Bevölkerungsgruppen verloren das Vertrauen in die machtlos gewordene Regierung. 476 setzte der germanischstämmige Offizier *Odoaker*[1] schließlich den letzten weströmischen Kaiser *Romulus Augustulus* ab und ließ sich von der überwiegend aus Germanen bestehenden römischen Armee in Italien zum König ausrufen. Odoaker verzichtete auf den Kaisertitel und erkannte die Vorrangstellung des oströmischen Kaisers an. Damit hörte das Weströmische Reich auf zu bestehen.

Inwieweit das Ende des Römischen Reiches und die germanischen Herrschaftsgründungen einen Einschnitt in der europäischen Geschichte markierten, wird unterschiedlich bewertet. Es lassen sich sowohl Kontinuitäten als auch Diskontinuitäten feststellen. Die Germanen passten sich in einem Akkulturationsprozess immer mehr den Römern an, Teile der römischen Verwaltungsstrukturen und des Rechtswesens, die Städte, das Christentum und die Kirche bestanden relativ unverändert fort. In anderen Bereichen wandelte sich das Leben der Menschen stark: Die Sprachen und das Militärwesen änderten sich, der überregionale Handel ging zurück, Naturalwirtschaft und Tauschhandel ersetzten teilweise das Münzgeld, die Wirtschaft war einfacher und weniger arbeitsteilig organisiert und die Lebensweise der Menschen grundsätzlich ländlicher und regionaler orientiert.

Im Vergleich zum Weströmischen Reich bekam das Oströmische Reich die germanische Migration während der Völkerwanderungszeit deutlich besser in den Griff. Es kam dort nicht zu dauerhaften Gebietsverlusten oder zur Gründung germanischer Reiche. Wirtschaft und Verwaltung funktionierten und die Steuereinnahmen reichten zur Finanzierung der Armee aus. Kaiser *Justinian* nutzte diese günstigen Voraussetzungen, um Teile des ehemaligen Westreiches zurückzugewinnen: 534/35 besiegte er das Vandalenreich und machte Nordafrika wieder zu einer römischen Provinz, anschließend wurde bis 553 Italien von den Ostgoten zurückerobert und 552 die Südküste des von den Westgoten beherrschten Spaniens besetzt. Auf Dauer überforderte diese Rückeroberungspolitik aber die Ressourcen des Ostreiches und die gewonnenen Gebiete gingen relativ rasch wieder verloren. Norditalien wurde schon 568 von den germanischen **Langobarden** erobert. Ihre Reichsgründung gilt als Schlusspunkt der germanischen Völkerwanderung.

Langobarden: Die Langobarden siedelten ursprünglich an der unteren Elbe. Im Zuge der germanischen Migrationsbewegungen fanden sie zunächst neue Siedlungsgebiete an der Donau im heutigen Serbien und Ungarn. Unter Kaiser Justinian kämpften sie als oströmische Föderaten in Italien gegen die Ostgoten. Nach dem Sieg über diese machten sie sich selbstständig und gründeten ihr Reich in Italien.

[1] Zu Odoaker informiert Seite 196.

M1 Über die Wanderungen der Stämme und Völker

Der römische Philosoph und Schriftsteller Seneca der Jüngere (um 4 v. Chr. – 65 n. Chr.) berichtet über Migrationsbewegungen:

Leicht entschlossen zogen die Menschen durch unwegsames, unbekanntes Gelände. Ihre Kinder und Frauen und ihre vom Alter gebeugten Eltern nahmen sie mit. Manche wählten sich, nachdem sie lange umhergeirrt waren, nicht nach reiflicher Überlegung einen Platz, sondern erschöpft besetzten sie den nächstliegenden; andere verschafften sich auf fremder Erde mit Waffengewalt ihr Recht. Einige Stämme verschlang auf dem Marsch ins Ungewisse das Meer, und es gab welche, die ließen sich, weil sie überhaupt nichts mehr hatten, dort nieder, wo sie gerade waren. Auch hatten nicht alle denselben Grund, ihre alte Heimat zu verlassen und eine neue zu suchen. Die einen, die den Waffen der Feinde entkommen und des eigenen Landes beraubt waren, trieb die Zerstörung ihrer Wohnstätten in fremde Länder; andere verdrängte der innenpolitische Streit, dritte zwang das übermäßige Bevölkerungswachstum weg, damit die vorhandenen Ressourcen entlastet wurden; wieder andere verjagte die Pest oder häufige Erdbeben oder irgendwelche unerträglichen Missstände des armseligen Bodens; manche lockte die Kunde von einem fruchtbaren und hochgepriesenen Landstrich fort. Den einen führte dieser, den anderen jener Grund aus seiner Heimat. Eines jedenfalls ist offenkundig: Ein Verbleiben am Ort der Geburt gab es nicht. Dauernder Wechsel gehört eben zum Menschengeschlecht. Täglich verändert sich etwas auf dem großen Erdenrund: Fundamente neuer Städte werden gelegt, neue Völkernamen kommen auf, nachdem die alten ausgelöscht oder in einem größeren Volk aufgegangen sind.

Seneca, Dialogi, 12, 7, 3 – 5, zitiert nach: Klaus Rosen, Die Völkerwanderung, München [2]2003, S. 23

1. Geben Sie die Gründe wieder, die laut Seneca zu Wanderungen von Stämmen und Völkern führten, und gliedern Sie diese.
2. Überprüfen Sie, welche weiteren Ursachen und Anlässe für Migrationsbewegungen es in Vergangenheit und Gegenwart geben könnte.
3. Nehmen Sie Stellung zu Senecas Aussage, „[d]auernder Wechsel gehör[e] eben zum Menschengeschlecht" (vgl. Zeile 24 f.). | H

M2 Die Aufnahme der Westgoten ins Römische Reich

Der römische Offizier und Historiker Ammianus Marcellinus (um 330 – um 395) berichtet um 390 über die Aufnahme der Westgoten ins Römische Reich, wo sie 376 Schutz vor den Hunnen suchten:

Wie sich die Kunde weithin bei den übrigen Stämmen der Goten verbreitete, dass eine bis dahin noch nie gesehene Menschenrasse[1], wie ein Schneesturm aus den hohen Bergen, aus einem verborgenen Winkel hervorgebrochen, alles in seinem Bereich niederriss und zerschmetterte, da suchte der größere Teil des Volkes [...] eine Heimat in der Ferne, wo man noch nie von diesen Barbaren gehört hatte. Und nach langen Erwägungen darüber, welches Land sie als Wohnsitz wählen sollten, kamen sie zu dem Ergebnis, dass Thrakien[2] für sie eine geeignete Zufluchtsstätte sei, weil es fruchtbarstes Weideland und durch den Donaustrom von jenen Gebieten getrennt ist, die bereits schutzlos der Kriegsfackel des fremden Volkes preisgegeben waren. [...] Sie besetzen daher unter der Führung des Alaviv[3] die Ufer der Donau, schickten Gesandte zu Valens[4] und baten unterwürfig, sie aufzunehmen. Sie versprachen dabei, als friedliche Bürger zu leben und im Notfall Hilfstruppen zu stellen. [...] Die Sache erregte mehr Freude als Furcht, weil gerissene Schmeichler das Glück des Kaisers priesen, das ihm aus den fernsten Landen solch gewaltige Massen an Rekruten heranschleppe und ihm wider Erwarten anböte, damit er nach Vereinigung seiner eigenen und der fremdstämmigen Streitkräfte ein unbesiegbares Heer hätte [...]. In dieser Hoffnung wurden Leute nach verschiedenen Seiten ausgesandt, die die wilde Masse mitsamt ihren Wagen über den Strom holen sollten. Und man gab sich wirklich größte Mühe, dass keiner von denen, die das römische Reich zu Fall bringen sollten, drüben zurückblieb, selbst wenn er von einer tödlichen Krankheit ergriffen war. Sie wurden daher, als sie vom Kaiser die Erlaubnis erhalten hatten, die Donau zu überschreiten und Teile von Thrakien zu besiedeln, Tag und Nacht übergesetzt, nachdem sie haufenweise auf Schiffe, Flöße und ausgehöhlte Baumstämme geladen waren. [...] So wurde dank dem überstürzten Eifer der leitenden Stellen das Verderben der römischen Welt heraufgeführt. [...] Zuerst wurden Alaviv und Fritigern[5] aufgenommen, denen der Kaiser in Anbetracht der Umstände Lebensmittel und Ackerland zur Bebauung angewiesen hatte.

Ammianus Marcellinus, Römische Geschichte, 31, 3 – 4, zitiert nach: Walter Arend (Bearb.), Altertum. Geschichte in Quellen, München [3]1978, S. 786 f.

[1] Gemeint sind die Hunnen.
[2] **Thrakien**: römische Provinz südlich der Donau
[3] **Alaviv**: Anführer der Goten
[4] **Valens** (328 – 378): römischer Kaiser 364 – 378
[5] **Fritigern**: Anführer der Goten

1. Stellen Sie gegenüber, welche Ziele die Westgoten mit dem Überschreiten der Donau verfolgen und was sich dagegen die Römer von deren Aufnahme versprechen.
2. Analysieren Sie, unter welchen Bedingungen die Westgoten aufgenommen werden: Wozu verpflichten sich die Westgoten? Welche Zusagen machen die Römer?
3. Beurteilen Sie die Meinung, die der Autor Ammianus Marcellinus zu den Ereignissen des Jahres 376 vertritt. | H
4. Erörtern Sie, inwieweit die Hunnen als Ursache oder als Auslöser der Völkerwanderung angesehen werden können. Recherchieren Sie dazu auch weitergehende Informationen zu Herkunft, Lebensweise und Geschichte der Hunnen.

M3 Warnung vor der Integration der Westgoten

Synesios von Kyrene (um 370–nach 412), griechischer Philosoph und Bischof von Ptolemais, richtet um 400 folgende Rede an den oströmischen Kaiser Arcadius (395–408):

Es darf der Hirte unter die Hunde (Wächter) nicht die Wölfe mengen; wenn sie auch einst jung aufgenommen wurden und zahm zu werden scheinen, oder er wird ihnen zu Verderben die Herde anvertrauen; denn sobald sie den Hunden eine Schwäche oder Trägheit ansehen, werden sie über sie, die Herde wie die Hirten, herfallen. Und der Gesetzgeber darf die Waffen nicht denjenigen geben, die nicht in seinen Gesetzen geboren und erzogen wurden; denn er hat von solchen Leuten keine Bürgschaft für ihr Wohlwollen. Nur ein im Übermaß mutiger Mann oder einer, der die Zukunft kennt, kann, ohne dass ihn die Angst packt, zusehen, dass eine zahlreiche, in der Fremde aufgezogene Jugend, die nach eigenen Gesetzen lebt, in seinem eigenen Land kriegerische Übungen treibt. […]
Man muss glauben, der Stein des Tantalos[1] hänge nur an einem zarten Faden drohend über dem Staate; denn sie werden heranstürmen, sobald sie glauben, der Versuch werde ihnen gelingen. […] Statt dass man die Skythen[2] Waffen tragen lässt, sollte man aus dem Kreise der Leute, die an ihrer Scholle hängen, Männer auffordern, ihren Boden zu verteidigen, und die Aushebung soweit ausdehnen, bis wir auch den Philosophen aus seiner Studierstube, den Handwerker aus der Werkstatt holen und den Krämer aus seinem Laden und den Drohnenpöbel[3], der vor lauter Müßiggang in den Theatern sein Leben zubringt, einmal dazu bringen, ernst zu machen, ehe er vom Lachen zum Weinen gebracht wird. […] Ist es nicht eine Schande, dass das an Männern so gesegnete Reich Fremden den Kriegsruhm überlässt? […] Bevor es also dahin kommt, wohin es treibt, müssen wir den Römergeist wiedererwecken und uns daran gewöhnen, unsere Siege wieder mit eigener Hand zu erringen. […]
Demnach verdränge man sie zuerst von öffentlichen Ämtern und schließe sie aus von den Würden eines Senators, sie, die das als Schande ansehen, was einst den Römern das Heiligste schien und war. Will mir doch scheinen, dass jetzt auch die ratgebende Themis[4] selbst und der Gott der Heere[5] das Gesicht verhüllen, wenn der Mann im Pelzrock[6] Leute im römischen Kriegsmantel anführt und wenn einer den Pelz, den er umhatte, auszieht, die Toga[7] anlegt und mit römischen Beamten über die vorliegenden Aufgaben berät und dabei den ersten Platz behauptet neben dem Konsul selbst, wobei Leute, denen er von Rechts wegen zukäme, hinten zu sitzen haben. Doch kaum, dass sie aus dem Senat gekommen sind, sind sie schon wieder in ihren Pelzkleidern und spotten dann, wenn sie unter ihren Leuten sind, über die Toga, in der sich das Schwert so schwer ziehen lasse. Neben vielem anderen, wundere ich mich besonders in einem über unser unsinniges Verhalten: Jede Familie, die auch nur etwas Vermögen besitzt, hat einen skythischen Sklaven; und der Mann, der die Tafel deckt, der Mann am Backofen und der Wasserträger ist allenthalben ein Skythe, und von den Dienern sind alle, die einen Tragsessel auf die Schultern nehmen, […] Skythen […], als ob dies Volk seit alters besonders geeignet und würdig sei, den Römern zu dienen. Dass aber diese Blonden […] bei denselben Leuten im häuslichen Bereich Diener, im öffentlichen Leben aber Amtspersonen sind […], das ist doch von dem, was man da ansehen muss, das Widersinnigste.

Synesios von Kyrene, Über das Königtum, 21 f., zitiert nach: Walter Arend (Bearb.), a. a. O., S. 789 f.

1. Fassen Sie Synesios' Kritik an der Integration der Westgoten ins Römische Reich zusammen. Vor welchen Gefahren warnt er? | F
2. Arbeiten Sie heraus, welche Alternativen zur Integration der Westgoten der Autor aufzeigt.
3. Erörtern Sie, mit welchen Argumenten Kaiser Arcadius auf diese Rede hätte antworten können. | H
4. Setzen Sie sich mit den Chancen und Herausforderungen der Integration der Westgoten und anderer germanischer Gruppen ins Römische Reich auseinander. | H

[1] **Tantalos**: Sagengestalt, die von den Göttern bestraft wurde, indem über seinem Kopf ein Stein hing, der jederzeit herabzustürzen und ihn zu erschlagen drohte
[2] Gemeint sind die (West-)Goten.
[3] Gemeint ist der arbeitslose Teil der Stadtbevölkerung in Konstantinopel.
[4] **Themis**: Göttin der Gerechtigkeit und der Ordnung
[5] Gemeint ist der römische Kriegsgott Mars.
[6] **Pelzrock**: als typisch für Germanen und Soldaten geltendes Kleidungsstück
[7] **Toga**: typisches Kleidungsstück der römischen Oberschicht und Amtsträger (Senatoren)

M4 Großer Ludovisischer Schlachtensarkophag

Der aus Marmor angefertigte Sarkophag stammt aus dem 3. Jahrhundert und ist 1,53 m hoch, 2,73 m breit und 1,37 m tief. Er befindet sich heute im Museo Nazionale in Rom. Auf der Kastenfront ist eine Schlachtszene zwischen Römern und Barbaren dargestellt. Aufgrund ihrer Kleidung und Ausrüstung werden die Barbaren als Germanen identifiziert. Im Mittelpunkt ist ein siegreicher römischer Feldherr zu Pferde abgebildet, bei dem es sich um den Kaiser Hostilianus (um 235–251) handeln könnte.

1. Beschreiben Sie die Szene auf dem Schlachtensarkophag.
2. Charakterisieren Sie das Verhältnis zwischen Römern und Germanen, das in dieser Darstellung zum Ausdruck kommt. Beachten Sie dabei auch Gestik, Mimik, Kleidung und Ausrüstung.
3. Vergleichen Sie die Aussage des Schlachtensarkophags mit der Aussage des Lyoner Bleimedaillons (M6).

M5 Was ist ein Volk?

Die Historiker Hubert Fehr und Philipp von Rummel erklären die Bedeutung des Begriffes „Volk" für das Verständnis der Völkerwanderung:

Häufig versteht man unter einem Volk eine klar abgrenzbare Menschengruppe, die ein bestimmtes Territorium bewohnt und sich durch eine Reihe gemeinsamer Merkmale von benachbarten Völkern unterscheidet: gemeinsame Sprache, spezifische „Kultur" und einheitliche Abstammung. Gewissermaßen setzt man die Völker mit Organismen gleich, die sich zwar wandeln, grundsätzlich aber über lange Zeit konstant fortbestehen.

Diese Vorstellung von dem, was ein Volk ausmacht, hat ihren Ursprung im späten 18. Jahrhundert, als sich in Europa die Idee der Nationalstaaten entwickelte und verbreitete. Völker galten nun als quasi natürliche Einheiten, die ursprünglicher und älter sind als alle Staaten und deren einzig sinnvolle Organisationsform der Nationalstaat ist. Gewissermaßen stellte man sich Völker als „kollektive Individuen" vor, die ähnlich wie Personen über unverwechselbare Züge verfügen, über einen einheitlichen Willen, ein gemeinsames Schicksal und selbstverständlich auch über eine gemeinsame Geschichte. In diesem Sinne handelt es sich bei dem „Volk" um eine politische Idee, genau genommen sogar um eine Utopie, und nicht um die Beschreibung einer realen sozialen Gegebenheit. Bereits die damalige, aber auch unsere heutige Gegenwart zeigt etwa, dass Sprachgruppen keineswegs mit Völkern gleichzusetzen sind. Ebenso wenig sind Nationen in sich kulturell homogen, noch besitzen deren Angehörige eine einheitliche Abstammung.

Ungeachtet der Tatsache, dass die Existenz von Völkern in der beschriebenen Form weder in der Gegenwart noch in früheren Epochen nachzuweisen ist, schrieb die Geschichtswissenschaft seit dem 19. Jahrhundert unsere Vergangenheit zu einer Geschichte der Völker und Stämme um. Völker galten ihr als eigentliche Akteure des historischen Geschehens, die nacheinander auf der Bühne der Weltgeschichte auftraten, sich dramatisch bekämpften, um zu siegen oder unterzugehen.

Die nationale Geschichtsschreibung instrumentalisierte die Epoche der Völkerwanderung in besonderem Maße. Einerseits sah eine ganze Reihe moderner Staaten in Europa bestimmte völkerwanderungszeitliche Gruppen als unmittelbare Vorfahren an. Die Gelehrten aus diesen Ländern ergriffen in ihren Geschichtsdarstellungen deshalb häufig Partei für eine bestimmte Gruppe, deutsche Historiker und Archäologen beispielsweise für „die Germanen". Andererseits reduzierte man das chaotische, vielstimmige und nicht zielgerichtete Geschehen der Völkerwanderung auf ein einheitliches Motiv, nämlich die Auseinandersetzung zwischen verschiedenen Völkern.

Heute wissen wir, dass dies als historisches Erklärungsmuster in die Irre führt. Hinter den schriftlich überlieferten Gruppenbezeichnungen wie „Goten" oder „Franken" verbergen sich keine langlebigen, unveränderlichen Einheiten, sondern sich ständig wandelnde Interessengemeinschaften, die vor allem durch gemeinsame Ziele zusammengehalten wurden. Mitunter besaßen diese zwar eine gemeinsame Sprache und Religion sowie einen gemeinsamen Abstammungsglauben – zumindest ihre Kerngruppen –, mussten es aber nicht. Daher ist in jedem Einzelfall zu prüfen, was ein „Volk" tatsächlich ausmachte.

Hubert Fehr und Philipp von Rummel, Die Völkerwanderung, Stuttgart 2011, S. 10 f.

1. Gliedern Sie die Aussagen von Fehr und von Rummel über die Entwicklung des Begriffes „Volk". | F
2. Vergleichen Sie die Ausführungen von Fehr und von Rummel mit den Aussagen von Mischa Meier zum Thema „Völker" und Ethnogenese (M4 auf Seite 158).
3. Überprüfen Sie, inwieweit der Begriff „Völkerwanderung" den Ereignissen in Europa im 4. bis 6. Jahrhundert gerecht wird. | H

M6 Lyoner Bleimedaillon

Bei der Abbildung handelt es sich um die Nachzeichnung einer 1862 in Lyon gefundenen römischen Medaillons aus Blei. Dieses stammt aus dem 4. Jahrhundert und hat einen Durchmesser von 8,5 cm. Auf der Vorderseite ist die Aufnahme einer Gruppe von Germanen ins Römische Reich abgebildet. In der oberen Hälfte des Medaillons gewähren zwei sitzende römische Kaiser den Germanen die Bitte um Ansiedlung. In der unteren Hälfte überqueren diese Germanen den Grenzfluss Rhein (lat. Fl(umen) R(h)enus) auf der Brücke zwischen der Festung Mainz-Kastel (lat. Castel) und der Stadt Mainz (lat. Mogontiacum) in Richtung Römisches Reich. Die Inschrift des Medaillons lautet „Glück des Zeitalters" (lat. saeculi felicitas).

1. Analysieren Sie das Medaillon mithilfe der Arbeitsschritte auf Seite 184 f. | H
2. Setzen Sie sich mit der Aussage des Medaillons auseinander: Wie werden Aufnahme und Ansiedlung von Germanen ins Römische Reich dargestellt? | H
3. Vergleichen Sie die Darstellung des Medaillons mit der Schilderung der Aufnahme der Westgoten ins Römische Reich bei Ammianus Marcellinus (M2).

Methode

Münzen und Medaillons analysieren

Weitere Anwendungsbeispiele finden Sie auf den Seiten 177, 183, 201 f., 251 und 253.

Münzen und Medaillons sind eine wichtige Text- und Bildquelle für die Geschichtswissenschaften. Die wissenschaftliche Beschäftigung mit ihnen ist die **Numismatik**.
Neben ihrer Funktion als Zahlungsmittel sind Münzen und Medaillons auch als **Kommunikations- und Propagandamedium** von Bedeutung. Sie enthalten politische Botschaften, indem z. B. Herrscher oder staatliche Symbole auf ihnen abgebildet sind. Die bildlichen Darstellungen auf Münzen und Medaillons werden häufig durch Inschriften (Legende) mit – zum Teil abgekürzten – Wörtern oder Wortfolgen ergänzt.
Die **Vorderseite (Avers)** römischer Münzen der Kaiserzeit zeigte in der Regel den Kopf des regierenden Kaisers. Die abgekürzten Inschriften gaben Namen, Ehrentitel, Ämter und Regierungszeiten des Herrschers an.
Auf die **Rückseite (Revers)** wurden Bilder oder Abkürzungen geprägt, die über politische Ereignisse oder Programme informierten. Gezeigt wurden z. B. Götter, besiegte Feinde oder Bauwerke. Oft finden sich auch personifizierte Darstellungen von Eigenschaften, mit denen der auf der Vorderseite gezeigte Kaiser identifiziert werden wollte. Die Münzrückseite enthält oft auch abgekürzte Hinweise auf die Münzstätte und den Prägeort.
In der **Völkerwanderungszeit** prägten germanische Könige zunächst weiter Münzen mit dem Bildnis des regierenden römischen Kaisers, dann auch eigene Münzen und Medaillons, die sich in Bild und Text aber an römischen Vorbildern orientierten.
Medaillons sind münzartige Sonderprägungen, die nicht für den täglichen Zahlungsverkehr gedacht waren. Sie waren größer und schwerer als normale Münzen und zeigten besondere Bildmotive. Wahrscheinlich wurden sie zu besonderen Anlässen (z. B. Geburtstage, Regierungsjubiläen, erfolgreiche Feldzüge etc.) vom Kaiser verschenkt.

AVG	Augustus (Kaiser)	GER	Germanicus = Sieger über Germanen
CAES	Caesar	IMP	Imperator = Feldherr, Kaiser
DN	Dominus Noster = Unser Herr (der Kaiser)	P	Pius = fromm
F	Felix = glücklich	PRIN	Princeps = Herrscher

Abkürzungen von Inschriften aus römischer Zeit und aus der Völkerwanderungszeit.

Arbeitsschritt	Leitfragen
1. beschreiben	• Aus welchem Material besteht die Münze / das Medaillon? Lassen sich Aussagen über den Wert treffen? • Wann und wo ist die Münze / das Medaillon entstanden? • Wer war der Auftraggeber (Prägeherr)? • Wer oder was ist auf der Vorder- und Rückseite zu sehen? • Welche Wörter, Abkürzungen, Zahlen oder Symbole werden verwendet? Wofür stehen sie bzw. was bedeuten sie?
2. erklären	• Was war der Anlass der Münz- / Medaillonprägung? • Auf welche politischen Ereignisse, Personen oder Sachverhalte wird Bezug genommen?
3. beurteilen	• Welchem Zweck diente die Anfertigung der Münze/des Medaillons? • Welche Botschaft wird transportiert? • Wer ist der Adressatenkreis? • Worüber gibt die Münze / das Medaillon keine Auskunft?

Römisches Silbermedaillon.
Geprägt zwischen 404 und 408, Vorderseite (links) und Rückseite (rechts), Gewicht: 13,03 g, Durchmesser: 37 mm.

- ▶ Analysieren Sie das Medaillon mithilfe der Arbeitsschritte auf Seite 184. Ihre Ergebnisse können Sie mit der Lösungsskizze auf Seite 534 vergleichen.
- ▶ Suchen Sie im Internet nach Abbildungen weiterer römischer Münzen und Medaillons aus der Völkerwanderungszeit und analysieren Sie diese mithilfe der Arbeitsschritte auf Seite 184.

Exkurs: Germanische Heermeister

Karriere und Integration in der römischen Armee | Nach den Reformen Anfang des 4. Jahrhunderts konnten Germanen hohe Führungspositionen, wie das neu geschaffene Amt des Heermeisters (*magister militum*), in der römischen Armee erreichen. Der ranghöchste dieser Heermeister hatte die Befehlsgewalt über alle Truppen des Reiches und war nur dem Kaiser unterstellt. Für germanische – aber auch römische – Soldaten bot eine Laufbahn als Offizier bis hin zum Heermeister attraktive Karriere- und Aufstiegsmöglichkeiten. Häufig heirateten Angehörige von Offiziersfamilien auch untereinander, sodass sich im Reich allmählich eine militärische Oberschicht bildete, die Römer und Germanen integrierte. Immer wieder aber rivalisierten die Familien dieser Militäraristokratie, gestützt auf ihre Truppenverbände, auch untereinander um Ämter und Einfluss. Solche Konkurrenzkämpfe unter den Heermeistern schwächten die Verteidigung des Reiches gegen auswärtige Gegner.

Im Verlauf des 4. Jahrhunderts wurden im Weströmischen Reich viele Alamannen, später dann insbesondere Franken Heermeister. Im Ostteil des Reiches gab es bis ins 5. Jahrhundert hinein viele Goten in diesem Amt. Man kann vermuten, dass die Herkunft der Heermeister damit zusammenhing, welche germanischen Gruppen zu dieser Zeit besonders stark in römischen Militärdiensten vertreten waren. Mitunter wurden germanische Anführer auch mitsamt ihren Kriegern als geschlossener Verband von Föderaten in römische Militärdienste genommen. Wie im Falle des westgotischen Königs Alarich erhielten die Anführer dann unmittelbar das Amt eines Heermeisters. Somit sicherten sich die Kaiser deren Loyalität und integrierten sie in die römischen Militärstrukturen.

Konkurrenz zum Kaisertum und Ablehnung durch die Eliten | Ab 350 verschob sich das Machtgefüge zwischen Kaiser und Heermeistern. Die Heermeister übernahmen neben militärischen auch zivile Verwaltungsaufgaben. Damit traten sie zunehmend in Konkurrenz zu den Kaisern und wurden, da sie das Militärwesen kontrollierten, schließlich mächtiger als diese selbst. Zu dieser Entwicklung trug bei, dass in der ersten Hälfte des 5. Jahrhunderts mehrfach minderjährige Kaiser den Thron bestiegen. Für solche „Kinderkaiser" übernahmen wiederholt Heermeister die Regentschaft und führten die Regierungsgeschäfte. In aller Regel versuchten auch diese Heermeister mit den begrenzten Ressourcen, das Reich zu stabilisieren und die Migration germanischer Gruppen ins und im Reich zu kontrollieren. Allerdings blieb ihre Position stets unsicher, da die Machtfrage im Verhältnis zum Kaisertum nicht eindeutig geklärt werden konnte und die zivilen römischen Eliten vor allem den germanischen Heermeistern wegen ihrer „barbarischen" Abstammung und ihres arianischen Christentums[1] feindselig gegenüberstanden. Integration und Akkulturation der germanischstämmigen Militärs im Römischen Reich stießen hier an Grenzen.

Während im Oströmischen Reich die Kaiser die Machtposition der Heermeister wieder stark einschränkten, wurden diese im Westen immer mächtiger und entschieden dort als sogenannte „Kaisermacher" über die Besetzung des Kaiserthrones. 476 setzte schließlich der germanische Offizier Odoaker den Kaiser Romulus Augustulus ab und übernahm die Regierung im Westreich. Sein Nachfolger, der Ostgote *Theoderich*, legitimierte seine Herrschaft über die römische Bevölkerung Italiens dann unter anderem mit seinem vom oströmischen Kaiser verliehenen Amt als Heermeister.[2] Und auch *Chlodwig*, der Gründer des Frankenreiches, stützte seine Regentschaft in Belgien und Nordfrankreich anfänglich auf ein römisches Militäramt[3].

---

[1] Zum Arianismus siehe Seite 190.
[2] Hierüber informiert Sie das Kapitel „Die Ostgoten und ihre Reichsgründung in Italien" ab Seite 196.
[3] Zu Chlodwig und dem Frankenreich erfahren Sie mehr ab Seite 206.

Diptychon des Stilicho und der Serena.
Zweiteilige Elfenbeintafel, 32,2 x 16,2 cm, Elfenbein, Mailand, um 400, Domschatz zu Monza (Italien). Die Abbildungen zeigen rechts den germanischen Heermeister Flavius Stilicho (um 365–408) und links seine Frau Serena mit dem gemeinsamen Sohn Eucherius. Stilicho befehligte von 394 bis 408 die Armee in der Westhälfte des Römischen Reiches und führte dort die Regierungsgeschäfte für den minderjährigen Kaiser Honorius. Unter anderem verteidigte er Italien gegen die Westgoten unter Alarich. Serena war die Stieftochter des Kaisers Theodosius I. Der Vandale Stilicho ist in gestickter Tunika und römischem Feldherrnmantel mit Schwert, Lanze und Schild abgebildet. Auf Stilichos Schild sind zwei kleine Porträtköpfe zu erkennen. Wahrscheinlich handelt es sich dabei um Kaiser Honorius und seinen ebenfalls noch minderjährigen Bruder Arcadius, der in der Osthälfte des Reiches regierte.

- Erläutern Sie die Abbildung der Porträts der „Kinderkaiser" Honorius und Arcadius auf dem Schild des Heermeisters Stilicho: Welche Botschaften könnten damit vermittelt werden?
- Recherchieren Sie die Biografie Stilichos und erörtern Sie, inwiefern sich daran Prozesse der Integration und Akkulturation von Germanen im Römischen Reich zeigen lassen. Analysieren Sie unter diesem Gesichtspunkt auch die Darstellung Stilichos und seiner Familie auf dem Diptychon.

Die Westgoten und ihre Ansiedlung im Römischen Reich

Integrationsversuche und Konfrontation – von Adrianopel bis zur Eroberung Roms | Nach der Schlacht von Adrianopel 378 und dem Vertragsschluss (*foedus*) von 382 waren die Westgoten als geschlossene Gruppe auf dem Balkan angesiedelt worden. In den Folgejahren entwickelten sich diese gotischen Föderaten unter ihrem König Alarich I. zu einem besonders schlagkräftigen Militärverband. Insbesondere ihre Kampfweise als gepanzerte Reiter zeichnete sie aus. Die Kaiser des Oströmischen Reiches nutzten regelmäßig ihre Militärdienste gegen innere und äußere Gegner. Alarich erhielt sogar das Amt eines römischen Heermeisters (*magister militum*) und kombinierte so als erster Germane seine Stammesherrschaft mit einem römischen Amt. Trotzdem scheiterte eine nachhaltige Integration der Westgoten in das Ostreich und seine Militärstrukturen: Die Kaiser waren nicht bereit, den Westgoten günstigere Siedlungsgebiete und eine bessere Nahrungsmittelversorgung zuzugestehen. Große Teile der römischen Bevölkerung, insbesondere die Kirche und die Großgrundbesitzer, lehnten die Kooperation mit ihnen grundsätzlich ab.[1] Enttäuscht von nicht eingehaltenen römischen Versprechungen reagierte Alarich auf diese prekäre Situation mit Raubzügen auf dem Balkan und in Griechenland, um die Versorgung seiner Gruppe zu sichern. Anfang des 5. Jahrhunderts gelang es schließlich dem oströmischen Kaiser Arcadius, die aufsässigen Westgoten nach Italien ins Herrschaftsgebiet seines Bruders Honorius abzulenken. Mit ihren Familien und ihrem mobilen Besitz zogen sie nach Italien.

Doch auch im Weströmischen Reich konnte Alarich seine Forderung nach Zuweisung neuer Siedlungsgebiete und Abschluss eines *foedus* zu verbesserten Bedingungen nicht durchsetzen. Obwohl das Westreich angesichts von Barbareneinfällen in Gallien und Italien militärische Unterstützung eigentlich gut gebrauchen konnte, waren auch hier der Kaiser und die Mehrheit der Eliten strikt gegen eine Kooperation mit den Westgoten. 408 wurde im Westreich sogar der mächtige Heermeister Stilicho nicht zuletzt deshalb gestürzt, weil er mit Alarich zusammengearbeitet hatte. Um seinen Forderungen Nachdruck zu verleihen, plünderte Alarich in Italien, ernannte zeitweise sogar einen eigenen Gegenkaiser in Italien und eroberte schließlich 410 die Stadt Rom. Die dreitägige Plünderung der Hauptstadt des Römischen Reiches durch die Westgoten machte auf die Zeitgenossen einen ungeheuren Eindruck und wurde vielfach sogar als Zeichen für den bevorstehenden Weltuntergang angesehen. Politisch und militärisch brachte sie die Westgoten aber ihren Zielen nicht näher, denn Kaiser Honorius hatte sich in die uneinnehmbare Küstenstadt Ravenna zurückgezogen und verweigerte weiterhin Zugeständnisse an die Westgoten und Verhandlungen über ihre Integration, da er sie als rebellierendes und vertragsbrüchiges Föderatenheer betrachtete.

Alarich I. (um 370–410): Er wurde wahrscheinlich im heutigen Rumänien geboren und war spätestens ab 394 Anführer und König der Westgoten auf dem Balkan. Er starb 410 in Italien.

Gotische Adlerfibel.
12 cm hoch, 5,9 cm breit, Gold, Silber und Edelsteine, 5. Jahrhundert, gefunden in Domagnano (Italien), heute im Germanischen Nationalmuseum in Nürnberg.
Fibeln wurden wie Sicherheitsnadeln zum Zusammenhalten der Kleidung und gleichzeitig als Schmuckstück verwendet. Das Adlermotiv taucht häufig in der Kunst der Goten der Völkerwanderungszeit auf und ist ein Symbol für Macht, Herrschaft und Stärke. Es könnte auf die Feldzeichen der römischen Armee Bezug nehmen, zu denen Adler gehörten, könnte aber auch auf hunnische Vorstellungen vom Adler als höchster Gottheit zurückgehen. Das Kreuz auf der Brust des Vogels könnte eine christliche Bedeutung haben.

▶ Erläutern Sie, inwiefern sich die Adlerfibeln als Ausdruck von Akkulturation und Identitätsfindung der Goten der Völkerwanderungszeit interpretieren lassen.

---

[1] Siehe hierzu auch die gegen die Integration der Westgoten gerichtete Rede von Synesios von Kyrene (M3 auf Seite 181).

Als sich die Westgoten in Italien nicht mehr zu versorgen vermochten, änderte Alarich seine Ziele und versuchte, von Süditalien nach Nordafrika überzusetzen. Die wohlhabende römische Provinz Afrika war sowohl vor römischen Gegenangriffen als auch vor konkurrierenden germanischen Gruppen relativ sicher und bot den Westgoten eine verlässliche Getreideversorgung. Die geplante Überfahrt scheiterte allerdings wegen schlechten Wetters. Kurz darauf starb Alarich in Süditalien, ohne durch seine konfrontative Politik gegenüber den Römern eine gesicherte Ansiedlung und Integration seiner Westgoten erreicht zu haben. Eine erfolgreiche Überfahrt und Ansiedlung in Nordafrika gelang dann wenige Jahre später den Vandalen unter ihrem König *Geiserich* von Spanien aus.

Kooperation und Emanzipation – Ansiedlung in Südfrankreich | Alarichs Nachfolger versuchten deshalb auf anderem Wege einen Ausgleich mit der weströmischen Reichsregierung zu finden: Die Westgoten verließen Italien und zogen nach Südfrankreich und Spanien. 414 heiratete ihr neuer König Athaulf dort *Galla Placidia*, die Schwester des Kaisers Honorius, die bei der Eroberung Roms in die Hände der Westgoten gefallen war. Die Hochzeit und die Taufe des bald darauf geborenen Sohnes auf den römischen Kaisernamen *Theodosius* waren klare Signale für eine mögliche friedliche Kooperation zwischen Westgoten und Römern (→M3). Allerdings starben Athaulf und Theodosius bald darauf und Galla Placidia kehrte nach Italien zurück, sodass sich an der Situation der Westgoten zunächst nichts änderte.

Im Jahre 418 wurden die Westgoten schließlich in Südfrankreich auf sicheren und ertragreichen Ländereien angesiedelt. Wiederum verpflichteten sie sich in einem *foedus* zu Militärdiensten für die Römer und erhielten nun im Gegenzug entweder einen Teil des römischen Grundbesitzes oder einen entsprechenden Anteil an den Steuereinnahmen ihres Ansiedlungsgebietes. Die Westgoten bildeten fortan den Kern der römischen Feldarmee in der römischen Provinz Gallien und wurden sowohl gegen Räuberbanden, die sogenannten Bagauden, als auch gegen Vandalen und Sueben in Spanien eingesetzt. Im Jahre 451 waren die Westgoten der wichtigste Bestandteil einer großen Allianz von Römern und verschiedenen germanischen Föderaten, die unter dem Kommando des römischen Heermeisters Aetius auf den Katalaunischen Feldern die nach Gallien vorgedrungenen Hunnen unter Attila abwehrten.

Einerseits erfüllten die Westgoten also ihre Verpflichtungen als Föderaten und stabilisierten das Römische Reich, andererseits gerieten sie auch immer wieder in Konflikt mit den römischen Kaisern. Sie schwankten zwischen einer Mitarbeit im römischen Herrschaftssystem und einer stärkeren Eigenständigkeit und Emanzipation von den Römern. Dabei ging es um Anerkennung und Integration in die römische Mehrheitsgesellschaft, ohne die politischen, rechtlichen und sozialen Eigenheiten und damit die gotische Identität aufzugeben. Allmählich gelang es den Westgoten, ihr Siedlungs- und Herrschaftsgebiet deutlich zu vergrößern und bis nach Spanien auszuweiten. Je mächtiger die Westgoten wurden, desto mehr arrangierten sich die römischen Großgrundbesitzer mit ihnen, weil sie sich davon den wirksamen Schutz ihres Eigentums und ihrer Sicherheit versprachen (→M4). Die Herrschaft der westgotischen Könige wurde so für die Bevölkerung zu einer echten Alternative zur Herrschaft der römischen Kaiser: Während die Kaiser in Italien residierten und sich kaum noch in Gallien und Spanien engagierten, waren die Westgotenkönige vor Ort präsent und regierten bald nicht mehr nur über die Goten, sondern auch über die römischen Bewohner ihres Machtbereichs (→M6).

Gelingende Integration – das Tolosanische Reich | Die weströmischen Kaiser und das wohl nach wie vor bestehende *foedus* wurden aufgrund das Machtverlustes der römischen Zentralregierung in Gallien für die Westgoten allmählich bedeutungslos. Ab 466 kann man vom Ende des Föderatenverhältnisses und einem unabhängigen Reich der Westgoten in Südfrankreich und Spanien sprechen. Nach seiner Hauptstadt Toulouse wird es auch als Tolosanisches Reich bezeichnet.

Athaulf († 415): Er folgte 410 Alarich I. als König der Westgoten nach. Unter seiner Führung versuchten sich die Westgoten in Südfrankreich und Spanien anzusiedeln, scheiterten aber am Widerstand des weströmischen Kaisers Honorius. 415 wurde Athaulf in Spanien ermordet.

Arianismus: Vom Katholizismus unterschied sich der Arianismus vor allem dadurch, dass er einen Rang- und Wesensunterschied zwischen Gott und dessen Sohn Jesus Christus annahm. Während sich im Römischen Reich die katholische Form des Christentums durchsetzte und zur Staatsreligion wurde, blieben die Goten arianische Christen, was die Integration erschwerte und besonders ab dem 4. Jahrhundert zu Spannungen führte.

Internettipp
Über den Konflikt zwischen katholischen und arianischen Christen erfahren Sie mehr unter dem Code **32035-29**.

Den Kern der westgotischen Herrschaft bildeten der König, die Adligen, die am Königshof die wichtigsten Ämter übernahmen und den König berieten, sowie der Königsschatz, also das Vermögen des Königs, zu dem vor allem auch die großen Landgüter gehörten, die zuvor im Besitz des römischen Kaisers gewesen waren. Die Stellung des Königs beruhte ganz wesentlich darauf, dass er der größte Grundbesitzer in seinem Machtbereich war und deshalb über das größte Vermögen verfügte. Er war nicht nur oberster Heerführer, sondern auch oberster Gesetzgeber und Richter und leitete die innere Verwaltung seines Reiches und die Außenpolitik (➔M4). Das Königtum wurde innerhalb der königlichen Familie in der Regel an den ältesten Sohn vererbt. Königliche Hofämter waren der Mundschenk, der Waffenträger, der Marschall als Oberaufseher der Ställe und der Pferde, der Verwalter des Schatzes sowie der Leiter der Kanzlei, der den königlichen Schriftverkehr verantwortete.

Die römische Armee in Gallien wurde durch das Heer der Westgoten ersetzt. An die Spitze der bisherigen römischen Verwaltung, die weitgehend bestehen blieb, trat der König. Auch die römischen Großgrundbesitzer behielten weitestgehend ihren Besitz und konnten hohe Ämter am Königshof, in der Zivilverwaltung und im Militär erreichen, da die Westgoten von ihren militärischen, ökonomischen und administrativen Fachkenntnissen und Kontakten profitierten.

Die Westgoten waren die erste germanische Gruppe, der es gelang, sich auf diese Weise längerfristig erfolgreich in die römischen Sozial-, Wirtschafts- und Verwaltungsstrukturen einzupassen. Schwieriger gestaltete sich hingegen das Verhältnis der Westgoten, die Anhänger der christlichen Glaubensrichtung des **Arianismus** waren, zur katholischen Kirche und ihren Bischöfen in Gallien. Hier kam es aufgrund der religiösen Unterschiede mitunter zu Konflikten, obwohl die westgotischen Könige die Kirchenhoheit sowohl über die Arianer wie auch die Katholiken ihres Machtbereichs hatten. Anders als im Vandalenreich in Nordafrika gab es bei den Westgoten aber keine Verfolgung und Unterdrückung der katholischen Kirche.

Seite aus dem Codex Argenteus.
Höhe: 24,5 cm, Breite: 20 cm, silber- und goldfarbene Tinte auf purpurfarbenem Pergament, hergestellt im frühen 6. Jahrhundert in Norditalien, heute in der Universitätsbibliothek im schwedischen Uppsala.
Der Codex Argenteus (lat.: „Silberbuch") enthielt eine gotischsprachige Übersetzung der Bibel, von der heute nur noch ein Teil erhalten ist. Bereits im 3. Jahrhundert kamen die Goten auf dem Balkan mit dem christlichen Glauben in Kontakt. Römische Christen, die von den Goten bei Raub- und Plünderungszügen gefangengenommen und verschleppt wurden, bekehrten Teile der Goten zum damals auch im Römischen Reich verbreiten arianischen Christentum. Die römischen Kaiser unterstützten diese Christianisierung der Goten, weil sie sich davon eine Akkulturation versprachen. Die im Codex Argenteus überlieferten Teile dieser Bibelübersetzung zählen zu den ältesten schriftlichen Zeugnissen einer germanischen Sprache.

Grundsätzlich erforderte das Zusammenleben von Goten und Römern gesetzliche Regelungen, da beide Bevölkerungsgruppen unterschiedliche Rechtssysteme hatten und zudem die Goten eine privilegierte Stellung gegenüber den Römern genossen. Deshalb wurden schon bald nach 418 vereinfachte römische Rechtsvorschriften und neue Gesetze des Königs in zwei umfangreichen Rechtssammlungen in lateinischer Sprache, dem *Codex Euricianus* und dem *Breviarium Alaricianum* zusammengefasst und niedergeschrieben. Ziel war es dabei eher, die beiden Bevölkerungsgruppen zu separieren als zu integrieren. Ehen zwischen Goten und Römern waren deshalb weitgehend verboten. Während die Westgoten von Steuerzahlungen befreit waren, waren sie zum Kriegsdienst verpflichtet. Die römische Bevölkerung blieb hingegen vom Kriegsdienst im Wesentlichen ausgenommen und hatte dafür die gesamte Steuerlast zu tragen. Dass die Steuerbelastung für die römische Bevölkerung unter den Westgoten insgesamt deutlich geringer war als unter der kaiserlichen Verwaltung, trug sehr zur Akzeptanz ihrer Herrschaft bei.

In den neu getroffenen gesetzlichen Regelungen wird auch die zentrale Frage greifbar, wie die Westgoten als Minderheit in einer römischen Mehrheitsgesellschaft die Identität und den Zusammenhalt der eigenen Gruppe bewahren bzw. weiterentwickeln konnten. Man kann annehmen, dass – neben der rechtlichen Stellung – Sprache und arianisches Bekenntnis für das Selbstverständnis der Westgoten eine wichtige Bedeutung hatten. Darüber hinaus dürfte die Überlieferung der eigenen Vergangenheit und insbesondere die Geschichte der Königsfamilie einen Traditionskern der westgotischen Identität gebildet haben (→M1). Vorstellbar sind zudem mündlich überlieferte Erzählungen und Lieder sowie Regeln und Gebräuche im sozialen Zusammenleben oder auch Haar- und Kleidungsmoden, die als typisch „gotisch" angesehen wurden und damit identitätsstiftend und identitätserhaltend waren. Im Laufe der Zeit passten sich die Westgoten, die nur ein bis zwei Prozent der Gesamtbevölkerung ihres Reiches ausmachten, allerdings immer mehr der römischen Lebensweise an und assimilierten sich (→M2 und M5).

Konkurrenz, Neuanfang und Scheitern – das Toledanische Reich | Anfang des 6. Jahrhunderts gerieten die Westgoten in Gallien in Konkurrenz zum expandierenden Frankenreich unter Chlodwig I.[1] Trotz Unterstützung durch die Ostgoten mussten sie sich nach Spanien zurückziehen und gründeten dort eine neue Herrschaft. Nach seiner Hauptstadt Toledo wird dieses zweite Reich der Westgoten als Toledanisches Reich bezeichnet. In Spanien gelang die Integration der Westgoten allerdings weniger gut als in Gallien und ihre Herrschaft blieb instabil. Immer wieder kam es zu Machtkämpfen zwischen dem König und mächtigen Adligen und auch das Verhältnis zur römischen Bevölkerung war angespannt, obwohl die Westgoten schließlich die katholische Form des Christentums annahmen. So konnten sie zwar ein weiteres Vordringen der Franken und auch Versuche des Oströmischen Reiches, Spanien zurückzugewinnen, abwehren. Aber 711 wurde das spanische Westgotenreich von den aus Nordafrika kommenden islamischen Arabern erobert und die in Spanien verbliebenen Goten gingen darin auf.

[1] Über Chlodwig und das Frankenreich erfahren Sie mehr ab Seite 206.

M1 Die Herkunft der Goten

Der oströmische Geschichtsschreiber Jordanes († nach 551) veröffentlicht um das Jahr 550 eine Geschichte der Goten und ihrer Herkunft:

Man erinnert sich, dass also aus dieser Insel Scandia[1] gleichsam wie aus einer Völkerwerkstatt – oder besser wie aus einem Mutterschoß der Völker – die Goten gemeinsam mit ihrem König Berig[2] ausgezogen seien: Sowie sie erstmals aus ihren Schiffen ausstiegen und das Festland erreichten, gaben sie dem Ort dort ihren Namen. Denn auch heute, sagt man, wird er da „Gothiscandia"[3] genannt. Von da zogen sie rasch weiter zu den Wohnsitzen der Ulmirugier[4], die damals die Küsten des Ozeans bewohnten, schlugen ihr Lager auf und vertrieben sie in einer Schlacht aus deren Wohnsitzen; und dadurch, dass sie deren Nachbarn, die Vandalen, schon damals unterjochten, schlossen sie sich diese durch ihre Siege an. Sobald aber eine große Volksmenge heranwuchs und Filimer, der Sohn Gadarigs[5], schon als fünfter König nach Berig regierte, kam er zu dem Entschluss, dass das Heer der Goten von dort mit den Familien fortziehen solle. Während es nun die geeignetsten Wohnsitze und passenden Orte suchte, gelangte es zu den Ländern Skythiens[6] [...]. Nicht lange darauf kamen sie dort zu dem Volk der Spalen, eröffneten eine Schlacht und erlangten den Sieg; und von dort eilten sie schon wie Sieger zu dem äußersten Teil Skythiens, der dem Schwarzen Meer benachbart ist. Dies wird so zum Beispiel auch im Allgemeinen in ihren alten Liedern in nahezu historischer Weise erinnert [...]. Wir lesen, dass sie in ihrer Bleibe auf dem Boden Skythiens, beim Asowschen Meer, in ihrer zweiten in Mösien, Thrakien und Dakien[7], in ihrer dritten wieder in Skythien gewohnt haben [...]. An ihrem dritten Wohnsitz jedoch, oberhalb des Schwarzen Meeres, hatten sie schon einen höheren Grad von Gesittung und Einsicht erreicht und teilten sich nach Familien, die Westgoten standen nun unter dem Geschlecht der Balthen, die Ostgoten unter den hochberühmten Amalern[8].

Jordanes, Getica, 4, 25 f., 38, und 42, zitiert nach: Hans-Werner Goetz und Karl-Wilhelm Welwei (Hrsg.), Altes Germanien. Auszüge aus antiken Quellen über die Germanen und ihre Beziehungen zum Römischen Reich von der Mitte des 3. Jahrhunderts bis zum Jahre 453 n. Chr., Bd. 1, Darmstadt 2013, S. 13–19

1. Geben Sie wieder, was Jordanes über die Herkunft und Frühgeschichte der Goten berichtet.
2. Erörtern Sie, welche Bedeutung eine solche Darstellung ihrer Herkunft und Frühgeschichte für die Identität der Goten gehabt haben könnte.
3. Nehmen Sie Stellung zu der Glaubwürdigkeit der Darstellung von Jordanes. Berücksichtigen Sie dabei auch M5 auf Seite 182.

M2 Germanischer Spangenhelm

Spangenhelme waren der meistverbreitete Helmtyp der Spätantike. Sie bestehen aus einem Stirnreif, auf dem 4 bis 6 Metallleisten (Spangen) angebracht sind, die gewölbt in der Helmspitze zusammenlaufen. Zwischen den Spangen befinden sich Metallplatten. Von den in Südrussland ansässigen Sarmaten übernahmen vermutlich zuerst die Römer den Spangenhelm, dann germanische Gruppen, u.a. die Goten. Im 6. Jahrhundert n. Chr. waren Spangenhelme in ganz Europa verbreitet. Dieses 18 cm hohe Exemplar wurde aus Eisen, Bronze und Gold gefertigt und 1962 in einem Fürstengrab bei Krefeld-Gellep gefunden.

- Erläutern Sie, inwieweit die Spangenhelme ein Beispiel für Technik- und Know-how-Transfer infolge von Migrations- und Akkulturationsprozessen sind. Beziehen Sie dabei auch das Schaubild auf Seite 155 ein.

---

[1] Gemeint ist Skandinavien, evtl. die schwedische Insel Gotland.
[2] **Berig**: historisch nicht fassbarer, legendärer König der Goten
[3] Gemeint sein könnten hier Gebiete im heutigen Polen, in denen sich gotische Gruppen bildeten und ansiedelten.
[4] **Ulmirugier**: die germanische Gruppe der Rugier, die im heutigen Polen zwischen Oder und Weichsel lebte
[5] **Filimer** und **Gadarig**: historisch nicht fassbare, legendäre Könige der Goten
[6] **Skythien**: die Steppengebiete der Ukraine und Südrusslands
[7] **Mösien, Thrakien** und **Dakien**: römische Provinzen südlich der Donau
[8] **Balthen** und **Amaler**: Königsfamilien der Westgoten bzw. der Ostgoten ab dem 5. Jahrhundert

M3 Das Verhältnis von Westgoten und Römern

Der christliche Historiker Paulus Orosius (um 380 – nach 418) berichtet im 5. Jahrhundert über die politischen Ziele des westgotischen Königs Athaulf und dessen Einstellung gegenüber dem Römischen Reich:

Damals führte König Athaulf die Völker der Goten an, der nach dem Einfall in die Stadt (Rom)[1] und dem Tod Alarichs [...] (Galla) Placidia[2], die gefangengenommene Schwester des Kaisers, zur Frau genommen hatte und Alarich in der Königsherrschaft gefolgt war. Wie man häufig vernommen hat, [...] zog er es vor, als Anhänger des Friedens recht eifrig dem Kaiser Honorius Kriegsdienste zu leisten und die Streitkräfte der Goten zur Verteidigung des römischen Staates einzusetzen. Denn auch ich selbst habe gehört, wie ein gewisser Mann aus Narbonne [...] erzählte, er sei mit Athaulf bei Narbonne sehr vertraut gewesen und habe von ihm oft unter Zeugen erfahren, dass jener, wenn er bei guter Laune, bei Kräften und bei Verstand war, zu sagen pflegte: Zuerst aber habe er heftig danach getrachtet, den römischen Namen (aus dem Gedächtnis) auszulöschen und dann den gesamten römischen Boden zu einem Reich der Goten zu machen und auch so zu benennen, auf dass, um das volkstümlich auszudrücken, zur „Gothia" werde, was jetzt die „Romania" sei, und Athaulf jetzt das werde, was einst Cäsar Augustus[3] gewesen sei; da die vielfältige Erfahrung jedoch bewiesen habe, dass die Goten wegen ihres zügellosen Barbarentums weder auf irgendeine Weise Gesetzen gehorchen könnten, noch man dem Staat Gesetze untersagen dürfe, ohne die ein Staat (nun einmal) kein Staat ist, habe er es vorgezogen, sich wenigstens darin eigenen Ruhm zu erwerben, dass er den römischen Namen mit den Streitkräften der Goten ungeschmälert wiederherstelle und noch vergrößere und in den Augen der Nachfahren als Begründer der römischen Erneuerung angesehen werde, nachdem er schon dessen Verwandler sein könne. Deshalb bemühte er sich eifrig, sich vom Krieg zurückzuhalten und nach Frieden zu trachten, und wurde dazu vor allem durch die Überzeugung und den Rat seiner Gemahlin Placidia, einer Frau von wahrhaft scharfsinnigem Verstand und recht bewährter Frömmigkeit, zu allen Werken von guter Ordnung umgestimmt.

Paulus Orosius, Geschichte gegen die Heiden, 7, 43, 2–7, zitiert nach: Hans-Werner Goetz und Karl-Wilhelm Welwei (Hrsg.), a.a.O., Bd. 2, Darmstadt 2013, S. 380–383

[1] **Einfall in die Stadt (Rom)**: Die Westgoten eroberten Rom im Jahre 410.

[2] **Galla Placidia** (um 390–450): Schwester des von 395 bis 423 regierenden weströmischen Kaisers Honorius (384–423)

[3] **Augustus** (63 v. Chr.–14 n. Chr.): erster römischer Kaiser (27. v. Chr.–14 n. Chr.)

1. Fassen Sie zusammen, wie sich Orosius zufolge die Einstellung des Westgotenkönigs Athaulf zum Römischen Reich verändert hat.
2. Erläutern Sie, warum sich Athaulfs politische Ziele geändert haben. | H
3. Erörtern Sie, mit welchen weiteren Argumenten Galla Placidia Athaulf von einer Kooperation mit den Römern überzeugt haben könnte.
4. Überprüfen Sie, inwieweit die Westgoten nach 410 diesen politischen Zielen Athaulfs folgten. | H

M4 Der König und sein Tagesablauf

Der in Gallien lebende römische Großgrundbesitzer und Schriftsteller Sidonius Apollinaris (um 431–481/86) beschreibt in einem Brief an einen Freund den von 453 bis zu seinem Tod 466 regierenden Westgotenkönig Theoderich II. und dessen Tagesablauf:

Schon oft hast du verlangt, dass Dir brieflich etwas von der äußeren Erscheinung und der Lebensart Theoderichs, des Königs der Goten, berichtet werde, empfiehlt doch sein guter Ruf den Völkern seinen (römisch-)kultivierten Lebensstil. [...] Sein Charakter aber ist von solcher Art, dass sein Lob durch nichts, nicht einmal durch den Neid auf sein Königtum, verringert werden kann.

Nun zur Frage nach seiner äußeren Gestalt: Sein Körper ist gerade recht; er ist kein Riese von Gestalt, aber doch größer und stattlicher gewachsen als der Durchschnitt. Er hat einen wohlgerundeten Kopf, auf dem sein Lockenhaar von der glatten Stirn zurück bis zum Hinterkopf reicht. [...] Ohren und Ohrläppchen werden nach barbarischer Sitte von den zurückgekämmten Haaren bedeckt. [...] Sein Gesichtshaar wächst dicht über die leicht gerundeten Schläfen, doch wird der Bart, wenn er sich in der unteren Gesichtshälfte erhebt, ständig vom Barbier geschoren, sodass die Wangen wie die eines jungen Mannes wirken. [...]

Die Schultern sind wohlgerundet, die Oberarme muskulös, die Unterarme kräftig, und breit die Hände [...]. Beide Hüften strotzen vor starken Muskeln. Im gegürteten Leib herrscht Lebenskraft. Fest wie Horn ist der Oberschenkel, der von Gelenk zu Gelenk voll männlicher Kraft erscheint. Seine Knie sind völlig frei von Falten und voller Schönheit. Die Unterschenkel stützen sich auf feste Waden, aber die Füße, die so mächtige Gliedmaßen tragen, sind dennoch zart. [...]

Vor Tagesbeginn sucht er mit einem ganz kleinen Gefolge die Gemeinschaft seiner Priester auf und betet mit großem Ernst. Wenn man ihn aber persönlich spricht, kann man freilich erkennen, dass er diese Andacht mehr aus Gewohnheit als aus Überzeugung übt. Der Rest des Morgens wird durch die Sorge um die Verwaltung des Reiches bestimmt. Neben dem Thronsessel steht der oberste Waffenträger.

Die Schar der in Pelze gekleideten Gefolgsleute wird nur soweit zugelassen, dass sie im Notfall zur Hand ist, bleibt aber, um nicht zu stören, aus der unmittelbaren Umgebung verbannt. […] Unterdessen werden die Gesandten fremder Völker vorgelassen. Der König hört meistens zu, antwortet aber nur wenig. Bedarf eine Sache erst gründlicher Überlegung, schiebt er sie auf. Wenn sie rasch besorgt werden soll, treibt er dazu an. Die zweite Stunde (7 Uhr) ist da. Er erhebt sich vom Thron und hat nun Zeit, seine Schätze oder die Stallungen zu besichtigen. […]
Wenn man ihm zum Gastmahl folgt, das außer an Feiertagen gerade so wie das eines privaten Hauses ist, gibt es keine glanzlosen Haufen von verfärbtem alten Silber, das der keuchende Diener auf sich biegenden Tischen auftürmt. Das meiste Gewicht hat das Gespräch, da man bei dieser Gelegenheit entweder nichts oder aber Ernsthaftes redet. […] Die Speisen begeistern wegen der kunstvollen Art ihrer Zubereitung und nicht deswegen, weil sie an sich so wertvoll wären, und die Servierplatten beeindrucken ihrer blitzenden Sauberkeit und nicht ihrer Schwere wegen. […]
Nach dem Mahle fällt der Mittagschlaf entweder ganz aus oder ist nur kurz. Zu den Stunden, in denen der König spielen möchte, greift er rasch zu den Würfeln. […] Bei guten Würfen schweigt er, bei schlechten lacht er. […] Wenn Spiele veranstaltet werden, lässt er für deren Dauer die königliche Strenge beiseite und ermuntert alle zu freier Gemeinschaft. Um zu sagen, was ich meine: Er fürchtet, gefürchtet zu werden. […]
Um die neunte Stunde (15 Uhr) hebt die Last des Regierens wieder an. Neuerlich kommen die Bittsteller, neuerlich diejenigen, die sie entfernen sollen. Überall herrscht lautes Gezänk und Begehren, was sich bis zum Abend hinzieht. Der Tumult ebbt zur Zeit des königlichen Abendmahls ab; schließlich werden die Geschäfte auf die verschiedenen Höflinge, entsprechend ihrer Rolle als Schutzherren, aufgeteilt […]. Wenn [der König] sich von der Tafel erhoben hat, zieht die Wache zuerst beim Schatzgewölbe auf, und Bewaffnete, denen die erste Nachtwache übertragen ist, besetzen die Zugänge zum Königspalast.

Sidonius Apollinaris, Epistulae I, 2, zitiert nach: Herwig Wolfram, Das Römerreich und seine Germanen. Eine Erzählung von Herkunft und Ankunft, Köln 2018, S. 247–249

1. Gliedern Sie die Aspekte, die Sidonius Apollinaris in seiner Beschreibung des Königs und seines Tagesablaufs nennt.
2. Erläutern Sie, warum der Autor so viel Wert auf die Schilderung der äußeren Gestalt des Königs legt. | H
3. Vergleichen Sie die Aussagen von Sidonius Apollinaris über den Westgotenkönig Theoderich mit denen von Synesios von Kyrene über die Goten (M3 auf Seite 181).
4. Analysieren Sie, welche Einstellung der Römer Sidonius Apollinaris zur Herrschaft der Westgoten in seiner Heimat Gallien hat.

M5 Germanischer Reiter

Das Mosaik stammt aus einer Villa bei Karthago in Nordafrika. Es ist um 500 entstanden und befindet sich heute im British Museum in London. In der Forschung ist umstritten, ob es sich bei dem abgebildeten Reiter um einen Römer oder einen Germanen, dann wahrscheinlich einem Vandalen, handelt. An der Kleidung und am dargestellten Verhalten ist das nicht eindeutig zu erkennen. Lediglich die Haar- und Barttracht deutet eher auf einen Germanen, passt aber auch zu einem römischen Soldaten der Völkerwanderungszeit.

▶ Erklären Sie, was es bedeuten könnte, wenn Römer und Germanen in zeitgenössischen bildlichen Darstellungen nur schwer zu unterscheiden sind.

M6 Die Herrschaft der Germanen als Alternative

Im Gallien des 5. Jahrhunderts wurde für viele Römer die Herrschaft der Westgoten und anderer germanischer Gruppen zunehmend zu einer Alternative zu der als ungerecht und bedrückend empfundenen römischen Verwaltungspraxis. Der christliche Geistliche und Schriftsteller Salvian von Marseille (um 400–nach 480) schreibt dazu um 450:

Was den Lebenswandel der Goten und Vandalen anlangt: In welchen Punkten können wir uns ihnen voranstellen oder auch nur uns mit ihnen vergleichen? Um zuerst von der gegenseitigen Liebe und Zuneigung zu sprechen [...]: Fast alle Barbaren, wenn sie nur ein Volk unter einem Könige sind, lieben einander; fast alle Römer verfolgen einander [...].

In einer Zeit, in der der römische Staat entweder schon tot ist oder doch sicher in den letzten Zügen liegt, und dort, wo er noch zu leben scheint, von den Fesseln der Abgaben wie von Räuberhänden gedrosselt dahin stirbt, in einer solchen Zeit finden sich so viele Reiche, deren Abgaben die Armen zahlen müssen, das heißt, es finden sich viele Reiche, deren Abgaben die Armen töten. Unterdessen werden Arme ausgeplündert, seufzen Witwen, werden Waisen mit Füßen getreten; ja, es ist so weit gekommen, dass viele von ihnen, und zwar solche aus nicht niedrigem Geschlecht und mit guter Bildung, zu den Feinden fliehen, um nicht unter dem Druck der staatlichen Verfolgung zu sterben. Sie suchen bei den Barbaren die Menschlichkeit der Römer, weil sie bei den Römern die barbarische Unmenschlichkeit nicht ertragen können.

Und obwohl sie von denen, zu denen sie flüchten, in Gebräuchen und Sprache abweichen, ja sogar schon, wenn ich so sagen darf, durch den üblen Geruch der Leiber und der Barbarenkleider sich abgestoßen fühlen, wollen sie doch lieber bei den Barbaren unter der ungewohnten Lebenshaltung leiden als bei den Römern unter wütender Ungerechtigkeit. Deshalb wandern sie scharenweise entweder zu den Goten oder zu den Bagauden[1] oder zu anderen Barbaren, die ja allenthalben herrschen; und es reut sie nicht, hinübergewandert zu sein. Denn lieber leben sie unter dem Schein der Gefangenschaft frei als unter dem Schein der Freiheit als Gefangene. Deswegen wird der Name des römischen Bürgers, der einst nicht nur hoch geschätzt, sondern auch um viel Geld gekauft wurde, jetzt aus freien Stücken verschmäht und gemieden [...].

Unter züchtigen Barbaren leben wir in Unzucht. Ja, ich sage sogar noch mehr: Die Barbaren nehmen sogar an unserer Unkeuschheit Anstoß [...]. Das Volk der Goten ist treulos, aber züchtig; die Alanen sind unzüchtig, aber weniger treulos; die Franken sind lügnerisch, aber gastfreundlich; die Sachsen sind wild und grausam, aber von bewundernswerter Keuschheit; alle Völker haben, kurz gesagt, zwar ihre besonderen Fehler, aber auch einige gute Eigenschaften. [...] Was für eine Hoffnung, so frage ich, kann der römische Staat noch haben, wenn die Barbaren keuscher und reiner sind als die Römer? [...] Weder gibt ihnen die natürliche Kraft des Leibes den Sieg, noch ist unsere natürliche Schwäche schuld an unserer Niederlage. Niemand soll sich etwas anderes einreden, niemand etwas anderes glauben. Unsere lasterhaften Sitten allein haben uns besiegt.

Salvian von Marseille, Von der Weltregierung Gottes, 5, 4–8, 7, 15 und 7, 23, zitiert nach: Walter Arend (Bearb.), Altertum. Geschichte in Quellen, München ³1978, S. 803 f.

1. Geben Sie wieder, wie Salvian die Situation in Gallien um 450 beschreibt.

2. Erläutern Sie die Gründe, warum viele Römer Salvian zufolge bereit waren, unter der Herrschaft von Germanen zu leben.

3. Nehmen Sie Stellung zu Salvians Aussage: „Das Volk der Goten ist treulos, aber züchtig; die Alanen sind unzüchtig, aber weniger treulos; die Franken sind lügnerisch, aber gastfreundlich; die Sachsen sind wild und grausam, aber von bewundernswerter Keuschheit; alle Völker haben, kurz gesagt, zwar ihre besonderen Fehler, aber auch einige gute Eigenschaften" (vgl. Zeile 40–46). | F

[1] **Bagauden**: aufständische römische Bauern und Viehzüchter in Gallien, die sich gewaltsam gegen die hohe Steuerbelastung zu wehren versuchten

Die Ostgoten und ihre Reichsgründung in Italien

Theoderich der Große (um 453–526): 461 kam Theoderich im Alter von acht Jahren als Geisel an den oströmischen Kaiserhof in Konstantinopel. Stark durch die römische Kultur geprägt, erhielt er das römische Bürgerrecht und führte den römischen Namen Flavius Theodericus. 471 kehrte er aus der Geiselhaft zu den Ostgoten auf den Balkan zurück.

Odoaker (um 433–493): Der Germane Odoaker war ab ca. 470 Offizier in der Leibwache der weströmischen Kaiser in Italien. 476 setzte er den dort regierenden Kaiser Romulus Augustulus ab und beendete so das weströmische Kaisertum. Stattdessen ließ er sich zum König von Italien ausrufen und vom oströmischen Kaiser Zenon bestätigen. Als Odoaker 493 den Machtkampf um die Herrschaft in Italien gegen Theoderich verlor, wurde er von den Ostgoten getötet.

Drang nach Integration: die Ostgoten auf dem Balkan | Seit 375 lebten die Ostgoten in enger Koexistenz mit den Hunnen und beteiligten sich an deren Kriegszügen. Im Jahre 451 kämpften sie in der Schlacht auf den Katalaunischen Feldern in Frankreich aufseiten der Hunnen gegen die Römer und den mit diesen verbündeten Westgoten. Erst nach dem Tod Attilas 453 konnten sich die Ostgoten von ihrer Zwangsintegration in das Hunnenreich befreien und drängten nun ihrerseits ins Römische Reich. Als Föderaten des Ostreichs siedelten sie sich zunächst in der römischen Provinz Pannonien im heutigen Ungarn und Serbien entlang der Donau an und übernahmen gegen Zahlung von Jahrgeldern den Schutz der römischen Reichsgrenze gegen Hunnen und gegen andere germanische Gruppen. Auf diese Weise lernten die Ostgoten die römischen Militär- und Verwaltungsstrukturen kennen. Spätestens jetzt nahmen sie das arianische Christentum an. Gleichzeitig bildete sich in ihrem Stammesverband eine starke Führungsrolle der Königsfamilie der Amaler heraus. Weil ihr Siedlungsgebiet ihnen aber zu unsicher und ihre Versorgungslage schlecht war, verließen die Ostgoten Pannonien wieder und zogen plündernd durch die römischen Balkanprovinzen.

Ab 471 übernahm Theoderich die Führung der Ostgoten. Er schloss den Stammesverband mit weiteren gotischen und anderen germanischen Gruppen zusammen, die sich als römische Föderaten auf dem Balkan befanden. Durch diese Ethnogenese wurden die Ostgoten mit rund 20 000 Kriegern zur stärksten Militärmacht im Oströmischen Reich. Die oströmischen Kaiser ernannten Theoderich wiederholt zum Heermeister, um sich die ostgotischen Militärdienste gegen innere und äußere Gegner zu sichern. Sie vermieden es aber, die Ostgoten nachhaltig zu integrieren und dauerhaft in sicheren Gebieten ihres Reiches anzusiedeln. Insbesondere verhinderten sie mit militärischen und diplomatischen Mitteln deren Übersetzen vom Balkan in die reichen Provinzen Kleinasiens. Theoderich befand sich damit in einer ähnlich prekären Lage wie hundert Jahre zuvor Alarich und die Westgoten: Er konnte eine Integration seiner Gruppe ins Oströmische Reich nicht erzwingen und vermochte so deren Ernährungs- und Sicherheitsprobleme nicht nachhaltig zu lösen.

Im Auftrag des Kaisers: die Eroberung Italiens und die Stellung Theoderichs | Um seinen Verband aus spezialisierten Reiterkriegern zusammenzuhalten und seine eigene Stellung als König zu sichern, musste Theoderich ihnen in dieser angespannten Situation ein neues politisches und militärisches Ziel geben. Deshalb nahm er 488 den Auftrag des oströmischen Kaisers *Zenon* an, nach Italien gegen den dortigen Machthaber Odoaker zu ziehen. Zenon wollte damit einerseits Theoderich und die Ostgoten aus der Nähe seiner Hauptstadt Konstantinopel entfernen und andererseits wieder größeren politischen Einfluss in Italien gewinnen. Theoderich sollte dort nämlich nach einem Sieg über Odoaker anstelle des oströmischen Kaisers herrschen, bis dieser selbst nach Italien kommen würde (➔M1).

Tatsächlich gelang es Theoderich nach einem fünfjährigen wechselvollen Kampf in Italien und mithilfe der Westgoten, Odoaker 493 zu besiegen. Die Ostgoten waren die erste germanische Gruppe, die ein Reich in Italien, dem Kernland des ehemaligen Römischen Reiches, und in angrenzenden Gebieten im Alpenraum und auf dem Balkan gründete – und sie taten dies im Auftrag des oströmischen Kaisers. Hauptstadt des Ostgotenreiches wurde die vormalige Kaiserresidenz Ravenna. Rom besuchte Theoderich erst im Jahre 500, anlässlich des dreißigjährigen Jubiläums seiner Königserhebung, zum ersten Mal.

Theoderichs Stellung als Herrscher in Italien war kompliziert, weil er sowohl auf die Goten als auch auf die römische Bevölkerung und den Kaiser in Konstantinopel Rücksicht nehmen musste. Zum einen war er von seinen ostgotischen Kriegern nach dem Sieg über Odoaker zum König von Italien und aller dort lebenden Goten und Römer ausgerufen worden, zum anderen hatte er das römische Amt eines Heermeisters inne.

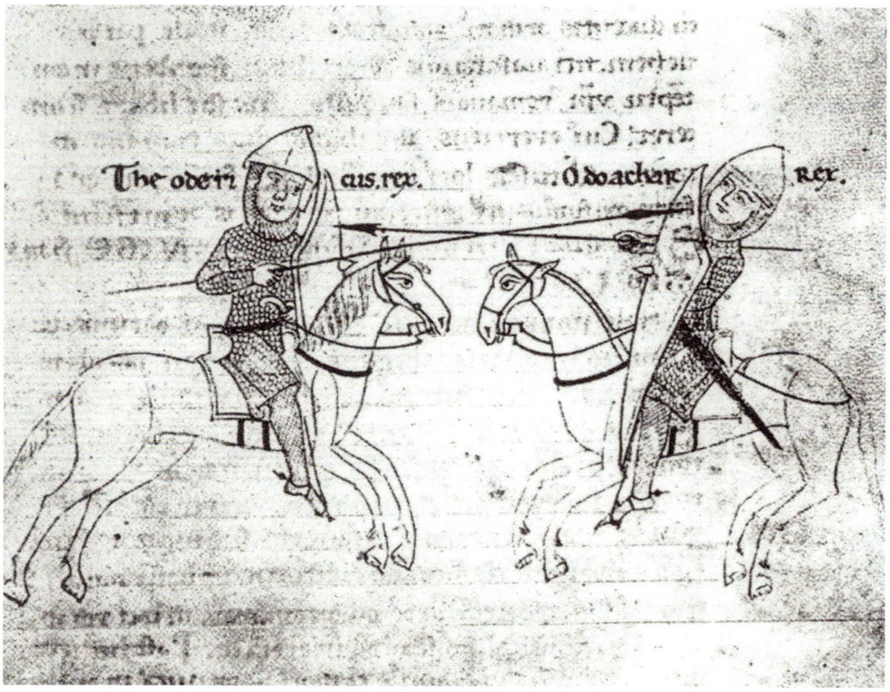

Der Kampf zwischen Theoderich und Odoaker um Italien.
Federzeichnung aus dem 12. Jahrhundert, Tinte auf Pergament, im Besitz der Biblioteca Apostolica Vaticana (Vatikan).
Theoderich (*Theodericus rex*) und Odoaker (*Odoacher rex*) sind beide als berittene Kämpfer in der für das 12. Jahrhundert typischen Bewaffnung als „Ritter" mit Kettenhemd, Helm, Schild und Lanze dargestellt.

▶ Finden Sie eine Erklärung, warum der Künstler die beiden germanischen Herrscher in der typischen Bewaffnung und Ausrüstung seiner eigenen Zeit dargestellt hat. Was könnte der Grund dafür sein, dass beide sehr ähnlich gezeigt werden?

Der oströmische Kaiser *Anastasius I.* erkannte Theoderich schließlich 497 als König (lat. *rex*) an, während Theoderich im Gegenzug die Vorrangstellung des Kaisers respektierte (➔M2, M3 und M4). Dieses Einvernehmen war für Theoderich von großer Wichtigkeit, um von der römischen Bevölkerung als Vertreter des Kaisers akzeptiert und nicht als Usurpator, also als unrechtmäßiger Herrscher, angesehen zu werden. Theoderich nannte sich in der Folgezeit deshalb auch nicht Kaiser. Er besaß aber faktisch doch eine vergleichbare Machtfülle: Er hatte den Oberbefehl über die Armee inne, also alle gotischen und römischen Truppen in seinem Herrschaftsbereich, übte die oberste Gerichtsbarkeit aus und stand an der Spitze der Zivilverwaltung.

Ausgleich zwischen Römern und Goten: das Ostgotenreich | Innenpolitisch bemühte sich Theoderich intensiv um einen friedlichen Ausgleich zwischen Ostgoten und Römern in seinem Reich: Beide Bevölkerungsgruppen sollten unter ihm als Herrscher zwar getrennt, aber nach einheitlichem Recht leben. Zu diesem Zweck erließ Theoderich, ähnlich wie die Westgoten in Gallien nach 418, eine eigene Gesetzessammlung, das *Edictum Theoderici.* Damit wurde das bisher in Italien geltende römische Recht vereinfacht und auf das Ostgotenreich angepasst. Zunächst schien das Zusammenleben der beiden Bevölkerungsgruppen unter Herrschaft der Ostgoten auch zu gelingen (➔M5). Wie im Westgotenreich gab es dabei eine Art Aufgaben- und Lastenteilung zwischen Goten und Römern: Während die Goten den Militärdienst übernahmen, waren die Römer für die Steuerzahlungen zuständig. Eheschließungen zwischen Goten und Römern blieben verboten.

Senat (lat. *senatus*: Ältestenrat / Rat erfahrener Politiker): Im römischen Senat der Völkerwanderungszeit waren Vertreter der vermögenden und einflussreichen Adelsfamilien Italiens versammelt. Die Senatoren übernahmen wichtige Aufgaben in der Verwaltung und in der katholischen Kirche Italiens. Als Großgrundbesitzer kontrollierten sie zudem die Wirtschaft des Landes.

Papst: Bezeichnung für den Bischof der Stadt Rom. Die römischen Bischöfe beanspruchten in der katholischen Kirche seit dem 4. Jahrhundert eine religiöse Vorrangstellung. Diese führten Sie darauf zurück, dass der Apostel Petrus, der von Jesus Christus zu seinem Stellvertreter ernannt worden sei, als der erste christliche Bischof in Rom amtiert habe. Während der zunehmenden Schwäche und nach dem Ende des Kaisertums im Weströmischen Reich im 5. Jahrhundert konnten die Päpste auch ihren politischen Einfluss ausbauen.

Die ostgotischen Krieger und ihre Familien ließen sich vorwiegend in Norditalien in eigenen Militärsiedlungen nieder, um Italien gegen Angriffe von konkurrierenden germanischen Gruppen zu schützen. Ihre Ansiedlung gelang offenbar auch ohne größere Konflikte mit den Mitgliedern des Senats, den römischen Großgrundbesitzern, von denen die Goten entweder einen Teil des Landbesitzes oder einen Teil der Steuerabgaben erhielten. Damit hatten die Ostgoten endlich sichere Siedlungsgebiete und eine ausreichende Versorgung erlangt: Aus der wandernden Föderatenarmee wurde nun eine sesshafte Bevölkerung.

Die römische Zivilverwaltung Italiens und auch der kaiserliche Hof in Ravenna bestanden und arbeiteten weiter, sodass Theoderich nach seinem Sieg über Odoaker beides übernehmen konnte. Dabei kooperierte er nach der gelungenen Landnahme mit den römischen Großgrundbesitzern, auf deren Fachkenntnisse er angewiesen war. Römer bekleideten nach wie vor die höchsten Ämter der Verwaltung und auch einflussreiche Positionen am königlichen Hof. An Schlüsselpositionen und in der Verwaltung setzte der König aber auch gezielt gotische Beamte ein. Einen solchen entsandte der König auch in jede von Goten bewohnte Stadt, um dort als Richter und militärischer Befehlshaber zu fungieren. Dieser *comes* war für die Schlichtung von Streitigkeiten zwischen Goten und Römern zuständig (→M6).

Die Tatsache, dass die Goten Arianer und die Römer Katholiken waren, scheint im Verhältnis der beiden Bevölkerungsgruppen erstmal keine große Rolle gespielt zu haben. Theoderich war der Schutzherr der Kirche, hielt sich als Arianer aus die katholische Kirche betreffenden religiösen Fragen allerdings weitgehend heraus und überließ die Kirchenpolitik dem Papst in Rom. Für die Goten und andere arianische Christen gab es im Ostgotenreich eine eigene Kirchenorganisation mit eigenen Bischöfen. Katholische und arianische Kirche waren im Ostgotenreich aber grundsätzlich gleichrangig und hatten die gleichen Rechte, es herrschte also religiöse Toleranz.

Einer nachhaltigen Integration und Akkulturation der Ostgoten in Italien standen aber offenbar trotzdem deren barbarische Herkunft und die Beibehaltung einer militärischen Lebensweise im Wege. Beides hielt bei der römischen Bevölkerung antigotische Vorbehalte wach, obwohl die Goten nur etwa zwei Prozent der Gesamtbevölkerung Italiens ausmachten. Die gotische Identität zeigte sich wohl insbesondere an Bildung und Sprache, der arianischen Religion, an bestimmten Moden bei Kleidung und Haartracht sowie an den Begräbnissitten. Inwieweit die Ostgoten in Italien bewusst Wert darauf legten, ihre gotische Kultur und Tradition beizubehalten und zu pflegen, oder grundsätzlich bereit waren, sich der römischen Mehrheitskultur zu assimilieren, ist nur schwer zu bestimmen. Sicherlich gab es dabei auch unter den Ostgoten Unterschiede.

Theoderich selbst betonte im Verlaufe seiner Herrschaft jedenfalls zunehmend die Eigenständigkeit seiner Herrscherstellung, indem er als König Symbole und Verhaltensweisen übernahm, die eigentlich nur dem Kaiser in Konstantinopel zustanden. Dazu gehörte, dass er purpurfarbene Gewänder trug, die für den Kaiser reservierte Anrede *dominus* („Herr") erwartete, Bildnisse und Statuen von sich selbst aufstellen ließ und ein goldenes Medaillon mit seinem Bildnis prägen ließ, was ebenfalls ein kaiserliches Vorrecht darstellte (→M2). Außerdem ließ Theoderich in Ravenna einen Königspalast und ein Grabmal sowie mehrere Kirchen errichten. Mit all diesen Maßnahmen übte er herrschaftliche Vorrechte aus und emanzipierte sich für die Bevölkerung Italiens klar erkennbar vom oströmischen Kaiser. Damit stellte Theoderich die mit Zenon getroffene Vereinbarung, Italien nur stellvertretend für den Kaiser zu regieren, infrage.

Außenpolitisch leitete Theoderich aus dem kaiserlichen Auftrag zur Beherrschung Italiens eine Vorrangstellung gegenüber den anderen germanischen Reichsgründungen auf dem Gebiet des ehemaligen Weströmischen Reiches ab. Diese Vorrangstellung versuchte er dadurch zu erreichen und abzusichern, dass er gute Kontakte und verwandtschaftliche Beziehungen zu den Königen dieser Germanenreiche knüpfte. Das Ziel war ein weitgespanntes Staaten- und Bündnissystem unter seiner Führung, das ein Machtgleichgewicht aufrechterhielt und auch Schutz gegen eine aggressivere Außenpolitik des Oströmischen Reiches bot. Zwei seiner Töchter verheiratete Theo-

Das Grabmal Theoderichs in Ravenna.
Anfang des 6. Jahrhunderts erbaut, 16 m hoch, zwei Stockwerke. Die Kuppel besteht aus einem einzigen Stein mit einem Durchmesser von 10 m und einem Gewicht von 230 t.
Die Architektur des Grabmals orientiert sich einerseits an Grabmälern, wie sie für römische Kaiser errichtet wurden, greift aber auch germanische Bautechniken auf und ist so eine Mischung aus römischen und germanischen Elementen. Theoderich ließ sich dieses Grabmal schon zu seinen Lebzeiten erbauen.

▶ Setzen Sie sich mit der These auseinander, Theoderichs Grabmal sei ein Symbol für seine Herrschaft in Italien.

Internettipp
Einen virtuellen Blick in das Grabmal sowie Informationen zur Architektur finden Sie unter dem Code **32035-30**.

derich deshalb an die Könige der Westgoten und Burgunder in Gallien, er selbst nahm eine Schwester des Frankenkönigs Chlodwig zur Frau. Eine Schwester Theoderichs schließlich ehelichte einen König der Vandalen in Nordafrika. Auf diese Weise beabsichtigte Theoderich, einen Sicherheitsring von befreundeten und verbündeten Gebieten um das Ostgotenreich in Italien zu legen. Die Sicherung Italiens gelang ihm auf diese Weise. Darüber hinaus erwies sich sein Bündnissystem allerdings nicht als besonders belastbar, da es keine Solidarität der germanischen Könige untereinander gab, sondern sie in Konkurrenz zueinander standen, und alle vor allem darauf bedacht waren, ihre jeweiligen Herrschaftsgebiete gegen oströmische Rückeroberungsversuche zu sichern und auszubauen. Insbesondere die Franken verfolgten eigene politische Ziele und erweiterten ihren Machtbereich in Gallien. 507 besiegten sie dort die Westgoten, wobei deren König in der Schlacht fiel. Daraufhin übernahm Theoderich, nicht ohne westgotischen Widerstand, bis zu seinem Tod 526 auch die Königsherrschaft über die sich nach Spanien zurückziehenden Westgoten und vereinigte so die beiden gotischen Gruppen unter seiner Herrschaft.

Konflikte und Untergang: das Ende des Ostgotenreiches | Gegen Ende der Regierungszeit Theoderichs verschlechterte sich nach dreißigjährigem friedlichen Zusammenleben das Verhältnis zwischen den Ostgoten und der römischen Bevölkerung Italiens. Offenbar bestanden trotz aller Integrationsbemühungen tief greifende Unterschiede in Sprache, Religion und Lebensstil fort. Die Integration der beiden Bevölkerungsgruppen war noch nicht gelungen.

Ein Problem war dabei, dass Theoderichs Nachfolge nicht eindeutig geklärt war. Der Ostgotenkönig hatte keinen eigenen Sohn und es gab keinen Thronfolger aus dem Kreis seiner amalischen Familie, der vom oströmischen Kaiser anerkannt wurde. Es wurde deutlich, dass die Stellung des ostgotischen Königs und die Regelung seiner Nachfolge von der Anerkennung des oströmischen Kaisers in Konstantinopel abhängig waren. Teile der katholischen, kaiserfreundlich und antigotisch eingestellten römischen Senatoren und Großgrundbesitzer hofften deshalb darauf, dass nun der Kaiser, wie 488 angekündigt, direkt die Macht in Italien übernehmen und die ostgotische Herrschaft beenden würde. In dieser Haltung wurden sie vom Papst und der katholischen Kirche unterstützt. Dies führte zu Konflikten zwischen dem König und führenden Senatoren, denen er Hochverrat vorwarf. Zwei prominente Senatsmitglieder, *Boethius* und *Symmachus*, wurden in diesem Zusammenhang zum Tode verurteilt und hingerichtet. Bis zum Tod Theoderichs 526 blieb die Entfremdung des Königs von seinen römischen Untertanen bestehen und auch unter den Ostgoten regte sich zunehmend Widerstand gegen den offensichtlich zu scheitern drohenden Integrationskurs (➔M7).

Die ungeklärte Nachfolgefrage im Ostgotenreich und den Unmut unter der römischen Bevölkerung nahm schließlich ab 535 der oströmische Kaiser Justinian zum Anlass, militärisch zu intervenieren und Italien wieder unter seine direkte Kontrolle zu bringen – so wie es schon sein Vorgänger Zenon 488 geplant hatte. Bis 552 gelang es, allerdings gegen heftigen Widerstand und nur mit großem Aufwand, Italien von den Ostgoten zurückzuerobern (➔M8). Italien war danach weitgehend verwüstet und verarmt. Ostrom hatte mit einer Politik der Rückeroberung der germanischen Königreiche seine Kräfte überspannt. In Italien wurden durch den zwanzigjährigen Krieg alle Sympathien in der Bevölkerung verloren. Unter oströmischer Herrschaft blieben dauerhaft nur die Städte Rom und Ravenna sowie Teile Süditaliens. Norditalien wurde schon 568 von den germanischen Langobarden in Besitz genommen, die als Föderaten des Kaisers gegen die Ostgoten gekämpft hatten. Ihre Reichsgründung gilt als Schlusspunkt der germanischen Völkerwanderung. Die in Italien verbliebenen Ostgoten lebten dort fortan als Untertanen des oströmischen Kaisers bzw. der Langobarden. Sie assimilierten sich im Laufe der Zeit offenbar vollständig und spielten keine eigenständige militärische oder politische Rolle mehr.

M1 Die Reichsgründung der Ostgoten in Italien

Der oströmische Schriftsteller Procopius (um 500–nach 560) beschreibt um 550 rückblickend die Gründung des Ostgotenreiches in Italien durch Theoderich ab 488:

Zur gleichen Zeit erhoben auch die Goten, die der Kaiser in Thrakien[1] angesiedelt hatte, die Waffen gegen die Römer. Theoderich, der in Byzanz Patrizierrang[2] erhalten hatte und sogar zur Würde eines Konsuls[3] aufgestiegen war, führte sie. Doch Kaiser Zenon[4], ein geschickter Politiker, veranlasste ihn, nach Italien zu ziehen; er sollte dort Odoaker bekämpfen und das Westreich für sich und seine Goten gewinnen. Denn ihm als Mitglied des Senats stehe es doch mehr an, einen Gewaltherrscher zu stürzen und dann über sämtliche Römer und Italiker[5] zu regieren, als sich in einen so gefahrvollen Kampf mit dem Kaiser einzulassen. Theoderich fand an dem Vorschlag Gefallen und zog nach Italien, mit ihm das Volk der Goten. Weiber und Kinder setzten sie auf Wagen und luden Hausrat soweit als möglich dazu. [...] Odoaker trat ihnen mit Heeresmacht entgegen, wurde aber in zahlreichen Schlachten besiegt und musste sich auf Ravenna und die anderen stärksten Festungen zurückziehen. Daraufhin begannen die Goten mit der Belagerung [...].

Die Belagerung Ravennas durch die Goten und Theoderich zog sich schon ins dritte Jahr, sodass sie des untätigen Sitzens überdrüssig wurden. Da auch Odoaker und seine Leute an allem Lebensnotwendigen Mangel litten, kam durch Vermittlung des Bischofs von Ravenna ein Vertrag zustande, wonach Theoderich und Odoaker gleichberechtigt und gemeinsam in Ravenna die Regierung führen sollten. Einige Zeit hielten sich beide an die Abmachungen, dann soll Theoderich einem Anschlag Odoakers gegen sein Leben auf die Spur gekommen sein. Mit erheuchelter Freundlichkeit lud er ihn zu einem Gastmahl und ließ ihn dort niedermachen. Hierauf gewann Theoderich die überlebenden feindlichen Barbaren für sich, sodass er jetzt unangefochten über Goten und Italiker herrschte.

Die Insignien und die Bezeichnung eines römischen Kaisers anzunehmen, lehnte er ab. Zeitlebens ließ er sich nur „rex"[6] nennen – so heißen die Barbaren ihre Führer –, regierte aber über seine Untertanen mit kaiserlicher Machtfülle. Nachdrücklich sorgte er für Gerechtigkeit und wahrte die Gesetze, er schützte das Land vor den umwohnenden Barbaren und bewies höchste Klugheit und Tapferkeit. Seinen Untertanen tat er fast nie ein Unrecht an und ließ es auch von keinem anderen zu, lediglich den Teil an Ländereien, den Odoaker seinen Leuten überlassen hatte, durften die Goten unter sich aufteilen. So war Theoderich dem Namen nach ein Gewaltherrscher, in Wirklichkeit jedoch ein echter Kaiser [...]. Die Goten und Italiker liebten ihn daher sehr, was sonst menschlicher Art nicht entspricht. [...] Theoderich starb nach 37-jähriger Regierung, ein Schrecken aller seiner Feinde, doch tief betrauert von seinen Untertanen.

Procopius, Gotenkrieg, I, 1, 9–15 und 24–31, zitiert nach: Otto Veh (Hrsg.), Prokopios von Caesarea. Werke, Bd. 2: Gotenkriege, München ²1978, S. 9–13

1. Fassen Sie zusammen, wie Procopius zufolge das Ostgotenreich in Italien entstanden ist: Mit welchen Mitteln errichtete und stabilisierte Theoderich seine Herrschaft über Italien? Welche Rolle spielte der oströmische Kaiser Zenon?
2. Erklären Sie mithilfe der Karte auf Seite 170 die geografische Lage des Ostgotenreiches und seiner Nachbarn.
3. Vergleichen Sie die Entstehung des Ostgotenreiches mit der Gründung des Westgotenreiches in Südfrankreich ab 418. Nehmen Sie hierzu auch das Kapitel „Die Westgoten und ihre Ansiedlung im Römischen Reich" ab Seite 188 zu Hilfe.
4. Setzen Sie sich mit der Aussage von Procopius auseinander, Theoderich sei „dem Namen nach ein Gewaltherrscher, in Wirklichkeit jedoch ein echter Kaiser" (vgl. Zeile 44–46) gewesen.

M2 Goldmedaillon von Morro d'Alba

Abgebildet ist der ostgotische König Theoderich im Feldherrenmantel eines römischen Kaisers. Die grüßend erhobene rechte Hand und die Siegesgöttin in der linken Hand entsprechen den Darstellungen römischer Kaiser auf spätantiken Münzen. Die Haare trägt der König nach germanischer Mode lang und offen. Auch der Oberlippenbart entspricht germanischem Brauch. Die lateinsiche Inschrift

[1] **Thrakien:** Region auf dem Balkan im heutigen Bulgarien
[2] Gemeint ist hier das Amt des obersten Heermeisters.
[3] **Konsul:** hohes ziviles (Ehren-)Amt in Rom
[4] **Zenon** (440–491): oströmischer Kaiser (474–491)
[5] Gemeint sind die römischen Bewohner Italiens.
[6] **rex:** lat. König

des Medaillons lautet Rex Theodericus Pius Prin(cips) I(nvictus) S(emper) („König Theoderich, der fromme Herrscher, immer unbesiegt“). Von Theoderich ist nur dieses einzige Medaillon mit seinem Bildnis bekannt. Man vermutet, dass es im Jahre 500 anlässlich seines dreißigjährigen Regierungsjubiläums oder möglicherweise auch anlässlich des ersten Besuchs des Königs in Rom geprägt wurde.

1. Analysieren Sie das Medaillon mithilfe der Leitfragen auf Seite 184.
2. Setzen Sie sich mit der Aussage des Medaillons auseinander: Was könnten Gründe dafür sein, dass Theoderich sich auf diese Weise darstellen ließ? | F

M3 Goldmünze mit dem Bildnis des Kaisers Anastasius I.

Die Goldmünze wurde zwischen 491 und 518 geprägt, hat einen Durchmesser von 20 mm und ist 4,38 g schwer. Die Vorderseite (links) zeigt den oströmischen Kaiser Anastasius I. (um 428/30–518) mit juwelengeschmücktem Helm, Brustpanzer und Feldherrenmantel. In der rechten Hand hält der Kaiser einen Speer, in der linken einen Schild, auf dem ein Reiterkampf abgebildet ist. Die Inschrift lautet D(ominus) N(oster) Anastasius P(ius) F(elix) Aug(ustus) („Unser Herr Anastasius, der fromme und glückliche Kaiser“). Auf der Rückseite (rechts) ist eine stehende Siegesgöttin mit einem juwelengeschmückten Kreuz dargestellt. Die Inschrift lautet Victoria Auggg (Augustorum) („Der Sieg der Kaiser“). Die weiteren Buchstaben verweisen darauf, dass die Münze in Rom geprägt wurde, das zu dieser Zeit unter der Herrschaft des Ostgotenkönigs Theoderich stand. Die Münzprägung geschah also vermutlich in seinem Auftrag.

1. Analysieren Sie die Münze mithilfe der Leitfragen auf Seite 184.
2. Vergleichen Sie die Münze mit dem Medaillon Theoderichs (M2) und erklären Sie Gemeinsamkeiten und Unterschiede in der Darstellung der beiden Herrscher und in den Inschriften. | H
3. Erörtern Sie, warum der Ostgotenkönig Theoderich in Italien Goldmünzen mit dem Bildnis des oströmischen Kaisers prägen ließ. Beziehen Sie dazu auch M4 und M5 ein.

M4 Das Verhältnis des Ostgotenkönigs Theoderich zum oströmischen Kaiser

Nachdem die Ostgoten 493 die Herrschaft in Italien übernommen hatten, bemühte sich deren König Theoderich um die Anerkennung seiner Stellung durch den oströmischen Kaiser Anastasius I. Der Römer Cassiodorus (um 485–um 580), der am ostgotischen Königshof in Ravenna für königliche Erlasse und Briefe in lateinischer und griechischer Sprache zuständig war, verfasst dazu um 508 das folgende Schreiben. Darin macht Theoderich deutlich, wie er sein Verhältnis zum Kaiser in Konstantinopel sieht:

Wir müssen, huldvollster Kaiser, den Frieden suchen, da wir anerkanntermaßen keinen Anlass zu zürnen haben. […] Eure Macht und Ehre, frömmster Fürst, verpflichtet uns, vollkommene Einhelligkeit mit Euch zu suchen, durch dessen Liebe wir bis jetzt und ferner vorankommen. Ihr seid ja die herrlichste Zierde aller Reiche, Ihr [seid] der heilbringende Schutz der ganzen Welt; mit Recht blicken zu Euch alle übrigen Fürsten auf, weil sie in euch etwas ganz Eigenartiges erkennen, am meisten aber wir, die wir mit Gottes Hilfe in Eurem Staate gelernt haben[1], wie wir in Recht und Gerechtigkeit unsere Herrschaft über die Römer führen können.

Unsere Regierung will nur eine Nachahmung der Euren sein, die Gestaltung eines guten Vorsatzes, das Abbild des einen Reiches. Wie sehr wir Euch darin nachfolgen, um so viel sind wir den anderen Völkern voraus.

Ihr ermahnt mich unablässig, den Senat zu lieben, die Gesetze, welche die Kaiser gegeben haben, mit Freuden mir zu eigen zu machen, allen Teilen Italiens Ruhe zu bringen. Wie könnt Ihr den vom Frieden mit dem Kaiser trennen, von dem Ihr die innigste Übereinstimmung mit eurem eigenen Wesen wünscht? […] Denn Ihr könnt nach unserer Meinung nicht dulden, dass zwischen den beiden Staaten, die unter den früheren Kaisern immer als *ein* Körper betrachtet wurden, irgendeine Unstimmigkeit fortdaure.

[1] Theoderich hatte seine Kindheit und Jugend als Geisel am Kaiserhof in Konstantinopel verbracht.

Diese beiden Reiche sollen doch nicht bloß in tatenlosem Wohlwollen freundschaftlich verbunden sein, sondern sich auch mit gemeinsamen Kräften gegenseitig fördern. [...] Und was immer in unserer Kraft steht, soll auf Eure Verherrlichung hingerichtet sein. Deshalb machen wir auch unsere ehrerbietige Aufwartung und ersuchen ergebenen Sinnes, dass Ihr uns nicht die ruhmvolle Liebe Eurer Huld entzieht, auf die wir hoffen zu dürfen glaubten, wenn sie auch anderen nicht zuteilwerden konnte.

Cassiodorus, Variae (Gesammelte Briefe und Erlasse), 1, 1, zitiert nach: Walter Arend (Bearb.), Altertum, Geschichte in Quellen, München [3]1978, S. 823

1. Analysieren Sie Theoderichs Stellung in Italien und sein Verhältnis zum Kaiser in Konstantinopel. Gehen Sie dabei insbesondere auf das Bild der „zwei Staaten" ein, die als „ein Körper" betrachtet werden (vgl. Zeile 22–25), und berücksichtigen Sie auch M1.
2. Vergleichen Sie Theoderichs Verhältnis zum oströmischen Kaiser mit der Einstellung des westgotischen Königs Athaulf zum Römischen Reich (M3 auf Seite 193).
3. Beurteilen Sie Stil und Intention des Schreibens. | H

M5 Die Herrschaft der Ostgoten in Italien

Nach dem Tod des ostgotischen Königs Theoderich im Jahre 526 versuchte der oströmische Kaiser Justinian, Italien zurückzuerobern. Über diese fast 30 Jahre dauernden Kämpfe berichtet der oströmische Schriftsteller Procopius um 550 in seinem „Gotenkrieg". In einer fiktiven Rede lässt er die Goten ihren Herrschaftsanspruch in Italien verteidigen:

„Nicht mit Gewalt haben die Goten das Land Italien den Römern geraubt und in Besitz genommen, vielmehr hat Odoaker einst den Kaiser[1] gestürzt und die Staatsverfassung in eine Tyrannis[2] verwandelt. Der damalige oströmische Kaiser Zenon[3] wollte nun seinen Mitherrscher rächen und dieses Land von dem Tyrannen befreien. Doch da er nicht imstande war, die Macht Odoakers zu stürzen, überredete er unseren König Theoderich, obwohl dieser sich eben anschickte, ihn selbst und Byzanz[4] zu belagern, er solle doch die Feindschaft gegen den Kaiser begraben und eingedenk der erwiesenen Ehrungen – Theoderich war römischer Patrizius[5] und Konsul[6] – Odoaker für sein Verbrechen an Augustulus bestrafen und dann selber mit seinen Goten nach Ordnung und Recht das Land für alle Zeit in Besitz nehmen.
So haben wir die Herrschaft in Italien übernommen und Gesetze wie auch Verfassung getreulich bewahrt, so redlich, wie es nur je ein römischer Kaiser getan. Weder unter Theoderich noch unter irgendeinem Nachfolger auf dem gotischen Königsthron ist auch nur ein einziges geschriebenes oder ungeschriebenes Gesetz erlassen worden. Was Gottesdienst und Glauben betrifft, haben wir auf das Empfinden der Römer so gewissenhaft Rücksicht genommen, dass bis auf den heutigen Tag kein Italiker[7] weder freiwillig noch unfreiwillig seinen Glauben[8] wechselte. Ebenso blieben Goten, die zum anderen Glauben übertraten, deshalb unbehelligt. Auch die heiligen Stätten der Römer haben wir in höchsten Ehren gehalten. [...] Nicht genug damit, auch sämtliche Staatsämter haben dauernd in der Hand von Römern gelegen und nie wurde ein solches von Goten bekleidet. [...] Man könnte auch noch darauf hinweisen, dass die Goten den Römern erlaubten, Jahr für Jahr, sich ihre Konsuln durch den oströmischen Kaiser bestellen zu lassen. Gleichwohl habt ihr damals auf Italien, als es von Odoaker und seinen Barbaren – nicht eine kurze Zeitspanne, sondern ganze zehn Jahre – heimgesucht wurde, keinerlei Anspruch erhoben, wollt jetzt aber in durchaus unbilliger Weise die rechtmäßigen Besitzer daraus verdrängen."

Procopius, Gotenkrieg, II, 6, 14–21, zitiert nach: Otto Veh (Hrsg.), a.a.O., S. 261–265

1. Arbeiten Sie heraus, wie die Ostgoten ihren Herrschaftsanspruch in Italien begründeten.
2. Charakterisieren Sie die Politik Theoderichs gegenüber der römischen Bevölkerung Italiens: Welche Wirkung könnte diese Politik auf die Römer und welche auf die Ostgoten gehabt haben?
3. Erörtern Sie, inwieweit die Ostgoten in Italien ihre Herrschaft in den Strukturen des römischen Kaisertums errichteten. Beziehen Sie dazu auch M4 ein.
4. Überprüfen Sie, inwiefern es für die Ostgoten eine besondere Herausforderung war, dass ihre Reichsgründung in Italien, dem Mutter- und Kernland des römischen Reiches, stattfand.
5. Präsentation: Entwerfen Sie eine fiktive Rede des oströmischen Kaisers Justinian als Antwort an die Ostgoten, in der dieser die gotischen Herrschaftsansprüche zurückweist. Nutzen Sie dazu auch M4.

[1] Gemeint ist Romulus Augustulus († nach 507/11), letzter weströmischer Kaiser, der 476 von Odoaker abgesetzt wurde.
[2] **Tyrannis**: Gewalt- oder Unrechtsherrschaft
[3] **Zenon** (440–491): oströmischer Kaiser (474–491)
[4] Gemeint ist die oströmische Hauptstadt Konstantinopel.
[5] Gemeint ist hier das Amt des obersten Heermeisters.
[6] **Konsul**: hohes ziviles (Ehren-)Amt in Rom
[7] Gemeint sind die römischen Bewohner Italiens.
[8] Ostgoten und Römer gehörten unterschiedlichen christlichen Glaubensrichtungen an: Während die Ostgoten Arianer waren, handelte es sich bei den Römern um Katholiken. Zum Arianismus siehe Seite 190.

M6 Das Zusammenleben von Ostgoten und Römern in Italien

Die Ostgoten wurden von Theoderich zur Verteidigung Italiens vor allem in den norditalienischen Städten angesiedelt. In jede von Goten bewohnte Stadt entsandte der König einen Beamten („comes"), der dort als Richter und militärischer Befehlshaber fungierte. In einer von Cassiodorus überlieferten Ernennungsurkunde eines solchen „comes" äußert sich Theoderich zum Zusammenleben von Ostgoten und Römern:

Wie ihr die Römer durch ihre Besitzungen als Nachbarn habt, so seid ihnen mit Liebe verbunden. Ihr aber, Römer, müsst mit großem Eifer die Goten hoch achten, die im Frieden euch zu einem zahlreichen Volk machen und in Kriegen den gesamten Staat verteidigen. [...]
Da wir mit Gottes Hilfe wissen, dass die Goten mit euch vermischt zusammenwohnen, halten wir es für nötig, damit nicht unter den Teilhabern, wie es gewöhnlich zu geschehen pflegt, Disziplinlosigkeit aufkommt, einen erhabenen Mann, der bei uns bislang durch seine guten Sitten Anerkennung gefunden hat, zu euch als *comes* zu schicken, damit er gemäß unserer Edikte[1] zwischen zwei Goten pflichtgemäß einen Streit schlichtet und damit er, wenn vielleicht sogar zwischen einem Goten und einem Römer irgendein Rechtsstreit aufkommt, unter Hinzuziehung eines kundigen Römers den Streit auf unparteiische Weise lösen kann. Aber zwischen zwei Römern sollen die Römer die Untersuchungsrichter anhören, die wir in die Provinzen schicken, damit jedem Einzelnen seine Rechte gewahrt werden und bei unterschiedlichen Richtern eine einzige Gerechtigkeit alle zusammenhält.

Cassiodorus, Variae (Gesammelte Briefe und Erlasse), 7, 1, 3, zitiert nach: Frank M. Ausbüttel, Theoderich der Große, Darmstadt 2003, S. 81 f. und 88

1. Geben Sie die von Theoderich für Goten und Römer getroffenen Regelungen wieder.
2. Erläutern Sie, wie darin das politische Prinzip Theoderichs „Integration durch Separation" zum Ausdruck kommt.
3. Beurteilen Sie, ob dieses Prinzip im Ostgotenreich erfolgreich war. Halten Sie dieses Prinzip der Integration allgemein für erfolgversprechend? Welche Vor- und Nachteile könnten damit verbunden sein?
4. An anderer Stelle bei Cassiodorus (Variae 12, 5) wird Theoderich mit dem Ausspruch zitiert: „Während das Gotenheer Krieg führt, lebe der Römer in Frieden!" Nehmen Sie Stellung zu dieser Aussage mit Bezug auf das Zusammenleben von Ostgoten und Römern. | **H**

[1] **Edikt**: vom König erlassenes Gesetz

M7 Theoderichs Tod

Um den Tod des Ostgotenkönigs Theoderich ranken sich viele Sagen und Legenden. Eine davon überliefert der oströmische Schriftsteller Procopius. Darin wird der Tod des Königs mit seinen Konflikten mit den römischen Senatoren und der katholischen Kirche in Italien in Verbindung gebracht:

Symmachus und dessen Schwiegersohn Boethius[2] [...] bekleideten die erste Stellung im römischen Senat. Eifrigst trieben sie philosophische Studien und strebten nach dem Ruhm der Gerechtigkeit. Sie halfen auch vielen Stadtbewohnern und Fremden mit Geldunterstützungen aus der Not, zogen sich aber durch ihr wachsendes Ansehen die Missgunst schlechter Menschen zu. Theoderich schenkte deren verleumderischen Behauptungen Glauben, ließ beide Männer als Hochverräter hinrichten und zog ihr Vermögen ein. Wenige Tage später setzten ihm die Diener den Kopf eines großen Fisches zum Mahle vor. Da war es ihm, als sei dies das Haupt des eben erst getöteten Symmachus: Mit seinen in die Unterlippe eingebissenen Zähnen und starr und wild auf ihn gerichteten Augen erschien er Theoderich furchtbar drohend. Das grässliche Gesicht erfüllte ihn mit Schrecken; er bekam Schüttelfrost und musste sich eilends in sein Schlafgemach zurückziehen, wo er, in viele Decken gehüllt, Ruhe suchte. Hierauf berichtete er seinem Leibarzt Elpidius den ganzen Vorfall und beklagte das Unrecht, das er Symmachus und Boethius zugefügt hatte. Nachdem er seinen Fehler bitter beklagt und bereut hatte, verschied er kurz darauf. Dies war die erste und letzte Untat gegen seine Untertanen; denn nicht wie sonst hatte er eine sorgfältige Untersuchung durchgeführt und erst dann sein Urteil gegen die Männer gefällt.

Procopius, Gotenkrieg, I, 1, 31–39, zitiert nach: Otto Veh (Hrsg.), a. a. O., S. 15

1. Fassen Sie die Kernaussage des Berichtes über den Tod Theoderichs zusammen.
2. Analysieren Sie, was man daraus über das Verhältnis von Ostgoten und Römern in Italien gegen Ende der Regierungszeit Theoderichs entnehmen kann. Beziehen Sie in Ihre Analyse auch M8 ein.
3. Erörtern Sie, welche politischen Gründe es für Theoderich und die Ostgoten gegeben haben könnte, ihre arianische Religionszugehörigkeit beizubehalten?

[2] **Symmachus** († 525/26) und **Boethius** (um 480 – 524/26) stammten aus prominenten italienischen Senatoren- und Großgrundbesitzerfamilien. Beide übernahmen unter Theoderich hohe Ämter in der italienischen Zivilverwaltung bzw. am gotischen Königshof in Ravenna. Sie unterhielten aber auch gute Beziehungen zum oströmischen Kaiser in Konstantinopel und zum Papst in Rom.

M8 Theoderichs Königspalast in Ravenna

Das Mosaik von Anfang des 6. Jahrhunderts zeigt den Palast („Palatium") des Ostgotenkönigs Theoderich in seiner Hauptstadt Ravenna. Es kann dort heute in der Kirche Sant'Apollinare Nuovo besichtigt werden. Ursprünglich war zwischen den Säulen der König mit seiner Familie und seinen engsten Mitarbeitern abgebildet. Nach der Rückeroberung Italiens durch den oströmischen Kaiser Justinian wurden diese Bildnisse entfernt und durch Vorhänge ersetzt. Auf den Säulen des Palastes sind zum Teil noch Hände der ursprünglich dargestellten Personen zu erkennen. Ebenso wurde die Kirche von einer arianischen zu einer katholischen umgewandelt.

1. Erklären Sie, welche Gründe es für die Umarbeitung des Mosaiks und die Umwandlung der Kirche geben könnte. Beziehen Sie in Ihre Erklärung auch M7 ein.
2. Erörtern Sie, ob ein solcher Umgang mit Kunstwerken und Bauwerken grundsätzlich angemessen ist.

Das Frankenreich der Merowinger

Konfrontation und Symbiose: Römer und Franken als Nachbarn | Die „Franken" erscheinen erstmals im 3. Jahrhundert als römischer Sammelbegriff für germanische Verbände am Niederrhein, die in der Reichskrise Raub- und Plünderungszüge nach Gallien und bis nach Spanien und Nordafrika unternahmen. Der Name bedeutete wahrscheinlich „mutig", „kühn" oder auch „frei". Man nimmt an, dass sich Angehörige verschiedener germanischer Stämme zu gemeinsamen Angriffs- oder Verteidigungsunternehmungen zusammenschlossen und so durch Ethnogenese die Franken entstanden. Diese stellten zunächst noch keine geschlossene politische Einheit dar, sondern bewahrten unterschiedliche Identitäten. Das Besondere an den Franken war, dass sie nicht wie andere germanische Gruppen, z. B. die Westgoten und die Ostgoten, großräumige Wanderungen zurücklegten. Stattdessen weiteten sie in einem allmählichen Migrationsprozess ihre ursprünglich rechts der römischen Rheingrenze gelegenen Siedlungsgebiete über den Fluss ins Reich hinein aus. Auf diese Weise entwickelten sich eine grenzüberschreitende Kommunikation und Netzwerke, die vom 3. bis zum 5. Jahrhundert zu wechselseitigen Akkulturationsprozessen zwischen Römern und Germanen in Nordgallien führten.

Einige der fränkischen Gruppen ließen sich auf römischem Gebiet zwischen Rhein und Mosel nieder, eroberten die Städte Köln und Trier und gründeten mehrere kleine Königtümer. Sie werden als *Rheinfranken* bezeichnet. Andere fränkische Verbände, die man unter dem Begriff *Salfranken* zusammenfasst, wurden von den Römern unterworfen und nach Abschluss eines Vertrages (*foedus*) im heutigen Belgien und Nordfrankreich angesiedelt. Dort leisteten sie Militärdienste. Die Eingliederung in die römischen Militärstrukturen förderte die Integration der Franken. In ihren Siedlungsgebieten vermischten sie sich mit der römischen Bevölkerung und dienten loyal in der römischen Armee. So versuchten Franken 406/07 vergeblich, die Reichsgrenze zu verteidigen und den Rheinübergang der Vandalen, Sueben und Burgunder ins Römische Reich aufzuhalten. Sicherlich handelten sie dabei nicht nur im Interesse Roms, sondern auch, um ihre eigenen Siedlungsgebiete und ihre Symbiose mit dem Imperium gegen konkurrierende germanische Gruppen zu sichern.

Grabinschrift für einen fränkischen Soldaten in römischen Diensten aus der Nähe von Budapest (Ungarn).
4. Jahrhundert, Kalkstein, Breite: 236 cm, Höhe: 51 cm, Tiefe: 26 cm.
Die Inschrift lautet: *Francus ego cives Romanus miles in armis / egregia virtute tuli bello mea dextera sem(p)er* („Ich, ein fränkischer Bürger, ein römischer Soldat in Waffen, trug mit außerordentlicher Tapferkeit stets (die Waffen) im Krieg mit meiner rechten Hand").

▶ Beurteilen Sie, was diese Grabinschrift über die Identität und das Selbstverständnis des Verstorbenen aussagt. | H

Franken bekleideten vor allem im 4. Jahrhundert hohe Offiziersränge in römischen Diensten und standen als Heermeister an der Spitze der Armee des Westreiches. Gleichzeitig setzten fränkische Gruppen aber auch ihre Raubzüge und die unkontrollierte Landnahme in Nordgallien fort. Immer wieder kam es deshalb vor, dass Franken in Diensten der Römer gegen andere Franken kämpften. In der Schlacht auf den Katalaunischen Feldern 451 kämpften Franken sowohl aufseiten der römisch-germanischen Koalition zur Abwehr der Hunnen als auch auf hunnischer Seite.

Childerich I. († 481/82): König der Franken von ca. 463 bis 481/82.
Er stammte aus der Familie der Merowinger und legte den Grundstein für den Aufstieg des Frankenreiches unter seinem Sohn und Nachfolger Chlodwig I.

Als die weströmische Reichsregierung immer mehr an Einfluss in Nordgallien verlor, besetzten die Salfranken um 445 die römische Provinz *Belgica Secunda* mit der Hauptstadt Tournai. Ihr König **Childerich I.** ist der erste eindeutig bezeugte Vertreter der fränkischen Königsfamilie der Merowinger. Neben dem Königtum über seine fränkische Gruppe bekleidete Childerich auch das Amt eines römischen Militärkommandanten und kämpfte im römischen Auftrag in Gallien gegen Westgoten, Sachsen und **Alamannen**. Dabei kooperierte er eng mit den noch in Gallien existierenden römischen Armeeeinheiten und deren Anführern und gewann so an Macht und Ansehen (➔M1 und M2).

Gewaltbereitschaft und Expansion: die Franken unter Chlodwig | Als Childerich 481/82 starb, übernahm dessen sechzehnjähriger Sohn **Chlodwig** sowohl sein Königtum als auch sein römisches Militäramt in der Provinz *Belgica Secunda*. Nordgallien war zu dieser Zeit ein unübersichtliches Mosaik verschiedener Mächte und Interessen: Neben fränkischen Königtümern gab es dort regionale römische „war lords“, also Heermeister und Generäle, die weitgehend unabhängig vom Kaiser und der römischen Reichsregierung herrschten. Auch die germanischen Westgoten, Alamannen und **Burgunder** rivalisierten miteinander um Einfluss in der Region. Chlodwig ging ab 486 daran, seine Machtposition auszudehnen und der Reihe nach konkurrierende Machthaber auszuschalten.[1] Dabei konnte er davon ausgehen, dass die Bewohner Nordgalliens in der unsicheren und verworrenen politischen Situation bereit sein würden, die stabile Herrschaft eines „starken Mannes“ zu akzeptieren.

Nachdem Chlodwig offenbar zunächst die salfränkischen Königtümer vereinigt hatte, besiegte er *Syagrius*, den letzten römischen Heermeister und Statthalter in Gallien, wodurch er dessen Truppen, die römischen Waffenfabriken und den kaiserlich-römischen Großgrundbesitz in Nordgallien für sich gewann. Gestützt auf diese vergrößerte Machtbasis gewann Chlodwigs gewaltsame Expansionspolitik an Dynamik: Bis 506 unterwarf er in mehreren Feldzügen die Alamannen und besetzte einen Teil ihres Siedlungsgebietes. 507 besiegte Chlodwig dann die Westgoten, die sich nach dieser Niederlage und dem Tod ihres Königs nach Spanien zurückzogen und dort ein neues Reich gründeten. Zwischen 509 und 511 übernahm er auch noch die Herrschaft über die Rheinfranken und integrierte sie in sein Reich. Die Könige der Rheinfranken beseitigte er mit Gewalt. Mit den Burgundern in Gallien und den Ostgoten in Italien schloss Chlodwig Bündnisse, die durch Eheschließungen bekräftigt wurden: Während Chlodwig selbst eine burgundische Prinzessin heiratete, gab er dem Ostgotenkönig Theoderich seine Schwester zur Frau und gliederte sich zumindest vorübergehend in dessen Bündnissystem ein. Die Heirat zeigte, welches Ansehen Chlodwig mittlerweile genoss.

Damit hatte sich das Frankenreich der Merowinger gegen Römer und konkurrierende germanische Gruppen behauptet und war zur Vormacht in Gallien aufgestiegen. Chlodwig hatte im Zuge seiner Expansionspolitik nicht nur die Franken geeint. Sein Reich umfasste als „Vielvölkerstaat“ nun auch römische, alamannische, gotische und burgundische Untertanen. Die Franken besaßen die politische und militärische Führung in diesem Reich, waren aber zahlenmäßig – wie alle Germanen in den Reichsgründungen der Völkerwanderungszeit – eine Minderheit. Man geht davon aus, dass die Bevölkerung des Merowingerreiches ca. 200 000 Franken und sechs bis sieben Millionen Römer umfasste. Die Franken siedelten dabei vor allem im Nordosten Galliens.

[1] Siehe hierzu auch die Karte auf Seite 219.

Alamannen: Römische Bezeichnung für ab Mitte des 3. Jahrhunderts sich rechts des Oberrheins ansiedelnde Germanen aus dem Elbegebiet. Zu Beginn des 6. Jahrhunderts gerieten die Alamannen unter die Herrschaft der Franken und wurden Teil des Frankenreiches. In einigen europäischen Sprachen geht bis heute die Bezeichnung für Deutschland auf die Alamannen zurück, so z. B. „l'Allemagne“ im Französischen.

Chlodwig I. (um 466–511): König der Franken von 481/482 bis 511. Er gilt als Begründer des Frankenreiches mit der Hauptstadt Paris. Sein Übertritt zum katholischen Christentum war eine wichtige Weichenstellung für die Geschichte Europas im Mittelalter.

Burgunder: Nachdem die Burgunder im Jahre 406/07 die römische Rheingrenze überschritten hatten, wurden sie 413 von Kaiser Honorius in der Gegend um Worms im heutigen Rheinland-Pfalz als Föderaten angesiedelt. Als sie ihr Siedlungsgebiet eigenmächtig zu erweitern versuchten, wurde ihr Reich vom römischen Heermeister Aetius 436 vernichtet. Den Überlebenden wurden am Genfer See neue Wohnsitze und Militärdienste zugewiesen, woraufhin die Burgunder dort ein neues Königreich gründeten. 534 wurde dieses schließlich von den Franken erobert und ins Frankenreich integriert. Der Name „Burgund“ für ihr ehemaliges Siedlungsgebiet blieb jedoch bestehen und bezeichnet noch heute eine Region in Frankreich.

Internettipp
„Chlodwig als Erbe römischer Traditionen“ – hierüber erfahren Sie mehr unter dem Code **32035-31**.

Stabilisierung und Integration: das Reich der Merowinger | Die Regierung dieses neu geschaffenen und heterogenen Reiches stellte Chlodwig und seine Nachfolger aus der Familie der Merowinger vor eine schwierige Aufgabe. Deshalb verfolgten die fränkischen Könige eine auf Stabilisierung und Integration gerichtete Politik. Diese setzte sich aus mehreren miteinander zusammenhängenden Bausteinen zusammen: die Ausgestaltung des Königtums, die Verwaltung des Reiches, das Verhältnis zur katholischen Kirche und die Fortsetzung der Expansionspolitik.

Als neue Zentralgewalt trat der König an die Stelle des römischen Kaisers. Er war die Integrationsfigur für die Bewohner seines Reiches. Als oberster Heerführer kommandierte der König das fränkische Heer, die militärische Grundlage seiner Macht. Grundsätzlich hatte er die Gewalt über Leben und Tod seiner Untertanen (➔M4). Trotzdem waren die Machtbefugnisse des Königs nicht uneingeschränkt. In wichtigen Fragen war er von den Beschlüssen der fränkischen Heeresversammlung abhängig. Diese Musterung aller freien, wehrfähigen Franken fand vermutlich jährlich im März statt. Für die Legitimation von Chlodwigs Königtum gegenüber seinen römischen Untertanen war es wichtig, dass der oströmische Kaiser Anastasius I. ihn nach dem Sieg über die Westgoten 507 als Herrscher über Gallien anerkannte. Als Zeichen seiner Anerkennung übersandte der Kaiser Chlodwig ein Purpurgewand und eine Krone (Diadem) und verlieh ihm den Ehrentitel eines römischen Konsuls (➔M7).

Als neue Hauptstadt seines Reiches wählte Chlodwig ab 508 die Stadt Paris. Allerdings hielten er und seine Nachfolger sich dort nicht dauerhaft auf, sondern übten als „Reisekönige“ vielmehr eine mobile Herrschaft aus (➔M11). So war der König in den verschiedenen Regionen seines Reiches präsent. Unter den Ämtern am Königshof war der Hausmeier (*maior domus*) das einflussreichste: Er stand an der Spitze der Hofverwaltung und der Gefolgschaft des Königs. Man kann annehmen, dass am Königshof sowohl Franken als auch Römer hohe Ämter übernahmen, sodass sich allmählich eine integrierte fränkisch-römische Führungsschicht im Merowingerreich herausbildete.

Von großer Bedeutung für die Position des Königs war auch sein Königsschatz: Darunter versteht man das bewegliche, persönliche Vermögen des Königs in Form von Gold, Edelsteinen, Münzen und wertvollen Gegenständen (➔M1). Er stellte den Reichtum des Herrschers zur Schau und symbolisierte so dessen Macht. Diesen Reichtum konnten Chlodwig und seine Nachfolger einsetzen, um ihre Großzügigkeit unter Beweis zu stellen, Anhänger zu gewinnen und zu belohnen und so ihre Stellung zu sichern. Neben dem Schatz hatten König und Staat noch weiteres Vermögen und Einkünfte: Der König war der größte Landbesitzer im Frankenreich und bezog die Erträge dieser Güter. Außerdem standen ihm verschiedene Steuern und Abgaben seiner Untertanen in Geld, Naturalien oder Dienstleistungen zu. Auch Kriegsbeute und gegebenenfalls Zahlungen für Militärdienste, wie z.B. durch den oströmischen Kaiser, gehörten zu den Einnahmen.

Die römischen Verwaltungsstrukturen übernahm Chlodwig weitgehend. Eine wichtige Rolle spielten dabei die Bischöfe, die in der Regel aus der Schicht der römischen Großgrundbesitzer stammten und in den gallischen Städten die öffentlichen Aufgaben übernahmen. Chlodwig, der über keinerlei Erfahrung in der Zivilverwaltung verfügte, nutzte die Bischöfe als Ratgeber und kooperierte mit ihnen, um die römische Bevölkerung Galliens für sich zu gewinnen (➔M3). Neben den Bischöfen setzten die merowingischen Könige zur Verwaltung der Städte und ihres Umlandes auch fränkische Beamte ein. Diese waren für die Steuererhebung und das örtliche Polizei- und Gerichtswesen zuständig und wurden als *comes* (Graf) oder *dux* (Herzog) bezeichnet.

Zwischen 507 und 511 ließ Chlodwig das Recht der Franken in einer lateinischsprachigen Gesetzessammlung, der *lex Salica*, aufzeichnen. Die darin enthaltenden Vorschriften galten für die germanische Reichsbevölkerung, für die Römer galt weiterhin das römische Recht. Im Unterschied zu anderen germanischen Reichen der Völkerwanderungszeit waren im Frankenreich Eheschließungen zwischen Franken und Römern erlaubt. Ein Hauptzweck der *lex Salica* kann darin gesehen werden, die fränkische Sitte der Fehde und Blutrache durch die Festsetzung von Strafen und Bußgeldern zu unterbinden.

Handschrift der lex Salica aus der Stiftsbibliothek Sankt Gallen.
Tinte auf Pergament, 22,5 x 13 cm, entstanden 793 in Lyon.
Die Handschrift aus dem 8. Jahrhundert zeigt Chlodwig als Herausgeber und Auftraggeber der lateinischsprachigen Gesetzessammlung.

▶ Erklären Sie, warum Chlodwig während seiner Herrschaft das fränkische Recht sammeln und aufschreiben ließ. Warum könnte dies in lateinischer Sprache geschehen sein?

Internettipp
Ein Digitalisat dieser Handschrift finden Sie unter dem Code **32035-32**.

Von besonderer Bedeutung für die Integration des Merowingerreiches war der Übertritt Chlodwigs zum katholischen Christentum. Zuvor war der König entweder Heide oder Arianer. Seine Taufe, die sich nicht genau datieren lässt, war ein eindeutiges Kooperationsangebot an die römisch-katholische Bevölkerungsmehrheit in Gallien und beförderte die Akzeptanz der fränkischen Vorherrschaft (➔M5 und M6). Chlodwig setzte sich damit bewusst von den anderen germanischen Reichen in Gallien ab, insbesondere den Westgoten, die Arianer blieben. Die Mehrheit der Franken folgte dem Vorbild ihres Königs. Mit der Taufe gewannen die Franken auch endgültig den Rückhalt der katholischen Bischöfe in Gallien und des immer mächtiger werdenden Papstes in Rom. Als katholischer König konnte sich Chlodwig nun in der Nachfolge des weströmischen Kaisers zum Schutzherrn der katholischen Kirche in Gallien machen und Einfluss auf die Kirchenpolitik und die Besetzung der Bischofsämter nehmen. Insbesondere berief er Versammlungen (Konzilien) der Bischöfe ein, auf denen verbindliche Beschlüsse für die Kirchenorganisation getroffen wurden (➔M9). Ihren Glauben und ihren Einfluss auf die Kirche demonstrierten Chlodwig und seine Nachfolger auch durch die Gründung und Beschenkung von Kirchen und Klöstern.

Außenpolitisch setzten die Franken auch nach Chlodwigs Tod 511 ihre Expansionspolitik fort. Der Übertritt zum katholischen Christentum eröffnete ihnen dabei die Möglichkeit, die römischen Führungsschichten in den benachbarten germanischen Reichen zur Zusammenarbeit zu gewinnen. Bis 532 verdrängten die Franken die Westgoten aus Gallien, 534 wurde das Reich der Burgunder in das Frankenreich integriert und 537 schließlich die bis dahin unter der Herrschaft des Ostgotenreiches stehenden Gebiete in Südfrankreich erobert. Gleichzeitig dehnten die Franken ihren Machtbereich aber auch nach Osten über den Rhein aus und gliederten Friesen, Sachsen, Thüringer und Bayern in ihr Reich ein (➔M8).[1] Das Frankenreich war damit das erste und einzige der im Zuge der Völkerwanderung im ehemaligen Weströmischen Reich gegründeten germanischen Königreiche, das sich in zuvor nicht unter römischer Herrschaft stehende Gebiete erweiterte.

Das Frankenreich als Erfolgsmodell der Völkerwanderung? | Ein entscheidender Unterschied der fränkischen Reichsgründung zu den Reichen der West- und Ostgoten lag darin, dass sie von der Peripherie des ehemaligen Weströmischen Reiches her geschah. Dadurch bestand der Kontakt zu den ursprünglichen Siedlungsgebieten der Franken rechts des Rheins fort und zumindest im Kerngebiet des Frankenreiches gab es eine relativ große Zahl bäuerlicher fränkischer Siedler: So waren die Franken in ihrem Reich eine deutlich größere Minderheit als es die Goten in ihren jeweiligen Herrschaftsgebieten waren. Außerdem waren sie hier vor oströmischen Rückeroberungsversuchen sicher.

Der Übertritt zum katholischen Glauben beförderte die Akkulturation der Franken und ihre Integration in den römischen Kulturkreis ganz wesentlich. Dadurch wurden religiös aufgeladene Konflikte mit der römischen-katholischen Bevölkerungsmehrheit, die in den arianischen Germanenreichen immer wieder für Probleme sorgten, vermieden. Da auch Heiraten zwischen Franken und Römern möglich waren, entstand eine neue fränkisch-römische Führungsschicht, die sich mit Reich und Königtum identifizierte und mit den merowingischen Herrschern kooperierte, ohne sie als Fremdherrschaft zu empfinden. Allmählich verschmolzen so römische und fränkische Kultur und Identität (➔M10).

Die spätrömische Infrastruktur mit Städten, Straßen und Handelsverbindungen blieb im Merowingerreich zunächst erhalten. Auch die Wirtschaftsstrukturen, insbesondere die landwirtschaftlichen Güter, bestanden fort und in der römischen Bevölkerung wurde nach wie vor lateinische Bildung und Sprache gepflegt. Mit der Zeit gingen allerdings die technischen, wirtschaftlichen und kulturellen Errungenschaften des Römischen Reiches teilweise verloren: Die Stadtbevölkerung schrumpfte, das allgemeine Bildungsniveau ging zurück. Lesen und Schreiben beherrschten nur noch die Geistlichen in Kirchen und Klöstern. Die Verkehrsinfrastruktur verfiel, die Geldwirtschaft verlor an Bedeutung und der überregionale Handel nahm ab. Handwerkliche Fähigkeiten, wie z.B. die Glasherstellung, gerieten in Vergessenheit. Die meisten Bewohner des Merowingerreiches lebten auf dem Land und produzierten gerade so viel, wie sie für den eigenen Bedarf benötigten.

Politisch wurde nach dem Tod Chlodwigs die Herrschaft im Frankenreich gleichberechtigt unter seinen vier Söhnen aufgeteilt. In der Folgezeit zerfiel das Reich der Merowinger wegen dieser Erbfolgeregelung in mehrere Teilreiche, die zusammenarbeiteten, aber immer wieder auch gegeneinander Krieg führten. Die Macht der me-

[1] Siehe hierzu auch die Karte auf Seite 219.

rowingischen Könige wurde dadurch geschwächt, bis schließlich einer der Hausmeier, der obersten Amtsträger am Königshof, die Teilreiche wieder vereinigte, den letzten merowingischen König absetzte und die neue Königsfamilie der Karolinger begründete. Die Karolinger kooperierten eng mit dem Papst in Rom: Während sie den Papst mit ihrer militärischen Macht unterstützten, legitimierte dieser ihr Königtum mit seiner religiösen Autorität. Im Jahre 800 krönte Papst *Leo III.* schließlich den fränkischen König *Karl den Großen* in Rom zum Kaiser. Die Krönung wurde als Übertragung des römischen Kaisertums (*translatio imperii*) auf die Franken betrachtet. Von nun an prägte die Kooperation und Konkurrenz zwischen Kaiser und Papst die Geschichte Westeuropas.

Der Heilige Petrus setzt Papst und Kaiser ein.
Buchmalerei aus dem Codex Vaticanus Barberinus Latinus 2062, Vatikanische Bibliothek, Rom.
Die Buchmalerei zeigt als zentrale Figur den Heiligen Petrus. Dieser überreicht Papst Leo III. zu seiner Rechten das Pallium und dem fränkischen König Karl dem Großen zu seiner Linken eine Fahne.
Das Pallium ist ein Amtsabzeichen des Papstes. Es handelt sich um ein weißes Band mit eingestickten Kreuzen, das wie ein Schal oder Halstuch getragen wird.

▶ Erklären Sie die Aussage der Malerei. Was für ein Verhältnis zwischen Papst und König kommt darin zum Ausdruck? | **H**

M1 Das Grabmal Childerichs

*Der Historiker Ulrich Nonn (*1942) schreibt über das Grab des salfränkischen Königs Childerich I., das im Jahre 1653 in der belgischen Stadt Tournai entdeckt wurde. Die originalen Grabfunde sind heute verloren, es existieren nur noch Zeichnungen und Nachbildungen:*

Die Ausgrabung stellte sich bald als Sensation heraus: Unter den geborgenen Beigaben fand sich ein goldener Siegelring[1] mit der Inschrift *Childirici regis* [„(Eigentum) des Königs Childerich"] – unzweifelhaft hatte man das Grab Childerichs entdeckt.
Zahlreiche Holz- und Eisenreste von einem Sarg bzw. einer Grabkammer wurden gefunden; auch das Skelett des Königs, das ausgebreitet im Grab lag, war offenbar noch gut erhalten und maß 1,79 m. [...] [Das Grab] lag am Rand einer merowingischen Nekropole[2] mit früheren und zeitgleichen Bestattungen, aber in gewissem Abstand [...]. Unmittelbar am Rand des Grabes fand man drei [...] Pferdegräber mit insgesamt 21 geopferten Tieren. Solche Pferdegräber sind im linksrheinischen Gallien äußerst selten; umso häufiger findet man sie östlich des Rheins, u. a. in Thüringen[3] [...]. Bei den bestatteten Tieren handelt es sich überwiegend um Wallache, also Reitpferde im Krieg [...].
Der Leichnam des Königs war [...] mit einem golddurchwirkten Gewand bekleidet [...]. Dabei dürfte es sich um ein *paludamentum* handeln, einen kürzeren Mantel von Offizieren in Panzertracht[4] (einen solchen zeigt auch das Siegelbild). Dazu gehörte offenbar eines der Prachtstücke des Grabfundes, eine goldene Zwiebelknopffibel[5] – wahrscheinlich vom Kaiser[6] zusammen mit dem prächtigen Mantel als Würdezeichen verliehen. Als persönliches Schmuckstück des Königs barg man einen Armreif aus massivem Gold im Gewicht von ca. 300 g, den man wohl als germanisches Herrschaftszeichen ansprechen darf; ähnliche Goldringe fanden sich in zahlreichen barbarischen Fürstengräbern. Hinzu kommen ein goldener Fingerring, goldene Schuhschnallen, eine Taschenschließe aus goldenem Zellendekor[7] mit roten Granaten[8]: alles höchst kunstvoll gearbeitete Stücke aus edelsten Materialien, die den hohen sozialen Rang des Bestatteten widerspiegeln. [...]
Ebenso prächtig waren die dem Leichnam beigegebenen Waffen: eine eiserne Wurfaxt (*francisca*), eine Lanze, ein Sax (ein einschneidiges Kurzschwert) und als prächtigstes Stück eine Goldgriffspatha (ein zweischneidiges Langschwert) [...].
Im Grab fand man auch einen Pferdekopf, der wohl zu Childerichs persönlichem Reitpferd gehörte. Offenbar vom Zaumzeug dieses Pferdes stammt eine Reihe von kleineren Objekten [...]: Knöpfe, Schnallen, über 30 goldene bienenförmige Beschläge und ein Stierkopfanhänger aus Gold mit Almandineinlagen[8]. [...]
Schließlich barg das Grab eine große Menge an Münzen. Im Schoß des Leichnams fand man die geringen Reste eines Lederbeutels mit 100 Goldsolidi[9]; die Prägungen aus dem Zeitraum von Theodosius II. (450) bis zu Zeno (476–491)[10] waren hauptsächlich im Ostreich geprägt. Sie dürften aus Soldzahlungen des Imperiums aufgrund des abgeschlossenen *Foedus* stammen. Außerdem ergrub man mehr als 200 Silbermünzen aus der mittleren Kaiserzeit[11]; ein Teil des königlichen Schatzes war dem toten König beigegeben worden.

Ulrich Nonn, Die Franken, Stuttgart 2010, S. 110–113

1. Fassen Sie zusammen, welche Beigaben das Grab Childerichs I. enthielt, und kategorisieren Sie diese. Berücksichtigen Sie dabei auch M2. | H
2. Arbeiten Sie heraus, welche Rückschlüsse man aus dem Grab und den Grabbeigaben auf Childerichs Stellung und auf die Beziehungen zwischen Franken und Römern ziehen kann.
3. Childerichs Sohn Chlodwig I. wurde nach seinem Tod in einer von ihm gestifteten katholischen Kirche in Paris bestattet. Erläutern Sie, was man daraus für die Identität Chlodwigs und die Entwicklung des merowingischen Frankenreiches von Childerich zu Chlodwig für Rückschlüsse ziehen könnte. Nutzen Sie zur Beantwortung der Frage auch M5 und M6.
4. Bei seiner Krönung zum Kaiser der Franzosen im Jahre 1804 trug Napoleon Bonaparte einen Mantel, der mit goldenen Bienen nach dem Vorbild der in Childerichs Grab gefundenen „bienenförmige[n] Beschläge" (vgl. Zeile 43 f.) geschmückt war. Erläutern Sie, welche Botschaft damit beabsichtigt gewesen sein könnte.
5. Erörtern Sie, inwiefern das Grab Childerichs und seine Ausrüstung seine doppelte kulturelle Zugehörigkeit und Identität widerspiegeln. | F

[1] Siehe hierzu auch M2.
[2] **Nekropole**: Friedhof
[3] Childerichs Frau Basina soll aus dem heutigen Thüringen gestammt haben.
[4] **Panzertracht**: Brustpanzer eines römischen Offiziers
[5] **Zwiebelknopffibel**: verzierte Brosche mit einer Art Sicherheitsnadel zum Schließen und Befestigen von Gewändern und Mänteln auf der Schulter. Sie gehörten zur typischen Ausrüstung römischer Soldaten in der Völkerwanderungszeit.
[6] Gemeint ist der oströmische Kaiser in Konstantinopel.
[7] **Zellendekor**: Verzierung aus Goldblech mit Einlagen aus (Halb-)Edelsteinen (siehe auch die gotische Adlerfibel auf Seite 188)
[8] **Granat** und **Almandin**: rote Halbedelsteine
[9] **Goldsolidus**: römische Goldmünze der Spätantike
[10] **Theodosius II.** (401–450) und **Zeno(n)** (440–491): Kaiser im Oströmischen Reich
[11] Die mittlere römische Kaiserzeit datiert von 117 bis 284. Sie beginnt mit dem Regierungsantritt Hadrians (76–138) und endet mit dem Regierungsantritt Diokletians (um 245 – um 313).

M2 Siegelring Childerichs I.

Bei der Abbildung handelt es sich um die silberne Nachbildung eines goldenen Siegelringes mit der Inschrift Childerici regis („(Eigentum) des Königs Childerich") aus dem Grab des salfränkischen Königs Childerich I., das im Jahre 1653 in der belgischen Stadt Tournai entdeckt wurde. Siegelringe dienten bei den Römern und später im Mittelalter dem Versiegeln von Dokumenten. Dabei wurde auf die zu besiegelnden Dokumente flüssiges Wachs getropft und der Siegelring in das noch weiche Wachs gedrückt. Das Siegel bezeugte die Echtheit des Dokuments. In der Antike waren Siegelringe der Oberschicht vorbehalten und ein Symbol von Autorität und Macht. Das Bild des Ringes zeigt Childerich ohne Bart und mit lang herabfallendem Haar. Die Sitte, die Haare lang und offen zu tragen, wurde zum Kennzeichen der merowingischen Könige. Childerich ist mit einem römischen Brustpanzer und einem Halsring bekleidet sowie darunter mit dem kurzen Mantel der römischen Offiziere (paludamentum). In der linken Hand hält er eine Lanze.

1. Analysieren Sie das Bild auf dem Siegelring. Wenden Sie dazu auch die Leitfragen zur Analyse einer Münze / eines Medaillons auf Seite 184 an.
2. Vergleichen Sie die Darstellung des Frankenkönigs Childerich auf dem Siegelring mit der Darstellung des Ostgotenkönigs Theoderich auf dem Goldmedaillon von Morro d'Alba (M2 auf Seite 201).
3. Analysieren Sie die Bedeutung des Siegelringes: Was könnten Gründe dafür sein, dass Childerich einen solchen Siegelring besaß? Welche Botschaft ist mit dem Bildnis des Ringes verbunden?

M3 Ratschläge des Bischofs Remigius von Reims an den fränkischen König Chlodwig I.

Der katholische Bischof Remigius von Reims († vor 535) schrieb wahrscheinlich 481/82 einen Brief an den fränkischen König Chlodwig I. Dieser hatte damals sechzehnjährig sowohl das Königtum über seine salfränkische Gruppe als auch das Amt eines römischen Militärkommandeurs in der Provinz Belgica Secunda von seinem Vater Childerich I. übernommen. Remigius war der ranghöchste Bischof in Chlodwigs Machtbereich und stammte wie die meisten Bischöfe in Gallien aus dem Kreis der römischen Großgrundbesitzer:

Bischof Remigius an den ausgezeichneten und durch seine Verdienste erhabenen Herrn, König Chlodwig
Es ist die bedeutungsvolle Kunde zu uns gedrungen, dass Du die Verwaltung der (Provinz) Belgica Secunda[1] übernommen hast. Und es ist nichts Ungewohntes, dass Du begonnen hast, so zu sein, wie Deine Eltern immer gewesen sind. Dies ist vor allem so zu halten, damit das Urteil des Herrn an Dir nicht schwankend wird, wo die Deinen sich verdient gemacht haben, der [gemeint ist Gott] durch den Fleiß Deiner Demut zur höchsten Spitze gelangt ist, weil, wie man sagt, die Handlungen des Menschen von ihrem Ergebnis her geprüft werden. Du musst Dir Berater nehmen, die Deinem Ruf nützen können. Und Deine Wohltaten sollen rein und ehrenhaft sein, und Du sollst Deinen Bischöfen vertrauen und immer zu deren Ratschlag zurückkehren. Wenn Du gut mit ihnen stehst, kann Deine Provinz besser bestehen. Richte Deine Bürger auf, bringe den Unterdrückten Hilfe, unterstütze die Witwen, ernähre die Waisen mehr, als dass Du sie belehrst, damit alle Dich lieben und fürchten. Die Gerechtigkeit spreche aus Deinem Mund, erwarte nichts von den Armen und Fremden, und nehme keine Geschenke oder überhaupt irgendeine (Bestechung) an. Dein Palast stehe allen offen, damit keiner traurig weggehe. Was auch immer Du an väterlichem Vermögen besitzt: Befreie damit Gefangene und erlöse sie vom Joch der

[1] **Provinz Belgica Secunda**: Gebiet im heutigen Nordfrankreich und Belgien, das auch die Stadt Reims umfasste

Sklaverei. Wenn irgendjemand vor Dein Angesicht kommt, soll er nicht spüren, dass er ein Fremder ist. Scherze mit der Jugend, und berate Dich mit den älteren Männern, wenn Du edel regieren und urteilen willst.

Brief des Bischofs Remigius von Reims an König Chlodwig, 481/82 oder 486/87, zitiert nach: Reinhold Kaiser und Sebastian Scholz, Quellen zur Geschichte der Franken und der Merowinger. Vom 3. Jahrhundert bis 751, Stuttgart 2012, S. 100 f.

1. Fassen Sie zusammen, welche Ratschläge der Bischof dem König gibt, und kategorisieren Sie diese.
2. Arbeiten Sie heraus, welche Rückschlüsse man aus dem Brief auf das Verhältnis des römischen Bischofs zum fränkischen König ziehen kann.
3. Vergleichen Sie das Verhältnis zwischen Remigius und Chlodwig mit dem Verhältnis zwischen dem König und den gallischen Bischöfen, wie es auf dem Konzil von Orléans 511 zum Ausdruck kommt (M9).
4. Präsentation: Verfassen Sie eine Antwort Chlodwigs auf den Brief von Remigius: Welches Interesse könnte der König an einer Kooperation mit den Bischöfen seines Herrschaftsgebietes gehabt haben?

M4 Chlodwig und der „Krug von Soissons"

Der Bischof Gregor von Tours (538/39 – um 594) berichtet in seiner um 575 verfassten „Geschichte der Franken" von einem Streit um die Verteilung der Kriegsbeute zwischen dem Frankenkönig Chlodwig I. und einem fränkischen Soldaten:

Die [Franken] hatten also aus einer bestimmten Kirche einen Krug von wunderbarer Größe und Schönheit geraubt, zusammen mit den übrigen kostbaren Geräten des Gottesdienstes. Der Bischof jener Kirche aber sandte einen Boten an den König und bat, dass, wenn er schon von den heiligen Geräten nichts zurückbekommen könne, seine Kirche wenigstens den Krug zurückerhalte. Als der König dies hörte, sagte er zu dem Boten: „Folge uns bis Soissons[1], weil dort alle Sachen, die wir erbeutet haben, aufgeteilt werden müssen. Und wenn mir das Los jenes Gefäß zuteilt, werde ich erfüllen, was der Bischof erbittet." Daraufhin kam er nach Soissons, und als die gesamte Beute in die Mitte gelegt worden war, sprach der König: „Ich bitte euch, tapferste Kämpfer, verweigert es mir nicht, dass mir wenigstens dieses Gefäß" – er sprach nämlich von jenem oben erwähntem Krug – „über meinen Teil hinaus zufällt." Als der König dies gesagt hatte, sprachen jene, die vernünftiger waren: „Alles, ruhmreicher König, was wir sehen, ist dein, und wir selbst sind deiner Herrschaft unterworfen. Tue nun, was dir gut zu sein scheint. Keiner vermag nämlich deiner Macht zu widerstehen." Als sie dies gesagt hatten, hieb ein leichtsinniger, neidischer und unbedachter Mann mit lautem Geschrei seine erhobene Doppelaxt in den Krug und sprach: „Nichts sollst du von hier erhalten, außer dem, was dir das Los wirklich geschenkt hat." Als alle darauf erstarrten, bezwang der König die Beleidigung mit der Sanftheit der Geduld. Er übergab den empfangenen Krug dem Boten der Kirche und bewahrte die versteckte Wunde unter seiner Brust. Als aber ein Jahr vergangen war, ließ er das ganze Heer mit der Waffenrüstung zusammenkommen, um auf dem Märzfeld[2] den Glanz dieser Waffen zu zeigen. Sobald er aber entschieden hatte, alle zu mustern, kam er zu dem Zerstörer des Kruges. Er sagte ihm: „Keiner trägt die Waffen so ungepflegt wie du. Denn weder deine Lanze noch dein Schwert noch deine Axt sind brauchbar." Und er ergriff seine Axt und warf sie auf die Erde. Aber als sich jener ein wenig vorbeugte, um sie aufzuheben, hieb der König, nachdem er ausgeholt hatte, seine Axt in dessen Haupt. „So", sagte er, „hast du es mit jenem Krug in Soissons gemacht." Nachdem dieser gestorben war, befahl er den anderen wegzugehen und er flößte ihnen durch diesen Vorfall große Furcht ein.

Gregor von Tours, Decem libri historiarum, II, 27, zitiert nach: Reinhold Kaiser und Sebastian Scholz, a. a. O., S. 139–141

1. Fassen Sie die von Gregor von Tours geschilderte Begebenheit mit eigenen Worten zusammen.
2. Arbeiten Sie heraus, welche Rückschlüsse man aus dieser Begebenheit auf Chlodwigs Stellung als fränkischer König ziehen kann. | H
3. Analysieren Sie, was die Begebenheit um den „Krug von Soissons" über das Verhältnis zwischen den Franken unter Chlodwig und der katholischen Kirche in Gallien aussagt. Beziehen Sie in Ihre Überlegungen auch M3 ein.
4. Präsentation: Wie könnte der fränkische Krieger seine Zerstörung des Kruges gerechtfertigt haben? Verfassen Sie eine fiktive Rede.
5. In der Forschung ist umstritten, welche Rolle einzelne Personen als sogenannte „charismatische Führungspersönlichkeiten" in der Geschichte spielen. Setzen Sie sich ausgehend vom Beispiel Chlodwigs mit dieser Frage auseinander. | H

[1] **Soissons**: Chlodwigs Hauptstadt ab 486/87

[2] **Märzfeld**: die jährlich im März stattfindende Versammlung und Musterung des fränkischen Heeres

M5 Der Übertritt Chlodwigs zum katholischen Glauben

Der Bischof Gregor von Tours berichtet in seiner um 575 verfassten „Geschichte der Franken“, wie der Frankenkönig Chlodwig I. zum katholischen Christentum übertrat und sich taufen ließ:

Damals ließ die Königin[1] heimlich den heiligen Remigius, den Bischof von Reims[2], zu sich holen und sie bat ihn, dem König das Wort des Heils zu eröffnen. Nachdem Chlodwig herbeigeholt worden war, begann der Bischof, ihm im Geheimen beizubringen, dass er an den wahren Gott, den Schöpfer von Himmel und Erde glaube und die Götzen verwerfe, die weder ihm noch anderen nützen könnten. Aber jener sagte: „Gern hörte ich dir zu, heiligster Vater; aber es gibt noch ein Hindernis, weil das Volk, das mir folgt, es nicht duldet, seine Götter zu verlassen. Aber ich gehe und spreche mit Ihnen gemäß deinem Wort.“ Als er aber mit den Seinigen zusammenkam, rief das ganze Volk zugleich, noch bevor jener sprach, weil ihm die Macht Gottes zuvorkam: „Wir verwerfen die sterblichen Götter, frommer König, und wir sind bereit, dem unsterblichen Gott zu folgen, den Remigius verkündet. Dies wurde dem Bischof gemeldet, der von großer Freude erfüllt befahl, das Taufbad vorzubereiten. Mit bunten Tüchern wurden die Plätze bedeckt, mit weißen Vorhängen die Kirchen geschmückt, die Taufkapelle vorbereitet, Balsam wurde ausgestreut, die brennenden Wachskerzen verteilten ihren Duft und die ganze Taufkapelle wurde von göttlichem Wohlgeruch erfüllt, und eine solche Gnade gewährte Gott den Anwesenden, dass sie glaubten, sich in den Wohlgerüchen des Paradieses zu befinden. Zuerst verlangte der König, vom Bischof getauft zu werden. Er ging wie ein neuer Konstantin[3] zum Taufbade hin, um die Krankheit[4] des alten Aussatzes zu tilgen und die schmutzigen Flecken, die er von früheren Zeiten her trug, durch das frische Wasser zu beseitigen. [...] Also bekannte der König den allmächtigen Gott in der Dreieinigkeit, wurde im Namen des Vaters, des Sohnes und des heiligen Geistes getauft und mit dem heiligen Salböl mit dem Zeichen des Kreuzes Christi bezeichnet. Von seinem Heer aber sind mehr als 3000 getauft worden.

Gregor von Tours, Decem libri historiarum, II, 31, zitiert nach: Reinhold Kaiser und Sebastian Scholz, a.a.O., S. 144–146

1. Fassen Sie zusammen, wie Chlodwigs Taufe vorbereitet wurde. Was könnten die Gründe für dieses Vorgehen sein? | F
2. Vergleichen Sie die Religionspolitik Chlodwigs mit derjenigen des Ostgotenkönigs Theoderich. Lesen Sie hierzu nochmals die Seite 198 im Kapitel zu den Ostgoten.
3. Analysieren Sie, welche innen- und außenpolitischen Signale von Chlodwigs Taufe ausgingen. Berücksichtigen Sie dabei auch die Abbildung M6.
4. „Er ging wie ein neuer Konstantin zum Taufbade hin“ (vgl. Zeile 26 f.): Nehmen Sie Stellung, welche Botschaften dieser Vergleich zwischen Chlodwig und dem römischen Kaiser Konstantin beinhaltet. | H

M6 Die Taufe Chlodwigs

Die im 14. Jahrhundert in Frankreich angefertigte Buchmalerei zeigt die Taufe des fränkischen Königs Chlodwig I. Zur Rechten des Taufbeckens stehen Bischöfe, die an ihren Bischofsmützen zu erkennen sind. Direkt neben Chlodwig steht der Bischof Remigius von Reims, der die Taufe vollzieht. Zur Linken des Taufbeckens sind fränkische Angehörige von Chlodwigs Hof zu sehen, darunter in der Mitte seine Frau Chrodechilde.

► Analysieren Sie die Darstellung von Chlodwigs Taufe. Beziehen Sie in Ihre Analyse auch M5 ein.

[1] Gemeint ist Chlodwigs zweite Ehefrau, die burgundische Prinzessin Chrodechilde (um 474–544).

[2] Zum Bischof Remigius von Reims siehe auch M2.

[3] **Konstantin** (der Große) (272/73–337): römischer Kaiser von 306 bis 337, führte im Römischen Reich das Christentum als Staatsreligion ein und ließ sich selbst taufen

[4] Gemeint ist das bisherige Heidentum Chlodwigs bzw. sein Arianismus. Zum Arianismus siehe Seite 190.

M7 Chlodwigs Anerkennung durch den oströmischen Kaiser

Der Bischof Gregor von Tours berichtet in seiner um 575 verfassten „Geschichte der Franken" über eine Zeremonie, die Chlodwig nach seinem Sieg über die Westgoten 508 in der Stadt Tours abhielt:

Also empfing er von Kaiser Anastasius[1] ein Handschreiben über das Konsulat[2] und in der Kirche des heiligen Martin[3] legte man ihm die Purpurtunika und den Mantel an und er schmückte seinen Kopf mit dem Diadem[4]. Nachdem er ein Pferd bestiegen hatte, warf er auf jenem Weg, der sich zwischen dem Tor der Vorhalle (der Martinskirche) und der Bischofskirche erstreckt, Gold und Silber mit eigener Hand unter das anwesende Volk und er gab es mit größter Freigebigkeit. Und von diesem Tag an wurde er Konsul oder Augustus[5] genannt. Er verließ aber die Stadt und kam von Tours nach Paris, und dort errichtete er den Sitz seiner Herrschaft.

Gregor von Tours, Decem libri historiarum, II, 38, zitiert nach: Reinhold Kaiser und Sebastian Scholz, a.a.O., Stuttgart 2012, S. 146 f.

1. Erläutern Sie, was der oströmische Kaiser mit der Verleihung eines römischen Amtes an Chlodwig zum Ausdruck brachte. Welche Bedeutung könnte die Ernennung zum Konsul für Chlodwig gehabt haben?
2. Erklären Sie, welche Botschaften Chlodwig mit der Zeremonie in Tours und der Wahl von Paris als neuer Hauptstadt an seine Untertanen in Gallien und an die Herrscher der anderen germanischen Reiche in Westeuropa sandte.
3. Vergleichen Sie die Stellung Chlodwigs in Gallien nach 508 mit derjenigen des Ostgotenkönigs Theoderich in Italien nach 497. Lesen Sie hierzu nochmals die Seiten 196 bis 200.

M8 Die Ausdehnung der fränkischen Herrschaft

Um 545 antwortet der fränkische König Theudebert I. († 547) auf ein Schreiben des oströmischen Kaisers Justinian (um 482–565):

König Theudebert an den berühmten und vortrefflichsten Herrn und Vater, Kaiser Justinian.
Der ausgezeichnete Mann Theodor kam zusammen mit Solomon[6] und wir haben die Briefe, die eure kaiserliche Huld an uns gerichtet hat, mit ehrlicher Liebe und Demut empfangen, obwohl ihr über uns in Sorge seid, weil wir über verschiedene Völker und Provinzen die geliebte Freundschaft Gottes ausgebreitet haben. Das aber, was euch beunruhigt, nämlich in welchen Provinzen wir zu Hause sind und welche Völker mit Gottes Hilfe unserer Herrschaft unterstehen, verhält sich wie folgt: Durch das Erbarmen Gottes haben wir glücklich die Thüringer unterworfen und ihre Provinzen erworben, nachdem damals ihre Könige ausgelöscht worden sind. Das Volk der Nordschwaben[7] ist durch unsere Majestät versöhnt worden und nachdem sich, durch Gottes Gnade, die Westgoten unseren Vorschriften unterworfen hatten, haben sich die Einwohner der *Francia*[8], Norditaliens, Pannoniens[9], die Sachsen und die Jüten[10] aus eigenem Willen uns unterworfen und unsere Herrschaft erstreckt sich unter der Obhut Gottes von der Donau und der Grenze Pannoniens bis zur Küste des Ozeans[11]. Und weil wir wissen, dass eure kaiserliche Hoheit über den Fortschritt der Katholiken, so wie es auch in euren Briefen bezeugt wird, hocherfreut ist, deshalb haben wir durch einen einfachen Bericht gemäß eurem Wunsch dargelegt, was es ist, das Gott uns zugestanden hat, und wir wünschen von ganzem Herzen, dass euer Ruhm für die Glücklichen so stark sein möge, dass ihr die alte Freundschaft der alten Fürsten bewahrt und wir eurer Gnade, wie ihr es öfters versprochen habt, zum allgemeinen Nutzen verbunden werden.

Brief Theudeberts I. an Justinian, um 545, zitiert nach: Reinhold Kaiser und Sebastian Scholz, a.a.O., S. 124 f.

1. Fassen Sie die Kernaussagen von Theudeberts Schreiben zusammen.
2. Erläutern Sie die Rolle des katholischen Christentums in Theudeberts Argumentation.
3. Vergleichen Sie Theudeberts Brief mit dem Brief des Ostgotenkönigs Theoderich an den oströmischen Kaiser Anastasius I. von 508 (M4 auf Seite 202).
4. Charakterisieren Sie, welches Verhältnis des fränkischen Königs zum oströmischen Kaiser in dem Schreiben zum Ausdruck kommt und erläutern Sie den Hintergrund dieses Verhältnisses.

[1] **Anastasius I.** (um 428/30–518): oströmischer Kaiser von 491 bis 518
[2] **Konsulat > Konsul**: hohes, ziviles römisches (Ehren-)Amt
[3] **Kirche des heiligen Martin**: Sitz des Bischofs von Tours
[4] **Diadem**: Krone
[5] **Augustus**: „der Erhabene", Anrede für den römischen Kaiser
[6] **Theodor** und **Solomon**: zwei Gesandte/Boten des oströmischen Kaisers
[7] **Nordschwaben**: die Alamannen im heutigen Baden-Württemberg und Hessen
[8] **Francia**: das fränkische Kernland im heutigen Belgien und Nordfrankreich
[9] **Pannonien**: Gebiet im heutigen Serbien und Ungarn
[10] **Jüten**: Bewohner im heutigen Dänemark
[11] Gemeint ist die Nordsee.

M9 Die gallischen Bischöfe und der fränkische König

Im Jahre 511 versammeln sich auf Einladung des Frankenkönigs Chlodwig die katholischen Bischöfe Galliens zu einem sogenannten Konzil in der Stadt Orléans und treffen dort wichtige Entscheidungen für die Organisation und Entwicklung der katholischen Kirche im Frankenreich. Über die Beschlüsse ihres Konzils informieren die Bischöfe den König in einem Schreiben:

Ihrem Herrn, dem Sohn der katholischen Kirche, dem äußerst ruhmreichen König Chlodwig, alle Bischöfe, denen Ihr befohlen habt, zum Konzil zu kommen.

Da eine so große Sorge für den ruhmvollen Glauben Euch zur Verehrung der katholischen Religion antreibt, dass Ihr aus Hochschätzung der Meinung der Bischöfe befohlen habt, dass sich die Bischöfe versammeln, um über notwendige Dinge zu verhandeln, antworten wir gemäß der Anfrage Eures Willens und der Artikel, die Ihr uns vorgelegt habt, das, was in unserer Entscheidung zu liegen scheint. So wird, wenn das, was wir festgesetzt haben, auch durch Euer Urteil als rechtens gebilligt ist, die Zustimmung eines so großen Königs und Herrn die zu wahrende Entscheidung so vieler Bischöfe durch noch größere Autorität bestätigen.

Als mit Gottes Willen und auf Anweisung des äußerst ruhmreichen Königs Chlodwig in der Stadt Orléans ein Konzil der höchsten Bischöfe versammelt war, hat es ihnen allen nach gemeinsamer Verhandlung gefallen, das, was sie mündlich festgesetzt haben, auch durch das Zeugnis der Schrift zu bekräftigen.

Konzil von Orléans 511. Schreiben der Bischöfe an König Chlodwig, zitiert nach: Reinhold Kaiser und Sebastian Scholz, a.a.O., S. 112

1. Arbeiten Sie heraus, welche Rückschlüsse man aus dem Brief auf das Verhältnis der katholischen Bischöfe zum fränkischen König ziehen kann. Welche Rolle spielt der König für die katholische Kirche?
2. Vergleichen Sie das Schreiben der Bischöfe von 511 mit dem Brief des Bischofs Remigius von Reims an Chlodwig von 486/87 (M3): Was hat sich in der Zwischenzeit in Gallien verändert?

M10 Die Franken und ihr Reich

Der oströmische Rechtsanwalt und Schriftsteller Agathias von Myrina (um 532–579/82) schreibt um 580 in seinem Geschichtswerk über die Franken:

Das Volk der Franken grenzt unmittelbar als Nachbar an Italien. Dies dürften die von alters her sogenannten Germanen sein, wie aus Folgendem erhellt: Sie wohnen am Rhein und im dortigen Land, dazu besitzen sie den größten Teil von Gallien, das ihnen früher nicht gehörte, sondern erst hinzugewonnen wurde […]. Die Franken sind ja keine Nomaden wie doch wohl einige von den Barbaren, sondern bedienen sich im Allgemeinen der römischen Staatsordnung und Gesetzgebung und teilen im Übrigen mit den Römern auch das Handels- und Eherecht sowie die Gottesverehrung. Sie sind alle Christen, und zwar ganz rechtgläubige. Sie haben in ihren Städten Beamte und Priester, feiern die Feste so wie wir und scheinen mir für ein Barbarenvolk sehr gesittet und gebildet; nur ihre barbarische Tracht und Sprache unterscheiden sie von den Römern.

Agathias von Myrina, Historiae, I, 2, zitiert nach: Reinhold Kaiser und Sebastian Scholz, a.a.O., S. 125 f.

1. Erläutern Sie, an welchen Indizien Agathias von Myrina die Akkulturation und Integration der Franken festmacht. | H
2. Vergleichen Sie die fränkische Reichsgründung mit denjenigen der Westgoten und der Ostgoten. Welche Gemeinsamkeiten und Unterschiede lassen sich feststellen?
3. Nehmen Sie Stellung zu der Frage, inwieweit man das Frankenreich als das „Erfolgsmodell" unter den germanischen Reichsgründungen der Völkerwanderungszeit bezeichnen kann.

M11 Abbildung des Dagobert-Throns

Der Klappstuhl besteht aus teilweise vergoldeter Bronze und stammt aus dem 7. Jahrhundert. Er ist 135 cm hoch und 78 cm breit, die Arm- und Rückenlehnen wurden später hinzugefügt. Der Stuhl wird seit dem 12. Jahrhundert als „Reisethron" des merowingischen Königs Dagobert (um 608–638/39) bezeichnet. Bei der Abbildung handelt es sich um eine Nachbildung – das Original befindet sich heute in der französischen Nationalbibliothek.

▶ Der faltbare Thron erinnert an die Klappstühle römischer Amtsträger, die ein Symbol ihrer Amtsgewalt waren. Er könnte ein archäologischer Nachweis für das „Reisekönigtum" der merowingischen Frankenkönige sein. Nehmen Sie Stellung zu den Vor- und Nachteilen einer solchen mobilen Herrschaftsausübung.

Methode

Mit Karten arbeiten

Weitere Anwendungsbeispiele finden Sie auf den Seiten 170, 229 und 263.

Karten geben Orientierung in **Raum und Zeit**. Sie informieren sowohl über topografische und geografische Gegebenheiten als auch über gesellschaftliche und politische Zustände, Entwicklungen und Ereignisse in einer bestimmten Region, z. B. über Herrschaftsgebiete, Grenzen, Migrationsbewegungen und kriegerische Auseinandersetzungen.
Man unterscheidet zwei Arten von Karten:
1. **Historische Karten**: Sie wurden mit den Mitteln und den Erkenntnisinteressen der damaligen Zeit erstellt und zeigen, welche Vorstellungen der Kartenzeichner bzw. sein Auftraggeber von der Welt oder einem bestimmten Ereignis hatten.
2. **Geschichtskarten**: Sie wurden von Historikern oder historisch arbeitenden Geografen erstellt, um Zustände, Entwicklungen und Ereignisse der Vergangenheit darzustellen und zu vermitteln.

Karten sind einerseits sehr anschaulich und vermitteln viele Informationen auf einen Blick. Andererseits müssen sie sorgfältig analysiert und interpretiert werden: Jede Karte kann nur begrenzte Informationen bieten und auch die Darstellungsmöglichkeiten sind limitiert, sodass komplexe gesellschaftliche, wirtschaftliche und kulturelle Strukturen und Abläufe nur vereinfacht dargestellt werden können. Zudem ist immer zu bedenken, mit welcher Zielsetzung und für welchen Adressatenkreis die Karte erstellt wurde. Karten sind somit niemals objektive Darstellungen, sondern beinhalten stets schon eine subjektive Deutung.
Historische Karten bieten **weitere Herausforderungen**: Ihre Bilder, Zeichen und Symbole erschließen sich nicht immer unmittelbar. Da sich die Verfahren zur Abbildung geografischer Räume immer weiter entwickelt haben, enthalten alte Karten zudem oft Verzerrungen und Ungenauigkeiten. Historische Karten spiegeln schließlich immer auch das Wissen und Denken ihrer Entstehungszeit. Auch Geschichtskarten werden deshalb mit der Zeit zu historischen Karten!

Arbeitsschritt	Leitfragen
1. beschreiben	• Um welchen Kartentyp handelt es sich? • Wann und wo wurde die Karte erstellt oder veröffentlicht? • Wer hat die Karte entworfen und / oder in Auftrag gegeben. • Über welches Thema informiert die Karte? • Welchen Raum und welche Zeit stellt die Karte dar? • Zeigt die Karte einen Zustand, ein Ereignis oder eine Entwicklung? • Welche Darstellungsformen werden genutzt (Symbol, Bild, Text, Farbgebung etc.)?
2. erklären	• In welchen historischen / politischen Zusammenhang lässt sich die Karte einordnen? • Welche Ursachen, Entwicklungen oder Folgen lassen sich aus der Karte ablesen?
3. beurteilen	• An welchen Adressatenkreis wendet sich die Karte? • Welchen Zweck, welche Funktion verfolgt sie? • Welche Vorstellung hatte der Zeichner / der Auftraggeber von der Welt? • Ist die Karte übersichtlich gestaltet? • Sind die dargestellten Informationen richtig und vollständig? Gibt es Widersprüche? • Worüber gibt die Karte keine Auskunft?

Salische Franken / Rheinische Franken
= selbstständige fränkische Teilgruppen vor Chlodwig

Die Eroberungen Chlodwigs (481–511).
Diese Karte wurde im Auftrag eines Schulbuchverlages von einem Kartografen angefertigt. Sie fand u. a. in einem 2017 erschienenen Schulbuch für die 5. Klasse Verwendung.

Friesen, Sachsen, Thüringer, Alamannen
= germanische Gruppen (außerhalb des ehemaligen Römischen Reiches)

Königreiche der Westgoten, Ostgoten und Burgunder
= germanische Reiche im ehemaligen Westteil des Römischen Reiches

Legende mit Maßstab und Erklärungen zu den Farben und Symbolen in der Karte

- Analysieren Sie die Karte mithilfe der Arbeitsschritte auf Seite 218. Ihre Ergebnisse können Sie mit der Lösungsskizze auf Seite 535 vergleichen.
- Zeichnen Sie die Karte ab und ergänzen Sie sie mit weiteren wichtigen Informationen zur Entstehung des Frankenreiches unter der Herrschaft Chlodwigs.
- Nehmen Sie Stellung zu der Aussage, dass „Geschichtskarten mit der Zeit zu historischen Karten werden".

Rezeption der Völkerwanderung

Rezeption (lat. *receptio*: Aufnahme): Mit Rezeption ist in der Geschichtswissenschaft gemeint, wie vergangene Ereignisse oder Personen zu unterschiedlichen Zeiten von den jeweiligen Zeitgenossen wahrgenommen und verstanden wurden. Die Rezeption kann sich im Laufe der Zeit wandeln, sodass ein und dasselbe geschichtliche Ereignis ganz unterschiedlich beurteilt und in der Wissenschaft, der Literatur, der Kunst und auch in der Politik jeweils zeitgebunden anders behandelt und dargestellt werden kann.

Rezeption – die Nachwelt beschäftigt sich mit der Völkerwanderungszeit | Der Begriff „Völkerwanderung" für die Ereignisse des 4. bis 6. Jahrhunderts war unter den Zeitgenossen sowohl bei Römern als auch bei Germanen unbekannt. Man kann davon ausgehen, dass sie diesen Zeitraum auch noch nicht als eine besondere, abgegrenzte historische Epoche wahrnahmen.

Schon seit dem frühen Mittelalter wurde allerdings an einzelne Begebenheiten, Persönlichkeiten und Gruppen der Völkerwanderungszeit erinnert. Die Menschen setzten sich in Kunst und Literatur damit auseinander – und nahmen in aktuellen politischen Debatten darauf Bezug. Der ostgotische König Theoderich beispielsweise wurde in der Rezeption zur Sagengestalt *Dietrich von Bern*. In einem Überlieferungsstrang der Dietrichsage stirbt Theoderich nicht, sondern wird als Dämon Anführer der „Wilden Jagd", einer Gruppe von übernatürlichen Jägern, die als Vorboten von Naturkatastrophen, Kriegen, Tod oder Krankheiten über den Himmel ziehen.

Theoderichs Höllenritt.
Dietrich von Bern als Wilder Jäger, Sandsteinrelief am Portal der Kirche San Zeno in Verona, um 1140. Das Relief zeigt Dietrich von Bern als dämonischen Jäger zu Pferd, wie er in ein Jagdhorn bläst und einen Hirsch verfolgt. Diese „Wilde Jagd" führt ihn in der bildlichen Darstellung direkt zum Tor der Hölle.

► Die verschiedenen Sagenstränge um Dietrich von Bern bewerten ihn entweder, wie in diesem Relief, sehr negativ oder, wie im Nibelungenlied, als positive Heldengestalt. Erörtern Sie die möglichen Gründe für diese unterschiedliche Rezeption.

Nibelungenlied: Das Nibelungenlied ist das berühmteste Heldenepos der mittelhochdeutschen Literatur. Es wurde um 1200 von einem unbekannten Dichter in Passau niedergeschrieben. Die strophische Dichtung in 39 sogenannten Aventiuren (= Abenteuern) erzählt von der Liebe des Drachentöters Siegfried zur burgundischen Königstochter Kriemhild, ihrer Heirat, von Siegfrieds Tod durch Hagen und Kriemhilds Rache mithilfe des Hunnenkönigs Etzel (= Attila), die zum Untergang des Burgunder-Reiches führt.

Im Nibelungenlied hingegen spielt Dietrich von Bern am Hof des Hunnenkönigs *Etzel* die Rolle eines ehrenhaften Helden. Das Nibelungenlied verarbeitet nach Meinung der Forschung Ereignisse aus der Zeit der Völkerwanderung, insbesondere den Einfall der Hunnen nach Europa ab 375 und ihre Reichsgründung unter Attila, die Zerstörung des Reiches der Burgunder am Rhein 413 und die Geschichte der Ostgoten bis zu ihrer Reichsgründung in Italien ab 493. Allerdings wurde der Stoff so umfassend dichterisch abgewandelt und ausgeschmückt, dass das Nibelungenlied keine Rückschlüsse auf tatsächliche geschichtliche Ereignisse und Personen im 4. und 5. Jahrhundert zulässt.

Handschrift des Nibelungenliedes.
Farbige Tinte auf Pergament, zweite Hälfte des 13. Jahrhunderts, im Besitz des Fürstlich Fürstenbergischen Schloßmuseums, Donaueschingen.

► Erläutern Sie, wie mündliche oder schriftliche Erzählungen, Sagen und Geschichten zur Bildung und Festigung der Identität von Gruppen beitragen können. Sammeln Sie Beispiele aus Geschichte und Gegenwart.

Sagendichtungen wie das Nibelungenlied oder die Dietrichsage waren eine Möglichkeit, aus der Völkerwanderungszeit überlieferte, existenzielle Erfahrungen wie Migration, Krieg, Akkulturation und Integration in einer neuen Heimat zu verarbeiten und so die Identität der eigenen Gruppe und Gemeinschaft zu definieren und zu festigen.

Immer wieder wurde aber auch auf die Epoche der Völkerwanderung zurückgegriffen, um entweder eigene politische Ideen und Interessen zu vertreten oder aber Gegner in Verruf zu bringen. So verwiesen im 17. Jahrhundert in Schweden Wissenschaftler und Politiker auf die angebliche schwedische Herkunft der Goten und leiteten aus der hieraus entstandenen Ideologie des Gotizismus nationale Herrschaftsansprüche ab. Während der Französischen Revolution verglich 1794 ein Bischof die Zerstörung – vor allem christlicher – Bücher und Kunstwerke durch die Revolutionäre mit der Plünderung Roms durch die Vandalen 455. Dabei gibt es keine Belege dafür, dass die Vandalen bei ihrer zweiwöchigen Plünderung Roms tatsächlich besonders gewaltsam oder zerstörungswütig vorgingen. Wahrscheinlich ging es ihnen vor allem um Bereicherung und um die Steigerung ihres Ansehens und gleichzeitig um die ökonomische und politische Schwächung ihrer römischen Gegner. Deshalb leerten sie Rom eher planmäßig aus, als dass sie es zerstörten. Christliche Kirchen wurden vermutlich sogar ausdrücklich geschont. Als Bezeichnung für sinnlose Zerstörungswut ist der Begriff „Vandalismus" also historisch falsch. Trotzdem wurde er aber rasch populär, ist bis heute gebräuchlich und mit dem Namen der Vandalen untrennbar verbunden.

Internettipp
Über Aufbau und Inhalt des Nibelungenliedes informiert Sie der Code **32035-33**.

Gotizismus: Die im 17. und 18. Jahrhundert in Schweden populäre Ideologie betonte die Leistungen und die Erfolge der west- und ostgotischen Wanderungen und Reichsgründungen der Völkerwanderungszeit. Innenpolitisch nutzte insbesondere der schwedische König Gustav II. Adolf (1594–1632) den Stolz seiner Untertanen auf die angebliche Abkunft von den Goten zur Stabilisierung seiner Herrschaft. Außenpolitisch leitete er aus der Gleichsetzung der Schweden mit den Goten Ansprüche auf Einfluss und Prestige der schwedischen Großmacht in Europa während des Dreißigjährigen Krieges ab.

Plünderung Roms durch die Vandalen 455.
Kolorierter Holzstich von Heinrich Leutemann, um 1865.

- Beschreiben Sie, wie der Künstler das historische Ereignis darstellt. | H
- Erläutern Sie, wie er die Plünderung Roms durch die Vandalen deutet. | H

„Völkerwanderung" und „Barbareneinfälle" – Begriffe prägen die Wahrnehmung | Der Begriff „Völkerwanderung" entstand in Deutschland beginnend mit der Französischen Revolution und setzte sich dann ab der Zeit der Befreiungskriege gegen die französische Vormachtstellung unter Napoleon Bonaparte in Europa durch. In dieser Zeit entwickelte sich in Deutschland ein modernes Nationalbewusstsein. Die deutsche Identität wurde dabei unter anderem auf die Germanen und deren Wanderungen und Reichsgründungen während der Völkerwanderungszeit zurückgeführt. Dieser Rezeption lag die Annahme zugrunde, dass Völker und Kulturen im Laufe der Geschichte unverändert und mit feststehenden Eigenschaften bestehen geblieben seien (→M1). Germanen und Deutsche wurden also gleichgesetzt. Die Geschichte der Völkerwanderungszeit wurde dabei romantisch verklärt und als Vorbild für ein starkes und geeintes Deutschland propagiert (→M2). Im Gegensatz dazu wurden insbesondere die Franzosen und Frankreich in Deutschland mit den Römern bzw. dem Römischen Reich identifiziert, sodass zeitgenössische politische Konflikte zwischen Deutschen und Franzosen auf die Beziehungen zwischen Germanen und Römern in der Völkerwanderungszeit übertragen und darin gespiegelt wurden.

Ab dem 19. Jahrhundert betrachteten deutschsprachige Historiker die Völkerwanderung als eine eigene historische Epoche. Sie grenzten die Migrations-, Akkulturations- und Integrationsprozesse germanischer Gruppen zwischen dem 4. und 6. Jahrhundert nun klar von früheren germanischen Wanderungsbewegungen und anderen Phasen der römisch-germanischen Geschichte ab. Gleichzeitige und spätere Wanderungs- und Expansionsbewegungen, etwa diejenige der Slawen oder der Araber, die ebenfalls prägend für die europäische Geschichte waren, vernachlässigten sie bei dieser Fokussierung auf die germanischen Gruppen.

In anderen europäischen Ländern und Sprachen wurde die deutsche Begrifflichkeit der „Völkerwanderung" nicht übernommen. In Großbritannien und in den romanischen Staaten (z. B. Frankreich, Italien und Spanien) fasste man die historischen Ereignisse des 4. bis 6. Jahrhunderts stattdessen als „Invasion der Barbaren" oder „Barbareneinfälle" zusammen. Die unterschiedliche Rezeption der Epoche spiegelte sich in Europa, gewissermaßen als pro-römische oder pro-germanische Position, auch in Kunst, Literatur und Geschichtsschreibung des 19. Jahrhunderts wider (→M3).

Völkerwanderung und deutsche Politik im 19. und 20. Jahrhundert | Im Zuge der deutschen Einigung und Reichsgründung in der zweiten Hälfte des 19. Jahrhunderts verstärkte sich in Deutschland noch die Identifikation der eigenen Nation mit den Germanen als „erfolgreiche Vorfahren". Ereignisse und Personen aus der Zeit der Völkerwanderung wurden zu beliebten Themen in historischen Romanen und Jugendbüchern. In der deutschen Politik wurde dabei eine vermeintliche Überlegenheit der eigenen Nation gegenüber den europäischen Nachbarn betont: Die Germanen hätten in Europa das alte, schwach gewordene Römische Reich beiseite geräumt und so das Fundament für ein neues, zukunftsweisendes Europa gelegt. In diesem Europa käme den Deutschen als Nachfahren der Germanen eine besondere Führungsrolle zu. Diese Wahrnehmung wurde durch den deutschen Sieg im Deutsch-Französischen Krieg von 1870/71 und die anschließende Ausrufung des Deutschen Kaiserreiches unter Führung Preußens weiter verstärkt. In der Zeit des Imperialismus bis zum Ersten Weltkrieg begründete man in Deutschland auch Ansprüche auf eigene Kolonien in Übersee mit den Erfolgen der germanischen Gruppen der Völkerwanderungszeit: Ebenso wie damals den Germanen bei ihren Wanderungen nach Südeuropa stünde den Deutschen jetzt ebenfalls „ein Platz an der Sonne", also Einflussgebiete in Afrika und Asien, zu.

Die Nationalsozialisten sahen dann ab den 1920er-Jahren in der Völkerwanderung einen Beleg für die Überlegenheit einer vermeintlichen „germanischen Rasse" und begründeten damit ihre Ansprüche auf Expansion und „Gewinnung neuen Lebensraums" in Osteuropa (➔M4). Nach Ende des Zweiten Weltkrieges dominierte in der europäischen Geschichtswissenschaft unter dem Eindruck der Kriegserfahrung eine Sicht auf die Völkerwanderung, die vor allem Gewalttätigkeit, Zerstörung und kulturellen Niedergang dieser Epoche betonte. Insbesondere wurden die Wanderungen und Reichsgründungen germanischer Gruppen als Hauptursache für den Untergang des Weströmischen Reiches verstanden, obwohl dabei auch andere Faktoren eine Rolle spielten (➔M5). Seit dem späten 20. Jahrhundert untersuchten Historiker verstärkt, wie sich Germanen der Völkerwanderungszeit in die römische Welt integrierten und wie sich Römer und Germanen gegenseitig kulturell beeinflussten. Die Auflösung des Römischen Reiches wurde nun weniger als Katastrophe und Niedergang, sondern eher als ein Prozess der Akkulturation und Transformation verstanden.

Hermannsdenkmal.
Kolossalstatue in der Nähe von Detmold in Nordrhein-Westfalen, erbaut 1838–1875, Gesamthöhe 53,46 m, Figurenhöhe 26,57 m.
Das Denkmal erinnert an den Germanen Arminius/Hermann, der im Jahre 9 in der sogenannten Schlacht im Teutoburger Wald / Varusschlacht mit einer Koalition germanischer Gruppen dem römischen Feldherrn Varus eine entscheidende Niederlage beibrachte. In der Folge verzichteten die Römer auf die Eroberung der von Germanen besiedelten Gebiete zwischen Rhein und Elbe. Das Denkmal stellt eine Verbindung zwischen dem Sieg des Arminius über die Römer und den deutschen Siegen gegen die Franzosen 1813/14 und 1870/71 her.

„Ein Kampf um Rom."
Buchcover einer Ausgabe von 2009. Der 1876 erschienene Roman des deutschen Historikers und Juristen Felix Dahn schildert den Untergang des Ostgotenreiches in Italien im Kampf gegen das Oströmische Reich im 6. Jahrhundert. Er betont das „Heldentum" der Goten und war im 1871 gegründeten Deutschen Kaiserreich als Jugendbuch sehr populär.

„Schlagt den Hunnen mit Liberty Bonds zurück."
Plakat, Farboffsetdruck, 76 x 51cm, USA, 1918.
Das Plakat ruft die amerikanische Bevölkerung auf, Kriegsanleihen, also verzinste Wertpapiere, zu kaufen. Mit diesen finanzierten die USA im Ersten Weltkrieg ihren militärischen Einsatz gegen das Deutsche Reich und seine Verbündeten. Die Deutschen werden in diesem Propagandaplakat mit den Hunnen gleichgesetzt.

▶ Interpretieren Sie das Plakat: Warum werden die Deutschen hier mit den Hunnen, und nicht etwa mit den Germanen der Völkerwanderungszeit, identifiziert? | H

Internettipp
Über „die Germanen" als historisches Konstrukt und deren Instrumentalisierung während der NS-Zeit erfahren Sie mehr unter dem Code **32035-34**.

Die Forschungsdebatte, ob die Völkerwanderungszeit eher Zerstörung oder Kontinuität bedeutete und welchen Anteil die Germanen am Ende des Römischen Reiches haben, ist bis heute nicht abgeschlossen.[1] Das liegt nicht zuletzt daran, dass es insgesamt wenige Quellen aus dieser Zeit gibt. Hinzu kommt, dass die wandernden germanischen Gruppen selbst keine schriftlichen Zeugnisse hinterlassen haben, sodass die überlieferten Quellen fast ausschließlich von Angehörigen des römischen Kulturkreises stammen. Neue Perspektiven und Erkenntnisse verspricht deshalb vor allem die Archäologie, die unter anderem mit Methoden der Genetik arbeitet.

Flüchtlinge an der deutsch-österreichischen Grenze.
Aufnahme vom 16. September 2015.

- Beschreiben Sie das Foto.
- Erläutern Sie die Bildaussage.
- Präsentation: Suchen und vergleichen Sie Bilder, die in unterschiedlichen Medien von „Migranten" gezeigt werden. In welcher Absicht wurde jeweils fotografiert? Erstellen Sie dazu eine PowerPoint-Präsentation.
- Nehmen Sie Stellung, inwieweit man die abgebildete Migration von Flüchtlingen nach Europa mit den Ereignissen der Völkerwanderung vergleichen kann.

Wie aktuell ist die Völkerwanderung? | Die skizzierte Rezeption der Völkerwanderung im Verlauf der deutschen und europäischen Geschichte zeigt, dass Interpretation und Verständnis historischer Ereignisse immer zeitgebunden sind. Bei der Deutung der Geschichte sind wir stets von den aktuellen Erfahrungen und Ereignissen unserer jeweiligen Lebenszeit geprägt – dies gilt auch für Historiker und Politiker, die sich damit beschäftigen.

Die aktuelle historische Forschung problematisiert den Begriff „Völkerwanderung". Sie hinterfragt sowohl den Begriff „Volk", indem sie darauf hinweist, dass sehr heterogene und sich verändernde Gruppen von Menschen in der Zeit vom 4. bis 6. Jahrhundert auf Wanderung gingen (→M1). Auch mit dem Begriff der „Wanderung" setzt sich die Forschung kritisch auseinander und thematisiert, aus welchen unterschiedlichen Gründen und auf welch vielfältige Art und Weise die Menschen damals mobil waren und migrierten.[2] Immer wieder ist die Völkerwanderung auch Thema von Geschichtsdokumentationen in Fernsehen und Internet. Diese Beiträge richten sich in der Regel an ein breites Publikum und versuchen, die historischen Ereignisse möglichst leicht verständlich und spannend darzustellen (→M6).

Seit 2015 wurden vor allem in Deutschland in Zusammenhang mit der Aufnahme von Flüchtlingen aus Afrika und dem Nahen Osten Vergleiche mit der Zeit der Völkerwanderung gezogen. Ob und wie man die aktuelle Migration von Flüchtlingen nach Europa mit der Einwanderung germanischer Gruppen ins Römische Reich der Spätantike vergleichen kann, hängt sehr stark von Verständnis und Deutung der Ursachen und Folgen der Völkerwanderung ab. Dabei muss man sehr genau prüfen, ob der Vergleich tatsächlich zutreffend ist, und muss sich davor hüten, Ängste, Probleme oder auch Utopien der Gegenwart auf historische Geschehnisse zu projizieren (→M7).

[1] Siehe hierzu auch das Kapitel „Geschichte kontrovers: Die Völkerwanderung – Ursache für den Untergang des Römischen Reiches?" auf der Seite 230 f.
[2] Zum Themenkomplex „Migration" siehe auch das gleichnamige Kapitel auf den Seiten 164 bis 169.

M1 Gibt es „ethnisch reine" Völker?

*Der deutsche Historiker Walter Pohl (*1953) begründet, weshalb die Fragestellung, was eigentlich „Völker" sind, bis heute aktuell ist:*

Aber was ist eigentlich ein Volk? [...] Die Frage ist vor allem deshalb schwierig, weil die Antwort scheinbar leicht fällt: eine Gruppe von Menschen mit gemeinsamer Abstammung, Sprache und Kultur, erkennbar an Tracht und Bewaffnung, verbunden durch Recht und Tradition. So oder ähnlich definierten es schon antike und mittelalterliche Autoren [...].

Die Geschichtswissenschaft des 19. Jahrhunderts griff diese Betrachtungsweise auf und baute sie aus. Völker stellte man sich als Individualitäten vor, die wahren Subjekte der Geschichte, jeweils mit eigener „Volksseele" ausgestattet und wie bei menschlichen Stammbäumen auseinander hervorgegangen. Aus dem Indogermanen entstanden unter anderem die Germanen, durch besondere Eigenschaften (Tapferkeit, Einfachheit, Treue) von anderen Völkern abgehoben. Diese Germanen/Deutschen zerfielen wiederum in diverse „deutsche Stämme" [...]. Manche von ihnen wanderten während der Völkerwanderung aus und gingen unter. In anderen behauptete sich trotz starker Gegenkräfte letztlich die deutsche Einheit. So ungefähr sah das Geschichtsbild des 19. Jahrhunderts aus. Dazu kam gegen Ende des Jahrhunderts zunehmend die Vorstellung, die Germanen gehörten einer überlegenen Rasse an und seien quasi naturgesetzlich zur Herrschaft über andere Völker berufen. Dabei zog man nicht zuletzt die Germanenreiche der Völkerwanderungszeit als Beispiele heran. Der politische Gebrauch solcher Vorstellungen, mit seinem schrecklichen Höhepunkt während des Nationalsozialismus, ist bekannt. [...]

Im Bewusstsein der Öffentlichkeit hat sich die Vorstellung von den Völkern als quasi naturwüchsigen Einheiten weitgehend gehalten. Die modernen Nationen prägen dabei die Kategorien. Doch genügt es, sich zu vergegenwärtigen, dass selbst die europäischen Nationen der Gegenwart mit ihrem beachtlichen Apparat zur ethnischen Vereinigung – Schulen, Medien, durchgreifende Bürokratie – fast nirgendwo ein einheitliches Staatsvolk geschaffen haben; im Gegenteil: Der Mythos von der „ethnischen Reinheit" hat im 20. Jahrhundert unendliches Leid über Europa gebracht. Trotz aller Bemühungen bleiben ethnische Identitäten wandelbar und widersprüchlich. Umstritten ist heute, ob es ein bosnisches, katalanisches, padanisches[1], ukrainisches, kurdisches Volk gibt. Sind Wolgadeutsche, die nicht Deutsch sprechen, oder sind in Deutschland geborene Kinder von Türken Deutsche? Sind die Südtiroler Tiroler, Österreicher, Deutsche oder Italiener, oder vielleicht alles zugleich? Völker sind Abstraktionen, deren scheinbare Evidenz[2] auf ganz wenigen Merkmalen aus der großen Vielfalt menschlicher Lebensformen beruht. Für alle objektiven Kriterien, die für die Zugehörigkeit zu einem Volk genannt werden – Sprache, Kultur, Territorium, gemeinsame Geschichte –, gibt es genügend Gegenbeispiele, wo sie nicht gelten.

Walter Pohl, Die Völkerwanderung. Eroberung und Integration, Stuttgart ²2002, S. 17 f.

[1] **padanisch**: norditalienisch, in der Poebene gelegen

1. Fassen Sie die Ausführungen von Walter Pohl zusammen: Wie sah das Geschichtsbild des 19. Jahrhunderts aus? Welche Rolle spielte die Völkerwanderung in der europäischen Geschichtskultur des 19. Jahrhunderts?
2. Erklären Sie, warum ethisch reine Völker Pohl zufolge ein Mythos sind. | H
3. Erläutern Sie, welche aktuelle Bedeutung die Beschäftigung mit der Völkerwanderung hat.
4. „Die Geschichte der europäischen Völker ist niemals abgeschlossen und wird es nie sein. Ethnogenese ist ebenso sehr ein Prozess der Gegenwart und der Zukunft wie der Vergangenheit" (Patrick Geary, amerikanischer Historiker). Nehmen Sie Stellung zu diesem Zitat. Wie findet aktuell in Deutschland „Ethnogenese" statt? | H

M2 Das Grab im Busento

Der deutsche Dichter August von Platen (1796–1835) beschreibt 1828 in einem Gedicht das Begräbnis des westgotischen Königs Alarich I., der 410 in Kalabrien in Süditalien in der Nähe der Stadt Cosenza an Malaria starb. Nach der Plünderung Roms hatten Alarich und die Westgoten vergeblich versucht, von Süditalien nach Nordafrika überzusetzen, um sich dort anzusiedeln:

Nächtlich am Busento[3] lispeln,
bei Cosenza, dumpfe Lieder,
Aus den Wassern schallt es Antwort,
und in Wirbeln klingt es wider!

Und den Fluss hinauf, hinunter,
ziehn die Schatten tapfrer Goten,
Die den Alarich beweinen,
ihres Volkes besten Toten.

Allzufrüh und fern der Heimat
mussten hier sie ihn begraben,
Während noch die Jugendlocken
seine Schulter blond umgaben.

Und am Ufer des Busento
reihten sie sich um die Wette,
Um die Strömung abzuleiten,
gruben sie ein frisches Bette.

[2] **Evidenz**: das augenscheinlich Erkennbare
[3] **Busento**: Fluss in Kalabrien in Süditalien

In der wogenleeren Höhlung
wühlten sie empor die Erde,
Senkten tief hinein den Leichnam,
mit der Rüstung, auf dem Pferde.

Deckten dann mit Erde wieder
ihn und seine stolze Habe,
Dass die hohen Stromgewächse
wüchsen aus dem Heldengrabe.

Abgelenkt zum zweiten Male,
ward der Fluss herbeigezogen:
Mächtig in ihr altes Bette
schäumten die Busentowogen.

Und es sang ein Chor von Männern:
„Schlaf in deinen Heldenehren!
Keines Römers schnöde Habsucht
soll dir je dein Grab versehren!"

Sangen's, und die Lobgesänge
tönten fort im Gotenheere;
Wälze sie, Busentowelle,
wälze sie von Meer zu Meere!

August von Platen, Das Grab im Busento, nach: Gedichte von August Graf von Platen, Stuttgart und Tübingen 1828, S. 25 f.

1. Fassen Sie den Inhalt des Gedichtes zusammen: Welche historischen Informationen enthält es zu Alarich und den Westgoten? Welche Fragen beantwortet das Gedicht nicht? Nutzen Sie dazu auch das Kapitel „Die Westgoten und ihre Ansiedlung im Römischen Reich" ab Seite 188.
2. Analysieren Sie die Aussage des Gedichtes: Welche Stimmung vermittelt es? Wie werden Goten (und Römer) dargestellt?
3. Erklären Sie, welche Intention August von Platen mit seinem Gedicht verfolgt. | H

M3 Die Völkerwanderung in der bildenden Kunst

Die Völkerwanderung war Ende des 19. Jahrhunderts ein beliebtes Motiv bildender Künstler, wobei sie je nach Entstehungszeit und -ort unterschiedlich interpretiert wurde. Die obere Abbildung zeigt das 1887 entstandene Gemälde „Die Invasion der Barbaren" des Spaniers Ulpiano Checa (1860–1916). Bei der unteren Abbildung handelt es sich um einen kolorierten Holzstich, der nach einer Zeichnung von Hermann Knackfuß (1848–1915) mit dem Titel „Der Zug über die Pyrenäen" angefertigt wurde. Der Holzstich wurde in einer 1873 in Stuttgart erschienenen, mehrere Bände umfassenden „Geschichte des deutschen Volkes" abgedruckt.

1. Beschreiben Sie die beiden Gemälde und erklären Sie, was jeweils dargestellt ist.
2. Bestimmen Sie die jeweilige Bildaussage und vergleichen Sie die Intention der beiden Künstler. Berücksichtigen Sie dabei auch Entstehungszeit und -ort der beiden Kunstwerke.
3. Recherchieren Sie weitere bildliche Darstellungen zur Völkerwanderungszeit und interpretieren Sie diese.

M4 „Germanische Rassenkräfte“

Alfred Rosenberg (1893–1946) war seit 1919 Mitglied in der NSDAP und stieg zu einem führenden Parteiideologen auf. In seinem 1930 veröffentlichten Werk „Der Mythus des 20. Jahrhunderts“ äußert er sich auch zu Ursachen, Verlauf und Folgen der Völkerwanderung:

Wie ein drohendes urgewaltiges Schicksal war einst der Sturm der Kimbern[1] von Norden hereingebrochen. Seine Abwehr konnte nicht verhindern, dass nordische Kelten und Germanen die Grenzen Roms immer mehr bedrohten. Ein Feldzug nach dem andern zeigt krieggewohnte römische Taktik vergebens gegen urwüchsige Kraft am Werke. Blonde riesige „Sklaven“ treten in Rom auf, das germanische Schönheitsideal wird Mode im verfallenden ideallosen Volkstum. Auch freie Germanen sind in Rom keine Seltenheit mehr, germanische Soldatentreue wird nach und nach die stärkste Stütze des Caesars. Aber zugleich auch die drohendste Gefahr für den armselig-wertelos gewordenen Staat. [...] Zu Konstantins[2] Zeiten ist fast das ganze Römerheer germanisch. [...] Wer hier nicht Rassekräfte am Werk zu erblicken vermag, der muss für jedes geschichtliche Werden blind sein. [...]
Ferner erscheint ein anderer Baugedanke von H. St. Chamberlains[3] Weltauffassung heute neben der Betonung der neuen Weltgründung durch das Germanentum von ausschlaggebender Bedeutung: dass sich zwischen das alte nordisch betonte Rom und das neue germanisch bestimmte Abendland eine Epoche einschiebt, die gekennzeichnet wird durch hemmungslose Rassenvermischung, d.h. Bastardisierung, durch Aufquirlen alles Kranken, durch übersteigerte sinnliche Ekstasen, durch aufgeblähten syrischen Afterglauben[4] und durch das Fiebern aller Menschenseelen eines Weltreiches. Chamberlain benannte diese Zeit [...] das Völkerchaos. [...] Diese neue Takteinteilung anstelle von „Altertum“ und „Mittelalter“ war aber im höchsten Sinne des Wortes eine der größten lebensgesetzlichen und seelenkundlichen Entdeckungen des ausgehenden 19. Jahrhunderts, die zu einer Grundlage unserer gesamten Geschichtsbetrachtung des fortschreitenden 20. Jahrhunderts geworden ist. Denn diese Erkenntnis bedeutet, dass, wenn auf die Caracallas[5] keine Theoderichs[6] gefolgt wären, „ewige Nacht“ sich über Europa ausgebreitet hätte. [...]
Darum: Wenn auch heute noch, rund 2000 Jahre nach dem Auftreten der Germanen, irgendwo Nationalkulturen, Schöpferkraft und wagemutiger Unternehmungsgeist wirken, so verdanken diese Kräfte, selbst wenn sie sich untereinander noch so sehr befehden sollten, ihr Dasein einzig und allein der neuen nordischen Welle, die alles überziehend und befruchtend in stürmischen Fluten über das ganze Europa hinwegging, die Füße des Kaukasus umspülte, bis über die Säulen des Herkules brandete, um erst in den Wüsten Nordafrikas zu vergehen. In ganz großer Linienführung betrachtet, besteht die Geschichte Europas im Kampf zwischen diesem neuen Menschentum und den Millionenmassen der bis zum Rhein, über die Donau hinausreichenden Kräfte des Völkerchaos.

Alfred Rosenberg, Der Mythus des 20. Jahrhunderts. Eine Wertung der seelisch-geistigen Gestaltenkämpfe unserer Zeit, München ⁹1933, S. 80–83

[1] **Kimbern**: germanischer Stamm aus dem nördlichen Jütland (heute Dänemark)
[2] **Konstantin** (der Große) (272/73–337): römischer Kaiser (306–337)
[3] **Houston Stewart Chamberlain** (1855–1927): englischer Schriftsteller, verfasste 1899 ein zweibändiges Werk über „Die Grundlagen des Neunzehnten Jahrhunderts“. Seine darin vertretene arische Rassenideologie übte großen Einfluss auf den Nationalsozialismus aus.
[4] Stark abwertende Bezeichnung des aus Syrien-Palästina stammenden Christentums.
[5] **Caracalla** (188–217): Marcus Aurelius Severus Antoninus, genannt Caracalla, römischer Kaiser (211–217)
[6] **Theoderich** (der Große) (um 453–526): ostgotischer Herrscher in Italien (493–526)

1. Fassen Sie die Ausführungen von Alfred Rosenberg zusammen.
2. Beurteilen Sie Rosenbergs Sicht auf Ursachen, Verlauf und Folgen der Völkerwanderung und berücksichtigen Sie dabei auch seine Sprache. | F
3. Erörtern Sie, welche Schlussfolgerungen die Nationalsozialisten aus einem solchen Verständnis der Ereignisse der Völkerwanderungszeit für ihre Politik ziehen konnten.

M5 Die germanische Katastrophe

Der französische Historiker André Piganiol (1883–1968) befasst sich gegen Ende des Zweiten Weltkrieges 1944 mit der Völkerwanderungszeit und dem Untergang des Römischen Reiches:

Die Katastrophe ist in Form der Barbareneinfälle hereingebrochen. Die Germanen bewohnen unwirtliche Länder, deren unfruchtbaren Boden urbar zu machen sie zu bequem sind. Sie ziehen den Krieg geordneter Arbeit vor und fallen *fame urgente*[7] in die benachbarten Staaten ein. Weder der Einfluss Griechenlands noch der Roms hat sie in so vielen Jahrhunderten zivilisieren können. Sie haben eine primitive Wirtschaft, sie kennen kein Geld, ein Alphabet ist nur in Ansätzen vorhanden. Aber es sind geborene Krieger. [...] Diese grausamen Völker fühlen [...] in der Schlacht eine Art Ekstase. Und nun treibt sie der Druck der Nomaden Asiens gegen den Westen. Gegen eine so offensichtliche und große Gefahr wäre es für Rom nötig gewesen, eine starke Armee aufzustellen. Nun haben aber die römischen Kaiser seit Augustus aus Furcht vor der Freiheit systematisch die Bürger entwaffnet und die Verteidigung des Reiches Söldnern anvertraut. [...] Selbst in der Reservetruppe waren die am meisten geschätzten Teile die barbarischen *auxilia*[8], und

[7] **fame urgente**: hier: vom Hunger getrieben
[8] **auxilia**: (Hilfs-)Truppen

die barbarischen Offiziere besetzten die höchsten Stellen bis hin zum Heermeister. [...] Rom ist vor allem aufgrund des Verzichts auf Kriegsdienstpflicht der Bürger untergegangen. [...] Man macht es sich zu leicht, wenn man behauptet, dass das Reich bei der Ankunft der Barbaren „ganz tot gewesen sei, ein erschöpfter Körper, ein in seinem Blut liegender Leichnam" [Johann Gottfried Herder], oder wenn man sagt, dass das Weströmische Reich nicht durch einen brutalen Stoß zerstört, sondern „eingeschlafen" sei. Die römische Kultur ist nicht eines natürlichen Todes gestorben. Sie ist ermordet worden.

André Piganiol, Die Ursachen des Untergangs des Römischen Reiches, in: Karl Christ (Hrsg.), Der Untergang des Römischen Reiches, Darmstadt [2]1986, S. 270–285, hier S. 282–285

1. Fassen Sie die Argumentation von Piganiol zusammen.
2. Erläutern Sie seine Deutung der Völkerwanderung vor dem Hintergrund des Entstehungszeitpunktes des Textes.
3. Mit Piganiols Fazit (vgl. Zeile 27–29) haben sich auch andere Historiker auseinandergesetzt. So formuliert der Brite Guy Halsall 2007 darauf Bezug nehmend: „Das römische Reich wurde weder ermordet noch starb es eines natürlichen Todes; es beging versehentlich Selbstmord." Und die deutschen Historiker Matthias Knaut und Dieter Quast schreiben 2005 dazu: „Rom wurde nicht ermordet, es starb doch gar nicht." Setzen Sie sich mit diesen verschiedenen Interpretationen der Folgen der Völkerwanderungszeit auseinander. | F

M6 Die Völkerwanderung als History Show

Die 2006 im Auftrag des Deutschen Bundesrates produzierte Serie „Zip & Zap: Die History Show" präsentiert in neun Folgen die Geschichte der deutschen Länder bis zur Wiedervereinigung 1990. Die Serie wurde für den Schulunterricht konzipiert und richtet sich speziell an Kinder und Jugendliche. In der ersten Folge, abrufbar unter dem Code **32035-35**, *geht es um die Völkerwanderung.*

1. Diskutieren Sie Ihre ersten Eindrücke: Wie wirkt die Darstellung auf Sie?
2. Analysieren Sie nun die Darstellung: Welche Informationen bietet die Folge über die Völkerwanderung? Was sind die Hauptaussagen?
3. Beurteilen Sie die Inhalte der Darstellung mithilfe Ihres Wissens über die Völkerwanderungszeit. Nutzen Sie für Ihre Beurteilung auch die Grafik auf Seite 232 des Schulbuches. Berücksichtigen Sie auch, an welche Zielgruppe sich die „History Show" wendet.
4. Gruppenarbeit / Präsentation: Erstellen Sie als Gruppe ein eigenes, 10-minütiges Videotutorial, mit den aus Ihrer Sicht wichtigsten Informationen zur Vorbereitung auf das Abiturthema „Völkerwanderung".

M7 Ist das die neue Völkerwanderung?

*In der Tageszeitung „Die Welt" veröffentlicht der Redakteur Wolfgang Büscher (*1951) 2015 folgenden Artikel:*

Wie immer, wenn es ernst wird, schauen wir zurück in die Geschichte. Wir befragen sie, hoffend, unsere Zeit, ja unser Schicksal in ihrem Spiegel zu lesen. Es ist ein ferner Spiegel, 1600 Jahre fern – die Epoche der Völkerwanderung. Plötzlich ist das Wort da. In Kommentaren, Debatten, Analysen. Es gibt dem, wovor wir so ratlos stehen, einen Namen, es hat eine Antwort parat auf die bange Frage: Wo soll das alles enden, etwa so wie damals, als Rom unterging unter dem Ansturm barbarischer Völker? Denn dies ist der ferne Spiegel, in den wir schauen: Roms Ende.

So wie heute Millionen sehnsüchtig nach Europa blicken, [...] – schauten nicht ganz ähnlich um das Jahr 400 Vandalen, Langobarden, Goten und Franken aus ihren Steppen und Wäldern jenseits des Limes auf Rom und Konstantinopel? Und als sie lange genug geschaut und von den Reichtümern Roms geträumt hatten, da scharten sie sich um ihre Militärkönige und zogen los; andere Stämme, besiegt oder verbündet, schlossen sich unterwegs an. Und dann dauerte es wenige Generationen und das größte und leistungsfähigste Imperium, das die alte Welt je gekannt hatte, war nur noch Geschichte. Ob wir es offen aussprechen oder panisch dagegen anargumentieren – das ist unsere Angst.

Bei Angst hilft Hinschauen. Blicken wir ruhig in den fernen Spiegel. Was sehen wir da? Eine explosive Mischung aus Not und Gier. Wer es vornehmer will: aus Not und Hoffnung. In ihrem Rücken spürten die Goten und andere Völker am Rande des Römischen Reiches die unheimliche neue Macht, die Hunnen, hereinstürmend in ihre Siedlungsgebiete nördlich von Donau und Schwarzem Meer – vor Augen hatten diese Völker die Reichtümer Roms. [...]

Die Grenze des Römischen Reiches muss man sich als blühende Sonderwirtschaftszone vorstellen. Handel und Wandel. [...] Irgendwann reicht den Germanen der Handelsgewinn nicht mehr. Erste kleine Überfälle am römischen Ufer des Rheins oder der Donau, dann groß organisierte Plünderungszüge tief hinein nach Italien, Gallien, Spanien. Wieder ist das Bild konfus. Mal führen sie Kriege, mal für Rom, mal gegen Rom. Mal erscheinen ganze Völker am Limes und bitten um Aufnahme ins Imperium. Mal sagt Rom Ja, mal Nein.

Unwillkürlich denkt man an die EU, an die zähe Beitrittsoperette mit der Türkei, an die Balkanfrage. Mal sagt Brüssel Ja, mal Jein. Doch das sind relativ kontrollierte Vorgänge unter Staaten. Interessant wird es, wenn es wild wird. Wenn Völker ungebeten wandern – wobei die „Völker" alles andere als homogene Ethnien sind, es sind sehr gemischte Heerhaufen, bestehend aus 10000 und mehr Kriegern, dreimal so vielen Frauen und Kindern, dazu Wagen und Vieh, zusammengehalten wird der bunte Zug von einem ehrgeizigen Wanderkönig und von dem Ziel, reiche Beute zu machen, zu plündern oder fruchtbares Land zu nehmen.

Sich solche Bilder vor Augen haltend, wird klar, wo die Vergleichbarkeit endet. Die heute in Asien und Afrika losziehen, tun es jeder für sich, allenfalls in Kleingruppen. [...] Der individuelle Flüchtling unserer Tage flieht aus seinen individuellen Gründen. [...]

Doch auch verblüffende Parallelen zur Zeit der Völkerwanderung gibt es. Schon Rom kannte Debatten über den richtigen Umgang mit den Barbaren – zu weich, zu hart? Und in Grabinschriften finden wir sprachliche Verrenkungen, die uns bekannt vorkommen: Wie nennen wir korrekt diese Leute mit Migrationshintergrund? Gotisch geborener Römer? Gote in römischem Dienst? Noch eine Parallele: Auch die Römer brachten ihrer Welt eine Globalisierung. Auch sie schufen einen Riesenraum, in dem Waren, Sehnsüchte, Begierden zirkulierten. Nicht nur schiere Not ließ germanische Völker ausschwärmen, sie schwärmten auch vom Glanz des Imperiums. [...].

Und irgendwann liegt zumindest Westrom offen für jedermann da. Alle Völker streben nun ins Imperium. Alle außer den Hunnen wollen römisch werden, viele eindringende Völker nehmen den katholischen Glauben an. Noch im Untergang leuchtet Rom. [...] Das wäre die ernsteste Parallele zu damals: Das Wandern der Völker tat seine Wirkung, das Wandern der Millionen heute tut sie wahrscheinlich auch. Nichts bleibt, wie es ist. Macht und Kriegsglück wogen im fünften, sechsten Jahrhundert hin und her, aber am Ende ist die Welt eine andere.

Wolfgang Büscher, Ist das die neue Völkerwanderung?, www.welt.de/politik/deutschland/article145532343/Ist-das-die-neue-Voelkerwanderung.html (Zugriff: 18. April 2019)

1. Fassen Sie die Kernthesen des Artikels zusammen. | H
2. Erläutern Sie, welche Parallelen und Unterschiede Büscher zwischen Migration heute und in der Zeit der Völkerwanderung sieht. | H
3. Überprüfen Sie Büschers Schilderung der Ursachen und Folgen der Völkerwanderung mit Ihrem Wissen und mithilfe der Darstellung in diesem Lehrbuch. | F
4. Setzen Sie sich mit Büschers Prämisse auseinander, die Epoche der Völkerwanderung sei ein „ferner Spiegel" (vgl. Zeile 3) für unsere Zeit. | F

M8 Festung Europa

Die nachfolgende Karte wurde 2016 in der Zeitung „Le Monde diplomatique" veröffentlicht.

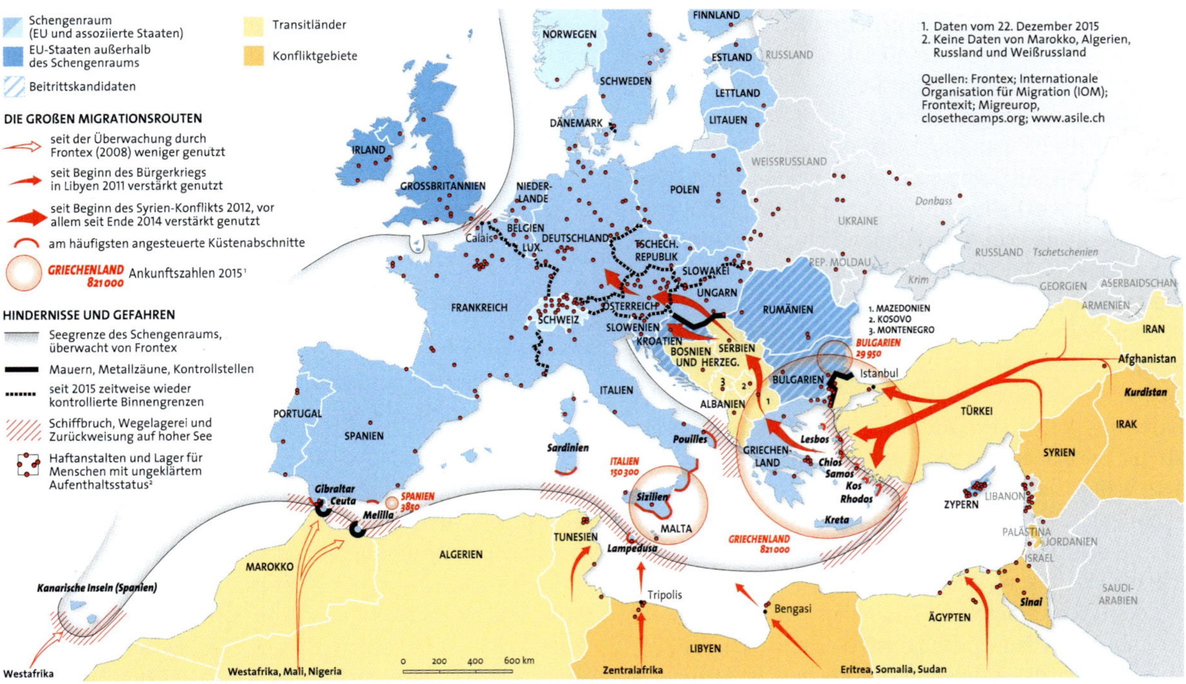

Le Monde diplomatique (Hrsg.), Berlin (taz Verlag) 2016, „Festung Europa 2016"

1. Analysieren Sie die Karte mithilfe der Leitfragen auf Seite 218f.
2. Vergleichen Sie die Karte zur „Festung Europa" mit der Karte auf der Orientierungsdoppelseite (Seite 170): Welche Ähnlichkeiten und Unterschiede in den Mitteln der Darstellung fallen Ihnen auf?
3. Diskutieren Sie, welchen Gesamteindruck die Karte von Migration vermittelt. Welche alternativen Mittel der Darstellung von Migration in Karten könnte es geben?

Die Völkerwanderung – Ursache für den Untergang des Römischen Reiches?

Bis heute wird die Völkerwanderung vielfach mit dem Untergang des Römischen Reiches gleichgesetzt, obwohl die Krise des Reiches und die Auflösung seines Westteils viele verschiedene Ursachen hatten. Unbestritten ist, dass die Germanen und ihre Migration im 3. bis 6. Jahrhundert eine wichtige Rolle in diesem Prozess spielten. Wie genau diese Rolle aussah und ob die dadurch ausgelösten Veränderungen eher als gewaltsame Eroberung und dadurch herbeigeführter Zusammenbruch der Zivilisation oder als allmähliche Umgestaltung mit gelegentlichen gewalttätigen Episoden zu deuten sind, wird von der Forschung unterschiedlich bewertet und gewichtet.

M1 Konservativ?

*In seinem Buch „Der Fall Roms" untersucht und bewertet der Historiker Alexander Demandt (*1937) die verschiedenen Erklärungen für die Auflösung des römischen Imperiums. Zur Rolle der Völkerwanderung und der Germanen schreibt er:*

Was die Germanen ins Reich gelockt hat, war die Suche nach Land und Beute. [...] In irgendeiner Form musste Rom dem äußeren Druck nachgeben. War die Auflösung der Staatseinheit die einzige Möglichkeit? Zwei Alternativen zu ihr sind denkbar.

Die erste [...]: Rom verjüngt sich, indem die alt und schlaff gewordenen Glieder, d.h. die entfernteren Provinzen, abgeschnitten werden. Hätte sich das Reich [...] nicht auf diese Weise gesundschrumpfen können? Ja und nein. Ja insofern, als man die Behauptung Konstantinopels[1] in gewisser Weise als ein solches Gesundschrumpfen bezeichnen kann. [...] Nein, insofern Italien in der Kaiserzeit seine Rolle als Kernland des Imperiums zunehmend eingebüßt hat. [...] Der römischen Reichsidee hätte es widersprochen, Italien auf Kosten der Provinzen zu einem militärischen und ökonomischen Bollwerk auszubauen, das man dann [...] hätte verteidigen können. [...]

[Die] zweite Alternative wäre eine verstärkte Übernahme der Barbaren ins Reich gewesen. [...] Die Anpassungsbereitschaft der Germanen ans römische System lässt vermuten, dass sie weiter als geschehen ins Reich hätten hineinwachsen können. Wäre es gelungen, in großem Maßstab die landsuchenden Gruppen auf den brachliegenden Äckern Griechenlands, Italiens und Afrikas anzusiedeln, hätte sich der für das Reich verderbliche Zusammenstoß zumindest für den Zeitpunkt, zu dem er erfolgt ist, vermeiden lassen. [...] Somit lässt sich die Auflösung des Reiches nicht nur als gescheiterte Abwehr, sondern ebenso als missglückte Einbürgerung der Germanen auffassen. Ob den Römern daraus ein Vorwurf gemacht werden kann, ist schwer zu entscheiden, denn die Integrationsfähigkeit eines zivilisatorisch noch so überlegenen, politisch noch so liberalen[2] Systems findet irgendwo eine Grenze. In der unterschiedlichen Lebens- und Denkweise kulturell eigenständiger Gruppen ist immer Stoff zum Streit verborgen. Das Resultat war eine Folge der beiderseitigen Kapazitäten. Für sich betrachtet ist das Verhalten beider Seiten verständlich: auf römischer Seite der Wunsch, was man hatte, zu behalten [...], und auf germanischer Seite der Wunsch, die eigene Lage zu verbessern [...]. Das Ende des Imperiums ist unter diesem Blickwinkel das Resultat des misslungenen Ausgleichs der beiden Prinzipien. Misslungen deswegen, weil die Römer schließlich doch das verloren, was sie hatten, die Germanen aber nicht das gewannen, was sie suchten. Die ihnen so begehrenswert erscheinende römische Kultur vermochten sie nicht fortzuführen, das eroberte Land haben sie nicht zu halten verstanden.

Alexander Demandt, Der Fall Roms. Die Auflösung des römischen Reiches im Urteil der Nachwelt, München ²2014, S. 593–595

M2 „Schmerzliche Neuordnung"

*Der Historiker Herwig Wolfram (*1934) bilanziert die Wanderungen der germanischen Völker und die Umgestaltung der römischen Welt:*

Hat daher der Deutungsversuch, der den Germanen die zentrale Bedeutung für den Untergang Roms zuschrieb, schon seit Langem viel von seiner Überzeugungskraft eingebüßt, so sind wir heute als Zeitzeugen des Zerfalles einer kolonialen Weltmacht[3] umso eher in der Lage, einen vermeintlichen Untergang als Umgestaltung, Transformation, ja als noch so schmerzliche Neuordnung zu begreifen. Oder mit anderen Worten, ebenso wenig wie Litauen oder die drei baltischen Republiken zusammen die Sowjetunion erobern und zerstö-

[1] Gemeint ist das Oströmische Reich.

[2] **liberal**: freiheitliche politische, ökonomische und soziale Ordnung

[3] Gemeint sind die weitgehend friedlichen Proteste in den drei baltischen Sowjetrepubliken Estland, Lettland und Litauen, die 1991 maßgeblich zum Zerfall der Sowjetunion beitrugen.

ren konnten, war dies den Goten gegenüber dem *Imperium Romanum* möglich gewesen. Aber verhältnismäßig kleine politische Einheiten haben heute wie damals an der Umgestaltung der Reiche ihrer Zeit maßgeblich mitgewirkt.
Zweifellos ist die Geschichte der Goten, Vandalen, Franken und Langobarden vielfach eine Geschichte von Krieg, Blutvergießen und Verwüstung gewesen. Trotzdem waren die Beziehungen des Römerreichs mit den Barbaren viel eher eine Geschichte von Verträgen als eine der militärischen Konfrontation. Die barbarischen Königreiche wurzelten zwar in außerrömischen Traditionen, aber sie waren vertraglich festgelegte, römische Institutionen, deren Inhaber – mit vizekaiserlicher Macht ausgestattet – römische Militärfunktionen ausübten. Daher waren die Barbarenheere auf römischem Boden für gewöhnlich auch römische Föderatenheere. Als Nachfolger der römischen Armee besaßen sie das Recht auf Machtübertragung, allerdings unter der Einschränkung, dass germanische Kriegsvölker keinen Kaiser, dafür aber einen König erhoben. Vom Standpunkt der spätrömischen Verfassung stellten daher die barbarischen Königreiche den – zumindest zeitweise gelungenen – Versuch dar, Theorie und Praxis der spätantiken Staatlichkeit zu versöhnen. [...] Sie waren keine in das Imperium verlagerte barbarischen Staatsgefüge, sondern nur innerhalb der römischen Reichsgrenzen möglich. Mag ihre Dauerhaftigkeit auch verschieden und ihr Rang niederer gewesen sein, so waren sie doch in gleicher Weise wie Byzanz die Erben des einstigen *Imperium Romanum*.

Herwig Wolfram, Die Germanen, München [10]2018, S. 88 f.

M3 Die Barbaren und der „Fall Roms"

*Der Historiker Walter Pohl (*1953) analysiert die Bedeutung der Barbaren für die „Umwandlung der Römischen Welt" in der Spätantike:*

Rom fiel nicht zuletzt deshalb, weil die materielle Basis seines Imperiums schwand. Die Kosten des Imperiums standen zuletzt in keinem Verhältnis mehr zu seinem Nutzen, der immer kleineren Kreisen zugutekam, von denen sich viele in den ständigen Verteilungskämpfen nicht lange daran erfreuen konnten. Der Niedergang des römischen Staatsapparates und seiner Gestaltungsmöglichkeiten im Westen kann als wirtschaftlicher und kultureller Verfall gelesen werden [...].
Die Rolle der Barbaren in diesem Prozess gesellschaftlichen Wandels [...] ist widersprüchlich. Von „den Germanen", die ein dekadentes Römerreich hinwegfegten, bleibt in diesem Bild wenig. [...] Sicherlich gaben Barbareneinfälle seit dem 3. Jahrhundert den Anlass zu einer Erhöhung der Truppenstärke und insgesamt zur verstärkten Militarisierung des Imperiums. Doch standen Barbaren im „Kampf um Rom" immer auf beiden Seiten, und ohne seine barbarischen Kontingente wäre das Imperium vielleicht schon früher gefallen. Andererseits waren es zum Großteil gerade diese Barbaren im Dienst Roms, die schließlich in verschiedenen Teilen des Reiches die Macht übernahmen. Davor lag ein jahrhundertelanger Lernprozess, in dem die Barbaren Erfahrungen im und mit dem Römischen Reich sammelten. [...]
Dennoch war die Integration der Barbaren paradoxerweise eine Leistung Roms, dessen Imperium sie ersetzten, wie Patrick Geary betont hat: „Die germanische Welt war vielleicht die großartigste und dauerhafteste Schöpfung des politischen und militärischen Genies der Römer. Dass sie ihre Schöpfer später ablösen sollte, kann die Tatsache nicht verschleiern, dass sie ihre Existenz römischer Initiative, den jahrhundertelangen, geduldigen Bemühungen römischer Kaiser, Generäle, Soldaten, Grundherren, Sklavenhändler und einfacher Kaufleute verdankte, die aus römischer Sicht chaotische Welt der Barbaren politisch, gesellschaftlich und wirtschaftlich so umzugestalten, dass sie sie verstehen und beherrschen konnten."[1] Latein blieb Staatssprache und Medium schriftlicher Kommunikation, das wirtschaftliche ebenso wie das kulturelle Leben war, bei allen Einbußen, weiterhin Grundlage der Nachfolgestaaten, und die Kirche konnte in mancher Hinsicht ihren Einfluss ausweiten. [...]
Es ist sicher kein Zufall, dass das Frankenreich, in dem die Integration der alten und der neuen Führungsschicht am besten gelang, auch die langfristig erfolgreichste völkerwanderungszeitliche Reichsgründung war.
Die Integration der Zuwanderer und ein gewisser Ausgleich mit der einheimischen Bevölkerung waren also eine Voraussetzung aller barbarischen Reichsgründungen auf römischem Boden. Freilich bedeutet das gar nicht, dass dieser Prozess unter friedlichen Bedingungen ablaufen musste; das sollte nicht miteinander verwechselt werden. Als gesellschaftliche Entwicklung bedingte die „Umwandlung der Römischen Welt" einen Ausgleich, die Elemente der Kontinuität überwogen. Die politischen Rahmenbedingungen waren hingegen äußerst konfliktreich und forderten hohe Opfer sowohl unter der ansässigen Bevölkerung als auch unter den zugewanderten Minderheiten.

Walter Pohl, Die Völkerwanderung. Eroberung und Integration, Stuttgart [2]2005, S. 36–38

1. Präsentation: Arbeiten Sie heraus, welche Bedeutung die Autoren jeweils den Barbaren / Germanen für den Untergang des Römischen Imperiums zuschreiben, und stellen Sie Ihre Ergebnisse in einer Tabelle dar.
2. Vergleichen Sie M1 bis M3 daraufhin, ob die Autoren eher von einer Umwandlung oder einer Zerstörung des Römischen Reiches ausgehen.
3. Die Völkerwanderung – Ursache für den Untergang des Römischen Reiches? Nehmen Sie Stellung.

[1] Patrick Geary, Die Merowinger. Europa vor Karl dem Großen, München [3]2007, S. 7

Ursachen und Folgen der Völkerwanderung

Ursachen

Push-Faktoren / Schubfaktoren

- Mangel und Versorgungsprobleme durch Klimaveränderungen und Bevölkerungszunahme
- wachsende soziale Unterschiede und Zerstörung traditioneller Stammesstrukturen durch Zustrom von Geld, Waren, Waffen
- ehrgeizige Führungspersönlichkeiten, die risikofreudige und gewaltbereite „Kampf- und Wanderkoalitionen" bilden
- gewaltsame Verdrängung durch kriegerische Nachbarvölker, u.a. Hunnen

Pull-Faktoren / Zugfaktoren

- Anziehungskraft der römischen Kultur und Zivilisation
- Karrierechancen im römischen Militärdienst
- Ansiedlungs- und Versorgungsmöglichkeiten auf römischem Gebiet
- Aussicht auf Beute und Prestige

Migration von germanischen Gruppen ins Römische Reich

Gruppenneubildung / Ethnogenese

Wanderungszüge oder Ausdehnung des Siedlungsgebietes

auch: **individuelle Migration** ins Römische Reich

ABI CHECK

Ein interaktives Quiz erwartet Sie unter dem Code **32035-36**.

Folgen

Kontinuitäten und Diskontinuitäten

- Integration und Akkulturation der germanischen und römischen Bevölkerung
- Christianisierung der Germanen
- „Barbarisierung" der römischen Armee mit Germanen als Heermeistern
- Veränderungen in den Sozial-, Wirtschafts- und Verwaltungsstrukturen des Römischen Reiches
- Gründung germanischer Königreiche auf römischem Gebiet
- Untergang / Transformation des Weströmischen Reiches und Aufstieg des Frankenreiches
- Beginn des Mittelalters

M Die Völkerwanderung und die Entstehung Europas

*Der Historiker Bruno Bleckmann (*1962) fasst die Folgen der römisch-germanischen Kulturkontakte und ihre Bedeutung für die Geschichte Europas zusammen:*

Die Nähe zum römischen Großreich mit den überlegenen materiellen Ressourcen beeinflusste damals – mit starken regionalen und zeitlichen Unterschieden – die gesellschaftliche und politische Entwicklung innerhalb Germaniens, etwa durch die neuen Möglichkeiten der Bildung und Akkumulation von Reichtum. Umgekehrt hinterließen die Veränderungen in der Kontaktzone – insbesondere die Bildung größerer und einheitlich ausgerüsteter Kriegergruppen – auch im *Imperium Romanum* allmählich ihre Spuren. Teils traten germanische Kriegergruppen als Aggressoren auf, teils wurden sie im großen Stil von römischer Seite angeworben, und zwar besonders deswegen, weil sich im Reich aufgrund der schwerfälligen römischen Armeeorganisation die Rekrutierung neuer regulärer Truppen wenig flexibel gestalten ließ und weil durch Kriegshandlungen trainierte große Gruppen, wie sie das *Barbaricum*[1] kannte, im Imperium selbst nicht zur Verfügung standen. Besonders groß war die Neigung, germanische Krieger zu engagieren, in den Kämpfen zwischen kaiserlichen Prätendenten[2], die das Grundthema der römischen Kaisergeschichte seit dem dritten Jahrhundert darstellen. Diese inneren Auseinandersetzungen im Römischen Reich schufen durch Truppenabzüge und Verringerung der militärischen Präsenz an den Grenzen auch immer wieder Situationen, in denen germanischen Kriegergruppen der Einfall ins Römische Reich leicht gemacht wurde. So führen mehrere Linien von den Bürgerkriegen im späten Kaiserreich zur schließlichen Etablierung germanischer Nachfolgereiche auf römischem Boden. Eine gewisse, oft allerdings überschätzte Bedeutung kommt hier freilich auch von Rom nicht zu kontrollierenden Entwicklungen im *Barbaricum* zu, insbesondere dem Aufstieg und Zerfall des Hunnenreiches.

Die neuen, seit dem fünften Jahrhundert existierenden Herrschaftsbildungen der Westgoten, Vandalen, Franken und anderer *gentes*[3] im zerfallenden Imperium waren, betrachtet man sie genau, römische Gebilde mit einer mehr oder weniger starken germanischstämmigen Oberschicht. Trotz des römischen Erbes senkte die Existenz dieser Nachfolgereiche gleichwohl die zivilisatorische Fallhöhe zwischen dem *Barbaricum* und den ehemaligen Gebieten des Weströmischen Reiches ab […]. Allerdings ermöglichten […] das Aufbrechen der alten Reichsstrukturen und die Existenz germanischer Machtbildungen auf römischem Boden und mit römischer Infrastruktur nunmehr auch ganz neuartige Verflechtungen zwischen der Mittelmeerwelt einerseits und Kontinental- und Nordeuropa andererseits. […]

Zweifelsohne haben neben den niemals einheitlich agierenden Germanen und dem zerfallenden römischen Staatsgefüge in Wirklichkeit viele andere, weniger gut beleuchtete Faktoren an der Ausprägung der Besonderheiten Europas mitgewirkt. […] Die Entstehung Europas darf daher nicht ausschließlich als Synthese aus dem Gegensatz germanischer „Barbaren" und römischer Zivilisation erklärt werden, der von der griechisch-römischen Historiografie[4] so in den Vordergrund gerückt wird. Gleichwohl besteht […] kein Anlass, die historische Wirksamkeit dieses Kontrastes beim Untergang des Weströmischen Reiches und bei der Neuformung des frühmittelalterlichen Europas völlig zu leugnen. Allerdings wurden die Germanen nicht wegen ihrer ohnehin nur relativen Armut oder zivilisatorischen Unterlegenheit zur Bedrohung Roms, sondern weil in den permanenten Kämpfen der außerhalb des Reiches verbliebenen germanischen Völkerwelt ein Kriegertum lebendig blieb, das dann auch in den Sog der inneren Konflikte des Römischen Reiches geriet und als Katalysator im Auflösungs- und Verwandlungsprozess historische Bedeutung erlangte.

Bruno Bleckmann, Die Germanen. Von Ariovist bis zu den Wikingern, München 2009, S. 314–316

1. Fassen Sie die Kernaussagen des Textes in eigenen Worten zusammen.
2. Erklären Sie aufgrund Ihres Sachwissens die „neuartige[n] Verflechtungen zwischen der Mittelmeerwelt einerseits und Kontinental- und Nordeuropa andererseits" (vgl. Zeile 45 f.), die seit dem 3. Jahrhundert entstanden. Nutzen Sie hierzu auch das Schaubild auf Seite 232.
3. Nehmen Sie Stellung dazu, inwieweit die Ereignisse und Entwicklungen der Völkerwanderungszeit einen Auflösungs- oder einen Verwandlungsprozess darstellten.
4. Setzen Sie sich mit der Frage auseinander, inwieweit die Wurzeln des heutigen Europa in der Zeit der Völkerwanderung liegen.

[1] **Barbaricum:** die nicht von den Römern besetzten Gebiete nördlich von Rhein und Donau
[2] **Prätendent:** Thronanwärter
[3] **gentes:** (lat.) Völker, Stämme, Gruppen
[4] **Historiografie:** Geschichtsschreibung

Orientierung

2.5 Wahlmodul: Romanisierung und Kaiserzeit

Seit dem späten 19. Jahrhundert wird der Begriff „Romanisierung" verwendet, um den kulturellen, religiösen, politischen und wirtschaftlichen Einfluss Roms in einem großen Teil Europas und der Welt des Mittelmeers zu beschreiben. Zeitlich bezieht sich der Begriff in der Regel auf die sogenannte Kaiserzeit, also etwa die Jahre von 27 v. Chr. bis 284 n. Chr. In dieser antiken Epoche erreichte die römische Herrschaft ihren Höhepunkt, sowohl hinsichtlich ihrer geografischen Ausdehnung als auch hinsichtlich ihres kulturellen Einflusses. Romanisierungsprozesse fanden daher nicht nur in West- und Mitteleuropa, sondern auch in Teilen Osteuropas, Kleinasiens, des Nahen Ostens und Nordafrikas statt. Die Grenzen der Romanisierung ergaben sich nicht allein aus den politischen Grenzen des Römischen Reiches. Wie stark der Einfluss Roms war, hing auch von den einheimischen Kulturen und deren Verhältnis zu Rom ab.

Das Kapitel beschäftigt sich inhaltlich mit ...

- der Entwicklung des römischen Kaiserreiches vom augusteischen Prinzipat bis in die Spätantike
- den Neuordnungen der Provinzverwaltung
- Integrationsprozessen innerhalb der Provinzen und der Idee der „Pax Romana"
- der römischen Kultur, Wirtschaft, Armee und Gesellschaftsordnung
- dem Umgang des Imperiums mit Kulten und monotheistischen Religionen
- dem Weg des Christentums von einer Minderheit zur Staatsreligion

Ohne Worte.
Karikatur aus der englischen Zeitschrift „PUNCH", 1912.

- ▶ Erläutern Sie, welche Vorzüge der römischen Kultur hier hervorgehoben werden.
- ▶ Beurteilen Sie die Aussage des Zeichners unter Berücksichtigung des Entstehungszeitpunktes der Karikatur.

27 v. Chr. - 14 n. Chr.	Das Prinzipat des Augustus geht einher mit der Neuordnung der Provinzen und der Vergrößerung des Reiches	Beginn der Kaiserzeit
um 30	Jesus von Nazareth predigt in Palästina. Das Christentum entsteht.	
43	Südbritannien (Britannia) wird unter Kaiser Claudius erobert.	
70	In Jerusalem wird der jüdische Tempel durch die Römer zerstört.	Expansion und Grenzsicherung
98 - 117	Unter Kaiser Trajan erreicht das Imperium Romanum seine größte Ausdehnung.	
212	Kaiser Caracalla gewährt allen freien Bewohnern des Reiches das römische Bürgerrecht.	Integration
ab 250	In den Provinzen entstehen selbstständige Reiche, die sich von Roms Herrschaft lösen.	Übergang zur Spätantike
284 - 305	Unter Diokletian kommt es zur Neuordnung der Provinzen und zur Einführung einer erstmals einheitlichen Münzprägung. Seine Herrschaft markiert den Übergang zur Epoche der Spätantike.	
311 / 313	Das Christentum wird unter den Kaisern Galerius und Konstantin I. erlaubt: „Konstantinische Wende".	Ende des Römischen Reiches
330	Kaiser Konstantin fördert die Stellung von Byzanz/Konstantinopel im Osten des Reiches durch Erhebung zur kaiserlichen Residenzstadt.	
380	Das Christentum wird unter Theodosius I. zur Staatsreligion erklärt.	
410	Die Eroberung und Plünderung Roms durch die Westgoten beschleunigen den Bedeutungsverlust der Stadt und des Weströmischen Reiches.	

Statue des Augustus im Panzer.
Rund zwei Meter hohe Statue aus Marmor, ca. 20 v. Chr., gefunden in Primaporta bei Rom, farbiger Rekonstruktionsversuch.

▶ Erklären Sie, was die Statue den Betrachtern aus der Ferne und in der Nähe vermitteln sollte.

Die Kaiserzeit als Epoche | Rom hatte seit seinen Ursprüngen im 5. Jahrhundert v. Chr. als republikanischer Stadtstaat zunächst die Apennin-Halbinsel und anschließend immer größere Teile des Mittelmeerraums und des westlichen Kontinentaleuropas erobert. Die militärische Expansion des Stadtstaates stellte seine politische Ordnung im Laufe der Jahrhunderte immer wieder vor große Probleme. Zunehmend entschieden Kriegszüge darüber, wer in Rom politische Macht erhielt. Ein erfolgreicher Heerführer genoss Ansehen und verfügte über ihm ergebene Truppen, sodass er sich im Zweifelsfall gegen seine Gegner durchsetzen konnte. Die letzten hundert Jahre der *Römischen Republik* waren von Krisen, blutigen Bürgerkriegen zwischen verschiedenen Gruppierungen und ihnen verbundenen Heerführern gekennzeichnet. Als sich einer dieser Heerführer namens *Octavian* (63 v. Chr – 14 n. Chr.) durchsetzte, reformierte er die Republik (*res publica restituta*). Im Jahr 27 v. Chr. beschloss der römische Senat, dass Octavian – zunächst für zehn Jahre – die Machtbefugnisse in etwa der Hälfte der Provinzen übertragen wurden und er fortan *Augustus* (dt.: „der Erhabene") genannt werden sollte. Da Augustus die Macht in den noch nicht befriedeten Provinzen erhielt, bedeutete dies, dass er Oberbefehlshaber über den überwiegenden Teil des römischen Heeres war. Dies sicherte seine Macht gegenüber allen Konkurrenten.

Um seine herausgehobene Rolle im Staat zu benennen, nahm Augustus den Titel *„princeps"* (dt.: „Erster unter Gleichen") an. Nach dieser Bezeichnung erhielt die Herrschaftsform des Augustus auch ihren Namen: *Prinzipat*. Damit begann die *Kaiserzeit*. Durch das Kaisertum wurde der Erhalt der römischen Ordnung gesichert. Denn die meisten grundlegenden sozialen und politischen Strukturen änderten sich zunächst nicht. In den folgenden Jahrzehnten bauten Augustus und die nachfolgenden Kaiser ihre Stellung zunehmend aus, wenngleich das Kaisertum sich zu keinem Zeitpunkt in eine Erbmonarchie nach frühneuzeitlichen Vorstellungen verwandelte.

Das Ende der Kaiserzeit wird gewöhnlich als eine längere Übergangsphase beschrieben. In der Regel werden die Reformen des Kaisers *Diokletian* (236/45 – 312 n. Chr.) zwischen 284 und 305 als Beginn der Epoche der *Spätantike* betrachtet. Diese war durch grundlegende Veränderungen der römischen Herrschaft in Europa, der Mittelmeerwelt und Vorderasien gekennzeichnet. In der zweiten Hälfte des 3. Jahrhunderts entstanden erste Reiche innerhalb des Römischen Reiches, und einzelne Provinzen wurden von Rom aufgegeben.

Das Imperium Romanum | Das Römische Reich erlebte unter Kaiser *Trajan* (53 – 117) seine größte Ausdehnung. Sie übertraf die aller bis dahin existierenden Reiche. Nie wieder sollten die Welt des Mittelmeers, große Teile Kleinasiens und Europas eine politische Einheit bilden. Die territoriale Entwicklung war nicht allein der Verdienst der Kaiser, denn ein Großteil des Reiches entstand bereits in Zeiten der Republik. Aber in der Kaiserzeit gelang es, die Expansion weiter voranzutreiben und die römische Herrschaft über mehrere Jahrhunderte zu festigen (➔M1). Das Römische Reich teilte die eroberten Gebiete in *Provinzen* als Verwaltungseinheiten ein. Deren Grenzen ergaben sich dabei weniger aus naturräumlichen Bedingungen (z. B. Flüsse oder Berge) oder aus ethnischen Kriterien (z. B. Sprachgruppen), sondern aus militärischen und verwaltungstechnischen Überlegungen. Unter der Regierungszeit von Kaiser Diokletian (284 – 305) kam es zur Neugestaltung der Provinzordnung. Die Gesamtzahl der Provinzen im Reich wurde erheblich erhöht und auch das bis dahin privilegierte römische Italien in Provinzen eingeteilt, womit es seine Sonderstellung (u. a. Steuervorteile) verlor. Der dann einsetzende Zerfallsprozess des *Imperium Romanum* war daher weniger der Überle-

Senat (lat. senatus: Ältestenrat / Rat erfahrener Politiker): oberster Rat des Römischen Reiches. In ihn wurde nur aufgenommen, wer Magistrat („Regierungsbeamter") gewesen war und über großes Vermögen verfügte. Unter Augustus umfasste der Senat 600 Mitglieder.

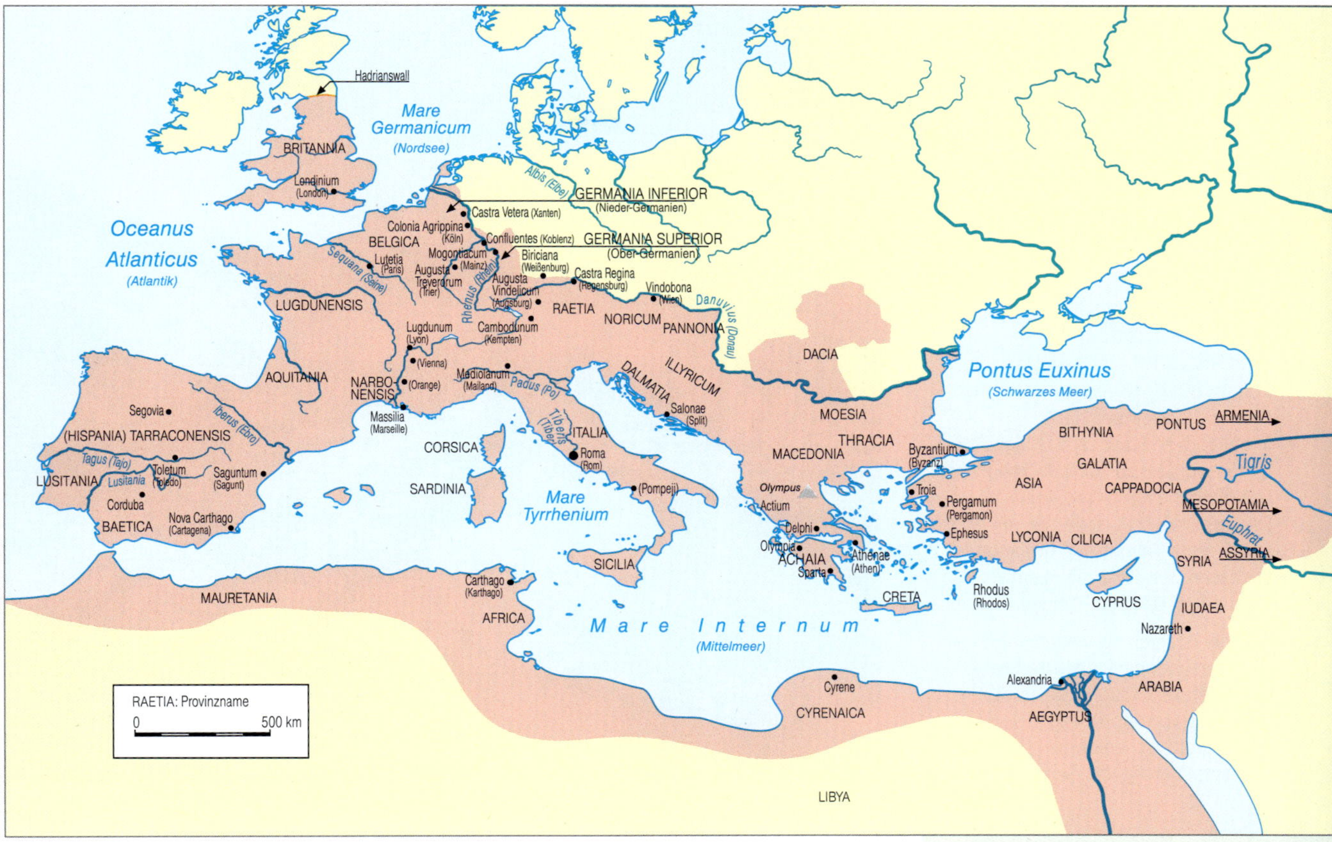

Das Römische Reich zur Zeit seiner größten Ausdehnung, um 117 n. Chr.

▶ Analysieren Sie die Karte mithilfe der Leitfragen auf Seite 218 f.

genheit eines anderen Großreiches geschuldet, als vielmehr der allmählichen Machtverschiebung zwischen verschiedenen Teilen des Reiches. 330 wurde mit Konstantinopel eine zweite gleichberechtigte Hauptstadt eingerichtet, und im Osten wie im Westen entstanden zahlreiche mit Rom konkurrierende Städte (Antiochia, Alexandria, Mediolanum-Mailand). Als die Westgoten im Jahr 410 Rom eroberten, triumphierten sie nicht über das Zentrum eines Weltreiches. Denn Rom hatte schon viele Machtbefugnisse an zahlreiche Städte und Provinzen des Reiches abgetreten.

Romanisierung und „Selbst-Romanisierung" | Die Ausdehnung der römischen Herrschaft basierte auf der Stärke der Streitkräfte. In unzähligen Kriegen wurden die Gegner Roms besiegt. Die Beherrschung der eroberten Gebiete stützte sich aber nicht allein auf Waffengewalt. Zwar hatte Rom auch in Friedenszeiten Dutzende von Truppeneinheiten im ganzen Reich stationiert, doch wurden sie häufig nicht im Kampf, sondern für den Bau von Straßen, Brücken, Aquädukten und ähnlichen Infrastrukturprojekten eingesetzt. Die Stabilität der römischen Herrschaft verdankte sich vor allem jenem Prozess, den die historische Forschung als *Romanisierung*, also als „Römisch-Werden" bezeichnet. Im Laufe der Jahrhunderte glichen sich die Lebensweisen in den römischen Provinzen immer stärker an (➜M2). Die Städte erhielten ähnliche Bauten, Latein als Kommunikationsmedium gewann an Gewicht, römische Gesetze galten und römische Münzen kursierten. Vor allem die Elite übernahm römische Gepflogenheiten: Mahlzeiten, Kleidung, Baderituale, den Festkalender und viele andere alltägliche Verrichtungen.

Romanisierung wurde sowohl von oben erzwungen als auch von unten gewünscht. Dass römisches Recht galt und der Kaiser verehrt wurde, waren Anliegen Roms, die notfalls auch mit Gewalt vertreten wurden. Allerdings konnte den Menschen nicht vorgeschrieben werden, römische Mode und Sitten zu übernehmen. Vielmehr wurde die römische Kultur oft bereitwillig übernommen und kopiert. Romanisierung war daher häufig kein Zwang, sondern aktives Handeln, eben *„Selbst-Romanisierung"*. Dabei

Internettipp
Eine virtuelle Tour durch das antike Rom finden Sie unter dem Code **32035-37**.

Wandelhalle mit Medusenmedaillons im Severischen Forum in Leptis Magna (Libyen).
Foto vom Dezember 2007.
In der antiken Stadt Leptis Magna lebten wohl bis zu 100000 Einwohner. Der römische Kaiser Septimius Severus (146–211) stammte von dort. Er ließ seine Heimatstadt umfangreich ausbauen. Seit 1982 zählt Leptis Magna zum UNESCO-Weltkulturerbe.

- Recherchieren Sie weitere Informationen über die Ruinenstätte aus Nordafrika. Erläutern Sie, inwiefern im Falle von Leptis Magna von einer erfolgreichen Romanisierung gesprochen werden kann.

verband sich die Bewunderung für Rom mit der Hoffnung, durch Übernahme des römischen „way of life" die eigene Stellung, die Position der Familie, des Clans oder der eigenen Provinz verbessern zu können.

Am Ende wendete sich die Romanisierung gegen Rom selbst. Da die Provinzen mehr und mehr Rom glichen, verschwanden die Unterschiede und in mancherlei Hinsicht auch die Überlegenheit Roms. Romanisierung und Widerstand gegen Rom waren daher keine sich ausschließenden Gegensätze. Zwar gab es auch Völker, die sich gegen alle römischen Einflüsse wehrten. Häufig übernahmen aber auch die Gegner Roms Elemente römischer Kultur, zum einen weil dies in Jahrhunderten römischer Herrschaft unausweichlich war, zum anderen weil die römischen Techniken und Verfahren sich als nützlich erwiesen hatten. Der Niedergang Roms seit dem 4. Jahrhundert war also auch Ausdruck der erfolgreichen Romanisierung. Rom hatte die Völker, die es besiegt hatte, im Laufe seiner Herrschaft erheblich geprägt, sodass die nun neu entstehenden Reiche – wie z.B. das der Westgoten[1] – auf die eine oder andere Weise die römische Tradition weitertrugen. Romanisierung war daher ein Prozess, dessen Folgen wir bis heute beobachten können: in den romanischen Sprachen, im Christentum römischer Prägung, in den auf Rom zurückgehenden Vorstellungen unseres Rechtssystems und in den bis heute existierenden römischen Stadtgründungen. Romanisierung ist daher nicht nur für Europa und die Mittelmeerwelt von Bedeutung. Denn ab 1492 trugen die europäischen Erben Roms ihre Sprachen, ihre Religion, ihr Recht und ihre Weltbilder nach Amerika.

[1] Siehe hierzu das Kapitel „Die Westgoten und ihre Ansiedlung im Römischen Reich" auf Seite 188 bis 195.

Rekonstruktion der Saalburg bei Bad Homburg v. d. Höhe (Hessen).
Zeitgenössisches Foto.
Der ursprüngliche Bau stammt aus dem 2. Jahrhundert. Auf antiken Fundamenten wurde zwischen 1897 und 1907 das einstige Römerkastell rekonstruiert. Dieses bewachte und schützte damals wie viele andere Kastelle den rund 550 Kilometer langen Limes (Grenzwall), der das Römische Reich vom wenig erschlossenen Siedlungsgebiet kleinerer Völker trennte.

Heer und Provinzverwaltung | In der Kaiserzeit verfügte Rom über Truppen von insgesamt ca. 350000 Mann. Diese waren in *Legionen* unterteilt, die vor allem in den Randprovinzen des Reiches standen. Schon in der frühen Kaiserzeit wurde ein *stehendes Heer* geschaffen. Es war Rom bzw. dem Kaiser verpflichtet, während zur Zeit der Römischen Republik die Truppen vor allem ihren jeweiligen Feldherren die Treue hielten. Da das Heer der Kaiserzeit nicht mehr demobilisiert wurde, kam es zur Einrichtung von festen Legionsstandorten und unter Kaiser *Hadrian* (76–138) zur Errichtung eines festen Verteidigungssystems an den Reichsgrenzen. Die Standorte der Legionen dienten als Zentrale einer oder mehrerer Legionen und glichen mit ihren Gebäuden aus Holz oder Stein kleinen „Lager"-Städten. Tatsächlich hielten sich aber häufig viele der jeweils 5500 bis 6000 Mann starken Legionen nicht am eigentlichen Standort auf. Ihnen waren zahlreiche Aufgaben zugeteilt, die heute die Polizei übernimmt. Sie bewachten Straßen, Brücken und selbst Bergwerke oder Steinbrüche. Darüber hinaus wurden sie in befriedeten Gebieten zunehmend zum Ausbau der Infrastruktur eingesetzt. Die Legionen romanisierten die Provinzen aber nicht allein durch Polizeitätigkeit und Bauvorhaben. Sie verschmolzen auch zunehmend mit der Provinzbevölkerung. In der Regel bestanden die Heereseinheiten etwa zur Hälfte aus *Hilfstruppen (auxilia)*, die aus den verschiedensten Provinzen kamen. Diese Hilfstruppen wurden von Rom ausgehoben und unterstanden römischen Offizieren oder wurden zumindest von Römern überwacht. Sie trugen langfristig auch zur Romanisierung der Einheimischen bei. Denn in der Armee eigneten sich die Soldaten die römische Sprache und Lebensweise an. Nach Ende ihrer Dienstzeit erhielten sie das römische Bürgerrecht und ein Stück Land. Die Zugehörigkeit zu den Hilfstruppen in römischen Provinzen wurde von vielen Einheimischen als Möglichkeit gesehen, die eigene Position zu verbessern. Als Soldat und eventuell sogar Offizier Roms konnten sie Ansehen und Einfluss erwerben (→M3).

Internettipp
Die Homepage des Museums informiert u. a. über die Geschichte der Saalburg und den archäologischen Park.
Siehe dazu den Code **32035-38**.

Im Vergleich zur Armee war die zivile Verwaltung Roms winzig. Sie bestand zu Beginn der Kaiserzeit bestenfalls aus wenigen Tausend und in der Spätantike aus etwa 35 000 Personen. An der Spitze einer Provinz stand ein römischer *Statthalter*, der dort die Herrschaft Roms repräsentierte. Da er über keine Verwaltung im heutigen Sinne verfügte, beschränkten sich seine Aufgaben auf die Erhaltung der öffentlichen Ordnung und die Verteidigung der Provinz. In der Finanzverwaltung waren *Prokuratoren* tätig. Diese kaiserlichen Beauftragten kontrollieren die Eintreibung der Steuern in den Provinzen, um eine Ausbeutung durch die Statthalter zu unterbinden.

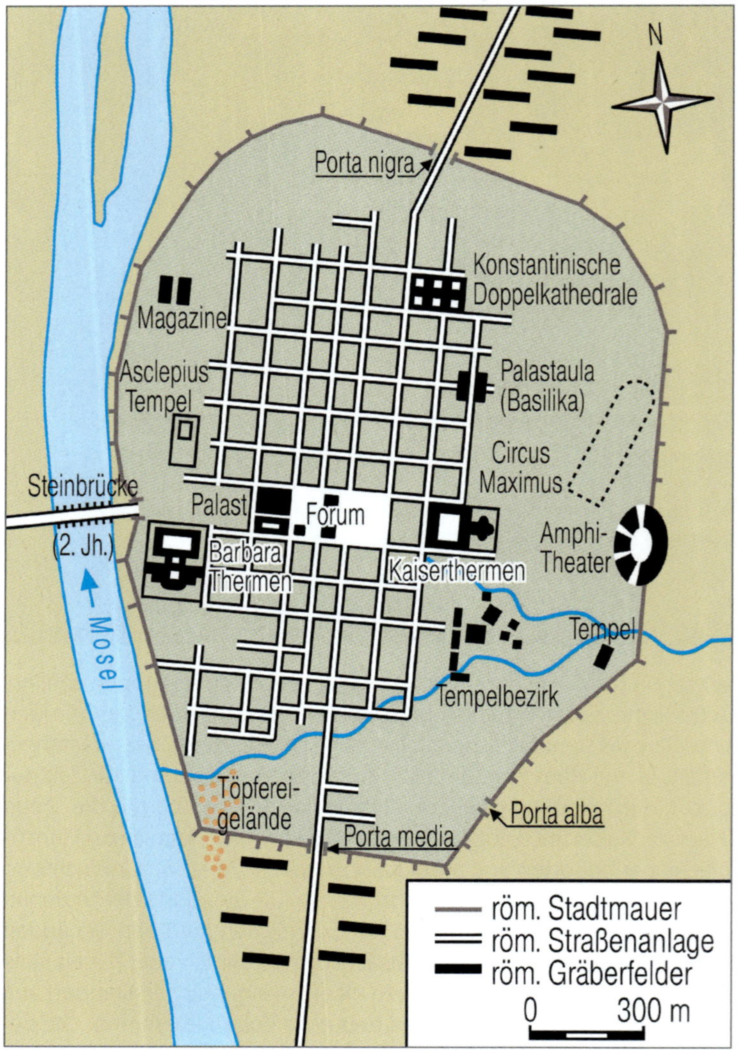

Stadtplan von Trier im 4. Jahrhundert.
Rekonstruktionszeichnung.
Die in Rheinland-Pfalz liegende Stadt Trier wurde von den Römern um 16 v. Chr. unter dem Namen „Augusta Treverorum" (dt.: „Stadt des Augustus im Land der Treverer") gegründet. Von 293 bis 392 war sie eine der kaiserlichen Residenzen im Westen des Römischen Reiches.

- Beschreiben Sie den Stadtgrundriss. Suchen Sie anschließend auf einem modernen Stadtplan die Steinbrücke und die Porta Nigra in Trier.
- Erklären Sie anhand des Stadtplans die Bedeutung der Stadt für Handel und Kultur.

Internettipp
Informationen zur Porta Nigra, den Kaiserthermen und zu weiteren Überresten römischer Baukunst im heutigen Trier finden Sie unter dem Code **32035-39**.

Die Städte | Städte bildeten neben der Armee eine wichtige Säule der römischen Herrschaft. Im Osten und an der Küste der Iberischen Halbinsel hatte Rom Gebiete erobert, in denen das politische Leben bereits in Städten und Siedlungen konzentriert war. Rom bemühte sich, an die bestehenden städtischen Ordnungen anzuknüpfen. Dazu gehörte vor allem, dass die Städte sich mithilfe eines *Stadtrates* selbst verwalteten, der sich aus den Angehörigen der lokalen Elite zusammensetzte. Dies beinhaltete auch, dass sich die Städte mit Eingaben oder gar Beschwerden an den Kaiser wenden durften.

Rom schuf in den Provinzen eine Hierarchie von Städten, die sich vor allem an deren Loyalität orientierte. Wer Rom treu diente, wurde ausgezeichnet. Städte, die gegen Rom gekämpft oder sich erhoben hatten, wurden bestraft oder gar zerstört.

In jenen Teilen des Reiches, in denen es keine Städte im römischen Sinne gab, kam es zu neuen Stadtgründungen. Insbesondere an den Grenzen des Reiches schufen die Römer *Kolonien (coloniae)*, in denen sie römische Bürger ansiedelten, die die neu eroberte Region sichern sollten. Die Gründung von Kolonien diente von Beginn an der Versorgung von ausgemusterten Soldaten, den *Veteranen*. Diese ließen sich in einer neu gegründeten Stadt (einer Kolonie) nieder und erhielten dann häufig das römische Bürgerrecht, was gleichbedeutend mit einem gewissen sozialen Status war.

Alte und neue Städte bildeten Zentren römischer Lebensart. Dies ließ sich schon an zahlreichen Gebäuden, häufig der gesamten Anlage einer Stadt beobachten. Es gab einen Hauptplatz (*forum*), an dem große Gebäude wie Markthallen und/oder Tempel standen. Es waren Brunnen und häufig auch Thermen vorhanden, deren Wasserzufuhr hölzerne oder steinerne Wasserleitungen sicherstellten. Gepflasterte und mit Säulenreihen/Kolonnaden (Säulengängen) geschmückte Straßen durchzogen teilweise die Städte.

In einer römischen Stadt leben hieß, auf römische Art und Weise zu leben. Dies galt nicht nur für eine kleine Elite, die sich einen exklusiven Lebensstil leisten konnte und die lokalen Schaltstellen der politischen Macht besetzte. Dies traf auch für einen großen Teil der einfachen Leute zu. Denn auch sie lebten innerhalb einer von römischer Architektur geprägten Stadt, besuchten Märkte und Feste auf den römisch gestalteten Plätzen oder Theateraufführungen und Kämpfe in römischen Amphitheatern. So wurde die Stadt für breite Bevölkerungsschichten zum Raum und zum Motor der Romanisierung (→M4).

Die Eliten | Der Beginn der Kaiserzeit bedeutete keine grundlegende Veränderung der sozialen Strukturen des Reiches. Die Zusammensetzung der Eliten im Kaiserreich entsprach daher zunächst im Großen und Ganzen ihrer Zusammensetzung in republikanischer Zeit. Sie bestanden aus der *Reichsaristokratie* und den *lokalen Eliten*.

Die Reichsaristokratie umfasste einen Teil der Ritterschaft und der Senatoren. Der Senat hatte zwar seine herausragende Stellung an den Kaiser abgetreten. Dennoch stützte sich auch die kaiserliche Herrschaft auf die Zusammenarbeit mit dem Senat und den Rittern als Funktionselite, die die Stabilität der Kaiserzeit sicherte. Um vom Kaiser zum Ritter ernannt zu werden, musste man nicht nur wohlhabend sein, sondern dem Kaiser auch lange treu gedient haben.

Die lokalen Eliten setzten sich vor allem aus den Großgrundbesitzern in den Provinzen zusammen. Inhaber politischer und religiöser Ämter auf lokaler und provinzialer Ebene wurden als *Magistrate* bezeichnet, Mitglieder des Stadtrates als *Dekurionen*. Auch hier fanden sich vom Kaiser ernannte Ritter.

Es waren diese Eliten, die maßgeblich zur Romanisierung im Imperium Romanum beitrugen. Die dem römischen Lebensstil nacheifernden lokalen Eilten zeigten damit, dass sie ein Teil der herrschenden Ordnung waren, und drückten gleichzeitig gegenüber Rom ihre Loyalität und Verbundenheit aus. Dies führte im Laufe der Jahrhunderte dazu, dass die römischen Kaiser immer mehr Angehörige aus den Provinzen in die Reichsaristokratie beriefen. Ritter aus den eroberten Gebieten erhielten Aufgaben in Rom und wurden schließlich in den Senat aufgenommen. Dies stieß zwar anfangs auf Widerstand, wurde aber mit zunehmender Romanisierung der eroberten Gebiete ein übliches Verfahren. Selbst die römischen Kaiser stammten nicht zwangsläufig aus Rom: Hadrian (76–138) war in Italica auf der Iberischen Halbinsel geboren, *Septimius Severus* (146–211) in Leptis Magna in Nordafrika, *Caracalla* (188–217) im heutigen Lyon und *Verus Maximinus* (172/73–238) auf der östlichen Balkanhalbinsel. Letztgenannter Kaiser trug sogar den Beinamen „Thrax“, der auf seine thrakische Herkunft verwies. Auch wenn Rom bis Ende des 3. Jahrhunderts das unbestrittene Zentrum des Imperium Romanum blieb, so waren es doch nicht nur Römer oder Italiker, die im Reich herrschten. Vielmehr rekrutierte Rom die Eliten aus allen Teilen seines Herrschaftsgebietes, sofern sie römische Lebensart und Wertvorstellungen übernahmen. Da sie im kulturellen und politischen Sinn Römer wurden, konnten sie ins Zentrum der Macht vorstoßen (→M5).

Handel an der römischen Limesgrenze.
Szene aus dem Zinnfigurendiorama im Limesmuseum Aalen.

▶ Beschreiben Sie das Geschehen auf dem Bild. Was erfahren Sie über den Handel?

Handel und Wirtschaft | Die relative politische Stabilität während der hohen Kaiserzeit schuf gute Voraussetzungen für die Wirtschaftsentwicklung. Der überwiegende Teil der Bevölkerung war in der Landwirtschaft beschäftigt und von ihr hing das Wohlergehen des Reiches maßgeblich ab. Die Blüte der Städte basierte großenteils auf der Tatsache, dass das jeweilige Umland ausreichend Lebensmittel produzierte, um die Stadtbewohner zu ernähren. Die *pax Romana* (→M1) (dt.: römischer Frieden) half der Landwirtschaft dadurch, dass sie den Handel über weite Entfernungen begünstigte. So wurde aus Sizilien und vor allem Ägypten, der „Kornkammer" Roms, Getreide auf die Italische Halbinsel exportiert, während von der Iberischen Halbinsel Olivenöl in viele Regionen des Reiches gelangte. Begünstigt wurde der Handel nicht nur durch die langen Friedenszeiten im Reich sowie die Eindämmung von Piraterie und Bandenwesen, sondern auch durch Straßenbau und Münzprägungen. Rom baute in fast allen Provinzen Straßen, die als Kommunikationsnetze innerhalb und zwischen den Provinzen dienten (→M6). Das römische Münzwesen stellte schließlich über Jahrhunderte sicher, dass Handel auf Geldbasis getrieben werden konnte. Das Römische Reich war jedoch kein einheitlicher Wirtschaftsraum. Dazu war die Bedeutung der Subsistenzwirtschaft (Selbstversorgung) und der rein lokalen Märkte zu groß. Allerdings ermöglichte es das Imperium Romanum, dass regionaler Handel und Fernhandel in einem Umfang betrieben werden konnten, wie dies vorher nicht möglich war. Dies führte dazu, dass der Handel sich romanisierte. Denn er beruhte auf römischen Münzen und häufig auch auf römischem Recht und römischer Sprache (→M7).

Internettipp
Mehr über das Wirtschaftssystem im Römischen Reich erfahren Sie unter dem Code **32035-40**.

Die Sprache | Die Sprache ist jener Bereich, in dem die Romanisierung bis heute am leichtesten zu sehen (und zu hören) ist. In großen Teilen des ehemaligen Imperium Romanum werden auch heute noch Sprachen gesprochen, deren Wurzel das von Rom aus verbreitete Latein ist. Hierzu gehören u.a. Spanisch, Französisch, Portugiesisch und Rumänisch. Die iberische Kolonialherrschaft in Amerika und später der französische Kolonialismus in Nordamerika, Afrika und Asien haben die romanischen Sprachen über die ganze Welt verbreitet.

Die römischen Kaiser hatten weder Interesse noch die Mittel, um Latein als Sprache für die 50 bis 60 Millionen Menschen im Römischen Reich durchzusetzen. Für die allermeisten Bewohner gab es keinen Schulunterricht, und überall wurden die alten, regionalen Sprachen gesprochen. Die Eliten in den Provinzen hatten dagegen ein großes Interesse, Latein zu erlernen, war es doch für die Kommunikation mit Rom unerlässlich und zugleich ein Ausweis der eigenen Nähe zur römischen Kultur. So gab es auf der einen Seite einen jahrhundertelangen Spracherwerb aufseiten der provinzialen Eliten. Auf der anderen Seite siedelten Latein sprechende Kolonisten in unzähligen Provinzen des Reiches und brachten die Sprache mit. Für beide Prozesse war die Armee ein wichtiger Katalysator, denn der Aufstieg in der Armee erforderte die Beherrschung der lateinischen Sprache. Gleichzeitig brachten die Armee und ausgemusterte Soldaten Latein in die Provinzen (→M8).

Trotz der enormen Verbreitung der lateinischen Sprache überlebten zahlreiche Sprachen das Römische Reich. Zum Teil waren dies Sprachen ohne Schriftsysteme, aber auch einige wenige Schriftsprachen überdauerten die römische Herrschaft (z. B. Hebräisch). In der Spätantike entwickelten sich dann angesichts der nachlassenden Bedeutung Roms in manchen Gegenden neue Schriften (z. B. Koptisch). Unter allen Sprachen stellte das Griechische eine Ausnahme dar, da es im Osten als zweite offizielle Sprache fungierte. Die spätere Teilung in ein West- und ein Oströmisches Reich führte zu einem weitgehenden Niedergang des Lateinischen im Osten. Mit Ausnahme des Rumänischen finden sich heute in Osteuropa keine romanischen Sprachen von Bedeutung.

Römisches Recht | Roms Herrschaft beruhte auf schriftlichem Recht, also auf schriftlich fixierten Regeln mit allgemeinem Geltungsanspruch. Seit den Anfängen Roms hatte sich eine lange, viele Bereiche des Lebens umfassende Tradition römischen Rechts entwickelt, die im Laufe der Jahrhunderte ständig erweitert und verändert wurde.

Römische Herrschaft in einer Provinz drückte sich dadurch aus, dass Rom schriftliche Rechtsverordnungen für die entsprechende Provinz erließ (→M9). Sie regelten die Beziehung zwischen der Provinz und Rom, aber auch die Verhältnisse innerhalb einer Provinz. Vor allem im Osten waren verschiedene Städte einander nicht wohlgesonnen, sodass die römischen Verordnungen darauf abzielten, die Konflikte in den Provinzen zu reduzieren. Gleichzeitig dienten sie dazu, jene Städte und Gruppen zu belohnen, die Rom treu ergeben waren, während die Gegner Roms rechtlich bestraft wurden. Römische Rechtsverordnungen regelten aber auch die Rechte und Pflichten von Privatpersonen. Dies galt sowohl für politische (z. B. Bürgerrechte) als auch für private Fragen (z. B. Eigentumsrechte). Als Kaiser Caracalla 212 die reichsweite Vergabe des Bürgerrechts für alle freien Bewohner einführte, hob er auf rechtlicher Ebene die Trennung zwischen Römern, Italikern und den anderen Bewohnern des Imperium Romanum auf. Ein Bürger einer Provinz verfügte fortan über die gleichen Bürgerrechte wie ein Römer.

Ein zentraler Aspekt des Römischen Rechts war die Rechtsprechung. Diese unterstand in den Provinzen dem Statthalter, der dazu einen Rat (bzw. ein Gericht) einberief, welcher sich während der Gerichtstage versammelte. Aufgrund des großen Einflusses des vorsitzenden Statthalters entsprachen die Verfahren zwar nicht unserem heutigen Verständnis von Fairness und Gleichbehandlung der Parteien, aber sie fußten auf geschriebenem Recht und Provinzen konnten z. B. gegen Statthalter Klage erheben, die sie ausgebeutet hatten.

Die jahrhundertelange Praxis von schriftlicher Rechtsetzung und Rechtsverfahren beeinflusste das Rechtsverständnis in den Provinzen nachhaltig. Römisches Recht stabilisierte die Herrschaft und überdauerte sie. Bis heute ist ein großer Teil des europäischen Rechts von den ursprünglich in Rom entwickelten Rechtsvorstellungen geprägt.

Das Pantheon in Rom zur Kaiserzeit.
Undatierte Rekonstruktionszeichnung von Peter Connolly.
Das bereits in vorchristlicher Zeit angelegte und von Kaiser Hadrian fertiggestellte Pantheon gehört zu den am besten erhaltenen Bauten der römischen Antike. Dies liegt vor allem an der frühen Umweihung zur katholischen Kirche.

Der Kaiserkult | Die kultische Verehrung des Herrschers war eine gängige Praxis vieler Völker des Altertums. In Rom begann die göttliche Verehrung der Herrscher nach dem Tod von *Gaius Julius Caesar* (100 v. Chr. – 44 v. Chr.), als dieser zum Gott erklärt wurde. Lebende Kaiser wurden in Rom nicht als Götter verehrt, während dies in verschiedenen Provinzen durchaus üblich war. Dort huldigten die Bewohner den Kaisern wie auch ihren lokalen Gottheiten. Da die religiösen Vorstellungen der Zeit die Göttlichkeit von Menschen und die Verehrung einer Vielzahl von Gottheiten (*Polytheismus*) gestatteten, war es kein großes Problem, den Kaiserkult in die religiösen Praktiken der meisten unterworfenen Völker zu integrieren. Die Aufnahme des lebenden oder der verstorbenen Kaiser in das **Pantheon** der lokalen Gottheiten verband Rom mit den unterworfenen Völkern und drückte gleichzeitig Roms Überlegenheit aus (→M10).

Pantheon: Bezeichnung sowohl für die Gesamtheit der Götter als auch für das ihnen geweihte Heiligtum

Der Bau von Tempeln zu Ehren des lebenden oder verstorbenen Kaisers löste im Osten des Reiches häufig handfeste Machtkämpfe zwischen lokalen Eliten aus. Denn solche Tempel demonstrierten die Nähe und Loyalität zu Rom, das jeden Bau genehmigen musste. Die Vorrangstellung durch einen Tempel kam auch dadurch zum Ausdruck, dass sie Orte von Feiern und Festlichkeiten waren. Hier versammelten sich die politischen Machtträger und auch das einfache Volk, um dem Kaiser zu huldigen. Dies konnte einhergehen mit Opfern, Festen und Wettkämpfen, sodass eine Tempelanlage die gesellschaftliche und zum Teil auch wirtschaftliche Stellung einer Stadt unterstrich. Während der Feierlichkeiten repräsentierten Statthalter, Priester und andere Amtspersonen die römische Ordnung. Der Kaiserkult diente daher nicht nur dazu, einen Gott oder eine göttliche Person zu verehren. Er diente auch dazu, den Menschen die soziale und politische Ordnung zu demonstrieren sowie die Eliten und das einfache Volk an Rom zu binden.

Umgang des Imperiums mit Kulten und Religionen | Im Laufe der Jahrhunderte vermischten sich römische Kultpraktiken mit lokalen Religionen. Nicht nur dem Kaiser, sondern auch den eigenen lokalen Göttern wurde immer stärker auf römische Art und Weise gehuldigt. Vielfach kam es zur Aufnahme fremder Götter anderer Völker in die religiöse Vorstellungswelt der Römer. Während der Kaiserzeit erfreute sich der aus dem Orient stammende *Kult des Mithras*, eines Gottes des Lichtes, insbesondere beim römischen Heer großer Beliebtheit.

Der grundsätzliche offene Umgang der Römer mit Religionen und Göttern wurde durch das *Judentum* (➔M11) und das *Christentum* infrage gestellt. Da es sich bei ihnen um *monotheistische Religionen* handelt, verbieten sie anderen Göttern zu huldigen (erstes der Zehn Gebote). Aufgrund dessen lehnten sie es auch ab, die römischen Kaiser als Götter zu verehren. Nachdem *Jesus von Nazareth* um 30 in Palästina gepredigt hatte, versuchte Rom zunächst, die neue Religion in ihre Glaubensvorstellungen zu integrieren. Die Christen aber blieben bei ihrer Intoleranz gegenüber anderen religiösen Ansichten und machten einen Kompromiss unmöglich. Schon im 1. Jahrhundert nach Christus kam es vereinzelt zu Christenverfolgungen. Die bekannteste ist sicherlich die unter dem oft zu Unrecht als Tyrann auf dem Kaiserthron bezeichneten Kaiser *Nero* (37–68). Im zweiten nachchristlichen Jahrhundert erfolgte die Christenverfolgung dann systematisiert.

Die seit 250 einsetzenden reichsweiten Christenverfolgungen fanden mit dem Toleranzedikt des Kaisers *Galerius* (um 250–311) ihr Ende (➔M12). Im Jahre 311 hatte dieser das Christentum als Religion erlaubt. Damit tolerierte nun auch Rom eine Religion, die römische Vorstellungen nicht akzeptierte und den Kaiserkult explizit ablehnte. Auf der Gegenseite hatte das Christentum schon lange von seinen Vorstellungen Abstand genommen, das Ende der Welt – und das hieß: das Ende des Imperium Romanum – stünde unmittelbar bevor. Dies führte zu der Auffassung, dass die Verteidigung der bestehenden Ordnung einhergehen konnte mit einem gottgefälligen christlichen Leben. Ein solches Verhalten konnte sich auch auf das vermutlich in der zweiten Hälfte des 1. Jahrhunderts entstandene Matthäusevangelium (22, 21) berufen: „Gebt dem Kaiser, was des Kaisers ist, und Gott, was Gottes ist."

Die spätere Integration des Christentums in Herrscherkult und Herrscherpraxis durch Kaiser *Konstantin I.* (272/73–337) war durchaus auch im Interesse Roms. Er bestätigte 313 im *Toleranzedikt von Mailand* nicht nur die Anerkennung des Christentums, sondern privilegierte und praktizierte es sogar. Zugleich hielt Konstantin an alten Kultpraktiken fest und wurde nach seinem Tod als Gott verehrt. Gleichwohl bedeutete die sogenannte *Konstantinische Wende*, dass das Christentum sich von nun an innerhalb des Römischen Reiches massiv verbreiten konnte.

Das Christentum kann als Teil der jahrhundertelangen Romanisierungsprozesse betrachtet werden, da es sich seit dem 4. Jahrhundert gerade dank der Strukturen des Imperium Romanum ausdehnen konnte. Gleichzeitig war es den alten römischen religiösen Vorstellungen so fremd, dass die Christianisierung auch zum Ende des Reiches, so wie es viele Jahrhunderte bestanden hatte, beitrug.

Mithras-Kultbild (Ausschnitt).
Um 200 n. Chr.
Unter einem Rundbogen mit den zwölf Tierkreiszeichen ist der Gott Mithras mit römischer Tunika dargestellt, wie er einen Stier erdolcht. Blut galt als Quelle des Lebens. Der Mithras-Kult erreichte im Römischen Reich im 2. und 3. Jahrhundert seinen Höhepunkt. Im 4. Jahrhundert wurde er vom Christentum verdrängt.

▸ Der Mithras-Kult zählt zu den Mysterienkulten (Mysterien: geheime religiöse Feiern). Recherchieren Sie, welche weiteren Mysterienkulte im Römischen Reich existierten. Erklären Sie vor diesem Hintergrund, inwiefern der Kontakt mit anderen Kulturen die religiösen Vorstellungen der Römer veränderte.

M1 Pax Romana

*Der Althistoriker Werner Dahlheim (*1938) erklärt die Langlebigkeit des Römischen Reiches:*

Alle Segnungen, die die Kaiser in den Augen der Zeitgenossen gebracht haben, gipfelten in der Vorstellung des Friedens, der *pax Romana*. Seit Augustus ist pax eine Gottheit mit Anspruch auf kultische Verehrung: Der 13–9 v. Chr. gebaute Altar der pax Augusta stellte durch das Beiwort zugleich unmissverständlich die Beziehung zur Person und zur Herrschaft des Kaisers her. Die Formel vom Kaiser als Friedensbringer betonte zunächst die Wiederherstellung der Eintracht (*concordia*) der Bürger, die in der Tat die erste große Leistung des ersten Monarchen gewesen war. Gemeint war damit nicht nur das Ende der Bürgerkriege, sondern das gesamte Spektrum der inneren Befriedung: die Einigung mit dem Senat, die Befriedung des Militärs, die Sicherheit vor Umsturz, Enteignung und politischem Terror. Nicht damit gemeint war der Friede nach außen; im Gegenteil: Die Erfolge der römischen Waffen bildeten die andere Seite des inneren Friedens, den sie sicherten und weiter ausbauten.
Im zweiten Jahrhundert war die römisch gewordene Welt überzeugt, mit dem gewonnenen Frieden den glücklichen Endpunkt aller Geschichte, das goldene Zeitalter erreicht zu haben. Die, welche außerhalb dieser Welt standen, Barbaren und Fremde, waren zum Gegenstand des Bedauerns geworden. Innerhalb dieser Welt bedeutete das Ende der Kriege der Völker die Gewissheit, allein die zivilisierte Welt zu verkörpern: Nur in ihr war die städtische Zivilisation vorherrschend, nur sie kannte die umfassende Sicherheit des Rechts, und nur innerhalb ihrer Grenzen war der freie Austausch von Gütern und Meinungen möglich.

Werner Dahlheim, Die griechisch-römische Antike, Bd. 2: Rom, Paderborn [3]1997, S. 237

1. Erläutern Sie, welche Vor- und Nachteile die Unterwerfung unter Rom mit sich bringen konnte.
2. Erörtern Sie, inwiefern die Vorstellung einer überlegenen Zivilisation heutigen Auffassungen widerspricht. | F

M2 Die Iberische Halbinsel wird romanisiert

Der griechische Geograf und Geschichtsschreiber Strabon (um 63 v. Chr. – nach 23 n. Chr.) schildert die Romanisierung verschiedener Volksstämme im heutigen Spanien:

Der Segen des Landes hat bei den Turdetanern auch Zivilisation und Gemeinsinn zur Folge gehabt; auch bei den Keltikern dank ihrer Nachbarschaft [...], aber bei ihnen weniger (sie leben ja meist in Dörfern); die Turdetaner dagegen, besonders die am Baetis, sind ganz zu dem Lebensstil der Römer übergegangen und bewahren nicht einmal mehr eine Erinnerung an ihre eigene Sprache: Ferner sind die meisten Latiner geworden und haben römische Siedler bekommen, sodass nur noch wenig daran fehlt, dass sie sämtlich Römer sind; auch die neuerdings zusammengesiedelten Städte, Pax Augusta bei den Keltikern, Augusta Emerita bei den Turdulern und Caesaraugusta im Gebiet der Keltiberer, und einige andere Siedlungen illustrieren den Umschwung besagter Gemeinwesen; so werden denn auch alle Iberer, die zu dieser Kategorie gehören, *togati*[1] genannt (darunter sind auch die Keltiberer, die ehedem als die wildesten von allen galten).

Strabon, Geographika 3, 2, 15, nach: Strabon, Geographika. Mit Übersetzung und Kommentar, hrsg. von Stefan Radt, Bd. 1, Göttingen 2003, S. 381

1. Präsentation: Recherchieren Sie die modernen Namen der genannten Städte bzw. Regionen. Informieren Sie sich, ob in diesen Gebieten bis heute römische Spuren vorhanden sind. Geben Sie Ihre Ergebnisse in einer kleinen Präsentation wieder.
2. Arbeiten Sie die Kriterien der Romanisierung nach Strabon heraus.
3. Nehmen Sie zu der Frage „Romanisierung – Fluch oder Segen?" Stellung. Beziehen Sie dabei auch die Sichtweise Strabons mit ein. | F

M3 Wie trägt das Militär zur Romanisierung bei?

Der griechische Schriftsteller Plutarch (um 45 – um 125 n. Chr.) beschreibt, wie der römische Feldherr Quintus Sertorius (123–72 v. Chr.) unterworfene Völker an Rom zu binden versucht:

Durch solche Taten erwarb sich Sertorius die Bewunderung und Liebe der Barbaren und ebenso dadurch, dass er durch Einführung römischer Bewaffnung, Formierung und Befehlserteilung ihre wilde und rohe Kampfweise beseitigte und ihre Streitmacht aus einer großen Räuberbande zu einem wirklichen Heer machte. Auch sparte er nicht mit Gold und Silber, womit er ihre Helme schmücken und ihre Schilde reich verzieren ließ, lehrte sie, buntgestickte Waffenröcke und Mäntel zu tragen, und indem er ihnen dabei half und ihre Wünsche förderte, schmeichelte er sich bei ihnen ein. Am meisten aber gewann er sie für sich durch sein Verfahren mit ihren Söhnen. Er ließ nämlich die vornehmsten Knaben aus den Stämmen in der großen Stadt Osca[2] zusammenziehen, bestellte für sie Lehrer in Griechisch und Latein und machte sie so tatsächlich zu Geiseln, während er vorgab, er lasse sie dazu erziehen, dass sie,

[1] **togati**: Personen, die die Toga tragen. Die Toga war ein typisches Kleidungsstück des römischen Bürgers.
[2] **Osca**: die heutige, im Nordwesten Spaniens liegende Stadt Huesca

Männer geworden, an der Regierung und Staatsverwaltung teilnehmen könnten. Die Väter freuten sich dann außerordentlich, wenn sie ihre Söhne in purpurverbrämten Kleidern wohlgeordnet zur Schule gehen sahen, wo Sertorius die Lehrer für sie besoldete, häufig Prüfungen abnahm, an diejenigen, die sich auszeichneten, Preise verteilte und ihnen die goldenen Umhängekapseln schenkte, die die Römer *bulla* nennen.

Plutarch, Sertorius 14, 1 ff., nach: Plutarch, Große Griechen und Römer, eingeleitet und übersetzt von Konrat Ziegler, Bd. 5: Die Bibliothek der Alten Welt, Griechische Reihe, Zürich/Stuttgart 1960, S. 196

1. Beschreiben Sie, wie Sertorius laut Plutarch das Militär einsetzte, um die Loyalität der Unterworfenen zu erlangen.
2. Erläutern Sie, wer in der Darstellung Plutarchs durch die Unterwerfung der „Barbaren" Vorteile erzielt.
3. Überprüfen Sie, welche allgemeinen Elemente der Rechtfertigung von Herrschaft sich in dem Text von Plutarch finden.

Pont del Diable (dt.: Teufelsbrücke) bei Tarragona (Spanien).
Das Aquädukt wurde vermutlich im 1. Jahrhundert erbaut und versorgte noch bis ins Mittelalter die Stadt mit Wasser. Seit 2000 gehört es zum UNESCO-Weltkulturerbe.

M4 Städte strahlen in Glanz und Anmut

Der griechische Schriftsteller und Redner Aelius Aristides (117–um 181) hält Mitte des 2. Jahrhunderts vor Kaiser Antoninus Pius (86–161) in Rom folgende Rede:

So sind denn die Städte frei von Besatzungen, kleine Reiter- und Infanterieabteilungen genügen als Aufsicht für ganze Völker, […] viele Völker wissen überhaupt nicht, wo ihre Besatzungen stehen. […] An Kriege, ja, dass es sie je gegeben hat, glaubt man nicht mehr, wie man sonst von Mythenerzählungen hört, hört die Menge von ihnen. Und wenn auch einmal Kämpfe an den Grenzen des Reiches stattfinden […], dann gehen sie wie Mythen schnell vorüber und mit ihnen das Gerede über sie. […] Reich besetzt sind die Küsten am Meere und das Binnenland mit Städten, teils neu gegründeten, teils solchen, die unter eurer Herrschaft und von euch gefördert worden sind. […] Wie an einem Festtage hat der ganze Erdkreis sein altes Gewand, das Eisen, abgelegt, sich festlichem Schmucke und allem, was das Leben froh macht, nach Lust und Belieben zugewandt. Jeder andere Wettstreit ist den Städten fremd geworden: Nur darum eifert mit Macht jede einzelne, als die schönste und anmutigste dazustehen. Überall Gymnasien[1], Springbrunnen, Vorhallen, Tempel, Werkstätten, Schulen […]. Städte stehen strahlend in Glanz und Anmut, die ganze Erde ist wie ein Paradiesgarten geschmückt: Brandrauch aus den Ebenen und Signale von Freund und Feind sind verschwunden, als hätte sie ein Wind davongetragen, jenseits von Land und Meer. An ihre Stelle traten anmutige Schauspiele aller Art und festliche Wettspiele ohne Zahl. So hören, wie ein heiliges, unauslöschliches Feuer, die festlichen Zusammenkünfte nicht auf, sie gehen von Stadt zu Stadt. […] Ja, das vielgesprochene Wort, dass die Erde die Mutter von allen und gemeinsames Vaterland ist, ihr habt es aufs Schönste zur Wahrheit werden lassen. Denn heute können Hellenen[2] wie Barbaren, mit und ohne Habe, ziehen, wohin es jeden verlangt, ohne alle Schwierigkeiten, gerade als zögen sie von einer Heimatstadt zur anderen. […] [Es] bedeutet Sicherheit genug, ein Römer zu sein oder, besser gesagt: einer von denen, die unter eurer Herrschaft stehen.

Aelius Aristides, Rede auf Rom, 67, 70, 94, 97, 99 f., nach: Walter Arend (Bearb.), Altertum. Geschichte in Quellen, München [3]1978, S. 679 f.

1. Fassen Sie zusammen, wie Aelius Aristides die römischen Städte beschreibt.
2. Erklären Sie, wie sich das (städtische) Leben unter römischer Herrschaft verändert hat.
3. Erörtern Sie, warum nur wenige Soldaten zur Sicherung der Herrschaft im Innern des Reiches benötigt wurden.

[1] **Gymnasien:** Sportstätten

[2] **Hellenen:** Griechen

M5 Römischer Lebensstil bei den Briten

Der römische Senator und Schriftsteller Tacitus (um 55–um 120) ehrt seinen Schwiegervater Agricola nach dessen Tod mit einer Biografie. Darin beschreibt er das Vorgehen Agricolas als Statthalter in der Provinz Britannien:

Sobald aber der Sommer nahte, zog er das Heer zusammen, war allenthalben mit auf dem Marsch, lobte die Manneszucht und hielt die Truppe zusammen; den Platz für das Lager bestimmte er selbst, Gewässer und Wälder erkundete er als erster, den Feinden ließ er unterdessen keine Ruhe, unternahm vielmehr ganz plötzlich verheerende Streifzüge; sobald er jedoch genug Schrecken verbreitet hatte, schonte er sie wieder und zeigte ihnen die Lockungen des Friedens. Durch solche Maßnahmen ließen sich viele Stämme, die bis dahin unabhängig geblieben waren, bewegen, Geiseln zu stellen und von ihrer Erbitterung abzulassen. Er belegte ihr Gebiet mit Stützpunkten und Kastellen, und zwar mit derart planmäßiger Sorgfalt, dass kein anderer neu eroberter Teil Britanniens so ruhig in römischen Besitz überging.
Der folgende Winter wurde zur Ausführung sehr heilsamer Pläne verwendet. Denn um die verstreuten und primitiv lebenden Menschen, die infolgedessen zum Kriege leicht geneigt waren, durch Annehmlichkeiten an Ruhe und friedliches Verhalten zu gewöhnen, ermunterte er sie persönlich und unterstützte sie mit staatlichen Mitteln, Tempel, öffentliche Plätze und Häuser in der Stadt zu bauen, lobte die Eifrigen und tadelte die Säumigen; so trat Anerkennung und wetteiferndes Bemühen an die Stelle des Zwanges. Ferner ließ er die Söhne der Vornehmen in den freien Künsten[1] bilden [...]. So kam es, dass die Menschen, die eben noch die römische Sprache ablehnten, nun die römische Redekunst zu erlernen begehrten. Von da an fand auch unser Äußeres Beifall, und die Toga wurde häufig getragen; und allmählich gab man sich dem verweichlichenden Einfluss des Lasters hin: Säulenhallen, Bädern und erlesenen Gelagen. Und so etwas hieß bei den Ahnungslosen Lebenskultur, während es doch nur ein Bestandteil der Knechtschaft war.

Tacitus, Agricola, 21, nach: Tacitus, Das Leben des Iulius Agricola, herausgegeben und übersetzt von Rudolf Till, Berlin [5]1988, S. 35

1. Beschreiben Sie, wie sich das Leben in Britannien unter römischer Herrschaft änderte.
2. Arbeiten Sie Vor- und Nachteile heraus, die sich nach Tacitus für die Britannier aus der Übernahme des römischen Lebensstils ergeben. | H
3. Tacitus steht dem luxuriösen römischen Lebensstil seiner Zeit kritisch gegenüber. Weisen Sie diese Einstellung anhand der Quelle nach.
4. Nehmen Sie Stellung zu Tacitus' Einschätzung, die Übernahme des römischen Lebensstils sei „Bestandteil der Knechtschaft" (vgl. Zeile 31 f.).

M6 Straßen verbinden

Der griechische Geschichtsschreiber Strabon erläutert die Verkehrslage der Stadt Lugdunum (heute Lyon):

Lugdunum liegt durch das Zusammenströmen der Flüsse und durch seine Nähe zu allen Teilen wie eine Burg in der Mitte des Landes; daher hat auch Agrippa[2] die Straßen von dort aus gezogen: die durch das Kemmenon-Gebirge bis zu den Santonern und nach Aquitanien, die zum Rhein und drittens die zum Ozean bei den Bellovacern und den Ambianern; die vierte ist die ins Narbonitische und zu der Massaliotischen Küste. Man kann aber auch Lugdunum und das darüber hinaus liegende Land links liegen lassen, direkt am Poeninus eine Abzweigung nehmen, auf der man nach Überquerung der Rhone oder des Lemenna-Sees in die Ebenen der Helvetier kommt, und von dort über das Iura-Gebirge in das Land der Sequaner und der Lingonen hinübersteigen; bei ihnen teilt die Straße sich in zwei Durchgangsstraßen: eine zum Rhein und eine zum Ozean.

Strabon, Geographika 4, 6, 11, nach: Strabon, a.a.O., S. 547 f.

1. Erläutern Sie die Bedeutung, die das Straßennetz für Lyon besaß.
2. Suchen Sie das von Strabon beschriebene Straßennetz auf einer modernen Karte. Vergleichen Sie es mit den heutigen Autobahnrouten. Hat sich die Position Lyons verändert?
3. Die Länge des römischen Fernstraßennetzes betrug im 2. Jahrhundert rund 80 000 km. In der Kaiserzeit bestanden Verbindungen nicht nur mit den Provinzen, sondern auch über die Reichsgrenzen hinaus. Beurteilen Sie die Bedeutung des Straßennetzes für den Romanisierungsprozess.

[1] Zu den **freien Künsten** zählten Grammatik, Rhetorik, Dialektik, Arithmetik, Geometrie, Musik und Astronomie.

[2] **Marcus Vipsanius Agrippa** (63/64–12 v. Chr.): römischer Feldherr und Politiker, verheiratet mit der Tochter Augustus'

M7 Herstellung und Verbreitung von Terra sigillata-Keramik

Die Alltagskultur in den Provinzen wird in Schriftquellen nur selten ausführlich beschrieben. Die kulturelle Entwicklung des Römischen Reiches fernab des Zentrums muss daher vor allem aus archäologischen Quellen erschlossen werden. Dabei spielen Keramikfunde eine besondere Rolle. Mit diesen Funden können wir den antiken Menschen noch heute direkt auf den Esstisch schauen, denn obwohl die meisten Gefäße zerbrochen sind, bleiben die Scherben aus gebranntem Ton im Unterschied zu anderen Materialien in vielen Fällen selbst nach Jahrhunderten noch gut erhalten. Die teils glattwandige, teils reliefverzierte Terra sigillata (= gestempelter Ton) war vom 1. bis 3. Jahrhundert die beliebteste Geschirrkeramik der Römer. Sehr charakteristisch ist die rot glänzende Oberfläche, die nur mit bestimmten Tonarten und einer gezielten Luftzufuhr während des Brennvorgangs erreicht werden konnte. Aufgrund dieser besonderen Anforderungen war die Terra sigillata trotz einer sehr gut organisierten Produktion keine billige Ware. Da der Hersteller seine Gefäße mit einem Namensstempel versah, lassen sich die Funde bestimmten Herstellungsorten zuordnen.

Terra sigillata-Gefäße aus französischer Herstellung.
4. Jahrhundert, gefunden in der Gegend um Reims.

1. Beschreiben Sie die Entwicklung bei den Herstellungsorten der Terra sigillata (Karte).
2. Vergleichen Sie das Verbreitungsgebiet der Terra sigillata mit dem Gebiet des Römischen Reiches (siehe hierzu auch die Karte auf Seite 237). | F
3. Erklären Sie wichtige Erkenntnisse, die die Verbreitung der Terra sigillata den Archäologen und Historikern heute liefert.

Wichtige Herstellungsorte von Terra sigillata-Keramik.

M8 Latein versus Griechisch

*Der Althistoriker Eckhard Meyer-Zwiffelhoffer (*1955) erklärt die Bedeutung der lateinischen Sprache im Römischen Reich:*

Rom hatte nie versucht, die lateinische Sprache und Schrift reichsweit durchzusetzen, aber sie war die Sprache der Herrschaft. In den Legionen und Auxiliarverbänden wurde lateinisch geschrieben und gesprochen, ebenso in der Verwaltung, soweit es deren interne Kommunikation betraf. Die Münzlegenden der Reichsprägung waren lateinisch und alle kaiserlichen Gesetze ebenfalls. Doch erkannte Rom das Griechische als zweite offizielle Sprache insofern an, als die Kommunikation des Kaisers und der römischen Amtsträger mit der Provinzialbevölkerung im Osten auf Griechisch erfolgte. Auch in den Gerichtsverhandlungen konnte auf Griechisch gesprochen werden; kaiserliche Edikte[1], Reskripte[2] und andere Dokumente wurden übersetzt. Denn die hohen römischen Amtsträger und auch die meisten Kaiser waren seit der Republik zweisprachig gewesen.

In der östlichen Reichshälfte setzte sich das Lateinische nie als zweite Sprache durch. Nur die provinzialen Aristokraten, die in den Reichsdienst eintreten wollten, und die Soldaten lernten Latein. In der Spätantike, als das Reich faktisch geteilt war[3], verschärfte sich die sprachliche Trennung: In Rom und den westlichen Provinzen lernten nur noch wenige Aristokraten Griechisch und in der östlichen Hälfte immerhin all diejenigen Latein, die römisches Recht studierten und im Heer und der Ziviladministration Dienst taten. Aber schon die Bischöfe im Osten des Reichs konnten kein Latein mehr, sowenig wie die Bischöfe im Westen Griechisch […]. Unter Justinian[4] schließlich zog dann das Griechische auch in die Reichsverwaltung ein, wie seine noch erhaltenen Gesetze („Novellen") zeigen.

Eckhard Meyer-Zwiffelhoffer, Imperium Romanum. Geschichte der römischen Provinzen, München 2009, S. 115 f.

1. Arbeiten Sie vergleichend die Stellung der lateinischen und der griechischen Sprache heraus. | H
2. Analysieren Sie, inwiefern sich der Umgang mit der griechischen Sprache von dem in M3 beschriebenen Vorgehen unterscheidet.

M9 Ein Problemfall in der Provinzialverwaltung

Plinius der Jüngere (61/62–um 113) kommt 111 als römischer Statthalter in die Provinz Bithynien und Pontus an der türkischen Schwarzmeerküste. Er schreibt häufig an Kaiser Trajan, um sich Rat zu holen. Sein Schriftwechsel mit dem Kaiser bietet einen Einblick in die Verwaltung einer Provinz und ist im zehnten Buch seiner „Epistulae" überliefert. Im Zusammenhang mit der Ernennung neuer Ratsherren (Dekurionen) wendet sich Plinius an Trajan:

Das Gesetz des Pompeius, das für die Bewohner von Bithynien und Pontus gilt,[5] fordert keine Geldzahlungen von denjenigen, die von den Zensoren[6] in den Stadtrat gewählt werden. Die Männer aber, die Deiner Huld zufolge in einigen Städten über die gesetzmäßige Zahl hinaus gewählt werden durften, haben teils 1 000, teils 2 000 Denare[7] gezahlt. Der Prokonsul Anicius Maximus hat daraufhin verfügt – was freilich nur für einige wenige Städte gilt –, dass auch die von den Zensoren gewählten Ratsherren jeweils verschiedene Summen zu zahlen hätten. Darum bleibt nichts anderes übrig, als dass Du selbst entscheidest, ob in sämtlichen Städten alle, die künftig zu Ratsherren gewählt werden, für ihren Eintritt eine bestimmte Summe zu entrichten haben. […]

Trajan antwortet:

Ob alle, die in irgendeiner Stadt Bithyniens Ratsherren werden, ein Antrittsgeld zu entrichten haben oder nicht, das kann ich nicht grundsätzlich entscheiden. Man soll sich also meiner Meinung nach, was immer das sicherste ist, jeweils an das Gesetz der betreffenden Stadt halten. Was die Männer betrifft, die ehrenhalber Ratsherren werden, so meine ich eher, sie sollten so handeln, dass sie aufgrund einer Leistung[8] den übrigen vorgezogen werden.

C. Plinius Caecilius Secundus, Briefe, 10, 112–113, nach: Ders., Sämtliche Briefe, übersetzt und herausgegeben von Heribert Philips und Marion Giebel, Stuttgart 1998, S. 799 ff.

1. Geben Sie mit eigenen Worten das rechtliche Problem wieder, das Plinius dem Kaiser vorlegt.
2. Erläutern Sie, inwiefern der Kaiser das „Prinzip der Subsidiarität", nach dem möglichst viel vor Ort geregelt wird, verfolgt.

---

1 **Edikt:** kaiserliche Verordnung
2 **Reskript:** kaiserlicher Bescheid auf eine Eingabe von Untertanen oder römischen Amtsträgern hin
3 Im Jahr 395 zerfiel das Römische Reich in eine Ost- und eine Westhälfte.
4 **Justinian I.** (um 482–565): oströmischer Kaiser von 527 bis 565
5 Das Gesetz aus dem Jahre 63 v. Chr. regelte die grundlegenden Aspekte der römischen Herrschaft in der Provinz.
6 **Zensoren:** Beamte, die neue Ratsherren einsetzen
7 Im 1. Jahrhundert bekam ein gut verdienender Arbeitnehmer etwa 1 Denar am Tag.
8 in der Regel eine wohltätige Geldspende

M10 Kaiserkult bei den Galliern

Der griechische Geschichtsschreiber Strabon berichtet von einem Heiligtum im heutigen Lyon:

Lugdunum selber denn, gegründet am Fuß einer Spitze beim Zusammenfluss des Arar-Flusses und der Rhone, haben die Römer in Besitz. Es ist, abgesehen von Narbo, die volkreichste Stadt von allen, denn sie wird als Handelsplatz benutzt, und die Statthalter der Römer prägen dort ihre Silber- und Goldmünzen; ferner liegt das von allen Galatern gemeinsam für Caesar Augustus gestiftete Heiligtum vor dieser Stadt an dem Zusammenfluss der Flüsse (es besteht aus einem stattlichen Altar mit einer Inschrift der Namen der Völker – sechzig an der Zahl –, Bildnissen eines jeden dieser Völker).

Strabon, Geographika 4, 3, 2, nach: Strabon, a. a. O., S. 499–501

1. Fassen Sie mit eigenen Worten die wichtigsten Aspekte des von Strabon beschriebenen Heiligtums zusammen.
2. Erklären Sie mögliche Gründe für die Nennung der Stämme im Altar.
3. Erörtern Sie die Verbindung von religiöser und politischer Macht anhand dieser Quelle.

Vorder- und Rückseite einer römischen Münze.

- Beschreiben Sie Vorder- und Rückseite der Münze.
- Erläutern Sie, wer und was dargestellt sind.
- Ordnen Sie die Münze in ihren historischen Kontext ein.

M11 Umgang mit den Juden

Der Althistoriker Eckhard Meyer-Zwiffelhoffer beschreibt die Stellung der Juden im Römischen Reich:

Die Juden in Palästina und zum Teil auch in der Diaspora[1] waren die einzigen römischen Untertanen, die in ihrer Mehrheit die römische Herrschaft ablehnten. Zwar gestanden ihnen die Kaiser eine Lebensweise gemäß dem jüdischen Gesetz zu, doch stießen sie mit ihren Sitten und Privilegien – dass sie am Sabbath[2] nicht vor Gericht erscheinen oder keinen Militärdienst leisten mussten – bei ihrer nichtjüdischen Umgebung wie bei den römischen Statthaltern auf wenig Verständnis: Die Aufstände in Mesopotamien, der Kyrenaika und Ägypten (115–117) resultierten aus Konflikten mit den griechischen und ägyptischen Nachbarn. Das jüdische Kernland in Galiläa, Judäa und Samaria war seit der Herrschaft des römischen Vasallenkönigs Herodes und seiner Dynastie die unruhigste Region des gesamten Imperiums geworden. Kleinere Aufstände waren an der Tagesordnung, und das Bandenwesen war allenthalben anzutreffen. Verantwortlich dafür war eine explosive Mischung aus wirtschaftlicher Not vieler Kleinbauern und Pächter, massiven sozialen Spannungen zwischen der lokalen, zum Teil romfreundlichen jüdischen Aristokratie und der breiten Bevölkerung sowie religiösem Fanatismus und Sektenbildung.
Seit der Fremdherrschaft der von Rom eingesetzten Herodes-Dynastie, die entgegen dem Herkommen über das Hohepriesteramt in Jerusalem verfügte, war der Traum von einem eigenen jüdischen Staat wieder virulent geworden. Viele jüdische Sekten hegten Endzeiterwartungen oder hofften auf den Messias[3]. In den ersten Jahrzehnten nach der Zeitenwende traten zahlreiche Messiasfiguren auf und scharten Anhänger um sich; einer von ihnen war Jesus „Christus“. Sie suchten zumeist den Konflikt mit der etablierten Orthodoxie der Pharisäer, der jüdischen Aristokratie und den römischen Behörden – die Statthalter ließen Tausende von ihnen mitsamt ihren Anführern kreuzigen. Die gewaltsamen sozialen Spannungen unter den Juden und der religiöse Fanatismus der Zeloten („Eiferer“)[4] und anderer Gruppen führte – entzündet durch die Ignoranz und Verachtung der römischen Präfekten und später der

[1] **Diaspora** (griech.: Zerstreuung): die jüdischen Gemeinden außerhalb Palästinas
[2] **Sabbath**: wöchentlicher jüdischer Feier- und Ruhetag zur Erinnerung an die Schöpfung der Welt und an Israels Befreiung aus der ägyptischen Sklaverei
[3] Der erwartete Messias sollte die Juden von der römischen Fremdherrschaft befreien und das jüdische Reich wiedererrichten.
[4] jüdische Widerstandsbewegung

Plünderung des jüdischen Tempels in Jerusalem.
Ausschnitt aus einem Relief am Titusbogen auf dem Forum Romanum in Rom, nach 81.
Der Triumphbogen wurde vom Senat zu Ehren Kaiser Titus' (39–81) errichtet. Er eroberte mit seinem Heer im Jahre 70 die Stadt Jerusalem und zerstörte den jüdischen Tempel. Damit verloren die Juden ihr politisches und religiöses Zentrum. Das Relief zeigt römische Soldaten, wie sie ihre Beute aus dem jüdischen Tempel tragen. Dazu zählten u.a. der goldene Schaubrottisch mit den Silbertrompeten (rechts) sowie der goldene siebenarmige Leuchter (Menora; links von der Bildmitte).

▶ Erörtern Sie, warum die Soldaten mit den erbeuteten Kultgeräten auf dem Triumphbogen dargestellt wurden.

Prokuratoren von *Iudaea*[1] – zum Ausbruch der beiden großen jüdischen Aufstände, die tatsächlich die römische Herrschaft infrage stellten (66–70/73 und 132–135). Sie mussten mit einem großen Aufgebot an Legionen, Auxiliarverbänden und Hilfstruppen der Vasallenfürsten niedergekämpft werden.

Eckhard Meyer-Zwiffelhoffer, Imperium Romanum, a.a.O., S. 84 f.

1. Fassen Sie zusammen, was die Stellung des Judentums nach Meyer-Zwiffelhoffer charakterisierte.
2. Erklären Sie, warum die Juden oft unterdrückt worden sind, obwohl die Römer in religiösen Fragen in der Regel tolerant waren.
3. Präsentation: Erläutern Sie Gemeinsamkeiten und Unterschiede der Konflikte mit Rom im Juden- und im Christentum. Ziehen Sie dazu auch das Internet oder Lexika sowie M12 heran. Stellen Sie Ihre Ergebnisse in einem Kurzreferat vor.
4. Beurteilen Sie, inwiefern sich der jüdische Widerstand gegen Rom mit heutigen religiös begründeten Kriegen vergleichen lässt.

[1] Von 6 bis 70 n. Chr. war Iudaea Teil der römischen Provinz Syria, dann bis 135 n. Chr. eine eigenständige Provinz, die nach dem zweiten Aufstand in „Syria Palaestina" umbenannt wurde.

M12 Toleranzedikt des Kaisers Galerius

Der aus Nordafrika stammende christliche Autor Laktanz (um 250 – nach 317) beschreibt in seiner Schrift „Über die Todesarten der Verfolger" die gewaltsamen Tode der Christenverfolger als Beweis für deren Fehlverhalten. Darin zitiert er einen aus dem Jahre 311 stammenden Erlass des Kaisers Galerius:

Unter den übrigen Verordnungen, die wir immer zu Nutz und Frommen des Staates erlassen, hatten wir seinerzeit den Willen bekundet, alles entsprechend den alten Gesetzen und der staatlichen Ordnung der Römer einzurichten und dafür zu sorgen, dass auch die Christen, die die Religion ihrer Väter verlassen hatten, wieder zur Vernunft zurückkehrten. Aus irgendeinem Grunde hatte diese Christen ein solcher Eigensinn erfasst und solche Torheit befallen, dass sie nicht mehr den Grundsätzen der Alten folgten, die vielleicht ihre eigenen Vorfahren zuerst eingeführt hatten, sondern sich nach eigenem Gutdünken und Belieben selbst Gesetze machten, an die sie sich hielten, und da und dort bunte Menschenmengen zu einer Gemeinde vereinigten. Nachdem dann von uns der Befehl ergangen war, dass sie zu den Grundsätzen der Alten zurückkehren sollten, wurden viele in Prozesse auf Leben und Tod verwickelt, viele auch von Haus und Herd vertrieben. Da aber die meisten bei ihrem Vorsatz beharrten und wir sahen, dass sie weder den Göttern den Kult und die Verehrung zollten, die ihnen gebührt, noch den Kult des Christengottes ausübten, so haben wir in Anbetracht unserer großen Milde und im Hinblick auf unsere ständige Gepflogenheit, allen Menschen Verzeihung zu gewähren, diese unsere bereitwilligst gewährte Nachsicht auch auf die Christen ausdehnen zu müssen geglaubt. Sie sollen also erneut Christen sein und ihre Versammlungsstätten wiederherstellen, jedoch unter der Bedingung, dass sie nicht der Ordnung zuwiderhandeln. In einem weiteren Schreiben werden wir den Provinzstatthaltern Weisung erteilen, wie sie sich zu verhalten haben. In Ansehung dieser unserer Gnade sollen die Christen daher zu ihrem Gott für unser Wohlergehen, das des Staates und ihr eigenes beten, auf dass der Staat in jeder Hinsicht unversehrt bleibe und sie sorglos in ihren Wohnsitzen leben können.

Laktanz, Über die Todesarten der Verfolger, 34, 1 – 5, nach: Hans Jürgen Hillen (Bearb.), Die Geschichte Roms. Römische und griechische Historiker berichten, Düsseldorf 2006, S. 384 f.

Kaiser Konstantin I. („der Große").
Nachzeichnung eines Silbermedaillons, Durchmesser 2,5 cm, um 315. Zwei Jahre nach dem Toleranzedikt von Kaiser Galerius bestätigte Kaiser Konstantin I. die Anerkennung des Christentums als erlaubte Religion.

▶ Interpretieren Sie die Aussage des Medaillons. Beachten Sie dabei die am Helmbusch vorne und am Schild angebrachten Symbole.

1. Beschreiben Sie den Umgang des Römischen Reiches mit den Christen vor dem Umdenken Kaiser Galerius'.
2. Arbeiten Sie heraus, was Kaiser Galerius gegenüber den Christen beschließt und wie er dies begründet.
3. Nehmen Sie dazu Stellung, inwieweit den von Galerius genannten Gründen geglaubt werden kann.
4. Beurteilen Sie, ob der Erlass von Kaiser Galerius einen Neuanfang der römischen Religionspolitik bedeutet. Informieren Sie sich in diesem Zusammenhang über das Vorgehen Roms gegenüber den Christen vor allem ab der Mitte des 3. Jahrhunderts.

Säulen der Romanisierung im Kaiserreich

SPRACHE
- Tolerierung verschiedener Sprachen
- Verbreitung von Latein als Sprache Roms
- im Osten starke Stellung des Griechischen
- romanische Sprachen heute unter anderem: Italienisch, Französisch, Spanisch, Portugiesisch, Rumänisch

RELIGION
- Tolerierung verschiedener Religionen
- Verbreitung des Kaiserkults
- Probleme mit Monotheismus (Judentum und Christentum)
- Übernahme und Verbreitung des Christentums ab 311/313

STÄDTEBAU
- Gründung und Ausbau von Städten
- Bau von Brunnen, Thermen und Wasserleitungen
- Bau von Tempeln und Amphitheatern
- Anlage von Plätzen als Stadtzentren

WIRTSCHAFT
- Verbreitung von Geld (Münzen)
- Handel innerhalb des Römischen Reiches
- Interesse an Luxusgütern
- Ausbau der Verkehrswege

POLITIK
- Einrichtung von Provinzen
- Vergabe des Bürgerrechts außerhalb Roms
- politischer Aufstieg bis hin zum Kaiser
- Gültigkeit des römischen Rechts in den Provinzen

MILITÄR
- Eroberung
- Stationierung von Truppen
- Rekrutierung von Einheimischen
- Ansiedlung von Veteranen

ABI CHECK

Ein interaktives Quiz erwartet Sie unter dem Code **32035-41**.

M Das Imperium Romanum

Der Althistoriker Eckhard Meyer-Zwiffelhoffer schreibt über die Romanisierung im Römischen Reich:

Das Römische Reich zeichnet sich vor anderen Imperien dadurch aus, dass es seine provinziale Peripherie im Laufe der Zeit vollständig integrierte und den Unterschied zwischen herrschender Gesellschaft und unterworfenen Gemeinwesen aufhob. Dabei entsprach der wachsenden Integration der Provinzialbevölkerung eine schleichende Entwertung des römischen Bürgerstatus in politischer wie rechtlicher Hinsicht. [...] Wie bereits [...] Zeitgenossen gesehen hatten, spielten für diese Integrationsleistung die Beteiligung provinzialer Gruppen an der Herrschaftsausübung und die Bürgerrechtsvergabe die entscheidende Rolle. Eine Partizipation einzelner indigener Gruppen an der über sie ausgeübten Kolonialherrschaft hat es zwar in vielen Imperien gegeben, doch Rom ging hier noch einen Schritt weiter: Während sich die meisten Kolonialherrschaften auf die Kollaboration bzw. Kooperation der lokalen Aristokratie stützten, beließ es Rom nicht bei einer Zusammenarbeit auf lokaler oder provinzialer Ebene, sondern gestattete Teilen der kolonialen Elite, in das Zentrum der Macht aufzusteigen und dort selbst die Position des Kaisers einzunehmen. [...] Die mit diesem politischen und sozialen Aufstieg verbundene Bürgerrechtsvergabe beschränkte sich nicht auf einzelne Ausnahmefälle für besondere Verdienste, wie dies auch in anderen Kolonialherrschaften vorkam. Rom setzte seit der Kaiserzeit systematisch auf die politische Integration aller für die Herrschaftsausübung wichtigen Gruppen, nicht nur auf die kolonialen Eliten, sondern auch auf Provinziale einfacher Herkunft. Möglich wurde diese enorme Ausweitung des Bürgerverbandes, weil die mit dem Bürgerrecht verbundenen politischen Privilegien nur denjenigen Neubürgern, die in den Senat oder die kaiserliche Verwaltung aufstiegen, Einfluss auf die Herrschaftsausübung einräumten. Ein weiterer Grund lag darin, dass das römische Bürgerrecht weder ethnisch noch religiös fundiert war, sondern rechtlich-politischen Charakter besaß. [...] Rom setzte nicht nur auf die Kooperation der kolonialen Eliten, sondern formte diese nach seinen eigenen Vorstellungen. Dem diente die reichsweite Schaffung städtischer Selbstverwaltungseinheiten, die sich zugleich nach dem Muster bestehender griechischer Poleis[1] und italischer Munizipien urbanistisch entwickelten oder entwickelt wurden. Diese (Selbst-)Romanisierung brachte eine reichsweit ziemlich homogene Führungsschicht hervor, die sich durch einen gemeinsamen Habitus[2] auszeichnete, über eine gemeinsame Bildungswelt und Werteorientierung gebot und in den Städten einen repräsentativen Lebensstil pflegte, der sich im Prinzip nicht von dem in der Metropole Rom unterschied. Zusätzlich stärkte Rom die soziale Position der lokalen Eliten (*honestiores*[3]) gegenüber dem Rest der städtischen und ländlichen Gesellschaften und zog damit die zentrale gesellschaftliche Trennlinie weniger zwischen Römern und Provinzialen, als zwischen Römern und provinzialen Eliten auf der einen Seite und den provinzialen (und später auch römischen) *humiliores*[4] auf der anderen.

Eckhard Meyer-Zwiffelhoffer, Imperium Romanum. Geschichte der römischen Provinzen, München 2009, S. 117–120

1. Fassen Sie die Kernaussagen des Textes in eigenen Worten zusammen.
2. Erläutern Sie, inwiefern sich das Imperium Romanum laut Meyer-Zwiffelhoffer von anderen Imperien oder Kolonialreichen unterschied.
3. Erläutern Sie, warum die Ausdehnung des Imperium Romanum „eine schleichende Entwertung des römischen Bürgerstatus" (vgl. Zeile 6 f.) verursachte.
4. Gruppenarbeit / Präsentation: Analysieren Sie ausgehend vom Text und auf der Basis Ihres Sachwissens, welche Folgen die Romanisierung in den Bereichen Gesellschaft, Wirtschaft, Politik und Kultur nach sich zog. Entwerfen Sie dazu in Gruppenarbeit eine Mindmap.
5. Gruppenarbeit: Diskutieren Sie in der Gruppe, inwiefern das Imperium Romanum durch die Romanisierung stabilisiert und gleichzeitig infrage gestellt wurde. Begründen Sie Ihre Meinung.

[1] **Poleis:** Plural von Polis: Stadtstaat
[2] **Habitus:** Art und Weise sich zu verhalten, Umgangsform
[3] **honestiores:** die Angehörigen der Elite
[4] **humiliores:** die Angehörigen der unteren Schichten

2.6 Wahlmodul: China und die imperialistischen Mächte

Das Kapitel beschäftigt sich inhaltlich mit ...

- dem Selbstverständnis und Weltbild der Chinesen und der Europäer
- den chinesischen Kontakten mit den imperialistischen Mächten und ihren Folgen
- den chinesischen Reaktionen auf den europäischen Einfluss zwischen Anpassung und Widerstand

Zwischen 1840 und 1949 kam es in China zu gewaltigen Veränderungen. Die militärische Überlegenheit Großbritanniens zwang im ersten Opiumkrieg (1839–1842) China dazu, den Briten enorme Handelsvorteile zu gewähren. In späteren Kriegen nutzten Japan, Russland, die USA, Deutschland und Frankreich die militärische Schwäche Chinas, um Teile des Landes zu besetzen oder sich Vorteile im Handel zu verschaffen. Der Zusammenbruch des Kaisertums und die Einführung der Republik 1911/12 waren nicht zuletzt Folge der Unfähigkeit des politischen Systems Chinas, das Land zu reformieren und gegen äußere Feinde zu verteidigen. In jahrzehntelangen innenpolitischen Auseinandersetzungen und im Krieg gegen Japan gelang es schließlich der Kommunistischen Partei Chinas unter der Führung Mao Zedongs im Jahre 1949, an die Macht zu kommen und dem Land eine stabilere politische Ordnung zu geben.

Der ehemalige deutsche Bahnhof in Tsingtau (heute Qingdao) im deutschen Pachtgebiet Kiautschou.
Foto vom Sommer 1988.
In der chinesischen Hafenstadt Tsingtau haben sich bis heute Wohnhäuser, einige Kasernen und eine Brauerei aus der deutschen Kolonialzeit erhalten, die um die Jahrhundertwende entstanden sind.

- Setzen Sie das vorliegende Bauwerk in Beziehung zum Herkunftsland.
- Entwickeln Sie eine Vorstellung erfolgreichen Kulturtransfers, indem Sie konkrete Merkmale benennen, und überprüfen Sie, inwiefern ein solcher hier stattgefunden hat.

Äußere und innere Krisen

1644 - 1911 — Die Qing-Dynastie herrscht im Kaiserreich China.

1793 — Kaiser Qianlong empfängt den britischen Gesandten **Lord Macartney**, lehnt aber eine Öffnung Chinas für britische Waren und diplomatische Beziehungen zu Großbritannien ab

1839 - 1842 — **Erster Opiumkrieg**; Großbritannien setzt im Vertrag von Nanjing die Öffnung chinesischer Häfen für britische Händler durch. Damit beginnt eine Serie „ungleicher Verträge".

1851 - 1864 — Der Taiping-Aufstand gegen die Qing-Dynastie kostet Millionen von Menschen das Leben.

1856 - 1860 — **Zweiter Opiumkrieg**; Großbritannien sichert sich zusammen mit anderen europäischen Staaten und den USA Sonderrechte in China.

seit 1860 — Im Rahmen der „**Selbststärkungsbewegung**" werden Modernisierungsmaßnahmen im Land ergriffen.

1879 — Japan besetzt die Ryūkyū-Inseln und gliedert sie unter dem Namen Okinawa in den eigenen Staat ein.

1884 - 1885 — Nach einem kurzen Krieg akzeptiert China die Vorherrschaft Frankreichs über Vietnam, obwohl das Land lange Zeit unter chinesischem Einfluss gestanden hat.

„Wettlauf nach China"

1895 — Der Vertrag von Shimonoseki besiegelt die Niederlage Chinas im Krieg gegen Japan. Ein „Wettlauf nach China" beginnt.

1897 — Das Deutsche Reich besetzt die Bucht von Kiautschou im Osten Chinas.

1898 — Die „**Reform der hundert Tage**" des Kaisers Guangxu scheitert am Widerstand der Reformgegner.

1899 — Die USA fordern den freien Zugang zu den chinesischen Märkten („**Open Door Policy**").

1900 — Im **Boxeraufstand** erhebt sich die Landbevölkerung gegen den Einfluss ausländischer Mächte. Er wird mithilfe internationaler Truppen niedergeschlagen.

1912 — Nach dem **Ende des Kaisertums** wird die Republik ausgerufen.

Vom Ersten Weltkrieg zur Ausrufung der Volksrepublik

1919 — Im Anschluss an den Ersten Weltkrieg (1914–1918) werden auf der Pariser Friedenskonferenz die deutschen Sonderrechte in Kiautschou auf Japan übertragen.

1931 — Mit der Besetzung der Mandschurei im Nordosten Chinas beginnt Japan die Eroberung chinesischer Gebiete.

1937 — Bei der Einnahme von Nanjing richten japanische Truppen ein Blutbad unter der Zivilbevölkerung an.

1945 — Nach dem **Abwurf von Atombomben auf Hiroshima und Nagasaki** erklärt Japan die Kapitulation und gibt auch seine Ansprüche auf dem asiatischen Festland auf. China gehört zu den Siegermächten des Zweiten Weltkrieges. Bis 1947 werden die noch existierenden „ungleichen Verträge" mit den USA und Großbritannien aufgelöst.

1949 — Mit dem Sieg der Kommunisten und der **Ausrufung der Volksrepublik China** (1. Oktober) endet der jahrzehntelange chinesische Bürgerkrieg.

1950 - 1953 — Im Koreakrieg unterstützt China das kommunistische Nordkorea, welches sich dank dieser Hilfe gegenüber dem von den USA und anderen westlichen Ländern unterstützte Südkorea behaupten kann.

Porträt des Kaisers Qianlong (1711–1799).
Gemälde des italienischen Malers und Jesuiten Giuseppe Castiglione, Chinatinte auf Papier, um 1737.
Unter Kaiser Qianlong stand das chinesische Reich auf dem Höhepunkt seiner Macht und erreichte mit fast zwölf Millionen Quadratkilometern die größte Ausdehnung seiner Geschichte.

Die Blütezeit der Qing-Dynastie | Die chinesische Geschichte kennt im Gegensatz zur europäischen keine Epochen wie Altertum, Mittelalter und Neuzeit. Sie wird vielmehr in die Herrschaftszeiten der Geschlechter, aus denen die Kaiser stammten, unterteilt. Das chinesische Kaiserreich existierte mit wechselnden Dynastien von 221 v. Chr. bis 1911. Seit 1644 war die *Qing-Dynastie* an der Macht. Die ersten anderthalb Jahrhunderte ihrer Herrschaft stellen eine Blütezeit in der Geschichte Chinas dar (➜M1).

Unter den Qing-Kaisern erreichte das Land seine größte territoriale Ausdehnung. Im Norden gehörte die Mongolei (einschließlich der heute unabhängigen Nordmongolei) zu China. Im Westen reichten die Grenzen fast bis an das Kaspische Meer und schlossen Tibet und das östliche Turkestan ein. An das Reich der Qing war ein Gürtel selbstständiger, aber abhängiger Staaten angelagert, der von den Ryūkyū-Inseln und Korea im Osten über Südostasien bis Nepal reichte.

Der territorialen Expansion nach außen entsprach ein enormes Bevölkerungswachstum im Innern. Seit Beginn der Qing-Herrschaft hatte sich die Bevölkerung verdreifacht. Um 1800 lebten knapp 300 Millionen Menschen in China. Dies entsprach rund 35 Prozent der Weltbevölkerung (➜M2). Das große Bevölkerungswachstum war Ausdruck einer immer leistungsstärkeren Landwirtschaft. Neue Anbauflächen wurden in großem Umfang erschlossen, und man baute neue Produkte vornehmlich amerikanischen Ursprungs wie Süßkartoffeln, Mais, Erdnüsse, aber auch Tabak und Baumwolle an. In vielen Regionen waren erfolgreiche Ernten von der Kontrolle der Flüsse abhängig, sodass der Aufschwung der Landwirtschaft sich auch den staatlichen Wasserbauprojekten verdankte. Chinas territoriale, demografische und wirtschaftliche Größe war damit nicht zuletzt Ausdruck eines mächtigen Staates, der sich auf eine loyale Beamtenschaft und eine schlagkräftige Armee stützte. Beide waren auch deshalb notwendig, weil China kein homogener Nationalstaat war, sondern ein aus zahlreichen Ethnien, Sprachfamilien und Kulturgruppen zusammengesetztes *Vielvölkerreich*.

Der Niedergang im 19. Jahrhundert | China war im 18. Jahrhundert den europäischen Mächten mindestens ebenbürtig. Nicht nur die Landwirtschaft war äußerst leistungsfähig, auch der Bergbau, das Handwerk und der Handel brauchten keinen Vergleich zu scheuen. Zentrale Bedeutung kam der Textilindustrie und der Porzellanmanufaktur zu. In beiden Bereichen arbeiteten Hunderttausende von Menschen, und die Produkte wurden inner- und außerhalb Chinas verkauft. Auch wenn bis zum Ende des 18. Jahrhunderts über 90 Prozent der Bevölkerung auf dem Land lebten, blühten auch Bildung und Gelehrsamkeit. Theater eröffneten, und Druckereien ermöglichten einer immer größeren Zahl von Menschen den Zugang zu chinesischer Literatur. Gegen Ende des 18. Jahrhunderts mehrten sich allerdings auch die Krisensymptome. Das Vielvölkerreich hatte zunehmend mit Aufständen zu kämpfen, deren Niederschlagung die Staatsfinanzen belastete. Gleichzeitig stellte das Bevölkerungswachstum die Landwirtschaft vor immer größere Aufgaben, da nur ein kleiner Teil des chinesischen Bodens für den Ackerbau geeignet war. Und schließlich machten sich zunehmend Korruption und Ineffizienz von der Staatsspitze bis zu den unteren Rängen der Bürokratie bemerkbar.

Internettipp
Einen guten Überblick über die Geschichte Chinas bietet Ihnen ein Dossier der Bundeszentrale für politische Bildung. Sie finden es unter dem Code **32035-42**.

„Das Reich der Mitte."
Foto vom französischen Diplomaten und Fotografen Auguste François, um 1900.
Bauern überqueren eine Hängebrücke, die die Provinz Yunnan im Südwesten Chinas mit Tibet verbindet. Brücken wie diese gab es im chinesischen Reich schon seit über 1000 Jahren.

Die ab 1800 zunehmend offenkundig werdenden Probleme entwickelten sich für China zur existenzgefährdenden Krise, da gleichzeitig Europa im Zuge der Industrialisierung einen enormen Aufschwung erlebte. Die Ersetzung der Handarbeit durch Maschinenarbeit und die Erzeugung von Energie durch Dampfkraft veränderten Wirtschaft und Gesellschaft zunächst in Großbritannien und anschließend in zahlreichen Ländern Europas und in den USA. Die Maschinisierung der Produktion ging einher mit Revolutionen im Transportwesen, zunächst durch Ausdehnung des Kanalsystems für die Schifffahrt, später durch die Eisenbahn und die Dampfschifffahrt. Die Industrielle Revolution machte schließlich aus dem Riesen China einen ökonomischen Zwerg.[1]

Chinesische Handelspolitik | Die chinesischen Herrscher schlossen ihr Reich nicht von der Welt ab, aber sie waren darauf bedacht, europäische Einflüsse unter Kontrolle zu halten. Der Handel mit Europa und den USA war nicht frei, sondern unterlag strikten Kontrollen. Lediglich im Hafen von Guangzhou (Kanton) durften Europäer und US-Amerikaner Geschäfte tätigen. Allerdings konnten sie nur mit einer begrenzten Zahl chinesischer Firmen Handel treiben, die von kaiserlichen Beamten dazu bestimmt wurden. Vor allem den Briten war dieses System ein Dorn im Auge. 1793 sandten sie eine von *Lord Macartney* (1737–1806) geführte Gesandtschaft, die den Kaiser Qianlong von einer liberaleren Handelspolitik überzeugen sollte. Aber Macartney hatte keinen Erfolg (➔M3).

Die Chinesen hatten lange Zeit gar keinen Grund, ihre Grenzen zu öffnen, profitierten sie doch von dem bestehenden System in erheblichem Maße. Während Tee, Porzellan und Textilien aus China nach Europa, insbesondere Großbritannien, verkauft wurden, gab es kaum etwas, was die Chinesen aus Europa hätten einführen wollen. Die Handelsbilanz wies daher einen großen Überschuss aufseiten Chinas aus. Durch den Handel gelangte ein kontinuierlicher Fluss von Silbergeld in das ostasiatische Land, der wie ein dauerhaftes Konjunkturprogramm wirkte. Den Briten gefiel es dagegen nicht, dass die Chinesen ihre Märkte verschlossen und gleichzeitig in großem Umfang Waren nach Europa ausführten. Sie fanden mit Opium ein Produkt, das in China nicht hergestellt, aber in immer größerem Umfang nachgefragt wurde. So begannen britische und

[1] Siehe hierzu vergleichend die Statistik zur Weltindustrieproduktion auf Seite 281.

„Sie haben dieses Gift auf der Stelle zu kaufen."
Karikatur aus der Pariser Satirezeitschrift „Le Charivari", 1840.
Die französische Karikatur legt dem Engländer folgende Worte in den Mund: „Sie haben dieses Gift auf der Stelle zu kaufen, damit wir eine Menge Tee zum Verdauen unseres Roastbeefs bekommen."

▶ Interpretieren Sie Zeichnung und Text.

US-amerikanische Händler Ende des 18. Jahrhunderts, Opium aus dem britischen Indien und aus der Türkei nach China zu exportieren. Der chinesischen Regierung wurde schnell klar, dass dieses Rauschmittel nicht nur massive gesundheitliche Schäden bei den Konsumenten zur Folge hatte, sondern auch die Handelsbilanz zuungunsten Chinas veränderte. 1821 verbot sie den Opiumhandel, was allerdings keinerlei Konsequenzen hatte. Im Gegenteil, nachdem sich der Handel zwischen 1800 und 1833 verfünffacht hatte, verdoppelte er sich nochmals bis 1838. Der chinesischen Regierung missfiel diese Entwicklung, da in ihren Augen nun zu viel Silber das Land verließ. Dies brachte die chinesische Wirtschaft in ernsthafte Probleme. Sie beschloss daher, gegen das illegale Opiumgeschäft vorzugehen. 1839 schickte sie einen hochrangigen Beamten nach Guangzhou, der nach wochenlangen Auseinandersetzungen die Ausländer schließlich zwang, ihre Opiumvorräte zur Vernichtung herauszugeben.

Opiumkriege und „ungleiche Verträge" | Das Vorgehen der chinesischen Regierung nahm Großbritannien zum Anlass, Krieg gegen das Reich der Mitte zu führen. Im Sommer 1839 wurde eine Flotte von 16 Kriegsschiffen entsandt, die ein Jahr später China erreichte. Das ostasiatische Land besaß keine Kriegsmarine im herkömmlichen Sinn, da bisher keine Gefahren von See gedroht hatten. Den Briten war es daher ein Leichtes, die traditionellen chinesischen Segelschiffe, Dschunken genannt, zu versenken. Um Häfen und Flussmündungen zu kontrollieren, reichte es in der Regel, ein einziges Schiff vor Ort zu lassen. So gelang es den Briten innerhalb von zwei Jahren, die wichtigsten Häfen und Flussmündungen zu beherrschen. Nach der Einnahme von Nanjing in Zentralchina konnten die Briten den Chinesen 1842 einen Vertrag diktieren, der alle ihre Forderungen enthielt. So musste China fünf von Großbritannien ausgesuchte Häfen für den Handel mit Großbritannien öffnen und den Briten erlauben, sich ihre chinesischen Geschäftspartner frei zu wählen. Die britischen Händler brauchten in den Hafenstädten nun nicht mehr in den von den chinesischen Behörden zugewiesenen Vierteln wohnen, sondern konnten sich ihren Wohnsitz innerhalb der fünf Städte frei aussuchen. Zu ihrem Schutz und ihrer Vertretung durften die Briten Konsulate in den Städten einrichten. Zölle und Abgaben auf importierte Waren mussten niedrig sein und verschafften so den britischen Händlern einen Wettbewerbsvorteil. Darüber hinaus trat China die Insel Hongkong an Großbritannien ab. Es dauerte schließlich über 150 Jahre, bis Hongkong 1997 zurück an China fiel. Angesichts dieser demütigenden Vereinbarungen erschienen die horrenden Beträge, die China an Großbritannien und britische Händler zahlen musste, fast zweitrangig.

Hatte der *erste Opiumkrieg* deutlich gemacht, dass Großbritannien in der Lage war, seine Interessen auch an der chinesischen Küste militärisch durchzusetzen, so zeigte der *zweite Opiumkrieg* (1856–1860), dass die Staaten Europas auch einen Landkrieg in

China gewinnen konnten. Anlass war dieses Mal das Entern eines unter britischer Flagge segelnden chinesischen Schiffes durch chinesische Beamte, die illegalen Opiumschmuggel vermuteten. Als die gefangen genommenen Besatzungsmitglieder trotz des Verlangens Großbritanniens nicht freigelassen wurden, erklärten die Briten China den Krieg. Dieser Kriegserklärung schloss sich auch Frankreich an. Russland und die USA blieben offiziell neutral, nutzten aber diese Position ihrerseits zum Abschluss vorteilhafter Abkommen mit China. Nachdem 1858 ein Friedensvertrag unterzeichnet worden war, begann der Krieg von Neuem, als der chinesische Kaiser die Einrichtung diplomatischer Vertretungen seiner Kriegsgegner in der Hauptstadt Peking ablehnte. Daraufhin marschierte 1860 eine britisch-französische Armee nach Peking und verwüstete die kaiserlichen Paläste. Die 1858 und 1860 unterzeichneten Verträge ergänzten den Vertrag von 1842 und weitere in der Zwischenzeit geschlossene Vereinbarungen. Die Briten unterlagen nun nicht mehr der chinesischen Justiz, und sie genossen bei Besitz eines britischen Passes Reisefreiheit im Kaiserreich. Eine große Zahl von Städten am Meer und an Flüssen wurde für den britischen Handel geöffnet. Andere europäische Staaten, die USA und sogar einige Staaten in Lateinamerika schlossen ähnlich lautende Verträge mit China ab. Das ostasiatische Land musste seinen Untertanen darüber hinaus erlauben, auszuwandern.

Die Opiumkriege und die *„ungleichen Verträge"* unterwarfen letztlich die chinesische Außen- und Handelspolitik europäischen und US-amerikanischen Forderungen. Die harschen Bedingungen der Verträge schienen darüber hinaus sicherzustellen, dass es China nicht gelingen würde, das internationale Machtverhältnis zu seinen Gunsten zu verschieben. Die Europäer und US-Amerikaner profitierten von der Öffnung Chinas, da sie nun ihre Waren hier verkaufen konnten, auch wenn die Märkte nicht so viel Profit abwarfen wie ursprünglich erhofft. Die chinesische Wirtschaft wurde aber wie beabsichtigt stärker mit Europa und den USA verbunden. Denn schließlich hatten sich die Sieger der Opiumkriege niedrige Zölle und sogar die Einfuhr der von China verbotenen Droge Opium garantieren lassen.

Briten greifen 1842 die chinesische Stadt Nanjing an.
Chinesische Darstellung, um 1842.

- Beschreiben Sie die dargestellte Szene.
- Analysieren Sie, warum die Briten den Chinesen im Kampf überlegen waren.
- Erklären Sie, inwiefern die Zeichnung einen „Krieg" darstellt.

„Tianwang, der Taipingkaiser."
Zeitgenössischer Holzstich.
Der chinesische Revolutionär Hong Xiuquan (1814–1864) führte den Taiping-Aufstand an. Er sah sich als jüngerer Bruder Jesu Christi und verband christliche mit chinesischen religiösen Vorstellungen. 1851 nahm er den Titel „Himmlischer König" („Tianwang") an.

Innere Krisen und Aufstände | Die „ungleichen Verträge" verstärkten die wirtschaftlichen und sozialen Probleme Chinas, die sich seit dem Ende des 18. Jahrhunderts abgezeichnet hatten. Die Spannungen entluden sich in Aufständen, die sich zum Teil zu Bürgerkriegen entwickelten. Schätzungsweise etwa 20 Millionen Chinesen starben beim *Taiping-Aufstand* (1851–1864). Er richtete sich gegen die Qing-Dynastie, die aufgrund ihrer Herkunft aus der Mandschurei im Nordosten Chinas als unchinesisch verurteilt wurde. Den Aufständischen gelang es, große Gebiete in Zentral- und Ostchina zu erobern. Der Versuch, 1853 Peking einzunehmen, scheiterte allerdings. Die Stadt Nanjing blieb jedoch bis 1864 in den Händen der Rebellen (→ M4). Gleichzeitig mit dem Aufstand im Südosten wurde die Qing-Dynastie von der *Nian-Rebellion* im Norden des Landes bedroht (1861–1868), und zwischen 1855 und 1877 tobten im Südwesten, im Nordwesten sowie in Turkestan *Aufstände von Muslimen*, die insgesamt zehn Millionen Todesopfer forderten. Ende der 1860er-Jahre hatte China sich daher nicht nur aufgrund des Eindringens der Europäer und US-Amerikaner, sondern auch aufgrund dieser blutigen Bürgerkriege radikal geändert. Große Teile des Landes waren verwüstet, Millionen Menschen waren gestorben, die Landwirtschaft lag darnieder und die Staatsfinanzen waren am Ende. Hohe Zivilbeamte in den Provinzen (*Provinzgouverneure*), die zugleich als Generäle die siegreichen Qing-Truppen geführt hatten, besaßen nun ungeheure Macht und nahmen die politische Führungsrolle ein. Dadurch wurde die Zentralregierung in Peking stark geschwächt, zumal seit 1862 alle Kaiser als Minderjährige auf den Thron gelangten.

Das Chinabild der Europäer | Bevor die Europäer sich im 19. Jahrhundert mit Waffengewalt Zugang nach China verschafften, war das Wissen über China in Europa auf die Berichte von Missionaren und Händlern angewiesen. Gebildete Kreise in Europa bewunderten chinesisches Porzellan, bestaunten die Abbildungen chinesischer Architektur und tranken Tee aus China, aber ein realistisches und fundiertes Bild von China besaßen sie nicht. So entstanden im Zeitalter der Aufklärung Idealvorstellungen von China, die wenig mit dem tatsächlich existierenden China zu tun hatten. Für manche Aufklärer war China ein hochkultiviertes Land, in dem kluge Monarchen von feingeistigen Philosophen beraten wurden und zum Wohle ihres Volkes weise Entscheidungen trafen. Andere Europäer sahen dagegen in China ein despotisches System, in dem sich der allmächtige Kaiser mit einer privilegierten Klasse von Beratern von der Gesellschaft abschottete und seine Untertanen willkürlich belohnte und bestrafte. Solche Idealvorstellungen hatten wenig mit China zu tun. Sie dienten vielmehr dazu, die europäischen Verhältnisse zu beschreiben und zu kritisieren, ohne dass man konkret europäische Herrscher benennen musste.

Dennoch hatten die intellektuellen Entwicklungen des 18. Jahrhunderts großen Einfluss auf die europäischen Vorstellungen von China. Denn im 18. Jahrhundert entstand in gebildeten europäischen Kreisen ein Überlegenheitsgefühl gegenüber all jenen, die nicht Teil der europäischen Hochkultur waren. Anstatt andere Länder in ihrer kulturellen Andersheit zu respektieren, setzte sich die Vorstellung durch, dass es nur eine Zivilisation gibt, nämlich jene, die sich mit dem Siegeszug der aufgeklärten Vernunft in Europa im 18. Jahrhundert Bahn gebrochen hatte. Die Vorstellung von der

Überlegenheit der europäischen Zivilisation ging einher mit der Überzeugung, dass die Europäer die Verpflichtung hatten, die Wohltaten der Zivilisation in der ganzen Welt zu verbreiten. Solche Vorstellungen hätten wenig Bedeutung besessen, hätte nicht die Industrialisierung das Machtverhältnis zwischen Europa und der Welt grundlegend verändert. Erst dadurch, dass die Industrialisierung in Europa begann, gewannen europäische Länder den materiellen Reichtum und die militärische Fähigkeit, in China zu intervenieren und dort ihre Interessen durchzusetzen. So lieferte die Industrialisierung auf der einen Seite die Voraussetzungen für die europäische Vormacht und diente auf der anderen Seite den Europäern als Nachweis für ihre angebliche kulturelle Überlegenheit. Denn man meinte, dass nur Europa jenen zivilisatorischen Fortschritt hervorbringen könne, welcher die Grundlage der technologisch-militärischen Macht darstellte.

Das Überlegenheitsgefühl der Europäer, sowie später auch der US-Amerikaner und der Japaner, drückte sich auch in einem anti-chinesischen Rassismus aus. Die Chinesen galten vielen Europäern nicht als gleichwertige Menschen, sondern als eine degenerierte oder minderwertige Rasse, welche nicht in der Lage sei, eine geordnete Gesellschaft zu errichten. Der Rassismus legitimierte die Interventionen in China und die zahlreichen Verbrechen, welche Europäer und Japaner in China begingen.

Japanisch-Chinesischer Krieg (1894/95) | Im letzten Viertel des 19. Jahrhunderts nahm der ausländische Einfluss in China eine neue Qualität an. China verlor seine vorherrschende Stellung in Ostasien und musste fremden Mächten im eigenen Land immer umfassendere Rechte gewähren. Ein besonderer Schock war es für die chinesische Elite, dass das – im Vergleich zu China – kleine Japan sich im letzten Drittel des Jahrhunderts zu einer neuen regionalen Vormacht entwickelte. Japan hatte seit 1867 große

China von der Mitte des 19. bis zum Anfang des 20. Jahrhunderts.

Reformprojekte in Angriff genommen, um die Selbstständigkeit des Landes gegenüber den europäischen Mächten und den USA zu verteidigen. Diese Reformen verschoben auch die Machtbalance im Verhältnis zu China. 1879 besetzte Japan die bis dahin unabhängigen, aber eng mit China verbundenen Ryūkyū-Inseln und gliederte sie als Präfektur Okinawa in sein Staatsgebiet ein. Schon fünf Jahre zuvor hatte die Regierung in Tokio Kriegsschiffe nach Taiwan geschickt, um dort eine sogenannte „Strafexpedition" durchzuführen. China war nicht in der Lage, sich gegen diese Aggression zu verteidigen, und musste schließlich sogar Entschädigungszahlungen an Japan leisten.

Zum zentralen Streitpunkt wurde schließlich Korea. 1894 besetzte Japan die von China abhängige Halbinsel und erklärte den Krieg. Trotz jahrzehntelanger Modernisierungsbemühungen unterlag die chinesische Kriegsmarine den japanischen Streitkräften. Den Japanern gelang es, in wenigen Schlachten die chinesischen Verbände fast völlig zu vernichten, sodass Japan die Friedensbedingungen 1895 diktieren konnte. China musste im *Vertrag von Shimonoseki* unter anderem Taiwan als Kolonie an Japan abtreten, die Unabhängigkeit Koreas anerkennen, chinesische Häfen für den japanischen Außenhandel öffnen und sich zu Entschädigungszahlungen an Japan verpflichten, die ein Vielfaches der jährlichen Staatseinnahmen betrugen.

„Ein Spuk am hellen, lichten Tage."
Karikatur aus „Der Wahre Jacob" vom 11. September 1911.

- Beschreiben Sie die Karikatur.
- Analysieren Sie, wie der Zeichner die Situation Chinas im Jahre 1911 deutet.
- Vergleichen Sie die in der Karikatur dargestellte Lage Chinas mit der heutigen Stellung des Landes.

Imperialistische Herrschaft in China | Die Niederlage gegen Japan löste einen „Wettlauf nach China" aus. Denn nun wollten sich auch andere Länder im chinesischen Machtbereich Einflusssphären sichern. Frankreich hatte sich nach zweijährigem Krieg schon 1885 die Herrschaft über das vormals von China dominierte Vietnam gesichert. 1897 nahm das Deutsche Reich die Ermordung zweier deutscher Missionare zum Anlass, die Kiautschou-Bucht (Provinz Shandong) im Osten Chinas zu besetzen. Da China nicht in der Lage war, das Gebiet zu verteidigen, willigte es in einen Vertrag ein, in dem das Deutsche Reich Kiautschou für 99 Jahre pachtete. Theoretisch blieb Kiautschou ein Teil Chinas, tatsächlich wurde es eine deutsche Kolonie, von der aus die wirtschaftliche Durchdringung Chinas von deutscher Seite vorangetrieben werden sollte. Den Deutschen folgten in kurzem Abstand andere Länder. 1898 pachtete Russland die Hafenstadt Lüshun (Port Arthur) im Nordosten des Landes, Großbritannien das in der Provinz Shandong gelegene Weihaiwei. Zudem erweiterten die Briten das Territorium von Hongkong durch einen weiteren Pachtvertrag. Frankreich übernahm hingegen das an der südchinesischen Küste gelegene Guangzhouwan. Die Pachtgebiete dienten den imperialistischen Mächten als Brückenköpfe, um ihren wirtschaftlichen und politischen Einfluss in China auszubauen. Um die eigene Position zu verbessern, ließen sich Japan, Frankreich, Großbritannien und das Deutsche Reich sogenannte „Interessensphären" zuteilen, die ohne ihr Einverständnis nicht an andere Länder vergeben werden konnten. Denn längst ging es den ausländischen Mächten nicht mehr allein darum, ihre Waren in China zu verkaufen. Ihnen lag vielmehr daran, die Wirtschaft in China zu kontrollieren. Europäische und japanische Firmen sicherten sich die Vorrechte für den von China bezahlten Bau von Eisenbahnlinien. Sie beuteten Bodenschätze aus und spielten eine immer größere Rolle im Finanzwesen des Landes. Alles schien darauf hinzudeuten, dass China von den imperialistischen Mächten in Kolonien geteilt werden würde. Gegen diese Entwicklung protestierten allerdings die USA. In Washington versprach man sich von einer für alle interessierten Mächte „offenen Tür" in China („*Open Door Policy*") einen größeren Nutzen für die heimischen Wirtschaftsinteressen und pochte deshalb darauf, dass China als – zumindest auf dem Papier – selbstständiger Staat erhalten blieb (➔M5). So rettete letztlich die Konkurrenz unter den imperialistischen Ländern die staatliche Einheit eines auf seine Kernterritorien geschrumpften Chinas.

Reformversuche und Intrigen | Seit etwa 1860 unternahm eine Reihe von Provinzgouverneuren im Rahmen der sogenannten *Selbststärkungsbewegung* Anstrengungen, insbesondere das Militär den modernen Anforderungen anzupassen. Es wurde eine Werft- und Rüstungsindustrie aufgebaut sowie Eisenbahn- und Telegrafenlinien errichtet. Einige wenige Spezialschulen sollten chinesische Experten in Völkerrecht, Fremdsprachen und moderner Technologie heranbilden. Gleichzeitig bestanden aber große Ängste, China zu sehr zu verändern (➔M6). Die politische und soziale Ordnung sollte so weit wie möglich erhalten bleiben. Nach der Niederlage gegen Japan und den zahlreichen Gebietsabtretungen waren Reformen dringender geboten als je zuvor. Im Juni 1898 griff der junge Kaiser *Guangxu* (1871–1908) Ideen einer Gruppe radikaler Reformer auf und erließ in den folgenden drei Monaten 27 Gesetzesbestimmungen, um China zu modernisieren. Die sogenannte *Reform der hundert Tage* zielte vor allem auf eine Veränderung des Bildungswesens und des Beamtenapparates. Sie sollte den Staat effizienter machen und eine neue Mentalität der chinesischen Politik hervorbringen. Ein solches Projekt musste auf den erbitterten Widerstand all jener Kräfte stoßen, die von der existierenden Bürokratie profitierten. Und tatsächlich gelang es den Reformgegnern unter Führung der Kaiserinwitwe *Cixi* (1835–1908), die Reformen zu stoppen. Der junge Kaiser wurde zwar nicht abgesetzt, aber entmachtet. Führende Vertreter des Reformvorhabens wurden verhaftet und hingerichtet. Die Monarchie hatte sich als unfähig erwiesen, sich den Anforderungen der Zeit anzupassen (➔M7).

Boxeraufstand und Ende des Kaiserreiches | Unabhängig von den Reformbemühungen an der Spitze des Staates hatte sich Ende der 1890er-Jahre in der nordchinesischen Provinz Shandong eine Volksbewegung entwickelt, die in den Ausländern den Grund für ihre Misere sah. Der Fremdenhass entlud sich besonders gegenüber christlichen Missionaren, die aus Europa nach China kamen (➔M8). Anhänger der **Boxerbewegung** töteten Missionare und stritten unter der Parole „Unterstützt die Qing, vernichtet die Fremden" für ein von ausländischen Einflüssen freies China (➔M9). Als die Aufständischen in Peking das Gesandtschaftsviertel belagerten, schloss sich die Kaiserinwitwe Cixi der Erhebung an und erklärte den imperialistischen Mächten den Krieg. Dies stärkte die Boxerbewegung und führte zur Ermordung Hunderter Europäer und Tausender chinesischer Christen. Sechs europäische Länder, Japan und die USA schickten daraufhin Truppen nach China. Ein Expeditionsheer marschierte nach Peking, befreite das belagerte Gesandtschaftsviertel und zerschlug mit großer Brutalität die Boxerbewegung (➔M10). Im *Boxerprotokoll* von 1901 musste China die Mandschurei an Russland abtreten und sich zu der gigantischen Zahlung von 67 Millionen Pfund Sterling verpflichten. Darüber hinaus durften die ausländischen Mächte nun Maßnahmen ergreifen, um ihre Staatsangehörigen in Peking und anderswo militärisch zu schützen. China blieb zwar formal unabhängig, nach dem Boxeraufstand konnte die chinesische Regierung aber endgültig keine Politik der Abschottung mehr betreiben. Unter den chinesischen Eliten bestand nun Einigkeit darüber, dass internationale Gleichberechtigung für China nur zu erreichen war, wenn es sich stärker an ausländischen Modellen orientierte (v. a. Japan, aber auch die USA und Europa).

Boxerbewegung: Die Bewegung wurde nach den Kampfübungen ihrer Anhänger oder ihrem Namen „In Rechtschaffenheit vereinigte Faustkämpfer" benannt.

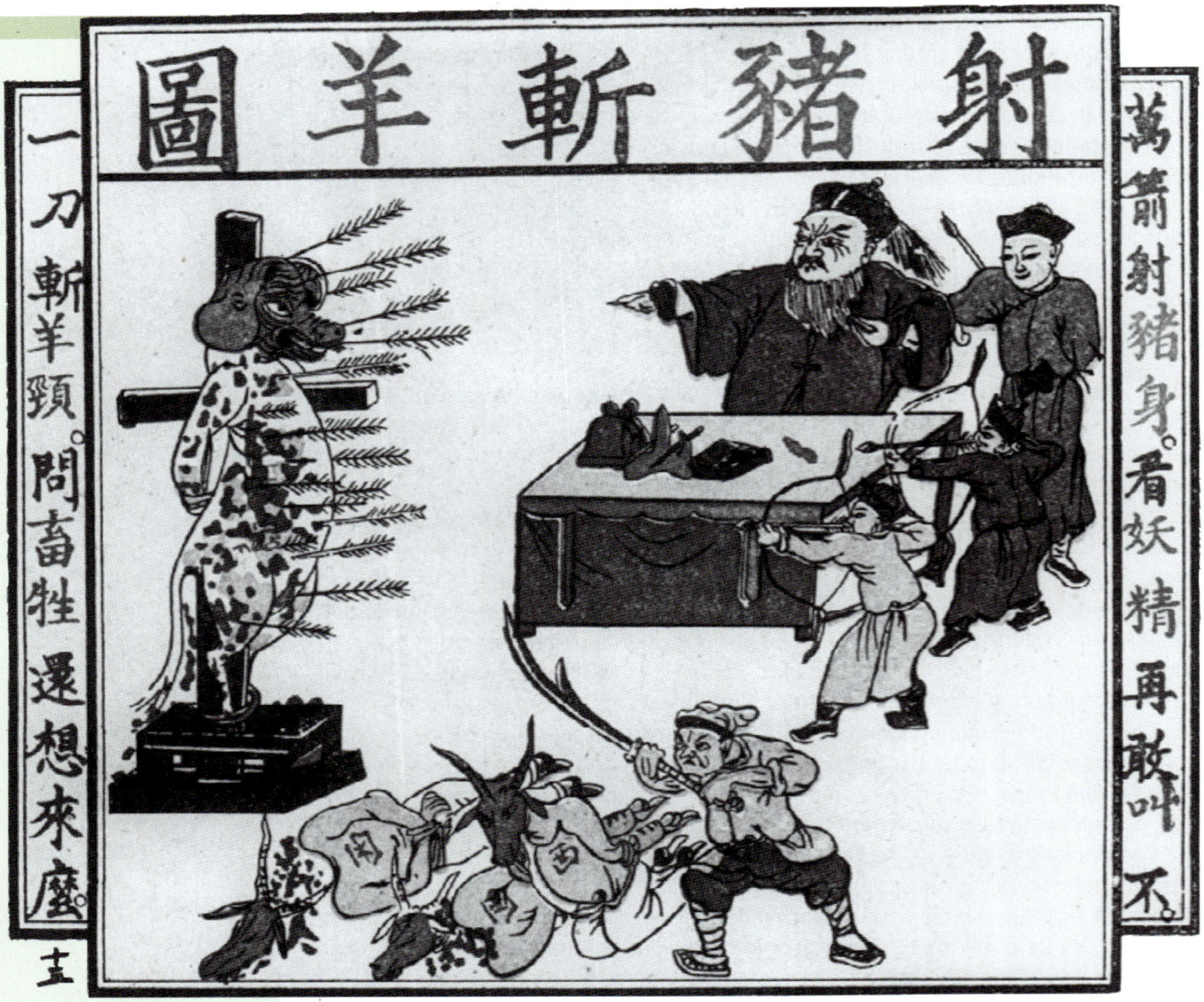

„Das Schwein erschießen und die Ziegen köpfen!"
Chinesisches antichristliches Plakat, um 1900.
Das Schwein ganz links steht für Jesus Christus, die Ziegen am unteren Bildrand sollen Ausländer versinnbildlichen.

- Charakterisieren Sie die dargestellten Personen.
- Arbeiten Sie heraus, an welchen Adressatenkreis sich die Darstellung richtet.
- Interpretieren Sie die „Botschaft" des Plakates.

Um die Jahrhundertwende schien die Qing-Dynastie am Ende. Sie hatte sich als unfähig erwiesen, sich zu reformieren, und unfähig, einen Volksaufstand gegen die ausländischen Mächte erfolgreich anzuführen. So gewannen jene Bewegungen an Bedeutung, die die politische Ordnung ändern wollten. Der Qing-Hof selbst legte die Grundlagen zur Entstehung einer konstitutionellen Monarchie, radikale Revolutionäre hingegen plädierten für die Abschaffung der Monarchie und Einführung der Republik. Alle diese Bewegungen profitierten von den Kontakten nach Europa und den USA, da sie dort Anregungen für Veränderungen des politischen Systems bekamen. Gleichzeitig erschwerte die Präsenz der imperialistischen Mächte es der chinesischen Regierung, die Opposition zu unterdrücken, da die Revolutionäre in den ausländischen Konzessionsgebieten sicheren Unterschlupf finden konnten. Der Wechsel lag also schon seit Jahren in der Luft, als im Oktober 1911 die republikanische Revolution ausbrach. Innerhalb von Wochen schlossen sich zahlreiche Provinzen der Erhebung an und erklärten sich von Peking unabhängig. Auf einem Treffen der aufständischen Provinzen wählten sie den westlich geprägten Arzt und revolutionären Reformer *Sun Yatsen* (1866/70–1925) zum Provisorischen Präsidenten der *Republik China*. Im Februar 1912 dankte der letzte chinesische Kaiser ab. Das mehr als 2000 Jahre alte chinesische Kaiserreich existierte nicht mehr.

Bürgerkriege | Die Ausrufung der Republik ist zwar ein markantes Datum der chinesischen Geschichte, sie führte aber nicht zu einem grundsätzlichen Kurswechsel. Im Gegenteil, der Zerfall des Landes in unterschiedliche Parteien und Provinzen ging unvermindert weiter. Daran änderte auch die Verabschiedung einer Verfassung (1912) und die Wahl eines Parlaments (1913) nichts. Der neue Präsident *Yuan Shikai* (1859–1916) erwies sich als autoritärer Machthaber, der seine Macht nicht mit anderen Verfassungsorganen teilen wollte. So ließ er bald nach der Wahl des Parlaments die mit Abstand größte Partei, die *Guomindang* (Nationalpartei), verbieten und löste das Parlament und alle Provinzversammlungen auf. Als Yuan sich 1915 selbst zum Kaiser proklamieren ließ, überspannte er den Bogen endgültig. Seine wichtigste Stütze, das Militär, erhob sich. Yuan trat zurück und starb kurz darauf. Das schnelle Scheitern der republikanischen Ordnung führte zu einem jahrzehntelangen *Bürgerkrieg*, in dem eine ganze Reihe von politischen Kräften in wechselnden Bündnissen gegeneinander kämpfte. In den 1920er-Jahren gewannen zwei zunächst eng kooperierende, bald jedoch heftig verfeindete Parteien die Oberhand. Auf der einen Seite die Guomindang, die sich zunächst eng mit der Sowjetunion verbündet hatte, dann aber in brutalen Säuberungsaktionen alle Kommunisten in den eigenen Reihen beseitigte. Auf der anderen Seite eine zunächst kleine kommunistische Partei, die dank der Neuorientierung der Guomindang großen Zulauf erhielt und sich unter der Leitung *Mao Zedongs* (1893–1976) seit Ende der 1920er-Jahre zunächst in ländlichen Gegenden Chinas eine Machtbasis erarbeitete (➔M11). Erst 1949, nach einem fast 20-jährigen und nur für wenige Jahre unterbrochenen Bürgerkrieg, setzten sich die Kommunisten endgültig durch.[1]

Japanische Interventionen | Der Zerfall Chinas drückte sich auch in der zunehmenden Einmischung Japans aus. Für die Geschichte Chinas gilt daher nicht, dass der Erste Weltkrieg das Ende des imperialistischen Zeitalters markierte. Im Gegenteil, zwar beendete der Krieg den deutschen Einfluss im Reich der Mitte, dafür aber spielte Japan im Laufe der nächsten Jahre eine immer größere Rolle. 1914 eroberte Japan den deutschen Stützpunkt Tsingtau in Nordostchina und erhielt auf der Pariser Friedenskonferenz 1919 trotz vehementer Proteste in China von der Regierung in Peking die deutschen Sonderrechte in Kiautschou übertragen sowie eine Verlängerung der Pachtverträge in der Mandschurei, die Japan nach dem siegreichen Krieg gegen Russland 1905 übernommen hatte. Japan hatte somit in drei Kriegen (1894/95 gegen China, 1904/05 gegen Russland, 1914–1918 im Ersten Weltkrieg an der Seite Großbritanniens gegen Deutschland) eine Vormachtstellung in Ostasien errungen. Die Hoffnung der chinesischen Regierung und der öffentlichen Meinung, die Vorstöße Japans in chinesische Gebiete würden von den Siegermächten nach dem Ersten Weltkrieg verurteilt, erfüllte sich nicht. Auch wenn China Deutschland 1917 den Krieg erklärt hatte, so wurde es doch weiterhin nicht als ein gleichberechtigter Verhandlungspartner angesehen.

China im Zweiten Weltkrieg | Die Geschichte des Zweiten Weltkrieges in Ostasien ist eng mit der imperialistischen Expansion Japans auf das asiatische Festland verbunden. Nachdem Japan seit dem Ersten Weltkrieg zunehmend Einfluss auf die Politik und Wirtschaft Chinas gewonnen hatte, ging das Land in den 1930er-Jahren dazu über, chinesisches Staatsgebiet zu annektieren. 1931 besetzte Japan die Mandschurei und gründete dort einen „Marionettenstaat", an dessen Spitze es den letzten Kaiser Chinas stellte (zunächst als Präsident, ab 1934 als Kaiser). In den folgenden Jahren gelang es Japan, die Kontrolle über die Mongolei und Teile Nordchinas zu erhalten, auch wenn diese Gebiete formal weiterhin zu China gehörten. Als im Anschluss an einen Schusswechsel zwischen japanischen und chinesischen Soldaten in der Nähe von Peking 1937

[1] Siehe hierzu Seite 268f.

offene Kriegshandlungen zwischen Japan und China ausbrachen, war dies zugleich der Beginn des Zweiten Weltkrieges in Asien. Japan gelang es, große Gebiete an den chinesischen Küsten zu erobern und dort „Marionettenregierungen" einzurichten. Auch Nanjing, das zwischenzeitlich Hauptstadt der Republik China geworden war, nahmen 1937 japanische Truppen ein. Sie richteten dort ein Blutbad unter der Zivilbevölkerung an, das nach vorsichtigen Schätzungen 150 000 Menschen das Leben kostete. Die chinesische Regierung war längst in schwerer zugängliche Gebiete geflohen (→M12).

Den Japanern gelang es allerdings zu keinem Zeitpunkt, ganz China zu erobern. Denn sie kämpften gleichzeitig gegen die verschiedenen Armeen der chinesischen Bürgerkriegsparteien. China wurde zudem von Russland und den formal neutralen USA mit Waffen und Material unterstützt. Russland war seit dem Krieg von 1904/05 ein Gegner Japans in Ostasien und gleichzeitig seit 1941 der stärkste Verbündete Großbritanniens im europäischen Krieg gegen das nationalsozialistische Deutschland. Der japanische Angriff auf die US-Marinebasis in Pearl Harbor (Hawaii) im Dezember 1941 gab dem Krieg in Ostasien eine entscheidende Wende. China wurde zum wichtigsten asiatischen Verbündeten der USA im Kampf gegen Japan. Als die Atombombenabwürfe auf Hiroshima und Nagasaki Japan 1945 zur Kapitulation zwangen, bedeutete dies auch die Aufgabe aller japanischen Ansprüche auf dem asiatischen Festland. Da China nun zu den Siegermächten des Zweiten Weltkrieges gehörte, wurden die noch bestehenden „ungleichen Verträge" mit den USA und Großbritannien bis 1947 aufgehoben.

Die Revolution von 1949 | Innenpolitisch stand China am Ende des Zweiten Weltkrieges nicht besser da als am Ende des Ersten. Im Land brach der während der Kriegsjahre aufgeschobene blutige Bürgerkrieg wieder aus, und es stand zu befürchten, dass angesichts der inneren Konflikte die neuen Supermächte USA und Sowjetunion nun an die Stelle der alten imperialistischen Mächte treten würden. Anders als in den 1920er-Jahren gelang es aber in der zweiten Hälfte der 1940er-Jahre der *Kommunistischen Partei Chinas* relativ rasch, die Oberhand zu gewinnen. Innerhalb von nur vier Jahren besiegte sie ihren großen Gegner, die Guomindang, vollständig und zwang ihn, sich auf die Insel Taiwan zurückzuziehen.

Am 1. Oktober 1949 proklamierte Mao Zedong die *Volksrepublik China*. Die Regierung der Kommunisten beendete die Epoche der Bürgerkriege und baute einen stabilen und mächtigen Staat auf (→M13). Dieser Staat bediente sich von Beginn an brutaler und häufig terroristischer Methoden, um Widerstand oder auch nur Kritik zu unterdrücken. Gleichzeitig leitete er grundlegende Reformen ein, z.B. hinsichtlich der Gleichstellung der Frau und der Verteilung der landwirtschaftlich nutzbaren Flächen.

Internettipp
Eine Biografie Maos sowie eine Zusammenfassung seiner Regierungszeit von 1949 bis 1976 finden Sie unter dem Code **32035-43**.

China behauptet sich | Die Machtergreifung der Kommunisten führte zu einem selbstbewussteren Auftreten nach außen. Die Mandschurei war schon 1946 an China zurückgefallen, und 1950 besetzte China erneut Tibet, das sich nach der Ausrufung der Republik 1912 mit britischer Hilfe für unabhängig erklärt hatte. Die Äußere Mongolei blieb dagegen ein unabhängiger, eng mit der Sowjetunion verbundener Staat, während die Innere Mongolei 1947 eine autonome Region Chinas wurde. Auch Taiwan bewahrte unter der Führung der Guomindang seine Selbstständigkeit gegenüber dem kommunistischen China.

Der entscheidende Konflikt spielte sich in Korea ab, das bis zur japanischen Besetzung 1894 ein von China abhängiger Staat gewesen war. Hier hatten sich die Sowjetunion und die USA nach dem Zweiten Weltkrieg auf eine Zweiteilung geeinigt, wobei der Süden zur US-amerikanischen Einflusssphäre wurde. In den Augen der chinesischen Führung konnte dies nur als Fortsetzung der imperialistischen Politik Japans verstanden werden. Mit sowjetischer Einwilligung und Unterstützung überfiel Nordkorea 1950 Südkorea. Daraufhin schickten die Vereinten Nationen eine internationale Streitmacht unter amerikanischer Führung. Diese Armee vertrieb nicht nur die nordkoreanischen Streitkräfte, sondern rückte weit nach Nordkorea vor. Dies musste die chinesische Regierung alarmieren, war doch auch der Boxeraufstand gegen die Ausländer fünfzig Jahre zuvor von einer internationalen Streitmacht unterdrückt worden. China war daher an der Existenz eines anti-US-amerikanischen Nordkoreas interessiert und schickte seine Streitkräfte in den Krieg gegen die von den USA geführten Truppen.

Anders als in den Jahrzehnten zuvor erwiesen sich die chinesischen Streitkräfte ihren europäischen und US-amerikanischen Gegnern aber dieses Mal als gleichwertig. Keine der beiden Seiten war in der Lage, sich entscheidende Vorteile zu erkämpfen. Der Krieg endete schließlich 1953 durch einen Waffenstillstand. Er bestätigte im Großen und Ganzen die alten Grenzlinien zwischen Nord- und Südkorea. China hatte seine Feinde zwar nicht vom ostasiatischen Festland vertreiben können. Es war nun aber erstmals seit dem ersten Opiumkrieg von 1839 in der Lage, ausländische Armeen von seinen Grenzen fernzuhalten. So konnte China wieder beginnen, eine eigenständige Politik in und außerhalb des Landes zu verfolgen.

Ausrufung der Volksrepublik China.
Foto vom 1. Oktober 1949.
Mao Zedong spricht auf einer Rednertribüne auf dem Tiananmen-Platz (Platz des Himmlischen Friedens) in Peking vor etwa 300 000 Menschen. Er war von 1945 bis 1976 Vorsitzender der Kommunistischen Partei Chinas. Von 1949 bis 1954 stand er der zentralen Volksregierung vor, von 1954 bis 1959 übte er das Amt des Staatspräsidenten der Volksrepublik China aus.

Kaiser Qianlong bei einem Siegesfest nach dem Feldzug gegen die Westmongolen (Ausschnitt).
Chinesisches Rollenbild von Lang Shihning, 1760.

M1 Blütezeit der Qing-Dynastie

*Die Historikerin Sabine Dabringhaus (*1962) beschreibt die Situation Chinas im 18. Jahrhundert:*

Die Periode etwa zwischen 1725 und 1777 wird als eine Zeit beispiellosen Wohlstands beschrieben. Bevölkerung und Wirtschaft prosperierten. Dank der technologischen Veränderungen und dem hohen Spezialisierungsgrad von Arbeitskraft und Ressourcennutzung, der Dörfer und Städte miteinander verband, hatte sich eine Marktwirtschaft entwickelt. Ihr beständiges Wachstum beruhte auf verschiedenen Formen zunehmender Produktivität, dem blühenden Binnen- und Außenhandel und einem hohen Konsumniveau. Nach dem Vorbild der von den Provinzbehörden eingerichteten öffentlichen Getreidespeicher der Städte begannen Anfang des 18. Jahrhunderts auch Lokalgemeinden, Getreidespeicher einzurichten, sodass es seit den 1730er-Jahren ein landesweites Getreidevorratssystem gab, auf das bei Ernteausfällen zurückgegriffen werden konnte. Die darin zur Verfügung gestellten Nahrungsmittel umfassten in den 1780/90er-Jahren fünf bis zehn Prozent der Gesamtproduktion. Obwohl China im 18. Jahrhundert immer wieder von schweren Dürre- und Flutkatastrophen heimgesucht wurde, war die Qing-Regierung in der Lage, betroffenen Kreisen Steuerbefreiung zu gewähren und die Bevölkerung mit den Getreidevorräten zu versorgen. Auch gelang es ihr, eine ernste monetäre[1] Krise zu verhindern, da sie sich durch den steigenden Warenexport auf dem Weltmarkt mit Silber versorgen konnte und den Kupferbedarf durch internen Abbau deckte. Die Steigerung der landwirtschaftlichen Produktion beruhte auf mehreren Faktoren, vor allem weltweiter Klimaerwärmung, neuen Agrartechnologien und territorialer Expansion. Auch die anfängliche niedrige Besteuerung konnte festgesetzt werden, da bis in die späte Qianlong-Zeit[2] interne Rebellion und externe Aggression den Staat kaum zu höheren Belastungen zwangen. Selbst als um 1800 Schwierigkeiten bei der Niederschlagung des Weißer-Lotus-Aufstandes[3] und wachsende Korruption in der Qing-Bürokratie eine Wende ankündigten, war die Bevölkerung Chinas besser ernährt, gekleidet und untergebracht und profitierte von einem vielseitigeren Wirtschaftsleben als die Menschen in anderen Gebieten Asiens oder in vielen Teilen Europas.

Sabine Dabringhaus, Geschichte Chinas. 1279–1949, München 2006, S. 45

1. Geben Sie wieder, worin sich die chinesische Blütezeit im 18. Jahrhundert ausdrückt.
2. Erklären Sie, wie hoch der Lebensstandard der chinesischen Bevölkerung im Vergleich zu Bewohnern anderer Länder war. Was sagt der Text zu dieser Frage, was vermuten Sie?
3. Nehmen Sie zu der vermeintlichen kulturellen Überlegenheit der Europäer, Japaner und US-Amerikaner vor dem Hintergrund dieser Quelle Stellung.

M2 Bevölkerungsentwicklung Chinas

Jahr	Weltbevölkerung (in Millionen)	Chinas Bevölkerung (in Millionen)	Anteil an der Weltbevölkerung (in %)
1650	550	123	22,4
1750	725	260	35,9
1850	1175	412	35,1
1950	2556	552	21,6
1980	4458	987	22,1
1996	5772	1224	21,2

Nach: Thoralf Klein, Geschichte Chinas. Von 1800 bis zur Gegenwart, Paderborn [2]2009, S. 134

1. Beschreiben Sie vergleichend die Bevölkerungsentwicklung Chinas und der Welt. | H
2. Erläutern Sie, warum die Zeit zwischen 1850 und 1950 zu einem deutlichen Niedergang der weltweiten Bedeutung der chinesischen Bevölkerung führte. Suchen Sie nach möglichen Gründen für die Veränderungen.

[1] **monetär**: geldlich, das Geld betreffend

[2] **Qianlong** (1711–1799): regierte in der Qing-Zeit von 1736 bis 1796 als Kaiser; siehe auch Seite 258 und M3 auf der Seite 271

[3] **Weißer Lotus**: chinesische Geheimgesellschaft, deren Ursprünge bis ins 12. Jahrhundert reichen. Sie war vor allem im Norden Chinas verbreitet.

M3 „Diese Bitte [...] kann nicht in Erwägung gezogen werden"

Großbritannien ist im 18. Jahrhundert der größte Abnehmer chinesischer Exportwaren wie Tee oder Seide. Da es jedoch im Gegenzug seine eigenen Produkte nicht in China absetzen kann, zudem mit Silber bezahlen muss und somit ein großes Handelsdefizit mit China entsteht, schickt der englische König Georg III. (1738–1820) den Lord George Macartney (1737–1806) mit einer Handels- und Militärflotte nach China, um den chinesischen Kaiser davon zu überzeugen, die Märkte Chinas für englische Produkte zu öffnen. Kaiser Qianlong (1711–1799) empfängt Lord Macartney 1793 und lehnt den vorgeschlagenen Handels- und Freundschaftsvertrag sowie die Einrichtung einer ständigen diplomatischen Vertretung ab. In seiner Antwort heißt es:

Was Euer dringendes Gesuch angeht, einen Eurer Untertanen abzuordnen, dass er an meinem Himmlischen Hof akkreditiert werde und die Kontrolle über den Handel Eures Landes mit China ausüben soll, so steht diese Bitte im Gegensatz zu den Gewohnheiten meiner Dynastie und kann nicht in Erwägung gezogen werden [...]. Wenn Ihr versichert, dass Eure Hochachtung für Unsere Himmlische Dynastie Euch mit dem Wunsch nach unserer Kultur erfüllt, muss doch darauf hingewiesen werden, dass unsere Gebräuche und Gesetzgebung sich so vollständig von den Euren unterscheiden, dass, selbst wenn Euer Gesandter in der Lage wäre, die Ansätze unserer Kultur aufzunehmen, unsere Gewohnheiten und Sitten unmöglich in Euern fremden Boden verpflanzt werden könnten. Daher würde durch die Bestellung eines Botschafters nichts gewonnen werden, wie geschickt er auch sein würde. Meine Herrschaft über die weite Welt hat das eine Ziel, vollkommen zu regieren und die Staatspflichten zu erfüllen: Fremde und kostspielige Gegenstände interessieren mich nicht. [...] Der hervorragende Ruf unserer Dynastie ist in jedes Land unter dem Himmel gelangt, und Herrscher aller Völker haben ihre Tributabgabe auf dem Land- und Seeweg überbracht. Wie Euer Gesandter mit eigenen Augen sehen kann, besitzen wir alles. Ich lege keinen Wert auf fremde Gegenstände, die fremdländisch oder geschickt erfunden sind, und ich habe keine Verwendung für die Produktion Eures Landes. [...] Es schickt sich, o König, meinen Willen zu achten und mir in Zukunft noch größere Verehrung und Loyalität zu erweisen, sodass Ihr durch ständige Unterwerfung unter unseren Thron Frieden und Wohlwollen für Euer Land sichert.

Günter Schönbrunn (Bearb.), Das bürgerliche Zeitalter 1815–1914. Geschichte in Quellen, München 1980, S. 531 f.

1. Arbeiten Sie die Haltung des chinesischen Kaisers gegenüber dem englischen König und sein Selbstverständnis in Bezug auf die Außenwelt heraus.
2. Präsentation: Entwickeln Sie eine Antwort des englischen Königs in Form eines Briefes an den chinesischen Kaiser.
3. Nehmen Sie Stellung zu der These, dass China durch eine positivere Reaktion auf die britische Gesandtschaft und die Öffnung seiner Märkte für das Ausland die Chance auf eine gleichberechtigte Rolle in der Welt gehabt hätte.

M4 Der Taiping-Aufstand

*Der Historiker Helwig Schmidt-Glintzer (*1948) äußert sich über den Taiping-Aufstand:*

Unter den Hunderten Rebellionen jener Zeit aber nimmt der Taiping-Aufstand (1851–1864) in mehrerlei Hinsicht eine Sonderstellung ein, zumal er als einer der größten Bürgerkriege im 19. Jahrhundert überhaupt gelten muss. In ehemals dicht besiedelten Gebieten habe man, zeitgenössischen Berichten zufolge, nach den Aufständen tagelang durch verlassene Ortschaften und ein Meer von Leichen gehen können, ohne eine Menschenseele anzutreffen. Fünfzehn Jahre Mordbrennerei und Hungersnot kosteten schätzungsweise 20 Millionen Chinesen das Leben, und es gibt Hinweise darauf, dass auch diese Zahlen noch erheblich zu niedrig sind. Dieser Krieg veränderte China und schuf gänzlich neue Machtverhältnisse. Dazu gehört eine erweiterte Militarisierung Zentralchinas, wo der General Zeng Guofan (1811–1872), der seit 1853 eine Armee gegen die Taiping-Bewegung organisiert hatte, seine Machtstellung befestigte. Seit 1860 hatte er unbeschränkte Vollmachten erhalten, die es ihm ermöglichten, im Jahre 1861 drei Militärzonen einzurichten, von denen er die eine (Jiangsu) Li Hongzhang (1823–1901), die andere (Zhejiang) Zuo Zongtang (1812–1885) und jene von Anhui sich selbst unterstellte. Vor allem war der Taiping-Aufstand Ausdruck eines religiös-ideologischen und sozialen Prozesses, der auch wegen der Anknüpfung an alte Utopien zunächst so erfolgreich verlief. Ihr Anführer Hong Xiuquan (1813–1864), ein Angehöriger des chinesischen Hakka-Volkes, war eine höchst charismatische Gestalt, die sich als jüngerer Bruder Christi ausgab und eine von christlichen Missionsparolen nicht unwesentlich bestimmte Programmatik verfolgte.

Helwig Schmidt-Glintzer, Kleine Geschichte Chinas, Frankfurt a. M. 2008, S. 130

1. Informieren Sie sich im Internet oder in Lexika über den Anführer des Taiping-Aufstandes Hong Xiuquan. Überlegen Sie, warum er und seine Überzeugungen eine große Anziehungskraft auf Zehntausende ausübten. Erklären Sie mögliche Gründe.
2. Arbeiten Sie heraus, welche Machtverschiebungen innerhalb des chinesischen Staates der Aufstand nach Helwig Schmidt-Glintzer begünstigte.
3. Erörtern Sie, inwiefern der Aufstand auch eine Folge des langen Kulturkontaktes mit Europa ist.

Open Door Policy.
US-amerikanische Karikatur um 1900.

- Erklären Sie, für welches Land jeweils die drei Männer im Vordergrund stehen. Begründen Sie Ihre Meinung.
- Analysieren Sie die Haltung des Karikaturisten zur „Open Door"-Politik der USA.

M5 Die USA verkünden eine Politik der „offenen Tür"

Der amerikanische Außenminister John Hay (1838–1905) richtet am 6. November 1899 ein Rundschreiben an die Regierungen von Deutschland, Großbritannien, Frankreich, Russland und Japan:

Die Vereinigten Staaten haben das ernste Bestreben, allen Grund für Spannungen zu beseitigen, und wünschen zugleich, dem Handel aller Nationen die unbezweifelbaren Vorteile zu sichern, welche aus einer formellen Anerkennung der dort „Interessensphären" beanspruchenden Mächte entstehen würden. Sie wünschen, dass alle Nationen vollständige Gleichheit bei der Behandlung ihres Handels und ihrer Schifffahrt innerhalb solcher Sphären genießen sollen. Deshalb würde es die Regierung der Vereinigten Staaten begrüßen, wenn die Regierung Ihrer Majestät formelle Zusicherungen gäbe und dazu mithülfe, ähnliche Zusicherungen von den anderen interessierten Mächten (über die folgenden Punkte) zu erlangen. Erstens soll in keiner Weise in irgendwelchen Vertragshäfen und überkommenen Privilegien innerhalb Chinas interveniert werden. Zweitens soll der derzeitige chinesische Vertragszoll auf alle Güter innerhalb der genannten „Interessensphären" erhoben werden (außer in den „freien Häfen"), und zwar unabhängig davon, von welcher Nation diese Güter stammen. Die so erhobenen Zölle sollen von der chinesischen Regierung eingezogen werden. Drittens soll eine solche Macht keine höheren Hafengebühren für Schiffe fremder Nationalität in einem Hafen innerhalb einer solchen Sphäre erheben, und für keine Güter sollen von irgendeiner Nation höhere Eisenbahnfrachtraten verlangt werden, als sie für ähnliche Güter von den eigenen Bürgern über gleiche Transportentfernungen erhoben werden.

Günter Schönbrunn (Bearb.), a.a.O., S. 599

1. Erläutern Sie anhand der Quelle die amerikanische „Open Door Policy".
2. Arbeiten Sie heraus, wer von dieser Politik profitiert. | H

M6 Der Konfuzianismus

*Als Konfuzianismus bezeichnet man die Lehren, die sich auf den chinesischen Philosophen Konfuzius (551–479 v. Chr.) berufen. Der Historiker Thoralf Klein (*1967) beschreibt Grundelemente des Konfuzianismus und seine Bedeutung sowohl für Bewahrer als auch für Reformer am Ende der Qing-Zeit. Die Dynastie der Qing herrschte von 1644 bis 1912 in China.*

In seiner ursprünglichen Gestalt im chinesischen Altertum war der Konfuzianismus eine Mischung aus individueller Moralphilosophie und politischer Theorie, die sich vorrangig auf die Stellung des Menschen innerhalb der Gesellschaft konzentrierte. Schon die klassischen Texte erblickten einen engen Zusammenhang zwischen der moralischen Selbstkultivierung des Einzelnen und der Herstellung politisch und sozial stabiler Verhältnisse. Ethisch richtiges Handeln fand seinen Ausdruck in der korrekten Einhaltung von grundsätzlich hierarchisch gedachten sozialen Beziehungen. Dass unter den Fünf Grundbeziehungen (Wu lun) des Konfuzianismus nach derjenigen zwischen Vater und Sohn an zweiter Stelle die zwischen Herrscher und Untertan folgt, ist Ausdruck dafür, dass der Konfuzianismus […] den Staat analog zur Familie konstruierte. Die Monarchie war demzufolge die naturgegebene Staatsform, der Herrscher die höchste Autorität und Garant der kosmischen und damit auch der sozialen Stabilität und Harmonie. Die monarchische Ausrichtung des Konfuzianismus und seine Akzeptanz sozialer Hierarchien fanden jedoch ein Gegengewicht in der Betonung moralischen Regierens. Das Handeln der politisch Verantwortlichen war keineswegs Selbstzweck, sondern hatte dem Wohl des Volkes zu dienen. […] Diese Grundprinzipien des Konfuzianismus waren auch in der Qing-Zeit noch gültig und verliehen dem politischen Konfuzianismus seine politische Wirkung. Die Qing-Herrscher förderten aus wohlverstandenem Eigeninteresse vor allem die konfuzianische Morallehre [...]. Insbesondere die machtpolitische, ökonomische und kulturelle Herausforderung durch den Westen warf jedoch die Frage auf, inwieweit die Konzentration auf moralische Vorstellungen eine Lösung für Chinas Probleme sein könne. In den 1860er- und 1870er-Jahren vertrat die Selbststärkungsbewegung[1] gegen konservativen Widerstand die Auffassung, man könne technische Errungenschaften des Westens übernehmen, ohne das geistige, politische, soziale und kulturelle Fundament des Konfuzianismus zu gefährden [...]. Ende der 1890er-Jahre versuchte dagegen eine Gruppe von Gelehrten um den vielseitigen, auch für fremde geistige Traditionen aufgeschlossenen Kang Youwei[2], den Konfuzianismus zum intellektuellen Fundament für eine umfassende Erneuerung Chinas zu machen. [...] Gestützt auf eine selektive Textauswahl, deren Einseitigkeit ihm von seinen Kritikern vorgehalten wurde, bestritt Kang den rückwärtsgewandten Konservatismus des Konfuzius und erklärte diesen im Gegenteil zu einem fortschrittlichen Reformer, der bewusst eine neue Ordnung begründet habe. Mit dieser These ließ sich nicht zuletzt die politische Umwandlung Chinas in eine konstitutionelle Monarchie rechtfertigen, für die Kang sich bis zu seinem Lebensende einsetzte.

Thoralf Klein, a. a. O., S. 66 f.

1. Fassen Sie die Kernaussagen des Textes zusammen.
2. Arbeiten Sie heraus, inwiefern der Konfuzianismus von der Qing-Dynastie als Argument gegen Reformen verwendet werden konnte.
3. Analysieren Sie, in welcher Weise der Konfuzianismus von den Reformern interpretiert wurde, um ihn mit ihren Reformvorhaben in Einklang zu bringen.
4. Gruppenarbeit: Diskutieren Sie in der Gruppe, warum auch Reformkräfte sich auf den Konfuzianismus beriefen und ihn nicht komplett ablehnten.

[1] **Selbststärkungsbewegung**: Eine Reformbewegung, welche durch Modernisierung die Stellung Chinas stärken wollte. Siehe dazu auch die Darstellung auf Seite 265.

[2] **Kang Youwei** (1858–1927): chinesischer Gelehrter und Reformer

Liang Qichao (1873–1929).
Porträt unbekannten Datums.

M7 Reformen sind notwendig

Die Niederlage Chinas im Krieg gegen Japan 1895 beschleunigt die imperialistische Einflussnahme der Großmächte, die nun zur Kolonialisierung einiger chinesischer Randgebiete und der intensiven wirtschaftlichen Durchdringung des Landes übergehen. Angesichts des äußeren Drucks und daraus folgender schwerer innerer Krisen äußert sich der chinesische Schriftsteller und Reformer Liang Qichao im Jahre 1896 in einer Denkschrift:

Diejenigen, die gegen Veränderungen eintreten, behaupten fortwährend: „Wir folgen den Vorfahren, folgen den Vorfahren.“ Wissen sie, dass von den prähistorischen, antiken, mittelalterlichen und modernen Zeiten bis zum gegenwärtigen Tage viele Hunderttausende und Myriaden[3] von Veränderungen geschehen sind? [...] Dennoch dachten der Prinz und das Volk, die oberen und unteren Klassen immer störrisch, dass „unsere heutigen Gesetze von unseren Vorfahren benutzt wurden, um das Reich zu regieren, und es wurde gut regiert“. Sie beachteten diese [Gesetze] starrsinnig, folgten der Tradition kritiklos. [...]
Das Alter des Landes China kommt dem Indiens gleich, und die Fruchtbarkeit des Landes ist der Türkei überlegen, aber Chinas Anpassung an fehlerhafte Denkweisen und die Unfähigkeit sich aufzuraffen macht es auch zu einem Bruder dieser zwei Länder. [...] Immer wenn es eine Überschwemmung oder eine Trockenheit gibt, sich die Verkehrsverhältnisse verschlechtern, gibt es keine Möglichkeit, Nahrungsmittel zu transportieren [...]. Die Mitglieder von Geheimgesellschaften sind über das ganze Land verbreitet und warten auf ihre Chance. Die Industrie ist unterentwickelt, Debatten über den Handel finden nicht statt, die selbst erzeugten Güter sind täglich schwerer zu verkaufen. [...] Der Druck nimmt jeden Tag zu und unsere finanziellen Quellen sind fast ausgetrocknet. Die Schulen werden schlecht verwaltet und die Studenten [...] wissen nicht, wie

[3] **Myriade**: im Griechischen eine Anzahl von 10 000; steht im Plural meist für eine unzählige, große Menge

man auch nur ein praktisches Ding erledigt. Die fähigsten Studenten arbeiten an kleinen Übungen, an blumenreichem Schreiben und an verschiedenen Kleinigkeiten. Erzähle ihnen über die Weite der Ozeane, so reißen sie ihre Augen auf und glauben es nicht. [...]
[In den europäischen Ländern] wird die Industrie gefördert und der Handel geschützt, weil die Europäer fürchten, dass die Quellen des Reichtums von anderen erobert werden könnten und ihr Land dadurch geschwächt und erschüttert würde. Generäle müssen über Kenntnisse verfügen, Soldaten müssen lesen und schreiben können und Tag und Nacht so üben, als ob ein Feind bereits im Anmarsch wäre; [...] ihre Schiffe und Waffen sind modern und sie wetteifern miteinander in Manövern, weil sie fühlen, dass sie bereits bei der leichtesten militärischen Schwäche geschlagen werden würden und sich vielleicht niemals wieder erheben könnten. Alle anderen verwaltungstechnischen Maßnahmen sind ähnlich. Sie konkurrieren miteinander und stimulieren sich gegenseitig jeden Tag. Deshalb entwickeln sie ihre Talente und die Weisheit ihres Volkes durch Nacheiferung, und der Wohlstand und die Stärke ihrer Länder reichen immer aus, dass sie gegeneinander Krieg führen können. [...] Aber dieses sogenannte unabhängige oder isolierte Land, China, hat niemals große Feinde gesehen. Stolz betrachtet es sich selbst als hoch und mächtig und behauptet, niemand käme ihm gleich.

Ssu-yu Teng und John K. Fairbank, China's Response to the West. A Documentary Survey 1839–1923, Cambridge/Mass. 1965, S. 154–157 (übersetzt von Boris Barth)

1. Fassen Sie zusammen, warum Liang Qichao Reformen des chinesischen Staates für notwendig hält.
2. Erklären Sie die Ursachen, auf die Liang Qichao die Lage seines Landes zurückführt.
3. Analysieren Sie sein Bild von Europa.
4. Entwickeln Sie aus den Ausführungen von Liang Qichao ein konkretes Reformprogramm. | F

M8 Missionierung in China

Der deutsche Geograf und Forscher Ferdinand von Richthofen (1833–1905) reist mehrere Jahre durch Asien und versucht, sich als Chinaexperte zu profilieren. Auch um als Wissenschaftler in einem besseren Licht zu erscheinen, verfasst er scharfe Kritiken an anderen in China lebenden Europäern. 1898 berichtet er über Missionare des Franziskaner-Ordens in der Provinz Shandong an der Ostküste Chinas:

Die Geografie von China war den Missionaren unbekannt, und selbst in ihrer eigenen Provinz kannten sie wenig mehr als die Namen und annähernde Lage der Missionsstationen. [...] Es setzte mich besonders in Verwunderung, dass die meisten die chinesische Sprache nicht beherrschten und sich um die Erlernung der Schriftzeichen nicht kümmerten. Überhaupt hatten sie, mit Ausnahme der Förmlichkeiten, von allem, was chinesisch ist, unvollkommene Vorstellungen und hielten es nicht für der Mühe wert, in dessen Geist einzudringen. [...] Hier [in Jinan], wie anderwärts, hörte ich die Klage, dass die meisten der neuen Christen sich nur taufen ließen, um den fremden Schutz zu erhalten.

Der seit 1895 als österreichischer Botschafter in China tätige Arthur von Rosthorn (1862–1945) schreibt über die christlichen Missionen:

Die religiöse Propaganda – China durch den Frieden von Nanking im Jahre 1842 aufgezwungen – war dem Volke und der Regierung schon lange ein Dorn im Auge. Nicht als ob die Chinesen in religiöser Hinsicht fanatisch oder auch nur intolerant wären; allein die christlichen Kirchen verboten den Ahnenkult, der die Grundlage der Familienordnung ist, und die Konvertiten[1] lösten sich naturgemäß aus der Familiengemeinschaft los, was zu allerlei Streitigkeiten und Störungen des sozialen Gleichgewichts führte. Dazu kam, dass die katholische Geistlichkeit ihre Proselyten[2] vielfach durch persönliche Intervention bei den Behörden begünstigte, was bisweilen Rechtsbeugungen zur Folge hatte und böses Blut machte. Dem abergläubischen Volke war leicht einzureden, dass die Missionen, welche in selbstloser Weise Spitäler und Orphelinate[3] unterhielten, diese Institute kommerziell ausbeuteten.

Der Historiker Thoralf Klein geht auf positive Folgen der christlichen Missionierung ein:

Der positive Aspekt, das Engangement der Mission für die Modernisierung Chinas, machte sich denn auch vor allem in den beiden Jahrzehnten nach 1900 bemerkbar. Begonnen hatte es jedoch weitaus früher. Schon in den 1860er-Jahren hatten einige Missionare der Selbststärkungsbewegung vor allem mit Übersetzungen wissenschaftlicher Werke zugearbeitet, andere gründeten Krankenhäuser, Schulen und Universitäten. Sie setzten sich auch für gesellschaftliche Reformen ein, etwa für die Abschaffung des Fußebindens bei Frauen oder die Bekämpfung des Opiumkonsums. Mit diesen Maßnahmen unterstützten sie den chinesischen Staat in seinen Modernisierungsbestrebungen und machten sich dort unentbehrlich, wo dessen Kapazitäten nicht ausreichten. Insgesamt gingen die Protestanten mit größerem Einsatz zu Werke als die Katholiken, wobei die führende Rolle wiederum den Amerikanern zufiel. Viele von diesen stützten sich auf die Idee des „Social Gospel", der zufolge die Christianisierung nicht mehr durch

[1] **Konvertit:** Person, die zu einem anderen Glauben oder einer anderen Konfession übergetreten ist
[2] **Proselyt:** Neubekehrter
[3] **Orphelinat:** Waisenhaus

direkte Evangelisierung, sondern mittels sozialer Projekte erfolgen sollte. Diese Impulse wirkten sich auch auf die chinesischen Christen aus: In den Großstädten wurden sie infolge ihrer modernen Ausbildung Teil der neuen professionellen Mittelklasse; auf dem Land galt dies hingegen nur für diejenigen, die den Sprung in die Städte schafften. Infolgedessen galt das Christentum in China bis in die 1920er-Jahre als genuin moderne Religion.

Erster und zweiter Text: Sabine Dabringhaus, Der Boxer-Aufstand in China (1898–1900). Studienbrief der FernUniversität Hagen. Grundkurs Neuzeitliches Asien, Kurseinheit 7, 1992, S. 28f.; dritter Text: Thoralf Klein, a. a. O., S. 280

1. Beschreiben Sie, wie sich die Tätigkeit der Missionare in China hier darstellt (erster bis dritter Text).
2. Analysieren Sie, inwiefern der Bericht von Richthofen auch die Konkurrenz zwischen Kirche und Staat im 19. Jahrhundert spiegelt (erster Text).
3. Erläutern Sie, warum die Missionare in China als Bedrohung empfunden wurden (zweiter Text).
4. Erklären Sie, inwiefern das Christentum als etwas Fremdes in China verstanden werden konnte (dritter Text).
5. Erörtern Sie, welche Rolle die christliche Missionierung bzw. die Missionare in China nach Thoralf Klein einnahmen. Vergleichen Sie mit der Darstellung von Ferdinand von Richthofen (erster und dritter Text). | H

M9 Die Boxerbewegung

Das Vordringen der Fremden durch die deutsche Besetzung der Kiautschou-Bucht sowie Flut- und Dürrekatastrophen lösen Ende der 1890er-Jahre in Nordchina große Unruhen aus. Vor diesem Hintergrund formiert sich der sich schnell ausbreitende religiöse Geheimbund der Yihetuan (I-ho t'uan), deren Mitglieder sich selbst als „Milizen für Gerechtigkeit und Eintracht" bezeichnen, jedoch von den Europäern allgemein „Boxer" genannt werden. In einem ihrer Aufrufe aus dem Jahr 1900 heißt es:

Seit der Periode von Hsien-feng[1] haben die Katholiken mit Fremden konspiriert, haben China Schwierigkeiten bereitet, unser Nationaleinkommen vergeudet, unsere Klöster aufgebrochen, buddhistische Bilder zerstört und die Friedhöfe unseres Volkes beschlagnahmt. [...] Dies hat auch die Bäume und Pflanzen des Volkes betroffen, sodass sie durch Katastrophen von Heuschrecken und Trockenheit fast in jedem Jahr leiden müssen. Unsere Nation ist des Friedens und unser Volk der Sicherheit beraubt. [...] Weil einige Personen ihre fremde Religion und betrügerische Technik nutzen, das Volk zu täuschen, ist der Himmel oben zornig und sendet viele kluge Männer, um auf die Erde herabzusteigen und zu dem göttlichen Altar zu kommen, damit unsere Jugend in die I-ho-Gesellschaft initiiert wird. „I" bedeutet Freundlichkeit, und „ho" bedeutet Höflichkeit; Freundlichkeit und Höflichkeit werden Stadt und Land

St. Josephs Kathedrale in Peking.
Foto von 2008.
Ein italienischer Jesuit ließ 1655 die St. Josephs Kirche errichten. Nach einem Brand wurde sie 1904 wieder aufgebaut. Die ersten Jesuiten gelangten Ende des 16. Jahrhunderts nach China. Die katholischen Missionare ließ Kaiser Yongzheng (1678–1735) jedoch bereits in den 1720er-Jahren ausweisen, nachdem der Papst den chinesischen Namen für den christlichen Gott verboten hatte. Das Christentum galt nun als illegal. Erst die ab 1842 geschlossenen „ungleichen Verträge" legalisierten es wieder. Seit 1860 strömten katholische und protestantische Missionare nach China. Bis um 1900 drangen die christlichen Prediger immer weiter ins Landesinnere vor. Die Missionare traten oft mit einem aggressiven Sendungsbewusstsein auf, was zu Spannungen führte, die sich nicht selten in gewaltsamen Auseinandersetzungen entluden.

▶ Recherchieren Sie in Lexika, Fachbüchern oder dem Internet weitere Texte und Bilder zum Thema „Missionierung in China bis zum Beginn des 20. Jahrhunderts" und interpretieren Sie diese.

[1] **Hsien-feng** (1831–1861): auch Xianfeng, Kaiser aus der Qing-Dynastie von 1850 bis 1861

friedlich und harmonisch machen. Unser Volk soll die richtigen Prinzipien und Tugenden als Grundlage nehmen und soll sich der Landwirtschaft als seinem Beruf ergeben. Das Volk soll dem Buddhismus folgen und gehorchen.

Im Sommer 1900 verbreiten die Boxer Plakate mit folgendem Text:

Die Geister helfen den Fäusten, den Milizen für Gerechtigkeit und Eintracht, aus dem einfachen Grund, weil die Teufel in China Unruhe stiften. [...] Der Herrscher des Himmels ist wütend, der Herrscher der Unsterblichen ist ärgerlich, gemeinsam steigen sie die Berge herab, um die Lehre zu verkünden. Die Geister kommen aus den Höhlen heraus, die Unsterblichen steigen die Berge herab, sie verbinden sich mit den menschlichen Körpern, um den Faustkampf zu üben. Sie zerstören Eisenbahngleise, sie reißen Telegrafendrähte herunter und brennen wütend Dampfschiffe nieder. Die großen französischen Teufel sind in ihren Herzen von gewaltiger Angst ergriffen, die Engländer, Amerikaner, Deutschen und Russen sind alle in einer unangenehmen Lage. Die ausländischen Teufel werden alle vollkommen vernichtet. Die große Qing beruhigt das Land völlig.

Erster Text: Ssu-yu Teng und John K. Fairbank, a.a.O., S. 189 (übersetzt von Boris Barth); zweiter Text: Sabine Dabringhaus, Der Boxeraufstand in China (1900/1901). Die Militarisierung des kulturellen Konflikts, in: Eva Maria Auch und Stig Förster (Hrsg.), „Barbaren" und „Weiße Teufel". Kulturkonflikte und Imperialismus in Asien vom 18. bis zum 20. Jahrhundert, Paderborn 1997, S. 123-144, hier S. 123

1. Arbeiten Sie aus den Quellen die Motive der Boxerbewegung heraus. Welche kulturellen und gesellschaftlichen Vorstellungen werden hier deutlich?
2. Vergleichen Sie in tabellarischer Form Beweggründe und Ziele der Boxerbewegung mit jenen des Reformers Liang (M7). Bestimmen Sie jeweils das Verhältnis zur Regierung und überlegen Sie, welche Schlüsse sich auf Herkunft und Stellung der Boxerbewegung und des Reformers ziehen lassen.
3. Nehmen Sie zu der Art und Weise Stellung, mit der die Boxerbewegung ihre Ziele erreichen will.

M10 „Pardon wird nicht gegeben"

Als die Übergriffe der Boxer gegen Ausländer mit der Ermordung des deutschen Gesandten Klemens Freiherr von Ketteler am 20. Juni 1900 und der darauf folgenden Belagerung des Gesandtschaftsviertels in Peking durch chinesische Regierungstruppen eskalieren, hält Kaiser Wilhelm II. (1859–1941) am 27. Juli 1900 in Bremerhaven eine Ansprache vor den deutschen Truppen, die zur Bekämpfung des „Boxeraufstandes" nach China entsandt werden. Obwohl die Reichsbehörden gegenüber der Presse auf eine teilweise Streichung der Rede bestehen, wird sie am folgenden Tag vollständig in der Nordwestdeutschen Zeitung publiziert und als „Hunnenrede" Wilhelms II. weltbekannt:

Zum ersten Mal, seit das Deutsche Reich wiedererstanden ist, tritt an Sie eine große überseeische Aufgabe heran. Dieselben sind früher in größerer Ausdehnung an uns herangetreten, als die meisten Meiner Landsleute erwartet haben. Sie sind die Folgen davon, dass das Deutsche Reich wiedererstanden ist und damit die Verpflichtung hat, für seine im Ausland lebenden Brüder einzustehen im Momente der Gefahr. [...]
Die Aufgabe, zu der Ich Euch hinaussende, ist eine große. Ihr sollt schweres Unrecht sühnen. Ein Volk, das, wie die Chinesen, es wagt, tausendjährige alte Völkerrechte umzuwerfen und der Heiligkeit der Gesandten und der Heiligkeit des Gastrechtes in abscheulicher Weise hohnspricht, das ist ein Vorfall, wie er in der Weltgeschichte noch nicht vorgekommen ist und dazu von einem Volke, welches stolz ist auf eine vieltausendjährige Kultur. Aber Ihr könnt daraus ersehen, wohin eine Kultur kommt, die nicht auf dem Christentum aufgebaut ist: Jede heidnische Kultur, mag sie noch so schön und herrlich sein, geht zugrunde, wenn große Aufgaben an sie herantreten. So sende ich Euch aus, dass Ihr bewähren sollt einmal Eure alte deutsche Tüchtigkeit, zum zweiten die Hingebung, die Tapferkeit und das freudige Ertragen jedweden Ungemachs und zum dritten Ehre und Ruhm unserer Waffen und Fahnen. Ihr sollt Beispiele abgeben von der Manneszucht und Disziplin, aber auch der Überwindung und Selbstbeherrschung. Ihr sollt fechten gegen eine gut bewaffnete Macht, aber Ihr sollt auch rächen, nicht nur den Tod des Gesandten, sondern auch vieler Deutscher und Europäer. Kommt ihr an den Feind, so wird er geschlagen, Pardon wird nicht gegeben; Gefangene nicht gemacht. Wer Euch in die Hände fällt, sei in Eurer Hand. Wie vor tausend Jahren die Hunnen unter König Etzel sich einen Namen gemacht, der sie noch jetzt in der Überlieferung gewaltig erscheinen lässt, so möge der Name Deutschland in China in einer solchen Weise bekannt werden, dass niemals wieder ein Chinese es wagt, einen Deutschen auch nur scheel anzusehen. [...] Gebt, wo es auch sei, Beweise Eures Mutes, und der Segen Gottes wird sich an Eure Fahnen heften und es Euch geben, dass das Christentum in jenem Lande seinen Eingang finde. Dafür steht Ihr Mir mit Eurem Fahneneid, und nun glückliche Reise. Adieu Kameraden.

Bernd Sösemann, Die sogenannte Hunnenrede Wilhelms II. Textkritische und interpretatorische Bemerkungen zur Ansprache des Kaisers vom 27. Juli 1900 in Bremerhaven, in: Historische Zeitschrift 222 (1976), S. 349 f.

1. Geben Sie die wesentlichen Inhalte der Ansprache Kaiser Wilhelms II. wieder.
2. Analysieren Sie Stil und Wortwahl der Ansprache. Charakterisieren Sie die Sichtweise des Kaisers gegenüber China.

3. Erklären Sie, welche Bedeutung der Anspielung auf die Hunnen zukommt und was dies über das Selbstverständnis des Kaisers aussagt.
4. Erörtern Sie, warum die Reichsbehörden eine Veröffentlichung der vollständigen Rede zu verhindern suchten.

Kaiser Wilhelm II. bei der Verabschiedung des deutschen Expeditionskorps.
Fotografie vom 27. Juli 1900.

M11 China unter der Guomindang

Der Historiker Thoralf Klein beschreibt die Schwierigkeiten der Guomindang (GMD)-Regierung, China zu stabilisieren:

In der Zeit zwischen 1927 und 1937 (der sogenannten Nanjing-Periode) verfolgte die GMD mit Chiang Kaishek[1] an der Spitze den Plan eines umfassenden Aufbaus. Trotz vieler Anstrengungen und Erfolge und obwohl es seine Herrschaft wenn nötig mit brutaler Gewalt verteidigte, verfügte das Regime über keine hinreichende Stabilität. Chiang Kaishek konnte sich weder auf die Loyalität der Partei noch auf diejenige des Militärs vollständig verlassen. Bis Mitte der 1930er-Jahre führten Meutereien und Rebellionen von Koalitionen aus innerparteilichen Gegnern Chiangs und regionalen Militärmachthabern immer wieder zu regelrechten Bürgerkriegen. Schon im Herbst 1927 kam es zur militärischen Auseinandersetzung zwischen der Regierung Chiangs in Nanjing und einer prokommunistisch eingestellten GMD-Gegenregierung in Wuhan, die eine schwere Niederlage hinnehmen musste und daraufhin zusammenbrach. Zwischen 1931 und 1936 befand sich mit der Provinz Guangdong sogar die ursprüngliche Machtbasis der GMD in offener Sezession von der Regierung in Nanjing. Während Chiang bis Mitte der 1930er-Jahre die Oberhand über seine Gegner in den eigenen Reihen gewann, gelang es ihm nicht, den Bürgerkrieg mit den Kommunisten und ihrer Roten Armee erfolgreich zu beenden. In vier Einkreisungsfeldzügen erwies sich die kommunistische Partisanenstrategie als erfolgreich. Erst die fünfte, von deutschen Militärberatern eingeleitete Kampagne von Herbst 1933 bis Frühjahr 1934 brachte die kommunistischen Streitkräfte vor allem durch die konsequente Abriegelung des Sowjetgebiets mittels eines Systems von Blockhäusern an den Rand der Niederlage.
Die Führung der KPCh[2] ordnete daher schließlich die Evakuierung der Sowjets an und ließ nur eine Nachhut zur Abwehr der GMD-Streitkräfte zurück. Rund 90 000 Menschen machten sich im Oktober 1934 auf den später sogenannten Langen Marsch. Nach einem außerordentlich verlustreichen Exodus durch die Provinzen Südwestchinas erreichten ein Jahr später rund 8 000 bis 9 000 Überlebende die nordwestliche Provinz Shaanxi, wo die Partei 1936 ihr neues Hauptquartier in der kleinen Stadt Yan'an einrichtete.

Thoralf Klein, a. a. O., S. 51

1. Fassen Sie zusammen, wodurch nach Thoralf Klein die Guomindang-Regierung geschwächt wird.
2. Erläutern Sie anhand des Textes, wie die Guomindang-Regierung mit ihren Gegnern umgeht.
3. Beurteilen Sie, was die innere Bedrohung der GMD-Herrschaft für den späteren Krieg gegen Japan (seit 1937) bedeutete.

[1] **Chiang Kaishek** (1887–1975): chinesischer Politiker und Offizier, seit 1925 Parteiführer der Guomindang

[2] **KPCh**: Kommunistische Partei Chinas; 1921 gegründet, seit 1949 vorherrschende Partei der Volksrepublik China

M12 Japanische Besatzer

Die Historikerin Sabine Dabringhaus schildert den Krieg gegen Japan:

Japan hatte auf die Zurückhaltung der anderen Großmächte gehofft. Tatsächlich gelang es dem „Freien China" der Nationalregierung, die internationale Stimmung für sich zu gewinnen, doch blieb konkrete Hilfe aus. Zunächst war nur die Sowjetunion bereit, Chiang Kaishek materiell und mit begrenzten Kampfeinsätzen aus der Luft zu unterstützen. Bis 1941 stand China gegen Japan allein. Auf die Eroberung Shanghais folgte der Fall der ehemaligen nationalchinesischen Hauptstadt Nanjing. Nach der Einnahme der von Kampftruppen und Regierungsbehörden geräumten Großstadt am 12. Dezember 1937 fielen dort in den folgenden sieben Wochen vermutlich über 200 000 Menschen einem unvorstellbar grausamen Dauermassaker an der Zivilbevölkerung und an Kriegsgefangenen zum Opfer. Die Untaten wurden von einer entfesselten japanischen Soldateska begangen und hätten ohne die stillschweigende Duldung des japanischen Oberkommandos ihr schreckliches Ausmaß nicht erreichen können.
Die Nationalregierung hatte sich zu dieser Zeit nach Chongqing in der Provinz Sichuan zurückgezogen und mobilisierte die schlagkräftigsten unter den ihr verbliebenen Verbänden zum Kampf um Wuhan. Weder die zentralchinesische Metropole noch Kanton, die wichtigste Großstadt im Süden, ließen sich halten. Beide fielen im September 1938 den Japanern in die Hände. Damit endete die Blitzkriegphase der japanischen Invasion. Der japanische Vormarsch hatte die Isolierung der industriellen Basis in den Küstenregionen vom chinesischen Hinterland erreicht. Die von Chiang Kaishek angeordnete Zerstörung der Deiche des Huanghe, die Tausende von Zivilisten tötete und zu einer katastrophalen Hungersnot in der Region führte, hemmte den Vormarsch der Japaner, ohne ihn stoppen zu können. Alle wichtigen Schlachten der ersten Kriegsjahre endeten mit Niederlagen der GMD-Truppen. Auch im weiteren Verlauf des Krieges vermochte die nationalchinesische Armee den Japanern kaum ernsthaften Widerstand entgegenzusetzen. Nur wenig erfolgreicher verliefen die Aktionen der Roten Armee. Ihre Achte Feldarmee errang im September 1938 den ersten chinesischen Sieg seit Kriegsbeginn und stellte sich in der dreimonatigen „Schlacht der Hundert Regimenter" den Japanern entgegen. Vor allem in Nordchina waren hinter den japanischen Linien die berühmten kommunistischen Guerilla-Kämpfer aktiv. Ihnen gelang es nicht, die Japaner nennenswert zurückzudrängen, doch banden sie viele japanische Kräfte und trugen dazu bei, dass sich die japanische Kontrolle auf die Großstädte und die strategisch wichtigen Eisenbahnlinien beschränkte. In ihren Besatzungsgebieten entlang der Küste herrschten die Japaner mithilfe von Marionettenverwaltungen.

Sabine Dabringhaus, Geschichte Chinas, a. a. O., S. 99 f.

1. Charakterisieren Sie das Verhalten der japanischen Truppen in China.
2. Erklären Sie, welche der Bürgerkriegsparteien die japanische Besatzung besser überstand und warum.
3. Erörtern Sie die Entwicklung Chinas und Japans im imperialistischen Zeitalter. Nennen Sie für die unterschiedliche Entwicklung Gründe. Sie können dazu zusätzlich auch die Darstellung im Buch ab Seite 258 heranziehen.

Japanische Truppeneinheiten kurz nach der Einnahme des Bahnhofs von Shanghai.
Foto vom November 1937.

M13 Staatsgründung 1949

Anlässlich der Gründung der Volksrepublik China sagt Mao Zedong am 1. Oktober 1949:

Trotz Bildung einer Regierung ist unsere revolutionäre Arbeit nicht beendet. Die imperialistischen Reaktionäre im In- und Ausland werden ihre Niederlage nicht einfach stillschweigend hinnehmen. Sie werden noch versuchen, einen letzten Widerstand zu leisten. Wenn die Ruhe und Ordnung einmal hergestellt sein wird, werden sie zur Sabotage Zuflucht nehmen und auf verschiedene Arten den Versuch machen, wieder an die Macht zu kommen. Wir dürfen daher unsere Wachsamkeit nicht vermindern. China muss mit allen Ländern und Völkern, die den Frieden und die Freiheit lieben, ganz besonders aber mit der Sowjetunion und den osteuropäischen Staaten die Einheit herstellen. Chinas dringlichste Aufgabe besteht im wirtschaftlichen Aufbau.

Der Historiker Helwig Schmidt-Glintzer schreibt über die Gründung der Volksrepublik China unter Mao Zedong:

Trotz der häufigen Verwendung des Föderalismus-Begriffs *lianbang* durch Mao Zedong in den 30er- und 40er-Jahren des 20. Jahrhunderts – noch im Jahre 1945 sprach Mao Zedong von der föderalen Struktur eines zukünftigen China – gab es doch niemals einen ernsthaften Zweifel daran, dass für China der Einheitsstaat das Ziel sein müsse. Nach der langen Dauer eines Einheitsstaates auf chinesischem Boden hatten am Ausgang der Qing-Zeit zentralistische bzw. integrationistische Vorstellungen überwogen. Hinzu trat im späten 19. Jahrhundert die Forderung eines Großteils der Elite, die Nation müsse gestärkt werden. Die Restrukturierung des Staates im Zuge der Niederwerfung sozialer Unruhen zusammen mit dem Auftreten der imperialistischen Mächte ließ es daher nicht zu einer Ausdifferenzierung lokaler und regionaler Interessen einerseits und einer Beschränkung der zentralen Staatsmacht andererseits kommen. Denn obwohl sich nach dem Ende des Kaiserreiches zunächst kein neues nationales Machtzentrum herausbildete und man daher von einer Zeit der Zersplitterung sprechen muss, begünstigte dies nicht die Bildung und das Anwachsen einer bürgerlichen Schicht, die zum Träger einer bürgerlichen Revolution hätte werden können. Die ideologischen Kämpfe und die wirtschaftliche und administrative Entwicklung förderte eher eine Fragmentierung innerhalb der Elite.

Erster Text: Keesings Archiv der Gegenwart, XVIII./XIX. Jg. (1948/49), S. 2074; zweiter Text: Helwig Schmidt-Glintzer, a.a.O., S. 186f.

1. Beschreiben Sie die innen- und außenpolitischen Ziele der kommunistischen Regierung.
2. Erklären Sie, was Mao Zedong mit „imperialistischen Reaktionäre[n] im In- und Ausland" (vgl. Zeile 2f.) gemeint haben könnte.
3. Analysieren Sie, warum es nach Schmidt-Glintzer keinen Zweifel daran geben konnte, dass Mao Zedong und die Kommunistische Partei Chinas eine zentralistische Staatsform bevorzugen würden.
4. Laut dem Historiker Helwig Schmidt-Glintzer ging 1949 das „Jahrhundert der chinesischen Revolution" zu Ende. Erläutern Sie diese Aussage.

Methode

Weitere Anwendungsbeispiele finden Sie auf den Seiten 270 und 413.

Statistiken auswerten

Statistiken stellen eine systematische Sammlung von Informationen in Form von Zahlen dar. Ablesen lassen sich aus ihren Daten
- Zustände
- Entwicklungen
- Zusammenhänge

für den betrachteten Zeitraum. Statistisches Material begegnet uns in **Tabellen** oder **Diagrammen.** Statistiken können dabei absolute Zahlen (genaue oder gerundete) oder relative Werte wie Prozentangaben enthalten. Die Qualität einer Statistik hängt von der **Erhebung** der Daten und deren mathematischer **Umsetzung** ab. Diese Faktoren machen bereits deutlich, dass es für viele historische Aussagen schwierig oder gar unmöglich ist, verwertbare Statistiken zu erzeugen. **Daher: Kritisch bleiben!** – Statistiken zeigen nur das Ergebnis und nicht dessen Zustandekommen.

Arbeitsschritt	Leitfragen
1. beschreiben	• Um welche Art von Statistik handelt es sich? • Wer hat die Statistik erstellt / in Auftrag gegeben und wo wurde sie veröffentlicht? • Wann und zu welchem Anlass ist sie entstanden?
2. erklären	• Worüber informiert die Statistik? (Thema, Raum, Messgrößen) • Welche Daten sind für die Aufgabenstellung relevant? • Woher stammt das Material? Inwiefern sind Rückschlüsse auf die Zuverlässigkeit der zugrunde liegenden Daten möglich? • Welche Zustände oder Entwicklungen werden wiedergegeben? • Auf welche Personen / Anlässe wird Bezug genommen? • Welche Fachbegriffe kommen ggf. vor und müssen diese geklärt werden?
3. beurteilen	• Auf welchen historischen Zeitraum / welches Ereignis bezieht sich die Statistik? ------ Ende Sachurteil / Beginn Werturteil ------ • Welche Aussageabsicht lässt sich der Statistik entnehmen? • Gibt es alternative oder ergänzende Quellen, anhand derer sich die Aussage überprüfen und der Quellenwert bestimmen lässt? • Welche Meinung vertreten Sie bzgl. der Aussage des Materials?

Achtung!
Die zeitlichen Abstände können variieren.

Hier wird der untersuchte Zeitraum dargestellt.

	1750 (+ 50)	1800 (+ 30)	1830 (+ 30)	1860 (+ 20)	1880 (+ 20)	1900
Großbritannien	1,9	4,3	9,5	19,9	22,9	18,5
Habsburger Reich	2,9	3,2	3,2	4,2	4,4	4,7
Frankreich	4,0	4,2	5,2	7,9	7,8	6,8
Deutsche Staaten / Deutschland	2,9	3,5	3,5	4,9	8,5	13,2
Italienische Staaten / Italien	2,4	2,5	2,3	2,5	2,5	2,5
Russland	5,0	5,6	5,6	7,0	7,6	8,8
USA	0,1	0,8	2,4	7,2	14,7	23,6
Japan	3,8	3,5	2,8	2,6	2,4	2,4
China	32,8	33,3	29,8	19,7	12,5	6,2
Indien / Pakistan	24,5	19,7	17,6	8,6	2,8	1,7

Fokus auf: Entwicklung eines Landes über den gesamten Zeitraum

Relative Anteile an der Weltindustrieproduktion (in Prozent).
Nach: Paul Kennedy, Aufstieg und Fall der großen Mächte, Frankfurt am Main [5]2005, S. 237 (gekürzt)

← Thema

Hier werden die untersuchten Nationen aufgeführt. (Vorauswahl!)

Fokus auf: Status quo (aller Länder) zu einem bestimmten Zeitpunkt

Dies ist die relevante Information, um die Quelle benennen und einschätzen zu können.

▸ Analysieren Sie die Statistik mithilfe der Arbeitsschritte auf Seite 280.
Ihre Ergebnisse können Sie mit der Beispiellösung auf Seite 536 vergleichen.

China – vom Kaiserreich zur Republik

Krisen

Industrialisierung in Europa
Europa „überholt“ China

konservative Qing-Dynastie
keine grundlegenden Reformen

massiver Bevölkerungsanstieg
Herausforderungen für Wirtschaft und Gesellschaft

korruptes politisches System
Interessen der Mehrheit werden ignoriert

zahlreiche Aufstände
Destabilisierung und zusätzliche ökonomische Probleme

Ausländische Interventionen

1839–1842:
Erster Opiumkrieg

1856–1860:
Zweiter Opiumkrieg

1884–1885:
Chinesisch-Französischer Krieg

1894–1895:
Chinesisch-Japanischer Krieg

1897:
Das Deutsche Reich besetzt die Bucht von Kiautschou.

1900:
Internationale Truppen schlagen den Boxeraufstand nieder.

1931:
Japanische Truppen besetzen die Mandschurei. Ausgangspunkt für weitere japanische Expansion auf dem chinesischen Festland

Veränderungen des politischen Systems

19. Jahrhundert:
Machtverlust des Kaisers

= Machtgewinn lokaler „Provinzfürsten“

1911/12:
Ende des Kaiserreiches

= Beginn der Republik

1912–1949:
instabile Republik

= Bürgerkriege und ausländische Interventionen

1949:
Sieg der Kommunistischen Partei
= Beginn einer neuen Epoche

ABI CHECK

Ein interaktives Quiz erwartet Sie unter dem Code **32035-44**.

M Das Ende des Kaiserreiches

*Der Sinologe Kai Vogelsang (*1969) fasst die wichtigsten Gründe für den Zusammenbruch des Kaiserreiches zusammen:*

In der späten Qing-Zeit[1] erlebte die chinesische Gesellschaft den radikalsten Strukturwandel seit der „Rituellen Revolution"[2] […]: mit dieser war eine stratifizierte[3] Gesellschaft entstanden, die sich in den folgenden drei Jahrtausenden vielfach umformte, aber in ihrer Grundstruktur erhalten blieb. Jetzt löste sie sich auf und wurde ersetzt durch eine moderne, funktional differenzierte Gesellschaft. Traditionelle Ordnungsmuster wichen offeneren Formen der Partizipation, ausländische Einflüsse beschleunigten die Emanzipation von Wissenschaft, Technik, Militär und Wirtschaft, Zeitungen wurden zum Medium einer neuen Öffentlichkeit, in den offenen Küstenstädten bildete sich eine urbane Gesellschaft, in der soziale Ungleichheit zunehmend zum Problem wurde. […] Auf dem Höhepunkt ihrer Macht wurden die Qing von verdrängten Problemen eingeholt: Bevölkerungsdruck führte zu großen Aufständen, die der nahezu bankrotte, von Korruption geschwächte Staatsapparat kaum mehr niederschlagen konnte. Militärische Macht ging zunehmend an regionale Milizen und Provinzgouverneure über, während politisches Mitspracherecht auf Interessengruppen außerhalb der Regierung ausgeweitet wurde. Diese neuen Akteure spielten eine wichtige Rolle beim Konflikt mit den Engländern, die ihr „Recht auf freien Handel" mit Opium in China mit Militärgewalt durchsetzten. Zweimal, 1840 und 1856, griffen sie China mit modernen Kanonenbooten an und zwangen die hoffnungslos unterlegenen Qing zur Öffnung von Küstenstädten für den Handel. Dieser Überfall der westlichen Moderne, so schockartig er kam, fiel in China auf wohlbereiteten Grund. Die Auflösung der ständischen Gesellschaft, Verbreitung des Buchdrucks, kritische Gelehrsamkeit und eine neue Öffentlichkeit hatten China schon lange an die Schwelle der Moderne gebracht. Westliche Lehren, die sich jetzt durch Reisen, Zeitungen und direkte Interaktion in Städten wie Shanghai verbreiteten, wurden zum Katalysator dieser Moderne. […]

Während die Qing-Regierung, seit 1861 unter der Führung der Kaiserinwitwe Cixi[4], bemüht war, westliche Technik zu „Selbststärkung" und Erhalt der Dynastie zu nutzen, war es den Eliten des Südens darum zu tun, ihr Land zu retten. Nicht Regierungstruppen, sondern Provinzgouverneure […] trugen auch die Hauptlast der Kriege gegen Frankreich (1884/85) und Japan (1894/95), welche die militärische Schwäche Chinas schonungslos offenbarten. In den nächsten Jahren wurde China fast kolonial zwischen Japan, Russland und den Westmächten aufgeteilt. Spätestens jetzt wurde deutlich, dass technisch-militärische „Selbststärkung" nicht die Lösung für Chinas Schwäche bot. Die Probleme saßen tiefer: in einer Gesellschaft, die als zunehmend fragmentiert und haltlos empfunden wurde. Weder die hierarchische Ordnung noch das kaiserliche Regierungssystem oder die konfuzianische Ideologie entsprachen dieser neuen Gesellschaft. Was China brauchte, waren Freiheit, Gleichheit, Brüderlichkeit: Nur das Selbstverständnis als Nation, organisiert in einem Nationalstaat, konnte Zusammenhalt im Inneren und Stärke nach außen bewirken, die China so dringend brauchte.

Während manche Intellektuelle an der Reform von Staat und Gesellschaft innerhalb des bestehenden Systems laborierten, bekämpften andere das System selbst. Revolutionäre wie Sun Yatsen[5] probten immer wieder Aufstände, bis 1911 – fast wie durch Zufall – ein Aufstand in Wuhan tatsächlich zur Revolution führte: Der letzte Qing-Kaiser dankte ab, und das chinesische Kaiserreich fiel zusammen wie ein Kartenhaus.

Kai Vogelsang, Geschichte Chinas, Ditzingen [5]2013, S. 440 f.

1. Fassen Sie die Kernaussagen des Textes in eigenen Worten zusammen.
2. Geben Sie aufgrund Ihres Sachwissens die wichtigsten Aspekte der Krise der späten Qing-Zeit wieder.
3. Analysieren Sie ausgehend vom Text und auf der Basis Ihres Sachwissens die Gründe für die Krise der Qing-Herrschaft im 19. und frühen 20. Jahrhundert.
4. Gruppenarbeit: Diskutieren Sie in der Gruppe, welche Rolle die ausländischen Invasionen beim Zusammenbruch der Monarchie in China spielten.

[1] Die Qing-Dynastie herrschte von 1644 bis 1911.

[2] Als **„Rituelle Revolution"** wird ein im 9. Jahrhundert v. Chr. einsetzender, allmählicher struktureller Wandel der chinesischen Gesellschaft bezeichnet. Er lässt sich heute nur noch anhand der Änderungen bei den für den Ahnenkult eingesetzten Ritualgefäßen nachvollziehen. Teil einer bestimmten Verwandtschaftsgruppe zu sein, verlor nach und nach an Bedeutung. Für das Selbstverständnis der Chinesen wurde vielmehr die Zugehörigkeit zu einer gesellschaftlichen Schicht wie bspw. „die Bauern" oder „der Adel" ausschlaggebend.

[3] **stratifiziert**: in Schichten eingeteilt

[4] **Cixi** (1835–1908): regierte als Kaiserinwitwe mehrere Jahrzehnte das chinesische Kaiserreich und ließ 1898 den Reformkaiser Guangxu inhaftieren, um daraufhin wieder selbst zu regieren

[5] **Sun Yatsen** (1866–1925): 1912 erster Präsident der Republik China

Deutschland zu Gast in Polen.
Foto vom Juni 2016.
Die polnische Ministerpräsidentin Beata Szydło empfing den damaligen Bundespräsident Joachim Gauck anlässlich der Feierlichkeiten zum 25-jährigen Bestehen des deutsch-polnischen Vertrages über gute Nachbarschaft und freundschaftliche Zusammenarbeit in Warschau.

Demonstration für Europa.
Foto vom März 2017.
Mitglieder der überparteilichen Bürgerinitiative „Pulse of Europe" versammelten sich im März 2017 auf dem Berliner Gendarmenmarkt, um für Europa und die Europäische Union zu demonstrieren. Die Luftballonzahl „60" erinnert an den 60. Jahrestag der Römischen Verträge.

Schulbesuch in Weimar.
Foto vom Februar 2019.
Die Schülerin Kiki Camilla Manig traf Bundespräsident Frank-Walter Steinmeier in der Weimarer Parkschule. Steinmeier besuchte den Kunstunterricht einer 9. Klasse am Rande des 100-jährigen Jubiläums der Weimarer Verfassung. Im Hintergrund sind Bilder von Persönlichkeiten der Weimarer Republik zu erkennen.

3. Wurzeln unserer Identität

Wo kommen wir her? Diese Frage ist für den Einzelnen wie für Gruppen von zentraler Bedeutung, und zwar im religiösen wie im kulturellen und historischen Sinne. Unsere ethnische und weltanschauliche Zugehörigkeit, unsere regionalen und sozialen Wurzeln haben einen tiefen Einfluss auf unser Denken und Handeln. Gleichzeitig sind diese Identitäten Brüchen unterworfen, die mit unseren individuellen Lebenswegen zusammenhängen. Dementsprechend lassen sich geschichtliche Ereignisse viel leichter verstehen, wenn wir wissen, welche Personen und Gruppen daran beteiligt waren – und es bis heute sind, denn das Beharren wie auch Wandel und Umbruch sind nicht nur Komponenten der Vergangenheit, sondern betreffen uns ebenso in unseren aktuellen Lebensumständen. Dieses Rahmenthema unterstützt Sie dabei, sich Ihrer Identität und der großen Zusammenhänge bewusster zu werden.

Kompetenzen

Am Ende des dritten Rahmenthemas sollten Sie Folgendes können:

… die Grundlagen einer deutschen Identität sowie deren mentalitätsgeschichtliche und ideologische Voraussetzungen analysieren und sich damit auseinandersetzen.

… Ausprägungen und Veränderungsprozesse im kollektiven Selbstverständnis der Menschen in Deutschland erläutern.

… sich mit Erscheinungsformen nationalen Denkens und Selbstverständnisses sowie deren Auswirkungen bis in die Gegenwart auseinandersetzen.

Was wissen und können Sie schon?

Teilen Sie den Kurs in kleine Gruppen ein und bearbeiten Sie mithilfe der drei Fotografien folgende Aufgaben. Stellen Sie die Gruppenergebnisse anschließend im Kurs vor.

1. Beschreiben Sie die Bildinhalte: Wer oder was ist dargestellt? Was wird thematisiert?
2. Ordnen Sie die drei Bilder in den historischen Kontext ein. Auf welche Ereignisse bzw. Sachverhalte beziehen sich die Fotos? Wann fanden sie statt und welche historische Bedeutung haben sie?
3. Erklären Sie, was Sie allgemein unter dem Begriff „Identität" verstehen.
4. Präsentation: Stellen Sie in einer Tabelle „nationale Identität" und „europäische Identität" gegenüber. Erarbeiten Sie für jede Spalte Merkmale der jeweiligen Identität.

Kernmodul

3.1 Kernmodul: Nation – Begriff und Mythos

Ein Mythos entsteht: die Schlacht bei Tannenberg | Im Jahre 1410 fand bei *Tannenberg* (polnisch Grunwald) eine große Schlacht zwischen einem Heer der Ordensritter und einer litauisch-polnischen Armee statt, die letztere gewann. Danach war die Schlacht fast 500 Jahre lang quasi vergessen worden, auch deshalb, weil sie fast keine politischen Konsequenzen gehabt hatte. Noch zu Beginn des 19. Jahrhunderts spielten in Preußen die Schlacht und die Erinnerung an die Ordensritter nahezu keine Rolle. Die am Ufer der Nogat gelegene Marienburg, der ehemalige Sitz der Ordensritter, diente nicht als Erinnerungsort, sondern als Getreidespeicher. Erst in der zweiten Hälfte des 19. Jahrhunderts änderte sich diese Sicht auf die Vergangenheit grundlegend.

Mehrere Historiker betonen, dass häufig mit scharf polarisierenden Paaren von Begriffen gearbeitet wurde. Auf der einen Seite standen die Deutschen, auf der anderen die Polen. Die Gegensätze waren etwa das (kultur)geografische Abendland und der kulturlose Osten, die zivilisatorische Bildung und die Barbarei, die sittliche Ritterlichkeit und der Frevel oder die mentale Disziplin und die Anarchie. Der ansonsten hoch angesehene deutsche Historiker *Heinrich von Treitschke* (1834–1896) popularisierte auf diese Weise das Bild der Schlacht bei Tannenberg. Eine große Rolle in der deutschen Literatur spielte auch die christliche Missionstätigkeit der Ordensritter im Osten. Dabei wurde aber häufig übersehen, dass das mittelalterliche Polen bereits seit dem 10./11. Jahrhundert christianisiert war, die Ritter also keineswegs gegen einen heidnischen Osten gekämpft hatten.

Sehr viel mehr noch als in Deutschland befassten sich polnische Schriftsteller mit der Schlacht bei Grunwald. Der Roman „Die Kreuzritter", 1900 verfasst von *Henryk Sienkiewicz* (1846–1916), der 1905 den Nobelpreis für Literatur erhielt, wurde zu einem Bestseller. Hier wurden sehr ähnliche Stereotype verwendet, nur in umgekehrter Weise: Dem edlen Polen standen hier die hochmütigen Ordensritter gegenüber. Auch in den folgenden Jahren wurde diese Polarisierung bei anderen Autoren konsequent beibehalten. Der polnische König ist bescheiden, friedliebend, fromm und gerecht, die Kreuzritter sind eingebildet, menschenverachtend, hochmütig, machtgierig und brutal.

Hinweis: Zum Begriff „Nation" siehe vor allem das Kapitel „Nationen und Nationalstaatsbildung" auf den Seiten 306 bis 310.

Tannenberg im Spiegel von Denkmälern und Gedenkfeiern | 1901 wurde auf dem ehemaligen Schlachtfeld von Tannenberg ein zweieinhalb Meter hoher Granitblock aufgestellt. Die Aufschrift lautete: „Im Kampf für deutsches Wesen, deutsches Recht starb hier der Hochmeister Ulrich von Jungingen am 15. Juli 1410 den Heldentod." 1902 fand in der restaurierten Marienburg ein Fest des Johanniterordens statt, bei der Kaiser Wilhelm II. eine scharfe antipolnische Rede hielt.

Die polnische Seite reagierte sofort. Nach einer Pressekampagne erinnerten Feiern in zahlreichen Orten an den polnischen Sieg gegen die Ritter. Den Höhepunkt erreichten die polnischen Feiern im Jahr 1910, als das 500-jährige Jubiläum der Schlacht als ein polnischer Nationalfeiertag begangen wurde. In zahlreichen Kirchen fanden Dankgottesdienste statt, und in Krakau wurden zentrale dreitägige Feiern abgehalten, zu denen etwa 150 000 Menschen anreisten. Reden, Paraden, Theateraufführungen, Ausstellungen und Volksfeste fanden statt, und auf dem zentralen Matejko-Platz wurde ein 24 Meter hohes Denkmal enthüllt, das der berühmte polnische Pianist *Ignacy Jan Paderewski* (1860–1941) gespendet hatte. Es zeigte König *Wladyslaw II.* (1362–1434) auf einem Pferd, zu seinen Füßen lag der erschla-

Das Tannenberg-Denkmal aus der Luftperspektive.
Foto von 1931.
Das Foto wurde von einem Zeppelin aus aufgenommen. Das Oktogon (Achteck) symbolisiert einerseits eine Burg, nimmt also Bezug auf die mittelalterliche Schlacht. Andererseits stellt es auch eine Anspielung auf die „Dolchstoßlegende" (siehe Seite 397) dar, weil die Front bzw. das Mauerwerk nach außen hin unzerbrochen steht, so wie auch angeblich die Front 1918 bis zuletzt gehalten habe.

gene deutsche Großmeister, und die Inschrift lautete: „Den Urvätern zum Ruhm, den Brüdern zur Ermutigung".

Nachdem 1914 zu Beginn des Ersten Weltkrieges bei den Masurischen Seen eine russische Armee in Ostpreußen vernichtend geschlagen worden war, wurde diese Schlacht nach dem Vorschlag *Paul von Hindenburgs* (1847–1934)[1] erneut nach dem kleinen Ort Tannenberg benannt. Nach dem Ende des Ersten Weltkrieges wurde an dieser Stelle zwischen 1924 und 1927 ein gigantisches deutsches Denkmal errichtet, das die Funktion eines nationalen Ehrenmales erhalten sollte (➔M1 bis M6).

Trauerfeier für Paul von Hindenburg.
Foto vom 7. August 1934.
Nach Hindenburgs Tod verfügte Adolf Hitler, dass das Denkmal zu einem Mausoleum für den toten Helden von Tannenberg werden sollte. Das Tannenberg-Nationaldenkmal wurde in ein Reichsehrenmal umgetauft. Der Versuch, es zu einem Kriegerdenkmal für die ganze Nation zu machen, scheiterte indes. In den 1930er-Jahren war es höchstens eine Touristenattraktion, aber nie ein zentraler Gedenkort. 1945 zerstörten es die Russen auf ihrem Weg nach Berlin.

► Erörtern Sie, ob das Foto Ausdruck einer Mythisierung von Tannenberg beziehungsweise der Person Paul von Hindenburgs ist.

[1] Informationen über Paul von Hindenburg finden Sie auf Seite 392.

M1 Funktion nationaler Mythen

*Der deutsche Politikwissenschaftler Herfried Münkler (*1951) schreibt:*

Nationalmythen beschwören Gestalten der Vergangenheit, um Zukunft zu garantieren. Sie erheben den Anspruch, die Geschichte der Nation nicht nur zu deuten, sondern ihren Fortgang auch zu strukturieren. Dazu müssen sie freilich zwei große Herausforderungen bewältigen: Sie müssen die Komplexität des Geschehens reduzieren und dieses ethischen und ästhetischen Vorstellungen anpassen, und sie müssen den Schrecken der Kontingenz[1] wegerzählen, also die Furcht besänftigen, die nationale Geschichte sei womöglich nur eine bedeutungslose Episode der Weltgeschichte. Indem sie diesen beiden Anforderungen genügen, stiften Nationalmythen Vertrauen und Zuversicht, dass die Nation die groß und bedrohlich vor ihr stehende Zukunft meistern werde. Barbarossa, der schlafende Kaiser, wird wiederkehren und das Reich in all seiner Macht und Herrlichkeit neu errichten; Siegfried, der stolze Held, wird alle anderen überstrahlen, und der forschende Gelehrte Faust wird die Welt verändern und beherrschen. So werden Nationalmythen zu Interpunktionen und Ligaturen[2] im Fluss der Zeit.

Herfried Münkler, Die Deutschen und ihre Mythen, Berlin ³2009, S. 33

1. Fassen Sie mit eigenen Worten zusammen, was Münkler unter nationalen Mythen und ihren Funktionen versteht.
2. Informieren Sie sich im Internet, inwieweit Barbarossa, Siegfried und Faust in Deutschland nationale Mythen dargestellt haben und eventuell auch noch darstellen.
3. Präsentation: Recherchieren Sie im Internet und/oder in Fachbüchern nach weiteren nationalen Mythen in Europa und in den USA. Stellen Sie diese anschließend in einem Kurzreferat vor.
4. Analysieren Sie, welche Voraussetzungen bestehen müssen, damit Persönlichkeiten oder Orte der Vergangenheit zu nationalen Mythen werden können.
5. Präsentation: Entwickeln Sie ausgehend von Ihren Ergebnissen der vorherigen Arbeitsfragen eine eigene Definition von nationalen Mythen, ihren Funktionen und ihren Erscheinungsformen.

[1] **Kontingenz**: die prinzipielle Offenheit einer Situation
[2] **Ligaturen**: Verbindungen

M2 Geschichte, Mythologisierung und Nationsbildung

Der polnische Historiker Piotr Przybyła bemerkt:

Die Geschichtswissenschaft hatte im 19. Jahrhundert zwei übergreifende Ziele verfolgt: Die Etablierung ihrer selbst als wissenschaftliche Disziplin und die imaginative Fundierung der Nation und des Nationalstaates. „Wir Historiker haben vor allem unserm Volk und unserm Staat den Dienst zu leisten, dass sie durch unsere Arbeit das Bild ihrer selbst gewinnen und darin die lebendigen Momente ihrer Politik", formulierte Johann Gustav Droysen[3] das letztere Anliegen. Anders als die Staatsnation (Frankreich, Großbritannien), deren primäre Konstituenten und Ordnungsprinzipien strukturellen Charakters sind (z. B. die Verfassung oder ein bestimmtes und anerkanntes Territorium), greift die Kulturnation stärker auf imaginative (mitunter imaginäre) Größen zurück – die „gesellschaftliche Konstruktion der Nation geschieht in ihren Selbstbildern", heißt es in einem pointierten Satz von Dieter Langewiesche[4]. Das Selbstbild entsteht im Spannungsfeld von Gleichheit und Distinktion[5]: „Die Mitglieder der Nation und des Nationalstaates werden [...] durch historische Merkmale ausgezeichnet, die ihnen nach außen Distinktion, nach innen Identität vermitteln und der neuen Ordnung als Ganzes Legitimation durch Geschichte verleihen." (Andreas Suter) [...]
Das Medienspektrum, auf das die Nation zurückgreifen kann, ist denkbar breit. Der tschechische Nationalismusforscher Miroslav Hroch nennt in diesem Kontext u. a. Symbole, Denkmäler, Feste, Räume und unterstreicht dabei [...] die Rolle der Emotion.

Piotr Przybyła, 1410, „gedächtnisfrisch". Deutsche und polnische Tannenberg/Grunwald-Imaginationen zwischen Geschichte und Gedächtnis (1789–1914), in: Izabela Surynt und Marek Zybura (Hrsg.), Narrative des Nationalen. Deutsche und polnische Nationsdiskurse im 19. und 20. Jahrhundert, Osnabrück 2010, S. 159–180, hier S. 160 f.

1. Geben Sie mit eigenen Worten den Unterschied von Staatsnationen und Kulturnation wieder.
2. Ergänzen Sie weitere Medien bzw. Erinnerungsformen, auf die die Nation zurückgreifen kann (vgl. Zeile 23 bis 27). Ordnen Sie diesen jeweils ein konkretes Beispiel zum Thema „Der Erste Weltkrieg im europäischen Gedächtnis" zu. Sie können dazu das Internet nutzen. Berücksichtigen Sie dabei auch das aktuelle Gedenken (Stichwort: 100 Jahre Erster Weltkrieg).
3. Vergleichen Sie diesen Text mit M1. Berücksichtigen Sie dabei, welchen Zusammenhang die beiden Autoren zwischen Geschichte und nationaler Mythenbildung herstellen.

[3] **Johann Gustav Droysen** (1808–1884): deutscher Historiker, 1848/49 Mitglied der Nationalversammlung in Frankfurt am Main
[4] **Dieter Langewiesche** (*1943): deutscher Historiker
[5] **Distinktion**: Unterscheidung, Abheben

M3 Was haben Arminius, Luther und die „Stunde Null" gemein?

*Die Historikerin Heidi Hein-Kircher (*1969) definiert 2009 anlässlich des zweitausendjährigen Jubiläums der Varusschlacht in einem Aufsatz politische Mythen und ihre Funktion:*

Zur Enthüllungsfeier des Hermannsdenkmals am 16. August 1875.
Holzschnitt aus der Zeitschrift „Kladderadatsch" vom 15. August 1875. Arminius und Martin Luther vor dem Petersdom „gegen Rom". Arminius: „Ich habe gesiegt!" Luther: „Ich werde siegen!"

▶ Erläutern Sie die Aussage des Holzschnitts. Warum werden hier Arminius und Luther „gegen Rom" dargestellt? Recherchieren Sie dazu zum nationalen Luthermythos und zum „Kulturkampf".

Unter einem Mythos ist eine sinnstiftende Erzählung zu verstehen, die Unbekanntes oder schwer zu Erklärendes vereinfacht mit Bekanntem erklären will. Er entflechtet schwer oder gar nicht erklärbare Vorgänge und stellt sie auf einfache Weise dar, wobei mythisches Denken auf einem Raster apriorischer Prämissen[1] beruht. [...] Eine Gesellschaft besitzt daher zahlreiche, häufig miteinander vernetzte und voneinander abhängige politische Mythen; zumeist bilden politische Mythen ein sich ergänzendes und aufeinander aufbauendes Mosaik, so ist der Arminiusmythos nicht ohne den im 19. Jahrhundert entstandenen Germanenmythos zu verstehen. [...]

So gibt es Gründungs- und Ursprungsmythen, Mythen [...] der Beglaubigung und Verklärung, wobei aber der politische Gründungsmythos letztlich eine alle anderen umfassende Kategorie ist, da jeder Mythos in seinem Kern über den Sinn und das Entstehen einer Gemeinschaft berichtet. Er behandelt eben nicht irgendeine Person oder irgendein Ereignis, sondern *die* Person, die nach der Interpretation des Mythos einen grundlegenden Beitrag zur Entstehung der Gemeinschaft oder des Gemeinwesens geleistet hat, *das* Schlüsselereignis, das zu deren bzw. dessen Gründung führte, oder *den* Raum, der wesentlich für die Definition des eigenen Territoriums ist. So thematisiert der Varusschlachtmythos den „Wendepunkt der Geschichte Europas" [...], sodass er heute als Ausgangspunkt für das Werden Europas gesehen wird, während er im 19. Jahrhundert für die Identitätsbildung der deutschen Nation von fundamentaler Bedeutung war. In einem engen Zusammenhang steht eine andere Perspektive, nämlich der Blick auf die „Botschaft" politischer Mythen. Sie behandeln einen Erfolg, Niederlage/Verlust und/oder Opfer, wobei Letztere auch im Sinne der historischen „Leistungsschau" interpretiert werden. So resultiert die „Stunde Null" aus der vernichtenden Niederlage Nazi-Deutschlands im Zweiten Weltkrieg. [...]

Politische Mythen behandeln nur das, was für die jeweilige Gesellschaft konstitutiv[2] und von Bedeutung ist. Diese im Mythos erzählten Bilder repräsentieren die Werte, Ziele und Wünsche einer sozialen Gruppe. Sie beglaubigen ihre grundlegenden Werte, Ideen und Verhaltensweisen, weil sie die historischen Vorgänge aus ihrer Sicht und in ihrem Sinne interpretieren, sodass diese durch die Erzählung einer geschichtlich wirksamen Einheit zusammengebunden wird. Daher geben politische Mythen nationalen und nicht-nationalen (Massen-)Gesellschaften bzw. Gruppen Sinn, beispielsweise ist etwa der Mythos von „Luther auf der Wartburg" prägend für protestantische Identität geworden. [...] Eine solche Identitätsbildung ist jedoch nur möglich, wenn zugleich eine Abgrenzung nach außen, zu anderen Gruppen hin, stattfindet. Auch dies wird durch Mythen geleistet, weil sie kennzeichnen, wer zur Gruppe gehört und wer nicht. Dies geschieht, indem Mythen immer den Gegensatz zwischen „gut", also „eigen/selbst", und „böse", also „die anderen", schaffen. [...] Insofern ist ein Mythos auch ein Mittel zur Selbstdarstellung nach innen und außen, etwa indem die Varusschlacht eindeutig auf die Stärke der „Germanen" und damit der dem Mythos folgenden Gruppe, der deutschen Nation, hinweist. Mit dieser Funktion geht die integrative Rolle politischer Mythen einher. [...]

[1] **apriorische Prämisse:** vorherige Annahme
[2] **konstitutiv: bestimmend**

Darüber hinaus können, wie es der Germanenmythos zeigt, politische Mythen zu Elementen von Ideologien werden und auch als deren Essenz, Umschreibung oder Erklärung dienen. Auf diese Weise wird das gegenwärtige politische Handeln, werden territoriale Machtansprüche, Krieg und damit auch die herrschende Gruppe gerechtfertigt. Denn durch einen politischen Mythos werden diejenigen, die ihn „erfunden" haben und ihn fördern, vom Glanz der im Mythos dargestellten Leistung bestrahlt.

Heidi Hein-Kircher, Zur Definition, Vermittlung und Funktion von politischen Mythen, in: Landesverband Lippe (Hrsg.), 2000 Jahre Varusschlacht – Mythos, Stuttgart 2009, S. 149–154, hier S. 149 und 151–154

1. Definieren Sie den Begriff „politischer Mythos". Erläutern Sie dessen Funktion am Beispiel des Varusschlacht- bzw. Arminiusmythos.
2. Analysieren Sie anhand des Textes und auf der Grundlage ergänzender Recherchen, was Arminius, Luther und die „Stunde Null" gemeinsam haben. Ziehen Sie auch die Abbildung auf Seite 289 hinzu.

M4 Der Tannenberg-Mythos

*Der deutsche Historiker Hans-Jürgen Bömelburg (*1961) stellt fest:*

Eine erste Konjunktur erlebte der Tannenberg-Mythos seit der deutschen Reichsgründung 1870 durch Persönlichkeiten mit öffentlicher Ausstrahlung wie den Berliner Historiker Heinrich von Treitschke oder den Schriftsteller Ernst Wichert [...]. Treitschke oder Wichert schrieben dem Deutschen Orden eine deutsche Zivilisierungsmission zu und sahen in ihm einen Vorposten gegen die „slawische Flut", eine Vorstellung, die nach 1870 auch den deutschen Zeitgeist mit seinen Germanisierungszielen in den sogenannten „Ostmarken" traf. Heinrich von Plauen, der Deutschmeister[1], der nach der Niederlage von Tannenberg den polnisch-litauischen Armeen Widerstand leistete, war eine programmatische Figur, die das Heldentum der Ordensritter verkörperte.

Auf der polnischen Seite entstanden parallel Bilder und Texte, die zum Aufbau einer Identität der Nation ohne Staat auf den Sieg in der Schlacht bei Grunwald zurückgriffen und damit das nationale Selbstbewusstsein kräftigen wollten. Den Anfang machte das monumentale Grunwald-Bild des Krakauer Malers Jan Matejko (1878), das dank seines komplexen Figurenpanoramas den Zeitgenossen half, die Ereignisse neu zu entdecken und zu ordnen [...]. Ordensritterromane [...] popularisierten eine heroische Sicht auf die nationale Geschichte und kräftigten die damals, um 1900, deutlich unterlegenen polnischen Eliten in ihrem Selbstbewusstsein. [...]

Der Erste Weltkrieg und die Zwischenkriegszeit sind von staatlicher Aneignung und Überformung der deutschen wie der polnischen Erinnerung gekennzeichnet. Die deutsche Benennung der ostpreußischen Kämpfe 1914 nach „Tannenberg" war rein willkürlich – es hätte auch Hunderte anderer Orte gegeben, nach denen man die Schlacht hätte benennen können. Für „Tannenberg" sprach nachdrücklich der Revanche-Gedanke [...].

Hans-Jürgen Bömelburg, Vergessen neben Erinnern. Die brüchige Erinnerung an die Schlacht bei Tannenberg/Grunwald in der deutschen und polnischen Öffentlichkeit, in: Peter Oliver Loew und Christian Prunitsch (Hrsg.), Polen. Jubiläen und Debatten. Beiträge zur Erinnerungskultur, Wiesbaden 2012, S. 37–55, hier S. 38 f.

1. Erklären Sie den Begriff „Zivilisierungsmission" (Zeile 6).
2. Analysieren Sie, wie sich anhand eines wenig bedeutsamen historischen Ereignisses sehr unterschiedliche, konkurrierende „nationale" Erinnerungskulturen bilden. | F
3. Erörtern Sie, warum Geschichte als Argument für nationale Bewegungen eine derartig wichtige Rolle spielte und immer noch spielt.

[1] **Deutschmeister**: Oberhaupt der preußischen Kreuzritter

M5 Die Schlacht bei Grunwald aus polnischer Perspektive

Der Pole Jan Matejko (1838–1893) malt das rund vier Meter breite und fast zehn Meter lange Ölgemälde in den 1870er-Jahren. Das Monumentalgemälde verbindet verschiedene Szenen miteinander: Links von der Bildmitte ist der Tod von Ulrich von Jungingen, dem Hochmeister des Deutschen Ordens, zu erkennen. In der rechten Bildhälfte wird der polnische König auf einem Hügel dargestellt. Im Zentrum des Bildes befindet sich der litauische Großfürst Vytautas der Große, der sein Schwert in die Höhe streckt.

1. Beschreiben Sie die mögliche Wirkung des Gemäldes auf den Betrachter. Beziehen Sie dabei auch die Größe des Bildes mit ein.
2. Charakterisieren Sie einzelne Personengruppen und deren Beziehungen zueinander. Berücksichtigen Sie dabei auch die Mimik, Gestik und Haltung ausgewählter Personen.
3. Präsentation: Entwickeln Sie ausgehend von dem Bild Hypothesen über den Charakter von nationalen Mythen. | F

M6 Einweihung des Tannenberg-Denkmals

An seinem 80. Geburtstag, dem 18. September 1927, weiht Reichspräsident Paul von Hindenburg das Denkmal ein, das als „nationaler Sammlungspunkt" dienen soll. In seiner Rede sagt er unter anderem:

Die Anklage, dass Deutschland schuld sei an diesem Kriege, weisen wir, weist das deutsche Volk in allen seinen Schichten einmütig zurück! Nicht Neid, Hass oder Eroberungslust gaben uns die Waffen in die Hand. Der Krieg war uns vielmehr das äußerste, mit dem schwersten Opfer verbundene Mittel der Selbstbehauptung einer Welt von Feinden gegenüber. Reinen Herzens sind wir zur Verteidigung des Vaterlandes ausgezogen und mit reinen Händen hat das deutsche Heer das Schwert geführt. Deutschland ist jederzeit bereit, dies vor unparteiischen Richtern nachzuweisen. In den zahllosen Gräbern, welche Zeichen deutschen Heldentums sind, ruhen ohne Unterschied Männer aller Parteifärbungen. Sie waren damals einig in der Liebe und in der Treue zum gemeinsamen Vaterlande. Darum möge an diesem Erinnerungsmale stets innerer Hader zerschellen; es sei eine Stätte, an der sich alle die Hand reichen, welche die Liebe zum Vaterlande beseelt und denen die deutsche Ehre über alles geht.

Hindenburg gegen die Kriegsschuldlüge. Einweihung des Tannenberg-Denkmals, in: Coburger Zeitung Nr. 219 vom 20. September 1927

► Erläutern Sie, welche Rolle die Propaganda und die Mythenbildung bei der Weltkriegserinnerung in der Zwischenkriegszeit spielten.

3.2 Kernmodul: Deutungen des deutschen Selbstverständnisses

Das deutsche Selbstverständnis im Wandel der Zeit | Das deutsche „Selbstverständnis" hat in den letzten 200 Jahren erhebliche Wandlungen erlebt. Bis zur Mitte des 19. Jahrhunderts waren die Vorstellungen einer „Nation" eng mit dem Liberalismus verbunden. Während des Kaiserreiches wurden nationale Vorstellungen zunehmend aggressiver als zuvor, hingen eng mit dem Imperialismus zusammen und entwickelten sich langsam in Richtung auf einen Reichsnationalismus (→ M1). Im Nationalsozialismus verbanden sich dann hypernationalistische Vorstellungen mit einem mörderischen Rassismus. Nach 1945 war deshalb klar, dass diese Art von Nationalismus eine Sackgasse dargestellt hatte und neue Wege beschritten werden mussten. Allzu deutlich war auch geworden, dass Nationalismus zu kriegerischen Auseinandersetzungen führen konnte, und ein erneuter Krieg in Europa mit Atomwaffen ausgetragen worden wäre. Kein Staat kommt ganz ohne ein „wir"-Gefühl aus. In welche Richtung konnten aber Nationsvorstellungen mit einem neuartigen demokratischen Selbstverständnis entwickelt werden?

Hinweis: Zum deutschen Selbstverständnis im 19. Jahrhundert siehe auch die Kapitel ab Seite 311, 324 und 334. Daneben informiert das Kapitel ab Seite 422 ausführlich über das deutsche Selbstverständnis nach 1945.

Bundesrepublik Deutschland und DDR | Die beiden deutschen Staaten, die nach 1949 entstanden, sind sehr unterschiedlich mit dieser Frage umgegangen. Die Führung der DDR betonte zunächst vor allem den Internationalismus der Arbeiterbewegung und die Tradition des Widerstandes gegen den deutschen Faschismus. Allerdings blieben die Erfolge dieser Propaganda begrenzt. Sie konnte zwar bei Aufmärschen oder bei Parteiveranstaltungen in gewisser Weise mobilisierend wirken, war aber für die breite Masse der Bevölkerung zu abstrakt und knüpfte auch zu wenig an Alltagserfahrungen an. Zudem versuchte sich die DDR in den 1950er-Jahren von Westdeutschland abzusetzen, indem der Westen als militaristisches und (halb)faschistisches System dargestellt wurde (→ M2 und M3). Anfangs stieß diese Propaganda auf einige Erfolge, weil in der Bundesrepublik tatsächlich zahlreiche ehemalige aktive Anhänger des NS-Regimes wieder öffentliche Funktionen ausübten. Langfristig war sie aber nur mäßig erfolgreich, weil in

„Deutschland – August 1914."
Ölgemälde (192 x 147 cm) von Friedrich August von Kaulbach, 1914.

- Beschreiben Sie die dargestellte Frauenfigur und ihre Attribute.
- Charakterisieren Sie die Stimmung, die das Gemälde transportiert.
- Arbeiten Sie heraus, welches deutsche Selbstverständnis in dem Ölgemälde deutlich wird. Berücksichtigen Sie dabei auch den historischen Kontext.
- Vergleichen Sie diese Germania-Darstellung mit derjenigen auf Seite 525 (M1).
- Präsentation: Entwickeln Sie eine moderne Germania-Darstellung, in der sich Assoziationen zur deutschen Geschichte widerspiegeln.

der DDR der westliche Rundfunk und später westliche Fernsehprogramme empfangen werden konnten, die ein völlig anderes Bild des Landes entwarfen.

In der Bundesrepublik Deutschland hingegen setzte die CDU/CSU unter *Konrad Adenauer* (1876–1967) ganz auf die europäische Karte, vor allem durch die Versöhnung mit Frankreich, während sich zunächst – wenn auch schwach ausgeprägte – Nationsvorstellungen in den 1950er-Jahren eher bei den Sozialdemokraten fanden. Diese verschwanden aber fast vollständig in den 1960er- und 70er-Jahren. Fast niemand glaubte noch ernsthaft an eine Wiedervereinigung der beiden deutschen Staaten, und die ganz überwiegende Mehrheit der bundesdeutschen Bevölkerung hatte sich mit der Spaltung Deutschlands abgefunden oder sich damit arrangiert (➔ M4). Trotz einzelner Wirtschaftskrisen entstand zudem im Westen einer der ökonomisch erfolgreichsten Staaten der Welt, und der stetig wachsende Wohlstand in einer Massenkonsumgesellschaft bot gute Perspektiven.

Nach 1990 | Nach der Wiedervereinigung flammten vereinzelt wieder nationalistische Vorstellungen auf, die aber keine Mehrheit in der deutschen Bevölkerung fanden (➔ M5). Stattdessen gab es zahlreiche Diskussionen und Debatten unter Intellektuellen und Politikern zu der Frage, welche Art von Identität in der neuen Bundesrepublik existieren würde bzw. wünschbar sei. Hier wurde eine große Zahl von ganz unterschiedlichen Ideen entwickelt. So ist beispielsweise vorgeschlagen worden, von einer *deutschen Leitkultur* zu sprechen, der sich dann Zuwanderer anzupassen hätten. Allerdings hat sich herausgestellt, dass diese Leitkultur nur sehr schwer zu definieren ist. Andere Autoren wiederum haben Vorstellungen von einer *multikulturellen Gesellschaft* entworfen, allerdings haben Gegner dieser Idee auch davor gewarnt, da „parallele" Gesellschaften entstehen könnten. Häufig ist auch versucht worden, eine neuartige spezielle Identität zu schaffen, die auf Europa und auf die Europäische Union bezogen ist. Die Idee eines *Verfassungspatriotismus* hat ebenfalls einige Anhänger gefunden: Dahinter steht die Vorstellung, einen bestimmten Stolz auf die sehr erfolgreiche bundesdeutsche Demokratie zu entwickeln (➔ M6).

„Tag der Deutschen Einheit."
Plakat von 2014.
Die offiziellen Feiern zum „Tag der Deutschen Einheit" werden als Bürgerfeste organisiert. Sie wechseln jährlich den Ort und werden von einer Landeshauptstadt ausgerichtet.

▶ Charakterisieren Sie das deutsche Selbstverständnis, welches das Plakat transportiert.

M1 Das Niederwald-Denkmal

Das Niederwald-Denkmal bei Rüdesheim wird nach insgesamt sechsjähriger Bauzeit 1883 in Anwesenheit von Kaiser Wilhelm I. eingeweiht. Auf einem Bergvorsprung 230 Meter über dem Rhein gelegen, ist das 38 Meter hohe Denkmal weithin sichtbar. Bei der nachstehenden Abbildung handelt es sich um ein Schulwandbild von 1890.

1. Beschreiben Sie in wenigen Worten den Aufbau des Denkmals.
2. Erklären Sie, wen die Frauengestalt auf dem Denkmalsockel darstellt und warum gerade diese Figur gewählt wurde
3. Recherchieren Sie im Internet nach weiteren allegorischen Figuren und Symbolen des Denkmals. Analysieren Sie deren Bedeutung.
4. Ordnen Sie das Denkmal in den historischen Kontext ein.
5. Erläutern Sie, welches deutsche Selbstverständnis sich in dem Denkmal widerspiegelt. | F

M2 Der 4. Jahrestag der DDR

Walter Ulbricht (1893–1973), Generalsekretär der SED, hält am 7. Oktober 1953 eine Rede zum vierjährigen Bestehen der DDR:

Wir begehen den vierten Jahrestag der Gründung der Deutschen Demokratischen Republik. Zum ersten Mal in der deutschen Geschichte ist in einem großen Teil Deutschlands der Militarismus mit der Wurzel ausgerottet und die Arbeiter-und-Bauern-Macht errichtet worden.
Durch die Vernichtung der Kriegsmaschine des faschistischen deutschen Imperialismus und die Befreiung Deutschlands von der faschistischen Knechtschaft durch die heroische Sowjetarmee war es nach 1945 möglich, in einem großen Teil Deutschlands die Wurzeln des Imperialismus zu beseitigen. [...] Unter Führung der Arbeiterklasse schlossen sich alle demokratischen Kräfte zusammen, um die Folgen des Hitlerkrieges zu beseitigen. [...]
In Westdeutschland hingegen wurden mithilfe der amerikanischen, englischen und französischen Besatzungsmächte die Grundlagen des deutschen Imperialismus geschützt und wurde die Macht der Konzernherren, Bankherren und Großagrarier wieder errichtet. Auf Initiative der USA-Regierung und der westdeutschen Monopolherren wurde Deutschland gespalten, um den westlichen Teil Deutschlands in die militärische Hauptbasis der USA in Europa zu verwandeln. Das Ergebnis der westdeutschen Wahlen vom 6. September[1] brachte zum Ausdruck, dass es den amerikanischen und den westdeutschen Imperialisten gelungen ist, in Westdeutschland die aggressivsten Revanchepolitiker an die Macht zu bringen, die gewillt sind, im Dienst des USA-Finanzkapitals als Stoßtrupp gegen die Sowjetunion und gegen die volksdemokratischen Staaten in Europa zu kämpfen.

Walter Ulbricht, Zur Geschichte der deutschen Arbeiterbewegung, in: Ders., Reden und Aufsätze, Bd. 4, Berlin 1958, S. 650 f.

1. Analysieren Sie, welche Art von gemeinsamer Identität Ulbricht hier mit seiner Rede schaffen will.
2. Charakterisieren Sie Ulbrichts Sprache. Untersuchen Sie dazu ausgewählte zentrale „Schlagworte".

[1] Die Wahlen vom 6. September waren von der CSU/CSU gewonnen worden, die daraufhin mit Konrad Adenauer wiederum den Bundeskanzler stellte.

Heinrich August Winkler.
Foto von 2012.
Der 1938 in Königsberg geborene Historiker lehrte von 1991 bis 2007 an der Berliner Humboldt-Universität. Er setzte sich u.a. mit der Frage des deutschen „Sonderwegs" auseinander. Die seit den 1960er- und 70er- Jahren dominierende These besagt, dass Deutschland einen „Sonderweg" in die Moderne beschritten habe, der sich auffällig von dem anderer west- und mitteleuropäischen Staaten unterscheide. Die Ausgangsfrage lautet dabei, warum Länder wie Großbritannien und Frankreich die ökonomische und politische Krise um 1930 überstanden, während das Deutsche Reich die Demokratie aufgab und durch eine totalitäre Diktatur ersetzte.
Winkler hält an der These vom deutschen „Sonderweg" auch nach 1945 fest. Er beschreibt die späte Entwicklung Deutschlands zu Nationalstaat und Demokratie als „langen Weg nach Westen", der erst mit der Wiedervereinigung 1990 zum Abschluss gekommen sei. Unter Historikern ist die „Sonderwegsthese" heute allerdings umstritten. Kritiker heben hervor, dass es den „einen" Weg zur Demokratie auch im Westen niemals gegeben habe, sondern dass sehr viele unterschiedliche Entwicklungsstränge seit dem 19. Jahrhundert zur Entstehung parlamentarischer Staaten geführt hätten. Zum deutschen „Sonderweg" siehe das Kernmodul ab Seite 298 f.

M3 Sonderwege?

Der Historiker Heinrich August Winkler befasst sich mit der „Identität" der DDR:

Die DDR hatte sich in den frühen Siebzigerjahren vom Bekenntnis zur einen deutschen Nation gelöst und die Theorie von den *zwei* deutschen Nationen, der neuen sozialistischen und der alten kapitalistischen, verkündet. Die Deutsche Demokratische Republik war unter den Mitgliedsländern des Warschauer Paktes der Ideologiestaat schlechthin: ein Staat ohne nationale Identität und darum mehr als alle anderen auf den „proletarischen Internationalismus" als Ersatzidentität angewiesen. *Beide* deutsche Staaten beschritten also Sonderwege: die DDR einen „internationalistischen", die Bundesrepublik einen „postnationalen". Der erste Sonderweg war eine bloße Parteidoktrin; der zweite entwickelte sich zu einem Lebensgefühl.
Die DDR betrachtete sich als Erbin des antifaschistischen Widerstands; sie bescheinigte sich eine Geburt aus dem Geist dieses Widerstands und machte so den Antifaschismus zu ihrem Ursprungsmythos. In den Achtzigerjahren

wurde der Antifaschismus durch die Pflege älterer nationaler Traditionen, darunter, soweit sie als fortschrittlich galt, der preußischen ergänzt: ein stillschweigendes Eingeständnis, dass die Doktrin der sozialistischen deutschen Nation in der Bevölkerung keine Wurzeln geschlagen hatte.

Heinrich August Winkler, Der lange Weg nach Westen, Bd. 2, München [6]2005, S. 652

1. Vergleichen Sie ausgehend von M3 die Identitäten in der DDR und in der Bundesrepublik. Ziehen Sie dazu weiteres Material heran (Schulbuch, Fachbücher, Internet).
2. Analysieren Sie die Gründe, warum es der DDR schwer fiel, sich in eine deutsche nationale Tradition einzufügen.

M4 Über das Verhältnis der Bundesrepublik zum Nationalismus vor 1989

Der Historiker Hans-Ulrich Wehler (siehe auch Seite 24 f.) schreibt im Jahre 2001:

Unter den vom Schicksal begünstigten Westdeutschen verblasste das Leitbild der gesamtdeutschen Nation mehr und mehr. Der Nationalismus verlor jede massenwirksame Anziehungskraft. Die weltpolitische Konstellation, welche die Teilung des Landes sanktionierte, wirkte fest betoniert. Noch ehe vierzig Jahre nach der „deutschen Katastrophe" von 1945 vorbei waren, zählte die klare Mehrheit zu den in der Bundesrepublik Geborenen, denen – wie die Meinungsumfragen ergaben – eine Wiedervereinigung illusionär erschien. Dafür aber tauchten die Konturen einer postnationalen Gesellschaft auf, deren belastbares Legitimationsfundament die Funktionstüchtigkeit des Verfassungs-, des Rechts- und des Sozialstaates im Verein mit den Leistungen der Wachstumsmaschine geschaffen hatte. Keinem Mitgliedsland fiel daher der Souveränitätsverzicht zugunsten der „Europäischen Gemeinschaft" und „Union" so leicht wie der Bundesrepublik.

Hans-Ulrich Wehler, Nationalismus. Geschichte, Formen, Folgen, München 2001, S. 88 f.

1. Fassen Sie Wehlers Aussagen mit eigenen Worten zusammen.
2. Analysieren Sie, was Wehler unter einem „Legitimationsfundament" versteht.

M5 Ein deutscher Papst

*Der Politikwissenschaftler Herfried Münkler (*1951) über die Wahl eines Deutschen zum Papst:*

Am 20. April 2005, dem Tag nach der Wahl Joseph Kardinal Ratzingers zum Papst, machte die *Bild*-Zeitung mit der die gesamte erste Seite des Blatts beherrschenden Überschrift „Wir sind Papst" auf. Aus der überraschenden Wahl des Kurienkardinals Ratzinger wurde so ein Triumph, wie er sonst nur in sportlichen Wettkämpfen errungen und gefeiert wird. Der Erfinder der Überschrift, der Chef des *Bild*-Politikressorts Georg Streiter, hat später erzählt, dass er sich durch Schlagzeilen wie „Wir sind Weltmeister" habe inspirieren lassen.
Während die Nachrichtensendungen des Fernsehens am Abend zuvor neben Bildern vom Petersplatz eine eher zurückhaltend reagierende Bevölkerung in Deutschland gezeigt hatten, bei der weder helle Freude noch stürmische Begeisterung vorherrschte, verwandelte die *Bild*-Überschrift die Papstwahl in einen nationalen Triumph. Ein Ereignis, das im Prinzip nur die deutschen Katholiken beziehungsweise diejenigen unter ihnen betraf, die sich mit ihrer Kirche identifizierten, wurde ins nationale Wir-Bewusstsein eingeprägt, als ob damit eine grundlegende Weichenstellung deutscher Geschichte verbunden wäre. Dass man das auch ganz anders sehen konnte, zeigte an demselben Tag die Titelseite der taz, die ganz schwarz war und nur in der Mitte die Worte „Oh, mein Gott!" sowie, klein oben links, die Erläuterung „Joseph Ratzinger neuer Papst" enthielt. Zwar war Ratzinger vor und während des Konklaves als möglicher Kandidat genannt worden, doch hatte man allgemein seine Wahl wegen seines fortgeschrittenen Alters und seiner Nationalität für unwahrscheinlich gehalten – immerhin war seit über fünf Jahrhunderten kein Deutscher mehr zum Papst gewählt worden. [...] Die Wahl Joseph Ratzingers war also eine handfeste Überraschung und für manchen gleichbedeutend mit der endgültigen Rehabilitierung Deutschlands. Von alldem schwang etwas in dem triumphalen „Wir sind Papst" mit.

Herfried Münkler, Die Deutschen und ihre Mythen, Berlin [3]2009, S. 484 f.

1. Analysieren Sie ausgehend von dieser Quelle, inwieweit sich der Nationalismus in Deutschland seit den 1990er-Jahren verändert hat.

„Wir sind Papst!"
Foto vom September 2011.
Die Titelseite der Bild-Zeitung vom 20. April 2005 hängt als Banner anlässlich des Papstbesuches an der Fassade des Axel Springer Verlages in Berlin.

M6 Verfassungspatriotismus

*Der Politikwissenschaftler Volker Kronenberg (*1971) äußert sich 2009:*

Jenseits des Gefühligen geht es um die Beantwortung der Frage, wer als Bürger welchen Beitrag freiwillig, solidarisch, patriotisch für seine res publica[1] leistet. Die Frage verweist auf die Neujustierung des Staat-Bürger-Verhältnisses und damit auf eine Stimulierung der bürgerlichen Selbsthilfebereitschaft und ihrer Fähigkeiten im Dienste einer solidarischen Verantwortungs- und Zivilgesellschaft […].

Deutschland im Jahre 2009: Verwobene Prozesse in Politik und Kultur haben zu einem neuen Nachdenken über Patriotismus geführt, zu einem moderateren Ton ein einem sachlicheren Tenor in der öffentlichen Debatte, und fokussieren vielleicht als Folge dessen die Erfahrung von „1989" wie Norbert Frei[2] jüngst meinte: „auch deshalb, weil das Wir seitdem in sein Recht gesetzt wurde, mithin eine reale Möglichkeit geworden ist". Dieses „Wir", das die Deutschen in Ost und West ebenso umfasst wie Eingewanderte, die dauerhaft in Deutschland leben wollen, ist „aufgefordert eine Ordnung und Gesellschaft zu gestalten, auf die sie mit Recht stolz sein können. Ein darauf gründender Patriotismus stünde nicht in Gefahr, nationalistisch zu werden, sondern würde die zivilen Kräfte im Land stärken."

Volker Kronenberg, Verfassungspatriotismus im vereinten Deutschland, in: Aus Politik und Zeitgeschichte, Nr. 28, 2009

1. Informieren Sie sich über den Begriff der „Zivilgesellschaft" im Internet und/oder in Fachbüchern. Erklären Sie diesen anschließend mit eigenen Worten.
2. Analysieren Sie den Gegensatz zwischen Patriotismus und Nationalismus.

[1] **res publicat**: hier: Republik
[2] **Norbert Frei** (*1955): deutscher Historiker

3.3 Kernmodul: Deutscher Sonderweg und transnationale Geschichtsschreibung

Deutschlands Weg bis 1945 | Staat und Gesellschaft in Deutschland entwickelten sich im 19. Jahrhundert anders als in den Ländern Westeuropas. Der deutsche Nationalstaat von 1871 entstand nicht durch eine bürgerliche Freiheitsbewegung, sondern war das Ergebnis dreier Kriege und einer „Revolution von oben". Bis zum Ende des Ersten Weltkrieges empfanden viele Deutsche diese Besonderheit als Vorzug. Während der Weimarer Republik und im „Dritten Reich" wurde daraus eine „Ideologie des deutschen Weges" (Bernd Faulenbach), die die Ideen der Französischen Revolution und die westliche Demokratie als „undeutsch" ablehnte. Erst der Zweite Weltkrieg, der Holocaust und die deutsche Teilung führten zu einem Umdenken. Nun wurde die bisherige Entwicklung Deutschlands als Irrweg begriffen.

Seit 1945: versuchter Nachweis und künftige Vermeidung eines „Sonderwegs" | Im Zuge der Aufarbeitung der NS-Vergangenheit entstand die Vorstellung vom „deutschen Sonderweg". Historiker, Philosophen, Politikwissenschaftler und Soziologen wollten damit erklären, weshalb es gerade in Deutschland zur Diktatur der Nationalsozialisten kommen konnte. Sie verwiesen dabei auf langfristig wirksame Bedingungen: Die staatliche Zersplitterung seit dem Mittelalter, die Glaubensspaltung im 16. Jahrhundert oder das Scheitern der Revolution von 1848/49 hätten die Entwicklung zu Freiheit und Selbstbestimmung belastet oder gar verhindert (→M1). Im Zentrum dieser Betrachtungen stand das preußisch dominierte Deutsche Kaiserreich von 1871 bis 1918 – dessen politische Rückständigkeit habe die Deutschen nachhaltig von der Demokratie entfremdet (→M2).

Die in den 1960er- und 70er-Jahren entwickelte *„Sonderweg"-These* über den verhängnisvollen Verlauf der deutschen Geschichte des 19. und frühen 20. Jahrhunderts erntete sowohl Zuspruch als auch Kritik (→M3). Einerseits sorgte sie für eine griffige historische Bilanz und diente als Mahnung gegen Unterdrückung, Militarismus, Rassismus und nationalen Größenwahn. Andererseits erschien die deutsche Geschichte allzu eindimensional dargestellt, als bloße Vorgeschichte des Nationalsozialismus. Immerhin bestand Konsens darüber, dass die Fehlentwicklung Deutschlands mittlerweile beendet war. Die Nachfolger des 1945 zusammengebrochenen deutschen Nationalstaates, Bundesrepublik und DDR, verstanden sich jeweils als Gegenentwurf zur NS-Diktatur. Als 1990 die deutsche Einheit in Frieden und Freiheit vollzogen wurde, galt dies als endgültiger Schritt in eine westlich geprägte „Normalität".

Transnationale Geschichte | Ein weiteres Manko der Vorstellung vom „Sonderweg" und anderer nationaler Geschichtsdeutungen besteht darin, dass sie die eigene Vergangenheit eher isoliert betrachten. Seit dem Ende des 20. Jahrhunderts wird daher – nicht nur in Deutschland – nach einer Geschichte jenseits der reinen Nationalgeschichte gefragt. Das hängt auch mit der wachsenden Vernetzung und Globalisierung vieler Lebensbereiche, mit Mobilität und Zuwanderung, mit der europäischen Integration und mit grenzüberschreitender geschichtlicher Erinnerung zusammen. Die Einflüsse und Verflechtungen, die zwischen zwei oder mehr Nationen bestehen, werden als „transnational" bezeichnet (→M4). Sie entstanden im wesentlichen erst seit dem 19. Jahrhundert und betreffen nicht nur Politik und Wirtschaft, sondern auch Kultur, Religion, Bildung und Wissenschaft sowie zwischenmenschliche Kontakte. In einer transnationalen Geschichtsschreibung, die diese Felder untersucht, geht die deutsche Geschichte nicht etwa vollkommen auf. Vielmehr lässt sich die eigene Geschichte damit erweitern und in einen größeren Zusammenhang stellen (→M5).

M1 Diagnosen über Deutschland

Weshalb kam es in Deutschland zur Herrschaft des Nationalsozialismus? Als eine wesentliche Voraussetzung gilt die geistig-politische Entwicklung des Landes bis 1933. In diesem Zusammenhang spricht der Philosoph und Soziologe Helmuth Plessner (1892–1985) von einer „verspäteten Nation", der Politologe und Historiker Karl Dietrich Bracher (1922–2016) von einem „deutschen Sonderbewusstsein":

	Helmuth Plessner (1935/59)	Karl Dietrich Bracher (1969)
These (als Schlagwort)	„verspätete Nation"	„deutsches Sonderbewusstsein"
betrachteter Zeitraum	17. bis frühes 20. Jahrhundert	19. bis frühes 20. Jahrhundert
Merkmale der Entwicklung in Deutschland	• bis ins späte 19. Jahrhundert Aufspaltung in viele Einzelstaaten, Fehlen einer gemeinsamen Nationalidee • lange bestimmender Einfluss des Luthertums: unkritischer Glaube an Staat und Kirche, Distanz zur westeuropäischen Aufklärung • besonders in Preußen kein bürgerliches Freiheitsideal, sondern Untertanengeist und Diensteifer (Militär- und Beamtenstaat) • im 19. Jahrhundert rasche Industrialisierung, nun Einfluss von „Ersatzreligionen" wie Darwinismus[1], Materialismus[2] und Sozialismus	• Ablehnung der Ideen der Französischen Revolution • Scheitern der Revolution von 1848/49 • Deutsches Kaiserreich seit 1871 behindert die Mitbestimmung politischer Parteien • Weigerung, die Kriegsniederlage von 1918 und die Versailler Friedensordnung anzuerkennen • nach dem Ersten Weltkrieg wird Deutschland weniger als Gemeinschaft von Staatsbürgern, sondern eher als (biologisch-rassisch definierte) „Volksgemeinschaft" verstanden
negative Folgen	• geistig-politische Entfremdung von Großbritannien und Frankreich • Deutschland als „unpolitisches" Volk: bei breiten Schichten kein Wille zur Selbstbestimmung • Rückständigkeit in Sachen Menschenrechte und individueller Freiheit	• nationale Einheit und Macht wichtiger als demokratische Freiheit • Weimarer Republik wird von vielen Deutschen verachtet oder abgelehnt • in Deutschland wird antiwestliches Denken bestimmend

Basierend auf: Helmuth Plessner, Die verspätete Nation. Über die Verführbarkeit bürgerlichen Geistes (1935/1959), in: Ders., Gesammelte Schriften, hrsg. von Günter Dux, Odo Marquard und Elisabeth Ströker, Bd. 6, Frankfurt am Main 1982, S. 11–223; Karl Dietrich Bracher, Die deutsche Diktatur. Entstehung, Struktur, Folgen des Nationalsozialismus (1969), Köln/Berlin [4]1972, S. 16–28

1. Arbeiten Sie die Unterschiede und Übereinstimmungen zwischen den Beobachtungen Plessners und Brachers heraus.
2. Gruppenarbeit: Finden Sie zu den Stichpunkten der Rubrik „Merkmale der Entwicklung in Deutschland" jeweils gegenteilige Befunde für ein westeuropäisches Land oder die USA (z. B. „Aufspaltung in Einzelstaaten" – staatliche Einheit in Frankreich). Tragen Sie die Ergebnisse in der Klasse zusammen und erläutern Sie diese. | H
3. Gruppenarbeit: Greifen Sie einen Stichpunkt der Rubrik „negative Folgen" heraus und stellen Sie die Aussage den Verhältnissen im heutigen Deutschland gegenüber.

[1] **Darwinismus**: Lehre des englischen Naturwissenschaftlers Charles Darwin (1809–1882) über Abstammung und Entwicklung der Pflanzen- und Tierwelt. Darwins Leitsätze wurden ebenso auf die menschliche Gesellschaft übertragen (Sozialdarwinismus), insofern auch hier ein „Kampf ums Dasein" herrsche, in dem sich nur die Stärksten und Anpassungsfähigsten behaupten könnten.

[2] **Materialismus**: Anschauung, die das Streben nach materiellen Gütern für vordringlich erachtet; Weltbild, das die Entwicklung des Einzelnen und der Gesellschaft hauptsächlich von materiellen Bedingungen abhängig sieht.

M2 Das Kaiserreich in der Kritik

Die eigentliche Fehlentwicklung Deutschlands, so argumentiert der Historiker Hans-Ulrich Wehler (siehe Seite 24f.), habe mit dem Deutschen Kaiserreich (1871–1918) begonnen:

Wie immer man das Kaiserreich von 1871 beurteilt […], eine eigentümliche Fusion von modernen und traditionalen Elementen verkörperte es ganz unstreitig. Von der Beurteilung des relativen Gewichts dieser Kräfte, erst recht ihrer Entwicklungsfähigkeit hängt das historische Urteil über die moderne deutsche Geschichte nach 1871 […] in einem ganz eminenten Maße ab. Deshalb müssen an dieser Stelle unausweichlich drei zusammenhängende Fragen geklärt werden: Ist seit 1871 ein „deutscher Sonderweg“ im Sinne einer gravierenden Abweichung von dem Modernisierungspfad der westlichen Gesellschaften eingeschlagen worden? Oder ist ein bereits mehr oder minder lang bestehender „Sonderweg“ nur weiter fortgesetzt worden? Oder aber hat es weder vor noch nach 1871 einen solchen „Sonderweg“ gegeben? […]
Lange Zeit, auf jeden Fall von 1871 bis 1945, hat es eine positive Vorstellung von einem solchen deutschen „Sonderweg“ gegeben. Seit 1933, vollends erst seit 1945 setzte sich dann eine negative Vorstellung von einem deutschen „Sonderweg“ durch, aus dem eine historisch plausibel wirkende Erklärung der großen Frage hergeleitet wurde, wie es dazu kommen konnte, dass die Weimarer Republik nach zwölf Jahren zerfiel, die nationalsozialistische Diktatur aber zwölf Jahre lang bestehen konnte, dass Deutschland als bisher einziges Industrie- und Kulturland der westlichen Zivilisation einen Radikalfaschismus[1] praktiziert hat, der die Welt in einen fünfjährigen totalen Krieg und bis nach Auschwitz führte. Dieser „Sonderweg“ mündete in eine beispiellose Vernichtungspolitik und Katastrophe, die aber paradoxerweise auch die Chance eröffnete, eine zweite, erfolgreichere liberal-demokratische Republik aufzubauen und zugleich auch eine westliche Staatsbürgergesellschaft mit ihrer politischen Kultur zu entwickeln und allmählich fest zu verankern. […]
Zahlreiche politische, gesellschaftliche, rechtliche Reformen standen im Kaiserreich von Anfang an auf der Tagesordnung, und ihre Anzahl und Bedeutung nahm kontinuierlich zu, da sich das Modernisierungsdilemma des wachsenden Abstands zwischen beschleunigter sozialökonomischer Entwicklung und erstarrtem politischen Ordnungsgefüge verschärfte. Jeder Reformanlauf ist jedoch an jenem Herrschaftssystem, das 1867/71 verfassungsrechtlich sanktioniert worden war, und an jenem Machtkartell gescheitert, das es seither aus eigennützigen Interessen verteidigt hat. Die Aufwertung des Adels, die politische Zweitrangigkeit des Bürgertums, die Isolierung der marxistischen Arbeiterbewegung, die Härte der Klassengegensätze – so beginnt eine lange Reihe von […] Faktoren, die für die gesellschaftliche Erklärung der Bedingungen des deutschen Modernisierungswegs von grundlegender Bedeutung sind. Ausschlaggebend für den deutschen „Sonderweg“ war aber letztlich das politische Herrschaftssystem und die es tragende soziale Kräftekonstellation. Sie haben zusammen jene verhängnisvollen Belastungen geschaffen, welche die Deformationen der deutschen Geschichte bis 1945 ermöglicht haben. Das Kaiserreich hat zu einem deutschen „Sonderweg“ geführt, weil seine politische und soziale Herrschaftsstruktur es ermöglichte, um es in den Worten Max Webers[2] zu sagen, „in einem bürokratischen ‚Obrigkeitsstaat‘ mit Scheinparlamentarismus die Masse der Staatsbürger unfrei zu lassen und sie wie eine Viehherde zu ‚verwalten‘“, anstatt „sie als Mitherren des Staates in diesen einzugliedern“.

Hans-Ulrich Wehler, Deutsche Gesellschaftsgeschichte, Bd. 3: Von der „Deutschen Doppelrevolution“ bis zum Beginn des Ersten Weltkrieges, 1849–1914, München 1995, S. 461 und 1294f.

1. Fassen Sie die Kritik Wehlers an den politischen und gesellschaftlichen Verhältnissen im Deutschen Kaiserreich zusammen.
2. Für Wehler hängt der „deutsche Sonderweg“ mit Versäumnissen in der Modernisierung des Landes zusammen. Arbeiten Sie anhand des Textes und eigener Recherchen heraus, in welchen Bereichen Deutschland vor 1914/18 als modern gelten konnte, in welchen dagegen nicht. Als Kriterienkatalog können Sie dazu M1 im Kernmodul „Modernisierung“ auf Seite 24 heranziehen.
3. Diskutieren Sie in der Klasse, ob sich ein „Modernisierungsdilemma“ im Sinne Wehlers (wachsender Abstand zwischen beschleunigter sozialökonomischer Entwicklung und erstarrtem politischen Ordnungsgefüge) auch in der Gegenwart beobachten lässt, beispielsweise in der Europäischen Union, der Türkei, den USA oder China.

[1] **Faschismus** (von ital. *fasci di combattimento*: Kampfbünde): seit den 1920er-Jahren nationalistische, antikommunistische und diktatorische Bewegung in Italien, später auch in anderen Ländern. Die Nationalsozialisten übernahmen viele Elemente des Faschismus in ihre Herrschaftspraxis.

[2] **Max Weber** (1864–1920): deutscher Soziologe, Wirtschafts- und Kulturwissenschaftler

Propagandapostkarte aus dem Jahr 1933.
Die Aufschrift lautet: „Was der König eroberte, der Fürst formte, der Feldmarschall verteidigte, rettete und einigte der Soldat."

- Beschreiben und benennen Sie die abgebildeten Personen.
- Erläutern Sie die genannten Titel und Funktionen („König", „Fürst" usw.) sowie die den Personen zugedachten Tätigkeiten („erobern", „formen", „verteidigen" usf.).
- Stellen Sie die hier behauptete Kontinuität deutscher Geschichte derjenigen gegenüber, wie sie in M1 und M2 skizziert wird.

M3 Sonderweg pro und kontra

Der Historiker Heinrich August Winkler (siehe Seite 295) fasst 1981 die bisherige Diskussion über den „deutschen Sonderweg" zusammen:

Die Ausgangsfrage jener Historiker und Soziologen, die in kritischer Absicht von einem deutschen Sonderweg sprechen, lautete und lautet heute noch: Warum war Deutschland das einzige hochindustrialisierte Land, das im Zuge der Weltwirtschaftskrise nach 1929 sein demokratisches System aufgab und durch eine totalitäre[1] Diktatur von rechts ersetzte? Die Antworten gehen weit auseinander, aber sie haben doch einen gemeinsamen Nenner: Deutschland war zu spät eine Demokratie geworden. Ohne die Weltwirtschaftskrise hätte Weimar vermutlich noch lange überleben können, aber ohne das fortwirkende Erbe der obrigkeitsstaatlichen Vergangenheit hätte die erste deutsche Demokratie wohl auch die Weltwirtschaftskrise überstanden. Dass Deutschland *vor* 1918 nicht parlamentarisch, sondern autoritär regiert wurde, hat seine politische Entwicklung *nach* 1918 entscheidend bestimmt. [...]
Deutschland unterschied sich von Frankreich und England viel weniger als etwa Russland. Es gab eine Fülle von gesellschaftlichen und kulturellen Gemeinsamkeiten zwischen Deutschland und Westeuropa. Im Gegensatz zum Zarenreich war Deutschland von den großen europäischen Emanzipationsbewegungen – von der Reformation über die Aufklärung bis zum bürgerlichen Liberalismus und zum demokratischen Sozialismus – tief erfasst worden. [...] Aber gerade auf dem Hintergrund der Gemeinsamkeiten fallen die Unterschiede auf. Die Nähe zu Westeuropa berechtigt dazu, von einem deutschen Sonderweg zu sprechen.
Die deutsche Abweichung vom Westen sprang erst im 20. Jahrhundert aller Welt in die Augen, aber begonnen hatte sie lange zuvor. Während in Westeuropa die Nationalstaaten im Mittelalter entstanden, formten sich in der Mitte Europas viele Territorialstaaten heraus. Während sich in Frankreich und England große Teile des Bürgertums und auch des Adels gegen den Absolutismus des Königs auflehnten, scharten sich in den protestantischen deutschen Territorien die Bürger um den Landesherrn als den Verteidiger des neuen Glaubens. Während in Frankreich eine Revolution von unten den Absolutismus und die Überreste des Feudalismus[2] hinwegfegte, setzten aufgeklärte Monarchen und Beamte in Deutschland auf rechtzeitige Reformen, ja auf eine Art Revolution von oben.

In seinem Werk „Der lange Weg nach Westen" aus dem Jahr 2000 verteidigt Winkler noch einmal die „Sonderweg"-These gegen ihre Kritiker:

Der stärkste Einwand gegen die These vom „deutschen Sonderweg" lautet noch immer, dass es einen oder gar den westlichen „Normalweg" nicht gibt: Der englische war es so wenig wie der französische oder der amerikanische. Aber der Begriff „westliche Demokratien" verweist doch auf ein gemeinsames Merkmal der Staaten, von deren politischer Entwicklung sich die deutsche bis 1945 scharf abhob. Die Menschen- und Bürgerrechte in der Tradition der englischen Habeas-Corpus-Akte von 1679[3], der amerikanischen Unabhängigkeitserklärung von 1776 und der Erklärung der Menschen- und Bürgerrechte durch die französische Nationalversammlung am 26. August 1789 waren tief genug in der politischen Kultur der westlichen Demokratien verankert, um Verstöße gegen dieselben zum öffentlichen Skandal zu machen und den Kampf um ihre weitere

[1] **totalitär** (von lat. *totus*: ganz, umfassend): Bezeichnung für eine Herrschaftsform, die die vollständige Unterwerfung und Kontrolle der Menschen anstrebt

[2] **Feudalismus** (von lat. *feudum*: Lehen): Aus dem europäischen Mittelalter stammende Wirtschafts- und Gesellschaftsordnung. Darin verleiht der Adel seine Güter an Untertanen, um dafür von ihnen Abgaben und persönliche Gefolgschaft zu erhalten.

[3] **Habeas-Corpus-Akte**: englisches Gesetz aus dem Jahr 1679. Es verbietet die Inhaftierung einer Person ohne vorherige richterliche Prüfung und bildet einen Grundstein moderner Rechtsstaatlichkeit.

Verwirklichung voranzutreiben. Diese Tradition fehlte in Deutschland nicht, aber sie war schwächer als die des langlebigen Obrigkeitsstaates. Anders gewendet: Die Verschleppung der Freiheitsfrage im 19. Jahrhundert bildet eines der wichtigsten Kapitel in der Vorgeschichte der „deutschen Katastrophe" der Jahre 1933 bis 1945.

Erster Text: Heinrich August Winkler, Der deutsche Sonderweg: Eine Nachlese, in: Merkur. Deutsche Zeitschrift für europäisches Denken 35 (1981), Heft 399, S. 793–804, hier S. 801–803; zweiter Text: Ders., Der lange Weg nach Westen, Bd. 2: Deutsche Geschichte vom „Dritten Reich" bis zur Wiedervereinigung, München [7]2010, S. 648

1. Arbeiten Sie anhand von M1 bis M3 heraus, was den deutschen „Obrigkeitsstaat" bis 1945 kennzeichnete.
2. Fassen Sie die Merkmale zusammen, die Winkler für den „Westen" als prägend ansieht. | F
3. Diskutieren Sie in der Klasse, welche politischen, gesellschaftlichen, wirtschaftlichen und kulturellen Charakteristika Sie mit der „westlichen Welt" verbinden.
4. Gruppenarbeit: Finden Sie Beispiele aus der deutschen Geschichte seit 1945, in denen versucht wurde, die Fehler der Vergangenheit zu vermeiden.
5. Nehmen Sie Stellung zu der Frage, ob nicht auch Europa insgesamt einen „Sonderweg" in die Moderne beschritten hat. Beziehen Sie dabei die kulturelle und staatliche Vielfalt, Kriege und Revolutionen sowie die Kolonialherrschaft europäischer Länder in Ihre Überlegungen mit ein.

M4 Über Grenzen hinweg

In der Einführung zu einem Sammelband wird der Begriff „transnational" historisch eingeordnet und definiert:

Der Rückblick auf die Herausbildung starker nationaler Identitäten seit dem 19. Jahrhundert macht deutlich, dass die Identifikation mit dem Nationalstaat ihre Dynamik nicht zuletzt daraus gewann, dass der Nationalstaat für die zentralen Herausforderungen des 19. Jahrhunderts wie z.B. den technischen Fortschritt, die allgemeine Wohlstandsmehrung und die damit zusammenhängende „soziale Frage", aber auch hinsichtlich der Kolonialisierung und weltwirtschaftlichen Expansion die effizientesten Kapazitäten bereitzustellen versprach. Im 20. Jahrhundert lässt sich dagegen in wichtigen Politikfeldern eine bemerkenswerte Verschiebung der Problemlagen auf die transnationale Ebene feststellen. Außenpolitisch haben dabei vor allem die beiden Weltkriege, die verschiedenen Krisen im Rahmen des Kalten Kriegs, die verschärfte Nord-Süd-Problematik[1] und die daraus erwachsenden supranationalen Zusammenschlüsse sowie globale ökologische Krisen und die neuen Migrationen die offenkundigen Grenzen des Systems der Nationalstaaten und damit auch einer rein „internationalen" Politik aufgezeigt. [...]
Der Begriff [„transnational"] findet sich in der wissenschaftlichen Literatur vereinzelt seit den 1960er- und verstärkt ab der Mitte der 1970er-Jahre. Hierbei standen Themen des Wirtschaftsrechts und Analysen übernational agierender Wirtschaftsunternehmen und -verbände sowie des Technologietransfers im Vordergrund, vereinzelt findet sich auch der Bezug auf den über die nationalen Grenzen hinweg agierenden Terrorismus. Innerhalb der Wirtschaftswissenschaften handelte es sich um eine ergänzend-abgrenzende Begrifflichkeit zu „multinational", wobei eine Hierarchisierung in der Weise eingeführt wurde, dass „multinational" häufig als eine Vorstufe von „transnational" innerhalb eines allgemeinen Internationalisierungsprozesses definiert wurde [...]. Seit den 1980er- und insbesondere in den 1990er-Jahren hat der Begriff dann Eingang in die allgemeine sozialwissenschaftliche Literatur gefunden, wobei nur selten versucht wird, ihn genauer zu beschreiben [...]. Es zeichnet sich jedoch trotz vieler Unschärfen eine Art Konsens darüber ab, dass als *transnational* zunächst ganz allgemein all diejenigen Interaktionen zwischen Individuen, Gruppen, Organisationen und Staaten bezeichnet werden können, die über Grenzen hinweg agieren und dabei gewisse über den Nationalstaat hinausgehende Strukturmuster[2] ausbilden. Eine solche Definition lässt dabei zunächst den räumlichen Rahmen solcher Austauschprozesse offen, um die analytische Reichweite nicht von vornherein einzuengen.

Hartmut Kaelble, Martin Kirsch und Alexander Schmidt-Gernig, Zur Entwicklung transnationaler Öffentlichkeiten und Identitäten im 20. Jahrhundert. Eine Einleitung, in: Dies. (Hrsg.), Transnationale Öffentlichkeiten und Identitäten im 20. Jahrhundert, Frankfurt am Main/New York 2002, S. 7–33, hier S. 7–9

1. Präsentation: Geben Sie die Aussagen des Textes in Form einer Mindmap wieder, in deren Mittelpunkt der „Nationalstaat" steht.
2. Finden Sie Beispiele aus Geschichte und Gegenwart für transnationale Vorgänge oder Verflechtungen, die der hier angebotenen Definition (Zeile 39 bis 44) entsprechen. Erklären Sie die ausgewählten Beispiele.

[1] **Nord-Süd-Problematik**: Bezeichnung für das seit dem 20. Jahrhundert weltweit herrschende Gefälle zwischen Industrienationen (vereinfacht: „Norden") und Schwellen- und Entwicklungsländern („Süden").

[2] **Strukturmuster**: wiederkehrende, wiederholbare oder feste Formen (hier: von Begegnung und Zusammenarbeit)

M5 Lohnender Perspektivenwechsel

*Anhand eines Beispiels skizziert der deutsch-britische Historiker Kiran Klaus Patel (*1971), worin der Mehrwert einer transnationalen Geschichtsschreibung liegen kann:*

[Ein Beispiel für transnationale Geschichtsschreibung] bezieht sich auf die Geschichte der europäischen Auswanderung im 19. und frühen 20. Jahrhundert. Wenn man sich etwa auf die deutsche Geschichte konzentriert, so lässt sich das gängige Narrativ[1] zum Thema relativ knapp zusammenfassen [...]. Danach waren vor allem aufgrund der Diskrepanz zwischen raschem Bevölkerungswachstum und nicht schnell genug ansteigenden Ernährungs- und Arbeitsmöglichkeiten über fünf Millionen Deutsche gezwungen, auszuwandern. So gingen, gemessen an der Gesamteinwohnerzahl von 1900, rund 10 Prozent der deutschen Bevölkerung „verloren", von denen wiederum rund 90 Prozent in die USA auswanderten. Häufig folgt die Darstellung dieser Geschichte dem Muster einer Verlusterzählung. Lediglich in ihrer Funktion als soziales Sicherheitsventil erscheint die Auswanderung in etwas hellerem Licht. Zugleich endet das historiografiegeschichtliche Interesse an den Betroffenen, sobald sie den Bremer oder Hamburger Hafen verlassen haben – fortan fallen sie demnach in die Zuständigkeit der Geschichtsschreibung ihres Ziellandes. Migration gilt, zusammengefasst, als Einbahnstraße. [...]

In transnationaler Perspektive erscheint diese Geschichte dagegen in einem anderen Licht: Trotz einer schwierigen Quellenlage kann man festhalten, dass in einigen Jahrzehnten die Rückwanderung nach Deutschland zwischen 10 und 20 Prozent der Auswanderung betrug, dass also Hunderttausende aus Amerika wieder an ihren Ursprungsort oder in einen anderen Teil Deutschlands zurückkehrten. Viele blieben zudem nicht in den USA, sondern zogen von dort weiter. Für andere europäische Gesellschaften ergeben sich noch dramatischere Befunde: So kehrten zum Beispiel zwischen 1860 und 1930 etwa 20 Prozent aller finnischen Amerika-Auswanderer in ihre Heimat zurück, nach Spanien im Zeitraum von 1899 bis 1924 ungefähr 45 Prozent und nach Italien im selben Zeitraum sogar rund 50 Prozent der Emigranten. Schätzungen zufolge kamen insgesamt rund sieben Millionen von den ca. 50 bis 55 Millionen Europäern, die ihren Kontinent zwischen 1815 und 1939 verließen, in die Alte Welt zurück.

Für die transnationale Geschichte ergibt sich daraus ein ganzes Bündel von Fragen: Welche Netzwerke entstanden durch diese Itinerare[2] über den Atlantik hinweg? Welche Rückwirkungen hatten die frühen Transmigranten für die verschiedenen Gesellschaften? Viele von ihnen wurden erstmals in den USA massiv mit der – sich häufig erst bildenden – Nation identifiziert, aus der sie ausgewandert waren, während sie sich selbst häufig primär über ihre territoriale und regionale Zugehörigkeit oder auch konfessionell definierten. Pointiert gesagt: Erst in den USA wurde der Pfälzer zum Deutschen. Insgesamt kann man also [...] hier die Konstituierung des Nationalen aus dem Transnationalen erkennen.

Kiran Klaus Patel, Überlegungen zu einer transnationalen Geschichte, in: Zeitschrift für Geschichtswissenschaft 52 (2004), S. 626–645, hier S. 638 f.

1. Der Verfasser unterscheidet zwischen einer herkömmlichen Sicht auf die europäische Auswanderung und einem neuen, transnationalen Zugang zum Thema. Stellen Sie die Merkmale beider Darstellungsweisen, wie sie im Text genannt werden, stichpunktartig zusammen.
2. Erläutern Sie, ausgehend vom Text, was mit einer „Konstituierung des Nationalen aus dem Transnationalen" (Zeile 51 f.) gemeint ist. Finden Sie weitere Beispiele, etwa aus Ihrer persönlichen Erfahrung, um diesen Gedanken zu veranschaulichen.
3. Präsentation: Recherchieren Sie im Internet nach Sammelbänden oder Monografien, die ein historisches Thema transnational untersuchen. Informieren Sie sich über das ausgesuchte Werk in Fachrezensionen und stellen Sie es in einem Kurzreferat vor. | F

[1] **Narrativ** (von lat. *narrare*: erzählen): Erzählmotiv, meist mit sinnstiftender Wirkung

[2] **Itinerar** (von lat. *iter*: Weg): zurückgelegte Wegstrecke, Reiseroute

Orientierung

3.4 Pflichtmodul: Das deutsch-polnische Verhältnis

Das Kapitel beschäftigt sich inhaltlich mit ...

- den Ursprüngen Polens
- den Etappen auf dem Weg zum deutschen und polnischen Nationalstaat
- dem Nationalstaat als Konfliktfeld
- deutschen und polnischen Erfahrungen zur der Zeit des Nationalsozialismus
- dem deutsch-polnischen Verhältnis nach dem Zweiten Weltkrieg

In der Geschichtswissenschaft sind in den letzten 30 Jahren intensiv die Themen Nationsbildung und Nationalismus erforscht worden. Seit dem Beginn des 19. Jahrhundert formierten sich in zahlreichen europäischen Regionen Nationalbewegungen, die einen eigenen Nationalstaat anstrebten. Derartige Staaten entstanden teilweise schon seit der Mitte des 19. Jahrhunderts (Italien und das Deutsche Reich), teilweise aber auch erst nach dem Ende des Ersten Weltkrieges (zum Beispiel Polen, die Tschechoslowakei oder weitere Staaten in Ost- und in Ostmitteleuropa). Die Bildung dieser Nationalstaaten war sehr häufig von Kriegen und Gewalt begleitet. Auch war keineswegs immer eindeutig klar, wie die Grenzziehungen verlaufen sollten, weil in vielen europäischen Regionen sprachlich gemischte Bevölkerungen existierten, die keineswegs einfach einer einheitlichen „Nation" zugeordnet werden konnten. Die Zeit zwischen den Weltkriegen war außerdem durch eine tiefe Krise in vielen europäischen Gesellschaften gekennzeichnet: 1918/19 hatte sich scheinbar die Demokratie fast überall durchgesetzt, kurz vor dem Beginn des Zweiten Weltkrieges waren Demokratien in Europa selten geworden.

Einen Höhepunkt erreichte der gewalttätige Nationalismus im Zweiten Weltkrieg, wo er sich in Deutschland unter dem nationalsozialistischen Regime mit einem mörderischen Rassismus vermischte. Der Völkermord an den Juden und eine brutale Besatzungspolitik in Polen und in anderen Regionen Ost- und Mitteleuropas waren die Folge. Nach dem Ende des Zweiten Weltkrieges nahmen die Siegermächte umfangreiche Umsiedlungen und Vertreibungen von ganzen Völkern vor. Nach 1945 ging der Nationalismus in Europa aber langsam zurück, auch wenn er niemals völlig verschwand. Statt abgeschotteter Nationalstaaten entstanden zunächst im Westen langsam überstaatliche Organisationen wie die Montanunion, die Europäische Wirtschaftsgemeinschaft und die Europäische Union.

Das Hambacher Fest am 27. Mai 1832.
Öl auf Holz (108,5 x 151,5 cm), 1977, von Hans Mocznay nach einer zeitgenössischen schwarz-weiß Lithografie.

1772 - 1795	Polen wird geteilt.	Zeit der Umbrüche
1789 - 1815	Französische Revolution und Napoleonische Kriege	
1814/15	Nach dem Sieg gegen Napoleon wird Europa auf dem Wiener Kongress neu geordnet.	Restauration und Vormärz
1830/31	Der polnische Aufstand im russischen Teilungsgebiet wird niedergeschlagen.	
27. 5. 1832	Das Hambacher Fest mit 30 000 national gesinnten Teilnehmern findet statt.	
1848/49	Aufstände und Revolutionen in Mitteleuropa	Krisenhafte Entwicklungen in Mitteleuropa
1863/64	Ein großer Aufstand im russischen Polen scheitert.	
1859	Beginn der italienischen Einigungsbewegung	
1864	Erster Einigungskrieg: Deutscher Bund gegen Dänemark	Der Weg zur deutschen Reichseinigung
1866	Zweiter Einigungskrieg: Preußen und Italien gegen Österreich und die meisten deutschen Mittelstaaten	
1870/71	Dritter Einigungskrieg: Deutsche Staaten gegen Frankreich	
1871	Gründung des Deutschen Kaiserreiches	
1914 - 1918	Erster Weltkrieg	Die Zeit der Weltkriege
28. 6. 1919	Der Versailler Friedensvertrag wird unterzeichnet.	
1918 - 1938	Die europäischen Demokratien geraten in der Zwischenkriegszeit in eine Krise.	
1939 - 1945	Zweiter Weltkrieg	
nach 1945	Polnische Westverschiebung	Zeit nach 1945
1949	Gründung von Bundesrepublik (23.5.) und DDR (7.10.), Gründung der NATO (4.4.)	
6. 7. 1950	Görlitzer Abkommen zwischen der DDR und der Volksrepublik Polen	
18. 4. 1951	Gründung der „Europäischen Gemeinschaft für Kohle und Stahl" (Montanunion)	
25. 3. 1957	Römische Verträge, Gründung der EWG	
7. 12. 1970	Bundeskanzler Willy Brandt besucht Warschau und unterzeichnet einen deusch-polnischen Vertrag, der die polnische Westgrenze faktisch anerkennt.	
1973 - 1975	Konferenz über Sicherheit und Zusammenarbeit in Europa (KSZE)	
1989/90	Fall der Berliner Mauer; friedliche Revolutionen in Osteuropa	
3. 10. 1990	Wiedervereinigung Deutschlands	
17. 6. 1991	Deutsch-polnischer Nachbarschaftsvertrag	
1. 5. 2004	Polen tritt der Europäischen Union bei.	

Nationen und Nationalstaatsbildung

Kaiserproklamation im Spiegelsaal des Versailler Schlosses.
Ölgemälde (270 x 270 cm mit Rahmen) von Anton von Werner, 1885 (Ausschnitt).
Das Bild entstand im Auftrag des Kaisers zum 70. Geburtstag Bismarcks. Im linken Teil des Gemäldes stehen Kaiser Wilhelm I. und der Großherzog von Baden (den Arm zur Ausrufung des Kaisers erhoben), der Kronprinz, die deutschen Fürsten und die Vertreter der Hansestädte. Vor den Stufen sind Bismarck in weißer Uniform, der die Proklamation des Kaisers verliest, und Generalstabschef Helmuth von Moltke zu sehen. Bismarck trug tatsächlich eine blaue Uniform.

Nationsbildung | Fast alle Historiker gehen davon aus, dass *„Nationen"* nichts Naturgegebenes sind, sondern dass sie in einer langen Geschichte entstanden sind (→ M1 bis M3). Für die *Nationsbildung* in Europa wird häufig die folgende Chronologie angewendet. Allerdings muss dabei beachtet werden, dass in einigen Fällen diese Phasen nicht völlig klar abgrenzbar waren, sondern sich auch überlappen konnten.

- *Phase 1*: Meistens gegen Ende des 18. oder zu Beginn des 19. Jahrhunderts begannen einige wenige Intellektuelle neuartige Gemeinsamkeiten zu entdecken oder zu konstruieren. In Deutschland sammelten beispielsweise die *Brüder Grimm* deutsche Volksmärchen, um sie vor dem Vergessen zu bewahren. Diese Periode wird häufig als die „romantische" Phase der Nationsbildung bezeichnet, weil sie vorwiegend kulturell, literarisch oder volkskundlich geprägt war. Politische Folgen traten nur in Ausnahmen auf.
- *Phase 2*: In dieser Phase bildeten sich Gruppen von Vorkämpfern und oft militanten Wortführern, die die „nationale Idee" proklamierten. Diese Periode verlief in Deutschland ungefähr von 1813/15 bis 1848/49, in Polen etwa von 1830/32 bis 1863 und in Italien vom Beginn des 19. Jahrhunderts bis ca. 1860/61. Hier spielte das geschichtliche Argument oft eine zentrale Rolle, weil historische Bezüge in die Vergangenheit hergestellt wurden und behauptet wurde, die Nation müsse „wiedergeboren" oder „erweckt" werden. Oft war aber unklar, was genau diese „Nation" ausmachte oder welche territorialen Grenzen sie umfassen sollte.
- *Phase 3*: In der dritten Phase wurde *Nationalismus* zu einem Massenphänomen, das alle Schichten der Gesellschaft umfasste. In Deutschland verlief diese Periode etwa von 1848/49 bis 1866/71, in Polen etwa von 1863 bis in die 1890er-Jahre. Auch die Unterschichten wie Arbeiter oder Bauern sahen sich nun zunehmend als Bestandteil einer „Nation". Der Übergang von Phase 2 zu 3 war in Europa häufig gewalttätig und von Kriegen oder Bürgerkriegen begleitet, weil die jeweiligen Staatsgrenzen keineswegs mit denjenigen Territorien übereinstimmten, die von den jeweiligen Wortführern der Nationalisten beansprucht wurden.

• *Phase 4*: Diese Periode verlief ungefähr zwischen dem Ausbruch des Ersten und dem Ende des Zweiten Weltkrieges. Sie war gekennzeichnet durch einen extremen, sehr oft rassistischen Nationalismus, der im Falle des Deutschen Reiches bis hin zum Völkermord und zu Vernichtungskriegen ging.

• *Phase 5*: Unter Historikern ist umstritten, ob man noch eine fünfte Phase annehmen kann, die nach dem Ende des Zweiten Weltkrieges begann. Diese Periode ist dadurch gekennzeichnet, dass Nationalismus zwar nicht verschwindet, sich aber auf einem langsamen Rückzug befindet. Gründe hierfür waren die Entstehung von übernationalen Institutionen wie beispielsweise der *Europäischen Union*. Freiwillig traten Nationalstaaten Rechte an Organisationen ab, die oberhalb der jeweiligen Nationalstaaten standen. Auf diese Weise sollten internationale Konflikte vermindert werden.

Nationale Identitäten | Identitäten sind vielschichtige Gebilde, kein Mensch richtet sich alleine an einem Bezugssystem aus. Den einen Weg zur Nationsbildung hat es nicht gegeben, viele unterschiedliche Faktoren kamen zusammen, bis eine große Gruppe von Menschen davon überzeugt war, einer Gemeinschaft anzugehören. In der historischen Forschung werden viele unterschiedliche Dinge genannt, die bei der Entstehung von Nationen wichtig waren, und von denen im Folgenden einige aufgezählt werden. Diese können sich im Einzelfall ergänzen, aber auch ausschließen, in manchen Fällen waren sie zentral, in anderen spielten sie keine Rolle.

• *Sprache*: Sehr häufig sprechen die Mitglieder einer Nation eine gemeinsame Muttersprache. Dies unterscheidet den Nationalstaat vom *Imperium*, in dem meistens viele unterschiedliche Völker mit unterschiedlichen Sprachen zusammenleben. Allerdings gibt es hier Ausnahmen: Die Schweizer verstehen sich zwar als Nation, in der Schweiz werden aber vier unterschiedliche Muttersprachen gesprochen (Deutsch, Französisch, Italienisch und Rätoromanisch).

• *Kultur*: Oft beziehen sich Nationen auf eine wirkliche oder vermeintliche gemeinsame Kultur. In der Praxis ist aber oft nur schwer zu definieren, was diese Kultur ausmacht oder wie sie definiert werden kann.

• *Herkunft (Ethnie)*: Vor allem in der dritten und vierten Phase der Nationsbildung spielt häufig „Ethnie" eine wichtige Rolle. Nationalisten behaupten, dass alle „Deutschen" eine gemeinsame Abstammung hätten, die sie von anderen Völkern grundsätzlich unterscheidet. Diese Auffassung geht oft Hand in Hand mit der Entstehung eines gewaltbereiten Rassismus.

• *Bürgerschaft*: Sobald ein Nationalstaat entstanden ist, muss definiert werden, wer dazugehört und vor allem wer kein Bürger ist. In Frankreich kann beispielsweise theoretisch jeder Ausländer Franzose werden, wenn er die französische Sprache spricht und sich zur französischen Kultur bekennt. Im Deutschen Reich wurde 1913 festgelegt, dass – mit Ausnahmen – nur diejenige Person ein Deutscher ist, die einen deutschen Vater hat. Dieses „Blutrecht" wurde erst in den 1990er-Jahren reformiert.

• *Gemeinsame Geschichte*: Geschichte spielt für die Nationsbildung eine extrem wichtige Rolle. Häufig wird eine Art von Gründungsmythos konstruiert, manchmal können dies aber auch mehrere Ereignisse sein. In der deutschen Nationalbewegung wurde beispielsweise der Germanenfürst *Arminius* bzw. *Hermann der Cherusker*, der im Jahre 9 n. Chr. die Römer im Teutoburger Wald geschlagen hatte, zu einer Art „Gründungsvater" ernannt.

„Yes Scotland"-Kampagne.
Foto vom September 2014, George Square in Glasgow.
2014 stimmten die Schotten in einem Referendum über ihre Unabhängigkeit von Großbritannien ab. Dieses Referendum scheiterte überraschend eindeutig.

▶ Partnerarbeit: Informieren Sie sich im Internet über das Referendum. Entwickeln Sie anschließend Argumente für und gegen eine Abspaltung von Großbritannien. Berücksichtigen Sie bei Ihrer Argumentation auch einige der Punkte, die im Abschnitt „Nationale Identitäten" aufgeführt sind.

- *Religion*: Religion kann eine Bedeutung für die Nationsbildung haben. In Deutschland war Religion weniger wichtig, weil hier stets Protestanten und Katholiken – oft konfliktreich – miteinander gelebt hatten, Religion hatte hier eher einen spaltenden Charakter. Im polnischen Fall ist Religion wichtiger als im deutschen, weil sehr viele polnische Nationalisten der Meinung waren, dass nur Katholiken wirkliche Polen sein können.
- *Territorium*: Die Entstehung von Vorstellungen einer „Nation" ist zwar unabhängig von einem bestimmten Territorium, aber unweigerlich wird irgendwann die Frage aufgeworfen, wie die Grenzen des bestehenden oder angestrebten Staates gezogen werden sollen. Fast immer traten hier Konflikte auf, auch weil stets Gebiete bestanden, die „gemischt" besiedelt waren, das heißt in denen Menschen mit unterschiedlichen Muttersprachen, Religionen oder Abstammungen lebten.
- *Gemeinsame Normen und Werte*: Nationen beziehen sich häufig auf gemeinsame Werte. Beispielsweise spielten und spielen bei vielen Franzosen die sogenannten Werte der *Französischen Revolution* (Freiheit, Gleichheit, Brüderlichkeit) eine sehr wichtige Rolle für die nationale Identifikation.

Nationale Symbole | Symbole spielten bei der Nationsbildung eine zentrale Rolle. Den Grund hierfür kann man leicht verstehen, wenn man die Begriffe „Zeichen" und „Symbol" vergleicht. Ein Zeichen muss eindeutig sein, ein Symbol sollte dies gerade nicht sein. Bei einem Verkehrszeichen wie dem Stoppschild weiß jeder Verkehrsteilnehmer, dass er hier anhalten muss, es gibt also keinen Interpretationsspielraum. Bei einem Symbol ist das Gegenteil der Fall: Hier muss – wenn das Symbol „funktionieren" soll – gerade besonders viel Interpretationsspielraum vorhanden sein. Wenn beispielsweise ein großer Demonstrationszug hinter der „nationalen" (deutschen) Fahne herzieht, können wir davon ausgehen, dass die einzelnen Teilnehmer sehr unterschiedliche Assoziationen und Gefühle mit dieser Fahne verbinden. Der eine denkt vielleicht mit Stolz und Patriotismus an seine Heimat, respektiert aber auch andere Nationalitäten, ein anderer „Nationalist" ist der Meinung, dass die „deutsche" Nation allen anderen überlegen sei. Ein weiterer geht nur deshalb mit, weil er seinem Nachbarn einen Gefallen tun möchte, ein vierter hat gerade nichts Besseres zu tun und ein fünfter verehrt die Fahne, weil sie für ihn Rechtsstaatlichkeit garantiert. Gerade weil das Symbol offen und mehrdeutig ist, kann es sehr unterschiedliche Vorstellungen vereinen bzw. können verschiedene Meinungen auf das Symbol projiziert werden.

M1 Sind Nationen naturgegeben?

Der britische Historiker Eric Hobsbawm (1917–2012) schreibt im Jahre 1991 zum Thema „Nation“:

Wie die meisten ernsthaften Forscher betrachte ich die „Nation“ nicht als eine ursprüngliche oder unveränderliche soziale Einheit. Sie gehört ausschließlich einer bestimmten historisch jungen Epoche an. Sie ist eine gesellschaftliche Einheit nur insofern, als sie sich auf eine bestimmte Form des modernen Territorialstaates bezieht, auf den „Nationalstaat“, und es ist sinnlos, von Nation und Nationalität zu sprechen, wenn diese Beziehung nicht mitgemeint ist. Dass Nationen als eine natürliche, gottgegebene Art der Klassifizierung von Menschen gelten – als ein [...] politisches Geschick –, ist ein Mythos. [...] Kurz, aus Gründen der Analyse kommt der Nationalismus vor der Nation. Nicht die Nationen sind es, die Staaten und Nationalismen hervorbringen, sondern umgekehrt. [...] [Nationen sind] Doppelphänomene, im Wesentlichen zwar von oben konstruiert, doch nicht richtig zu verstehen, wenn sie nicht auch von unten analysiert werden, das heißt vor dem Hintergrund der Annahmen, Hoffnungen, Bedürfnisse, Sehnsüchte und Interessen der kleinen Leute, die nicht unbedingt national und noch weniger nationalistisch sind.
Dieser Blick auf die Nation von unten – das heißt nicht aus dem Blickwinkel der Regierungen und der Wortführer und Aktivisten nationalistischer (oder nicht-nationalistischer) Bewegungen, sondern aus der Sicht normaler Menschen [...] ist überaus schwer zu rekonstruieren. [...] Vieles liegt noch im Ungewissen, aber über drei Dinge gibt es keinen Zweifel. Erstens bieten offizielle Ideologien keine Anhaltspunkte für das, was in den Köpfen selbst ihrer loyalsten Bürger oder Anhänger vorgeht. Zweitens haben wir insbesondere keinen Grund zu der Annahme, dass für die meisten Menschen die Identifikation mit der Nation – sofern sie existiert – alle anderen Identifikationen, die ein gesellschaftliches Wissen ausmachen, ausschließt oder ihnen immer oder überhaupt überlegen ist. [...] Drittens kann eine nationale Identifikation samt allen ihren Weiterungen sich im Lauf der Zeit, ja selbst innerhalb sehr kurzer Perioden verändern und verlagern.

Eric Hobsbawm, Nationen und Nationalismus, Frankfurt am Main 1991, S. 20ff. (übersetzt von Udo Rennert)

1. Fassen Sie mit eigenen Worten die zentralen Thesen des Textes stichwortartig zusammen.
2. Erläutern Sie, warum Hobsbawm „Nationen“ nicht als „ursprüngliche“ soziale Einheit sieht.
3. Erörtern Sie, welche Sicht „normale Menschen“ auf eine Nation haben könnten.

„Statue of Liberty.“
Foto nach 2000.
Die Freiheitsstatue steht an der Hafeneinfahrt von New York. Sie wurde 1886 fertiggestellt und war ein Geschenk Frankreichs an die USA.

- ▶ Informieren Sie sich im Internet und/oder in Fachbüchern über die beiden nationalen Symbole für die USA und für das Deutsche Kaiserreich (siehe dazu die Abbildung auf Seite 306). Setzen Sie anschließend die beiden Beispiele in Beziehung zueinander und erläutern Sie die Botschaften, die hier transportiert werden. Gehen Sie dabei auf die Frage ein, welche Vorstellungen, Bedürfnisse oder Wünsche geweckt bzw. befriedigt werden.
- ▶ Präsentation: Recherchieren Sie im Internet nach nationalen Symbolen von Ländern wie zum Beispiel Frankreich, Polen oder Russland. Vergleichen Sie die ausgewählten Beispiele in Form einer Tabelle hinsichtlich Entstehungszeit, Künstler, Auftraggeber und Aussageabsicht miteinander.

M2 Die Nation als „vorgestellte" Gemeinschaft

Der amerikanische Politikwissenschaftler Benedict Anderson (1936–2015) vermerkt in seinem 1983 erschienenen Buch „Imagined Communities" (dt. Titel: „Die Erfindung der Nation"):

Nationalismustheoretiker sind oft von drei Paradoxa irritiert: 1. Der objektiven Neuheit von Nationen aus dem Blickwinkel des Historikers steht das subjektive Alter in den Augen der Nationalisten gegenüber. 2. Der formalen Universalität von Nationalität als sozio-kulturellem Begriff – in der modernen Welt kann, sollte und wird jeder eine Nationalität „haben", so wie man ein Geschlecht „hat" – steht die marginale Besonderheit ihrer jeweiligen Ausprägungen gegenüber, wie zum Beispiel die definierte Einzigartigkeit der Nationalität „Griechisch". 3. Der „politischen" Macht des Nationalismus steht seine philosophische Armut oder gar Widersprüchlichkeit gegenüber. Mit anderen Worten: Anders als andere Ismen hat der Nationalismus nie große Denker hervorgebracht – keinen Hobbes, keinen Marx und keinen Weber. [...]

[Die Nation] ist eine vorgestellte politische Gemeinschaft – vorgestellt als begrenzt und souverän. Vorgestellt ist sie deswegen, weil die Mitglieder selbst der kleinsten Nation die meisten anderen niemals kennen, ihnen begegnen oder auch nur von ihnen hören werden, aber im Kopf eines jeden die Vorstellung ihrer Gemeinschaft existiert. [...] Die Nation wird als begrenzt vorgestellt, weil selbst die größte von ihnen mit vielleicht einer Milliarde Menschen in genau bestimmten, wenn auch variablen Grenzen lebt, jenseits derer andere Nationen liegen. Keine Nation setzt sich mit der Menschheit gleich. Selbst die glühendsten Nationalisten träumen nicht von dem Tag, da alle Mitglieder der menschlichen Rasse ihrer Nation angehören werden – anders als es in vergangenen Zeiten den Christen möglich war, von einem ganz und gar „christlichen" Planeten zu träumen.

Schließlich wird die Nation als Gemeinschaft vorgestellt, weil sie, unabhängig von realer Ungleichheit und Ausbeutung, als „kameradschaftlicher" Verbund von Gleichen verstanden wird. Es war diese Brüderlichkeit, die es in den letzten zwei Jahrhunderten möglich gemacht hat, dass Millionen von Menschen für so begrenzte Vorstellungen weniger getötet haben als vielmehr bereitwillig gestorben sind. Dieses Sterben konfrontiert uns mit dem zentralen Problem, vor das uns der Nationalismus stellt: Wie kommt es, dass die kümmerlichen Einbildungen der jüngeren Geschichte (von kaum mehr als zwei Jahrhunderten) so ungeheure Blutopfer gefordert haben? Ich bin der Überzeugung, dass die Antwort in den kulturellen Wurzeln des Nationalismus liegt.

Benedict Anderson, Die Erfindung der Nation, Frankfurt am Main 1996, S. 14–17 (übersetzt von Benedikt Burkard)

1. Geben Sie die zentralen Thesen von Anderson wieder.
2. Arbeiten Sie heraus, was Anderson unter einer „vorgestellten" Gemeinschaft versteht.

M3 Loyalitäten und Nationalismus

Der deutsche Historiker Hans-Ulrich Wehler (1931–2014) äußert sich zur Entstehung des Nationalismus wie folgt:

Immer schon hat es Loyalitätsbindungen gegeben, welche Menschen an größere Herrschafts- und Solidarverbände gebunden haben. Ihr Bezugspunkt konnte der Familienclan oder die Klientel sein, ein Stamm oder eine Fürstendynastie, eine antike Polis oder später eine okzidentale Stadt, eine Religion oder eine Region. Ein solches Loyalitäts- und Zugehörigkeitsgefühl kann als sozialpsychische, geradezu als anthropologische Konstante gelten. Es hebt das Selbstwertbewusstsein und stärkt das Identitätsgefühl, wenn mit dem Solidarverband, dem man angehört, außer Schutz und Hilfe auch Ansehen und Geltung verbunden sind.

Solche älteren Loyalitätsbeziehungen haben a limine[1] nicht mit dem Nationalismus zu tun. Allerdings können sie später im Rahmen dieses neuen Weltbildes zur Konstruktion einer nationalen Vergangenheit genutzt werden. Sie erodieren auch selten vollständig, sondern halten sich über lange Zeitspannen hinweg als konfessionelle, großfamiliale, regionale Bindungen, die neben dem nationalen Identitätsbewusstsein weiterbestehen oder mit ihm fusionieren. [...] Da der Nationalismus eine neuartige Loyalitätsverpflichtung darstellt, taucht unabweisbar die Frage nach dem spezifischen historischen Kontext und den Antriebskräften seiner Genese auf: Wann, wo, wie und vor allem warum entstand der Nationalismus? Da der Nationalismus sich anfangs seine Nation schafft, indem er bereits bestehende Herrschaftsverbände umbaut, ist das die erste Frage. Daran schließt sich die zweite nach der Natur des „Rohmaterials" an, aus dem das nationale Weltbild geformt wurde.

Hans-Ulrich Wehler, Nationalismus. Geschichte, Formen, Folgen, München 2001, S. 16 f.

1. Charakterisieren Sie den Unterschied zwischen traditionellen Loyalitätsbindungen und dem neuen Nationalismus. | H
2. Vergleichen Sie M1 bis M3 miteinander und arbeiten Sie die jeweiligen Gemeinsamkeiten und Unterschiede heraus. | F

[1] **a limine**: kurzerhand, von vornherei

Die deutsche und die polnische Nationalbewegung

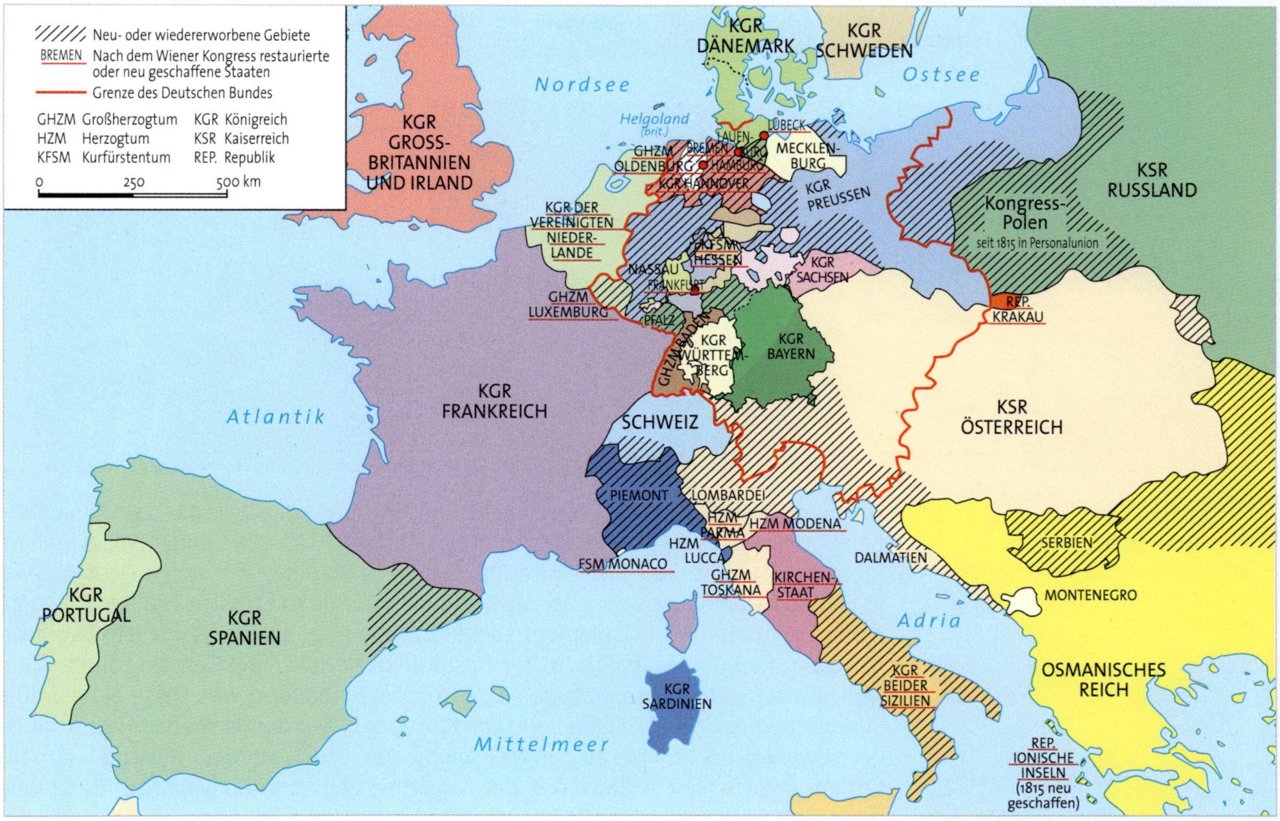

Europa nach dem Wiener Kongress.

▸ Analysieren Sie anhand der Karte, in welchem Maße die europäischen Grenzen durch die Beschlüsse des Wiener Kongresses verändert wurden. | F

Die Anfänge der deutschen Nationalbewegung | Nach dem Ausbruch der Französischen Revolution von 1789 und dem Aufstieg Napoleons I. zum französischen Kaiser folgten lange Kriege, die ganz Europa in Mitleidenschaft zogen. 1803 und 1806/07 wurden große Teile der „deutschen" Gebiete entweder von französischen Truppen besetzt, oder als Satellitenstaaten im Rheinbund zusammengefasst. Zahlreiche kleine Fürsten wurden abgesetzt, und ihre Territorien wurden größeren Staaten angeschlossen. In Bayern und in Preußen fanden umfangreiche *Reformen* statt, mit denen die Staatsbürokratie und die gesellschaftlichen Strukturen gründlich modernisiert wurden. Zu diesem Zeitpunkt existierten kaum Vorstellungen von einer gemeinsamen „deutschen" Nation. Nachdem 1812/13 Napoleons Feldzug gegen Russland gescheitert war, begannen in Mitteleuropa die *Befreiungskriege*, die von 1813 bis 1815 verliefen.

Hierbei standen sich zwei Prinzipien gegenüber. Auf der einen Seite wollten die jeweiligen Monarchen oder Fürsten ihre Unabhängigkeit und ihre ehemalige Machtstellung zurückerhalten. Auf der anderen Seite formierten sich die Anfänge der deutschen Nationalbewegung, die nicht für die traditionellen Herrscher kämpfen, sondern ein neues und einiges Deutschland ohne die vielen kleinen und großen Machthaber aufbauen wollte. Während der Befreiungskriege blieb die Frage, wer sich durchsetzen würde, noch in der Schwebe, doch auf dem Wiener Kongress wurde sie 1815 eindeutig entschieden.

Abgesehen von vielen kleinen Herrschern, die bereits während der vorangegangenen Kriege quasi enteignet worden waren, setzten sich die meisten deutschen Fürsten durch, und die noch kleine nationale Bewegung ging leer aus. Die Idee, dass irgendwann ein neues und parlamentarisches Deutschland mit einer Verfassung geschaffen werden

Rheinbund: Zusammenschluss der kleineren deutschen Staaten im Jahre 1806, der aber fast vollständig von den Franzosen abhängig war. Nach der Völkerschlacht bei Leipzig löste sich der Rheinbund 1813 auf.

Wiener Kongress: 1814/15 versammelten sich die europäischen Mächte in Wien, um eine neue Friedensordnung zu beschließen, die mehrere Jahrzehnte funktionieren sollte.

könnte, verbreitete sich jedoch langsam vor allem unter Studenten und Intellektuellen weiter und konnte nicht mehr aus der Welt geschafft werden (→M1). Die Idee der Demokratie, wie sie heute gebräuchlich ist, stellte zu dieser Zeit aber selbst in diesen Kreisen eine Ausnahme dar, weil der Begriff negativ benutzt und oft gleichgesetzt wurde mit der Herrschaft des „Pöbels".

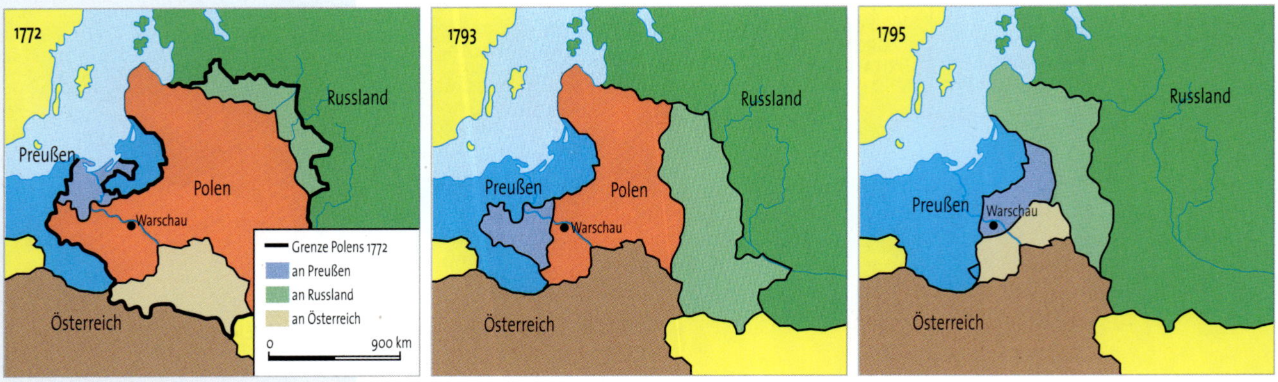

Die Teilungen Polens.

▶ Vergleichen Sie die territorialen Entwicklungen Polens in der zweiten Hälfte des 18. Jahrhunderts miteinander.

jagiellonische Staatsidee: benannt nach dem mittelalterlichen bzw. frühneuzeitlichen Königsgeschlecht der Jagiellonen

Die polnischen Teilungen | Am Ende des 18. Jahrhunderts wurde das bis dahin unabhängige Königreich Polen-Litauen in drei Schritten (1772, 1793 und 1795) zwischen Preußen, Österreich und Russland aufgeteilt. Bis dahin bestand in Polen – ähnlich wie in England – eine *Adelsrepublik*, das heißt, die mächtigen Familien wählten in regelmäßigen Abständen ein Parlament. Diese Institution war allerdings nur sehr begrenzt handlungsfähig, weil das Prinzip der Einstimmigkeit herrschte: Gesetze konnten nur beschlossen werden, wenn keine Gegenstimme vorhanden war. Diese eigenartige Struktur begünstigte die Entstehung von Korruption, weil immer wieder Abgeordnete bereit waren, ihre Stimme an den Meistbietenden – auch aus dem Ausland – zu verkaufen. Zwischen 1734 und 1763, der Regierungszeit von König *August III.*, konnte beispielsweise kein einziges Gesetz verabschiedet werden. Die sogenannte **jagiellonische Staatsidee** basierte auf einer dezentralen Struktur, und die einzelnen Regionen verfügten über erhebliche Freiheiten. Diese Adelsrepublik wurde seit der Mitte des 18. Jahrhunderts in zwei Kriegen gegen Schweden, einen mehrjährigen Krieg, in dem es um die Thronfolge ging, und in regionalen Aufständen geschwächt. Als Folge hiervon geriet Polen-Litauen in russische Abhängigkeit, und auch die anderen europäischen Staaten mischten sich zunehmend in die inneren Angelegenheiten ein. Da seit dem Ende der 1760er-Jahre einflussreiche Adlige und Politiker damit begannen, die unhaltbare Struktur des polnischen Staates zu reformieren, griffen die drei Nachbarstaaten Russland, Preußen und Österreich ein und erzwangen die Abtretung großer Grenzgebiete. Die *erste polnische Teilung* wurde umgesetzt, und Polen verlor fast ein Drittel seiner Bevölkerung.

Seit Ende der 1780er-Jahre fanden in Polen wiederum Reformen statt, und 1791 wurde eine der modernsten Verfassungen Europas verabschiedet. Diese Veränderungen riefen russischen Widerstand hervor, weil ein starkes, reformfähiges Polen unerwünscht war. 1792/93 intervenierten russische Truppen militärisch. Auch die preußische Regierung sah nun wieder die Möglichkeit, Gewinne zu machen, und die *zweite Teilung* wurde durchgesetzt. Da diese Maßnahme diesmal auf starken Widerstand in der polnischen Bevölkerung stieß, entschlossen sich die drei Teilungsmächte, Polen ganz von der Landkarte zu tilgen, und sie besetzten 1795 in der *dritten Teilung* auch den Rest des Landes (→M2 und M3).

Während der napoleonischen Kriege wurde kurzzeitig zwischen 1807 und 1815 ein kleines *Herzogtum Warschau* geschaffen, das allerdings vollständig von Napoleon abhängig war. Nach der französischen Niederlage wurden die Territorien erneut zum Objekt der Großmächte. Auf dem Wiener Kongress wurden die Teilungen mit etwas anderen Grenzziehungen wiederhergestellt. Allerdings bestanden gewisse Freiheiten bis zum polnischen Aufstand von 1830/31[1]: Es gab im russischen Teil ein gewähltes Adelsparlament, das regionale Befugnisse ausübte; ferner bestand eine Verfassung, eine kleine polnische Armee und ein eigenständiges Schul- und Gerichtswesen.

Restauration nach dem Wiener Kongress | Die Fürsten, Könige und der Adel in den deutschen Staaten waren sich nach dem Wiener Kongress darüber im Klaren, dass die Verbreitung nicht nur von liberalen und sogar demokratischen, sondern auch von nationalen Vorstellungen ihre Herrschaft gefährden würde. Sie reagierten auf mehreren Ebenen: Erstens schlossen 1815 Österreich, Preußen und Russland die *Heilige Allianz*, der später viele weitere europäische Staaten beitraten. Auf der Basis des Christentums sollte der Frieden in Europa gesichert werden. Unter maßgeblicher Führung des österreichischen Staatskanzlers **Fürst von Metternich** wurden diese Verträge besonders gegen die Liberalen und gegen die jeweiligen Nationalbewegungen eingesetzt. 1818 wurden weitere Maßnahmen zur Unterdrückung dieser politischen Strömungen beschlossen. Zudem einigten sich im August 1819 in den *Karlsbader Beschlüssen* die zahlreichen deutschen Regierungen – wiederum unter der Führung von Metternich –, diese potenziell gefährlichen Bewegungen massiv zu verfolgen. In den folgenden Jahren wurden zahlreiche politische Gruppierungen verboten, eine scharfe Zensur der Presse und der meisten weiteren Druckwerke eingeführt, und häufig wurden Oppositionelle verhaftet oder ins Exil getrieben. Auch wurden die Universitäten, die als Brutstätten liberaler und nationaler Ideen galten, scharf überwacht. Gegen einige Professoren, die als zu liberal oder national galten, wurden Berufsverbote ausgesprochen. Lediglich im wirtschaftlichen Bereich gab es einige Initiativen, Handelsschranken abzubauen und die deutschen Länder näher aneinanderzubringen. 1834 wurde der **Deutsche Zollverein** gegründet, in dem die beigetretenen Staaten auf gegenseitige Zölle verzichteten. Hierdurch entstand ein kleiner Raum des Freihandels, der sich günstig auf die bald einsetzende *Industrialisierung* auswirkte.

Unter dem Aspekt von Freiheit und Parlamentarismus wurde und wird diese Zeit der *Restauration* eindeutig negativ beurteilt. Einerseits wurde der Freiheitsdrang der Liberalen und Demokraten unterdrückt, und jede freie Meinungsäußerung wurde ausgeschlossen. Andererseits geben heute aber auch einige Historiker zu bedenken, dass nach den verheerenden napoleonischen Kriegen, in denen Millionen Menschen gestorben sind, 1815 die Periode eines über 30-jährigen Friedens in Mitteleuropa begann, die 1830 nur kurz von einer neuen revolutionären Welle unterbrochen wurde. Man kann davon ausgehen, dass die Masse der Bauern, die zu diesem Zeitpunkt die eindeutige Mehrheit der Bevölkerung in allen deutschen Staaten bildete, und auch viele Bürger in den Städten diese zwar unfreie, aber immerhin friedliche Periode mit Erleichterung begrüßt haben.

Vormärz | Als *Vormärz* wird meist diejenige Periode bezeichnet, in der sich zwischen 1830 und 1848 die deutsche Nationalbewegung langsam formierte und zu einer einflussreichen politischen Kraft wurde. Der Begriff kommt dadurch zustande, dass im März 1848 in Berlin eine *Revolution* ausbrach, und alle vorrevolutionären Vorgänge in Deutschland unter diesem Namen zusammengefasst werden. Die Periode wurde im Juli 1830 mit einem erneuten Revolutionsversuch in Paris eingeleitet, der allerdings nur indirekt auf Deutschland einwirkte. Die Unruhen in Paris hatten aber erhebliche direkte Effekte in anderen europäischen Ländern wie Belgien, den Niederlanden, Portugal oder Italien. Deutlich spürbar waren die Wirkungen auch in Polen: Im November 1830 begannen Offiziere und Studenten gemeinsam einen großen Aufstand, weil das Gerücht aufkam, russische Truppen sollten gegen die Revolution in Frankreich und in Belgien eingesetzt werden, und Polen solle währenddessen unter eine Militärverwaltung gestellt werden. Dieser Aufstand blieb auf das russische Teilungsgebiet beschränkt und

Klemens Wenzel Lothar Fürst von Metternich (1773–1859): auf dem Wiener Kongress österreichischer Außenminister und in den folgenden Jahren wichtigster europäischer Politiker

Deutscher Zollverein: Binnenmarkt, dem die meisten deutschen Staaten ohne Österreich angehörten

[1] Zum polnischen Aufstand, auch „Novemberaufstand" genannt, siehe weiter unten.

wurde, nachdem sich die Bewegung erheblich radikalisiert hatte, bis zum September 1831 brutal niedergeschlagen. Die Erhebung stieß in der deutschen liberalen Bewegung auf große Sympathie, und zahlreiche Hilfsvereine entstanden, die Geld sammelten oder Polen auf der Flucht unterstützten.

Auch wenn große revolutionäre Unruhen in den deutschen Territorien ausblieben, wuchs die Protestbewegung gegen die unbeliebte Herrschaft unübersehbar an. Vor allem Studenten, aber auch andere meist junge Männer, zu denen einige wenige Frauen stießen, veranstalteten gemeinsame große öffentliche Feiern und Feste, die nur schwer verboten und überwacht werden konnten, und auf denen Forderungen nach weitgehenden Reformen an die Regierungen gestellt wurden. Die herrschenden Eliten versuchten zwar, diese Bewegung zu behindern, wagten aber die offene Konfrontation meistens nicht, weil sie befürchteten, bei Anwendung von zu viel Gewalt das Gegenteil ihrer Ziele zu erreichen.

„Göttinger Sieben."
Denkmal in Hannover von Floriano Bodini.
Im Mittelpunkt des Bronzedenkmals steht ein sechs Meter hohes, halb geöffnetes Portal. Vor dem Tor stehen drei Personen, rechts davon ein Student, hinter dem Portal (hier verdeckt) stehen vier weitere Figuren sowie (auf dem Pferd) König Ernst August.

- Präsentation: Informieren Sie sich im Internet über die „Göttinger Sieben" und ihren Protest gegen das Vorgehen von König Ernst August I. von Hannover. Entwickeln Sie auf der Grundlage Ihrer Rechercheergebnisse ein Protestschreiben.
- Jutta Limbach, damalige Präsidentin des Bundesverfassungsgerichts, bezeichnete anlässlich der Einweihung des Denkmals im März 1998 die Protestaktion der „Göttinger Sieben" als „erstes Leuchtzeichen eines rechtsstaatlichen Verfassungsdenkens". Erörtern Sie diese Aussage.

Das Hambacher Fest | Die wichtigste dieser Veranstaltungen war das *Hambacher Fest*, das vom 27. Mai bis zum 1. Juni 1832 in der Pfalz stattfand. Dieses Treffen stellte später für die deutsche Nationalbewegung einen zentralen Bezugspunkt dar. Unter schwarz-rot-goldenen Fahnen, die symbolisch für die Freiheit und für die nationale Einheit standen, versammelten sich zwischen 20 000 und 30 000 meist junge Menschen auf der Schlossruine von Hambach.[1] Zahlreiche Reden wurden gehalten und gemeinsam wurden Lieder gesungen. Die Teilnehmer diskutierten lebhaft darüber, mit welchen Mitteln ein einiges und liberales Deutschland erreicht werden könnte. Zentral war ferner die Forderung nach einem Verfassungsstaat. Nur eine Minderheit plädierte dafür, sofort Gewalt einzusetzen und mit einer revolutionären Erhebung zu beginnen. Die meisten Teilnehmer sahen ein, dass die Mehrheit der Bevölkerung hierbei passiv bleiben würde und dass die militärischen Mittel der Fürsten zu überwältigend waren. Dennoch verbreitete sich der nationale Gedanke weiter. Eine polnische Delegation, die an den Feiern und Diskussionen teilnahm, wurde begeistert begrüßt, und beide Seiten sicherten sich Unterstützung bei der Schaffung ihrer jeweiligen nationalen Staaten zu. Demonstrativ wurde neben der schwarz-rot-goldenen auch die weiß-rote polnische Fahne gehisst (→M4). Bei den Liberalen in Westeuropa löste die polnische Freiheitsbewegung Begeisterung aus, weil die „junge" Idee der Nation gegen das „alte" Konzept der imperialen Herrschaft zu stehen schien.

[1] Zum Hambacher Fest siehe auch die Abbildung auf Seite 304.

Die Revolution von 1848/49 und die „nationale" Frage | Als im Februar 1848 in Paris erneut eine Revolution ausbrach, zog diese sofort Wirkungen in anderen europäischen Hauptstädten nach sich. Im März 1848 begannen in Berlin schwere Barrikadenkämpfe zwischen Aufständischen, die meist aus der Handwerkerschaft und aus dem Bürgertum stammten, und regulären Truppen. Nach dem Ende der sogenannten *Märzkämpfe* musste der preußische König Friedrich Wilhelm IV. zugestehen, dass eine neue Ordnung entstehen würde. Er wurde gezwungen, vor den bei den Konflikten gefallenen Menschen, die als „Märzgefallene" im Schlosshof aufgebahrt worden waren, seine Mütze zu ziehen und zwei Tage später mit schwarz-rot-goldener Schärpe durch Berlin zu reiten. Er behielt allerdings zunächst die Kontrolle über die Armee, was sich im Nachhinein als ein schwerer Fehler der Revolutionäre herausstellte. Auch in Wien revoltierte das Volk, und Fürst Metternich, der von den Aufständischen als das verhasste Symbol der alten restaurativen Ordnung angesehen wurde, musste fliehen. In freien Wahlen wurde in den deutschen Staaten ein Parlament gewählt, das in Frankfurt am Main in der *Paulskirche* zusammentrat und das die Aufgabe hatte, eine Verfassung zu erarbeiten. Diese Versammlung wurde von den Liberalen dominiert, die danach strebten, die Revolution in friedliche Bahnen zu lenken und sich mit den regierenden Fürsten zu arrangieren bzw. diese in eine Verfassung einzubinden. Außerhalb des Parlaments bestand aber eine sehr viel radikalere demokratische Bewegung, die die Revolution vorantreiben und die Fürsten absetzen wollte. Innerhalb dieser Gruppe machte bald das abschätzige Wort „Professorenparlament" die Runde (→M5).

Nachdem die Revolution zunächst Erfolge erzielt hatte, stand sofort die „nationale" Frage im Raum. Mehrere Konzepte wurden diskutiert, die sich gegenseitig ausschlossen. Die *„kleindeutsche Lösung"* strebte einen neuen Staat an, der ohne Österreich nur die norddeutschen und einige süddeutsche Territorien unter der Führung Preußens vereinigen sollte, wobei die Frage Bayerns offen war. Die *„großdeutsche Lösung"* umfasste alle Territorien, die innerhalb des Deutschen Bundes lagen. Allerdings bestand hier das Problem, dass dann auch zahlreiche nichtdeutsche Völker, wie beispielsweise Tschechen, innerhalb dieses neuen Staates gelebt hätten. Ferner warf die großdeutsche Lösung die Frage auf, was mit denjenigen Territorien geschehen solle, die außerhalb des bisherigen Deutschen Bundes lagen, aber beispielsweise zu Preußen oder zu Österreich gehörten. Eine dritte mögliche Lösung, die allerdings nur wenig diskutiert wurde, hätte deshalb in einer Art von imperialer *Föderation* bestehen können, bei der unklar gewesen wäre, ob Preußen oder Österreich die Vormacht in Mitteleuropa gehabt hätten.

Alle diese Kontroversen führten zu keinen konkreten oder politisch umsetzbaren Ergebnissen, weil sich bereits Ende 1848 die Kräfte der Gegenrevolution neu gruppierten. Entscheidend war, dass sowohl in Österreich als auch in Preußen die Armeen in der Hand der jeweiligen Regierungen geblieben waren und nun zunehmend gegen die revolutionären Bewegungen eingesetzt wurden. Bereits im Oktober schlugen Truppen nach Kämpfen, die fast vier Wochen dauerten, in Wien einen erneuten Aufstand nieder, und Anfang des nächsten Jahres griffen sie militärisch in Italien ein. Am 3. April 1849 lehnte König Friedrich Wilhelm IV. die Kaiserkrone ab, die ihm von der Nationalversammlung angeboten worden war. Stattdessen wurde die Versammlung in der Paulskirche von der Armee einfach aufgelöst. Seit Anfang Mai gingen preußische Truppen systematisch gegen die revolutionäre Bewegung in Sachsen, Württemberg und vor allem in Baden vor, wo sich die Hochburg der süddeutschen Demokraten befand. Am 23. Juli kapitulierte schließlich Rastatt, die letzte Bastion der Freiheitskämpfer, und damit war die Revolution offiziell beendet (→M6).

Friedrich Wilhelm IV. (1795–1861): preußischer König seit 1840, trat 1858 aus gesundheitlichen Gründen von seiner Regentschaft zurück

Deutscher Bund: Er bestand von 1815 bis 1866 und war ein lockerer Staatenbund, dem die meisten deutschsprachigen Territorien angehörten. Seine Grenzen waren allerdings nicht identisch mit den Staatsgrenzen, beispielsweise gehörten die östlichen Teile Preußens und viele der nicht-deutschsprachigen Teile Österreichs nicht zum Bund. Einige Gebiete, die – wie Schleswig und Holstein – von ausländischen Herrschern regiert wurden, gehörten hingegen dazu. Ziel des Bundes war es, die innere und äußere Sicherheit der Mitgliedstaaten zu gewährleisten.

Internettipp
Informationen zu den Ursachen, dem Verlauf und den Folgen der Revolution von 1848/49 finden Sie unter dem Code **32035-45**.

1848 und das polnische Problem | In den polnischen Teilungsgebieten schwelten seit 1846 erneut Unruhen, die vor allem vom polnischen Landadel ausgingen. Im Zusammenhang mit dem Beginn der 1848er-Revolution wurde in der mehrheitlich polnischsprachigen Provinz *Posen* die Unabhängigkeit gefordert, und es wurden auch Truppen aufgestellt. Bereits im Mai 1848 unterdrückte die preußische Armee aber diese Aufstandsbewegung.

Diese Vorgänge stellten für die deutschen Liberalen eine große Herausforderung dar, weil sie sich zwischen den Prinzipien der Freiheit und der nationalen Selbstbestimmung entscheiden mussten. Hatten beim Hambacher Fest noch beide nationalen Bewegungen Seite an Seite agiert, änderte sich die deutsche Haltung nun schnell. Dafür war auch verantwortlich, dass die in der Provinz Posen lebende deutschsprachige Minderheit die Etablierung eines neuen polnischen Staates ablehnte, auch wenn dieser innerhalb des Deutschen Bundes geblieben wäre. Immerhin war die Versammlung in der Paulskirche zunächst bereit, die Schaffung eines polnischen Staates – ausgehend von der Provinz Posen – dort zuzulassen, wo eindeutig Polen in der Mehrheit waren. In der sogenannten *„Polendebatte"* im Juli 1848 wurde aber deutlich, dass sehr viele deutsche Liberale ein unabhängiges Polen nun vehement ablehnten, wenn dadurch preußische Gebiete verloren würden. Nur wenige Demokraten, die meist auf der Seite der Linken standen, unterstützten die polnischen Wünsche.

In den folgenden Jahren setzte sich bei denjenigen Polen, die auf preußischem Territorium lebten, langsam die Überzeugung durch, dass militärischer Widerstand oder weitere Aufstände sinnlos sein würde. Sie erkannten, dass sie deshalb besser innerhalb der bestehenden Institutionen mitarbeiten sollten, um auf diese Weise die eigenen Interessen wahrzunehmen.

Eine gescheiterte Revolution in Deutschland? | Vordergründig ist die Revolution von 1848/49 in Deutschland gescheitert, weil sie militärisch niedergeschlagen wurde. Einige Revolutionäre wurden hingerichtet oder eingekerkert, viele flohen ins Ausland oder wanderten in die USA aus, wo sie schnell und erfolgreich wieder politisch aktiv wurden und beim Aufbau eines demokratischen Staates halfen. Wenn man allerdings die folgenden zwei Jahrzehnte betrachtet, kann man nicht einfach von einer Rückkehr zu den Verhältnissen von vor 1848 sprechen. Der preußische Staat setzte beispielsweise vorsichtig und behutsam einige Reformen um, die auf den Forderungen der liberalen Bewegung basierten. Das preußische Abgeordnetenhaus, das Ende 1848 eingeführt worden war, hatte nur wenige Befugnisse: Vor allem musste es dem preußischen Staatsbudget zustimmen und es hatte das Recht, Gesetze vorzuschlagen. Es wurde nach dem Drei-Klassen Wahlrecht gewählt, das sich am Besitz orientierte und damit die Konservativen und das reiche liberale Bürgertum stark begünstigte. Aber immerhin blieb in Preußen ein Parlament bestehen. 1849/50 verkündete der König von Preußen eine Verfassung, die allerdings die Rechte der Krone kaum einschränkte. Ferner bildeten sich in den 1850er-Jahren politische Parteien, die durchaus in offener Opposition zu den jeweiligen Regierungen stehen konnten. Auch die Konservativen formierten sich neu und schufen sich einen umfangreichen und effektiven Parteiapparat. Weitere Umgestaltungen betrafen die Wirtschaft. Durch eine Reihe von Maßnahmen wurden Firmengründungen erleichtert, und trotz einer kurzen Wirtschaftskrise in den 1850er-Jahren ging die Industrialisierung in vielen Teilen Preußens schnell voran. Mit staatlicher Unterstützung wurde der Eisenbahnbau vorangetrieben, und im Ruhrgebiet entstand aus bescheidenen Anfängen innerhalb von wenigen Jahrzehnten eine der größten Industrieregionen Europas. Schließlich stand seit den frühen 1860er-Jahren auch wieder die nationale Frage ganz oben auf der politischen Tagesordnung. Diese wurde auch dadurch aktueller als zuvor, weil in Italien die kriegerische Einigung des Staates begonnen hatte.[1]

[1] Zur italienischen Einigungsbewegung siehe Seite 324 f.

Der polnische Aufstand von 1863 | 1863 brach im russischen Teilungsgebiet erneut ein großer polnischer Aufstand aus. Träger des „nationalen" Gedankens waren vor allem Adlige und einige Intellektuelle, die Mehrheit der Bauern verhielt sich wie schon zuvor weitgehend passiv, und die Aufstandsbewegungen blieben räumlich auf die russischen Territorien begrenzt. Die Ursachen beruhten vor allem darauf, dass die zaristische Regierung zwar in den 1850er-Jahren einige Lockerungen zugelassen und innenpolitische Zugeständnisse gemacht hatte, diese aber in Teilen der polnischsprachigen Bevölkerung als unzureichend angesehen worden waren. Proteste, bei denen sich der Wunsch nach weitergehenden Freiheitsrechten ausdrückte, waren zudem scharf unterdrückt worden. Russische Truppen hatten eine friedliche Demonstration in Warschau zusammengeschossen, wobei mehr als 100 Menschen starben. Allerdings wurde der Aufstand von 1863 nur schlecht vorbereitet und die Rebellen verfügten über viel zu wenige Waffen. Auch gelang es ihnen nicht, die Hauptstadt Warschau zu besetzen, sodass ihnen ein logistisches Zentrum fehlte. Immerhin konnten die Rebellen sich aber etwa 15 Monate halten, und erst im Frühjahr 1864 brach der Aufstand zusammen, auch wenn einzelne Einheiten noch fortfuhren, einen Partisanenkrieg zu kämpfen.

Die russischen Reaktionen waren erneut sehr hart. Über 400 Aufständische wurden hingerichtet und über 20 000 nach Sibirien deportiert. Auch wurde das zuvor relativ gut ausgebaute Schulsystem ausgedünnt. Der Gebrauch der polnischen Sprache in der Schule wurde grundsätzlich verboten und in einigen Regionen stieg die Zahl der Analphabeten auf bis zu 70 Prozent an. Viele tausend polnische Intellektuelle, ehemalige Soldaten und Politiker flohen nach Westeuropa oder in die USA, wo sie einflussreiche Netzwerke formierten. Dieser und die vorangegangenen Aufstände stellten später für die polnische Nationalbewegung einen wichtigen Bezugsrahmen dar. Beispielsweise komponierte der berühmte Pianist, Komponist und Politiker Ignacy Jan Paderewski 1909 eine Symphonie (h-moll, op. 24), die den Beinamen „Polonia" erhielt und die dem Nationalaufstand von 1863 gewidmet war. In diesem Werk wurde musikalisch mehrfach das sogenannte „Lied der Legionen" zitiert, das später unter dem Titel „Noch ist Polen nicht verloren" zur polnischen Nationalhymne[2] wurde.

[2] Vergleichen Sie hierzu M2 auf Seite 318 f.

M1 „Des Deutschen Vaterland"

1813 verfasst der deutsche Schriftsteller und Historiker Ernst Moritz Arndt (1769–1860) während der Befreiungskriege gegen die napoleonische Herrschaft das folgende Lied, das 1814 zum ersten Mal aufgeführt wird, zunächst aber recht erfolglos bleibt. In den 1820er- und 30er-Jahren wird es in der liberalen Nationalbewegung populär und häufig gesungen.

Was ist des Deutschen Vaterland?
Ist's Preußenland, ist's Schwabenland?
Ist's, wo am Rhein die Rebe blüht?
Ist's, wo am Belt die Möwe zieht?
O nein! nein! nein!
Sein Vaterland muss größer sein.

Was ist des Deutschen Vaterland?
Ist's Bayerland, ist's Steierland?
Ist's, wo des Marsen Rind sich streckt?
Ist's, wo der Märker Eisen reckt?
O nein! nein! nein!
Sein Vaterland muss größer sein.

Was ist des Deutschen Vaterland?
Ist's Pommerland, Westfalenland?
Ist's, wo der Sand der Dünen weht?
Ist's, wo die Donau brausend geht?
O nein! nein! nein!
Sein Vaterland muss größer sein.

Was ist des Deutschen Vaterland?
So nenne mir das große Land!
Ist's Land der Schweizer? ist's Tirol?
Das Land und Volk gefiel mir wohl;
Doch nein! nein! nein!
Sein Vaterland muss größer sein.

Was ist des Deutschen Vaterland?
So nenne mir das große Land!
Gewiss es ist das Österreich,
An Ehren und an Siegen reich?
O nein! nein! nein!
Sein Vaterland muss größer sein.

Was ist des Deutschen Vaterland?
So nenne mir das große Land!
So weit die deutsche Zunge klingt
Und Gott im Himmel Lieder singt,
Das soll es sein!
Das, wackrer Deutscher, nenne dein!

Das ist des Deutschen Vaterland,
Wo Eide schwört der Druck der Hand,
Wo Treue hell vom Auge blitzt,
Und Liebe warm im Herzen sitzt –
Das soll es sein!
Das, wackrer Deutscher, nenne dein!

Das ist des Deutschen Vaterland,
Wo Zorn vertilgt den welschen Tand,
Wo jeder Franzmann heißet Feind,
Wo jeder Deutsche heißet Freund –
Das soll es sein!
Das ganze Deutschland soll es sein!

Das ganze Deutschland soll es sein!
O Gott vom Himmel sieh darein
Und gib uns rechten deutschen Mut,
Dass wir es lieben treu und gut.
Das soll es sein!
Das ganze Deutschland soll es sein!

Nach: http://gutenberg.spiegel.de/buch/gedichte-2227/58
(Zugriff: 4. Februar 2016)

1. Zeichnen Sie anhand einer Landkarte diejenigen Territorien ein, die der Autor unter dem „ganzen" Deutschland versteht. Vergleichen Sie anschließend Ihr Ergebnis mit der Karte Europas nach dem Wiener Kongress. Siehe dazu Seite 311.
2. Bei der Nationsbildung spielen Wertvorstellungen eine zentrale Rolle. Charakterisieren Sie die Eigenschaften, die ein guter Deutscher nach Arndts Auffassung haben sollte.
3. Arbeiten Sie aus dem Lied die beiden Elemente heraus, die laut Arndt alle deutschen Territorien miteinander verbindet.

M2 Die polnische Nationalhymne

Die heutige Nationalhymne Polens geht auf ein Lied zurück, das der polnische Politiker und Schriftsteller Józef Wybicki (1747–1822) im Jahre 1797 im italienischen Exil komponiert hat. Das Lied wird später in der Nationalbewegung sehr populär und bei Aufständen gerne gesungen.

Noch ist Polen nicht verloren,
so lange wir leben.
Was uns fremde Übermacht nahm,
werden wir uns mit dem Säbel zurückholen.

Marsch, marsch, Dąbrowski,
Von der italienischen Erde nach Polen.
Unter deiner Führung
vereinen wir uns mit der Nation

Wir werden Weichsel und Warthe durchschreiten,
wir werden Polen sein.

Bonaparte[1] gab uns ein Beispiel
wie wir zu siegen haben.

Marsch, marsch Dąbrowski ...

Wie Czarniecki[2] bis nach Posen
nach der schwedischen Besetzung,
Zur Rettung des Vaterlands
kehren wir übers Meer zurück.

Marsch, marsch, Dąbrowski ...

Da spricht schon ein Vater zu seiner Basia[3]
weinend:
„Hör nur, es heißt, dass die Unseren
Die Kesselpauken schlagen."

Marsch, marsch, Dąbrowski ...

Nach: Nationalhymnen. Texte und Melodien, Stuttgart 1982, S. 132

1. Präsentation: Informieren Sie sich im Internet über den mehrfach im Lied genannten „Dąbrowski". Verfassen Sie anschließend ein kurzes Porträt über ihn. Arbeiten Sie darin auch seine Bedeutung in der polnischen Geschichte heraus.
2. Recherchieren Sie im Internet über die deutsche Nationalhymne. Vergleichen Sie diese anschließend mit der polnischen Hymne unter folgenden Gesichtspunkten: Verfasser, Entstehungszeit und -ort. Berücksichtigen Sie ebenso den historischen Kontext: Welche Personen oder welche Ereignisse behandeln die Texte?
3. Erörtern Sie die Funktion, die Nationalhymnen für eine nationale Bewegung haben. Diskutieren Sie, ob diese Funktion von der polnischen Hymne erfüllt wird.

M3 „Auferstehung des polnischen Volkes"

Der aus dem Landadel stammende Adam Mickiewicz (1798–1855) gilt als einer der wichtigsten polnischen Nationaldichter. Im Jahre 1832 schreibt er:

Schließlich kamen im götzendienerischen Europa drei Könige zur Regierung; der Name des ersten war Friedrich der Zweite von Preußen, der Name des zweiten Katharina die Zweite von Russland, der Name des dritten Maria Theresia von Österreich. Und es war die satanische Dreifaltigkeit wider die göttliche, und sie war gleichsam ein Spott und Hohn auf alles, was heilig ist.

Friedrich, dessen Name Freund des Friedens bedeutet, sann auf Kriege und Raubzüge sein ganzes Leben lang […].
Katharina wiederum heißt auf Griechisch die Reine, sie war aber die unzüchtigste unter allen Frauen und wie eine schamlose Venus, die sich eine reine Jungfrau nennt. […]
Maria Theresia wiederum trug den Namen der demütigsten und unbefleckten Mutter des Erlösers, um die Demut und die Heiligkeit zu verspotten. Denn sie war eine hochmütige Teufelin und führte Krieg, um fremde Länder zu unterwerfen. […]
Die Namen dieser drei Könige, Friedrich, Katharina und Maria Theresia, waren drei Gotteslästerungen und ihre Leben drei Verbrechen und ihr Andenken drei Verfluchungen […].
Das polnische Volk allein aber neigte sich vor dem neuen Götzen nicht und hatte in seiner Sprache kein Wort, ihn polnisch zu benennen, ebenso wenig für seine Verehrer, die nach dem Französischen Egoisten heißen. Das polnische Volk ehrte Gott, weil es wusste, dass, wer Gott ehrt, allem, was gut ist, die Ehre gibt.
Von Anfang bis zu Ende also war das polnische Volk dem Gott seiner Vorfahren treu. Seine Könige und Ritter griffen nie irgendein gläubiges Volk an, sondern verteidigten die Christenheit vor den Heiden und den Barbaren, die die Sklaverei mit sich führten. […]
Das polnische Volk ist nicht gestorben; sein Leib liegt im Grab und seine Seele hat die Erde, das öffentliche Leben verlassen, um hinabzusteigen zum Abgrund, das ist zum häuslichen Leben der Völker, die Knechtschaft leiden daheim und in der Ferne, um ihre Leiden zu sehen. Und am dritten Tage wird die Seele in den Leib zurückkehren, und das Volk wird auferstehen, und es wird alle Völker Europas aus der Knechtschaft befreien […]. Und wie mit dem auferstandenen Christus die blutigen Opfer von der ganzen Erde verschwanden, so werden mit der Auferstehung des polnischen Volkes aufhören innerhalb der Christenheit die Kriege.

Nach: Enno Meyer (Hrsg.), Deutschland und Polen 1772–1914. Quellen- und Arbeitshefte zur Geschichte und Gemeinschaftskunde, Stuttgart 1966, S. 38f.

1. Fassen Sie stichpunktartig zusammen, wie Friedrich II. von Preußen, Katharina II. von Russland und Maria Theresia von Österreich in der Quelle charakterisiert werden.
2. Arbeiten Sie heraus, auf welche historische Ereignisse in dem Text anspielt werden.
3. Analysieren Sie die Bedeutung, die die in der Quelle verwendeten religiösen Begriffe haben.

---

[1] **Bonaparte**: Gemeint ist Napoleon Bonaparte.
[2] **Stefan Czarniecki** (1599–1665): polnischer Feldherr, der durch seine Siege im schwedisch-polnischen Krieg (1655–1660) zum nationalen Helden wurde
[3] **Basia**: polnische Bezeichnung für den Vornamen Barbara

M4 „Es leben unsere deutschen Brüder!!"

In Paris besteht ein polnisches Nationalkomitee, das im Mai 1832 eine Adresse an die Teilnehmer des Hambacher Festes versendet. Wichtigster Vertreter ist Joachim Lelewel (1786–1861), der bei dem Aufstand von 1830/31 Mitglied in der polnischen Revolutionsregierung gewesen ist und nach der polnische Niederlage ins Exil flieht. In der Adresse heißt es:

Ja, groß, erhaben und edel ist das Ziel, zu dessen Erringung Ihr bei diesem der Hoffnung gewidmeten Feste die Mittel besprechen wollt. Nur in der politischen Einheit Eures Vaterlandes durch eine Verbindung der einzelnen Brüderstämme können die gemeinsamen Interessen – das Gesamtwohl Eurer Nation gefördert – die innere Willkür und die äußere Gewalt abgeschafft – gesetzliche Freiheit und deutsche Nationalwürde erstrebt werden. Aber das Fortbestehen des Errungenen kann nur die Einführung der Volkssouveränität verbürgen, welche der politischen Reform zur Grundlage dienen muss. Alle noch von Despoten beherrschten europäischen Völker werden ihr inbrünstiges Gebet mit dem Eurigen verbinden, dass der Ewige, der Gott der Gerechten, Euch bei Eurem Vorhaben beistehen und dessen Erringung gewähren, Eure Hoffnungen und ihre Wünsche mit einem günstigen Erfolge krönen möge; denn durch die bürgerliche Emanzipation eines so großen Volkes wird der Grundstein zur Befreiung aller anderen Völker vom Sklavenjoche gelegt.

Und wenn Ihr nach Erringung der beabsichtigten Reform, dem Ewigen für seinen Beistand dabei Dank zollend, das Errungene auf den Gräbern Eurer Väter [...] opfern werdet – dann gedenket auch unserer Gesetzgeber, welche schon vor 40 Jahren das von ihren Vorfahren ererbte große Prinzip der Volkssouveränität als das erste Bedürfnis für Ruhe und Sicherheit der Völker, als die erste Bedingung des Fortbestehens der Volksfreiheit in ihrem ganzen Umfange mit der Oberaufsicht über die Werkzeuge der vollstreckenden Gewalt in der von ihnen unserem Vaterlande *gegebenen* Verfassung vom Jahre 1791 verkündeten, – welche aber Märtyrer der Volkssache wurden und die weitere Entwicklung des Werkes nicht erlebten, weil der auswärtige Einfluss, die untereinander verbündeten Despoten, es gleich zu untergraben versuchten und das große Prinzip im Keime erdrückten, da dasselbe außer bei uns nirgends Verteidiger gefunden hat.

Die Erringung dieses Prinzips und unser Vorhaben, die Wohltaten der bürgerlichen Emanzipation allen Volksklassen zuzugestehen, ist und soll unser größtes Bemühen sein, und beide sind die größten Bedingungen unserer Unabhängigkeit, nach welcher wir streben.

Es leben unsere deutschen Brüder!!

Nach: Enno Meyer (Hrsg.), ebd., S. 35 f.

1. Geben Sie die wesentlichen Aussagen wieder.
2. Charakterisieren Sie die sprachlichen Mittel, mit denen sich das Nationalkomitee an die Teilnehmer des Hambacher Festes wendet.
3. In M4 wird auf die polnische Verfassung von 1791 hingewiesen. Informieren Sie sich über diese. Ordnen Sie ihre Bedeutung auf nationaler und europäischer Ebene ein.
4. Analysieren Sie die Gemeinsamkeiten und Unterschiede in M3 und M4. Gehen Sie dabei auch auf die Frage ein, welche Formen von Nationalismus sich in den beiden Texten widerspiegeln.

M5 Liberalismus und Nationalismus

Der deutsche Historiker Wolfgang J. Mommsen (1930–2004) äußert sich im Jahre 1998:

Die liberale Bewegung und ebenso ihr linker Flügel, die radikale Demokratie, waren von Anbeginn eng mit der nationalen Idee verbunden. In der Zeit des Vormärz war die Idee der Kulturnation, die ihre natürliche Vollendung in einem eigenständigen, obschon gegebenenfalls föderativ gegliederten Nationalstaat finden müsse, zur herrschenden Ideologie der „Bewegungspartei" geworden. Die nationale Idee einte die Intelligenz und die bürgerlichen Eliten in einem gemeinsamen Credo; die bürgerlichen Kulturwerte, insbesondere die jeweilige Nationalliteratur, dienten der Legitimierung der nationalen Ideologie gegenüber den traditionellen Gewalten. Darüber hinaus erwies sich die Idee des Nationalstaats als eine ungemein zugkräftige Integrationswaffe, um die breiten Schichten der Bevölkerung schrittweise für die politischen Ziele der bürgerlichen Eliten zu gewinnen. [...]

Allerdings sollte die partielle Befriedigung der nationalpolitischen Ziele von den verfassungspolitischen Machtfragen ablenken und zugleich von den noch ungleich explosiveren sozialen Problemen. Es war eine der wichtigsten Auswirkungen der Revolution, dass die nationale Idee nahezu überall in Europa nunmehr einen festen Rückhalt nicht allein bei den Intellektuellen und den Schichten von „Besitz und Bildung" gewonnen hatte, sondern auch bei den breiten Schichten der Bevölkerung, und dies, obschon die nationalrevolutionären Bewegungen als solche fast überall vollständig scheiterten.

In dieser Hinsicht war die Bilanz der Revolution von 1848/49 nichts weniger als positiv. Die polnische Nationalbewegung war vollständig zerschlagen worden; Polen war nach 1849 der repressiven Herrschaft der Teilungsmächte weit stärker ausgeliefert als zuvor; die Institutionen, die im Vormärz eine gesamtpolnische Identität garantierten, waren ausgelöscht worden. [...]

Zu Teilen lässt sich das Scheitern der Neuordnung Europas aufgrund des Selbstbestimmungsrechts der Nationen darauf zurückführen, dass die europäischen nationalen Bewegungen schon von Anbeginn in bittere Konflikte miteinander verstrickt wurden, statt, wie dies weitsichtigere Männer der Linken […] gefordert hatten, gegenüber den überkommenen dynastischen Ordnungen Solidarität zu üben. Ganz im Gegenteil, überall, und namentlich in der Paulskirche, traten sogleich nationalistische Tendenzen und zuweilen gar imperialistische Begehrlichkeiten hervor, die die Achtung vor dem Eigenrecht der anderen Nationen völlig vermissen ließen. Dies erleichterte es den überkommenen Gewalten, die einzelnen Nationalitäten und Nationen gegeneinander auszuspielen. Europa verpasste eine – genauer: die erste – große Gelegenheit, sich unter freiheitlichen Gesichtspunkten eine neue Ordnung zu geben.

Wolfgang J. Mommsen, 1848. Die ungewollte Revolution. Die revolutionären Bewegungen in Europa 1830–1849, Frankfurt am Main 1998, S. 311 ff.

1. Fassen Sie mit eigenen Worten die Argumente zusammen, mit denen der Zusammenhang zwischen Liberalismus und Nationalismus in dem Text dargestellt wird.
2. Präsentation: Informieren Sie sich im Internet und/oder in Fachbüchern über den Begriff „Kulturnation" (siehe Zeile 4). Schreiben Sie anschließend einen kurzen Lexikonbeitrag zum Begriff.
3. Erörtern Sie, wie Mommsen die Perspektiven der Revolution darstellt und welche Chance seiner Meinung nach 1848/49 verspielt worden ist.

M6 1848/49: eine gescheiterte Revolution?

Der deutsche Historiker Thomas Nipperdey (1927–1992) schreibt über die Revolution:

Es war die Spaltung der bürgerlichen Bewegung in liberal-konstitutionelle und radikale Demokraten, die zu ihrem Scheitern geführt oder doch wesentlich beigetragen hat. Denn das schwächte die Revolution gegenüber den alten Mächten nachhaltig. […] War es der Radikalismus der Radikalen, und vielleicht ihr utopischer Illusionismus, der die möglichen Chancen der Revolution vereitelt hat […] Oder war es die Vorsicht, der obrigkeitliche konservative Traditionalismus der Liberalen, ihre Klassenangst vor Demokratie und sozialer Veränderung, vor der „roten Revolution", die sie zum Kampf gegen die Linke, zur Kooperation mit den alten Gewalten oder zur Resignation getrieben hat? […] [Die Liberalen] hatten andere Ziele als die Linken und eine andere Strategie; sie trieben eine Politik der Mitte, gegen die Linke gewiss, aber gegen die alten Mächte, den Status quo wie die Gegenrevolution ebenso. Sie waren keine dezidierten Revolutionäre gewesen, sondern Revolutionäre wider Willen; sie machten vor den Thronen Halt; sie wollten die Revolution beenden und in Legalität überführen; die permanente Revolution als Basis ihrer Legitimität und ihrer Macht war ihnen ein Gräuel. […] Die Liberalen wollten Dämme gegen das Chaos bauen, die Revolution begrenzen, gerade weil sie die Ziele, die sie mit der Revolution gemeinsam verfolgten, durchsetzen wollten. Man kann von den Liberalen, von den bürgerlichen Honoratioren, von den Anwälten einer Gesellschaft mittlerer Existenzen, von Eigentümern nicht erwarten, dass sie die sozialen und egalitären demokratischen Normen unserer Gesellschaft des 20. Jahrhunderts verfochten. […]

Wie die Freiheit hatte auch die Einheit ihre großen Probleme. Sie stieß mit den europäischen Mächten und dem neuen Nationalismus der Völker zusammen – Grenzen, Minderheiten, neue Großmachtposition […]. Und die Einheitsforderung stieß auf den alten wie den neuen Föderalismus und Partikularismus der deutschen politischen Welt, das Gegeneinander von Einzelstaat und werdendem Gesamtstaat. Sie stieß zudem auf das Problem des deutschen Dualismus: nationale Einheit gab es nicht ohne Österreich, nicht ohne Preußen, aber solange die als Staaten bestanden, stellte sich das Problem der Führung. Und es stellte sich das Problem, wie der deutschen Nationalstaat und der Anspruch der Nation auf Einschluss der Deutschen Österreichs und die Existenz dieses übernationalen Staates zu vereinbaren wären. […] Deutsche Einheit, deutsche Grenzen, deutsche Freiheit und ein Stück sozialer Gerechtigkeit, das waren schon vier Probleme, die gleichzeitig anstanden […] Es ist die Vielzahl der Probleme und ihrer Unlösbarkeiten gewesen, die zum Scheitern der Revolution geführt hat. Man wollte einen Staat gründen und eine Verfassung durchsetzen, beides zugleich, und das angesichts gravierender sozialer Spannungen. Auch in Frankreich, wo die Probleme einfacher waren, und auch in Italien ist die Revolution gescheitert; diese Tatsachen muss jedes Urteil über die deutsche Revolution mitreflektieren.

Thomas Nipperdey, Deutsche Geschichte 1800–1866. Bürgerwelt und starker Staat, München 1998, S. 663 f. und 668 f.

1. Fassen Sie die zentralen Argumente zusammen, mit denen Nipperdey seine Auffassung über das Scheitern der Revolution begründet.
2. Vergleichen Sie die Texte von Mommsen (M5) und von Nipperdey, und arbeiten Sie Gemeinsamkeiten und Unterschiede ihrer Argumentation heraus.
3. 1848/49: eine gescheiterte Revolution? Nehmen Sie dazu Stellung. | H

Methode

Historische Urteile untersuchen

Ein **historisches Urteil** drückt eine begründete Position zu einem vergangenen Geschehen aus. Dabei ist zwischen einem Sach- und einem Werturteil zu unterscheiden. Beiden Urteilen liegt eine Sachanalyse zugrunde. Ein **Sachurteil** berücksichtigt Perspektiven, Formen, Ursachen und Wirkungen geschichtlicher Ereignisse. Dabei kann vergangenes Geschehen (z.B. das Hambacher Fest) ebenso Gegenstand eines Sachurteils sein wie das Handeln verantwortlicher Personen (z.B. die Debatten in der Frankfurter Paulskirche 1848/49).
Historische Urteile berücksichtigen mehrere Ursachen (**Multikausalität**) eines Geschehens: wirtschaftliche, soziale, rechtliche, außen- und innenpolitische und andere Zusammenhänge. Sie beziehen auch verschiedene Sichtweisen ein (**Multiperspektivität**), also unterschiedliche Interessen und Motive verschiedener Handelnder sowie Betroffener.
Sachlich begründete **Analysekriterien** helfen, nachprüfbare historische Sachurteile zu treffen. Politische und wirtschaftliche Entscheidungen können zum Beispiel vor dem Hintergrund der zeitgenössischen Entscheidungsspielräume auf ihr Zustandekommen und ihre Wirksamkeit (Effizienz) befragt werden: Erfolgte die Entscheidung schnell? War sie politisch und gesellschaftlich durchsetzbar? Wurde das angestrebte Ziel erreicht? Zu hinterfragen ist auch die Rechtmäßigkeit (Legitimität) bestimmter Handlungen: War die Entscheidung rechtlich möglich? War sie nach damals gültigen Wertvorstellungen legitim? Gab es damals konkurrierende Wertvorstellungen?
Wenn wir Ereignisse oder Handlungen nicht nur nach zeitgenössischen, sondern auch nach heutigen Wertmaßstäben beurteilen, fällen wir historische **Werturteile**. Dabei haben wir darauf hinzuweisen, dass unser Urteil mitbestimmt ist von unserem aktuellen Verständnis von Gerechtigkeit, Freiheit und Gleichheit der Geschlechter oder anderen in unserem Grundgesetz festgehaltenen Grundrechten. Nur dann, wenn zwischen **heutigen und früheren Wertmaßstäben** deutlich unterschieden wird, können historische Urteile angemessen und einleuchtend sein.
Je nach **Gewichtung der Argumente** und dem **Standpunkt des Urteilenden** können die Aussagen im Ergebnis unterschiedlich ausfallen.

Im Buch gibt es zahlreiche Quellen, die ein historisches Urteil beinhalten. Hier eine kleine Auswahl: Siehe M1, Seite 309; M6, Seite 321; M2, Seite 361 und M1, Seite 381.

Operatoren*

Sachurteil

• beurteilen

Beispiel: Beurteilen Sie, in wiefern die Rede als „Schlüsseldokument" für die „Endlösung der Judenfrage" und den Holocaust angesehen werden kann (vgl. Seite 373).

• erörtern

Beispiel: Erörtern Sie die Bedeutung des Einflusses der Solidarność-Bewegung auf die politische Wende von 1989 (vgl. Seite 385).

Werturteil

• Stellung nehmen

Beispiel: 1848/49: eine gescheiterte Revolution? Nehmen Sie dazu Stellung (vgl. Seite 321).

• erörtern

Beispiel: Erörtern Sie, warum Geschichte als Argument für nationale Bewegungen eine derartig wichtige Rolle spielte und immer noch spielt (vgl. Seite 290).

* Siehe dazu auch den Anforderungsbereich III bei den Hinweisen zur Bearbeitung der Aufgaben ganz vorne im Buch sowie die Hilfen zum richtigen Umgang mit den Operatoren ab Seite 508.

Historische Urteilsbildung.
Grafik von Jana Bretschneider.

▶ Begründen Sie ausgehend von der Grafik, warum es sich bei der Beurteilung von Jürgen Heyde (M „Novemberaufstand") um ein Sach- und nicht um ein Werturteil handelt.

Gegenstand
(Ereignis, Herrschaftssystem, Handlung, Prozess bzw. Entwicklung, Kommentar etc. in der Geschichte)

Analyse
(auch unter Anwendung geschichtswissenschaftlicher Theorien)

multiperspektivisch
- politische Akteure
- wirtschaftlich Handelnde
- betroffene (politische, ethnische, religiöse, soziale) Gruppen

multikausal
- kurz-, mittel-, langfristige Ursachen und Folgen
- Anlässe

Sachurteil (Urteilskriterien)

Effizienz
- (politische) Durchsetzbarkeit
- politische und wirtschaftliche Nützlichkeit
- Schnelligkeit
- (Ziel-)Genauigkeit der Maßnahme
- Vermeidung unerwünschter Nebenfolgen

Legitimität
- historisch geltendes Recht
- Akzeptanz in historischer Gesellschaft
- historische Wertmaßstäbe (z. B. Gerechtigkeitsvorstellungen)

Werturteil (Urteilskriterien)
heute geltende Grundwerte: Sicherheit, Freiheit, Gerechtigkeit, Gleichheit der Geschlechter, Solidarität, Rechtsstaatlichkeit, Demokratie (politische Teilhabe, Transparenz politischer Entscheidungen) etc.

M „Novemberaufstand"

*Der deutsche Historiker Jürgen Heyde (*1965) bewertet die polnische Nationalbewegung anhand des Aufstandes von 1830/31:*

Auch in Polen selbst war die gesellschaftliche Basis für den Aufstand zunächst sehr gering. Er hatte als Generationenkonflikt innerhalb der Streitkräfte begonnen, bis die liberalen Kräfte zielstrebig auf eine „Nationalisierung" der Bewegung hinarbeiteten. In den ersten Tagen des Aufstandes hatten sich Vertreter der Aristokratie, des Bürgertums und auch hohe Offiziere mehrheitlich gegen die Erhebung ausgesprochen und zu Mäßigung geraten. Doch angesichts der kompromisslosen Haltung der russischen Regierung in St. Petersburg schlossen sie sich den Aufständischen an. Zentren der Aufstandsbewegung waren die großen Städte, besonders die Universitätsstädte Warschau und Wilna. […] In der Emigration versuchte die aristokratische Partei […] ergebnislos, auf diplomatischem Wege Bündnisse gegen Russland zu organisieren. Innerhalb Frankreichs gelang es […] hingegen, einen Lehrstuhl für Slawische Sprache und Literatur am Collège de France einzurichten, auf den 1840 Adam Mickiewicz[1] berufen wurde. Diese Professur entwickelte einen nicht zu unterschätzenden Einfluss auf die junge französische Intelligenz. Mickiewiczs Schaffen wurde in der polnischen Exilöffentlichkeit, aber auch im geteilten Polen breit rezipiert. Seine romantischen Vorstellungen von Polen als dem „Christus der Völker" fanden hier regen Anklang.
In Paris entstanden die Werke, welche für lange Zeit das Bild der polnischen Nationalbewegung prägen sollten – in der Emigration ebenso wie in den polnischen Ländern.

Jürgen Heyde, Geschichte Polens, München ³2011, S. 61 und 63 f.

▶ In der vorliegenden Quelle werden mehrere Sachurteile genannt. Benennen Sie einige und beurteilen Sie diese. Beziehen Sie dabei Ihre bisherigen Kenntnisse der polnischen Nationalbewegung mit ein. Ihre Ergebnisse können Sie mit der Beispiellösung auf Seite 537 vergleichen.

[1] Zu Adam Mickiewicz siehe auch M3 auf Seite 319.

Der Weg zur Reichsgründung

Die italienische Einigungsbewegung: das Risorgimento | Zeitlich ging die Einigung Italiens derjenigen von Deutschland voraus, und die deutschen Liberalen haben die Vorgänge in Italien sehr genau beobachtet. Häufig wurden die Ereignisse in Italien kommentiert und Überlegungen angestellt, ob und wie die italienischen Erfahrungen für Deutschland nutzbar gemacht werden könnten bzw. ob sich Vorbilder ergaben. Vor 1860 bestanden in Italien sehr ausgeprägte regionale Identitäten. Lokale Dialekte herrschten vor, und die hochitalienische Sprache wurde nur von einer kleinen Schicht gesprochen. Die *italienische Einigungsbewegung* entstand aus zwei unterschiedlichen Quellen. Erstens wurde sie getragen von einer relativ kleinen, aber einflussreichen Gruppe von liberalen Bürgern, die meistens aus den großen Städten in Norditalien stammten. Diese wollten einen modernen italienischen Staat mit einer Verfassung und einem Parlament schaffen, lehnten aber fast immer demokratische Ideen ab. Sie wollten das Wahlrecht an ein bestimmtes Einkommen bzw. an Besitz koppeln. Ferner beabsichtigten sie, den Einfluss der katholischen Kirche zu beschränken und nach dem Vorbild Frankreichs einen säkularen Nationalstaat zu schaffen, in dem Staat und Kirche strikt getrennt sein sollten. Zweitens bestand in Süditalien, wo die Ländereien fast ausschließlich Großgrundbesitzern gehörten, eine Bewegung von kleinen Bauern und armen Landarbeitern, die vor allem Agrarreformen und die Aufteilung der großen Güter forderten. Beide Bewegungen hatten zunächst nur miteinander gemeinsam, dass sie mit den herrschenden Bedingungen unzufrieden waren. 1859 siegten Truppen des Staates *Sardinien-Piemont*, die von Frankreich unterstützt wurden, in einem Krieg gegen Österreich, das in der Folge die Lombardei abtreten musste. Als Dank hierfür erhielt Frankreich Nizza und Savoyen.

Zum Führer der Bewegung im Süden wurde der Republikaner *Giuseppe Garibaldi*, der in den kommenden Jahrzehnten zum Symbol des italienischen Freiheitskampfes wurde. Im Mai 1860 kehrte er aus dem Exil in den USA zurück und landete mit einer Gruppe von etwa 1 000 bewaffneten Anhängern in Sizilien. Diese Invasion löste große *Volksaufstände* aus, und innerhalb weniger Monate brach die bisherige staatliche Ordnung in Süditalien zusammen (➔M1). Garibaldi nahm schnell Neapel ein, proklamierte aber keine demokratische Revolution, sondern unterstellte sich im Oktober 1861 *Viktor Emanuel II.*, dem König von Sardinien-Piemont (Königshaus Savoyen). Im März 1861 war in Turin die neue italienische *Monarchie* ausgerufen worden. 1866 beteiligte sich Italien am Krieg zwischen Deutschland und Österreich und 1870 besetzten italienische Truppen während des Deutsch-Französischen Krieges den Kirchenstaat, sodass Rom zur neuen italienischen Hauptstadt wurde. Auch wenn bei Volksabstimmungen eine überwältigende Mehrheit für die nationale Einheit stimmte, stellte – anders als in Deutschland – die nationale Bewegung in Norditalien keine Massenbewegung dar, sondern die Liberalen waren sich darüber bewusst, dass sie nicht die Mehrheit der Bevölkerung repräsentierten. Das Wahlrecht wurde sehr stark eingeschränkt, nur 1,9 Prozent der Bevölkerung durfte über die Zusammensetzung des Parlaments abstimmen. Die erheblichen sozialen Probleme waren den Führern der italienischen Parteien bewusst. So bemerkte der konservative Politiker *Massimo d'Azeglio* zutreffend in einer berühmten Rede vor dem Parlament: „Wir haben Italien geschaffen, jetzt müssen wir Italiener schaffen."[1]

Aufstände von Bauern im Süden, die weiterhin auf Landreformen hofften, wurden gewaltsam niedergeschlagen. Auch war das Land tief gespalten, weil der Papst, nachdem der Kirchenstaat militärisch besetzt worden war, den italienischen Staat scharf ablehnte und allen Katholiken die Mitarbeit am öffentlichen Leben verbot. Erst ab den 1890er-Jahren entstand mit dem italienischen **Imperialismus** in Afrika und im Mittelmeerraum eine integrative Ideologie, die sich nationalistisch interpretieren ließ.

Imperialismus: Als „Zeitalter des Imperialismus" wird die Zeit zwischen dem späten 19. Jahrhundert und dem Ausbruch des Ersten Weltkrieges bezeichnet. In dieser Periode teilten die europäischen Mächte Afrika und Teile Asiens unter sich auf.

[1] Nach: Eric Hobsbawm, Nationen und Nationalismus, Bonn 2005, S. 58.

Der preußische Verfassungskonflikt und die preußischen Liberalen | Der *preußische Verfassungskonflikt* stellte eine mehrjährige und schwere Auseinandersetzung zwischen der preußischen Regierung und den Liberalen dar. Er entzündete sich an einer eigentlich harmlosen Frage: 1860/61 wollte *Albrecht von Roon*, der neue preußische Kriegsminister, eine umfangreiche *Armeereform* durchführen. Hierbei sollte die preußische Landwehr aufgelöst werden. Diese Maßnahme war rüstungspolitisch sinnvoll, denn der militärische Wert dieser Truppen war gering. Allerdings hatte die Landwehr für die Liberalen einen sehr hohen symbolischen Wert, weil sie aus den Befreiungskriegen hervorgegangen war und auch die Revolution von 1848/49 überdauert hatte. 1862 brach der offene Konflikt aus, weil das preußische Abgeordnetenhaus das Budget der Regierung mit großer Mehrheit ablehnte. Zeitweise spielte König Wilhelm I. sogar mit dem Gedanken zurückzutreten. Allerdings erklärte sich Otto von Bismarck bereit, die Position des preußischen Ministerpräsidenten zu übernehmen (→M2). Bismarck galt zu diesem Zeitpunkt zwar als sehr fähig, aber auch als extrem reaktionär, und er war, weil selbst viele preußische Konservative ihm misstrauten, als Botschafter nach Russland abgeschoben worden. Bismarck war nun bereit, eine riskante Strategie zu verfolgen. Er wollte einfach gegen die Verfassung und gegen das Abgeordnetenhaus regieren, weil er sich sicher war, dass die Liberalen nicht noch einmal einen Revolutionsversuch unternehmen würden. Der Verfassungskonflikt, der vier Jahre dauerte, lief nach folgendem Muster ab: Das Abgeordnetenhaus lehnte das Budget der Regierung ab und wurde daraufhin von Bismarck aufgelöst. Bei den Neuwahlen gewannen die Liberalen dann aber hinzu, sodass sie ihre Mehrheit im Parlament sogar ausbauten. In dieser verfahrenen Situation suchte Bismarck nach außenpolitischen Erfolgen, mit denen er zumindest einen Teil der Liberalen auf seine Seite ziehen konnte. Die meisten Historiker sind sich darüber einig, dass der Weg zur deutschen Einheit keineswegs zielstrebig beschritten, sondern von Bismarck mit einem hohen Grad von Improvisation angegangen wurde, ja wahrscheinlich die Einheit anfangs überhaupt nicht geplant war, weil der innenpolitische Kampf in Preußen alles überschattete.

Landwehr: Bestandteil des preußischen Heeres. Sie umfasste alle Männer bis zum 40. Lebensjahr, die nicht dem stehenden Heer angehörten.

Wilhelm I. (1797–1888): preußischer König (1861–1888) und Deutscher Kaiser ab 1871

Die Frage von Schleswig-Holstein und der erste Einigungskrieg | Die Herzogtümer Schleswig, Holstein und Lauenburg lagen innerhalb der Grenzen des Deutschen Bundes, wurden aber in *Personalunion* vom dänischen König verwaltet. In Holstein und im Süden Schleswigs war die Mehrheit deutschsprachig, während im Norden mehrheitlich Dänisch gesprochen wurde. 1863 machte der neue dänische König einen schweren Fehler, der Bismarck den Vorwand lieferte, auf den er gewartet hatte: Dänemark erhielt eine neue Verfassung, die auch für die beiden Provinzen gelten sollte, und Schleswig sollte über einen gemeinsamen Reichsrat enger als zuvor an Dänemark gebunden werden. Für den Alltag der Bevölkerung in den Herzogtümern hätte sich damit kaum etwas geändert, aber die Zugehörigkeit der Provinzen zum Deutschen Bund war in internationalen Verträgen garantiert worden. Für Bismarck war es sehr einfach, die sogenannte *Bundesexekution* zu erhalten. Diese besagte, dass bei einem offenen Verfassungsbruch eines der Mitglieder die anderen auch militärisch gegen dieses vorgehen konnten. Die kleine dänische Armee leistete zwar heftigen Widerstand, hatte aber gegen die beiden Großmächte Österreich und Preußen letztlich keine Chance. Nach dem Sieg wurden die Provinzen unter die vorläufige Verwaltung der beiden deutschen Großmächte gestellt: Preußen erhielt Lauenburg und Schleswig, Holstein ging an Österreich. Nach dem zweiten Einigungskrieg annektierte Preußen auch Holstein und bildete 1867 die neue preußische Provinz Schleswig-Holstein.

Otto von Bismarck (1815–1898): von 1862 bis 1890 preußischer Ministerpräsident; 1871–1890 Reichskanzler und Außenminister

Der Weg zur Reichseinigung.

▶ Erläutern Sie anhand der Karte die Etappen auf dem Weg zur Reichseinigung von 1866 bis 1871.

Der zweite Einigungskrieg | Den beiden deutschen Großmächten war ein leichter Erfolg in den Schoß gefallen, aber der preußische Verfassungskonflikt war nicht gelöst worden. Nach wie vor verweigerten die Liberalen Bismarck jede Unterstützung und lehnten das Budget ab. Bismarck benötigte also weitere außenpolitische Erfolge. Bereits nach dem Sieg über Dänemark war er deshalb daran interessiert, möglichst viele Konfliktherde mit Österreich offen zu lassen, um diese im Falle eines Falles eskalieren zu können. Für Preußen war aber riskant, dass die meisten der kleineren deutschen Staaten eindeutig auf der Seite Österreichs standen, weil sie die wachsende preußische Macht fürchteten. Deshalb schlossen Preußen und Italien im April 1866 ein geheimes Angriffsbündnis, das sich gegen Österreich richtete.

Unmittelbarer Anlass für den Kriegsausbruch waren Meinungsverschiedenheiten über die Verwaltung von Schleswig und Holstein, die von Bismarck gezielt zugespitzt wurden. Der Krieg, der nur sieben Wochen dauerte, wurde am 3. Juli 1866 in der *Schlacht von Königgrätz* (in Österreich: Sadowa) entschieden. Die Preußen gewannen diese Schlacht, weil die Heeresreformen bereits griffen, die Truppen besser ausgebildet waren, die Armee über eine fortschrittlichere Waffentechnik als die Österreicher verfügte und sie die Vorteile der neuen Technologie der Eisenbahn bei ihrem schnellen Aufmarsch maximal für sich nutzte.

Nachdem der Friede geschlossen worden war, annektierte Italien weite Gebiete im Norden. Die Preußen hingegen behandelten Österreich sehr milde – weder mussten Territorien abgetreten werden noch wurde eine finanzielle Kriegsentschädigung verlangt. Diese zurückhaltende preußische Politik galt allerdings nicht für diejenigen deutschen Mittelstaaten, die auf der Seite Österreichs am Krieg teilgenommen hatten.

Der *König von Hannover* wurde – zum Entsetzen der preußischen Konservativen – verjagt, und sein gesamtes Vermögen wurde konfisziert. Mit diesem Geld wurde der sogenannte *„Reptilienfonds"* gebildet, mit dem Bismarck in den kommenden Jahren systematisch die Presse bestach. Die Stadt Frankfurt am Main, die eine Hochburg des Liberalismus war, wurde annektiert und musste sofort eine sehr hohe Kriegsentschädigung zahlen.

Die Position der preußischen Liberalen aber brach zusammen. Der Sieg von Königgrätz versetzte die meisten von ihnen in eine derartige nationale Begeisterung, dass sie zu Bismarck überliefen. In der sogenannten **Indemnitätsvorlage**, die am 3. September 1866 direkt nach dem Sieg verabschiedet wurde, gestand das Abgeordnetenhaus mit einer Mehrheit von 230 zu 75 Stimmen bei vier Enthaltungen zu, dass rückwirkend alle Staatsausgaben korrekt gewesen wären. In der Folge spalteten sich die Liberalen in die linke *Fortschrittspartei* und in die *Nationalliberalen*, die von diesem Tag an Bismarck unterstützten und die Flagge des Nationalismus hochhielten (→M3).

Nach dem Sieg über Österreich wurde der Deutsche Bund aufgelöst und durch den **Norddeutschen Bund** ersetzt, der eindeutig von Preußen dominiert wurde (→M4). Damit rückte die kleindeutsche Lösung, die bereits während der Revolution von 1848/49 diskutiert worden war, in den Bereich des Möglichen. Allerdings schien die internationale Lage in Europa hierfür nicht günstig zu sein. Russland hatte an einer weiteren Stärkung Preußens kein Interesse. Großbritannien war zwar an Zentraleuropa kaum interessiert, fürchtete aber die Entstehung einer neuen Großmacht, die eine *Hegemonie* über Europa ausüben würde. Vor allem Frankreich, wo *Napoleon III.* faktisch eine Diktatur etabliert hatte, versuchte weitere Schritte in Richtung auf eine nationale Einigung zu verhindern. Allerdings stand der französische Kaiser im eigenen Land unter erheblichem Druck, weil er seit mehreren Jahren keinerlei außenpolitische Erfolge mehr vorweisen konnte.

Indemnität: nachträgliche Billigung einer Regierungsmaßnahme

Norddeutscher Bund: Der 1866 gegründete Bund bestand aus Preußen, 17 Kleinstaaten nördlich der Mainlinie und vier Freien Städten. Er ging 1871 im Deutschen Kaiserreich auf.

Der dritte Einigungskrieg | Bismarck war bewusst, dass in den süddeutschen Staaten Württemberg und Bayern ein Krieg gegen Frankreich und eine Einigung des Reiches unter preußischer Führung nicht populär waren. In Frankreich bestand aber ein extremer Nationalismus in fast allen Parteien, den Bismarck zu nutzen wusste. Unmittelbarer Anlass für den Konflikt wurde die spanische Thronfolge: Bei einem Militärputsch wurde 1868 die spanische Königin gestürzt und ein geeigneter Nachfolger war in Spanien nicht vorhanden. Deshalb wurde ein katholischer Prinz der **Hohenzollern** als möglicher Kandidat ins Gespräch gebracht. Zwar hätte er als neuer spanischer König nur über wenig Macht verfügt, aber aus Gründen des Prestiges war ein Deutscher auf dem spanischen Thron für Frankreich nicht hinnehmbar. Nach einem Gespräch zwischen dem preußischen König und dem französischen Botschafter in dem Kurort Bad Ems ließ Wilhelm I. einen Bericht über die Unterredung an Bismarck schicken. Bismarck kürzte und veränderte diesen Text, der als *Emser Depesche* bekannt wurde, sinnentstellend, ohne dass seine Eingriffe erkennbar waren, und gab ihn an die Presse weiter (→M5). Nach Bismarcks Version schien der preußische König nun grundsätzlich alle weiteren Verhandlungen abgelehnt zu haben, und diese Äußerung musste in Frankreich als weitere offene Provokation aufgefasst werden. Auf den Pariser Straßen wurde lautstark ein Krieg gefordert, und in der französischen Nationalversammlung herrschte ebenfalls einmütig die Ansicht, dass dieser preußische Schritt nicht hinnehmbar war. Am 19. Juli erklärte Frankreich Preußen den Krieg.

Hohenzollern: das – eigentlich protestantische – Fürstengeschlecht, aus dem die preußischen Könige stammten

Allerdings entwickelte sich der Feldzug ganz anders, als von der französischen Regierung und von Napoleon III. geplant worden war. Die süddeutschen Staaten sahen sich nun offen von Frankreich bedroht und schlossen sich den Preußen an. Auch die anderen europäischen Großmächte sahen in Frankreich den Aggressor und blieben gegenüber Preußen neutral. Schon nach kurzer Zeit rückten preußische Truppen in Frankreich vor und drängten die viel schlechter ausgebildete französische Armee zurück: Oft verfügten französische Offiziere zwar über sehr gute Landkarten Deutschlands, aber über keine des eigenen Gebietes. Bei *Sedan* wurde ein großer Teil der französischen

Die Siegessäule in Berlin.
Fotos nach 2000.
Nach den drei Einigungskriegen wurde in Berlin eine monumentale Siegessäule errichtet, in die erbeutete dänische, österreichische und französische Kanonen aus den drei Einigungskriegen eingebaut wurden. Die rechte Abbildung zeigt vergoldete Kanonenrohre, die mit Lorbeer bekränzt sind.

- Charakterisieren Sie die Geschichts- und Erinnerungskultur, die durch dieses zentrale Denkmal deutlich wird.
- Arbeiten Sie heraus, welcher Bezug zu einem deutschen Nationalismus durch die Siegessäule hergestellt wird.

Armee eingeschlossen und musste am 2. September kapitulieren; Kaiser Napoleon III. geriet in Gefangenschaft.

Auch wenn der deutsch-preußische Sieg eindeutig war, weitete sich der Krieg seit dem Herbst 1870 zu einem französischen Volkskrieg aus, nachdem der Kaiser aus dem Spiel war. Am 4. September 1870 wurde die *Dritte Republik* ausgerufen und eine neue Regierung gebildet. Schlecht ausgebildete, aber begeisterte junge Männer meldeten sich freiwillig, um gegen die Eindringlinge zu kämpfen, und selbst wenn die Deutschen fast jedes größere Gefecht für sich entschieden, konnten sie den radikalen französischen Nationalismus mit militärischen Methoden nicht unter Kontrolle bekommen. Auch aufseiten der Deutschen wurde der Friedensschluss Anfang 1871 deshalb mit Erleichterung begrüßt. Im Januar 1871 wurde nach komplizierten Verhandlungen der deutschen Fürsten untereinander im Spiegelsaal von Versailles das neue *Deutsche Kaiserreich* gegründet. Anders als im Falle Österreichs waren die deutschen Bedingungen diesmal hart, gingen aber Teilen der deutschen Nationalbewegung nicht weit genug. Die Provinzen Elsass und Lothringen (wo die Mehrheit der Bevölkerung französisch sprach) wurden annektiert, Frankreich musste eine enorm hohe Kriegsentschädigung von fünf Milliarden Goldfranc zahlen, und große Teile von Nordfrankreich blieben bis zur vollständigen Begleichung dieser Summe von deutschen Truppen besetzt.

Die Verfassung des Deutschen Reiches | Bei der deutschen *Verfassung*, die 1871 in Kraft trat, fielen Verfassungstext und Verfassungsrealität schon bald weit auseinander (→M6). Dem Text nach war der Souverän nicht das Volk oder der Kaiser, sondern die im *Bundesrat* zusammengeschlossenen deutschen Fürsten, unter denen der Kaiser als König von Preußen lediglich *primus inter pares* (dt.: *„Erster unter Gleichen"*) war. Anders wäre die Zustimmung einiger süddeutscher Staaten – besonders Bayerns – für die Reichseinigung nicht zu erlangen gewesen. Ab 1890 spielte sich der neue Kaiser Wilhelm II. aber derart in den Vordergrund, dass die anderen deutschen Fürsten hinter ihn zurücktraten und in der Öffentlichkeit kaum noch wahrgenommen wurden. In der Theorie gab es ferner keine Reichsregierung: Nur Bismarck bekleidete das Amt des *Reichskanzlers* und war ausschließlich dem Kaiser gegenüber verantwortlich. In der Praxis ließ sich diese Konstruktion aber nicht durchhalten, und 1878 wurde in dem sogenannten *Stellvertretergesetz* bestimmt, dass der Reichskanzler für bestimmte Ressorts Stellvertreter bestimmen durfte. Diese agierten faktisch als Minister und bildeten eine Regierung, auch wenn sie selbst nur den Titel von Staatssekretären hatten und ihre Bürokratien lediglich als „Ämter" bezeichnet wurden. Aus diesem Grund heißt bis heute das deutsche Außenministerium offiziell „Auswärtiges Amt". Bei den Wahlen zum *Reichstag* wurde ferner das allgemeine und gleiche *Männerwahlrecht* eingeführt, und damit ein Wahlrecht installiert, das eines der demokratischsten in Europa darstellte. Bismarck war sich sicher, dass die meisten Bauern konservativ wählen würden, doch verlief die demografische Entwicklung anders, als er vorausgesehen hatte: Durch die rapide *Industrialisierung* und *Verstädterung* entstand schon bald eine wachsende *Arbeiterklasse*, die sich mehrheitlich in der Sozialdemokratie organisierte. Dem Text der Verfassung nach hatte der Reichstag – abgesehen vom Budgetrecht – kaum Kompetenzen. Aber schon seit der Mitte der 1890er-Jahre stellte sich heraus, dass ein Reichskanzler oder ein Staatssekretär, der das Vertrauen des Reichstages verloren hatte, sich kaum halten konnte. Auch waren in der Verfassung keine politischen *Parteien* vorgesehen. Schon in den 1870er-Jahren waren diese aber nicht mehr aus dem politischen Leben wegzudenken, und ihre Bedeutung stieg bis 1914 kontinuierlich weiter an.

Wilhelm II. (1859–1941): seit 1888 König von Preußen und Deutscher Kaiser. Nach seiner Abdankung im Jahre 1918 lebte er im Exil im niederländischen Doorn.

M1 Italien seit 1860

Nach: Dtv-Atlas Weltgeschichte, Bd. 2: Von der Französischen Revolution bis zur Gegenwart, München [25]1991, S. 350

1. Analysieren Sie die Karte unter folgenden Gesichtspunkten:

a) Um welchen Kartentyp handelt es sich? Wann wurde die Karte veröffentlicht? Wer hat sie in Auftrag gegeben?

b) Über welches Thema informiert die Karte? Welchen Raum und welche Zeit zeigt sie? Welche Darstellungsformen nutzt die Karte?

c) In welchen historischen/politischen Zusammenhang lässt sich die Karte einordnen? Welche Ursachen, Entwicklungen oder Folgen lassen sich aus der Karte ablesen?

d) An welchen Adressatenkreis wendet sich die Karte? Welchen Zweck, welche Funktion verfolgt sie?

2. Präsentation: Stellen Sie die Etappen der deutschen und der italienischen Einigung in zwei Schaubildern zusammen. Wählen Sie dafür die Grundform einer Treppe oder eines Verlaufsdiagramms. Begründen Sie Ihre Entscheidung. Lesen Sie zur Beantwortung der Fragen im Vorfeld die Darstellung auf Seite 324 ff.

M2 „Eisen und Blut"

Am 23. September 1862 hat das Abgeordnetenhaus mit 308 gegen elf Stimmen den Etat der Militärverwaltung gestrichen. Sieben Tage später, kurz nach seinem Amtsantritt, hält Otto von Bismarck, der neue preußische Ministerpräsident, eine programmatische Rede vor der Budgetkommission des preußischen Abgeordnetenhauses, in der er unter anderem sagt:

Nicht auf Preußens Liberalismus sieht Deutschland, sondern auf seine Macht; Bayern, Württemberg, Baden mögen dem Liberalismus indulgieren[1], darum wird ih-

[1] **indulgieren**: Nachsicht üben

nen doch keiner Preußens Rolle anweisen; Preußen muss seine Kraft zusammenfassen und zusammenhalten auf den günstigen Augenblick, der schon einige Male verpasst ist; Preußens Grenzen nach den Wiener Verträgen sind zu einem gesunden Staatsleben nicht günstig; nicht durch Reden und Majoritätsbeschlüsse werden die großen Fragen der Zeit entschieden – das ist der große Fehler von 1848 und 1849 gewesen – sondern durch Eisen und Blut.

Otto von Bismarck, Die gesammelten Werke, Bd. 10, Berlin 1928, S. 138 f.

▶ Erklären Sie das Politik- und Verfassungsverständnis Bismarcks anhand dieser Rede. | F

M3 „Selbstkritik"

Während des zweiten Einigungskrieges lebt der liberale Historiker Hermann Baumgarten (1825–1893) in Karlsruhe. Dort veröffentlicht er noch im Herbst 1866 seine Selbstkritik am deutschen Liberalismus:

Der Frühling dieses Jahres [1866] brachte endlich die lange drohende Katastrophe zum Ausbruch. [...]
Preußen hatte nur zwei Wege vor sich: entweder zusammen mit Österreich die deutschen Dinge zu leiten oder sich trotz Österreich der deutschen Macht allein zu bemächtigen. [...]
Graf Bismarck hatte den Mut, das große Spiel zu wagen, und er bewies die Kraft und die Klugheit, welche dem Staatsmann erlaubt zu wagen. Fast alles war gegen ihn. Die Konservativen hielten ihre Opposition stiller, um desto mehr unter der Hand zu tun, die Liberalen erhoben ein Friedensgeschrei, das über die Gesinnung des Volkes keinen Zweifel ließ. [...] Ich bin weit davon entfernt, meine liberalen Parteigenossen deshalb tadeln zu wollen, dass sie nicht gleich von vornherein entschieden Partei nahmen für die Bismarck'sche Politik. Es gehörte dazu vielleicht eine Unbefangenheit des Urteils und eine Kenntnis der Sachlage, die man nicht von der Masse einer Partei verlangen darf.
Dass sie aber noch im Mai, ja noch im Juni mit wenigen Ausnahmen daran festhielten, gegen Bismarck Chorus zu machen mit allem, was in Deutschland reaktionär und antinational war, [...] als es längst auf der Hand lag, dass der Sieg Preußens der Sieg einer liberalen und einer nationalen Politik werden müsse, der Sieg Österreichs die Vernichtung aller liberalen und nationalen Hoffnungen, das, ich gestehe es, war das Traurigste, was ein aufrichtig liberaler Mann erleben konnte. Es sprach über die bisher in Deutschland übliche Art von Liberalismus ein Todesurteil, von dem es keine Appellation[1] mehr gab. Es bewies, dass die Partei, an welche sich bisher die Hoffnungen der Nation geknüpft hatten, weder die politische Einsicht noch die Kraft besaß, durch die allein ein großes Volk zu seinem Heil geführt werden kann. [...]
Wer sehen wollte, musste jetzt sehen, [...] dass Preußen, indem es diese Entscheidung herbeiführe, durch die unwiderstehliche Macht der Verhältnisse gezwungen werde, die Kraft der Nation für sich aufzurufen gegen die eng verbundene Phalanx[2] aller auf der Zerrissenheit und Unfreiheit der Nation ruhenden Interessen. Wenn aber die preußische Politik diese Wendung nahm trotz der heftigen Opposition des Liberalismus und der darin gelegenen Nötigung, sich so viel als möglich in Preußen auf die konservative Richtung zu stützen, so war es doch eine Sache der einfachsten politischen Berechnung zu erkennen, dass diese Politik frank und frei auf den Boden eines liberalen Programms sich stellen werde, sobald nur die Liberalen aufhörten, ihr das unmöglich zu machen.
Ich bin der festen Überzeugung, dass eine befriedigende Lösung unserer politischen Aufgaben nur dann gelingen wird, wenn der Liberalismus aufhört, vorwiegend Opposition zu sein, wenn er dazu gelangt, gewisse unendlich wichtige Anliegen der Nation, für die nur er ein volles und aufrichtiges Verständnis hat, in eigener gouvernementaler Tätigkeit[3] zu befriedigen, wenn wir einen wohltätigen erfrischenden Wechsel liberaler und konservativer Regierungen bekommen. Der *Liberalismus muss regierungsfähig werden*. Wer darin eine Verkümmerung der liberalen Größe findet, dass er, statt als Opposition ein Unbegrenztes zu fordern, als Regierung ein Geringes tun soll, dem kann ich freilich nicht helfen. Aber einen Abfall vom Liberalismus wird doch wohl niemand die Forderung zu nennen wagen, dass der Liberalismus endlich eine seine Gedanken selbst realisierende Macht werde.

Hermann Baumgarten, Der deutsche Liberalismus. Eine Selbstkritik, herausgegeben von Adolf Birke, Frankfurt am Main 1974, S. 132–149 (stark gekürzt)

1. Fassen Sie Baumgartens Vorwurf an die „liberalen Parteigenossen" mit eigenen Worten zusammen.
2. Arbeiten Sie heraus, welche Hoffnungen Baumgarten mit dem Sieg Preußens über Österreich verbindet und wie er die Zukunft seiner liberalen Partei sieht.
3. Überprüfen Sie, inwiefern Baumgartens Hoffnungen zur Zeit der Entstehung des Textes gerechtfertigt waren. Durchsuchen Sie die preußisch-deutsche Geschichte bis 1866 auf entsprechende Hinweise.
4. Präsentation: Verfassen Sie die Entgegnung eines liberalen Bismarck-Gegners.

[1] **Appellation**: im jur. Sinne: Anfechten eines Urteils, Berufung

[2] **Phalanx**: bildungssprachlich für eine geschlossene, widerständige Front (ursprünglich eine besondere Schlachtaufstellung im antiken Griechenland)

[3] **gouvernementale Tätigkeit**: Regierungsarbeit

M4 „Groß-Preußen mit Vasallenstaaten"

August Bebel (1840–1913) hält am 10. April 1867 seine erste Rede vor dem sich konstituierenden Norddeutschen Reichstag. Er ist zu diesem Zeitpunkt Vertreter der „Sächsischen Volkspartei". Bebel wird später einer der profiliertesten Politiker der deutschen Sozialdemokratie werden. Seine Ausführungen beziehen sich auf die Verabschiedung der Verfassung des Norddeutschen Bundes:

[M]eine Herren, ich behaupte, dass mit der Gründung dieses Norddeutschen Bundes ein spezifisch preußisches Interesse (*Widerspruch rechts*), dass die Stärkung der Hohenzollernschen Hausmacht damit bezweckt worden ist. (*Lebhafter Widerspruch rechts.*) [...]

In dem gegenwärtigen Norddeutschen Bundesrat wird Preußen mit 17 Stimmen [...] nach Belieben Verfassungsänderungen durchführen, eine jede Verfassungsänderung gegen seinen Willen aber verhüten können. Dies würde indessen bei dem Zutritt Süddeutschlands zum Norddeutschen Bunde nicht der Fall sein, dann wären die 17 Stimmen Preußens ungenügend an sich, eine derartige Zweidrittelmehrheit zu erzielen. [...] Das sind meines Erachtens die Gründe, welche die preußische Regierung von ihrem spezifisch preußischen Standpunkte aus nicht nur heute, sondern auch späterhin stets veranlassen werden, gegen den Eintritt Süddeutschlands aufzutreten, gegen denselben zu stimmen. Man wird sich eben einfach damit begnügen, [...] dass man lediglich die Militärgewalt in die Hände bekommt, im Falle eines Krieges, und im Übrigen wird man sich damit begnügen, durch Zollverträge usw. wenigstens einigermaßen die Kluft, die hervorgebracht ist, zu überbrücken, wohlverstanden, zu überbrücken, aber auszufüllen, dazu wird man sich nicht herbeilassen. Meine Herren, eine solche Politik zu unterstützen, dazu habe ich keine Lust, ich muss entschieden dagegen protestieren, dass man eine solche Politik eine deutsche nennt, ich muss entschieden protestieren gegen einen Bund, der nicht die Einheit, sondern die Zerreißung Deutschlands proklamiert, einen Bund, der dazu bestimmt ist, Deutschland zu einer großen Kaserne zu machen (*lebhafter Widerspruch*), um den letzten Rest von Freiheit und Volksrecht zu vernichten.

August Bebel, Sein Leben in Dokumenten, Reden und Schriften, herausgegeben von Helmut Hirsch, Köln 1968, S. 153 ff.

1. Erläutern Sie Bebels Bewertung des Norddeutschen Bundes.
2. Präsentation: Entwerfen Sie die Entgegnung eines nationalliberalen Politikers.

M5 Die Emser Depesche

Geheimrat Heinrich Abeken telegrafiert am 13. Juli 1870 an Bundeskanzler Otto von Bismarck, nachdem einen Tag zuvor der spanischen Regierung mitgeteilt worden ist, dass die Kandidatur eines Hohenzollern-Prinzen zurückgezogen wird:

Ems, den 13. Juli 1870.

Seine Majestät der König schreibt mir:
„Graf Benedetti[1] fing mich auf der Promenade ab, um auf zuletzt sehr zudringliche Art von mir zu verlangen, ich sollte ihn autorisieren, sofort zu telegrafieren, dass ich für alle Zukunft mich verpflichte, niemals wieder meine Zustimmung zu geben, wenn die Hohenzollern auf ihre Kandidatur zurückkämen. Ich wies ihn, zuletzt etwas ernst, zurück, da man *à tout jamais* dergleichen Engagement nicht nehmen dürfe, noch könne. – Natürlich sagte ich ihm, dass ich noch nichts erhalten hätte, und da er über Paris und Madrid früher benachrichtigt sei als ich, er wohl einsähe, dass mein Gouvernement wiederum außer Spiel sei."
Seine Majestät hat seitdem ein Schreiben des Fürsten bekommen. Da seine Majestät dem Grafen Benedetti gesagt, dass er Nachricht vom Fürsten[2] erwarte, hat Allerhöchstderselbe mit Rücksicht auf die obige Zumutung, auf des Grafen Eulenburg[3] und meinen Vortrag beschlossen, den Grafen Benedetti nicht mehr zu empfangen, sondern ihn nur durch einen Adjutanten sagen zu lassen: dass Seine Majestät jetzt vom Fürsten die Bestätigung der Nachricht erhalten, die Benedetti aus Paris schon gehabt, und dem Botschafter nichts weiter zu sagen habe.
Seine Majestät stellt Eurer Exzellenz anheim, ob nicht die neue Forderung Benedettis und ihre Zurückweisung sogleich sowohl unseren Gesandten als in der Presse mitgeteilt werden sollte?

Bismarck gibt folgende Mitteilung an die Presse weiter:

Berlin, den 13. Juli 1870.
[zur Station: 11.15 nachm.]

Nachdem die Nachrichten von der Entsagung des Erbprinzen von Hohenzollern der Kaiserlich Französischen Regierung von der Königlich Spanischen amtlich mitgeteilt worden sind, hat der französische Botschafter in Ems an Seine Majestät den König noch die Forderung gestellt, ihn zu autorisieren, dass er nach Paris telegrafiere, dass Seine

[1] **Vincent Graf von Benedetti**: französischer Botschafter in Berlin
[2] Gemeint ist hier Karl Anton Fürst von Hohenzollern-Sigmaringen, dessen Sohn Leopold der spanische Thron angeboten worden war. Nach der Erbregelung des Hauses Hohenzollern hatte nicht der Sohn, sondern sein Vater das letzte Wort über die Entscheidung, ob Leopold die Kandidatur annehmen sollte.
[3] **Graf Friedrich zu Eulenburg**: preußischer Innenminister

Majestät der König sich für alle Zukunft verpflichte, niemals wieder seine Zustimmung zu geben, wenn die Hohenzollern auf ihre Kandidatur wieder zurückkommen sollten. Seine Majestät der König hat es darauf abgelehnt, den französischen Botschafter nochmals zu empfangen, und demselben durch den Adjutanten vom Dienst sagen lassen, dass Seine Majestät dem Botschafter nichts weiter mitzuteilen habe.

Nach: www.documentarchiv.de/nzjh/ndbd/emser-depesche.html#fn01 (Zugriff: 10. Februar 2016)

1. Arbeiten Sie heraus, auf welche Weise die Depesche (= Telegramm) verschärft wurde. Legen Sie dar, warum aus einer relativ harmlosen Mitteilung eine internationale Provokation wurde.
2. Erörtern Sie, wer am Deutsch-Französischen Krieg schuld war. Berücksichtigen Sie, dass die Kriegserklärung von Frankreich ausging und dass ein Krieg gegen Preußen in der französischen Öffentlichkeit populär war.

M6 Die Verfassungsrealität von 1871

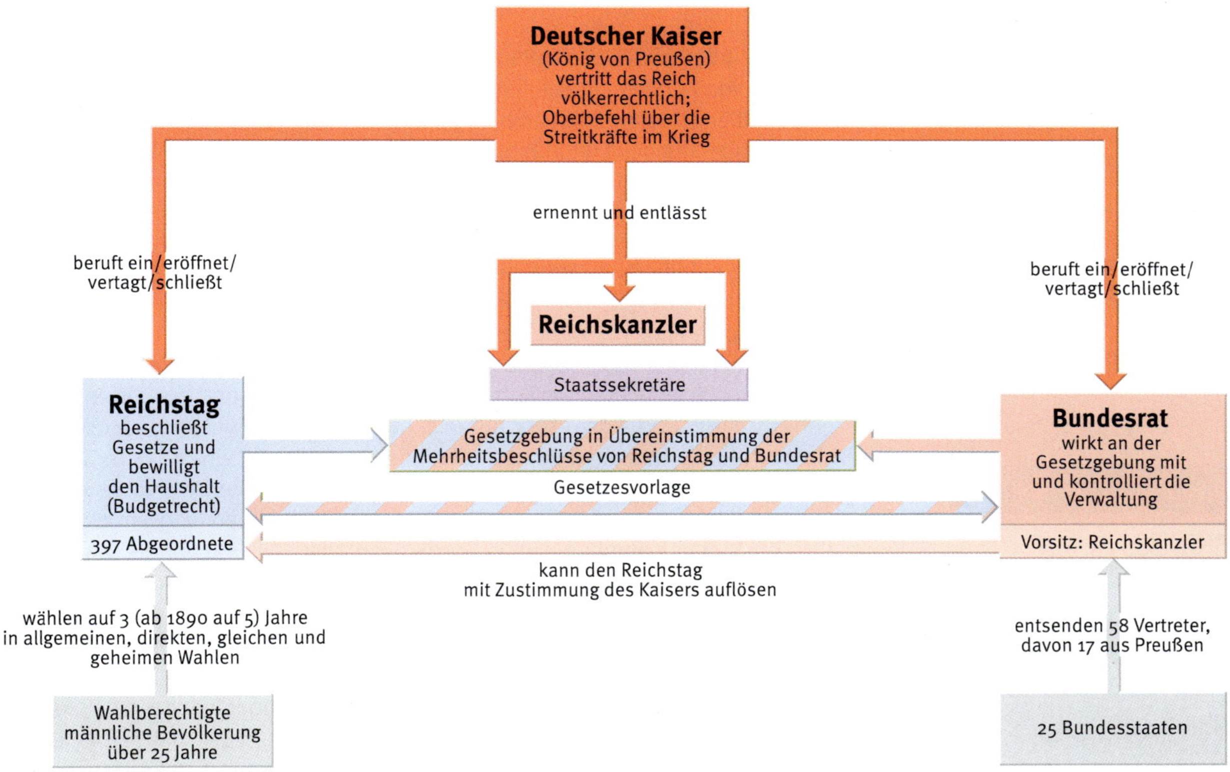

1. Beschreiben Sie den Aufbau des Schaubildes und stellen Sie die Kompetenzen der jeweiligen Verfassungsorgane dar.
2. Die Verfassungstheorie und die Verfassungsrealität fallen sehr weit auseinander. Analysieren Sie die entsprechenden Unterschiede. Berücksichtigen Sie dazu auch den Abschnitt „Die Verfassung des Deutschen Reiches" auf Seite 329.
3. Überprüfen Sie, wer die Regierung in der Theorie und in der Realität verkörpert.

„Nation" und „Minderheiten"

Wer gehört zu den Staatsbürgern? | Wenn sich ein Volk in einer Nation zusammenfindet, muss definiert werden, wer zu diesem Volk gehört und wer nicht. Dies gilt besonders in demokratischen Staaten, weil geklärt werden muss, wer wahlberechtigter *Staatsbürger* ist. Die europäischen Nationalstaaten haben dieses Problem sehr unterschiedlich gelöst. In Frankreich galt beispielsweise theoretisch das Prinzip, dass jeder Mensch, der Französisch sprach und sich zur französischen Nation und zur französischen Kultur bekannte, auch die Staatsbürgerschaft beantragen konnte. Diese Regelung galt allerdings nur sehr eingeschränkt für Afrikaner oder Vietnamesen, die aus den französischen Kolonien kamen. Im Deutschen Reich war diese Frage zunächst nicht zentral geregelt. In Preußen galt das männliche Abstammungsprinzip: Jeder Mensch, der einen preußischen Vater hatte, war automatisch auch preußischer Staatsbürger. Diese Regelung wurde 1913 in einem Staatsbürgerschaftsgesetz für das gesamte Deutsche Reich übernommen.

Was ist eine Minderheit? | Im Deutschen Reich spielte Religion eine wichtige Rolle für die Definition von *Minderheiten*. In Preußen stellten die Katholiken eine Minorität dar, die in den 1870er-Jahren während des sogenannten *Kulturkampfes* offensiv bekämpft wurde. Hintergrund für den Kulturkampf waren die Auseinandersetzungen zwischen den Liberalen und dem Vatikan. Obwohl der Papst auch von vielen Katholiken kritisiert worden war, warfen die Liberalen den preußischen Katholiken pauschal „Ultramontanismus" vor und unterstellten ihnen eine antinationale Gesinnung. Viele Priester und Bischöfe wurden verhaftet, katholische Vereine überwacht und Gottesdienste behindert. Allerdings war diese Politik wenig erfolgreich und hat eher dazu geführt, dass Katholiken sich zusammenschlossen und zur Wehr setzten.

Ultramontanismus (von lat. *ultra montes*: jenseits der Berge): also jenseits der Alpen dem Papsttum und nicht dem preußischen Staat gegenüber loyal

In den Jahren nach 1880 begann ein langsamer Prozess der Normalisierung, und nach 1900 waren auch in Preußen Katholiken in der Regel integriert. Sie verfügten mit der Zentrumspartei und einem sehr gut organisierten Vereinswesen auch über eine starke institutionelle Verankerung. Auch die Juden stellten eher eine religiöse, als eine nationale Minderheit dar. Rechtlich waren sie 1871 nach der Reichsgründung völlig gleichgestellt. Allerdings entstand seit den späten 1870er-Jahren langsam ein neuer *Antisemitismus*, der nicht mehr religiös, sondern rassistisch argumentierte. Der *Zionismus*, also die Idee, dass die Juden irgendwo auf der Welt einen eigenen Staat erhalten sollten, hatte im Deutschen Reich aber dennoch nur sehr wenige Anhänger. Die meisten Juden passten sich – auch wenn sie ihre Religion beibehielten – überall wo es möglich war der deutschen Kultur an. Sehr viele Juden betrachteten sich selbst als einen deutschen Volksstamm wie etwa die Bayern, die Württemberger oder die Preußen.

Konfessionen	Anzahl
Protestanten	35 231 104
Katholiken	20 327 913
Juden	586 833
Andere	221 328

Konfessionen im Deutschen Reich.
Stand: 1. Dezember 1900.

Kaiserliches Statistisches Amt, (Hrsg.) Statistisches Jahrbuch für das Deutsche Reich, Berlin 1906, S. 4

„Nationale" Minderheiten im Deutschen Kaiserreich | Vor allem in den Randgebieten des Kaiserreiches wohnten sprachliche Minderheiten. Die zahlenmäßig größte Minorität waren erstens die Polen. In den beiden Provinzen Elsass und vor allem in Lothringen, die 1871 annektiert worden waren, lebten zweitens französischsprachige Menschen, die sich kulturell meist nach Frankreich orientierten. Sie wurden bis zum Ersten Weltkrieg teils offen, teils versteckt diskriminiert, und der deutsche Staat hat ihnen kaum ein Angebot zur Integration gemacht. Anders als die anderen Minderheiten durften sie aber in bestimmten Situationen (im Verkehr mit der Verwaltung oder vor Gericht) wenigstens Französisch sprechen. Drittens bestand in Schleswig, das 1866 annektiert worden war, eine dänische Minderheit, die aber weitgehend unauffällig war. Fast alle Dänen gehörten der protestantischen Religion an und waren bereit, sich – trotz des hohen Assimilationsdrucks seitens der preußischen Behörden – den politischen Verhältnissen anzupassen. Viertens gab und gibt es bis heute südlich von Berlin im Spreewald die Sorben, eine kleine Gruppe von Menschen, die eine slawische Sprache sprechen und die ebenfalls bereit waren, sich integrieren zu lassen. Hinzu kamen fünftens im Osten Deutschlands sehr kleine Gruppen von Litauern und weitere slawisch sprechende Völker, die aber keine politische Bedeutung hatten. Keine echte Minderheit bildeten Wanderarbeiter vor allem aus dem russischen Teil Polens, die lediglich zur Ernte nach Deutschland kamen und am Ende des Herbstes wieder zurückkehrten. Ähnlich kamen seit den 1890er-Jahren viele Italiener als Saisonarbeiter, die aber meistens nicht im Deutschen Reich blieben, sondern nur für einige Monate oder Jahre Geld verdienen wollten.

Muttersprache	Gesamt	in Prozent
Deutsch	51 883 131	92
Holländisch	80 361	0,14
Dänisch	141 061	0,25
Französisch	211 679	0,38
Italienisch	65 591	0,12
Polnisch	3 086 489	5,48
Masurisch[1]	142 049	0,26
Kassubisch[2]	100 213	0,18
Sorbisch[3]	93 032	0,17
Mährisch[4]	64 382	0,11
Litauisch	106 305	0,19
Andere	139 597	0,25

Bevölkerung nach Muttersprachen.
Stand: 1. Dezember 1900.
Differenzen zu 100 Prozent sind rundungsbedingt.

Kaiserlich Statistisches Amt, a. a. O., S. 5

Der neue Reichsnationalismus | Nachdem das Deutsche Kaiserreich gegründet worden war, veränderte sich langsam der vorwiegend bürgerliche Nationalismus, der sich nun weit stärker als zuvor auf den Gedanken des „Reiches“ bezog. Auch der Kaiser bot sich als integrative Figur an. Als problematisch erwies es sich aber, dass dieser entstehende *Reichsnationalismus* zunehmend rassistische und völkische Vorstellungen in seine Ideenwelt integrierte. Seit den frühen 1890er-Jahren wurden Imperialismus und *Kolonialismus* weit über das Bürgertum hinaus immer populärer. Um die Jahrhundertwende kam der Flottengedanke hinzu, als die Marine damit begann, eine große Schlachtflotte gegen England zu bauen. Die radikalste Gruppierung war der *Alldeutsche Verband*, der 1890/94 gegründet worden war und der einen aggressiven Imperialismus predigte. Zwar war er zahlenmäßig klein, aber ihm gehörten viele Mitglieder der intellektuellen Eliten, also etwa Professoren, Lehrer oder Journalisten an (➔M1)

Germanisierungspolitik im Osten | Bereits nach dem polnischen Aufstand von 1863[5] wurde in Preußen schrittweise eine gezielte *Germanisierungspolitik* betrieben, das heißt, die Polen sollten möglichst von ihrem Land vertrieben werden, sofern sie nicht bereit waren, ihre Identität aufzugeben. Stattdessen sollten Deutsche dort angesiedelt werden (➔M2). Reichskanzler Otto von Bismarck verschärfte diese Politik noch in den 1880er-Jahren. 1886 gründete die preußische Regierung eine Ansiedlungskommission, die mit zunächst 100 Millionen Reichsmark polnischen Grundbesitz kaufen und Siedler aus dem Reich anwerben sollte. Eine weitere einflussreiche private Organisation, die Geld sammelte, um Boden zu „germanisieren“ und pro-deutsche Propaganda zu organisieren, war der *Ostmarkenverein*. Auch wurde schon seit den 1870er-Jahren die polnische Sprache fast völlig aus dem öffentlichen Leben verdrängt. Selbst in den Grundschulen durfte Polnisch nur im Fach Religion benutzt werden, in allen anderen Fächern und Schultypen war der Gebrauch dieser Sprache strikt untersagt.

Allerdings war diese Politik der Germanisierung nicht besonders erfolgreich. Erstens provozierte sie polnische Gegenreaktionen und stärkte den ohnehin vorhandenen polnischen Nationalismus. Zweitens war es zwar möglich, durch bürokratischen Druck Polen zur Abwanderung zu zwingen oder an der Neuansiedlung zu hindern, aber Deutsche waren kaum daran interessiert, in die teilweise wenig entwickelten agrarischen Gebiete im Osten zu ziehen, in denen sie zudem selbst oft eine Minderheit dargestellt hätten. Selbst nationalistische Fanatiker, die von einem „reinrassigen“ deutschen Osten träumten, wohnten lieber in Berlin oder in Hamburg als auf einem abgelegenen Bauernhof in der Nähe von Posen, wo es keine Theater oder andere Freizeiteinrichtungen gab und der nächste Bahnhof viele Kilometer entfernt war. Bis 1914 wurden – trotz der massiven Propaganda – nur 22 000 deutsche Bauernfamilien

[1] **Masuren**: slawische Volksgruppe im südlichen Ostpreußen
[2] **Kassuben**: slawische Volksgruppe in Pommern und Westpreußen
[3] **Sorben** (auch Wenden genannt): slawische Volksgruppe an der Elbe, Niederlausitz (Sachsen)
[4] **Mähren**: aus dem heutigen Tschechien stammende Sprachgruppe
[5] Vgl. Sie dazu Seite 317.

Ein listiger Pole stellt sich gegen die Germanisierungspolitik.
Foto vom April 2010.
Mehrere Jahre lang machte der polnische Bauer Michał Drzymała die Germanisierungspolitik der preußischen Behörden mit einem Zirkuswagen regelrecht lächerlich. Das Foto zeigt eine moderne Nachbildung seines berühmten Wagens.

▶ Präsentation: Recherchieren Sie im Internet über die Geschichte des Bauern und seines Zirkuswagens. Fassen Sie Ihre Ergebnisse anschließend in einem kurzen Bericht zusammen.

angesiedelt. Drittens war das Deutsche Kaiserreich zwar ein autoritärer Staat, aber dennoch – ganz anders als später das nationalsozialistische Deutschland – ein Rechtsstaat. Findigen Polen gelang es immer wieder, Gesetzeslücken für sich auszunutzen oder juristische Übertretungen deutscher Beamter in der Presse anzuprangern.

Die Entwicklung des nationalen Gedankens in Polen | Zwar fanden nach 1863 keine polnischen Aufstände mehr statt, aber die aggressive preußische Politik stieß auf breiten und häufig erfolgreichen passiven polnischen Widerstand, und sie förderte geradezu die Verbreitung von nationalistischen Ideen. Überall im deutschen Teilungsgebiet entstand ein sehr lebendiges und aktives Vereinsleben, in dem die nationale Kultur auf vielfältige Weise gepflegt wurde. Hinzu kam eine breite Publizistik, das heißt, Zeitungen und Zeitschriften sowie Bücher und Romane wurden geschrieben, die auf vielfältige Weise den nationalen Gedanken hochhielten und die polnische Vergangenheit feierten. Mehrfach gab es Schulstreiks, bei denen polnische Jugendliche gegen die scharfen Sprachvorgaben protestierten. Zu besonderen Jahrestagen oder Jubiläen wurden große kulturelle Veranstaltungen abgehalten (➔M3). Eine wichtige Stütze des nationalen Gedankens war die polnische katholische Kirche. Diese oppositionellen Polen konnten auch darauf verweisen, dass im österreichischen Teilungsgebiet viel mehr Freiheiten bestanden. Dort war Polnisch sogar als untergeordnete zweite Sprache in der Armee gestattet, und in mehrheitlich polnischsprachigen Gebieten bestand ein gewisser Grad an kommunaler Selbstverwaltung.

1903 schlossen sich im Deutschen Reich mehrere bis dahin konkurrierende polnische Parteien zur *Polnischen Nationaldemokratischen Partei* (kurz *Polenpartei*) zusammen. Während des gesamten Kaiserreiches erzielten die polnischen Minderheitsparteien konstant zwischen etwa drei und vier Prozent der Stimmen. Bei den Reichstagswahlen von 1907 erreichte die Polenpartei fünf und 1912 vier Mandate. Sie war auch im preußischen Landtag und in zahlreichen Stadträten vertreten. Mehrfach versuchte die Partei, loyal mitzuarbeiten und konstruktive Vorschläge zu machen, die das gemeinsame Zusammenleben verbessert hätten. Doch wurde sie durch die konstant repressive preußische Politik geradezu in die Opposition gedrängt. In den verschiedenen Parlamenten arbeitete sie meistens mit der katholischen Zentrumspartei zusammen, weil sich hier über die gemeinsame Religion viele Berührungspunkte ergaben. Von Vorteil erwies sich auch, dass die gewählten Abgeordneten Immunität genossen. Sie konnten deshalb im Berliner Parlament immer wieder die Öffentlichkeit auf Missstände aufmerksam machen und Übergriffe preußischer Beamter anprangern (➔M4).

Politik der „organischen Arbeit" | Nachdem klar geworden war, dass durch Aufstände eine polnische Unabhängigkeit unmöglich erreicht werden konnte, entwickelten polnische Intellektuelle, einige Adlige aus der Provinz Posen und Studenten seit den 1860er-Jahren das Konzept der „organischen Arbeit". Hierdurch sollten den vielen Enttäuschungen, Repressalien und Erniedrigungen ein positives Konzept entgegengesetzt und die wirtschaftliche, soziale und kulturelle Modernisierung der polnischen Nation vorangetrieben werden. Die polnische Nation wollte man nun durch ein konstruktives Programm, das sich zugleich an die Gesetze hielt, stärken. Das Gefühl der nationalen Zusammengehörigkeit sollte durch Kenntnisse von Traditionen, der Geschichte, der Wissenschaft und der Wirtschaft bekräftigt werden. Zugleich wurde damit auch dem wachsenden Germanisierungsdruck entgegengewirkt. Gerade die junge polnische gebildete Elite begeisterte sich für dieses Konzept und brachte ihre patriotischen Vorstellungen auch in die Diskussionen in Berlin ein. Das Projekt musste ohne jede staatliche Hilfe auskommen, und lebte von Spenden. Zu Zentren der organischen Arbeit entwickelten sich Selbsthilfevereine, die oft aus regionalen und lokalen Initiativen heraus entstanden. Diese Bewegungen griffen wegen des wachsenden Druckes seit den 1870er-Jahren auch auf die russischen und österreichischen Teilungsgebiete über. Auch wollte die Bewegung verhindern, dass – wie direkt nach den Aufständen – polnische Intellektuelle, Politiker und Wissenschaftler erneut das Land verließen und nach Frankreich oder nach Amerika auswanderten. Da keine polnischsprachige Universität existierte, wurde 1882 die „Fliegende Universität" gegründet, in der Studierende in privaten Wohnungen unterrichtet wurden.

Die „Ruhrpolen" | Das Ruhrgebiet stellte bereits ab den 1860er-Jahren eine der dynamischsten Industrieregionen Europas dar. Bis 1914 wuchs die Industrie vor allem in den Bereichen Kohle und Stahl rapide, sodass dringend Arbeitskräfte, vor allem gesunde junge Männer, benötigt wurden. Die Arbeit im Bergbau oder am Hochofen war hart und gefährlich, zugleich aber – von Krisenzeiten abgesehen – auch gut bezahlt. Da in Oberschlesien bereits ein Bergbaurevier bestand, in dem viele Polen arbeiteten, konnten die Besitzer von Zechen und Stahlwerken hier immer wieder gut ausgebildete Bergleute abwerben. Aber auch ungelernte Arbeiter waren gefragt, die häufig aus den wenig entwickelten und landwirtschaftlichen Gebieten des Ostens in das Ruhrgebiet kamen (➔M5). Viele blieben nur für einige Zeit, um schnell Geld zu verdienen, und kehrten dann in ihre Heimat zurück. Einige blieben aber für immer und manche holten ihre Familien nach, sodass bis zur Jahrhundertwende ein stabiles polnischsprachiges Milieu entstand. Ab den 1890er-Jahren stieg auch die Zahl von polnischsprachigen Frauen stark an, sie blieb aber stets unter der Zahl der Männer. Bei Ausbruch des Ersten Weltkrieges lebten etwa 400 000 *„Ruhrpolen"* im Industrierevier. Manche Städte wie Gelsenkirchen, Recklinghausen, Herne, Bottrop und Bochum waren sehr stark von Polen geprägt, in manchen Stadtteilen betrug der polnischsprachige Anteil zwischen 70 und 80 Prozent. Diese Gruppe hatte ihre eigenen Geschäfte, ihre eigenen (fast immer katholischen) Kirchen und vor allem ein sehr reges und gut organisiertes Vereinsleben. Im Jahre 1912 wurden 1 038 polnische Vereine im Ruhrgebiet gezählt, die nahezu jede Freizeitaktivität erfassten. Es gab Gesangs- und Taubenzüchtervereine, Frauengruppen, religiöse Gruppierungen, Turn- und Fußballvereine und Wählervereinigungen, die die polnische politische Partei unterstützten.

Verwitterte Spuren.
Foto, um 2010.
Die Inschrift auf einer Hauswand in Bochum weist auf die 1917 gegründete „Bank Robotników" (Polnische Arbeiterbank) hin.

► Präsentation: Zahlreiche Museen und Ausstellungen im Ruhrgebiet haben sich in den vergangenen Jahren mit den „Ruhrpolen" beschäftigt. Informieren Sie sich im Internet über einige dieser Initiativen. Verfassen Sie auf der Basis dieses Materials einen kurzen Zeitungsartikel zum polnischen Vereinswesen vor 1914.

M1 Radikalisierung des Reichsnationalismus

*Der deutsche Historiker Wolfgang Kruse (*1957) befasst sich mit dem Reichsnationalismus in der Wilhelminischen Zeit (nach 1890):*

In der wilhelminischen Phase des Kaiserreichs kamen zwei neue Faktoren hinzu, die den Reichsnationalismus weiter radikalisierten: Im Zeichen des Hochimperialismus ging die Reichspolitik von Konsolidierung und eher zauderndem Kolonialerwerb nun zu einer aggressiven „Weltpolitik" über. Und sie wurde dabei von neuen, bürgerlich geprägten Agitationsverbänden angetrieben, die die monarchische Regierung von rechts propagandistisch unter Druck zu setzen versuchten und dabei einen radikalen Nationalismus entwickelten. […] Einen besonders radikalen, pangermanisch-völkischen Nationalismus vertrat […] der Alldeutsche Verband, dessen Vorsitzender Heinrich Class 1912 unter dem Titel „Wenn ich der Kaiser wäre" eine programmatische Schrift veröffentlichte, die mit ihren Forderungen nicht nur nach einer expansionistischen Außenpolitik, sondern auch nach der Schaffung einer homogenen, national, politisch und rassisch einheitlichen Volksgemeinschaft eindeutig einen präfaschistischen Charakter aufwies. […] Als typisch imperialistische Legitimationsideologie gewann schließlich auch der Sozialdarwinismus spezifisch nationalistische Aufprägungen. Nationale Stärke und Kampfbereitschaft sollten die Nation in der als notwendig begriffenen Auseinandersetzung mit anderen Nationen auszeichnen. Der pensionierte Planungsleiter im Preußischen Generalstab Friedrich v. Bernhardi etwa propagierte in seinem Bucherfolg „Deutschland und der nächste Krieg" nicht nur eine aggressive Politik des Kaiserreiches, sondern er bestimmte Krieg zugleich als eine „biologische Notwendigkeit" für die Nation. „Ohne den Krieg aber würden nur allzu leicht minderwertige und verdorbene Rassen durch Masse und Kapitalmacht die gesunden, kernkräftigen Elemente überwuchern, und ein allgemeiner Rückgang müsste die Folge sein. In der Auslese besteht die Schöpferkraft des Krieges."

Nach: www.bpb.de/geschichte/deutsche-geschichte/kaiserreich/138915/nation-und-nationalismus (Zugriff: 17. Februar 2016)

1. Fassen Sie die Kernaussagen des Textes zusammen.
2. Analysieren Sie den Zusammenhang zwischen Nationalismus, Krieg und Rassismus.
3. Informieren Sie sich im Internet und/oder in einem Lexikon über den Begriff „Sozialdarwinismus" (Zeile 20). Erörtern Sie anschließend die Bedeutung dieses Begriffes im Zusammenhang mit der Minderheitenpolitik Preußens.

„Aus Preußisch-Polen. Die beginnende Enteignung."
Zeichnung von Hans Gabriel Jentzsch, in: Der wahre Jacob, Nr. 687 vom 16. November 1912.
Text unter dem Bild: „Die Auswanderer: Weshalb werden wir von Haus und Hof gejagt, Panje Landrat, und wohin sollen wir ziehen? Kein Mensch wird uns aufnehmen! Der Landrat: Geht nur ins Kohlengebiet – da ist Platz für euch alle. Hier wird jetzt germanisiert!"

- Charakterisieren Sie die einzelnen Personengruppen und deren Beziehungen zueinander.
- Arbeiten Sie heraus, welche Meinung der Künstler bezüglich der preußischen Germanisierungspolitik einnimmt. Berücksichtigen Sie dabei auch die Zeitschrift, in der der Farbdruck erschienen ist. Informieren Sie sich dazu im Vorfeld über „Der wahre Jacob" im Internet.
- Entwickeln Sie Alternativen, mir denen Polen auf die Germanisierungspolitik reagieren konnten.

M2 Preußische Polenpolitik

*Der in Wien lehrende Historiker Philipp Ther (*1967) äußert sich 2004 über die preußische Verwaltung in den polnischen Gebieten:*

Die erste Periode des preußisch-deutschen Empires dauerte von 1815, als die Teilung Polens bestätigt wurde, bis Anfang der Sechzigerjahre. In dieser ersten Phase war die imperiale Herrschaft Preußens [...] über die polnischen Teilungsgebiete informell und indirekt. Der [...] polnische Adel behielt auf lokaler und regionaler Ebene viele seiner Vorrechte [...].

Die zweite Phase beginnt mit dem Januaraufstand in Polen von 1863.[1] Preußen griff nun zu einer Politik der strikten Unterdrückung und Assimilation. Im Zuge der allgemeinen Bürokratisierung erreichte der Staat auch entlegene Gebiete, die imperiale Herrschaft wurde also zunehmend direkt und formell. Die Einstellungen gegenüber Polen standen zunehmend unter rassistischen Vorzeichen und nahmen einen kolonialen Charakter an. [...] Nahezu zeitgleich mit dem Erwerb der überseeischen Gebiete[2] verschärfte das Deutsche Reich noch einmal die Gangart gegenüber den Polen, 1886 wurde das Reichsansiedlungsgesetz erlassen, das die Germanisierung der polnischen Gebiete durch deutsche Siedler anstrebte. Administrativ und juristisch war das polnische Teilungsgebiet zwar nie eine Kolonie, aber die Einstellungen der Deutschen gegenüber den Polen entwickelten sich, bei allen Unterschieden, doch in dieser Richtung. [...]

Die Ansiedlungspolitik im polnischen Teilungsgebiet zielte langfristig darauf ab, aus dem Reich auch dort einen Nationalstaat zu machen. Weil aber die Politik der Assimilation und Unterdrückung auf Widerstand traf, griff die Regierung zu immer schärferen Maßnahmen.

Philipp Ther, Deutsche Geschichte als imperiale Geschichte. Polen, slawophone Minderheiten und das Kaiserreich als kontinentales Empire, in: Sebastian Conrad und Jürgen Osterhammel (Hrsg.), Das Kaiserreich transnational. Deutschland in der Welt 1871–1914, Göttingen 2004, S. 109–148, hier S. 146f.

1. Erklären Sie anhand von selbstgewählten historischen Beispielen, was unter informeller und formeller Herrschaft (Zeile 3 ff. und 10 ff.) zu verstehen ist. Dazu können Sie auch Informationen aus dem Internet heranziehen.
2. Charakterisieren Sie die Ziele der Politik in den polnischsprachigen Teilen Preußens.
3. Beurteilen Sie, ob im Falle der polnischsprachigen Gebiete von der Bildung einer Kolonie gesprochen werden kann. Informieren Sie sich vorab über die Begriffe „Kolonialismus" und „Kolonie" im Internet und/oder in Fachbüchern.

M3 „Wo liegt Polen?"

*Der deutsche Historiker Peter Oliver Loew (*1967) beschreibt die Wandlungen im polnischen Nationalbewusstsein an der Wende vom 19. zum 20. Jahrhundert:*

Angesichts der Abwesenheit Polens auf den Karten wurde die mentale Kartierung der Nation immer wichtiger. Während im historischen Staatsgebiet nicht-polnische Nationalbewegungen ihr Haupt erhoben, während sich Litauer und Letten, Ukrainer und schließlich auch die Weißrussen als junge Nationen formierten, entdeckten die Polen ihrerseits die polnischsprachigen Bevölkerungen außerhalb des historischen Staatsgebiets: Gehörten Masuren, Kaschuben und Oberschlesier nicht auch in einen dereinst wiederentstehenden polnischen Staat? Die Vorstellung eines zwischen Oder und Dnjepr, Ostsee und Schwarzem Meer gelegenen historischen Großreichs wurde somit langsam ersetzt durch eine vage Vorstellung polnischer Grenzen, in denen ethnische, sprachliche, kulturelle, geografische und historische Argumente zusammenfielen. Damit war jedoch alles andere als klar, welche Gebiete ein wiedergeborenes Polen umfassen würde. Auf die Frage „Wo liegt Polen?" gab es deshalb die unterschiedlichsten Antworten, doch keine war präzise. Während Stanislaw Wyspiański 1901 in seinem Schauspiel Die Hochzeit die Auskunft erteilte, dass Polen dort liege, wo das Herz sei [...], verstieg sich der Geograf Wacław Nałkowski kurz vor dem Ersten Weltkrieg in düstere Gedanken: Das Gebiet Polens mit seinem Übergangscharakter wecke bei den Polen keine Energie, kein aktives Zukunftsstreben, sondern allzu oft Trauer, Resignation und schläfriges Sich-Verlieren in die Vergangenheit.

Peter Oliver Loew, Paderewski oder Wo liegt Polen. Nation und Erinnerungskultur zwischen dem 19. und 20. Jahrhundert, in: Peter Oliver Loew und Christian Prunitsch (Hrsg.), Polen. Jubiläen und Debatten. Beiträge zur Erinnerungskultur, Wiesbaden 2012, S. 71–96, hier S. 74

1. Arbeiten Sie heraus, was unter dem Begriff einer „mentale[n] Kartierung" (Zeile 2) zu verstehen ist.
2. In dem Text werden zwei Möglichkeiten genannt, mit dem Problem des Nationalismus ohne Staatsgebiet umzugehen. Erörtern Sie, ob weitere Alternativen bestanden haben könnten. Ziehen Sie dabei diejenigen Argumente heran, die auch in der deutschen Nationalbewegung benutzt wurden, bevor das Deutsche Reich gegründet war. Siehe hierzu nochmals Seite 311 ff.

[1] Siehe hierzu Seite 317.

[2] Gemeint sind die deutschen Kolonien in Afrika, die 1884/85 erworben wurden.

M4 Eine polnische Gefahr?

Ludwik Jażdżewski (1838–1911), Abgeordneter der polnischen Partei, kritisiert 1901 die Politik der preußischen Regierung gegen die polnische Bevölkerung:

Meine Herren, wenn man einer Bevölkerung, welche dem preußischen Staate aufgrund von internationalen Staatsverträgen[1] einverleibt worden ist mit der Zusage, mit dem feierlich abgegebenen königlichen Versprechen, dass ihre Nationalität geschützt und gepflegt werden soll im preußischen Staat, dass ihre Sprache im amtlichen und im Privatleben eine Schonung und einen sicheren Schutz erhalten soll, – wenn man dieser Bevölkerung, die schon unglücklich genug gewesen ist, dass sie ihre staatliche Unabhängigkeit verloren hat, alle diese Versprechen und Zusagen vorenthält und ins Gegenteil verkehrt, so kann man sich nicht wundern, dass diese unsere Bevölkerung, die eine tausendjährige Geschichte und Kultur hinter sich hat, über die geradezu feindlichen Maßnahmen der Regierung unzufrieden, ja geradezu empört ist, und bei ihrem lebhaften Naturell dieser Unzufriedenheit und tiefem Missbehagen einen entsprechend lebhaften Ausdruck gibt.

Ich will ihnen nur kursorisch eine kurze, lange nicht erschöpfende Zusammenstellung dessen vorlegen, was alles dieser unserer Bevölkerung in den letzten Zeiten widerfahren ist, um sie aufzureizen und zu schädigen. […] Familiennamen werden vielfach durch Behörden verfälscht; jede fachmännische Versammlung wird polizeilich überwacht; jede Versammlung unter freiem Himmel wird untersagt; Aufzüge mit Musik werden verboten; polnische Theateraufführungen werden meistens verboten oder verhindert. Was tut nicht alles die Ansiedlungskommission[2], um die Bevölkerung zu kränken? […] Und worauf zielt sie hin? Auf das Verdrängen der polnischen Besitzer und Arbeiter von der väterlichen Scholle mit dem Vorbehalt, dass eine Parzelle aus Staatsfonds von den angekauften Gütern an einen Polen, der doch auch ein gleichberechtigter Staatsbürger sein soll wie jeder andere, nie und nimmer verkauft werden darf. Die verschiedenen Ankäufe und Verkäufe dieser Kommission regen tagtäglich die Bevölkerung auf, und nachdem das geschieht, klagt man darüber, dass die Bevölkerung sich beunruhigt fühlt, und dass eine gewisse Agitation im Lande sich zeigt, die solchen Maßnahmen entgegenarbeitet. […]

Meine Herren, vor Gericht darf kein Pole seine Sache in eigener Sprache vertreten: Vor den Verwaltungsbehörden findet er kein Gehör in seiner Muttersprache. Kurz und gut, auf jedem Gebiet wird der Pole zurückgedrängt, auf jedem Schritt und Tritt wird er gekränkt; und nachdem das tagtäglich geschieht, klagt man über Agitation, über Unruhe und über eine polnische Gefahr und spricht von der Bedrängung des Deutschtums! Meine Herren, nun die Schule! Ist denn bei uns die Volksschule ein Bildungsinstitut, eine Bildungsanstalt im erhabenen Sinne des Wortes? Nein, sie ist geradezu eine Verbildungsanstalt, sie ist nichts weiter wie ein Abrichtungsinstitut. Den Vorwurf muss ich der Schulverwaltung in der schärfsten Weise entgegenhalten, dass sie nicht dafür Sorge trägt, was ihre Pflicht und Schuldigkeit ist, dass der Bevölkerung ihre Muttersprache, die Sprache der Familie und der Kirche, in der Schule nicht gehörig beigebracht wird, dass das polnische Kind in der Volksschule meistens nicht einmal leidlich polnisch lesen und schreiben lernen kann.

Meine Herren, das sind alles Zustände, die die polnische Bevölkerung tagtäglich vor Augen hat, und mit welchen sie

„Studt bringt den polnischen Kindern das deutsche Vaterunser bei."
Zeichnung von Otto Emil Lau, in: Der wahre Jacob, Nr. 532 vom 11. Dezember 1906.
Auf der Flasche steht geschrieben: „Deutsch. Religionsunterricht".

- Informieren Sie sich im Internet über Conrad von Studt und seine Funktion zur Entstehungszeit der Karikatur.
- Charakterisieren Sie, wie der Zeichner das deutsch-polnische Verhältnis darstellt.
- Ordnen Sie diese Karikatur in den Kontext der preußischen Germanisierungspolitik ein.

[1] Jażdżewski spielt auf die polnischen Teilungen und den Wiener Kongress von 1815 an; siehe hierzu Seite 269 f.

[2] Die Ansiedlungskommission wurde von Bismarck 1886 mit Stimmen der Konservativen und der Nationalliberalen gegründet. Sie sollte Land von verschuldeten polnischen Bewohnern aufkaufen und günstig an deutsche Zuwanderer abgeben.

tagtäglich in Berührung kommt; und da spricht nun das angezogene Ministerialorgan von einer durch Agitation gezeitigten polnischen Gefahr! Diese polnische Gefahr haben Sie sich, meine Herren am Ministertische, selbst heraufbeschworen und großgezogen. Sie ist ihr eigenstes Werk.

Nach: Willibald Gutsche (Hrsg.), Herrschaftsmethoden des deutschen Imperialismus 1897/98 bis 1917. Dokumente zur Innen- und Außenpolitik, Berlin (Ost) 1977, S. 74–76

1. Fassen Sie die Maßnahmen der preußischen Regierung gegen die polnische Bevölkerung zusammen.
2. Erläutern Sie die Folgen dieser Politik für die polnische Bevölkerung damals und für die späteren deutsch-polnischen Beziehungen.

M5 „Wie eine Pflanze in fremder Erde“

Eine polnische Lokalchronik aus Bottrop berichtet 1911 über die Zuwanderung polnischsprachiger Arbeitskräfte in den 1870er-Jahren:

Der erste […] Agent kam nicht lange nach dem Krieg nach Oberschlesien. Er erreichte jedoch nicht viel, da er Deutscher und der polnischen Sprache nicht mächtig war. So brachte er nur 25 Bergleute, hauptsächlich aus dem Kreise Rybnik, mit sich. Das war im Januar 1871. […]
Selbstverständlich reichten diese neu zugezogenen Kräfte bei Weitem nicht zur Deckung des Bedarfs aus; deshalb fuhr ein neuer Agent los. Diesmal war es ein Pole namens Karl Sliwka, der als Steiger auf [der Zeche] Prosper I arbeitete. Mit ihm kamen 400 polnische Bergleute nach Bottrop, die in dem gleichen Gebäude untergebracht wurden. Diese Reise fand im Mai 1871 statt. Im Jahr darauf brach auf der Zeche ein Streik aus und ungefähr 300 polnische Bergleute kehrten daraufhin in die Heimat zurück. Die Bergwerksbesitzer wurden dadurch veranlasst, Karl Sliwka ein zweites Mal zur Werbung von Arbeitern auszusenden. Und auch diesmal fand Sliwka ein fruchtbares Arbeitsfeld im Kreise Rybnik, denn er brachte ca. 500 polnische Arbeiter mit. Mit dem Sturze der Konjunktur [Ende des Jahres 1873] kehrten viele polnische Arbeiter wegen des zu geringen Verdienstes in die Heimat zurück, sodass auf den hiesigen Gruben bald danach wieder Mangel an Arbeitern bestand. Es schien deshalb den Bergwerksbesitzern das Beste, noch einmal einen Agenten nach Oberschlesien zu senden, und zwar diesmal Leopold Kowalik. Aber die Bergleute scharten sich nicht mehr in so großen Gruppen um ihn wie früher, er konnte nur 200 Bergleute nach Bottrop bringen, woraus ersichtlich ist, dass sie nicht mehr das anfängliche Vertrauen zum westfälischen Glück in sich trugen.
Die Ankunft dieser polnischen Arbeiter fiel in das Jahr 1875. In dem gleichen Jahr begannen diejenigen polnischen Arbeiter, die schon länger in Bottrop wohnten und sich etwas erworben hatten, ihre Familien aus der Heimat in die Fremde zu holen. Nicht alle konnten sogleich von dieser Möglichkeit Gebrauch machen, aber langsam und vereinzelt zogen Familien zu, sodass sich in Bottrop im Jahre 1876 ca. 20 polnische Familien befanden. Und so kann man jetzt sagen, dass mit diesem Jahr, in dem die polnischen Familien im Herzen Deutschlands zu leben begannen, das hiesige Polentum seine Existenz wie eine Pflanze in fremder Erde begann.

Nach: Christoph Kleßmann, Polnische Bergarbeiter im Ruhrgebiet 1870–1945, Göttingen 1978, S. 38

1. Fassen Sie die Informationen über Herkunft, Qualifikation und Motivation polnischsprachiger Arbeitskräfte zusammen.
2. Erklären Sie die Hintergründe für die hohe Fluktuation der polnischsprachigen Arbeitskräfte.

Rückseite der Fahne des polnischen Knappenvereins Dortmund-Eving aus dem Jahre 1898.
Der Text auf der Fahne bedeutet: „Hl. Barbara, betet für uns.“ Für Katholiken ist die Heilige Barbara die Schutzpatronin der Bergleute.

Der Erste Weltkrieg und seine Folgen

Die Frage der Kriegsschuld | Am 28. Juni 1919 wurde der *Versailler Vertrag* unterzeichnet, der die Friedensregelungen für Deutschland traf und der den *Ersten Weltkrieg* beendete. Nach *Artikel 231* war alleine das Deutsche Reich für den Ausbruch dieses Krieges verantwortlich. Diese Annahme stieß in der *Weimarer Republik*[1] bei fast allen Parteien auf vehementen Widerstand. Auch unter Historikern entstanden schon bald komplizierte Forschungsdebatten, die sich mit der Frage der Kriegsschuld befassten. Nach dem Ende des *Zweiten Weltkrieges* setzte sich international vorübergehend die These durch, dass alle eigentlich gegen ihren Willen in den Krieg hineingeschlittert seien. Diese Auffassung wurde in den 1960er-Jahren von dem Hamburger Historiker *Fritz Fischer* infrage gestellt, der die Meinung vertrat, die Reichsregierung habe den Krieg lange geplant und bewusst herbeigeführt, da ihre Weltpolitik in eine Sackgasse geraten sei. Das Deutsche Reich habe 1914 nach der „Weltmacht" gegriffen. Diese These löste eine weitere mehrjährige Debatte aus.

Heute besteht unter Historikern weitgehende Einigkeit darüber, dass die Thesen von Fritz Fischer zu zugespitzt waren. Nachdem der österreichische Thronfolger *Franz Ferdinand* am 28. Juni 1914 in Sarajewo von einem serbischen Terroristen ermordet worden war, verfolgte die deutsche Regierung eine sehr riskante Strategie, weil sie in der sogenannten *Julikrise* die Konflikte auf dem Balkan, die sich nach dem Mord abzeichneten, bewusst verschärfte. Einen Weltkrieg wollte sie wohl nicht beginnen, sie trug aber die „initiierende Verantwortung" – so der Historiker *Klaus Hildebrand* – dafür, dass sich die Krise erheblich zuspitzte. In einem Buch, das 2012 unter dem Titel „Die Schlafwandler. Wie Europa in den Ersten Weltkrieg zog" erschien, zeigte der in Cambridge lehrende australische Historiker *Christopher Clark*, dass in allen beteiligten Staaten Kriegsparteien bestanden, die bewusst auf einen großen Konflikt hinarbeiteten. Clark argumentierte auch, dass in den entscheidenden Momenten zahlreiche Politiker in mehreren Ländern einfach überfordert waren: Sie mussten schnell weitreichende Entscheidungen treffen, ohne genug Zeit zu haben, ausreichende Informationen einzuholen und die Konsequenzen ihres Handelns sorgfältig zu durchdenken. Hinzu kam, dass die zahlreichen Krisen zuvor die jeweiligen Friedensparteien deutlich geschwächt hatten und internationale Kompromisse immer schwieriger geworden waren. Im Juli 1914 konnten sich vor allem im Deutschen Reich und in Österreich-Ungarn gemäßigte Politiker in den Regierungen gegenüber den Militärs, die massiv auf einen sofortigen Krieg drängten, nicht mehr durchsetzen (➔M1 und M2).

Internettipp
Ausführliche Informationen zum Ersten Weltkrieg von den Kriegsursachen bis hin zu den Friedensschlüssen finden Sie unter dem Code **32035-46**.

Der deutsche Nationalismus im Ersten Weltkrieg | Im Moment des Kriegsausbruches gab es kaum offene Opposition. Vor allem deutsche Intellektuelle äußerten sich offen kriegshetzerisch (➔M3). Die Sozialdemokratie demonstrierte zwar Ende Juli 1914 für den Frieden, stellte sich dann aber fast geschlossen hinter die Regierung, die den *„Burgfrieden"* verkündete. Innenpolitische Konflikte sollten bis zum Ende des Krieges zurücktreten oder ganz aufhören. Vor allem die Gefahr, dass das verhasste autoritäre zaristische Russland den Krieg gewinnen könne und dass dann alle Vorteile verloren gehen würden, die die *Arbeiterbewegung* im Deutschen Reich mühsam erkämpft hatte, war für das Verhalten der Arbeiterschaft verantwortlich. Einige Historiker betonen neuerdings auch, dass vor 1914 Teile der Arbeiterschaft durchaus von nationalistischen Ideen erfasst worden seien. Zum Erstaunen der preußischen Behörden blieb es in den polnischsprachigen Gebieten des Reiches ruhig, und junge wehrpflichtige Polen ließen sich selbstverständlich und ohne Widerstand zur Armee einziehen.

In der zweiten Kriegshälfte zerfiel die deutsche Gesellschaft zunehmend in zwei Lager, die sich unversöhnlich gegenüberstanden. Einerseits wuchs vor allem in der

[1] Zur Weimarer Republik siehe ausführlich das Kapitel auf Seite 390 bis 421.

Arbeiterschaft seit dem Hungerwinter von 1916/17 die Kriegsmüdigkeit: Die britische Flotte blockierte seit 1914 alle Zufuhren über das Meer, und bei den Mittelmächten wurden Nahrungsmittel knapp. Seit 1916 tobten an der *Westfront* große Materialschlachten, in denen die Verluste sehr hoch waren. Zwar waren viele einfache Soldaten und Arbeiter immer noch bereit, ihr Land zu verteidigen, aber sie hofften zugleich auf einen bald kommenden Frieden, der in ihrer Sicht durchaus ein *Kompromissfrieden* ohne Annexionen (territoriale Gewinne) sein konnte. Dem stand eine andere gesellschaftliche Gruppe gegenüber, die vor allem aus dem Bürgertum stammte. Hier wurde ein bedingungsloser *Siegfrieden* proklamiert und die Hoffnung auf große territoriale Gewinne ausgedrückt. 1917 gründete dieses bürgerliche Lager die *Deutsche Vaterlandspartei*, in der sich zahlreiche rechte und rechtsradikale Gruppierungen zusammenfanden und die auch von Teilen der protestantischen Kirchen offen unterstützt wurde. Diese Partei trat in der Öffentlichkeit mit der Forderung nach einem Siegfrieden um fast jeden Preis und nach großen Annexionen in Ost und West auf. Alle, die für eine Verständigung oder für einen Kompromissfrieden eintraten, wurden pauschal als Verräter bezeichnet.

„Die Befreiung Polens vom russischen Joch."
Farbdruck, in: Der wahre Jacob, Nr. 761, 1915.

- Erklären Sie, wen die beiden Frauengestalten und der Bär (im Bildhintergrund) versinnbildlichen sollen.
- Ordnen Sie den Farbdruck in den historischen Kontext ein.
- Analysieren Sie, welche Wirkung der Zeichner beim zeitgenössischen Betrachter erzielen wollte. Durch welche Bild- und Gestaltungsmerkmale wird diese Wirkung erzeugt?

Der Kriegsverlauf im Osten 1914–1918 | Bei Ausbruch des Krieges griff die russische Armee mit starken Kräften im Norden Ostpreußen und im Süden Galizien in Österreich-Ungarn an. Während die Offensive gegen das Deutsche Reich schnell scheiterte und die Deutschen bei *Tannenberg* einen großen Sieg errangen,[2] gelang es den Russen, bis zum Winter 1914/15 fast ganz Galizien zu erobern. Im Frühjahr 1915 wendete sich das Blatt, und in einer mehrtätigen Schlacht bei Tarnów und Gorlice durchbrachen deutsche und österreichisch-ungarische Truppen die russischen Stellungen. Im Sommer eroberten sie Galizien zurück und besetzten das gesamte russisch-polnische Territorium. Damit entstand die Frage, was eigentlich mit diesen Gebieten geschehen solle.

Bei den Deutschen bestanden zunächst keine klaren Konzepte, während die Österreicher die Vorstellung entwickelten, die eroberten Gebiete mit dem polnischsprachigen Galizien unter ihrer Führung zu vereinen und insgesamt in ihr Imperium zu integrieren. Da die Führung der deutschen Armee verzweifelt nach neuen Soldaten suchte, verfiel sie auf die Idee, verstärkt polnische Freiwillige anzuwerben. Am 5. November 1916 proklamierten der deutsche und der österreichisch-ungarische Kaiser deshalb die Schaffung eines *Königreiches Polen*. Allerdings wurden den Polen fast keine konkreten Rechte zugestanden: Weder wurde eine polnische Regierung oder eine eigenständige Verwaltung aufgebaut, noch war klar, welche Territorien der neue „Staat" erhalten sollte.

Zu Beginn des Krieges rechneten selbst große Optimisten nicht damit, dass am Ende ein vereinigtes und unabhängiges Polen entstehen könnte. Als möglich wurde aber – je nach Kriegsverlauf – ein vereinigtes Polen mit begrenzter Autonomie innerhalb des Zarenreiches oder Österreich-Ungarns angesehen. Nur sehr wenige Polen wünschten sich wegen der preußischen Germanisierungspolitik eine Vereinigung unter preußischer Führung. Je länger der Krieg dauerte, desto klarer wurde für polnische Aktivisten, dass ein wirklich unabhängiger polnischer Staat nur bei einem Sieg der Entente möglich sein würde (→M4). Diese Hoffnung erhielt weitere Nahrung, als im Januar 1918 der amerikanische Präsident Woodrow Wilson ein 14-Punkte-Programm verkündete (→M5).

Entente: Kriegsbündnis, dem Frankreich, Großbritannien, Russland, Italien und zahlreiche weitere Staaten angehörten

[2] Zur Schlacht bei Tannenberg siehe das Kernmodul auf Seite 286 bis 291.

Mittelmächte: Kriegsbündnis aus dem Deutschen Reich, Österreich-Ungarn, dem Osmanischen Reich und Bulgarien

Zunächst schien sich das Blatt aber zugunsten der Mittelmächte zu wenden: Im Herbst 1917 brach in Russland die Revolution aus und die russische Armee zerfiel schnell. Im Friedensvertrag von Brest-Litowsk, der am 3. März 1918 unterzeichnet wurde, schied das sowjetische Russland aus dem Krieg aus und musste sehr harte Bedingungen der Deutschen und ihrer Verbündeten hinnehmen. Allerdings erwies sich im Sommer, dass diese Entlastung im Osten nicht ausreichte, weil inzwischen die USA ihre gesamte ökonomische und militärische Macht in die Waagschale geworfen hatten und ein deutscher Sieg im Westen damit unmöglich geworden war.

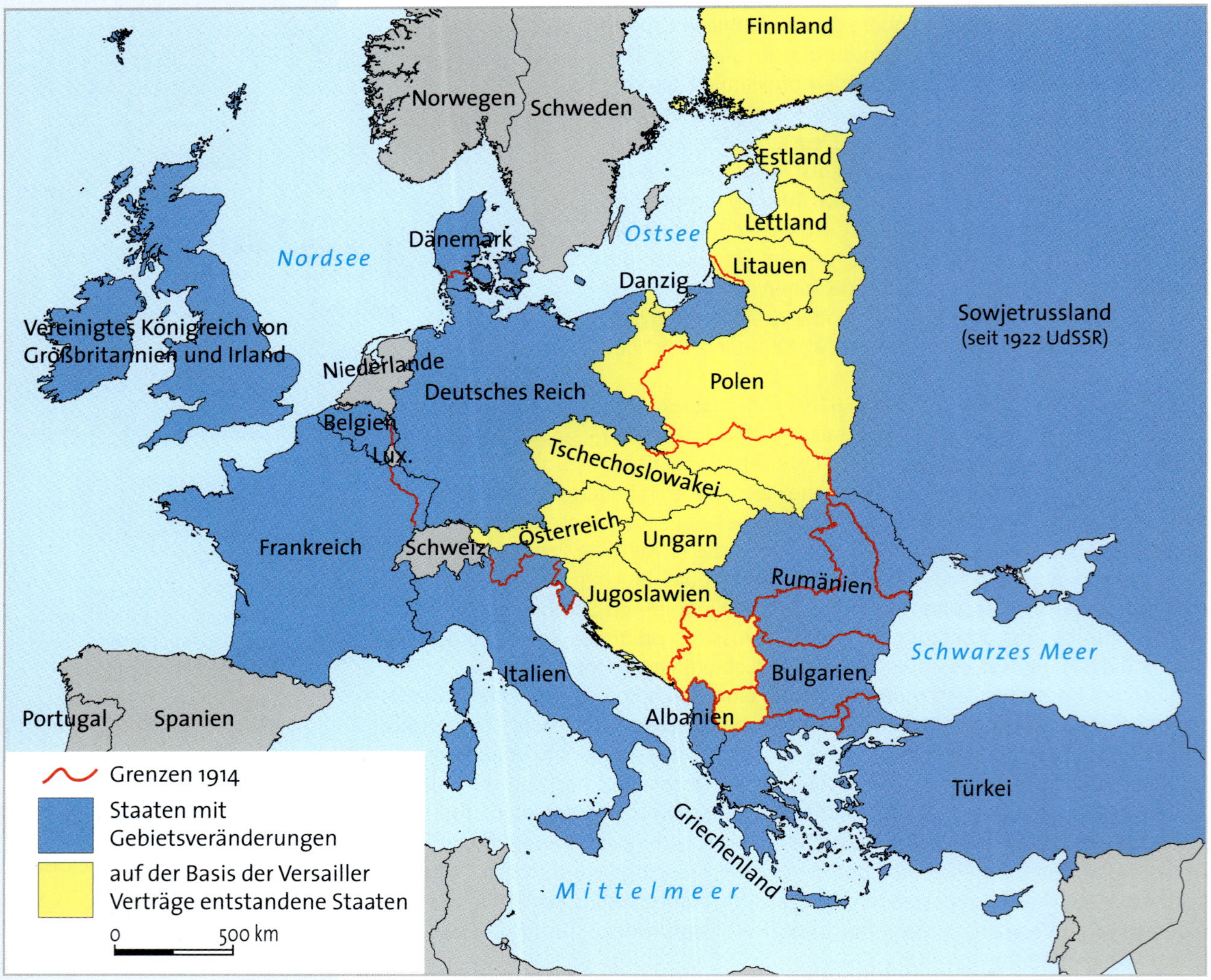

Europa nach 1919.
Jugoslawien (Süd-Slawien) hieß bis 1929 „Königreich der Serben, Kroaten und Slowenen".

▶ Beschreiben Sie mithilfe der Karte die territorialen Veränderungen, die sich in Europa nach dem Ende des Ersten Weltkrieges ergaben.

Das Ende des Krieges und die deutsche Kapitulation | Nachdem die letzte große deutsche Offensive im Westen im Sommer 1918 fehlgeschlagen war, hatte sich in der Arbeiterschaft die Überzeugung verbreitet, dass der Krieg verloren war. Mit großer Schnelligkeit brach die öffentliche Ordnung in der Heimat zusammen, und an der Westfront desertierten während der Rückzüge Tausende von Soldaten. Das „vaterländische" Lager hingegen proklamierte weiterhin Durchhalteparolen und machte vergeblich Werbung für eine letzte Massenmobilisierung, die – auch aus heutiger Sicht – aussichtlos gewesen wäre. Anfang September 1918 musste der deutsche Oberbefehlshaber, General Erich Ludendorff, eingestehen, dass der Krieg verloren war. Die Militärs versuchten nun – um ihr eigenes Scheitern zu vertuschen –, die Schuld den Politikern in Berlin zuzuschieben, die sie angeblich nicht genug unterstützt hatten.

Die deutsche Revolution brach Anfang November 1918 in den Küstenstädten aus, weil die Flotte einen letzten Angriff plante, der selbstmörderisch gewesen wäre. Nach wie vor hätten die meisten Matrosen ihre Schiffe und Häfen wahrscheinlich gegen einen englischen Angriff verteidigt, sie waren aber nicht bereit, in dem Moment, als der Krieg schon fast vorbei war, für die „Ehre" zu sterben. Die Seeoffiziere fanden kein Mittel gegen die Meutereien, die sich wie ein Lauffeuer verbreiteten. Sehr schnell erfasste die revolutionäre Bewegung in den großen Städten auch die Arbeiter, die – von wenigen Ausnahmen abgesehen – keineswegs eine kommunistische Revolution, sondern ein Ende des Krieges und die Einführung eines parlamentarischen Regierungssystems anstrebten. Im Moment des Zusammenbruchs war niemand wirklich bereit, die Monarchie zu verteidigen. Kaiser Wilhelm II. war schon kurz vorher von Berlin in das Hauptquartier in Belgien gefahren und floh von dort ins holländische Exil.

Allerdings erwies es sich in der Folge als problematisch, dass – anders als im Zweiten Weltkrieg – viele Zivilisten an der „Heimatfront" die Niederlage nicht wirklich erlebt hatten. Zwar war die militärische Lage hoffnungslos, aber scheinbar hätte weiterer Widerstand geleistet werden können. Im Moment der Kapitulation waren große Teile Osteuropas noch von deutschen Truppen besetzt, und im Westen hatte die Front das Reichsgebiet noch nicht erreicht. Erst die Revolution schien weiteren Widerstand unmöglich zu machen. Für viele Nationalisten, vor allem aus dem bürgerlichen Lager, blieb die Frage bestehen, ob man nicht wenigstens noch einige Monate hätte weiter kämpfen sollen, um dann vielleicht doch noch bessere Friedensbedingungen zu erhalten. In diesen Kreisen fiel die *„Dolchstoßlegende"* auf fruchtbaren Boden. Sie besagte, dass im schwierigsten Moment des Krieges gewissenlose Vaterlandsverräter der kämpfenden Front mit der Revolution, die lange vorbereitet worden sei, in den Rücken gefallen seien.

Erich Ludendorff (1865–1937): seit Herbst 1914 gemeinsam mit Paul von Hindenburg Oberbefehlshaber im Osten, seit Herbst 1916 Generalquartiermeister im Großen Generalstab (3. Oberste Heeresleitung), damit faktisch Oberbefehlshaber der gesamten deutschen Armee; 1924–1928 Abgeordneter im Reichstag

Erinnerungen an den Ersten Weltkrieg in der Weimarer Republik | Das Deutsche Reich blieb deshalb nach 1918 weiterhin eine politisch tief gespaltene Nation. Die meisten der ehemaligen Soldaten hatten genug vom Krieg, auch wenn dieser mit einer Niederlage geendet hatte. Sichtbar wird dieses Faktum, wenn man sich die Mitgliederzahlen in den Veteranenverbänden anschaut. Der größte Verband war das mehrheitlich sozialdemokratische *„Reichsbanner Schwarz-Rot-Gold"*, der in der Weimarer Republik zunächst Krieg und Gewalt ablehnte und sich an die Seite der Demokratie stellte. In der Öffentlichkeit wurde aber sehr viel mehr der kleinere Veteranenverband *„Stahlhelm. Bund der Frontsoldaten"* wahrgenommen, der offen militaristisch argumentierte, den Krieg verherrlichte, eine Revanche predigte und die Niederlage auf die „Dolchstoßlegende" zurückführte. Da ehemalige Eliten des Kaiserreiches wie hohe Offiziere, monarchistische Adlige oder rechte Nationalisten ihr eigenes Versagen vertuschen wollten, stellte die „Dolchstoßlegende" eine bequeme Rechtfertigung dar. Von ihr existierten anfangs mehrere Versionen: Einigkeit bestand nur darin, dass die Revolution für die Niederlage verantwortlich war. Meinungsverschiedenheiten bestanden aber darüber, wer diese ausgelöst hatte: Kommunisten, Juden und Sozialdemokraten schienen vielversprechende Kandidaten zu sein, aber auch über die Rolle von Katholiken, Freimaurern und Minderheiten wurde diskutiert. Maßgebliche Mitglieder der ehemaligen wilhelminischen Eliten pflegten auch ausgeprägte antipolnische Stereotype. *General Hans von Seeckt*, der Oberbefehlshaber der Reichswehr, äußerte sich am 11. September 1922 eindeutig: „Polens Existenz ist unerträglich, unvereinbar mit den Lebensbedingungen Deutschlands. Es muss verschwinden und wird verschwinden durch eigene innere Schwäche und durch Russland, mit unserer Hülfe".[1]

Freimaurer: internationale Bewegung, die bereits Anfang des 18. Jahrhunderts gegründet worden war. Ihre Ideale bestehen aus Freiheit, Gleichheit, Brüderlichkeit, Toleranz und Humanität. Sie praktizierten aber auch geheime Rituale, wurden deshalb häufig angefeindet und ihr Internationalismus stieß auf die Gegnerschaft von überzeugten Nationalisten.

[1] Nach: Heinrich August Winkler, Weimar 1918–1933. Die Geschichte der ersten deutschen Demokratie, München [2]1994, S. 169

Im Sommer 1924 veranstaltete die Regierung eine große Feier in Berlin, mit der auf würdige Weise an den Beginn des Krieges erinnert und der Gefallenen gedacht werden sollte. Symbolisch sollte eine Brücke zwischen dem untergegangenen Kaiserreich und der neuen demokratischen Republik geschlagen werden. Nicht Heroismus, sondern Trauer sollte die Menschen miteinander versöhnen. Beispielsweise wurden zwei Fahnen auf Halbmast gehisst: Unter der kaiserlichen schwarz-weiß-roten hatten die Soldaten gekämpft und die schwarz-rotgoldene Fahne stand für den neuen freien Staat. Der Versuch einer symbolischen Versöhnung mit der wilhelminischen Vergangenheit schlug allerdings fehl, weil sowohl kommunistische als auch rechte Gruppierungen die Veranstaltung störten. Danach gab es keine Anläufe mehr, die beiden verfeindeten Lager zusammenzubringen, weil die demokratischen Regierungen zu der Meinung gekommen waren, diese Versuche seien sinnlos.

Die Erinnerungskultur an den Ersten Weltkrieg wurde in den folgenden Jahren deshalb vor allem von privaten Verbänden und Vereinen gepflegt, und sie erhielt dadurch häufig eine offen revanchistische und antisemitische Ausrichtung. Gefeiert wurden die Jahrestage wirklicher oder vermeintlicher deutscher Siege. Die nationalsozialistische Bewegung, die 1930 ihre ersten großen Wahlerfolge erzielte, wandte sich gezielt an die jüngere Generation, die die Schrecken der Front nicht mehr erlebt hatte, aber empfänglich war für heroische Darstellungen.

Gedenken an den Ersten Weltkrieg in der zweiten Hälfte des 20. Jahrhunderts.
Foto vom 22. September 1984, Beinhaus von Douaumont.
Der französische Staatspräsident François Mitterrand und Bundeskanzler Helmut Kohl begehen den 68. Jahrestag der Schlacht von Verdun. Anders als in Deutschland ist die Schlacht in der französischen Erinnerungskultur zentral. Hier fand 1916 eine der größten und längsten Materialschlachten des Ersten Weltkrieges statt, an der die gesamte französische Armee teilnahm. Der deutsche Versuch eines Durchbruchs durch die französische Front scheiterte nach mehreren Monaten. Im Beinhaus von Douaumont sind die Knochen von etwa 130 000 deutschen und französischen Soldaten bestattet, die nicht mehr identifiziert werden konnten.

▶ Präsentation: Versetzen Sie sich in die Rolle eines deutschen Journalisten, der für eine Tageszeitung über die Gedenkfeier am 22. September 1984 berichtet. Recherchieren Sie im Vorfeld im Internet weitere Informationen über die Feierlichkeiten. Gehen Sie in Ihrem Artikel auch darauf ein, was die symbolische Geste zwischen Mitterrand und Kohl (Foto) über das deutsch-französische Verhältnis aussagt.

Erinnerungen an den Ersten Weltkrieg in Polen | Ganz anders als in der Weimarer Republik sah die Erinnerung an den Ersten Weltkrieg in Polen aus (→M6). Polnische Soldaten hatten für alle Teilungsmächte gekämpft und waren auch für sie gefallen. Genaue Zahlen sind nicht verfügbar, aber es wird geschätzt, dass mehr als eine Million polnischer Soldaten in der russischen Armee kämpften und über zwei Millionen bei den Mittelmächten. Wahrscheinlich sind mehrere Hunderttausend Polen gefallen und die Zahl der Verletzten dürfte sehr viel höher gelegen haben. Wie viele Zivilisten ums Leben kamen, ist nicht bekannt, aber auch hier handelt es sich um eine hohe Zahl, weil schwere Kämpfe auf polnischem Territorium ausgetragen worden und zugleich in der zweiten Kriegshälfte die Nahrungsverhältnisse sehr schlecht gewesen waren. Hunger war bei den Mittelmächten an der Tagesordnung, und das besetzte ehemals russische Polen wurde zeitweise regelrecht ausgeplündert.

Die Erfahrungen der Soldaten bestanden darin, dass sie für die Teilungsmächte aufeinander geschossen hatten. Dennoch gelang es mit großer Mühe, eine nationale Erzählung, ein Narrativ, zu entwerfen, die den Erfahrungen der Menschen nicht völlig widersprach. Demnach hätten alle Polen nur gezwungenermaßen und widerwillig ihren Dienst als Soldaten verrichtet. Erst als 1918 der Krieg vorbei gewesen sei, hätten sie die Möglichkeit gehabt, ihre wahre Identität zu zeigen und als wirkliche Polen in den *Grenzkriegen* mit Begeisterung dem nationalen Gedanken zu folgen.[1] Damit ergab sich im Vergleich zu Deutschland eine ganz andere Chronologie: Entscheidend für den nationalen Gedanken in Polen war nicht die Periode von 1914 bis 1918, sondern diejenige der Grenzkriege von 1918 bis 1921.

Um diese Interpretation auch symbolisch für den neuen Staat nutzbar zu machen, wurde ein nicht mehr identifizierbarer Soldat, der während der Kämpfe um Lemberg im Grenzkrieg gegen die kurzlebige Westukrainische Republik gefallen war, exhumiert und in Warschau unter dem **„Grabmal des unbekannten Soldaten"** erneut bestattet. Dieser Kult des „unbekannten Soldaten", der ursprünglich in Frankreich und mit leichten Veränderungen in Großbritannien entwickelt worden war, wirkte auf viele Polen national integrierend. Allerdings war daran problematisch, dass gerade in Lemberg sehr viele Ukrainer lebten, die 1919 ebenfalls für einen eigenen Staat gekämpft hatten. Der polnische „unbekannte Soldat" war mit einiger Sicherheit von einem Ukrainer getötet worden. Für diese Menschen stellte der Kult des „unbekannten Soldaten" gerade kein integratives Moment dar – das Gegenteil war der Fall. Auch die Mitglieder der deutschen Minderheit in Polen konnten sich nicht mit diesem nationalen Symbol identifizieren.

Grabmal des unbekannten Soldaten: besonderes Soldatendenkmal, durch das an die nicht namentlich identifizierbaren Gefallenen und an die jeweiligen Kriege erinnert werden soll

Auch haben neuere historische Forschungen gezeigt, dass ein weiterer Aspekt dieser Darstellung auf einem Mythos basiert. Wenn die polnischen Soldaten in der deutschen Armee im Ersten Weltkrieg wirklich so unwillig ihren Dienst getan hätten, hätten sie zumindest an der *Ostfront* viele Möglichkeiten nutzen können, um zu desertieren. Die neueste Forschung hat aber eindeutig nachgewiesen, dass beispielsweise Polen in der deutschen Armee oder Tschechen in der österreichischen nicht öfter übergelaufen sind, als andere Deutsche. Man kann aber davon ausgehen, dass vor allem in der zweiten Kriegshälfte die Moral in der gesamten deutschen Armee schlecht war: Hier ergab sich dann doch auch für die polnischen Veteranen ein Anknüpfungspunkt für ihre Kriegserinnerungen.

[1] Diese Grenzkriege werden dargestellt auf Seite 356.

M1 Vorstellungen über die Zukunft Deutschlands

Der Historiker Michael Salewski (1938–2010) erklärt 2003:

Das französische Kriegsziel war ganz einfach: [...] – die Zerstörung des Deutschen Reiches. Falls das nicht gelingen sollte [...], sollte es wenigstens verkleinert werden: selbstverständlich Rückgabe von Elsass und Lothringen, Abtretung des Saargebietes, die Rheingrenze für Frankreich, Russland, dem Verbündeten, wollte man territoriale Freiheit im Osten gestatten [...].
Es liegt auf der Hand, dass Englands Kriegsziele viel moderater erschienen [...]. Aber von Pappe waren sie keineswegs. Natürlich mussten Belgien voll wiederhergestellt, Elsass und Lothringen an Frankreich zurückgegeben werden. [...] Viel wichtiger erschienen England andere Forderungen: Deutschland sollte fortan keine Flotte mehr besitzen, keine Kolonien, es sollte die Meistbegünstigung[1] für alle gewähren – ohne Gegenseitigkeit –, die Nordseeinseln waren abzurüsten, der Kaiser-Wilhelm-Kanal[2] zu internationalisieren. [...] Aber schon 1914 war England sich darüber im Klaren, dass die Schwächung Deutschlands über ein gewisses Maß hinaus nicht opportun sein würde – hier schlug das Denken in den Kategorien der „balance of power" durch, und das permanente Misstrauen Englands Russland gegenüber. [...]
Die Diskussion [im Deutschen Reich] vollzog sich auf drei übereinanderliegenden Ebenen. Auf der untersten ging es um die „Gleichberechtigung" des Reiches, also um den schon lange vor dem Krieg geforderten „Platz an der Sonne". Auf der zweiten um die „Hegemonie in Europa", auf der dritten um den „Griff nach der Weltmacht".

Michael Salewski, Der Erste Weltkrieg, Paderborn 2003, S. 144 f.

M2 Unterschiedliche Begehrlichkeiten

Wolfgang Justin Mommsen (1930–2004) äußert sich in einem 2003 erstmals veröffentlichten Beitrag über die „Kriegsziele":

Keine der europäischen Mächte verfocht vor Kriegsbeginn konkrete territoriale Annexionsziele, welche ihre Entscheidung, zu den Waffen zu greifen, maßgeblich beeinflusst haben. Doch schon bald nach Kriegsbeginn setzte in allen Ländern eine zunächst überwiegend intern geführte Debatte über die Kriegsziele ein. Großbritannien forderte mit einigem Nachdruck die Wiederherstellung der Selbstständigkeit der kleineren europäischen Nationen, die durch den Angriff der Mittelmächte widerrechtlich zerstört worden sei, insbesondere die Wiederherstellung Belgiens. Auch in Frankreich [...] stand die Rückgewinnung des Elsass und Lothringens im Vordergrund. Erst im weiteren Verlauf des Weltkrieges wurde dann die Forderung der Annexion des Saarbeckens und der Rheingrenze laut [...].
Im Deutschen Reich kam es hingegen bereits unmittelbar nach Kriegsausbruch zu einer massiven Kampagne für weitreichende Annexionen in Ost und West. [...]
Der deutschen Reichsleitung kam diese [...] Agitation [...] höchst ungelegen. [...] Dennoch wurden, ungeachtet des öffentlichen Bekenntnisses zu einem Verteidigungskrieg, unverändert umfangreiche Planungen für territoriale Erwerbungen in Ost und West, insbesondere für die dauernde Kontrolle Belgiens, fortgeführt. Diese nahmen in der Folge immer uferlosere Formen an. [...] Im Übrigen verhandelten die alliierten Mächte auf der Interalliierten Wirtschaftskonferenz in Paris vom 14.–17. Juni 1917 über eine Nachkriegsordnung, durch welche die deutsche Stellung im Welthandel auf Dauer niedergehalten werden sollte. [...]
Seit 1917 verhärteten sich in allen Lagern, insbesondere aber im Deutschen Reich, die Forderungen der Kriegsziele immer stärker [...]. [...] Bedeutsamer war, dass mehr und mehr rassistische, insbesondere antisemitische, Gesichtspunkte in die Kriegszieldebatte eingebracht wurden. Auch die Idee ethnischer Säuberungen [...] tauchte nun vielfach in den Denkschriften auf, auch wenn sie einstweilen keinen Eingang in die offiziellen Planungen fand.

Wolfgang J. Mommsen, Artikel „Kriegsziele", in: Enzyklopädie Erster Weltkrieg, herausgegeben von Gerhard Hirschfeld u. a., Paderborn, aktualisierte und erweiterte Studienausgabe 2014, S. 666 ff.

1. Fassen Sie alle Informationen aus M1 und M2 über die Kriegsziele der europäischen Mächte zusammen.
2. Präsentation: Salewski und Mommsen deuten die Kriegszieldiskussionen unterschiedlich. Arbeiten Sie die Urteile heraus und stellen Sie diese einander tabellarisch gegenüber.
3. Die publizistisch und vehement geführten Kriegszieldebatten weckten Hoffnungen und Befürchtungen und erzeugten Zwänge. Entwickeln Sie Vorstellungen von der Reaktion der Bevölkerung, der Soldaten, der Regierung sowie des jeweiligen Gegners.
4. Formulieren Sie eine Stellungnahme zu den beiden Texten, in der Sie begründen, wessen Argumentation Sie eher nachvollziehen können.

[1] **Meistbegünstigung**: liegt vor, wenn Handelsvorteile allen Vertragspartnern gewährt werden. Wem die Meistbegünstigung verweigert wird, der ist benachteiligt.
[2] **Kaiser-Wilhelm-Kanal**: der heutige Nord-Ostsee-Kanal

M3 „An die Kulturwelt!"

Kurz nach Kriegsausbruch veröffentlichen 93 deutsche Intellektuelle, darunter viele Professoren, einen Aufruf, der im In- und Ausland für erhebliches Aufsehen sorgt. Bis dahin hat die Propaganda in Großbritannien und Frankreich das Problem, dass zwar das Deutschland des Militarismus verachtet, das der Kultur in Literatur oder Musik aber oft hoch geschätzt wird. In dem Aufruf aus dem Jahre 1914 heißt es:

An die Kulturwelt!

Wir als Vertreter deutscher Wissenschaft und Kunst erheben vor der gesamten Kulturwelt Protest gegen die Lügen und Verleumdungen, mit denen unsere Feinde Deutschlands reine Sache in dem ihm aufgezwungenen schweren Daseinskampf zu beschmutzen trachten. Der eherne Mund der Ereignisse hat die Ausstreuung erdichteter deutscher Niederlagen widerlegt. Umso eifriger arbeitet man jetzt mit Entstellungen und Verdächtigungen. […]

Es ist nicht wahr, dass Deutschland diesen Krieg verschuldet hat. Weder das Volk hat ihn gewollt, noch die Regierung noch der Kaiser. Von deutscher Seite ist das Äußerste geschehen, ihn abzuwenden. […] Erst als eine schon lange an den Grenzen lauernde Übermacht von drei Seiten über unser Volk herfiel, hat es sich erhoben wie ein Mann.

Es ist nicht wahr, dass wir freventlich die Neutralität Belgiens verletzt haben. Nachweislich waren Frankreich und England zu ihrer Verletzung entschlossen. Nachweislich war Belgien damit einverstanden Selbstvernichtung wäre es gewesen, ihnen nicht zuvorzukommen. […]

Es ist nicht wahr, dass unsere Kriegführung die Gesetze des Völkerrechtes missachtet. Sie kennt keine zuchtlose Grausamkeit. Im Osten aber tränkt das Blut der von russischen Horden hingeschlachteten Frauen und Kinder die Erde, und im Westen zerreißen Dumdumgeschosse unseren Kriegern die Brust. Sich als Verteidiger europäischer Zivilisation zu gebärden, haben die am wenigsten das Recht, die sich mit Russen und Serben verbünden und der Welt das schmachvolle Schauspiel bieten, Mongolen und Neger auf die weiße Rasse zu hetzen.

Es ist nicht wahr, dass der Kampf gegen unseren sogenannten Militarismus kein Kampf gegen unsere Kultur ist, wie unsere Feinde heuchlerisch vorgeben. Ohne den deutschen Militarismus wäre die deutsche Kultur längst vom Erdboden getilgt. Zu ihrem Schutze ist er aus ihr hervorgegangen in einem Lande, das jahrhundertelang von Raubzügen heimgesucht wurde wie kein zweites. Deutsches Heer und deutsches Volk sind eins. Dieses Bewusstsein verbrüdert heute 70 Millionen Deutsche ohne Unterschied der Bildung, des Standes und der Partei. […]

Glaubt uns! Glaubt dass wir diesen Kampf zu Ende kämpfen werden als ein Kulturvolk, dem das Vermächtnis eines Goethe, eines Beethoven, eines Kant ebenso heilig ist wie sein Herd und seine Scholle.

Nach: Jürgen von Ungern-Sternberg und Wolfgang von Ungern-Sternberg, Der Aufruf „An die Kulturwelt!". Das Manifest der 93 und die Anfänge der Kriegspropaganda im Ersten Weltkrieg, zweite, erweiterte Auflage mit einem Beitrag von Trude Maurer, Frankfurt am Main 2013, S. 209–212

1. Charakterisieren Sie die rhetorischen Mittel, die in diesem Aufruf verwendet werden.
2. Arbeiten Sie heraus, wer wahrscheinlich die Zielgruppe bzw. der Adressat dieses Aufrufes war, und was diese „Kulturwelt" eigentlich war.
3. Erörtern Sie, warum in Frankreich und England dieser Aufruf offene Empörung hervorrief und warum er der jeweiligen Propaganda der Entente direkt Material lieferte.

M4 Krieg als Chance für die polnische Nationalbewegung?

*Der polnische Historiker Piotr Szlanta (*1971) schreibt über die Perspektive der Polen im Ersten Weltkrieg:*

Die polnischen Eliten waren sich stets der Tatsache bewusst, dass die einzige Chance, ihre Unabhängigkeit wiederherzustellen, ein allgemeiner europäischer Krieg war. In der Mitte des 19. Jahrhunderts bat der große polnische Dichter Adam Mickiewicz, der auch politisch sehr aktiv war, in einem seiner Gedichte: „Um einen allgemeinen Krieg im Namen der Völkerfreiheit flehen wir Dich an, Unser Herr." […] Der Kriegsausbruch veränderte den Stellenwert der polnischen Frage in den internationalen Beziehungen radikal und unabwendbar. Endlich, so erschien es vielen Polen, befanden sich die Teilungsmächte im Kampf gegeneinander. Ihre Solidarität war zerbrochen. […] Seit Beginn des Krieges versuchten die Kriegsparteien, die Sympathie der Polen zu gewinnen, da die Ostfront hauptsächlich durch polnische Gebiete verlief. Sie mussten, zumal es sich abzeichnete, dass der Krieg lange dauern würde, die politischen Aspirationen[1] der Polen zumindest teilweise anerkennen.

So wurde zum Beispiel am 14. August 1914 der Aufruf des russischen Oberbefehlshabers Großfürst Nikolai bekannt gemacht. Er kündigte die Wiederbelebung „des Selbstständigen und Freien in Religion und Sprache" Polens an. […] Zudem versprach er die Vereinigung aller polnischen Gebiete unter dem Zepter der Romanovs. Allerdings äußerte er sich nicht zu den genauen Grenzen dieses Gebietes. Die Bedeutung dieser Erklärung war groß, denn sie beendete das Totschweigen der polnischen Frage und bedeutete gleichzeitig einen Schritt in Richtung ihrer Internationalisierung. Nun sahen sich auch die beiden anderen Teilungsmächte zumindest zu einer pro-polnischen Geste gezwungen. […] Die Polen allerdings nahmen den Deutschen ihre

[1] **Aspirationen**: Bestrebungen

Zusicherung „wir bringen euch Freiheit und Unabhängigkeit" nicht ab. Diese Worte aus dem Munde der Deutschen, die in ihrem Teil Polens eine skrupellose Politik der Germanisierung betrieben, mussten einfach unglaubhaft und ironisch klingen.

Piotr Szlanta, Der Erste Weltkrieg von 1914 bis 1915 als identitätsstiftender Faktor für die moderne polnische Nation, in: Gerhard P. Groß (Hrsg.), Die vergessene Front. Der Osten 1914/15, Paderborn 2006, S. 153–164, hier S. 153 und 155f.

1. Geben Sie die Kernaussagen des Textes in eigenen Worten wieder.
2. EAnalysieren Sie, welche Handlungsmöglichkeiten der Ausbruch des Ersten Weltkrieges polnischen Nationalisten eröffnete..

M5 Die US-amerikanischen Kriegsziele

Am 8. Januar 1918 entwirft der amerikanische Präsident Woodrow Wilson[1] in einer programmatischen Rede vor dem US-Kongress die Grundzüge einer Friedensordnung, die als das 14-Punkte-Programm bekannt wird:

1. Offene Friedensverträge, die offen zustande gekommen sind, und danach sollen keine geheimen internationalen Vereinbarungen irgendwelcher Art mehr getroffen werden, sondern die Diplomatie soll immer offen und vor aller Welt arbeiten. [...]

6. Räumung des ganzen russischen Gebiets und eine solche Regelung aller Russland betreffenden Fragen, die ihm die beste und freieste Zusammenarbeit der anderen Nationen der Welt für die Erlangung einer unbeeinträchtigten und unbehinderten Gelegenheit zur unabhängigen Bestimmung seiner eigenen politischen Entwicklung und nationalen Politik sicherstellt und es eines aufrichtigen Willkommens im Bunde der freien Nationen unter von ihm selbst gewählten Staatseinrichtungen versichert, und darüber hinaus die Gewährung von Beistand jeder Art, dessen es bedürfe und selbst wünschen sollte. [...]

10. Den Völkern Österreich-Ungarns, deren Platz unter den Völkern wir sichergestellt und zugesichert zu sehen wünschen, sollte die freieste Gelegenheit zu autonomer Entwicklung gewährt werden.

11. Rumänien, Serbien und Montenegro sollten geräumt werden; besetzte Gebiete sollten wiederhergestellt werden; Serbien sollte freier und sicherer Zugang zum Meere gewährt werden; und die Beziehungen der verschiedenen Balkanstaaten zueinander sollten durch freundschaftliche Verständigung gemäß den geschichtlich feststehenden Grundlinien von Zugehörigkeit und Nationalität bestimmt werden. Auch sollten internationale Bürgschaften für die politische und wirtschaftliche Unabhängigkeit sowie für die territoriale Unverletzlichkeit der verschiedenen Balkanstaaten übernommen werden. [...]

13. Es sollte ein unabhängiger polnischer Staat errichtet werden, der die von unbestritten polnischen Bevölkerungen bewohnten Gebiete einschließen sollte, dem ein freier und sicherer Zugang zum Meere zugesichert werden sollte und dessen politische und wirtschaftliche Unabhängigkeit und territoriale Unverletzlichkeit durch internationales Abkommen garantiert werden sollten.

14. Es muss zum Zwecke wechselseitiger Garantieleistung für politische Unabhängigkeit und territoriale Unverletzlichkeit der großen wie der kleinen Staaten unter Abschluss spezifischer Vereinbarungen eine allgemeine Gesellschaft von Nationen gebildet werden.

Der Waffenstillstand 1918–1919. Das Dokumenten-Material der Waffenstillstands-Verhandlungen von Compiègne, Spa, Trier und Brüssel, hrsg. im Auftrage der Deutschen Waffenstillstands-Kommission, Bd. 1, Berlin 1928, S. 3–6

1. Geben Sie mit eigenen Worten Wilsons Programm wieder.
2. An anderer Stelle hat Wilson das „Selbstbestimmungsrecht der Völker" proklamiert. Analysieren Sie, ob Bruchstellen zwischen den 14 Punkten und dem Selbstbestimmungsrecht bestanden.
3. In Punkt 11 werden „geschichtliche Richtlinien" erwähnt. Erörtern Sie möglichen Konfliktstoff, der sich aus dieser Formulierung ergeben haben könnte.
4. Erörtern Sie, warum dieses Programm, das eine friedliche neue Weltordnung anstrebte, bei vielen Völkern einen aggressiven Nationalismus schürte.

[1] **Woodrow Wilson** (1856–1924): Jurist, Historiker und Politiker; 1913–1921 Präsident der USA (Demokrat). Wilson verfolgte soziale Reformen, war im Ersten Weltkrieg um die Neutralität der USA bemüht, führte sie aber dennoch 1917 in den Krieg. Ab 1918 engagierte er sich für die Errichtung des Völkerbundes. 1920 erhielt Wilson den Friedensnobelpreis für das Jahr 1919.

M6 Piłsudski blickt zurück

Am 10. August 1924, dem zehnten Jahrestag der Gründung der Polnischen Legionen, hält Józef Piłsudski (siehe Abbildung), der zu dieser Zeit kein offizielles Amt bekleidet, in Lublin folgende Rede:

Polen und die überwältigende Mehrheit des polnischen Volkes wollte keinen Krieg und war sich darüber klar, dass nicht um Polen gekämpft wurde. Da sie nicht darauf vorbereitet waren, im Kriegsfalle eine selbstständige Rolle zu spielen, taten die Polen bei Ausbruch der Weltkatastrophe das, was sie bereits ein gutes halbes Jahrhundert im täglichen Leben getan hatten: Sie fügten sich den Befehlen der Teilungsmächte und stärkten dadurch eine jede von ihnen. Ein kleines Häuflein Menschen, Legionäre genannt, entschloss sich, anders zu handeln. Es wollte während des Krieges Polen eine Vertretung in Gestalt des polnischen Soldaten und polnischer Truppenführer geben. Angesichts der begreiflichen Abneigung und des Widerstandes aufseiten der Teilungsmächte und infolge des allgemeinen Misstrauens hinsichtlich der Durchführbarkeit einer solchen Absicht gelang der Versuch nur teilweise. Dieser Zustand musste zu starken Reibereien führen, in denen wir, die Legionäre, unablässig für unsere Ziele weiterkämpften und dadurch am schärfsten die Verteidigung der nationalen Ehre und des nationalen Stolzes zum Ausdruck brachten, während die Kriegsmaschinerie aller drei Erobererstaaten uns systematisch in den Schmutz zu treiben suchte. Gerade darum trugen wir, wenn wir auch im Kampf unterlagen, die große Genugtuung davon, dass wir als die ersten in Polen als polnisches Militär leben konnten, dass wir, während die Polen allgemein erniedrigt wurden, unsere Ehre hochhielten und häufig sogar die nationale Ehre und Würde zur Geltung brachten. […]

Wir wollen versuchen, uns in aller Ruhe klarzumachen. Die Sünden, die bei Kriegsausbruch von vielen Polen begangen wurden, die Dummheit, die sie einst an den Tag legten, verschönern vielleicht nicht die Geschichte unseres Vaterlandes – aber das geschah vor so langer Zeit, und wir selber haben so viele Wandlungen durchgemacht, dass es wahrhaftig nicht lohnt, sich über diese Dinge viel vorzumachen.

Nach: Józef Piłsudski, Erinnerungen und Dokumente, Bd. 4, Essen 1936, S. 172 f. und 175 (übersetzt von Jean Paul d'Ardeschah)

1. Gliedern Sie die Rede in sinnvolle Abschnitte und versehen sie diese mit einer passenden Überschrift.
2. Charakterisieren Sie die Art, mit der Piłsudski versucht, seinen Hörern eine bestimmte Form der Erinnerung zu präsentieren.
3. Nehmen Sie aus heutiger Perspektive Stellung zur Rede.

Józef Piłsudski.
Foto vom 15. August 2015.
Zwei polnische Soldaten flankieren das Denkmal für Piłsudski in Warschau anlässlich der Feierlichkeiten zum Tag der Polnischen Armee (offizieller Nationalfeiertag in Polen).
Der Offizier Jósef Piłsudski (1867–1935) hatte auf österreichischer Seite eine etwa 7 000 Mann starke polnische Legion von Freiwilligen kommandiert, die bereits im August 1914 aufgestellt und gegen die Russen eingesetzt worden war. Er hoffte auf diese Weise, später als Gegenleistung nationale Zugeständnisse zu erhalten und gleichzeitig eine kampferfahrene Truppe als Kern einer späteren polnischen Armee aufzubauen. Im Juli 1917 weigerte er sich aber – wie die meisten seiner Soldaten – einen Eid auf die beiden Kaiser der Mittelmächte zu leisten oder an der Westfront für die Deutschen zu kämpfen. Daraufhin wurde Piłsudski für den Rest des Krieges zu Festungshaft in Magdeburg verurteilt. Mit dieser Inhaftierung begann sein Aufstieg zum polnischen Nationalhelden. Weitere Informationen finden Sie auf Seite 356 ff.

▸ Charakterisieren Sie die Symbolsprache, mit der dieses Denkmal Józef Piłsudski darstellt.

Methode

Das Buch bietet verschiedene Anwendungsbeispiele. Hier eine Auswahl geeigneter Fotografien: Siehe Seite 346, 358, 368 und 383.

Fotografien als Quellen deuten

Fotografien prägen unser Bild von der jüngeren Geschichte mehr als jedes andere Medium. Sie halten politische und gesellschaftliche Ereignisse für die Nachwelt fest und geben uns eine Fülle von Informationen über den Lebensalltag. In der ersten Hälfte des 20. Jahrhunderts wurde Fotografieren für breite Bevölkerungskreise erschwinglich. Fotos wurden dadurch für den Historiker zu einer immer wichtigeren Quelle.
Fotografien haben eine sehr starke suggestive Kraft, weil sie scheinbar die Welt so wiedergeben, „wie sie ist", sie vermitteln den Eindruck von Authentizität. Mit dem Druck auf den Auslöser wird aber kein „objektives" Bild der Wirklichkeit hergestellt. Fotos sind **Momentaufnahmen** und zeigen immer nur einen ausgewählten und bearbeiteten Ausschnitt aus der Realität. Bereits durch die Wahl des Motivs, des Bildausschnitts und der Perspektive stellt der Fotograf ein subjektives, **„komponiertes" Bild der Wirklichkeit** her. Retuschen, Montagen und andere Manipulationen, etwa das Wegschneiden oder Vergrößern bestimmter Bildteile, machen die Fotografie zu einer schwer zu beurteilenden Quelle.
Bereits während des Amerikanischen Bürgerkrieges (1861–1865) wurden in amerikanischen Zeitungen Fotos von den Schlachtfeldern abgedruckt, die häufig als schockierend empfunden wurden. Erst später wurde aber bekannt, dass der Fotograf die Leichen „arrangiert" hatte, das heißt nach dem Ende der Schlacht neu und anders hingelegt hatte, sodass eine Wirkung entstand, die sonst nicht vorhanden gewesen wäre.
Fotos müssen deshalb als Quelle besonders **vorsichtig bewertet** werden. Sie müssen unter bestimmten Fragestellungen interpretiert und in einen historischen Gesamtzusammenhang eingeordnet werden.

Arbeitsschritt	Leitfragen
1. beschreiben	• Wer hat das Foto gemacht, in Auftrag gegeben und veröffentlicht? • Wann, wo und aus welchem Anlass ist das Foto gemacht bzw. veröffentlicht worden? • Wer oder was ist auf dem Foto abgebildet? Was wird thematisiert? • Welche Darstellungsmittel werden verwendet (Schwarzweiß- oder Farbbild, Kameraperspektive, Aufbau, Schnappschuss oder gestellte Szene, Profi- oder Amateuraufnahme)? • Sind Hinweise auf Bildbearbeitung oder nachträgliche Veränderungen erkennbar (Retusche, Montage, Beschnitte bzw. Ausschnittvergrößerungen)?
2. erklären	• Auf welches Ereignis oder welche Person bezieht sich das Foto? • Wie lässt sich das Foto in den historischen Kontext einordnen? • Für wen und in welcher Absicht wurde das Foto gemacht bzw. veröffentlicht? • Welche Botschaft, welche Deutung vermittelt das Foto beabsichtigt oder unbeabsichtigt? • Welche Wirkung soll beim Betrachter erzielt werden?
3. beurteilen	• Wie lässt sich das Foto insgesamt einordnen und bewerten? • Welche Auffassung vertreten Sie zu dem Bild?

Ort und Zeitpunkt:
Berlin (Unter den Linden) am 31. Juli 1914

Bildaufbau:
Die Bildmitte zeigt einen Offizier mit einem Stück Papier in der Hand. Um ihn herum ist ein kleiner Kreis freigelassen, weitere Soldaten oder Offiziere stehen bereit, um die herumstehenden Menschen eventuell zurückzuhalten. Dies scheint aber nicht notwendig zu sein, die Zuschauer verhalten sich sehr diszipliniert. Der Ausschnitt zeigt eine Menschenmenge, die weit größer ist, als das Bild zeigen kann. Erkennbar an den Hüten sind Männer eindeutig in der Mehrheit, links oben ist eine Frau zu sehen, die in einer Kutsche sitzt.

Perspektive und Wirkung:
Die Aufnahme von schräg oben vermittelt dem Betrachter eine Perspektive, die die Menschen auf dem Foto nicht hatten. Der Betrachter erhält dadurch den Eindruck, eine „objektive" Übersicht über den Moment zu haben.

Bekanntgabe des Zustandes der drohenden Kriegsgefahr in Berlin (Unter den Linden) durch einen Offizier.
Foto vom 31. Juli 1914, erschienen in: Berliner Illustrirte Zeitung, Nr. 32, 1914.

Ort und Zeitpunkt:
Pariser Platz in Berlin am 1. August 1914

Perspektive und Wirkung:
Die Kamera ist fast exakt auf Augenhöhe mit den Männern. Durch diese offenbar bewusst gewählte Perspektive wird nicht klar, wie viele Personen hier jubeln. Es können etwa dreißig aber auch sehr viel mehr gewesen sein. Die kurze Distanz rückt die Männer ins Zentrum, sie scheinen auf den Betrachter zuzumarschieren. Es entsteht der Eindruck einer hohen Dynamik.

Bildaufbau:
Im Vordergrund des Fotos sind mehrere jubelnde junge Männer erkennbar. Der Bildhintergrund zeigt einen Straßenzug mit großen Gebäuden und Bäumen.

Kriegsbegeisterte Jugend auf dem Pariser Platz in Berlin.
Foto vom 1. August 1914.

▶ Analysieren Sie die beiden Fotos mithilfe der Arbeitsschritte auf Seite 352. Ihre Ergebnisse können Sie mit der Lösungsskizze auf Seite 538 vergleichen.

Demokratie und Diktatur in der Zwischenkriegszeit

Hinweis: In diesem Kapitel wird schwerpunktmäßig Polen behandelt, die Entwicklungen im Deutschen Reich finden Sie im Kapitel zur Weimarer Republik; siehe dazu Seite 390 bis 421.

Paramilitärische Verbände: Truppen, die nicht einer regulären Armeeführung unterstehen, sondern sich auf eigene Initiativen hin zusammengefunden haben und/oder privat aufgestellt und finanziert werden

Vormarsch antidemokratischer Kräfte | Als 1919 die Pariser Friedenskonferenzen begannen, hatte sich fast überall in Europa die demokratische Staatsform durchgesetzt, sieht man von Russland ab, wo der Bürgerkrieg tobte. Nur 20 Jahre später waren parlamentarische Systeme in Europa selten geworden: In Ost- und Ostmitteleuropa wurde nur noch die Tschechoslowakei demokratisch regiert und im Spanischen Bürgerkrieg griff 1936 der Faschismus auch nach Westeuropa über. Selbst in Frankreich bestand zu Beginn der 1930er-Jahre kurzzeitig eine Bedrohung durch rechtsradikale Bewegungen, doch reagierte die Republik kämpferisch. 1936 schlossen sich alle linken und linksliberalen Parteien in Frankreich in einer Volksfrontregierung zusammen, die von den Kommunisten toleriert wurde. Rechtsradikale und paramilitärische Verbände, die sogenannten Ligen, wurden verboten. Die neue Regierung ging trotz schlechter ökonomischer Lage umfangreiche Reformen an und baute den Sozialstaat aus.

Die Gründe, warum in den 1920er- und 30er-Jahren so viele autoritäre Systeme in Europa entstanden, sind vielfältig und können nicht auf eine einzige Ursache zurück-

Die Krise der europäischen Demokratie.

▶ Charakterisieren Sie die politischen Entwicklungen in Europa zwischen 1918 und 1938. Beziehen Sie in Ihren Ausführungen die Karte und die Datentabelle auf Seite 355 mit ein.

1918-1921	Bürgerkrieg in **Russland**, Sieg der Bolschewiki, Gründung der Sowjetunion am 30. Dezember 1922.
1920	Admiral Miklós Horthy etabliert eine rechtsgerichtete Diktatur in **Ungarn**, Liberalisierungstendenzen in den 1920er-Jahren.
1922	Machtübertragung auf Benito Mussolini nach dem mythisch verklärten „Marsch auf Rom", Abschaffung der Demokratie in **Italien**, ein faschistischer Staat entsteht.
1925	In **Albanien** wird ein autoritäres und nationalistisches Regime unter dem „warlord" und Präsidenten (seit 1928 König Zog) Achmed Zogu errichtet.
1926	Militärputsch in **Litauen** durch Präsident Antanas Smetona, in den 1930er-Jahren Entwicklung in Richtung Diktatur.
	Entmachtung des Parlaments in **Polen** zugunsten einer faktischen Diktatur von Marschall Józef Piłsudski, der aus dem Hintergrund agiert.
	Putsch in **Portugal**, 1932/33 wird die Militärdiktatur durch António de Oliveira Salazar abgelöst, er orientiert sich am faschistischen Ständestaat; bereits 1917/18 bestand eine Diktatur.
1929	Staatsstreich in **Jugoslawien** (bis dahin SHS Königreich), Einführung einer serbischen „Königsdiktatur" durch König Alexander.
1933	„Machtergreifung" des Nationalsozialismus im **Deutschen Reich** (Januar), die parlamentarische Demokratie wurde seit 1930 systematisch unterminiert und existierte seit dem Sommer 1932 nicht mehr.
	Staatsstreich durch Engelbert Dollfuß in **Österreich**, Einführung des austrofaschistischen Systems (März).
1934	Staatsstreich durch Karlis Ulmanis in **Lettland**, Einführung einer autoritären Diktatur.
	Staatsstreich und autoritäre Diktatur durch Konstantin Päts in **Estland**.
1934/35	Autoritäre Diktatur von Oberst Georgiev und Zar Boris III. in **Bulgarien**, auch wenn zeitweise noch eingeschränkt freie Wahlen zum Parlament stattfinden.
1936	Der Putsch einer Militärclique gegen die Republik eskaliert zum Bürgerkrieg in **Spanien**, 1939 Sieg der Francisten, bereits zwischen 1923 und 1930/31 bestand eine gemäßigte Militärdiktatur.
	Nach einem monarchischen Zwischenspiel wird in einem militärischen Staatsstreich in **Griechenland** eine Diktatur unter General Ioannis Metaxas etabliert, König Georg II. bleibt im Amt.
1938	Autoritäre Diktatur von König Carol II. in **Rumänien**.

Diktaturen in Europa.

Nach: Boris Barth, Europa nach dem Großen Krieg. Die Krise der Demokratie in der Zwischenkriegszeit, Frankfurt am Main 2016, S. 15

▶ Gruppenarbeit: Bilden Sie Arbeitsgruppen, die jeweils ein einzelnes Land auf die Frage hin untersuchen, warum die Demokratie dort scheiterte. Bedenken Sie dabei, dass es für einige Länder (zum Beispiel Italien, Deutschland oder Spanien) sehr viel Material gibt, während es schwierig sein dürfte, etwas zu Lettland oder Albanien zu finden.

Internettipp
Eine animierte Karte zum Thema „Europa in den 1920er-Jahren" können Sie unter dem Code **32035-47** abrufen.

geführt werden. Die Verhältnisse waren in jedem Land etwas anders gelagert. Einige Gemeinsamkeiten lassen sich aber bestimmen. Die Kriegs- und auch die Nachkriegszeit, in der häufig paramilitärische Gewalt angewendet worden war, hatten zu einer erheblichen Verrohung innerhalb der jeweiligen Gesellschaften geführt. Hinzu kam häufig eine ökonomische Nachkriegskrise, und 1929 zogen die *Weltwirtschaftskrise* und die folgende *Große Depression* in fast allen europäischen Ländern katastrophale ökonomische Folgen nach sich.[1] Daneben wurden viele Staaten dadurch destabilisiert, dass sie nach „ethnischer" Einheit strebten und Minderheiten teils verdeckt, teils offen diskriminierten.

[1] Siehe zur Weltwirtschaftskrise Seite 404 f.

Obwohl außerhalb Russlands nach 1919/20 in keinem Land die Kommunisten eine Chance hatten, an die Macht zu kommen, bestand dennoch weit über das Bürgertum hinaus in ganz Europa weiterhin eine oft übersteigerte Furcht vor eine Revolution oder einem gewaltsamen Umsturz. Diese Furcht machte viele Menschen empfänglicher als zuvor für autoritäre Alternativen. Zudem schien der Liberalismus an seinem Ende angekommen zu sein: Nach dem Ersten Weltkrieg, der überall zu einer Stärkung der Staatsorgane durch eine Flut von administrativen Regelungen geführt hatte, schien der friedliche und individualistische Bürger dem 19. und nicht dem 20. Jahrhundert anzugehören.

Die polnischen Grenzkriege | Als die Mittelmächte im November 1918 zusammenbrachen und das Deutsche Reich in aussichtsloser militärischer Lage kapitulierte, schien für polnische Nationalisten ein Traum wahr zu werden. In Frankreich war bereits unter kriegsgefangenen polnischsprachigen Soldaten und Freiwilligen aus Westeuropa und Amerika eine zunächst kleine, aber sehr gut ausgebildete und ausgerüstete Truppe aufgestellt worden. Sie bezeichnete sich nach ihrem Befehlshaber als die „Haller-Armee". Diese Truppe wurde nach Polen transportiert, sodass dem noch ungefestigten Staat eine schlagkräftige Einheit zur Verfügung stand. Józef Piłsudski[1] wurde aus deutscher Haft entlassen, reiste sofort nach Polen und stellte auf eigene Faust ebenfalls eine Armee von Freiwilligen auf. Allerdings war völlig unklar, wie und wo die Grenzen des neuen Staates gezogen werden sollten. Zwischen 1918 und 1921 führte Polen deshalb mehrere Kriege, die meistens siegreich verliefen. In diesen militärischen Auseinandersetzungen wurden zahlreiche Territorien erobert, die mehrheitlich nicht von polnischsprechenden Menschen bewohnt wurden.

Der polnischen Seite kam zugute, dass sie zudem von den Franzosen mit modernen Waffen ausgerüstet wurde. Ein kleiner Grenzkrieg zwischen verschiedenen paramilitärischen Formationen von Freiwilligen an der neuen Grenze zu Posen 1919 hatte militärisch keinerlei Bedeutung, verstärkte aber auf deutscher und polnischer Seite den gegenseitigen Hass. Die Westukrainische Republik, die nur einige Monate bestand, wurde Anfang 1919 einfach annektiert. Bei diesem Einmarsch fanden bei Lemberg, der Hauptstadt der Westukraine, mehrwöchige schwere Gefechte statt, die später in der polnischen Erinnerungskultur eine wichtige Rolle spielen sollten. Hinzu kamen drei nationalpolnische Aufstände im bis dahin noch deutschen Oberschlesien und ein Krieg gegen Litauen, bei dem die Stadt Vilnius, die von den Litauern eigentlich als ihre neue Hauptstadt vorgesehen war, erobert wurde. Auch ein großer und wechselvoller Krieg gegen die entstehende Sowjetunion konnte 1921 erfolgreich beendet werden. Parallel zu diesen Kriegen fanden in Paris die Verhandlungen um einen Friedensvertrag statt. Die polnische Delegation versuchte hier, aggressiv ihre Ziele durchzusetzen. Im Versailler Vertrag, der am 28. Juni 1919 unterzeichnet wurde, gewann Polen erhebliche Territorien hinzu (→M1 und M2).

Zwei unterschiedliche Staatskonzepte | Zwar waren 1920/21 die neuen polnischen Grenzen gesichert, aber es war unklar, welche Art von Staat errichtet werden sollte. Ein Problem bestand darin, dass innerhalb der neuen Territorien keineswegs nur Polen lebten, sondern sehr viele Minderheiten existierten. Piłsudski, der in diesen Jahren mehrere Ämter bekleidete und vor allem Oberbefehlshaber der polnischen Armee war, strebte deshalb eine Föderation an. Diese orientierte sich an dem ehemaligen frühneuzeitlichen Konzept, das heißt die sehr unterschiedlichen Landesteile sollten weitgehende regionale Rechte erhalten. Sein politischer Gegenspieler *Roman Dmowski*, der unumstrittene Führer der Nationaldemokraten, verfolgte ein ganz anderes Konzept. Er plädierte für eine Annäherung an Russland und wollte ein straff organisiertes zentralistisches Polen. Allerdings war Dmowski auch ein glühender Nationalist, der sich einen

[1] Zu Piłsudski siehe auch Seite 351.

kleinen polnischen Staat, der sich auf die rein polnischsprachigen Gebiete beschränkt hätte, nicht vorstellen konnte. Stattdessen wollte er so viele Territorien wie möglich – vor allem auf Kosten des Deutschen Reiches – annektieren. Problematisch war, dass sich nach dem Ende der Nachkriegskämpfe kein Konzept durchsetzte, sondern sich beide miteinander vermischten (➔ M3). Polen in der Zwischenkriegszeit wurde zu einem Nationalstaat, in dem sehr viele Nationalitäten lebten, denen aber nur sehr wenige eigenständige Rechte zugestanden wurden. Von den drei Westmächten Großbritannien, USA und Frankreich gezwungen, musste die polnische Regierung zwar einen Vertrag über den Schutz von Minderheiten unterzeichnen, der aber in der Praxis häufig nicht eingehalten wurde.

Die Schwierigkeiten der Staatsgründung in Polen | Im Moment der Staatsgründung stand das neue Polen vor immensen weiteren Problemen. Die erheblichen Kriegszerstörungen erforderten ein finanzielles Engagement, das der Staat alleine nicht aufbringen konnte. Nur großzügige französische Hilfe ermöglichte den Aufbau staatlicher Strukturen. Dennoch kollabierte die Währung wie in Deutschland in einer Hyperinflation, und die Mittelschichten verarmten. Derartige Inflationen gab es in mehreren Staaten: Beispielsweise stiegen die Preise im Vergleich zur Vorkriegszeit in Österreich um das 14 000-Fache, in Ungarn um das 23 000-Fache, in Polen um das 2,5-Millionen-Fache und in Deutschland um eine Billion. Erst Anfang 1924 konnte in Polen eine neue und stabile Währung eingeführt werden. Doch erzwang diese Währungsreform einen harten Sparkurs, durch den die Arbeitslosigkeit drastisch anstieg. Sie blieb mehrere Jahre lang auf einem hohen Niveau.

Hyperinflation: eine völlig außer Kontrolle geratene Geldentwertung durch Ansteigen aller Preise

In den ehemaligen drei Teilungsgebieten und in einigen der neu eroberten Territorien existierten völlig unterschiedliche gesetzliche Regelungen und ökonomische Voraussetzungen. Die Probleme begannen damit, dass drei bzw. vier ganz unterschiedliche Verwaltungs-, Verkehrs- und Rechtssysteme bestanden. Maße, Gewichte, Währungen, die Spurbreiten der Eisenbahnen und viele weitere Regeln des Alltags mussten vereinheitlicht werden. Das russische Teilungsgebiet war vor 1914 vollständig in den zaristischen Wirtschaftsraum integriert gewesen, aber nach dem Ende der Grenzkriege war der Handel fast vollständig zusammengebrochen – er betrug weniger als ein Prozent des polnischen Gesamthandels. Ferner mangelte es an Rohstoffen, der Lebensstandard war niedrig, sodass auch kaufkräftige Konsumenten fehlten, und große Teile der kleinbäuerlichen Landwirtschaft waren nicht weltmarktfähig.

Auch die Etablierung eines funktionierenden demokratischen Systems erwies sich als schwierig. Parteien und Parlament konnten in Polen, wie auch in anderen neuen Staaten im Baltikum oder im SHS-Staat (das spätere Jugoslawien), kaum auf bestehenden Traditionen aufbauen. Anders als etwa im Deutschen Reich oder in Österreich existierten keine entsprechenden Organisationen von Vorgängern und keine Strukturen, an die hätte angeknüpft werden können. 1926 bestanden 26 polnische Parteien und 33, die die Minderheiten vertraten. Viele dieser Parteien stützen sich nur auf einige regionale Wählergruppen. Oft traten sie auch nicht mit besonderen programmatischen Aussagen auf, sondern glichen Personenverbänden, die sich um prominente Politiker sammelten. Diese starke Zersplitterung schwächte häufig die Regierungen, die ständig versuchen mussten, sowohl zwischen Konfliktgruppen zu vermitteln als auch an der Regierung zu bleiben. Diese Instabilität erschwerte die Lösung von Problemen erheblich.

Der Aufbau eines demokratischen Staates verlief nach dem Ende der Grenzkriege 1921 deshalb nur schleppend. Viele polnische Verwaltungsbeamte haben – gemessen an den massiven Schwierigkeiten – ausgezeichnete Arbeit geleistet und waren pragmatisch mit den Problemen umgegangen. Zwischen 1921 und 1926 wurden zahlreiche Reformen angegangen: Schon im November 1918 wurde der gesetzliche Achtstundentag eingeführt, drei Monate später wurde in den ehemals russischen Gebieten die Schulpflicht verordnet, wo schätzungsweise bis zu einem Drittel der Erwachsenen Analphabeten waren. 1921 folgte eine Bodenreform, durch die viele zuvor landlose

Bauern einen kleinen Hof erhielten. Allerdings waren die politischen und wirtschaftlichen Krisen nicht schnell zu lösen. Beispielsweise führte das Deutsche Reich 1925 hohe Zölle ein, die den Export der polnischen Landwirtschaft schädigten. Während der gesamten 1920er- und 30er-Jahre kam deshalb der wichtige polnische Agrarsektor nicht wirklich aus der Dauerkrise hinaus.

Der Putsch von 1926 | Marschall Józef Piłsudski war als unumstrittener Sieger aus den polnischen Grenzkriegen hervorgegangen und hatte sich danach ins private Leben zurückgezogen. Er war aber in vielen politischen Lagern populär, weil er als eine Person galt, die Probleme schnell und tatkräftig löste. Vor allem in Teilen der Armee genoss er einen untadeligen Ruf. Auch wenn er keinen offiziellen Posten bekleidete, knüpfte er seit 1923 Kontakte, die ihm im Falle eines Umsturzes nützlich sein konnten.

Straßenkämpfe in Warschau.
Foto vom Mai 1926.
Das Foto zeigt Kämpfe in den Straßen Warschaus während des Militärputsches durch Józef Piłsudski.

Angesichts der enormen Probleme entschloss sich Piłsudski im Mai 1926 zu putschen. Seine Machtübernahme verlief allerdings nicht friedlich: Bei dreitägigen schweren Kämpfen in Warschau gegen loyale Truppen kamen fast 400 Menschen ums Leben, nahezu 1 000 wurden verletzt (→M4). Piłsudski verzichtete in der Folge auf das Amt des Präsidenten und agierte lieber aus dem Hintergrund. Meistens war er „nur" Verteidigungsminister, aber jeder Pole wusste, dass die Armee treu hinter ihm stand. Deshalb kam sein „Rat" in gesellschaftlichen und politischen Fragen faktisch einem Befehl gleich. Zwar hielt er sich weitgehend aus der Tagespolitik heraus, im Hintergrund traf er aber weitreichende Entscheidungen. Theoretisch wurde in den folgenden Jahren zwar die Verfassung geachtet, in der Praxis wurden die Wahlen zum Parlament aber stets manipuliert. Anfang der 1930er-Jahre trat der autoritäre Regierungsstil immer stärker hervor, und der wachsende Widerstand der ukrainischen und weißrussischen Minderheiten gegen die gezielte Politik der *Polonisierung* wurde mit polizeilichen und militärischen Mitteln gebrochen. Vor allem Ukrainer wurden scharf unterdrückt – gelegentlich wurden sogar ukrainische Dörfer niedergebrannt, wenn Bauern sich gegen die polnische Herrschaft aufgelehnt hatten.

Identitäten nach 1918/19 | Im Versailler Vertrag und in den weiteren Friedensverträgen von Paris waren in zahlreichen Regionen, die sprachlich gemischt waren, *Volksabstimmungen* vorgesehen worden, in denen über die zukünftige Zugehörigkeit verschiedener Regionen entschieden werden sollte. Wenig überraschend versuchten schon im Vorfeld Nationalisten aller Art diese Abstimmungen zu beeinflussen: Im sprachlich gemischten Oberschlesien fanden drei polnische Aufstandsversuche statt, die von rechtsradikalen deutschen Freiwilligenverbänden niedergeschlagen wurden, weil die deutsche Regierung die reguläre Armee nicht einsetzen durfte. Auch an der neuen Grenze zwischen Österreich und dem SHS-Staat (dem späteren Jugoslawien) lieferten sich Verbände von Freiwilligen Gefechte. Nationale Demonstrationen sollten zudem die Vertreter der Entente beeindrucken, die die Abstimmungen organisierten bzw. beobachteten.

Gesamtbevölkerung	37,107 Mio.	= 100 Prozent
Polen	20,644 Mio.	= 64,66 Prozent
Ukrainer	5,114 Mio.	= 15,99 Prozent
Juden	3,114 Mio.	= 9,75 Prozent
Weißrussen	1,954 Mio.	= 6,01 Prozent
Deutsche	0,78 Mio.	= 2,44 Prozent

Minderheiten in Polen.
Nach der polnischen Volkszählung von 1931.
Bitte berücksichtigen Sie bei dieser Tabelle, dass diese offiziellen Zahlen nur ungefähre Anhaltspunkte bieten, eben weil die Bewohner nur eine einzige Angabe machen durften.

Im hier verfolgten Zusammenhang ist aber ein anderer Umstand wichtig, der erst seit wenigen Jahren intensiv von Historikern erforscht wird. Die Abstimmungen schufen einen Zwang zur Eindeutigkeit, das heißt, eine Person musste sich für einen bestimmten Staat entscheiden. Viele Menschen wollten genau diese Entscheidung aber gar nicht treffen. Dies zeigen einige Beispiele: Im Abstimmungsgebiet in Ostpreußen lebten viele polnische Muttersprachler, die sich selbst als „Staropruski" (dt: „alte Preußen") bezeichneten. Diese waren allerdings konservative und lutherische Protestanten, und sie wollten auf keinen Fall in einem katholischen polnischen Staat leben. Deshalb stimmten sie mit einer Mehrheit von 99 Prozent für den Verbleib bei Deutschland. Religion war für diese Menschen viel wichtiger als die Sprache oder als die Nationalität.

Bei den Gemeindewahlen in Oberschlesien 1919 hatten etwa 60 Prozent der Wähler für „polnische" Kandidaten gestimmt. Die polnische Seite war deshalb sicher, dass sie auch die Volksabstimmung für sich entscheiden würde, bei der es um die staatliche Zugehörigkeit der Provinz ging. Diese Rechnung ging allerdings 1921 nicht auf, hier stimmten etwa 60 Prozent (707 393 Stimmen) für Deutschland, 40 Prozent (479 365 Stimmen) für Polen. In der Folge wurde die Provinz geteilt: Die Entente teilte die östlichen Regionen, in denen die meisten Industriestädte lagen, Polen zu, während der Rest bei Deutschland blieb. Da die Abstimmung geheim war, kennen wir die genauen Gründe für das Abstimmungsverhalten nicht, aber offensichtlich war für viele polnischsprachige Personen – möglicherweise aus wirtschaftlichen Gründen – das Deutsche Reich attraktiver als der neue, aber noch ganz ungefestigte polnische Nationalstaat. Offensichtlich hatten bei der Gemeindewahl zwei Jahre zuvor regionale Gründe den Ausschlag für die Stimmabgabe gegeben, die nationale Frage hatte hierbei keine Rolle gespielt. Etwas wurde das Ergebnis auch zugunsten Deutschlands verzerrt, weil alle, die in Oberschlesien geboren waren, aber nicht mehr dort lebten, ebenfalls wahlberechtigt waren, aber dies hatte insgesamt nur eine untergeordnete Rolle gespielt.

Bei einer großen Volkszählung sollte 1931 in Polen die Nationalität aller Bewohner erfasst werden. Polesien (eine Region in Ostpolen) wurde von Polen, Litauern, Ukrainern, Weißrussen und Juden bewohnt. Allerdings weigerten sich hier bis zu 60 Prozent der Menschen, sich in eine sprachliche, nationale oder gar „ethnische" Schublade stecken zu lassen, und sie gaben ihre Nationalität mit dem Wort „hiesige" an. Diese Beispiele zeigen, dass Identitäten komplex konstruiert sind und sich keineswegs auf das rein „nationale" reduzieren lassen. Häufig verlief der Riss durch ganze Familien: Beispielsweise gab der Vater „polnisch" an, die Mutter „ukrainisch", während die (erwachsenen) Kinder sich anderen Nationalitäten zuordneten (→M5).

Die polnische Außenpolitik in den 1920er- und 30er-Jahren | Wenig überraschend orientierte sich die polnische Außenpolitik in der Zwischenkriegszeit nach Frankreich, das der wichtigste und zuverlässigste Verbündete war. Nach dem Ende der Grenzkriege war das neue Land zu einer aktiven Außenpolitik aber kaum in der Lage, weil die innere Konsolidierung Vorrang hatte. Zugleich war aber auch die außenpolitische Bedrohung in dieser Zeit nicht so hoch, weil Polen über ein gut ausgerüstetes und kriegserfahrenes Heer verfügte. Die deutsche Armee war demgegenüber im Versailler Vertrag erheblich verkleinert worden und zu einer militärischen Auseinandersetzung nicht in der Lage. 1921 war zwar der Bürgerkrieg in Russland mit dem Sieg der Sowjets beendet worden, aber das Land war sehr stark zerstört worden und benötigte ebenfalls dringend Frieden.

In den 1930er-Jahren begingen die polnischen Regierungen – aus heutiger Sicht – aber mehrere Fehler. Zunächst glaubten viele einflussreiche Nationalisten, dass Polen nun stark genug sei, um die Rolle einer dritten Großmacht zwischen der Sowjetunion und dem Deutschen Reich zu spielen, und dass eine Verständigung dieser beider Staaten untereinander aus ideologischen Gründen nicht möglich sei. Dies war eine gefährliche Fehleinschätzung, wie sich spätestens 1939 herausstellen sollte. Zweitens schloss Polen 1934 einen Nichtangriffspakt mit dem nationalsozialistischen Deutschland ab, nachdem einige Militärs und Politiker Anfang 1933 – nach Hitlers Machtübernahme – sogar noch mit der Idee eines Präventivkrieges gespielt hatten. Die deutsche Seite gewann mit diesem Abkommen Zeit, um die – zunächst noch geheime – Aufrüstung voranzutreiben. Die polnische Regierung hingegen glaubte, auf diese Weise ihre Westgrenze gegen deutsche Ansprüche endgültig zu sichern, und ferner bot sich als ein Nebenaspekt die Möglichkeit, den ungeliebten Minderheitenschutz loszuwerden.

M1 Aus einer Denkschrift von 1918

Roman Dmowski (1864–1939), Führer der polnischen Nationaldemokratischen Partei, versucht, während der Friedenskonferenz in Paris und Versailles als Leiter der polnischen Delegation Forderungen gegenüber den Alliierten durchzusetzen:

Das polnische Problem ist vor allem ein territoriales Problem. Gelegen zwischen Deutschland, der größten Nation des Kontinents, die immer die Eroberung und Verschlingung Polens angestrebt hat, und Russland, wo anscheinend die zersetzenden Kräfte die Oberhand gewinnen und das wahrscheinlich nicht imstande sein wird, Polen wirksame Hilfe gegen einen deutschen Angriff zu leisten, muss Polen für sich selbst ein starker, vollkommen unabhängiger Staat sein [...]. Es muss eine große schöpferische Demokratie in Osteuropa werden, eine Schanze gegen den deutschen Drang nach Osten, und gleichzeitig muss es sich gegen zersetzende Einflüsse wehren.

Damit Polen diesen Schwierigkeiten gewachsen sein kann [...], sind folgende Bedingungen unerlässlich:

1. Es muss ein umfangreiches Gebiet und eine zahlreiche Bevölkerung umfassen;
2. seine Bevölkerung muss hinreichend einheitlich sein, um ihm innere Geschlossenheit zu sichern;
3. seine Grenzen müssen geografischen Bedingungen entsprechen, damit seine Unabhängigkeit von den Nachbarn gesichert wird [...].

Seit Kriegsbeginn suchten die Mittelmächte nach einer solchen Lösung der polnischen Frage, die ihre Interessen am besten sichern würde, und es unterliegt keinem Zweifel, dass sie bis zum endgültigen Friedensschluss alle möglichen Mittel anwenden werden, um einer territorialen Lösung der polnischen Fragen vorzubeugen, die Polen die wirkliche Unabhängigkeit sichern und ihm seine historische Rolle zurückgeben würde, die Rolle eines Schutzwalles gegen das Vordringen der Deutschen nach Osten. Ein solches Problem würde Deutschland mit Erfolg hindern, sich in die russischen Fragen einzumischen. Sein Bestehen würde die Lage der Deutschen an der Ostsee ändern, die sie völlig in Besitz zu nehmen sich bemühen. Es würde ein organisatorischer Mittelpunkt für die kleineren Nationen werden, insbesondere für die Tschechoslowakei und Rumänien, deren Kräfte, verbunden mit den Kräften Polens, in diesem Teil Europas ein mächtiges Bollwerk für die Sache der Freiheit und der Demokratie bilden würden [...].

Die Denkschrift fordert die Abtretung von Posen, Westpreußen, eines Teiles von Ostpreußen, von Oberschlesien und eines Teiles von Mittelschlesien. Über Danzig heißt es:

Die amtlichen Ziffern über Danzig stellen diese Stadt als eine rein deutsche hin. Indessen zeigen private Forschungen, die von polnischer Seite betrieben worden sind, dass fast die Hälfte der Bevölkerung polnisch ist, wenn auch oberflächlich germanisiert [...].

Nach: Enno Meyer (Hrsg.), Deutschland und Polen 1914–1970 (Quellen- und Arbeitshefte zur Geschichte und Gemeinschaftskunde), Stuttgart 1971, S. 10f

1. Geben Sie mit eigenen Worten die Forderungen wieder.
2. Ordnen Sie Dmowskis Position in Ihre bisherigen Kenntnisse zum Thema Nationalismus ein. | F

M2 Das Ergebnis des Versailler Friedens für Polen

*Der polnische Historiker Wlodzimierz Borodziej (*1956) schreibt 2010:*

Nach langwierigen Verhandlungen, in denen die Unterstützung der polnischen Ansprüche nach und nach schmolz, einigte man sich schließlich auf die Übertragung Posens und großer Teile Westpreußens an Polen, auf die Bildung einer Freien Stadt Danzig (die zum polnischen Zollgebiet gehören und einige andere Bindungen mit der Republik eingehen würde) unter Aufsicht des Völkerbundes, schließlich auf die Plebiszite, in Teilen von Ostpreußen und in Oberschlesien. Polen erhielt in Versailles etwas mehr als die Hälfte der ursprünglich geforderten Westgebiete (fast 43 000 km²). Insofern ging Dmowski in seine eigene Falle [...]. Er hatte die Hoffnungen auf Wunder geweckt und „nur" bedeutende Gewinne eingefahren. Polen wurde im Westen wesentlich mehr zugestanden, als Ende 1918 allgemein für vorstellbar gehalten wurde, und das angekündigte Plebiszit in Oberschlesien ließ einen noch größeren Gewinn erwarten. Deutschland war geschwächt und gedemütigt, Ostpreußen räumlich vom Reich abgetrennt, Danzig aus dem Reichsverband ausgegliedert. Ein deutscher Grenzrevisionismus war absehbar. Daher konnten Deutschland und Polen im neuen Europa nur Feinde sein, die künftige Zugehörigkeit Oberschlesiens würde lediglich das Kräfteverhältnis zwischen diesen beiden Gegnern austarieren.

Wlodzimierz Borodziej, Geschichte Polens im 20. Jahrhundert, München 2010, S. 109f.

1. Erläutern Sie, warum viele Polen den Versailler Vertrag als unzureichend ansahen, obwohl das Land erhebliche territoriale Gewinne gemacht hatte.
2. Borodziej vertritt die Meinung, dass Deutschland und Polen nur Feinde sein konnten (siehe Zeile 17 bis 24). Erörtern Sie, ob es vielleicht doch Möglichkeiten der Versöhnung hätte geben können.

M3 Piłsudski versus Dmowski

*Der polnische Journalist Adam Krzeminski (*1945) über die beiden wichtigsten polnischen Politikern der 1920er- und frühen 1930er-Jahre:*

Piłsudski hatte seine Hausmacht im russischen und im österreichischen Teilgebiet. Im preußischen dagegen bildete sich unter dem Eindruck des „Kulturkampfes" und der nationalen Solidarität der Prototyp des katholischen Polen heraus, eines pragmatisch denkenden Menschen, dem romantische Anwandlungen und Klassenutopien fremd waren und der stärker der Christ- und Nationaldemokratie zuneigte als der Sozialdemokratie. Hier hatte auch Roman Dmowski größeren Einfluss.
Roman Dmowski (1864–1939) war von ganz anderem Zuschnitt und Temperament als Piłsudski. Auch ihn hatte das russische Teilgebiet geprägt, aber nicht der Osten, sondern Zentralpolen, und nicht ein Landadelssitz, sondern eine arme Steinmetzfamilie in Warschau. Er war ein präzise denkender Mensch, eher „Positivist" als „Romantiker". Schon in den Neunzigerjahren wurde er zum Spielmacher der nationaldemokratischen Partei, die aus einer sich seit rund zehn Jahren auf alle drei Teilgebiete ausweitenden bürgerlich-nationalen Bewegung hervorgegangen war. [...]
Diese Bewegung wurde vor allem von der neuen polnischen Mittelschicht getragen, und ihr Wortführer hielt – ganz unter dem Eindruck Darwins – den Kampf der Nationen ums Dasein für ein Gesetz der sozialen Evolution. Sicherlich war er auch von Hause aus nicht frei von Vorurteilen gegen die Juden, doch Dmowskis Antisemitismus entsprang ähnlichen Quellen wie seine antirussische oder antideutsche Einstellung, nämlich der Überzeugung, dass die Polen endlich beginnen müssten, sich ökonomisch und zivilisatorisch gegen die Dominanz tatkräftigerer Nationen durchzusetzen.

Adam Krzeminski, Polen im 20. Jahrhundert. Ein historischer Essay, München [2]1998, S. 38 f.

1. Präsentation: Recherchieren Sie weitere Informationen über die beiden Politiker und schreiben Sie anschließend einen kurzen Beitrag für eine Zeitung zum Thema „Piłsudski und Dmowski – zwei prägende Gestalten der polnischen Politik nach dem Ersten Weltkrieg".
2. Vergleichen Sie aufgrund von M3, Seite 356f. und Ihren Rechercheergebnissen aus der ersten Aufgabe die politischen Konzepte der beiden Personen miteinander.

M4 Piłsudski als Diktator?

*Der deutsche Historiker Gerhard Besier (*1947) beschäftigt sich mit dem Scheitern der Demokratie in Polen:*

Nach der Etablierung des neuen Staates hatte sich Piłsudski zunächst von den Regierungeschäften zurückgezogen. Doch der Staatsnotstand zwischen 1923 und 1926 – in der Zeit der rein parlamentarischen Regierungsform – ließ ihn zu der Überzeugung kommen, das Land brauche wieder eine starke Hand. Im Parlamentarismus, meinte er, würden Korruption und Misswirtschaft eher gefördert („Dirnen-Sejm"). Seine Sorge galt vor allem der Armee. Die Heeresführung erkannte die parlamentarische Aufsicht über die Armee als legitim an, aber Piłsudski wollte die Armee unabhängig vom Parlament halten. Auf seiner Seite standen die ehemaligen Legionsoffiziere und die Sozialistische Partei Polens (PPS). [...] Am 12. Mai 1926 besetzte Piłsudski an der Spitze von fünfzehn Regimentern Praga1 und eroberte bis zum 14. Mai gegen den erbitterten Widerstand regierungstreuer Verbände Warschau. [...] Er ging nun an den Umbau von einer parlamentarischen zu einer autoritären Regierung. Die von ihm veranlassten Maßnahmen schlossen auch die Ermordung von Generälen und die Überwachung der von ihm eingesetzten Regierung ein. Dies alles meinte er im Namen der „moralischen Gesundung" der polnischen Nation tun zu müssen. Gleichwohl verzichtete er auf die Errichtung einer totalitären Diktatur und legte Wert auf die äußere Fortführung des parlamentarischen Staatslebens. [...]
Im Frühjahr 1935 [...] hatte Piłsudski noch eine neue Verfassung unterzeichnet, die das Parlament endgültig marginalisierte. Die gesamte Exekutive lag fortan in den Händen des Präsidenten, der sich nur noch gegenüber „Gott und der Geschichte" verantwortlich wusste. Aus Protest boykottierte die Opposition im selben Jahr die Wahlen, an denen sich lediglich 46 Prozent der Bevölkerung beteiligten. Auch die Wahlen von 1938, die ebenfalls von der Opposition boykottiert wurden, waren eine Farce. Außerhalb des Parlaments blieben die gegnerischen politischen Kräfte aktiv, der Widerstand gegen eine Uniformierung der polnischen Gesellschaft hatte von seiner Lebendigkeit nichts verloren.

Gerhard Besier, Das Europa der Diktaturen. Eine neue Geschichte des 20. Jahrhunderts, München 2006, S. 154 und 159

1. Präsentation: Entwerfen Sie ein Schaubild oder einen Zeitstrahl, der Piłsudskis Weg zur Macht abbildet.
2. Interpretieren Sie Piłsudskis Terminus von der „moralischen Gesundung" (Zeile 21 f.).

M5 Sprachverteilung nach dem Ersten Weltkrieg

Anhand dieser Karte lassen sich viele Schwierigkeiten, die schon die Zeitgenossen mit der Zuordnung zu Völkern und Nationen hatten, gut zeigen. Objektiv analysieren lassen sich Faktoren wie Sprache oder Religion, nicht aber Ethnie, also Abstammung. Die Karte gibt zwar einige Orientierung, kann aber nicht zeigen, dass Identitäten häufig nicht eindeutig festgelegt sind. Mehrsprachigkeit, die in Zentral- und Osteuropa häufig vorkam, kann auf diese Weise nicht abgebildet werden. Auch ist keineswegs eindeutig, dass jemand, der beispielsweise Polnisch oder Rumänisch als Muttersprache spricht, automatisch auch „polnisch" oder „rumänisch" denkt oder fühlt.

1. Arbeiten Sie anhand der Karte die Schwierigkeiten heraus, die die Staatsmänner auf den Pariser Friedenskonferenzen hatten.
2. Erörtern Sie die Frage, ob in Paris eine „gerechtere" Lösung des Nationalitätenproblems möglich gewesen wäre.

Der Zweite Weltkrieg und seine Folgen

Die Erweiterung des Deutschen Reiches zwischen 1933 und 1939.

▶ Beschreiben Sie die territoriale Entwicklung des Deutschen Reiches vor dem Zweiten Weltkrieg.

Adolf Hitler (1889–1945): seit 1921 Vorsitzender der NSDAP; 1933 Ernennung zum Reichskanzler; ausführliche biografische Informationen erhalten Sie auf Seite 400.

Der Hitler-Stalin Pakt und der Überfall auf Polen | Bis 1938 war Polen in den Planungen **Adolf Hitlers** untergeordnet. Zunächst hatte die Zerschlagung der Tschechoslowakei Vorrang. 1938 willigten die Westmächte nach massivem deutschen Druck im *Münchener Abkommen* ein, die deutschsprachigen Randgebiete, das Sudetenland, an das Deutsche Reich abzutreten. Die Regierung in Prag gab nach, um einen Krieg zu vermeiden. Im März 1939 marschierten schließlich deutsche Truppen völkerrechtswidrig in Prag ein. Hitler hatte bis dahin auch mit dem Gedanken gespielt, dass Polen einige Territorien an das Deutsche Reich abtreten und dann ein gemeinsames Bündnis gegen die Sowjetunion abschließen sollte. Auf einen derartigen Vorschlag wäre aber keine polnische Regierung eingegangen. Seit Anfang 1939 wurde deshalb ein Überfall auf Polen systematisch vorbereitet. Zwar sahen auch die Westmächte den Krieg kommen und begannen aufzurüsten; ihre Bemühungen, die Kontakte zur Sowjetunion zu verbessern, verliefen aber nur halbherzig.

Hitler hingegen erkannte die Chancen, die sich – trotz aller ideologischen Unterschiede – aus einem Bündnis mit der Sowjetunion ergeben würden. Er schickte nach schnellen Vorverhandlungen Außenminister *Joachim von Ribbentrop* nach Moskau, wo ebenfalls nach ganz kurzen Verhandlungen in der Nacht vom 23. auf den 24. August 1939 ein deutsch-sowjetischer Nichtangriffspakt unterschrieben wurde, der später auch als *„Hitler-Stalin Pakt"* bezeichnet wurde (→M1). In einem geheimen Zusatzprotokoll wurde eine umfassende Neuverteilung Osteuropas zwischen den beiden Großmächten vereinbart. Ferner sicherte die Sowjetunion dem Deutschen Reich Rohstoff- und Nahrungsmittellieferungen zu, sodass eine britische Seeblockade wie im Ersten Weltkrieg wirkungslos werden würde. Erst durch diesen Vertrag wurde der Angriff auf Polen möglich. Die nationalsozialistische Führung glaubte allerdings, dass Großbritannien und Frankreich in diesem Krieg neutral bleiben würden.

Das ermordete Polen.
Karikatur von David Low, die am 20. September 1939 im „Evening Standard" erschien.
Hitler sagt zu Stalin: „The scum of the earth, I believe?" (dt.: „Der Abschaum der Erde, wie ich vermute?")
Und Stalin fragt: „The bloody assassin of the workers, I presume?" (dt.: „Der blutige Schlächter der Arbeiter, darf ich annehmen?").

- ▶ Beschreiben Sie die dargestellte Szene.
- ▶ Charakterisieren Sie, wie die britische Presse den Hitler-Stalin-Pakt kommentiert.

Am 1. September 1939 griff die deutsche Armee nach einem dürftigen Vorwand, den niemand glaubte, Polen an. Der Krieg war bereits nach wenigen Tagen entschieden: Die polnische Armee leistete zwar tapfer Widerstand, wurde aber von der deutschen Übermacht, die technisch viel besser ausgerüstet war, förmlich überrannt. Am 17. September überschritt auch die sowjetische Rote Armee die polnische Grenze, und am 6. Oktober kapitulierten die letzten polnischen Truppen

Das polykratische nationalsozialistische Herrschaftssystem | Die Eskalation der nationalsozialistischen Expansion und die mörderische Radikalität der Besatzungspolitik in den eroberten Territorien des Ostens sind nur verständlich, wenn man das NS-Herrschaftssystem analysiert. Fast alle Historiker bezeichnen dieses heute als *Polykratie* (dt.: Vielherrschaft). In der Propaganda war die Diktatur als Führerstaat wie eine Pyramide gegliedert, das heißt, der Führer gab von oben Befehle, die von den entsprechenden unteren Organen strikt umgesetzt wurden. Dieser Mythos wurde vom NS-Herrschaftssystem bewusst in der Propaganda eingesetzt. Er wurde aber auch in der Nachkriegszeit konstruiert, weil Kriegsverbrecher sich mit dem Hinweis auf einen „Befehlsnotstand" aus der Verantwortung stahlen.

Die Realität des Nationalsozialismus sah aber völlig anders aus. Hitler sicherte seine Machtstellung dadurch, dass er sehr weitgehende, aber unklar definierte Kompetenzen an einzelne Personen delegierte, zugleich aber eine politische Koordination der verschiedenen Dienststellen untereinander erschwerte. Zugleich versuchten zahlreiche kleine und große „Führer", Macht und Posten an sich zu ziehen, um Konkurrenten zu übertrumpfen. Hitler traf zwar die großen strategischen Entscheidungen, hielt sich aber in der Regel aus diesen kleinen und großen Querelen heraus, oft förderte er sie sogar.

Dieses chaotische Nebeneinander ständig wachsender Bürokratien mit unklaren Zuständigkeiten war auch im besetzten Polen deutlich zu beobachten. Theoretisch wurde das Generalgouvernement von dem Juristen *Hans Frank* verwaltet, der ein früher Weggenosse Hitlers war. Franks Machtbereich wurde aber durch Heinrich Himmler und die Schutzstaffel (SS) systematisch unterwandert. Himmler ließ beispielsweise zahlreiche Konzentrations- und Vernichtungslager im Generalgouvernement errichten, die seiner SS und nicht Frank unterstanden. In seiner Eigenschaft als „Reichskommissar für die Festigung des deutschen Volkstums" steuerte Himmler auch direkt die Rassenpolitik.[1] Als Generalbevollmächtigter für den Arbeitseinsatz agierte *Fritz Sauckel*, dessen

[1] Dies geschah über den „Lebensborn"; siehe hierzu Seite 367.

Generalgouvernement: Bezeichnung für die besetzten polnischen Gebiete, die nicht unmittelbar dem Reich angegliedert worden waren

Heinrich Himmler (1900–1945): „Reichsführer SS"; ab 1936 zudem Chef der Deutschen Polizei; einer der Hauptverantwortlichen für den Holocaust und die zahlreichen Verbrechen der Waffen-SS; 1945 Selbstmord

Schutzstaffel (SS): 1925 gegründete Parteiformation zum persönlichen Schutz Hitlers, ab 1934 „selbstständige Organisation" der NSDAP mit polizeilicher Machtbefugnis

Behörden für die Deportation von Zwangsarbeitern in das Deutsche Reich zuständig waren. Ab 1942 regierte auch *Albert Speer*, der neue Rüstungsminister, in das Generalgouvernement hinein, indem er das Territorium in die laufenden wirtschaftlichen Produktionsprogramme eingliederte. Alle diese „Führer" versuchten sich anfangs gegenseitig an Radikalität zu übertreffen, um sich bei Hitler beliebt zu machen.

Die vierte Teilung Polens | Erneut wurde Polen in drei Territorien geteilt. Der östliche Teil fiel an Russland, der westliche an Deutschland, und das neu geschaffene Generalgouvernement sollte die neue „Heimat" des polnischen Volkes werden. Von Anfang an wurden deshalb im großen Stil Polen und Juden dorthin abgeschoben. Sie sollten dort als frei verfügbare Arbeitsreserve zur Verfügung stehen. Faktisch handelte es sich um eine moderne Form von Sklavenarbeit, weil die Polen keinerlei Rechte hatten und vor allem in der zweiten Hälfte des Krieges mit extremer Grausamkeit behandelt wurden. Regelmäßig wurden hunderttausende in das Deutsche Reich als Zwangsarbeiter verschleppt. Das Gebiet wurde ferner systematisch ent-industrialisiert. Fabriken, Maschinen, Eisenbahngleise und sogar Telefonkabel wurden abmontiert. Insgesamt wurde ein extrem brutales rassistisches System eingeführt (➔M2). Allerdings traten von Anfang an erhebliche Meinungsverschiedenheiten auf, weil verschiedene Dienststellen unterschiedliche Ziele verfolgten. Die rassistisch motivierten Vertreibungen aus den annektierten Gebieten hatten die Folge, dass plötzlich keine ausgebildeten Arbeitskräfte mehr zur Verfügung standen. Auch konnten deutsche Fabriken häufig mit den beschlagnahmten Maschinen gar nichts anfangen, und im Frühjahr 1940 wurden die Plünderungen – mit Ausnahmen – eingestellt. Allerdings musste das Generalgouvernement und die anderen von Polen bewohnten Gebiete extrem hohe Mengen an landwirtschaftlichen Produkten abliefern, sodass den dortigen Polen kaum genug zu essen blieb. Nach dieser ersten Phase der Ausplünderung wurden im Generalgouvernement einige Industriekomplexe aufgebaut, die für die Rüstungsindustrie tätig waren und die sich fest in deutscher Hand befanden. Sehr häufig wurden hier KZ-Häftlinge eingesetzt.

Plakat zum Film „Defiance".
Der US-amerikanische Film aus dem Jahre 2008 erzählt die Geschichte der jüdischen Partisanengruppen um die Brüder Tuvia, Zus und Asael Bielski während des Zweiten Weltkrieges. Die Handlung spielt im östlichen Teil Polens (heute Weißrussland).

Lebensraumideologie: fester Bestandteil der NS-Außenpolitik zur Vergrößerung des deutschen „Lebensraumes im Osten" (Polen und Russland). Das Recht dazu wurde aus der Rassenideologie abgeleitet. Der aus der Biologie stammende Begriff „Rasse" wurde im 19. Jh. auf Menschen angewandt und zur weltanschaulichen Frage. Rassistisches Denken geht davon aus, dass die eigene Rasse einer fremden überlegen ist („Sozialdarwinismus").

Partisanen: bewaffnete Widerstandskämpfer im Hinterland

Die Besatzungspolitik in Polen | Von Anfang an war die nationalsozialistische Besatzungspolitik in Polen sehr hart (➔M3 und M4). Wahrscheinlich wären nach Kriegsende 1939 viele Polen bereit gewesen, sich in irgendeiner Form mit der Besatzungsmacht zu arrangieren, wie dies viele Generationen zuvor bereits gelernt hatten. Dies erwies sich aber als kaum möglich: Beispielsweise wurden in Krakau alle Professoren der international angesehenen Universität zu einem Treffen gebeten, dann verhaftet und in Konzentrationslager eingewiesen. Gezielt wurden polnische Intellektuelle ermordet, um die Führungsschicht zu schwächen. Fast alle Schulen wurden geschlossen, da Bildung für Polen als überflüssig angesehen wurde. Ein polnisches Schulwesen bestand fast nur noch im Untergrund.

Das Regime verfolgte eine in jeder Hinsicht verbrecherische Politik, die bewusst mit allen Regeln des Kriegsrechts brach. Mit der Gewinnung von „Lebensraum im Osten" sollte ein Rassenstaat errichtet werden (**Lebensraumideologie**). Im Winter 1942/43 begann die SS in mehreren Regionen in der Nähe von Lublin (in der Region von Zamość) eine weitere äußerst gewalttätige Umsiedlungsaktion: Alle Polen wurden ausgesiedelt oder in Konzentrationslager deportiert, ihren gesamten Besitz mussten sie zurücklassen. Danach sollten in den leeren Dörfern Deutsche angesiedelt werden. Diese Aktion schlug aber fehl und musste schließlich abgebrochen werden (➔M5). Vielen Bauern gelang die Flucht, und ihre einzige Möglichkeit zu überleben bestand darin, sich **Partisanen** in den Wäldern anzuschließen. Aus der relativ friedlichen Gegend, die landwirtschaftliche Produkte aller Art geliefert hatte, entwickelte sich ein großer Unruheherd, in dem ständig Truppen stationiert werden mussten. Vom November 1942 bis zum Januar 1943 sank die Produktion zwischen 60 und 90 Prozent.

Die SS suchte in großem Stil nach „nordischem Blut". „Arisch" aussehende Kinder wurden ihren polnischen Eltern fortgenommen und in speziellen Einrichtungen des

„Lebensborn", faktisch Waisenhäusern der SS, erzogen. Die Eltern wurden häufig in Konzentrationslagern ermordet. Da die Akten dieser Organisation vor dem Kriegsende vernichtet worden sind, wissen wir nur wenig über die Details. Man kann aber davon ausgehen, dass nach 1945 einige zehntausend Menschen in Deutschland lebten, die davon überzeugt waren, Deutsche zu sein, deren Eltern im Krieg ums Leben gekommen waren.

Anfangs war die innerdeutsche Opposition gegen diese harte Besatzungspolitik gering, nur einige Offiziere der Wehrmacht drückten ihr Unverständnis darüber aus, dass Einheiten der SS auch Frauen und Kinder ermordeten. Als sich aber im Winter 1942/43 mit der deutschen Niederlage in Stalingrad eine Wende des Krieges deutlich abzeichnete, häuften sich auch innerhalb der nationalsozialistischen Führung und besonders bei den örtlichen Behörden im Generalgouvernement die Forderungen, die Politik gegenüber den Polen zu ändern. Erst im allerletzten Moment wurden 1944 einige halbherzige Versuche gemacht, Polen für die deutsche Seite zu gewinnen, doch kam dieser Anlauf viel zu spät (➔M6). Die Rote Armee wurde durchweg als Befreier begrüßt.

Der Völkermord an den europäischen Juden | Die meisten Historiker vertreten heute die Meinung, dass der Völkermord (Genozid) an den europäischen Juden nicht schon vor dem Krieg geplant war, sondern dass er sich aus zahlreichen einzelnen Aktionen langsam zum Holocaust (Shoah) entwickelte. Hitler wirkte aber immer wieder als treibende Kraft im Hintergrund. Schon direkt nach dem Überfall auf die Sowjetunion am 22. Juni 1941 begannen Einsatzgruppen des Sicherheitsdienstes der SS systematisch damit, in den eroberten Gebieten mehrere hunderttausend Juden und andere unerwünschte Volksgruppen wie Sinti und Roma oder kommunistische Funktionäre in großem Stil mit Maschinengewehren zu erschießen (➔M7). Wahrscheinlich im Herbst 1941 fiel dann in der engeren NS-Führung der Entschluss, alle europäischen Juden zu ermorden, wobei die genauen Abläufe dieser Entscheidung aber bis heute immer noch nicht völlig geklärt sind.

Nachdem im Herbst und im Winter 1941 mit verschiedenen Tötungsarten experimentiert worden war, setzte sich die Technologie der Vergasung als „erfolgreichste" Methode durch. Mit wenigen Ausnahmen wurden die meisten Vernichtungslager auf dem Gebiet des ehemaligen Polen errichtet. Das größte von ihnen war der Lager- und Vernichtungskomplex in Auschwitz, der ein Multifunktionslager darstellte, weil hier auch große Rüstungsbetriebe angesiedelt wurden, die KZ-Häftlinge als Arbeitssklaven nutzten. Andere Lager wie *Treblinka*, *Sobibor* oder *Belzec* waren reine Vernichtungslager, die ausschließlich die Aufgabe hatten, in Gaskammern so schnell wie möglich Juden umzubringen.

Der Aufstand im Warschauer Ghetto 1943 | Ende 1940 wurden große Wohnbezirke vom restlichen Warschau durch eine Mauer abgetrennt, die 18 Kilometer lang und 3,5 Meter hoch war. Über 100 000 Polen wurden umgesiedelt und ihre Wohnungen an Juden gegeben. Allerdings war dieses Ghetto schon bald hoffnungslos überfüllt, weil auch Juden aus anderen Teilen des Landes hierhin deportiert wurden. Die Ernährung war völlig unzureichend, sodass durch Krankheiten und Unterernährung die Sterberate stark anstieg. Seit dem Juli 1942 wurden Juden von hier in großem Stil in die Vernichtungslager transportiert.

Trotz der Geheimhaltung sprach sich schnell herum, dass sie in den Lagern im Osten systematisch ermordet wurden. Verzweifelt organisierten Gruppen von meist jungen Menschen im *Warschauer Ghetto* eine Widerstandsbewegung, die aber kaum über Waffen verfügte. Dennoch wurden Bunker gebaut, mit primitivsten Mitteln Sprengstoff hergestellt und Kämpfer ausgebildet. Als die SS am 19. April 1943 in das Ghetto vorrückte, um die letzten Juden abzutransportieren, stieß sie unerwartet auf heftigen militärischen Widerstand. Obwohl die Deutschen auch schwere Waffen und Flammenwerfer einsetzten, konnte der letzte Widerstand erst am 16. Mai gebrochen

Völkermord (Genozid): Auslöschung willkürlich definierter Gruppen von Menschen unter zumeist extrem brutalen Begleitumständen; der englische Begriff für Völkermord, genocide, geht auf den poln.-jüd. Juristen Raffael Lemkin zurück, der ihn im Jahr 1944 prägte. Beispiele für Genozide in der Geschichte sind der Holocaust sowie der Völkermord an den Armeniern während des Ersten Weltkrieges.

Holocaust (Shoah) (griech. *holócaustos*: „völlig verbrannt" bzw. „Brandopfer"): wurde zunächst als Lehnwort ins Englische übernommen, gilt heute weltweit als Synonym für die systematische Ermordung von mindestens sechs Millionen europäischer Juden und anderer Opfergruppen. In der jüdischen Tradition wird für diesen Genozid der Begriff „Shoah" (hebr. „Großes Unheil, Katastrophe") verwendet, der sich jedoch ausschließlich auf die Judenvernichtung bezieht. In der NS-Terminologie wurde häufig auch der Begriff „Endlösung" verwendet.

Auschwitz: Das Lager Auschwitz wurde nahe der polnischen Stadt Oświęcim 1939 für die politischen Häftlinge aus Polen eingerichtet. Ab September 1941 begann der Ausbau zum größten Vernichtungslager im deutschen Machtbereich. Dort wurden ab Mai 1942 vornehmlich jüdische Häftlinge systematisch ermordet. Außerdem entstanden mehrere große Industriebetriebe (z. B. IG Farben in Monowitz), für die die Häftlinge Zwangsarbeit leisten mussten.
Bis zur Befreiung von Auschwitz am 27. Januar 1945 starben dort etwa eine Million Menschen.

Ghetto: primär in Polen und den besetzten Gebieten der Sowjetunion eingerichtete abgesperrte Wohnbezirke, in denen die jüdische Bevölkerung unter unmenschlichen Bedingungen zusammengepfercht und häufig sich selbst überlassen wurde. Die Konzentrierung der Juden wurde gleichzeitig für die Ausbeutung ihrer Arbeitskraft genutzt. Katastrophale hygienische Verhältnisse, Unterversorgung und Epidemien führten zum Tod vieler zehntausend Menschen. Nach Auflösung der Ghettos wurde die jüdische Bevölkerung fast ausnahmslos in Vernichtungslager deportiert.

werden. SS-Brigadeführer (General) *Jürgen Stroop* meldete in einem Bericht: „Es gibt keinen jüdischen Wohnbezirk in Warschau mehr."

Für die jüdische und später für die israelische Identität hatte dieser Aufstand eine sehr wichtige Bedeutung. Auch wenn die Erhebung chancenlos war, hatten sich hier die Juden nicht einfach abtransportieren lassen, sondern waren ihren Mördern mit dem Mute der Verzweiflung entgegengetreten.

Überlebende des Warschauer Ghettoaufstandes werden von der SS abgeführt.
Foto (Ausschnitt) aus einem Bericht des SS-Gruppenführers und Generalmajors der Polizei, Jürgen Stroop, vom 16. Mai 1943. Der Originaluntertitel lautet: „Mit Gewalt aus Bunkern herausgeholt." Der Aufstand endete, nachdem die SS die Häuser im Ghetto in Brand gesetzt hatte. Von den 56 000 gefangengenommenen Juden erschoss die SS sofort 7 000. Die Überlebenden deportierte sie in Arbeits- und Vernichtungslager.

Internettipp
Für ein didaktisch aufbereitetes Dossier zu Filmmaterial vom Warschauer Ghetto siehe den Code **32035-48**.

Der polnische Aufstand vom Sommer 1944 | Ein weiterer großer Aufstand, der für die Identität Polens nach 1945 wichtig wurde, war der *Warschauer Aufstand* von 1944. Im Sommer waren die Westalliierten in Frankreich gelandet. Kurz danach durchbrach die Rote Armee in einer großen Offensive die deutsche Front, vernichtete einen großen Teil des deutschen Heeres und stieß bis zur Weichsel vor. Erst kurz vor Warschau kam der Vormarsch zum Stillstand. Im Untergrund war in den Jahren zuvor die polnische Heimatarmee aufgestellt worden, die alleine für einen Aufstand zu schlecht bewaffnet war. Als die Rote Armee vor Warschau stand, glaubte die Führung der *Heimatarmee*, die in Warschau immerhin über etwa 45 000 Soldaten verfügte, dass der Zeitpunkt für einen Aufstand günstig sei. Sie wollte Fakten schaffen, um dann später bei Friedensgesprächen mit am Verhandlungstisch zu sitzen.

Der Aufstand begann am 1. August 1944 und der letzte Widerstand wurde erst am 3. Oktober gebrochen. Zwar gelang es der Aufstandsbewegung zunächst, einen Teil von Warschau einzunehmen, doch blieb die erhoffte sowjetische Unterstützung aus. Die meisten Historiker nehmen an, dass Josef W. Stalin den Deutschen die Gelegenheit geben wollte, den Aufstand niederzuschlagen, damit er später nicht mit der lästigen

polnischen Unabhängigkeitsbewegung zu tun haben musste. Die nationalsozialistische Führung nutzte diese Gelegenheit. Hitler ordnete die völlige Zerstörung Warschaus an: Die Stadt solle nur noch ein geografischer Punkt auf der Landkarte sein. Dieser Befehl wurde konsequent durchgeführt: Deutsche Pioniere zogen mit Flammenwerfern durch ganze Stadtviertel und sprengten die niedergebrannten Ruinen, während am anderen Ufer der Weichsel die Rote Armee untätig zusah. Auch gingen Heer und SS einmal mehr rücksichtslos gegen die polnische Zivilbevölkerung vor und zettelten mehrfach große Massaker an. Obwohl der Aufstand fehlschlug, spielt er bis heute in der polnischen Erinnerungskultur eine wichtige Rolle, weil hier zumindest versucht worden war, das Land aus eigener Kraft zu befreien.

Denkmal der Helden des Warschauer Aufstandes.
Foto von 2013, Krasinski-Platz in Warschau.
Das Denkmal wurde 1989 eingeweiht.

- Beschreiben Sie die Form und Gestaltung des Denkmals.
- Erläutern Sie die Symbolsprache, die dieses Denkmal seinen Betrachtern vermitteln möchte. | F

M1 Der Nichtangriffspakt mit der UdSSR

Im August 1939 wird der Öffentlichkeit ein Abkommen präsentiert, das der sowjetische Außenminister Wjatscheslaw M. Molotow (1890–1986) mit dem deutschen Außenminister Joachim von Ribbentrop (1893–1946) ausgehandelt hat:

Art. 1 Die beiden vertragschließenden Teile verpflichten sich, sich jeden Gewaltakts, jeder aggressiven Handlung und jedes Angriffs gegeneinander, und zwar sowohl einzeln als auch gemeinsam mit anderen Mächten, zu enthalten.
Art. 2 Falls einer der vertragschließenden Teile Gegenstand kriegerischer Handlungen seitens einer dritten Macht werden sollte, wird der andere vertragschließende Teil in keiner Form diese dritte Macht unterstützen. [...]
Art. 4 Keiner der beiden vertragschließenden Teile wird sich an irgendeiner Mächtegruppierung beteiligen, die sich mittelbar oder unmittelbar gegen den anderen Teil richtet.
Geheimes Zusatzprotokoll[1]: Für den Fall einer territorial-politischen Umgestaltung der zum polnischen Staate gehörenden Gebiete werden die Interessensphären Deutschlands und der UdSSR ungefähr durch die Linie der Flüsse Narew, Weichsel und San abgegrenzt.
Die Frage, ob die beiderseitigen Interessen die Erhaltung eines unabhängigen polnischen Staates erwünscht erscheinen lassen und wie dieser Staat abzugrenzen wäre, kann endgültig erst im Laufe der weiteren politischen Entwicklung geklärt werden. In jedem Falle werden beide Regierungen diese Frage im Wege einer freundschaftlichen Verständigung lösen.

OSTEUROPA. Zeitschrift für Gegenwartsfragen des Ostens, 39. Jg. (1989), S. 417–419

1. Erläutern Sie, was der Nichtangriffspakt über die außenpolitischen Planungen beider Länder aussagt.
2. Beurteilen Sie die Bedeutung des geheimen Zusatzprotokolls.

M2 „Restlose Beseitigung des Polentums“

In der Denkschrift „Die Frage der Behandlung der ehemaligen polnischen Gebiete nach rassenpolitischen Gesichtspunkten“ des Rassenpolitischen Amtes der NSDAP vom 25. November 1939 heißt es:

Das Problem Polen und der Behandlung der Bevölkerung des ehemaligen polnischen Staatsgebietes ist sowohl ein rassenpolitisches als auch ein völkisch-politisches Problem. [...] Das Ziel der deutschen Politik in den neuen Reichsgebieten muss die Schaffung einer rassisch und damit geistig-seelisch wie völkisch-politisch einheitlichen deutschen Bevölkerung sein. Hieraus ergibt sich, dass alle nicht eindeutschbaren Elemente rücksichtslos beseitigt werden müssen.
Dieses Ziel umfasst drei einander verbundene Aufgaben:
Erstens die vollständige und endgültige Eindeutschung der hierzu geeigneten Schichten,
zweitens die Abschiebung aller nicht eindeutschbaren fremdvölkischen Kreise und
drittens die Neubesiedlung durch Deutsche. [...]
Ein erheblicher Teil der rassisch wertvollen, aber aus völkischen Gründen nicht eindeutschbaren Schichten des polnischen Volkes wird dagegen in das polnische Restgebiet abgeschoben werden müssen. Hier aber muss versucht werden, rassisch wertvolle Kinder von der Umsiedlung auszunehmen und sie im Altreich in geeigneten Erziehungsanstalten etwa nach Art des früheren Potsdamer Militärwaisenhauses oder in deutscher Familienpflege zu erziehen. [...] Alle rassisch wertvollen Kinder, deren Eltern im Krieg oder später umgekommen sind, werden ohne Weiteres in deutsche Waisenhäuser übernommen. Aus diesem Grund ist ein Verbot der Adoption solcher Kinder durch Polen zu erlassen. Jede Unterbringung von erbgesunden Kindern in kirchlich geleiteten Anstalten hat zu unterbleiben. Kinder in solchen Anstalten werden in deutsche Erziehungsanstalten überführt, soweit es sich um Kinder bis zu etwa 10 Jahren handelt. [...]
Wie bereits entwickelt, muss das Fernziel die restlose Beseitigung des Polentums sein. Was von den Polen nicht eingedeutscht werden kann, muss in das polnische Restgebiet abgeschoben werden. Von den etwa 6,6 Millionen reinen Polen der neuen Reichsgebiete – die Wasserpolen[2] und Kaschuben sind hier abgerechnet – erscheinen ebenfalls 1–1,5 Millionen eindeutschungsfähig.

Nach: Werner Röhr (Hrsg.), Die faschistische Okkupationspolitik in Polen (1939–1945), Berlin 1989, S. 143 f.

1. Beschreiben Sie mit eigenen Worten das Programm des Rassenpolitischen Amtes.
2. Analysieren Sie das Menschenbild, das sich in dieser Quelle zeigt.

[1] Das Zusatzprotokoll wurde im Westen 1948 bekannt. Die Sowjetunion bestritt bis 1989 die Existenz dieser Abmachung.

[2] Als Wasserpolen wurden diejenigen Polen in Oberschlesien bezeichnet, die zwar Polnisch als Muttersprache sprachen, sich aber schon im Kaiserreich als Deutsche definiert hatten.

M3 Ziele der Besatzungspolitik

Heinrich Himmler formuliert in seiner Denkschrift „Einige Gedanken über die Behandlung der Fremdvölkischen im Osten“ vom 15. Mai 1940:

[...] [D]enn nur dadurch, dass wir diesen ganzen Völkerbrei des Generalgouvernements von 15 Millionen und die 8 Millionen der Ostprovinzen auflösen, wird es uns möglich sein, die rassische Siebung durchzuführen, die das Fundament in unseren Erwägungen sein muss, die rassisch Wertvollen aus diesem Brei herauszufischen, nach Deutschland zu tun, um sie dort zu assimilieren. [...]

Eine grundsätzliche Frage bei der Lösung aller dieser Probleme ist die Schulfrage und damit die Frage der Sichtung und Siebung der Jugend. Für die nichtdeutsche Bevölkerung des Ostens darf es keine höhere Schule geben als die vierklassige Volksschule. Das Ziel dieser Volksschule hat lediglich zu sein: Einfaches Rechnen bis höchstens 500, Schreiben des Namens, eine Lehre, dass es ein göttliches Gebot ist, den Deutschen gehorsam zu sein und ehrlich, fleißig und brav zu sein. Lesen halte ich nicht für erforderlich. [...]

Die Bevölkerung des Generalgouvernements setzt sich dann zwangsläufig nach einer konsequenten Durchführung dieser Maßnahmen im Laufe der nächsten 10 Jahre aus einer verbleibenden minderwertigen Bevölkerung, die noch durch abgeschobene Bevölkerung der Ostprovinzen sowie all der Teile des deutschen Reiches, die dieselbe rassische und menschliche Art haben [...], zusammen.

Diese Bevölkerung wird als führerloses Arbeitsvolk zur Verfügung stehen und Deutschland jährlich Wanderarbeiter und Arbeiter für besondere Arbeitsvorkommen (Straßen, Steinbrüche, Bauten) stellen; sie wird selbst dabei mehr zu essen und zu leben haben als unter der polnischen Herrschaft und bei eigener Kulturlosigkeit unter der strengen, konsequenten und gerechten Leitung des deutschen Volkes berufen sein, an dessen ewigen Kulturtaten und Bauwerken mitzuarbeiten und diese, was die Menge der groben Arbeit anlangt, vielleicht erst ermöglichen.

Nach: Reinhard Kühnl, Der deutsche Faschismus in Quellen und Dokumenten, Köln [3]1978, S. 328 ff.

1. Fassen Sie Himmlers Ziele stichpunktartig zusammen.
2. Ordnen Sie diese Denkschrift in den Zusammenhang der nationalsozialistischen Expansion ein. Hinweis: Hitler hat der Denkschrift zugestimmt.
3. Vergleichen Sie M3 mit M2.
4. Überprüfen Sie die These, dass bereits innerhalb kurzer Zeit eine weitere Radikalisierung der Besatzungspolitik stattgefunden hat.

M4 Diskriminierung und Vertreibung

*Der britische Wirtschaftshistoriker Adam Tooze (*1967) schreibt über die deutsche Besatzungspolitik in Polen:*

[Die] Diskriminierung der Polen, die nun gezwungen waren, für das „Dritte Reich“ zu arbeiten, war beispiellos. „Erfunden“ wurden diese Erniedrigungen hauptsächlich von den Beamten, die im Namen von Heinrich Himmler, dem Reichsführer SS und Chef der Deutschen Polizei, handelten. Denn was Polen betraf, verfolgte die SS ihre ganz eigenen ehrgeizigen Pläne. Kurz nach Kriegsausbruch war Himmler zum „Reichskommissar für die Festigung des deutschen Volkstums“ (RKF) ernannt worden. In dieser Funktion war er auch für die „Germanisierung“ der eroberten Gebiete im Osten zuständig, was hieß, dass er alle Juden und so viele Polen wie möglich aus den vom „Dritten Reich“ annektierten polnischen Gebieten „entfernen“ und gleichzeitig eine gewaltige Völkerumsiedlung in Gang setzen sollte. „Volksdeutsche“ aus dem von Stalin annektierten Baltikum und aus Südtirol sollten in die Gebiete umgesiedelt werden, die von Polen und Juden „gesäubert“ worden waren. [Die] Forderung, gewaltige Massen an ausländischen Arbeitskräften ins Reich zu schaffen, war also gewissermaßen eine gute Ergänzung dieses Projektes, da sie Himmler ja die perfekte Rechtfertigung für die Entwurzelung und Aussiedlung von Hunderttausenden Polen aus den vom Reich annektierten Gebieten bot. Ein grundlegendes Problem war jedoch, dass sich die „Hereinnahme“ von „slawischen Untermenschen“ in die „volksdeutsche“ Arbeitskraft ganz und gar nicht mit Himmlers Vorstellungen von einem „rassisch überlegenen“ Staat deckte. Es ist ein deutlicher Hinweis auf die Stimmung, die Anfang 1940 in Berlin herrschte, dass sich Himmler deshalb zu dem Kompromiss gezwungen sah, den Massendeportationsprozess von Juden und Polen in das Generalgouvernement zu drosseln.

Adam Tooze, Ökonomie der Zerstörung. Die Geschichte der Wirtschaft im Nationalsozialismus, München 2007, S. 421 (übersetzt von Yvonne Badal)

1. Geben Sie mit eigenen Worten die rassischen Vorstellungen der NS-Führung wieder. Ziehen Sie dazu auch die Informationen aus M3 heran.
2. Erörtern Sie den Widerspruch zwischen den ökonomischen Erfordernissen der deutschen Kriegswirtschaft und dem offenen Rassismus des Regimes.

M5 Drei Stadien der Radikalisierung

*Der Historiker Vejas G. Liulevicius (*1966) schlägt den Bogen von den Erfahrungen des Ersten Weltkrieges zu den Vorstellungen des Nationalsozialismus:*

Beginnend mit dem Jahr 1914 kann man drei [...] Stadien eines Radikalisierungsprozesses unterscheiden. Zuerst eröffnete die Praxis der Besatzung im Osten während des Ersten Weltkrieges neue Erwartungshorizonte und Handlungsmöglichkeiten. Länder und Menschen erschienen den Militärs als Objekte moderner Bevölkerungspolitik. Neue Kontrollmöglichkeiten wurden denkbar, die sich aus der kolonialen Herrschaftspraxis der besetzten Gebiete ergaben. Das zweite Stadium wurde durch die Niederlage der Mittelmächte 1918 eingeleitet, die bewirkte, dass deutsche Wahrnehmungen von Osteuropa radikalisiert wurden. Als Reaktion auf die verwirrenden ethnischen Gemengelagen reagierte und argumentierte man jetzt in eher rassistischen Kategorien. Das Versagen der Ostpolitik des Ersten Weltkrieges wurde jetzt den „Völkerschaften", mit denen man arbeiten musste, zugeschrieben: Ganze Völker galten fortan als „schmutzig", „ungesund" und „gefährlich". Es wurde zunehmend statt von „Land und Leuten" in monolithischen Kategorien von „Raum und Volk" gesprochen. Hitler und das nationalsozialistische Regime konnten auf diesen Wahrnehmungen gezielt aufbauen. Das Nazi-Regime bildet das dritte Stadium des Radikalisierungsprozesses: Ein virulenter, fanatischer Antisemitismus und ein radikaler biologischer Rassismus gingen mit der mörderischen Entschlossenheit einher, Osteuropa umzugestalten. Vermeintliche „Lektüre" oder Schlussfolgerungen aus den früheren Erlebnissen des Ersten Weltkrieges wurden zusammen mit rassistischen Imperativen vereint, in der Absicht, nicht nur einen Krieg zu gewinnen, sondern einen „Endsieg" herbeizuführen.

Nach: Vejas Gabriel Liulevicius, Von „Ober Ost" nach „Ostland"?, in: Gerhard P. Groß, Die vergessene Front. Der Osten 1914/15, Darmstadt 2006, S. 295–310, hier S. 295 f.

▶ Erörtern Sie ausgehend von der Quelle die Gründe, die zur Radikalisierung der deutschen Politik führten. | F

M6 Meinungsverschiedenheiten um die Besatzungspolitik

In einer Rede vor den politischen Leitern der NSDAP im Distrikt Krakau fordert Hans Frank (1900–1946), Generalgouverneur des besetzten Polen, am 14. Januar 1944 eine Änderung der Politik gegenüber der polnischen Bevölkerung:

Wenn wir den Krieg einmal gewonnen haben, dann kann meinetwegen aus den Polen und aus den Ukrainern und dem, was sich hier herumtreibt, Hackfleisch gemacht werden, es kann gemacht werden, was will. Aber in diesem Augenblick kommt es nur darauf an, ob es gelingt, fast 15 Millionen eines gegen uns sich organisierenden feindlichen Volkstums in Ruhe, Ordnung, Arbeit und Disziplin zu halten. Wenn es nicht gelingt, dann kann ich vielleicht triumphierend sagen: Ich habe zwei Millionen Polaken umgebracht. Ob dann aber die Züge an die Ostfront fahren, ob die Monopolbetriebe arbeiten, [...] ob die Ernährung und Landwirtschaft gesichert wird, von der wir allein 450 000 t Getreide ans Reich geliefert haben, das steht auf einem anderen Blatt.
Politik ist mehr als Gewalt. Die Gewalt ist eine lächerliche ABC-Angelegenheit. Die Staatskunst beginnt jenseits der Gewalt. Wenn ich drei Polizeibataillone dieses Raumes dringendst zur Füllung von Lücken an der Front abgeben muss [...], so bedeutet das, dass ich wiederum den Koeffizient dieses Raumes um drei Polizeibataillone reduziere. Das kann ich nur, wenn ich sozusagen einigermaßen auf die Bevölkerung rechnen kann. Wenn ich heute den 150 000 Polen, die die Ostbahn betreiben, nichts mehr zu essen gebe, wenn ich sie nicht mehr kleide, ihnen keine Sicherheit des Lebens gewähre – die 5 000 Deutschen, die ich bei der Ostbahn habe, bringen keinen Zug vorwärts. Von den Fabriken will ich ganz absehen. Wissen sie, dass wir für 1,5 Milliarden Zloty jährlich zusätzlich dem deutschen Reich wertvollste Rüstung und Munition fabrizieren?

Nach: Werner Röhr (Hrsg.), a. a. O., S. 292

1. Arbeiten Sie die Kernaussagen aus Franks Rede heraus.
2. Charakterisieren Sie die sprachlichen Mittel des Textes.
3. Überprüfen Sie die These, dass Franks Aufforderung, die Polenpolitik zu ändern, zu spät kam.

M7 „Posener Rede"

Am 4. Oktober 1943 hält Heinrich Himmler bei der SS-Gruppenführertagung im polnischen Posen eine Rede:

Ich will hier vor Ihnen in aller Offenheit auch ein ganz schweres Kapitel erwähnen. Unter uns soll es einmal ganz offen ausgesprochen sein, und trotzdem werden wir in der Öffentlichkeit nie darüber reden. […]

Ich meine jetzt die Judenevakuierung, die Ausrottung des jüdischen Volkes. Es gehört zu den Dingen, die man leicht ausspricht. – „Das jüdische Volk wird ausgerottet", sagt ein jeder Parteigenosse, „ganz klar, steht in unserem Programm, Ausschaltung der Juden, Ausrottung, machen wir." Und dann kommen sie alle an, die braven 80 Millionen Deutschen, und jeder hat seinen anständigen Juden. Es ist ja klar, die anderen sind Schweine, aber dieser eine ist ein prima Jude. Von allen, die so reden, hat keiner zugesehen, keiner hat es durchgestanden. Von Euch werden die meisten wissen, was es heißt, wenn 100 Leichen beisammen liegen, wenn 500 daliegen oder wenn 1 000 daliegen. Dies durchgehalten zu haben, und dabei – abgesehen von Ausnahmen menschlicher Schwächen – anständig geblieben zu sein, das hat uns hart gemacht. Dies ist ein niemals geschriebenes und niemals zu schreibendes Ruhmesblatt unserer Geschichte, denn wir wissen, wie schwer wir uns täten, wenn wir heute noch in jeder Stadt – bei den Bombenangriffen, bei den Lasten und bei den Entbehrungen des Krieges – noch die Juden als Geheimsaboteure, Agitatoren und Hetzer hätten. […] Die Reichtümer, die sie hatten, haben wir ihnen abgenommen. Ich habe einen strikten Befehl gegeben, den SS-Obergruppenführer Pohl durchgeführt hat, dass diese Reichtümer selbstverständlich restlos an das Reich abgeführt wurden. Wir haben uns nichts davon genommen. Einzelne, die sich verfehlt haben, werden gemäß einem von mir zu Anfang gegebenen Befehl bestraft, der androhte: Wer sich auch nur eine Mark davon nimmt, der ist des Todes. […] Wir hatten das moralische Recht, wir hatten die Pflicht gegenüber unserem Volk, dieses Volk, das uns umbringen wollte, umzubringen. Wir haben aber nicht das Recht, uns auch nur mit einem Pelz, mit einer Uhr, mit einer Mark oder mit einer Zigarette oder mit sonst etwas zu bereichern. Wir wollen nicht am Schluss, weil wir einen Bazillus ausrotteten, an dem Bazillus krank werden und sterben. Ich werde niemals zusehen, dass hier auch nur eine kleine Fäulnisstelle entsteht […]. Insgesamt aber können wir sagen, dass wir diese schwerste Aufgabe in Liebe zu unserem Volk erfüllt haben. Und wir haben keinen Schaden in unserem Innern, in unserer Seele, in unserem Charakter daran genommen. […] Im Großen und Ganzen war unsere Haltung gut. Manches ist auch in unseren Reihen noch zu bessern. Dieses auszusprechen, ist mit der Sinn dieses Appells der Kommandeure und der Gruppenführer. Ich möchte dieses Kapitel überschreiben mit der Überschrift „Wir selbst".

Zitiert nach: www.nationalsozialismus.de/dokumente/texte/heinrich-himmler-posener-rede-vom-04-10-1943-volltext.html (Zugriff: 15. Mai 2012)

1. Analysieren Sie Himmlers Menschenbild und seine moralischen Vorstellungen, die aus der Rede deutlich werden. Von welchem Bild des SS-Mannes geht er aus?
2. Erläutern Sie, was die Rede über die Öffentlichkeit der Verbrechen aussagt.
3. Beurteilen Sie, inwiefern die Rede als „Schlüsseldokument" für die „Endlösung der Judenfrage" und den Holocaust angesehen werden kann.

„Aussortierung."

Foto (Ausschnitt) vom Mai oder Juni 1944, Konzentrationslager Auschwitz-Birkenau.

Die sogenannte „Judenrampe", ein Gleis, das vom Bahnhof außerhalb direkt in das Lager führte, kam nach knapp einjähriger Bauzeit erst ab Mai 1944 zum Einsatz. Zu diesem Zeitpunkt erreichte die Massenvernichtung in Birkenau ihren Höhepunkt: Innerhalb von drei Monaten wurden etwa 450 000 Juden aus Ungarn nach Auschwitz deportiert. Auf der Rampe wurden die „noch einsatzfähigen" Männer und Frauen zunächst ins Lager aufgenommen und später zur Zwangsarbeit vornehmlich auf Reichsgebiet überstellt. Ein Teil, vor allem Zwillingskinder, fiel den KZ-Ärzten um Dr. Josef Mengele für „medizinische" Experimente zum Opfer. Die große Mehrzahl der Ankommenden, vor allem Alte, Kranke, schwangere Frauen und Mütter mit Kindern, wurde jedoch als „arbeitsunfähig" eingestuft und – unter dem Vorwand, sich duschen und desinfizieren zu müssen – unverzüglich in die Gaskammern geschickt.

Deutsche und polnische Geschichte nach 1945

Ausdehnung des sowjetischen Herrschaftsbereiches in Europa.

- Geben Sie mithilfe der Karteninformationen wieder, welche Staaten ab 1945 zum sowjetischen Machtbereich gehörten.
- Erläutern Sie den in der Karte verwendeten Begriff „Volksdemokratie". Dazu können Sie auch das Internet und/oder ein Lexikon heranziehen.
- Erklären Sie die polnische Westverschiebung anhand der Karte und den Informationen aus dem Verfassertext (Seite 374).
- Die Grenze zwischen Ost und West wurde häufig als „Eiserner Vorhang" bezeichnet (siehe dazu auch die Markierung in der Karte). Informieren Sie sich im Internet über diesen Begriff. Beurteilen Sie, ob und inwieweit er die Realität korrekt wiedergibt.

Die polnische Westverschiebung | Vom 17. Juli bis zum 2. August 1945 trafen sich die Staatsoberhäupter der USA, Großbritanniens und der Sowjetunion in Potsdam, um eine Nachkriegsordnung festzulegen. Auf dieser Konferenz einigten sich die Alliierten darauf, Polen als Staat innerhalb des Interessengebietes der Sowjetunion wiederherzustellen. Da Stalin territoriale Gewinne anstrebte, wurde vorgesehen, das polnische Staatsgebiet nach Westen zu verschieben. Die neuen Grenzen wurden zunächst provisorisch festgelegt, weil angenommen wurde, dass später noch ein separater Friedensvertrag unterzeichnet werden würde. Die ehemaligen östlichen polnischen Territorien gingen an die Sowjetunion. Das nördliche Ostpreußen fiel unter sowjetische Verwaltung, das südliche Ostpreußen unter polnische und die ehemals deutschen Gebiete östlich der Oder und der Neiße wurden polnischer Verwaltung übergeben (→M1).

Zwangsmigration von Deutschen und Polen | Die Vertreibungen und Umsiedlungen von Millionen Menschen verliefen in mehreren Phasen. In der ersten Periode 1944/45 flohen die Menschen vor der heranrückenden Roten Armee. Die Verluste unter der Zivilbevölkerung waren in einigen Gebieten hoch, weil die nationalsozialistische Führung bis zuletzt Durchhalteparolen ausgegeben und ein viel zu günstiges Bild der Lage gezeichnet hatte. Viele deutsche Zivilisten machten sich erst auf den Weg, als die Fluchtwege bereits versperrt waren. In der zweiten Phase direkt nach dem Ende des Krieges fanden zahlreiche „wilde" Vertreibungen statt, die oft gewalttätig waren, weil Rache für die nationalsozialistischen Verbrechen geübt wurde. In Potsdam legten die Alliierten fest, dass diese Vertreibungen in geordnete Bahnen gelenkt werden sollten.

Zwischen 1945 und 1947/48 wurden dann die meisten Deutschen, die in Ost- und in Ostmitteleuropa lebten, in die vier Besatzungszonen vertrieben. Die größte Gruppe unter ihnen waren die Deutschen aus Polen und die Sudentendeutschen, die in den Grenzregionen der Tschechoslowakei gelebt hatten. In dieser dritten Phase waren die Verluste relativ gering.

Insgesamt mussten über zwölf Millionen Deutsche, davon etwa 3,2 Millionen aus den nun polnischen Territorien, ihre Heimat verlassen und kamen in ein Land, das größtenteils zerstört war und in dem sie keineswegs willkommen waren. Aber auch Millionen von Polen wurden – teilweise mit Gewalt – aus den Ostgebieten nach Westen deportiert oder vertrieben. In der polnischen Öffentlichkeit wurde dieser Aspekt der Zwangsumsiedlungen vom kommunistischen Regime verdrängt. In den Diskussionen, die in der Bundesrepublik um die Vertreibungen stattfanden, wurde ebenfalls kaum darüber geredet, dass sehr viele Polen ähnliche Erfahrungen wie die Deutschen hatten machen müssen.

Anfangs bestanden bei den deutschen Vertriebenen, von denen sich in der Bundesrepublik viele in politisch aktiven Vereinen organisierten, die Hoffnung, dass irgendwann eine Rückkehr in die alte Heimat möglich sein würde. Schon in den 1950er-Jahren wurde aber immer klarer, dass die neue Oder-Neiße-Grenze als polnische Westgrenze endgültig sein würde. Diese Gewissheit war für viele Deutsche schwer zu ertragen und wurde nur langsam akzeptiert.

Geschichte In Clips
Zur Flucht, Vertreibung und Umsiedlung im Umfeld des Zweiten Weltkrieges siehe Code **32035-49**.

Görlitzer Abkommen | Das Görlitzer Abkommen, auch Görlitzer Vertrag genannt, wurde am 6. Juli 1950 zwischen der DDR und der Volksrepublik Polen abgeschlossen. Das Abkommen legte fest, dass die Oder-Neiße-Linie die „unantastbare Friedens- und Freundschaftsgrenze", d.h. die Staatsgrenze zwischen Deutschland und Polen, sein sollte. Eigentlich widersprach dieses Abkommen den Beschlüssen von Potsdam, in denen die deutschen Gebiete östlich der Oder-Neiße-Linie bis zum Abschluss eines Friedensvertrages lediglich der Verwaltung Polens unterstellt worden waren. Auch war es keiner deutschen Regierung und auch keiner einzelnen Siegermacht erlaubt, deutsche Grenzen festzulegen, weil diese Kompetenz völkerrechtlich noch ausschließlich bei den vier Siegermächten gemeinsam lag. Allerdings hatte die Sowjetunion im Vorfeld erheblichen Druck auf die 1949 gegründete DDR gemacht, ein derartiges Abkommen abzuschließen, weil sie die Grenze als endgültig ansah. Die Bundesregierung erkannte dieses Abkommen nicht an. Im Vorfeld der Verhandlungen, die zur deutschen Wiedervereinigung führten, unterstrich hingegen die frei gewählte DDR-Volkskammer im Frühjahr 1990 die Gültigkeit des Görlitzer Vertrages. Faktisch erkannte die Bundesregierung die Grenze seit den 1970er-Jahren an, völkerrechtlich wurde sie dann mit dem deutsch-polnischen Grenzvertrag vom November 1990 bestätigt.

Konrad Adenauer (1876–1967): 1917–1933 katholischer Oberbürgermeister von Köln, 1948 Vorsitzender des Parlamentarischen Rates, 1950–1966 Mitbegründer und Bundesvorsitzender der CDU, 1949–1963 Bundeskanzler, 1951–1955 zugleich Bundesaußenminister

Die Westintegration der Bundesrepublik Deutschland | Als die Bundesrepublik im Jahre 1949 gegründet wurde, war klar, dass das neue Land in irgendeiner Weise in internationale Organisationen eingebunden werden musste. Bundeskanzler Konrad Adenauer strebte in erster Linie eine Aussöhnung mit Frankreich an. Schon während des Krieges war innerhalb der westlichen Widerstandsbewegungen und in den Regierungen darüber diskutiert worden, wie man die Deutschen in ein neues Europa einfügen könnte. Auch war vielen Politikern bewusst, dass ganz neue Wege beschritten werden mussten, um eine Wiederholung der katastrophalen Ereignisse der Weltkriege zu vermeiden.

1951 wurde auf Initiative des französischen Außenministers *Robert Schuman* die *Europäische Gemeinschaft für Kohle und Stahl* (kurz *Montanunion*, Mitglieder: Frankreich, Italien, die Bundesrepublik, Belgien, Niederlande und Luxemburg) gegründet. Eine Idee bestand darin, die Zölle für diese Produkte untereinander abzubauen. Zugleich wurde jede geheime deutsche Wiederaufrüstung unmöglich, weil die Franzosen Einblick in die deutsche Schwerindustrie erhielten. Ein Versuch, 1952 mit der *Europäischen Verteidigungsgemeinschaft (EVG)* eine gemeinsame europäische Armee aufzustellen, scheiterte

1957	**Gründungsmitglieder**: Frankreich, Bundesrepublik Deutschland, Italien, Belgien, Niederlande, Luxemburg
1973	Großbritannien, Dänemark, Irland
1981	Griechenland
1986	Spanien, Portugal
1995	Finnland, Schweden, Österreich
2004	Estland, Lettland, Litauen, Polen, Tschechien, Slowenien, Slowakei, Ungarn, Malta, Zypern
2007	Rumänien, Bulgarien
2013	Kroatien

Beitrittsdaten zur EWG, EG und EU.

NATO (North Atlantic Treaty Organization): 1949 gegründetes Militärbündnis. Die Mitglieder sicherten sich gegenseitigen Beistand bei einem Angriff zu. Der NATO gehören 28 Staaten an (seit 2009). Zu den Gründungsmitgliedern zählen die USA und Kanada sowie Belgien, Dänemark, Frankreich (1966 wieder ausgetreten), Großbritannien, Island, Italien, Luxemburg, Niederlande, Norwegen und Portugal.

„Vertrag über Freundschaft, Zusammenarbeit und gegenseitigen Beistand" (meistens kurz als Warschauer Vertrag oder als Warschauer Pakt bezeichnet): Militärbündnis, gegründet am 14. Mai 1955. Ihm gehörten die UdSSR, Albanien (bis 1968), Bulgarien, die Tschechoslowakei, die DDR (bis 1990), Polen, Rumänien und Ungarn an. Der Vertrag wurde am 1. April 1991 aufgelöst.

Kalter Krieg: Bezeichnung für den politischen, wirtschaftlichen und militärischen Konkurrenzkampf zwischen den Supermächten USA und UdSSR und ihren Bündnissen (NATO und Warschauer Pakt). Frühe Höhepunkte waren die Blockade West-Berlins von 1948 und der Korea-Krieg (1950–1953). Die amerikanische „Politik der Stärke und des Dialogs" und die Reformen Gorbatschows in der Sowjetunion (Glasnost und Perestroika) beendeten 1989/90 den Kalten Krieg.

1954 am Veto des französischen Parlaments – die Idee war zu ehrgeizig und verfrüht gewesen. Deshalb wurde zunächst die wirtschaftliche Integration vorangetrieben. Diese Bemühungen gipfelten in der Gründung der *Europäischen Wirtschaftsgemeinschaft (EWG)*: 1957 wurden feierlich die *Römischen Verträge* unterzeichnet. In ihnen legten die sechs Länder der Montanunion eine enge wirtschaftliche Kooperation fest, bauten weitere Zollschranken ab und einigten sich über liberale Handelsregeln.

Die EWG erwies sich als sehr erfolgreich und legte den Grundstein zu einer vertieften Zusammenarbeit auch mit anderen europäischen Staaten. Zugleich wurde schon seit den 1960er-Jahren darüber diskutiert, ob die ökonomische Kooperation durch eine verstärkte politische Zusammenarbeit ergänzt werden sollte. Ein erster Schritt in diese Richtung war das *Europäische Parlament*, das zum ersten Mal 1979 gewählt wurde. Anfangs hatte dieses Gremium nur wenige Befugnisse, doch wurden dessen Rechte in den folgenden Jahrzehnten langsam erweitert. Nach dem *Schengener Abkommen* von 1985 wurden schrittweise die Pass- und Zollkontrollen an den innereuropäischen Grenzen abgeschafft. Der *Fall der Berliner Mauer* und die *Wiedervereinigung Deutschlands* erzwangen dann eine weitere Reform. Im Vertrag von Maastricht wurde 1992 die *Europäische Union (EU)* gegründet. Die Idee, neben der Wirtschaftspolitik auch eine gemeinsame Außen- und Sicherheitspolitik zu betreiben, kam in den folgenden Jahren aber nur sehr langsam voran.

Die NATO und der Warschauer Pakt im Kalten Krieg | Da sich 1948 die Lage in Europa zuspitzte und die sowjetische Bedrohung wuchs, wurde im April 1949 die NATO gegründet, die sich unter der Führung der USA zu einem effektiven Militärbündnis entwickelte. Entscheidend waren die Bestimmungen in Artikel 5: Ein Angriff auf ein Mitgliedsland stellte einen Angriff auf alle dar und erforderte automatisch die sofortige militärische Reaktion aller Mitglieder. Schon bald nach der Gründung der Bundesrepublik waren die USA daran interessiert gewesen, eine kleine, aber erfahrene deutsche Armee aufzubauen, die schon gegen die Sowjets gekämpft hatte. Zugleich hätte diese den Vorteil geboten, dass die Amerikaner ihre eigene militärische Präsenz in Europa hätten reduzieren können. Zu diesem Zeitpunkt stieß diese Vorstellung aber auf den vehementen Widerstand Großbritanniens, Frankreichs und anderer Staaten, sodass die NATO zunächst ohne die Bundesrepublik zustande kam. Am 23. Oktober 1954 wurde mit den *Pariser Verträgen* das Besatzungsstatut in Westdeutschland beendet und damit die Voraussetzung für die Aufstellung einer eigenen westdeutschen Armee geschaffen.

Als Reaktion auf die bundesdeutsche Wiederbewaffnung beschlossen diejenigen Staaten, die unter sowjetischem Einfluss standen, ebenfalls ein Militärbündnis ins Leben zu rufen. Im Mai 1955 wurde der „Vertrag über Freundschaft, Zusammenarbeit und gegenseitigen Beistand" in Warschau unterzeichnet. Mit diesem Abkommen sicherte sich die Sowjetunion nicht nur erneut die militärische Vorherrschaft in Osteuropa, sondern band die Streitkräfte der „befreundeten" Staaten – darunter auch die der DDR – ein, weil diese unter das sowjetische Oberkommando gestellt wurden. Im Kalten Krieg (die Phase zwischen 1948/49 und 1989/91) hielten sich die beiden Supermächte USA und UdSSR mit Atomwaffen gegenseitig in Schach. Diese Periode war in Europa friedlich, weil beiden Seiten klar war, dass ein Angriff auch die schnelle eigene Vernichtung nach sich ziehen würde. Außerhalb Europas waren aber militärische Konflikte an der Tagesordnung. Häufig handelte es sich um *Stellvertreterkriege*, bei denen nicht die Supermächte selbst gegeneinander kämpften. Sie unterstützten aber in Asien und in Afrika Regierungen oder Bürgerkriegsparteien, die in ihrem jeweiligen Lager standen, mit Geld, Waffen und Hilfsgütern. Diese Konflikte, die häufig langwierig und blutig waren, haben Millionen von Menschenleben gefordert.

Die Aktivitäten der katholischen Kirchen | Von 1962 bis 1965 fand in Rom das *Zweite Vatikanische Konzil* statt, auf dem die maßgeblichen Würdenträger der katholischen Kirche über weitgehende Reformen berieten. Am Rande dieses Konzils kamen deutsche und polnische Geistliche ins Gespräch. Bei diesen Diskussionen wurde die deutsch-polnische Geschichte kontrovers debattiert, und beide Seiten tauschten am Ende des Konzils öffentliche Botschaften aus. Hierbei wurden sowohl das nationalsozialistische Terrorregime als auch die Vertreibungen von Millionen von Deutschen behandelt. Die polnische Seite kam den deutschen Bischöfen sehr entgegen und bot ihnen einen offenen Dialog an (➔M2).

Die kommunistische polnische Regierung hingegen distanzierte sich scharf von den Aktivitäten ihrer Bischöfe. Diese hätten nicht im nationalen Interesse gehandelt, und die politische Aussage ihrer Erklärung sei schädlich für Polen. Die Thesen der Bischöfe würden dem westdeutschen Revisionismus direkt in die Hand arbeiten, sie hätten einen antisowjetischen Klang und richteten sich auch gegen die DDR, zu der ein ausgezeichnetes Verhältnis bestehe. Außerdem würden die deutschen Kriegsverbrechen heruntergespielt. Der polnischen Regierung war es sichtlich unangenehm, dass auch die Vertreibungen von Polen durch die Sowjetunion aus den ehemaligen polnischen Ostgebieten thematisiert wurden.

Willy Brandt (1913–1992): 1966–1969 Außenminister und Vizekanzler in der großen Koalition zwischen CDU/CSU und SPD, 1969–1974 Bundeskanzler der sozialliberalen Koalition. Erhielt 1971 den Friedensnobelpreis.

Der Warschauer Vertrag und die Ostverträge in den 1970er-Jahren | Nach dem Wahlsieg der sozialliberalen Koalition in der Bundesrepublik nahm die neue Koalitionsregierung von SPD und FDP unter Bundeskanzler Willy Brandt seit 1969 eine neue Ostpolitik in Angriff. Dahinter stand die Einsicht, dass eine Rückgewinnung der ehemals deutschen Ostgebiete unmöglich war und dass eine Aussöhnung mit Polen und der Tschechoslowakei sowie eine Annäherung an die DDR sinnvoll sein würde. Die neue *Entspannungspolitik* sollte auch die Gefahr eines Krieges in Europa vermindern. Unter dem Schlagwort „Wandel durch Annäherung" hoffte die deutsche Regierung auch, langfristig zur Überwindung der Teilung Europas in zwei Machtblöcke beizutragen. Resultat dieser neuen Politik waren die *Ostverträge*.

Nach sehr schwierigen Verhandlungen schloss die Bundesregierung am 12. August 1970 zunächst in Moskau einen Vertrag mit der Sowjetunion ab. Im *Warschauer Vertrag* mit Polen vom 7. Dezember des gleichen Jahres erkannte die Bundesrepublik die polnische Westgrenze an (➔M3).[1] Es folgten der *Grundlagenvertrag* und einige kleine Abkommen, in denen sich die Bundesrepublik und die DDR als gleichberechtigte Staaten anerkannten. Allerdings betonte die bundesdeutsche Regierung, dass das deutsche Volk nach wie vor das Recht habe, seine Einheit in freier Selbstbestimmung zu verwirklichen. Formell waren die diplomatischen Beziehungen eingeschränkt, weil keine Botschafter ausgetauscht wurden. Stattdessen wurden „Ständige Vertretungen" eröffnet, die aber faktisch die Aufgabe von Botschaften übernahmen. In einem *Transitabkommen* wurden Reisen von und nach West-Berlin erleichtert. Ergänzt wurde das Vertragswerk 1973 durch ein Abkommen mit der Tschechoslowakei.

In der Bundesrepublik stießen diese Verträge auf heftigen Widerstand vor allem bei den Vertriebenenverbänden. Aus heutiger Perspektive ist die Bewertung aber eindeutig positiv. Der „Eiserne Vorhang" wurde durchlässiger als zuvor, bundesdeutsche Bürger konnten nun Verwandte in der DDR besuchen und im Zuge der allgemeinen Entspannungspolitik sank vorübergehend die Gefahr eines Krieges in Europa.

Die Solidarność-Bewegung und die Opposition im „Ostblock" | Von 1973 bis 1975 tagte in Helsinki die *Konferenz über Sicherheit und Zusammenarbeit in Europa (KSZE)*, an der die Staaten der NATO, des Warschauer Paktes und 13 neutrale Ländern teilnahmen. Auch hier bestand das Ziel darin, die Spannungen zwischen den Blöcken abzubauen. Zunächst schien die Konferenz ein Erfolg für den „Ostblock" zu werden, weil die DDR gleichberechtigt neben der Bundesrepublik teilnahm. In der *Schlussakte* verpflichteten sich die teilnehmenden Staaten, die Grenzen zu achten, Streitigkeiten friedlich zu lösen, sich nicht in die inneren Angelegenheiten anderer einzumischen sowie die Menschenrechte zu achten. Zu dieser Zeit wurde im „Ostblock" nicht erkannt, dass die

[1] Siehe hierzu auch „Geschichte kontrovers" auf Seite 386 f.

„Helsinki und die Folgen."
Karikatur aus dem „Deutschen Allgemeinen Sonntagsblatt", 19. Oktober 1975.

▶ Erläutern Sie, wie der Zeichner die Folgen der KSZE-Konferenz in Helsinki deutet.

letzten beiden Punkte gefährlich für die kommunistischen Machthaber werden würden, weil sich Aktivisten hierauf berufen konnten. Seit dem Ende der 1970er-Jahre organisierte sich in mehreren Ländern des Warschauer Paktes eine neue Oppositionsbewegung, die sich auf die Schlussakte der KSZE bezog.

In der Tschechoslowakei schlossen sich 1977 zahlreiche Intellektuelle in der *„Charta 77"-Bewegung* zusammen, die mit Berufung auf das Abkommen von Helsinki die Einhaltung von Menschenrechten forderte. Diese Gruppe, deren prominentestes Mitglied Václav Havel war, wurde fast sofort verfolgt und mit Berufsverboten belegt, ihre Aktivitäten wurden aber im Westen sehr genau wahrgenommen. Auch die Bürgerrechtsbewegung in der DDR erhielt Auftrieb durch die Beschlüsse von Helsinki und verlangte Freiheiten und ein Ende der Zensur.

Václav Havel (1936–2011): tschechischer Schriftsteller und Bürgerrechtler, von 1993 bis 2003 Präsident der Tschechischen Republik

Etwas später entstand eine ähnliche Bewegung in Polen, die anfangs nicht so sehr von Intellektuellen, sondern von Arbeitern organisiert wurde. Ausgehend von den Werften in Gdánsk (Danzig) bildete sich die *Solidarność*, eine Gewerkschaftsbewegung, zu deren Führer und Sprecher Lech Wałęsa wurde. Anfangs protestierten die Werftarbeiter gegen die unzumutbaren Arbeitsbedingungen und gegen die schlechte Bezahlung, doch tauchten schnell auch politische Forderungen nach einer Reform des Kommunismus auf. Da die polnische Regierung diese Arbeiterorganisation nicht unter ihre Kontrolle bekam, sah sie sich gezwungen, diese Gewerkschaft zu legalisieren. Damit erreichte sie jedoch ihre Ziele auch nicht: Innerhalb einiger Monate traten fast zehn Millionen Polen der Gewerkschaft bei. Die Entstehung der Solidarność stellte auch die Führung der *Sozialistischen Einheitspartei Deutschlands (SED)* vor große Probleme. Trotz erheblicher Bemühungen konnte sie nicht verhindern, dass Nachrichten darüber die DDR erreichten. Deshalb reagierte sie mit einer massiven Kampagne der Verunglimpfung, die auf traditionelle antipolnische Stereotype zurückgriff (➔M4).

Lech Wałęsa (*1943): polnischer Arbeiterführer und Bürgerrechtler, erhielt 1983 den Friedensnobelpreis, 1990 bis 1995 Staatspräsident Polens

Die Vorgänge in Polen erzeugten Befürchtungen in der Sowjetunion, die massiven Druck ausübte, die Bewegung zu verbieten. Auch wurde mit dem Einmarsch sowjetischer Truppen gedroht, doch ist bis heute umstritten, ob diese Alternative ernst gemeint war. In der Nacht vom 12. zum 13. Dezember 1981 übernahm die polnische Armee die Macht, verhängte das Kriegsrecht und verhaftete über 3000 Personen, weitere Verhaftungen erfolgten in den nächsten Tagen. General *Wojciech Jaruzelski* übernahm die Regierung an der Spitze eines „Militärrates der Nationalen Rettung". Erst am 22. Juli 1983 fühlte sich die neue Regierung so sicher, dass sie das Kriegsrecht wieder aufhob. Die Opposition war damit aber nicht mundtot gemacht worden – die Bewegung blieb im Untergrund und im Ausland aktiv. Als der „Ostblock" zusammenbrach, gewann die Solidarność 1989 die ersten teilweise freien Wahlen mit einer überzeugenden Mehrheit (➔M5).

Nationalismus in Deutschland nach dem Zweiten Weltkrieg | Nach dem Zweiten Weltkrieg verschwand der Nationalismus nicht einfach aus den Köpfen der Menschen. Dennoch entstanden mehrere neue Tendenzen. Erstens trug die erfolgreiche Entwicklung der neuartigen europäischen Institutionen dazu bei, dass allzu engstirniges nationalistisches Denken abnahm. Zweitens hatten die Erfahrungen des Zweiten Weltkrieges gezeigt, welche grauenhaften Formen hypernationalistische Ideen nach sich ziehen konnten. Deshalb fand schon in den 1950er-Jahren in der Bundesrepublik extremer Nationalismus keine Massenbasis mehr. Drittens hatte die Verbindung dieses Nationalismus mit dem ebenso extremem Antisemitismus und Rassismus direkt zu den Vernichtungslagern des Nationalsozialismus geführt: Rassistische Positionen konnten danach kaum noch in der deutschen Öffentlichkeit gerechtfertigt werden, auch wenn sie niemals völlig verschwanden.

In der Bundesrepublik der 1960er- und 70er-Jahre bestand dennoch eine erhebliche Unsicherheit, auf welche Weise man mit der Idee der „Nation" umgehen solle. Patriotismus, das heißt der Stolz auf das eigene Land oder die Heimat, ist keineswegs grundsätzlich negativ. In den 1970er- und 80er-Jahren haben einige Intellektuelle deshalb vorgeschlagen, den Begriff des *Verfassungspatriotismus* einzuführen. Dieser Terminus besagte, dass der Stolz auf gemeinsame politische Werte wie Freiheit, Demokratie und Verfassung gefördert werden sollte. Zugleich hatte dieses Konzept den Vorteil, dass sich auch Einwanderer mit dem parlamentarischen Staat identifizieren konnten. Allerdings hat sich die Vorstellung, über die Verfassung ein neues Verständnis der Nation zu finden, bisher nur teilweise durchgesetzt.

Helmut Kohl (1930–2017): 1969–1976 Ministerpräsident von Rheinland-Pfalz, 1973–1998 Bundesvorsitzender der CDU, 1982–1998 Bundeskanzler

Nach der Wiedervereinigung Deutschlands 1990 entstanden zwei sich widersprechende Entwicklungen. Einerseits befand sich der Nationalismus weiterhin auf dem Rückzug. Allen demokratischen Politikern in der Bundesrepublik war klar, dass der neue Staat unbedingt eng in europäische Strukturen eingebunden bleiben musste, weil in der Öffentlichkeit vieler Nachbarstaaten Befürchtungen vor der Macht des neuen, nun viel größeren Deutschland bestanden. Der Regierung von Helmut Kohl war vor allem das gute Verhältnis zu Frankreich wichtig.[1] Zugleich fanden sich aber auch skeptische Stimmen, die vor der zunehmenden Macht einer Bürokratie der EU in Brüssel gewarnt haben. In der Tat ist es manchmal für viele Deutsche schwierig, sich mit den unpersönlichen EU-Institutionen zu identifizieren. Entscheidungen erscheinen als wenig transparent oder nachvollziehbar, während die nationalen Parlamente scheinbar immer weniger zu sagen haben. Diese Kritik ist keine deutsche Besonderheit, sondern findet sich in allen europäischen Staaten in unterschiedlicher Intensität.

Die deutsch-polnische Schulbuchkommission | Viele weitere kleine Initiativen, die meistens privat organisiert wurden, zielten bereits seit dem Ende des Zweiten Weltkrieges darauf ab, das deutsch-polnische Verhältnis zu verbessern. Der Historiker und Politiker *Georg Eckert* hatte beispielsweise internationale Konferenzen mit den deutschen ehemaligen Kriegsgegnern organisiert, auf denen systematisch Schulbücher analysiert wurden, um Vorurteile und Feindbilder abzubauen. Nach seinem Tod wurde mithilfe des Landes Niedersachsen 1975 in Braunschweig das *Georg-Eckert-Institut* gegründet, das weiterhin Schulbücher bewerten sollte. Ferner veranstaltete das Institut Konferenzen, auf denen Wissenschaftler und Historiker zusammenkamen, um den jeweiligen Forschungsstand zu diskutieren. Von Anfang an hatte hier die gemeinsame deutsche und polnische Geschichte ein erhebliches Gewicht. Regelmäßig wurden Empfehlungen abgegeben, ob die Darstellungen in den Schulbüchern noch dem historischen Kenntnisstand entsprachen oder ob bestimmte Passagen, Abbildungen, Karikaturen oder Quellen geändert werden sollten.

Diese Empfehlungen waren nicht bindend, das heißt, die jeweiligen Kultusministerien oder Schulbuchverlage mussten sie nicht umsetzen. Auch gab es häufig gravierende

[1] Zum deutsch-französischen Verhältnis siehe auch die Abbildung auf Seite 346.

Meinungsverschiedenheiten zwischen polnischen und deutschen Historikern über bestimmte Themen, zum Beispiel über die Revolution von 1848, den Aufstand von 1863, über die preußische Germanisierungspolitik, die nationalsozialistische Besatzung und vor allem über die Vertreibungen nach 1945. Diese unterschiedlichen Interpretationen waren aber nicht entscheidend. Viel wichtiger war, dass man die Auffassungen der anderen Seite kennenlernte, ein Verständnis füreinander entwickelte und nach Kompromissen suchte. Aus heutiger Sicht hat die Tätigkeit dieses Institutes viel dazu beigetragen, die jeweiligen Schulbücher im anderen Land zu verbessern, Vorurteile abzubauen und die Perspektiven der „Anderen" kennenzulernen. 1985 erhielt das Institut deshalb den UNESCO-Preis für Friedenserziehung.

Der deutsch-polnische Nachbarschaftsvertrag | Am 17. Juni 1991 wurde der „Vertrag zwischen der Bundesrepublik Deutschland und der Republik Polen über gute Nachbarschaft und freundschaftliche Zusammenarbeit" in Bonn unterzeichnet. Er trat am 16. Januar 1992 in Kraft. Diesem gingen in beiden Ländern schwierige Kontroversen voraus, bei denen es beispielsweise um Minderheitenrechte, Entschädigungen und geraubte Kulturgüter ging. Auch waren viele ältere Polen skeptisch, weil sie sich noch gut an die Schrecken der nationalsozialistischen Besatzungszeit erinnern konnten. Auch in einigen deutschen Landsmannschaften, in denen sich die Vertriebenen zusammengeschlossen hatten, regte sich Widerstand. Die deutsche Regierung hatte an diesem Vertrag aber ein großes Interesse, weil sie an der neuen Ostgrenze Stabilität schaffen und außerdem Polen auf dem Weg zu Demokratie und Marktwirtschaft unterstützen wollte.

Schüler begrüßen den polnischen Ministerpräsidenten Donald Tusk im Landkreis Osnabrück.
Foto vom September 2008. Anlässlich des Besuches des polnischen Ministerpräsidenten halten zwei Schüler vor dem Gymnasium Bersenbrück Tafeln in Form der Länder Deutschland und Polen sowie die Flagge der europäischen Union in ihren Händen.

- Präsentation: Informieren Sie sich im Internet über kleine oder große Initiativen in Deutschland und Polen, die darauf abzielen, das Verhältnis der beiden Länder zu verbessern. Vergleichen Sie diese in Form einer Tabelle hinsichtlich Aufgaben, Zielen und Einflussbereich miteinander.
- Recherchieren Sie im Internet nach aktuellen Problemen im deutsch-polnischen Verhältnis und entwickeln Sie mögliche Kompromisslösungen.

Ausdrücklich wurde in dem Vertrag erklärt, sein oberstes Ziel sei es, den Frieden zu wahren. Gleichzeitig wurden Totalitarismus, Rassenhass, Antisemitismus und die Verfolgung von Menschen aus religiösen oder ideologischen Gründen verurteilt. Beide Staaten bekannten sich zu den Menschenrechten, zu Demokratie und zur Rechtsstaatlichkeit. Die jeweiligen deutschen bzw. polnischen Minderheiten erhielten besondere Schutzrechte. Für die deutsch-polnischen Beziehungen wurde der Vertrag in den folgenden Jahren zu einem Meilenstein, und die jeweiligen Bestimmungen wurden mit konkretem Leben erfüllt. Wichtig wurden der Jugendaustausch, die Städtepartnerschaften und die Bestimmungen über eine wissenschaftliche und wirtschaftliche Kooperation. Ferner vereinbarte man regelmäßige bilaterale Regierungskontakte, und die deutsche Regierung sicherte zu, dass sie einen Beitritt Polens zur Europäischen Union unterstützen würde.

Die deutsche Wirtschaft profitierte erheblich von dem Vertrag, weil nun im Osten ein großer Markt zur Verfügung stand, auf dem deutsche Waren einen reißenden Absatz fanden. Eine wirkliche Erfolgsgeschichte war auch der deutsch-polnische Jugendaustausch. Fast drei Millionen Jugendliche nahmen an den zahlreichen Projekten teil, und zwischen Städten und Gemeinden wurden viele Hundert Städtepartnerschaften geschlossen.

Deutschland und Polen heute | Betrachtet man das deutsch-polnische Verhältnis heute, so bestehen sicherlich nach wie vor viele große und kleine Probleme und Meinungsverschiedenheiten. Gemessen an der Geschichte der letzten 200 Jahre war das Verhältnis aber noch nie so gut wie in der Zeit nach 1989/90. Die Integration Polens in die Europäische Union und in die NATO hat gute Fortschritte gemacht. 2015 fand das 50-jährige Jubiläum des polnischen Hirtenbriefes statt, und 2016 jährte sich der deutsch-polnische Nachbarschaftsvertrag zum 25. Mal. Zahlreiche große und kleine Initiativen sorgen dafür, dass diese Verträge mit Leben gefüllt werden. Das Bundesland Niedersachsen pflegt eine enge Zusammenarbeit mit Polen in verschiedenen Bereichen wie Kultur, Justiz, Wirtschaft, Wissenschaft und Umwelt. Im Jahre 2013 wurde das 20-jährige Bestehen der Partnerschaft zu Großpolen und Niederschlesien gefeiert. Abgesehen von einer kleinen Zahl nationalistischer Fanatiker denkt derzeit niemand mehr daran, die bestehenden Grenzen ändern zu wollen.

TROUBLE WITH SOME OF THE PIECES.

„Trouble with some of the pieces."
Karikatur, 7. Februar 1945

- Beschreiben Sie die dargestellte Szene.
- Ordnen Sie die Karikatur in den historischen Kontext ein.
- Analysieren Sie, welche Aussageabsicht der Zeichner mit seiner Karikatur verfolgte.

M1 Ein gelungener Kompromiss?

*Der deutsche Historiker Karl Drechsler (*1932) befasst sich mit den Folgen des Zweiten Weltkrieges und mit der Potsdamer Konferenz von 1945:*

Das jahrhundertelang von Europa geprägte internationale Staatensystem bestand nicht mehr. Deutschland, über Jahrzehnte hinweg eine der Hegemonialmächte des alten Kontinents, hatte bedingungslos kapituliert und zunächst aufgehört, als selbstständiger Staat zu existieren. Großbritannien und Frankreich, die Zentren riesiger Kolonialreiche, in denen, wie es hieß, die Sonne nie unterging, waren extrem geschwächt und erreichten ihre frühere Macht nie wieder. In Asien, Afrika und im mittleren Osten begannen sich antikoloniale Bewegungen zu formieren, die nach Unabhängigkeit, nationaler Selbstbestimmung und souveräner Wirtschaft strebten. [...] Die Sowjetunion wurde neben den USA zur zweiten Weltmacht, allerdings primär aufgrund militärischer, nicht wirtschaftlicher Stärke. Sie beanspruchte für sich, einzige Alternative zum Kapitalismus und Zentrum einer weltweiten revolutionären Bewegung zu sein, der die Zukunft gehöre. [...]

Die Vereinbarungen der Potsdamer Konferenz waren ein Kompromiss, der den internationalen Macht- und Kräfteverhältnissen am Ende des Zweiten Weltkrieges entsprach. Sie bedeuteten einen Sieg der Vernunft im Interesse der Menschheit, für deren größten Teil nach den gerade zu Ende gegangenen Opfern und Leiden ein neuer Krieg undenkbar und unvorstellbar war. Das insgesamt positive Ergebnis des Treffens wurde ermöglicht, weil die Großen Drei mit der festen Absicht nach Potsdam gekommen waren, trotz aller sich abzeichnenden neuen Konflikte mit dem Aufbau einer friedlichen Nachkriegsordnung zu beginnen. In Washington herrschte noch die Ansicht vor, dass ein solches internationales System die günstigsten Rahmenbedingungen für die Wahrung der amerikanischen Interessen bot [...].

Karl Drechsler, Die USA des Jahres 1945 und die Potsdamer Konferenz, in: Heiner Timmermann (Hrsg.), Potsdam 1945. Konzept, Taktik, Irrtum?, Berlin 1997, S. 29–43, hier S. 31 und 40

1. Geben Sie auf Grundlage des Textes die Entwicklungen nach dem Zweiten Weltkrieg stichpunktartig wieder.
2. Recherchieren Sie im Internet zu den Beschlüssen der Potsdamer Konferenz und arbeiten Sie die wesentlichen Bestimmungen heraus. Versehen Sie diese mit passenden Überschriften / Oberbegriffen
3. Nehmen Sie Stellung zu der These, dass es sich bei den Vereinbarungen von Potsdam um einen weitgehend gelungenen Kompromiss gehandelt hat (siehe Zeile 22 bis 26). Beziehen Sie dazu auch Ihre Ergebnisse aus der zweiten Aufgabe mit ein.

„Wir vergeben und bitten um Vergebung."
Foto vom 4. November 2015, Breslau (Polen).
Das Denkmal des Kardinals Bolesław Kominek, Verfasser des Hirtenbriefes, wurde in Breslau im Dezember 2005 neben der Kirche Maria am Sande eingeweiht. Die 4,35 Meter hohe Figur des Geistlichen wiegt zwei Tonnen. Sie hält in den Händen eine Taube, die symbolisch für den Frieden und für das Versöhnungsschreiben der polnischen Bischöfe an ihre deutschen Amtsbrüder steht.
Am 29. Januar 2016 besuchte der deutsche Bundeswirtschaftsminister Sigmar Gabriel das Denkmal und legte dort gemeinsam mit dem Stadtpräsidenten von Breslau, Rafał Dutkiewicz, Blumen nieder.

M2 Eine Geste der Versöhnung

In der „Botschaft der polnischen Bischöfe an ihre deutschen Brüder in Christi Hirtenamt" vom 18. November 1965 heißt es:

Hochwürdige Konzilsbrüder!
Es sei uns gestattet, Ehrwürdige Brüder, ehe das [Zweite Vatikanische] Konzil sich verabschiedet, Ihnen, unseren nächsten westlichen Nachbarn, die freudige Botschaft mitzuteilen, dass im nächsten Jahre im Jahre des Herrn 1966 die Kirche Christi in Polen und mit ihr zusammen das gesamte polnische Volk das Millennium seiner Taufe und damit auch die Tausendjahrfeier seines nationalen und staatlichen Bestehens begehen wird. […]
Nach alledem, was in der Vergangenheit geschehen ist – leider erst in der allerneuesten Vergangenheit –, ist es nicht zu verwundern, dass das ganze polnische Volk unter dem schweren Druck eines elementaren Sicherheitsbedürfnisses steht und seinen nächsten Nachbarn im Westen immer noch mit Misstrauen betrachtet. Diese geistige Haltung ist sozusagen unser Generationsproblem, das, Gott gebe es, bei gutem Willen schwinden wird und schwinden muss. […]
Die Belastung der beiderseitigen Verhältnisse ist immer noch groß und wird vermehrt durch das sogenannte „heiße Eisen" dieser Nachbarschaft; die polnische Westgrenze an Oder und Neiße ist, wie wir wohl verstehen, für Deutschland eine äußerst bittere Frucht des letzten Massenvernichtungskrieges zusammen mit dem Leid der Millionen von Flüchtlingen und vertriebenen Deutschen (auf interalliierten Befehl der Siegermächte – Potsdam 1945! – geschehen). […] Für unser Vaterland, das aus dem Massenmorden nicht als Siegerstaat, sondern bis zum Äußersten geschwächt hervorging, ist es eine Existenzfrage […]; es sei denn, dass man ein über 30-Millionen-Volk in den engen Korridor eines „Generalgouvernements" von 1939 bis 1945 hineinpressen wollte – ohne Westgebiete; aber auch ohne Ostgebiete, aus denen seit 1945 Millionen von polnischen Menschen in die „Potsdamer Westgebiete" hinüberströmen mussten. […]
In diesem allerchristlichsten und zugleich sehr menschlichen Geist strecken wir unsere Hände zu Ihnen hin in den Bänken des zu Ende gehenden Konzils, gewähren Vergebung und bitten um Vergebung. Und wenn Sie, deutsche Bischöfe und Konzilsväter, unsere ausgestreckten Hände brüderlich erfassen, dann erst können wir wohl mit ruhigem Gewissen in Polen auf ganz christliche Art unser Millennium feiern. Wir laden Sie dazu herzlich nach Polen ein.

Nach: Oskar Golombek (Hrsg.), Die katholische Kirche und die Völker-Vertreibung, Köln ^{2}1968, S. 153 ff.

1. Diese Erklärung stieß auf sehr scharfen Widerstand bei der polnischen Regierung. Erörtern Sie, warum dieses Angebot der Versöhnung für die kommunistische Führung nicht akzeptabel war.
2. Präsentation: Entwerfen Sie aus Sicht der deutschen Bischöfe eine Antwort auf diese Erklärung. Vergleichen Sie anschließend Ihr Ergebnis mit dem tatsächlichen Antwortschreiben der Bischöfe vom 5. Dezember 1965 (siehe dazu den Code 32035-50).

M3 Ein Bundeskanzler kniet nieder

Bei seinem Besuch am 7. Dezember 1970 in Warschau legt Bundeskanzler Willy Brandt am Denkmal des Warschauer Ghettoaufstandes einen Kranz nieder und kniet – für die Betrachter und Journalisten völlig überraschend – fast eine Minute lang vor dem Denkmal. Diese für einen hochrangigen Politiker sehr ungewöhnliche Geste erregt weltweit erhebliches Aufsehen und trägt dazu bei, dass Willy Brandt 1971 den Friedensnobelpreis erhält.

1. Analysieren Sie, warum Brandts Kniefall als sensationell empfunden worden ist. | F
2. Vergleichen Sie die beiden Perspektiven der Fotos und stellen Sie dar, ob und inwieweit sich die Wirkung auf den Betrachter unterscheidet.
3. Brandts Geste löste in der Bundesrepublik heftige Reaktionen aus. Eine Zeitung fragte auf der Titelseite: „Durfte Brandt knien?“ Nehmen Sie dazu Stellung.

M4 Die DDR und die polnische Bürgerrechtsbewegung

Der polnische Historiker Dariusz Wojtaszyn befasst sich mit den Reaktionen des DDR-Regimes auf die Entstehung der Solidarność:

In der DDR verfolgte man die politischen Ereignisse im Polen der Jahre 1980–1981 mit Unruhe und Argwohn. Die politische Krise beim Nachbarn gefährdete – wie man annahm – die Stabilität und Festigkeit des sozialistischen Lagers und somit der DDR. Die Staatsmacht der DDR fürchtete den „Virus der Solidarność" im eigenen Lande. Deswegen betrieb die SED-Führung eine Isolierungspolitik gegenüber Polen; auch die DDR-Bürger wurden von den Informationen aus und über Polen abgeschnitten. Die Regierung schloss die Grenze nach Polen und verwehrte ihren Bürgern streng die Einreise in das Nachbarland. […]
In einem Artikel vom 4. November 1980 […] wurden Lech Wałęsa, der Anführer der polnischen unabhängigen Gewerkschaft, und sein „Berater" Jacek Kuroń dargestellt. Sie wurden als primitive, unsympathische und inkompetente Personen beschrieben. An einer anderen Stelle hatte man über die Verbindungen Wałęsas zur italienischen faschistischen Jugendorganisation MSI und über seine Sympathien für westdeutsche Organisationen berichtet, die angeblich die Solidarność finanziell unterstützten, sowie für Alexander Solschenizyn, der zu den größten Kritikern der kommunistischen Ideologie gehörte. Die Verleumdung der polnischen Opposition auf diese Art gehörte von diesem Moment an zu den wichtigen Mitteln, mit denen die DDR-Zeitungen die Lage in der Volksrepublik Polen darstellten. Diese Schilderungen sollten den Lesern eindeutig zeigen, mit welchen Personen sie hier zu tun hätten, also mit inkompetenten, primitiven, gewalttätigen Personen, die bereit gewesen wären, mit Gewalt und Unrecht gegen die polnische Partei und Regierung zu kämpfen. Gleichzeitig verfolgten sie das Ziel, die Abneigung gegen die Polen selbst in der ostdeutschen Gesellschaft zu erregen, was insofern leicht fiel, als dass die alten antipolnischen Stereotype immer noch die deutschen Vorstellungen über die östlichen Nachbarn besetzten. […]
[Der DDR-Berichterstattung zufolge] „streiken die Polen, weil sie nicht arbeiten wollen" oder „die Polen streiken, weil sie faul sind", was auf eine direkte Verwandtschaft mit der Stereotypie der „polnischen Wirtschaft" hinweist. Die Journalisten der ostdeutschen Zeitungen versuchten damit die ganze polnische Gesellschaft mit der polnischen „konterrevolutionären" Opposition gleichzusetzen.

Dariusz Wojtaszyn, Der öffentliche Polen-Diskurs in der DDR während der Solidarność-Ära, in: Izabela Surynt und Marek Zybura (Hrsg.), Narrative des Nationalen. Deutsche und polnische Nationaldiskurse im 19. und 20. Jahrhundert, Osnabrück 2010, S. 339–359, hier S. 339, 344f. und 351

1. Arbeiten Sie heraus, mit welchen Stereotypen die Führung der DDR versucht, ihrem Volk die Unruhen in Polen zu erklären.
2. Analysieren Sie, warum nach der Meinung von Wojtaszyn die „alten antipolnischen Stereotype" in der ostdeutschen Gesellschaft immer noch vorhanden waren.

M5 „Der Fall der Mauer begann in Danzig"

*Im Interview mit der „taz" am 5. Februar 2009 spricht Henryk Wujec (*1940), einer der bedeutendsten Solidarność-Aktivisten, über die Ereignisse in Polen 1989:*

taz: *Sie haben für Solidarność 1989 am Runden Tisch in Warschau mit den Kommunisten verhandelt. Haben Sie erwartet, dass sie zwanzig Jahre später in einer Demokratie leben würden?*
Henryk Wujec: Wir hatten nicht die geringste Ahnung. Schließlich lebten wir seit 1945 im kommunistischen Block. Wir wussten, dass alle Versuche, sich von diesen Fesseln zu befreien, mit dem Einmarsch der sowjetischen Armee enden würden. So wie 1956 in Ungarn oder 1968 in der Tschechoslowakei. Unsere Hauptforderung war nur die Wiederzulassung der unabhängigen Gewerkschaft *Solidarność*.
taz: *Wie wirkten Glasnost und Perestroika?*
Henryk Wujec: Uns war klar, es war viel möglich. Sehr viel. Aber dass in Polen innerhalb von ein paar Monaten eine demokratische Regierung entstehen könnte und sich später sogar die sowjetische Armee freiwillig aus Polen zurückziehen könnte, das hatten wir in unseren kühnsten Träumen nicht erwartet.
taz: *Am Gebäude der ehemaligen polnischen Botschaft in Berlin hängt ein Banner mit der Aufschrift „Es begann in Gdańsk". Warum ist das so wichtig?*
Henryk Wujec: Weil eben wirklich alles in Danzig begann, das freie Polen, der Fall der Mauer, die samtene Revolution, das Ende des Kommunismus. Es begann mit den Streiks auf der Lenin-Werft, wo die Arbeiter die erste unabhängige Gewerkschaft im ehemaligen Ostblock erkämpften. Die *Solidarność* machte dann allen anderen vor, dass es möglich ist, das scheinbar Unmögliche zu erreichen. Der Fall der Mauer begann in Danzig. Daran sollten sich die Deutschen erinnern.
taz: *Denken Sie, dass die Montagsdemonstrationen in Leipzig, Berlin und anderen Städten die Solidarność-Streiks zum Vorbild hatten?*
Henryk Wujec: Die Polen waren schon frei. Sie hatten sich selbst befreit. Das gab allen anderen Mut, auch den Deut-

schen. Sie würden es allein schaffen. Der Ruf „Wir sind ein Volk!" zeigt das doch. Hilfe von außen war nicht notwendig, keine amerikanischen Panzer und keine waffenstarrenden Armeen.

1. Nehmen Sie Stellung zur Aussage von Henryk Wujec: „Der Fall der Mauer begann in Danzig" (Zeile 29 f.).
2. Erörtern Sie die Bedeutung des Einflusses der Solidarność-Bewegung auf die politische Wende von 1989.

Solidarność.
Plakat von Tomasz Sarnecki anlässlich der Wahlen in Polen am 4. Juni 1989.

- Beschreiben Sie, was auf dem Wahlplakat dargestellt ist.
- Recherchieren Sie im Internet zu dem Wahlplakat und erklären Sie anschließend auf der Grundlage Ihrer Ergebnisse, welche Person gezeigt wird und wofür das Papier in ihrer rechten Hand steht.
- Das Plakat gilt als eine Ikone der friedlichen Revolution in Polen. Erklären Sie warum.

Der Warschauer Vertrag von 1970

Als sich die 1969 neu gewählte deutsche Regierung entschloss, Verträge mit den Staaten des Ostblocks abzuschließen, rechnete sie mit starkem Widerstand in Teilen der deutschen Bevölkerung. Bundeskanzler Willy Brandt und Außenminister Walter Scheel waren aber überzeugt, dass es zu einer Entspannungspolitik keine sinnvolle Alternative gab. Am 7. Dezember 1970 wurde in Warschau der „Vertrag über die Grundlagen der Normalisierung der gegenseitigen Beziehungen zwischen der Bundesrepublik Deutschland und der Volksrepublik Polen" – kurz „Warschauer Vertrag" – unterschrieben. Unmittelbar vor der Vertragsunterzeichnung kam es zum berühmten Kniefall Brandts vor dem Denkmal des Warschauer Ghettoaufstandes.[1]

M1 „Widerstand wird jetzt erste Bürgerpflicht"

Der Historiker Matthias Müller schreibt über die Reaktion des Bundes der Vertriebenen (BdV) auf den deutsch-polnischen Vertrag:

[Das] BdV-Präsidium ging gegen die Offerte Brandts auf die Barrikaden und verabschiedete auf einer eigens für den 26. April [1970] einberufenen Sondersitzung eine scharf formulierte Protestnote. So widerspreche die Anerkennung der Oder-Neiße-Linie dem bislang vertretenen Standpunkt, dass Grenzen nur von einer gesamtdeutschen Regierung in einem Friedensvertrag festgelegt werden dürfen. Die von Brandt in Warschau dargelegte Haltung verstoße „gegen die Zusage, dass keine Entscheidung hinter dem Rücken der Vertriebenen getroffen werden wird. Eine vertragliche Festschreibung des Status quo an Oder und Neiße werde von den Vertriebenen als Verrat am Selbstbestimmungsrecht und am Recht auf die Heimat empfunden." Der Bundesvorstand des BdV beschloss daher, „in besonderen Aktionen der Landsmannschaften und Landesverbände über die Gefährlichkeit dieser Politik aufzuklären." Als Auftakt einer Aktionswelle plante der BdV deshalb für den 30. Mai 1970 eine Großkundgebung auf dem Bonner Marktplatz. Der Kundgebung wurde im Vorfeld eine ganz besondere Bedeutung beigemessen. So druckte der DOD[2] seinen an die Bevölkerung und die Vertriebenen gerichteten Aufruf unter der beschwörenden Überschrift „Unsere Heimat in Gefahr!" auch auf die Titelseite seiner Ausgabe vom 15. Mai 1970. In dem Aufruf heißt es: „Entgegen der Verpflichtung des Grundgesetzes, Deutschlands Einheit zu vollenden ..., bedrohen uns jetzt Vereinbarungen, durch die von der Bundesrepublik die Oder-Neiße-Linie als Westgrenze Polens und Mitteldeutschland als zweiter souveräner Staat anerkannt werden. Mitbürger, Vertriebene, Flüchtlinge! Ein solches Verhalten verletzt aufs Schwerste das Selbstbestimmungsrecht und die Menschenrechte, insbesondere das Recht auf Freizügigkeit. Leistungen von Jahrhunderten und erarbeitetes Eigentum der Vertriebenen sollen hier verschenkt, große Teile des Staatsgebietes des deutschen Volkes ohne Not preisgegeben werden. ... Der Abschluss von Grenzverträgen, die durch brutale Gewalt geschaffene Zustände sanktionieren, verletzt gültiges Völkerrecht und droht die unmenschlichen Vertreibungsverbrechen zu legalisieren. Wer Gewalt anerkennt, verliert den Frieden! Einer solchen Entwicklung dürfen wir nicht tatenlos zusehen. In dieser Stunde ist jeder mitverantwortlich. Widerstand wird jetzt erste Bürgerpflicht."

Matthias Müller, Die SPD und die Vertriebenenverbände 1949-1977. Eintracht, Entfremdung, Zwietracht, Berlin 2012, S. 441 f.

M2 „[K]ein Anlass zu nationaler Entrüstung"

Der Journalist Jürgen Tern äußert sich 1970 in der Zeitschrift „Moderne Welt" anlässlich der Unterzeichnung des Vertrages in Warschau:

Die polnische Westgrenze, wie sie ist, hat Deutschland nun ein für alle Mal akzeptiert. Damit hat *Willy Brandt* nicht weggegeben, was nicht *Adolf Hitler*, von der Mehrheit der Deutschen, auch der Ostdeutschen, in die Entscheidungszentrale der Nation gebracht, nicht längst vertan und verschleudert hätte. Es gibt noch Deutsche (ich möchte sie nicht zählen), denen es einen Stich versetzt, sich Breslau und Danzig, Kolberg und Stettin ganz konkret als polnische Städte voll polnischen Lebens vorzustellen. Bei den jüngsten Unruhen an der Ostsee hat aber schon manche politische Zeitungs- und Rundfunkredaktion die von den Protesten erfasste Stadt Elblag nicht mehr in das alte Elbing umzusetzen gewusst, eine lübische[3] Gründung mit über siebenhundertjährigem Bestand. Das ist kein Anlass zu nationaler Entrüstung, vielleicht zu ein wenig Trauer: Es geht die Zeit dahin. Nach zehn, zwanzig Jahren werden es noch weniger sein, die die alten Bilder mit sich tragen. Das Heimatrecht, was immer man sich darunter an völkerrechtlicher Substanz vorzustellen hat, wird mit jedem Jahr mehr für die polnischen Einwohner, geborene Schlesier und Pommeranern sprechen. [...]
Deutschland (also vor allem die Bundesrepublik) hat nur eine Chance: den Verlust an Boden, an Raum, an histori-

[1] Zum Kniefall Willy Brandts siehe M3 auf Seite 383.
[2] DOD: „Deutscher Ostdienst", Mitgliederzeitschrift des BdV

[3] eine Gründung der Stadt Lübeck

schem Gefäß wettzumachen durch moralische „Eroberungen“, durch ein bei seinen Nachbarn in partnerschaftlicher Zusammenarbeit zu begründendes oder zu befestigendes Vertrauen, durch Teilnahme an einer von Verständigkeit durchzogenen europäischen „Friedensordnung“. Die große Bedeutung des Warschauer Vertrages besteht darin, dass er mit der irreversiblen Grenzanerkennung den Weg zu solcher auf Vertrauen gegründeten Kooperation weist und bahnt, nicht allein im Verhältnis zu Polen.

Jürgen Tern, Der 7. Dezember 1970. Unterschrift in Warschau, in: Moderne Welt 11, 1970, zitiert nach: Deutsches Institut für Fernstudien an der Universität Tübingen, Nachkriegsjahre und Bundesrepublik Deutschland. Deutsche Geschichte nach 1945, Teil 1, Band 7, Hemsbach 1988, S. 110

1. Fassen Sie beide Texte mit eigenen Worten zusammen.
2. Analysieren Sie die Haltung der Vertriebenenverbände und die Positionen, die Matthias Müller und Jürgen Tern ihnen gegenüber einnehmen.
3. Beurteilen Sie mögliche polnische Reaktionen auf die beiden Texte.

Der Warschauer Vertrag wird unterzeichnet.
Foto vom 7. Dezember 1970.
Bundeskanzler Willy Brandt (links) und der polnische Ministerpräsident Józef Cyrankiewicz (rechts) unterzeichnen im Palais des Ministerrates den Warschauer Vertrag.

Das deutsch-polnische Verhältnis

Umbrüche

- 1772, 1793 und 1795: polnische Teilungen durch Russland, Preußen und Österreich → Folge: ein polnischer Staat existiert nicht mehr

Nationalbewegung und Konflikte

- 1815: Wiener Kongress → Folge: Teilungen Polens werden mit etwas anderen Grenzziehungen wiederhergestellt
- 1848: Preußen unterdrückt Aufstände in der mehrheitlich polnischsprachigen Provinz Posen, „Polendebatte" in der Paulskirche: Mehrheit gegen eine Wiederherstellung Polens
- seit den 1860er-Jahren: Germanisierungspolitik Preußens in Polen → Folgen: Vertreibung oder vollständige Assimilation der Polen, Ansiedlung von Deutschen (Ansiedlungsgesetz), passiver Widerstand und Erstarken des Nationalismus in Polen
- seit den 1870er-Jahren: zahlreiche Polen auch in Deutschland („Ruhrpolen")

ABI CHECK

Ein interaktives Quiz erwartet Sie unter dem Code **32035-51**.

Zeit der Weltkriege

- 1914-1918: polnische Soldaten kämpfen für die Teilungsmächte im Ersten Weltkrieg → Folge: im Versailler Vertrag gewinnt Polen Gebiete hinzu
- 1916: das Königreich Polen wird gegründet, ist aber fast ohne Rechte
- 1918-1921: polnische Grenzkriege → Folge: Polen erobert zahlreiche Territorien
- 1918: die Republik Polen wird ausgerufen, der Nationalstaat hat aber nur wenige Rechte
- 1934: Polen schließt einen Nichtangriffspakt mit dem nationalsozialistischen Deutschland
- 1939: die deutsche Armee greift Polen an, die polnischen Truppen kapitulieren → Folgen: vierte Teilung Polens, Errichtung eines Generalgouvernements, harte Besatzungspolitik, Entstehung von Konzentrationslagern
- 1943: der jüdische Aufstand im Warschauer Ghetto wird niedergeschlagen
- 1944: der Warschauer Aufstand der polnischen Heimatarmee scheitert

seit 1945

- nach 1945: Polen wird als Staat innerhalb des Interessengebietes der Sowjetunion wiederhergestellt, polnische Westverschiebung, Zwangsmigration von Deutschen und Polen
- 1950: im Görlitzer Abkommen erkennt die DDR die Oder-Neiße-Linie als Grenze an
- 1965: Versöhnungsschreiben polnischer Bischöfe an ihre deutschen Amtsbrüder („Hirtenbrief")
- seit 1969: neue Ostpolitik unter Willy Brandt („Wandel durch Annäherung")
- 1970: im Warschauer Vertrag erkennt die Bundesrepublik die polnische Westgrenze an
- 1991: deutsch-polnischer Vertrag über gute Nachbarschaft und freundschaftliche Zusammenarbeit

M Verbesserung der Beziehungen

Am 7. Dezember 1970 trifft Bundeskanzler Willy Brandt erstmals mit dem Ersten Sekretär des polnischen Zentralkomitees, Władysław Gomułka, zu einem Gespräch in Warschau zusammen. Im Vorfeld bemühen sich beide Seiten, den Entspannungsprozess voranzutreiben, obwohl die Probleme als sehr groß und die Widerstände in den jeweiligen Bevölkerungen als massiv angesehen werden. Über das Treffen von Brandt und Gomułka heißt es:

Herr Gomułka dankte dem Bundeskanzler einleitend dafür, dass er nach Warschau gekommen sei, obwohl doch noch keine diplomatischen Beziehungen zwischen den beiden Ländern bestünden. Die Entscheidung des Bundeskanzlers, nach Warschau zu kommen, zeuge von den besten Absichten der Bundesregierung, die Normalisierung der Beziehungen ernsthaft in Angriff zu nehmen. [...] Mit der Unterzeichnung des Vertrages[1] sei nunmehr der Weg frei für den Beginn des Normalisierungsprozesses. Nun gelte es, die nächsten Schritte zu tun, wobei er die Ratifizierung des Vertrages und direkt danach die Aufnahme diplomatischer Beziehungen [...] meine.

Herr Gomułka kam [...] auf das Verhältnis zwischen Polen und der Bundesrepublik zu sprechen. Für die beiden Regierungen stellten sich nunmehr zwei Aufgaben: einmal die Vorbereitung der Vertragsratifizierung, [...] und zum anderen Schritte im Zuge des Normalisierungsprozesses, der durch die Vertragsunterzeichnung eingeleitet worden sei. Was nun den zweiten Punkt anbelange, nämlich die Normalisierung bzw. Verbesserung der bilateralen Beziehungen, so sei er mit dem Bundeskanzler dahingehend einig, dass dies natürlich ein längerer Prozess sein werde. Auf beiden Seiten habe es in der Vergangenheit schwere Belastungen gegeben, die erst allmählich abgebaut werden könnten. Auch menschliche Gefühle gelte es bei diesem Vorgang zu berücksichtigen, was keineswegs zu unterschätzen sei; nicht nur in Polen, sonders gewiss auch in der Bundesrepublik. Beide Regierungen müssten in den kommenden Monaten und Jahren noch viel Arbeit leisten, um die Auffassungen der beiden Völker im Sinne einer Annäherung zwischen Deutschen und Polen zu beeinflussen. [...] Die Schwierigkeiten, die mit einer Umformung der Ansichten der polnischen bzw. der westdeutschen Bevölkerung verbunden seien, unterschätze er keineswegs. Ihm sei auch durchaus bewusst, dass es nicht nur in der Bundesrepublik, sondern auch in Polen Bevölkerungsgruppen gebe, welche eine Annäherung zwischen den beiden Staaten auf der Grundlage des nun unterzeichneten Vertrags ablehnten. Schließlich wolle er auch offen zugeben, dass es für die Bundesregierung schwieriger sei, mit ihren politischen Gegnern umzugehen, als für die polnische Regierung mit oppositionellen Kreisen im eigenen Lande. Der polnischen Regierung stünden dafür aufgrund der Lage der Dinge andere Möglichkeiten zur Verfügung. [...]

Man könne nicht in kurzer Zeit die Geschehnisse in der Vergangenheit in den Herzen der beiden Völker auslöschen. Man könne aber durch Formen der Zusammenarbeit die Völker einander näherbringen. Und hier wiederum biete sich vor allem die wirtschaftliche Zusammenarbeit an. [...] Er habe den Eindruck, dass es in westdeutschen Industriekreisen und auch bei den in der BRD zuständigen amtlichen Stellen vielfach an einer entsprechenden Kenntnis der wirtschaftlichen Möglichkeiten fehle, über die Polen verfüge.

Daniel Hofmann (Bearb. u.a.), Dokumente zur Deutschlandpolitik, VI. Reihe/ Band 1, München 2002, S. 948f. und 953f.

1. Gliedern Sie den Text in sinnvolle Abschnitte und versehen Sie diese mit passenden Oberbegriffen.
2. Arbeiten Sie ausgehend vom Text die langfristigen Gründe für das schlechte deutsch-polnischen Verhältnis im Jahre 1970 heraus.
3. Analysieren Sie – aufbauend auf Ihren Ergebnissen aus Aufgabe 2 – die Gründe für die Widerstände gegen den Vertrag, die Gomułka sowohl in der Bundesrepublik als auch in Polen erwartete.
4. Beurteilen Sie die Chancen zur Verbesserung der Zusammenarbeit mit wirtschaftlichen Methoden. Gehen Sie dabei auch auf weitere Möglichkeiten – zum Beispiel auf kultureller Ebene – ein, die sich aus Ihrer Sicht für eine bilaterale Entspannung ergeben könnten.

[1] Hier ist der Warschauer Vertrag gemeint. Siehe dazu Seite 386f.

Orientierung

3.5 Wahlmodul: Die Gesellschaft der Weimarer Republik

Die Weimarer Republik als erste deutsche Demokratie wurde nicht von einer starken republikanischen Bewegung erstritten. Sie entstand vielmehr als improvisierte Lösung, um die Folgen des vom Kaiserreich verlorenen Ersten Weltkrieges erträglich zu gestalten. Der von großen Teilen der Bevölkerung als ungerecht empfundene Versailler Friedensvertrag belastete von Beginn an die neue Staatsform. Trotz innerer Unruhen, Inflation und späterer hoher Arbeitslosigkeit entwickelte sich in den Jahren zwischen 1918 und 1933 ein faszinierendes kulturelles Leben. Erst um 1930 schlugen die latenten Vorbehalte gegen die Demokratie in offene Demokratiefeindschaft um. Die Ernennung Adolf Hitlers zum Reichskanzler am 30. Januar 1933 bedeutete schließlich das Ende der Weimarer Republik und führte Deutschland in eine unheilvolle Diktatur.

Das Kapitel beschäftigt sich inhaltlich mit …

- den konkurrierenden politischen Ideen der Gründungsphase
- den Belastungen der Republik durch den Versailler Vertrag und politischer Gewalt von rechts und links
- dem „Krisenjahr" 1923 und dessen Bewältigung
- den „Goldenen Zwanzigern" als Zeitalter von Modernisierung und Technisierung
- den Ursachen und Auswirkungen der Weltwirtschaftskrise
- der Frage nach dem Scheitern der Weimarer Republik

Wahlplakat und Flugblatt von 1919.
Das Wahlplakat (links) stammt von der SPD, das Flugblatt (rechts) von der DNVP (Deutschnationale Volkspartei). Auf dem Flugblatt sind u. a. Otto Landsberg (Reichsjustizminister von 1919 bis 1920 (SPD); erste Zeile, fünftes Porträt), Walther Rathenau (Reichsaußenminister 1922 (DDP); dritte Zeile, drittes Porträt) und Oscar Cohn (Jurist und Politiker (USPD); vierte Zeile, erstes Porträt) dargestellt.

▶ Beschreiben Sie beide Abbildungen unter folgenden Gesichtspunkten:
a) Wen oder was zeigen sie? Was wird thematisiert?
b) Wie sind Plakat und Flugblatt aufgebaut? Welche Gestaltungsmittel werden verwendet?

▶ Ordnen Sie beide Abbildungen in den historischen Kontext ein.

Entstehung der Republik

9. 11. 1918 — Die Revolution stürzt die Monarchie; Deutschland wird Republik.

11. 11. 1918 — Der Erste Weltkrieg endet mit der deutschen Kapitulation.

Krisenjahre

5. - 12. 1. 1919 — Der „Spartakus-Aufstand" in Berlin wird niedergeschlagen.

19. 1. 1919 — Männer und erstmals Frauen wählen die Verfassunggebende Nationalversammlung. Sie tagt in Weimar.

11. 2. 1919 — Friedrich Ebert wird zum Reichspräsidenten gewählt.

7. 5. 1919 — Der deutschen Delegation wird der Versailler Vertrag vorgelegt. Er regelt die Nachkriegsordnung in Europa. Artikel 231 legt die Alleinschuld Deutschlands und seiner Verbündeten am Krieg fest.

11. 8. 1919 — Die Reichsverfassung tritt in Kraft: Deutschland ist parlamentarische Demokratie.

18. 11. 1919 — Die Generäle Paul von Hindenburg und Erich Ludendorff bekräftigen die „Dolchstoßlegende".

13. - 17. 3. 1920 — Der konterrevolutionäre Kapp-Putsch schlägt fehl.

1921 / 1922 — Attentate auf die „Erfüllungspolitiker" häufen sich.

8. / 9. 11. 1923 — Der rechtsradikale Hitler-Putsch in München scheitert.

15. 11. 1923 — Die Regierung beendet die Hyperinflation mit einer Währungsreform.

Gefährdete Stabilität

26. 4. 1925 — Nach dem Tod Friedrich Eberts (28. 2.) wird Paul von Hindenburg neuer Reichspräsident.

1926 — Deutschland wird als Folge einer Außenpolitik der Verständigung unter Gustav Stresemann in den Völkerbund aufgenommen.

24. / 29. 10. 1929 — Der Zusammenbruch der New Yorker Börse löst eine Weltwirtschaftskrise aus.

Verfall der Demokratie

1930 — Die Große Koalition aus SPD, Zentrum und bürgerlich-liberalen Parteien zerbricht als letzte Regierung mit einer Mehrheit im Parlament. Ab 29. März regiert Heinrich Brüning als Kanzler des ersten Präsidialkabinetts dauerhaft mit Notverordnungen.

14. 9. 1930 — In den Reichtagswahlen erhalten die radikalen Parteien einen deutlichen Stimmenzuwachs.

1932 — Mit 6,13 Millionen erreicht die Zahl der Arbeitslosen ihren Höchststand.

31. 7. 1932 — Bei den Reichstagswahlen wird die NSDAP stärkste Partei.

6. 11. 1932 — Bei den Reichstagswahlen muss die NSDAP Verluste hinnehmen, bleibt aber stärkste Partei.

28. 1. 1933 — Kurt von Schleicher tritt als Reichskanzler zurück, nachdem Reichspräsident Hindenburg ihm das Vertrauen entzogen hat.

30. 1. 1933 — Reichspräsident Hindenburg ernennt Adolf Hitler zum Reichskanzler.

Paul von Hindenburg (1847–1934): Als Sohn eines adligen Offiziers und Gutsbesitzers durchlief Hindenburg ab 1866 eine militärische Karriere. Er wurde 1914 zum Oberbefehlshaber der Truppen an der Ostfront berufen und stieg im Ersten Weltkrieg zum Generalfeldmarschall auf. Von 1925 bis 1934 war er Reichspräsident, als welcher er am 30. Januar 1933 Adolf Hitler zum Reichskanzler ernannte.

Friedrich Ebert (1871–1925): Er arbeitete als Sattler, Redakteur und Gastwirt. Ebert engagierte sich früh in Partei und Gewerkschaft, war ab 1913 SPD-Vorsitzender, übernahm nach Ausrufung der Republik 1918 die Regierungsgeschäfte und wurde 1919 erster Reichspräsident der Weimarer Republik.

Räterepublik: Herrschaftsform der direkten Demokratie. Räte sind gewählte Ausschüsse von Bewohnern eines Bezirks, Arbeitern und Soldaten. Sie sind an die Weisungen der Wähler gebunden und vereinen gesetzgebende, ausführende und rechtsprechende Gewalt auf sich.

Kriegsende und Revolution | Im Herbst 1918 konnten das Deutsche Reich und seine Verbündeten (vor allem Österreich-Ungarn) den Krieg gegen die militärisch überlegenen Alliierten Frankreich, Großbritannien, Italien, die USA und ihre Verbündeten nicht mehr fortsetzen. Die *Oberste Heeresleitung (OHL)* gestand im September 1918 der Reichsregierung die Niederlage ein. Der Chef der OHL, **Paul von Hindenburg**, und sein Generalstabschef *Erich Ludendorff*, waren entschiedene Gegner jeglicher demokratischer Reformen. Jetzt versprachen sie sich von der Umwandlung der konstitutionellen Monarchie in eine parlamentarische Regierungsform[1] günstige Auswirkungen auf künftige Friedensverhandlungen. Die neue von den Mehrheitsparteien im Reichstag getragene Regierung sollte die Waffenstillstandsverhandlungen führen und damit auch die Verantwortung für den Zusammenbruch übernehmen, um so die militärische Führung vom Makel der Niederlage zu befreien. Anfang Oktober 1918 bildete Reichskanzler Prinz *Max von Baden* eine neue Regierung aus Vertretern der *Sozialdemokratischen Partei Deutschlands (SPD)*, des *Zentrums* und der liberalen *Fortschrittspartei*.

Als Ende Oktober 1918 die Seekriegsleitung ohne Wissen der Regierung die Flotte gegen England auslaufen lassen wollte, meuterten Matrosen in Wilhelmshaven und Kiel. Ein Aufstand brach aus, der zur Keimzelle der sich rasch ausbreitenden *Novemberrevolution* wurde. Spontan und ohne festes Konzept gebildete *Arbeiter- und Soldatenräte* übernahmen in vielen Städten die politische Gewalt. Sie forderten ein Ende des Krieges, die Abdankung des Kaisers und eine Demokratisierung von Wirtschaft, Gesellschaft und Militär.

Anfang November stürzten die ersten Monarchien, in allen deutschen Staaten traten die Fürsten zurück. Um einen Bürgerkrieg zu verhindern, verkündete Prinz Max von Baden eigenmächtig die Abdankung Kaiser *Wilhelms II.* Zugleich übergab er ohne verfassungsrechtliche Legitimation **Friedrich Ebert**, dem Vorsitzenden der SPD, das Amt des Reichskanzlers. Als Vorsitzender der größten Fraktion im Reichstag sollte er eine neue Regierung bilden.

Unruhen und Kompromisse | Während Ebert die Entscheidung über die künftige Staatsform einer rasch zu wählenden *Nationalversammlung* überlassen wollte, rief sein Parteifreund *Philipp Scheidemann am 9. November 1918* in Berlin die „Deutsche Republik" aus. Damit kam er *Karl Liebknecht*, dem Führer des von radikalen Sozialisten gebildeten *Spartakusbundes*, zuvor, der zwei Stunden später die „Sozialistische Republik Deutschland" verkündete. Aus dem Spartakusbund ging am 1. Januar 1919 die *Kommunistische Partei Deutschlands (KPD)* hervor. Aus Angst vor einer sozialistischen **Räterepublik**, in der die Macht nach russischem Vorbild auf Arbeiter- und Soldatenräte übergehen sollte, einigten sich SPD und *Unabhängige Sozialdemokratische Partei Deutschlands (USPD)* am 10. November auf eine Übergangsregierung, den *„Rat der Volksbeauftragten"*. Einen Tag später, am 11. November, unterzeichnete eine noch von der kaiserlichen Regierung entsandte Delegation mit Billigung der Obersten Heersleitung die deutsche Kapitulation. Ab 11 Uhr morgens schwiegen die Waffen. Etwa 9,5 Millionen Soldaten hatten in dem bis dahin blutigsten weltweiten Krieg ihr Leben verloren.

Um die geordnete Rückführung der deutschen Truppen zu gewährleisten und einen Bürgerkrieg zu verhindern, entschloss sich Ebert zu einer Zusammenarbeit mit dem Reichswehrgeneral *Wilhelm Groener*, der den Rückzug der deutschen Truppen leitete. Im Namen der Obersten Heeresleitung bekundete Groener seine Loyalität gegenüber der Regierung und versprach militärische Unterstützung bei Unruhen (*Ebert-Groener-Pakt*). Als Gegenleistung erwartete er den gemeinsamen „Kampf gegen den Radikalismus und Bolschewismus[2]".

[1] In der konstitutionellen Monarchie ist der Regent an die Verfassung gebunden. In der parlamentarischen Monarchie wird darüber hinaus die Regierung nicht vom Monarchen, sondern von der Mehrheit im Parlament gewählt.

[2] Die Bolschewisten bildeten den radikalen Flügel innerhalb der Russischen Arbeiterpartei, die unter der Führung Lenins in der Oktoberrevolution 1917 in Russland die Macht übernahmen.

Feuergefechte in Berlin.
Foto vom März 1919.
Auf dem Foto ist der damalige Bülowplatz in Berlin zu sehen. Regierungstruppen gehen mit Gewehren und Kanonen gegen streikende Arbeiter vor und suchen Deckung hinter einem Panzer. Die Straßenkämpfe im März kosteten hunderte Menschen das Leben.

Daneben beschloss der „Rat der Volksbeauftragten" bei Unruhen den Einsatz privat gegründeter Selbstschutzverbände, sogenannter *Freikorps*. Sie bestanden aus ehemaligen Berufssoldaten, Abenteurern, Studenten oder Schülern – meist Männer, die nach dem Krieg keine Heimat und keine Arbeit hatten und nicht in ein ziviles Leben zurückgefunden hatten. Die meisten waren extrem antirepublikanisch und antikommunistisch eingestellt.

Bereits am 28. Dezember 1918 traten die USPD-Vertreter wegen grundsätzlicher Meinungsverschiedenheiten mit den Mehrheitssozialdemokraten aus dem „Rat der Volksbeauftragten" wieder aus. Kurz darauf entfesselte die radikale Linke in Berlin einen Aufstand, weil sie die Wahlen zur Nationalversammlung unbedingt verhindern wollte (*Spartakus-Aufstand* vom 5. bis 12. Januar 1919) (→M1). Tausende Anhänger des Spartakusbundes um Karl Liebknecht und **Rosa Luxemburg** lieferten sich Straßenschlachten mit Regierungstruppen und Freikorps. Der Aufstand wurde blutig niedergeschlagen, Rosa Luxemburg und Karl Liebknecht wurden nach ihrer Verhaftung von Offizieren ermordet. Das brutale Vorgehen der Truppen und Freikorps löste in Berlin und anderen Städten weitere Streiks und bewaffnete Aufstände aus. Erst im Mai 1919 gelang es der Regierung, die letzten Unruhen zu beenden. Tausende hatten ihr Leben verloren.

Geschichte In Clips
Zur Ausrufung der Republik siehe den Code **32035-52**.

Rosa Luxemburg (1871–1919): einflussreiche Vertreterin der europäischen Arbeiterbewegung und Mitgründerin des „Spartakusbundes" sowie der „Kommunistischen Partei Deutschlands"

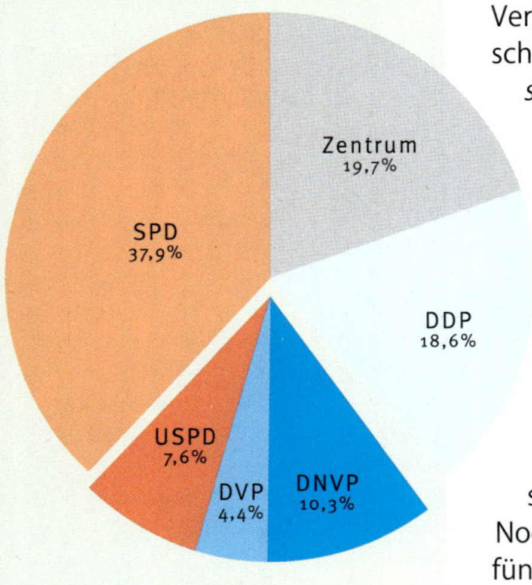

Ergebnis der Wahlen zur Nationalversammlung 1919.

Internettipp
Zur Entstehung der Weimarer Verfassung siehe den Code **32035-53**.

Internettipp
Ein Fazit zur Verfassung bietet das Video unter dem Code **32035-54**.

Nationalversammlung und neue Verfassung | Am 19. Januar 1919 fand die Wahl zur Verfassunggebenden Nationalversammlung statt. Die drei größten Fraktionen, die schon während des Krieges im Reichstag kooperiert hatten – SPD, Zentrum und *Deutsche Demokratische Partei (DDP)*, als Nachfolgerin der liberalen Fortschrittspartei – bildeten die sogenannte „*Weimarer Koalition*". Diese vereinigte mit 76,1 Prozent der Stimmen die deutliche Mehrheit des Volkes auf sich (331 von insgesamt 423 Mandaten). Die Opposition war gespalten: Links stand die radikal-sozialistische USPD und rechts die nationalbürgerlich ausgerichtete *Deutsche Volkspartei (DVP)* sowie die völkische, konservativ-monarchistische *Deutschnationale Volkspartei (DNVP)*. Die KPD hatte die Wahlen zur Nationalversammlung boykottiert und sich gar nicht erst aufstellen lassen.

Um sich den politischen Unruhen in Berlin zu entziehen, trat die Nationalversammlung am 6. Februar 1919 in Weimar zusammen. Sie sollte bis zur ersten Reichstagswahl im Juni 1920 eine vorläufige Regierung bilden und eine Verfassung erarbeiten. Ebert wurde am 11. Februar zum ersten Reichspräsidenten gewählt. Noch am selben Tag beauftragte er Scheidemann, eine Regierung zu bilden. Nach über fünfmonatiger Beratung nahm die Weimarer Nationalversammlung die neue Verfassung an. Das Deutsche Reich war nun eine *parlamentarische Republik*.

„Die demokratischste Demokratie der Welt"[1] | Am 11. August 1919 trat die neue Verfassung in Kraft. Erstmals in Deutschland musste das monarchische Prinzip dem Grundsatz der Volkssouveränität weichen. Dem Reichstag oblag nun neben dem Recht auf Gesetzgebung auch die Kontrolle der Regierung, d.h., Kanzler und Minister benötigten für ihre Amtsführung sein Vertrauen. Jeder von ihnen konnte durch ein Misstrauensvotum zum Rücktritt gezwungen werden. Allerdings konnte der Reichstag den Kanzler nicht wählen.

Der Reichspräsident war mit weitreichenden Vollmachten ausgestattet. Er allein ernannte und entließ den Kanzler und konnte den Reichstag auflösen. Außerdem war er Oberbefehlshaber der Reichswehr. Von besonderer Bedeutung war Artikel 48 der Verfassung. Dieser gab dem Reichspräsidenten das Recht, bei Störung der öffentlichen Sicherheit und Ordnung die nötigen Maßnahmen zu ihrer Wiederherstellung zu treffen und notfalls die Reichswehr einzusetzen. Friedrich Ebert setzte das Notverordnungsrecht vor allem zur Lösung wirtschaftlicher und sozialer Probleme ein, wenn im Parlament keine Mehrheiten hergestellt werden konnten. Die Rolle des Reichspräsidenten als „Ersatzgesetzgeber" sollte den Parteien zunehmend die Flucht aus der Verantwortung erleichtern. Als Gegengewicht zum Reichstag führte die Weimarer Verfassung Elemente der direkten Demokratie ein: *Volksbegehren* (Gesetzesinitiative durch das Volk) und *Volksentscheid* (Mehrheitsentscheidungen über Gesetze durch das Volk). In der Praxis wurden diese Volksabstimmungen von den Gegnern der Republik häufig zur Manipulation der Massen missbraucht.

Zu den demokratischen Errungenschaften der Weimarer Republik gehört die verfassungsrechtliche Gleichstellung von Mann und Frau. Bei der Wahl zur Nationalversammlung wurde eine alte sozialdemokratische Forderung verwirklicht: das aktive und passive *Wahlrecht für Frauen*. Mit einer Wahlbeteiligung von fast 90 Prozent machten die Frauen von ihrem Stimmrecht regen Gebrauch, 41 von 310 Kandidatinnen zogen 1919 in die Weimarer Nationalversammlung ein (➔M2). Die verfassungsrechtliche Gleichstellung der Frauen bedeutete freilich nicht, dass sie im Familienrecht gleichberechtigt waren. Für Tätigkeiten, die über die Hausarbeit hinausgingen, brauchten Frauen die Erlaubnis des Ehemannes. So bestimmte es das Bürgerliche Gesetzbuch noch bis 1977. Das Frauenwahlrecht und die steigende Zahl weiblicher Mitglieder in Parteien und Gewerkschaften änderten nichts daran, dass führende Positionen in der Politik und im öffentlichen Leben weiterhin nur von Männern besetzt blieben.

[1] Zitiert nach Eduard David, SPD-Abgeordneter und 1919 kurzzeitig Reichsinnenminister.

Demonstration für das Frauenwahlrecht.
Foto vom Mai 1912, digital koloriert.
Das Foto zeigt Demonstrantinnen, die sich auf dem Weg zu einem Versammlungsort in Berlin begeben. Am 19. Januar 1919 durften zum ersten Mal Frauen in Deutschland zur Wahl gehen.

Internettipp
Wie sich die Errungenschaften der Frauenbewegung auf die Gesetzgebung auswirkten, zeigt eine Übersicht unter dem Code **32035-55**.

Männer und Frauen über 20 Jahren erhielten nach der neuen Verfassung das Recht, alle vier Jahre die Abgeordneten des Reichstages und alle sieben Jahre den Reichspräsidenten zu wählen. Um jede einzelne Stimme zur Geltung zu bringen, galt das Verhältniswahlrecht: Jede Partei erhielt für 60 000 gültige Stimmen ein Mandat. Eine Sperrklausel, die den kleinen arteien – auch „Splitterparteien" genannt – den Zutritt zum Reichstag hätte verwehren können, gab es nicht. Dies galt als besonders gerecht und demokratisch. Allerdings erschwerte die Parteivielfalt häufig die Bildung regierungsfähiger Mehrheiten im Reichstag, zumal die größeren Parteien zunehmend weniger Bereitschaft zu Kompromissen erkennen ließen.

Internettipp
Über die Geschichte des Frauenwahlrechts informiert folgender Code **32035-56**.

Der zweite Hauptteil der Weimarer Verfassung enthielt einen Katalog an Grundrechten und Grundpflichten (Art. 109–165): Rechtsgleichheit, Freizügigkeit, Recht der freien Meinungsäußerung, Freiheit der Person, Glaubens- und Gewissensfreiheit sowie soziale Grundrechte, darunter der Schutz und die Förderung von Ehe und Familie, das Recht auf Arbeit, den Schutz der Jugend, die Förderung des Mittelstandes und vieles mehr. Allerdings konnten viele Grundrechte in Krisenzeiten durch Notverordnungen gemäß Artikel 48 außer Kraft gesetzt werden. Vor allem aber waren die Grundrechte nicht justiziabel, d.h., der Bürger konnte ihre Verletzung durch die Staatsgewalt vor Gericht nicht geltend machen, sodass sie letztlich unverbindlich blieben.

Gesellschaftspolitisch traf die Verfassung keine Entscheidung, die Entwicklung sollte dem freien Spiel der Kräfte vorbehalten bleiben. Mit der Zeit wurden aber auch die Grenzen des Rechts deutlich in einer Gesellschaft, in der nicht mehr die pragmatische Mitte vorherrschte, sondern antidemokratische Ideen von links und rechts die Richtung vorgaben (→ M3).

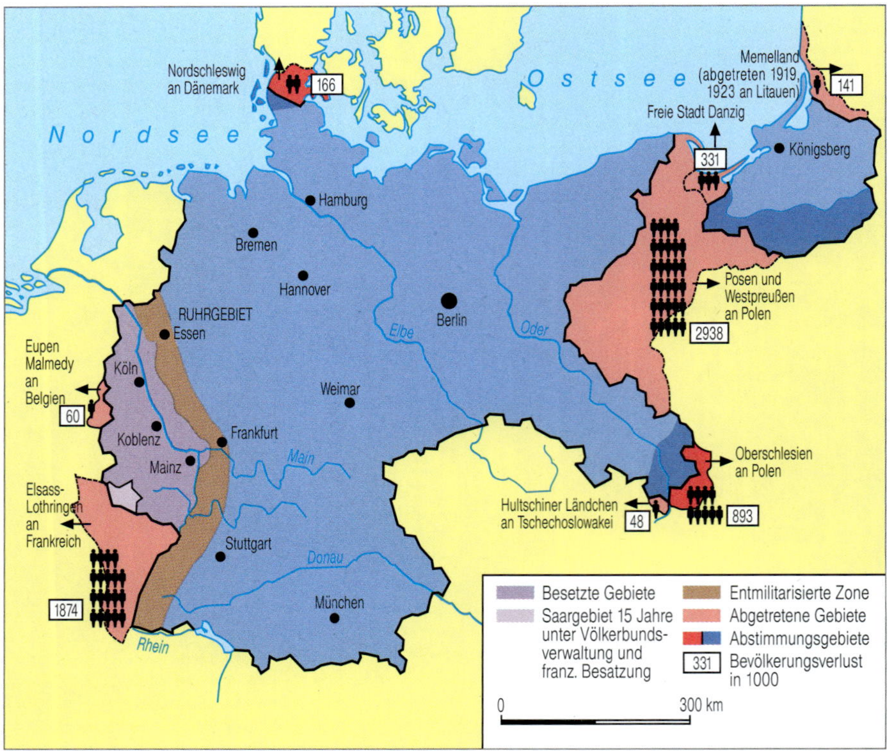

Deutsche Gebiets- und Bevölkerungsverluste nach dem Friedensvertrag von Versailles.

▶ Arbeiten Sie die Ergebnisse des Vertrages heraus und diskutieren Sie, welche Festlegungen für die deutsche Bevölkerung besonders schwer zu akzeptieren waren.

Internettipp
Eine animierte Karte zum Thema „Deutschland und der Vertrag von Versailles“ können Sie unter dem Code **32035-57** aufrufen.

„Wilson-Frieden“: Der US-amerikanische Präsident Woodrow Wilson hatte am 8. Januar 1918 einen „14-Punkte-Plan“ vorgelegt, in dem er seine Vorstellungen von den Grundlagen einer zukünftigen Friedensordnung in Europa formulierte. Diese sollte auf dem Selbstbestimmungsrecht der Völker und dem Autonomie- und Nationalitätenprinzip basieren.

Der überforderte Frieden | Am 18. Januar 1919 wurde in Paris ohne Beteiligung der Besiegten die Friedenskonferenz eröffnet. Auf ihr sollte die Nachkriegsordnung in Europa festgelegt werden. Am 7. Mai 1919 wurde der deutschen Delegation der fertige Vertrag mit 440 Artikeln vorgelegt: Deutschland verlor im Westen, Osten und Norden des Reiches 13 Prozent des Staatsgebietes sowie rund zehn Prozent der Bevölkerung. Außerdem musste es alle seine Kolonien aufgeben. Die Reichswehr wurde auf ein Berufsheer von maximal 100 000 Soldaten reduziert, die Flotte musste ausgeliefert werden und eine Luftwaffe wurde verboten. Ferner sollten für die Kriegsschäden der anderen Mächte Ausgleichszahlungen (*Reparationen*) in noch festzulegender Höhe erbracht werden.

Die Bestimmungen lösten in der deutschen Öffentlichkeit, in der man auf einen milden **„Wilson-Frieden“** gehofft hatte, Empörung und Proteststürme aus. Vor allem Artikel 231 des Vertrages, der sogenannte *Kriegsschuldartikel*, der die juristische Anspruchsgrundlage für die Reparationen war, wurde in Deutschland als moralische Ächtung des ganzen Volkes empfunden. Auf der anderen Seite erwarteten die Menschen in den Siegerstaaten, mobilisiert durch die Presse, eine angemessene Bestrafung des Gegners.

Als die deutschen Einsprüche erfolglos blieben, trat die Regierung Scheidemann zurück. Um das Ultimatum der Alliierten zu erfüllen, wurde die neue Regierung von der Nationalversammlung beauftragt, den Vertrag in Versailles zu unterschreiben. Den Politikern, die sich unter dem Druck der Verhältnisse dazu bereit erklärt hatten, gestanden anfänglich alle Parteien ehrenhafte Motive zu. Doch schon bald wurde der *Versailler Vertrag* von der äußersten Rechten bis hin zur Sozialdemokratie wegen des Kriegsschuldartikels und der umfangreichen Reparationen als ein „Diktat“- und „Schandfriede“ geschmäht. Republikfeindliche Kräfte hetzten gegen die „Erfüllungspolitiker“. „Versailles“ wurde zur Diffamierungsparole schlechthin, die Republik für die Belastungen des Friedensvertrages verantwortlich gemacht.

Enttäuschung herrschte aber nicht nur in Deutschland. Die Alliierten hatten auch in der arabischen Welt und in Fernost der Bevölkerung Zusagen gegeben, um sie zum Kampf gegen die Mittelmächte zu bewegen. *Woodrow Wilson* hatte neue universelle Werte formuliert, die der Westen nun nicht einlösen konnte. Dass die Eliten in den kolonisierten Ländern sich künftig vielfach an der kommunistischen Sowjetunion orientierten, war nicht zuletzt eine Folge der Enttäuschungen von 1919.

„Dolchstoßlegende" | Neben dem vom Reichstag erzwungenermaßen angenommenen Versailler Vertrag, schuf die *„Dolchstoßlegende"* einen verheerenden Propagandamythos, der das politische Klima der Weimarer Republik von Anfang an vergiften sollte (➔ M4). Schon im November 1918 verbreiteten rechtsradikale Zeitungen die angebliche Bemerkung eines britischen Generals, die deutsche Armee sei „von hinten erdolcht" worden: Streiks und politische Unruhen in der Heimat hätten sie zur Kapitulation gezwungen. Die beiden Generäle Paul von Hindenburg und Erich Ludendorff machten sich diese Version zu eigen und verbreiteten Ende 1919 eine Verschwörungstheorie, mit der sie die eigene Schuld an der militärischen Niederlage von sich ablenken und vor allem auf die Sozialdemokratie abwälzen wollten: Das deutsche Heer sei im Weltkrieg „im Felde unbesiegt" geblieben und habe erst durch oppositionelle „vaterlandslose" Zivilisten aus der Heimat einen „Dolchstoß von hinten" erhalten.

Weil ein Großteil der Bevölkerung die erlittene Niederlage nicht anerkennen wollte, wirkte die Dolchstoßlegende selbst wie ein Dolchstoß „in den Rücken des neuen Staates" (*Albert Schwarz*).

Wahlplakat der DNVP von 1924.

- ▶ Erläutern Sie den Plakattext.
- ▶ Interpretieren Sie die Zielsetzung des Plakats und beurteilen Sie die Wirkung von Text und Bild.

Die Weimarer Regierungsparteien | Von Anfang an waren im Reichstag nicht nur staatstragende, demokratisch gesinnte Politiker vertreten. Nur drei der zahlreichen Parteien bekannten sich ausdrücklich zur parlamentarisch-demokratischen Republik und hatten maßgeblich an der Weimarer Verfassung mitgearbeitet: die SPD, die DDP und das Zentrum – die Parteien der „Weimarer Koalition".

Die SPD ging bei den Wahlen zur Nationalversammlung 1919 und bei den Reichstagswahlen bis 1930 jeweils als stärkste Kraft hervor, erreichte jedoch nie die absolute Mehrheit. Bis zum Ende der Republik blieb sie auf Reichsebene mit wenigen Ausnahmen in der Opposition.

Die linksliberale DDP vertrat vor allem das Bildungsbürgertum, Kaufleute und Angestellte. Neben der SPD war sie die Partei, die sich am entschiedensten zur Weimarer Republik bekannte. Mit **Walther Rathenau** stellte die DDP 1922 den Außenminister. Schon ab 1920 verlor sie jedoch in großem Maß Stimmen an die nationalliberale Deutsche Volkspartei (DVP). Diese vertrat vor allem die Interessen der Großindustrie. Obwohl an vielen Regierungen beteiligt, hielt sie noch lange an der Wiederrichtung der Monarchie fest.

Das Zentrum war die Partei des politischen Katholizismus. Ihr kam eine bedeutende Stellung zu, da sie sich für alle sozialen Schichten einsetzte und sie mit fast allen Parteien koalitionsfähig war. Von 1919 bis 1932 war sie in nahezu jeder Reichsregierung vertreten. 1920 entstand mit der *Bayerischen Volkspartei (BVP)* die bayerische Variante des Zentrums. Die Parteien der Weimarer Koalition verloren bereits bei den ersten Reichstagswahlen am 6. Juni 1920 ihre Mehrheit und erreichten sie danach nicht mehr.

Walther Rathenau (1867–1922): Industrieller und Schriftsteller; 1919 Mitbegründer der DDP; 1922 von Rechtsradikalen ermordet

Wahlplakat der KPD von 1924.
Als „Geschmeiß“ bezeichnet die KPD hier ihre politischen Gegner, die Parteien unterschiedlichster politischer Ausrichtung umfassen. Bei den dargestellten Personen handelt es sich unter anderem um den Reichspräsidenten Friedrich Ebert (SPD), Außenminister Gustav Stresemann (DVP) sowie Adolf Hitler (NSDAP).

Gegner der Republik | Links- und rechtsradikale Gruppierungen und Parteien bekämpften den Parlamentarismus von Anfang an mit allen Mitteln. Mit ihrer Kompromisslosigkeit stellten sie die Arbeit des Parlaments infrage und gefährdeten die politische Stabilität der Republik.

Die kommunistische KPD und die linkssozialistische USPD lehnten die Republik ab, weil ihnen die Revolution von 1918/19 nicht weit genug gegangen war. Sie betrachteten alle Gegner des Rätesystems, besonders die SPD, als „Handlanger des Kapitalismus“, da deren Zusammenarbeit mit den alten Eliten die notwendige revolutionäre Umgestaltung Deutschlands verhindert habe. Die USPD schloss sich zwar 1922 wieder der SPD an, ihre radikalen Mitglieder traten jedoch der KPD bei.

Die rechtskonservative DNVP war ein Sammelbecken völkisch-nationalistischer, konservativer Kreise. Ihr gehörten vor allem die alten Eliten aus Adel, Militär, Großgrundbesitz und Großbürgertum an. Nach 1928 rückte die Partei stark nach rechts und kooperierte mit der *Nationalsozialistischen Deutschen Arbeiterpartei (NSDAP)*, an die sie seit 1930 viele Wähler verlor.

Republik ohne Republikaner? | Viele Deutsche, die dem pompös-militärischen Auftreten der Führungsschichten des Kaiserreiches nachtrauerten, vermochten die neue Staatsform innerlich nicht zu akzeptieren, fanden sich aber aus Vernunftsgründen mit ihr ab. Die zahlreichen politischen und wirtschaftlichen Krisen erzeugten im Bürgertum Angst. Der Theologe und liberale Politiker *Ernst Troeltsch* stellte bereits im Dezember 1919 fest, Hauptträger der „Welle von rechts“ seien neben den protestantischen Kirchen die „Elemente städtischer und akademischer Bildung“: „Sprach man vor einem Jahr vor Studenten, so musste man sich auf wilde pazifistische, revolutionäre, ja idealistisch-bolschewistische Widersprüche gefasst machen; heute muss man auf antisemitische, nationalistische, antirevolutionäre Einsprüche sich einrichten.“

Auch in der Beamtenschaft besaß die Republik keine Stütze. Wegen des Mangels an qualifizierten Fachleuten wurde der alte obrigkeitsstaatliche Verwaltungsapparat aus dem Kaiserreich ohne nennenswerte personelle Veränderungen übernommen. In ihrer großen Mehrzahl blieben die Beamten konservativ-monarchisch gesinnt. Dies zeigte sich besonders in der Justiz. Richter waren geschützt durch das Privileg der Unabsetzbarkeit und konnten so ihre Abneigung gegen die neue Staatsform ungehindert ausleben. Attentäter von rechts konnten mit milden Strafen für ihre „nationale Tat“ rechnen, während Anschläge von links mit der vollen Härte des Gesetzes geahndet wurden.

Eine besondere Rolle spielte die Reichswehr. Ihre Offiziere hingen der alten Ordnung an und wollten „ihre“ Armee als „Staat im Staat“ bewahren. Forderungen nach einer stärkeren parlamentarischen Kontrolle lehnte General *Hans von Seeckt*, der Chef der Heeresleitung, als unzulässige Politisierung ab.

Aber auch auf der anderen Seite des politischen Spektrums wuchs die Unzufriedenheit. Viele Sozialdemokraten und Sozialisten waren der Meinung, dass die SPD den bürgerlichen Parteien zu weit entgegengekommen war, und radikalisierten sich zunehmend. Das Bündnis von 1919 zwischen dem gemäßigten Flügel der Arbeiterbewegung und dem demokratischen Teil des Bürgertums war schon früh einer Zerreißprobe ausgesetzt.

Der Beginn der Weimarer Republik war offen für den verheißungsvollen Gedanken der Demokratie. Aber von Anfang an konkurrierten autoritäre Ordnungsmodelle von rechts und links.

Putschbewegungen und politische Morde | Im März 1920 marschierte eine als rechtsextrem eingestufte Marinebrigade in Berlin ein, um unter Führung von *Wolfgang Kapp* und dem Weltkriegsgeneral Erich Ludendorff die Regierungsgewalt zu übernehmen (*Kapp-Putsch*). Die Reichswehr griff nicht zum Schutz der demokratischen Regierung ein: „Reichswehr schießt nicht auf Reichswehr". Der Putsch scheiterte, weil die Gewerkschaften den Generalstreik ausriefen, der allgemein befolgt wurde.

Im Ruhrgebiet formierten KPD und USPD eine Rote Armee von 50 000 Mann, die den eingesetzten Regierungstruppen wochenlange blutige Kämpfe lieferte. In Sachsen und Thüringen bekämpften sich Selbstschutzeinheiten der Arbeiterschaft und Freikorpsverbände. Ab Ende 1920 setzte eine Serie von Mordanschlägen gegen führende Repräsentanten der Demokratie ein, die als „Erfüllungspolitiker" und „Novemberverbrecher" von rechts geächtet wurden. Am 26. August 1921 brachten Angehörige der rechtsextremen *Organisation Consul (O.C.)* den Zentrumspolitiker *Matthias Erzberger* um. Drei Wochen nach einem missglückten Anschlag auf Philipp Scheidemann wurde Außenminister Walther Rathenau wiederum von Angehörigen der O.C. am 24. Juni 1922 ermordet (➔M5).

Reparationsverpflichtungen und Besetzung des Ruhrgebietes | In Versailles war noch keine Entscheidung über die Höhe der Reparationszahlungen getroffen worden, mit denen Deutschland die Kriegsschäden der Alliierten begleichen sollte. Im Jahr 1921 wurden schließlich 132 Milliarden Goldmark festgelegt, zahlbar innerhalb von 42 Jahren. Die Reichsregierung wollte bis an die Grenzen der Leistungsfähigkeit versuchen, die Reparationen zu erfüllen, um gerade dadurch ihre Unerfüllbarkeit deutlich zu machen. Als Deutschland mit seinen Lieferungen geringfügig in Rückstand geriet, benutzte der französische Ministerpräsident *Raymond Poincaré* dies als Vorwand, um französische Soldaten ins Ruhrgebiet einmarschieren zu lassen (11. Januar 1923). So hoffte er, die Territorialansprüche, die Frankreich in Versailles nicht durchsetzen konnte, nachträglich zu befriedigen. Die Reichsregierung rief die Bevölkerung zum „passiven Widerstand" auf, der bald täglich 40 Millionen Goldmark kosten sollte und der eigenen Wirtschaft schweren Schaden zufügte.

Inflation | Der Weltkrieg hatte das Deutsche Reich gewaltige Summen gekostet, die die kaiserliche Regierung durch verzinste Anleihen bei der Bevölkerung und eine enorme Papiergeldvermehrung finanziert hatte. Da die Güterproduktion mit der Geldmengenvermehrung nicht Schritt hielt, war das Ergebnis ein rasches Ansteigen der Preise, also eine *Inflation.*

Zusätzlich zu den 154 Milliarden Mark Staatsschulden musste die junge Republik weitere Aufgaben schultern, wie Kriegsopferversorgung und Lebensmittelimporte. Die Weimarer Regierungen setzten die Inflationspolitik fort, um damit die hohen Reparationsforderungen zu unterlaufen. Als nun die Ausgaben für den „Ruhrkampf" hinzukamen, mussten die Notenpressen Tag und Nacht Papiergeld drucken. Lag der Dollarkurs im April 1923 noch bei 20 000 Mark, so notierte man im November 4,2 Billionen Mark. Löhne und Gehälter wurden stellenweise täglich ausbezahlt. Noch am Zahltag gaben die Menschen das Geld aus, bevor es durch die nächste Preiserhöhung wertlos wurde. Ein Kilogramm Butter kostete am 23. Juli in Hamburg 128 000 Mark, am 24. September 120 Millionen Mark. Der Währungs-

Zweitverwertung.
Foto vom Herbst 1923.
Kinder lassen Flugdrachen steigen, gebastelt aus wertlos gewordenen Banknoten.

Reichsbanknote vom 1. November 1923.

zusammenbruch traf alle, die ihre Ersparnisse auf Konten angelegt hatten, vor allem Angestellte und Rentner (➔M6). Die Besitzer von Sachwerten erlitten kaum Verluste, im Gegenteil, oft konnten sie aufgenommene Kredite mit entwertetem Geld abbezahlen. Der größte Gewinner der Inflation war der Staat. Die gesamten Kriegsschulden von 154 Milliarden Mark hatten am 15. November 1923 nur noch den Wert von 15,4 Pfennigen.

Die neue Reichsregierung unter *Gustav Stresemann*[1] legte Ende 1923 den Wechselkurs zwischen Mark und Dollar neu fest (1 Dollar = 4,20 Mark) und statt durch Goldreserven der Reichsbank wurde die *„Rentenmark"* durch eine Hypothek auf Grundbesitz industrieller Sachwerte gedeckt. Die Bevölkerung schenkte dem neuen Zahlungsmittel sofort Vertrauen – Anfang 1924 war die Inflation überwunden. Den sinnlos gewordenen passiven Widerstand im Ruhrgebiet hatte Stresemann zuvor schon abgebrochen.

Aufstände gegen die Republik | Die von Aufständen, „Ruhrkampf" und Inflation geprägte Krise des Jahres 1923 suchten unterschiedlichste Oppositionsbewegungen für ihre Zwecke zu nutzen. Im Rheinland und in der Pfalz besetzten unter wohlwollender Duldung der französischen Besatzungstruppen separatistische Gruppen die Rathäuser. Sie riefen die Rheinische Republik und die Autonome Pfalz aus, doch bereitete die Mehrheit der Bevölkerung dem Spuk bald ein Ende. In Sachsen und Thüringen bildeten Sozialdemokraten und Kommunisten gemeinsam die Landesregierungen. Sie ließen proletarische Hundertschaften aufstellen. Damit wollte die KPD einen revolutionären Aufruhr nach dem Muster der russischen Oktoberrevolution vorbereiten. Die Reichsregierung verhängte unter Anwendung des Artikels 48 der Verfassung die Reichsexekution über Sachsen und ließ Reichswehreinheiten einmarschieren. Die KPD nahm daraufhin Abstand von ihren geplanten Aktionen.

Der Hitler-Putsch in München | In Bayern war besonders München zu einem Sammelbecken der rechten Kräfte geworden. Ehemalige Freikorps-Führer und rechtsradikale Prominenz, wie Ludendorff und weitere Akteure des gescheiterten Kapp-Putsches, fanden dort ein neues Betätigungsfeld. Unter dem Einfluss rechtskonservativer und republikfeindlicher Kräfte betrieb die bayerische Regierung eine gegen Berlin gerichtete Politik. So wurde die noch unbedeutende NSDAP unter ihrem Vorsitzenden Adolf Hitler geduldet, obwohl sie in Preußen, Sachsen, Thüringen und Hamburg, 1923 dann auch in Hessen und Braunschweig verboten wurde.

1919 war Adolf Hitler der kurz zuvor in München gegründeten *Deutschen Arbeiterpartei (DAP)* beigetreten, die sich 1920 in NSDAP umbenannte. Mit gehässigen Reden gegen die Republik und maßloser Hetze gegen die Juden machte er die Partei bald zum Tagesgespräch in München. Im Herbst 1923 wollte Hitler nach dem Vorbild des italienischen Faschistenführers Benito Mussolini einen „Marsch auf Berlin" durchführen. Am 8. November 1923 erklärte er auf einer Veranstaltung im Münchner Bürgerbräukeller den Ausbruch der „nationalen Revolution" und die Absetzung der Reichsregierung. Am folgenden Tag unternahm er mit General Ludendorff einen Demonstrationszug zur Feldherrnhalle, um die Bevölkerung für seine Umsturzpläne zu gewinnen (*Hitler-Putsch*). Doch die Landespolizei stoppte den Zug mit Waffengewalt. Putschisten wurden getötet, die Anführer verhaftet. Obwohl Hitler als österreichischer Staatsbürger hätte ausgewiesen werden können, erhielt er fünf Jahre Festungshaft in Landsberg am Lech, wurde jedoch bereits nach neun Monaten wieder entlassen (➔M7). Ludendorff wurde freigesprochen. In den milden Strafen zeigte sich die Sympathie, die die Putschisten in den führenden Justiz- und Regierungskreisen genossen.

Trotz aller Aufstandsbewegungen: Am Ende des Krisenjahres 1923 hatte sich die Republik behauptet. Würde sie sich angesichts des anhaltenden Widerstands extremer Kräfte von rechts und links dauerhaft konsolidieren?

[1] Zu Gustav Stresemann finden Sie ausführliche Informationen auf Seite 403 f.

Reichsexekution: (militärisches) Mittel eines Bundesstaates oder Staatenbundes gegenüber seinen Gliedstaaten

Adolf Hitler (1889–1945): Hitler stammte aus dem österreichischen Braunau (Inn), kam 1913 nach München, wo er sich erfolglos als Künstler durchschlug. 1914 freiwillige Teilnahme am Ersten Weltkrieg in bayerischem Regiment, Verwundung und Auszeichnung, 1919 Propagandist der DAP, seit 1920 NSDAP; 1921 Vorsitzender der Partei, 1923 Hitler-Putsch und Festungshaft, 1925 Neugründung der NSDAP und Aufstieg zur Massenpartei, 1933 Ernennung zum Reichskanzler, ab 1934 „Führer und Reichskanzler".

Benito Mussolini (1883–1945): Begründer des italienischen Faschismus, einer nationalistischen, antidemokratischen Bewegung. Nach einem „Marsch auf Rom" übernahm er die Regierung. Seine Diktatur war lange Zeit Vorbild für die deutschen Nationalsozialisten.

Die „Goldenen Zwanziger": das Wirtschaftsleben | Die Jahre nach der Sanierung der Währung werden häufig als die „Goldenen Zwanziger" bezeichnet. Vor allem amerikanische Kredite förderten die Investitions- und Innovationsbereitschaft der deutschen Industrie, die in einigen Bereichen (Maschinenbau, Chemie, optische Geräte, Elektrobranche, Feinmechanik) bald eine internationale Spitzenstellung einnahm. Das Produktionsvolumen stieg zwischen 1924 und 1929 um 50 Prozent. Trotzdem verhärtete sich das soziale Klima zwischen den Tarifparteien im Laufe der Jahre, da die Löhne und Sozialleistungen stärker stiegen als der Produktivitätsfortschritt.

Die großindustriellen Unternehmensverbände versuchten zudem seit 1923, die sozialpolitischen Einigungen von Ende 1918 zu korrigieren. Streiks und Aussperrungen eskalierten um die Frage der Erhaltung des Achtstundentages und der Tarifautonomie der Gewerkschaften – Positionen, die für die Arbeitnehmerverbände zu den politischen Grundlagen der Republik zählten. Immerhin wurde aber 1927 mit der einvernehmlichen Einführung der *Arbeitslosenversicherung*, deren Mittel je zur Hälfte von Arbeitgebern und Arbeitnehmern aufzubringen waren, ein wesentlicher sozialpolitischer Fortschritt erzielt.

Kleine Unternehmen und Handwerker machten für ihre niedrig bleibenden Gewinne die industrielle Modernisierung und die Konzentration der Großbetriebe verantwortlich. Die antimodernistische und antikapitalistische Gesinnung wuchs in diesen Kreisen ebenso wie bei den Bauern, die unter einer immer größer werdenden Verschuldung litten.

Die „Goldenen Zwanziger": das kulturelle Leben | Wenn wir heute von den „Goldenen Zwanzigern" sprechen, so meinen wir vor allem das freie, ungewöhnlich produktive, ja teilweise ungezügelte Kulturleben. Anknüpfend an die geistigen Strömungen im Kaiserreich, entfaltete sich in Deutschland, und vor allem in der Metropole Berlin, für mehr als ein Jahrzehnt eine einzigartige künstlerische und intellektuelle Blüte. Eigenartigerweise verharrten aber die meisten Exponenten der „Weimarer Kultur" in einer tiefen Ablehnung gegenüber der Republik. Was waren die Gründe?

Der verlorene Krieg und die Revolution hatten das Weltbild und die Ordnung der wilhelminischen Zeit von Grund auf verändert. Politische, wirtschaftliche, technologische und gesellschaftliche Brüche machten eine neue Orientierung notwendig. In dieser Aufbruchsstimmung entstand ein Zeitgeist, der gleichermaßen überschwänglich wie radikal war. Demgegenüber erschien der politische Alltag grau, langweilig und voller Kompromisse. Intellektuelle von rechts und links waren sich deshalb einig in der Ablehnung der Republik und ihrer führenden Repräsentanten.

In den *bildenden Künsten* und in der *Literatur* beeinflusste schon seit Beginn des Jahrhunderts der **Expressionismus** das Schaffen von Malern, Dramatikern und Lyrikern. Sie alle lehnten die überkommene bürgerliche Gesellschaft ab und postulierten das Ideal eines „neuen Menschen". Um geistige und seelische Empfindungen intensiv darzustellen, trat in der Malerei die Gegenständlichkeit hinter die Farbe zurück, die Wirklichkeit wurde abstrahiert.

Geschichte In Clips
Zum Hitler-Putsch
siehe Code **32035-58**.

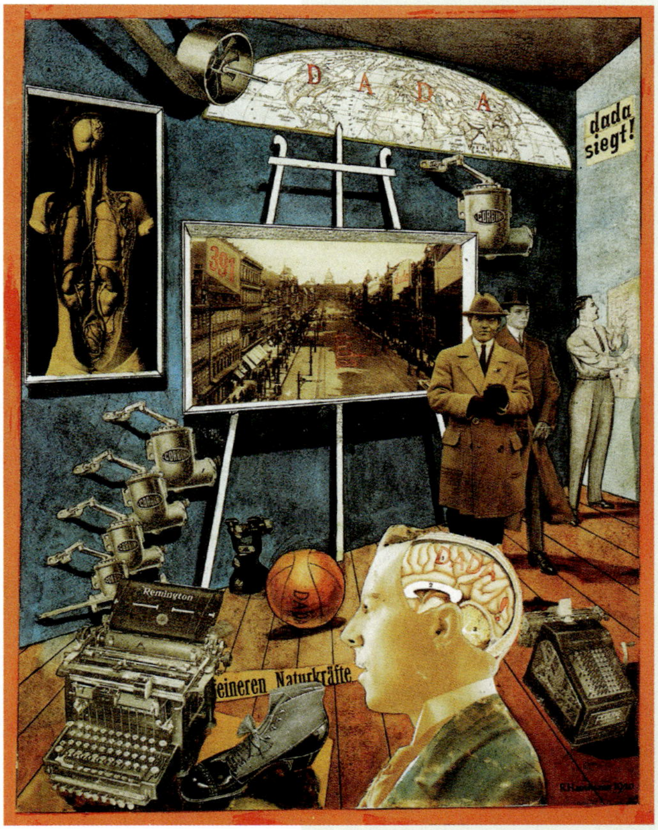

„Dada siegt."
Collage von Raoul Hausmann, 1920. Im Jahr 1919 schlossen sich einige Künstler zusammen und propagierten ihren neuen Kunststil „Dada". Er war die Absage an überkommene autoritäre Strukturen in Kunst und Politik, ein Stück „praktizierter Anarchie". Die Künstler bedienten sich alltäglicher Gegenstände und nutzten das relativ neue Medium der Fotografie für ihre Collagen.

▶ Hausmann wollte den Zeitgeist abbilden. Erläutern Sie anhand der Collage, was für ihn dazu gehörte.

Expressionismus (von lat. *expressio*: Ausdruck): vom Ende des 19. Jahrhunderts bis ca. 1925 bestehende Kunstrichtung in Europa, die Erlebtes expressiv ausdrückt

Seit Mitte der Zwanzigerjahre dominierte die Richtung der *Neuen Sachlichkeit*. In der bildenden Kunst entstanden jetzt objektive, nüchtern-distanzierte Werke ohne die bisherige ekstatische Grellheit. Auch in der Literatur wurde ein verhaltener Ton angeschlagen. Erfolgsromane wie „Berlin Alexanderplatz" (1929) von *Alfred Döblin* und „Kleiner Mann, was nun?" (1932) von *Hans Fallada* verzichteten auf jegliches revolutionäre Pathos und schilderten eindrucksvoll das Leben der „kleinen Leute".

Weltgeltung erzielte in den Zwanzigerjahren das *Theater* in Deutschland. Die Erfolge des „epischen Theaters" sind eng mit den Namen des Schriftstellers *Bertolt Brecht* und des Regisseurs *Erwin Piscator* verbunden. Anhand der Geschicke seiner Hauptfiguren wollte Brechts episches Theater die sozialen Gesetze herausarbeiten, die das Verhalten von Menschen bestimmen. Das Drama wurde zum Lehrstück. Die Uraufführung von Brechts „Dreigroschenoper" geriet 1928 zum Höhepunkt des Berliner Theaterlebens.

Das Theater schlitterte in eine Krise, als die Konkurrenz des *Kinos* übermächtig wurde. Die Zahl der Lichtspieltheater verdoppelte sich zwischen 1918 und 1930. Die deutsche Filmindustrie produzierte in Europa die meisten Filme, und ihre künstlerisch hochwertigen Stummfilme genossen weltweit hohes Ansehen. Der erste Tonfilm wurde 1922 in Berlin aufgeführt, und ab 1927 feierte der Tonfilm seinen kommerziellen Durchbruch. Bahnbrechend wurde 1930 „Der blaue Engel" mit *Marlene Dietrich* und *Emil Jannings* in den Hauptrollen.

„Großstadt" von Otto Dix.
Triptychon (Dreitafelbild) von 1927/28.
Otto Dix lebte von 1925 bis 1927 als freier Künstler in Berlin.

- Beschreiben Sie das Gemälde.
- Erörtern Sie, inwiefern es ein angemessenes Bild der Weimarer Republik zeichnet.

Die „Goldenen Zwanziger": Massenkultur und Medien | Zur neuen „Massenkultur" der Zwanzigerjahre gehörte neben dem Kino der stürmische Aufschwung, den *Presse* und *Rundfunk* nahmen. Neben den florierenden Tageszeitungen eroberten sich Illustrierte und Boulevardblätter ihre Leser. Noch stärker in die Lebensgewohnheiten der Bürger griffen die neuen Rundfunksender ein. Seit der ersten Radiosendung am 29. Oktober 1923 stieg die Zahl der Empfänger unentwegt an. Neun Jahre später besaß bereits jeder vierte Haushalt einen Rundfunkapparat. In der *Musik* dominierte mit dem Jazz und dem Charleston Musik aus den USA. Populär gemacht wurden die neuen Hits in ausverkauften Kabaretts und Revuen und bald auch durch Schallplatten.

Große internationale Anerkennung fand die *Architektur*, verkörpert durch das „*Bauhaus*" in Weimar, später Dessau. Unter der Leitung von *Walter Gropius* war das Bauhaus eine gemeinsame Ausbildungsstätte für Handwerker und Künstler. Durch das Herausarbeiten der Funktionalität in der Architektur oder bei Gegenständen des täglichen Gebrauchs versuchte man, Formschönheit mit den Erfordernissen der Technik zu verbinden.

Die „Goldenen Zwanziger": Sport – ein neues Phänomen | Überall in der Welt wurden nach dem Weltkrieg Sportveranstaltungen zu einem bisher unbekannten Phänomen, das die Massen begeisterte. Der *Deutsche Fußballbund (DFB)* hatte 1914 rund 190 000 Mitglieder, 1931 waren es bereits mehr als eine Million. Neue Sportarten wie Handball entstanden, und erstmals machten auch Frauen als Leistungssportlerinnen auf sich aufmerksam. Nicht nur die Tageszeitungen und der Rundfunk berichteten, allein über 500 Sportzeitungen konkurrierten beim Aufbau von Stars um die Gunst ihrer Leser. Nicht mehr Militärführer, sondern Leichtathleten, Schwimmer oder Boxer genossen die Verehrung des Publikums. Beliebte Sportler wurden von Wirtschaftsunternehmen als Werbeikonen inszeniert. *Rudolf Caracciola*, der mit einem Mercedes-Rennwagen mehrfach den Großen Preis von Deutschland auf dem Nürburgring gewann, personifizierte wie kein Zweiter die „roaring Twenties" in Deutschland. Nach der Niederlage im Weltkrieg gab der Sport Gelegenheit, mit anderen Nationen wieder auf Augenhöhe zu konkurrieren.

Die „Goldenen Zwanziger": Wissenschaft und Technik | Vergleichbares galt für deutsche Wissenschaftler, die nach 1918 von ihren ausländischen Kollegen zunächst meist boykottiert wurden. Doch angetrieben von staatlichen Förderprogrammen konnten sie alsbald verlorenes Prestige zurückgewinnen. Von den naturwissenschaftlichen Nobelpreisen zwischen 1919 und 1933 wurde jeder dritte an deutsche Chemiker, Physiker oder Mediziner verliehen. *Albert Einstein* (1879–1955) erhielt 1921 den Preis in Physik für seine Entdeckung des Gesetzes des photoelektrischen Effekts – und nicht etwa für die Relativitätstheorie.

Von der bahnbrechenden Grundlagenforschung profitierten deutsche Unternehmen mit weltweit anerkannten Spitzenleistungen. Das Luftschiff „Graf Zeppelin" umrundete 1929 erstmals die Erde. Ein von Pulverraketen angetriebenes Fahrzeug der Firma *Opel* beschleunigte in acht Sekunden von 0 auf 100 km/h. Neben einem solchen Weltrekord konnte Opel aber auch durch Fließbandproduktion den Preis für seinen Kleinwagen *„Laubfrosch"* von 45 000 Reichsmark auf 1 930 Reichsmark senken; damit wurde er für größere Käuferschichten erschwinglich. Andere Neuerungen hielten zunächst nur in die einkommensstärkeren Haushalte Einzug: Die Firma *Miele* stellte die erste elektrische Geschirrspülmaschine her, Musik konnte man erstmals zu Hause auf eigenem Plattenspieler hören, und der Kommunikation diente das erste Selbstwähltelefon (1926), mit dem man nicht mehr auf die Vermittlung „des Fräuleins vom Amt" angewiesen war.

So bleibt von den hoffnungsvollen „Goldenen Zwanzigern" alles in allem ein ambivalentes Bild. Technische Neuerungen, die Nutzung von Medien und von bis dahin unbekannten Formen einer Massenkultur wurden allgemein begrüßt. Doch was die einen als Aufbruch in einen neuen Lebensstil feierten, war für andere Anlass zu kulturpessimistischen Stimmungen. Wille zur Modernität und Angst vor der Modernität waren zwei Seiten derselben Medaille – sowohl in der Gefühlslage einzelner Personen als auch innerhalb gesellschaftlicher Gruppen.

Gustav Stresemann, ein Repräsentant seiner Zeit | 1923 war das Jahr, in dem die drängendsten Probleme der Republik (Abbruch des passiven Widerstands im Rheinland und Beendigung der Hyperinflation) unter Reichskanzler **Gustav Stresemann** einer Lösung zugeführt werden konnten. Doch wer war Gustav Stresemann?

1878 in Berlin geboren, hatte Stresemann nach dem Studium in Industrieverbänden Karriere gemacht und wurde 1907 für die Nationalliberale Partei erstmals Abgeordneter im kaiserlichen Reichstag. Während des Weltkrieges gehörte er zum engeren Führungskreis seiner Fraktion, deren Vorsitzender er 1917 wurde. Gemeinsam mit seiner Partei trat er während des Krieges zunächst für umfangreiche Annexionen im Osten und Westen ein. Doch bereits im September 1917 erklärte er, „dass wir nicht beabsichtigen, den Krieg um weiterer Eroberungen halber weiterzuführen".

Lina Radke läuft zu Gold.
Foto von 1928.
Im 800-Meter-Lauf siegt die Karlsruherin Lina Radke (1903–1983) bei den Olympischen Spielen in Amsterdam mit einer neuen Weltrekordzeit von 2:16,8 Minuten.

„Laubfrosch."
Foto von 2009.
Besucher können sich im Verkehrszentrum des Deutschen Museums in München das Modell Opel 4/12 PS „Laubfrosch" aus dem Jahre 1924 ansehen.

Gustav Stresemann (1878–1929): Wirtschaftswissenschaftler und Politiker, 1923 Reichskanzler, 1923–1929 Außenminister. Er prägte die Weimarer Republik und erwirkte die Aufnahme Deutschlands in den Völkerbund.

Jahr	Industrieaktien	Eisenbahnaktien	Aktien der Versorgungs-unternehmen	Aktien insgesamt
1926	100,0	100,0	100,0	100,0
1927	118,4	119,1	116,0	118,3
1928	154,3	128,5	148,9	149,9
1929	189,4	147,3	234,6	190,3
1930	140,6	124,9	214,6	149,8
1931	86,9	72,1	147,9	94,2
1932	46,3	26,2	78,8	48,4
1933	66,2	38,0	78,0	63,4

Aktienkurse an der New Yorker Börse.

Friedrich-Wilhelm Henning, Deutsche Wirtschafts- und Sozialgeschichte in der ersten Hälfte des 20. Jahrhunderts, Teil I: Deutsche Wirtschafts- und Sozialgeschichte im Ersten Weltkrieg und in der Weimarer Republik 1914 bis 1932, Paderborn/München/Wien/Zürich 2003, S. 453

► Präsentation: Veranschaulichen Sie die Unterschiede der Aktienverläufe in einem Diagramm.

In den ersten Nachkriegsjahren wandelte sich Stresemann vom Monarchisten zum „Vernunftsrepublikaner": „Erst kommt das Reich und dann die Monarchie." Stresemann, der führende Politiker der bürgerlichen Parteien, wurde am 12. August 1923 Reichskanzler. Zwar musste er bereits nach 100 Tagen als Kanzler zurücktreten, doch prägte er als Außenminister die deutsche Politik bis zu seinem Tod am 3. Oktober 1929 nachhaltig.

Die Außenpolitik Stresemanns | Vorrangiges Ziel der deutschen Politik war seit 1919 die Revision des Versailler Vertrages. Dabei setzte Stresemann als Vertreter einer bürgerlichen Politik auf den friedlichen Ausgleich unterschiedlicher Interessen. Insbesondere war er bereit, das Sicherheitsbedürfnis Frankreichs vor dem wirtschaftlich starken Nachbarn im Osten zu berücksichtigen. Das Ergebnis waren die *Verträge von Locarno* (1926): Deutschland, Frankreich und England verpflichteten sich, keine Veränderung der bestehenden Grenzen vorzunehmen. Im Osten verzichtete Stresemann in einem Schiedsvertrag mit Polen lediglich auf eine gewaltsame Revision der Grenzen. Mit den Locarnoverträgen konnte Deutschland seine außenpolitische Isolierung durchbrechen und wurde in den *Völkerbund* aufgenommen. Stresemann hoffte, so wieder in den Status einer europäischen Großmacht zurückzukehren.

Eine weitere grundlegende Frage betraf die endgültige Festlegung der Reparationszahlungen. Eine Kommission unter Vorsitz des Amerikaners *Owen Young* legte 1929 die Gesamtsumme schließlich auf 114 Milliarden Goldmark fest, die 59 Jahre lang in Teilzahlungen erbracht werden sollten. Im Gegenzug entfielen ausländische Wirtschaftskontrollen in Deutschland und die Besatzungstruppen wurden fünf Jahre vor dem festgesetzten Termin abgezogen.

1926 erhielten Stresemann und sein französischer Amtskollege *Aristide Briand* den Friedensnobelpreis. Doch in Deutschland rief die nationale Rechte weiterhin zur Revision des „Diktatfriedens" auf und bekämpfte die Politik ihres Außenministers bis über seinen Tod hinaus als „ehrlose Erfüllungspolitik" (➜M8).

Ursachen der Weltwirtschaftskrise | Der wirtschaftliche Aufschwung der Zwanzigerjahre fand 1929 ein unerwartet jähes Ende. Es folgte – ausgehend von den USA – die schwerste Krise, die die Weltwirtschaft bis dahin erlebt hatte.

Die Hochkonjunktur in den Jahren nach dem Ersten Weltkrieg schürte bei weiten Teilen der amerikanischen Bevölkerung ein wahres Spekulationsfieber mit der Hoffnung auf schnellen Reichtum. Man kaufte Aktien auf Kredit, um sie nach dem Kursanstieg wieder gewinnbringend veräußern zu können. Vom 24. auf den 25. Oktober 1929 (*„Schwarzer Freitag"*) und noch einmal am 29. Oktober sanken an der New Yorker Börse plötzlich die überhöhten Aktienkurse dramatisch, bei manchen Papieren um bis zu 90 Prozent. Die Menschen stürmten aus Angst um ihre Ersparnisse die Geldinstitute und brachten diese dadurch in Liquiditätsschwierigkeiten. Um wieder flüssig zu werden, zogen die amerikanischen Banken kurzfristig Kredite aus Europa zurück. Außerdem erhöhte die Regierung der Vereinigten Staaten zum Schutz der eigenen Wirtschaft die Importzölle. Diese Maßnahmen rissen die europäischen Staaten mit in die Krise.

Die Auswirkungen der Krise auf Deutschland | Noch 1928 hatten die Reichstagswahlen einen Sieg der republikanischen Parteien gebracht. Es regierte eine „Große Koalition" unter Führung der SPD, von Anfang an verunsichert durch gravierende programmatische Spannungen. Nach Stresemanns Tod glaubten die Parteien, eine „Politik schädlicher Kompromisse" nicht länger vor den eigenen Anhängern vertreten zu können.

Im Streit über eine geringfügige Erhöhung der Arbeitslosenversicherung zerbrach schließlich die Koalition. Die „Frankfurter Zeitung" sprach von einem „schwarzen Tag..., doppelt unheilvoll, weil der Gegenstand des Streits mit seiner Kleinheit in einem so grotesken Missverhältnis zu den verhängnisvollen Folgen steht, die daraus erwachsen können."

Im Gefolge der amerikanischen Wirtschaftskrise senkten steigende Arbeitslosenzahlen die Kaufkraft der Bevölkerung und die Steuereinnahmen des Staates erheblich.

Geschichte In Clips
Zum New Yorker Börsencrash und der Wirtschaftskrise im Deutschen Reich siehe die Codes **32035-59** und **32035-60**.

Die verhängnisvolle Spirale von Produktionsdrosselungen und Entlassungen drehte sich immer weiter.

In ihrem vollen Ausmaß traf die Depression Deutschland 1931, als das Ausland verstärkt seine kurzfristigen Kredite zurückzog. Viele deutsche Banken kamen in Zahlungsschwierigkeiten oder brachen zusammen (Bankenkrach).

1932 erreichte die Krise ihren Höhepunkt. Die industrielle Produktion ging auf die Hälfte des Standes von 1928 zurück. Im Februar meldeten sich 6,12 Millionen Beschäftigte arbeitslos. Wahrscheinlich lag die tatsächliche Zahl höher, sodass wohl in Deutschland nahezu jede zweite Familie unter der Wirtschaftskrise zu leiden hatte. Viele kleine und mittlere Unternehmen verloren ihre Betriebe durch Konkurs (➔M9). Angestellte und Arbeiter brachte die Arbeitslosigkeit in große Not. Die Unterstützung für Arbeitslose bewegte sich bereits am Rande des Existenzminimums. Trotzdem wurde sie ab Juni 1932 von der Regierung noch einmal gekürzt. Wer dann nach einem Jahr keine Unterstützung mehr erhielt, konnte lediglich auf die örtlichen Wohlfahrtsverbände hoffen. Ein Gefühl der Unsicherheit machte sich breit, das über die unmittelbar Betroffenen hinaus die gesamte Bevölkerung erfasste. Die existenzbedrohende Not und allgemeine Krisenstimmung erhöhten die Anfälligkeit für radikale Ideen von rechts und links.

Arbeitslose im Hof des Arbeitsamtes in Hannover.
Foto von Walter Ballhause, 1930.

Regieren ohne Mehrheit | Nach dem Bruch der Großen Koalition war der Weg frei für eine Regierungsbildung neuen Stils, die die alten Eliten wieder an die Macht bringen sollte. Treibende Kraft war General *Kurt von Schleicher*, Chef des Ministeramtes im Reichswehrministerium. Er schlug Hindenburg vor, eine nach rechts orientierte bürgerliche Regierung zu ernennen, die nur dem Reichspräsidenten verantwortlich sein sollte (*Präsidialkabinett*). Das zukünftige Kabinett, dessen Handlungsfähigkeit der Präsident durch Einsatz der Artikel 48 (Notverordnungsrecht) und 25 (Reichstagsauflösung) sicherzustellen hatte, sollte „antimarxistisch", also ohne sozialdemokratischen Einfluss, und „antiparlamentarisch", also ohne an eine Koalition gebunden zu sein, gebildet werden. Hindenburg, der vielen Regierungskrisen müde, stimmte zu und ernannte Heinrich Brüning, den konservativ-nationalen Fraktionsvorsitzenden des Zentrums, am 29. März 1930 zum Reichskanzler.

Brüning nahm mit einer rigiden Sparpolitik die anhaltend hohe Arbeitslosigkeit und das Elend großer Bevölkerungsteile in Kauf, um den Alliierten die Unerfüllbarkeit ihrer Reparationsforderungen vor Augen zu führen. Gehaltskürzungen im öffentlichen Dienst, Leistungsabbau im sozialen Bereich und Steuererhöhungen ließen allerdings die Kaufkraft der Bevölkerung und die Einnahmen des Staates weiter zurückgehen.

Als sich der Reichstag im Juli 1930 weigerte, einem Bündel einschneidender sozialpolitischer Maßnahmen der Regierung zuzustimmen, löste ihn der Reichspräsident auf und setzte für den 14. September Neuwahlen fest. In der Zwischenzeit regierte Brüning mit Notverordnungen.

Die radikalen Parteien führten einen Wahlkampf, wie man ihn bisher in Deutschland noch nicht erlebt hatte. NSDAP und KPD schürten die Angst der Menschen vor einem sozialen Abstieg und versprachen „Arbeit und Brot". Die NSDAP verbreitete ihre nationalistisch-antisemitischen Parolen lautstark mit organisierten Massenaufmärschen, mit Uniformen, Marschmusik, Fahnen, Plakaten, Flugblättern und geschulten Rednern. Ihre Stimmenzahl wuchs von 800 000 (1928) auf nun 6,4 Millionen – ein in der Geschichte des deutschen Parlamentarismus beispielloser Aufschwung. Die NSDAP stellte jetzt nach der SPD die zweitstärkste Fraktion im Reichstag. Der Verfall der bürgerlichen Mitte setzte sich rapide fort. In den Augen der Öffentlichkeit hatten Demokratie und Parlamentarismus versagt (➔M10).

Heinrich Brüning (1885–1970): 1930 bis 1932 Reichskanzler; 1934 Emigration in die USA

„Notverordnung."
Karikatur von Erich Schilling aus dem „Simplicissimus" vom 16. Februar 1931.
Sie trägt folgende Unterschrift: „Nach den Erfahrungen der letzten Wochen ist verfügt worden, dass jeder Demonstrationszug seinen eigenen Leichenwagen mitzuführen hat."

- Beschreiben Sie, auf welches Problem die Karikatur anspielt.
- Erläutern Sie die Gefahren für ein demokratisches Staatswesen, wenn das Gewaltmonopol nicht mehr ausschließlich beim Staat liegt.

Der Aufstieg der NSDAP | Als sich die NSDAP 1920 ihr Parteiprogramm gegeben hatte, war sie eine unter zahllosen radikalen Splitterparteien. Bis zum Januar 1933 wuchs die Zahl ihrer Mitglieder auf 849 000 an, die NSDAP wurde zur Massenpartei. Was machte die Partei für so viele Menschen attraktiv?

Der Schock der Kriegsniederlage, der als nationale Demütigung empfundene Versailler Vertrag, die Revolution mit ihren blutigen Auseinandersetzungen, schließlich die negativen psychologischen Folgen von Inflation und Massenarbeitslosigkeit ließen die antiliberalen, antimarxistischen und antisemitischen Parolen Adolf Hitlers auf fruchtbaren Boden fallen. Die Zeitgenossen wollten in ihm den starken Mann sehen, einen Führer und „Erlöser", der die Nation vor dem drohenden Untergang retten und sie wieder zu politischer Größe führen würde. Tatkraft und Durchsetzungsvermögen der NSDAP zogen Mitglieder und Wähler an, in protestantischen Regionen mehr als in katholischen, in Kleinstädten bzw. ländlichen Regionen eher als in Großstädten.

Emotionale Appelle an „Ehre, Größe, Heroismus, Opferbereitschaft, Hingabe", führten der „Bewegung" ihre Wähler und Sympathisanten zu. Viele von ihnen wollten mit ihrem Wahlverhalten nur die Unzufriedenheit mit den gegenwärtigen Verhältnissen ausdrücken. Dies erklärt auch die starken Schwankungen der NSDAP in der Gunst der Wähler.

Es gelang den Nationalsozialisten, in die obere Mittelschicht und sogar Oberschicht einzudringen. Auch bei der Arbeiterschaft konnten sie bedeutend mehr Stimmen gewinnen als bisher vermutet worden war. Die NSDAP wurde eine „Integrationspartei" für alle sozialen Schichten, eine Bewegung mit „Volksparteicharakter". Auffällig blieb der große Zustrom junger Menschen, die sich von nationalistischen Ideen begeistern ließen. Von den rund 720 000 zwischen 1930 und 1933 neu in die Partei eingetretenen Mitgliedern gehörten 43 Prozent der Altersgruppe zwischen 18 und 30 Jahren an.

Der Weg in die Diktatur | Nach den „Erbitterungswahlen" von 1930 war im Reichstag eine parlamentarische Mehrheitsbildung nahezu unmöglich geworden (→M10). Der Verfall des Parlamentarismus setzte sich rapide fort. Während der Reichstag 1930 immerhin noch 94 Sitzungen abhielt, sank die Zahl bis 1932 auf lediglich 13. Waren es 1930 noch 98 Gesetze, die der Reichstag verabschiedete, so blieben 1932 gerade fünf. Im Gegenzug dazu steigerte sich die Anzahl der Notverordnungen von fünf (1930) auf 66 (1932). Der Reichstag musste tatenlos zusehen, wie die politische Macht in die Hände der Regierung und der Bürokratie überging. Trotz fehlender Mehrheit im Parlament konnte Reichskanzler Brüning nach der Wahl seine Notverordnungspraxis fortsetzen. Denn die SPD tolerierte seinen Kurs, aus Gründen der Staatsraison und aus Furcht vor einer weiteren Radikalisierung bei Neuwahlen, die zu einem Kabinett unter Beteiligung der Nationalsozialisten führen konnten. Nachdem Brüning das Vertrauen von Reichspräsident Hindenburg verloren hatte, der die Regierung nicht länger mithilfe der Notverordnungen stützen wollte, trat er zurück. Sein Nachfolger wurde Franz von Papen.

Brüning hatte sich als Chef des ersten Präsidialregimes bemüht, mit dem Reichstag zusammenzuarbeiten, auch wenn er sich nicht an parlamentarische Entscheidungen gebunden fühlte. Seine Nachfolger dagegen suchten, gestützt auf eine breite antiparlamentarische, republikfeindliche Allianz, die offene Auseinandersetzung mit dem Reichstag. Franz von Papen bildete ein neues Kabinett, in dem von elf Ministern sieben adlig waren („*Kabinett der Barone*"). Hitler verweigerte auch dieser Regierung die Zusammenarbeit und attackierte sie schonungslos. Der Reichstag wurde deshalb am 4. Juni aufgelöst.

Die Neuwahlen am 31. Juli 1932 brachten der NSDAP einen sensationellen Erfolg. Sie verdoppelte ihre Mandatszahl und wurde stärkste Fraktion. Nach diesem Wahlerfolg forderte Hitler für sich das Amt des Reichskanzlers. Hindenburg lehnte ab. Gleich in der ersten Sitzung des neu gewählten Reichstages am 30. August sprach eine deutliche Mehrheit dem Reichskanzler das Misstrauen aus (512 gegen 42). Dennoch blieb Papen im Amt. Er begann eine antizyklische Konjunkturpolitik einzuleiten, und tatsächlich gab es erste Anzeichen für eine Besserung der Wirtschaftslage. Nach einer neuerlichen Auflösung des Reichstages fanden am 6. November abermals Neuwahlen statt. Die NSDAP verlor überraschend zwei Millionen Wähler. Hitler sah, dass ihm nicht mehr viel Zeit blieb, sein Ziel zu erreichen. Papen beabsichtigte, zur Überwindung der parlamentarischen Blockade den Staatsnotstand auszurufen. Mit Zustimmung des Reichspräsidenten sollten dabei einige Bestimmungen der Verfassung außer Kraft gesetzt werden. Hindenburg verweigerte diesen Plänen die Zustimmung und entließ Papen am 3. Dezember.

Dessen Nachfolger, General Kurt von Schleicher, scheiterte mit seinem Versuch, für seine Wirtschafts- und Beschäftigungspolitik einen Teil der NSDAP, die Gewerkschaften und die SPD zu gewinnen. Reichspräsident Hindenburg wurde nun von seinen engsten Beratern, führenden Unternehmern aus Wirtschaft und Industrie sowie vor allem durch Papen bedrängt, Hitler zum Reichskanzler zu ernennen. Papen winkte der Vizekanzlerposten. Zusammen mit den anderen konservativen Ministern glaubte er, die Nationalsozialisten ausreichend unter Kontrolle zu haben. Am 28. Januar 1933 trat Schleicher zurück. Zwei Tage später ernannte Hindenburg Hitler zum Reichskanzler (→M11).

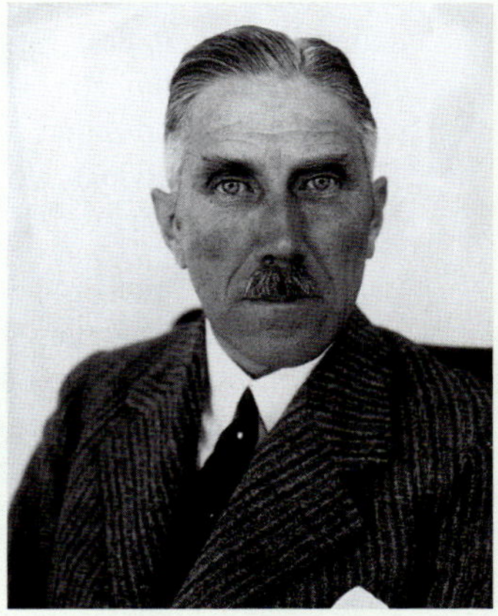

Franz von Papen (1879–1969): 1932 Reichskanzler; im Nürnberger Prozess gegen die Hauptkriegsverbrecher 1946 freigesprochen

M1 Nationalversammlung oder Rätesystem?

Die Linke ist zerrissen in der Frage, ob die neue Staatsform eine parlamentarische Demokratie oder eine Räterepublik sein soll. Auf dem Kongress der Arbeiter- und Soldatenräte Deutschlands vom 16. bis 20. Dezember 1918 in Berlin prallen die Meinungen aufeinander. Max Cohen-Reuß (1876–1963) gehört als Reichstagsabgeordneter dem Mehrheitsflügel der SPD an. Er sagt:

In jedem Falle drücken die Arbeiter- und Soldatenräte nur einen Teilwillen, niemals aber den Willen des ganzen Volkes aus. Diesen festzustellen, darauf kommt es an. [...] Ich glaube, dass wir eine geregelte Verwaltung in Deutschland nur durch die Nationalversammlung herstellen können, die uns die demokratische Verfassung gibt und das Deutsche Reich wieder aufbaut und seine auseinanderstrebenden Teile zusammenhält. [...]

Die Genossen sagen: Wenn eine baldige Nationalversammlung zusammentritt, bekommen wir keine sozialistische Mehrheit, wir müssen deshalb die Sozialisierung vorher so schnell wie möglich beschließen. Parteigenossen, ich bin direkt der gegenteiligen Auffassung. Wenn wir eine *sozialistische Mehrheit* bekommen wollen, müssen wir die Nationalversammlung so schnell wie möglich einberufen. [...] Lassen Sie mich bei der Gelegenheit noch eines sagen! Es ist selbstverständlich, dass wir alle so viel Sozialismus wollen, wie durchführbar ist. Aber persönlich habe ich die Überzeugung, *es wird nicht mehr Sozialismus durchführbar sein, als die Mehrheit des Volkes will.* [...]

Parteigenossen, schätzen Sie wirklich bei ganz ruhiger, nüchterner Überlegung den *Widerstand der bürgerlichen Kreise* und der Intelligenz so gering ein, dass wir, wenn wir sie politisch entrechten, gegen ihren Willen die Wirtschaft führen können? [...]

Nehmen wir einmal an, wir hätten ein Rätesystem in Deutschland. Dieses Rätesystem würde [...] *auf der Friedenskonferenz auf die äußersten Schwierigkeiten* stoßen; denn man hat es auf der Friedenskonferenz mit Ländern zu tun, die seit Jahrhunderten die Demokratie im Innersten in sich aufgenommen haben, und die nicht so leicht mit einem Rätesystem verhandeln würden. [...]

Im Interesse des deutschen Volkes und besonders der Arbeiterschaft und im Interesse der neu aufzubauenden Menschheitsorganisation vom Standpunkt der Demokratie und des Sozialismus aus *brauchen wir* die Nationalversammlung, die den Willen des deutschen Volkes feststellt.

Ernst Däumig (1866–1922) ist Redakteur des SPD-Parteiorgans „Vorwärts". 1918 tritt er zur USPD über, ist zeitweise Parteivorsitzender, bevor er 1920 zur KPD wechselt. Er äußert sich wie folgt:

Die alte bürgerliche Demokratie mit ihrem Stimmzettel und ihren Parlamenten ist keine Ewigkeitserscheinung; sie hat ihre historische Bedingtheit, und wie der Sozialismus als neues Grundprinzip der Welt aufzieht, so ist selbstverständlich damit auch verbunden, dass dieser bürgerlichen Demokratie die proletarische Demokratie folgen muss: wie sie ihren organisatorischen Ausdruck in dem Rätesystem findet. [...]

Man spricht in Bezug auf das Rätesystem von der Diktatur, und jeder Spießer malt sich darunter etwas Gruseliges vor; er denkt an Browningpistolen, an Maschinengewehre und andere Dinge. [...]

Die Diktatur ist zweifellos mit dem Rätesystem verbunden. Aber was sich in Russland durch die historischen Gesetze aufzwang, braucht noch lange nicht in Deutschland der Fall zu sein. Ich gehöre nicht zu denen, die mechanisch und sklavisch das *russische Beispiel* nachzuahmen versuchen. Ich bin Deutscher und ich bin stolz darauf, Deutscher zu sein. [...]

Das ist eine Frage der Technik, das Rätesystem so zu vervollkommnen, dass wir für ganz Deutschland ein einheitliches *Wahlsystem*, durchführen können, in erster Linie natürlich *für die Arbeiterschaft* und, soweit es notwendig, für die Soldatenräte, die ja mehr und mehr in den großen proletarischen Kreis aufgenommen werden, und auch für die Bauernräte, wo es erforderlich ist. Wenn ein solches einheitliches Wahlsystem durchgeführt wird, dann kann auch eine Nationalversammlung zusammentreten, und die ist, soweit die Reichseinheit in Betracht kommt, ein viel stärkerer Kitt als die Nationalversammlung, die aus den bürgerlichen Elementen heraus zusammenkommt.

Erster und zweiter Text: Gerhard A. Ritter und Susanne Miller (Hrsg.), Die deutsche Revolution 1918–1919. Dokumente, Frankfurt am Main [2]1983, S. 372 ff. und 379 ff.

1. Stellen Sie die wesentlichen Argumente von Cohen-Reuß und Däumig zusammen und erörtern Sie dann deren Gewichtigkeit für und wider demokratischen Parlamentarismus bzw. Rätesystem. | F
2. Erläutern Sie mögliche Gründe, aus denen die Befürworter einer Räterepublik so entschieden gegen die Einberufung einer Nationalversammlung auftreten.

M2 Die erste Frau spricht im Parlament

Marie Juchacz (1879–1956), gelernte Schneiderin, Frauenrechtlerin und Reichstagsabgeordnete, in ihrer Rede vom 19. Februar 1919:

Meine Herren und Damen! (*Heiterkeit*) Es ist das erste Mal, dass in Deutschland die Frau als Freie und Gleiche im Parlament zum Volke sprechen darf, und ich möchte hier feststellen, und zwar ganz objektiv, dass es die Revolution gewesen ist, die auch in Deutschland die alten Vorurteile überwunden hat. Die Frauen besitzen heute das ihnen zustehende Recht der Staatsbürgerinnen. Gemäß ihrer Weltanschauung konnte und durfte eine vom Staate beauftragte Regierung nicht anders handeln, wie sie gehandelt hat. Sie hat getan, was sie musste, als sie bei der Vorbereitung dieser Versammlung die Frauen als gleichberechtigte Staatsbürgerinnen anerkannte. […]
Die Männer, die dem weiblichen Teile der Bevölkerung das bisher zu Unrecht vorenthaltene Recht gegeben haben, haben damit eine für jeden Demokraten selbstverständliche Pflicht erfüllt. […] Mit Recht wird man erst jetzt von einem Deutschland sprechen können und von der Souveränität des ganzen Volkes. Unsere neue Macht, diese Demokratie müssen wir nutzen – als Frauen und Männer!

Zitiert nach: www.reichstagsprotokolle.de (Zugriff: 14. Januar 2019)

Eröffnung der Verfassungsgebenden Deutschen Nationalversammlung.
Foto vom 6. Februar 1919, Nationaltheater in Weimar.
Friedrich Ebert ist in der Bildmitte zu sehen.

1. Geben Sie die zentrale Aussage der Rede wieder.
2. Präsentation: Recherchieren Sie die Genese der Frauenrechte im Deutschland des 20. Jahrhunderts und präsentieren Sie Ihre Ergebnisse in Form eines Kurzreferates.

M3 Lehren aus Weimar

Der Publizist Sebastian Haffner (1907–1999) untersucht, welche Konsequenzen die Gestalter des Grundgesetzes aus den Erfahrungen mit der Weimarer Verfassung gezogen haben:

Von 1945 bis 1949 lagen reichlich drei Jahre zwischen dem demokratischen Neuanfang und der nationalsozialistischen Niederlage – und was für einer Niederlage, und was für Jahre! Diesmal war kein Raum für eine Dolchstoßlegende. […]
Auf die Frage, wodurch sich eigentlich die Bonner Demokratie von der Weimarer unterscheidet, haben die meisten Leute nur ein Achselzucken. Für sie ist Demokratie Demokratie. Aber die Unterschiede sind gewaltig.
Der einfachste und grundlegendste Unterschied ist wohl dieser: Die Weimarer Verfassungsarchitekten waren Optimisten, die Väter des Grundgesetzes eher Pessimisten. […]
Die Weimarer Verfassung zeigt in ihren wesentlichen Einrichtungen – Volksbegehren und Volksentscheid, Volkswahl des Reichspräsidenten, leichte Auflösbarkeit des Reichstages – ein fast unbegrenztes Vertrauen in die demokratische Vernunft und staatsbürgerliche Verantwortung des Wählers. Das Bonner Grundgesetz ist eher von Misstrauen geprägt, seine Verfasser waren gebrannte Kinder: Sie hatten erlebt, wie verführbar und schwankend in seinen Stimmungen der Wähler sein kann, wie leicht eine Demokratie gerade durch zu schrankenlose Demokratie sich selbst zugrunde richten kann, und sie wollten es nicht noch einmal erleben. Die Weimarer Verfassung setzte ein Volk von unbeirrbaren Demokraten und musterhaften Staatsbürgern voraus. Das Bonner Grundgesetz will eine demokratische Verfassung sein, die auch unter fehlbaren und verführbaren, unvollkommenen Menschen funktionieren kann, es will die Demokratie auch vor sich selber schützen. […]
Die Weimarer Republik hat in den vierzehn Jahren ihres Bestehens dreizehn Reichskanzler verbraucht. […]
Das Bonner Grundgesetz macht es schwer, einen einmal gewählten Bundeskanzler zu stürzen: Der Bundespräsident kann es überhaupt nicht, der Bundestag nur, indem er einen anderen Kanzler wählt. […]

Mindestens ebenso wichtig sind die vielen Hindernisse, die das Grundgesetz einer vorzeitigen Auflösung des Bundestages in den Weg legt: Denn eine neue Bundestagswahl bedeutet ja auch eine neue Kanzlerwahl, und die will das Grundgesetz eben nicht so leicht machen. Nicht jede Schwankung in der Wählerstimmung soll sofort auf Parlament und Regierung durchschlagen. [...]
Gewiss hat zum Untergang der Weimarer Demokratie die Instabilität der Regierungen, die übermäßige Häufigkeit der Wahlen, die allzu starke Machtposition des Reichspräsidenten und ihr Missbrauch beigetragen. Aber nicht zu leugnen ist, dass schließlich der deutsche Wähler selbst der Weimarer Republik den Todesstreich versetzt hat. [...] Der Wähler ist der demokratische Souverän. Die Wählermehrheit entscheidet: Das ist die Quintessenz jeder demokratischen Verfassung. Wie aber, wenn die Wählermehrheit gegen die Demokratie entscheidet? Ist es dann die Pflicht der Demokratie, im Namen der Demokratie Selbstmord zu begehen? Umgekehrt: Begeht nicht eine Demokratie auch dann Selbstmord, wenn sie – im Namen der Demokratie – die Entscheidung der Wählermehrheit missachtet? Gehört es zum Wesen demokratischer Freiheit, dass sie auch sich selbst zur Disposition des Wählers stellen muss? Oder darf sie sagen: Keine Freiheit für die Feinde der Freiheit? [...]
Die Weimarer Verfassung liest sich wie eine Aufforderung an den Wähler, sich recht viel einfallen zu lassen und sich politisch jederzeit so recht auszutoben. Vom Grundgesetz kann man das nicht sagen. [...]
Sodann ist die Gesetzgebung an die verfassungsmäßige Ordnung gebunden, und darüber wacht das Bundesverfassungsgericht – eine sehr mächtige Institution, die keine frühere deutsche Verfassung kannte. [...] Dem Bundesverfassungsgericht hat das Grundgesetz eine sehr wirksame Waffe in die Hand gegeben in der Gestalt der Grundrechte, die, wiederum anders als in Weimar, nicht nur Programm künftiger Gesetzgebung, sondern unmittelbar geltendes Recht sind und nur mit verfassungsändernden Mehrheiten – zum Teil sogar überhaupt nicht – abgeändert oder eingeschränkt werden können.

Sebastian Haffner, Im Schatten der Geschichte, Stuttgart 1985, S. 191 ff.

1. Geben Sie die Unterschiede zwischen der Weimarer Verfassung und unserem Grundgesetz unter Berücksichtigung beider Entstehungsgeschichten wieder. | F
2. Arbeiten Sie die Lehren heraus, die die Väter und Mütter des Grundgesetzes aus der Weimarer Verfassung gezogen haben.
3. Weisen Sie die starke Stellung des Bundesverfassungsgerichts in unserer heutigen Rechtsordnung nach. Informieren Sie sich über Gerichtsverfahren, in denen das Gericht den gesetzgebenden Körperschaften Schranken gesetzt hat.

M4 „Dolchstoßlegende"

Ein Untersuchungsausschuss der Nationalversammlung soll nach dem Krieg die Ursachen der deutschen Niederlage ergründen. Generalfeldmarschall Paul von Hindenburg erklärt am 18. November 1919:

Trotz der ungeheuren Ansprüche an Truppen und Führung, trotz der zahlenmäßigen Überlegenheit des Feindes konnten wir den ungleichen Kampf zu einem günstigen Ende führen, wenn die geschlossene und einheitliche Zusammenwirkung von Heer und Heimat eingetreten wäre. [...]
Doch was geschah nun? Während sich beim Feinde trotz seiner Überlegenheit an lebendem und totem Material alle Parteien, alle Schichten der Bevölkerung in dem Willen zum Siege immer fester zusammenschlossen, und zwar umso mehr, je schwieriger ihre Lage wurde, machten sich bei uns, wo dieser Zusammenschluss bei unserer Unterlegenheit viel notwendiger war, Parteiinteressen breit, und diese Umstände führten sehr bald zu einer Spaltung und Lockerung des Siegeswillens. Die Geschichte wird über das, was ich hier nicht weiter ausführen darf, das endgültige Urteil sprechen. Damals hofften wir noch, dass der Wille zum Siege alles andere beherrschen würde. Als wir unser Amt übernahmen, stellten wir bei der Reichsleitung eine Reihe von Anträgen, die den Zweck hatten, alle nationalen Kräfte zur schnellen und günstigen Kriegsentscheidung zusammenzufassen [...].
Was aber schließlich, zum Teil wieder durch Einwirkung der Parteien, aus unseren Anträgen geworden ist, ist bekannt. Ich wollte kraftvolle und freudige Mitarbeit und bekam Versagen und Schwäche. [...] In dieser Zeit setzte die heimliche planmäßige Zersetzung von Flotte und Heer als Fortsetzung ähnlicher Erscheinungen im Frieden ein. Die Wirkungen dieser Bestrebungen waren der Obersten Heeresleitung während des letzten Kriegsjahres nicht verborgen geblieben. Die braven Truppen, die sich von der revolutionären Zermürbung freihielten, hatten unter dem pflichtwidrigen Verhalten der revolutionären Kameraden schwer zu leiden; sie mussten die ganze Last des Kampfes tragen. Die Absichten der Führung konnten nicht mehr zur Ausführung gebracht werden. Unsere wiederholten Anträge auf strenge Zucht und strenge Gesetzgebung wurden nicht erfüllt. So mussten unsere Operationen misslingen, es musste der Zusammenbruch kommen; die Revolution bildete nur den Schlussstein. Ein englischer General sagte mit Recht: „Die deutsche Armee ist von hinten erdolcht worden." Den guten Kern des Heeres trifft keine Schuld. Seine Leistung ist ebenso bewunderungswürdig wie die des Offizierkorps. Wo die Schuld liegt, ist klar erwiesen.

Herbert Michaelis und Ernst Schraepler (Hrsg.), Ursachen und Folgen. Vom deutschen Zusammenbruch 1918 und 1945 bis zur staatlichen Neuordnung Deutschlands in der Gegenwart. Eine Urkunden- und Dokumentensammlung zur Zeitgeschichte, Bd. 4, Berlin o. J., S. 7 f.

1. Arbeiten Sie heraus, worin nach Ansicht Hindenburgs die Gründe für die Niederlage Deutschlands lagen. Wem lastet er die Schuld an?
2. Nehmen Sie Stellung zu seinen Vorwürfen. | H
3. Beurteilen Sie das Bild, das Hindenburg von Heer und Kriegsende zeichnet. | H

M5 Mordhetze gegen demokratische Politiker

Die Hasstiraden von rechts und links gegen demokratische Politiker nehmen zwischen 1919 und 1922 besorgniserregende Formen an. In rechtsradikalen, deutsch-völkischen Kreisen wird eine Unmenge Verse folgender Art kolportiert:

Haut immer feste auf den Wirth[1],
Haut seinen Schädel, dass es klirrt.
Auch Rathenau, der Walther,
Erreicht kein hohes Alter.
Knallt ab den Walther Rathenau,
Die gottverfluchte Judensau.

In der deutschnationalen Täglichen Rundschau von 1919 heißt es:

Erzberger setzt den Ausverkauf Deutschlands fort, hat uns noch stets hereingelegt, hat einen förmlichen Hass gegen alles Aufrechte, verscharrt das deutsche Volk eiligst wie eine Pestleiche, ist Fronvogt der Entente, [...] Erzverderber des Reiches, der den Sieg sabotiert hat. [...] Ganze Generationen können in harter Fron nicht wieder erarbeiten, was Erzberger verschleudert hat. [...] Wen dann die Menge als Urheber des namenlosen Elends ansieht, der wird einst totgeschlagen wie ein toller Hund. Das wissen Erzberger, Scheidemann und Genossen, diese Siegverderber, Kriegsverlängerer, Friedensvernichter. Sie kämpfen um ihr Leben, die Wahrheit muss von ihnen totgeschlagen werden, sonst ist ihr Leben keinen Pfifferling mehr wert.

Wilhelm Hoegner, Die verratene Republik, Deutsche Geschichte 1919–1933, München 1979, S. 57

1. Arbeiten Sie die Vorwürfe gegen Erzberger heraus.
2. Nehmen Sie zu den Vorwürfen Stellung. | F
3. Erörtern Sie die tieferen Gründe für die Hetze der „nationalen" Rechten gegen demokratischen Politiker.

M6 Menschen in Not

Die Existenzsorgen der Menschen in Deutschland erreichen stellenweise unvorstellbare Ausmaße. Aus einer Broschüre des Berliner Oberbürgermeisters Böß:

Erschütternde Berichte des Jugendamtes und der Hauptfürsorgestellen für Kriegsbeschädigte und Hinterbliebene beleuchten das herrschende Elend der Kinder.
Zahlreiche Kinder, auch im zartesten Alter, erhalten nie einen Tropfen Milch, kommen ohne warmes Frühstück zur Schule. Als Schulfrühstück erhalten sie trockenes Brot oder als Aufstrich gequetschte Kartoffeln. Die Kinder gehen vielfach ohne Hemd und warme Kleidungsstücke zur Schule oder werden aus Mangel an Leib- und Unterwäsche ganz vom Schulbesuch zurückgehalten. Die Not erstickt allmählich jedes Gefühl für Ordnung, Sauberkeit und Sitte und lässt nur noch dem Gedanken an Kampf gegen Hunger und Kälte Raum.

Aus einer Schilderung des Historikers Karlheinz Dederke:

Die Preise liefen den Löhnen und Gehältern geradezu davon. Es kam schließlich so weit, dass der Lohn z. B. eines Facharbeiters für eine volle Arbeitswoche gerade ausreichte, um einen Zentner Kartoffeln zu kaufen. Für ein Pfund Butter hätte der Arbeiter zwei volle Tage arbeiten müssen. Ein Paar einfache Stiefel erforderten den Lohn von sechs Wochen. Den Arbeitslosen und Rentnern ging es noch viel schlimmer. Aber auch die Bemittelten wurden schwer getroffen, alle, die Ersparnisse zurückgelegt hatten und die von ihrem Vermögen lebten. Kapital, das einzelne und Generationen mit ihrer Lebensarbeit angesammelt hatten, wurde in kürzester Zeit „aufgegessen".
Die Folge solcher Zustände war ein größeres Elend als in den schlimmsten Zeiten des Krieges. Als sich immer mehr Verkäufer, vor allem Bauern, weigerten, Papiermark entgegenzunehmen, standen die Städter vor der Gefahr der Lebensmittelblockade durch das Land. In diesem Spätsommer 1923 war die Bevölkerung an der Grenze der Leidensfähigkeit angelangt. Es kam nun in einer Reihe von Städten zum Sturm auf Lebensmittelgeschäfte.

Erster Text: Arthur Rosenberg, Entstehung und Geschichte der Weimarer Republik, Frankfurt am Main 1955, S. 400; zweiter Text: Karlheinz Dederke, Reich und Republik. Deutschland 1917–1933, Stuttgart [8]1996, S. 68 f.

1. Erklären Sie, welche Bevölkerungsgruppen von der wirtschaftlichen Not besonders betroffen sind.
2. Erörtern Sie mögliche Folgen sozialer Not für eine junge Demokratie.

[1] **Joseph Wirth** (1879–1956): Zentrumspolitiker, mehrfacher Reichsminister und Reichskanzler

M7 Hitlers Auftritt vor dem Bayerischen Volksgerichtshof

Adolf Hitler nutzt den Prozess, in dem er wegen seines gescheiterten Putsches angeklagt gewesen ist, um seine Gedanken einer breiten Öffentlichkeit vorzustellen:

Die Revolution gilt als Hochverrat. Hochverrat wird nur dann bestraft, wenn er misslingt. Hochverrat wird nicht bestraft, wenn er gelingt, wenn er dem Volk eine neue Verfassung bringt. Die Tat vom 8. und 9. November 1918 war nicht Hochverrat, sondern Landesverrat. Landesverrat kann niemals legalisiert werden. Wenn die Gefallenen aufstehen würden und man sie fragte, ob sie den Zustand anerkennen, so würden sie schreien: „Niemals". Für die neue Bewegung durfte es keine Versöhnung für die Tat des 8. und 9. November geben. Für uns ist diese Tat ein gemeines Verbrechen, ein Dolchstoß gegen das Volk gewesen. Die nationalsozialistische Bewegung hat als ersten Grundsatz aufgenommen die Erkenntnis, dass die marxistische Bewegung bekämpft werden muss bis zu den letzten Konsequenzen. Dass zweitens die Revolution als Ausfluss eines unerhörten Verbrechens niemals gültig sein kann. Die nationalsozialistische Bewegung hat drittens erkannt, dass das Problem heißt, das deutsche arbeitende Volk, die breite Masse wieder national zu machen. Dies konnte nicht geschehen durch eine negative Erziehung, sondern durch einen positiven Kampf gegen die Verderber. […]
Ich trage die Verantwortung ganz allein, erkläre aber eines: Verbrecher bin ich deshalb nicht, und als Verbrecher fühle ich mich nicht. Ich kann mich nicht schuldig bekennen, aber ich bekenne mich zur Tat. Es gibt keinen Hochverrat gegen die Landesverräter von 1918.

Wolfgang Elben, Die Weimarer Republik, Frankfurt am Main [6]1975, S. 58 f.

1. Beschreiben Sie die Argumentationskette des Angeklagten Hitler.
2. Charakterisieren Sie das Verhalten Hitlers zur rechtsstaatlichen Ordnung.

M8 Grundzüge der Außenpolitik Stresemann

Vier Wochen vor der Konferenz in Locarno beschreibt Gustav Stresemann in einem Antwortbrief an den ehemaligen Kronprinzen Wilhelm die Grundpositionen seiner Außenpolitik am 7. September 1925:

Die deutsche Außenpolitik hat nach meiner Auffassung für die nächste, absehbare Zeit drei große Aufgaben:
Einmal die Lösung der Reparationsfrage in einem für Deutschland erträglichen Sinne und die Sicherung des Friedens, die die Voraussetzung für eine Wiedererstarkung Deutschlands ist.
Zweitens rechne ich dazu den Schutz der Auslandsdeutschen, jener zehn bis zwölf Millionen Stammesgenossen, die jetzt unter fremdem Joch in fremden Ländern leben.
Die dritte große Aufgabe ist die Korrektur der Ostgrenzen: die Wiedergewinnung von Danzig, vom polnischen Korridor und eine Korrektur der Grenzen in Oberschlesien.
Im Hintergrund steht der Anschluss von Deutsch-Österreich. […]
Wollen wir diese Ziele erreichen, so müssen wir uns aber auch auf diese Aufgaben konzentrieren. Daher der Sicherheitspakt, der uns einmal den Frieden garantieren und England sowie […] Italien als Garanten der deutschen Westgrenzen festlegen soll. Der Sicherheitspakt birgt andererseits in sich den Verzicht auf eine kriegerische Auseinandersetzung mit Frankreich wegen der Rückgewinnung Elsass-Lothringens, einen deutschen Verzicht, der aber insoweit nur theoretischen Charakter hat, als keine Möglichkeit eines Krieges gegen Frankreich besteht. […]
Ich warne vor einer Utopie, mit dem Bolschewismus zu kokettieren. Wenn die Russen in Berlin sind, weht zunächst die Rote Fahne vom Schloss, und man wird in Russland, wo man die Weltrevolution wünscht, sehr zufrieden sein, Europa bis zur Elbe bolschewisiert zu haben, und wird das übrige Deutschland den Franzosen zum Fraß geben. Dass wir im Übrigen durchaus bereit sind, mit dem russischen Staat, an dessen evolutionäre Entwicklung ich glaube, uns auf anderer Basis zu verständigen, und uns durch unseren Eintritt in den Völkerbund durchaus nicht nach dem Westen verkaufen, ist eine Tatsache, über die ich […] gern gelegentlich mündlich Näheres sagen würde. […] Das Wichtigste ist für die unter 1) berührte Frage der deutschen Politik das Freiwerden deutschen Landes von fremder Besatzung. Wir müssen den Würger erst vom Halse haben. Deshalb wird die deutsche Politik […] in dieser Beziehung zunächst darin bestehen müssen, zu finassieren[1] und den großen Entscheidungen auszuweichen.

Herbert Michaelis und Ernst Schraepler (Hrsg.), a. a. O., Bd. 6, Berlin o. J., S. 487 ff.

1. Arbeiten sie die Argumente heraus, mit denen Stresemann versucht, den Kronprinzen von seinen Ansichten zu überzeugen. | H
2. Der britische Botschafter Lord d´Albernon bemerkte nach der Reichstagsabstimmung über die Locarno-Verträge über die Deutschen: „Sobald ihnen irgend etwas gewährt wird, stellen sie nicht nur weitere Forderungen, sondern versuchen, das ihnen einmal Gegebene als eine höchst unvollkommene Erfüllung ihrer unbestreitbaren Rechtsansprüche darzustellen. Die einzige Ausnahme, die ich in Deutschland fand, war Stresemann." Entwickeln Sie vor diesem Hintergrund eine Bewertung der politischen Lebensleistung des Außenministers.

[1] **finassieren:** Tricks anwenden

M9 Arbeitslosigkeit und Konkurse in Deutschland

Die Entwicklung der Arbeitslosigkeit			Jahres-durch-schnitt	Konkurse
1929	Januar	2850214	1898604	13180
	Juli	1251452		
1930	Januar	3217608	3075580	15486
	Juli	2765258		
1931	Januar	4886925	4519704	19254
	Juli	3989686		
1932	Januar	6041910	5577942	14138
	Juli	5392248		
1933	Januar	6013612	4804428	7954
	Juli	4463841		
1934	Januar	3772792	2718309	6219
	Juli	2426014		
1935	Januar	2973544	2151039	5955
	Juli	1754117		
1936	Januar	2520499	1592655	5266
	Juli	1169860		

Statistisches Jahrbuch für das Deutsche Reich, 56. Jahrgang, Berlin 1937, S. 350 und 406

1. Präsentation: Stellen Sie die Tabellen in einer Grafik dar (Kurven- oder Säulendiagramm) und erläutern Sie aus dem Vergleich die Wechselwirkung zwischen Arbeitslosigkeit und Konkursen.
2. Charakterisieren Sie die wirtschaftlichen, gesellschaftlichen und politischen Probleme, die sich aus der hohen Zahl von Arbeitslosen und Konkursen ergaben.
3. Diskutieren Sie: Musste Weimar deshalb scheitern?

M10 Der Reichstag ist ohmächtig

Der sozialdemokratische Reichstagspräsident Paul Löbe (1875–1967) berichtet in seinen Lebenserinnerungen von der parlamentarischen Arbeit nach den Reichstagswahlen von 1930:

Einige Jahre konnte der Reichstag wieder ordnungsgemäß arbeiten. Als aber 1930 das deutsche Volk 107 Nationalsozialisten neben 77 Kommunisten […] entsandte und 40 deutschnationale Hugenbergianer[1] ihre schützende Hand über die Nazis hielten, brach der Sturm aufs Neue los. Äußerste Rechte und äußerste Linke warfen sich die Bälle zu, unterstützten gegenseitig ihre Obstruktionsanträge, begleiteten die jeweiligen Schimpfkonzerte ihrer Antipoden mit tosendem Beifall und versuchten durch unsinnige und demagogische Anträge, die Arbeit des Parlaments und der Regierung lahmzulegen. […]
Bei einer Reichshaushaltsberatung stellten die Kommunisten eine Reihe von Anträgen, unsympathische Steuern und Abgaben aufzuheben oder herabzusetzen, sodass bei Annahme dieser Anträge die Reichseinnahmen von zehn Milliarden auf sechs vermindert worden wären. Bei dem Ausgabenetat kamen dann so viel populäre Anträge auf Rentenerhöhungen, Wohnhausbauten, Erweiterung des Kreises der Versorgungsberechtigten, dass die Ausgaben des Etats von zehn auf 14 Milliarden steigen mussten. Als ich den kommunistischen Wortführer fragte, woher die Mittel für eine solche Wirtschaft kommen, wie das Defizit von acht Milliarden gedeckt werden sollte, erwiderte er kaltschnäuzig, darüber könne sich ja die Regierung den Kopf zerbrechen, „es ist ja nicht unser Staat, sondern der eure". Genauso unehrlich war die Taktik der nationalsozialistischen Fraktion. Sie beantragte, dass niemand im Reich mehr als tausend Mark Monatseinkommen beziehen sollte, dachte aber gar nicht daran, selbst diesen Grundsatz zu befolgen, sondern wollte mit solch demagogischen Anträgen nur die anderen Parteien in Verlegenheit bringen.

Joseph Goebbels (1897–1945) wird 1928 Abgeordneter für die NSDAP. Von 1933 bis 1945 ist Goebbels Reichsminister für Volksaufklärung und Propaganda. Er sagt:

Wir gehen in den Reichstag hinein, um uns im Waffenarsenal der Demokratie mit deren eigenen Waffen zu versorgen. Wir werden Reichstagsabgeordnete, um die Weimarer Gesinnung mit ihrer eigenen Unterstützung lahmzulegen. Wenn die Demokratie so dumm ist, uns für diesen Bärendienst Freifahrkarten und Diäten zu geben, so ist das ihre eigene Sache. […] Uns ist jedes gesetzliche Mittel recht, den Zustand von heute zu revolutionieren. Wenn es uns gelingt, bei diesen Wahlen [1928] sechzig bis siebzig Agitatoren unserer Partei in die

[1] **Alfred Hugenberg** (1865–1951): Medienunternehmer, von 1928 bis 1933 Vorsitzender der DNVP

verschiedenen Parlamente hineinzustecken, so wird der Staat selbst in Zukunft unseren Kampfapparat ausstatten und besolden. [...] Wir kommen als Feinde! Wie der Wolf in die Schafherde einbricht, so kommen wir. Jetzt seid ihr nicht mehr unter euch! Ich bin kein Mitglied des Reichstags. Ich bin ein IdI. Ein IdF. Ein Inhaber der Immunität, ein Inhaber der Freifahrkarte. [...] Wir sind gegen den Reichstag gewählt worden, und wir werden auch unser Mandat im Sinne unserer Auftraggeber ausüben. [...] Ein IdI hat freien Eintritt zum Reichstag, ohne Vergnügungssteuer zahlen zu müssen. Er kann, wenn Herr Stresemann von Genf erzählt, unsachgemäße Zwischenfragen stellen, zum Beispiel, ob es den Tatsachen entspricht, dass besagter Stresemann Freimaurer und mit einer Jüdin verheiratet ist.

Erster Text: Günter Schönbrunn, Weltkriege und Revolutionen, München 1995, S. 249; zweiter Text: „Der Angriff" Nr. 18 vom 30.4.1928

1. Erläutern Sie, wie Radikale von links und rechts die parlamentarische Arbeit beeinflussten.
2. Analysieren Sie, welche Wirkung dies auf die Öffentlichkeit haben musste.
3. Recherchieren Sie die verfassungsrechtlichen Möglichkeiten, Feinden der Demokratie in der Bundesrepublik entgegenzutreten. Diskutieren Sie anschließend Ihre Ergebnisse.

„Der Reichstag wird eingesargt."
Collage von John Heartfield zum 30. August 1932.

- Erläutern Sie, wofür bei John Heartfield der Reichstag steht. | H
- Analysieren Sie, warum der Künstler die SPD ins Blickfeld rückt.
- Erörtern Sie, inwiefern die Collage Heartfields Haltung gegenüber der politischen Entwicklung ausdrückt.

M11 Woran scheiterte Weimar?

*Der Historiker Eberhard Kolb (*1933) untersucht, welche Faktoren zum „Scheitern" Weimars beigetragen haben:*

Wie wurde Hitler möglich? War die „Machtergreifung" der Nationalsozialisten unter den gegebenen Bedingungen unvermeidlich? Diese Frage, um die alle Erörterungen über das Scheitern Weimars kreisen, wird von der bisherigen Forschung auf recht unterschiedliche Weise beantwortet. Allerdings sind die in der wissenschaftlichen Diskussion zunächst dominierenden monokausalen Erklärungsversuche, in denen der Aufstieg des Nationalsozialismus und die Machtübertragung an Hitler auf eine einzige oder eine allein ausschlaggebende Ursache zurückgeführt wurden, inzwischen ad acta gelegt worden, denn alle derartigen einlinigen Deutungen haben sich als untauglich erwiesen. Die Historiker sind sich heute zumindest darin einig, dass das Scheitern der Republik und die nationalsozialistische „Machtergreifung" nur plausibel erklärt werden können durch die Aufhellung eines sehr komplexen Ursachengeflechts. Dabei sind vor allem folgende Determinanten zu berücksichtigen: institutionelle Rahmenbedingungen, etwa die verfassungsmäßigen Rechte und Möglichkeiten des Reichspräsidenten, zumal beim Fehlen klarer parlamentarischer Mehrheiten; die ökonomische Entwicklung mit ihren Auswirkungen auf die politischen und gesellschaftlichen Machtverhältnisse; Besonderheiten der politischen Kultur in Deutschland (mitverantwortlich z. B. für die Republikferne der Eliten, die überwiegend der pluralistisch-parteienstaatlichen Demokratie ablehnend gegenüberstanden); Veränderungen im sozialen Gefüge, beispielsweise Umschichtungen im „Mittelstand" mit Konsequenzen u. a. für politische Orientierung und Wahlverhalten mittelständischer Kreise; ideologische Faktoren (autoritäre Traditionen in Deutschland; extremer Nationalismus, verstärkt durch Kriegsniederlage, Dolchstoßlegende und Kriegsunschuldspropaganda; „Führererwartung" und Hoffnung auf den „starken Mann", wodurch einem charismatischen Führertum wie dem Hitlers der Boden bereitet wurde); massenpsychologische Momente, z. B. Erfolgschancen einer massensuggestiven Propaganda infolge kollektiver Entwurzelung und politischer Labilität breiter Bevölkerungssegmente; schließlich die Rolle einzelner Persönlichkeiten an verantwortlicher Stelle, in erster Linie zu nennen sind hier Hindenburg, Schleicher, Papen.

Die Antwort, die auf die Frage nach dem Scheitern der Weimarer Demokratie und der Ermöglichung Hitlers gegeben wird, hängt in ihrer Nuancierung wesentlich davon ab, wie die verschiedenen Komponenten gewichtet und dann zu einem konsistenten Gesamtbild zusammengefügt werden, denn Gewichtung und Verknüpfung sind nicht durch das Quellenmaterial in einer schlechthin zwingenden Weise vorgegeben, sie bilden die eigentliche Interpretationsleistung des Historikers.

Eberhard Kolb, Die Weimarer Republik, München [7]2009, S. 215 f.

1. Geben Sie die Ursachen für das Scheitern der Weimarer Republik wieder.
2. Präsentation: Erarbeiten Sie ein Schaubild, in dem Sie Ursachen, Zusammenhänge und Wirkungen der Faktoren berücksichtigen. | F
3. „Das Scheitern der Weimarer Republik war vermeidbar." Nehmen Sie Stellung zu dieser These.

„Stützen der Gesellschaft."
Ölgemälde (200 x 108 cm) von George Grosz, 1926.
Das Gemälde wurde von dem Kunsthistoriker Hans Hess als eine „große Allegorie des deutschen Staates in der Weimarer Republik" bezeichnet.

- Beschreiben Sie die abgebildeten Figuren und ordnen Sie sie aufgrund ihrer Attribute bestimmten Gesellschaftsschichten zu. | H
- Analysieren Sie die Aussageabsicht des Künstlers. Gehen Sie dazu auch erläuternd auf den Bildtitel und die oben zitierte Aussage von Hans Hess ein.

Politische Plakate auswerten

Weitere Anwendungsbeispiele finden Sie auf den Seiten 390, 397 und 398.

Plakate sind öffentliche Aushänge, die meist an stark frequentierten Standorten platziert werden, um möglichst viele Menschen zu erreichen. Plakate können
- informieren (sachlich)
- werben (tendenziös)
- zu Aktionen aufrufen (appellativ).

Ihr Ziel ist es immer, auf den ersten Blick zu wirken und in Erinnerung zu bleiben. Deshalb werden oft auffällig gestaltete Mittel, **wiederkehrende Symbole** und kurze **Slogans** verwendet. Eine Form des Plakats ist das politische Plakat, das es in Deutschland seit Anfang des 19. Jahrhunderts gibt. Verwendungszwecke des politischen Plakats sind unter anderem Bekanntmachungen der Regierung, Protest (z. B. soziale Missstände) oder (Anti-)Kriegspropaganda.
Seine Bedeutung als **Massenmedium** erreichte das Plakat erst in der Weimarer Republik mit der demokratischen Parteienvielfalt. In dem Maße, wie sich die politischen Auseinandersetzungen der Republik zuspitzten, wurden auch die Texte und Bilder der Parteien radikaler. Politische Gegner wurden diffamiert, Feindbilder aufgebaut und Bedrohungsszenarien heraufbeschworen. Hierbei wurden auch **Allegorien und Übertreibungen** eingesetzt.
Plakate geben keinerlei Auskunft über das Wahlverhalten einer gewissen Epoche, sehr wohl jedoch über die Auseinandersetzungen der Parteien, den Alltag der Menschen, die Probleme und die Grundhaltungen einer Zeit.

Arbeitsschritt	Leitfragen
1. beschreiben	• Um welche Art von Plakat handelt es sich? • Wer hat das Plakat in Auftrag gegeben? • Wann und wo ist es veröffentlicht worden? • Wen oder was zeigt das Plakat? • Was wird thematisiert?
2. erklären	• Auf welche Weise geschieht dies (überdimensioniert, naturgetreu, welche Größenverhältnisse etc.)? • Wie ist das Plakat aufgebaut? • Welche Gestaltungsmittel werden verwendet (Verhältnis von Text und Bild, Perspektive, Farben, Haltung und Position der Figuren, Schriftgröße und -art, Symbole, Verwendung bestimmter Stilmittel)? • Wie sind die Allegorien zu entschlüsseln? Wer steckt hinter den dargestellten Personen / Dingen? • Welche Hauptaussage wird demnach getroffen?
3. beurteilen	• Wie ist das Plakat in seinen historischen Kontext einzuordnen? • An wen wendet sich das Plakat? • Ist es gegen jemanden gerichtet? Werden Feindbilder dargestellt? • Welche Wirkung soll das Plakat beim zeitgenössischen Betrachter erzielen? • Welche Aussageabsichten werden verfolgt? • Inwiefern ist die Gestaltung des Plakats gelungen?

zentrale Figur: (SA-)Mann mit Schirmmütze und Hakenkreuz ≙ personifizierter „Feind der Demokratie" von rechts

Schriftzug: Verweis auf politische Gegner („Feinde der Demokratie!") und eigenes demokratisches Selbstverständnis

Farbgebung: Schwarz-Rot-Gold als Nationalfarben und Bekenntnis zur Demokratie

Kommunist mit rotem Stern auf der Kappe ≙ personifizierter „Feind der Demokratie" von links; Symbol für Gefahr des Bolschewismus

Totenkopf mit Reichswehrhelm: Allegorie auf Gefahr des Militarismus der alten Eliten

Dolch: Symbol für Gewalt und Hinterhältigkeit; Verweis auf „Dolchstoßlegende"

Wahlaufruf: Ausschalten politischer Gegner (durch demokratische Mittel ≙ Wahl) als Ziel formuliert

wichtige Infos zu Listenplatz und Auftraggeber

Rot als Farbe der Sozialdemokratie

Wahlplakat der SPD von 1930.

▶ Analysieren Sie das Plakat mithilfe der Arbeitsschritte auf Seite 416. Ihre Ergebnisse können Sie mit der Beispiellösung auf Seite 539 vergleichen.

Methode

Rollenspiele durchführen

Das **Rollenspiel** ist, anders als der Name es vermuten lässt, kein Spiel, sondern eine anspruchsvolle Methode des historischen Lernens und Verstehens. Beim Rollenspiel geht es nur in einem ersten Schritt um die Auswertung von Quellen, da dies die Basis des späteren Handelns darstellt. Auch und vor allem aber geht es um einen **Perspektivwechsel**. Will man in die Rolle einer anderen, z. B. historischen Person schlüpfen, bedarf es entsprechender Kenntnis ihrer Lebensumstände und -ansichten. Ein erfolgreiches Rollenspiel bewegt sich innerhalb eines Themas, das deutlich macht, welche Aspekte im Besonderen beleuchtet und dargestellt werden sollen. Es muss im Vorfeld klar sein, welche und wie viele Rollen auszufüllen sind, damit die Interaktion während des Spiels gelingen kann. Es gilt, auf der **Basis diverser Quellen** ein möglichst genaues Rollenprofil zu erstellen. Der Rollenwechsel impliziert nicht nur ein Sich-Einfühlen sondern auch ein ganzheitliches Ausfüllen der Rolle. Interessant kann es auch sein, bewusst eine konträre Position einzunehmen. So erschließen sich bislang unbekannte **Verhaltensoptionen**, und **Fremdverstehen** wird ermöglicht. Die besondere Herausforderung besteht darin, die historische Szenerie bei der Darstellung von der eigenen Wirklichkeit abzugrenzen, diese aber im Anschluss, etwa in Form einer Diskussion, sehr wohl beurteilen zu können.

Arbeitsschritt	Was ist zu tun?
1. Vorbereitung (in Einzel-, Partner- oder Gruppenarbeit)	• Sichten Sie das Quellenmaterial und beziehen Sie sowohl Schrift- als auch Bildquellen ein, die Auskunft über Gedanken und Ansichten der darzustellenden Person oder der sozialen Gruppe, der sie zugehörig ist, geben (Tagebuch, Biografie, Reden, Briefe, Karikaturen, Statistiken ...). • Informieren Sie sich über den historischen Kontext und das soziale Milieu Ihres Rollencharakters. Beziehen Sie auch Ihr Vorwissen mit ein.
2. role-taking und role-making	• Erstellen Sie ein Rollenprofil: Notieren Sie persönliche Informationen der darzustellenden Person (Geschlecht, Herkunft, Beruf, soziale Schicht, Bildung – daraus resultierende politische Ansichten ...). • Überlegen Sie sich auf Basis der Quellenanalyse Argumente und Beispiele, die die Ansichten Ihrer Rolle untermauern. • Setzen Sie Ihre Rolle in Beziehung zu anderen – welche ist konträr zu der Ihren, mit welcher bestehen Gemeinsamkeiten? Wie kann sich dies auf Ihre Interaktion, Mimik, Gestik und Position im Raum auswirken? • Formulieren Sie Fragen, Vorwürfe oder bewusste Provokationen für die Interaktion mit anderen Rollen. • Trennen Sie streng eigene Ansichten von denen Ihres Rollencharakters.
3. Reflektion	• Überprüfen Sie, inwiefern Sie der Rolle gerecht geworden sind: Wurden alle wesentlichen Aspekte bedacht? Kam es zu Konflikten? Konnten diese gelöst werden? • Reflektieren Sie die Interaktion und bewerten Sie die Nachhaltigkeit des Rollenspiels.

Wahlabend in Salzgitter, 1930.

Im Wahllokal kommen Sie ins Gespräch über die aktuelle politische Lage ...

Sie sind ein **ehemaliger ranghoher Offizier**, der seine Karriere dem Krieg und dem Militär zu verdanken hat. Ihre Familie genoss seit jeher Privilegien. Durch die Revolution und die neue Staatsform hat sich einiges für Sie verändert ...

Sie sind eine **junge Frau und Mutter**, die mit ihrem Mann zusammen einen kleinen selbstständigen Kaufladen führt. Sie haben sich die Selbstständigkeit hart erwirtschaftet und genießen einen Lebensstandard ohne schwere körperliche Arbeit. Durch die Revolution und die neue Staatsform haben sich für Sie als Frau neue Möglichkeiten ergeben ...

Sie sind ein **Beamter im mittleren Dienst** im örtlichen Finanzamt und mussten durch die politischen Wirren und die staatliche Sparpolitik Gehaltssenkungen hinnehmen. Ihre Ausbildung haben Sie im Kaiserreich absolviert, aber durch die Revolution und die neue Staatsform hat sich für Sie einiges verändert ...

Sie sind ein **Arbeitsloser**, der früher als Fabrikarbeiter in der Stahlindustrie tätig war. Sie wurden vom Fabrikbesitzer aufgrund allgemeiner Sparmaßnahmen entlassen, da durch das Kriegsende die Rüstungsindustrie nicht mehr gefragt ist. Sie sind mit Ihrer Situation sehr unzufrieden. Die Villa des Fabrikbesitzers sehen Sie jeden Tag aus der Ferne, wenn Sie auf dem Weg zur Suppenküche sind ...

1. Arbeiten Sie für eine der genannten Rollen ein Rollenprofil mithilfe des Leitfadens auf Seite 418 heraus. Sie können anschließend Ihre Ideen mit den Rollenprofilen auf Seite 540 vergleichen.
2. Interagieren Sie in Ihrer Rolle: Machen Sie Ihre Position deutlich und erklären Sie, inwiefern Sie mit der aktuellen Politik und Staatsform (un)zufrieden sind.

Die Weimarer Republik (1918–1933)

1918–1923/24: Frühe Krisenjahre

1918/1919: Kriegstrauma der Deutschen und Ablehnung des Versailler Vertrags
- → Alte Eliten und monarchische Anhänger: Sehnsucht nach „alter Größe Deutschlands"
- → Arbeiter und Sozialdemokraten: Diffamierung durch „Dolchstoßlegende"
- → Novemberrevolution der Arbeiter und Soldaten (1918): Sturz der deutschen Monarchien, Philipp Scheidemann ruft am 9. November in Berlin die Republik aus
- → Spartakusaufstand gegen Regierungstruppen wird gewaltsam niedergeschlagen (1919)

11. August 1919: neue Verfassung zugunsten der Volkssouveränität
- → mehr Demokratie: u. a. Frauenwahlrecht und zahlreiche Grundrechte
- → aber: die alten Eliten bleiben bestehen und sind mehrheitlich gegen die Republik: Reichswehr („Staat im Staate"), Justiz, Beamtenapparat und Wirtschaftsführer

November 1923: Staatsverschuldung, Inflation
- → erfolgreiche Währungsreform
- → aber: Verlust der Ersparnisse, wirtschaftliche Instabilität und Angst → Anfälligkeit für radikale Parolen

1924–1929: „Goldene Zwanziger"

Friedliche, weitgehend positive Zeit: sinkende Arbeitslosigkeit, zunehmende Produktion, steigender Konsum, aufblühende Kultur, Erfolge in Wissenschaft und Technik

1929–1933

1929: Weltwirtschaftskrise
Aufstieg der NSDAP
Gründe:
- Massenarbeitslosigkeit
- Inflation
- Angst der Menschen vor dem sozialen Abstieg
- Suche nach einem „starken Mann", der die Lage wieder in den Griff bekommt
- dazu die Traumata von 1918–1923

30. Januar 1933: Paul von Hindenburg ernennt Adolf Hitler zum Reichskanzler

ABI CHECK
Ein interaktives Quiz erwartet Sie unter dem Code **32035-61**.

PARTEIENSYSTEM

Befürworter der Republik
SPD, DDP, Zentrum
(= Weimarer Koalition 1919)

Gegner der Republik
KPD, USPD (links);
DVP, DNVP (alte Eliten), NSDAP (rechts, stark antisemitisch)

REICHSPRÄSIDENTEN DER REPUBLIK

Friedrich Ebert (1919–1925, SPD)
Vertreter der neuen parlamentarischen Ordnung

Paul von Hindenburg (1925–1934, parteilos)
Vertreter der alten monarchischen Ordnung

M „Es lebe die deutsche Republik!"

*Frank-Walter Steinmeier (*1956) ist seit dem 19. März 2017 der zwölfte Bundespräsident der Bundesrepublik Deutschland. Bei einer Gedenkstunde des Deutschen Bundestages zum 9. November 2018 hält er anlässlich des 100. Jahrestags der Revolution folgende Rede:*

Die Revolution, so ungeplant und improvisiert sie auch war, steht für eine tiefgreifende Zäsur in der deutschen Geschichte, für einen Aufbruch in die Moderne.
Viele ihrer Errungenschaften prägen heute unser Land, auch wenn uns das nicht jeden Tag bewusst ist. Die Revolution brachte allen deutschen Parlamenten das allgemeine und gleiche Wahlrecht – endlich, zum ersten Mal auch für die Frauen! Sie bahnte den Weg zur Weimarer Nationalversammlung, zu einer republikanischen Verfassung, zur parlamentarischen Demokratie, der ersten in der Geschichte unseres Landes. Auch Grundsteine des modernen Sozialstaats legte diese Revolution: Achtstundentag, Tarifpartnerschaft, Mitbestimmung durch Betriebsräte – all das steht für den sozialen Fortschritt, der damals inmitten der Nachkriegswirren begann.
Aber trotz alledem hat die Revolution bis heute kaum Spuren im Gedächtnis unserer Nation hinterlassen. [...]
Manchmal scheint mir, als sei jene Zeitenwende auf ewig überschattet vom Scheitern der Republik, als sei der 9. November 1918 diskreditiert und entwürdigt durch den 30. Januar 1933. Ja, das Ende der Weimarer Republik führte hinab ins furchtbarste Kapitel der deutschen Geschichte. Aber: Historisch gescheitert ist nicht die Demokratie – historisch gescheitert sind die Feinde der Demokratie. [...]
Ja, diese Revolution war auch eine Revolution mit Irrwegen und enttäuschten Hoffnungen. Aber es bleibt das große Verdienst der gemäßigten Arbeiterbewegung, das sie – in einem Klima der Gewalt, inmitten von Not und Hunger – den Kompromiss mit den gemäßigten Kräften des Bürgertums suchte, dass sie der parlamentarischen Demokratie den Vorrang gab.
In der Weimarer Republik hat der 9. November nie die symbolische Kraft eines Gründungsmythos gewinnen können. [...] Statt Einheit zu stiften, verschärfte die Erinnerung an den 9. November sogar die ideologische Spaltung der Gesellschaft: Für Teile der radikalen Linken stand das Datum für den vermeintlichen Verrat an der Arbeiterklasse, für die Republikfeinde von rechts für ihre Lüge vom „Dolchstoß", den angeblichen Verrat an den Frontkämpfern. Es war kein Zufall, dass Adolf Hitler ausgerechnet am 9. November 1923 in München den ersten Anlauf zum Sturz der Republik unternahm, jenes „undeutschen Systems", dessen Repräsentanten die völkische Rechte mit mörderischem Hass überzog. [...]
Und es war vor allem die lange Tradition antiliberalen Denkens, die die politische Kultur der Republik vergiftete: Intellektuelle wie Carl Schmitt zogen gegen den Interessenpluralismus der „modernen Massengesellschaft" zu Felde und schmähten die „taktischen Kompromisse und Koalitionen" einer so genannten politischen „Klasse". Vertreter der radikalen Linken geißelten Parlamente und Regierungen als Herrschaftsinstrumente der „bürgerlichen Klasse". [...]
Das Denken und Handeln der Weimarer Demokraten wirkte über die erste Republik hinaus. Die Mütter und Väter der Bundesrepublik, von denen viele in der Weimarer Zeit geprägt worden waren, konnten nach 1945 auf deren Kenntnissen aufbauen und auch aus ihren Irrtümern lernen. In den Worten von Heinrich August Winkler: „Dass Bonn nicht Weimar wurde, verdankt es auch der Tatsache, dass es Weimar gegeben hat." [...]
So wenig der Demokratie am 9. November 1918 ihr Scheitern schon vorherbestimmt war, so wenig ist heute, einhundert Jahre später, ihr Gelingen garantiert. Wir beobachten ein wachsendes Unbehagen an der Parteiendemokratie, bis hinein in die Mitte unserer Gesellschaft. Wir erleben, wie manche die Parlamente gar nicht mehr als Orte für politische Lösungen ansehen wollen. Nicht alle diese Menschen sind Gegner der Demokratie – aber sie fehlen der Demokratie. Gerade die Geschichte der Weimarer Republik zeigt doch, wie sehr wir Bürgerinnen und Bürger brauchen, die bereit sind, Verantwortung zu übernehmen, die sich den Mühen demokratischer Politik aussetzen – weil sie an ihren Wert glauben. [...]
Trauen wir uns, die Hoffnung, die republikanische Leidenschaft jener Novembertage auch in unserer Zeit zu zeigen. Trauen wir uns, den Anspruch zu erneuern: Es lebe die deutsche Republik! Es lebe unsere Demokratie!

www.bundespraesident.de/SharedDocs/Reden/DE/Frank-Walter-Steinmeier/Reden/2018/11/181109-Gedenkstunde-Bundestag.html (Zugriff: 21. Juni 2019)

1. Fassen Sie die Leistungen zusammen, die wir nach Steinmeier der Revolution von 1918 verdanken.
2. Charakterisieren Sie den Zwiespalt, mit dem in Deutschland seit jeher auf die Ergebnisse von 1918 geblickt wird.
3. Diskutieren Sie, inwiefern sich der 9. November als nationaler Gedenktag eignen würde.

Orientierung

3.6 Wahlmodul: Deutsches und europäisches Selbstverständnis nach 1945

Das deutsche Selbstverständnis nach 1945 hatte sich zunächst an den Ereignissen der jüngsten Vergangenheit abzuarbeiten. Durch die Teilung der Welt in ideologische Blöcke, deren Grenze mitten durch Deutschland verlief, entwickelten sich in der DDR und in der Bundesrepublik jeweils völlig unterschiedliche politische Systeme und damit auch unterschiedliche „Aufarbeitungskulturen". Einig waren sich beide Staaten in der historischen Bewertung des NS-Staates als furchtbares Unrechtssystem. Unterschiedlich fielen jedoch die Antworten auf die beiden Fragen aus, wie es zu diesem im Holocaust gipfelnden Zivilisationsbruch kommen konnte und welche Lehren ein Staat daraus ziehen muss. Die Art und Weise, wie beide Staaten die Vergangenheit „bewältigten", ist ein Spiegel der beiden politischen Systeme und diente jeweils zu deren Legitimation.

Die Systemkonkurrenz erleichterte es der Bundesrepublik bzw. der DDR zunächst, sich in die jeweiligen militärischen und wirtschaftlichen Bündnisse (NATO, OEEC/OECD bzw. Warschauer Pakt, RGW) zu integrieren. Im Westen wurde man Teil der europäischen Integration, die nach 1990 mit der Ausweitung um Staaten in Osteuropa vertieft wurde. In den beiden deutschen Staaten entfalteten sich auch sehr unterschiedliche historische Anknüpfungspunkte und Wertesysteme. Diese trugen neben den Leistungen in Wirtschaft, Sport und Kultur zum jeweiligen Selbstverständnis bei und wirken bis heute nach. Die Wiedervereinigung 1990 und der Wandel zur „Berliner Republik" stellte daher nicht nur eine gewaltige wirtschaftliche Herausforderung dar, sondern auch eine gesellschaftliche. Sie ging einher mit einer gewandelten ökonomischen, europäischen und zum Teil auch militärischen Rolle der Bundesrepublik.

Aktuell zeigen die politischen Entwicklungen in Ost- und Westdeutschland, dass ein gemeinsames Selbstverständnis noch lange nicht vorhanden ist. Die Krise des Euro und der EU, aber auch die Flüchtlingskrise, haben Verlustängste in wirtschaftlicher wie kultureller Hinsicht hervorgerufen. Als Reaktion darauf ziehen sich viele Menschen auf die eigene nationale und kulturelle Identität zurück, was eine gemeinsame europäische Erinnerungskultur erschwert.

Das Kapitel beschäftigt sich inhaltlich mit …

- der Auseinandersetzung mit der NS-Vergangenheit in beiden deutschen Staaten
- dem Selbstverständnis der Bundesrepublik und der DDR in der bipolaren Welt
- dem Selbstverständnis und der kulturellen Identität des wiedervereinigten Deutschlands im europäischen Kontext
- den Versuchen der Herausbildung einer europaweiten Erinnerungsgemeinschaft

Installation „Die Tore der Deutschen" von Horst Hoheisel.
Foto vom 27. Januar 1997.
In der Nacht vom 26. auf den 27. Januar 1997, dem Tag der Befreiung des KZ Auschwitz und Tag des Gedenkens an die Opfer des Nationalsozialismus, projizierte Hoheisel Fotos des geschlossenen und geöffneten Auschwitz-Tores mit der Inschrift „Arbeit macht frei" auf das Brandenburger Tor in Berlin.

▶ Das Brandenburger Tor gilt als Symbol nationaler Identität. Mit seinem „Denkbild" wollte Hoheisel zum Nachdenken über die symbolische und erinnerungskulturelle Funktion des Tores anregen. Erläutern und beurteilen Sie Aussage und beabsichtigte Wirkung der Installation.

Deutschland nach 1945

5. 6. 1945 — Die Siegermächte des Zweiten Weltkrieges übernehmen die Regierungsgewalt in Deutschland, das in vier Besatzungszonen geteilt ist.

1945/46 — Im Nürnberger Prozess werden die Hauptkriegsverbrecher verurteilt.

1945 - 1950 — Die Alliierten führen eine **Entnazifizierung** durch (in der SBZ nur bis 1948).

1949 — Mit der Unterzeichnung des Grundgesetzes am 23. Mai wird die Bundesrepublik gegründet; am 7. Oktober folgt die Gründung der DDR. Die Westdeutsche Regierung erkennt sie nicht als Staat an (**Alleinvertretungsanspruch**).

seit 1950 — In der DDR ist der **8. Mai** als „Tag der Befreiung" bis 1966 gesetzlicher Feiertag; in ganz Deutschland wird das Datum bis heute mit besonderen Gedenkveranstaltungen begangen.

10. 9. 1952 — Im **Luxemburger Abkommen** verpflichtet sich die Bundesrepublik zu „Wiedergutmachungszahlungen" an Israel und den verfolgten Juden.

17. 6. 1953 — Der Volksaufstand in der DDR gegen das SED-Regime wird von sowjetischen Militärs niedergeschlagen. In Westdeutschland wird der **17. Juni** zum Nationalfeiertag.

6. 11. 1958 — In Ludwigsburg wird die Zentralstelle zur Aufklärung von NS-Gewaltverbrechen eingerichtet.

1961 — Die SED lässt in Berlin eine Mauer errichten.

1963 - 1965 — In Frankfurt am Main finden die **Auschwitz-Prozesse** statt.

26. 6. 1969 — Der Bundestag hebt die Verjährungsfrist für Völkermord auf.

21. 12. 1972 — Im Rahmen der sozial-liberalen Ostpolitik von Bundeskanzler Willy Brandt erkennt die Bundesrepublik die DDR als gleichberechtigten Staat an (**Grundlagenvertrag**).

18. 9. 1973 — Beide deutsche Staaten werden Mitglieder der Vereinten Nationen (UN).

Deutschlands Wiedervereinigung

9. 11. 1989 — Die Mauer fällt; die innerdeutschen Grenzen sind offen

3. 10. 1990 — Die Wiedervereinigung wird vollzogen: **„Tag der deutschen Einheit"**.

Aufarbeitung nach 1990

1992 - 1999 — Führende DDR-Funktionäre werden wegen ihrer Verantwortung für die Tötungen an der innerdeutschen Grenze angeklagt und verurteilt.

1996 — Der **27. Januar** wird zum Tag des Gedenkens an die Opfer des Nationalsozialismus erklärt; 2005 erhebt ihn die UNO zum **Internationalen Holocaustgedenktag**.

2. 8. 2000 — Die **Stiftung „Erinnerung, Verantwortung und Zukunft"** zur Entschädigung von NS-Zwangsarbeitern wird gegründet.

10. 5. 2005 — In Berlin wird das **Denkmal für die ermordeten Juden Europas** eingeweiht.

2008 — Die EU beschließt den **„Europäischen Tag des Gedenkens an die Opfer von Stalinismus und Nationalsozialismus"** (23. August).

Schuld und Sprachlosigkeit | Nach dem Ende des „Dritten Reiches“ hätten sich Millionen Deutsche die bittere Frage stellen können, welchen Anteil sie selbst an der jüngsten Vergangenheit hatten. In den ersten Nachkriegsjahren schien sich in der deutschen Bevölkerung jedoch eine Verweigerungshaltung durchzusetzen. Nur eine Minderheit war dazu bereit, über die persönliche oder kollektive Mitverantwortung nachzudenken (➔ M1). Für Scham und Trauer über das schuldhafte Verhalten und die Massenverbrechen fehlte es vielfach an Einsicht, aber auch an Kraft. Nach Krieg, Flucht und Vertreibung waren die Menschen bemüht, das eigene Schicksal und den Alltag zu bewältigen. Zudem war der zeitliche Abstand für eine selbstkritische Betrachtung oder Infragestellung zu gering (➔M2 und M3). Viele Menschen täuschten Unkenntnis vor. Sie hätten nichts von den Verbrechen in den Konzentrationslagern gewusst. Die meisten sahen sich selbst als Opfer der nationalsozialistischen Ideologie und der bis zuletzt funktionierenden Propaganda. Andererseits gab es aber auch einige Intellektuelle und Politiker, die ein Eingeständnis der Schuld und eine „Wiedergutmachung“ forderten. Im August und Oktober 1945 bekannten sich die beiden großen Kirchen in offenen Briefen zu ihrer Verantwortung.

„Er hat mir's doch befohlen!“
Karikatur von 1946.

▶ Interpretieren Sie die Aussage der Karikatur. | H

Zwei Staaten – zwei Haltungen | Mit der doppelten Staatsgründung im Jahr 1949 zeigten sich bereits grundsätzliche Unterschiede in der Auseinandersetzung der Bundesrepublik und der *Deutschen Demokratischen Republik* (DDR) mit der NS-Zeit.

Die Bundesrepublik Deutschland verstand sich als Gegenmodell zum nationalsozialistischen Regime. Die freiheitlich-demokratischen und rechtsstaatlichen Prinzipien des Grundgesetzes untermauerten dies. Andererseits sah sich der westdeutsche Teilstaat aber auch als Rechtsnachfolger des Deutschen Reiches, dessen Erblast er nun tragen musste.

Gegenüber dem Ausland beanspruchte Bundeskanzler *Konrad Adenauer* (CDU) einen *Alleinvertretungsanspruch* der demokratischen Bundesrepublik für ganz Deutschland. Die DDR erkannte er nicht als eigenständigen Staat an. Sein Staatssekretär im Auswärtigen Amt, *Walter Hallstein*, entwickelte daraus folgende Doktrin (*Hallstein-Doktrin*): Erkannte ein Land die DDR als selbstständigen Staat an, drohte die Bundesrepublik, die diplomatischen Beziehungen zu ihm abzubrechen. Davon war nur die Sowjetunion ausgenommen, die ja zu den vier Siegermächten zählte. Doch die DDR ließ sich auf Dauer nicht vollständig isolieren. Im Zuge der **Entspannungspolitik** der 1960er-Jahre wurde die Hallstein-Doktrin schließlich aufgegeben.

Von Anfang an grenzte sich die DDR gegenüber der Bundesrepublik ab und begriff sich als der „bessere“ der beiden deutschen Staaten. Die herrschende Staatspartei – die *Sozialistische Einheitspartei Deutschlands* (SED) – verstand die DDR als „antifaschistisches Bollwerk“, als Friedensstaat und als sozialistischen Staat, der damit in besonderem Maße als Wohlfahrtsstaat den Menschen diente. In der kommunistischen Weltanschauung galt der „Faschismus“ als letzte Stufe einer kranken kapitalistischen Gesellschaft. Das SED-Regime übernahm dieses Geschichtsbild. Der Sozialismus würde demnach den Kapitalismus und somit auch den Faschismus überwinden. Damit konnte auch die im Zuge der Bodenreform durchgeführte Enteignung von rund 7 000 Großgrundbesitzern gerechtfertigt werden, indem diese zu Wegbereitern des Faschismus deklariert wurden. Mit dem Abschluss der „antifaschistisch-demokratischen Umwälzung“ und der Gründung der DDR sah man die strukturellen und ideologischen Wurzeln des Nationalsozialismus „ein für alle Mal ausgerissen“ (➔M4). Die DDR lehnte daher jede Verantwortung für die NS-Verbrechen ab. Sie überließ es der Bundesrepublik, die deutsche Vergangenheit aufzuarbeiten.

Entspannungspolitik: Der Begriff beschreibt eine Phase des Kalten Krieges von Ende der 1960er- bis Anfang der 1980er-Jahre. In diesem Zeitraum versuchten die USA und die UdSSR sowie ihre jeweiligen Verbündeten Konflikte vorwiegend auf diplomatischem Weg zu lösen und gegenseitiges Vertrauen aufzubauen.

Außenpolitisch rang die DDR jahrzehntelang um internationale Anerkennung. Erst 1955 wurde sie von der Sowjetunion für souverän erklärt und Anfang 1956 als „gleichberechtigtes" Mitglied in den *Warschauer Pakt* aufgenommen. Mit ihrer zweiten Verfassung von 1968, in der die führende Rolle der Partei festgeschrieben wurde, schloss die DDR den Aufbau der sozialistischen „Volksdemokratie" auch rechtlich ab. Aber erst der *Grundlagenvertrag* von 1972, mit dem sich Bundesrepublik und DDR als gleichberechtigte Staaten anerkannten, sowie die Aufnahme beider deutscher Staaten in die Vereinten Nationen (18. September 1973) brachte der DDR breitere internationale Anerkennung.

Propaganda für den Volksentscheid in Sachsen zum „Gesetz über die Übergabe von Betrieben von Kriegs- und Naziverbrechern in das Eigentum des Volkes".
Foto aus Leipzig, 1946.
1946 wurden die Bürger in Sachsen zu einem Volksentscheid über die Enteignung wichtiger Industrie- und Gewerbebetriebe aufgerufen. Zwei Drittel der Bevölkerung stimmten zu. Dies genügte der SED, um die Enteignung auch in allen übrigen Gebieten Ostdeutschlands durchzuführen.

Amnestie und Integration | In den westlichen Besatzungszonen hatten trotz aller Entnazifizierungsbemühungen der Alliierten große Teile der führenden Elite des NS-Staates neben den vielen Mitläufern im großen Vergessen untertauchen, ihre Karrieren in der Bundesrepublik fortsetzen und erneut in Schlüsselpositionen aufsteigen können. In der bundesdeutschen Öffentlichkeit regte sich zunächst kaum Kritik. Mehr noch: 1949 und 1954 verabschiedete der Deutsche Bundestag – ihm gehörten in der zweiten Legislaturperiode 129 ehemalige NSDAP-Mitglieder an – einstimmig „Straffreiheitsgesetze", die viele verurteilte NS-Täter begnadigten. Seit 1951 durften aus politischen Gründen entlassene Beamte und Berufssoldaten in den öffentlichen Dienst zurückkehren. Beim Aufbau des Wiesbadener Bundeskriminalamtes seit 1945 waren NS-Beamte maßgeblich beteiligt. Damit wurden nahezu alle, die von alliierten Militärgerichten verurteilt worden waren, wieder frei.

Die westdeutsche „Vergangenheitspolitik" entsprach der in der Gesellschaft der 1950er-Jahre weit verbreiteten „Schlussstrich"-Mentalität. Die „Gnadenwelle" sollte der Stabilisierung der jungen Bundesrepublik dienen. Integration und Aufbau schienen wichtiger als Gerechtigkeit. Auf diese Weise konnten sich auch die Millionen „Mitläufer" des NS-Systems entlastet fühlen. Es gab jedoch auch Politiker, die gegen diesen Hang zur Schuldabwehr auftraten.

Die Sowjets führten die *Entnazifizierung* sehr viel konsequenter als die Westalliierten durch. Aber auch in der SBZ wurden bereits frühzeitig ehemalige NS-Parteigenossen von einer Bestrafung ausgenommen, um ihnen eine Brücke in den neuen sozialistischen Staat zu bauen. Wer sich aktiv am Aufbau des Sozialismus beteiligte, dem winkte eine rasche politische und soziale Integration. Das am 9. November 1949 verabschiedete „Gleichberechtigungsgesetz" der Volkskammer rehabilitierte alle, die allein wegen der Mitgliedschaft in der NSDAP bestraft worden waren. 1952 wurden schließlich auch geringfügig Belastete integriert. Der Bereich der Justiz und der Exekutive blieb ihnen jedoch verschlossen. Die NS-Opferverbände liefen gegen diese Politik Sturm. Weil sich vor allem die Vereinigung der Verfolgten des Naziregimes nicht mit der Politik der Staatsführung abfinden wollte, musste sie 1953 ihre Auflösung bekannt geben.

Entschädigung für NS-Opfer | 1950 entstand in Deutschland der Zentralrat der Juden. Er setzte sich für die Rechte der Juden ein und forderte Wiedergutmachung für das erlittene Unrecht. Bundeskanzler Konrad Adenauer ging, nicht zuletzt auf Druck der Amerikaner, auf die jüdischen Forderungen ein. Ende September 1951 bot er im Bundestag dem 1948 in Palästina gegründeten Staat Israel Wiedergutmachungsverhandlungen an. Am 10. September 1952 wurde in Luxemburg mit Israel und jüdischen

Leistungen der Bundesrepublik für NS-Opfer (in Mrd. Euro)	
Bundesentschädigungsgesetz (BEG)*	44,54
Weitere gesetzliche Regelungen	1,94
Härtefallregelungen	2,78
Leistungen an den Staat Israel	1,76
Globalverträge mit Staaten u.a. (z.B. Claims Conference**)	1,46
Rückerstattung geraubten Vermögens	2,02
Sonderfonds der Bundesländer außerhalb des BEG	1,53
Sonstige Leistungen	4,63
Stiftung „Erinnerung, Verantwortung und Zukunft"	12,56
Gesamt:	63,22

Süddeutsche Zeitung vom 15. Juli 2008, S. 6

* Das Gesetz von 1956 entschädigte alle Verfolgten, die bis zum 31. Dezember 1952 in der Bundesrepublik oder in West-Berlin wohnten bzw. vor ihrer Auswanderung dort gelebt hatten.

** Jewish Claims Conference: 1951 gegründeter Zusammenschluss von Verbänden, die jüdische Opfer des Nationalsozialismus in Entschädigungsfragen vertreten

▶ Erläutern Sie, wen das Bundesentschädigungsgesetz ausschloss.

▶ Nehmen Sie Stellung zu der Frage, ob es gerechtfertigt ist, dass die Bundesrepublik heute noch Entschädigungsleistungen aufbringt.

Bundeskanzler Konrad Adenauer (rechts) und der israelische Ministerpräsident David Ben Gurion in New York.
Foto vom 14. März 1960.
Es war das erste deutsch-israelische Treffen führender Politiker nach 1945.

Organisationen ein Wiedergutmachungsabkommen geschlossen (*Luxemburger Abkommen*). Es stellte unter anderem drei Milliarden DM (1,53 Mrd. Euro) für die Eingliederung von etwa einer halben Million Holocaust-Überlebender in Aussicht. Im Bundestag konnte Adenauer die Ratifizierung des Vertrages nur mithilfe der Opposition durchsetzen, da er in den eigenen Reihen keine Mehrheit für das Abkommen fand.

Auch anderen NS-Opfern stellte die Bundesrepublik Entschädigungen in Aussicht. Über zwei Millionen Anträge zur Wiedergutmachung wurden anerkannt. Allerdings waren die Leistungen für den Einzelnen eher bescheiden: Für einen Monat KZ-Haft gab es einen einmaligen Betrag von 150 DM, für nachgewiesene Gesundheitsschäden waren Renten vorgesehen. Andere Opfergruppen gingen lange Zeit leer aus, etwa die Zwangsarbeiter aus Osteuropa, die erst ab dem Jahr 2000 durch die Stiftung „Erinnerung, Verantwortung und Zukunft" entschädigt wurden.

Vergleichbare Wiedergutmachungen leistete die DDR nicht. Entsprechende Forderungen Israels wies die SED-Führung rigoros zurück, zumal sie den jungen Staat Israel als Teil des kapitalistischen Weltsystems begriff.

Antitotalitärer Basiskonsens in der Bundesrepublik | Die Bundesregierung bekämpfte sowohl rechts- als auch linksextreme Parteien. Politik und Bürger in der Bundesrepublik fühlten sich jedoch vor allem von „links" bedroht, vom Kommunismus der DDR und der Sowjetunion. Der Kalte Krieg verschaffte dem Antikommunismus immer neue Nahrung. Eine Neigung zur Schwarz-Weiß-Malerei in der bundesdeutschen Gesellschaft – hier die heile Welt des Westens, dort die böse kommunistische Welt des Ostens – war weit verbreitet. In der Bundesrepublik etablierte sich ein „antitotalitärer" Basiskonsens, in den frühere nationalsozialistische, antibolschewistische Kräfte integriert werden konnten (➔M5). In der immer wieder verwendeten Formel von der „Verteidigung der Freiheit gegen den Bolschewismus" trafen sich Konservative, Liberale und Sozialdemokraten ungeachtet ihrer sonstigen parteipolitischen Gegensätze. So wurde der Antikommunismus zur tragfähigen Integrationsideologie für die noch ungefestigte Demokratie in Westdeutschland.

In der frühen Nachkriegszeit galt in Westdeutschland die Formel „Rechtsradikalismus = Linksradikalismus". Auf diese Weise konnte nicht nur die DDR-Diktatur mit der NS-Diktatur gleichgesetzt, sondern auch manche kritische Frage zur eigenen Geschichte abgewehrt werden. So blieben in der westdeutschen Öffentlichkeit lange Zeit die Verbrechen der Wehrmacht in Polen oder in der Sowjetunion ebenso unbeachtet wie das Schicksal der Millionen ausgebeuteten osteuropäischen Zwangs- oder Fremdarbeiter.

Verordneter Antifaschismus in der DDR | Die DDR beanspruchte für sich den absoluten Bruch zum „Dritten Reich" und zu allen anderen vorangegangenen „Klassen-Herrschaften". Daher musste sie eine vollkommen neue Traditionslinie erfinden. Auf der Suche nach Legitimität machte die Parteiführung den kommunistischen Widerstand gegen den Nationalsozialismus, in dessen Nachfolge sie den SED-Staat stellte, zum „Gründungsmythos". Der *Antifaschismus* wurde zur Staatsideologie. Aus ehemals kommunistischen Verfolgten und Widerstandskämpfern wurden moralisch unangreifbare politische Führer. Die von diesen verordnete antifaschistische Geschichtsdeutung besagte, dass „der Aufbau des Sozialismus die einzig richtige Konsequenz aus dem Faschismus" sei, denn nur mit der Abschaffung des Kapitalismus sei auch die Grundlage für den Faschismus für immer beseitigt. Somit konnten sich alle, die sich mit dem Sozialismus identifizieren, auch als „Sieger der Geschichte" verstehen. Gerade junge Menschen und Intellektuelle befürworteten den Staat, weil sie so deutlich Abstand zur NS-Vergangenheit wahren konnten. Auch außenpolitisch versuchte sich die DDR mit ihrer antifaschistischen Staatsdoktrin zu legitimieren.

Nicht zuletzt nutzte die DDR den Verweis auf die nationalsozialistische Vergangenheit aus, um den Konkurrenten im Westen, dessen Elite und Beamtenschaft eine kaum gebrochene personelle Kontinuität zum „Dritten Reich" aufwiesen, als „braunes System" darzustellen. Die aufwändigste und folgenreichste Kampagne hierzu startete im Mai 1957 in Ost-Berlin. Während der internationalen Pressekonferenz „Gestern Hitlers Blutrichter – Heute Bonner Justizelite" wurde die NS-Vergangenheit von 118 bundesdeutschen Richtern und Staatsanwälten enthüllt. Im Laufe der folgenden drei Jahre identifizierte die DDR etwa alle sechs Monate weitere 200 Juristen des „Dritten Reiches". Das erregte auch im Ausland Aufmerksamkeit, sodass die bundesdeutsche Politik unter Handlungsdruck geriet. Letztlich beschloss die Ende 1958 tagende Konferenz der Justizminister, die Zentrale Stelle der Landesjustizverwaltungen zur Aufklärung nationalsozialistischer Verbrechen zu gründen. Sie trug zwar nicht die Hypothek der NS-belasteten Juristen ab, ließ jedoch die systematische Ermittlung gegen Nazi-Täter, die Anfang der 1950er-Jahre nahezu zum Erliegen gekommen war, wieder Fahrt aufnehmen. Eine vergleichbare Institution gab es in der DDR nicht.

Umgang mit Widerstand und Opfern | Die Antifaschismus-Ideologie verlieh den kommunistischen Widerstandskämpfern Heldenstatus, darunter vor allem dem ehemaligen KPD-Vorsitzenden *Ernst Thälmann*, den die Nationalsozialisten 1944 im KZ Buchenwald ermordet hatten. Andere Widerstandsgruppen, etwa aus den Kirchen, dem Bürgertum oder dem Militär, fanden in der DDR ebenso wenig Beachtung wie die vielen Millionen Menschen, die der NS-Rassenideologie zum Opfer fielen (➔M6). Nicht Antisemitismus und Rassismus, sondern der Kampf gegen „die Arbeiterklasse" und gegen die Sowjetunion sei das wesentliche Element des „Hitler-Faschismus" gewesen, lautete die immer wieder propagierte Doktrin der SED-Führung. Eine eingehende Auseinandersetzung mit

Wahlplakat der CDU zur Bundestagswahl 1953.

Plakat der Nationalen Front von 1960.
Im Vordergrund: die Skulpturengruppe an der 1958 eingeweihten Mahn- und Gedenkstätte des ehemaligen Konzentrationslagers Buchenwald. Das Denkmal fand erst die Zustimmung der Partei, als der Künstler Fritz Cremer Figuren mit Parteibanner und Waffen hinzufügte.

▶ Analysieren Sie Aussage und Wirkung des Plakats.

Ehrenmal im Innenhof der Gedenkstätte Deutscher Widerstand in Berlin.
Foto (Ausschnitt) von 2011.
Die von dem Bildhauer Richard Scheibe geschaffene Bronzefigur wurde am 20. Juli 1953 eingeweiht.

dem Holocaust, wie sie in der Bundesrepublik in den 1970er-Jahren einsetzte, gab es in der DDR nicht. Die Juden, die Sinti und Roma und andere Verfolgte erfuhren daher auch keine besondere Anerkennung als Opfer.

Erst Ende der 1980er-Jahre rückte die politische Führung der DDR den Holocaust stärker in den Fokus. Den Feierlichkeiten zum Gedenken an den 50. Jahrestag der „Reichspogromnacht" 1988 kam daher eine nie dagewesene Bedeutung zu. So stieg die DDR, resümiert der Historiker *Peter Bender*, erst kurz vor ihrem Ende herunter „vom hohen Ross des ‚Siegers der Geschichte' und wurde, was die Bundesrepublik war: ein Nachfolgestaat des Nazi-Reiches".

In der späteren Bundesrepublik galt die Haltung zum Widerstand gegen das NS-Regime, vor allem die Erinnerung an das Hitler-Attentat vom 20. Juli 1944, als entscheidendes Kriterium dafür, wie die deutsche Bevölkerung ihre Vergangenheit „bewältigte". Die Verschwörer des 20. Juli bezeugten stellvertretend für die vielen anderen mutigen Frauen und Männer des deutschen Widerstandes, dass es auch in der NS-Zeit ein anderes, besseres Deutschland gegeben hatte. Dies sah jedoch in den ersten Nachkriegsjahren anders aus: Bei vielen Menschen stieß das Thema „20. Juli" auf Ablehnung, denn es erinnerte an eigene Versäumnisse und die persönliche Schuld. Manche verurteilten die Männer des 20. Juli sogar als Verräter. Im offiziellen Gedenken hatte der 20. Juli jedoch bereits seit 1946 seinen Platz. Nach außen diente er dazu, die Kollektivschuldthese zu widerlegen, nach innen sollte er eine neue Identität in einer freiheitlichen Tradition stiften. Je größer der zeitliche Abstand, desto positiver wurde das Datum bewertet. Zum 60. Jahrestag 2004 erfuhren die Protagonisten des gescheiterten Attentats eine intensive Würdigung durch Politik, Medien und Öffentlichkeit.

Geschichts- und Gedenkkultur | Die große Bedeutung der geschichtskulturellen Beglaubigung im Staats- und Gesellschaftssystem der DDR zeigt sich auch in der „gründungsmythischen Dreieinigkeit" der DDR-Gedenk- und Feiertage: So wurde am 15. Januar der Ermordung von *Karl Liebknecht* und *Rosa Luxemburg* gedacht[1], 1950 der 8. Mai als arbeitsfreier Feiertag („Tag der Befreiung des deutschen Volkes vom Hitlerfaschismus", ab 1967 nicht mehr arbeitsfrei) und der 7. Oktober, der Gründungstag der DDR („Tag der Republik"), als Staatsfeiertag eingeführt. Der 8. Mai galt auch als „Tag des Dankes an die Sowjetunion" und der 7. Oktober als „Tag des Stolzes auf die eigene Leistung". Damit fügten sich die Feiertage zu einer Erzählung, in der auf den Kampf und die Opfer, die Erlösung und der Dank an die Befreier sowie schließlich die stolze Feier des Bestehenden folgte.

Völlig anders ging die Bundesrepublik mit ihrer symbolischen Repräsentation und geschichtskulturellen Selbstdeutung um. Hier herrschte nach 1945 in dieser Hinsicht eine große Verunsicherung. In erster Linie wollte sich die Bundesrepublik sowohl gegen das „Dritte Reich" als auch gegen die DDR abgrenzen. In der westdeutschen Bevölkerung wurde der 8. Mai lange eher als „Tag des Zusammenbruchs" als ein Tag der Befreiung angesehen. Er fand erst nach Jahren Eingang in die offizielle *Gedenkkultur*. Auch ein Gründungsdatum, an dem die Bundesrepublik sich hätte feiern können, gab es nicht. Die Bundesrepublik verstand sich als „Provisorium", welches – wie das Grundgesetz – nur so lange Bestand haben sollte, bis sich alle Deutschen in freier Selbstbestimmung eine Verfassung geben und einen Staat bilden würden.

Einen wichtigen Schub für die westdeutsche Identitätsbildung brachte der ostdeutsche Volksaufstand vom **17. Juni 1953**. Kurz darauf erklärte der Bundestag den 17. Juni als „Tag der deutschen Einheit" zum ersten und einzigen Staatsfeiertag der alten Bundesrepublik. Der Aufstand habe ein für alle Mal die Behauptung widerlegt, „dass das deutsche Volk nicht die innere Kraft aufbringe, sich gegen Diktatur und Will-

17. Juni 1953: Nachdem die SED-Führung die Arbeitsnormen heraufgesetzt hatte, kam es in Ost-Berlin und 700 weiteren Städten der DDR zu Aufständen. Diese wurden mithilfe sowjetischer Truppen blutig niedergeschlagen.

[1] Vgl. im Wahlmodul „Die Gesellschaft der Weimarer Republik" Seite 393.

kür zur Wehr zu setzen". Der 17. Juni wurde damit zum Bestandteil der Nach-Geschichte des Nationalsozialismus und der *Aufarbeitung*. Noch weiter geht der Historiker *Edgar Wolfrum* in seiner Bewertung: „Pointiert ausgedrückt war das Datum der eigentliche Gründungsakt der Bundesrepublik – und durfte es zugleich offiziell gar nicht sein."

Lebensstandard als Legitimation: das „Wirtschaftswunder" | Nicht nur die gegensätzlichen politischen Kurse, die beide deutsche Staaten einschlugen, auch der Wohlstand der Bevölkerung entwickelte sich unterschiedlich.

In Westdeutschland förderten die Alliierten den raschen wirtschaftlichen Wiederaufbau. Zunächst musste die durch den Krieg verursachte Inflation beseitigt werden. Am 20. Juni 1948 wurde in den Westzonen eine *Währungsreform* durchgeführt und die Deutsche Mark als neues Zahlungsmittel eingesetzt. Was sich anschließend ereignete, grub sich als Gründungsmythos der Bundesrepublik tief ins Bewusstsein der Menschen ein (➔ M8): Über Nacht füllten sich die Geschäfte mit Waren, die bislang nur mit Mühe auf dem Schwarzmarkt erhältlich gewesen waren. Die Händler hatten ihre Güter bis zur Einführung einer stabilen Währung zurückgehalten.

Die Währungsreform und die 1948 von dem späteren Wirtschaftsminister *Ludwig Erhard* mit Unterstützung der Amerikaner durchgesetzte Einführung der **Sozialen Marktwirtschaft** schufen die Grundlagen für einen beispiellosen Wirtschaftsaufschwung, der für die Zeitgenossen einem „Wirtschaftswunder" gleichkam. Die internationale Nachfrage nach deutschen Produkten wuchs, die Industrieproduktion, die Kaufkraft der Bevölkerung und die Einkommen stiegen an, bereits Ende der 1950er-Jahre herrschte Vollbeschäftigung. Ein spezifisches Lebensgefühl bildete sich aus: das Streben nach bürgerlicher Normalität, Erfolg und materiellem Wohlstand. Auf die „Fresswelle" der frühen 1950er-Jahre folgte eine „Kaufwelle", eine „Reisewelle", die viele Deutsche in ihr Traumland Italien führte, und schließlich die „Motorisierungswelle". Trotz bleibender sozialer Ungleichheit prägte kaum etwas anderes das *Selbstverständnis* der Westdeutschen so sehr wie der wirtschaftliche Erfolg in den ersten beiden Jahrzehnten nach der Gründung der Bundesrepublik.

„Von der Wiege bis zur Bahre" | Die sowjetische Besatzungsmacht verzichtete nicht auf Reparationen und Demontage. Hunderte Industrieanlagen wurden in Ostdeutschland abgebaut. Die Einführung der sozialen **Planwirtschaft**, die Verstaatlichung der Industrie, die Kollektivierung der Landwirtschaft und Enteignung vieler kleiner Handels- und Handwerksbetriebe sowie die zentral von der Regierung geplante Güterproduktion – all diese von Moskau verordneten Maßnahmen lähmten die Wirtschaft. Das starre System führte zu ständigen Engpässen in der Industrie und der Versorgung der Bevölkerung mit Gütern des täglichen Lebens. Trotz hoher Arbeitsleistungen blieb der Lebensstandard deutlich niedriger als in der Bundesrepublik. Gerade junge, gut ausgebildete DDR-Bürger zog es in den kapitalistischen Westen. Erst die Abriegelung durch den Bau von Mauer und Selbstschussanlagen 1961 setzte der Massenflucht ein Ende. Die Grenze war jedoch nicht ganz undurchlässig. Von 1961 bis 1988 flohen über 40 000 Personen – teilweise unter spektakulären Umständen – in den Westen.

Feier für den einmillionsten „Käfer" im Wolfsburger Volkswagenwerk.
Foto vom 5. August 1955.
Der VW-Käfer wurde zum Symbol des deutschen Wirtschaftsaufstiegs. Er wurde insgesamt 21,5 Millionen Mal gebaut.

Soziale Marktwirtschaft: Wirtschaftsordnung der Bundesrepublik Deutschland, in der sich der Staat, anders als in der reinen freien Marktwirtschaft, durch gesetzliche Rahmenbedingungen um einen möglichst gerechten Ausgleich zwischen wirtschaftlich stärkeren und schwächeren Gruppen der Gesellschaft bemüht.

Planwirtschaft: Wirtschaftsordnung, in der die Produktion von Gütern sowie deren Verteilung nach staatlich festgelegten Plänen vorgenommen wird.

Käuferschlange in Ost-Berlin.
Foto aus den 1970er-Jahren.
Weil es an so vielem fehlte, bekamen die DDR-Bürger selten das, was sie kaufen wollten, sondern sie kauften das, was es gerade gab. Schlangestehen gehörte zum Alltag.

In den folgenden Jahren verbesserte sich der Lebensstandard. Trotz aller Propaganda blieb die Bundesrepublik aber der einzige von den Bürgern akzeptierte Maßstab. Mit sozialen Vergünstigungen versuchte die SED-Führung, die Bevölkerung positiv zu stimmen und ihre Herrschaft zu sichern. Letztlich akzeptierten die meisten Bürger den „Sozialstaat DDR", der sie „von der Wiege bis zur Bahre" begleitete. Die staatliche Subventionierung von Konsum und Sozialleistungen bei geringer Arbeitsproduktivität der staatlichen Betriebe und dem im Vergleich zum Export wesentlich höheren Import von Waren führte die DDR jedoch in den Bankrott, den die Parteiführung bis zum Schluss zu verheimlichen suchte.

Amerikanisierung im Westen – Zensur im Osten | Die von der Bundesregierung verfolgte Westorientierung fand ihre Entsprechung in der persönlichen Lebenswelt der Bürger (→M9). Amerikanische Kultur und Lebensart hielten in der Bundesrepublik Einzug, besonders geprägt durch Coca-Cola, Kaugummi und Burger, Jeans, Rock'n'Roll, Hollywood-Filme und Massenmotorisierung. Gleichzeitig machte die von den USA ausgehende Massenkultur die Werte der amerikanischen Demokratie populär: Liberalismus, Pluralismus und Rechtsstaatlichkeit stellten obrigkeitliches Denken und patriarchalische Strukturen infrage. Überall in Westeuropa ging dies mit dem Protest und einem veränderten Lebensgefühl vieler Jugendlicher einher, die nach Freiräumen von Arbeitsethos und Bürgerlichkeit verlangten. Viele der älteren Generation sahen diese Entwicklung als Anzeichen des kulturellen Verfalls, andere wiederum begriffen die Amerikanisierung als historisch längst überfälligen Prozess der kulturellen Demokratisierung und Emanzipation.

Durch diese Entwicklung vollzog sich die deutsche Teilung auch im kulturellen Bereich. Die DDR bot ihren Bürgern keine vergleichbaren Konsummöglichkeiten. Die für den „Westen" stehenden Wertvorstellungen wie Individualismus und Freiheitsdrang standen den Idealen des „real existierenden Sozialismus" entgegen und wurden unterdrückt. Da die westliche Kultur vom „Klassenfeind" propagiert und gelebt wurde, musste sie in der DDR umso negativer bewertet und streng sanktioniert werden. Die Partei versuchte, alle westlichen Einflüsse zu verhindern, Beat-Musik und Jeans wurden viele Jahre verboten.

Demgegenüber erhob die DDR den Anspruch, eine „Kulturgesellschaft" zu sein. Die Staatsführung war stolz, ihren Bürgern kostenlosen Zugang zu Bibliotheken, Theatern und Museen zu bieten. Viele zeitgenössische Autoren wurden von Ost- und Westdeutschen gelesen. Zahlreiche Schriftsteller übten in ihren Werken Kritik an der deutschen Vergangenheit und Gegenwart, die sich oft gegen beide deutsche Staaten richtete. Obwohl Zensur und Publikationsverbot drohten – beides stritt die DDR-Führung offiziell ab –, entstand seit den späten 1960er-Jahren ein Milieu regimekritischer Schriftsteller. Manche von ihnen verließen die DDR, wie etwa *Sarah Kirsch, Jurek Becker* oder *Monika Maron*. Der ostdeutsche Schriftsteller und Liedermacher *Wolf Biermann* wurde wegen kritischer Veröffentlichungen 1976 ausgebürgert (→M10). Bis in die 1980er-Jahre blieben Künstler und Autoren der Willkür des SED-Regimes ausgesetzt, das entweder über Kritik hinwegsah oder mit harten Maßnahmen reagierte.

Wettstreit der Systeme im Sport | Die materiellen Anreize, welche die DDR ihren Bürgern bieten konnte, waren gemessen an westlichen Standards gering. Sie musste daher auf andere Felder ausweichen, auf denen sie die Loyalität der Bevölkerung gewinnen und zugleich der kapitalistischen Konkurrenz erfolgreich Paroli bieten konnte. Sportliche Glanzleistungen sollten die Bürger mit nationalem Stolz erfüllen und dem Land die zunächst verwehrte internationale Anerkennung bringen.

Im Kalten Krieg wurden internationale Sportveranstaltungen zu Arenen im Wettstreit der Systeme (→M11). In diesem Sinne sah die DDR ihre Spitzensportler als „Diplomaten im Trainingsanzug". Kein anderes Land der Welt gab anteilsmäßig so viel Geld für die Förderung des Sports aus. Bereits in den Kindergärten und Grundschulen wurden begabte Kinder gefördert. Zudem wurde systematisch gedopt. Die internationalen Erfolge der ostdeutschen Spitzensportler trugen zur Identifikation der Bürger mit ihrem Land bei.

Bedeutend für das Selbstverständnis der westdeutschen Nachkriegsgesellschaft war der Sieg bei der Fußballweltmeisterschaft 1954 in Bern. Durch das „Wunder von Bern" konnten die Deutschen wieder stolz auf ihre Nation sein. Als die DDR bei den Olympischen Spielen von 1968 erstmals mit eigener – und nicht mehr in einer gesamtdeutschen – Mannschaft antrat und von da an im Medaillenspiegel jeweils vor der Bundesrepublik lag, sah sich diese genötigt, die staatliche Sportförderung ihrerseits zu forcieren. Auch im Westen war Doping nicht unbekannt. Im Jahr vor den Olympischen Spielen 1972 in München erklärte Bundesinnenminister *Hans-Dietrich Genscher* in einer Beratung: „Von ihnen als Sportmediziner will ich nur eines: Medaillen für München."

Deutsches Turn- und Sportfest. Foto vom 15. August 1959, Leipzig. „Jedermann an jedem Ort – einmal in der Woche Sport", so die Losung von DDR-Staatschef Walter Ulbricht. In diesem Sinne betätigte er sich wie hier auf dem III. Turn- und Sportfest in Leipzig als begeisterter Vorturner.

Skandal und Wandel in der Bundesrepublik | In den 1960er-Jahren spitzte sich in der Bundesrepublik die Auseinandersetzung um die Vergangenheit zu. Die jüngere Generation kritisierte die Selbstverständlichkeit, mit der ehemalige Mitläufer nach 1945 die Entwicklung der Bundesrepublik bestimmten, und forderte dazu auf, das Schweigen zu brechen. Die meist sehr persönlich geführte Auseinandersetzung der Jugend mit der Vergangenheit ihrer Eltern, Lehrer und Professoren führte oftmals zu einer pauschalen Verurteilung der älteren Generation und ging mit einem inflationären Gebrauch des Faschismus-Vorwurfs einher.

Im Mai 1968 erklärte der Bundestag „Beihilfe zum Mord aus niederen Beweggründen" rückwirkend seit 1960 als straffrei. Da im bundesdeutschen Rechtsverständnis als Haupttäter immer Hitler, Himmler, Heydrich u. a. galten, wurde die Masse der Schreibtisch-Täter stets nur wegen Beihilfe zum Mord angeklagt. Aufgrund der Novelle mussten viele Prozesse und Ermittlungsverfahren gegen NS-Täter eingestellt werden. Was in der offiziellen Sprachregelung als „Panne des Gesetzgebers" galt, nannte die kritische Öffentlichkeit „kalte Amnestie".

Frankfurter Auschwitz-Prozess: Mit 22 Angeklagten und 183 Verhandlungstagen handelte es sich um einen der größten und meistbeachteten Prozesse in der Geschichte der deutschen Justiz. Durch die Aussagen der mehreren hundert Zeugen – größtenteils KZ-Überlebende – sahen sich viele Deutsche gezwungen, sich mit der eigenen Rolle während der NS-Zeit und der mangelnden Aufarbeitung nach 1945 auseinanderzusetzen.

Der von 1963 bis 1965 dauernde **Frankfurter Auschwitz-Prozess** hatte das Ausmaß des NS-Völkermordes, aber auch die Schwierigkeit gezeigt, den Verantwortlichen ihre individuellen Mordtaten nachzuweisen. Mord und Beihilfe zum Mord verjährten bis dahin nach 20 Jahren – so wäre in absehbarer Zeit eine Strafverfolgung von NS-Tötungsverbrechen nicht mehr möglich gewesen. Schließlich handelte der Gesetzgeber: Der Deutsche Bundestag verschob zunächst die Verjährungsfrist, nach weiteren intensiven Debatten im Jahr 1979 entschied er, die Verjährung von Völkermord und Mord ganz aufzuheben. So konnten in den 1960er-Jahren noch zahlreiche Prozesse gegen NS-Täter durchgeführt werden.

Auf politischer Ebene belebte sich vor allem im Zuge der Neuen Ostpolitik unter Bundeskanzler *Willy Brandt* der Diskurs über die NS-Vergangenheit von Neuem. Die Bundesrepublik bemühte sich erfolgreich um eine Verbesserung der deutsch-deutschen Beziehungen und der Verhältnisse zu den Staaten, die die DDR anerkannt hatten. Dazu gehörten auch Bemühungen um eine Aussöhnung mit den Opfern im Osten, die der berühmte Kniefall Brandts vor dem Mahnmal für die Opfer des Warschauer Ghettos symbolisch ausdrücken sollte.[1]

Stillstand und Ritualisierung in der DDR | Eine solche auf den Nationalsozialismus zentrierte Auseinandersetzung der jungen Generation mit der älteren blieb in der DDR aus. Der ritualisierte antifaschistische Bezug auf den Nationalsozialismus wandelte sich nur in Nuancen. Öffentliche Kontroversen waren ohnehin nicht möglich. Neben der diktatorischen Verfasstheit des Staates war das einerseits durch die „antifaschistische Herkunft" der Herrschenden bedingt. „Wir fühlten eine starke Hemmung, gegen Menschen Widerstand zu leisten, die in der Nazi-Zeit im KZ gesessen hatten", kommentierte die Schriftstellerin *Christa Wolf* rückblickend. Andererseits war in der DDR die Auseinandersetzung mit dem „Hitler-Faschismus" ein Dauerthema in Politik, Bildung und Medien. Seit Gründung des Landes war die Bevölkerung durch dutzende Romane, Fernseh- und Kinoproduktionen, die zum Teil auch zum zentral vorgegebenen Schulstoff gehörten, „antifaschistisch" beeinflusst (z. B. *Bruno Apitz* „Nackt unter Wölfen").

Begegnung mit Zeitzeugen.
Foto vom 16. April 2005.
Ein früherer Häftling erläutert Schülern in der Gedenkstätte des ehemaligen KZ Sachsenhausen bei Berlin Fotos und Dokumente.

Nach 1990: Die Aufarbeitung geht weiter | Die Wiedervereinigung löste bei den deutschen Nachbarstaaten zunächst altes Misstrauen gegenüber einem politisch wie militärisch starken Deutschland aus. Durch das Bekenntnis zur NATO-Mitgliedschaft und die Zustimmung zur weiteren Vertiefung der europäischen Integration konnte Bundeskanzler *Helmut Kohl* diese Befürchtungen aber letztlich zerstreuen. (➔M12).

[1] Siehe dazu auch M3 auf Seite 383.

Seit der Deutschen Einheit hat sich Deutschland auch einer „doppelten Vergangenheit" zu stellen. Die Fehler, die bei der ersten „Diktaturbewältigung" gemacht wurden – vor allem bei der strafrechtlichen Verfolgung der NS-Verbrechen – sollten sich bei der zweiten nicht wiederholen. Das vereinte Deutschland wandte sich, anders als nach 1945, unverzüglich der Aufarbeitung der Vergangenheit zu. Die Verbrechen der DDR-Diktatur wurden öffentlich gemacht, den Opfern wurde materiell und symbolisch Genugtuung verschafft, die Täter wurden bestraft. Für die Geschichtswissenschaft gilt das Thema DDR inzwischen als „überforscht". Geschichtskulturell aber hat das Thema, vor allem in den Facetten „Repression und Mangel", weiter Konjunktur.

Seit 1990 gibt es auch eine gesamtdeutsche Erinnerung an den Nationalsozialismus. Befürchtungen, das Thema könnte zu den Akten gelegt werden, erwiesen sich als falsch. Das Bekenntnis zur Verantwortung für die deutschen Gewalttaten steht unverändert. In Wissenschaft, Medien und Kunst ist das Interesse an der NS-Zeit größer denn je. Das Bild jener Epoche wird immer differenzierter. Unternehmensgeschichten etwa klären den Beitrag der deutschen Wirtschaft an der Judenverfolgung sowie an der Ausbeutung von Zwangsarbeitern während des Krieges. Mit der im Jahr 2000 gegründeten *Stiftung „Erinnerung, Verantwortung und Zukunft"* wurden die vielen Millionen ehemaliger Zwangsarbeiter entschädigt und endlich als Opfer anerkannt.

Darüber hinaus widmet sich die Geschichtswissenschaft verstärkt dem Thema „Aufarbeitung der Aufarbeitung" und damit der Frage, wie in Deutschland, aber auch in anderen europäischen Staaten, mit der NS-Vergangenheit von 1945 bis heute umgegangen worden ist.

Volksfest am Brandenburger Tor zum Tag der deutschen Einheit in Berlin.
Foto vom 3. Oktober 2011.

Alles neu in der „Berliner Republik"? | Im politischen Sprachgebrauch ist seit der deutschen Einheit von der „Berliner Republik" die Rede (→ M13). Diese Bezeichnung bezieht sich nicht nur auf die neue, modernisierte Hauptstadt, sondern vielmehr auf ein verändertes deutsches Selbstverständnis im europäischen und internationalen Kontext.

Hat sich die deutsche Politik nach 1990 verändert? Dafür sprechen einige Indizien: Die Bundesrepublik drängt auf einen Sitz im Weltsicherheitsrat der UNO. Sie beteiligt sich an internationalen militärischen Kriegseinsätzen im Rahmen der NATO und der UNO, wobei sie sich vehement gegen den Kriegseinsatz im Irak und gegen Libyen aussprach. Sie richtet „Gipfelkonferenzen" zur Klärung internationaler Konflikte aus. Und auch bei der Bewältigung der Euro- und Schuldenkrise seit dem Jahr 2008 spielt die Bundesrepublik eine dominierende Rolle.

Der Wandel von der Bonner zur in „neuer alter Größe" gewachsenen Berliner Republik hat im In- und Ausland auch Unbehagen ausgelöst. Um das Ansehen Deutschlands in der Welt und das Vertrauen des Auslands zu bewahren, knüpft die Berliner Republik an die antirituellen Traditionen der Bundesrepublik an. Dies betrifft auch die alljährliche Ausrichtung der Feier zum „Tag der deutschen Einheit" am 3. Oktober. Bremens Oberbürgermeister *Klaus Wedemeyer* empfahl 1994 auf der zentralen Einheitsfeier: „Rücksichtnahme und Aufrichtigkeit, Behutsamkeit und Realitätssinn nach innen und nach außen sollten uns auch leiten, wenn wir über die deutsche Nation und die kollektive Identität der Deutschen diskutieren."

Innenpolitisch hat sich die Situation von einem Dreiparteiensystem (CDU/CSU, SPD, FDP) zu einem Sechsparteiensystem (CDU/CSU, SPD, Grüne, Linke, FDP, AfD) entwickelt, das vielfältigere politische Konstellationen ermöglicht. Von allen Parteien wird heute eine größere ideologische Beweglichkeit und Kompromissfähigkeit eingefordert. Nicht zuletzt sorgen die vielfältigen internationalen Anforderungen – Globalisierung, Terrorismus, Ökologie, Demografie – dafür, dass sich die deutsche Politik stets neu definieren muss.

Ob sich die Orientierung der deutschen Politik am „Zivilisationsbruch Nationalsozialismus" mit wachsendem zeitlichen Abstand halten wird, oder ob dieser historische Bezugspunkt allmählich verblasst, wird sich zeigen. Die politische Auseinandersetzung mit den NS-Verbrechen sollte jedoch nicht beendet werden, weil bis heute Rassismus, Antisemitismus, Ausländerfeindlichkeit und andere rechtsextremistische Auswüchse vielfach auf nationalsozialistischen Vorstellungen gründen. Außerdem hat sich nach 1945 mehrfach gezeigt, dass sich Zivilisationsbrüche in allen Teilen der Welt wiederholen können (z.B. die Massenmorde in Kambodscha oder die Kriegsverbrechen in Jugoslawien und Ruanda).

Ein Land – eine Identität? | Seit der „Wiedervereinigung" nähert sich die politische Kultur in den beiden Teilen Deutschlands allmählich einander an. Obwohl Löhne und Gehälter inzwischen weitgehend angeglichen wurden, fühlte sich ein Teil der Ostdeutschen jedoch durch die radikale politische und wirtschaftliche Umstellung ungerecht behandelt. Orientierungslosigkeit, Rechtsradikalismus und eine nostalgische Verklärung des Sozialismus machten sich breit. Insgesamt sind die Menschen in den neuen Bundesländern mit Demokratie, pluralistischer Gesellschaft und Marktwirtschaft weniger zufrieden als die im Westen. Die überwiegende Mehrheit der Bevölkerung steht aber positiv zum wiedervereinigten Deutschland.

Die Unterschiede in der Lebenserfahrung und im Lebensgefühl zwischen den Deutschen in Ost und West waren doch größer, als man das in den aufregenden Monaten der friedlichen Revolution erwartet hatte. Dies betrifft auch das kollektive Gedächtnis und traditionelle Werthaltungen. Trotz aller wirtschaftlichen und sozialen Probleme: Der Stolz auf die friedliche Revolution in der DDR und die daraufhin erfolgte Deutsche Einheit hat wesentlich zu einem gemeinsamen Selbstverständnis und zur „inneren Einheit" Deutschlands beigetragen.

„Daran müssen wir noch arbeiten."
Karikatur von Rainer Schwalme, 1992.

- Erklären Sie die Haltung des Zeichners zur deutschen Einheit. Diskutieren Sie, ob die Aussage der Karikatur auch heute noch Gültigkeit hat.

„Stolpersteine".
Seit 1997 verlegt der Kölner Künstler Gunter Demnig „Stolpersteine". Das sind kleine Betonwürfel mit Messingplatten, auf denen die Namen von NS-Opfern (Juden, Sinti und Roma, politisch und religiös Verfolgte, Homosexuelle, Opfer der „Euthanasie") stehen. Sie werden vor den früheren Wohnhäusern der Opfer in den Gehweg eingelassen. Bis 2012 wurden etwa 35 000 Steine an rund 750 Orten in zehn europäischen Ländern verlegt. Siehe hierzu auch den Code **32035-62**.

Eine neue Geschichtskultur | Mit dem Ende der DDR verschwand auch ihre *Geschichtskultur*. Die Symbole des vereinigten Deutschland, die Flagge und Hymne, waren jene der Bundesrepublik. Namen der ostdeutschen Straßen, Plätze und Institutionen, die Denkmäler und symbolträchtigen Gebäude verschwanden, während sich Benennungen, die sich an der Geschichtskultur der alten Bundesländer orientieren, allmählich auch im Beitrittsgebiet verbreiten.

In der Bundesrepublik war die politische Kultur seit Ende der 1970er-Jahre pluraler geworden. Es gab immer mehr bürgergesellschaftliche Initiativen. Das beeinflusste auch die westdeutsche Geschichtskultur. Die (Um-)Benennung von Straßen, Plätzen, Institutionen und Kasernen, die Errichtung, Entfernung oder Umwidmung von Gedenkorten verstand man nun nicht mehr als alleinige Angelegenheit des Staates, sondern als Resultat eines Selbstverständigungsprozesses der Gesellschaft. Auch das 2005 fertiggestellte *Denkmal für die ermordeten Juden Europas* sowie das 2007 vom Bundestag beschlossene *Freiheits- und Einheitsdenkmal* im Zentrum Berlins hatten bürgergesellschaftliche Ursprünge (➔M14). Heute gibt es in Deutschland eine Vielzahl von Gedenkstätten, die vom Bund, den Ländern, Kommunen oder von bürgergesellschaftlichen Akteuren errichtet wurden und betrieben werden.

Andererseits versteht es der Staat zunehmend als seine Aufgabe, die Vergangenheit mit einem offiziellen Gedenkwesen zielgerichtet lebendig zu halten. Dagegen erheben sich auch kritische Stimmen, die diese staatlich „verordnete" Gedenkkultur eher als Hindernis für eine wirkliche Auseinandersetzung und ein lebendiges Geschichtsbewusstsein begreifen.

Gleichzeitig wird die Gedenk- und Erinnerungskultur an Nationalsozialismus und Holocaust immer internationaler, was sich heute vor allem an Museen wie dem *United States Holocaust Memorial Museum* in Washington, D.C., oder dem *Jüdischen Museum* in Berlin zeigt. Auch die Entwicklung des 27. Januar von einem nationalen Gedenktag der Deutschen zum „Internationalen Tag des Gedenkens an die Opfer des Holocaust" verweist auf die Tatsache, dass der Holocaust heute Teil einer *transnationalen Erinnerungskultur* geworden ist.

Etwa seit Beginn des neuen Jahrhunderts haben die Themen Nationalsozialismus und Zweiter Weltkrieg auch in Kino- und TV-Produktionen Konjunktur. Eine neue Generation von Autoren und Regisseuren entwickelt hier eine eigene Sichtweise auf die Vergangenheit, welche in der Geschichtswissenschaft, aber auch in den Medien immer wieder kontrovers diskutiert wird.

Gemeinsames europäisches Erinnern | Nach dem Zusammenbruch des Kommunismus und im Zuge der EU-Osterweiterung sahen viele eine politische und wirtschaftliche Vereinigung Europas unter westlichen Vorzeichen in greifbarer Nähe. Damit verbunden war der Wunsch nach Überwindung der Nationalstaaten im Rahmen einer gemeinsamen europäischen Identität. Doch erwies sich dieses Ziel als äußerst schwer zu verwirk-

Befürworter der katalanischen Unabhängigkeit demonstrieren in Barcelona.
Foto vom 27. Oktober 2017.
Bereits 1640 kam es in Katalonien zu einem Aufstand gegen Zentralisierungsbestrebungen des Königs Philipp IV. und seines Beraters Olivares: Alle spanischen Teilreiche sollten sich an den Kriegskosten der Krone beteiligen und Soldaten verpflegen und beherbergen. Erst 1652 konnten königliche Truppen die Macht in Katalonien zurückerobern. Bis heute lebt das Bewusstsein der katalanischen Eigenständigkeit weiter, obwohl die Provinz formell zu Spanien gehört. Nach einem von der Zentralregierung in Madrid für verfassungswidrig erklärten Unabhängigkeitsreferendum in Katalonien stimmte das dortige Parlament im Oktober 2017 für die Loslösung vom spanischen Staat. Daraufhin eskalierte der Konflikt: Die Regionalregierung wurde für abgesetzt erklärt, es erfolgten Anklagen wegen Rebellion gegen führende Separatisten, von denen einige ins Ausland flohen wie der damalige Ministerpräsident Puigdemont, andere wurden inhaftiert. Katalonien wurde zwischenzeitlich unter die Zwangsverwaltung der Zentralregierung gestellt. Der Konflikt schwelt weiter und zeigt, welchen Zündstoff historisch gewachsene Konflikte um Autonomie und kulturelle Identität in einer zunehmend globalen Welt weiterhin liefern.

lichen. Welche gemeinsamen Merkmale und Ziele kann man von Portugal bis Griechenland, von Skandinavien bis Sizilien als gemeinschaftsstiftend erkennen? Zeichnete sich Europa nicht seit dem Mittelalter durch seine Vielfalt der Staatswesen und der Kulturen aus, ja ergab sich daraus nicht sogar die Konkurrenz und Dynamik, die Fortschritt und Expansion ermöglichten (➔M7)? Für die westliche Wertegemeinschaft, zu der freilich auch die USA und Kanada zählen, kann man Demokratie und Menschenrechte, Säkularisierung, Technologisierung und Kapitalismus als Leitideen festmachen. Gerade in Deutschland sahen viele in einer „europäischen Identität Deutschlands" die Möglichkeit, das kontaminierte deutsche Erbe nach 1945 in einem europäischen Rahmen aufzulösen. Ein Vertreter einer „europäischen Leitkultur" ist der Politikwissenschaftler *Bassam Tibi*, der sie wie folgt definiert: „Primat der Vernunft vor religiöser Offenbarung, d. h. vor der Geltung absoluter religiöser Wahrheiten, individuelle Menschenrechte (also nicht Gruppenrechte), säkulare, auf der Trennung von Religion und Politik basierende Demokratie, allseitig anerkannter Pluralismus sowie ebenso gegenseitig zu geltende Toleranz."

Im Jahr 2008 hat das Europäische Parlament den *„Europäischen Tag des Gedenkens an die Opfer von Stalinismus und Nationalsozialismus"* beschlossen. Er findet am 23. August statt, dem Tag der Unterzeichnung des Hitler-Stalin-Paktes. In Zeiten der Globalisierung suchen allerdings viele Menschen zunehmend Halt in regionalen und nationalen Strukturen. Nationale Opfermythen sind zudem langlebig und können nur durch historische Forschung überwunden werden. Verschiedene Opfergruppen konkurrieren um Anerkennung, und eine ehrliche Auseinandersetzung mit der eigenen Geschichte jenseits der Opfersicht fällt immer noch schwer, wie die Diskussionen in Polen, Ungarn, Tschechien oder Russland zeigen. „Erinnerung erweist sich damit letztlich rückgekoppelt an die Machtfrage. ‚Souverän' ist nicht nur, wer über den Ausnahmezustand entscheidet, sondern auch, wer selbstgenügsam über seine Erinnerungen und nationalen Mythen entscheidet" (*Aleida Assmann*) (➔M15).

Doch auch in Deutschland gerät im Zuge der Übernahme der Opferperspektive die Täterperspektive zunehmend verloren. Erst wenn die Erinnerung an eigene Schuld und die Anerkennung der Leiden anderer zugleich möglich sind, kann eine gemeinsame europäische Erinnerungsgemeinschaft entstehen. Und auch die jeweiligen regionalen und nationalen Identitäten müssten in die überstaatlichen Gemeinschaften integriert werden. Ansonsten kommt es zu Separationsbestrebungen wie etwa in Katalonien, Norditalien oder Schottland. Die Finanz- und Eurokrise, der Ruf nach autoritären Regierungen, der Brexit und die Angst vor Migration haben nicht nur die EU in eine tiefe Krise gestürzt, sondern auch den Weg zu einer europäischen Erinnerungskultur auf einem gemeinsamen Wertefundament erschwert.

Internettipp
Die Bundeszentrale für politische Bildung hat ein Dossier zum Thema „Geschichte und Erinnerung" veröffentlicht, das noch einmal viele Aspekte dieses Wahlmoduls zusammenfasst. Sie finden es unter dem Code **32035-63**.

M1 „Es ist zum Übelwerden"

Der Schriftsteller und Nobelpreisträger Hermann Hesse (1877–1962) lebt seit 1919 in der Schweiz im Tessin. Während der Zeit des Nationalsozialismus ist sein Haus eine Anlaufstelle für etliche Emigranten aus Deutschland auf ihrem Weg ins Exil. Hesse schreibt einen „Offenen Brief" an die Schriftstellerin Luise Rinser, der am 26. April 1946 unter dem Titel „Ein Brief nach Deutschland" in der National-Zeitung (Basel) veröffentlicht wird. Darin heißt es:

Merkwürdig ist das mit den Briefen aus Ihrem Lande! Viele Monate bedeutete für mich ein Brief aus Deutschland ein überaus seltenes und beinahe immer ein freudiges Ereignis. […]

Dann wurden die Briefe häufiger und länger und unter diesen Briefen waren schon viele, die mir keine Freude machten und die zu beantworten mir bald die Lust verging […].

Ein Gefangener in Frankreich, kein Kind mehr, sondern ein Industrieller und Familienvater, mit Doktortitel und guter Bildung, stellte mir die Frage, was denn nach meiner Meinung ein gut gesinnter anständiger Deutscher in den Hitlerjahren hätte tun sollen? Nichts habe er verhindern, nichts gegen Hitler tun können, denn das wäre Wahnsinn gewesen, es hätte ihn Brot und Freiheit gekostet, und am Ende noch das Leben. […]

Da sind nun zum Beispiel alle jene alten Bekannten, die mir früher jahrelang geschrieben, damit aber in dem Augenblick aufgehört haben, als sie merkten, dass man sich durch Briefwechsel mit mir, dem Wohlüberwachten, recht Unangenehmes zuziehen könne. Jetzt teilten sie mir mit, dass sie noch leben, dass sie stets warm an mich gedacht und mich um mein Glück, im Paradies der Schweiz zu leben, beneidet hätten, und dass sie, wie ich mir ja denken könne, niemals mit diesen verfluchten Nazis sympathisiert hätten. Es sind aber viele dieser Bekenner jahrelang Mitglieder der Partei gewesen. Jetzt erzählen sie ausführlich, dass sie in all diesen Jahren stets mit einem Fuß im Konzentrationslager gewesen seien, und ich muss ihnen antworten, dass ich nur jene Hitlergegner ganz ernst nehmen könne, die mit beiden Füßen in jenen Lagern waren, nicht mit dem einen im Lager, mit dem anderen in der Partei […].

Dann gibt es treuherzige alte Wandervögel, die schreiben mir, sie seien damals, so etwa um 1934, nach schwerem inneren Ringen in die Partei eingetreten, einzig, um dort ein heilsames Gegengewicht gegen die allzu wilden und brutalen Elemente zu bilden und so weiter.

Andere wieder haben mehr private Komplexe und finden, während sie im tiefen Elend leben und von wichtigeren Sorgen umgeben sind, Papier und Tinte und Zeit und Temperament im Überfluss, um mir in sehr langen Briefen ihre tiefe Verachtung für Thomas Mann[1] auszusprechen und ihr Bedauern oder ihre Entrüstung darüber, dass ich mit einem solchen Mann befreundet sei.

Und wieder eine Gruppe bilden jene, die offen und eindeutig all die Jahre mit an Hitlers Triumphwagen gezogen haben, einige Kollegen und Freunde aus früheren Zeiten her. Sie schreiben mir jetzt rührende und freundliche Briefe, erzählen mir eingehend von ihrem Alltag, ihren Bombenschäden und häuslichen Sorgen, ihren Kindern und Enkeln, als wäre nichts gewesen, als wäre nichts zwischen uns, als hätten sie nicht mitgeholfen, die Angehörigen und Freunde meiner Frau, die Jüdin ist, umzubringen und mein Lebenswerk zu diskreditieren und schließlich zu vernichten. Nicht einer von ihnen schreibt, er bereue, er sehe die Dinge jetzt anders, er sei verblendet gewesen. Und auch nicht einer schreibt, er sei Nazi gewesen und werde es bleiben, er bereue nichts, er stehe zu seiner Sache. Wo wäre je ein Nazi zu seiner Sache gestanden, wenn diese Sache schief ging? Ach, es ist zum Übelwerden.

Zitiert nach: Christoph Kleßmann, Die doppelte Staatsgründung. Deutsche Geschichte 1945–1955, Bonn 1991, S. 443f.

1. Beschreiben Sie, wie sich die Deutschen in ihren Briefen an Hermann Hesse darstellen.

2. Erläutern Sie, welche Gründe es für die Einstellung der Deutschen und ihren Umgang mit dem Nationalsozialismus geben könnte. | F

3. Präsentation: Erörtern Sie die Haltung Hesses, die hier zum Ausdruck kommt. Nehmen Sie selbst Stellung zu den Briefschreibern und verfassen Sie Antworten. | F

M2 Mentalitätsbrüche

Der Historiker Hans-Ulrich Wehler (1931–2014) spricht von einem vierfachen Mentalitätsbruch, der die Ausgangslage der neu gegründeten Bundesrepublik begünstigt habe:

1. Jedes Liebäugeln mit der Diktatur traf nach 1945 in Westdeutschland auf unüberwindbaren Widerstand. Die Erfahrungen mit dem Führerabsolutismus hatten alle Illusionen, die dieses politische System unlängst noch umhüllt hatten, aufgelöst. […]

2. Mit dem Untergang des „Dritten Reiches" wurde außerdem die Fata Morgana eines deutschen „Sonderwegs" in die Moderne endgültig aufgegeben. Zwar hatte Deutschland seit jeher zum Okzident, zum westlichen Kulturkreis und europäischen Staatensystem, gehört – insofern ist die Formel vom „langen Weg nach Westen" irreführend. Doch war es seit der zweiten Hälfte des 19. Jahrhunderts mit fatalen Folgen von dessen Modernisierungspfad abgewichen. Das niederschmetternde Resultat des nationalsozialistischen „Sonderwegs" blieb umso wirkungsvoller, als die Blockkon-

[1] **Thomas Mann** (1875–1955): deutscher Schriftsteller und Nobelpreisträger, der 1933 in die Schweiz und 1938 in die USA emigrierte. Als Gegner der Nationalsozialisten wandte er sich regelmäßig in einer eigenen Radiosendung, gesendet von der BBC, an die deutsche Bevölkerung.

frontation zwischen sowjetischer Diktatur und westlicher Demokratie die vermeintliche Option für einen neuen „Dritten Weg“, den einige irrlichternde Schwarmgeister noch immer für begehbar hielten, denkbar unattraktiv machte.

3. Nachdem der Vulkan des deutschen Radikalnationalismus erstickt worden war, erloschen auch die Leidenschaften, die ihn von einer Eruption zur anderen getrieben hatten. Damit verlor der politische Verband der Deutschen einen seiner Tragpfeiler, insbesondere aber eine Antriebskraft, die ihn seit hundert Jahren bewegt hatte. Die große Frage lautet seither, welcher Loyalitätspol an die Stelle der Nation treten kann, da auch moderne westliche Staaten weiterhin einer integrierenden Programmatik bedürfen. [...]

4. Auch der Bann des charismatischen „Führers“ war 1945 endgültig gebrochen worden, nachdem der Selbstmörder ein bis dahin unvorstellbares Chaos heraufgeführt hatte. Trotzdem: Da der Hitler-Mythos sozialpsychisch viel tiefer verankert war, als mancher Kritiker der Führerherrschaft später wahrhaben wollte, ist seine Ausstrahlungskraft nicht über Nacht erloschen. Die ersten Meinungsumfragen ergaben, dass Hitlers Leistungen in den sechs Friedensjahren noch rundum auf Anerkennung trafen. Im Sommer 1952 etwa hielt ihn ein Drittel der Befragten für einen „großen Staatsmann“, ein weiteres Viertel besaß eine „gute Meinung“ von ihm. Auch 1955 glaubte immerhin fast die Hälfte (48 Prozent), dass Hitler ohne den Krieg als einer „der großen deutschen Staatsmänner“ dagestanden hätte. Selbst 1967, als die westdeutsche Wirtschaft und die Bonner Republik schon jahrelang florierten, hielten noch immer 32 Prozent an diesem positiven Urteil fest. Heutzutage mag man das mit einem ungläubigen Kopfschütteln registrieren, aber die zuverlässig ermittelten empirischen Befunde beweisen noch einmal die außergewöhnliche Faszination, die Hitlers charismatische Herrschaft auf seine Deutschen ausgeübt hatte.

Hans-Ulrich Wehler, Deutsche Gesellschaftsgeschichte, Bd. 4: Vom Beginn des Ersten Weltkriegs bis zur Gründung der beiden deutschen Staaten 1914–1949, München 2003, S. 981 f.

Titelblatt der satirischen Nachkriegszeitschrift „Ulenspiegel“ von Oktober 1946.

Die LDP (Liberal-Demokratische Partei Deutschlands) war eine 1945 in der Sowjetischen Besatzungszone gegründete liberale Partei, die in der DDR zur einflusslosen Blockpartei wurde.

▶ Analysieren Sie die Aussage des Bildes. | H

1. Präsentation: Vergleichen Sie die Aussagen Wehlers mit dem Bericht in M1. Erarbeiten Sie auf dieser Grundlage ein Schaubild zum Selbstverständnis der Deutschen nach dem Krieg.
2. Erörtern Sie, welche integrierende Idee heute im wiedervereinigten Deutschland als Antriebskraft wirken könnte.

M3 Einstellungen im Wandel der Zeit

„Wann im 20. Jahrhundert ist es nach Ihrem Gefühl Deutschland am besten gegangen, in welchen Jahren?“

Zeitraum	Jahr der Umfrage 1959	1963	1970	1980
vor dem Ersten Weltkrieg	28	16	5	4
1918 bis 1933	5	5	2	2
1933 bis 1939	21	10	5	3
während des Krieges (1940–1945)	1	1	–	–
nach 1945	39	62	–	–
heute, jetzt	–	–	81	80
keine Angabe	6	6	7	11

Nach: Allensbacher Jahrbuch der Demoskopie 1984–1992, München 1993, S. 386

▶ „Wann im 20. Jahrhundert ist es nach Ihrem Gefühl Deutschland am besten gegangen ...?“ Diese Frage wurde von einem Meinungsforschungsinstitut in seinen Umfragen regelmäßig in der Bundesrepublik Deutschland gestellt. Die Tabelle zeigt, wie die Befragten geantwortet haben. Beschreiben Sie anhand der Daten die Einstellung der Westdeutschen zu ihrer Vergangenheit und Gegenwart bis um 1980. Erläutern Sie, welche Tendenzen erkennbar sind und wie sich diese erklären lassen. Ziehen Sie Ihre Ergebnisse aus M1 und M2 hinzu. | H

M4 Zur „antifaschistischen Umwälzung“ in der DDR

Im Geschichtsschulbuch, das an allen 10. Klassen der Polytechnischen Oberschulen der DDR eingesetzt worden ist, heißt es in der Ausgabe von 1984:

Die Entstehung und Entwicklung der Deutschen Demokratischen Republik war das Resultat der siegreichen antifaschistisch-demokratischen Umwälzung. In diesem revolutionären Prozess kämpften Arbeiter, werktätige Bauern und andere demokratische Kräfte unter Führung der SED für eine antiimperialistisch[1]-demokratische Staatsmacht und für die Durchsetzung des gesellschaftlichen Fortschritts. Die Machtgrundlagen der Monopolbourgeoisie und der Großgrundbesitzer wurden in der antifaschistisch-demokratischen Umwälzung beseitigt, die Wurzeln des Faschismus wurden ausgerottet.

Geschichte Klasse 10, Volk und Wissen, Berlin 1984, S. 87

[1] **Imperialismus**: Nach Auffassung des Marxismus-Leninismus ist der Imperialismus die fortgeschrittene Stufe des Kapitalismus, da die Industrieländer, um sich Rohstoffe und Absatzmärkte zu sichern, zur Unterwerfung und Ausbeutung anderer Staaten übergehen.

1. Geben Sie wieder, wie im Schulbuch die „antifaschistisch-demokratische Umwälzung“ in der DDR beschrieben wird. Entspricht die Darstellung den historischen Tatsachen?
2. Erläutern Sie mithilfe der Darstellung auf Seite 424 den Faschismus-Begriff, wie ihn die DDR verstand. | F
3. Erörtern Sie, welche Konsequenzen sich aus dieser Geschichtsdarstellung für den Umgang mit der jüngsten Vergangenheit in Politik und Gesellschaft der DDR – auch gegenüber Westdeutschland – ergaben.

M5 Antikommunismus als Deckmantel?

*Der Politikwissenschaftler Dietrich Thränhardt (*1941) analysiert die Integration ehemaliger Nationalsozialisten in der Bundesrepublik folgendermaßen:*

Als Übergangsideologie für die Bundesrepublik, die in die westliche Gesellschaft hineinwuchs, war der Antikommunismus hervorragend geeignet. In ihm konnte man sich mit den ehemaligen Kriegsgegnern, mit der Demokratie, den „westlichen Werten“, dem Christentum, dem „Abendland“ identifizieren, die als positives Gegenbild fungierten. Auch wenn man während des „Dritten Reiches“ unterschiedlichen politischen Lagern angehört hatte, war auf dieser ideologischen Grundlage eine Versöhnung möglich. Die große Menge der ehemaligen Nationalsozialisten und die noch größere Zahl der ehemaligen Antidemokraten konnte auf diese Weise allmählich eine neue positive Identifikation gewinnen, die aber häufig sehr partiell blieb. Nach dem Urteil der Frankfurter Allgemeinen Zeitung war es 1954 bei Bewerbungen eher eine Empfehlung, „PG“ [Parteigenosse, also Mitglied der NSDAP] gewesen zu sein.
Zur Stabilisierung nach innen trug diese neue Dichotomisierung[2] [...] zweifellos bei. Die politische Eingliederung breiter Schichten mit bisher nichtdemokratischer Orientierung gelang in bemerkenswertem Umfang. Die Eingliederung einer so großen Anzahl ehemaliger Nichtdemokraten, vorwiegend in bürgerlichen Kreisen und gesellschaftlich angesehenen Berufsgruppen (Ärzte, Lehrer, Verwaltungsbeamte, Richter), barg andererseits die Gefahr des Eindringens von undemokratischen Einflüssen. [...]
Als die neuen Bundesministerien aufgebaut wurden, waren die Überprüfungen durch die Alliierten aufgegeben worden. Sozialdemokraten wurden wegen der harten innenpolitischen Frontstellung kaum eingestellt. Andererseits erhielten aber alle ehemaligen Beamten des „Dritten Reiches“, mit Ausnahme der schwer belasteten, einen Rechtsanspruch

[2] **Dichotomisierung**: Zerlegung einer Gesamtheit in zwei Teilgesamtheiten, die mithilfe eines Merkmals unterschieden werden (z. B. in der Statistik nach Geschlecht: männlich und weiblich)

Das Braune Haus von Bonn.
Schautafel, herausgegeben von der SED-Abteilung Agitation, Presse, Rundfunk, Berlin-Ost, 1956.
Als „Braunes Haus" wurde die NS-Parteizentrale in München von 1930 bis 1945 bezeichnet. „Das Braune Haus von Bonn" zeigt führende Politiker der Bundesrepublik, die im NS-Regime aktiv waren. Dazu gehört etwa Minister Theodor Oberländer (oben links).

▶ Erläutern Sie, warum die SED-Führung an der Aufdeckung der „braunen" Vergangenheit westdeutscher Politiker interessiert war.

auf Beschäftigung (Ausführungsgesetz zu Art. 131 GG). Alle Behörden hatten 20 % der Stellen für diesen Zweck zu reservieren. Da die meisten früheren Spitzenbeamten von den Alliierten entlassen und sogar vorübergehend verhaftet worden waren, standen sie 1949/50 zur Verfügung. Innerhalb der Gruppe der Beamten hatten alte Verbindungen Bestand gehabt: Ein ehemaliger Beamter „zog" den anderen nach. Im Ergebnis kam es zur Wiederherstellung der alten Bürokratie, einschließlich ihrer NSDAP-Mitglieder. Im Auswärtigen Amt waren 1951 66 % der leitenden Beamten ehemalige NSDAP-Mitglieder. Kritik daran wies Adenauer mit dem Appell zurück, „jetzt mit der Naziriecherei Schluss zu machen". Für das Bundesjustizministerium ergab eine amerikanische Untersuchung noch höhere Werte. In anderen Ministerien, für die keine Unterlagen vorliegen, dürfte die Entwicklung ähnlich gewesen sein.

Immer wieder wurden diese Besetzungen mit dem Mangel an „Fachleuten" erklärt. Die Besetzung der Bundesministerien war dabei der spektakulärste und auch greifbarste Fall. Denn es bestand ein Unterschied zwischen einer allgemeinen beruflichen Wiedereingliederung ehemaliger Nationalsozialisten und der Besetzung zentraler Entscheidungspositionen. Insbesondere die Justiz, in der sich der Korpsgeist ihrer Angehörigen bemerkbar machte, wurde weithin restituiert. Erst seit Ende der sechziger Jahre, als breite öffentliche Kritik einsetzte, wurde den schwer belasteten „Blutrichtern" die Möglichkeit gegeben, sich unter Wahrung ihrer Versorgungsansprüche pensionieren zu lassen. Bestraft wurde keiner.

Dietrich Thränhardt, Geschichte der Bundesrepublik Deutschland, Frankfurt a. M. 1996, S. 112 ff.

1. Fassen Sie die Aussagen Thränhardts mit eigenen Worten zusammen.
2. Erläutern Sie, inwiefern der Antikommunismus als „Integrationsideologie" wirkte.
3. Erörtern Sie, ob es in unserer heutigen Gesellschaft auch „Integrationsideologien" gibt.

M6 Antifaschismus und Antitotalitarismus

*Der Historiker Martin Sabrow (*1954) vergleicht, wie nach 1945 „Vergangenheitspolitik" betrieben worden ist:*

Der ostdeutsche Legitimationsantifaschismus wies schließlich tabuisierende Züge auf, indem er wesentliche Aspekte des Nationalsozialismus aus dem kollektiven Gedächtnis wie aus der wissenschaftlichen Forschung verbannte, darunter so zentrale Fragen wie die Massenattraktivität des Hitler-Regimes und die Teilhabe der Bevölkerung an Verfolgung und Vernichtung. Nie brachte die DDR-Geschichtswissenschaft eine Hitler-Biografie hervor, und bis zum Schluss hielt sie an einem dogmatisierten Denken fest, das Hitler als bloßen Handlanger der Monopole verstand, die KPD als führende Kraft des Widerstandes und das deutsche Volk als verführtes Opfer der Fremdherrschaft einer kleinen Clique. Die erste Überblicksdarstellung der DDR-Geschichtswissenschaft zur NS-Zeit widmete der Shoah kein Kapitel und keinen Unterabschnitt, sondern konzentrierte sich in den vier von 260 der „faschistische[n] Barbarei in den okkupierten Gebieten" gewidmeten Seiten auf die deutschen Gräueltaten in den besetzten Teilen der Sowjetunion. Juden wurden als Opfergruppe in diesem Zusammenhang nur ein einziges Mal, und zwar als Teil der sowjetischen Bevölkerung erwähnt [...].

Eine vergleichbare politische Instrumentalität und Tabuisierungskraft besaß auf der anderen Seite der Grenze der bundesdeutsche Antitotalitarismus. Sie zeigte sich im Umgang etwa mit dem kommunistischen Widerstand, der in der Bundesrepublik aus der symbolischen wie der materiellen Integration ausgeschlossen blieb. Sie zeigte sich ebenso in der Wiedergutmachungspolitik gegenüber den Opfern der nationalsozialistischen Gewaltherrschaft: Der zur westlichen Hemisphäre zählende Staat Israel erhielt Entschädigungsleistungen, osteuropäische Staaten erhielten sie bis 1989 nicht. [...] Seine tabuisierende Kraft bewies der bundesdeutsche Antitotalitarismus, indem er das Bild des christlichen und konservativen Widerstands ebenso von unwillkommenen Zügen zu reinigen erlaubte, wie es der Antifaschismus in Bezug auf den kommunistischen Widerstand vermochte. Die antidemokratischen und teils sogar antisemitischen Grundüberzeugungen vieler Männer des 20. Juli 1944, die in den Anfangsjahren der NS-Herrschaft oft überzeugte Hitler-Anhänger gewesen waren, blieben ebenso im Verborgenen wie die erst jüngst näher beleuchtete Frage der Verstrickung des militärischen Widerstandsflügels in den nationalsozialistischen Genozid. Diese [...] Haltung belastete die frühe Bundesrepublik mit einer unheilvollen und bis zum Anschein der Komplizenschaft reichenden Symbiose von Amnesie und Amnestie, die aus heutiger Sicht als ein empörender „Triumph des ‚Beschweigens'" vor uns steht, sie erlaubte aber zugleich analog zur staatlich verfolgten und gesellschaftlich verlangten Wiedereingliederungspolitik die unzweideutige Verurteilung des NS-Systems, ohne seine ehemaligen Träger und Anhänger auszugrenzen.

Martin Sabrow, Die NS-Vergangenheit in der geteilten deutschen Geschichtskultur, in: Christoph Kleßmann und Peter Lautzas (Hrsg.), Teilung und Integration. Die doppelte deutsche Nachkriegsgeschichte als wissenschaftliches und didaktisches Problem, Bonn 2005, S. 132–151, hier S. 142–144

1. Geben Sie Gemeinsamkeiten und Unterschiede in der „Vergangenheitsbewältigung" beider deutscher Staaten wieder.
2. Charakterisieren Sie anhand des ostdeutschen Antifaschismus und des bundesdeutschen Antitotalitarismus den Begriff „Vergangenheitspolitik". Wie wirkt sich diese Politik jeweils aus? | F

M7 „Einheit in Vielfalt"

Walter Hallstein (1901–1982) war von 1958 bis 1968 der erste Vorsitzende der Kommission der Europäischen Wirtschaftsgemeinschaft. Anlässlich der Verleihung des Internationalen Karlspreises der Stadt Aachen 1961 hielt er folgende Rede:

[...] Wir blicken vielmehr zurück, weil wir gewiss sind, in der Erinnerung, in der Betrachtung unseres eigenen Werdens den Weg zu uns selbst zu finden, sicherer zu erkennen, was unser wahres Wesen ist, unsere Möglichkeiten, unsere Notwendigkeiten, unsere Verantwortung. Wir blicken zurück, weil wir wissen, dass alles Leben Bewegung ist, auch das Leben der Völker, weil es hieße, die Dynamik unseres eigenen Tuns verleugnen, wenn wir es je anders begriffen als eine unaufhörliche Veränderung, ein ständiges Werden, eine *création continue* – und nicht als einen Zustand, nicht als etwas Statisches. Deshalb ist in allem unserem Handeln, in allem Geschehen der europäischen Einigung immer die Vergangenheit gegenwärtig – ebenso sehr wie es die Zukunft ist; denn alle Politik ist ja ein beständiges In-Form-Bringen für die Aufgaben, die das Morgen bringen wird.

In dieser Vergangenheit nun finden wir Weniges, in dem symbolkräftiger die eigenständige politische Einheit Europas Gestalt gewann, wie den Mann, dessen Namen der Preis trägt, den ich heute empfangen darf. Als das Licht der Geschichte voll über dem nördlichen Europa aufgegangen war, hatte Europa befriedet im Innern und geschützt an seinen Grenzen unter der *Pax Romana* gelebt. Immer wieder hat es beides gesucht: das Ende des Zwists – zu keiner Zeit ist das Gefühl dafür ganz erloschen, dass es ein Bruderzwist war – und die Überwindung der niemals ganz nachlassenden äußeren Gefahr. Von allen geglückten (oder scheinbar geglückten) Versuchen ist der Karls des Großen der glaubhafteste, ohne die Fragwürdigkeiten, ohne das Abenteuerliche anderer Bemühungen. Aber er gelang nur für einen historischen Augenblick, und dann bereitete sich der lange Prozess vor, an dessen Ende jene nationalstaatliche Verfassung Europas steht, deren Struktur am Wesentlichsten durch den Wiener Kongress bestimmt ist. Diese Struktur Europas dauert bis in unser Jahrhundert, bis in unsere Tage, als ein Staatensystem labilen Gleichgewichts, kunstvoll und mühsam durch das Ab- und Zugeben von Gewichten dirigiert von dem Konzert der Mächte und doch schließlich seiner Legitimität beraubt, weil es die einzige verbindliche Leistungsprüfung für ein europäisches politisches System nicht bestanden hat: In zwei Weltkriegen hat es seine Unfähigkeit bewiesen, den inneren Frieden in Europa zu wahren und seine äußere Sicherheit zu gewährleisten.

[…] Damit sind wir auch beim innersten Kern des europäischen Phänomens. Unter den furchtbaren Erschütterungen, die die europäische Geschichte der ersten Hälfte unseres Jahrhunderts ausmachen, ist eine neue Unbefangenheit gegenüber der traditionellen politischen Struktur erwachsen: Nicht, dass das Nationalbewusstsein erloschen wäre – trotz des entsetzlichen Missbrauchs, der mit ihm getrieben worden ist. Nein: Europa ist die Vielfalt und wird sie immer bleiben. Seine Kraft und Art ist der großartige Reichtum seiner Landschaften, seiner Stämme, seiner Begabungen, seiner Erinnerungen, die wir Geschichte nennen. Aber das Nationalbewusstsein ist verändert. Es ist geläutert. Es hat seine zerstörerischen Eigenschaften abgelegt, seine Erbfeindschaften, seine Rivalitäten, seine hegemonialen Tendenzen.

Denn Europa ist sich innegeworden, dass es nicht nur die Vielfalt ist. Es ist auch die Einheit, die Einheit in der Vielfalt. Es gibt inmitten aller Verschiedenheit eine Grundmasse gleicher, identischer Elemente, Bedingungen, Anlagen, Wertmaßstäbe, seelischer und geistiger Gemeinsamkeiten, ein Gefühl des Aufeinanderangewiesenseins im Guten wie im Bösen, gemeinsamen Tuns und Leidens, großer gemeinsamer Schwächen, aber auch glänzender gemeinsamer Leistungen – kulturell, wirtschaftlich, politisch. Ist nicht sogar Amerika, wenn auch gewiss nicht gleich Europa oder ein Teil davon, doch zu einem guten Stück auch eine europäische Schöpfung? Und ist nicht der Eiserne Vorhang mehr noch als eine tief schmerzende nationale Wunde; geht er nicht durch das Herz Europas selbst? Dieser Einheit in der Vielfalt hat Europa sich angeschickt, politischen Ausdruck, politische Form zu geben. […]

Rede von Walter Hallstein, https://www.karlspreis.de/de/preistraeger/walter-hallstein-1961/rede-von-walter-hallstein (Zugriff: 17. Juni 2019)

1. Fassen Sie die Position Hallsteins in einer These zusammen.
2. Erläutern Sie die historische Begründung für Hallsteins Vorstellung von einem einigen Europa.
3. Diskutieren Sie, was genau Hallstein mit den kulturellen, wirtschaftlichen und politischen Gemeinsamkeiten der Europäer meint.

M8 Mythos und Identität

*Der Politikwissenschaftler Herfried Münkler (*1951) beschreibt, welche Funktion „moderne" Mythen in der Bundesrepublik und der DDR übernommen haben:*

Politische Mythen haben in allen europäischen Nationen eine wichtige Rolle gespielt, Deutschland allerdings war ein regelrechtes Dorado der politischen Mythografie. Das hängt mit der politischen Deutungshoheit des Bildungsbürgertums und mit der verspäteten Staatsbildung zusammen: Bis 1871 waren Mythen und Symbole die einzige Repräsentation der Nation. Das hatte zur Folge, dass die nationalen Erwartungen und Anstrengungen auf das Feld des Symbolischen verwiesen waren. […]

Dafür erfolgte nach dem Zweiten Weltkrieg ein mythenpolitischer Schnitt, wie er radikaler nicht hätte sein können. Fast alle politischen Mythen waren desavouiert: An eine Wiederkehr Barbarossas nach langem Schlaf war nicht mehr zu denken, und die Nibelungen hatten auf ihrem Zug nach Osten allesamt den Tod gefunden. Von der germanischen Identität, auf die man zeitweilig so stolz gewesen war, wollte man nichts mehr wissen, und auch der Preußenmythos war anrüchig geworden.

Im Umgang mit den Trümmern der alten deutschen Mythen gingen DDR und Bundesrepublik unterschiedliche Wege: Während die DDR ein neues Mythensystem errichtete, in dessen Zentrum geschichtliche Ereignisse standen, die sich als Vorgeschichte des Arbeiter-und-Bauern-Staates aufbereiten ließen – vom Bauernkrieg über die antinapoleonischen Befreiungskriege bis zum antifaschistischen Widerstand –, blieben in der Bundesrepublik die mythenpolitischen Trümmerberge zunächst weitgehend unbearbeitet. […]

Aber ganz hat auch die Bundesrepublik auf Sinnstiftung durch mythische Erzählungen nicht verzichten können. Die Konsummythen […] dienten nicht nur als Kaufanreize und Marketinginstrumente einer sich in ihrem neuen Wohlstand einrichtenden Gesellschaft, sondern avancierten auch zu Gegenerzählungen zur Mythik der DDR: Sie bestritten deren Anspruch, der bessere deutsche Staat zu sein, und hielten ihr die notorischen Versorgungsdefizite der Bevölkerung und die Einschränkung der Reisefreiheit als Manko der politischen Ordnung vor. Damit konterkarierten die bundesrepublikanischen Konsummythen den antifaschistischen Gründungsmythos, in dem die DDR den Widerstand gegen Hitler und die Zerschlagung des Nazi-Regimes für sich monopolisiert hatte.

Herfried Münkler, Die Deutschen und ihre Mythen, Berlin [2]2009, S. 17 und 19f.

1. Fassen Sie zusammen, was Münkler unter dem „mythenpolitische[n] Schnitt" (vgl. Zeile 10f.) versteht.
2. Erklären Sie auf der Grundlage von Münklers Ausführungen den Begriff „politischer Mythos". | H

M9 Sonderweg nach Westen: Das Modell Deutschland

*Der Historiker Andreas Rödder (*1967) erklärt, wie sich das westdeutsche Selbstverständnis nach 1945 herausbildete:*

Neben der auf die deutsche Schuld zentrierten Erinnerungskultur wurde die politisch-kulturelle Verwestlichung zum zweiten Spezifikum des bundesdeutschen Selbstverständnisses. Die Westbindung in Verbindung mit der außenpolitischen Kultur der Zurückhaltung schlug sich in der staatlichen Repräsentation nieder – von der Qualität der auf Staatsbanketten ausgeschenkten Weine bis zur Architektur staatlicher Bauten. Bonn war nicht nur wegen seiner überschaubaren Größe als Provisorium und als Manifestation der Bescheidenheit geeignet. [...]
Die alte Bundesrepublik zeigte sich durch und durch westlich: Demokratie und Marktwirtschaft, Pluralismus und Individualismus wurden zu unumstößlichen Grundwerten – die zu Beginn des 20. Jahrhunderts als Inbegriff der verachteten „Zivilisation" gegolten hatten. Die dem seinerzeit gegenübergestellte deutsche „Kultur" war bestenfalls noch Gegenstand von Verlustanzeigen. [...]
Die Bundesrepublik hatte Leitideen und Deutschlandbilder des Westens übernommen, traditionelle Selbstbilder hingegen ebenso aufgegeben wie einen affirmativen Bezug auf die eigene Geschichte. Ebenso verlor die Nation als Leitkategorie an Bedeutung. [...] Stattdessen zeigte sich die Bundesrepublik wie kaum ein anderer europäischer Staat bereit, staatliche Hoheitsrechte auf die europäische Ebene zu übertragen. Die Bundesrepublik vollzog nicht weniger als einen grundlegenden Wechsel der deutschen Identität.
Ersatz stellte das Selbstverständnis als „Modell Deutschland" bereit. Dabei wurde die „Erfolgsgeschichte" der Bundesrepublik in zwei Versionen erzählt, und sie wirkte gerade daher besonders integrativ. Die bürgerliche Version hob auf die Stabilitätsgeschichte der politischen Institutionen, auf eine prosperierende Marktwirtschaft und Massenwohlstand sowie auf Frieden und Freiheit durch die Westbindung ab. Die linke Lesart zielte auf Demokratisierung und Partizipation, Liberalisierung und Emanzipation, Individualisierung und Pluralismus. Beides kam zusammen, als die Bundesrepublik 1989 ihren 40. Geburtstag feierte.

Andreas Rödder, Wer hat Angst vor Deutschland? Geschichte eines europäischen Problems, Frankfurt a. M. 2018, S. 156–158

1. Präsentation: Stellen Sie die im Text genannten Elemente des westdeutschen Selbstverständnisses in einer Mindmap dar.
2. Zeigen Sie die Besonderheiten bei der Suche nach einer deutschen Identität nach 1945 auf.
3. Diskutieren Sie die Unterscheidung von Zivilisation und Kultur (vgl. Zeile 11–17) in Zeiten der Westbindung.

Der Kanzlerbungalow.
Der 1963/64 von Architekt Sep Ruf errichtete Bungalow diente als Wohn- und Empfangsgebäude der Kanzler bis zum Regierungsumzug nach Berlin 1999.

▶ Beschreiben Sie die Anlage des Kanzlerbungalows

▶ Geben Sie dem Bauwerk ein Motto und begründen Sie dies.

M10 „Unsere DDR ist ein sauberer Staat"

Im Dezember 1965 spricht Erich Honecker (1912–1994) vor dem Zentralkomitee der SED über die Kulturpolitik:

Unsere DDR ist ein sauberer Staat. In ihr gibt es unverrückbare Maßstäbe der Ethik und Moral, für Anstand und gute Sitte. Unsere Partei tritt entschieden gegen die von den Imperialisten betriebene Propaganda der Unmoral auf, die das Ziel verfolgt, dem Sozialismus Schaden zuzufügen. Dabei befinden wir uns in voller Übereinstimmung mit der Bevölkerung der DDR und der überwiegenden Mehrheit der Menschen in Westdeutschland.

Wir stimmen jenen zu, die feststellen, dass die Ursachen für diese Erscheinungen der Unmoral und einer dem Sozialismus fremden Lebensweise auch in einigen Filmen, Fernsehsendungen, Theaterstücken, literarischen Arbeiten und in Zeitschriften bei uns zu sehen sind. Es häuften sich in letzter Zeit auch in Sendungen des Fernsehfunks, in Filmen und Zeitschriften antihumanistische Darstellungen. Brutalitäten werden geschildert, das menschliche Handeln auf sexuelle Triebhaftigkeit reduziert. Den Erscheinungen der amerikanischen Unmoral und Dekadenz[1] wird nicht offen entgegengetreten. Das gilt besonders für den Bereich der heiteren Muse und der Unterhaltung, für einzelne literarische Arbeiten. [...] Biermann wird systematisch vom Gegner zum Bannerträger einer sogenannten literarischen Opposition der DDR, zur Stimme der „rebellischen Jugend" gemacht. Davon zeugen Sendungen westdeutscher Rundfunkstationen, Berichte in der westdeutschen Presse und Rezensionen zu seinem in West-Berlin erschienenen Gedichtband. Biermann wird dort als ein „äußerst freimütiger und kühner Kritiker des mitteldeutschen Regimes" gefeiert. Biermanns sogenannte Gedichte kennzeichnen sein spießbürgerliches, anarchistisches Verhalten, seine Überheblichkeit, seinen Skeptizismus und Zynismus. Biermann verrät heute mit seinen Liedern und Gedichten sozialistische Grundpositionen. Dabei genießt er wohlwollende Unterstützung und Förderung einiger Schriftsteller, Künstler und anderer Intellektueller. Es ist an der Zeit, der Verbreitung fremder und schädlicher Thesen und unkünstlerischer Machwerke [...] entgegenzutreten.

Zitiert nach: Rolf Steininger, Deutsche Geschichte. Darstellungen und Dokumente in vier Bänden, Bd. 3: 1955–1969, Frankfurt a. M. 2002, S. 269f.

Der Liedermacher Wolf Biermann bei seinem Auftritt in der Kölner Sporthalle am 13. November 1976.
Mit der Begründung, er habe die DDR kritisiert, wurde Biermann nach seinem Köln-Konzert am 16. November 1976 ausgebürgert. Zu diesem Zeitpunkt hatte er in der DDR bereits elf Jahre Berufsverbot. Seine Ausbürgerung löste eine Protestwelle aus: Zwölf bekannte Schriftsteller unterschrieben eine Petition, 400 weitere DDR-Bürger solidarisierten sich mit ihnen. Die SED-Führung reagierte mit Festnahmen, Parteiausschlüssen und Berufsverboten. Reihenweise verließen daraufhin prominente Künstler und Schriftsteller die DDR.

1. Charakterisieren Sie das Bild, das Erich Honecker von der Kultur in der DDR zeichnet. Erläutern Sie, was er von der Kulturpolitik der SED erwartet.
2. Erörtern Sie die Begriffe, die Honecker in seiner Kritik verwendet, und finden Sie jeweils Gegenbegriffe.

[1] **Dekadenz**: kultureller Verfall

Kopf-an-Kopf-Rennen der beiden deutschen Mannschaften beim Staffelwettbewerb der Frauen.
Foto von den Olympischen Sommerspielen in München 1972.
Hier siegte die bundesdeutsche Auswahl knapp vor dem DDR-Team. Im Medaillenspiegel lag die DDR am Ende jedoch deutlich vorn. Die Spiele von 1972 waren die ersten, bei denen die Sportler aus der DDR hinter ihrer Landesfahne in das Stadion einziehen durften. Dies war auf bundesdeutschem Boden zuvor verboten. Als das Internationale Olympische Komitee (IOC) beschloss, die Spiele 1972 nach München zu vergeben, entschied das Bundeskabinett schließlich, das Hissen der „Spalterflagge" zuzulassen.

M11 Kalter Krieg im Sport

*Die Historikerin Uta Andrea Balbier (*1974) zur Bedeutung des Sports in der Systemkonkurrenz:*

Die internationale Sportwelt eröffnete den kalten Kriegern auf beiden Seiten des Eisernen Vorhangs mehrere Möglichkeiten: In der offensichtlichen Wettbewerbssituation um Millimeter und Hundertstelsekunden versuchten beide Blöcke, die Überlegenheit ihres Gesellschaftssystems unter Beweis zu stellen, wie es SED-Generalsekretär Walter Ulbricht der DDR-Sportbewegung bereits zu Beginn der 1950er-Jahre einschärfte. In den 1960er-Jahren wurden im westlichen Lager vergleichbare Stimmen laut, und auch hier schnellte die Sportförderung in die Höhe. Gleichzeitig bot die – ihrem Selbstverständnis nach – unpolitische internationale Sportwelt diplomatisch kaum anerkannten Staaten wie der DDR Manövrierraum: Diese versuchte sich in den Sportstadien der Welt mit eigener Flagge und Hymne in Szene zu setzen, da die Bundesregierung umgekehrt bestrebt war, jede auch nur symbolische Anerkennung des Pankower Regimes zu verhindern.

In einer Welt, in der Leistung, nicht ideologische Überzeugung zählte, mauserten sich die DDR-Sportfunktionäre lange vor der diplomatischen Anerkennung ihres Staates zu ernst zu nehmenden Verhandlungspartnern. Innerhalb des Internationalen Olympischen Komitees [...] erreichte sie die Akzeptanz ihrer Existenz Jahre bevor der Grundlagenvertrag 1974 das Verhältnis zwischen der DDR und der Bundesrepublik normalisierte. Die Geschichte des Aufstiegs der DDR im internationalen Sport ist jedoch eng mit der Politisierung der olympischen Bewegung im Kalten Krieg verknüpft. In dem Versuch, politisch neutral zu sein, schuf die olympische Bewegung Tatsachen, die politische Dynamiken auf beiden Seiten des Eisernen Vorhangs freisetzten. Die gesamtdeutsche Olympiamannschaft war von Beginn an – in Ost wie in West – ein Spielball deutschlandpolitischer Interessen.

Uta Andrea Balbier, Kalter Krieg im Stadion, in: Dies. u. a. (Hrsg.), Der Kalte Krieg, Darmstadt 2010, S. 91–96, hier: S. 91 f.

1. Fassen Sie zusammen, inwiefern die beiden Blöcke internationale Sportveranstaltungen in Arenen des Kalten Krieges verwandelten.
2. Erläutern Sie, weshalb die SED-Führung den Sport systematisch förderte. Gab es weitere mögliche Motive?
3. Beurteilen Sie das Verhältnis von Sport und Politik. Nennen Sie Beispiele, in denen der Sport politischen Zwecken diente.

M12 Der Weg zur Souveränität

In seinen Erinnerungen schreibt der damalige Bundeskanzler Helmut Kohl (1930–2017) über die Schwierigkeiten bei den „Zwei-plus-Vier-Verhandlungen" im Frühjahr 1990, die letztlich im „Zwei-plus-Vier-Vertrag" mündeten, der am 12. September 1990 unterzeichnet wurde und dem wiedervereinigten Deutschland die volle Souveränität brachte:

Während die Außenminister der Vereinigten Staaten, Großbritanniens und Frankreichs ohne Wenn und Aber die Position der Bundesregierung unterstützten, endete die Zustimmung der sowjetischen Seite bei der Frage der Bündniszugehörigkeit. Schewardnadse [damals Außenminister der Sowjetunion] wiederholte die Position Moskaus: Die Bevölkerung seines Landes und der Oberste Sowjet stünden der NATO-Mitgliedschaft eines vereinten Deutschlands eindeutig ablehnend gegenüber. Er warnte vor dem Trugschluss, die Sowjetunion würde hier spielen oder bluffen. Für sein Land bleibe die NATO, was sie immer gewesen sei: ein gegnerisches Militärbündnis, dessen Strategie den Ersteinsatz von Nuklearwaffen umfasse. [...]
Als mich Hans-Dietrich Genscher [damals Außenminister der Bundesrepublik] in einer Konferenzpause anrief, sprach er einen brisanten Punkt an: Schewardnadse hatte im Verlauf der Verhandlungen erneut vorgeschlagen, die inneren und äußeren Aspekte der deutschen Einheit zeitlich zu entkoppeln. Das hätte praktisch bedeutet, dass zwar die staatliche Einheit Deutschlands schon bald möglich geworden wäre, nämlich durch einen Beitritt der DDR zur Bundesrepublik. Diese auf den ersten Blick elegant erscheinende Übergangslösung hätte aber den entscheidenden Nachteil, dass uns – und das war ja auch erkennbar der Hintergedanke der sowjetischen Seite – auf unbestimmte Zeit das Recht vorenthalten bliebe, über unsere Bündniszugehörigkeit frei zu entscheiden. Gerade bei der deutschen Linken gab es eine starke national-neutralistische Tradition, und so lag die Vermutung nahe, dass Moskau Zeit gewinnen wollte, um mithilfe dieser Strömung schließlich doch noch eine Neutralisierung der Bundesrepublik Deutschland zu erreichen.
Da gab es nichts zu überlegen: Schewardnadses Vorschlag war für die Bundesregierung inakzeptabel. Entsprechend lautete meine Anweisung, in diesem Punkt keinen Millimeter nachzugeben; denn innere und äußere Aspekte der deutschen Einheit gehörten zusammen. [...]
Mein Optimismus beruhte darauf, dass wir in der Frage der NATO-Mitgliedschaft in einer guten Position waren. Außerhalb der Sowjetunion gab es damals praktisch niemanden mehr, der nicht die Mitgliedschaft Gesamtdeutschlands in der NATO bejaht hätte. Auf der Außenministerkonferenz des Warschauer Pakts hatten sich auch die ČSFR, wie sich die Tschechoslowakei seit dem 20. April nannte, Polen, Ungarn und noch andere Staaten in diesem Sinne erklärt. Der eine oder andere Nachbar mochte dabei natürlich gedacht haben, es gehe hierbei nur um die Sicherheit für Deutschland, sondern auch um Sicherheit vor Deutschland. Aber die Motive waren mir letztlich gleichgültig, wenn wir im Ergebnis in der NATO bleiben konnten.
In beiden Teilen Deutschlands, vor allem aber im Westen, war die Wiedervereinigungseuphorie des Winters 1989/90 unterdessen merklich abgekühlt. Der Weg zur Einheit war steiler und steiniger, als die meisten es sich vorgestellt hatten. Die vielfach geäußerte Enttäuschung über die erste Runde der Zwei-plus-Vier-Verhandlungen war auch Ausdruck dieser Ernüchterung. Dennoch setzten die Menschen in der DDR auf den baldigen Beitritt zur Bundesrepublik. Garant dieser Politik war in ihren Augen nach wie vor der deutsche Bundeskanzler.

Helmut Kohl, Erinnerungen 1990–1994, München 2007, S. 103–106

1. Fassen Sie die im Text von Kohl genannten Ziele der Bundesrepublik bzw. der Sowjetunion zusammen.
2. Partnerarbeit/Präsentation: Verfassen Sie mit Ihrem Sitznachbarn/Ihrer Sitznachbarin einen Dialog zwischen Kohl und Schewardnadse.
3. Recherchieren Sie Inhalt und Bedeutung des Zwei-Plus-Vier-Vertrags.
4. Beurteilen Sie die langfristigen Folgen der „Bündnisfrage" für die Idee eines gemeinsamen Europas.

Karikatur „Die Siegermächte".
Zu sehen sind die britische Premierministerin Margaret Thatcher, der amerikanische Präsident George Bush, Bundeskanzler Helmut Kohl, der Ministerpräsident der DDR Lothar de Maizière, der sowjetische Staatschef Michail Gorbatschow sowie der französische Staatspräsident François Mitterand.

▶ Vergleichen Sie die Aussage der Karikatur mit der Einschätzung von Helmut Kohl in M12. | H

M13 Was ist die „Berliner Republik"?

*Der Journalist Ludwig Watzal (*1950) 2001 zu Befürchtungen und Bedenken gegenüber der „Berliner Republik":*

Als der Publizist Johannes Gross Anfang der neunziger Jahre den Begriff der Berliner Republik in die öffentliche Debatte einführte, schlugen die Wellen hoch. Seither geistert er durch die politischen Feuilletons. Gewichtige Bedenken wurden vorgetragen: Das Ende der Bonner Republik ließ Befürchtungen aufkeimen, Deutschland könnte an Traditionen anknüpfen, die es ins Verderben geführt hatten. Neuer deutscher Größenwahn, das Abstreifen seiner NS-Vergangenheit im Sinne eines historischen Schlussstriches oder das Ende der Westbindung wurden befürchtet. Die Befürworter einer Berliner Republik behaupteten, dass sich durch den Umzug an der innen- wie außenpolitischen Ausrichtung Deutschlands nichts Wesentliches ändern werde. Dass die Herausforderungen an das Land von Berlin aus besser bewältigt werden würden, ist bis heute bloße Behauptung. Der unbestreitbare Vorteil Berlins liegt aber darin, dass es nicht nur politische Hauptstadt, sondern auch gleichzeitig kulturelle Metropole ist.

Der Politologe Kurt Sontheimer (1928–2005) beurteilt die „Berliner Republik" im selben Jahr wie folgt:

Von einer Berliner Republik als erneuerter Republik ließe sich reden, wenn durch die Einbeziehung der DDR-Bevölkerung ein politischer Prozess in Gang gekommen wäre, der zu bedeutsamen Änderungen der politischen und wirtschaftlich-sozialen Ordnung der alten Bundesrepublik geführt hätte. Doch dies war nicht der Fall. Nur die Bundesrepublik kam zum Zuge, die andere Seite war geschlagen und hilflos. So konnte die nun von Berlin aus zu regierende Bundesrepublik im Wesentlichen keine andere Republik sein als ihre Vorgängerin mit Regierungssitz in Bonn. Beim Übergang von Bonn nach Berlin hat sich an der Verfassungsordnung und dem politischen System der Bundesrepublik nichts Wesentliches verändert. Die friedliche Revolution der DDR-Bürger kam in der westlichen Bundesrepublik an ihr Ziel und ihr Ende. Auf diese Bundesrepublik hat sie sich nicht verändernd ausgewirkt. Es war ein frommer Wunsch vieler Ostdeutscher zu meinen, auch die Bundesrepublik müsse sich im Vereinigungsprozess ändern. Sie tat es nicht. […]

Es sind diese großen und schwierigen Aufgaben des Zusammenwachsens und der gegenseitigen Anerkennung und Toleranz, die der jetzt von Berlin aus regierten Bundesrepublik von der Geschichte zugewiesen worden sind. Ihre Bewältigung, die auch misslingen oder nur unbefriedigend gelingen kann, unterscheidet die heutige Bundesrepublik von ihrer Bonner Variante. Dazu kommen die außerordentlichen Wandlungsprozesse im wirtschaftlichen und sozialen Bereich, die mit dem Allerweltsbegriff der Globalisierung umschrieben werden und die dem Staat einiges von seiner früheren Gestaltungsmacht entziehen. Kurz: Die Berliner Republik von heute unterscheidet sich hinsichtlich ihrer Probleme und Aufgaben, auch in ihrer Stellung im Rahmen der internationalen Ordnung, doch ganz wesentlich von den Problemen, mit denen es Bonn und seine Politiker vor Jahrzehnten zu tun hatten.

*Die Historikerin Vera Caroline Simon (*1980) äußert sich zum Stil der Einheitsfeiern im vereinigten Deutschland:*

In Anbetracht der im In- und Ausland gezeichneten Renationalisierungsszenarien war es nicht verwunderlich, dass die symbolische Ausgestaltung des neuen Nationalfeiertags so unprovokativ, ja so zurückhaltend wie möglich ausfiel. [...]
Die nichtmilitärische Ausgestaltung entsprach jedoch nicht allein der außenpolitischen Signalfunktion einer sich der internationalen Vorbehalte bewussten Bundesrepublik. Sie etablierte sich auch in dezidierter Abgrenzung zu den mili-

Der Reichstag in Berlin.
Von seiner Fertigstellung 1894 bis 1933 diente der Bau als Parlamentsgebäude. Nach der Wiedervereinigung beschloss der Deutsche Bundestag, den Reichstagsbau als Sitz des gesamtdeutschen Parlaments zu nutzen. Von 1995 bis 1999 wurde das Gebäude saniert; dabei entstand die gläserne Kuppel, die eine Durchsicht auf den darunterliegenden Plenarsaal ermöglicht. Sie ist für Besucher zugänglich und zu einem Wahrzeichen der Republik geworden.

▶ Die „Berliner Republik" versteht sich als bürgernah, transparent, weltoffen, modern und geschichtsbewusst – dies soll auch durch die repräsentativen Regierungsbauten deutlich werden. Beurteilen Sie, ob und inwiefern die Architektur des Reichstages dieses Selbstverständnis wiedergibt. | H tärischen Zeremonien der DDR, die bereits zu Zeiten der Zweistaatlichkeit als Unterschied zwischen der säbelrasselnden, totalitären DDR und der demokratischen Bundesrepublik angeführt wurde. Bereits der Nationalfeiertag der alten Bundesrepublik, der 17. Juni, sollte [...] ein „geläutertes Nationalbewusstsein" präsentieren.

Erster Text: Ludwig Watzal, Editorial, in: Aus Politik und Zeitgeschichte, Heft 1–2/2001, S. 2; zweiter Text: Kurt Sontheimer, Berlin schafft keine neue Republik – und sie bewegt sich doch, in: Aus Politik und Zeitgeschichte, Heft 1–2/2001, S. 3–5; dritter Text: Vera Caroline Simon, Gefeierte Nation. Erinnerungskultur und Nationalfeiertag in Deutschland und Frankreich seit 1990, Frankfurt a. M. u. a. 2010, S. 84

1. Fassen Sie zusammen, was unter „Berliner Republik" verstanden wird. | H
2. Erläutern Sie, welche Erwartungen und Befürchtungen mit ihr verknüpft worden sind.
3. „Während sich in Bonn der Verzicht aufs Nationale ausdrückte, wird in Berlin in großem Stil die Nation re-inszeniert. Die Nation will nicht nur imaginiert, sie will auch repräsentiert sein: durch Ideen, Mythen, Erzählungen, Symbole und nicht zuletzt durch die Architektur ihrer neuen Hauptstadt."[1] Nehmen Sie dazu Stellung.
4. Stellen Sie die Berliner Republik jeweils der Bonner und der Weimarer Republik gegenüber. Erörtern Sie Gemeinsamkeiten und Unterschiede.

M14 „Eine Verpflichtung für Gegenwart und Zukunft"

*Am 25. Juni 1999 beschließt der Bundestag die Errichtung eines Denkmals für die ermordeten Juden Europas nach einem Entwurf des amerikanischen Architekten Peter Eisenman. Kurz vor der Eröffnung des Holocaust-Mahnmals in Berlin am 10. Mai 2005 nimmt Bundestagspräsident und zugleich Kuratoriumsmitglied der Denkmal-Stiftung Wolfgang Thierse (*1943) in einem Interview mit der „Jüdischen Allgemeinen" (J. A.) dazu Stellung:*

THIERSE: [...] Mit dieser Entscheidung [für die Errichtung des Denkmals] bekennt sich der Bundestag dazu, sich nicht nur der freundlichen, der großen Seiten unserer Geschichte zu erinnern, sondern auch der entsetzlichen. Im Sinne einer Verpflichtung für Gegenwart und Zukunft. Das ist ein Bekenntnis zur *raison d'être*[2] dieser Republik, die entstanden ist aus den materiellen, geistigen und moralischen Trümmern des nationalsozialistischen Deutschland. Mit der Verpflichtung, immer für Demokratie, Humanität und Toleranz einzustehen, Rassismus, Antisemitismus und Diktatur niemals wieder zuzulassen.

J.A.: Kann ein solches Signal von einer Architektur ausgehen?

THIERSE: Kunstwerke zwingen nicht alle, ja zu sagen. Kunstwerke, das Holocaust-Denkmal ist auch eines, sind eine Einladung. Ich bin überzeugt davon, dass diese Einladung vielfach angenommen werden wird. Sie werden beim Gang durch das Stelenfeld sinnlich und körperlich erfahren können, was das heißt: einsam sein, bedroht sein, bedrängt sein. Wenn die Besucher so emotional berührt in den „Ort der Information" gehen, dort anhand von Einzelschicksalen erfahren, woran erinnert wird – an die millionenfache Vernichtung von Menschen –, dann kann das Denkmal gut gehen und funktionieren. [...]

J.A.: Viele Juden sagen, sie brauchen ein solches Denkmal nicht.

THIERSE: Das ist richtig.

J.A.: Wer braucht dann das Denkmal?

THIERSE: Es ist doch ganz klar: Das ist kein Denkmal für die überlebenden Juden. Es ist ein Denkmal für uns Deutsche, für unser kollektives Gedächtnis. Damit wir uns daran erinnern, was einmal möglich war. Eine solche verpflichtende Erinnerung geschieht dadurch, dass wir der Opfer gedenken. Verdrängen wir damit die Täter? Nein! Ein Kilometer entfernt steht die „Topographie des Terrors"[3], die zeigt, wie dieser Herrschafts- und Unterdrückungsapparat funktionierte. [...]

J.A.: Zieht das Denkmal nicht allein durch seine Existenz einen Schlussstrich unter die Geschichte?

THIERSE: Warum? Wenn es so wäre, wäre es ein Argument gegen jedes Denkmal, das ja immer der „versteinerte" Ausdruck eines Diskussionsprozesses ist, der zu einem Ende gekommen ist. Aber Peter Eisenmans Werk hat eben etwas Anstößiges, Anregendes, Irritierendes. Und das Mahnmal steht ja auch in einem Kontext mit dem „Jüdischen Museum" und der „Topographie des Terrors". Das ist ein Angebot zur historischen Aufklärung im Selbstversuch.

Jüdische Allgemeine Nr. 18/2005, 6. Mai 2005

► Analysieren Sie die Rolle der NS-Zeit im politischen Selbstverständnis der Bundesrepublik, wie sie Thierse hier zum Ausdruck bringt.

[1] Aleida Assmann, Geschichte im Gedächtnis. Von der individuellen Erfahrung zur öffentlichen Inszenierung, München 2007, S. 111

[2] **Raison d'être**: dt. „Daseinsberechtigung"

[3] Projekt zur Dokumentation des NS-Terrors auf dem Gelände zwischen Prinz-Albrecht-Straße (heute Niederkirchnerstraße), Wilhelmstraße und Anhalter Straße im Berliner Stadtbezirk Kreuzberg, wo sich zwischen 1933 und 1945 das Hauptquartier der Gestapo, der Sitz der SS-Führung und das Reichssicherheitshauptamt befanden. Die Dokumentationsstätte in der Niederkirchnerstraße 8 zählt zu den staatlichen Museen in Berlin.

M15 Der lange Schatten der Vergangenheit

*Die Literaturwissenschaftlerin Aleida Assmann (*1947) untersucht, welche Rolle historische Schlüsselereignisse für die Geschichtspolitik spielen:*

Ein klarer Missbrauch, darin sind sich heute die meisten einig, besteht darin, die Toten der Geschichte nachträglich zu Agenten der eigenen Sache und zum politischen Verstärker eigener Zwecke und Ziele zu machen. Von Instrumentalisierung der Geschichte im negativen Sinne können wir aber auch sprechen, wo mit Ad-hoc-Argumenten aus der Geschichte die eigenen Ziele legitimiert werden. Im Februar 2006 hat Angela Merkel zum Beispiel auf der Münchner (!) Sicherheitskonferenz mit Blick auf die Drohungen des iranischen Präsidenten Ahmadinedschad vor „Appeasement" (Beschwichtigung) gewarnt. Mit diesem Stichwort erinnerte sie implizit an die britische und französische Politik der Zugeständnisse gegenüber Nazi-Deutschland 1938, dem Jahr der Annexion der sudetendeutschen Gebiete und der damaligen Tschechoslowakei. Der Golfkrieg im Jahr 1990 und der Irakkrieg im Jahr 2002 waren von Vater und Sohn Bush jeweils mit dem Stichwort „Appeasement" legitimiert worden. Damit wird eine Parallele zwischen dem irakischen bzw. iranischen Präsidenten und Hitler gezogen, die weitere Diskussionen und Verhandlungen unterbindet und den Krieg moralisch zum einzig angemessenen Mittel macht.

Das von Merkel in die Diskussion gebrachte Stichwort war gut gemeint. Es reflektiert die Position deutscher Politik, sich in allen Stücken von der negativen Vorgeschichte der Bundesrepublik absetzen und unterscheiden zu müssen. Der politische Imperativ lautet: nie wieder Appeasement, nie wieder durch Arglosigkeit oder Opportunismus einer entsprechenden Entwicklung Vorschub leisten. Der Imperativ „Nie wieder" suggeriert, dass sich die Geschichte wiederholt und dass man diese Wiederholungen vermeiden kann. „Nie wieder" ist auch der moralische Imperativ der Auschwitz-Pädagogik. So klar diese Direktive ist, so unklar ist jedoch ihre Anwendung im Einzelnen, denn aus der Geschichte heraus sind grundsätzlich keine glasklaren Lehren zu destillieren. So haben mit Berufung auf Auschwitz deutsche Politiker für und gegen den Einsatz der Bundeswehr im Kosovo argumentiert: wegen der deutschen Aggression im Zweiten Weltkrieg nie wieder deutsche Militäreinsätze, und wegen Auschwitz nie wieder deutsche Gleichgültigkeit gegenüber Völkermord. Michael Jeismann hat ernüchternd darauf hingewiesen, dass die feste Entschlossenheit zum „Nie wieder" bisher keine neuen historischen Katastrophen abzuwenden vermochte. 1994, als der Film Schindlers Liste von Steven Spielberg in den Kinos anlief, starrte die Welt voller Entsetzen auf den Völkermord an der Bevölkerungsgruppe der Tutsi in Ruanda; 1995, als die Ausstellung „Verbrechen der Wehrmacht" gezeigt wurde, kam es gleichzeitig in Srebrenica zum Genozid, als bosnische Serben bosnische Muslime abschlachteten.

Das Appeasement-Stichwort ist nur ein idealtypisches Beispiel für Geschichtspolitik. Viele Nationen stehen im Banne von Schlüsselereignissen ihrer Geschichte, durch die hindurch sie die jeweils gegenwärtigen Herausforderungen wahrnehmen und die ihnen die normativen Vorgaben ihres Handelns diktieren. Solche tief eingeprägten und langfristig prägenden historischen Erinnerungen bilden die kulturellen Schemata, durch die hindurch die Wirklichkeit auf eine mehr oder weniger zwanghafte Weise verarbeitet wird. Der Begriff „Instrumentalisierung" ist dabei irreführend, denn diese Assoziationen stellen sich geradezu reflexartig ein und bestimmen, wenn keine distanzierende historische Selbstaufklärung dazwischentritt, die Orientierung. Nationen, die die Herausforderungen der Zukunft immer wieder im Lichte bestimmter neuralgischer[1] Schlüsselereignisse deuten, sind noch nicht aus dem Bann (um nicht zu sagen: Schatten) ihrer Geschichte herausgetreten. Um diese Dynamik zu überwinden, müssen sie sie nicht vergessen, aber doch so umformen, dass die Vergangenheit ihren alles andere überbietenden Appellcharakter und damit die Dominanz über die Gegenwart verliert.

Aleida Assmann, Der lange Schatten der Vergangenheit. Erinnerungskultur und Geschichtspolitik, München 2006, S. 275 f.

1. Fassen Sie zusammen, worin für Assmann die Problematik des Appeasement-Vergleichs liegt.
2. Gruppenarbeit: Setzen Sie sich mit der These auseinander, viele Nationen stünden im Banne von historischen Schlüsselereignissen (vgl. Zeile 52 f.). Überprüfen Sie dies in Gruppen für mehrere Staaten wie etwa die USA, Großbritannien, Frankreich, Spanien, China usw. | H
3. Diskutieren Sie im Plenum, worin Chancen und Risiken historischer Vergleiche liegen.

[1] **neuralgisch**: problematisch

Methode

Karikaturen interpretieren

Karikaturen (von ital. caricare für „übertreiben") sind gezeichnete Quellen: Sie nehmen kritisch und stets tendenziös Stellung zu politischen oder gesellschaftlichen Ereignissen, Entwicklungen oder Zuständen sowie individuellen Personen.
Mit den Mitteln der **Parodie** und der **Ironie** werden ausgewählte Aspekte bewusst übertrieben oder verzerrt. Der Betrachter soll auf Missstände aufmerksam gemacht und zu eigenem **Reflektieren** derselben angeregt werden. Eine Karikatur ist stets **Produkt ihres historischen Entstehungskontextes** und kann nur in diesem verstanden werden. Es bedarf bei der Arbeit mit Karikaturen außerdem einer genauen Analyse aller Bildelemente, damit diese aufgeschlüsselt werden können. Zur typischen **Symbolsprache** zählen:
- visualisierte Redensarten („den Gürtel enger schnallen")
- Tierallegorien (der „gallische/ französische Hahn", der „russische Bär")
- Symbole (Krone für die Monarchie, Waage für die Gerechtigkeit)
- Allegorien / Personifikationen („Uncle Sam" für die USA, „Marianne" für Frankreich, „Germania" für Deutschland, „der deutsche Michel" mit Zipfelmütze für die Deutschen, Taube als Friedensbringer)
- innerhistorische Verweise

In der Regel ergänzen Betitelungen oder kurze Texte, die den gezeichneten Personen Worte in den Mund legen, die bildliche Darstellung.
Kritisch bleiben! – Karikaturen verstecken hinter der amüsanten Fassade eine ernste Botschaft!

Weitere Anwendungsbeispiele finden Sie auf den Seiten 340, 378 und 424.

Arbeitsschritt	Leitfragen
1. beschreiben	• Wer hat die Karikatur angefertigt / in Auftrag gegeben? • Zu welchem Anlass ist die Karikatur veröffentlicht worden? • Wie lauten Titel und Thema der Karikatur? • Welche Gestaltungsmittel werden verwendet und wie spielen diese zusammen? (Größenverhältnisse, Farbgebung, Schrift)
2. erklären	• Was wird thematisiert? • Wie sind die Gestaltungsmittel und Symbole in ihrer inhaltlichen Aussage zu deuten? • Auf welche politischen / sozialen / wirtschaftlichen / kulturellen Hintergründe wird angespielt? • An welchen Adressaten wendet sich die Karikatur? • Welchen Standpunkt nimmt der Karikaturist ein? • Welche Aussageabsicht wird verfolgt?
3. beurteilen	• Wie lässt sich die Aussage der Karikatur insgesamt einordnen und bewerten? ------ Ende Sachurteil / Beginn Werturteil ------ • Wurde das Thema aus heutiger Sicht sinnvoll und zutreffend gestaltet und ist die Karikatur insgesamt überzeugend? • Welche Auffassung vertreten Sie insgesamt zu der Karikatur? (gelungen, berechtigte Kritik, übertrieben etc.)

schwarzer Horizont = ungewisse/unglückliche Zukunft

„Deutscher Michel" mit Zipfel-Schlafmütze = allegorische Darstellung des „typischen" Deutschen

Mimik: wachender, wohlwollender Blick von oben, Gesichtszüge: klare Identifikation Adenauers

Kanonenrohr: Hinweis auf NATO-Beitritt/Wiederbewaffnung

VW-Käfer: Symbol für die wirtschaftlich prosperierende BRD

katholische Krankenschwestertracht und Kruzifix: Ironisierung typischer Eigenschaften Adenauers (Katholik, autoritär)

Titel der Karikatur

Konsumgüter und DM-Geldsack: Symbole für den wirtschaftlichen Aufschwung („Wirtschaftswunder")

Gestik: Adenauer hält das Steuer fest in der Hand. ≙ autoritärer Führungsstil

„Nicht wahr, Michelchen – keine Experimente!"
Karikatur von Hanns Erich Köhler in der Frankfurter Allgemeinen Zeitung aus dem Jahre 1957.

► Analysieren Sie die Karikatur mithilfe der Arbeitsschritte auf Seite 452.
Ihre Ergebnisse können Sie mit der Beispiellösung auf Seite 541 vergleichen.

Deutsches Selbstverständnis – eine Suche nach Identität?

Bundesrepublik

- antitotalitärer Konsens: Bekämpfung von Links- und Rechtsextremismus
- Antikommunismus als Integrationsstrategie
- Wirtschaftswunder als Basis des westdeutschen Selbstverständnisses

DDR

- verordneter Antifaschismus
- kommunistischer Widerstand als Basis des Gründungsmythos
- Kapitalismus als Quelle des Faschismus

Wiedervereinigung 1990

„Berliner Republik"

- „Tag der deutschen Einheit" am 3. Oktober
- gesamtdeutsche Erinnerung an den Nationalsozialismus
- beginnende Aufarbeitung der DDR-Diktatur
- Entschädigung ehemaliger Zwangsarbeiter (2000)
- Holocaust-Mahnmal im Zentrum Berlins (2005)

ABER:

- weiterhin unterschiedliche Mentalitäten in Ost- und Westdeutschland
- Herausforderung einer gemeinsamen europäischen Erinnerungskultur

ABI CHECK

Ein interaktives Quiz erwartet Sie unter dem Code **32035-64**.

M Eine europäische Erinnerungsgemeinschaft?

*Die Literaturwissenschaftlerin Aleida Assmann (*1947) beschäftigt sich mit der Möglichkeit der Überwindung nationaler Erinnerungsmythen. 2018 wurde sie mit ihrem Mann zusammen mit dem Friedenspreis des Deutschen Buchhandels ausgezeichnet.*

[...] Der ungarische Schriftsteller Peter Esterhazy hat einen ähnlichen Gedanken geäußert, als er im Oktober 2004 in seiner Friedenspreis-Rede in der Paulskirche sagte: „Die eigenen Verbrechen durch einen Hinweis auf die deutschen Verbrechen abzudecken, ist eine europäische Gewohnheit. Der Hass auf die Deutschen war das Fundament der Nachkriegszeit."

Auf dieser Basis gab es transnational anerkannte und ehrenwerte Haltungen, die die nationalen Kollektive für sich in Anspruch nahmen: Opfer und/oder Widerstand. Für die erste Option, die Opferrolle, kann hier als ein Paradigma die österreichische Opferthese stehen, für die zweite Option, den Widerstand, kann das Beispiel Frankreichs und die Bedeutung der „Résistance" herangezogen werden. Selbstverständlich hat es beides gegeben, Opfer Hitlerdeutschlands und Manifestationen des Widerstands. Deshalb geht es hier auch keineswegs um die unstrittige Rechtmäßigkeit solcher Erinnerungen, sondern allein um die Art und Weise, wie solche Erinnerungen als offizielle Erinnerung verallgemeinert und nach dem Kriege politisch instrumentalisiert wurden. In der Psychoanalyse spricht man in diesem Zusammenhang von „Deckerinnerungen", die das positive Selbstbild schützen: Man erinnert sich an etwas, um etwas anderes umso besser vergessen zu können. Auf die Situation des nationalen Gedächtnisses bezogen heißt das: Man erinnert sich an das eigene Leiden, um sich nicht an die eigene Schuld erinnern lassen zu müssen. Sich in der Opferrolle zu erinnern, kann weiter bedeuten, dass der Blick auf andere Opfer, insbesondere auf die jüdischen Opfer, verstellt ist. Nationale Mythen entstehen dadurch, dass passende partielle Erinnerungen, die durch Erfahrung gedeckt sind, als einheitliche und ausschließliche Erinnerung für das gesamte Kollektiv in Anspruch genommen werden, womit die unpassenden Erinnerungen aus dem nationalen Diskurs und Selbstbild ausgeschlossen bleiben. Diese Selbstentlastungsstrategien der nationalen Mythen wurden in den 1990er-Jahren nach und nach zum Gegenstand von Kontroversen. Überall in Europa haben sich in den letzten zehn Jahren die Koordinaten der nationalen Geschichtsbilder verschoben und komplexeren Darstellungen Platz gemacht. In Frankreich hat die Anerkennung der Vichy-Kollaboration den nationalen „Mythos der Résistance" erschüttert; im post-Waldheim'schen[1] Österreich wurde die offizielle Version vom „ersten Opfer Hitlers" problematisiert, die Polen, die besonders unter der deutschen Verfolgung und Vernichtung zu leiden hatten, müssen sich mit ihrer antisemitischen Geschichte auseinandersetzen, in Italien sind die kommunistischen und faschistischen Erinnerungen nach wie vor gespalten, und selbst die Schweiz, der neutrale Staat und die Zuflucht für so viele Flüchtlinge, ist mit den Banken und der Grenze als ihren aktuellen „Erinnerungsorten" konfrontiert.

Aleida Assmann, Der lange Schatten der Vergangenheit. Erinnerungskultur und Geschichtspolitik, München ³2018, S. 260 f.

1. Fassen Sie die Funktion, die Assmann den nationalen Erinnerungsmythen zuschreibt, in einer These zusammen.
2. Erläutern Sie, auf welchen historischen Ereignissen die deutsche Opferrolle nach dem Zweiten Weltkrieg basierte.
3. Gruppenarbeit/Präsentation: Recherchieren Sie in Gruppen zu den genannten Nationen und ihren Mythen betreffend den Zweiten Weltkrieg: Frankreich, Österreich, Polen, Italien, Schweiz. Präsentieren Sie Ihre Ergebnisse und diskutieren Sie mögliche Formen der Überwindung nationaler Erinnerung.
4. Entwickeln Sie Ideen zur Ausgestaltung des Europäischen Tages des Gedenkens an die Opfer von Stalinismus und Nationalsozialismus am 23. August an Ihrer Schule.

[1] **Kurt Waldheim** (1918–2007): Generalsekretär der Vereinten Nationen (1972–1981) und Bundespräsident Österreichs (1986–1992). Geriet 1985 nach Aufdeckung seiner NS-Vergangenheit, die von ihm geleugnet und relativiert wurde, insbesondere international stark in die Kritik („Waldheim-Affäre").

Der 4. Juli: Unabhängigkeitstag in den USA.
Foto vom 4. Juli 2018, Philadelphia.

Der 3. Oktober: Tag der Deutschen Einheit.
Foto vom 1. Oktober 2018, Berlin.

Der 3. Mai: Erinnerung an die polnische Verfassung von 1791.
Foto vom 3. Mai 2019, Warschau.

4. Geschichts- und Erinnerungskultur

Niemals zuvor war es so vielen Menschen möglich, sich derart umfassend über geschichtliche Ereignisse der Vergangenheit und Gegenwart zu informieren. Bücher und andere Medien, allen voran das Internet, sind dabei klassische Informationsträger. Zeitzeugen, Erinnerungsorte, Denkmäler und Gedenktage tragen ebenfalls dazu bei, dass uns das Wissen um die historischen Vorgänge erhalten bleibt. Dabei sind dies keinesfalls nur Eckpfeiler der Vergangenheit. Unsere Gegenwart bietet reichlich Stoff, um sich immer wieder mit Themen auseinanderzusetzen und diese zeitnah in diverse Erinnerungsformen zu gießen, um das Wissen für die Nachwelt zu erhalten. Nur so lassen sich auch langwierige Entwicklungen als solche erkennen und verstehen. In diesem Rahmenthema lernen Sie, wie Geschichts- und Erinnerungskultur funktioniert, können Ihre Fertigkeiten zur Dekonstruktion von Geschichtsdarstellungen anwenden und Geschichte schließlich in komplexen Formen darstellen.

Was wissen und können Sie schon?

Betrachten Sie in kleinen Arbeitsgruppen die Bildmaterialien auf der linken Seite. Bearbeiten Sie die folgenden Aufgaben und präsentieren Sie anschließend Ihre Ergebnisse im Kurs.

1. Beschreiben Sie die drei Bilder. Gehen Sie dabei auf die nachstehenden Fragen ein: Wer oder was ist dargestellt? Wo findet das Geschehen statt? Welche Wirkung geht von den Bildinhalten aus?
2. Arbeiten Sie aufbauend auf Ihren Ergebnissen aus der ersten Arbeitsfrage Gemeinsamkeiten und Unterschiede der auf den Fotos gezeigten Feiertage heraus.
3. Nennen Sie weitere Gedenk- und Feiertage in Deutschland und anderen Staaten. Erklären Sie zudem, warum die von Ihnen genannten Gedenk- und Feiertage begangen werden bzw. woran diese erinnern sollen.

Kompetenzen

Am Ende des vierten Rahmenthemas sollten Sie Folgendes können:

- … Geschichtsdarstellungen hinsichtlich der darin enthaltenen Deutungen sowie ihren historischen Erkenntniswert analysieren und die Bedeutung der darin vorhandenen Konstruktionen für ihr Geschichtsverständnis und ihre Identität bewerten.
- … den (gesellschaftlichen) Umgang mit Geschichte, die damit verbundenen spezifischen Formen der Erinnerung und deren mediale Umsetzung reflektieren und die Intention solcher Rekonstruktionsprozesse bewerten.
- … sich mit der Geschichtlichkeit von Mensch und Welt sowie der Wahrheitsfähigkeit von Geschichte auseinandersetzen.
- … die (Deutungs-)Offenheit historischer Prozesse beurteilen.

4.1 Kernmodul: Geschichtsbewusstsein und Geschichtskultur

Was ist Geschichte? | Diese Frage mag auf den ersten Blick verwundern. Es scheint offensichtlich, dass „Geschichte" ein anderes Wort für „Vergangenheit" ist. Zwar bezeichnet „Geschichte" z. B. auch das Schul- und Studienfach, aber im allgemeinen Sprachgebrauch wird der Begriff weitgehend synonym mit „Vergangenheit" verwendet. Geschichtswissenschaft und -didaktik gebrauchen den Begriff allerdings differenzierter, was weitreichende Konsequenzen für den Umgang mit „Geschichte" hat.

Wissenschaftlich betrachtet bezeichnet „Vergangenheit" sämtliches früheres Geschehen. Dies ist jedoch nie vollständig rekonstruierbar. Zum einen wäre es vom Umfang her schon nicht leistbar, wollte man jedes Ereignis aus all den damaligen Perspektiven in jedem Detail recherchieren und „getreu" wieder abbilden. Denn selbst wenn sämtliche zeitgenössischen Wahrnehmungen festgehalten worden und alle schriftlichen, mündlichen und visuellen Äußerungen jedes Zeitgenossen überliefert wären, könnte man sie schon aus Zeitgründen nicht insgesamt erforschen. Zum anderen liegen eben nicht für alle Perspektiven bzw. von allen Beteiligten, zu allen Details, zu jedem Ereignis überhaupt Quellen vor oder sind noch erhalten. Vieles wird nicht aufbewahrt (archiviert), wenn es zur Zeit des Ereignisses als nicht erinnerungs- und bewahrwürdig erscheint. Andere Quellen sind im Lauf der Zeit verloren gegangen oder vernichtet worden.

Während wir also zu manchen Aspekten, wie den Ereignissen seit der Frühen Neuzeit, ein fast unüberschaubares Quellenangebot haben, sind viele andere Bereiche nur über wenige noch erhaltene Quellen erschließbar, was vor allem für die Antike und das Mittelalter gilt. Manches ist zudem nur indirekt über die Zeugnisse anderer noch rekonstruierbar, vieles bleibt letztlich aber verschwunden.

Wie entsteht Geschichte? | „Geschichte" entsteht erst in der Auseinandersetzung mit „Vergangenheit". Die Geschichtswissenschaft hat hierfür ein Verfahren entwickelt, das eine möglichst verlässliche und nachprüfbare Rekonstruktion und Deutung ermöglichen soll: die *historische Methode*. Der Erkenntnisprozess bezieht sich auf unterschiedliche (Zeit-)Ebenen: angefangen von der Entwicklung einer historischen Frage, über die Recherche nach und Auswertung von Fachliteratur und Quellen bis hin zur deutenden, meist auf die eigene Gegenwart bezogene Geschichtsdarstellung, die sich der wissenschaftlichen Kritik stellen muss (→M1).

„Geschichte" wird von der Gegenwart rückblickend aus dem gemacht, was aus der Vergangenheit noch verfügbar ist, den Quellen. Diese sind Ausdruck zeitgenössischer Wahrnehmungen und Deutungen der damaligen Menschen (*Multiperspektivität*). Geschichte ist daher kein Spiegel vergangener Realität, sondern vielmehr ein – wenn auch wissenschaftsorientiertes – Interpretationsergebnis. Aus diesem Grund erhebt die Geschichtswissenschaft keinen absoluten Wahrheitsanspruch (→M2). Das lässt sich auch daran erkennen, dass Historiker auf Grundlage derselben Quellen häufiger zu unterschiedlichen Erkenntnissen gelangen. Sei es, dass sie die zeitgenössischen Perspektiven, Auswirkungen oder Gründe bestimmter Ereignisse nur unterschiedlich gewichten (*Pluralität*) oder dass sie sogar zu gegensätzlichen Erklärungsmodellen gelangen (*Kontroversität*).

Kontroversen werden dann öffentlich diskutiert, wenn anlässlich von Jubiläen und Jahrestagen oder ausgelöst von aktuellen Entwicklungen vergangene Ereignisse in den Fokus des allgemeinen Interesses rücken, jüngst z. B. die Diskussion um die Frage der deutschen Schuld am „Ausbruch" des Ersten Weltkrieges oder aktuell auch in der Beurteilung der Person Martin Luthers.

Es handelt sich bei Geschichte zwar um Deutungen und Interpretationen, beliebig sind die Ergebnisse dennoch nicht. Zumindest nicht, wenn sie Gültigkeit beanspruchen wollen. Nicht jeder kann sich seine ganz eigene „Geschichte" machen. Die Ergebnisse werden diskutiert und geprüft und erst wenn sich herausstellt, dass die Deutung im Einklang mit den zur Verfügung stehenden Quellen ist, die Argumentation schlüssig ist und die historische Methode korrekt angewendet wurde, akzeptiert die Wissenschaftsgemeinschaft solche Ergebnisse als konsensfähig, als **triftig**.

In der Freizeit lässt sich der wissenschaftliche Anspruch nicht immer eigentätig umsetzen. Daher greifen viele vor allem in ihrer freizeitlichen Beschäftigung mit Vergangenheit auf bereits fertige Geschichtsangebote zurück, die – je nach Wissenschaftlichkeit – zu mehr oder weniger triftigen Geschichtsbildern, also Vorstellungen über die Vergangenheit, führen können. Eine Schwierigkeit besteht darin, aus der Fülle der Angebote diejenigen herauszufiltern, die tatsächlich auf Quellen und dem aktuellen Forschungsstand beruhen, und sie von denjenigen zu unterscheiden, die Wissenschaftlichkeit bloß behaupten und dabei „Geschichte" bewusst oder unabsichtlich falsch oder mit politischen Absichten darstellen.[1]

Wieso Geschichtsbewusstsein? | In der Diskussion über Vergangenheit und Geschichte sollten drei Bezeichnungen unterschieden werden, die häufig synonym verwendet werden, aber wichtige Unterscheidungen beinhalten: *Geschichtswissen*, *Geschichtsbild* und *Geschichtsbewusstsein*. Unter Geschichtswissen ist die Kenntnis der Daten und Fakten der Vergangenheit und der verschiedenen aktuellen Deutungszuweisungen zu verstehen, über die ein Mensch verfügt. Häufig erscheint gerade das Fach Geschichte als langweilig, weil es als bloße Faktenpaukerei missverstanden wird. Ein Grundwissensgerüst ist sicher unersetzlich, weil ohne die Kenntnis der wesentlichen Fakten eine Orientierung und Beurteilung von Geschichtsangeboten auf ihre fachliche Korrektheit hin nicht möglich ist. Geschichtsunterricht erschöpft sich aber nicht in der Aneignung von Faktenwissen. Vielmehr hat er das Ziel, eigene und fremde *Geschichtsbilder* zu reflektieren und zu hinterfragen. „Geschichtsbild" meint hier die Vorstellungen von Menschen über eine Zeit. Sehr häufig sind diese eher klischeehaft und wissenschaftlich nicht haltbar, so z.B. das gängige Klischee des dekadenten alten Roms oder des finsteren Mittelalters. Um eigene und fremde Geschichtsbilder als potenziell falsch anzuerkennen, bedarf es nicht nur der Faktenkenntnis. Gerade die genannten klischeehaften Vorstellungen lassen sich durchaus auf Quellen zurückführen, zumindest solange man diese nicht kritisch untersucht. Es bedarf aber vielmehr der Entwicklung eines *Geschichtsbewusstseins*, um reflektiert und konstruktiv mit derartigen eigenen und fremden Vorstellungen umzugehen.

Über „Geschichte" kann man sich auf unterschiedlichen Ebenen bewusst werden: Zunächst einmal kann sich ein Mensch darüber klar werden, dass es so etwas wie Vergangenheit/Geschichte gibt, dass die menschliche Entwicklung, unsere Erkenntnisse, Haltungen und Werte Veränderungen unterworfen waren, sind und sein werden. Er weiß, dass Geschichte unterschiedliche, gegenwartsbezogene und

Abbau des Lenin-Denkmals.
Foto von 1991, Berlin.
Arbeiter montieren das 18 Meter hohe Denkmal von Wladimir Iljitsch Lenin, russischer Revolutionär und Gründer der Sowjetunion, im Ost-Berliner Bezirk Friedrichshain ab.

triftig > Triftigkeit: Der historische Erkenntnisprozess beruht auf der Rekonstruktion von Ereignissen und Personen (Sachanalyse). Durch einen Quellenvergleich wird versucht herauszufinden, wie vergangene Ereignisse von den Zeitgenossen (vermutlich) wahrgenommen wurden, warum sie wie gehandelt bzw. nicht gehandelt haben. Diese Beurteilung berücksichtigt die zeitgenössischen Wert- und Weltvorstellungen (Sachurteil). Auf dieser Grundlage und einer entsprechenden Deutung und Gewichtung werden kausale Zusammenhänge gebildet. Die Vergangenheit wird dann nach heutigen Maßstäben beurteilt, Gegenwartsbezüge werden hergestellt und Perspektiven für die Zukunft entwickelt (Werturteil). Erfolgt dies nach den Gesetzen der Logik und der wissenschaftlichen Methode, spricht man von Triftigkeit.

[1] Lesen Sie dazu auch das Kernmodul auf Seite 464 bis 469.

zukunftsgerichtete Bedürfnisse befriedigen und unterschiedliche Funktionen haben kann.[1] Auf einer abstrakteren Ebene begreift der Mensch aber auch, dass Geschichte nicht mit Vergangenheit gleichzusetzen ist. Ihm ist also der *Konstruktionscharakter von Geschichte* bewusst. Auf der höchsten Stufe nutzt er diese Erkenntnis, um entweder selbst triftig Geschichte aus den Quellen zu deuten oder um sich mit Geschichtsangeboten anderer kritisch auseinanderzusetzen. Letzten Endes ist dies der Beitrag, den das Fach Geschichte leistet: zu einem kritischen Bewusstsein und einer verantwortungsvollen Teilhabe und Mitgestaltung unserer demokratischen Gesellschaft zu befähigen.

Ein heikler Besuch.
Foto vom 5. Mai 1985, Bitburg (Rheinland-Pfalz).
US-General Matthew Ridgeway, US-Präsident Ronald Reagan, Bundeskanzler Helmut Kohl und der ehemalige Luftwaffeninspekteur der Bundeswehr, Johannes Steinhoff, besuchten im Mai 1985 den Militärfriedhof in Bitburg. Reagan legte auf dem Friedhof einen Kranz am Ehrenmal für gefallene Soldaten des Zweiten Weltkrieges nieder.

- Recherchieren Sie im Internet den Hintergrund zu den abgebildeten Ereignissen auf den Fotos (diese und vorherige Seite).
- Lesen Sie M4 auf Seite 463 aufmerksam durch. Ordnen Sie anschließend die beiden Ereignisse den Bereichen Geschichts- bzw. Erinnerungskultur zu.
- Erläutern Sie die Unterschiede der beiden Konzepte an diesen Beispielen und ergänzen Sie sie um Ihnen bekannte weitere Ereignisse.

Geschichtsbewusstsein und Geschichtskultur | Ganz allgemein gesprochen meint ein reflektiertes *Geschichtsbewusstsein* die Erkenntnis, dass aus gegenwartsbezogenen Interessen und Fragestellungen durch die Hinwendung zur Vergangenheit Geschichte so konstruiert wird, dass sie sinnstiftend für Gegenwart und Zukunft wird.

Damit wird aber auch deutlich, dass dieses Geschichtsbewusstsein einen Prozess und das Ergebnis einer individuellen Geistesleistung darstellt. Wenn Geschichtsdidaktiker wie beispielsweise *Karl-Ernst Jeismann* oder *Jörn Rüsen* dann vom „Geschichtsbewusstsein in der Gesellschaft“ sprechen, bleibt zu fragen, wie sich so ein „kollektives Geschichtsbewusstsein“ herausbildet.

Der Geschichtsdidaktiker *Bernd Schönemann* erklärt Geschichtsbewusstsein als zwei Seiten einer Medaille. Er geht davon aus, dass sich ein Geschichtsbewusstsein nur individuell entwickeln lässt (innere Seite), es aber durch Kommunikation im öffentlichen Raum auch eine äußere Seite erhält. Diese „öffentlichen Geschichtsäußerungen“ werden als *Geschichtskultur* bezeichnet (→M3).

Parallel hierzu steht das Konzept des kulturellen, des kommunikativen und des kollektiven Gedächtnisses, das *Jan* und *Aleida Assmann* auf der Grundlage der Forschungen des französischen Philosophen und Soziologen *Maurice Halbwachs* entwickelt haben (→M4).

[1] Darüber informiert auch das Kernmodul auf Seite 464 bis 469.

M1 Historische Erkenntnis

*Die Geschichtsdidaktikerin Saskia Handro (*1969) hat ein Modell entwickelt, das den Prozess der historischen Erkenntnis abbildet:*

Verstehen (Hermeneutik) als gegenwartsgebundener Deutungsakt ⟵ **Strategien historischen Denkens** ⟶ **Erklärung (Analytik) als Anwendung fachspezifischer Theorien, Konzepte und Begriffe**

Epistemische Funktion rezeptiven und produktiven Sprachhandelns

Historische Methode

Heuristik Erkenntnisinitiation und Recherche
- Historische Fragen formulieren
- Vorwissen darstellen, Hypothesen formulieren
- Darstellungen und Quellen recherchieren

Quellenkritik Erkenntnisproduktion und methodische Reflexion
- Formale und inhaltliche Struktur analysieren
  - Gattungsmerkmale, situativer Kontext
  - benennen, beschreiben und beurteilen von Quellenaussagen (Perspektivität, Intention, Analyse sprachlicher Mittel)

Interpretation Erkenntnisstrukturierung und Sinnbildung
- Quellen- und Darstellungsaussagen in Bezug auf historische Frage u.a.
  - beurteilen, vergleichen
  - kausale, temporale Zusammenhänge, Motive erklären
  - Theorien, Fachbegriffe anwenden, Triftigkeiten benennen

Darstellung Erkenntnispräsentation und -reflexion
- Historisches Erzählen: adressaten-, gattungs- und situationsgerecht (als u.a. Vortrag, Zeitungsartikel)
- Historische Sach- und Werturteile erklären und begründen: in Bezug auf Triftigkeit, Theorien, Werte, Normen
- Historische Deutungen und Werturteile diskutieren, argumentieren, erörtern

Narrativieren als historischer Sinnbildungs- und Erkenntnisprozess | **Historische Narrationen im Diskursprozess**

Nach: Saskia Handro, Sprachbildung im Geschichtsunterricht. Leerformel oder Lernchance?, in: Katharina Grannemann, Sven Oleschko und Christian Kuchler (Hrsg.), Sprachbildung im Geschichtsunterricht. Zur Bedeutung der kognitiven Funktion von Sprache, Münster 2018, S. 13–42, hier S. 15

1. Markieren Sie Ihnen unbekannte Begriffe und schlagen Sie ihre Bedeutung in einem Wörterbuch oder Online-Lexikon nach.
2. Erklären Sie ausgehend vom Schaubild, wieso es sich beim historischen Denken um einen Prozess handelt.
3. Erläutern Sie, welche Schritte des Schaubildes im Geschichtsunterricht vollzogen werden. Nennen Sie Beispiele aus Ihrem Schulbuch, mit denen diese Schritte vollzogen werden.
4. Diskutieren Sie, wieso es wichtig ist, „historisch zu denken", anstatt nur Faktenwissen zu lernen.

M2 Objektivität und Geschichte

Der Geschichtsdidaktiker Karl-Ernst Jeismann (1925–2012) hat mit seinem Konzept vom Geschichtsbewusstsein maßgeblich die Geschichtsdidaktik beeinflusst. In einem Vortrag erklärt er, was unter „Objektivität von Geschichte" zu verstehen ist:

Wenn wir von Geschichte reden, handelt es sich nicht um die reale, vergangene Geschichte, sondern immer nur um eine spätere Rekonstruktion von Vergangenheiten aus häufig unvollständigen und dunklen Zeugnissen, um ein vieldeutiges, mehrdimensionales Puzzle, immer wieder umgebaut und neugestaltet je nach Zuwachs oder Verlust von Erkenntnis, aber auch je nach unterschiedlicher Perspektive und Erfahrung. Um die ganze Wahrheit der Geschichte können wir nicht streiten, nur um die Richtigkeit oder die Triftigkeit bestimmter Rekonstruktionen. In Urteil und Wertung beziehen wir Geschichte auf uns selbst; nur so, nicht in der bloßen

Reihung von Fakten, entsteht in Öffentlichkeit und Wissenschaft Interesse an der Geschichte. Von anderen Erfahrungen und Positionen her gesehen, sieht die gleiche Geschichte anders aus, ohne dass sie verfälscht sein muss. Schaut man so hinter die Geschichten, kann man lernen, dass keine für sich das absolute Recht auf Alleingültigkeit beanspruchen und andere Wertungen verdammen oder als schlechthin falsch bezeichnen darf. Daraus wiederum ist zu folgern, dass unterschiedliche oder kontroverse Geschichtsrekonstruktionen miteinander in Verbindung gesetzt, aneinander gemessen werden können und müssen. Das ergibt kein einheitliches Geschichtsbild, ist aber ein Weg zu einer Verständigung über verschiedene, jeweils in ihrer Weise begrenzt richtige Vorstellungen von der Geschichte. Dies ist die Art, wie „Objektivität" denkbar wird, als „Konsensobjektivität" des Abwägens verschiedener Perspektiven und Urteile. Wir verlangen sachliche und methodische Solidität – Richtigkeit –, maßen uns aber nicht den Besitz alleingültiger Maßstäbe und Urteile an. Das führt zu einem unabschließbaren Diskurs um Geschichte im Austausch der Argumente: Das – und nicht das Wahrheitsmonopol – ist der von der Wissenschaft der Öffentlichkeit anzubietende Umgang mit Geschichte. Er ist schwer. Gelingt aber eine solche Verständigung, wird nicht nur unser Geschichtsbild reicher und vielfältiger, sondern auch das Verständnis des anderen in der Gegenwart vertieft. Geschichte muss dann nicht Barriere zwischen Parteien oder Völkern sein, das legitime Identifikationsbedürfnis ist nicht auf die Konstruktion von Feindbildern angewiesen, und die oft so vordergründigen Argumentationen mit Geschichte zu gegenwärtigen Zwecken werden leichter durchschaubar. Das ist es, was Geschichtswissenschaft als Besinnung auf die Art und Weise, wie uns die Vergangenheit überhaupt zur Verfügung steht, der Öffentlichkeit bieten kann: Geschichtsbewusstsein statt Geschichtsbegehren, Nachdenklichkeit statt selbstgerechter Bestätigung. Das ist zugleich ein Beitrag zu vernünftigem Miteinander in modernen Gesellschaften und zwischen den Völkern und Staaten.

Karl-Ernst Jeismann, Geschichte und Öffentlichkeit. Historie zwischen Vergewisserung und Verführung, herausgegeben vom Landschaftsverband Osnabrücker Land e.V., Bad Iburg 1999, S. 33 f.

1. Klären Sie unbekannte Begriffe im Text.
2. Fassen Sie die wichtigsten Aussagen zusammen.
3. Erklären Sie, was Jeismann unter „Konsensobjektivität" (Zeile 26) versteht. | H
4. Präsentation: Markieren Sie Wortzusammensetzungen, die sich auf „Geschichte" beziehen. Erstellen Sie eine Tabelle oder Liste, in der Sie diese Begriffe erklären.
5. Jeismann verwendet den Begriff „Geschichte" auch dann, wenn er „Vergangenheit" meint. Erläutern Sie den Unterschied zwischen diesen Begriffen. Beurteilen Sie anschließend, ob es nicht anstatt „Geschichtsrekonstruktionen" besser „Vergangenheitsrekonstruktionen" heißen müsste.

M3 Geschichtsbewusstsein und Geschichtskultur: zwei Seiten einer Medaille?

*Der Geschichtsdidaktiker Bernd Schönemann (*1954) beschreibt das Verhältnis von innerer (individueller) und äußerer (kollektiver) Seite des Geschichtsbewusstseins wie folgt:*

Die Kategorien Geschichtsbewusstsein und Geschichtskultur lassen sich widerspruchsfrei unter dem „Dach" der Zentralkategorie „Geschichtsbewusstsein in der Gesellschaft" ansiedeln, wenn man akzeptiert, dass Gesellschaften ihre Vergangenheit auf zweierlei Weise (bimodal) konstruieren, nämlich individuell und kollektiv. Geschichtsbewusstsein und Geschichtskultur werden dann als zwei Seiten einer Medaille begreifbar: auf der einen Seite Geschichtsbewusstsein als *individuelles* Konstrukt, das sich von außen nach innen, in Internalisierungs- und Sozialisationsprozessen aufbaut; auf der anderen Seite Geschichtskultur als *kollektives* Konstrukt, das auf dem entgegengesetzten Weg der Externalisierung entsteht und objektive[1] Gestalt annimmt. Wer nach Geschichtskultur fragt, der richtet seinen Blick also vornehmlich auf die Außenseite des gesellschaftlichen Geschichtsbewusstseins, wie es uns beispielsweise in Denkmälern, in historischen Festen und Jubiläen oder in Museen entgegentritt. Denkmäler sind „da", auch wenn der Einzelne achtlos an ihnen vorbeigeht oder sie für ganz andere Zwecke, etwa als Treff- oder Aussichtspunkt, nutzt. Feste und Jubiläen werden nicht gefeiert, weil wir uns, jeder für sich, dafür entschlössen, sondern weil der Kalender und der auf ihn fixierte Erinnerungsbetrieb dies so wollen; unsere Museumslandschaft wird immer vielfältiger, obwohl die Mehrheit der Bevölkerung ihr immer noch fremd gegenübersteht. Gewiss: Denkmäler können geschleift, Feiertage abgeschafft, Museen geschlossen werden. Aber *solange* sie existieren, existieren sie unabhängig von unserem subjektiven Wollen und unserer persönlichen Wahrnehmung; sie weisen einen höheren Grad an Dauerhaftigkeit auf und sind beständiger als die historischen Vorstellungswelten Einzelner.

Bernd Schönemann, Geschichtsdidaktik, Geschichtskultur, Geschichtswissenschaft, in: Hilke Günther-Arndt (Hrsg.), Geschichts-Didaktik. Praxishandbuch für die Sekundarstufe I und II, Berlin 2003, S. 11-22, hier S. 17

1. Fassen Sie zusammen, wie individuelles und kollektives Geschichtsbewusstsein entsteht. | H
2. Geben Sie Beispiele für die „äußere Seite" des Geschichtsbewusstseins aus dem Text wieder und ergänzen Sie weitere Beispiele, die Sie aus eigener Anschauung kennen.
3. Diskutieren Sie, wer auf welche Weise ganz konkret das kollektive Geschichtsbewusstsein prägt. Argumentieren Sie mithilfe von selbstgewählten Beispielen.

[1] Gemeint ist hier „materielle".

Aleida und Jan Assmann.
Foto (Ausschnitt) vom Oktober 2018, Frankfurt am Main.

M4 Geschichts- und Erinnerungskultur

*Der Historiker Christoph Cornelißen (*1958) erörtert in einem Online-Aufsatz ausgehend von den Konzepten von Jan und Aleida Assmann (*1938/*1947) die Gemeinsamkeiten und Unterschiede von Geschichts- und Erinnerungskultur:*

Obwohl der Begriff „Erinnerungskultur" erst seit den 1990er-Jahren Einzug in die Wissenschaftssprache gefunden hat, ist er inzwischen ein Leitbegriff der modernen Kulturgeschichtsforschung. Während er in einem engen Begriffsverständnis als lockerer Sammelbegriff „für die Gesamtheit des nicht spezifisch wissenschaftlichen Gebrauchs der Geschichte in der Öffentlichkeit – mit den verschiedensten Mitteln und für die verschiedensten Zwecke" definiert wird, erscheint es aufgrund der Forschungsentwicklung der vergangenen zwei Jahrzehnte insgesamt sinnvoller, „Erinnerungskultur" als einen formalen Oberbegriff für alle denkbaren Formen der bewussten Erinnerung an historische Ereignisse, Persönlichkeiten und Prozesse zu verstehen, seien sie ästhetischer, politischer oder kognitiver Natur. Der Begriff umschließt mithin neben Formen des ahistorischen oder sogar antihistorischen kollektiven Gedächtnisses alle anderen Repräsentationsmodi von Geschichte, darunter den geschichtswissenschaftlichen Diskurs sowie die nur „privaten" Erinnerungen, jedenfalls soweit sie in der Öffentlichkeit Spuren hinterlassen haben. Als Träger dieser Kultur treten Individuen, soziale Gruppen oder sogar Nationen in Erscheinung, teilweise in Übereinstimmung miteinander, teilweise aber auch in einem konfliktreichen Gegeneinander.

Versteht man den Begriff in diesem weiten Sinn, so ist er synonym mit dem Konzept der Geschichtskultur, aber er hebt stärker als dieses auf das Moment des funktionalen Gebrauchs der Vergangenheit für gegenwärtige Zwecke, für die Formierung einer historisch begründeten Identität ab. Sehr deutlich wird dies in den untergeordneten Begriffen der Erinnerungs-, Vergangenheits- oder Geschichtspolitik. Weiterhin signalisiert der Terminus Erinnerungskultur, dass alle Formen der Aneignung erinnerter Vergangenheit als gleichberechtigt betrachtet werden. Folglich werden Textsorten aller Art, Bilder und Fotos, Denkmäler, Bauten, Feste, sowie symbolische und mythische Ausdrucksformen, aber auch gedankliche Ordnungen insoweit als Gegenstand der Erinnerungskulturgeschichte begriffen, als sie einen Beitrag zur Formierung kulturell begründeter Selbstbilder leisten. […]

[Die Diskussion der letzten Jahre konzentriert sich] vor allem auf zwei weitere Schlüsselbegriffe. Hierbei handelt es sich zum einen um das „kommunikative" sowie zum anderen um das „kulturelle" Gedächtnis. Der erstgenannte Terminus bezieht sich auf die Erinnerung an tatsächliche beziehungsweise mündlich tradierte Erfahrungen, die Einzelne oder Gruppen von Menschen gemacht haben. Im Fall des kommunikativen Gedächtnisses ist die Rede von einem gesellschaftlichen „Kurzzeitgedächtnis", dem in der Regel maximal drei aufeinanderfolgende Generationen zuzurechnen sind, die zusammen eine „Erfahrungs-, Erinnerungs- und Erzählgemeinschaft" bilden können. Während diese im unaufhörlichen Rhythmus der Generationenabfolgen meist leise und unmerklich vergeht, wird das „kulturelle Gedächtnis" als ein epochenübergreifendes Konstrukt verstanden. Im Allgemeinen wird damit der in jeder Gesellschaft und jeder Epoche eigentümliche Bestand an Wiedergebrauchs-Texten, -Bildern und -Riten bezeichnet, „in deren ‚Pflege' sie ihr Selbstbild stabilisiert und vermittelt". Es ist „ein kollektiv geteiltes Wissen vorzugsweise (aber nicht ausschließlich) über die Vergangenheit, auf das eine Gruppe ihr Bewusstsein von Eigenheit und Eigenart stützt".

Nach: https://docupedia.de/zg/Erinnerungskulturen_Version_2.0_Christoph_Corneli%C3%9Fen (Zugriff: 28. April 2017; die Einzelnachweise wurden im Text entfernt)

1. Definieren Sie ausgehend vom Text folgende Begriffe: Erinnerungskultur, kommunikatives und kulturelles Gedächtnis.
2. Erklären Sie „kollektives Gedächtnis".
3. Diskutieren Sie, inwiefern es bedeutsam ist, zwischen Geschichts- und Erinnerungskultur zu unterscheiden.

4.2 Kernmodul: Historische Erinnerung

Geschichte ist überall? | „Vergangenheit" und „Geschichte" sind in unserer Gesellschaft unübersehbar. Alte Burgen, Schlösser, Kirchen und Rathäuser, Denkmäler und andere bauliche und gegenständliche Zeugnisse der Vergangenheit sind in unserem Alltag präsent. Schon in der Kindheit werden wir mit „Geschichte" konfrontiert: durch Spielzeug, wie Lego-Ritter, durch Zeichentrickserien, historische Kinderbücher, Comics und Filme. Auch wenn diese Angebote nur selten wissenschaftlichen Ansprüchen genügen – das ist nicht ihr Ziel oder ihre Aufgabe – schaffen sie doch erste Berührungspunkte mit der Geschichtskultur. Dies wurde seitens der Geschichtswissenschaft und -didaktik nicht immer nur als Chance begriffen, sondern auch kritisiert (➔M1).

Im Schulfach Geschichte wird solchen Angeboten die wissenschaftsorientierte Beschäftigung mit Vergangenheit an die Seite gestellt. Zudem wird auch der Umgang mit geschichtskulturellen Angeboten thematisiert, nicht zuletzt weil diese wichtige Mittel sind, sich außerhalb von und nach der Schulzeit weiter mit Geschichte zu befassen.

Rattenfänger-Freilichtspiele in Hameln.
Foto von 2005.
Der Rattenfänger, hier gespielt von Jürgen Rinne, lockt mit seinen Flötenklängen die „Ratten" an. Von Mitte Mai bis Mitte September führen jeden Sonntag rund 80 bis 100 Laienschauspieler die Rattenfängersage in der Innenstadt von Hameln auf.

Merkmale historischer Narrationen | „Geschichte" entsteht nicht durch die bloße Aneinanderreihung von Fakten und Ereignissen. Chroniken und andere chronologische Auflistungen sind daher keine „Geschichte" im eigentlichen Sinn. Erst die sinnvolle Verknüpfung zeitdifferenter Ereignisse machen aus derartigen Fakten und Zahlen „Geschichte" (*Sinnstiftung*). Als solche sind sie erzählend, narrativ.

Geschichtserzählungen bzw. historische Narrationen unterscheiden sich von anderen Erzählformen durch bestimmte Merkmale. So lässt sich „Geschichte" nur im Rückblick konstruieren (*Retrospektivität*). Häufig stellt sich erst im Nachhinein heraus, dass ein Ereignis eine besondere Bedeutung hat oder in welchem Zusammenhang Ereignisse stehen. „Wir" blicken aus unserer Gegenwart in die Vergangenheit, kennen bereits den weiteren Verlauf und können daher solche Verknüpfungen herstellen. Dies ist auch ein grundlegender Unterschied zwischen Quellen, die zeitnah von den Zeitgenossen verfasst werden, und der nachträglichen Rekonstruktion und Deutung durch Historiker: Während der Zeitgenosse die Auswirkungen der Ereignisse nicht sicher vorhersagen, allenfalls vermuten oder befürchten kann, blickt der Historiker in Kenntnis möglicher Fortentwicklungen und Konsequenzen auf diese Zeit zurück.

Ein weiteres Merkmal historischer Narrationen ist die Intention des Verfassers. Hier sind unterschiedliche Sinnstiftungs- oder auch Erzählabsichten zu unterscheiden. In der Geschichtswissenschaft werden sie als traditionales, exemplarisches, genetisches oder kritisches Erzählen bezeichnet (➔M2).

Historische Erzählungen „funktionieren" je nach Gattung ganz unterschiedlich (*Medialität*). So erzählt ein Geschichtsroman anders als eine Festrede oder eine Geschichtsdokumentation und dennoch wollen sie auf ihre je unterschiedliche Weise gesellschaftliche Geschichtsbedürfnisse befriedigen.

Formen von Geschichtskultur | Es ist vor allem die Aufgabe von Gedenkfeiern, Archiven und Museen, das „kulturelle Gedächtnis" aufzubauen, zu bewahren und der Öffentlichkeit zugänglich zu machen. Damit prägen sie das individuelle Geschichtsbewusstsein Einzelner und repräsentieren gleichzeitig Aspekte der kollektiven Geschichts- und Erinnerungskultur. Dass auch sie eine Auswahl der zu archivierenden und auszustellenden Quellen treffen müssen, ist nicht unproblematisch (➔M3).

Geschichtskulturelle Angebote bedienen ganz unterschiedliche Bedürfnisse. Vor allem, wenn sie sich an ein größeres Publikum richten oder im Unterhaltungssektor gegen andere Freizeitangebote behaupten wollen, tritt die Triftigkeit[1] der Darstellung häufig hinter unterhaltenden und dramatisierenden Elementen zurück. Fakten werden kreativ mit Fiktionen vermischt. Dies betrifft nicht nur Angebote wie Geschichtsspielfilme, -romane, -comics oder Brett- und Computerspiele historischen Inhalts. Auch andere Gattungen, die sich in ihrem Selbstverständnis wie auch in der öffentlichen Wahrnehmung als wissenschaftsorientiert verstehen, greifen zunehmend auf unterhaltende Elemente zurück. Das betrifft nicht nur Geschichtsdokumentationen, sondern auch Ausstellungen oder Reenactments wie Mittelaltermärkte, Ritterturniere oder Living History.[2]

Sehusafest.
Foto von 2014, Seesen.
Das Foto zeigt zwei Darsteller auf dem Sehusafest im niedersächsischen Seesen. Mit rund 1 000 Akteuren gilt es als größtes Historienfest Norddeutschlands. Das Sehusafest wird seit 1975 am ersten Wochenende im September aufgeführt und zeigt Szenen aus der Stadtgeschichte von Seesen.

Kritische Auseinandersetzung mit Geschichtsdarstellungen | Der Geschichtsdidaktiker *Hans-Jürgen Pandel* hat Bereiche definiert, die auf ihre Triftigkeit oder Authentizität untersucht werden können (➔M4). Es bleibt dennoch schwierig, die „Korrektheit" der Darstellung zu überprüfen. Da den meisten Menschen nicht zuzumuten ist, sich in ihrer Freizeit den oft nur schwer verständlichen Forschungsstand zu erarbeiten, müssen andere Wege aufgezeigt werden. Das Internet bietet hierzu zahlreiche Hilfestellungen, wenngleich die Nutzung nicht unproblematisch oder einfach ist. Rezensionen zu Ausstellungen, Reaktionen auf Gedenkfeiern und Jubiläen oder populärwissenschaftliche Fachbücher bzw. Geschichtsmagazine können dabei hilfreich sein. Wichtig ist zudem, die jeweiligen Angebote auf ihre Sinnstiftungsintention zu untersuchen. Dies gibt Hinweise darauf, ob es sich eher um geschlossene oder offene Darstellungen handelt. Das meint Darstellungen, die mit einem nicht zu hinterfragenden Wahrheitsanspruch auftreten, bzw. solche, die deutlich machen, dass sie das Ergebnis von Interpretationen sind, die kritisch überprüft und diskutiert werden sollen. Traditional intendierte Angebote entziehen sich z. B. in der Regel der Kritik und Überprüfung, weil es ihre Aufgabe ist, Traditionen zu begründen oder zu pflegen, und nicht, sie infrage zu stellen.

Grundsätzlich folgt eine kritische Auseinandersetzung mit Geschichtsdarstellungen dem aus dem Geschichtsunterricht bekannten kritischen Verfahren, das bei der Quellenanalyse angewendet wird: Wer erzählt wann wem wie was warum? Allein schon das Nachdenken darüber, was ein Film, eine Ausstellung oder ein Internetangebot mit der Darstellung bezwecken könnte, kann helfen, sich in kritische Distanz zum Dargestellten zu setzen. Im Idealfall wird hierdurch Neugier geweckt, die dazu führt, dass sich ein Betrachter näher mit der Thematik befasst.

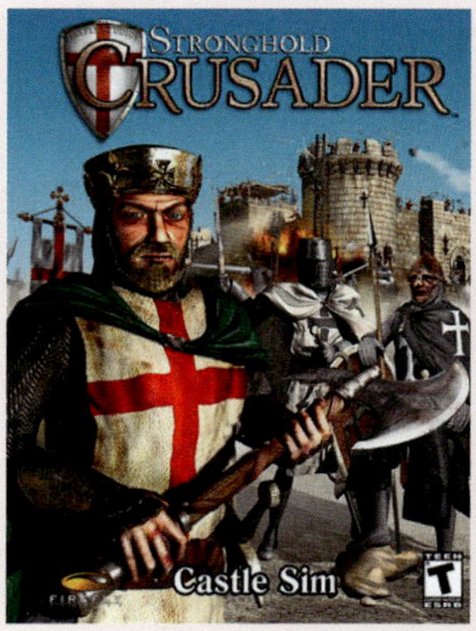

Cover des Computerspiels „Stronghold Crusader".
In dem 2002 veröffentlichten Strategiespiel kann der Spieler in die Rolle eines christlichen oder muslimischen Fürsten zur Zeit der Kreuzzüge schlüpfen.

[1] Über den Begriff „Triftigkeit" informiert Seite 459.
[2] Siehe die Abbildungen auf Seite 464 und 465.

M1 Geschichte und Öffentlichkeit

Der Geschichtsdidaktiker Karl-Ernst Jeismann (1925–2012) hält 1998 einen Vortrag, in dem er sich mit dem Verhältnis von Geschichte und Öffentlichkeit auseinandersetzt:

Überall ist Geschichte wieder präsent. Wie sich ein ausgetrockneter Schwamm vollsaugt, so füllt Historisches heute unsere Umwelt. Geschichte hat Marktwert bekommen. Wo es Anlässe gibt, bilden sich große und kleine Geschichtsbetriebe. Dies Phänomen einer neuen Geschichtsbegierde brachte eine Unzahl neuer Museen, die das Abgelöste in Erinnerung zu halten versuchen. […] Ein museales Netz repräsentiert in der Öffentlichkeit Vergangenheit in vielfältiger Form. Geschichte wird zum Freizeitvergnügen. […]
Und nun gar die Medien: Die Serien zum Zweiten Weltkrieg, zum Nationalsozialismus, aber auch zur frühen Bundesrepublik erfreuen sich großer Zuschauerzahl und intensiver Besprechungen in den Zeitungen; die Computerspiele mit historischen Themen schießen ins Kraut.
Schließlich die Denkmäler: Sie sind heute wieder ein ernstgenommenes Medium historischer Anreicherung der Umwelt. Und nun erst die Erinnerungsfeiern: Jeder Ort, der etwas auf sich hält, präsentiert seine Geschichte öffentlichkeitswirksam. […]
Für jedermann ist die Vergangenheit ein Gegenstand der Neugierde auf dem Spektrum von Schaulust, Sentimentalität, Wissbegier, Nachdenklichkeit. Es wirkt die Faszination des zeitlich Fremden, in dessen Gewand man einmal schlüpfen möchte. […]
Es demonstriert aber die Lust an der Geschichte, das spielerische Umgehen mit ihr und eine Annäherung durch Nachahmung. Ernsthafter, ohne die Nebenabsicht, sich selbst durch das Medium der Geschichte in Szene zu setzen, sind Begegnungen mit echten Überresten – an dieser Stelle liegt das Beispiel Kalkriese nahe, wo u.a. eine originale römische Steinschleuder in Aktion zu sehen war. […]
Historische Neugier sucht das zeitlich Ferne, das Andere, oft das Kuriose. Viel nachhaltiger treibt die Frage nach der eigenen Geschichte die Menschen zur Suche nach Überresten, Zeugnissen oder Erzählungen, die sie selbst betreffen. Mit dem Stichwort der Identitätsbildung oder Identitätswahrung durch öffentliche Darstellung von Geschichte kommen wir aus dem bunten Vordergrund vielfältiger Begegnungen mit Geschichte in ein schwieriges Feld. […] Subjektive Identität, Ich-Identität, die uns Gewissheit darüber gibt, wer wir sind, wo wir herkommen und hingehören nach Ort und Zeit, wie wir urteilen und handeln, ist immer verbunden mit sozialen, kollektiven Identitäten, d.h. mit dem Willen und der Fähigkeit von Gruppen, sich selbst als etwas Besonderes, Eigentümliches zu erkennen, damit auch abzugrenzen von anderen und allen Mitgliedern einen im Kern gemeinsamen, anerkannten Kanon von Vorstellungen, Gewissheiten und Lebensformen zu vermitteln. […] Wie der Einzelne sich selbst in seiner persönlichen oder Familiengeschichte wiederfindet, so finden sich Völker und Gesellschaften in der Geschichte allgemein. […]
Deshalb ist Vergewisserung der eigenen Geschichte immer mehr als Neugier oder Spiel; sie ist eine Existenzbeglaubigung von Gemeinschaften. Sie muss gezeigt und bezeugt, öffentlich sichtbar werden durch Erinnerungs- und Bestätigungsrituale: Symbole, Erzählungen, Lieder, Feiern. […]
Bei solchen Feiern oder demonstrativen Gemeinsamkeiten geschieht nun immer auch die Auslöschung anderer Erinnerungen im gleichen Kontext. Die Fragwürdigkeiten und Gräuel der Französischen Revolution […] werden bei dieser kollektiven Vereinnahmung der Geschichte durch eine fröhlich feiernde Öffentlichkeit ebenso verdrängt wie die Vernichtung, Umsiedlung oder Dekulturation der Indianerstämme infolge der Entstehung der USA.
Hier stoßen wir auf eine Problematik des Umgangs der Öffentlichkeit mit ihrer Geschichte. Sie ist in hohem Maße selektiv, verkürzt, manchmal bis zur Verfälschung. Erinnerung wird zur Schauseite, zum Mythos, darf nicht kritisiert werden. […]
Historische Fundamente der Identität werden lebenslang gegründet – kurzfristiger greifen Legitimationsstrategien auf die Öffentlichkeit zu. Hier wird Geschichte benutzt, um gegenwärtige Ansprüche oder Entscheidungen zu rechtfertigen. […] Ihr wichtigstes Medium sind politische Reden, Broschüren, Weiß-, Rot- oder Schwarzbücher. Es gibt Untersuchungen dieses Phänomens, die zeigen, dass Geschichte in dieser Funktion in der Öffentlichkeit immer wieder eingesetzt wird, sei es als gezielte politische Strategie der Meinungsbeeinflussung, sei es als Erklärung bestimmten Verhaltens im Großen wie im Kleinen. Ansprüche auf Land und Herrschaft werden so gerechtfertigt […]. […]
Das wichtigste Instrument des Argumentierens mit Geschichte ist das historische Exempel. Der ungeheure Vorrat an Geschichte dient als Beispielsammlung zum überzeugenden Beweis für die Richtigkeit dieses oder jenes Handelns oder Urteilens. Historie als das Archiv von Erfahrungen, aus denen zu lernen ist: Das leuchtet unmittelbar ein. […]
Ebenso eindrucksvoll, dabei aber stärker auf historisches Wissen spekulierend ist die Konstruktion von Analogien und Kontinuitäten, so […] wenn im Dienste der gewollten europäischen Einigung die europäische Gemeinsamkeit durch die Jahrhunderte aufgedeckt oder beschworen wird und als eine aufsteigende Linie erscheint, die notwendig zum Zusammenschluss führen müsse. […]
Es ist eine Strategie der Überredung der Öffentlichkeit zu bestimmten Denkweisen und Handlungen, aber auch eine Verführung für den so Argumentierenden selbst. Dieser Gebrauch von Geschichte ist immer problematisch, operiert nur mit Halb- oder Teilwahrheiten, verkennt, dass Geschichte nicht das immer Gleiche, sondern das sich immer Wandelnde ist – und trotzdem bleibt dieser Umgang mit ihr offenbar eine unvermeidliche Art, historische Erfahrung auf die Gegenwart zu beziehen.

Karl-Ernst Jeismann, Geschichte und Öffentlichkeit. Historie zwischen Vergewisserung und Verführung, herausgegeben vom Landschaftsverband Osnabrücker Land e.V., Bad Iburg 1999, S. 1–36

1. Präsentation: Überlegen Sie vor der Quellenlektüre, welche „Formen" von Geschichte Sie aus dem öffentlichen Raum kennen. Erstellen Sie eine Tabelle, in der Sie diese Geschichtsangebote auflisten. Legen Sie eine Spalte mit dem Oberbegriff „Funktion" an.
2. Fassen Sie die wesentlichen Argumente Jeismanns bezüglich des Verhältnisses von Geschichte und Öffentlichkeit in eigenen Worten zusammen. | H
3. Geben Sie die von Jeismann genannten Formen von Geschichte wieder. Vergleichen Sie sie anschließend mit den von Ihnen vor der Lektüre aufgeführten Beispielen (siehe Aufgabe 1).
4. Ergänzen Sie Ihre Tabelle um die von Jeismann genannten Aspekte und Beispiele. Beurteilen Sie ihre jeweilige Funktion.

M2 Erzähltypen nach Rüsen

*Auf dem Wiki der Pädagogischen Hochschule Karlsruhe fasst ein Autorenteam die Erzähl- und Sinnbildungstypen nach Jörn Rüsen (*1938) zusammen:*

1. Traditionelles Erzählen/traditionale Sinnbildung
[...] Geschichten, die dem traditionellen Erzählen angehören, erinnern an „verpflichtende Ursprünge" [...] und „an ihre ständige Durchsetzung, Wiederkehr und Resistenz im Wandel der Zeit" (Kontinuität der Ursprünge). Nach Rüsen ist der Ursprungsmythos eine besonders „reine Form dieses Typs". Andere Beispiele wären Stiftungsgeschichten, Herrschaft legitimierende Genealogien, Rückblicke in Jubiläen(reden). Die traditionale Sinnbildung übersieht dabei den Wandel der Verhältnisse über die Zeit. „Alles" bleibt demnach „beim Alten. Dinge die einmal erreicht wurden gelten als weiterhin gültig, Verlorenes als unwiederbringlich." [...]
2. Exemplarisches Erzählen
Die exemplarische Sinnbildung gilt als komplexer als die traditionale Sinnbildung, da sie Veränderungen im Wandel der Zeit anerkennt. Diese Veränderungen werden als Wandel zwischen verschiedenen Fällen derselben Art verstanden. Das heißt Einzelfälle sind nur Beispiele für eine allgemeingültige Regel. Diese Regel gilt überzeitlich. Aus der Betrachtung von einzelnen oder mehreren Fällen, die auf eine Regel abzielen, kann man somit für die Zukunft lernen. [...] Exemplarisches Erzählen erinnert somit an Sachverhalte der Vergangenheit, die Regeln gegenwärtiger Lebensverhältnisse konkretisieren. Kontinuität wird hierbei als Geltung dieser Regeln vorgestellt. Exemplarische Erzählungen sind durch die klassische Devise „historia magistra vitae"[1] charakterisiert, d.h. als Vorbildergeschichten Regelwissen und eine „Moral" vermitteln. Im Grunde genommen bleibt auch hier alles beim Alten. Beispiele für exemplarisches Erzählen sind Geschichten, die von Herrschertaten erzählen und Regeln des klugen Herrschens [...]. Das traditionale und das exemplarische Erzählen entsprechen dem Anforderungsbereich der Reproduktion.
3. Kritisches Erzählen
Kritische Erzählungen stellen Abweichungen dar, die gegenwärtige Lebensverhältnisse infrage stellen, d.h., bestehende Orientierungen und Vorstellungen werden aufgrund gegenteiliger Erfahrungen im Umgang mit vergangenem Material außer Kraft gesetzt. Hier spricht man eher von einer „Anti-Kontinuität", die sich als Veränderung vorgegebener Kontinuitätsvorstellungen in Form von Abgrenzung, Abweisung oder strikter Negation von Standpunkten zu verstehen gibt. Es kommt zum Bruch von Kontinuität. [...] Es sollen alternative Möglichkeiten aufgezeigt werden und eingefahrene historische Klischees widerlegt werden, indem empirisch auf widersprechende Erfahrungen verwiesen wird. Damit leugnet die kritische Sinnbildung, dass es eine allgemeingültige Regel, wie beim exemplarischen Erzählen gibt. [...] Das kritische Erzählen entspricht in der Schule dem Anforderungsbereich der Reorganisation, dieser beinhaltet das selbstständige Erklären und Anwenden von Gelerntem und dessen Transfer.
4. Genetisches Erzählen
Die genetische Sinnbildung stellt die zeitliche Veränderung der historischen Deutungsarbeit in den Mittelpunkt. Genetisches Erzählen „erinnert an qualitative Veränderungen in der Vergangenheit, die andere und fremde Lebensverhältnisse in eigene münden lassen". [...] Es wird versucht den Zusammenhang zwischen Vergangenheit, Gegenwart und Zukunft herzustellen, damit eine „gerichtete Veränderung" angenommen werden kann. Kontinuität tritt hier als Entwicklung ins Bild mit dem Ziel, die Richtungen dieser Veränderungen zu erkennen. In diesem Zusammenhang bedeutet historische Orientierung zu erkennen, in welche „Richtung" sich die Verhältnisse geändert haben, und diese Entwicklung in der Zukunft ermitteln zu können. Als kategoriale Beispiele sind bei der genetischen Sinnbildung die Entwicklung oder der Fortschritt zu nennen [...].
Nach Rüsen treten seine Sinnbildungstypen nie in Reinform auf, sondern immer in charakteristischen Kombinationen bzw. Mischformen, wobei eine dominant sei.

Nach: http://geoges.ph-karlsruhe.de/mhwiki/index.php5/Narration_Grundlagen (Zugriff: 28. April 2017; die Einzelnachweise wurden im Text entfernt)

1. Fassen Sie die Hauptmerkmale der vier Erzähltypen in eigenen Worten zusammen.
2. Arbeiten Sie heraus, welche Erzähltypen bzw. Sinnbildungsmuster Ihr Geschichtsschulbuch oder ein anderes geschichtskulturelles Angebot bietet. Begründen Sie.
3. Partnerarbeit: Welches Sinnbildungsmuster von „Geschichte" erscheint Ihnen am wichtigsten? Erörtern Sie Ihnen bekannte Beispiele.

[1] **historia magistra vitae**, dt. Übersetzung: Geschichte (ist) Lehrmeisterin des Lebens

M3 Sammeln und bewahren – nur was und was nicht?

Museen und Archive stellen aus, bewahren und sammeln nach Schwerpunkten. Die Stiftung Haus der Geschichte der Bundesrepublik Deutschland informiert im Internet über sein Sammlungskonzept:

1986 beginnt die Stiftung Haus der Geschichte mit dem Aufbau zeithistorischer Sammlungen. Aufgenommen werden Objekte, die sich eignen, um Zeitgeschichte materiell zu dokumentieren und auszustellen: Gebrauchsgegenstände, Dokumente, Filme und andere Medien, Zeitschriften, Maschinen, Möbel, Textilien und vieles mehr. Heute umfassen unsere Sammlungen 1 Million Objekte. Neben materiellen Objekten sammelt die Stiftung zunehmend auch digitale Objekte.
Mindestens drei Kriterien sind ausschlaggebend dafür, ob ein Gegenstand, Dokument oder Medium Teil unserer Sammlung wird: Ist das Objekt typisch für seine Zeit (z. B. eine FDJ-Bluse) oder absolut einmalig (wie etwa der „Schabowski-Zettel“)? Ist es drittens mit einer besonderen Aussagekraft verbunden? Immer gilt, dass vor allem diejenigen Objekte spannend sind, die für sich selbst oder im Zusammenhang mit anderen eine Geschichte erzählen. Der Seesack etwa, den Elvis Presley 1958 zu Beginn seines Wehrdienstes in die Bundesrepublik mitbringt, steht für die Bedeutung der amerikanischen Popkultur in Deutschland und für einen Aspekt des Kalten Krieges. Und für Elvis-Fans hat er darüber hinaus eine besondere emotionale Bedeutung!
Die Sammlungstätigkeit ist eine wichtige Grundlage unserer musealen Arbeit in Bonn, Leipzig und Berlin. Wir tragen dazu bei, ein „kulturelles Gedächtnis“ unserer Gesellschaft mit aufzubauen. Unsere Aufgabe ist, das zeitgeschichtliche Geschehen aufmerksam zu verfolgen, dessen Einbeziehung jüngerer geschichtlicher Ereignisse in die Ausstellung zu prüfen, Sammlungsbereiche zu erweitern und infrage kommende Objekte zu sammeln. Als Museum für deutsche Zeitgeschichte sammeln wir Objekte von 1945 bis heute entlang der Ausstellungsthemen – auch nach dem Grundsatz „Von der Straße ins Museum“.
Für uns heißt das: Ob Flüchtlingskrise, „Brexit“ oder deutscher WM-Titel, wir bewerten, welche aktuellen Entwicklungen zeitgeschichtlich relevant werden können und übernehmen Objekte für unsere Sammlung, die eine damit verbundene Geschichte erzählen.

Nach: www.hdg.de/haus-der-geschichte/sammlung/ (Zugriff: 30. Juli 2018)

1. Beschreiben Sie die wichtigsten Aspekte der Sammlungstätigkeit des Hauses der Geschichte.
2. Erläutern Sie die drei Kriterien, nach denen das Haus der Geschichte seine Objekte auswählt.
3. Erörtern Sie, welche Überlieferungslücken durch die Schwerpunktbildung entstehen könnten.
4. Diskutieren Sie in der Klasse Möglichkeiten und Grenzen von Museen, das kulturelle Gedächtnis aufzubauen.
5. Verschaffen Sie sich über die Suchmaske des Internetauftrittes vom Haus der Geschichte einen Überblick über die gesammelten Materialien. Wählen Sie eigene Objekte zu verschiedenen Kategorien aus und schlagen Sie sie dem Haus der Geschichte zur Aufbewahrung / zukünftigen Ausstellung vor. Begründen Sie Ihre Vorschläge nach den im obigen Text angegebenen Auswahlkriterien.

M4 Wahrheit der Fiktion

*Am Beispiel von Jugendbüchern zum „Dritten Reich“ differenziert der Geschichtsdidaktiker Hans-Jürgen Pandel (*1940) fünf Typen, nach denen der „Wahrheitsgehalt“ bzw. der Authentizitätsgrad von Geschichtserzählungen untersucht werden kann:*

a) Faktenauthentizität
Ein Jugendbuch ist fakten- und ereignisauthentisch, wenn die geschilderten Personen wirklich gelebt und die erzählten Ereignisse tatsächlich vorgefallen sind. […] Eine solche Faktenauthentizität, bei der die Existenz aller Personen und die Tatsächlichkeit jedes Ereignisses dokumentarisch gesichert ist, würde es nicht erlauben, ein fiktives Buch zu schreiben, das zugleich anschaulich und spannend ist. Zu dürftig wäre die schriftstellerische Gestaltungsmöglichkeit, wenn der Autor nur solche Figuren aufnehmen könnte und Ereignisse berichten dürfte, für die ihm Quellenbelege vorliegen. Zu lückenhaft sind zudem Alltagsszenen, menschliche Gefühlslagen, Fantasien und Gedanken in den Quellen repräsentiert; zu unergiebig sind die vorliegenden Quellen, um Anschaulichkeit zu erzeugen. Die fiktive Darstellung muss mit der Faktenauthentizität großzügiger umgehen können, wenn sie ihre Arbeit ernst nimmt. Allerdings sind ihr dabei auch enge Grenzen gesetzt.
Sie darf die historische Situation, in der die Geschichte spielt, nicht abändern, die Periodisierungen dürfen nicht verschoben werden und die Ereignisabläufe der historischen Großchronologie muss unverändert erhalten bleiben, die Mentalitäts- und Interessenlagen sozialer Gruppen müssen dem Forschungsstand entsprechen.

b) Typenauthentizität
Ein Jugendbuch ist typenauthentisch, wenn es die dargestellten Personen zwar nicht als individuelle Personen, aber doch als Typus gegeben hat. Auch Ereignisse müssen sich

nicht ereignet haben, aber das geschilderte Ereignis muss einen typischen, damals wiederholt vorgekommenen Ereignistyp schildern. [...]

c) Erlebnisauthentizität

Ein Jugendbuch ist erlebnisauthentisch, wenn die dargestellten inneren Erfahrungen subjektiv authentisch sind. Sie sind dann authentisch, wenn der Erzähler die geschilderten Erfahrungen, Gefühle und Gedanken in der erzählten Situation tatsächlich gehabt hat. [...]

Erlebnisauthentizität ist kaum mit den üblichen historischen quellenbezogenen Mitteln nachzuweisen. Eine solche Erlebnisauthentizität verlangt daher Informationen über die Biografie eines Autors oder der Autorin, die ihre inneren Erlebnisse wiedergibt. Die Fakten- und Typenauthentizität darf in solchen Erzählungen großzügiger gehandhabt werden. Ihr muss man sogar einen größeren Spielraum einräumen, da seine Gefühle, Assoziationen und Fantasien die Logik von Raum und Zeit und die Gesetze der Rationalität durchbrechen. [...]

d) Quellenauthentizität

Die Forderung nach Authentizität kann sich auch auf ein Buch als Ganzes richten. Es handelt sich dann um Bücher, deren Texte oder Bilder zu derjenigen Zeit entstanden sind, über die dieses Buch berichtet. Die bekanntesten Prosabeispiele für diesen Typ der Authentizität sind die Tagebücher der Anne Frank [...]. Es sind die Bücher, die insgesamt eine Quelle sind, weil sie während der Zeit, über die sie Auskunft geben, entstanden sind. Ein Buch ist quellenauthentisch, wenn der gesamte Buchtext ein quellenauthentischer Text ist. Den Beweis ihrer Quellenauthentizität treten diese Bücher meist dadurch an, dass sie Faksimiles[1] der Originalseiten mitdrucken. [...]

e) Repräsentationsauthentizität

Die Authentizität des erzählten Zusammenhangs kann durch die Auswahl der Ereignisse erreicht, aber verfehlt werden, die in die Geschichte eingehen. Die in einem Jugendbuch dargestellten Ereignisse und Schicksale müssen sich in die Hintergrundnarrativität der bekannten Geschichte des Dritten Reiches einordnen lassen, ohne zu ihr in Widerspruch zu treten. Die geschilderten Ereignisse und Situationen müssen in dem Sinne exemplarisch sein, dass sie Schicksale repräsentieren, die häufig vorgekommen sind. Der geschilderte Ereigniszusammenhang, der zwar individuelle und unverwechselbare Personen zeigt, muss dennoch von allgemeiner Gültigkeit sein. Er soll für viele Schicksale stehen und darf nicht so einmalig sein, dass er nur auf ein einziges Leben zutrifft. Viele Zeitzeugen müssen sagen können: So etwas Ähnliches habe ich auch erlebt, und so etwas ist oft vorgekommen. Erst wenn die geschilderten Ereignisse exemplarisch für den Ereigniskomplex Holocaust sind, erhalten sie Plausibilität und die dargestellte Geschichte Gültigkeit.

Die Vielfalt der Authentizitätsformen macht deutlich, dass es die einfache antagonistische[2] Gegenüberstellung von Fiktion und Wahrheit nicht gibt. Wenn historische Jugendbücher geschichtliche Themen aufgreifen, müssen sie auf einer der genannten Authentizitätsebenen Wahrheitsansprüche einlösen, sonst bringen sie sich um die Chance, einen Bezug zur historischen Wirklichkeit herzustellen. Kein historisches Jugendbuch wird allen Authentizitätsansprüchen gleichzeitig nachkommen wollen [...].

Hans-Jürgen Pandel, Die Wahrheit der Fiktion. Der Holocaust im Comic und Jugendbuch, in: Bernd Jaspert (Hrsg.), Wahrheit und Geschichte. Vom Umgang mit deutscher Vergangenheit, Hofgeismar 1993, S. 72–108, hier S. 92–104

1. Geben Sie die Merkmale der verschiedenen Authentizitätsbereiche stichpunktartig wieder. | F
2. Diskutieren Sie an einem selbstgewählten Beispiel, welche Probleme für Geschichtsproduzenten auftreten, wenn sie für ihre Darstellung eine größtmögliche Authentizität erreichen wollen.
3. „Typenauthentizität" heißt auch, dass die handelnden Figuren ihrer Zeit gemäß typisch denken, handeln und sprechen. Erörtern Sie, welche Probleme ein Romanautor oder ein Filmemacher haben kann, wenn er eine Geschichtsdarstellung der Antike oder des Mittelalters vorhat. Entwickeln Sie Lösungsvorschläge und diskutieren Sie sie in der Klasse. | H

[1] **Faksimile:** originalgetreue Nachbildung einer Vorlage

[2] **antagonistisch:** gegensätzlich

4.3 Pflichtmodul: Nationale Gedenk- und Feiertage in verschiedenen Ländern

Das Kapitel beschäftigt sich inhaltlich mit ...

der Entstehung und Gestaltung von Gedenk- und Feiertagen in Geschichte und Gegenwart

der Dekonstruktion nationaler Gedenk- und Feiertage anhand von ausgewählten Beispielen

der Rekonstruktion von Gedenk- und Feiertagen

Gedenk- und Feiertage sind Formen der öffentlichen Erinnerung an bedeutsame, meist nationale Ereignisse oder Personen. Sie erinnern an gemeinsame Ursprünge, an gemeinsame Freuden oder Leiden, an überstandene Kämpfe, an Siege oder Niederlagen. Aber welche Merkmale kennzeichnen eigentlich Gedenk- und Feiertage? Werden sie immer „von oben", also vom Staat, angeordnet? Wie werden sie in Deutschland, Europa oder in Amerika gefeiert? Welche Gemeinsamkeiten und Unterschiede gibt es zwischen den Ländern? Und wieso werden Gedenk- und Feiertage auch manchmal wieder abgeschafft? Mit diesen und weiteren Fragen befassen sich die folgenden Teilkapitel. Im Fokus stehen nationale Gedenk- und Feiertage verschiedener Länder wie Deutschland, Spanien, Polen und die USA. Daneben soll aber auch mit dem „27. Januar" ein internationaler Gedenktag beleuchtet werden.

Der 31. Oktober: Gedenktag der Reformation.
Karikatur von Andreas Prüstel.

- Beschreiben Sie die dargestellte Szene.
- Arbeiten Sie heraus, was der Karikaturist mit seiner Zeichnung kritisiert.
- Präsentation: Führen Sie eine kleine Umfrage in der Klasse zu folgender Frage durch: Reformationsfest versus Halloweenfeier – wie begehen Sie den 31. Oktober?

Der 12. Oktober

1492 — Der aus Genua stammende Seefahrer Christoph Kolumbus erreicht am 12. Oktober eine Insel in der Karibik. Die Zeit der europäischen Entdeckungen und Eroberungen beginnt.

1918 — Der 12. Oktober wird in Spanien zum Nationalfeiertag erklärt.

1937 — Der „Kolumbus-Tag" („Columbus Day") wird in den USA zum nationalen Feiertag erhoben. Seit 1968 finden die Feierlichkeiten dazu immer am zweiten Montag im Oktober statt.

2017 — Der Stadtrat von Los Angeles beschließt den „Kolumbus-Tag" in „Tag der Indigenen" („Indigenous Peoples Day") umzubenennen. Damit folgt die kalifornische Stadt weiteren US-Städten wie zum Beispiel San Francisco, Seattle, Albuquerque und Denver, die ebenso den „Kolumbus-Tag" durch einen „Tag der Indigenen" ersetzt haben.

Der 4. Juli

1776 — Der Zweite Kontinentalkongress billigt am 4. Juli die Unabhängigkeitserklärung der britischen Kolonien vom Mutterland. Der Tag gilt als Geburtsstunde der Vereinigten Staaten von Amerika.

1941 — Der „Unabhängigkeitstag" („Independence Day") wird zu einem bezahlten gesetzlichen Feiertag in den USA erklärt.

Der 3. Mai

1791 — Die erste moderne Verfassung Europas wird am 3. Mai in Warschau verabschiedet. Sie ist zudem – nach den USA – die zweite weltweit.

1919 — Der „Tag der Verfassung von 1791" wird zum nationalen Feiertag.

1939 - 1944 — Während der deutschen und sowjetischen Besatzung werden Feiern zum 3. Mai bei Androhung schwerster Strafen untersagt.

1947 — Die kommunistische Regierung in Polen verbietet öffentliche Feiern zum 3. Mai.

seit 1990 — Der „Tag der Verfassung" wird wieder als Nationalfeiertag in Polen begangen.

Der 27. Januar

1945 — Soldaten der Roten Armee befreien am 27. Januar die Gefangenen des Konzentrationslagers Auschwitz.

1996 — Der 27. Januar wird auf Initiative des damaligen Bundespräsidenten Roman Herzog zum offiziellen deutschen „Tag des Gedenkens an die Opfer des Nationalsozialismus" erklärt.

2005 — Die Vereinten Nationen erheben den 27. Januar zum „Internationalen Tag des Gedenkens an die Opfer des Holocaust" („International Holocaust Remembrance Day").

Der 3. Oktober

1990 — Mit dem Beitritt der fünf ostdeutschen Länder und Ost-Berlins zur Bundesrepublik wird am 3. Oktober die deutsche Einheit hergestellt. Der Einigungsvertrag bestimmt den 3. Oktober zum gesetzlichen Feiertag in Deutschland.

seit 1990 — Die offiziellen Feierlichkeiten zum „Tag der Deutschen Einheit" werden in der Landeshauptstadt desjenigen Bundeslandes begangen, das zu dem Zeitpunkt den Vorsitz im Bundesrat innehat. Traditionell finden am 3. Oktober ein Staatsakt und ein Bürgerfest statt, auf dem sich die Bundesländer präsentieren.

Gedenk- und Feiertage in Geschichte und Gegenwart

Gemeinsames Erinnern | Gedenk- und Feiertage sind Formen kollektiven Erinnerns. Bestimmte Daten im Kalender sind der Erinnerung an bedeutende Ereignisse oder Personen gewidmet. Entweder handelt es sich um jährlich wiederkehrende Gedenk- oder Feiertage (*Jahrestage*, lat. *Annuarien*) oder um *Jubiläen*, die nach einer runden Anzahl von Jahren begangen werden. Gedenk- und Feiertage sind an äußere Formen gebunden. Ablauf und Gestaltung unterliegen häufig einem *Ritual*, mit kaum veränderten, von den Beteiligten zu beachtenden Verhaltensregeln und Inszenierungen. An Gedenk- und Feiertagen wird Erinnernswertes vor dem Vergessen bewahrt, Gefühle werden öffentlich artikuliert und die Erinnernden besinnen sich auf gemeinsame Ziele, Überzeugungen und Wertvorstellungen. Das so organisierte Erinnern kann das Selbstverständnis und den Zusammenhalt von sozialen Gruppen (Familien, lokalen Gemeinden, Verbänden, Glaubensgemeinschaften, Völkern usf.) pflegen oder auch weiterentwickeln.

Herkunft der Gedenk- und Feiertage | Die Praxis des Gedenkens und Feierns an festen Terminen und im jährlichen Rhythmus ist uralt. Sie geht zurück auf das feierliche Totengedenken, das in nahezu allen Kulturen verbreitet ist, sowie auf religiös-kirchliche Traditionen. Juden und Christen vergegenwärtigen seit jeher an Hochfesten die Stationen ihrer Heilsgeschichte. Im Mittelalter entstanden daneben viele christliche Heiligentage, zum Gedenken an örtlich oder landesweit anerkannte Schutzpatrone. Die meisten kirchlichen Feste und Gedenktage waren zugleich arbeitsfreie Feiertage. Seit dem 16. Jahrhundert wurden sie durch die Obrigkeit schrittweise reduziert. Im 18. Jahrhundert forderten Vertreter der Aufklärung wie Jean-Jacques Rousseau die Einführung regelmäßiger *Volksfeste*, veranstaltet als staatliche Gedenk- und Feiertage, an denen sich die Bevölkerung über Standes- und Glaubensgrenzen hinweg als Gemeinschaft erfahren sollte (→M1). Verwirklicht wurde dieses Konzept erstmals in den USA, die ihre 1776 erklärte Unabhängigkeit zum Anlass für einen jährlichen nationalen Feiertag nahmen.[1]

Schutzpatron: im Christentum biblische, legendäre oder historische Gestalt, die als Beschützer/in oder Gründer/in eines Gemeinwesens verehrt wird (z. B. in Paris die Heilige Genoveva, in Venedig der Evangelist Markus, der Heilige Patrick in Irland oder der Heilige Stephan in Ungarn)

Jean-Jacques Rousseau (1713–1778): aus Genf stammender Philosoph und Naturforscher. Seine Schriften über Gesellschaft, Politik und Erziehung beeinflussten u. a. die Französische Revolution.

Nationale Gedenk- und Feiertage | Seit 1790 wurden im revolutionären Frankreich Feiern abgehalten, die an die Überwindung des alten Herrschaftssystems erinnerten. Das Vorbild dieser Revolutionsfeiern strahlte auf die Freiheits- und Nationalbewegungen in ganz Europa ab. Im Lauf des 19. Jahrhunderts kam es in vielen Ländern zur Feier einzelner *Nationalfeste*, zum Gedenken an große Gestalten oder Ereignisse der nationalen Geschichte. Die Feiern dienten als Kundgebungen für Bürgerrechte, Demokratie und nationale Einigung. Sie waren oftmals Ausdruck der Opposition gegen die herrschenden Verhältnisse und wurden von der Obrigkeit bestenfalls geduldet. Im Gegenzug fanden vermehrt *monarchische Feiern* statt (Geburtstage oder Todestag des Throninhabers, Hochzeiten, Krönungsfeiern und -jubiläen usw.), die die Bevölkerung an das Herrscherhaus binden sollten.

Im letzten Drittel des 19. Jahrhunderts führten viele Länder offizielle *nationale Gedenk- und Feiertage* ein. Diese Jahrestage bezogen sich z. B. auf das Datum der Staatsgründung, einer bedeutenden Schlacht oder einer erfolgreichen Revolution. In jedem Fall sollte ein „heiliger Anfang" (*Michael Mitterauer*), eine entscheidende Wegmarke in der Geschichte des eigenen Landes, gewürdigt werden. Neben diesen Anlässen wurden in Monarchien auch weiterhin die Kaiser- oder Königsgeburtstage als Gedenk- oder Feiertage begangen.

[1] Siehe dazu die Seiten 480 bis 483.

Die nationalen Gedenk- und Feiertage wurden und werden zumeist *„von oben“* bestimmt, durch Regierung oder Parlament. Auf die Besonderheit des Datums weisen symbolische und zeremonielle Elemente hin (Beflaggung amtlicher Gebäude, Ansprachen, Gedenkveranstaltungen, Schweigeminuten). Dabei gilt nur für Feiertage die gesetzliche Arbeitsruhe.

Das Erinnern bleibt fragmentiert | Mit den im späten 19. Jahrhundert eingeführten Gedenk- und Feiertagen identifizierten sich durchaus nicht alle Teile der Gesellschaft. Im republikanischen Frankreich etwa galt seit 1880 der *14. Juli* als Nationalfeiertag, zum Gedenken an die Französische Revolution, während Anhänger der Monarchie an einem eigenen Gedenktag festhielten (➔M2).

Die internationale Arbeiterbewegung in den USA und Europa beging seit 1890 den *1. Mai* (*Tag der Arbeit*) als „Kampftag“ der Arbeiterklasse. Zum Gedenken an die blutig niedergeschlagenen Arbeiterproteste in Chicago von 1886 organisierten Gewerkschaften und Arbeiterparteien am 1. Mai alljährlich Streiks und Kundgebungen für Frieden und soziale Gerechtigkeit. Gerade im Deutschen Kaiserreich mobilisierte der Tag der Arbeit alljährlich Hunderttausende. Er stand in starkem Kontrast zum Kaisergeburtstag und zu den Feiern des *Sedantages* am 2. September, die nur den Adel und bürgerliche Schichten ansprachen. Der 1. Mai ist auch ein Beispiel für einen Gedenk- oder Feiertag *„von unten“*, da er auf eine gesellschaftliche Bewegung zurückgeht, ohne anfangs staatlich genehmigt zu sein. Erst 1919 wurde der Tag der Arbeit in Deutschland zum gesetzlichen Feiertag.

Sedantag auf dem Obermarkt in Görlitz.
Foto von 1895.
Zur Erinnerung an die Schlacht bei Sedan in Nordfrankreich am 1. und 2. September 1870, die den Deutsch-Französischen Krieg vorentschied, fanden im Deutschen Kaiserreich jährliche Gedenkfeiern statt. Der Gedenktag erinnerte an die Gefallenen auf deutscher Seite, das Militär wurde zum Wegbereiter der nationalen Einheit stilisiert.

- Vorbereitung: Recherchieren Sie im Internet über die Schlacht bei Sedan und ihre Bedeutung.
- Beschreiben Sie das Foto.
- Charakterisieren Sie die Stimmung bzw. die Atmosphäre am Sedantag, die der Fotograf mit seiner Aufnahme eingefangen hat.
- Erörtern Sie die Problematik des Sedantages, sowohl im Hinblick auf die Rolle des Militärs in Staat und Gesellschaft wie auch auf das damalige deutsch-französische Verhältnis.

Zwang und Offenheit | Ähnlich wie das Deutsche Kaiserreich blieb die Weimarer Republik in der Frage eines Nationalfeiertages gespalten, bedingt durch die tiefen politisch-weltanschaulichen Gegensätze in der Gesellschaft. Ganz anders verfuhr der Nationalsozialismus, der eine Reihe staatlicher Gedenk- und Feiertage einführte, neben Hitlers Geburtstag (20. April) vor allem Daten zum Gedenken an den Aufstieg des Regimes. An diesen Tagen fanden durchgeplante Massenveranstaltungen statt, oft mit der Pflicht zur Teilnahme, in jedem Fall aber als Präsentation einer gleichgeschalteten „Volksgemeinschaft“. Auch in der DDR dienten staatliche Gedenk- und Feiertage dazu, der Bevölkerung die herrschende Ideologie aufzunötigen und eine Gesellschaft frei von Widersprüchen vorzuspiegeln.

In den liberalen Demokratien der Gegenwart geht von Gedenk- und Feiertagen kein – formeller oder informeller – Zwang zur Teilnahme aus, eher nehmen die Menschen sie als Angebot wahr. Akzeptanz und Ablehnung sind daher ständig im Fluss.

Die meisten staatlichen Gedenk- und Feiertage werden weiterhin im nationalen Rahmen organisiert. Seit einigen Jahrzehnten ist jedoch eine Tendenz zur Internationalisierung zu beobachten, zumal im Gedenken an die beiden Weltkriege und den Holocaust.[1] Das Erinnern an globale Konflikte und Völkermord wird zunehmend transnational veranstaltet (➔M3).

[1] Siehe hierzu das Kapitel zum „27. Januar“ auf den Seiten 490 bis 497.

M1 Neue Feiern für das Land

In seinem Werk „Grundfeste zu der Macht und Glückseligkeit der Staaten" entwickelt der Kameralwissenschaftler[1] Johann Heinrich Gottlob von Justi (1720–1771) Richtlinien für eine fortschrittliche Gesetzgebung, Verwaltung, Wirtschafts- und Sozialpolitik. In Hinsicht auf die öffentlichen Ruhetage empfiehlt er:

Es ist nötig, dass gewisse Tage sind, an welchen sich das Volk erquicken, und von seiner Arbeit erholen und ausruhen könne. [...] Die Festtage müssen nicht allein bloß in Ausruhung und Erholung von der Arbeit bestehen; sondern es muss auch erlaubt sein, solche den Vergnügungen und Lustbarkeiten zu widmen. [...]
Man muss noch weiter gehen, man muss sogar behaupten, dass die Vergnügungen und Lustbarkeiten zur wirklichen Notdurft[2] des Staats gehören. Ein Staat, dem es ganz und gar daran fehlt, leidet an einer unentbehrlichen Sache Mangel. [...]
Hierbei aber müssen zur Vergnügung und Ergötzlichkeit des Volkes weltliche Freuden- und Feiertage angeordnet werden. Man müsste sie zu den angenehmsten Jahreszeiten wählen; und eines dieser Freudenfeste müsste wenigstens drei Tage lang dauern. Die Gelegenheiten und Veranlassungen dazu würden nicht schwer zu finden sein. Es wird wohl kein Land sein, das nicht das Andenken eines besondern glücklichen Vorfalls, der dem ganzen Lande zustatten gekommen wäre, feiern könnte. Ein ehedem erfochtener wichtiger Sieg, der das Land von einer großen Gefahr befreit hat, eine Errettung aus einer allgemeinen Landesnot, und dergleichen Begebenheiten, würden genügend Veranlassung zu dergleichen Freudenfesten an die Hand geben können; und wenn es daran mangelte, so würde der Geburtstag des Regenten hierzu die Gelegenheit sein können. Die Wohltaten, die ein weiser und gütiger Regent durch seine unermüdete Vorsorge seinen Untertanen erweist, sind so wichtig, dass der Tag, an welchem er der Welt geschenkt ist, allerdings ein allgemeines Freudenfest im Lande sein kann. Selbst die Ehrerbietung und Liebe der Untertanen würde dadurch vermehrt werden.

Johann Heinrich Gottlob von Justi, Die Grundfeste zu der Macht und Glückseeligkeit der Staaten; oder ausführliche Vorstellung der gesammten Policey-Wissenschaft, Bd. 2, Königsberg/Leipzig 1761, S. 38 f. und 43 (sprachlich modernisiert)

1. Fassen Sie die Vorschläge Justis thesenartig zusammen.
2. Justi ging in seinen Überlegungen von einem absolutistischen Fürstenstaat aus. Erörtern Sie, ob und inwieweit seine Kriterien für staatliche Feiertage auch auf heutige Demokratien anwendbar sind. | H

[1] **Kameralwissenschaft**: frühere Bezeichnung für Volkswirtschafts- und Verwaltungslehre
[2] **Notdurft**, hier: Bedürfnisse, Erfordernisse

M2 Erinnerungstag: 14. Juli

*Die Historiker Étienne François (*1943) und Uwe Puschner (*1954) stellen in einem Sammelband besondere Tage der Geschichte vor, die eine Gesellschaft dauerhaft beschäftigen. Nach einer allgemeinen Definition kommen die Autoren auf den 14. Juli 1789 in Frankreich zu sprechen:*

Bei allen Unterschieden ähneln sich diese Erinnerungstage zumindest in einem Punkt: Allen ist gemeinsam, dass in ihrem Mittelpunkt nicht so sehr das faktische Ereignis steht, das mit einem festen Datum verbunden ist, sondern vielmehr das verwandelte Ereignis, das am Ende einer doppelten Metamorphose[3] als Erinnerungstag entstanden ist. Die erste Metamorphose machte aus dem geschichtlichen ein „historisches", die zweite Metamorphose aus dem „historischen" ein „erinnerungswürdiges" Ereignis, wobei zugleich meistens beschlossen wurde, seiner an einem bestimmten Tag und in regelmäßigen Abständen zu gedenken. [...]
Der 14. Juli ist ein charakteristisches Beispiel für die sich wiederholenden Wandlungsprozesse, die zu einem Erinnerungs- bzw. Gedenktag führen. Zu Beginn, am 14. Juli 1789, hat man es mit einem Aufruhr größeren Ausmaßes zu tun, der sich in eine Reihe von vergleichbaren Protestbewegungen in Paris und in den Provinzen, in den Städten und auf dem Land, einordnet. Sehr schnell aber – in Folge der politischen Beschleunigung der folgenden Wochen und Monate, aber auch, weil die Erstürmung der Bastille, die in den Augen vieler Franzosen das sichtbare Zeichen des Despotismus[4] war, dem Ereignis eine symbolische Dimension gegeben hatte, begann sich ein kollektiver Prozess der Umdeutung durchzusetzen: Das geschichtliche Ereignis wurde rückblickend in ein „historisches" Ereignis verwandelt, das eine Zäsur markiert zwischen einem negativ konnotierten „Vorher", das sogenannte Ancien Régime[5], und einem positiv belegten „Nachher", die Revolution und die neue Zeit. Diese neue Deutung und der damit verbundene Wunsch nach einer neuen Sinngebung des Ereignisses wurden in den ersten Monaten des Jahres 1790 so stark, dass der Nationalversammlung keine andere Wahl blieb, als am Jahrestag der Erstürmung der Bastille eine große „Fête de la Fédération" („Bundesfest") zu veranstalten. In seiner Gestaltung war aber der 14. Juli 1790 nicht nur die Beschwörung des 14. Juli 1789, sondern auch seine Umkehrung: Weit entfernt von dem gewalttätigen Geschehen im Jahr zuvor sollte der 14. Juli 1790 das große Fest des Friedens, das Fest des Bündnisses zwischen allen Regionen und Ständen des Königreichs, das Fest der Neugründung des regenerierten Frankreich unter Gottes und der katholischen

[3] **Metamorphose**: Umgestaltung, Umwandlung
[4] **Despotismus**: Willkür- und Gewaltherrschaft
[5] **Ancien Régime** (frz.: alte Herrschaft): Bezeichnung für die Staats- und Gesellschaftsordnung im Frankreich vor der Revolution

Kirche Segen und vor allem das Fest einer neuen Eintracht zwischen dem König und der französischen Nation sein. Spätestens dann wurde der 14. Juli zum Erinnerungstag, aber längst nicht zu einem institutionellen Gedenktag (trotz Ansätzen in diesem Sinne in den Jahren 1791, 1792 und 1793). Es dauerte fast ein Jahrhundert, bis die siegreiche III. Republik[1] im Jahre 1880 beschloss, in bewusster Anknüpfung die „Fête de la Fédération“ von 1790, aus dem Erinnerungstag den französischen Nationalfeiertag zu machen – wobei aus dem Fest, das einst die Freiheit zwischen König und Nation gefeiert hatte, ein neues Fest entstand, das die Einheit zwischen Nation und Republik zelebrierte.

Étienne François und Uwe Puschner, Warum Erinnerungstage?, in: Dies. (Hrsg.), Erinnerungstage. Wendepunkte der Geschichte von der Antike bis zur Gegenwart, München 2010, S. 13–24, hier S. 19–21

1. Präsentation: Arbeiten Sie anhand des Textes Übereinstimmungen und mögliche Unterschiede zwischen Erinnerungs- und Gedenktagen heraus. Tragen Sie Ihre Ergebnisse in einer Tabelle zusammen. | H
2. Präsentation: Recherchieren Sie im Internet, welche Begriffe für „Erinnerungs-“ oder „Gedenktag“ in anderen Sprachen üblich sind. Stellen Sie ein Beispiel in einem Kurzreferat vor, das den Begriff analysiert sowie Ähnlichkeiten und Abweichungen gegenüber dem deutschen Sprachgebrauch darlegt.
3. Gruppenarbeit: Diskutieren Sie, inwieweit historisches Fachwissen erforderlich ist, um einen Gedenktag angemessen zu begehen. Gehen Sie auch auf mögliche Gefahren ein, die sich aus der Unkenntnis und Entstellung geschichtlicher Fakten für das Erinnern ergeben können.

M3 Rendezvous mit der Vergangenheit

*Am 11. November 1918 schließen Deutschland und seine Gegner im französischen Compiègne Waffenstillstand. Das Datum wird 1922 in Frankreich zum Feiertag erhoben, zum Gedenken an die Opfer des Ersten Weltkrieges. Am 10. November 2018 treffen sich Frankreichs Staatspräsident Emmanuel Macron (*1977) und Bundeskanzlerin Angela Merkel (*1954) in Compiègne, um gemeinsam an den Ersten Weltkrieg zu erinnern.*

1. Interpretieren Sie die beiden Fotografien.
2. Vorbereitung: Recherchieren Sie im Internet zum 11. November 1918 und zur nachfolgenden Erinnerung an „Compiègne“ in Deutschland und Frankreich.
3. Präsentation: Stellen Sie anhand Ihrer Nachforschungen aus Aufgabe 2 den Wandel in Form eines Schaubildes dar, den die Erinnerung an Compiègne bis heute durchlief. Beziehen Sie dabei auch die in M2 genannten Entwicklungsstufen für Erinnerungs- und Gedenktage mit ein. | H
4. Präsentation: Sie nehmen als Schülervertreter am Gedenkakt vom November 2018 teil. Schreiben Sie einen kurzen Blogbeitrag in der Online-Schülerzeitung über das Erlebte. Recherchieren Sie dazu im Vorfeld über den Gedenkakt und über die Gedenkstätte in Compiègne.

[1] **Dritte Republik:** Bezeichnung für das politische System in Frankreich vom Sturz Kaiser Napoleons III. 1870 bis zum Jahr 1940

Der 12. Oktober: Kolumbus-Tag in Amerika und Spanien

Kolumbus-Denkmal in Madrid (Spanien).
Foto vom Januar 2018.
Am 12. Oktober 1892, 400 Jahre nach Kolumbus' Ankunft in Amerika, wurde das Denkmal auf der Plaza de Colon in der Hauptstadt Spaniens eingeweiht.

- ▶ Beschreiben Sie das Denkmal.
- ▶ Analysieren Sie, welche Sichtweise auf Kolumbus und den 12. Oktober 1492 das Denkmal nahe legt.

Der 12. Oktober in Amerika und Spanien | Im Bordbuch von Christoph Kolumbus heißt es unter dem Datum „11. und 12. Oktober": *„Wir kamen mit einer Stundengeschwindigkeit von 12 Seemeilen vorwärts und bis 2 Uhr morgens hatten wir 90 Seemeilen durchlaufen. Da die Karavelle ‚Pinta' schneller war als die anderen beiden Schiffe und mir vorgefahren war, so entdeckte man an Bord der ‚Pinta' zuerst das Land [...]. Als erster erspähte dieses Land ein Matrose, der Rodrigo da Triana hieß, wiewohl ich um 10 Uhr nachts vom Aufbau des Hinterschiffes aus ein Licht bemerkt hatte."*[1] Anschließend wird weiter ausgeführt, dass Kolumbus das Licht als Anzeichen für nahe liegendes Land hielt. Folglich hätte er also als erster die unbekannte Insel gesehen.

Die Nachricht von den Entdeckungen sprach sich nach seiner Rückkehr wie ein Lauffeuer in Europa herum. Obwohl von Anfang an die Bedeutung dieses Ereignisses allen bewusst war, wurde der Tag der Entdeckung für viele Jahrhunderte nicht gefeiert. Die Geschichte des 12. Oktober als Gedenk- und Feiertag begann erst Ende des 18. Jahrhunderts. 1792 feierten italienische Einwanderer in den USA erstmals den *„Kolumbus-Tag"* („Columbus Day"). Sie gedachten dabei vor allem der Tatsache, dass es ein katholischer Italiener gewesen war, der Amerika entdeckt hatte. Dies betonte, dass die Geschichte der USA eben nicht nur eine protestantisch-angelsächsische Wurzel hatte, sondern auch einen katholisch-südeuropäischen Ursprung. Im Jahre 1937 wurde der „Kolumbus-Tag" in den USA zu einem nationalen Feiertag erklärt. Seit 1968 feiern die US-Amerikaner jeden zweiten Montag im Oktober die erste Reise des genuesischen Seefahrers mit Paraden und Straßenumzügen. Im Laufe der Zeit hat sich der Feiertag aber nicht nur von seinem festen Datum (dem 12. Oktober) gelöst, sondern sich auch seine Anbindung an die italoamerikanische Bevölkerung gelockert. Heute gilt der Tag als ein Fest der gesamten US-amerikanischen Nation.

In Spanien und in Spanischamerika wurde viel später begonnen, den 12. Oktober zu feiern. Erst 1892 gab es in Spanien staatliche Gedenkveranstaltungen, und aus dieser Zeit stammen auch eine Reihe von Kolumbus-Denkmälern in Barcelona, Valladolid oder Madrid. Die Feier zur vierhundertsten Wiederkehr der ersten Kolumbus-Fahrt bedeutete aber noch nicht, dass der 12. Oktober zum nationalen Feiertag erklärt wurde. Dies geschah erst 1918, nachdem in Spanien und in Spanischamerika Initiativen entstanden waren, die einen gemeinsamen Feiertag für die „spanische Rasse" bzw. das „Spaniertum" forderten. So erklärten verschiedene hispanoamerikanische Staaten zwischen 1917 und 1928 den 12. Oktober zum Feiertag. Damit sollte der spanischen Kultur gedacht werden. Nur in Mexiko wurde von Beginn an betont, dass die zu feiernde „Rasse" nicht die spanische, sondern die amerikanische sei. Diese – so die damalige Vorstellung – sei durch die Vermischung von Europäern, „Indianern" und Afrikanern entstanden.

[1] Zitiert nach: Christoph Kolumbus, Bordbuch, Frankfurt am Main/Leipzig 2006, S. 42 f.; Das Bordbuch beschreibt die erste Fahrt nach Amerika. Die Eintragungen sind allerdings nur durch Überlieferung des spanischen Geistlichen Bartolomé de Las Casas bekannt. Das Original ist verlorengegangen.

Der 12. Oktober 1992 – ein Wendepunkt? | Unter verschiedenen Bezeichnungen („Kolumbus-Tag", „Tag der Rasse", „Tag der Hispanität") etablierte sich der Gedenk- und Feiertag im Laufe des 20. Jahrhunderts in Spanien und in den meisten Teilen Amerikas. Als sich das 500-jährige Jubiläum der ersten Kolumbus-Fahrt näherte, war klar, dass der 12. Oktober 1992 unzählige nationale und internationale Feierlichkeiten hervorrufen würde. So begannen schon Jahre vor dem eigentlichen Datum Auseinandersetzungen darüber, wie der Tag angemessen zu gestalten sei. In Mexiko wurde eine hochrangige „Nationale Kommission zur Erinnerung der fünfhundertsten Wiederkehr der Begegnung zweier Welten" geschaffen, die es sich zur Aufgabe machte, die Vorstellung von „Entdeckung und Eroberung" durch die Idee der „Begegnung zweier Welten" zu ersetzen. Auch in den USA und in Spanien wurde nun stärker betont, dass die erste Fahrt des Kolumbus am Beginn einer gemeinsamen Geschichte stand (➔M1). Obwohl also die ältere Kolumbus- und Europaverherrlichung bei dem offiziellen Gedenken 1992 etwas in den Hintergrund rückte, nahmen viele Gruppen den 12. Oktober 1992 zum Anlass, um die lange Geschichte der Unterdrückung und Ausbeutung ins Bewusstsein zu rufen. In Lateinamerika gab es internationale Kongresse des „Widerstandes der Eingeborenen, der Schwarzen und der Völker", die auf das Elend der Armen aufmerksam machten und ein Feiern des 12. Oktober ablehnten (➔M2). All dies trug dazu bei, dass der 12. Oktober 1992 so viel Aufmerksamkeit erhielt wie kein 12. Oktober zuvor.

So hat sich dieser Tag im Laufe der letzten Jahrzehnte und Jahrhunderte zu einem wichtigen Gedenk- und Feiertag entwickelt, an dem verschiedene Staaten und soziale Gruppen ihr Verständnis ihrer Gesellschaft artikulieren und dieses Verständnis kontrovers ausgehandelt wird (➔M3). Die Geschichte des 12. Oktober hat sich schon lange von Christoph Kolumbus gelöst.

In den letzten Jahren kam es außerdem vermehrt zu einem Umdenken. Einige US-amerikanische Städte, darunter Los Angeles, San Francisco und Seattle, benannten den „Kolumbus-Tag" in einen „Tag der Indigenen" („Indigenous Peoples' Day") um. Damit sollte der Fokus vor allem auf die Opfer der Kolonisierung gelegt und an die Rechte der indigenen Völker erinnert werden. In Mittel- und Südamerika wiederum wurde Anfang des 21. Jahrhunderts die Bezeichnung „Tag der Rasse" in „Tag des indigenen Widerstandes", „Tag der Interkulturalität" oder auch „Tag des Respektes vor der kulturellen Verschiedenheit" geändert. In Spanien trägt der 12. Oktober bereits seit 1987 nicht mehr den Namen „Tag der Hispanität", sondern lautet offiziell nur noch „Nationalfeiertag". Traditionell wird an diesem Tag eine Militärparade in Anwesenheit des spanischen Königs abgehalten. Zuletzt wurden die Feierlichkeiten allerdings von der drohenden Abspaltung Kataloniens überschattet.

Denkmal zum 500. Jahrestag der ersten Fahrt des Kolumbus in San Juan (Puerto Rico).
Foto vom November 2011.
Das Denkmal wurde 1992 auf der Plaza del Quinto Centenario in San Juan errichtet. Es hat die Form eines indianischen Totempfahls, der häufig der Darstellung von Mythen oder Geschichten diente. Die Keramikelemente des Denkmals sind Repliken verschiedener vorspanischer Keramiken.

- Analysieren Sie, welche Sichtweise auf den 12. Oktober 1492 das Denkmal widerspiegelt.
- Vergleichen Sie dieses Denkmal mit dem Kolumbus-Denkmal auf der gegenüberliegenden Seite.

M1 Kolumbus und die USA

In einer Erklärung von George Bush (1924–2018), dem 41. Präsidenten der Vereinigten Staaten von Amerika, heißt es am 10. Oktober 1991 zum bevorstehenden „Kolumbus-Tag":

Da sich der 500. Jahrestag der ersten Ankunft von Christoph Kolumbus in Amerika nähert, wird diesem gefeierten Admiral der Meere sowohl in Europa als auch in Amerika wieder mehr Aufmerksamkeit gewidmet. Wir feiern jedes Jahr am Kolumbus-Tag all das, was dieser meisterliche Seemann für unsere Nation bedeutet. Für viele Generationen verkörperte Kolumbus den Forscher- und Entdeckergeist – und den Anfang von Amerika.

Als Kolumbus seine transatlantische Reise begann, vertrat er eine Theorie und suchte seine Chance. Die Reise bedeutete ein Risiko und versprach eine Belohnung. Kolumbus und seine Mannschaft mussten viel Mut und Selbstbewusstsein haben. Diese Eigenschaften hat praktisch jeder große Pionier besessen. So erinnert uns die Geschichte von Christoph Kolumbus daran, dass jede erfolgreiche Forschung und Entdeckung mit dem Willen beginnt, seine Ziele höher zu stecken, neue Horizonte zu suchen und dorthin zu gehen, wohin einen die eigenen Vorstellungen und Erfahrungen führen. Sie erinnert uns auch daran, dass Fleiß und Arbeit die Grundlagen für Lernen und Fortschritt sind.

Am Kolumbus-Tag feiern wir aber nicht nur den Geist des Lernens, sondern auch die Geschichte unserer Nation. Die Begegnung von Kulturen, die Christoph Kolumbus ermöglichte, markierte den Beginn eines neuen Kapitels in der Geschichte. Der darauf folgende Austausch von Wissen, Ressourcen und Ideen zwischen der Alten und der Neuen Welt führte zur Entwicklung zweier Kontinente und zur Geburt einer Nation, die für Freiheit und Möglichkeiten steht.

Der Kolumbus-Tag war lange Zeit etwas Besonderes für Italo-Amerikaner und Amerikaner spanischer Abstammung. Aber wenn wir an den mutigen Sohn Genuas denken, der mit der Hilfe der spanischen Monarchen Ferdinand V. und Isabella I. zwei Hemisphären verband, dann wissen wir, dass dieser Tag für uns alle Bedeutung hat. Es ist der Moment, an die vielen Pioniere zu denken, die wie Kolumbus die Herausforderung des Unbekannten gesucht haben und die Menschheit auf dem Weg des Fortschritts vorangebracht haben. Es ist der Moment, das reiche Erbe der eingeborenen Völker Amerikas und unsere Stärke als eine Nation von Einwanderern zu feiern. An diesem Tag feiern wir auch die engen Bande, die uns mit unseren Nachbarn in Mittel- und Südamerika und in der Karibik verbinden, da wir gemeinsame Erben der Kolumbus-Reise sind. […] Das Wichtigste am Kolumbus-Tag ist vielleicht, dass er ein Moment ist, an dem wir uns selbst erforschen können, um die Vergangenheit zu studieren und von ihr zu lernen. Dies ermöglicht es uns, den Segen besser zu erkennen, den die Freiheit und die Prinzipien, die alle Amerikaner verbinden, für uns bedeuten.

Nach: www.presidency.ucsb.edu/ws/index.php?pid=20090#axzz1W3UfK4O5 (Zugriff: 18. November 2019; übersetzt von Ulrich Mücke)

1. Fassen Sie die Aussage der Erklärung des damaligen US-Präsidenten zusammen.
2. Arbeiten Sie heraus, welche verschiedenen Traditionen des 12. Oktober sich in der Erklärung finden. | F
3. Beurteilen Sie, ob Christoph Kolumbus als ein Vorbild für die US-amerikanische Gesellschaft betrachtet werden kann.

M2 Proteste

Den 12. Oktober 1992 nehmen Organisationen der indigenen Bevölkerung zum Anlass, um gegen die Unterdrückung und Ausbeutung der Eingeborenen zu protestieren. Am 21. Juli 1990 verabschieden sie nach einem ersten Treffen der indigenen Völker in Quito (Ecuador) folgende Deklaration[1]:

1. Wir beschließen die völlige Ablehnung der Feierlichkeiten zum fünfhundertsten Jahrestag. Wir verpflichten uns, dieses Datum in eine Gelegenheit zu verwandeln, unsere Einheit und den kontinentalen Kampf für unsere Freiheit zu verstärken.

2. Wir halten an unserem nicht verhandelbaren Projekt der Selbstbestimmung und der Eroberung unserer Autonomie im Rahmen der Nationalstaaten und innerhalb einer neuen Ordnung fest. Wir respektieren, dass jedes Volk selbst bestimmt, wie es seine Kämpfe führt und seine politischen Projekte entwickelt.

3. Wir beteuern unsere Entschlossenheit, unsere Kultur, unsere Bildung und Religion als Grundlagen unserer Identität als Volk zu verteidigen, wodurch wir unsere eigenen Formen des spirituellen Lebens und des kommunalen Zusammenlebens in enger Verbindung zu unserer Mutter Natur behalten und wiedergewinnen. […]

8. Wir klagen an, dass die indianischen Völker Opfer von Gewalt und Verfolgung sind, was eine offene Verletzung der Menschenrechte bedeutet. Wir fordern daher, unser Recht auf Leben, auf Land und auf die freie Organisation und die freie Umsetzung unserer Kultur zu respektieren. Wir verlangen zugleich die Freilassung unserer politischen Anführer, das Ende der Unterdrückung und die Entschädigung für die verursachten Schäden. […]

Die kontinentale Kampagne „500 Jahre Widerstand der Indigenen und der Völker" muss verstärkt werden durch

[1] Später wurden diese Zusammenkünfte ausgedehnt und hießen Treffen „der Eingeborenen, der Schwarzen und der Völker".

die Teilnahme aller unserer Organisationen, damit wir eine alternative Kraft bilden. Die Antwort auf 1992 muss die Einheit und der Einsatz sein.
Unsere Kampagne muss dem Prinzip der Solidarität mit allen Befreiungskämpfen der Völker gehorchen mit dem Ziel, multilateral Beziehungen auf internationaler Ebene zu erreichen.

„Quinto Centenario". Stimmen aus Lateinamerika – ein Presserückblick, Hamburg 1993, S. 61 (übersetzt von Ulrich Mücke)

1. Geben Sie die wichtigsten Forderungen der Erklärung wieder.
2. Erläutern Sie, welche symbolische Bedeutung die Erklärung dem 12. Oktober 1992 beimisst. | H
3. Vergleichen Sie den Umgang mit dem „12. Oktober" mit demjenigen in den USA (M1).
4. Nehmen Sie zu der Ablehnung der Feierlichkeiten und den übrigen Forderungen der Organisationen der indigenen Bevölkerung Stellung.

M3 „Darf man das feiern?"

Dorothea Hahn, taz-Korrespondentin in den USA, schreibt in einem Artikel vom 9. Oktober 2017 über den Kolumbus-Feiertag:

Unter Christopher Kolumbus und seinen Reisegefährten, mit denen er im Morgengrauen des 12. Oktober 1492 in Bahama landete, mögen gute Menschen gewesen sein. Doch vor allem war es ein Haufen von Vergewaltigern, Plünderern und Mördern. Sie brachten tödliche Krankheiten und Versklavung in die Amerikas und sie begannen den Genozid an den Ureinwohnern.
Kolumbus hatte all dies von Anfang an im Sinn. Unmittelbar nachdem er von Bord seiner schiffbrüchigen Santa Maria ging, stellte er fest, dass die freundlichen Ureinwohner der Insel mit „50 Männern unterworfen werden können".
Doch 525 Jahre danach feiert der Präsident der USA die Landung von Kolumbus als uneingeschränkt positives Ereignis. In der Verkündung des diesjährigen Columbus Days, an dem heute die Fahnen in den USA gehisst werden und Schulen und Postämter geschlossen bleiben, schwärmt Donald Trump von einer „ehrgeizigen und tollkühnen Reise", von einer „mutigen Leistung, die Kontinente zusammen gebracht" und „die Grundlage für die Entwicklung unserer großartigen Nation geschaffen" habe. [...]
Doch nicht alle in den USA huldigen dem unsympathischen Charakter. Die Gemeinde Berkeley in Kalifornien widmete schon 1992 den Tag zu Ehren der Ureinwohner um. Seither sind Städte von Minneapolis über Missoula und Seattle bis Phoenix diesem Beispiel gefolgt.
Und Expräsident Barack Obama erinnerte bei seinen alljährlichen Columbus-Day-Proklamationen immerhin an die „tragischen Konsequenzen für die Ureinwohner". In der Debatte über den Platz für Denkmäler für Verbrecher, die immer wieder in den USA hoch kocht, ist in diesem Sommer auch Kolumbus aufgetaucht. Erst Ende September haben Unbekannte seine Hände im Central Park blutig rot gemalt.

Nach: https://taz.de/Kritik-an-Kolumbus-Feiertag-in-den-USA/!5451949/ (Zugriff: 18. November 2019)

1. Fassen Sie die wesentlichen Aussagen des Zeitungsartikels stichpunktartig zusammen.
2. Charakterisieren Sie die Sprache des Artikels (z. B. sachlich/emotional, wertfrei/wertend).
3. Präsentation: Schreiben Sie einen kurzen Leserkommentar zum Artikel und nehmen Sie darin Stellung zur Kritik am „Kolumbus-Tag". | H

„Stop Celebrating Genocide."
Foto (Ausschnitt) vom 14. Oktober 2019, Providence (Rhode Island). Die Statue wurde 1893 errichtet und war bereits in der Vergangenheit mehrfach ein Ziel von Vandalismus.

▶ Entwickeln Sie Möglichkeiten, wie man sich gewaltfrei, aber trotzdem kritisch über den Kolumbus-Feiertag äußern könnte, um vor allem auch auf die negativen Folgen der Kolonisierung für die indigene Bevölkerung aufmerksam zu machen.

Der 4. Juli: Unabhängigkeitstag in den USA

Internettipp
Die US-Botschaft in Österreich hat einen Erklärfilm zum amerikanischen Unabhängigkeitstag auf YouTube gestellt. Unter dem Code **32035-65** können Sie sich diesen ansehen.

Ein nationaler Feiertag entsteht | Der 4. Juli gilt als wichtigster US-amerikanischer Feiertag. Er wird als *„Independence Day"* oder einfach auch als *„Fourth of July"* bezeichnet. Seit 1941 ist der Unabhängigkeitstag ein bezahlter bundesweiter Feiertag. Seine Ursprünge gehen auf ein historisches Ereignis zurück: Am 4. Juli 1776 billigte der Zweite Kontinentalkongress die Unabhängigkeitserklärung der britischen Kolonien vom Mutterland.[1] Sie wurde von namhaften Persönlichkeiten wie *John Adams* und *Thomas Jefferson* unterzeichnet, die später beide das Präsidentenamt der USA bekleideten. Der Rechtsanwalt Jefferson war maßgeblich an der Formulierung der Erklärung beteiligt, die als Gründungsurkunde der Vereinigten Staaten angesehen wird.

Bereits ein Jahr nach ihrer Unterzeichnung fanden Paraden und Salutschüsse in Philadelphia statt. Auch in Boston und Charleston wurde der 4. Juli feierlich begangen. Die Feiern wiederholten sich und verbreiteten sich innerhalb kurzer Zeit. Festumzüge und Ansprachen wurden abgehalten, speziell für diesen Tag feierliche Gedichte verfasst. Zudem wurde die Unabhängigkeitserklärung öffentlich verlesen (➔M1).

Der 4. Juli im Spiegel der Zeit | Im Mittelpunkt dieser Feste stand das Bekenntnis zu den 1776 verkündeten „selbstverständlichen Wahrheiten": die Gleichheit aller, die unveräußerlichen Rechte eines jeden Menschen, die Freiheit sowie das Streben nach Glück. Die alljährliche Erinnerung an die Unabhängigkeitserklärung prägte das Selbstverständnis der Amerikaner, ihre nationale Identität und Weltanschauung.

An diesen Festtagen wurde nicht nur an die Unabhängigkeitserklärung erinnert, sondern auch die Erfüllung der 1776 verkündeten Werte gefordert. Mitte des 19. Jahrhunderts wurde die ungelöste Sklavenfrage angeprangert (➔M2). Während des amerikanischen Bürgerkrieges (1861–1865) rechtfertigten sich die Anhänger der Union und die Gegner der Sklaverei mit dem Geist von 1776 ebenso wie die Gegenseite der Konföderierten. In der Mitte des 20. Jahrhunderts nutzte die Bürgerrechtsbewegung den Gedenktag, um gegen die anhaltende Diskriminierung der Schwarzen und den Vietnamkrieg (1955–1975) zu protestieren. Zugleich wurde an diesem Tag auch immer wieder der amerikanische Einsatz für Demokratie und Freiheit der Völker auf der ganzen Welt gerechtfertigt.

Warten auf das Feuerwerk.
Foto vom 4. Juli 2018, New York City. Zahlreiche Schaulustige haben sich auf dem Long Island City Pier versammelt und warten auf das abendliche Feuerwerk am Unabhängigkeitstag.

Und heute? | Heute begehen die US-Amerikaner ihren Feiertag mit Picknicks, Grillfesten, patriotischen Umzügen, Konzerten und Feuerwerkspektakeln. Städte und Gemeinden putzen sich in den Farben der amerikanischen Flagge heraus. Vielfach gibt es aufwändige Festzüge, für die sich die Teilnehmer als Gründerväter verkleiden. Mancherorts finden aber auch Volksbelustigungen wie Hotdog- oder Torten-Wettessen statt.
Eigentlich gilt der Feiertag als ein unpolitischer Familientag. Die US-Präsidenten halten sich am 4. Juli in der Regel zurück. So war es bisher. Doch 2019 löste der Auftritt von *Donald Trump* in Washington eine heftige Kontroverse aus. Kritiker mahnten an, dass er den zivilen Charakter des Feiertages zu einer militärischen Machtdemonstration nutze. So flogen Kampfflugzeuge und Armeehubschrauber über die National Mall in der Hauptstadt der Vereinigten Staaten (➔M3).[2]

[1] Über die Unabhängigkeitserklärung informiert Seite 58 und 65 f. im Schulbuch.
[2] Weitere Materialien zum 4. Juli finden Sie auf den Seiten 88 bis 90.

„Uncle Sam's Birthday."
US-amerikanisches Propagandaplakat von 1918.

► Analysieren Sie das Plakat. Berücksichtigen Sie neben der dargestellten Figur auch die Farbgebung und den Text.

► Ordnen Sie das Plakat in den historischen Kontext ein.

M1 Geschichte des Unabhängigkeitstages

Auf der Homepage der US-Botschaft in Österreich wird zum amerikanischen Unabhängigkeitstag erklärt:

Um die Mitte des XVIII. Jahrhunderts konnten es die 13 Kolonien, die einen Teil des Englischen Imperiums in der Neuen Welt darstellten, zunehmend schwerer akzeptieren, von einem König regiert zu werden, der 3000 Meilen entfernt jenseits des atlantischen Ozeans saß. Sie waren es leid, Steuern auferlegt zu bekommen. Doch die Unabhängigkeit wurde erst Schritt für Schritt mit schmerzhaftem Einsatz erlangt. Die Bewohner der Kolonien konnten nicht vergessen, dass sie britische Bürger und König George III. zur Treue verpflichtet waren.

Eine „Tea Party" und ein „Massaker" waren die beiden Ereignisse, die das Schicksal vorantrieben. Neben der allgemeinen Unruhe einten sie die Menschen in den Kolonien. Im Jahre 1767 verlor eine Teehandelsgesellschaft in englischem Besitz viel Geld. Um das Unternehmen zu retten, hob England 1773 eine Steuer auf Tee ein, der in den Kolonien verkauft wurde. Teilweise zum Scherz verkleideten sich Samuel Adams und andere Leute aus Boston als Indianer und versenkten eine Ladung Tee der India Company in der Bucht von Massachusetts. König George III. fand das weniger komisch und es brachte ihn auch keineswegs dazu, die Teesteuer aufzuheben. Im Hafen von Boston wurden britische Soldaten von Koloniebewohnern, die dachten, die Soldaten waren geschickt worden, um sie zu beobachten, verhöhnt und mit Steinen beworfen. Die Soldaten schossen in die Menge und töteten einige Bürger. Die Koloniebewohner übertrieben bei der Anzahl der Getöteten und nannten den Zwischenfall ein „Massaker".

Virginia machte den ersten Schritt in Richtung Unabhängigkeit, indem es ein Komitee wählte, das die Kolonien vertreten sollte. Dieser First Continental Congress trat im September 1774 zusammen. Eine Auflistung von Beschwerden über die Krone wurde erstellt – das erste Dokument, das die Kolonien formell von England trennte. George Washington übernahm das Kommando über die Continental Army und begann, die Briten in Massachusetts zu bekämpfen. Die folgenden acht Jahre hindurch kämpften die Kolonien mit aller Kraft im Unabhängigkeitskrieg.

In der Zwischenzeit war in Philadelphia, Pennsylvania, ein Krieg der Worte entflammt. Am 2. Juli des Jahres 1776 tagte der Second Continental Congress und arbeitete an einer zweiten Fassung des Beschwerdeschreibens, und John Hancock, der Präsident des Second Continental Congress, unterschrieb als erster. Das Dokument, Unabhängigkeitserklärung genannt, wurde als Hochverrat gegen die Krone betrachtet und die 56 Männer, die sie unterzeichneten, liefen Gefahr, exekutiert zu werden.

Der Unabhängigkeitstag wird am 4. Juli gefeiert, da dies der Tag ist, an dem der Continental Congress die endgültige Fassung der Unabhängigkeitserklärung annahm.[1] Vom 8. Juli 1776 bis zum darauf folgenden Monat wurde das Dokument in der Öffentlichkeit verlesen und die Menschen feierten, wo immer sie es hörten. Im Jahr darauf läuteten in Philadelphia die Glocken, von Schiffen wurden Kanonen abgefeuert und Kerzen und Feuerwerkskörper entzündet. Doch der Unabhängigkeitskrieg zog sich noch bis 1783 hin. In jenem Jahr wurde der Unabhängigkeitstag zum offiziellen Feiertag erklärt. Im Jahre 1941 erklärte der Kongress den 4. Juli zum bundesweiten Feiertag.

Nach: https://at.usembassy.gov/de/feiertage/unabhangigkeitstag/ (Zugriff: 18. November 2019)

1. Beschreiben Sie ausgehend vom Text, warum der 4. Juli in den USA gefeiert wird. | **F**

2. Erörtern Sie mögliche Gründe, weshalb gerade der 4. Juli und nicht zum Beispiel der Tag der Verabschiedung der amerikanischen Verfassung (17. September 1787) zum nationalen Feiertag wurde.

[1] Mit Ausnahme der Virgin Islands, wo schon eine Woche davor bis zum 4. Juli gefeiert wird.

M2 „Der 4. Juli gehört Ihnen, nicht mir"

Frederick Douglas wird als schwarzer Sklave auf einer Plantage im Süden geboren. Mit etwa 20 Jahren (sein Geburtsdatum ist nicht bekannt) gelingt ihm die Flucht nach Norden, wo er sich als Aktivist der Anti-Sklaverei-Bewegung anschließt. 1852 wird er gebeten, eine Rede zum Jahrestag des 4. Juli zu halten. Anfangs äußert er sich sehr respektvoll und ehrerbietig über die Männer, die die USA zur Unabhängigkeit geführt hatten. Dann aber fährt er fort:

Mitbürger, entschuldigen Sie, erlauben Sie mir zu fragen, warum ich aufgefordert worden bin, hier und heute zu sprechen? Was habe ich, oder diejenigen, die ich repräsentiere, mit Ihrer nationalen Unabhängigkeit zu tun? Werden die großen Prinzipien von politischer Freiheit und des Naturrechtes, die in der Unabhängigkeitserklärung eingebettet sind, auf uns ausgeweitet? Und bin ich deshalb aufgerufen, unser bescheidenes Opfer dem nationalen Altar anzubieten, und die Wohltaten zu bekennen und fromme Dankbarkeit auszudrücken für die Segnungen, die aus Ihrer Unabhängigkeit für uns entstehen? […]

Ich sage das mit einem traurigen Sinn für die Ungleichheit zwischen uns. Ich bin nicht eingeschlossen in die Bleichen [sic: the pale] dieses ruhmreichen Geburtstages. Ihre hohe Unabhängigkeit hebt nur die unermessliche Distanz zwischen uns hervor. Der Segen, dessen Sie sich an diesem Tage erfreuen, wird nicht von allen geteilt. Das reiche Erbe von Gesetz, Freiheit, Wohlstand und Unabhängigkeit, das von Ihren Vätern hinterlassen worden ist, wird von Ihnen geteilt, nicht von mir. Das Sonnenlicht, das Leben und Heilung für Sie brachte, hat Schläge und Tod für mich gebracht. Der 4. Juli gehört *Ihnen*, nicht mir. *Sie* dürfen sich freuen, *ich* muss trauern. […]

Mitbürger, oberhalb von Ihrer nationalen, lautstarken Freude höre ich trauernde Klagelaute von Millionen! [...] Mein Thema, Mitbürger, ist die AMERIKANISCHE SKLAVEREI. Ich sehe diese und ihre bekannten Auswirkungen heute aus der Perspektive des Sklaven. Hier stehend, identifiziert mit dem amerikanischen Unfreien, mache ich sein Schicksal zu meinem. Ich zögere nicht, mit all meiner Seele zu erklären, dass der Charakter und das Verhalten dieser Nation für mich niemals düsterer ausgesehen haben als an diesem 4. Juli. […] Amerika hat in der Vergangenheit geirrt, irrt in der Gegenwart und hält sich schlafwandlerisch an diese Irrtümer in der Zukunft. Hier bei dieser Gelegenheit stehend mit Gott und dem zerschmetterten und blutenden Sklaven, im Namen der Menschheit, die empört ist, im Namen der Freiheit, die gefesselt ist, im Namen der Verfassung und der Bibel, die missachtet werden und auf denen herumgetrampelt wird, mit aller Betonung über die ich verfüge, werde ich alles anprangern, was dazu dient, die Sklaverei beizubehalten – die große Sünde und Schande Amerikas!

Frederick Douglas, What to the Slave is the Fourth of July?; An Address Delivered in Rochester, New York, On 5 July 1852, in: The Frederick Douglass Papers, Series One: Speeches, Debates and Interviews, Vol. 2, 1847-54, herausgegeben von John W. Blassingame, New Haven 1982, S. 359-388 (übersetzt von Boris Barth)

1. Gliedern Sie den Text in sinnvolle Abschnitte und versehen Sie diese mit passenden Oberbegriffen.
2. Ordnen Sie den Text in den historischen Kontext ein. Sie können dazu auch das Internet zu Recherchen heranziehen. | H | F
3. Präsentation: Setzen Sie sich mit der Position von Frederick Douglas aus der Perspektive eines radikalen weißen Gegners der Sklaverei auseinander. Entwerfen Sie eine Antwort auf seine Vorwürfe.

M3 „Der 4. Juli gehört uns allen"

Der Korrespondent Sebastian Hesse veröffentlicht einen Artikel auf der Homepage der Tagesschau im Juli 2019 über den amerikanischen Unabhängigkeitstag:

Die rostige und verbeulte Trompete, die Chris vor dem Washington Monument, dem berühmten Obelisken auf der Museumsmeile, spielt, könnte aus den Tagen des Unabhängigkeitskrieges stammen. Er und seine zwei Kumpels haben sich als Gründerväter der Vereinigten Staaten verkleidet. So weit, so normal: Jedes Jahr am 4. Juli werden Freiheit und Unabhängigkeit der USA im Herzen der Hauptstadt ausgelassen gefeiert. […]

Und doch war es dieses Jahr anders, tagespolitischer. Diese Washingtonerin ist nur gekommen, um gegen den Auftritt von US-Präsident Donald Trump am Lincoln Memorial zu protestieren: „Der 4. Juli gehörten uns allen", schimpft sie.

Proteste in der Nähe des Washington Monument.
Foto vom 4. Juli 2019, Washington, D.C.
Demonstranten blasen auf der National Hall einen riesigen Baby-Trump mit Windeln auf, um damit gegen den US-Präsidenten zu protestieren. Baby-Trump durfte allerdings nicht in den Himmel steigen, da die Behörden dazu keine Genehmigung erteilt hatten.

Feierlichkeiten zum Unabhängigkeitstag.
Foto vom 4. Juli 2019, Washington, D.C.
Die Rednerbühne des US-Präsidenten ist vor dem berühmten Lincoln Memorial in der amerikanischen Hauptstadt aufgebaut. Mehrere Kampfflugzeuge überfliegen das Gebäude.

„Er gehört sicher nicht nur Republikanern, die für Trumps Wahlkampf gespendet haben." Dass die besten Sitze bei der Trump-Rede an großzügige Parteispender gegangen waren, hatte schon im Vorfeld für Empörung gesorgt.
Schon, dass Trump überhaupt auf der Mall auftrat, empört seine Kritiker. Üblicherweise halten sich US-Präsidenten an diesem Familienfeiertag zurück. „Normalerweise ist es ein Feiertag für Unabhängigkeit, aber jetzt hat Trump erreicht, dass es nur um ihn geht", sagt ein Mann. [...]
Die überwiegende Anzahl der Besucher bestand dementsprechend aus erklärten Trump-Anhängern. Geduldig hatten sie zum Teil stundenlang im Dauerregen ausgeharrt, um endlich ihr Idol an historischem Ort erleben zu dürfen. „Er mischt die Dinge auf", sagt eine Frau, die mit ihrem Stars-and-Stripes-Cowboyhut in einem Campingstuhl sitzt. Sie ist aus Rhode Island in Neuengland angereist und erklärt, wie bewundernswert Trump alles abarbeite, was er versprochen hat.
Die meisten der Trump-Fans auf der Mall sind Weiße, kaum Latinos, sehr wenige Afro-Amerikaner. Oft sind es Familien, die wegen der Präsidentenrede gekommen sind, darunter überraschend viele junge Trump-Fans. „Ich denke, er hat viel für Amerika getan", schwärmt ein junger Mann, der extra aus Georgia in den Südstaaten angereist ist. „Vor allem hat er Jobs geschaffen und die Wirtschaft wieder flott gemacht."
Dass – wie überall, wo Trump auftritt – auch protestiert wurde, stört ihn nicht, obwohl es für das sonst so unpolitische Familienfest ungewöhnlich ist: „Ich führe die ewig gleichen Diskussion[en] mit Trump-Kritikern, die ihn loswerden wollen", sagt er gelassen. „Ich respektiere andere Meinungen, solange auch meine respektiert wird." [...]

Nach: www.tagesschau.de/ausland/trump-unabhaengigkeitstag-113.html (Zugriff: 20. November 2019)

1. Fassen Sie den Text in wenigen Worten zusammen.
2. Arbeiten Sie heraus, worin das Problem der Feierlichkeiten in Washington am 4. Juli 2019 besteht. | H
3. Partnerarbeit / Präsentation: Versetzen Sie sich gemeinsam mit einem Mitschüler in die Rolle eines US-Amerikaners, der die Feierlichkeiten zum Unabhängigkeitstag in Washington im Jahre 2019 besucht. Sie kommen ins Gespräch und diskutieren, ob Sie den Ablauf der Feierlichkeiten befürworten oder nicht. Begründen Sie jeweils Ihre Meinung. | H

Der 3. Mai: Erinnerung an die polnische Verfassung von 1791

Hinweis: Über die polnische Geschichte vom 18. bis zum 20. Jahrhundert informieren ausführlich die Kapitel ab Seite 311 ff.

Stanisław II. August Poniatowski (1732–1798): letzter König von Polen und Großfürst von Litauen, 1764 gewählt, dankte 1795 ab

Stanisław Małachowski (1736–1809): polnischer Politiker und Reformer, führte den Vorsitz des Vierjährigen Sejms, einer der „Väter" der Verfassung von 1791

Die Maiverfassung – Voraussetzungen und Entstehung | Für die Geschichte Polens ist der 3. Mai 1791 ein denkwürdiges Datum. An diesem Tag wurde die erste Verfassung des Landes verabschiedet. Die polnisch-litauische *Maiverfassung* war der Versuch, ein politisch und wirtschaftlich zerrüttetes Land nachhaltig zu erneuern.

Seit Beginn des 18. Jahrhunderts befand sich die einst mächtige Länderunion des Königreichs Polen mit dem Großfürstentum Litauen im Niedergang. Von Kriegen geschwächt und innenpolitisch gespalten, wurde Polen-Litauen zum Spielball seiner Nachbarmächte, vor allem für Russland und Preußen. Das Land galt als *Adelsrepublik* – der Adel wählte den König auf Lebenszeit und kontrollierte die Regierung mittels einer Ständeversammlung (*Sejm*). Im 18. Jahrhundert wurden immer mehr Entscheidungen blockiert, zumal durch das *„liberum veto"*, das Recht jedes einzelnen Ständevertreters, Gesetze zu verhindern.

Erste Ansätze unter König Stanisław II. August, die Staatsmacht zu stärken, führten zur Intervention Russlands, das seinen Einfluss gefährdet sah. Auf russischen Druck wurden die Reformen widerrufen. Polen-Litauen musste den Verlust großer Territorien an das Zarenreich, Preußen und Österreich hinnehmen. Als Reaktion auf die *erste polnische Teilung* von 1772 kam es zu einem neuen Reformanlauf. Die Ständeversammlung in Warschau, die von 1788 bis 1792 tagte (*Großer* bzw. *Vierjähriger Sejm*), umging das „liberum veto" durch besondere Vereinbarungen und verabschiedete am 3. Mai 1791 mit großer Mehrheit ein neues Grundgesetz. Zu den Architekten dieser Verfassung gehörten neben dem König Vertreter einer adeligen Reformpartei um Stanisław Małachowski, die den Ideen der französischen Aufklärung anhingen. Die Maiverfassung war gedacht, das Land wieder regierbar zu machen, es vor Eingriffen auswärtiger Mächte zu schützen und weitere Reformen in Gesellschaft, Wirtschaft und Bildung zu ermöglichen.

Polen-Litauen bis 1791	Polen-Litauen nach 1791
Ständestaat	konstitutionelle Monarchie
Wahlmonarchie	Erbmonarchie
kaum geregelte Gewaltenteilung	klar geregelte Gewaltenteilung
schwache Exekutive (König von den Ständen abhängig, Widerstandsrecht des Adels gegen die Regierung)	starke Exekutive (mehr Befugnisse für den König, kein adeliges Widerstandsrecht)
im Sejm traditioneller Vorrang des Senats vor der Abgeordnetenkammer	im Sejm klare Kompetenzregelung zwischen Senat und Abgeordnetenkammer, nur letztere mit Recht zur Gesetzesinitiative
im Sejm gilt das „liberum veto" (Einstimmigkeitsprinzip)	im Sejm gilt das Mehrheitsprinzip, „liberum veto" auf wenige Ausnahmen beschränkt
Wahlrecht zum Sejm nur für Adelige	Wahlrecht zum Sejm für (begüterte) Adelige und Besitzbürgertum
Adel von der Steuer befreit	Besteuerung des Adels
Recht auf Landerwerb nur für Adelige	Recht auf Landerwerb für Adelige und Bürger

unfreie Bauern obliegen der Rechtsgewalt ihrer Grundherren (Leibeigenschaft)	weiterhin bäuerliche Leibeigenschaft, eingeschränkt durch staatliche Schutzrechte für die Bauern
Toleranz gegenüber Andersgläubigen, garantiert durch Verträge mit ausländischen Mächten	Recht der freien Religionsausübung, zugleich Festschreibung des katholischen Glaubens als „herrschende Religion“, garantiert durch die Verfassung

Zusammengestellt nach: Stanisław Grodziski, Die Verfassung vom 3. Mai 1791 – das erste polnische Grundgesetz, in: Aus Politik und Zeitgeschichte, Jg. 37 (1987), Nr. 30/31, S. 40–46; Jürgen Heyde, Geschichte Polens, München [4]2017, S. 51

Das neue System scheitert | Die Verabschiedung der Verfassung wurde 1791 mit großem Aufwand inszeniert, ebenso fanden am ersten Jahrestag 1792 Feiern im ganzen Land statt (→M1). Polnische Adelige, die um ihre Stellung fürchteten, machten gegen die Verfassung von ihrem überlieferten Widerstandsrecht Gebrauch. Sie schlossen im April 1792 die *Konföderation von Targowica*, ein Bündnis, das von Russland militärisch unterstützt wurde. Nach dem Sieg der Adelsopposition über die Regierung musste ein neuer Sejm 1793 die Verfassung aufheben, zugleich fanden weitere Gebietsabtretungen statt (*zweite polnische Teilung*). 1794 kam es zu einem Aufstand von Reformanhängern und Bauern unter dem adeligen General *Tadeusz Kościuszko* gegen die Teilungsmächte, den Russland und Preußen gemeinsam niederschlugen. Die Siegermächte und Österreich teilten 1795 auch das restliche Land unter sich auf (*dritte polnische Teilung*). Somit endete die Reformära in Polen-Litauen in einer Katastrophe, der völligen Auflösung des Staates.

Objekt des Nationalstolzes | Von der Maiverfassung blieb im 19. Jahrhundert nur das Gedächtnis an eine kurze, letzte Blütezeit des untergegangenen Polen-Litauen. Die Erinnerung erhielt dabei einen betont nationalen Zuschnitt. Polnische Dichter und Publizisten erklärten die Maiverfassung für eine rein polnische Errungenschaft, die übrigen Volksgruppen, deren Heimat die alte Adelsrepublik gewesen war, wurden ausgeklammert. Auch einige polnische Historiker verklärten das Reformwerk von 1791. Es galt ihnen als Nachweis für die Fähigkeit der Polen zu Selbstbestimmung und Eigenstaatlichkeit. Dagegen fand der Umstand, dass die Maiverfassung kaum soziale Fortschritte vorgesehen hatte, nur wenig Beachtung.

In den Aufständen der Polen wider die russische Oberhoheit in den Jahren 1830/31 und 1863 diente die Maiverfassung jeweils als Symbol der Befreiung gegen die Fremdherrschaft. Selbst nach dem Scheitern dieser Rebellionen galt die Verfassung von einst noch als Verheißung auf eine Zukunft in Freiheit und nationaler Einheit.

Die polnische Bevölkerung in Russland, Preußen und Österreich(-Ungarn) pflegte den 3. Mai als inoffiziellen Gedenktag. Im Russischen Reich wie in Preußen begingen die Polen den Tag eher privat oder im Schutz der Kirche, um nicht das Einschreiten der Obrigkeit zu riskieren. Dagegen gab es in den polnischen Gebieten des Kaisertums Österreich, dem Kronland Galizien mit den Hauptorten Lemberg und Krakau, deutlich größere Freiräume, zumal seit der 1867 gewährten Autonomie. Hier entfaltete sich im späten 19. Jahrhundert eine rege Gedenk- und Feiertagspraxis um den 3. Mai (→M2).

Der 3. Mai wird Nationalfeiertag | Am Ende des Ersten Weltkrieges entstand eine selbstständige polnische Republik. Da die Erinnerung an die Maiverfassung die Zeit der Teilung überdauert hatte, konnte der neue Staat die Traditionen von 1791 ohne Mühe aufgreifen. Im April 1919 erklärte das Parlament den *„Feiertag der Verfassung vom 3. Mai“* (poln. „Święto Konstytucji Trzeciego Maja“) zum gesetzlichen Feiertag. Die Sozialdemokraten im Parlament hatten den 1. Mai (Tag der Arbeiterbewegung) bevorzugt, wurden jedoch überstimmt. Die neue polnische Staatsverfassung nahm Bezug auf „die glänzende Überlieferung der unvergesslichen Konstitution vom 3. Mai“ (Präambel der Verfassung vom 17. März 1921). Als *Zweite Republik* behauptete das neue Polen eine Kontinuität zum ehemaligen Polen-Litauen, obgleich jener Staat eigentlich

Reformbestimmungen der Verfassung von 1791.

- Vergleichen Sie die Veränderungen, die die Maiverfassung für Polen-Litauen vorsah, mit den Umwälzungen in Frankreich durch die Verfassung vom September 1791. Recherchieren Sie dazu im Internet. Daneben informieren auch Seite 131f. und Seite 144 (M4) über die französische Verfassung von 1791.
- Präsentation: Versetzen Sie sich in die Lage eines Adeligen in Polen-Litauen. Verfassen Sie ein Protestschreiben gegen die Beschlüsse der Maiverfassung. Verweisen Sie dabei auch auf die damalige Revolution in Frankreich.

eine konstitutionelle Monarchie gewesen war. Seit 1923 war der 3. Mai in Polen zugleich hoher kirchlicher Feiertag. Auf Bitten der polnischen Bischöfe erklärte Papst *Pius XI.* den Tag zum *Feiertag der Gottesmutter Maria als Königin von Polen.* Auch in den jüdischen Synagogen wurde der 3. Mai als Nationalfeiertag begangen.

Verfolgung, Widerstand und Erneuerung | Der polnische Staat fiel im Zweiten Weltkrieg einer erneuten Teilung zum Opfer. Unter deutscher und sowjetischer Besatzung war die Feier nationaler Gedenktage strikt untersagt. Das Gedenken an den 3. Mai wanderte in den Untergrund.

Nach der Errichtung einer kommunistischen *Volksrepublik* in Polen 1944 kehrten die Feiern zum 3. Mai zunächst ins öffentliche Leben zurück. Weil der 3. Mai jedoch immer öfter Anlass zu Demonstrationen gegen die neue Ordnung gab, wurde er 1947 von der Staatsmacht als Feiertag faktisch abgeschafft. Im Gegenzug verordnete die kommunistische Führung andere staatliche Feiertage, vor allem den 1. Mai als „Internationalen Tag der Arbeit". Die Erinnerung an die Maiverfassung und den einstigen Nationalfeiertag wurde nun zum Sammelpunkt für die Opposition in Polen. Immer wieder kam es am 3. Mai zu Protesten von Regimegegnern. Die 1980 gegründete unabhängige Gewerkschaftsbewegung *„Solidarność"* (dt. „Solidarität") berief sich auf den 3. Mai als Symbol der Unabhängigkeit Polens gegen die von der Sowjetunion kontrollierte Regierung (➔M3).

1989 wurde das kommunistische Regime friedlich abgelöst. Die neue Regierung unter Ministerpräsident *Tadeusz Mazowiecki* führte umgehend den 3. Mai als Nationalfeiertag wieder ein, ebenso den 11. November (Unabhängigkeitstag), der vormals in der Zweiten Republik gegolten hatte. In der *Dritten Republik* seit 1989 zählt der Verfassungstag weiterhin zu den wichtigsten staatlichen Feiertagen (➔M4). Er wird jedes Jahr mit Paraden, Volksfesten, historischen Umzügen und Gedenkgottesdiensten begangen. Viele Straßen in Polen sind nach dem 3. Mai benannt. Das Datum kann an die Beharrlichkeit erinnern, mit der die Polen trotz Teilung, Fremdherrschaft und Diktatur an der Idee ihrer Selbstständigkeit festhielten. Seit 2008 ist der 3. Mai auch in Litauen staatlicher Gedenktag. Er wird dort als „Tag der ersten schriftlichen Verfassung in Europa" begangen.

Internettipp
Die polnische Botschaft in Berlin lädt alljährlich zur Feier des 3. Mai ein. Nachrichten zum Verfassungsfest sind auf der Website der Botschaft der Republik Polen abrufbar. Siehe hierzu den Code **32035-66**.

„Tempel der Göttlichen Vorsehung" (poln. „Świątynia Opatrzności Bożej").
Foto von 2017.
Die Kirche und Gedenkstätte im Süden von Warschau, wegen ihrer Kuppel im Volksmund auch „Zitronenpresse" genannt, wurde von 2002 bis 2016 errichtet. Schon 1791 sollte eine Kirche gleichen Namens entstehen, um die Maiverfassung mit einem Monument zu würdigen. An das ursprüngliche Bauvorhaben, das nie realisiert wurde, erinnert eine Ruine im Botanischen Garten von Warschau.

- Informieren Sie sich im Internet, wie die Kirche als Gedenkstätte gestaltet ist und welche Gedenkfeiern und Ausstellungen hier bislang stattfanden.
- Präsentation: Stellen Sie den Werdegang des „3. Mai" zum heutigen Nationalfeiertag Polens in einem Schaubild dar. Nutzen Sie dazu die Informationen in den Verfassertexten.

„Die Verfassung vom 3. Mai 1791".
Ölgemälde (123,5 x 179 cm) aus dem Jahr 1806 von Kazimierz Wojniakowski (1771 oder 1772–1812), nach einer Zeichnung von Jean-Pierre Norblin de la Gourdaine (1745–1830) von 1791. Dargestellt ist die Vereidigung des Königs auf die Verfassung in der polnisch-litauischen Ständeversammlung, die im Warschauer Schloss tagte. Der Schwur auf die Verfassung wurde am selben Tag in der St.-Johannes-Kathedrale in Warschau wiederholt. Siehe hierzu auch das Historiengemälde von Jan Matejko auf Seite 528.

- ▶ Interpretieren Sie das Gemälde unter dem Gesichtspunkt, welche staatliche Ordnung hier abgebildet wird. | F
- ▶ Ordnen Sie das Gemälde in die Zeit um 1806 ein. Recherchieren Sie dazu im Internet über die damalige politische Situation in Mittel- und Osteuropa.

M1 „Maimorgenrot"

*Der polnische Historiker Wiesław Śladkowski (*1935) beschreibt die Anfänge der Maiverfassung von 1791:*

Man könnte behaupten, dass sie schon im Moment ihrer Verkündung zum Symbol der nationalen Identität geworden ist. Viele Faktoren trugen dazu bei: besonders die außergewöhnlichen Umstände, unter denen sie verabschiedet wurde. Nämlich auf dem Weg eines Staatsstreiches, der gegen die konservative Opposition durch den aus der fortschrittlichen und patriotischen Partei emporgekommenen „Radziwillklub" im Einverständnis mit dem König Stanislaw August Poniatowski vorbereitet wurde, und der mit der aktiven Beteiligung der Bevölkerung der Hauptstadt durchgeführt wurde. Alle daran Beteiligten nahmen dann an der feierlichen und spektakulären Vereidigung auf die Verfassung in der Heiligen-Johann-Stiftskirche teil, indem sie hinter dem Krakauer Bischof Feliks Pawel Turski die Worte des Schwures wiederholten und ihre Stimmen im feierlichen *Te Deum Laudamus*[1] vereinten. Die Verabschiedung der Verfassung hatte also keinen gewöhnlichen Charakter, vielmehr entwickelte sie sich zu einem wichtigen Ereignis, das die Gestalt eines tiefen, gemeinsamen Erlebnisses, ja einer nationalen Manifestation mit patriotisch-religiöser Bedeutung angenommen hat. Diese erhabene Stimmung verbreitete sich in der Hauptstadt und im ganzen Lande auch in den nächsten Tagen und Wochen. [...] Die Schuljugend zeigte während der letzten Julitage des Jahres 1791 überall Freude und Dankbarkeit anlässlich der Verabschiedung der Verfassung. Auf speziellen Befehl organisierten die Schulbehörden aus diesem Anlass einen feierlichen Schuljahrabschluss. [...]
Kurz nach der Verabschiedung der Verfassung entstand in Zusammenarbeit mit dem Radziwillklub „die Versammlung der Freunde der Regierungsverfassung", eine Organisation, die sich zum Ziel machte, die offizielle, durch verschiedene kirchliche, staatliche und städtische Institutionen geführte Verfassungspropaganda zu unterstützen. [...] Die Tätigkeit dieser ersten in Polen, modernen politischen Partei brachte messbare Ergebnisse, insbesondere in den adligen und bürgerlichen Kreisen. Der Text der Verfassung war in den damaligen aufgeklärten Kreisen gut bekannt, er wurde durch die Warschauer Presse und später auch in Kalendern gedruckt. Bis zum Ausbruch des Krieges im Jahre 1792 erschien die Verfassung in vierzehn Sonderausgaben, mit einer Gesamtauflage von 30000 Exemplaren. Dies bedeutete für die damalige Zeit eine beträchtliche Zahl.
Seine Widerspiegelung fand das „Maimorgenrot" fast sofort in Gelegenheitsgedichten und -liedern, es machte sich auch in der bildenden Kunst bemerkbar [...]. Man kann also sagen, dass in der äußerst kurzen, nicht mehr als ein Jahr dauernden Periode sehr viel für die Popularisierung der Verfassung vom dritten Mai in der polnischen Gesellschaft gemacht wurde.

Wiesław Śladkowski, Die Verfassung vom dritten Mai im nationalen Erbe und in der Tradition, in: Helmut Reinalter und Peter Leisching (Hrsg.), Die polnische Verfassung vom 3. Mai 1791 vor dem Hintergrund der europäischen Aufklärung, Frankfurt am Main/Berlin/Bern u.a. 1997, S. 35–46, hier S. 36f.

1. Fassen Sie die Maßnahmen zur Popularisierung der Maiverfassung in einer Übersicht zusammen. Ordnen Sie dabei nach den Akteuren der damaligen „Verfassungspropaganda" (Zeile 34), ihren Medien und Zielgruppen.
2. Der Verfasser bezeichnet die Stimmung von 1791/92 als „Maimorgenrot" (Zeile 45). Erläutern Sie den Begriff.
3. Setzen Sie sich mit der Frage auseinander, ob die Maiverfassung zu Anfang gerade deshalb so stark propagiert wurde, weil ihr Zustandekommen rechtlich umstritten war.

[1] **Te Deum Laudamus** (dt.: „Dich, Gott, loben wir"): kirchliche Hymne

M2 Erinnern mit Auflagen

*Der polnische Historiker Czesław Brzoza (*1947) untersucht die Entwicklung der Feiern zur ehemaligen Maiverfassung gegen Ende des 19. Jahrhunderts:*

Zu einem Wendepunkt in der Festigung der 3. Mai-Tradition wurde das Jahr 1891, der 100. Jahrestag der Verfassung. Die Feierlichkeiten fanden auf dem gesamten polnischen Territorium statt, je nach dem Grad der von den Teilungsmächten eingeräumten Freiheiten gestalteten sie sich mehr oder weniger aufwendig. Den dramatischsten Verlauf nahm das Fest in Warschau, wo mehrere junge Menschen, die sich im Botanischen Garten um die Ruinen der Kirche der Vorsehung[1] versammelt hatten, von der Gendarmerie verhaftet wurden. In Galizien wieder, wo die Freiräume am größten waren, wurden die großartigsten Feiern abgehalten. Zum ersten Mal veranstalteten damals auch im Ausland lebende Polen eigene Gedenkfeiern, Kundgebungen, Gottesdienste und Umzüge: so in England, Frankreich, Deutschland, in der österreichisch-ungarischen Monarchie und vor allem in der Schweiz, die damals ein wichtiges Zentrum des polnischen politischen Lebens war. Der 100. Jahrestag der Verfassung wurde auch in den Vereinigten Staaten, vor allem in Chicago und New York, begangen, was einen Auftakt zur Pflege der nationalen Traditionen durch Amerikaner polnischer Abstammung bedeutete.
Während der folgenden Jahre wurden die Feierlichkeiten nicht mehr in dieser oft spontanen Art und Weise des Jahres 1891 begangen. Sie wurden immer stärker formalisiert. Nun waren es speziell gegründete Bürgerkomitees, die die Gelder sammelten, die Gottesdienste organisierten, die Einladungen verschickten, etc. Diese Aktivitäten hatten keine behördlichen Gegenmaßnahmen mehr zur Folge. [...]
Am Anfang des 20. Jahrhunderts hatten sich einige konstante Elemente im Ablauf der Feierlichkeiten herausgebildet. Im Jahr 1900 übernahm in Krakau ein Teil der Bürgerschaft, vor allem Handwerker, Kaufleute und Angehörige der Intelligenz, die Schirmherrschaft und man beschloss, dass Handwerker und Kaufleute ihren Hilfskräften einige freie Stunden für die Feierlichkeiten geben sollten. In diesem Jahr begann auch die Tradition der Straßenumzüge. [...] Für die Schüler war die Teilnahme an den Feierlichkeiten schwierig, weil die Schulbehörden dies lange Zeit nicht gestatteten. Anfänglich umging man dieses Verbot durch die Abhaltung von speziellen Frühmessen für die Jugendlichen, bis 1902 die Schulbehörden von ihrem Standpunkt abgingen.

Czesław Brzoza, Aus der Geschichte des 3. Mai-Gedenktages in Polen, in: Emil Brix und Hannes Stekl (Hrsg.), Der Kampf um das Gedächtnis. Öffentliche Gedenktage in Mitteleuropa, Wien/Köln/Weimar 1997, S. 217–230, hier S. 221 f.

[1] Siehe dazu die Bildunterschrift auf Seite 486.

1. Arbeiten Sie die Entwicklung der 3.-Mai-Feiern von spontanen Gedenkakten zu organisierten Veranstaltungen heraus.
2. Begründen Sie, weshalb die Feiern zum 3. Mai seit Ende des 19. Jahrhundert eine neue Qualität erlangten. Verweisen Sie dabei auch auf die Feiern der Arbeiterbewegung zum 1. Mai und auf andere nationale Feiertage in Europa. Hierzu können Sie die Darstellung auf Seite 472 f. heranziehen.

M3 Oppositionelles Erinnern

*Der deutsche Osteuropa-Historiker Jan Kusber (*1966) schildert, wie die oppositionelle Gewerkschaftsbewegung „Solidarność“ die Erinnerung an die Maiverfassung für ihre Zwecke einzusetzen versuchte:*

Die Solidarność, auf der Suche nach einem kohärenten Selbstverständnis zwischen Gewerkschaft und Nationalbewegung und mit dem Anspruch, das ganze Land zu vertreten, benutzte die Maiverfassung wie auch andere Bezugspunkte aus dem Pantheon[2] der polnischen Geschichte als historisches Argument [...]. Man fand zahlreiche Analogien in der Arbeit des Großen Sejm an der Maiverfassung einerseits und der eigenen Arbeit andererseits; man verglich General Jaruzelski[3] und die Seinen mit der Konföderation von Targowica[4], der im historischen Gedächtnis das Kainsmal des Verräters anhaftet; man sah keinen Unterschied zwischen den zarischen Interventionstruppen und der Roten Armee. Selbst die Einigung am Runden Tisch 1989, die die friedliche Ablösung des Kommunismus in Polen nach sich zog, ließ sich auf den Kompromisscharakter der Maiverfassung beziehen, hatten doch schon die Reformer um König Stanisław August von einer „sanften Revolution“ gesprochen.
Um der Regierung in dieser Konfrontationssituation die Deutung des offiziellen Geschichtsbildes zu entwinden, stand der Solidarność der sogenannte „zweite Umlauf“, eine publizistische Untergrundtätigkeit von beträchtlichem Ausmaß, zur Verfügung. Artikel und Flugblätter nahmen Bezug auf die Maiverfassung. Sogar eigene Untergrundbriefmarken zum Gedenken an die Konstitution wurden hergestellt,

[2] **Pantheon**, hier: Bezeichnung für die Gesamtheit berühmter Personen oder Ereignisse der Geschichte eines Landes
[3] **Wojciech Jaruzelski** (1923–2014): Militär und Politiker, Ministerpräsident Polens 1981–1985, 1985–1989 polnischer Staatschef, 1989/90 Staatspräsident
[4] **Konföderation von Targowica**: siehe den Verfassertext auf Seite 485

in die Post gegeben und zum Teil auch befördert. Patriotische Lieder aus dem 19. Jahrhundert mit textlichem Bezug zur Konstitution wurden nach Reprintausgaben gesungen. Der Verfassungstext selbst wurde nachgedruckt. Angesichts einer permanenten Bemühung des Mythos fragten nur wenige Intellektuelle in der Opposition, ob die Entstehungsumstände, Inhalte und Ziele der Maiverfassung als Argument in der gegenwärtigen Auseinandersetzung taugten, verstellte doch der verklärende martyrologische[1] Zug des Gedenkens den Blick auf eine Zukunftsorientierung der Oppositionsarbeit.

Jan Kusber, Vom Projekt zum Mythos: Die polnische Maiverfassung 1791, in: Zeitschrift für Geschichtswissenschaft 52 (2004), Heft 8, S. 685–699, hier S. 696 f.

1. Fassen Sie in einer Übersicht zusammen, welche Personen und Ereignisse der Zeit um 1791 von der „Solidarność" historisch umgedeutet wurden.
2. Erläutern Sie den Begriff „martyrologischer Zug des Gedenkens" (Zeile 34 f.) mit Blick auf die Situation im kommunistisch regierten Polen. | H
3. Setzen Sie sich mit den Ergebnissen Ihrer in Aufgabe 1 erstellten Übersicht auseinander: Halten Sie die erfolgten Umdeutungen für stimmig? Was sagt das Geschichtsbewusstsein der „Solidarność" über die Gewerkschaftsbewegung selbst aus? | F

M4 Nationale Feiertage und politisches System

In Polen wurde der staatliche Feiertagskalender im 20. Jahrhundert mehrmals grundlegend revidiert:

Zweite Republik (1918–1944[2])	Volksrepublik (1944–1989)	Dritte Republik (seit 1989)
	1. Mai (Internationaler Arbeitertag)	1. Mai (Tag der Arbeit)
3. Mai (Verfassungstag)		3. Mai (Verfassungstag)
	8. Mai (Nationaler Feiertag des Sieges und der Freiheit[4])	
	9. Mai (Tag der Beendigung der Kampfhandlungen[5])	
	22. Juli (Nationaler Feiertag der Wiedergeburt Polens[6])	
		15. August (Tag der Polnischen Armee[7])
	7. November (Tag der Russischen Oktoberrevolution)	
11. November (Polnischer Unabhängigkeitstag[3])		11. November (Polnischer Unabhängigkeitstag)

Zusammengestellt nach: Elżbieta Hałas, Öffentliche Symbole und polnische Identität. Wandel und Uneindeutigkeit im Kalender der staatlichen Feiertage in der Dritten Republik, in: Robert Traba und Peter Oliver Loew (Hrsg.), Deutsch-Polnische Erinnerungsorte, Bd. 5, Paderborn/München/Wien/Zürich 2015, S. 267–288 (Nicht berücksichtigt sind kirchliche Feiertage sowie (nicht arbeitsfreie) Gedenktage.)

1. Charakterisieren Sie die Feiertage in der Volksrepublik Polen und in der Dritten Republik jeweils als Gegenentwürfe zum vorherigen politischen System. | H
2. Präsentation: Die Dritte Republik verzichtet auf einen Nationalfeiertag, der an die Leistungen der „Solidarność" erinnert. Führen Sie eine Pro-und Kontra-Debatte in der Klasse über Vor- und Nachteile dieser Entscheidung. Tipp: Über den Ablauf einer Pro- und Kontra-Debatte finden Sie Informationen unter dem Code **32035-86**.
3. Präsentation: Recherchieren Sie im Internet, ob und inwieweit im übrigen Ostmitteleuropa Feier- und Gedenktage der kommunistischen Ära beibehalten oder aufgehoben wurden. Stellen Sie Ihre Ergebnisse dem Beispiel Polens sowie des vereinten Deutschland in Form einer Tabelle gegenüber. | F

[1] **martyrologisch**: die Bereitschaft betreffend, für das eigene politische oder religiöse Bekenntnis gewaltsame Unterdrückung zu erleiden
[2] Die Republik Polen wurde 1939 durch die deutsche und sowjetische Besetzung faktisch aufgelöst, bestand aber völkerrechtlich bis 1944 weiter.
[3] **11. November**: Machtübernahme einer unabhängigen polnischen Regierung 1918
[4] **8. Mai**: Ende des Zweiten Weltkrieges in Europa 1945
[5] **9. Mai**: Bedingungslose Kapitulation der Deutschen Wehrmacht 1945
[6] **22. Juli**: Verkündung eines unabhängigen Polen 1944 durch das kommunistische „Polnische Komitee der Nationalen Befreiung"
[7] **15. August**: Abwehr der Roten Armee im Krieg Polens mit Sowjetrussland 1920

Der 27. Januar: Gedenken an die Opfer des Nationalsozialismus und des Holocaust

Auschwitz-Häftlinge nach der Befreiung durch sowjetische Truppen.
Foto vom 27. Januar 1945.

Was geschah am 27. Januar 1945? | Am 27. Januar 1945 wurden die Überlebenden des *Konzentrationslagers Auschwitz* durch Truppen der sowjetischen Armee befreit. Der riesige Lagerkomplex, den die Nationalsozialisten ab 1940 am Rande der in „Auschwitz" umbenannten polnischen Stadt Oświęcim und der umliegenden Region errichtet hatten, bestand aus dem größten Vernichtungslager Auschwitz-Birkenau, zwei weiteren Konzentrationslagern und vielen weiteren Außen- und Nebenlagern. In weniger als fünf Jahren wurden dort über eine Millionen Menschen gefoltert, gequält und ermordet.

Um der vorrückenden Roten Armee keine Spuren der Verbrechen zu hinterlassen, ließ Heinrich Himmler bereits ab Oktober 1944 die Krematorien und Gaskammern sprengen, Raubgut und Dokumente verbrennen oder abtransportieren. Mitte Januar 1945 begann die Schutzstaffel (SS) damit, das Lager Auschwitz zu räumen. Etwa 58 000 Häftlinge wurden auf Todesmärsche geschickt, bei denen die meisten durch Kälte, Hunger, Entkräftung oder die Schüsse der SS-Wachmannschaften ums Leben kamen. Etwa 9 000 kranke oder zu schwache Häftlinge blieben weitgehend auf sich gestellt in den Lagern zurück (→M1). Unter diesen richtete die SS noch in den letzten Tagen vor der Befreiung schreckliche Massaker an, bevor sie fluchtartig das Lager verließ.

In einer aus Dokumenten der SS, der Geheimen Staatspolizei (Gestapo), des Reichssicherheitshauptamts, aus Kommandanturbefehlen, Bunkerbüchern, Akten des Nürnberger Prozesses und anderen Quellen zusammengestellten Tageschronik der Ereignisse im KZ Auschwitz findet sich zur Ankunft der sowjetischen Armee am 27. Januar folgender Eintrag: *„Am Samstag gegen 9 Uhr erscheint auf dem Gelände des Häftlingskrankenbaus im Nebenlager Monowitz[1] der erste russische Soldat einer Aufklärungstruppe der 100. Infanteriedivision des 106. Korps. Eine halbe Stunde später kommt die ganze Abteilung an. Die Soldaten verteilen ihr Brot unter den Kranken. [...] Um 15 Uhr treffen die ersten Aufklärungstrupps der Roten Armee in den Lagern Birkenau und Auschwitz ein und werden von den befreiten Häftlingen freudig begrüßt. Nach dem Entminen des umliegenden Geländes marschieren Soldaten der 60. Armee der 1. Ukrainischen Front unter dem Oberbefehl von Generaloberst Pawel Kuroczkin in das Lager ein und bringen den am Leben gebliebenen Häftlingen die Freiheit."*[2]

Der Anblick der zu Skeletten abgemagerten Menschen, der vielen herumliegenden Leichen der erschossenen und in den letzten Tagen verstorbenen Häftlinge sowie der katastrophalen Verhältnisse im Lager war selbst für die abgebrühtesten Soldaten kaum zu ertragen. Obwohl sofort erste Hilfsmaßnahmen eingeleitet und die Kranken medizinisch versorgt wurden, starben in den nächsten Wochen noch hunderte der über 7 000 befreiten Häftlinge an den Folgen der KZ-Haft.

Heinrich Himmler (1900–1945): „Reichsführer SS"; ab 1936 zudem Chef der Deutschen Polizei; einer der Hauptverantwortlichen für den Holocaust und die zahlreichen Verbrechen der Waffen-SS; 1945 Selbstmord

Schutzstaffel (SS): 1925 gegründete Parteiformation zum persönlichen Schutz Hitlers, ab 1934 „selbstständige Organisation" der NSDAP mit polizeilicher Machtbefugnis

Geheime Staatspolizei (Gestapo): Die 1933 gegründete Organisation verfolgte politische Gegner des NS-Staates.

[1] Das KZ Monowitz (Auschwitz III) war ein Arbeitslager im polnischen Ort Monowice auf dem Werksgelände der IG Farben AG und lag etwa sechs Kilometer östlich vom Stammlager Auschwitz I.

[2] Nach: Danuta Czech, Kalendarium der Ereignisse im Konzentrationslager Auschwitz-Birkenau 1939–1945, Reinbek bei Hamburg 1988, S. 993–995

74. Jahrestag der Befreiung von Auschwitz.
Foto vom 27. Januar 2019.
Die Aufnahme zeigt polnische Bürger, die am Gedenktag der Befreiung von Auschwitz ihre Nationalflagge durch das Eingangstor des ehemaligen Konzentrationslagers tragen.

Der 27. Januar – Karriere eines internationalen Gedenktages | Der 27. Januar spielte lange Zeit als „Tag der Befreiung" von Auschwitz im kulturellen und kommunikativen Gedächtnis[1] der Deutschen keine nennenswerte Rolle. In den Nachkriegsjahrzehnten wurde das Datum in der Bundesrepublik hin und wieder mit öffentlichen Gedenkveranstaltungen, in der DDR im Zuge der alljährlichen Befreiungsfeierlichkeiten zum Ende des Zweiten Weltkrieges gewürdigt. Den Status eines nationalen Gedenk- und Feiertages erhielt der 27. Januar jedoch nicht.

Durch die vielen offiziellen Gedenkveranstaltungen, die 1995 zum 50. Jahrestag des Kriegsendes in ganz Europa begangen wurden, stieß die Idee eines Gedenktages für die Opfer des NS-Regimes auf internationale Resonanz. Das Ende des *Ost-West-Konfliktes* 1989/91 hatte die Voraussetzungen für eine gemeinsame europäische Erinnerung geschaffen.

In Deutschland setzte sich besonders der damalige Vorsitzende des Zentralrates der Juden in Deutschland, *Ignatz Bubis* (1927–1999), für die Einführung eines solchen Gedenktages ein und schlug das „europäische" Datum des 27. Januar vor. So wie Auschwitz symbolhaft für die Massenvernichtung des europäischen Judentums steht, sollte der Tag der Befreiung dieses Lagers als Symbol für die nationalsozialistische Schreckensherrschaft über Europa gelten. Im Juni 1995 beschlossen die Bundestagsfraktionen, den 27. Januar zum nationalen Gedenktag, nicht aber zum arbeitsfreien Feiertag zu erheben. Am 3. Januar 1996 proklamierte Bundespräsident *Roman Herzog* (1934–2017) den 27. Januar offiziell als *„Tag des Gedenkens an die Opfer des Nationalsozialismus"* (➔M2). Das Gedenken bezog er ausdrücklich auf alle, die der nationalsozialistischen Ideologie und Rassepolitik zum Opfer gefallen sind. Alljährlich wird seither im Bundestag mit der Rede des Bundespräsidenten und eines prominenten Zeitzeugen, in den Landtagen mit Sondersitzungen und in vielen Städten mit Gedenkveranstaltungen an das historische Geschehen gedacht.

Angela Merkel bei ihrer Rede in Auschwitz.
Foto vom 6. Dezember 2019.

Internettipp
Auf Einladung der 2009 gegründeten Stiftung Auschwitz-Birkenau besuchte Angela Merkel am 6. Dezember 2019 das ehemalige Konzentrationslager. In ihrer Rede betonte die Bundeskanzlerin, dass die Erinnerung an die Verbrechen wachzuhalten und das Gedenken an die Opfer zu bewahren sei sowie kein Antisemitismus in Deutschland und Europa geduldet wird. Den genauen Wortlaut der Rede Merkels können Sie unter dem Code **32035-67** nachlesen oder sich unter dem Code **32035-68** die Rede in einem Video ansehen.

[1] Vgl. dazu das Kernmodul „Geschichtsbewusstsein und Geschichtskultur" auf Seite 458 bis 463, vor allem Seite 463.

Auschwitz-Birkenau als Gedenkstätte.
Foto vom September 2013.
Besucher der Gedenkstätte betrachten die Gleisanlagen, die zum ehemaligen Torhaus von Auschwitz-Birkenau führen. Das „Staatliche Museum Auschwitz-Birkenau" wurde bereits im Juli 1947 auf Beschluss des polnischen Parlaments gegründet. Seit 1979 zählt das ehemalige Konzentrationslager zum UNESCO-Weltkulturerbe. Im Jahre 2017 besuchten 2,1 Millionen Menschen die Gedenkstätte.

Mit der Holocaust-Konferenz in Stockholm, an der Vertreter von 47 Staaten teilnahmen, setzte im Jahr 2000 die internationale Karriere des 27. Januar ein. An die Forderung des Forums, einen jährlichen Gedenktag zur Erinnerung an den NS-Völkermord einzuführen, schloss sich wenig später das *Europäische Parlament* an. 2005 wurde der 27. Januar von der EU zum europäischen Gedenktag und im selben Jahr von den *Vereinten Nationen* zum globalen Gedenktag („*International Holocaust Remembrance Day*") erklärt (→M3). Bis 2008 wurde in 34 Staaten ein Holocaust-Gedenktag eingeführt, davon in 21 Staaten am 27. Januar. Auch wenn sich Status und Gedenkpraxis von Land zu Land unterscheiden, ist es der am weitesten verbreitete Gedenktag der Welt.

Die Geschichte des 27. Januar ist ein Beispiel für Geschichtspolitik „von oben". Einführung und globale Ausweitung sind nicht unumstritten, zumal die verordnete Erinnerung oft auch dazu dient, aktuelle politische Entscheidungen zu legitimieren. Daher wird über die Wahl des Datums und die Art der Einführung diskutiert, darüber, für was der Gedenktag steht, an wen erinnert werden soll, welche Funktion ihm zukommt, wie das Gedenken gestaltet und für die Zukunft bewahrt werden kann (→M4–M6). Geschichts- und Erinnerungskultur hat deshalb stets gegenwärtige und künftige Interessen und politischen Ziele zu reflektieren.

Internettipp
Die englischsprachige Homepage der Gedenkstätte Auschwitz-Birkenau finden Sie unter dem Code **32035-69**.

M1 Der 27. Januar 1945 in Auschwitz

Unter den Kranken, die von der flüchtenden SS unter furchtbaren Bedingungen im Lagerkomplex Auschwitz zurückgelassen werden, befindet sich auch der an Scharlach erkrankte italienische Chemiker und Schriftsteller Primo Levi (1919–1987). In seinen zwischen Dezember 1945 und Januar 1947 niedergeschriebenen Erinnerungen notiert er, wie er den 27. Januar 1945 im Lager Monowitz nahe Auschwitz erlebt hat:

Wir liegen in einer Welt der Toten und Larven. Um uns und in uns war die letzte Spur von Zivilisation geschwunden. Das Werk der Vertierung, von den triumphierenden Deutschen begonnen, war von den geschlagenen Deutschen vollbracht worden.
Mensch ist, wer tötet, Mensch ist, wer Unrecht zufügt oder erleidet; kein Mensch ist, wer jede Zurückhaltung verloren hat und sein Bett mit einem Leichnam teilt. Und wer darauf gewartet hat, bis sein Nachbar mit Sterben zu Ende ist, damit er ihm ein Viertel Brot abnehmen kann, der ist, wenngleich ohne Schuld, vom Vorbild des denkenden Menschen weiter entfernt als der roheste Pygmäe und der grausamste Sadist.
27. JANUAR. Morgengrauen. Auf dem Fußboden das schandbare Durcheinander verdorrter Glieder, das Ding Sómogyi[1].
Es gibt dringendere Arbeiten. Man kann sich nicht waschen, wir können ihn nicht anfassen, bevor wir nicht gekocht und gegessen haben. Und dann „…rien de si dégoutant que les débordements[2]", wie Charles richtig meint; der Latrineneimer muss geleert werden. Die Lebenden stellen größere Ansprüche. Die Toten können warten. Wir begaben uns an die Arbeit, wie jeden Tag.
Die Russen kamen, als Charles und ich Sómogyi ein kurzes Stück wegtrugen. Er war sehr leicht. Wir kippten die Bahre in den grauen Schnee.

Primo Levi, Ist das ein Mensch?, München/Wien 1991, S. 164f.

„Marsch der Lebenden."
Foto (Ausschnitt) vom Mai 2019.
In der Bildmitte ist der 93-jährige Holocaust-Überlebende Edward Mosberg im ehemaligen Konzentrationslager Auschwitz-Birkenau zu sehen. Er trägt eine Thorarolle in seinen Händen.
Der seit 1988 stattfindende „Marsch der Lebenden" gedenkt den Opfern des Holocaust. Überlebende und spätere Generationen gehen dann Seite an Seite den Weg vom Konzentrationslager Auschwitz zum Vernichtungslager Birkenau. Für den drei Kilometer langen Erinnerungsmarsch können sich jüdische Schulen und Gemeinden anmelden. Die Teilnehmer kommen aus aller Welt, viele von ihnen sind zwischen 16 und 21 Jahre alt. Eine Woche lang reisen sie zu Orten des Holocaust in Polen. Während dieser Zeit findet auch der „Marsch der Lebenden" statt, bei dem die jungen Erwachsenen mit Zeitzeugen ins Gespräch kommen können. | F

1. Beschreiben Sie, wie Levi die letzten Stunden vor der Befreiung erlebt.
2. Analysieren Sie Levis Sprache. Wie lässt sie sich erklären?
3. Ordnen Sie seinen Bericht einer Quellengattung zu.
4. Nehmen Sie Stellung zu Levis Ausführungen über das Menschsein.

[1] Ungarischer Mithäftling, der in der Nacht zuvor an einer schweren Infektionskrankheit gestorben ist.
[2] franz.: „nichts ist so abscheulich/ekelhaft wie die Überflutung [mit Fäkalien]"

M2 „Mahnung zum Erinnern"

Am 3. Januar 1996 proklamiert Bundespräsident Roman Herzog den 27. Januar zum „Tag des Gedenkens an die Opfer des Nationalsozialismus". In einer Ansprache im Deutschen Bundestag am 19. Januar 1996 in Bonn begründet er diesen Schritt:

Am 27. Januar 1945 wurde das Konzentrationslager Auschwitz befreit. Auschwitz steht symbolhaft für millionenfachen Mord – vor allem an Juden, aber auch an anderen Volksgruppen. Es steht für Brutalität und Unmenschlichkeit, für Verfolgung und Unterdrückung, für die in perverser Perfektion organisierte „Vernichtung" von Menschen. […] Viele haben sich schuldig gemacht, aber die entscheidende

Aufgabe ist es heute, eine Wiederholung – wo und in welcher Form auch immer – zu verhindern. Dazu gehört beides: die Kenntnis der Folgen von Rassismus und Totalitarismus und die Kenntnis der Anfänge, die oft im Kleinen, ja sogar im Banalen liegen können.

Im Großen ist das alles noch verhältnismäßig einfach. Wir Deutschen haben mehr als andere lernen müssen, dass das absolut Unfassbare trotz allem geschehen kann. Die Erinnerung hat es uns aber auch erleichtert, daraus die Lehre zu ziehen, und am klarsten ist diese Lehre in Artikel 1 unseres Grundgesetzes formuliert: „Die Würde des Menschen ist unantastbar". Der Satz kennt keine Relativierung. Unter dem Grundgesetz gibt es keine „wertvollen" und „wertlosen" Menschen, keine „Herrenmenschen" und „Untermenschen", keine Volks- und Klassenfeinde, kein „lebensunwertes" Leben. Unsere Verfassung enthält also alle rechtlichen Sicherungen gegen Totalitarismus und Rassismus, mehr als jede andere Verfassung der Welt und darauf können wir stolz sein.

Aber den einzelnen Menschen kann man dagegen nicht nur mit Rechtsnormen immunisieren. Dazu bedarf es zusätzlicher Anstrengungen, gerade bei denen, die das große Verbrechen nicht mehr selbst erlebt haben und denen auch nicht mehr durch Zeitzeugen Erlebtes vermittelt werden kann.

Das war der Grund dafür, dass ich vor zwei Wochen den 27. Januar, den Tag der Befreiung von Auschwitz, mit Zustimmung aller Parteien zum Tag des Gedenkens an die Opfer des Nationalsozialismus erklärt habe. [...] Der 27. Januar soll dem Gedenken an die Opfer der Ideologie vom „nordischen Herrenmenschen" und von den „Untermenschen" und ihrem fehlenden Existenzrecht dienen. Die Wahl des Datums zeigt das unmissverständlich. [...]

Ich wünsche mir, dass der 27. Januar zu einem Gedenktag des deutschen Volkes, zu einem wirklichen Tag des Gedenkens, ja des Nachdenkens wird. Nur so vermeiden wir, dass er Alibi-Wirkungen entfaltet, um die es uns am allerwenigsten gehen darf. Eine Kollektivschuld des deutschen Volkes an den Verbrechen des Nationalsozialismus können wir, wie ich schon sagte, nicht anerkennen; ein solches Eingeständnis würde zumindest denen nicht gerecht, die Leben, Freiheit und Gesundheit im Kampf gegen den Nationalsozialismus und im Einsatz für seine Opfer aufs Spiel gesetzt haben und deren Vermächtnis der Staat ist, in dem wir heute leben.

Aber eine kollektive Verantwortung gibt es, und wir haben sie stets bejaht. Sie geht in zwei Richtungen:

- Zunächst darf das Erinnern nicht aufhören; denn ohne Erinnerung gibt es weder Überwindung des Bösen noch Lehren für die Zukunft.
- Und zum andern zielt die kollektive Verantwortung genau auf die Verwirklichung dieser Lehren, die immer wieder auf dasselbe hinauslaufen: Demokratie, Rechtsstaat, Menschenrechte, Würde des Menschen. [...]

Deshalb meine Mahnung zum Erinnern und zur Weitergabe der Erinnerung. Nicht nur am 27. Januar. Aber vielleicht kann dieser Gedenktag uns dabei helfen.

Ansprache von Bundespräsident Roman Herzog zum Gedenktag für die Opfer des Nationalsozialismus im Deutschen Bundestag am 19. Januar 1996; Nach: www.bundespraesident.de/SharedDocs/Reden/DE/Roman-Herzog/Reden/1996/01/19960119_Rede.html (Zugriff: 26. November 2019)

1. Fassen Sie die Gründe zusammen, die Roman Herzog für die Einführung des Gedenktages nennt.
2. Erläutern Sie, welche Funktion die Erinnerung erfüllen soll.
3. Nehmen Sie Stellung zu den Begriffen „Schuld" und „Verantwortung". | H
4. Beurteilen Sie, ob die Ziele, die Herzog mit der Einführung des Gedenktages verfolgte, erreicht worden sind. Erklären Sie seine Absicht, damit „Alibi-Wirkungen" vermeiden zu wollen.
5. Entwickeln Sie weitere „Gedenkstrategien" zur Erreichung dieser Ziele.

M3 Internationales Gedenken an den Holocaust

Am 1. November 2005 erklärt die Generalversammlung der Vereinten Nationen (United Nations Organization, UNO) den 27. Januar zum „Internationalen Tag des Gedenkens an die Opfer des Holocaust" („International Holocaust Remembrance Day") und nimmt folgende Resolution an:

Die Generalversammlung,
in Bekräftigung der Allgemeinen Erklärung der Menschenrechte, in der verkündet wird, dass jeder Anspruch auf alle darin genannten Rechte und Freiheiten hat, ohne irgendeinen Unterschied, etwa nach Rasse, Religion oder sonstigem Stand,
unter Hinweis auf Artikel 3 der Allgemeinen Erklärung der Menschenrechte, in dem es heißt, dass jeder das Recht auf Leben, Freiheit und Sicherheit der Person hat, [...]
eingedenk dessen, dass das Gründungsprinzip der Charta der Vereinten Nationen, „die kommenden Generationen vor der Geißel des Krieges zu bewahren", die unauflösliche Verbindung bezeugt, die zwischen den Vereinten Nationen und der beispiellosen Tragödie des Zweiten Weltkriegs besteht,
unter Hinweis auf die Konvention über die Verhütung und Bestrafung des Völkermordes, die verabschiedet wurde, um zu verhindern, dass es je wieder zu Völkermorden kommt, wie sie vom Nazi-Regime begangen wurden, [...]
in Würdigung des Mutes und der Einsatzbereitschaft der Soldaten, die die Konzentrationslager befreiten,
erneut erklärend, dass der Holocaust, bei dem ein Drittel des jüdischen Volkes sowie zahllose Angehörige anderer Minderheiten ermordet wurden, auf alle Zeiten allen Menschen als Warnung vor den Gefahren von Hass, Intoleranz, Rassismus und Vorurteil dienen wird,

1. beschließt, dass die Vereinten Nationen den 27. Januar eines jeden Jahres zum Internationalen Tag des Gedenkens an die Opfer des Holocaust erklären werden;
2. fordert die Mitgliedstaaten nachdrücklich auf, Erziehungsprogramme zu erarbeiten, die die Lehren des Holocaust im Bewusstsein künftiger Generationen verankern werden, um verhindern zu helfen, dass es in der Zukunft wieder zu Völkermordhandlungen kommt [...];
3. weist jede vollständige oder teilweise Leugnung des Holocaust als eines geschichtlichen Ereignisses zurück;
4. lobt die Staaten, die sich aktiv um die Erhaltung der von den Nazis während des Holocaust als Todeslager, Konzentrationslager, Zwangsarbeitslager und Gefängnisse genutzten Stätten bemüht haben;
5. verurteilt vorbehaltlos alle Manifestationen von religiöser Intoleranz, Verhetzung, Belästigung oder Gewalt gegenüber Personen oder Gemeinschaften aufgrund ihrer ethnischen Herkunft oder religiösen Überzeugung, gleichviel wo sie sich ereignen;
6. ersucht den Generalsekretär, als Beitrag zur Verhinderung künftiger Völkermordhandlungen ein Informationsprogramm zum Thema „Der Holocaust und die Vereinten Nationen" aufzustellen und Maßnahmen zur Mobilisierung der Zivilgesellschaft für das Gedenken an den Holocaust und die Holocausterziehung zu ergreifen [...].

Nach: www.europa.clio-online.de/quelle/id/q63-28444 (Zugriff: 26. November 2019)

1. Beschreiben Sie die Gründe für die Erklärung des internationalen Holocaust-Gedenktages.
2. Arbeiten Sie Aufgaben und Selbstverständnis der UNO heraus.
3. Bei der Verabschiedung der Resolution bezeichnete UNO-Generalsekretär Kofi Annan den Gedenktag als „eine wichtige Mahnung an die universelle Lektion des Holocaust". Erläutern Sie, welche Lektion damit gemeint ist.
4. Beurteilen Sie folgende These: Wenn der 27. Januar zum internationalen Gedenktag erhoben und damit auf die ganze Welt ausgedehnt wird, bedeutet dies nicht zugleich eine Entlastung für die Deutschen?

M4 Offizielle Erinnerung kontra Familiengedächtnis

Die Kulturwissenschaftlerin Aleida Assmann (siehe Seite 463), die sich insbesondere mit den Themen Gedächtnis und Erinnerung beschäftigt, schreibt 2010 zum Holocaust-Gedenktag:

Der 27. Januar, der inzwischen Teil einer transnationalen Erinnerungskultur geworden ist, ist also selbst kein Datum, das in der Erfahrung der deutschen Bevölkerung verankert ist. Überhaupt kommt weder den nationalsozialistischen Verbrechen noch dem Holocaust im deutschen Familiengedächtnis eine bedeutende Rolle zu. Aus *oral history*-Studien, die die Tradierung der NS-Zeit und des Holocaust in deutschen Familien untersucht haben, wissen wir, dass sich ein Hiat [eine Kluft] auftut zwischen dem offiziellen Geschichtswissen, das inzwischen in den Schulen vermittelt wird, und den Erinnerungen, die in der Familie tradiert werden. Während die Themen Nationalsozialismus und Holocaust im Geschichtsunterricht eine zentrale Rolle spielen, kreist die Familienerinnerung weitgehend um Themen wie Bombenkrieg, Hunger, Flucht und Vertreibung, die ihrerseits in der Schule (noch) keinen Platz haben. [...]
Während sich die Holocaust-Erinnerungsgemeinschaft geografisch ständig erweiterte, wurde sie zugleich inhaltlich beschränkt. Diejenigen, die sich erinnern, werden immer mehr, diejenigen, die erinnert werden, werden dagegen weniger. Roman Herzog hatte ausdrücklich alle Opfer nationalsozialistischer Vernichtungspolitik ins Bewusstsein der Deutschen heben wollen. Von den Opfergruppen der Sinti und Roma, der Homosexuellen und den Opfern der Euthanasie ist im Zuge der Ausweitung der Holocaust-Erinnerung jedoch keine Rede mehr. Es geht immer ausschließlicher um die jüdischen Opfer, von deren kultureller Erinnerungspraxis das Holocaust-Gedenken stark geprägt ist.
[...] Auf der Seite der sich ausweitenden Erinnerungsgemeinschaft gibt es eine paradoxe Leerstelle: Die Nation der Helden des 27. Januar, die Nachfahren der Roten Armee und somit der Befreier von Auschwitz, haben selbst keinen Anteil an diesem Gedenken.

Aleida Assmann, 27. Januar 1945: Genese und Geltung eines neuen Gedenktags, in: Etienne François und Uwe Puschner (Hrsg.), Erinnerungstage. Wendepunkte der Geschichte von der Antike bis zur Gegenwart, München 2010, S. 323 und 332

1. Geben Sie wieder, warum der 27. Januar laut Assmann nicht in das kommunikative Gedächtnis der Deutschen eingedrungen ist.
2. Erläutern Sie, welche Probleme die internationale Ausbreitung des Gedenktages mit sich bringt.
3. Erörtern Sie an Beispielen die Aussage, dass das Holocaust-Gedenken stark von den jüdischen Opfern geprägt ist.

M5 „Schafft diesen Gedenktag wieder ab!"

*Der Soziologe Y. Michal Bodemann (*1944), Mitglied der Jüdischen Gemeinde zu Berlin, verfasst am 26. Januar 1999 folgenden Kommentar in der Tageszeitung „taz":*

Der 27. Januar, der Tag der Befreiung von Auschwitz, ist seit 1995 der offizielle deutsche Gedenktag. Und niemand merkt es. Es könnte alles so schön werden: erst ein ordentlicher Gedenktag für die Opfer, dazu das für den ausländischen Besucher eindrucksvolle Eisenman-Mahnmal[1]. […]
Er scheint als Gedenktag für alle Nazi-Opfer weniger kontrovers: Der 27. Januar erinnert an die Befreiung von Auschwitz durch die Rote Armee 1945. Doch zu diesem Zeitpunkt war das KZ nur noch ein Schatten. In den Wochen zuvor hatte sich die Mordmaschinerie verlangsamt, zehn Tage zuvor wurde Auschwitz evakuiert, über 130 000 Häftlinge wurden auf Transporte und Todesmärsche geschickt, und nur ein elendes Überbleibsel von knapp 8 000 Insassen wurde am 27. Januar befreit.
Warum wurde dieser Tag gewählt? Warum keiner der historisch und national bedeutsamen Tage? Warum nicht der 30. Januar 1933, als die Deutschen Hitler zujubelten? Warum nicht der 10. November 1938, der zentrale Tag der Novemberpogrome, als viele Deutsche zusahen und viele mitmachten?
Warum nicht der 1. September 1939, der Beginn des Zweiten Weltkrieges? Oder der 20. Januar 1942, der Tag der Wannseekonferenz? Oder der 8. Mai, der Tag nicht der Befreiung eines einzelnen KZ, sondern der Befreiung Europas insgesamt? […]
Der 27. Januar ist ein fernes, konstruiertes Datum, ohne deutsche Erinnerung, in einem anderen Land und ohne deutsche Akteure, denn selbst die SS-Wachmannschaften waren damals bereits verschwunden.
Für die Verfolgtenseite mag dieser Tag ein Symbol der Befreiung sein, es waren ihre Angehörigen, die nun das Ende dieses Schreckens vor sich sahen. In Deutschland stand hinter der Entscheidung für diesen Tag offenbar die wohlmeinende, doch naive und beschönigende Idee, in Solidarität mit der Opferseite an das Ende des Mordens zu erinnern. Dadurch, dass der Befreiung von Auschwitz statt seiner Errichtung gedacht wird, stellt sich Deutschland an die Seite der Opfer und der Siegermächte – ein Anspruch, der Deutschen nicht zusteht. Der 27. Januar suggeriert darüber hinaus ein „Ende gut, alles gut". Ein Tag der Erinnerung für Deutsche soll er sein, doch tatsächlich ist es ein Tag der Zubetonierung von Erinnerung, ein Tag, der den historischen Schlussstrich signalisiert.

[1] Damit ist das von dem US-amerikanischen Architekten Peter Eisenman entworfene Denkmal für die ermordeten Juden Europas in Berlin gemeint. Der Einweihung des Denkmals im Mai 2005 ging eine über 15 Jahre dauernde Planungs- und Vorbereitungsphase voraus, die in Politik und Presse kontrovers diskutiert wurde.

Wir könnten nun pragmatisch argumentieren: Solange dieser Tag engagiert begangen wird, wäre es ja gut; zumindest besser als gar nichts. Doch der 27. Januar ist eben gerade nicht angenommen worden, er ist ein Tag ohne deutsche Erinnerung geblieben. Die obligatorischen Reden werden zwar gehalten, doch schon bei seiner Einführung 1996 wurden die Feiern im Bundestag um einige Tage vorverlegt, weil es den Abgeordneten so wegen der Urlaubszeit besser passte. Auch 1998 waren die Gedenkfeierlichkeiten Pflichtübungen, die in der Mahnmaldebatte untergingen: Über diesen Tag gab es wenig zu sagen, da kam die Mahnmaldebatte gerade recht. […]

Y. Michal Bodemann, 27. Januar: Schafft diesen Gedenktag wieder ab!, in: taz vom 26. Januar 1999

1. Fassen Sie die Aussagen Bodemanns mit eigenen Worten zusammen.
2. Vergleichen Sie seine Einschätzung mit den Absichten, die Roman Herzog und die Vereinten Nationen (M2 und M3) zur Einführung des Gedenktages formuliert haben.
3. Der Politikwissenschaftler Harald Schmid bezeichnet die Etablierungsgeschichte des 27. Januar – wie auch die des 3. Oktober – als ein Beispiel für etatistische, also vom Staat verordnete, Geschichtspolitik. Beurteilen Sie diese Aussage.
4. Präsentation: Verfassen Sie eine Gedenkrede zum 27. Januar, in der Sie auch Stellung zu den in M4 und M5 genannten Kritikpunkten nehmen. | H

M6 „Die Zukunft liegt in Ihren Händen"

*Die Holocaust-Überlebende Anita Lasker Wallfisch (*1925) hält am 31. Januar 2018 eine Rede in Berlin zum Jahrestag der Befreiung des Konzentrationslagers Auschwitz:*

Es gibt schlechthin keinen Genozid, der so umfassend dokumentiert ist wie der Holocaust. Stundenlange Interviews wurden mit Überlebenden gemacht. Man kann unzählige Berichte lesen, wenn man will. Und trotzdem gibt es Leugner, Menschen, die behaupten, dass das alles erfunden ist. Man schickt sogar jemanden nach Birkenau, der an den Wänden der gesprengten Gaskammern herumkratzt, um zu beweisen, dass das, was man sich erzählt, ganz einfach nicht wahr ist. Die Realität ist anders. Im Januar vor 73 Jahren wurde Auschwitz befreit, und die unvorstellbarsten Verbrechen an unschuldigen Menschen kamen langsam in die Öffentlichkeit. Das Ausmaß der Katastrophe war gar nicht zu fassen. […]
Im Jahre 2000 fand die internationale Konferenz in Stockholm statt – und der Beschluss, den 27. Januar zum offiziellen Gedenktag zu ernennen und den Holocaust als Pflichtfach in Schulen einzuführen. Die Stimmung war voller Hoffnung auf eine bessere Zukunft.

Inzwischen sind über 70 Jahre vergangen, die Generation der Täter gibt es nicht mehr. Man kann es eigentlich der heutigen Jugend nicht verübeln, dass sie sich nicht mit den Verbrechen identifizieren will. Aber leugnen, dass auch das zur deutschen Vergangenheit gehört, darf nicht sein. (*Beifall*)

Noch mehr zur Sache kann gar nicht sein. Worunter soll ein Schlussstrich gezogen sein? Was geschehen ist, ist geschehen und kann nicht mit einem Strich ausgelöscht werden. Es handelt sich auch gar nicht um Schuldgefühle – die sind vollkommen fehl am Platz –; es handelt sich jetzt um die Sicherheit, dass so etwas nie, aber auch nie wieder hier geschehen kann. (*Beifall*) […]

Was den wieder aufblühenden Antisemitismus betrifft: Fragen Sie sich: Wer sind eigentlich diese Juden? Warum findet man sie überall? Vielleicht, weil sie vor zweitausend Jahren aus ihrer Heimat in alle Welt vertrieben wurden und immer wieder irgendeinen Platz gesucht haben, wo sie hofften in Frieden leben zu können, nicht ermordet zu werden. Juden sind kein Sammelbegriff, ganz einfach Menschen, zugegeben mit einer sehr ungewöhnlichen Geschichte, immer wieder Prügelknaben – verfolgt, ermordet und verleumdet.

Auf der positiven Seite ist, dass am 18. dieses Monats hier in diesem Hause einstimmig eine Resolution angenommen wurde, dass Antisemitismus entschlossen bekämpft werden muss.[1] Man kann nur hoffen, dass Sie den Kampf gewinnen. Die Zukunft liegt in Ihren Händen.

Vor acht Jahren hat Schimon Peres, der damalige Präsident von Israel, hier eine Rede gehalten und gesagt: Während es sein Herz zerreißt, wenn er an die Gräueltaten der Vergangenheit denkt, blicken seine Augen in eine Welt von jungen Menschen, in der es keinen Platz für Hass gibt, eine Welt, in der Krieg und Antisemitismus nicht mehr existieren. – Utopia?

Endlose Schwierigkeiten waren zu überwinden, bevor wir beide Deutschland verlassen konnten – fast ein ganzes Jahr. Ich hatte geschworen, nie wieder meine Füße auf deutschen Boden zu setzen. Mein Hass auf alles, was deutsch war, war grenzenlos. Wie Sie sehen, bin ich eidbrüchig geworden – schon vor vielen, vielen Jahren –, und ich bereue es nicht. Hass ist ganz einfach ein Gift, und letzten Endes vergiftet man sich selbst. (*Beifall*)

Ich verabschiede mich jetzt von Ihnen mit Dank für diese Einladung und Anerkennung für die Würde und Offenheit, mit der Sie jedes Jahr diesen Gedenktag begehen.

Thank you. (*Langanhaltender Beifall – Die Anwesenden erheben sich*)

Nach: www.bundestag.de/dokumente/textarchiv/2018/kw05-nachbericht-gedenkstunde-rede-wallfisch-541710 (Zugriff: 26. November 2019)

Anita Lasker Wallfisch spricht im Deutschen Bundestag.
Foto vom 31. Januar 2018, Berlin.

1. Präsentation: Recherchieren Sie zum biografischen Hintergrund von Anita Lasker Wallfisch und stellen Sie Ihre Ergebnisse in einem Kurzreferat vor.
2. Geben Sie die Kernaussagen des Redeauszuges wieder.
3. Charakterisieren Sie die Rede. Gehen Sie dabei auf folgende Gesichtspunkte ein: Argumentation, Sprach- und Wortwahl, Stil, Umgangs- oder Hochsprache. | F
4. An einer anderen Stelle der Rede sagt Anita Lasker Wallfisch: „Juden werden kritisiert, dass sie sich damals nicht verteidigt haben, was nur bestätigt, wie unmöglich es ist, sich in unsere damalige Lage hineinzuversetzen. Und dann werden Juden kritisiert, wenn sie sich verteidigen. Was für ein Skandal, dass jüdische Schulen und sogar jüdische Kindergärten polizeilich bewacht werden müssen! […] Man muss sich wirklich fragen: Warum?". Nehmen Sie zu der Aussage Stellung.

Internettipp
Einen Bericht vom Auslandsrundfunk der Bundesrepublik Deutschland über die Rede von Anita Lasker Wallfisch können Sie sich auf YouTube unter dem Code **32035-70** ansehen.

[1] Am 18. Januar 2018 beschloss der Bundestag, den Antisemitismus entschlossen zu bekämpfen und das Amt eines Antisemitismusbeauftragten zu schaffen.

Der 3. Oktober: Tag der Deutschen Einheit

Geteiltes Gedenken | Die Teilung Deutschlands nach dem Zweiten Weltkrieg prägte auch das staatliche Gedenken. In der DDR wurde der *7. Oktober* als Staatsfeiertag („Tag der Republik") begangen, zur Feier der Staatsgründung von 1949. Dagegen erhob die Bundesrepublik den *17. Juni* zum staatlichen Feiertag, zum Gedenken an den Arbeiter- und Volksaufstand in der DDR von 1953. Damals hatten Proteste und Streiks gegen die drastische Anhebung der Arbeitsnormen zu einer landesweiten Erhebung geführt, die schließlich auch für freie Wahlen und eine Vereinigung mit Westdeutschland eingetreten war. Der Aufstand wurde durch das Regime der SED mit Unterstützung der Sowjetunion blutig beendet. Als „Tag der deutschen Einheit" sollte der 17. Juni die Westdeutschen seitdem daran erinnern, dass die Menschen im anderen Teil Deutschlands in Unfreiheit lebten. In der DDR blieb das öffentliche Gedenken an den 17. Juni verboten.[1]

Seit den 1970er-Jahren hatten sich die Deutschen in Ost und West mehrheitlich mit der Teilung abgefunden. Der 17. Juni wurde in der Bundesrepublik zwar weiterhin begangen, allerdings eher als inhaltsleeres Ritual, da eine deutsche Einheit kaum noch erreichbar schien.

Wende in der DDR | 1989 feierte die DDR ihr 40-jähriges Bestehen. Die offiziellen Feiern im Herbst wurden von wachsenden Protesten überschattet – Bürgerinnen und Bürger der DDR demonstrierten gegen die schlechte Versorgungslage, gegen Wahlbetrug und die staatliche Überwachung und Bevormundung. Auf die Massenproteste reagierte das SED-Regime mit einem Wechsel an der Staatsspitze, der jedoch keine Entlastung brachte. Als weiteres Zugeständnis hob die Regierung die bestehenden Reisebeschränkungen in den Westen auf. Am Abend des 9. November, als diese Maßnahme verkündet wurde, fielen auf einmal die Grenzkontrollen zwischen Ost- und West-Berlin. Der *Fall der Berliner Mauer* läutete das Ende der kommunistischen Zwangsherrschaft ein. Die SED gab ihren alleinigen Führungsanspruch im Staat auf. Ähnlich wie zur gleichen Zeit in Polen, Ungarn und anderen Ländern des Ostblocks hatten gewaltlose Bürgerproteste die Diktatur überwunden.

Freiheit und Einigkeit | Die *friedliche Revolution* in der DDR zielte anfangs auf Reformen und eine Demokratisierung des Landes nach westlich-liberalen Grundsätzen (Motto: „Wir sind das Volk"). Während die noch amtierende SED-Regierung sowie viele Bürgerrechtler wünschten, die DDR als eigenen Staat zu erhalten, forderten immer mehr Menschen die Vereinigung mit der Bundesrepublik (Motto: „Wir sind *ein* Volk"). Bei den ersten freien Wahlen zur DDR-Volkskammer im März 1990 gab es eine deutliche Mehrheit für Parteien, die die deutsche Einheit anstrebten. Gemäß diesem Mandat verhandelten die neue DDR-Regierung unter Ministerpräsident Lothar de Maizière und die Bundesregierung unter Kanzler Helmut Kohl über eine mögliche Vereinigung beider Staaten. Dieser Prozess sollte auch einem drohenden wirtschaftlichen Zusammenbruch der DDR zuvorkommen.

Auf dem Weg zur Einheit | Im Juli 1990 trat eine *Wirtschafts-, Währungs- und Sozialunion* zwischen beiden deutschen Staaten in Kraft. Für eine politische Vereinigung sollte die DDR der Bundesrepublik gemäß Artikel 23 des Grundgesetzes beitreten. Dieser Schritt wurde angesichts des dramatischen Verfalls der DDR-Wirtschaft immer dringender. Die Bedingungen des Beitritts berieten Ost-Berlin und Bonn im Einigungsvertrag. Die beiden deutschen Regierungen verhandelten auch mit den vier Siegermächten des Zweiten Weltkrieges, den USA, der Sowjetunion, Großbritannien und Frankreich, die weiterhin Hoheitsrechte über Gesamtdeutschland besaßen (sogenannte *Zwei-plus-Vier-Gespräche*).

[1] Zum „17. Juni" siehe auch Seite 428f.

SED: Sozialistische Einheitspartei Deutschlands, gegründet 1946. Bis zum November 1989 kontrollierte sie in der DDR alle öffentlichen Einrichtungen und manipulierte Wahlen und Abstimmungen, die übrigen Parteien und Verbände mussten ihre Führungsrolle anerkennen.

Ostblock: Sammelbezeichnung für die kommunistisch regierten Länder in Ost- und Mitteleuropa, die bis Ende der 1980er-Jahre dem Machtbereich der UdSSR angehörten.

Volkskammer: Bezeichnung für das Parlament der DDR mit Sitz in Ost-Berlin

Lothar de Maizière (*1940): deutscher Politiker, von November 1989 bis Oktober 1990 Vorsitzender der CDU der DDR, von April bis Oktober 1990 letzter Ministerpräsident der DDR

Helmut Kohl (1930–2017): 1969–1976 Ministerpräsident von Rheinland-Pfalz, 1973–1998 Bundesvorsitzender der CDU, 1982–1998 Bundeskanzler

Am 23. August 1990 entschied die Volkskammer der DDR, wann der Beitritt der fünf ostdeutschen Länder Brandenburg, Mecklenburg-Vorpommern, Sachsen, Sachsen-Anhalt, Thüringen sowie Ost-Berlins zur Bundesrepublik stattfinden sollte. Eine große Mehrheit stimmte für den 3. Oktober 1990. Den Ausschlag für dieses Datum gaben letztlich Terminfragen. Geplant war ein möglichst rascher Beitritt. Zuvor aber war der Einigungsvertrag abzuschließen (unterzeichnet am 31. August), ebenso der Zwei-plus-Vier-Vertrag, der am 12. September vereinbart und am 1. Oktober der internationalen Staatengemeinschaft in Gestalt der KSZE präsentiert wurde. Überdies wollte die Volkskammer einen nochmaligen Jahrestag der DDR (am 7. Oktober 1990) vermeiden. Im Einigungsvertrag wurde der Beitrittstermin *3. Oktober* auch als neuer nationaler Feiertag („*Tag der Deutschen Einheit*") festgeschrieben.[1] Der 17. Juni galt seither nur noch als Gedenktag.

Ein neues Datum | Die Entscheidung für den 3. Oktober als Nationalfeiertag fand auf Regierungsebene statt. Dagegen blieb die öffentliche Diskussion über ein künftiges Feiertagsdatum weitgehend unberücksichtigt (➔M1). Mit dem 3. Oktober wurde ein „neutraler" Feiertag gewählt, der bis dahin weder in der alten Bundesrepublik noch in der DDR existiert hatte. Es war der Tag des Inkrafttretens der deutschen Einheit, „der Geburtstag des vereinigten Deutschland", wie es der ostdeutsche Theologe und SPD-Politiker *Richard Schröder* später beschrieb. Von nun an galt das Grundgesetz mit seiner freiheitlich-demokratischen Ordnung für alle Deutschen. Der neue Feiertag war daher auch Ausdruck eines Verfassungspatriotismus.

In der Nacht vom 2. auf den 3. Oktober 1990 fand die Einheitsfeier in Berlin statt, der Hauptstadt des vereinten Deutschland (➔M2). Seither werden die zentralen Feierlichkeiten zum Tag der Einheit jedes Jahr an wechselnden Orten abgehalten. Ausrichter ist jeweils das Bundesland, das den Vorsitz im Bundesrat führt. Mit dieser Regelung sollen die Vielfalt und Gleichberechtigung aller Landesteile betont werden.

Feiern mit Augenmaß | Am 3. Oktober soll nicht Deutschlands Macht und Stärke demonstriert werden, sondern seine Friedfertigkeit. Bewusst wird auf Militärparaden und Masseninszenierungen verzichtet, wie sie für den Nationalsozialismus und die SED-Diktatur kennzeichnend waren. Die Hauptstadt des veranstaltenden Bundeslandes[2] richtet ein großes Bürgerfest („Deutschlandfest") aus. Auf Messeständen stellen sich sämtliche Bundesländer und Verfassungsorgane vor (➔M3).

Der Feiertag steht auch im Zeichen des Gedenkens. Im Rahmen der zentralen Festveranstaltung findet ein ökumenischer Gottesdienst statt, und die Repräsentanten des Staates halten Gedenkreden.[3] Darin ging es bislang stets um das Bekenntnis zu Frieden und Partnerschaft mit Deutschlands Nachbarn, die die Einheit möglich machten. Zum Stand der „inneren Einheit" wird Zwischenbilanz gezogen (Was wurde bis heute erreicht? Was ist noch zu leisten?). Ebenso erfolgen Mahnungen an die deutsche Vergangenheit, die inzwischen gemeinsam aufgearbeitet werden kann.

[1] Siehe auch das Kapitel „Geschichte kontrovers" auf Seite 504f.

[2] Abweichend davon wurden die Einheitsfeiern 2011 in Bonn (statt in der Landeshauptstadt Düsseldorf) und 2015 in Frankfurt am Main (statt in Wiesbaden) veranstaltet.

[3] Zur Rede des damaligen Bundespräsidenten Joachim Gauck am 3. Oktober 2015 siehe Seite 503.

Einigungsvertrag („Vertrag über die Herstellung der Einheit Deutschlands"): zentrales Abkommen zur politischen und rechtlichen Vereinigung von DDR und alter Bundesrepublik, trat im Oktober 1990 in Kraft

Zwei-plus-Vier-Vertrag („Vertrag über die abschließende Regelung in Bezug auf Deutschland"): völkerrechtlicher Vertrag vom September 1990, benannt nach den sechs Vertragsparteien. Er legte u.a. Deutschlands endgültige Grenzen fest und übertrug ihm die volle Souveränität.

KSZE: Konferenz über Sicherheit und Zusammenarbeit in Europa, die seit Anfang der 1970er-Jahre in loser Folge zusammentrat. Im Oktober 1990 tagten die Außenminister der damals 35 Teilnehmerstaaten in New York, um u.a. den Zwei-plus-Vier-Vertrag zur Kenntnis zu nehmen.

Verfassungspatriotismus: von dem Politikwissenschaftler Dolf Sternberger und dem Soziologen Jürgen Habermas entwickeltes Konzept. Demnach kann sich ein Staatsvolk über die eigene Demokratie und Rechtsstaatlichkeit definieren (statt über gemeinsame Abstammung oder Sprache).

Verfassungsorgane: im Grundgesetz festgelegte Organe der Staatsgewalt, namentlich Bundestag (Parlament), Bundesrat (Vertretung der Länder), Bundesregierung, Bundespräsident, Bundesverfassungsgericht und Bundesversammlung

Offizielles Plakat zum Tag der Deutschen Einheit von 2014.
Jedes Jahr steht der Tag der Deutschen Einheit unter einem neuen Motto, hier: „Vereint in Vielfalt".

- Interpretieren Sie Bild und Text des Plakates.
- Präsentation: Formulieren Sie ein mögliches Motto für den Tag der Deutschen Einheit und stellen Sie es in der Klasse vor. Begründen Sie Ihre Wahl.

M1 Vorschläge zum künftigen Nationalfeiertag

Im Sommer 1990 steht die deutsche Einheit noch bevor. Die Wochenzeitung „Die Zeit" befragt damals Vertreter aus Politik, Wissenschaft, Kunst und Medien, welche nationalen Symbole für das vereinte Deutschland geeignet scheinen. Zur Frage des Nationalfeiertages gibt es verschiedene Stellungnahmen. Am 15. Juni ist in der Zeitung u. a. zu lesen:

Peter Bender *Publizist* [...]
Unser Nationalfeiertag sollte der „Tag der deutschen Einheit" am 17. Juni sein. Die ihn begründeten, dürfen ihn nun mitfeiern. Und was ihn bisher beschwerte – ein Tag des Scheiterns, nicht des Sieges – ist nun aufgehoben durch den zweiten Aufstand, der den Sieg über die Diktatur brachte und die Einheit ermöglichte. [...]

Alfred Grosser *Politologe* [...]
Der 23. Mai[1] ist zu sehr auf die aus der Teilung entstandene Bundesrepublik bezogen. Der 17. Juni ist schon längst zum Ferientag geworden und symbolisiert erstens ein Scheitern, zweitens eine deutsch-sowjetische Repression gegen andere Deutsche. Der 9. November ist nur tragbar, wenn zugleich der 9. November 1938[2] in Trauer erwähnt wird. Aber es wäre kein unrichtiges Datum. Warum aber nicht von vorne anfangen und den Tag nehmen, an dem zum ersten Mal das neue gesamtdeutsche Parlament tagen wird? [...]

Wolf Jobst Siedler *Verleger* [...]
Wenn es einen Nationalfeiertag geben muss, und es scheint, dass ein Land nicht ohne ihn auskommt, so wird der Tag der Schaffung eines geeinten neuen Deutschlands wahrscheinlich das angemessene Datum sein. [...] Wäre das Dritte Reich durch eine Erhebung von unten gestürzt worden, so würde dies ein legitimer Feiertag gewesen sein, aber nun läuft es eigentlich so oder so auf ein Datum hinaus, das nicht im Bewusstsein und im Gefühl der Deutschen verwurzelt ist.

In der Fortsetzung der Umfrage am 22. Juni heißt es:

Wolf Biermann *Liedermacher* [...]
Der 8. Mai[3], und zwar ausdrücklich als Tag der Befreiung vom Hitler-Faschismus[4] durch die Alliierten. Wir haben uns nun einmal nicht selber befreit von dieser Tyrannei. Wir wollen uns erinnern an diese Dunkelheit und fest entschlossen sein, uns, bei nächster Gelegenheit, der kommenden Diktatoren selbst zu entledigen. [...]

Berndt von Staden *Staatssekretär a. D.* [...]
Nationalfeiertag sollte der Tag werden, an dem die neue Einheit staatsrechtlich vollzogen wird. Darin drückt sich aus, dass hier zwei Gemeinwesen zusammenkommen, um eine Einheit zu bilden.

Klaus Bölling *Staatssekretär i. R.* [...]
Jetzt ist die Chance gegeben, den Tag, an dem mutige Arbeiter in der DDR gegen das stalinistische Ausbeuterregime aufbegehrten, als Feiertag aller Deutschen gleichsam zu rehabilitieren, also von dem Makel zu reinigen, dass die Bundesdeutschen bald vierzig Jahre etwas gefeiert haben, woran sie nicht selbst Anteil und Verdienst hatten. Der Aufstand vom 17. Juni 1953 ist für mich ein noch stärkeres Datum unserer Geschichte als die friedliche Revolution des 9. November. Der Tag des Grundgesetzes würde auch künftig ein blutleerer Feiertag bleiben, mit dem zumal die DDR-Deutschen nichts anzufangen wissen. Wer den 17. Juni 1953 in Berlin miterlebt hat, weiß, dass es damals schon zuerst um Freiheit und um die Überwindung der Zerrissenheit gegangen ist.

Erster und zweiter Text: Symbole für das neue Deutschland. Welcher Name? Welche Hymne? Welcher Feiertag? – Antworten auf drei Fragen der ZEIT, in: Die Zeit vom 15. Juni 1990 (Ausgabe Nr. 25/1990), S. 3 f. und vom 22. Juni 1990 (Ausgabe Nr. 26/1990), S. 10

[1] **23 Mai:** Tag des Inkrafttretens des Grundgesetzes 1949
[2] **9. November 1938:** Die Nationalsozialisten gehen gewaltsam gegen Juden vor, um sie aus dem Deutschen Reich zu vertreiben („Novemberpogrome").
[3] **8. Mai:** Ende des Zweiten Weltkrieges in Europa 1945
[4] **Faschismus** (von ital. *fasci di combattimento*: Kampfbünde): rechtsextreme, antidemokratische und antikommunistische Weltanschauung oder Herrschaftsform

1. Informieren Sie sich über die hier zu Wort kommenden Personen im Internet.
2. Präsentation: Erstellen Sie eine Übersicht, die die Stellungnahmen zusammenfasst. Ordnen Sie dabei nach folgenden Gesichtspunkten: Welches Datum wird favorisiert, welches dagegen verworfen? Welche Argumente werden geltend gemacht? Was soll der Nationalfeiertag symbolisieren?
3. Analysieren Sie, weshalb es im Vorfeld der deutschen Einigung ein gespaltenes Meinungsbild über den Nationalfeiertag gab. Ziehen Sie dazu auch den Verfassertext auf Seite 498 heran. | F

M2 Ende und Anfang

In einer Studie werden die Reaktionen der Deutschen auf die Einheitsfeiern vom 3. Oktober 1990 ausgewertet. Darin heißt es:

Eigentlich ist der 3. Oktober 1990 nichts anderes als der Tag, an dem die deutsche Einheit in Kraft tritt. Er setzt damit der raschen Entwicklung des Jahres zuvor ein symbolisches Ende, einer Entwicklung, die von der Wende in der DDR über die Aufgabe ihrer wirtschaftlichen Selbstständigkeit in der Währungsunion bis zum Ende ihrer staatlichen Eigenständigkeit und ihrem Beitritt zur Bundesrepublik reicht. Ein solcher Tag braucht einen angemessenen Rahmen, in dem sich seine Bedeutung ausdrückt.

Der 3. Oktober ist aber mehr: Er wurde über diesen formalen Akt hinaus zum neuen deutschen Nationalfeiertag gekürt, mit dem sich, so keine unvorhergesehenen Entwicklungen eintreten, auch noch die folgenden Generationen auseinandersetzen müssen. Der 3. Oktober des Jahres 1990 soll eine dauerhafte Tradition begründen, die es rechtfertigt, dass auch die 3. Oktober der folgenden Jahre arbeits- und schulfrei und in Veranstaltungen gewürdigt werden. [...] Die symbolische Ausgestaltung dieses Tages ist auch deswegen von besonderer Aussagekraft zur Verdeutlichung gemeinter und implizierter[1] Bedeutungen, weil ein formaler Akt wie der schon lange vorher festgelegte Zusammenschluss zweier Institutionen sinnlich nicht erlebbar ist und das symbolische Arrangement dieses Manko ausgleichen muss.

Die Bundesregierung hat diesen Feiertag veranlasst und das feierliche Geschehen in Berlin inszeniert, sie ist an diesem Tag auch der Hauptakteur. Sie präsentiert sich dabei, wie es jede Regierung zu tun pflegt, als erfolgreiche Sachwalterin des öffentlichen Interesses, die Probleme zu bewältigen weiß. Die Medien haben [...] die Aufgabe und die Freiheit, das Geschehen und seine Deutung zu interpretieren und in die Bevölkerung zu verbreiten. Und die Bürger und Bürgerinnen sind es schließlich, die ihn durch ihre Tagesgestaltung zum Feiertag machen – oder nicht.

Friedrich Krotz, Vom Feiern eines nationalen Feiertags. Versuch eines Resümees, in: Ders. und Dieter Wiedemann (Hrsg.), Der 3. Oktober 1990 im Fernsehen und im Erleben der Deutschen, Hamburg 1991, S. 264–285, hier S. 264 f.

1. Erläutern Sie ausgehend vom Text, in welcher Hinsicht der 3. Oktober 1990 sowohl Ende als auch Anfang symbolisiert.
2. Erläutern Sie, worin das „Manko" (Zeile 24) des 3. Oktober als Tag der Deutschen Einheit besteht und erörtern Sie, wie es bewältigt werden kann. Differenzieren Sie dabei nach den drei Gruppen von Akteuren, von denen die Gestaltung des Feiertages abhängt (Regierung, Medien, Bürger). | H

M3 Dritter Oktober, *powered by ...*

*Die Historikerin Vera Caroline Simon (*1980) vergleicht die Gedenk- und Feiertagspraxis in Deutschland und Frankreich. Zur Frage der Finanzierung des Nationalfeiertages stellt sie fest:*

Durch seine institutionelle Verankerung in Frankreich stand für die Organisation des 14. Juli[2] ein festes Budget im Staatshaushalt zur Verfügung. In der Bundesrepublik hingegen wurde versucht, die Feiern weit möglichst durch Sponsoren und nicht über Steuergelder zu finanzieren. Durch diese von den Organisatoren betriebene Politik des Sponsorings wurde viel symbolischer Raum abgetreten. Im Jahr 2002 war zum Beispiel Berlin Austragungsort der zentralen Einheitsfeier: Höhepunkt der öffentlichen Attraktionen war die Enthüllung des Brandenburger Tores, das für Renovierungsarbeiten fast zwei Jahre verdeckt gewesen war, und bereits während dieser Renovierungszeit prangten auf der Bauumhüllung des Tores mehrmals die Logos der Firmen, die die Renovierung gesponsert hatten. Am Tag der Deutschen Einheit zierte die Umhüllung des Brandenburger Tores der große Schriftzug „Vattenfall Europe" – der schwedische Stromkonzern hatte sich an den Renovierungskosten beteiligt und auch die abendliche Großveranstaltung gesponsert. Der Konzernchef kam ebenfalls bei der Übertragung der Festlichkeiten als einer der „Hauptakteure" zu Wort. In ähnlicher Weise inszenierte sich die Coca-Cola GmbH am 3. Oktober mit einer Coca-Cola-Bühne in Berlin und bewarb die Hauptstadtfeier und ihren eigenen Beitrag als „das Einheitsfest der Superlative". Das in Berlin regelmäßig zum Tag der Einheit stattfindende Fest wurde ebenfalls über Sponsoren wie die Deutsche Post und die Deutsche Bahn, aber auch McDonald's oder Sporthersteller finanziert. Die zum Tag der Deutschen Einheit 2003 für Berlin geplanten Veranstaltungen – die zentrale Einheitsfeier fand in Magdeburg statt – mussten wegen fehlender Sponsoren abgesagt werden. Der geografische wie symbolische Raum der Veranstaltung schien somit von den Sponsoren kontrolliert und stand damit in auffälligem Kontrast zum 14. Juli: Durch sein eigenes, unangetastetes Budget im Staatshaushalt war am französischen Nationalfeiertag zumindest in Paris nur ein Symbol zu sehen: die französische Trikolore.

Vera Caroline Simon, Gefeierte Nation. Erinnerungskultur und Nationalfeiertag in Deutschland und Frankreich seit 1990, Frankfurt am Main/New York 2010, S. 125 f.

1. Fassen Sie die zentralen Aussagen des Textes zusammen.
2. Erläutern Sie anhand des Textes, was mit dem „symbolischen Raum" (Zeile 7 und 32) eines Nationalfeiertages gemeint ist.
3. Gruppenarbeit: Diskutieren Sie in der Klasse Vor- und Nachteile einer kommerziellen Unterstützung von nationalen Gedenk- und Feiertagen. Berücksichtigen Sie dabei, dass Sponsoren ihre eigenen Interessen verfolgen und oft eigene Botschaften anbringen wollen.
4. Präsentation: An Sie wird der Auftrag vergeben, auf dem Bürgerfest zum 3. Oktober Ihr Bundesland zu repräsentieren. Das kann zum Beispiel durch einen Informationsstand oder durch kreative Aktionen erfolgen. Entwickeln Sie eigene Gestaltungsideen, wie Sie den Festbesuchern Ihr Bundesland zeigen wollen.

[1] **implizieren:** (unausgesprochen) mit enthalten

[2] **14. Juli** („Quatorze Juillet"): seit 1880 Nationalfeiertag in Frankreich, zum Gedenken an die Erstürmung der Bastille in Paris 1789 im Zusammenhang mit der Französischen Revolution

Methode

Politische Reden analysieren

Weitere Anwendungsbeispiele finden Sie u. a. auf den Seiten 89, 276, 351, 493 f. und 496 f.

Politische Reden sind Textquellen. Ihr Wortlaut ist in der Regel schriftlich überliefert, manchmal sind Reden auch als Video, auf Tonbändern oder Audiodateien verfügbar. Je nach Anlass und Zweck kann man **verschiedene Typen** von politischen Reden unterscheiden: Eine Parlamentsrede debattiert eine politische Entscheidung, eine Protestrede stellt Forderungen auf einer Kundgebung, eine Wahlkampfrede wirbt für ein Programm und kritisiert den politischen Gegner, eine Gedenkrede erinnert an bedeutende Personen oder Ereignisse der Vergangenheit. Oft treten diese Redetypen gemischt auf, etwa wenn eine Parlamentsrede auch dem Wahlkampf dient oder eine Gedenkrede auf aktuelle Fragen zu sprechen kommt.
Da eine Rede mündlich gehalten wird, ist nicht nur ihr Inhalt von Bedeutung, sondern auch die **vortragende Person**, ihr Amt und ihre Funktion, ihre Bekanntheit oder Beliebtheit. Bei der Untersuchung politischer Reden ist zu berücksichtigen, dass sie auf eine bestimmte Situation hin angelegt sind. In dieser Situation sollen die **Zuhörer** im gewünschten Sinne beeinflusst werden, etwa durch einprägsame Formulierungen, Zuspitzungen oder Appelle. Zentrale Aussagen einer Rede können dabei zum „geflügelten Wort" werden, das weit über die Redesituation hinaus Verbreitung findet. Als Geschichtsquellen geben politische Reden Aufschluss darüber, welche drängenden Fragen in der Vergangenheit bestanden und wie versucht wurde, öffentlichkeitswirksam darauf zu reagieren.

Arbeitsschritt	Leitfragen
1. beschreiben	• Wer ist der Redner / die Rednerin und welche Funktion hat er / sie? • Was ist über die politische Haltung oder Weltanschauung des Redners / der Rednerin bekannt? • Wann, wo und in welchem Rahmen wurde die Rede gehalten (Art und Anlass der Veranstaltung, besonderer Redeort, Publikum, Übertragung durch Medien)? • Was behandelt die Rede (Thema, Inhalt)? • Welche Merkmale kennzeichnen die Rede (Aufbau, Länge, Argumentation, Umgangs- oder Hochsprache)? • Gibt es markante Passagen (Zitate, Aufrufe usw.)?
2. erklären	• In welchem Bezug steht der Redner / die Rednerin zum Thema? • An wen ist die Rede gerichtet? • Welche Absichten verfolgt die Rede? • Wie wurde die Rede von Zuhörern / Zeitgenossen aufgenommen?
3. beurteilen	• Wie lässt sich die Rede in den historischen Kontext einordnen? • Welchen Einfluss hatte die Rede auf die damalige Situation oder Entwicklung?

M „Wir Deutsche können Freiheit“

*Zum 25. Jahrestag der Deutschen Einheit am 3. Oktober 2015 findet die zentrale Gedenkfeier in Frankfurt am Main statt. Hauptredner beim Festakt in der Frankfurter Alten Oper ist der damalige Bundespräsident Joachim Gauck (*1940):*

Der Tag der Deutschen Einheit. Das ist für unser Land seit 25 Jahren ein Datum der starken Erinnerungen, ein Anlass für dankbaren Rückblick auf mutige Menschen. Auf Menschen, deren Freiheitswille Diktaturen ins Wanken brachte [...]. Aber in diesem Jahr ist doch manches anders. So mancher fragt: Warum zurückblicken? [...] Was können wir feiern in einer Zeit, in der hunderttausende Männer, Frauen und Kinder bei uns Zuflucht suchen? [...] Meine Antwort darauf lautet, ganz einfach: Es gibt etwas zu feiern. Die Einheit ist aus der Friedlichen Revolution erwachsen. Damit haben die Ostdeutschen den Westdeutschen und der ganzen Nation ein großes Geschenk gemacht. [...] Sie hatten Freiheit errungen. Das erste Mal in der deutschen Nationalgeschichte war das Aufbegehren der Unterdrückten wirklich von Erfolg gekrönt. Die Friedliche Revolution zeigt: Wir Deutsche können Freiheit.
Und so feiern wir heute den Mut und das Selbstvertrauen von damals. Nutzen wir diese Erinnerung als Brücke. [...] Auch 1990 gab es die berechtigte Frage: Sind wir der Herausforderung gewachsen? [...] Und trotzdem haben Millionen Menschen die große nationale Aufgabe der Vereinigung angenommen und Deutschland zu einem Land gemacht, das mehr wurde als die Summe seiner Teile. [...]
Doch nun, da viele Flüchtlinge angesichts von Kriegen, von autoritären Regimen und zerfallenden Staaten nach Europa, nach Deutschland getrieben werden, nun stellt sich doch die Aufgabe der inneren Einheit neu. [...] In den aktuellen Debatten offenbaren sich unterschiedliche Haltungen aufgrund unterschiedlicher historischer Erfahrungen. [...] Westdeutschland konnte sich über mehrere Jahrzehnte daran gewöhnen, ein Einwanderungsland zu werden – und das war mühsam genug [...]. Für die Menschen im Osten war es doch ganz anders. Viele von ihnen hatten bis 1990 kaum Berührung mit Zuwanderern. Wir haben erlebt: Die Veränderung von Haltungen gegenüber Flüchtlingen und Zuwanderern kann immer nur das Ergebnis von langwierigen – auch konfliktreichen – Lernprozessen sein. [...]
Was ist denn das innere Band, das ein Einwanderungsland zusammenhält? [...] Gerade weil in Deutschland unterschiedliche Kulturen, Religionen und Lebensstile zuhause sind, gerade weil Deutschland immer mehr ein Land der Verschiedenen wird, braucht es eine Rückbindung aller an unumstößliche Werte [...]. Ich erinnere mich noch gut, welche Ausstrahlung die westlichen Werte bei uns in der DDR [...] besaßen. Wir sehnten uns nach Freiheit und Menschenrechten, nach Rechtsstaat und Demokratie. Diese Werte, obwohl im Westen entstanden, sind zur Hoffnung für Unterdrückte und Benachteiligte auf allen Kontinenten geworden. [...] Und diese, unsere Werte, sie stehen nicht zur Disposition! [...] Und noch etwas: Es gibt in unserem Land politische Grundentscheidungen, [...] die ebenfalls unumstößlich sind. Dazu zählt unsere entschiedene Absage an jede Form von Antisemitismus und unser Bekenntnis zum Existenzrecht von Israel.
Wir kennen keine andere Gesellschaftsordnung, die dem Individuum so viel Freiheit, so viele Entfaltungsmöglichkeiten, so viele Rechte einräumt wie die Demokratie. [...] Wir kennen auch keine Gesellschaftsordnung, die sich so schnell neuen Bedingungen anzupassen und zu reformieren vermag, weil sie – wie Karl Popper[1] einmal sagte – auf einen Menschen baut, „dem mehr daran liegt zu lernen, als recht zu behalten“.

Randnotizen:
- Erinnerung
- häufige Fragen
- prägnante Formel (von Gauck erstmals 2010 verwendet)
- Erinnerung, einprägsame Metapher
- Erinnerung (hier zwischen Ost und West geteilt)
- Unterschiede (Ost/West)
- Umschreibung von gesellschaftlicher Integration, einprägsame Wortwahl („Band“ – „Rückbindung“)
- Erinnerung (hier nur für Ostdeutschland)
- Gemeinsamkeit

Nach: www.bundespraesident.de/SharedDocs/Reden/DE/Joachim-Gauck/Reden/2015/10/151003-Festakt-Deutsche-Einheit.html (Zugriff: 24. Januar 2020)

► Analysieren Sie die Rede mithilfe der Arbeitsschritte auf Seite 502. Ihre Ergebnisse können Sie mit der Beispiellösung auf Seite 542 vergleichen.
Tipp: Ein Video mit der vollständigen Rede von Joachim Gauck finden Sie unter dem Code **32035-71**.

[1] **Karl Popper** (1902–1994): österreichisch-britischer Philosoph

Der 9. November – ein besser geeigneter Feiertag?

Von Beginn an gab es Bedenken gegen den 3. Oktober als Tag der Deutschen Einheit: Das Datum stehe für einen bloßen „Verwaltungsakt", biete den Menschen keine emotionale Bindung und ignoriere die friedliche Revolution in der DDR, die doch der Einheit den Weg gebahnt hatte. Die Kritik nahm im Laufe der 1990er-Jahre zu, je mehr die wirtschaftlichen, sozialen und zwischenmenschlichen Probleme der deutschen Einigung sichtbar wurden. An Gegenvorschlägen zum 3. Oktober mangelte es nicht. Unter ihnen war der 9. November der meistgenannte. Das Datum erinnert an den Fall der Berliner Mauer von 1989, aber auch an weitere denkwürdige Ereignisse der jüngeren deutschen Geschichte.

M1 „Schicksalstag der Deutschen"

*Der ostdeutsche Bürgerrechtler und Grünen-Politiker Werner Schulz (*1950) kommentiert in der Tageszeitung „Die Welt" die Feiern zum zehnten Jahrestag des Mauerfalls:*

Berliner Senat und Bundesregierung haben ein großes Fest zum Mauerfall am Brandenburger Tor organisiert. [...] Plötzlich zeigt sich, dass der Nationalfeiertag und Tag der Deutschen Einheit eigentlich nur der Termin des Beitritts ist. Ohne emotionalen und historischen Bezug. [...] Die Wiedervereinigung fand am 9. November statt. Als die Berliner Mauer von beiden Seiten der Stadt überwunden wurde und sich die Menschen in den Armen lagen. Es war ein Akt der Selbstbefreiung des Volkes, der friedlichen Protestbewegung der DDR und nicht das Werk der großen Politik. [...] Nicht der 3. Oktober, sondern der 9. November ist der Tag unserer Nationalgeschichte. Dieser Tag zieht den Jahrhundertweg. Mit all seinen guten und schlechten Zeiten. [...] Der 9. November liefert Aufschluss über die Spaltung der Nation. Während Philipp Scheidemann 1918 vom Reichstag aus die bürgerliche Republik ausrief, verkündete Karl Liebknecht vom Schlossbalkon die sozialistische Republik. Unwissend, dass der Spaltung der Linken zwei Diktaturen und zwei entgegengesetzte deutsche Staaten folgen könnten. [...]
Der 9. November steht aber auch für das dunkelste Kapitel unserer Geschichte: den Nationalsozialismus. Zwar scheiterte der Nazi-Putsch 1923 vor der Münchener Feldherrenhalle. Doch zwei Jahre später wurde die SS gegründet, und in der Pogromnacht von 1938 sollte sich zeigen, was die braunen Machthaber wirklich vorhatten: die Ausrottung der Juden. [...] Der 9. November erinnert uns daran, dass wir drei Revolutionen[1] brauchten, um Unterdrückung und Trennung zu überwinden. In der Verquickung der Geschehnisse erweist er sich als der Schicksalstag der Deutschen. Ein Gedenk- und Feiertag zugleich. Kein Tag für ausgelassene Volksfeste – eher Anlass zur Selbstbesinnung. [...] Machen wir den 9. November zum nationalen Gedenkfeiertag und stellen uns der Verantwortung für die gesamte Geschichte.

Werner Schulz, Unser falscher Nationalfeiertag, in: Die Welt vom 9. November 1999, S. 8

M2 Kein „ideeller Gesamtfeiertag"

*Der Historiker Heinrich August Winkler (*1938) hebt die Bedeutung des 3. Oktober 1990 hervor, ebenso die Schwierigkeiten im Umgang mit dem 9. November:*

Am 3. Oktober 1990 wurde ein wirkliches Problem gelöst, das man mit Fug und Recht ein Jahrhundertproblem nennen kann: die deutsche Frage. [...]
„Einheit in Freiheit" war das Doppelziel der Revolution von 1848. Bekanntlich wurde damals weder das eine noch das andere Ziel erreicht. Die Einheit kam 1871 in Gestalt der Bismarck'schen Reichsgründung, die Freiheit in Gestalt der parlamentarischen Demokratie erst sehr viel später, 1918/19. [...] Die kurzlebige Weimarer Republik war die erste gesamtdeutsche Demokratie. Die Bonner Republik bedeutete Freiheit nur für einen Teil der Deutschen. „Einheit in Freiheit" gibt es erst wieder seit der Wiedervereinigung Deutschlands am 3. Oktober 1990. Wenn es nichts anderes über diesen Tag zu sagen gäbe: dies allein würde genügen, ihn zu einem der großen Tage der deutschen Geschichte, zu einem Freudentag, zu machen. [...]
Der 9. November, den die meisten Kritiker des 3. Oktober als Alternative ins Spiel bringen, ist als Tag der Deutschen Einheit hingegen denkbar ungeeignet.

[1] **„Drei Revolutionen"**: Der Verfasser erwähnt an anderer Stelle den 9. November 1848, als der deutsche Politiker und Dichter Robert Blum hingerichtet wurde. Das Datum erinnere deshalb auch an die gescheiterte Revolution von 1848/49.

Der 9. November 1989 war ein Tag der Freude nicht nur für die Deutschen, sondern für die Freunde der Freiheit in aller Welt. [...] Wer den 9. November zum Tag der Deutschen Einheit machen will, beabsichtigt nicht, die Erinnerung an einen anderen 9. November auszulöschen: den des Jahres 1938. Das Gegenteil ist der Fall. Die Befürworter des 9. November wollen gleichzeitig des Falles der Mauer und der Opfer der Reichspogromnacht, ja des Holocaust gedenken. Sie wünschen einen ideellen Gesamtfeiertag, an dem sich die Deutschen der Höhen und Tiefen ihrer jüngeren Geschichte erinnern.

Dies aber kann nicht gelingen. Welcher Redner wäre in der Lage, in ein und derselben Rede Freude und Scham, Stolz und Trauer angemessen zum Ausdruck zu bringen? Welche Zeremonie würde diesem Anspruch gerecht werden? Wird nicht auch das Publikum emotional überfordert, wenn es einen Nationalfeiertag begehen soll, der unter dem ungeschriebenen Motto „himmelhochjauchzend, zu Tode betrübt" steht?

Der 9. November 1989 kann nicht aus dem Schatten des 9. November 1938 heraustreten. Die Widersprüche der Empfindungen auszuhalten, die mit dem Datum des 9. November verbunden sind, ist notwendig. Die Widersprüche zu feiern ist unmöglich.

Heinrich August Winkler, Jubeln oder trauern – beides geht nicht. Warum der 3. Oktober und nicht der 9. November der richtige Tag der Einheit ist, in: Die Zeit vom 9. November 2000 (Ausgabe Nr. 46/2000), S. 20

M3 Feiertag für ein „kritisches Nationalbewusstsein"

*Der französische Germanist Gilbert Merlio (*1934) nimmt Bezug auf die Diskussion um den 9. November und urteilt:*

Der 9. November verbindet Licht und Schatten, Anlässe zum Feiern und zum Trauern. Man hat in dieser Hinsicht vom „Doppelgesicht" gesprochen oder von einer „Erinnerungslast", die immer wieder zu Kontroversen führt. In der Tat weist jeder dieser Tage Widersprüchlichkeiten auf, die keine eindeutige Interpretation zulassen. [...] Die Deutschen hätten auf den Rat von Rita Süssmuth[1] hören sollen, die sie mahnte, „immer die innere Verbindung zwischen dem Tag der Freude vom 9. November 1989 mit dem Tag der Trauer vom 9. November 1938" zu sehen. Ohne auf die Nation als Identitätsfaktor und als Ort der demokratischen Willensbildung zu verzichten, [...] bin ich der Auffassung, dass es immer gefährlich ist, wenn die Nationen ein zu gutes Gewissen pflegen. Angesichts der tragischen europäischen Geschichte braucht jedes unserer Länder ein kritisches Nationalbewusstsein. „Negative" Gedenktage (wo die Nationen also nicht Opfer, sondern Täter sind) finden allmählich Eingang in nationale Gedenktagskalender. Aber mit der Wahl des 9. November zum Nationalfeiertag wären die Deutschen mit gutem Beispiel vorangegangen. Die verspätete Nation, die auch spät den Weg zur liberalen Demokratie fand, aber nun als „geglückte Demokratie" in mancher Hinsicht beispielhaft wirkt, wäre diesmal einen Schritt vor den anderen Nationen voraus gewesen.

Gilbert Merlio, 9. November: ein schwieriger Erinnerungstag, in: Étienne François und Uwe Puschner (Hrsg.), Erinnerungstage. Wendepunkte der Geschichte von der Antike bis zur Gegenwart, München 2010, S. 219–238, hier S. 237f.

1. Fassen Sie die wesentlichen Aussagen der drei Materialien in eigenen Worten zusammen.
2. Präsentation: Nehmen Sie die für M1 auf Seite 500 (Aufgabe 2) erstellte Übersicht und ergänzen Sie sie um die Argumente für und gegen den 3. Oktober bzw. den 9. November aus den vorliegenden drei Texten.
3. Setzen Sie sich mit den in Aufgabe 2 herausgearbeiteten Positionen auseinander. Welcher Meinung würden Sie folgen? Begründen Sie Ihre Entscheidung. | H
4. Charakterisieren Sie den 9. November als einen möglichen Feiertag „von unten" im Gegensatz zum 3. Oktober als Feiertag „von oben". Ziehen Sie dazu auch die Verfassertexte auf den Seiten 498f. heran.
5. Arbeiten Sie aus M1 heraus, welche Funktion ein nationaler Gedenk- und Feiertag nach Ansicht des Autors erfüllen sollte.
6. Präsentation: Recherchieren Sie im Internet nach „negativen" Gedenktagen im In- und Ausland, wie sie in M3 beschrieben sind. Stellen Sie anschließend Ihre Ergebnisse in einem Kurzreferat vor.
7. In einem Interview vom Oktober 2000 äußerte der damalige Vorsitzende des Zentralrats der Juden in Deutschland, Paul Spiegel: „Der Gedanke, sich zwischen Würstchenbuden und Volksfeststimmung an die Pogromnacht vom 9. November 1938 zu erinnern, erscheint mir unvorstellbar." Nehmen Sie dazu Stellung.

[1] **Rita Süssmuth** (*1937): deutsche Politikerin, 1988 bis 1998 Präsidentin des Deutschen Bundestages

Gedenktage, Feiertage und Jubiläen im kommunikativen und kulturellen Gedächtnis

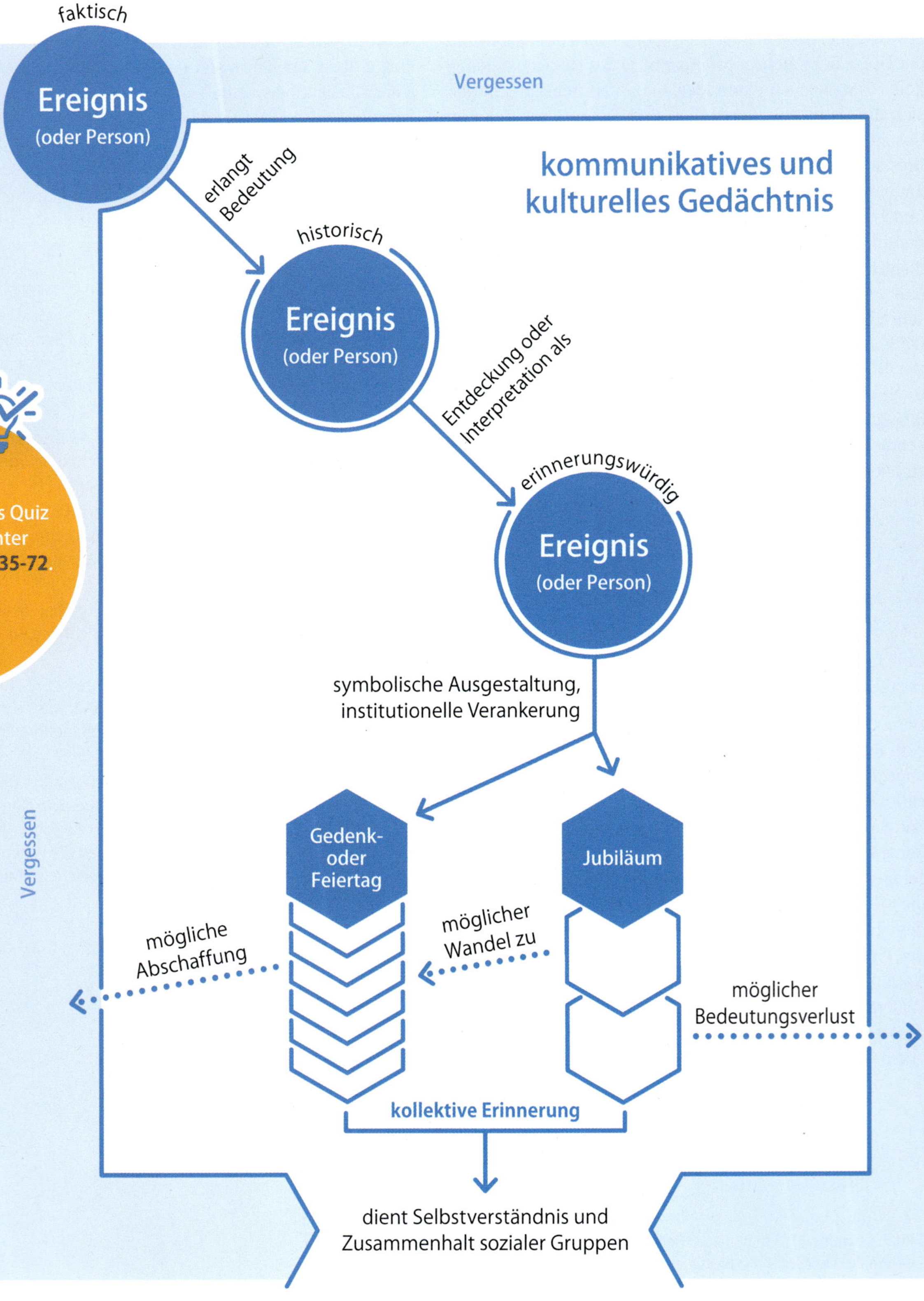

ABI CHECK

Ein interaktives Quiz erwartet Sie unter dem Code **32035-72**.

M Trauma und Erinnerung

Unter welchen Bedingungen entstehen aus Ereignissen öffentliche Gedenktage? Die Kulturwissenschaftlerin Aleida Assmann (siehe Seite 463 und 495) erörtert diese Frage an drei Beispielen:

Der 26. April 2003 war ein Jahrestag, der nur wenigen als solcher in Erinnerung geblieben ist. Auf dem Erfurter Domplatz fand eine große Gedenkfeier mit Schweigeminute statt. Um 10.45 läuteten die Glocken, in dem Augenblick, in dem ein Jahr zuvor der Schüler Robert Steinhäuser maskiert und schwer bewaffnet ins Gutenberg-Gymnasium in Erfurt eingedrungen war und 16 Menschen niedergeschossen hatte. Die Stufen der Schule und des Doms waren mit Blumen ausgelegt. Durch die Berichterstattung der Medien von der Gedenkfeier wurde das Erfurter Ereignis auch in die bundesdeutsche Erinnerung zurückgebracht. [...] Von diesem traumatischen Ereignis ist nicht zu erwarten, dass es in den kommenden Jahren mit ähnlichem Aufgebot wiederholt wird. Dafür müssten noch weitere Voraussetzungen erfüllt sein. Zu einem periodisch begangenen Datum kann ein Ereignis nur werden, wenn die Identität einer Gruppe mit dieser Erinnerung unablösbar verbunden ist.

Instruktiv ist hier der Vergleich mit einem anderen traumatischen Ereignis, das ebenfalls mit dem 26. April verbunden ist: das Atomunglück von Tschernobyl von 1986. Im Jahr 2003 jährte sich dieses Ereignis zum 17. Male. Da die 17 kein ‚rundes' Datum ist, wurde der Jahrestag nur am Rande beachtet. [...] Hier ist noch nicht absehbar, ob dieses traumatische Ereignis je in die Form einer geregelten sozialen Kommemoration[1] überführt werden wird. [...] Dafür muss sich eine Erinnerungsgemeinschaft bilden, die mit diesem Datum nicht nur ein spezifisches Anliegen und eine eindeutige Botschaft verbindet, sondern der es obendrein gelingt, diese Botschaft zu verallgemeinern und institutionell zu verankern. [...]

Ganz anders verhält es sich da mit dem Trauma, das die Stadt New York getroffen hat. Der 11. September 2001, der Tag des terroristischen Anschlags auf das World Trade Center und das Pentagon[2], an dem annähernd 3000 Menschen starben, wurde schon ein halbes Jahr später, am 11. März 2002, und sodann am ersten Jahrestag mit großen Feierlichkeiten kommemoriert. Dieses Datum hat die Aussicht, neben dem 4. Juli zu einem zweiten nationalen Gedenktag in den Vereinigten Staaten zu werden. Das Titelblatt der Zeitschrift *Economist*, die am 11. September 2002 erschien, wies nur das einzige lapidare Wort ‚Remember' auf. Viele Zeichen deuten bereits darauf hin, dass dieser Imperativ [...] auch in Zukunft beherzigt werden und die Form einer geregelten Kommemoration annehmen wird. Neben der exzessiven, repetitiven und weitverbreiteten Dokumentation der Ereignisse des 11. September in Wort, Bild und Film hat das Trauma eine Welle künstlerischer Verarbeitungen sowie eine anhaltende Debatte über die Bedeutung des Geschehens in Gang gesetzt, das als ein historisches Schwellenereignis identifiziert worden ist. Das neue Millennium, so wurde betont, habe erst mit diesem Datum wirklich begonnen. So, wie es in der Zeit verankert ist, ist es auch im Raum verankert. Der Schauplatz des Geschehens, ‚Ground Zero' in Süd-Manhattan, ist im Begriff, in einen Gedächtnisort mit einer markanten nationalen Symbolik umgewandelt zu werden. Der gläserne Turm, den der Entwurf des Architekten Daniel Liebeskind neben anderen Baukomplexen vorsieht, soll eine Höhe von 1776 Fuß haben, was der Jahreszahl der amerikanischen Unabhängigkeitserklärung entspricht. Damit wird die Stätte des Traumas mit einer triumphalistischen Botschaft verknüpft und die Bedrohung der amerikanischen Demokratie mit einem Signal der Überbietung und einer Geste nationaler Selbstbehauptung beantwortet.

Aleida Assmann, Ist die Zeit aus den Fugen? Aufstieg und Fall des Zeitregimes der Moderne, München 2013, S. 228–230

1. Fassen Sie die Faktoren zusammen, die nach Ansicht der Autorin nötig sind, um einen öffentlichen Gedenktag zu etablieren.
2. Partnerarbeit: Bilden Sie Zweiergruppen. Wählen Sie aus dem bisherigen Kapitel zwei Beispiele für Gedenk- und Feiertage aus. Weisen Sie nach, ob und inwieweit die in Aufgabe 1 ermittelten Faktoren erfüllt sind.
3. Die Autorin verwendet den psychologischen Begriff des Traumas, einer tief und nachhaltig verstörenden Erfahrung für Einzelne oder Gruppen. Erläutern Sie, welche Funktion Gedenk- und Feiertage bei der Bewältigung solcher Erfahrungen haben können. Führen Sie dazu Beispiele aus dem Kapitel an.
4. Präsentation: Verfassen Sie einen Aufruf an die Bundesregierung, den 11. September zum nationalen „Gedenktag gegen den Terror" zu erheben. Werben Sie für Ihr Anliegen, indem Sie das Datum als Ergänzung der bestehenden Gedenk- und Feiertagskultur in Deutschland darstellen.

[1] **Kommemoration** (von lat. *commemoratio*: Erwähnung, Anführung): feierliches Gedenken

[2] **Pentagon**: Sitz des US-Verteidigungsministeriums in Washington D.C.

5.1 Hilfen zum richtigen Umgang mit den Operatoren

Anforderungsbereich I (Reproduktion)

Operator	Was ist zu beachten?	Wie ist vorzugehen?
beschreiben	Der Operator wird häufig sowohl bei Bildquellen wie Gemälden, Karikaturen oder Fotografien als auch bei Statistiken verwendet. Als Vorbereitung für eine anschließende Analyse soll das Material in **nachvollziehbarer** und **strukturierter Form** in seinen **Einzelheiten** (in der Regel Bildelemente und deren Beziehungen zueinander) vorgestellt werden. Eine Analyse oder Erklärung ist hier noch nicht vorzunehmen, also was z. B. die einzelnen Elemente einer Bildquelle oder einer Statistik im historischen Kontext für eine Bedeutung haben oder wie die Darstellung zu beurteilen ist. Klar identifizierbare Personen dürfen aber bereits als solche benannt werden.	Kreisen Sie das Ihnen wesentlich erscheinende Element des Materials ein und verfassen Sie ausgehend davon eine Beschreibung. Das zentrale Element ist z. B. bei einer **Bildquelle** daran zu erkennen, dass es oft in klarer Beziehung zu den anderen Bildelementen steht. Davon ausgehend können Sie dann die übrigen Bestandteile des Materials und die Bildebenen (Vordergrund, Hintergrund) in ihrem Inhalt beschreiben. Bei **Statistiken** empfiehlt es sich, auf die dort oft dargestellte Entwicklung einzugehen. Das gilt auch für dynamische **Karten** (z. B. eine Karte, die die Expansion Roms oder die „Entdeckungsfahrten" der Frühen Neuzeit zeigt). **Beispiel:** Im Zentrum des um 1877 entstandenen Historiengemäldes des Künstlers Anton von Werner steht Martin Luther in aufrechter Haltung und legt seine rechte Hand aufs Herz. Sein Blick ist Kaiser Karl V., der auf seinem Thron im Schatten sitzt, zugewandt. Im Bildhintergrund befinden sich ... usw.
gliedern	Der Operator ist dafür gedacht, einen **Sachverhalt vorzustrukturieren** und zu **ordnen**, um ihn leichter greifbar zu machen. Das kann zum Beispiel die Einteilung eines zeitlichen Verlaufes in bestimmte Phasen sein. In Bezug auf einen vorgegebenen Text wird durch die Gliederung die Vorarbeit für eine Zusammenfassung bzw. eine Textwiedergabe geleistet. Oft wird der Operator daher bei Texten verwendet, in denen die zugrunde liegende inhaltliche Struktur zunächst nicht so einfach zu erkennen ist oder sich verschiedene Aspekte überlagern.	Falls keine Gliederungskategorien durch die Aufgabenstellung vorgegeben sind, wählen Sie **prägnante Begriffe** aus, die aus dem Text heraus deutlich werden. Geben Sie dann die **Zeilen** an, in denen Informationen, die zu diesen Begriffen gehören, benannt werden. Die Begriffe können dann jeweils den Ausgangspunkt für eine Textwiedergabe oder Zusammenfassung bilden. Zusätzlich werden auch Wertungen und Einstellungen der Autorin/des Autors wiedergegeben bzw. zusammengefasst. **Beispiel:** In einem Brief an seine Ordensbrüder in Europa berichtet der Franziskaner Pedro de Gante aus Mexiko-Stadt 1529 über die Missionierung der indigenen Bevölkerung. Der Autor schreibt zunächst über den alten Glauben der Einheimischen (Belegstelle: Zeilenangabe). Anschließend thematisiert er die verschiedenen Strategien der Missionierung der indigenen Bevölkerung. Dabei nennt er die Massentaufen (Belegstelle: Zeilenangabe), den Unterricht und die Ausbildung der Einheimischen zu Missionaren (Belegstelle: Zeilenangabe) und deren Vorgehen bei der Missionierung (Belegstelle: Zeilenangabe).
wiedergeben	Ähnlich wie beim Operator „zusammenfassen" (siehe Seite 509) geht es hier darum, zu zeigen, dass Sie den **Inhalt** eines vorgegebenen Textes **verstanden** haben. Allerdings sollen die Inhalte dabei nicht reduziert, sondern **strukturiert** in ihrer Gänze wiedergegeben werden. Meist wird dieser Operator bei Texten verwendet, die einen hohen Informationsgehalt und wenige Wiederholungen aufweisen, oft auch sprachlich anspruchsvoller sind und quasi **„übersetzt"** werden müssen. Dies kann z. B. für Quellen gelten, die aus einer weiter zurückliegenden Epoche stammen. Auch hier soll der Inhalt des vorliegenden Textes weder von Ihnen erläutert noch bewertet werden. Sie verfassen Ihre Textwiedergabe also wie ein **distanzierter Beobachter**.	Teilen Sie den Text, der wiedergegeben werden soll, in **Sinnabschnitte** ein. Notieren Sie an den Rand des jeweiligen Sinnabschnitts einen Satz, der die Inhalte des Abschnitts in die **moderne Fachsprache** „übersetzt". Um die sprachliche Distanz zum Ausdruck zu bringen, verwenden Sie bei der anschließenden Formulierung der Wiedergabe den **Konjunktiv**. **Beispiel:** Der portugiesische Seefahrer Vasco da Gama berichtet, dass bei der Ankunft seiner Flotte an der Küste von Kalikut im Jahre 1498 zunächst Abgesandte in vier Booten zu ihm gekommen seien, die ihn und sein Gefolge nach ihrer Herkunft gefragt hätten.

Operator	Was ist zu beachten?	Wie ist vorzugehen?
zusammenfassen	Der Operator ist oft in der ersten Aufgabe bei schriftlichen Arbeiten anzutreffen. Hier sollen Sie zeigen, dass Sie den **Inhalt** eines Textes **verstanden** haben und damit in der Lage sind, diesen **gekürzt** und **in eigenen Worten** wiederzugeben. Zu beachten ist dabei, dass Sie den Text auf die **wichtigsten Aussagen** reduzieren und diese dann anführen. Die Inhalte des zu untersuchenden Textes sollen weder von Ihnen erläutert noch bewertet werden. Sie schreiben Ihre Zusammenfassung wie ein **distanzierter Beobachter**.	Teilen Sie den Text, der zusammengefasst werden soll, im Vorfeld in **Sinnabschnitte** ein. Schreiben Sie an den Rand des jeweiligen Sinnabschnitts eine **Überschrift** oder einen **Satz**, der den Inhalt des Abschnitts auf den Punkt bringt. Um die sprachliche Distanz zu unterstreichen, verwenden Sie bei der anschließenden Formulierung der Zusammenfassung den **Konjunktiv**. **Beispiel**: Der Historiker Manfred Hettling erläutert in einer Fachpublikation, dass der Begriff „Wende" passender als der Begriff „Revolution" für die Zeit von 1989/90 sei.

Anforderungsbereich II (Reorganisation und Transfer)

Operator	Was ist zu beachten?	Wie ist vorzugehen?
analysieren	Mithilfe dieses Operators soll ein Material auf bestimmte Aspekte hin untersucht werden, um seine **inhaltliche Aussagekraft** thematisch **zielgerichtet zu erfassen**. Die Aspekte sind in der Regel direkt aus dem Material zu ersehen. Bei manchen Materialien bietet es sich auch an, diese in Hinblick auf mehrere Aspekte zu analysieren und dann zu einem Gesamtbild zusammenzufügen. Wichtig ist es, die Untersuchungsergebnisse anschließend zu **ordnen** und **strukturiert darzustellen**. Außerdem muss – zum Beispiel durch ein Zitat mit Zeilenangabe bzw. ein Bildelement oder einen Zahlenwert – das entsprechend erfasste Ergebnis der Untersuchung am Material **belegt** werden. Genau wie bei „charakterisieren" und „herausarbeiten" (siehe Seite 510 und 511) wird der Operator „analysieren" zur **inhaltlichen Erschließung** eines Materials genutzt. Damit werden diese Operatoren seltener in normalen schriftlichen Arbeiten eingesetzt. Allerdings können sie in umfangreicheren schriftlichen Arbeiten (z. B. im Abitur) als **Vorbereitung**, **Nachbereitung** oder **Verbindung** zu einer anderen weiteren Aufgabe aus dem Anforderungsbereich II (wie „erläutern"; siehe Seite 510 f.) genutzt werden. So kann z. B. eine inhaltliche Erläuterung der jeweils erschlossenen Aspekte gefordert sein oder eine Untersuchung eines Materials in Bezug auf zuvor in einer anderen Aufgabe erläuterte Inhalte.	Gehen Sie das Material durch, indem Sie Ihre „Analysebrille" aufsetzen und die Elemente (Textpassagen, Bildelement oder Zahlenwerte) **markieren**, in denen Aussagen zu ihrem Untersuchungsaspekt auftauchen. Fügen Sie diese Elemente zusammen und wählen Sie eine **geeignete Struktur**, mit der Sie Ihre Ergebnisse geordnet darstellen wollen. **Beispiel**: Analysieren Sie die Motive (Kriterium) der handelnden Gruppen, die in der spätmittelalterlichen Chronik in Bezug auf den Umgang mit der jüdischen Bevölkerung genannt werden. Eine denkbare Antwort: In der Chronik wird ein entscheidendes Motiv für die Ermordung der jüdischen Bevölkerung durch die Stadtbevölkerung genannt: „Was man den Juden schuldete, galt als bezahlt" (Belegstelle: Seiten- und/oder Zeilenangabe). Die Pest bot den Stadtbürgern einen Anlass, die Juden als Sündenböcke darzustellen und sich so ihrer Schulden zu entledigen. Dies gilt auch für die „Landesherren", die als „Schuldner" (Belegstelle: Seiten- und/oder Zeilenangabe) erwähnt werden. Die ablehnende Haltung der Stadträte gegenüber den Mordaktionen gegen die jüdische Bevölkerung, die in ... (Belegstelle: Seiten- und/oder Zeilenangabe) nachzulesen ist, erklärt sich daraus, dass die jüdische Gemeinde in den Städten regelmäßig Schutzgeldzahlungen an den jeweiligen Stadtrat leistete.
charakterisieren	Ähnlich wie beim Operator „analysieren" soll auch hier **ein Aspekt** in einem Material **zielgerichtet untersucht** werden. Während bei einer Analyse eher sachorientiert vorzugehen ist, stehen bei einer Charakterisierung **Eigenarten und Merkmale** im Vordergrund, die sich häufig auf einer Werteebene bewegen. Die untersuchten Eigenschaften lassen sich oft mit **Adjektiven** belegen, die die Eigenarten beschreiben und sich im Endergebnis zu einem „Gesamtbild" bzw. einer Gesamtwirkung zusammenfügen. Dazu ist es wichtig, die Untersuchungsergebnisse zu **ordnen** und **strukturiert darzustellen** und auch ein **Fazit** zu ziehen. ▶ nächste Seite	Betrachten Sie das Material durch Ihre „Analysebrille" und **markieren** Sie die Elemente (Textpassagen), in denen Aussagen zu Ihrem Untersuchungsaspekt auftauchen. **Belegen** Sie die Aussagen auch mit passenden Adjektiven, die sich z. B. aus der Bewertung des Autors oder Ihrem eigenen Eindruck ergeben. Fügen Sie anschließend die Elemente zusammen und suchen Sie eine **Struktur**, mit der Sie Ihre Ergebnisse geordnet darstellen wollen. Wichtig ist dabei, auch die **Gesamtwirkung** zu erfassen, die der Sachverhalt nach der Untersuchung entfaltet. **Beispiel**: Charakterisieren Sie die Vorgehensweise (Kriterium) der Franziskaner bei der Missionierung der indigenen Bevölkerung in Spanischamerika. Eine mögliche Antwort: Die Vorgehensweise lässt sich als oberflächlich (Adjektiv) charakterisieren, da in ... ▶ nächste Seite

Operator	Was ist zu beachten?	Wie ist vorzugehen?
charakterisieren	Dabei kann eine erste Bewertung der Ergebnisse erfolgen. Außerdem ist – zum Beispiel durch ein Zitat mit Zeilenangabe – das **Ergebnis** der Untersuchung auf Basis des Materials zu **belegen**.	(Belegstelle: Seiten- und/oder Zeilenangabe) deutlich wird, das Teile der indigenen Bevölkerung, die zuvor mit dem christlichen Glauben noch nicht in Berührung gekommen sind, sehr schnell zu Missionaren ausgebildet werden. Sie gehen wiederum auch gewalttätig (*Adjektiv*) vor, da sie „Götzenbilder" und „Tempel" des alten Glaubens ohne Zögern zerstören (Belegstelle: Seiten- und/oder Zeilenangabe). Insgesamt erscheint die Missionierung eher darauf abzuzielen, möglichst viele Menschen zu erfassen. Die Akzeptanz des christlichen Glaubens durch die einheimische Bevölkerung aus Überzeugung und dessen Durchdringung scheinen eher zweitrangig zu sein.
einordnen	Dieser Operator ist verwandt mit dem Operator „erläutern" (siehe weiter unten) aber von der Aufgabenstellung her enger gefasst. Es geht darum, **Einzelaspekte** in einen größeren **historischen Zusammenhang** zu stellen. Durch eine Erläuterung dieser Zusammenhänge, in den der Aspekt eingeordnet wird, zeigen Sie dann, dass Sie **wissen** und **begründen** können, warum der Aspekt in diesen Zusammenhang passt. Daher wird dieser Operator auch gern für schriftliche Arbeiten gewählt.	Es bietet sich zunächst an, eine **Mindmap** zu erstellen. Gehen Sie dabei von einem Einzelaspekt aus, der sich z. B. in einem vorgegebenen Material findet, und suchen Sie weitere Aspekte, die mit ihm in Beziehung stehen. Oft geht es dabei um historische Ereignisse und Prozesse, die als Ursache des Sachverhalts zeitlich vorher abliefen oder als Wirkungen und Folgen zeitlich danach stattfanden. So ergibt sich der **Gesamtzusammenhang**, den Sie dann umfassend in Ursachen und Folgen erläutern. **Beispiel**: In seiner Schrift „An den christlichen Adel deutscher Nation von des christlichen Standes Besserung" aus dem Jahre 1520 erklärt Martin Luther, dass alle Christen geistlichen Standes seien. Er erkennt damit die Überordnung des geistlichen Standes über den weltlichen Stand nicht mehr an. Für ihn sind alle Getauften Priester (*Ausgangspunkt*). Diese Feststellung ist eine Reaktion auf die Missstände innerhalb der Kirche z. B. in Bezug auf Simonie (Ämterkauf) und kanonische Gerichtsbarkeit, die die folgenden Auswirkungen hatten ... (*Ursachen*). Mit seiner Lehre vom allgemeinen Priestertum erhöht Luther den Status des Laien und verhilft dem weltlichen Stand, sich aus seiner Unmündigkeit zu befreien. Diese Erkenntnis aus Luthers Adelsschrift ermöglicht z. B. den Fürsten des Heiligen Römischen Reiches sich als „Notbischöfe" zu verstehen, die somit die Struktur der Kirche in ihren Territorien ganz neu ordnen konnten ... (*Folgen*).
erklären	Der Operator ist eine **Vorstufe des Erläuterns**, daher sind im Prinzip dieselben Aspekte zu beachten (siehe unten). Allerdings steht der Materialbezug hier weniger im Vordergrund. Gleichwohl geht es aber auch darum, **Wissen gezielt anzuwenden**. Ein Sachverhalt ist so darzustellen, dass seine Voraussetzungen, Ursachen und Folgen verständlich werden. Sie sollen also die **Gründe** oder die **Zusammenhänge** von etwas **aufzeigen**.	Grundsätzlich gelten hier dieselben Anregungen wie beim Operator „erläutern" (siehe unten). Allerdings können die Sachverhalte abgekoppelt von konkreten Materialbezügen dargestellt werden. So kann z. B. die **Gesamtaussage eines Materials** Ausgangspunkt einer Erklärung sein. **Beispiel**: Erklären Sie, was das vom spanischen Kronjuristen Palacios Rubios 1513 entworfene Requerimiento für die Gebietsansprüche anderer europäischer Mächte bedeutet. Eine denkbare Antwort: Der Text des Requerimiento gaukelt vor, die indigene Bevölkerung hätte eine Möglichkeit, sich mit den Spaniern friedlich zu einigen. Dadurch erhielt die spanische Eroberung den Anschein der Rechtmäßigkeit. Das Requerimiento etablierte also ein Verfahren, welches der spanischen Krone gegenüber anderen europäischen Mächten die Behauptung ermöglichte, die Eroberung sei rechtmäßig, weil sie erst nach Unterweisung der Einheimischen vollzogen worden sei.
erläutern	Der Operator taucht häufig in schriftlichen Arbeiten auf. Dabei sollen Sachverhalte, die in Textquellen, aber auch in Materialien wie Statistiken oder Bildern angesprochen werden, in ihren **Hintergründen erklärt** werden. ▶ nächste Seite	Bei diesem Operator ist es wichtig, *nicht* nur einfach **Wissen** unstrukturiert und aneinandergereiht wiederzugeben. Sie sollen zeigen, dass Sie Ihr Wissen, das zur Bearbeitung der Aufgabe benötigt wird, abrufen können, um dann zielgerichtet die Sachverhalte zu erläutern. ▶ nächste Seite

Operator	Was ist zu beachten?	Wie ist vorzugehen?
erläutern	Das eigene Sachwissen ist zu nutzen, um zielgerichtet z. B. einzelne relevante Textpassagen, Bildelemente oder Daten in ihrer **tieferen Bedeutung** umfassend darzustellen. Hier zeigen Sie also, dass Sie Ihre **Kenntnisse kompetent anwenden** können. Der Operator beinhaltet zwar auch den Operator „erklären" (siehe Seite 510), geht jedoch über ihn hinaus. So sollen nicht nur **Theorien** (wie z. B. Theorien zu Krisen oder Transformationsprozessen), sondern auch **historische Beispiele** herangezogen werden, um die entsprechenden Sachverhalte zu veranschaulichen.	In einem ersten Schritt ist das vorgegebene Material daraufhin zu untersuchen, zu welchen Textpassagen, Bildelementen oder Daten Sie **Hintergründe** erläutern könnten. Zur Vorstrukturierung bietet es sich an, z. B. eine **Mindmap** zu erstellen und den gewählten Passagen schlagwortartig Sachinhalte zuzuordnen. Diesen Sachinhalten können noch weitere Inhalte zugeordnet werden, sodass sich ein umfassendes Beziehungsgeflecht ergibt. Nach einer von Ihnen gewählten Reihenfolge kann dann ausgehend vom Material die Erläuterung mit **Beispielen und Belegen** formuliert werden. **Beispiel**: Den Ausgangspunkt der Erläuterung bildet eine Textpassage aus dem 1513 verfassten Requerimiento. Dort wird von der indigenen Bevölkerung verlangt, die Kirche als obersten Herrn der gesamten Welt anzuerkennen. Eine mögliche Erläuterung dazu könnte folgendermaßen aussehen: Die spanische Krone will damit eine Rechtsgrundlage für ihre Herrschaft in Amerika schaffen. Sie hatte durch die päpstliche Bulle „Inter caetera divinae" (1493) und den Vertrag von Tordesillas (1494) die Herrschaft in den „neu entdeckten" Territorien, die sich in dem ihnen zugewiesenen Bereich befanden, zugesprochen bekommen – also letztlich auch vonseiten der Kirche. Daher ist es wichtig, dass die indigene Bevölkerung missioniert wird und sich zum „heiligen katholischen Glauben" bekennt (Belegstelle: Seiten- und/oder Zeilenangabe), um damit – in der Vorstellung der spanischen Krone – auch die neue Herrschaftsordnung verbindlich anzuerkennen. Deswegen wird sogar mit Vergünstigungen und Rechten im Fall eines Übertritts zum Christentum geworben (Belegstelle: Seiten- und/oder Zeilenangabe).
gegenüberstellen	Dieser Operator ist eine **Vorstufe zum Operator „vergleichen"** (siehe Seite 512 f.). Hier geht es aber ausschließlich darum, die **Unterschiede und Gegensätze** von Sachverhalten oder Materialien anhand **bestimmter Kriterien** herauszustellen.	Es empfiehlt sich, zunächst eine **Tabelle** anzulegen. Eine Spalte sollte sich auf den ersten Sachverhalt bzw. das erste Material und die andere auf den zweiten Sachverhalt bzw. das zweite Material beziehen. Anhand des in der Aufgabe formulierten Kriteriums werden nun beide Sachverhalte bzw. Materialien auf die gegensätzlichen Aspekte hin untersucht und diese jeweils in den entsprechenden Sichtweisen – am besten mit **Belegstellen** aus dem Material – stichpunktartig in die Tabelle eingetragen. Mithilfe dieser Vorstrukturierung können Sie dann die Gegenüberstellung ausformulieren. **Beispiel**: Während der sowjetische Staatspräsident Michail Gorbatschow Reformen (*Kriterium*) in der Sowjetunion anmahnt, schließt Erich Honecker auf einer Politbürositzung im Februar 1989 diese für die DDR mit den Worten „wir sind doch nicht daran interessiert, dass wir Rückstände wieder [...] als Ziel angehen [...]" aus (Belegstelle: Seiten- und/oder Zeilenangabe).
herausarbeiten	Während beim Operator „analysieren" (siehe Seite 509) die Aspekte, die aus einem Material erschlossen werden sollen, direkt zu erkennen sind, muss beim Operator „herausarbeiten" erst **„zwischen den Zeilen"** gelesen werden, um die Aussage eines Materials zu erfassen. Genauso wie beim Operator „analysieren" werden einem dabei **bestimmte Kriterien** an die Hand gegeben, anhand derer die Untersuchung erfolgen soll.	Wie bei den Operatoren „analysieren" und „charakterisieren" ist es auch beim Operator „herausarbeiten" hilfreich, sich das **Untersuchungskriterium**, das in der Aufgabenstellung genannt wird, klar zu machen. Achten Sie bei der Bearbeitung des Textes auf **Andeutungen** oder **subtile Bewertungen**, die der Autor/die Autorin vornimmt, und ziehen Sie daraus Ihre Erkenntnisse. **Beispiel**: Arbeiten Sie aus dem Bericht des Sekretärs des Herzogs von Aragón im Jahre 1517 heraus, wie er Leonardos Arbeiten beurteilt (*Kriterium*). Die relevante Textstelle in dem Bericht lautet: „Dieser Herr hat eine besondere (*Wertung*) Abhandlung über den Körperbau zusammengestellt [...], so wie noch kein anderer Mensch es jemals getan hat (*Wertung*)" (Belegstelle: Seiten- und/oder Zeilenangabe). ▶ nächste Seite

Operator	Was ist zu beachten?	Wie ist vorzugehen?
	◄ vorherige Seite	Fazit: Der Sekretär stellt das einzigartige Talent Leonardos heraus. Er hat etwas geschaffen, was noch niemand vor ihm geschafft hat, seine Arbeit ist also besser als die Anderer.
in Beziehung setzen	Wenn dieser Operator in einer Aufgabe verwendet wird, sind **Zusammenhänge** zwischen Sachverhalten, die in **verschiedenen Materialien** zu finden sind, herzustellen. Häufig soll dabei untersucht werden, in welcher Art der Sachverhalt in dem jeweils anderen Material erscheint und ob sich ggf. in der inhaltlichen Aussage Veränderungen zeigen. Es kann aber auch sein, dass in einem Material der Sachverhalt selbst analysiert wird und dann in Beziehung zu einem Material gesetzt werden soll, welches bereits die Folgen oder Ursachen dieses Sachverhaltes thematisiert. In jedem Fall ist es notwendig, die jeweils herausgestellten Zusammenhänge nachvollziehbar zu **erläutern**.	Analysieren Sie zunächst das Ausgangsmaterial nach den gesuchten Aspekten und listen Sie diese **stichpunktartig** auf (ähnlich wie beim Operator „nachweisen", siehe unten). Untersuchen Sie dann das andere Material daraufhin, inwiefern ein **Zusammenhang** zu den herausgestellten Aspekten erkennbar ist. Fassen Sie anschließend den jeweiligen Zusammenhang in Worte und erläutern Sie ihn. **Beispiel**: In dem Ende des 16. Jahrhunderts veröffentlichten Kupferstich von Theodor de Bry „Kolumbus betritt amerikanischen Boden" (*Ausgangsmaterial*) sind gleich mehrere Ereignisse zu erkennen, die sich in dem durch Bartolomé de Las Casas überlieferten „Bordbuch des Kolumbus" (*Bezugsmaterial*) an verschiedenen Tagen wiederfinden. So wird die Flucht der indigenen Bevölkerung vor der ankommenden Flotte des Kolumbus, die im Hintergrund des Kupferstiches zu sehen ist, im Bordbuch am ... erwähnt. Der Stich soll also in der Rückschau einen visuellen Überblick über verschiedene Ereignisse geben (*Erläuterung*).
nachweisen	Hier wird verlangt, ein Material auf **bekannte historische Inhalte** hin zu untersuchen (z. B.: Finden sich Aspekte von Martin Luthers Lehre in dem vorliegenden Text?). Außerdem ist genau aufzuzeigen, an welcher Stelle im Material die gesuchten Aspekte stehen. In schriftlichen Arbeiten ist dieser **Beleg** dann auch durch eine **Erläuterung** zu begründen.	Vergewissern Sie sich zunächst, welche **Aspekte** den historischen Inhalt, der nachgewiesen werden soll, ausmachen. Notieren Sie sich diese Aspekte und untersuchen Sie das Material daraufhin, ob der Inhalt direkt oder indirekt angesprochen wird. Formulieren Sie dann den Nachweis und nennen Sie die **Belegstelle**. Erläutern Sie anschließend, warum Sie diese Stelle gewählt haben. **Beispiel**: Das Motto der Humanisten „ad fontes", was übersetzt so viel wie „zu den Quellen" bedeutet (*Aspekt des gesuchten historischen Inhaltes*), lässt sich in Luthers Adelsschrift von 1520 nachweisen. Der Reformator bezieht sich bei seiner Aussage, dass alle Christen geistlichen Standes sind, auf eine Textpassage aus der Bibel (Belegstelle: Seiten- und/oder Zeilenangabe). Seine Überlegungen gehen also – wie es die Humanisten forderten – auf ein Studium der Quellen zurück, um der Wahrheit näher zu kommen. Dies steht auch in Verbindung zu dem auf Luther zurückgehenden Begriff „sola scriptura" (dt.: „allein durch die Schrift"), wonach die Bibel als einzige Quelle des christlichen Glaubens gilt (*Erläuterung*).
vergleichen	Bei einem Vergleich ist es wichtig, **Unterschiede**, **Ähnlichkeiten** und **Gemeinsamkeiten** zwischen Sachverhalten bzw. Materialien anhand **bestimmter Kriterien** darzustellen. Oft bleibt die Bearbeitung unvollständig, da z. B. nur auf die Unterschiede Bezug genommen wird.	Erstellen Sie eine **Tabelle** mit den Spalten „Gemeinsamkeiten", „Ähnlichkeiten" und „Unterschiede". Untersuchen Sie nun die Sachverhalte bzw. Materialien anhand des **Vergleichskriteriums** und tragen Sie Ihre Ergebnisse stichpunktartig – am besten mit den **Belegstellen** aus dem Material – in die Tabelle ein. Im Anschluss können Sie anhand dieser Vorstrukturierung den Vergleich ausformulieren. **Beispiel**: Der um 1450 erfundene Buchdruck mit beweglichen Lettern weist in seiner Wirkung (*Kriterium*) insofern *Gemeinsamkeiten* mit dem heutigen Internet auf, dass er eine Eigendynamik in der Verbreitung von Medien und Informationen auslöste. Was heute E-Mails oder Tweets leisten, erfüllten damals Flugschriften und -blätter als Massenmedien. Beiden Entwicklungen gemein ist zudem eine stärkere Vernetzung der Welt (*Ähnlichkeit*), auch wenn das Internet in viel größerem Ausmaß dazu beigetragen hat. Deutliche *Unterschiede* ergeben sich hinsichtlich der Autorenschaft und des Konsums: Die Kosten des Drucks von Schriften und Flugblättern waren immer noch so hoch, ► nächste Seite

Operator	Was ist zu beachten?	Wie ist vorzugehen?
vergleichen	◄ vorherige Seite	dass nicht jeder Mensch sich diese leisten konnte. Hinzu kam auch noch die geringe Alphabetisierungsrate zu Beginn der Entwicklung. Informationen und Nachrichten wurden also nur von einem Teil der Bevölkerung veröffentlicht und je nach Adressaten von einem größeren oder kleineren Kreis rezipiert. Das Internet ermöglicht jedoch, dass jeder Mensch zum Autor werden kann, ungeachtet der finanziellen oder literarischen Fähigkeiten.

Anforderungsbereich III (Reflexion und Problemlösung)

Operator	Was ist zu beachten?	Wie ist vorzugehen?
beurteilen	Es soll zu einem historischen Sachverhalt oder Prozess ein **begründetes Sachurteil** formuliert werden. Ein persönlicher Wertebezug wird nicht verlangt. Der Fokus ist in der Regel auf die Vergangenheit gerichtet. Es wird geprüft, ob der Sachverhalt/Prozess in der betrachteten Zeit in der Gesellschaft gerechtfertigt (legitim) bzw. stimmig oder nützlich (effizient) z. B. in Bezug auf wirtschaftliche oder politische Vorgänge war. Wichtig ist aus der **Perspektive der Zeit** zu urteilen, in der der Gegenstand, der beurteilt werden soll, in Erscheinung tritt. Entscheidend sind vor allem die **Argumente** bei der Beurteilung. Anhand **bestimmter Kriterien** wie beispielsweise Effizienz, Stimmigkeit oder Legitimität sollen historische Fakten und Beispiele angeführt werden und als Begründungen für das Urteil dienen. Je deutlicher erläutert wird, warum das Beispiel oder der Sachverhalt das eigene Urteil unterstützt, umso besser. Es können übrigens sowohl Argumente für als auch gegen die eigene Position in die Bearbeitung einfließen. Anders als bei „erörtern" (siehe Seite 514) muss dies aber nicht zwingend sein.	Wählen Sie – falls es nicht schon durch die Aufgabenstellung vorgegeben ist – ein für die Beurteilung sinnvoll erscheinendes **Sachkriterium** (z. B.: Effizienz, Stimmigkeit oder Legitimität) aus. Es sollte dann bei der späteren Formulierung der Beurteilung auch explizit genannt werden. Überprüfen Sie, in welcher Ausprägung die Kriterien bei dem zu untersuchenden Gegenstand vorliegen, und überlegen Sie anschließend, welche **Position** Sie vertreten wollen. Sammeln Sie im Anschluss daran Ihre Argumente stichpunktartig und achten Sie darauf, **historische Sachverhalte *und* Beispiele** anzuführen. Generell müssen Sie (insbesondere in schriftlichen Arbeiten) auch das Material, zu dem die Aufgabe gestellt ist, zur Unterstützung Ihrer Argumentation oder als Ausgangspunkt für die Beurteilung einbeziehen. Beim Verfassen der Beurteilung sollten Sie daher mit **Zitaten** aus oder **Bezügen** zum Material (Zeilenangaben) arbeiten. Am Ende der Bearbeitung sollte ein **Fazit** stehen, das die zentralen Argumente noch einmal prägnant zusammenfasst und die eigene Position auf den Punkt bringt. Als **Faustregel** gilt: Nicht das Urteil an sich entscheidet darüber, ob die Bearbeitung gelungen ist, sondern die Qualität und Nachvollziehbarkeit der Argumente, anhand derer das eigene Urteil begründet wird. **Beispiel**: Die Umsiedlung der indigenen Bevölkerung in Dörfern und Gemeinden, wie es auch der Vizekönig von Peru im 16. Jahrhundert dem spanischen König berichtete (Belegstelle: Seiten- und/oder Zeilenangabe), war in Bezug auf die Ziele der Spanier durchaus effizient (*Kriterium*). Auf diese Weise konnte die indigene Bevölkerung besser durch die Spanier kontrolliert und missioniert werden. Mit der Annahme des christlichen Glaubens wurde so auch die gottgegebene Herrschaft der Spanier von der indigenen Bevölkerung akzeptiert (*Argument*).
entwickeln	Anders als bei den anderen Operatoren im Anforderungsbereich III verbleibt der Operator „entwickeln" nicht nur bei einer **Beurteilung** eines Sachverhalts oder einer Problemstellung. Darüber hinaus sind Sie hier aufgefordert, eine **eigene Einschätzung** des Sachverhalts darzulegen und ggf. sogar ein **Lösungsmodell** für die vorliegende Problemstellung zu konstruieren. Oft ist hier das Einnehmen einer **Gegenposition** hilfreich, um aus dieser eine Alternative zu dem vorgelegten Problem oder dem Sachverhalt zu gewinnen. Formate wie die Gegenrede oder der Leserbrief bieten sich hier als Rahmen zur Ausformulierung der Ergebnisse an.	Machen Sie sich zunächst die **Sachverhalte**, die **Problemstellungen** und **Wertungen** klar, die sich aus dem Material, das Sie bearbeiten, ergeben (z. B. durch die Analyse eines Textes oder einer Karikatur). Überlegen Sie nun jeweils Möglichkeiten, die Aspekte anders zu sehen bzw. anders mit ihnen umzugehen. Finden Sie **Argumente** dafür, dass diese Alternativen eine tragfähigere Strategie darstellen, das vorliegende Problem zu lösen. Gehen Sie dabei auf prägnante Punkte im vorliegenden Material ein, und stellen Sie daraufhin Ihre **Alternative** begründet vor. Im abschließenden **Fazit** bringen Sie ihr Lösungsmodell dann noch einmal auf den Punkt. **Beispiel**: In seiner Rede am 10. Oktober 1991 zum bevorstehenden Kolumbus-Tag verweist US-Präsident George Bush darauf, dass die „Entdeckung" Amerikas ► nächste Seite

Operator	Was ist zu beachten?	Wie ist vorzugehen?
entwickeln	◀ vorherige Seite	durch Christoph Kolumbus zu einem „Austausch von Wissen, Ressourcen und Ideen zwischen der Alten und der Neuen Welt" geführt habe (Belegstelle: Seiten- und/oder Zeilenangabe). Seine Aussage erweckt den Eindruck, hier habe ein gleichberechtigter Austausch bzw. Handel stattgefunden (*Bezug zum Text*). Das war aber nicht der Fall (*Gegenposition*). Wissen aus der „Alten Welt" wie z. B. der Bergbau wurden von Spaniern vorrangig in die „Neue Welt" gebracht, um Ressourcen der indigenen Bevölkerung einseitig und unter menschenunwürdigen Arbeitsbedingungen auszubeuten (*Argument*). In einer Rede zum Kolumbus-Tag muss auf dieses ungerechte Missverhältnis aus Gründen der Wahrhaftigkeit hingewiesen werden, auch wenn langfristig die „Neue Welt" auch von neuen Techniken profitieren konnte. Zudem wäre hier eine Entschuldigung für die Ausbeutung der einheimischen Bevölkerung angebracht (*alternatives Lösungsmodell*).
erörtern	Eine Erörterung erfolgt zu einer vorgegebenen Problemstellung, die meist als eine **These/ Position** vorgegeben ist. Wie beim Operator „sich auseinandersetzen" (siehe unten) steht es einem offen, ob man ein **Sach- oder Werturteil** verfassen möchte, es sei denn, die Aufgabenstellung gibt dies bereits vor. Anders als bei den Operatoren „beurteilen", „Stellung nehmen" oder „sich auseinandersetzen" ist es hier zwingend erforderlich, eine **abwägende Auseinandersetzung/Beurteilung** zu gestalten. Bevor die eigene Position im abschließenden **Fazit** auf den Punkt gebracht wird, müssen also sowohl Argumente für als auch gegen die vorgegebene These/ Position gesammelt, gewichtet und begründet werden.	Wählen Sie – falls es nicht schon durch die Aufgabenstellung vorgeben ist – ein Ihnen für die Aufgabe sinnvoll erscheinendes **Sach- oder Wertekriterium** für die Beurteilung aus (z. B. Effizienz, Stimmigkeit oder Legitimität bzw. Freiheit, Sicherheit etc.). Es sollte später bei der Formulierung der Erörterung auch genannt werden. Überprüfen Sie anhand des ausgewählten Kriteriums, welche Argumente für und welche gegen die formulierte These oder die problemorientierte Fragestellung sprechen. Listen Sie die **Pro- und Kontra-Argumente** stichpunktartig mithilfe einer Tabelle auf. Achten Sie auch darauf, historische Sachverhalte *und* Beispiele anzuführen sowie das zur Erörterung vorgegebene Material – wie bei den Operatoren „beurteilen", „Stellung nehmen" und „sich auseinandersetzen" – einzubeziehen. Überlegen Sie anschließend, welche **Position** Sie vertreten wollen. Gewichten Sie die gesammelten Pro- und Kontra-Argumente – beginnend mit dem schwächsten Argument (für die eigene Position) bzw. stärksten Argument (gegen die eigene Position). In dieser Reihenfolge formulieren Sie dann Ihre Erörterung nach dem sogenannten „**Sanduhrprinzip**". Am Ende der Bearbeitung sollte ein **Fazit** stehen, das die zentralen Argumente noch einmal prägnant zusammenfasst und die eigene Position auf den Punkt bringt. Generell gilt als **Faustregel** auch hier: Nicht das Urteil an sich entscheidet darüber, ob die Bearbeitung gelungen ist, sondern die schlüssige Argumentation, anhand derer das eigene Urteil begründet wird. **Beispiel**: Erörtern Sie, ob es sich bei dem „Thesenanschlag" Martin Luthers um einen Wendepunkt in der Geschichte handelt (*problemorientierte Fragestellung*). Mögliche Antwort: Im Sinne der Stimmigkeit (*Sachkriterium*) der These vom „Wendepunkt in der Geschichte" ist festzuhalten, dass bereits vor dem Thesenanschlag von 1517 Reformer wie John Wyclif und Jan Hus ähnliche Ansichten wie Martin Luther gegenüber der Kirche vertraten, z. B. ... Luthers Thesenanschlag hatte aber deutlich gravierendere Auswirkungen auf das Heilige Römische Reich und Europa als das Wirken seiner Vorgänger, wie z. B. ...
sich auseinandersetzen	Bei diesem Operator steht es Ihnen frei, ob Sie ein **Sach- oder Werturteil** bilden. Anders als beim Operator „Stellung nehmen" (siehe Seite 515) ist es für das Verfassen eines Werturteils also nicht erforderlich, zuvor noch ein Sachurteil zu formulieren. Oft lässt sich bereits schon aus der Aufgabenstellung ablesen, welche Art von Urteil verlangt wird.	Es sind die gleichen Anregungen und Hilfen, wie bei den Operatoren „beurteilen" und „Stellung nehmen" zu beachten. Bei einem **Sachurteil** würden dann jeweils Sachkriterien wie z. B. Legitimität, Stimmigkeit oder Effizienz gelten, während bei einem **Werturteil** Maßstäbe wie Freiheit, Gerechtigkeit etc. herangezogen werden könnten. Wie bereits weiter oben erwähnt, ist auch hier nicht das Urteil entscheidend darüber, ob es sich um eine gelungene Bearbeitung handelt, sondern die **schlüssige Argumentation**, anhand derer das **eigene Urteil** begründet wird.

Operator	Was ist zu beachten?	Wie ist vorzugehen?
Stellung nehmen	Der Operator geht über ein **begründetes Sachurteil** hinaus, da hier zusätzlich ein **Werturteil** gefordert wird. Eine Stellungnahme besteht also im Grunde genommen aus zwei Teilen: Im ersten Teil geht es um Aspekte, die schon unter dem Operator „beurteilen“ erklärt worden sind (siehe Seite 513). Im zweiten Teil ist ein Werturteil zu formulieren, bei dem eine Beurteilung aus **heutiger Perspektive** und anhand von **heutigen Wertmaßstäben** (z. B.: Freiheit, Sicherheit, Recht und Gerechtigkeit, Gleichberechtigung, politische Teilhabe, Solidarität) verlangt wird. Entscheidend beim Werturteil sind auch hier die **Argumente**. Je überzeugender diese sind, umso besser.	Zu beachten ist, dass dem Werturteil ein Sachurteil vorgeschaltet ist. Daher gelten hier die gleichen Hinweise wie beim Operator „beurteilen“. Im Prinzip kann für das Werturteil das Vorgehen genauso erfolgen, nur dass **heutige Wertmaßstäbe** als Kriterien dienen, die in der Stellungnahme auch benannt werden sollten. Außerdem gilt wieder die **Faustregel**: Nicht das Sach- und anschließende Werturteil an sich entscheiden darüber, ob die Bearbeitung gelungen ist, sondern die Qualität und Nachvollziehbarkeit der Argumente, anhand derer die eigenen Urteile begründet werden. **Beispiel**: Die Umsiedlung der indigenen Bevölkerung in Dörfern und Gemeinden im 16. Jahrhundert war in Bezug auf die Ziele der Spanier durchaus effizient (*Kriterium*). Auf diese Weise konnte die indigene Bevölkerung besser kontrolliert und missioniert werden. Mit der Annahme des christlichen Glaubens wurde so auch die gottgegebene Herrschaft der Spanier von der indigenen Bevölkerung akzeptiert (*Argument für das Sachurteil*). Im Hinblick auf das Kriterium „Freiheit“ ist das Vorgehen aus heutiger Sicht abzulehnen. Die Freizügigkeit (freie Wahl des Wohnortes) und die Glaubensfreiheit (*Wertmaßstäbe*) der indigenen Bevölkerung wurden stark eingeschränkt. Es wurde ein willkürlicher Zwang ausgeübt (*Argument für das Werturteil*).
überprüfen	Hier soll ein Sachverhalt daraufhin untersucht werden, ob er die Voraussetzungen für die **Gültigkeit einer Hypothese** erfüllt. Oft wird anhand von Materialien überprüft, ob historische Theorien und Modelle einen Prozess passend beschreiben – z. B. ob ein Sachverhalt als Krise oder Revolution einzuschätzen ist. Anders als beim Operator „nachweisen“ (siehe Seite 512) ist nicht sicher, dass sich die Hypothese am Ende wirklich bestätigen lässt bzw. der Prozess nachweisbar ist. Die Überprüfung ist also **offen** und muss auch nicht zu einem eindeutigen Ergebnis führen. Umso wichtiger ist es hier, die Erkenntnisse, die Sie bei der Überprüfung gewonnen haben, durch eine **Erläuterung** zu begründen. Je präziser erläutert wird, warum das Beispiel oder der Sachverhalt die zu überprüfende Hypothese unterstützt oder entkräftet, umso besser.	Formulieren Sie **zentrale Kriterien**, die erfüllt sein müssen, damit die zu überprüfende These Gültigkeit besitzt. Bearbeiten Sie den Sachverhalt/das Material daraufhin, inwieweit diese Kriterien nachweisbar sind. Erfolgt die Überprüfung anhand eines Materials, sollten Sie **relevante Textstellen** oder **Zahlenwerte** vermerken, die Sie später zitieren können. Verfassen Sie strukturiert ihr **„Prüfgutachten“**, indem Sie ausgehend vom Sachverhalt/dem Material darlegen, inwieweit die Hypothese erfüllt ist. Begründen Sie Ihre Einschätzung durch Beispiele/Sachwissen. **Beispiel**: Die Entwicklungen in der DDR 1989 brachten einen fundamentalen Systemwechsel (*Kriterium einer Revolution*) für die Bevölkerung. Aus einer faktischen Einparteienherrschaft wurde eine parlamentarische Demokratie, aus einer zentralistischen Planwirtschaft schließlich eine freie Marktwirtschaft (*Argumente*). In diesem Aspekt ist das Kriterium einer Revolution also erfüllt.

Operator, der Leistungen in allen drei Anforderungsbereichen verlangt:

Operator	Was ist zu beachten?	Wie ist vorzugehen?
interpretieren	Der Operator erfordert **Leistungen aus allen drei Anforderungsbereichen**. Zuerst ist nachzuweisen, dass das Material verstanden worden ist. Das bedeutet, dass zunächst eine Beschreibung, Zusammenfassung oder Wiedergabe der Inhalte des Materials in eigenen Worten erfolgt. Danach soll anhand von bestimmten Kriterien das Material auf seine Inhalte hin analysiert und diese mithilfe des eigenen Fachwissens erläutert werden. Die Kriterien können in der Aufgabenstellung vorgegeben sein oder müssen selbst festgelegt werden. Zum Schluss sind die Aussagen, die sich aus dem Material ergeben, zu beurteilen. Dabei soll immer ein Sachurteil erfolgen, das noch um ein Werturteil ergänzt werden kann, aber nicht muss.	Es empfiehlt sich, **schrittweise vorzugehen** und die jeweiligen **Teile der Bearbeitung auszuformulieren**. Beginnen Sie mit der Beschreibung, Zusammenfassung oder Textwiedergabe, anschließend folgen die Analyse und Erläuterung bezogen auf ein Untersuchungskriterium. Zuletzt ist die Beurteilung oder Stellungnahme in Hinblick auf das zuvor Untersuchte vorzunehmen. **Hilfen** zur jeweiligen Vorstrukturierung befinden sich bei den entsprechenden Operatoren. **Beispiel** *(für eine Aufgabenstellung):* Interpretieren Sie die Wandmalerei „Landung der Spanier in Veracruz“ von Diego Rivera aus dem Jahre 1951 im Hinblick auf ihre Aussagekraft bezüglich der Folgen der spanischen Kolonisation (*Untersuchungskriterium*).

5.2 Hinweise zur Bearbeitung von Klausuren

Ziel

Klausuren

In Klausuren sollen Sie zeigen, dass Sie fachspezifisches Material anhand von Aufgaben angemessen bearbeiten können. Dabei sollen Sie ihr Wissen mit neuen Sachverhalten **problembewusst verknüpfen** und begründet **Stellung nehmen**.

Anforderung

Reproduktion

Im **Anforderungsbereich I** beschreiben Sie geordnet und gerafft historische Zustände oder Entwicklungen.

Reorganisation und Transfer

Im **Anforderungsbereich II** bearbeiten Sie Materialien problem- und methodenbewusst zu einem aus dem Unterricht bekannten Thema.

Reflexion und Problemlösung

Der **Anforderungsbereich III** verlangt gründliches Nachdenken und eine Lösung. Sie müssen auf Grundlage Ihrer Materialienanalyse ein Problem untersuchen und bewerten. Ihre Stellungnahme kann eine abwägende Diskussion gegensätzlicher Standpunkte erfordern. Abschließend müssen Sie dazu selbst Position beziehen.

Tipp

Die Operatoren der Anforderungsbereiche I bis III finden Sie vorne im Buch erklärt (siehe: Anforderungsbereiche und Operatoren). **Hilfen zum richtigen Umgang mit den Operatoren** bietet die Übersicht ab Seite 508.

Vorgehen

Aufgaben erfassen

- ☑ Lesen Sie die **Aufgaben** sorgfältig durch; unterstreichen Sie den **Operator**. Versuchen Sie, den Auftrag genau zu erfassen. Machen Sie sich ihn bei Bedarf in eigenen Worten klar. Finden Sie **Schlüsselbegriffe** und klären Sie kurz ihre Bedeutung.

Operatoren beachten

- ☑ Erledigen Sie die Aufgaben streng anhand der Operatoren. Sie zeigen Ihnen, zu welchen **Anforderungsbereichen** Sie jeweils arbeiten sollen.

Kernaussagen ermitteln

- ☑ Lesen Sie den Text zunächst als Ganzes, um Thema und Hauptaussagen im **Zusammenhang** zu begreifen. Im zweiten Durchgang ermitteln Sie aufgabenbezogen die **wesentlichen Aussagen**. Unterstreichen Sie dabei Wörter statt Sätze; so fällt es Ihnen leichter, **eigene Formulierungen** zu finden und sich von der Vorlage zu lösen.

Aussagen strukturieren

- ☑ Stellen Sie zunächst den **Autor** und die **Quelle** (Entstehungszeit, historischer Kontext, Adressaten) vor, wiederholen Sie aber nicht die wissenschaftliche Fundstelle des Textes.

Text gliedern

- ☑ Gliedern Sie Ihren Text folgerichtig. Setzen Sie **Schwerpunkte in Inhalt und Umfang** Ihres Textes. Achten Sie bei Ihrem Zeit- und Arbeitsaufwand auf die Gewichtung der Aufgaben.
- ☑ Geben Sie die Hauptgedanken eigenständig in **indirekter Rede** im **Konjunktiv** wieder.

Aussagen belegen

- ☑ Direkte **Zitate** empfehlen sich, wenn der Operator intensive Textarbeit verlangt und sie einen Kernaspekt in auffälligen Worten ausdrücken. Eine **Erläuterung in eigenen Worten** muss folgen.
- ☑ Halten Sie die **Reihenfolge der Aufgaben** ein. Vermeiden Sie Überschneidungen.

Stil

- ☑ Schreiben Sie **kurze, verständliche Hauptsätze** oder **Satzgefüge**. Drücken Sie sich sachlich aus und benutzen Sie **Fachbegriffe**.

Letzte Kontrolle

- ☑ Planen Sie Zeit für die **Durchsicht** ein. Lesen Sie Ihre Klausur zunächst nur unter **inhaltlichen Gesichtspunkten**; erst in einem zweiten Durchgang achten Sie auf **Rechtschreibung, Grammatik** und **Satzbau**. Achten Sie auf die **Zeitenfolge** (Präsens mit Perfekt; Präteritum mit Plusquamperfekt). Nutzen Sie zulässige **Wörterbücher**.

5.3 Formulierungshilfen für die Textanalyse

Einleitung

Der Verfasser / die Verfasserin (kurze Vorstellung) beschäftigt sich (Zeit / Kontext) mit ... / untersucht / setzt sich mit der Frage auseinander / behandelt das Problem ... / thematisiert / äußert sich zu / führt aus ...
Beispiel: Der Historiker Klaus J. Bade setzt sich in seiner 2002 erschienenen Publikation „Europa in Bewegung" mit der historischen und aktuellen Bedeutung von Migration auseinander.

Einordnung in den historischen Kontext

Der Autor / die Autorin (Name) hat den Brief / Aufsatz / etc. verfasst / die Rede gehalten, als ... Die Quelle lässt sich vor dem Hintergrund von ... einordnen / ist im Zusammenhang mit ... zu sehen.
Beispiel: Die Bürgerbewegung „Demokratie Jetzt" startet am 12. September 1989 einen Aufruf, der sich an alle Initiativgruppen und reformfreudigen Kräfte in der DDR richtet und auf aktuelle Probleme im Staat eingeht. Der Aufruf lässt sich vor dem Hintergrund der sich wirtschaftlich und politisch zuspitzenden Krise der DDR im Jahre 1989 einordnen.

Textwiedergabe „Kernthese"

Er / sie behauptet / ist der Meinung, dass ... / vertritt die These / die Position, dass ...
Beispiel: Der amerikanische Politikwissenschaftler Samuel Phillips Huntington behauptet, dass die Konflikte in der Welt in der Zukunft zwischen verschiedenen Großkulturen verlaufen werden.

Textwiedergabe „Argumentation"

Der Verfasser / die Verfasserin begründet dies, indem er / sie ... / belegt dies mit ... / erklärt dies mit / hebt hervor / betont / kritisiert / bemängelt / argumentiert
Beispiel: Der Politikwissenschaftler Samuel Phillips Huntington betont, dass ein „weltweiter Kampf der Kulturen" (Zeilenangabe / Belegstelle) nur zu vermeiden sei, wenn der Westen seine Kultur verteidigt und dieser nicht darauf hoffe, dass die anderen Kulturen sich ihm annähern werden.

Zusammenfassung

Der Autor / die Autorin fasst seine / ihre Haltung / Sichtweise zusammen, indem er / sie ... / sagt abschließend ... / kommt zu dem Schluss, dass ...
Beispiel: Eberhard Kolb, Professor für Geschichte, kommt zu dem Schluss, dass jeder Historiker durch die Gewichtung der verschiedenen Faktoren darüber entscheidet, wie er das Scheitern der Weimarer Republik interpretiert.

Vergleich

Ebenso wie (ein anderer Autor / eine andere Autorin) / anders als (die Meinung / Argumentation / Position von) ...
Beispiel: Die Historiker František Graus und Peter Schuster nehmen unterschiedliche Standpunkte in Bezug auf die Krise des Spätmittelalters ein. Während Graus ... betont, hebt Schuster ... hervor.

Absicht

Er / sie will darauf hinweisen / erreichen / verdeutlichen / appelliert / zielt auf / verfolgt die Absicht ...
Beispiel: Der britische Mathematiker, Philosoph und Friedensforscher Bertrand Russell will mit seinem in der „Times" am 23. Oktober 1945 erschienenden Leserbrief auf die Geschehnisse im Kontext der Vertreibung der deutschen Bevölkerung aufmerksam machen.

Stellungnahme (Sach- und Werturteil)

Beurteilung: Die Argumentation überzeugt (nicht) / ist widersprüchlich / schlüssig / (nicht) einleuchtend / nachvollziehbar / zutreffend, weil ... *Bewertung*: Ich stimme dem Autor / der Autorin zu / teile (nicht) die Haltung des Verfassers / der Verfasserin / schließe mich (nicht) der Argumentation an, weil ... / Aus heutiger Sicht / Perspektive lässt sich sagen / festhalten, dass ...
Beispiel: Die Thesen des amerikanischen Politologen Jack A. Goldstone über die Ursachen von Revolutionen überzeugen (nicht) aus folgenden Gründen: ...

5.4 Übungsklausur: Krisen, Umbrüche und Revolutionen

Die Aufgabenstellung bezieht sich auf das **Pflichtmodul** „Amerikanische Revolution" aus dem ersten Rahmenthema des niedersächsischen Kerncurriculums mit dem dazugehörigen **Kernmodul** „Revolutionen". Ebenso wird eine Verbindung zum **Wahlmodul** „Französische Revolution" hergestellt. Darüber hinaus wird durch die Quellenauswahl ein Bogen zum vierten Rahmenthema „Geschichts- und Erinnerungskultur" – konkret zu nationalen Feiertagen – geschlagen.

Pflichtmodul

1. Geben Sie wieder, wer von der Amerikanischen Revolution nicht profitiert hat (M1).
2. Erläutern Sie die möglichen Gründe hierfür (M1).

Pflicht- und Kernmodul

3. Der Historiker Theodor Schieder stellt fest: „Die großen modernen Revolutionen sind insofern Totalrevolutionen, als von ihnen alle Bereiche erfasst und in verschiedenem Grad dauerhaft umgeformt wurden." Überprüfen Sie seine Behauptung am Beispiel der Amerikanischen Revolution.

Pflichtmodul und Semesterübergriff

4. Arbeiten Sie den politischen Standpunkt von Joanna Storm heraus. Gehen Sie dabei auch auf den Quellentyp ein (M2).
5. Erklären Sie, was die Leserin unter einer falschen Interpretation der Verfassung versteht und was sie mit dem Begriff der „Freiheit" meint.

Pflicht- und Wahlmodul

6. Analysieren Sie die Gründe für den unterschiedlichen Verlauf der Amerikanischen und der Französischen Revolution (M3).
7. Arbeiten Sie den Nutzen des Begriffes „konservativ" für die Amerikanische Revolution heraus (M3).
8. Beurteilen Sie die Rolle der Emigranten in der Amerikanischen und in der Französischen Revolution (M3).

Hinweis: Ihre Arbeitsergebnisse zu den Aufgaben 1 bis 8 können Sie mit den Lösungsvorschlägen unter dem Code 32035-73 vergleichen.

Tipps für die Bearbeitung

- **Aufgabe 3**: Das Zitat von Theodor Schieder finden Sie in M2 auf Seite 19 (vgl. Zeile 26 ff.).
- **Aufgabe 8**: Hier geht es vor allem um die Bedeutung der loyalistischen (königstreuen) Emigranten. Über die Rolle der Emigranten können Sie nochmals im Wahlmodul „Französische Revolution" auf Seite 132 f. nachlesen. Im Zusammenhang mit der „Amerikanischen Revolution" finden Sie zu den Loyalisten Informationen auf den Seiten 52 und 62.

M1 Grenzen der Amerikanischen Revolution

*Die Historiker Philipp Gassert (*1965), Mark Häberlein (*1966) und Michael Wala (*1954) schreiben in einem Band über die Geschichte der USA:*

Die Grenzen der [Amerikanischen] Revolution zeigen sich vor allem darin, dass im Wesentlichen nur weiße Männer von ihren Errungenschaften profitierten. Die meisten Indianer blieben während des Unabhängigkeitskrieges neutral oder kämpften auf britischer Seite und gaben dadurch deutlich zu erkennen, dass sie sich von der amerikanischen Unabhängigkeit nichts Gutes erwarteten. Der Friede von Paris 1783 erwähnte die Indianer mit keinem Wort, und die amerikanischen Politiker argumentierten und handelten in der Folgezeit, als hätten sie im Unabhängigkeitskrieg auch alles indianische Territorium bis zum Mississippi erobert. [...] Unter den weißen Siedlern an der Indianergrenze dominierten ohnehin der Hass auf die „Wilden" und die Verachtung der indianischen Lebensform.
Wie die Indianer blieben auch die meisten schwarzen Sklaven von den Freiheits- und Gleichheitspostulaten der Amerikanischen Revolution ausgeschlossen. Immerhin verbot der revolutionäre Staat Vermont 1777 die Sklaverei, und sämtliche nördlichen Staaten verabschiedeten bis 1804 Emanzipationsgesetze oder beendeten die Sklaverei durch Gerichtsurteile. [...] Dennoch trug die Revolution insgesamt eher zu einer Zementierung der Sklaverei im Süden bei, da sie mit dem Schutz der Eigentumsrechte auch den Schutz menschlichen Eigentums garantierte. [...]
Vom Gleichheitspostulat der Revolution und den politischen Rechten amerikanischer Staatsbürger blieben auch weiße Frauen zunächst ausgeschlossen. Während der Revolution beteiligten sich Frauen an den Importboykotten, sammelten Geld für die Kontinentalarmee und führten in Vertretung ihrer abwesenden Männer Farmen, Geschäfte und Handwerksbetriebe weiter. Einige führende Vertreter der revolutionären Generation waren zwar bereit, den Frauen als „mothers of the Republic" eine wichtige Rollte bei der Erziehung ihrer Söhne zu guten republikanischen Staatsbürgern einzuräumen; den Frauen selbst politische Freiheitsrechte zuzugestehen schien ihnen jedoch zu weit zu gehen. Allerdings bot die Rhetorik der Revolution Frauen wie Indianern und Schwarzen später immer wieder Anknüpfungspunkte für die Einforderung ihrer eigenen Rechte. Das Postulat der Unabhängigkeitserklärung, dass alle Menschen gleich geschaffen seien, entfaltete somit langfristig auch für diese benachteiligten Gruppen eine befreiende Wirkung.

Philipp Gassert, Mark Häberlein und Michael Wala, Kleine Geschichte der USA, Stuttgart 2008, S. 167 ff.

M2 Remember

Im Jahre 2010 bittet die „Journal Times" ihre Leser, Briefe zum Unabhängigkeitstag zu schreiben. Joanna Storm ist eine der Schreiberinnen; ihr Leserbrief erscheint am 4. Juli 2010:

Diese Nation wurde von bedeutenden Männern gegründet, die die Verfassung der Vereinigten Staaten geschrieben haben! Wie die 10 Gebote ... sind sie Vorschriften! Allerdings haben die Macht des Geldes und Großunternehmen unsere Regierungsbeamten so beeinflusst, dass sie die Verfassung aus einem anderen Blickwinkel betrachten. [...]
Wir müssen uns [...] bei Feiern zum 4. Juli an seine wahrhaftige Bedeutung erinnern. Es geht um mehr als um Feuerwerk und Grillpartys, es geht um jene, die sich geopfert haben, damit wir in den Vereinigten Staaten in Freiheit leben können, jene Menschen, die dafür Sorge getragen haben, die Verfassung auf den Weg zu bringen.
Menschen, die wir ins Amt wählen, müssen sich daran halten und dürfen die Verfassung nicht abändern oder falsch auslegen. Es steht uns nicht zu, neue Gesetze zu verabschieden, um dadurch Wählerstimmen oder die öffentliche Meinung zu gewinnen. Wir müssen zurück zum Wesentlichen, uns auf den Gründungsgedanken dieses Landes besinnen und darüber nachdenken, weshalb wir Männer und Frauen in den Krieg schicken ... (nämlich) für unsere Freiheit! GOD Bless America!

www.journaltimes.com/news/local/article (Zugriff: 31. Januar 2011; übertragen von Gerlind Kramer)

M3 Revolutionen im Vergleich

Der US-amerikanische Historiker Robert Roswell Palmer (1909 - 2002) schreibt:

Ich bin [...] überzeugt, dass die Amerikanische und die Französische Revolution „von den gleichen Prinzipien ausgingen" [...]. Der Unterschied besteht darin, dass diese Prinzipien in Amerika viel tiefer eingewurzelt waren und dass entgegengesetzte oder konkurrierende Überzeugungen, ob monarchistisch oder aristokratisch, feudal oder kirchlich, in Amerika zwar nicht ganz fehlten, aber, verglichen mit Europa, sehr schwach waren. Die Verfechtung an sich gleicher Prinzipien rief daher in Amerika weniger große Konflikte hervor als in Frankreich. [...] Die Amerikanische Revolution war wirklich eine Bewegung, die das „konservieren" wollte, was bereits existierte. Sie war jedoch kaum eine „konservative" Bewegung und kann den Theoretikern des Konservatismus nicht viel Genugtuung bereiten, denn es war der Schwäche, nicht der Stärke der konservativen Mächte im Amerika des 18. Jahrhunderts zuzuschreiben, dass die Amerikanische Revolution so gemäßigt verlief. [...] Amerika war anders als Europa, aber es war nicht einzig in seiner Art. Der Unterschied bestand darin, dass gewisse Ideen des Zeitalters der Aufklärung, die man diesseits wie jenseits des Atlantischen Ozeans fand – Gedanken über eine verfassungsmäßige Regierungsform, individuelle Freiheit oder Gleichheit vor dem Gesetz –, in Amerika tiefer Wurzeln gefasst hatten und weniger umstritten waren als in Europa. [...] Wir wissen, dass noch während eines Jahrhunderts nach der Amerikanischen Revolution Anhänger revolutionärer oder liberaler Bewegungen in Europa im Allgemeinen mit Bewunderung auf die Vereinigten Staaten blickten – während die europäischen Konservativen eine feindliche oder ausgesprochen geringschätzige Haltung ihnen gegenüber einnahmen.
Man darf nie vergessen, dass den Vereinigten Staaten ein wesentlicher Kern des Konservatismus für immer verlorenging: Die französischen *émigrés* kehrten nach Frankreich zurück. Die *émigrés* der Amerikanischen Revolution kehrten nicht zurück; sie siedelten sich in der kanadischen Wildnis an; nur einzelne, die ohne politischen Einfluss waren, trieb es zurück in die Vereinigten Staaten. Jeder, der weiß, was die Rückkehr der Emigranten für Frankreich bedeutete, wird sich Gedanken darüber machen, welche Bedeutung das Fernbleiben der *émigrés* für die Vereinigten Staaten hatte: ein Vorgang, der so leicht übersehen wird, weil er unsichtbar ist, wenn er nicht durch den Vergleich mit Frankreich ans Licht gebracht wird.

Robert R. Palmer, Das Zeitalter der demokratischen Revolution. Eine vergleichende Geschichte Europas und Amerikas von 1760 bis zur Französischen Revolution, Frankfurt am Main 1970, S. 205 ff.

5.5 Übungsklausur: Wechselwirkungen und Anpassungsprozesse

Die Aufgabenstellung bezieht sich auf das **Pflichtmodul** „Die Völkerwanderung“, die beiden **Kernmodule** „Kulturkontakt und Kulturkonflikt“ sowie „Migration“ und das **Wahlmodul** „Romanisierung und Kaiserzeit“ des zweiten Rahmenthemas des niedersächsischen Kerncurriculums. Des Weiteren ist ein Semesterübergriff auf das Kernmodul „Krisen“ des ersten Rahmenthemas vorgesehen.

Pflichtmodul

1. Fassen Sie nach einer quellenkritischen Einführung die Kernaussagen von Themistios' Rede zusammen (M1).
2. Ordnen Sie die Rede in ihren historischen Kontext ein (M1 und M2). Gehen Sie dabei insbesondere auf die Bedeutung des „Gotenfoedus“ von 382 für den weiteren Verlauf der Völkerwanderung ein.

Pflicht-, Kern- und Wahlmodul

3. Erläutern Sie, wie sich Ursachen und Verlauf der Völkerwanderung mithilfe Ihnen bekannter Theorien von Kulturkontakt und Migration erklären lassen.
4. Setzen Sie sich kritisch mit dem Begriff „Völkerwanderung“ für die Ereignisse der europäischen Geschichte vom 4. bis 6. Jahrhundert auseinander.
5. Erklären Sie, inwiefern Themistios in seiner Rede (M1) die Vision einer Romanisierung der Westgoten beschreibt.

Semesterübergriff

6. Erörtern Sie, inwieweit die Aufnahme der Westgoten ins Römische Reich und deren Folgen die Bedingungen für eine historische Krise erfüllen.
7. Erörtern Sie ausgehend von M3 und M4, ob ein Vergleich der Völkerwanderung mit aktuellen politischen und gesellschaftlichen Ereignissen möglich und sinnvoll ist.

Tipps für die Bearbeitung

- **Aufgabe 1**: Eine quellenkritische Einführung gibt die wichtigsten Informationen über die untersuchte Quelle wieder: Verfasser, Datum, Ort, Textsorte (z. B.: Brief, Rede, ...), Adressat, Thema, Anlass und Absicht des Verfassers.
- **Aufgabe 2**: Für Informationen über die Aufnahme der Westgoten ins Römische Reich und zum „Gotenfoedus“ können Sie nochmals im Kapitel „Ursachen und Verlauf der Völkerwanderung“ auf Seite 176 f. nachschlagen. Beachten Sie auch die gegen die Integration der Westgoten gerichtete Rede von Synesios von Kyrene (M3 auf Seite 181).
- **Aufgabe 3:** Über Theorien im Bereich „Kulturkontakt“ und „Migration“ informieren Sie die beiden Kernmodule auf den Seiten 154 bis 159 bzw. 164 bis 169.
- **Aufgabe 5:** Die „Säulen der Romanisierung im Kaiserreich“ auf Seite 254 fassen Ihnen die wichtigsten Bausteine der Romanisierung zusammen.
- **Aufgabe 6:** Durch welche Merkmale sich historische Krisen auszeichnen, können Sie nochmals in M5 auf Seite 14 nachlesen.

Hinweis: Ihre Arbeitsergebnisse zu den Aufgaben 1 bis 7 können Sie mit den Lösungsvorschlägen unter dem Code **32035-74** vergleichen.

M1 Hoffnung auf die Integration der Westgoten

Themistios (um 317–388) war ein griechischer Redner, Philosoph und Politiker. In einer am 1. Januar 383 in Konstantinopel vor Kaiser Theodosius I. (347–395) gehaltenen Rede äußert er sich zu dem im Vorjahr geschlossenen Friedensvertrag (foedus) mit den Westgoten:

Aber sieh, wie der überaus verhasste Name „Goten" jetzt liebenswert (erscheint), wie angenehm, wie begrüßenswert! Sie kommen nun zusammen mit uns zur Feier des Heerführers, dem sie sich untergeordnet haben, weil sie sich klug verhalten, und sie feiern (mit uns) zusammen das Siegesfest, das ihrer Besiegung gilt. [...] Auch dann, wenn es für uns leicht gewesen wäre, sie auszulöschen, und wenn wir die Macht gehabt hätten, alles mit ihnen zu machen, soll es doch möglich sein, dass wir nicht die geringste Abneigung (gegen sie) empfinden, obwohl dies aufgrund der vielen Ereignisse keine unziemliche Folge gewesen wäre; aber – wie gesagt – auch dies (d.h. Versöhnung) soll in unserer Macht liegen. Ist es denn etwa besser, Thrakien[1] mit Leichen anzufüllen anstatt mit Bauern? Und zu zeigen, dass es voll von Gräbern und nicht angefüllt mit Menschen ist? Und ist es besser, durch ein brachliegendes als durch ein beackertes Land zu gehen? Ist es etwa besser, Getötete zu zählen als Pflügende? [...] Ich habe von Leuten, die dorthin gelangt sind, in Erfahrung gebracht, dass sie Eisen aus Schwertern und Brustpanzern umwandeln zu Hacken und Sicheln, und dass diejenigen, die früher Ares verehrten, jetzt zu Demeter und Dionysos[2] beten.

Vielerlei dieser Art bewirkte auch früher das menschliche Leben, und nicht erst uns widerfuhr, dass diejenigen, die gefehlt hatten und Verzeihung erhielten, denjenigen von Nutzen waren, denen Unrecht geschehen war. Seht doch nur die Galater[3] am Schwarzen Meer. [...] Und nun würde niemand mehr die Galater als Barbaren bezeichnen, sondern ganz und gar als Römer; der alte Name blieb ihnen aber gleichwohl, doch sind sie in ihrer Lebensweise assimiliert. Sie zahlen Steuern wie wir, dienen wie wir im Heer, empfangen in gleicher Weise wie andere (Reichsbewohner) die Beamten (des Kaisers) und gehorchen denselben Gesetzen. So werden wir auch in kurzer Zeit die Goten (leben) sehen. Noch sind ihre Wunden zwar frisch, doch werden wir sie in kurzer Zeit als Bündnispartner, Tischgenossen, Soldaten und Steuerzahler finden.

Themistios, Oratio 16, 301, 16, 302, 26, zitiert nach: Hans-Werner Goetz und Karl-Wilhelm Welwei (Hrsg.), Altes Germanien. Auszüge aus antiken Quellen über die Germanen und ihre Beziehungen zum Römischen Reich von der Mitte des 3. Jahrhunderts bis zum Jahre 453 n. Chr., Bd. 2, Darmstadt 2013, S. 160

1 **Thrakien**: römische Provinz südlich der Donau (im heutigen Bulgarien), in der die Westgoten 382 angesiedelt wurden

2 **Ares, Demeter** und **Dionysos**: Ares war der griechische Kriegsgott, Demeter die Göttin des Ackerbaus und Dionysos der Gott des Weines und des Weinanbaus.

3 **Galater**: Gruppe von keltischen Barbaren, die im 3. Jh. v. Chr. nach ihrer gewaltsamen Migration in der heutigen Türkei angesiedelt worden waren

M2 Die Goten und die Völkerwanderung

*Der österreichische Historiker Walter Pohl (*1953) beschreibt am Beispiel der Westgoten die Bedeutung der Völkerwanderung für die Menschen:*

Was die Wanderungen für die Völker bedeuteten, hat H. Wolfram[4] am Beispiel der Goten im Detail untersucht. Daraus ergibt sich, dass gotische Wanderungen im Laufe der Zeit sehr unterschiedliche Formen annehmen konnten. Die Gutonen[5] des 1./2. nachchristlichen Jahrhunderts lebten an der unteren Weichsel[6] im Bereich der archäologisch feststellbaren Wielbark-Kultur, deren Siedlungsschwerpunkt sich vor ihrem Ende allmählich Richtung Südosten verlagerte, während manche ihrer Merkmale in der Cernjachov-Kultur des 3./4. Jahrhunderts in der heutigen Ukraine sichtbar werden: allmähliche Migration und kultureller Einfluss. Für das 3. Jahrhundert sind gotische Raubzüge zu Wasser und zu Land bis nach Griechenland und Kleinasien bezeugt, die aber zu keiner Ansiedlung führten. Nach 375 löste das Vordringen der Hunnen eine ungeordnete Fluchtbewegung zehntausender Menschen über die untere Donau auf römisches Gebiet aus. Viele von den zugewanderten Goten wurden als Bauern oder Sklaven angesiedelt. Andere wurden als Berufssoldaten römische Föderaten, Bündnispartner, und in die römische Heeresorganisation eingegliedert. Viele der gotischen Wanderungen des 5. Jahrhunderts waren Heerzüge solcher Föderatenarmeen, im römischen Auftrag oder in offener Rebellion, mit Familien und Anhang oder ohne. Schließlich expandierte das 418 gegründete Westgotenreich von Toulouse aus und bekam im Laufe der Zeit die gesamte Iberische Halbinsel unter Kontrolle. All das sind Formen der „Völkerwanderung", die aber kaum auf ein einziges Muster zu reduzieren sind. Nie, selbst 375 nicht, haben alle Bewohner den Ausgangsraum verlassen. Auch die Zahlen der jeweils wandernden Goten schwankten zwischen einigen Tausend und einigen Zehntausend. H. Wolfram hat die größten Armeen der Zeit auf 20 000 bis 30 000 Mann geschätzt, was für ein ganzes Volk höchstens 100 000 Menschen ergibt; manche Forscher gehen von noch geringeren Größenordnungen aus.

Walter Pohl, Artikel „Völkerwanderung", in: Gert Melville und Martial Straub (Hrsg.), Enzyklopädie des Mittelalters, Bd. II, Darmstadt 2008, S. 313 f.

4 **Herwig Wolfram** (*1934): österreichischer Historiker

5 **Gutonen**: germanische Gruppe, die an der Ethnogenese der Goten wahrscheinlich maßgeblich beteiligt war

6 **Weichsel**: Fluss im heutigen Polen

M3 „Neue Völkerwanderung"

*Der deutsche Althistoriker Alexander Demandt (*1937) äußert sich in einem Interview mit der Tageszeitung „Die Welt" am 11. September 2015 zum Umgang des Römischen Reiches mit Migranten und vergleicht die Flüchtlingskrise des Jahres 2015 mit der Völkerwanderung:*

DIE WELT: In der aktuellen Flüchtlingskrise ist oft die Rede von einer „neuen Völkerwanderung". Ist dieser Vergleich mit der Spätantike weiterführend?

DEMANDT: Der Begriff „Völkerwanderung" ist auf mehrerlei Weise berechtigt. Erstens, was die Zahl der Migranten angeht. Zweitens, was die Art ihrer Bewegung betrifft; vielfach wandern sie ja tatsächlich, wie in der Antike. Drittens war die Motivation der spätantiken Völkerwanderung im Wesentlichen die gleiche wie bei der gegenwärtigen Migration.

DIE WELT: Nämlich?

DEMANDT: Damals wie heute handelt es sich um den Druck aus armen, aber bevölkerungsreichen Ländern auf reiche, aber überwiegend kinderarme Völker. Der wichtigste Unterschied besteht darin, dass die Germanen in der Völkerwanderung bewaffnet kamen, während die Flüchtlinge heute natürlich unbewaffnet sind. [...]

DIE WELT: Wie hat das Imperium Romanum auf den Zustrom reagiert?

DEMANDT: Der Zuwanderungsdruck auf die Grenzen des Römischen Reiches ist ja sehr alt – er beginnt schon gegen Ende des 2. Jahrhunderts vor Christus, mit den Kimbern und Teutonen. Damals waren die reichen, fruchtbaren Länder im Süden interessant für die Bewohner der kalten, ungemütlichen Länder im Norden. Die Römer haben eine zweigleisige Politik betrieben: Einerseits haben sie schon sehr früh, unter Cäsar, germanische Hilfstruppen übernommen und für sich kämpfen lassen, teilweise große Kontingente. Andererseits wurden Zuwanderer angesiedelt und in die römische Zivilisation eingegliedert [...]. Man kann sagen: Germanen waren sowohl Söldner für Rom wie Siedler.

DIE WELT: Und das ging gut?

DEMANDT: In der Spätantike bestand das römische Heer sogar überwiegend aus Germanen. Sie haben zunächst durchaus im römischen Sinne gehandelt und das Imperium verteidigt – bis sie eines Tages gesagt haben: Die Römer sind nicht mehr in der Lage, ihre eigene Herrschaft auszuüben. Da ließen sie andere Germanen über die Grenzen und setzten den Kaiser ab. Das war es dann mit der römischen Zivilisation.

DIE WELT: Bleiben wir in der Zeit, als die Germanen Söldner und Siedler waren. Wie hat das Imperium diese Zuwanderer integriert?

DEMANDT: Gut, solange die Zahl der übernommenen Menschen nicht übermäßig groß war und sie in die soziale Welt eingebunden werden konnten. Sie lernten Lateinisch, passten sich den Gebräuchen der römischen Zivilisation an, zahlten Steuern – und sind spätestens in der zweiten Generation zu Römern geworden.

DIE WELT: Die Zuwanderer mussten sich also der römischen Leitkultur unterordnen ...

DEMANDT: ... dieser Begriff ist belastet. Man kann auf ihn verzichten. Das Einzige, was von den Zuwanderern in jedem Fall verlangt wurde, war die Unterordnung unter römisches Recht. Das stand eisern fest – wer sich daran nicht hielt, wurde ausgewiesen oder bestraft. [...]

„Das war es dann mit der römischen Zivilisation", Interview mit Alexander Demandt, https://www.welt.de/geschichte/article146277646/Das-war-es-dann-mit-der-roemischen-Zivilisation.html (Zugriff: 18. Juni 2019)

M4 Problematischer Vergleich

*Der Althistoriker Mischa Meier (*1971) warnt vor Vergleichen der Völkerwanderung mit der aktuellen Migration von Flüchtlingen nach Europa:*

Soweit ich sehe, zielen die aktuell in den Medien fassbaren Vergleiche zwischen „Völkerwanderung" und „Flüchtlingskrise" darauf, zum einen Anschauungsmaterial hinsichtlich möglicher Folgen von Massenmigration zu gewinnen sowie zum anderen Handlungsempfehlungen für Politik und Gesellschaft zu generieren beziehungsweise allgemeine Mahnungen auszusprechen.

Beides erscheint indes problematisch: Die auch heute noch unwillkürliche Assoziierung der „Völkerwanderung" mit dem Untergang des Römischen Reichs erzeugt eine fatale Pfadabhängigkeit[1] des Vergleichs mit Blick auf die Bewertung gegenwärtigen Geschehens und daraus resultierender möglicher Handlungsmaximen[2]. Die „Völkerwanderung" kann den aktuellen Akteuren keine Hilfestellung leisten, weil sie als kohärenter[3] Geschehenszusammenhang nicht fassbar ist und weil die Einzelphänomene, die sich isolieren lassen, vor dem Hintergrund fundamental differenter geostrategischer, politischer und kultureller Rahmenbedingungen zu sehen sind.

Oberflächliche Analogien können durchaus gravierende Unterschiede verdecken. Nur ein methodisch-theoretisch skrupulös vorbereiteter Vergleich vermag Klippen dieser Art zu umschiffen – und dürfte im Fall der „Völkerwanderung" [...] dennoch höchst problematisch bleiben. [...] Gegen Vereinnahmungen dieser Art anzuarbeiten, ist eine der wichtigsten Aufgaben des Historikers.

Mischa Meier, Die „Völkerwanderung", in: Aus Politik und Zeitgeschichte (APuZ) 26–27/2016, S. 3–10, hier: S. 10

[1] **Pfadabhängigkeit**: hier im Sinne von Zwangsläufigkeit, Vorbestimmtheit
[2] **Handlungsmaxime**: Orientierung, Richtschnur für das Handeln
[3] **kohärent**: einheitlich

5.6 Übungsklausur: Wurzeln unserer Identität

Die Aufgabenstellung bezieht sich auf das **Pflichtmodul** „Das deutsch-polnische Verhältnis" aus dem dritten Rahmenthema des niedersächsischen Kerncurriculums sowie den **Kernmodulen** „Nation – Begriff und Mythos" und „Deutungen des deutschen Selbstverständnisses". Daneben gibt es einen Bezug zum **Wahlmodul** „Deutsches und europäisches Selbstverständnis nach 1945". Außerdem liegt ein Semesterübergriff zum vierten Rahmenthema „Geschichts- und Erinnerungskultur" vor. Thematisch wird sich hier mit den Erinnerungen an die Opfer des Nationalsozialismus beschäftigt.

Pflicht- und Kernmodul

1. Arbeiten Sie die nationalen Symbole heraus, die in M1 verwendet werden. Analysieren Sie anschließend ihre Bedeutung.
2. Interpretieren Sie die Selbstdarstellung (M2), die Jozef Piłsudski im Rückblick vornimmt.
3. Erörtern Sie, wie „polnisch" oder wie „deutsch" der Fußballverein Schalke 04 in den 1930er-Jahren war (M3). Nehmen Sie dazu Stellung, warum die Vereinsführung von Schalke 04 so viel Wert darauf legte, die deutsche Herkunft ihrer Spieler zu dokumentieren. Berücksichtigen Sie dabei das Jahr 1934.

Kern- und Wahlmodul sowie Semesterübergriff

4. Fassen Sie die Überlegungen von Theodor Heuss (M4) mit eigenen Worten zusammen und kommentieren Sie die Botschaft der Rede.
5. Erörtern Sie, welches Selbstverständnis sich in der Rede von Heuss manifestiert. Ordnen Sie die Rede in den historischen Kontext ein und nehmen Sie dazu Stellung.

Semesterübergriff

6. Erörtern Sie, inwiefern sich Heuss in seiner Rede mit Formen und Funktion von historischer Erinnerung auseinandersetzt.

Hinweis: Ihre Arbeitsergebnisse zu den Aufgaben 1 bis 6 können Sie mit den Lösungsvorschlägen unter dem Code **32035-75** vergleichen.

Tipps für die Bearbeitung

- **Aufgabe 1**: Achten Sie hierbei insbesondere auf Attribute wie zum Beispiel den Eichenlaubkranz auf dem Kopf, das Schwert und den Hanfzweig in der rechten Hand sowie die gesprengten Fesseln zu den Füßen der Germania.
- **Aufgabe 6**: Über Formen und Funktion historischer Erinnerung informiert das Kernmodul auf den Seiten 464 bis 469.

M1 Germania

Die Malerei auf einem Transparent (482 x 320 cm) fertigt Philipp Veit im März 1848 an. Das Bild wird in der Frankfurter Paulskirche, dem Tagungsort der verfassunggebenden deutschen Nationalversammlung, angebracht. Heute befindet es sich im Germanischen Nationalmuseum in Nürnberg.

M2 „Aber was kann ich Machtloser geben?"

Auf der ersten Tagung der Legionäre in Krakau hält Jozef Piłsudski am 6. August 1922 eine Ansprache. Zu diesem Zeitpunkt ist er polnischer Staatschef. Im Rückblick stellt er seine Überlegungen von 1914 folgendermaßen dar:

Die Rechnung machte ich folgendermaßen: Jede Politik und jede Tätigkeit ist auf dem einfachen und rohen Grundsatz „do ut des"[1] aufgebaut; wo man alle Kraft anstrengen muss, um zu siegen, da ist nur das etwas wert, was zum Siege verhilft [...] Aber was kann ich Machtloser geben? [...] Das war die Frage, meine Herren, und so entschloss ich mich, in diesem Falle das zu geben, was das Schwierigste war: den bewaffneten Arm, den Arm des Soldaten, der sich obendrein erst in schweren Mühen seinen Ruf als Soldat nicht nur bei den Fremden, sondern auch bei den eigenen Landsleuten erwerben musste. Das war der schwerste, der zweifelhafteste und der allen Teilungsmächten unangenehmste Weg. Gleichzeitig fragte ich mich, wo, bei welcher der Teilungsmächte ich die Bedingungen vorfinden könnte, um eine Wehrmacht in Polen zu errichten, die am Ende des Krieges, wenn schon alle durch den Krieg entsprechend geschwächt wären, in der Waagschale etwas bedeuten könnte [...]. Bei dieser Rechnung sagte ich mir von Anfang an: Der einzige Staat unter den Teilungsmächten, in welchem eine solche Arbeit begonnen und entfaltet werden kann, ist Österreich. Das also ist meine Rechnung, die ich nur einigen, mir sehr ergebenen Menschen offen dargelegt habe:
Die Deutschen werden mit ihrer eisernen Organisation, mit ihrer furchtbaren Kriegsmaschinerie alles erfassen, was kriegstüchtig ist; das ganze Menschenmaterial wird für Kriegszwecke verbraucht. [...] Auf irgendeinen Aufbau der Wehrmacht dort zu rechnen und darauf zu hoffen, wäre geradezu Selbsttäuschung gewesen. Von dort konnte ich nichts haben.
Wenn ich an Russland dachte, so war ich von vornherein sicher, dass ein derartiger Versuch sofort auf große Schwierigkeiten stoßen würde, und zwar nicht nur auf moralisch-staatliche, sondern vor allem auf die allergrößten Hindernisse angesichts des inneren Machtbewusstseins des Staates, seines Bewusstseins der Macht und der Überlegenheit gegenüber seinen Untertanen. Daher nahm ich also bei der Berechnung im Voraus an: Dieser Plan kann nicht in Russland zur Ausführung gelangen, denn Russland würde nicht darauf eingehen.
So blieb mir nur Österreich, der schwächste von den dreien, mit dem sich daher am leichtesten reden ließ [...].
Der Entschluss vom 6. August gab Polen den Soldaten; er schuf das, was Polen vorher niemals besessen hatte: die Kraft, und ich möchte glauben, dass er vielleicht auch eine neue Art von Menschen schuf.

Jozef Piłsudski, Erinnerungen und Dokumente, Bd. 4: Reden und Armeebefehle, Essen 1936, S. 97–99 und 107

[1] **do ut des** (lat.), deutsche Übersetzung: Ich gebe, damit du gibst.

M3 Wurde 1934 eine polnische Fußballmannschaft Deutscher Meister?

1934 wird zum ersten Mal der FC Schalke 04 Deutscher Meister im Fußball. Da auch die polnische Presse darüber ausführlich berichtet, setzt sich der Herausgeber des Fußballmagazins „Kicker", Georg Nifka, am 10. Juli 1934 in dem Artikel „Die Deutsche Meisterschaft in den Händen der Polen" mit dem Problem auseinander:

„‚Die Deutsche Fußballmeisterschaft in den Händen der Polen', ‚Polen Deutscher Fußballmeister', ‚Schalke 04, die Mannschaft unserer polnischen Landsleute' usw. Unter diesen und ähnlichen Schlagzeilen berichtet die gesamte polnische Presse [...] über das Ergebnis des Finalspiels der Deutschen Fußballmeisterschaft. Ja, der ‚Przeglond Sportoury', das größte polnische Sportblatt, lässt sich von seinem Berliner Korrespondenten Gliner berichten, dass die Schalke-

Mannschaft in den bisherigen Jahren wegen ihrer polnischen Nationalität vom Deutschen Fußballbund auf alle mögliche Weise benachteiligt wurde, nun allen Machinationen[1] zum Trotz Deutscher Fußballmeister geworden ist. Es wird weiter berichtet, dass die Spieler Kuzorra, Szepan, Badorek, Jarcyk, Zajons, Tibulski, Valentin, Kalwitzki, Urban, ja sogar Mellage und Czerwonski Polen seien, Söhne von polnischen Emigranten."

Zwei Wochen später, am 7. August 1934, antwortete die Vereinsführung von Schalke 04 in einem offenen Brief unter der Überschrift „Schluss mit den polnischen Gerüchten" im „Kicker", veröffentlichte die Geburtsdaten und Geburtsorte der Spieler und ihrer Eltern. Alle 13 aufgeführten Spieler waren entweder im Ruhrgebiet oder in Westfalen geboren worden. Bei den Eltern von 10 der 13 Spieler handelte es sich um Arbeitsmigranten aus dem preußischen Osten, zum größten Teil aus Masuren:

„Aus dieser Darlegung ist einwandfrei zu ersehen, dass die Eltern unserer Spieler sämtlich im heutigen oder früheren Deutschland geboren und keine polnischen Emigranten sind. Ihre Söhne sind alle im westfälischen Industriegebiet geboren, wodurch die Behauptungen, sie seien Emigranten widerlegt sind. [...] Nach unserer Wahrnehmung denkt in Deutschland niemand daran, unsere Mannschaft als Polen zu bezeichnen, das beweisen auch die nach tausenden zählenden Glückwünsche aus allen Kreisen Deutschlands."

Britta Lenz, „Polen deutscher Fußballmeister"? Polnischsprachige Einwanderer im Ruhrgebietsfußball der Zwischenkriegszeit, in: Dittmar Dahlmann, Albert S. Kotowski und Zbigniew Karpus (Hrsg.), Schimanski, Kuzorra und andere polnische Einwanderer im Ruhrgebiet zwischen der Reichsgründung und dem Zweiten Weltkrieg, Essen 2005, S. 237–250, hier: S. 248

M4 „Diese Scham nimmt uns niemand ab!"

Zur Einweihung der Gedenkstätte Bergen-Belsen am 30. November 1952 hält der erste Bundespräsident der Bundesrepublik, Theodor Heuss, folgende Rede:

Als ich gefragt wurde, ob ich heute, hier, aus diesem Anlass ein Wort zu sagen bereit sei, habe ich ohne lange Überlegung mit ja geantwortet. Denn ein Nein der Ablehnung, der Ausrede, wäre mir als eine Feigheit erschienen, und wir Deutschen wollen, sollen und müssen, will mir scheinen, tapfer zu sein lernen gegenüber der Wahrheit, zumal auf einem Boden, der von den Exzessen menschlicher Feigheit gedüngt und verwüstet wurde. Denn die bare Gewalttätigkeit, die sich mit Karabiner, Pistole und Rute verziert, ist in einem letzten Winkel immer feige, wenn sie, gut gesättigt, drohend und mitleidlos, zwischen nutzloser Armut, Krankheit und Hunger herumstolziert. [...]

Aber nun will ich etwas sagen, das manchen von Ihnen hier erstaunen wird, das Sie mir aber, wie ich denke, glauben werden, und das mancher, der es am Rundfunk hört, nicht glauben wird: Ich habe das Wort Belsen zum ersten Mal im Frühjahr 1945 aus der BBC gehört, und ich weiß, dass es vielen in diesem Lande ähnlich gegangen ist. Wir wussten – oder doch ich wusste – Dachau, Buchenwald bei Weimar, Oranienburg, Ortsnamen bisher heiterer Erinnerungen, über die jetzt eine schmutzig-braune Farbe geschmiert war. Dort waren Freunde, dort waren Verwandte gewesen, hatten davon erzählt. Dann lernte man frühe das Wort Theresienstadt, das am Anfang sozusagen zur Besichtigung durch Neutrale präpariert war, und Ravensbrück. An einem bösen Tag hörte ich den Namen Mauthausen, wo sie meinen alten Freund Otto Hirsch „liquidiert" hatten, den edlen und bedeutenden Leiter der Reichsvertretung deutscher Juden. Ich hörte das Wort aus dem Munde seiner Gattin, die ich zu stützen und zu beraten suchte. Belsen fehlte in diesem meinem Katalog des Schreckens und der Scham, auch Auschwitz.

Diese Bemerkung soll keine Krücke sein für diejenigen, die gern erzählen: Wir haben von alledem nichts gewusst. Wir haben von den Dingen gewusst: Wir wussten auch aus den Schreiben evangelischer und katholischer Bischöfe, die ihren geheimnisreichen Weg zu den Menschen fanden, von der systematischen Ermordung der Insassen deutscher Heilanstalten. Dieser Staat, den menschliches Gefühl eine lächerliche und Kosten verursachende Sentimentalität hieß, wollte auch hier tabula rasa – „reinen Tisch" – machen, und der reine Tisch trug Blutflecken, Aschenreste – was kümmerte das? Unsere Fantasie, die aus der bürgerlichen und christlichen Tradition sich nährte, umfasste nicht die Quantität dieser kalten und leidvollen Vernichtung.

[...] [D]ie Deutschen dürfen nie vergessen, was von Menschen ihrer Volkszugehörigkeit in diesen schamreichen Jahren geschah. [...]

Nun höre ich den Einwand: Und die anderen? Weißt du nichts von den Internierungslagern 1945/46 und ihren Rohheiten, ihrem Unrecht? Weißt du nichts von den Opfern in fremdem Gewahrsam, von dem Leid der formalistisch-grausamen Justiz, der heute noch deutsche Menschen unterworfen sind? Weißt du nichts von dem Fortbestehen der Lagermisshandlung, des Lagersterbens in der Sowjetzone, Waldheim, Torgau, Bautzen? Nur die Embleme haben sich dort gewandelt.

Ich weiß davon und habe nie gezögert, davon zu sprechen. Aber Unrecht und Brutalität der anderen zu nennen, um sich darauf zu berufen, das ist das Verfahren der moralisch Anspruchslosen, die es in allen Völkern gibt, bei den Amerikanern so gut wie bei den Deutschen oder den Franzosen und so fort. [...]

Da steht der Obelisk, da steht die Wand mit den vielsprachigen Inschriften. Sie sind Stein, kalter Stein. Saxa loquuntur, Steine können sprechen. Es kommt auf den Einzelnen, es kommt auf dich an, dass du ihre Sprache, dass du diese ihre besondere Sprache verstehst, um deinetwillen, um unser aller willen!

Zitiert nach: Bulletin des Presse- und Informationsamtes der Bundesregierung, Nr. 189 vom 2. Dezember 1952, S. 1655 f.

[1] **Machination:** Machenschaft

5.7 Übungsklausur: Geschichts- und Erinnerungskultur

Die Aufgabenstellung bezieht sich auf das Pflichtmodul „Nationale Gedenk- und Feiertage in verschiedenen Ländern" aus dem vierten Rahmenthema mit dem dazugehörigen Kernmodul. Den inhaltlichen Schwerpunkt bildet der 3. Mai als polnischer Gedenk- und Feiertag. Damit wird zusätzlich ein Semesterübergriff zum Pflichtmodul „Das deutsch-polnische Verhältnis im 19. und 20. Jahrhundert" aus dem dritten Rahmenthema des niedersächsischen Kerncurriculums hergestellt.

1. Beschreiben Sie die Darstellung auf dem Gemälde (M1).
2. Charakterisieren Sie die vom Gemälde ausgehende Wirkung (M1).

Pflichtmodul und Semesterübergriff

3. Interpretieren Sie das Gemälde von Jan Matejko (M1) vor dem Hintergrund der Hundertjahrfeiern zur Maiverfassung. Gehen Sie dabei auf die Bedeutung dieses Jubiläums für die polnische Erinnerungskultur im 19. Jahrhundert ein.

Pflicht- und Kernmodul sowie Semesterübergriff

4. Fassen Sie M2 nach einer kurzen Vorstellung zusammen.
5. Erläutern Sie die Aussage in M2, die Verfassung von 1791 sei „ein großes Werk, das die polnische Nation in die Reihe der kulturell führenden Nationen stellt" (Zeile 10–12).

Pflichtmodul und Semesterübergriff

6. Vergleichen Sie die in M2 geschilderte Erinnerungspolitik polnischer Emigranten mit den Praktiken polnischen nationalen Gedenkens im Russischen Reich, in Preußen und Österreich-Ungarn. Stellen Sie Unterschiede und Gemeinsamkeiten heraus.
7. Erörtern Sie, inwieweit die einzelnen in M2 beschriebenen Geschichtsbilder später die Erinnerungskultur der polnischen Zweiten Republik (1918–1939/44) und der Volksrepublik Polen (1944–1989) prägten.

Pflicht- und Kernmodul sowie Semesterübergriff

Tipps für die Bearbeitung

- **Aufgabe 1 bis 3:** Informationen zur Analyse eines Historiengemäldes liefert die Methode auf Seite 94.
- **Aufgabe 1:** Um die Beschreibung zu erleichtern, bietet es sich zunächst an, eine Gliederung des Gemäldes in verschiedene Bereiche vorzunehmen. Denkbar wäre zum Beispiel eine Gliederung nach Bildebenen, Personen/Personengruppen oder Handlungen.
- **Aufgabe 3:** Über die polnische Erinnerungskultur im 19. Jahrhundert lesen Sie nochmals Seite 485 und M2 auf Seite 488.
- **Aufgabe 4:** In der verlangten kurzen Vorstellung sollten Autor, Publikation und Erscheinungsjahr erwähnt werden. Daneben ist auf die Textart, den Inhalt, die Intention des Autors und seinen möglichen Adressatenkreis einzugehen. Auch kann eine kurze Einschätzung erfolgen, inwieweit Sie den Text für glaubwürdig halten.
- **Aufgabe 5:** In Ihre Erläuterung können Sie z. B. die Sicht von 1791 wie auch diejenige des späten 19. Jahrhunderts einfließen lassen.
- **Aufgabe 6:** Auch hier können im Vorfeld nochmals die Informationen des Verfassertextes auf Seite 485 herangezogen werden.
- **Aufgabe 7:** Zur Erinnerungskultur der polnischen Zweiten Republik und der Volksrepublik Polen siehe die Verfassertexte auf Seite 485 f.

Hinweis: Ihre Arbeitsergebnisse zu den Aufgaben 1 bis 7 können Sie mit den Lösungsvorschlägen unter dem Code **32035-76** vergleichen.

M1 „Die Verfassung vom 3. Mai 1791"

Der polnische Historienmaler Jan Matejko (1838–1893) fertigt zur Hundertjahrfeier der polnisch-litauischen Verfassung von 1791 ein Gemälde (246 x 445 cm) an. Es zeigt u.a. den Vorsitzenden der Ständeversammlung, Stanisław Małachowski (1736–1809), mit dem Verfassungsdokument in der Hand. Der Festzug tritt in die Warschauer Johanneskathedrale ein, wo die Verfassung vom König (in rotem Umhang) feierlich beeidet wurde. Matejkos Kunstwerk hing zunächst im Parlamentsgebäude zu Lwów (Lemberg) im damals österreichisch regierten Galizien. 1920 wurde es ins Warschauer Schloss überführt.

M2 Streit um den Verfassungstag

*Der polnische Historiker Wiesław Śladkowski (*1935) analysiert das Meinungsbild polnischer Emigranten zur 1891 stattfindenden Hundertjahrfeier der Maiverfassung:*

Der hundertste Jahrestag der Verfassung vom dritten Mai brachte sowohl in Polen als auch in der Emigration trotz des internationalen Ranges dieses Jubiläums deutliche Kontroverse. [...]

Die Emigrationsorganisationen in Frankreich und in der Schweiz beschlossen [...], auch hier ansehnliche Jubiläumsfeierlichkeiten in Rapperswil[1] und Zürich zu organisieren. Das entstandene Organisationskomitee richtete einen feierlichen Appell an Landsleute und Bürger anderer Länder, in dem es die Verfassung vom dritten Mai „als ein großes Werk, das die polnische Nation in die Reihe der kulturell führenden Nationen stellt", nannte. Das Komitee erkannte, dass die Stellung und die Rolle der Maiverfassung in der geschichtlichen nationalen Tradition nach wie vor eine inspirative Kraft für die künftigen Bestrebungen besitzt, und es rief die Polen zur Tat mit folgenden Worten auf: „Wir versammeln uns am dritten Mai und verkünden es laut, dass der hundert Jahre lang unterdrückte Gefangene noch lebt, dass er mit den Handfesseln klirrend und unter den Wunden der Verfolger, die ihm den Weg des Fortschritts versperren, blutend, vorwärts schreitet und geistig groß an die eigenen Kräfte und an die unvergänglichen Ideale der demokratischen Gerechtigkeit glaubt. Wir sagen, dass wir es nicht unterlassen werden, im Notfall zahlreich zu erscheinen, und mit den Händen schwarz von Pflug und Hammer scharfe Sensen[2] fassen werden und auf den Geist von Kościuszko[3] und Kiliński[4] die Unabhängigkeit unserer Nation schwören werden". [...]

Diese „Hände schwarz von Pflug und Hammer" symbolisierten neben den Bauern auch die Arbeiter, ohne deren Teilnahme der Kampf um die Unabhängigkeit unmöglich wäre. Aus dem Inhalt und den Formulierungen des Aufrufs geht deutlich hervor, dass seine Autoren, die früher dem konservativen Lager angeeignete Tradition des dritten Mai erfolgreich zurückgewannen und sie wieder für das Ideengut des demokratischen und des Unabhängigkeitslagers verwendeten. Diese Argumentation überzeugte jedoch nicht die Anhänger des Sozialismus. In den Spalten von „Pobudka" (Weckruf), des Organs der *National-Sozialistischen Gemeinde*[5] von Paris, einer der ersten polnischen Organisationen, die die sozialistischen Ideen mit dem Kampf um die Unabhängigkeit verbanden, erschien damals ein umfangreicher Artikel von Jan Lorentowicz mit dem Titel „Das hundertjährige Jubiläum des nationalen Testaments". Nach der Meinung des Autors war die Verfassung vom dritten Mai ein Werk der Bischöfe, Prälaten[6] und des Adels, ein Beweis der adligen Alleinherrschaft, sie ließ die zahlreichste Gruppe der polnischen Gesellschaft außer Acht, nämlich die Bauern. Schlussfolgernd stellte der Autor fest, dass „die Verfassung vom dritten Mai nur wie ein Blatt Papier in der Geschichte bleibt, das sicher unter dem Einfluss des besten Willens geschrieben, aber ungeschickt gebaut wurde, weil sie die alte Ungerechtigkeit dem Volk gegenüber billigte und wie einst die nationalen Kräfte dämpfte." In der nächsten Nummer der *Pobudka* äußerte sich zu diesem Thema der Führer der Gemeinde Stanisław Barański [...]. Er nannte die Verfassung vom dritten Mai „eine misslungene Frucht der vierjährigen Plauderei [...], eine Reparatur der brüchigen polnischen Bastille." [...] Die entschiedene Kritik an der Maiverfassung seitens der Sozialisten, die sie aus der Sicht der Klassenposition teilten, störte die Jubiläumsfeierlichkeiten nicht, die in Rapperswil und Zürich stattfanden.

Wiesław Śladkowski, Die Verfassung vom dritten Mai im nationalen Erbe und in der Tradition, in: Helmut Reinalter und Peter Leisching (Hrsg.), Die polnische Verfassung vom 3. Mai 1791 vor dem Hintergrund der europäischen Aufklärung, Frankfurt am Main/Berlin/Bern u.a. 1997, S. 35–46, hier S. 40–42 (gekürzt)

[1] **Rapperswil**: Stadt im Schweizer Kanton St. Gallen

[2] **Sensen**: Anspielung auf die Schlacht von Racławice vom April 1794, in der sich aufständische polnische Bauern gegen russisches Militär behaupteten. Die Sensen als Waffen der Bauern sind auf einem berühmten Schlachtengemälde von Jan Matejko (siehe M1) von 1888 festgehalten.

[3] **Tadeusz Kościuszko** (1746–1817): polnischer General, leitete den gescheiterten Aufstand von 1794 gegen die Teilungsmächte Russland und Preußen, wurde seither als Nationalheld verehrt

[4] **Jan Kiliński** (1760–1819): polnischer Handwerker und Freiheitskämpfer, organisierte die Freiwilligenverbände im Aufstand von 1794

[5] **National-Sozialistische Gemeinde** (poln. „Gmina Narodowo-Socjalistyczna"): Politische Vereinigung polnischer Emigranten in Paris. Sie bestand von 1888 bis 1893.

[6] **Prälat**: hoher kirchlicher Würdenträger

Lösungsskizze: Verfassungsschemata auswerten

Hinweis: Das Schaubild zur amerikanischen Verfassung finden Sie auf Seite 83.

1. beschreiben | Das Schema zeigt die Verfassung der Vereinigten Staaten von Amerika. Es ist hierarchisch aufgebaut und kann sowohl von unten nach oben, als auch von oben nach unten gelesen werden. Wenn es von unten nach oben gelesen wird, steht zunächst das „Volk", d.h. in diesem Falle die Wahlberechtigten, im Zentrum der Betrachtung. Es wird deutlich, dass die Demokratie von Wahlen lebt und dass alle Amtsträger, mit der Ausnahme der obersten Bundesrichter letztlich vom Volk bestimmt werden. Wird das Schema von oben nach unten gelesen, so steht im Mittelpunkt die „check and balances", d.h. die gegenseitige Kontrolle der Institutionen. Die drei Gewalten – Legislative, Exekutive und Judikative – werden getrennt voneinander gezeigt. Die Legislative wird vom Kongress repräsentiert, der sich aus Repräsentantenhaus und Senat zusammensetzt. Im Zentrum der Exekutive steht der Präsident, der die Regierung ernennt und entlässt und der den Oberbefehl über die Streitkräfte ausübt. Bei der Bevölkerung werden lediglich die Wahlberechtigten erwähnt, die Legende ergänzt, wer jeweils wahlberechtigt ist. Zwei unterschiedliche Arten von Bezugspfeilen sind vorhanden: Die dünnen roten, blauen und grünen Linien stellen die jeweiligen Hierarchien und Kontrollmöglichkeiten dar. Die dicken grauen und gelben Pfeile zeigen die Wahlmöglichkeiten zu den entsprechenden Institutionen, wobei einige dieser Wahlvorgänge direkt, andere indirekt verlaufen.

2. erklären | Deutlich wird, dass die Verfassung drei unterschiedliche Gewalten einführt, die sich gegenseitig kontrollieren. Gesetze können sowohl von der Exekutive als auch von der Judikative angefochten werden. Kongress, Präsident und Oberstes Bundesgericht stehen in diesem Schema auf gleicher Augenhöhe. Die Regierung, d.h. die Minister, sind deutlich untergeordnet. Rechte und Pflichten sind zwar voneinander getrennt, zugleich aber auch ineinander verschränkt. Sowohl der Präsident, als auch der Kongress kann Gesetze vorschlagen, diese müssen aber mehrheitsfähig sein. Der Kongress kann mit einer Zweidrittelmehrheit das Veto des Präsidenten überstimmen. Alle Gesetze können außerdem vom Obersten Bundesgericht auf ihre Verfassungsmäßigkeit überprüft werden. Alle drei Gewalten stehen sich also gleichwertig gegenüber, auch wenn der Präsident eine sehr starke Stellung hat. Das Grundprinzip der Verfassung lässt sich mit dem Begriff der „check and balance" gut fassen. Keine Institution kann so stark werden, dass sie die anderen vollständig dominiert: Konflikte sind ausdrücklich gewollt. Das Schaubild kann allerdings einen wichtigen Aspekt der Verfassung nicht zeigen, weil es sonst zu kompliziert geworden wäre. Von Anfang an stellte sich die Frage, wieviel Macht die 13 (heute 50) Einzelstaaten haben sollten. Die Einzelstaaten hatten und haben eine erhebliche Bedeutung. Das Schema bildet nicht ab, dass die USA nach dem Verständnis der Gründungsväter ein freiwilliger Zusammenschluss unabhängiger Staaten war.

3. beurteilen | Im Zentrum des Schaubildes stehen die jeweiligen Wahlvorgänge und die institutionellen „check and balances". Unklar bleibt die Rolle der einzelnen Bundesstaaten. Diese spielten aber auch für die Entwicklung des Wahlrechtes eine Rolle: Mehrere Bundesstaaten im Süden haben sich auch noch nach dem Bürgerkrieg (1861–1865) und der Befreiung der Sklaven geweigert, Afroamerikanern das Wahlrecht zu gewähren, bzw. haben durch zahlreiche indirekte, aber effektive Maßnahmen verhindert, dass Farbige ihr Wahlrecht ausüben konnten. Dies hatte zu ständigen und kontinuierlichen Konflikten mit dem Obersten Bundesgericht und anderen Institutionen geführt. Abgesehen vom Wahlrecht berücksichtigt das Schema keine historischen Entwicklungen im Staatsaufbau. Es könnte auch ein Schema entworfen werden, in dem die Bundesstaaten ausdrücklich erwähnt werden und eine sehr viel wichtigere Rolle spielen. Dann müsste allerdings an anderer Stelle etwas weggelassen oder in Kauf genommen werden, dass das Schema sehr unübersichtlich wird.

Lösungsskizze: Historiengemälde analysieren

Hinweis: Das Gemälde „Washington Crossing the Delaware" (1851) von Emanuel Gottlieb Leutze finden Sie auf Seite 95.

1. beschreiben | Das 378,5 x 647,7 cm große Monumentalgemälde entstand 1851 in Düsseldorf und ist heute im Besitz des Metropolitan Museum of Art in New York. Geschaffen hat es Emanuel Gottlieb Leutze (1816–1868), der 1825 mit seinen Eltern aus Schwäbisch-Gmünd nach Philadelphia kam und dort zum Porträtmaler ausgebildet wurde. 1841 ging der 25-jährige Leutze zu Studienzwecken an die Akademie nach Düsseldorf. Er blieb mit Unterbrechungen bis 1859 in der rheinischen Kunstmetropole, in der damals viele amerikanische Kunstmaler lebten. Das Historiengemälde „Washington Crossing the Delaware" – der Titel stammt vom Künstler – machte Leutze zu einem der berühmtesten Maler des 19. Jahrhunderts in den Vereinigten Staaten und in Deutschland. Ob er es in einem bestimmten Auftrag oder aus eigenem Antrieb malte, ist bis heute ungewiss.

Das Bild zeigt im Vordergrund ein Boot mit zwölf Männern, das durch die Eisschollen eines Flusses gerudert wird. Im Hintergrund der rechten Bildhälfte sind weitere Kähne mit Soldaten, Pferden und Waffen zu erkennen. Links von der Mitte des Gemäldes steht in der aufgehenden Sonne aufrecht ein General: George Washington, der Oberbefehlshaber der aufständischen Truppen im Amerikanischen Unabhängigkeitskrieg. Hinter ihm, in der Mitte des Bildes, flattert im Wind das Sternenbanner, gehalten von zwei Personen und umringt von den übrigen Insassen des Bootes. Sie sind alle durch unterschiedliche Kleidung, Mimik und Gestik individuell gestaltet.

2. erklären | Leutze erinnert mit dem Historiengemälde an eine Episode des Unabhängigkeitskampfes. Am späten Nachmittag des 25. Dezember 1776 verließ General Washington mit einer Truppe von 3 500 Mann, darunter Sklaven und freie Schwarze, die Westküste von New Jersey, überquerte am folgenden Morgen um etwa vier Uhr den Delaware-Strom und siegte danach über die vor Trenton lagernden britischen Einheiten. Der Sieg entschied den Unabhängigkeitskrieg nicht, und militärisch hatte er keine große Bedeutung. Er flößte den demoralisierten Truppen aber neues Selbstvertrauen ein, sodass sie zuversichtlich in ihre Winterquatiere zogen. Es dauerte noch vier Jahre, bis die Briten bei Yorktown endgültig aufgaben, und weitere zwei Jahre, bis die Unabhängigkeit der USA 1783 im Frieden von Versailles anerkannt wurde.

Das Gemälde erzählt die schicksalhafte Überquerung des Delaware vom Ende her. Der erfolgreiche Ausgang der Überquerung soll die erschöpften und niedergeschlagenen Truppen wie erwähnt angespornt haben, den Unabhängigkeitskampf fortzusetzen. Um dies deutlich zu machen, dramatisierte Leutze das Geschehen. Er malte den Fluss breiter und vereister, als er war, und ein Sternenbanner, das erst 1777 zur amerikanischen Flagge wurde. In das Boot nahm er nicht zufällig zwölf Amerikaner auf, denn die Zahl zwölf steht symbolisch für Vollkommenheit und erinnert z. B. an die zwölf Apostel. Denkbar ist aber auch, dass Leutze damit die zwölf Kolonien symbolisieren wollte, die am 4. Juli 1776 die Unabhängigkeitserklärung angenommen hatten (New York hatte sich enthalten). Nicht grundlos lässt der Künstler auch das Morgenlicht auf den zielstrebigen Washington und die flatternde Fahne fallen, obwohl die Sonne im Dezember um vier Uhr morgens noch nicht scheint. Die aufrechte Haltung von General Washington in dem Boot ist zudem wenig realistisch. Er wäre angesichts des Eisganges wahrscheinlich schon nach kurzer Zeit ins Wasser gefallen. Die Botschaft des Bildes lautet: Wer für Freiheit und Unabhängigkeit kämpft, wird nicht untergehen.

3. beurteilen | Leutzes Gemälde wurde 1851 in Deutschland und den USA gezeigt. Überall wurde es enthusiastisch aufgenommen. Für manchen deutschen Betrachter drückte es nach der gescheiterten Revolution von 1848/49 wohl den Wunsch nach einer Republik mit einem starken Freiheitshelden aus. In Amerika wurde das Gemälde zur Ikone des nationalen Selbstbewusstseins. Noch heute hängen Drucke davon in fast jeder Amtsstube und jedes Kind lernt es spätestens in der Schule kennen.

Lösungsskizze: Streitschriften untersuchen

Hinweis: Die Auszüge aus der Streitschrift „Von den Juden und ihren Lügen" (1542/43) von Martin Luther finden Sie auf Seite 121.

1. beschreiben | *„Von den Juden und ihren Lügen"* wurde im Winter 1542/43 von Martin Luther in Wittenberg verfasst. Der Text erschien auf Deutsch und Lateinisch. In der hier verwendeten Edition umfasst die Schrift 135 Seiten. Davon sind einzelne Stellen zitiert und an das heutige Deutsch angeglichen. Luther spricht davon, er wolle auf einen Text erwidern, in dem ein Jude die Bibel uminterpretiere und damit den christlichen Glauben anzufechten versuche.

In seinem Pamphlet will Luther die jüdische Auffassung der Bibel als „Lügen" hinstellen. Die Juden hätten Jesus Christus nicht als Messias anerkannt, und wären dafür mit dem Zorn Gottes bestraft worden. Luther nennt die Juden uneinsichtig, neidisch und stolz. Sie würden die Christen hassen und deren Glauben verspotten. Darauf mit Nachsicht zu reagieren, verbiete sich, sonst provozierten die Christen gleichfalls Gottes Zorn. Christen sollten die Juden als ihre schlimmsten Feinde ansehen. Christliche Obrigkeiten müssten mit aller Härte gegen jüdische Untertanen vorgehen – vom Einäschern der Synagogen und der Räumung ihrer Häuser über Zwangsarbeit bis hin zur Ausweisung.

Luthers Text enthält jede Menge Übertreibungen, Vorurteile und unbewiesene Anschuldigungen. Besonders anstößig erscheint sein Vergleich des jüdischen Glaubens mit einer Infektion, vor der der eigene Körper (die christliche Gemeinschaft) unbedingt zu schützen sei (vgl. Zeile 27 bis 29).

2. erklären | Der religiöse Dissens zwischen Juden und Christen führte seit der Spätantike zu Ausgrenzung und Gewalt gegen Juden in Europa. Im Spätmittelalter nahmen die Übergriffe noch zu, Juden wurden etwa zu Sündenböcken für Seuchen und Hungersnöte. In Frankreich oder Spanien verloren sie das Aufenthaltsrecht, auch aus deutschen Territorien wurden sie im 16. Jahrhundert ausgewiesen.

Luther war anfangs für die Duldung der Juden und ihre friedliche Bekehrung. Seine Hoffnung, die Juden ließen sich für ein erneuertes Christentum gewinnen, blieb jedoch unerfüllt. Angesichts bleibender religiöser Gegensätze wollte Luther seine Deutung der Bibel verteidigen, die ihm als maßgebliche Quelle des Glaubens (*sola scriptura*) galt.

Der Text wendet sich an die evangelischen Christen. Sie sollten die Juden meiden und ihre angebliche Gotteslästerung nicht hinnehmen, denn dies sei eine schwere Sünde. Er warnt die Obrigkeiten davor, die Juden zu schützen. Luther stellt es zwar jedem frei, sich ein eigenes Urteil zu bilden (vgl. Zeile 37 f.). Seine Aussagen, was von den Juden zu halten und wie mit ihnen umzugehen sei, erscheinen gleichwohl als fanatische Hassbotschaft.

3. beurteilen | Luther hatte zeitlebens kaum Kontakt mit Juden. Auch in dem Pamphlet von 1542/43 spricht er nur über sie, nicht zu ihnen. Der Text verrät Wut und Enttäuschung über das Scheitern aller Bekehrungsversuche, ebenso Furcht, die Reformation könne durch jüdische Lehren beeinträchtigt werden. Luther verfasste zwischen 1538 und 1546 mehrere Schriften über die Juden, alle ähnlich gehässig in Ton und Inhalt. Mit seiner unversöhnlichen Haltung war er keineswegs allein, vielmehr galt dieses Denken als Allgemeingut unter den Christen seiner Zeit. Luthers antijüdische Schriften sorgten damals weder für Aufsehen noch waren sie sonderlich erfolgreich.

Im späten 19. und frühen 20. Jahrhundert wurden diese Schriften in Deutschland „wiederentdeckt" und nun für den rassistischen Judenhass vereinnahmt. Der Reformator hatte die Juden nicht nur als Religionsgemeinschaft, sondern als Volk mit angeblich angestammten negativen Eigenschaften definiert. Luther hat den Antisemitismus zwar nicht erfunden, dennoch wurde er zu einem seiner Stichwortgeber.

Lösungsskizze: Umgang mit historischer Fachliteratur üben

Hinweis: Auszüge aus Publikationen von Albert Soboul und Rolf E. Reichardt über die Französische Revolution finden Sie auf Seite 149.

1. beschreiben | Albert Soboul (1914–1982) hatte lange Jahre den Lehrstuhl für die Geschichte der Französischen Revolution an der Sorbonne in Paris inne. Sein 1962 erschienenes Werk „Precis d'histoire de la Revolution française" gilt als Standardwerk, das auch ins Deutsche übersetzt wurde.

Rolf E. Reichardt (*1940) ist ein deutscher Neuzeithistoriker und Bibliothekar an der Universität Mainz. An der Universität Gießen hatte er verschiedene Lehraufträge. Mit der Französischen Revolution beschäftigte er sich vor allem unter kultur- und mediengeschichtlichen Aspekten.

Soboul weist der Französischen Revolution eine zentrale Stellung in der modernen Weltgeschichte zu, deren Wirkung bis heute anhält. Für ihn markiert sie den Übergang vom „Feudalismus" zum Kapitalismus und schuf damit die Voraussetzungen für einen modernen bürgerlichen Staat.

Reichardt stellt die Revolution als ein differenziertes kultur- und mentalitätsgeschichtliches Ereignis dar. Durch sie seien soziale Schichten politisiert worden, die bislang vom politischen Leben ausgeschlossen waren. Vor allem die neue Publizistik und neue politische Umgangsformen trugen zur Entwicklung einer neuen demokratischen Kultur in ganz Europa bei.

2. erklären | Soboul steht in der Tradition der sozialistischen Geschichtsschreibung. Er vertritt die marxistische These, wonach die Revolution im Wesentlichen ein Klassenkonflikt war und den Übergang von einer feudalen zur kapitalistischen Produktionsweise darstellt. Insofern ist sie für ihn eine „bürgerliche Revolution". Reichardt sieht den Verlauf der Revolution nicht durch Klassengegensätze festgelegt. Er versteht sie vor allem als ein politisches und kulturelles Ereignis.

Sowohl Soboul als auch Reichardt wenden sich an ein breites Publikum, um ihm einen Überblick ihrer Forschungen zum Thema zu liefern.

3. beurteilen | Den beiden Textauszügen liegen unterschiedliche theoretische Ansätze zugrunde. Konsequenterweise beschreiben sie die Französische Revolution aus unterschiedlichen Blickwinkeln. Diese schließen sich nicht gegenseitig aus, sondern vervollständigen unser Bild von den Jahren nach 1789.

Lösungsskizze: Münzen und Medaillons analysieren

Hinweis: Das römische Silbermedaillon mit der Abbildung von Kaiser Honorius finden Sie auf Seite 185.

1. beschreiben | Es handelt sich um ein Silbermedaillon des weströmischen Kaisers Honorius, das zwischen 404 und 408 in Rom geprägt wurde. Den Prägeort gibt ein Zeichen (RMPS) auf der Rückseite der Münze an. Auftraggeber ist der auf Vorder- und Rückseite abgebildete, von 395 bis zu seinem Tod regierende Kaiser Honorius (384–423).

Auf der Vorderseite ist er im Porträt dargestellt. Honorius trägt einen Brustpanzer und darüber einen Feldherrnmantel, der mit einer verzierten Fibel (Gewandnadel nach dem Prinzip einer Sicherheitsnadel) befestigt ist. Auf seinem Kopf sitzt ein edelsteinbesetztes Diadem, ein Herrschaftssymbol des Kaisertums. Die Legende D(ominus) N(oster) HONORI-VS P(ius) F(elix) AVG(ustus) lässt sich übersetzen als: „Unser Herr Honorius, der fromme und glückliche Kaiser".

Auf der Rückseite ist der Kaiser stehend in Rüstung mit Diadem abgebildet. Er hält im rechten Arm ein Feldzeichen mit Christusmonogramm und auf der linken Hand einen Globus. Am Boden links ist ein namenloser Gefangener zu sehen. Dieser ist deutlich kleiner dargestellt als der Kaiser. Die Legende TRIVMFATOR GENT(ium) BARB(arorum) lautet: „Sieger über (die) Barbarenvölker."

2. erklären | Der Anlass für die Prägung des Medaillons wird nicht genannt. Am wahrscheinlichsten ist, dass sich das Medaillon auf den Sieg gegen eine vor allem aus Goten bestehende Gruppe von bis zu 100 000 Menschen unter ihrem Anführer Radagaisus bezog, die 405 in Oberitalien vernichtend geschlagen wurde. Nach der Niederlage geriet Radagaisus in römische Gefangenschaft und wurde hingerichtet.

3. beurteilen | Das Porträt des Kaisers ist idealisert dargestellt: Übergroße Augen und starre Gesichtszüge sollen seine Macht betonen und dem Betrachter Respekt einflössen. Die Abbildungen und Inschriften stellen Honorius als erfolgreichen Feldherren dar, der das Reich gegen die Barbaren verteidigt. Durch den Globus, das Diadem und dem idealisierten Porträt wird der uneingeschränkte Herrschaftsanspruch des Kaisers über die gesamte Welt betont. Brustpanzer, Mantel und Feldzeichen erwecken den Eindruck, dass er persönlich die römischen Armeen in den Kampf führt. Das Christusmonogramm und die Inschrift P(ius) vermitteln die Botschaft, dass der Kaiser als gläubiger Christ Gottes Beistand hat. Der Gefangene unterstreicht dessen Sieghaftigkeit. Das Größenverhältnis zwischen dem Barbaren und dem Kaiser macht den aus römischer Sicht bestehenden Rangunterschied zwischen den beiden deutlich.

Medaillons wurden in geringerer Stückzahl als Münzen geprägt und vor allem an Angehörige des kaiserlichen Hofes, wichtige Amtsträger sowie an barbarische Anführer als Ehrengeschenke vergeben. Zielsetzung und Zweck war es, das politische Programm des Kaisers zu verkünden und ihm Unterstützung zu sichern. Honorius präsentiert sich dieser Zielgruppe als tatkräftiger und militärisch erfolgreicher Herrscher. Allerding errang er den Sieg gegen Radagaisus nicht selbst, sondern die Armee wurde von seinem Heermeister Stilicho kommandiert. Honorius, der schon als Kind im Alter von elf Jahren Kaiser wurde, hielt sich überwiegend in seinem Palast auf. Auch gelang ihm der Schutz des Reiches nicht dauerhaft: Ab 406 konnten die Römer die Rheingrenze nicht mehr verteidigen und Vandalen sowie Sueben drangen nach Gallien und Spanien ein. Nach 407 mussten die Römer Britannien aufgeben und 410 eroberten Alarich und die Westgoten Rom. Bei dem Medaillon handelt es sich also um ein Propagandamittel, das den Kaiser erfolgreicher und in einer anderen Rolle darstellt, als es tatsächlich der Fall war.

Lösungsskizze: Mit Karten arbeiten

1. beschreiben | Es handelt sich um eine Geschichtskarte, die 2017 in einem Schulbuch der Jahrgangsstufe 5 Verwendung fand. Sie informiert über die Eroberungen des Frankenkönigs Chlodwig zwischen 481 und 511 im Gebiet des heutigen Belgiens, Frankreichs, Luxemburgs, der Niederlande und Deutschlands. Durch die unterschiedliche Farbgebung der von Chlodwig anfangs und später beherrschten Gebiete zeigt sie die Entwicklung des Frankenreiches der Merowinger. Dargestellt werden auch die beiden fränkischen Teilgruppen der salischen und der rheinischen Franken, die von Chlodwig vereinigt wurden. Zudem sind germanische Gruppen (Sachsen, Friesen, Thüringer und Alamannen) abgebildet, mit denen das Merowingerreich bei seiner Expansion nach Nordosten in Kontakt und Konflikt geriet und die zum Teil ins Frankenreich eingegliedert wurden. Eingezeichnet sind auch die Königreiche anderer germanischer Gruppen auf dem Gebiet des ehemaligen Weströmischen Reiches (Ostgoten, Westgoten, Burgunder). Mit diesen Reichen konkurrierten die Franken bei der Ausdehnung ihres Herrschaftsbereichs nach Süden. Ebenfalls in der Karte markiert sind die Hauptstädte des Frankenreiches (erst Tournai, dann Paris). Besonders hervorgehoben sind außerdem die Städte, in denen Bischöfe, wichtige Amtsträger der katholischen Kirche, ihren Sitz hatten.

Hinweis: Die Karte „Die Eroberungen Chlodwigs (481–511)“ finden Sie auf Seite 219.

2. erklären | Chlodwig wurde 481/82 König der salischen Franken. Damals gab es noch andere fränkische Gruppen in Gallien und Germanien, vor allem die Rheinfranken in der Gegend zwischen Köln und Mainz. Chlodwig kontrollierte zu dieser Zeit ein Gebiet in den heutigen südlichen Niederlanden und dem nördlichen Belgien mit der Hauptstadt Tournai. Er begann seine Machtstellung auszubauen, indem er zunächst die anderen fränkischen Gruppen gewaltsam mit den salischen Franken vereinigte und anschließend den letzten römischen Statthalter in Gallien sowie die Alamannen besiegte. Danach ließ Chlodwig sich katholisch taufen und sicherte sich so die Unterstützung der einflussreichen katholischen Bischöfe und der römischen Bevölkerung in Gallien. Anschließend vergrößerte er seinen Machtbereich gegen die Westgoten und Burgunder. Mit einem Sieg gegen die Westgoten sicherte er sich 507 endgültig die Vorherrschaft in Gallien. Als neue Hauptstadt wählte er Paris. Ostgoten und Burgunder verhinderten aber noch, dass ganz Gallien unter fränkische Herrschaft geriet. Die Karte zeigt, wie die Franken ihren Machtbereich allmählich ausdehnten und nicht – wie andere germanische Gruppen – weite Wanderungen zurücklegten, um neue Siedlungs- und Herrschaftsgebiete zu besetzen.

3. beurteilen | Die Karte richtet sich an Schülerinnen und Schüler der Unterstufe und beschränkt sich deshalb auf eine übersichtliche Darstellung. Die Farbgebung lässt eine Genauigkeit der Grenzen und eine Herrschaftsdurchdringung des fränkischen Gebiets vermuten, die es nicht gab. Die Herrschaftsgebiete der Westgoten, Burgunder und Ostgoten sind gar nicht farblich markiert, sodass unklar bleibt, wie groß diese im Verhältnis zum fränkischen Gebiet waren und welche Gebiete sie an die Franken verloren. Für einen ersten räumlichen Überblick reicht die Karte aber aus. Sie verwendet unterschiedliche Farben, Symbole sowie eine Legende und entspricht heutigen Kenntnissen und Möglichkeiten. Widersprüche finden sich in der Karte nicht. Die Karte bietet orientierende Informationen, aber noch keinen komplexen Einblick in die Entstehung des Merowingerreiches. Dazu müssen weitere Informationsquellen herangezogen werden.

Lösungsskizze: Statistiken auswerten

Hinweis: Die Statistik „Relative Anteile der Weltindustrie (in Prozent)“ finden Sie auf Seite 281.

1. beschreiben | Die Statistik stammt aus einem fachwissenschaftlichen Buch des Autors Paul Kennedy aus dem Jahre 2005. Laut der Literaturangabe wurde sie nur gekürzt übernommen, weshalb nach Möglichkeit ein direkter Blick in Kennedys Werk vorzunehmen ist. Dort erfährt man, dass dieser die Zahlen wiederum aus einem Aufsatz des Wirtschaftshistorikers Paul Bairoch übernommen hat. Die Zahlen seien laut Kennedy nicht unumstritten – er halte sie jedoch für plausibel und klug.

2. erklären | Die Statistik stellt die relativen Anteile ausgewählter Länder an der weltweiten Industrieproduktion in Prozent dar. Sie trifft keine Aussage über den Umfang der Weltindustrieproduktion. Auf welchen Daten die Statistik beruht, geht nicht direkt hervor. Rückschlüsse auf die Zuverlässigkeit des statistischen Materials sind daher – ohne weitere Recherchen (siehe oben) – nicht möglich.

Die Statistik umfasst den Zeitraum von 1750 bis 1900. Es werden mehr Daten für die zweite Hälfte des 19. Jahrhunderts dargestellt als für die zweite Hälfte des 18. oder die erste Hälfte des 19. Jahrhunderts. Die Daten zeigen eine klare Entwicklung. Einige Länder gewinnen an Anteilen an der Weltindustrieproduktion (z. B. Großbritannien, USA), andere Länder verlieren (z. B. China, Indien/Pakistan). Die Statistik zeigt auch, in welchen Zeiten diese Verschiebungen besonders stark waren, nämlich 1830 und 1860 für Großbritannien und 1860 und 1900 für die USA. Darüber hinaus zeigt sie einen etwas geringeren Bedeutungsgewinn für die Deutschen Staaten/Deutschland und andere europäische Länder, einschließlich Russland. Massive Bedeutungsverluste erlitten dagegen die großen kontinentalasiatischen Länder China und Indien/Pakistan sowie im geringeren Umfang auch Japan.

3. beurteilen | Die Statistik beleuchtet die Entwicklung der Weltindustrieproduktion vor dem Hintergrund der Industrialisierung. In England begann sie in der zweiten Hälfte des 18. Jahrhunderts, in anderen westeuropäischen Ländern, in den USA und Asien setzte sie später ein. Aus der Statistik lassen sich allerdings keine Rückschlüsse auf den Umfang von Industrialisierungs- und De-Industrialisierungsprozessen schließen, sondern lediglich auf Verschiebungen zwischen verschiedenen Ländern von 1750 bis 1900. Die Statistik hat offenkundig das Interesse, Aussagen über die besondere Entwicklung der relativen Anteile Großbritanniens, der USA, Indiens/Pakistans und Chinas zu treffen. Die Informationen über andere Länder sind weniger prägnant oder unkenntlich. Die Darstellungsweise verzerrt die Daten aber nicht. Kritisch kann lediglich angemerkt werden, dass die Datenbasis unklar und nicht geklärt ist, was denn genau unter „Industrieproduktion“ verstanden wird. Die Darstellung des statistischen Materials in Tabellenform ist dem Thema aber angemessen.

Lösungsskizze: Historische Urteile untersuchen

Hinweis: Den Text des Historikers Jürgen Heyde zum „Novemberaufstand" finden Sie auf Seite 323.

Beurteilung (Sachurteil) | Jürgen Heyde geht davon aus, dass die gesellschaftliche Basis für den Aufstand zunächst sehr gering gewesen sei. Erst als die Liberalen begonnen hätten, zielstrebig auf eine „Nationalisierung" hinzuarbeiten, wären breitere Schichten der Bevölkerung bereit gewesen, sich dem Aufstand anzuschließen (vgl. Zeile 3 ff.). Dieses Sachurteil stimmt mit denjenigen Quellen und Texten überein, die bisher erarbeitet worden sind (vgl. hierzu die Seiten 313 f. und 320 f.). Allerdings lässt der Quellenauszug weitgehend offen, was genau unter „Nationalisierung" zu verstehen ist. Hier besteht Raum für Interpretation, weil die Begriffe Nationalismus, Nationalisierung und Nationsvorstellungen sehr unterschiedliche Bedeutungen haben können.

Heyde gibt ferner an, dass die großen Universitätsstädte Zentren des Aufstandes gewesen seien (vgl. Zeile 10 ff.). Dieses Sachurteil, das gut begründbar ist, lässt ferner darauf schließen, dass die ländliche Bevölkerung weniger als die städtische an dem Aufstand beteiligt war, also nicht so sehr von dem polnischen Nationalismus erfasst wurde. Trägerschicht der Freiheitsbewegung waren also vor allem die von Heyde angegebenen sozialen und politischen Gruppen und nicht so sehr die polnischen Bauern.

Heyde hebt als weiteres Sachurteil hervor, dass die Emigration für die Schaffung eines bestimmten nationalen polnischen Bewusstseins sehr wichtig gewesen sei (vgl. Zeile 15 ff.). Diese Auffassung ist plausibel und nachvollziehbar. Allerdings ist eine Formulierung wie „nicht zu unterschätzende[r] Einfluss" (vgl. Zeile 19) wenig präzise. Unklar ist, wie genau dieser Einfluss einzuschätzen ist. Handelt es sich um einige wenige französische Intellektuelle oder hat fast jedes Mitglied der jungen französischen Intelligenz die Schriften von Mickiewicz gelesen? Hier wären weitere Informationen notwendig und hilfreich. Diese könnte man erhalten, wenn beispielsweise die Auflagenhöhe seiner Werke angegeben würde. Ferner könnte analysiert werden, ob in zeitgenössischen Zeitschriften oder Zeitungen Diskussionen über seine Thesen stattgefunden haben, ob seine Bücher positiv oder negativ rezensiert worden sind und in welche Sprachen sie übersetzt wurden. Ein weiterer möglicher Indikator, an dem sein Einfluss gemessen werden könnte, wäre die Zahl der Studenten, die bei ihm Slawistik studiert haben.

Ein weiteres Sachurteil stellt fest, dass in Paris Werke entstanden, die für lange Zeit das Bild der polnischen Nationalbewegung prägen sollten (vgl. Zeile 25 ff.). Auch diese Annahme ist überzeugend und stimmt überein mit denjenigen Quellen und Texten, die bekannt sind. Es wird im vorliegenden Text ferner am Beispiel des leidenden Christus angegeben (vgl. Zeile 23), wie dieses Bild ausgesehen hat. Polen als unschuldiges Opfer ist ein Motiv, das im 19. Jahrhundert von Intellektuellen gerne benutzt worden ist, und das auch in dem weitgehend katholischen Polen Verbreitung gefunden hat. Unklar ist allerdings, wie genau es den polnischen Patrioten gelungen ist, die französische Regierung zu überzeugen, eine derartige Professur in Paris einzurichten. Zur Beantwortung dieser Frage müssten weitere Quellen herangezogen werden.

Lösungsskizze: Fotografien als Quellen deuten

Hinweis: Die Fotos vom 31. Juli und 1. August 1914 finden Sie auf Seite 353.

1. beschreiben | Das erste Foto wurde in Berlin (Unter den Linden) am 31. Juli 1914 aufgenommen und in der Wochenzeitung „Berliner Illustrirte Zeitung" veröffentlicht. Das zweite Foto entstand am 1. August 1914 auf dem Pariser Platz in Berlin. Die Fotografen sind nicht bekannt.

Im Zentrum des ersten Schwarz-Weiß-Fotos steht ein Offizier, der eine Erklärung zur drohenden Kriegsgefahr verliest. Um ihn herum befindet sich mit geringem Abstand zu ihm eine große Menschenmenge, die aufmerksam zuhört. Der Fotograf schoss seine Aufnahme aus der Vogelperspektive.

Das zweite Schwarz-Weiß-Foto zeigt junge Männer, die jubelnd ihre Hüte schwenken. Dabei schreiten sie zielstrebig fast frontal auf den Fotografen zu. Im Hintergrund ist ein bekanntes Gebäude in Berlin am Pariser Platz zu erkennen, das heißt, der zeitgenössische Betrachter konnte genau erkennen, wo die Szene spielt.

2. erklären | Beide Fotografien entstanden im Kontext der Kriegserklärungen des Deutschen Reiches im August 1914. Noch bis zu den 1980er-Jahren haben einige Historiker geglaubt, dass überall im Deutschen Reich auf den Kriegsausbruch mit Begeisterung reagiert worden sei. Neuere Forschungen haben hier aber ein sehr viel differenzierteres Bild gezeichnet. Viele der Fotografien, die jubelnde Menschen zeigen, sind nachweislich oder sehr wahrscheinlich gestellt, weil die damalige Kameratechnik „Schnappschüsse" kaum oder gar nicht erlaubte. Auch wenn vor allem in den Großstädten junge Menschen, häufig männliche Studenten, tatsächlich den Ausbruch des Krieges begeistert begrüßten, stellten sie nicht die Mehrheit der deutschen Bevölkerung dar. Stattdessen herrschte in vielen Gegenden Verwirrung und Konfusion, oft auch kollektive Hysterie vor. Der amerikanische Historiker Jeffrey Verhey betont ferner, dass in Berlin auch „karnevaleske" Verhaltensweisen auftraten. Betrunkene Jugendliche zogen nachts durch die Stadt zum Schloss oder zur österreichischen Botschaft und brüllten Parolen wie „Nieder mit Serbien!" oder „Hoch lebe Österreich!". Die Polizei ließ sie meistens gewähren, weil hier ja eine „nationale" Gesinnung ausgedrückt wurde – plötzlich waren Dinge erlaubt, die – außer im Karneval – ansonsten verboten gewesen wären.

Das zweite Foto soll die Kriegsbegeisterung in Berlin zeigen. Junge Männer, die noch Zivilkleidung tragen, bejubeln offensichtlich die Kriegserklärungen. Dem zeitgenössischen Betrachter wird suggeriert, dass sie sich wahrscheinlich sehr schnell freiwillig zur Armee melden werden, wenn sie es nicht bereits getan haben. Das Bild vermittelt Entschlossenheit und Siegessicherheit.

Das erste Foto hat eine etwas andere Wirkung. Offenbar bestand unter den Menschen ein erhebliches Bedürfnis zu erfahren, was eigentlich vor sich ging. Selbst wenn der Offizier eine sehr laute Stimme gehabt hat und die Menschen leise waren, ist es fast ausgeschlossen, dass jemand in den hintersten Reihen noch verstanden hat, was genau verlesen wurde. Dennoch scheinen alle ruhig und aufmerksam zuzuhören, um Informationen zu erhalten.

3. beurteilen | Beim zweiten Foto kann man fast sicher davon ausgehen, dass es gestellt ist, weil die damalige Kameratechnik derartige „Schnappschüsse" kaum möglich machte. Solche Fotografien sind im August 1914 in Deutschland zu Hunderten, möglicherweise zu Tausenden verteilt und abgedruckt worden. Sie dienten vor allem der Kriegspropaganda und sollten Stärke, Siegesgewissheit, Einigkeit und Entschlossenheit demonstrieren.

Das erste Foto dürfte der Realität in einer deutschen Stadt deutlich näher gekommen sein, als das zweite.

Lösungsskizze: Politische Plakate auswerten

Hinweis: Das Wahlplakat der SPD von 1930 finden Sie auf Seite 417.

1. beschreiben | Bei dem vorliegenden Material handelt es sich um ein Wahlplakat der SPD aus dem Jahre 1930. Die Schriftzüge bestehen alle aus Großbuchstaben und nennen neben dem Auftraggeber auch das Motto. Das Plakat zeigt laut Slogan „die Feinde der Demokratie" – und dies in dreifacher Personifizierung: Die zentrale Figur ist ein schwarzer Mann mit Hakenkreuz-Kappe, dessen Umrisse nur vage zu erkennen sind. Er scheint mit seiner rechten Hand in Richtung des Betrachters zu greifen und hält in seiner linken Hand einen nach unten gerichteten Dolch. Seine Mimik wirkt, als ob er schreit oder zum Angriff ruft. Links hinter ihm sieht man eine ebenfalls nur schemenhaft dargestellte Figur, die eine Kappe mit rotem Stern trägt. Rechts auf dem Plakat ragt ein Totenkopf mit Reichswehrhelm und Bajonett hervor.

2. erklären | Die drei Figuren dominieren das Bild und scheinen eingerahmt von Slogan und Aufruf zur Wahl („Hinweg damit! Deshalb wählt Liste 1"). Die zentrale Person stellt einen SA-Mann da, links davon ist ein Kommunist zu erkennen und ganz rechts handelt es sich um eine Allegorie auf die Gefahr des Militarismus. Das Plakat teilt somit in dreifacher Hinsicht Schelte aus: gegen die Kommunisten, gegen den rechtskonservativen Nationalismus und gegen die alten Eliten. Die Symbolik ist stark und gut gewählt (Stern auf der Kappe des Kommunisten, Hakenkreuz, Stahlhelm). Gleiches gilt auch für die Farbgebung: Durch die Verwendung der Nationalfarben Schwarz-Rot-Gold drückt die SPD ihr Bekenntnis zur Demokratie aus. Rot ist zudem die Farbe der Sozialdemokratie.

3. beurteilen | Anlass für die Veröffentlichung des Wahlplakates war die Reichstagswahl vom 14. September 1930. Es wendet sich an die potentielle Wählerschaft (Frauen und Männer) und gegen die politischen Gegner der SPD von rechts und links, die die Republik seit ihrer Gründung bekämpften. Vor allem die Parteien der extremen Rechten nutzten die „Dolchstoßlegende" (vgl. Seite 397) zur hasserfüllten Agitation gegen die demokratischen Vertreter der Weimarer Republik. Hierauf wird Bezug genommen durch eine „Richtigstellung": Nicht etwa ein Sozialdemokrat hält den Dolch in der Hand! Die SPD kämpft für ein Zurückdrängen der erstarkenden Flügelparteien des rechten und linken Parteienspektrums.

Die SPD will ihren Wählern die von diesen Parteien ausgehenden Gefahren veranschaulichen, indem sie ein Bedrohungsszenario aus Angst, Terror, Gewalt, Krieg und Tod entwirft. Dazu bedienen sie sich Stereotypen und Feindbilder. Die SPD will, ungleich ihrer Gegner, nicht mit Gewalt, sondern mittels der Wahl als demokratisches Mittel die gegnerischen Parteien ausschalten.

Die Bedrohung wird durch die ideenreiche Gestaltung, starke Farben, bekannte Symbole und Stereotype eindrucksvoll und verständlich in Szene gesetzt. Seine beabsichtigte Wirkung hat das Plakat rückblickend jedoch verfehlt: Bei der Reichstagswahl von 1930 verlor die SPD fast drei Prozent der Stimmen, blieb aber stärkste Partei. Die KPD gewann 2,5 Prozent Stimmenanteil, die NSDAP stieg mit 18,2 Prozent sogar zur zweitstärksten Partei auf.

Lösungsskizze: Rollenspiele durchführen

Hinweis: Das Rollenspiel zur Weimarer Republik finden Sie auf Seite 419.

Rollenprofil	ehemaliger ranghoher Offizier	junge Frau und Mutter	Beamter im mittleren Dienst	Arbeitsloser
Bildung und Beruf	• klassische Schulbildung • Militärausbildung • durch Kriegsgeschehen zu Geld und Ansehen gekommen • lange militärische Familientradition • Traditionslinie (Kaiserreich)	• keine höhere Schulbildung / kein Bildungsbürgertum • kaufmännische Ausbildung = für Frauen nicht selbstverständlich! • nicht auf schwere körperliche Arbeit angewiesen	• vermutlich Bildungsbürgertum • klassische Schulbildung • Ausbildung zum Beamten im Staatsdienst • geprägt von den Idealen und politischen Grundsätzen des Kaiserreiches	• niedriges Bildungsniveau • gelernter Arbeiter oder Hilfsarbeiter? • ehemals Arbeiter in der Stahlindustrie • jahrelang harte körperliche Arbeit bei geringem Lohn
Sozialer Status	Oberschicht	Mittelschicht	Mittelschicht	Unterschicht
Gefühle	• Berufsehre • Vaterlandsstolz • Kaisertreue • Monarchist • enttäuscht vom „Schmachfrieden" • verletzter Stolz durch „Alleinschuld"-Paragraph • Glaube an „Dolchstoßlegende" • Identifizierung mit Republik fehlt	• familiär • häuslich oder modern? • Angst um Selbstständigkeit (Wirtschaftskrise!) • Befürworterin der Republik • profitiert vom neuen Wahlrecht für Frauen • Angst vor Umsturz und politischer Radikalisierung	• ideologisch heimatlos durch Wegfall des Kaiserreiches • Distanzierung von radikalen Linken • Sehnsucht nach Stabilität / „den guten alten Zeiten" • fehlende Akzeptanz der Republik als Staatsform, arrangiert sich aber mit ihr	• Existenzangst • Frustration • fühlt sich übergangen, vergessen, abgeschrieben • Gefühl der Wertlosigkeit • Suche nach ideologischer und politischer Heimat (SPD als Interessensvertretung der Arbeiterschicht durch Spaltung weggefallen → auf der Suche nach Alternativen) • enttäuscht vom neuen Staat (fehlende Fürsorge für Arbeitslose)
Politische Ansichten	• nationalistisch • rechtskonservativ • antirepublikanisch	demokratisch	konservativ	Gefahr der Radikalisierung nach links oder rechts

Lösungsskizze: Karikaturen interpretieren

Hinweis: Die Karikatur „Nicht wahr, Michelchen – keine Experimente!" von Hanns Erich Köhler finden Sie auf Seite 453.

1. beschreiben | Die Zeichnung stammt von Hanns Erich Köhler (1905–1983), einem der bekanntesten Karikaturisten der frühen Bundesrepublik. Er veröffentlichte sie 1957 in der Frankfurter Allgemeinen Zeitung, der führenden überregionalen, politisch eher konservativ ausgerichteten deutschen Tageszeitung.

2. erklären | Die Karikatur zeigt den an seinen charakteristischen Gesichtszügen erkennbaren ersten deutschen Bundeskanzler und CDU-Vorsitzenden Konrad Adenauer. In Anspielung auf seine Prägung als rheinischer Katholik und seinen autoritären Führungsstil ist er als Krankenschwester in Ordenstracht gekleidet. Lächelnd schiebt er eine Kreuzung aus Kinderwagen und Volkswagen, an dem vorn ein Kanonenrohr angedeutet ist. Im Kinderwagen liegen ein Geldsack und der als zufrieden schlafendes Baby dargestellte „Deutsche Michel" mit typischer Zipfelmütze, die Personifikation des deutschen Durchschnittsbürgers. Er hält einen Kühlschrank und einen Fernseher in den Armen. Thema der Karikatur ist die gesellschaftspolitische Situation Mitte der 1950er-Jahre (1957), die von Adenauers langjähriger Kanzlerschaft (1949–1963) und dem „Wirtschaftswunder" geprägt war, das VW-Käfer, Fernseher, Kühlschrank und D-Mark symbolisieren.

Mit dem Slogan „Keine Experimente" errangen die CDU/CSU und ihr Spitzenkandidat Adenauer bei der Bundestagswahl 1957 mit 50,2 Prozent der Mandate ihren bislang größten Sieg. Es war das erste und einzige Mal, dass eine Partei die absolute Mehrheit erhielt und die alleinige Regierungsfraktion stellen konnte.

Grundlagen für Adenauers Popularität waren der steigende Lebensstandard und die sinkende Arbeitslosigkeit. 1955 hatte die Bundesrepublik zudem mit dem Ende der Besatzungsherrschaft, dem NATO-Beitritt und der folgenden Wiederbewaffnung ihre Souveränität wiedererlangt. Adenauer konnte in seiner dritten Legislaturperiode nun vier Jahre lang ohne Koalitionspartner regieren und seine umstrittenen Ziele auch in der Außenpolitik verwirklichen. Dazu gehörte u.a. der Aufbau der Bundeswehr im NATO-Bündnis, worauf das angedeutete Kanonenrohr und die als schwarzer Horizont ausgemalte ungewisse oder gar dunkle Zukunft anspielen.

Mit seiner Karikatur nimmt Köhler Stellung zur politischen Einstellung der Bevölkerung, die sich in der Bundestagswahl spiegelt. Die meisten Deutschen hielten sich nach dem Krieg politisch zurück, konzentrierten sich auf den wirtschaftlichen Wiederaufbau und ihren privaten Lebensstandard. In Adenauer sahen sie den Garanten für Wohlstand und Stabilität. Für das „Experiment" eines politischen Wechsels gab es keinen Bedarf.

3. beurteilen | Der Karikaturist will dem Wähler einen Spiegel vorhalten und ihn daran erinnern, seine politische Verantwortung ernst zu nehmen. Adenauer hat sich in den acht Jahren im Kanzleramt ein so hohes Ansehen verschafft, dass ihm der Bundesbürger – mit den Errungenschaften des „Wirtschaftswunders" materiell zufriedengestellt – im Schlaf vertraut und freie Hand lässt, ohne zu wissen, wohin der Weg führt. Der Karikaturist wendet sich nicht gegen Adenauers Politik, sondern das Desinteresse, mit dem sich die Deutschen ihre gerade erst zurückgewonnene politische Mündigkeit aus Bequemlichkeit abnehmen lassen.

Zeichenstil und Bildkomposition sind einfach, die Personen leicht zu erkennen und auf wenige charakteristische Elemente reduziert. Die Karikatur ist eine gelungene Allegorie, da sie die komplexen Zusammenhänge des gesellschaftspolitischen Klimas der Adenauerzeit mit Text und Symbolik treffend, einfach und damit wirkungsvoll zusammenfasst.

Lösungsskizze: Politische Reden analysieren

Hinweis: Die Auszüge aus der Rede von Joachim Gauck anlässlich des 25. Jahrestages der Deutschen Einheit finden Sie auf Seite 503.

1. beschreiben | Joachim Gauck war evangelischer Pastor in Rostock, Bürgerrechtler und Abgeordneter der letzten, frei gewählten Volkskammer. Von 1990 bis 2000 leitete er die Bundesbehörde für die Unterlagen des Staatssicherheitsdienstes der ehemaligen DDR, und wirkte wesentlich an der Aufarbeitung von DDR-Unrecht mit. In seiner Amtszeit als Bundespräsident (2012–2017) hielt Gauck zweimal die Festrede zum Tag der Deutschen Einheit, 2013 in Stuttgart und 2015 in Frankfurt am Main. Die Rede zum 25. Jahrestag der Deutschen Einheit wurde in Rundfunk und Fernsehen übertragen und ihr Text in der Presse verbreitet.

Gauck erinnert an die friedliche Revolution von 1989, aus der die Einheit hervorgegangen sei. Die Ereignisse von damals böten Anlass zum Feiern, denn die Deutschen hätten bewiesen, dass sie zur Freiheit fähig sind. Das Gedenken in Freude und Dankbarkeit helfe auch aktuelle Probleme einzuordnen. Wie nach 1990 stehe das Land derzeit vor riesigen Aufgaben: damals die Zusammenführung zweier Gesellschaften, heute die Aufnahme hunderttausender Flüchtlinge.

Gaucks Rede formuliert viele Fragen und beantwortet sie mit klaren Aussagen. Die Integration der Zuwanderer benötige Zeit, in der zumal die Menschen im Osten Deutschlands realisieren müssten, dass ihr Land inzwischen ein Einwanderungsland sei. Deutschland sei eine Gesellschaft mit wachsender Vielfalt. Einigkeit bestehe nicht mehr durch gemeinsame Herkunft, sondern auf der Grundlage gemeinsamer Werte. Demokratie und Rechtsstaat gelten als „unumstößlich", ebenso die Absage an den Antisemitismus (Zeile 34 f.). Die freiheitlich-demokratische Gesellschaft sei besonders lernfähig und geeignet, neue Herausforderungen zu bewältigen.

2. erklären | Gauck tritt in dieser Rede als Zeitzeuge auf, der seine individuelle und spezifisch ostdeutsche Erinnerung einbringt. Selbst der Satz „Wir Deutsche können Freiheit" (Zeile 10) stammt ursprünglich aus einem Interview von 2010, in dem Gauck auf seine Rolle als Bürgerrechtler in der DDR zurückblickte. Die Rede zum Tag der Deutschen Einheit unterscheidet zwischen dem Gedenken aus west- und ostdeutscher Sicht, verweist jedoch auch auf gesamtdeutsche Erfahrungen. Im Vordergrund stehen die Gemeinsamkeiten im heutigen Deutschland, was sich im häufigen „Wir" ausdrückt. Die Rede ist eine Gedenkrede, sie würdigt die Ereignisse von 1989/90 und die Entwicklung seither. An die deutsche Bevölkerung gerichtet, werden Lehren aus 25 Jahren Einigung gezogen. Sie dienen als Orientierung und Ermutigung – die Erinnerung könne als „Brücke" genutzt werden (Zeile 11 f.). Die große Aufgabe einer „inneren Einheit" sei noch längst nicht abgeschlossen, vielmehr drohten angesichts der Flüchtlingsfrage neue Entfremdungen zwischen Ost- und Westdeutschen. Gauck stellt die Probleme der Zuwanderung in die Kontinuität des Einigungsprozesses. Dieser habe bislang, trotz Rückschlägen, zu mehr Verständnis zwischen Ost und West geführt und die Überlegenheit der grundgesetzlichen Ordnung demonstriert. Nun stelle die Flüchtlingsfrage die deutsche Einheit vor eine Bewährungsprobe. In den Medien wurde die Ansprache dahingehend zusammengefasst, Gauck halte die Integration der Flüchtlinge für eine noch größere Aufgabe als die deutsche Einigung.

3. beurteilen | Die Rede von 2015 stand unter dem Eindruck der Flüchtlingskrise in Europa. In jenem Jahr stieg die Zahl der Flüchtlinge in die EU sprunghaft an. Die Bundesrepublik nahm einen großen Teil der Schutz suchenden Menschen auf, ohne ausreichend vorbereitet zu sein. Widerspruch gegen die Politik des „Willkommens" gab es gerade in den neuen Bundesländern. Gaucks Ansprache zum 3. Oktober war auch ein Signal an jene Bürgerinnen und Bürger, die von der Zuwanderung überfordert schienen. Wie bei anderen Gelegenheiten appellierte Gauck an Mut und Selbstverantwortung. Die Rede erfüllte ihren Zweck als Rückblick auf 25 Jahre deutsche Einheit. Auf die Debatte um die deutsche und europäische Flüchtlingspolitik hatten Gaucks Worte jedoch kaum Einfluss.

1. Krisen, Umbrüche und Revolutionen

1.1 Kernmodul: Krisen

Diskutieren Sie, inwiefern Angst und Unsicherheit Kennzeichen sind, die mit einer Krise einhergehen. — Seite 10, Abb., A2, F

Stellen Sie den von Marx beschriebenen „Teufelskreis" von Handels- bzw. Überproduktionskrisen visuell in einem Schaubild dar. Hilfe zur Erklärung: Code **32035-77**. — Seite 13, M3, A1, H

Weisen Sie in M4 nach, dass Burckhardt Krisen als „Befreiung" charakterisiert. Überprüfen Sie, inwieweit diese Sichtweise auch mit Kosellecks Ausführungen zu Krisen in M2 auf Seite 12 vereinbar ist. — Seite 13, M4, A1, F

Überprüfen Sie anhand Ihres Schaubildes und der Checkliste, ob die sogenannten „Krisen" des Spätmittelalters tatsächlich als Krisen zu bezeichnen sind. Verfahren Sie ebenso bei der Frage, ob der Französischen und Amerikanischen Revolution Krisen vorausgingen. — Seite 14, M5, A3, F

1.2 Kernmodul: Revolutionen

Setzen Sie die Begriffe, die Schieder in Bezug auf den schnellen Wandel nennt, in Beziehung zu den passenden Informationen des Verfassertextes auf den Seiten 16 und 17. — Seite 19, M2, A1, H

Erörtern Sie nach der Behandlung der „Amerikanischen Revolution", ob man bei dieser tatsächlich von einer Revolution sprechen kann. Nutzen Sie dabei die Kriterien einer Revolution, die Sie im Rahmen des Kernmoduls entwickelt haben. — Seite 19, M2, A3, F

Diskutieren Sie, was es für die Bevölkerung heißt, nur noch mit der Sicherung der eigenen Existenz beschäftigt zu sein. Was geschieht, wenn sich die Lage zumindest soweit verbessert, dass dies nicht mehr ausschließlich die Hauptaufgabe der Menschen ist und Spielräume entstehen? — Seite 19, M3, A2, H

1.4 Pflichtmodul: Amerikanische Revolution

Stellen Sie die Entwicklung von 1700 bis 1770 in einem Graphen dar. Achten Sie dabei auf die Abstände in der Zeitachse. Erklären Sie anschließend die zu beobachtenden Veränderungen mithilfe des Verfassertextes auf Seite 30 bis 33. — Seite 34, M1, A, H

Überprüfen Sie, inwiefern sich die im Verfassertext auf Seite 30 beschriebene Einstellung der protestantischen Gemeinschaften in M2 wiederfinden lässt. — Seite 34, M2, A1, H

Weisen Sie anhand der Stilelemente des Gemäldes eine Mythenbildung nach. Charakteristika eines Mythos sind z. B.: Sinnstiftung (eine für eine Gemeinschaft verbindende, Identität stiftende Geschichte wird erzählt), Komplexitätsreduktion (Ereignisse und Fakten, die die Geschichte verkomplizieren und der Aussage im Wege stehen könnten, werden weggelassen) und Überhöhung (bestimmte Aspekte werden besonders hervorgehoben, um die gewünschte Aussage zu erzeugen). — Seite 35, Abb., A, F

Erklären Sie die Unterschiede, die zwischen den zeitgenössischen und heutigen Bildungsbegriffen deutlich werden, anhand des jeweiligen historischen Hintergrundes. Beachten Sie dabei auch die Identität stiftende Rolle, die die Religion für die Kolonisten besaß. — Seite 35, M3, A2, F

Stellen Sie die Folgen des Sklavenhandels für Afrika in einem Schaubild (z. B. in Form eines Kreislaufs) dar. — Seite 37, M5, A2, H

Diskutieren Sie, ob bei der Resolution wirtschaftliche Motive oder politische (Freiheits-)Rechte im Vordergrund stehen. Überlegen Sie anschließend, wie sich die politischen Rechte und die wirtschaftlichen Motive gegenseitig in der Argumentation der Abgeordneten unterstützen. — Seite 47, M2, A2, H

Beachten Sie bei der Stellungnahme die finanzielle Situation Großbritanniens nach dem Siebenjährigen Krieg und die daraus folgende Steuerlast der Bürger Großbritanniens. — Seite 47, M2, A3, H

Beachten Sie hier besonders die letzte Textpassage ab Zeile 37. — Seite 49, M4, A1, H

Informieren Sie sich über den religiösen biblischen Kontext, in dem die „ägyptischen Sklaventreiber" (siehe Zeile 43f.) vorkommen, und erklären Sie mithilfe von M5 auf Seite 49 mögliche Motive Adams, diesen Begriff zu verwenden. — Seite 49, M4, A1, F

Lesen Sie hierzu noch einmal den Verfassertext „Die Puritaner und andere protestantische Gemeinschaften" auf Seite 30. — Seite 49, M5, A2, H

Seite 56, M2, A1, F	Weisen Sie den zeitgenössischen Freiheitsbegriff der Kolonisten im Text nach. Sie können als Grundlage die passenden Informationen auf Seite 53 und 54 hinzuziehen (Verfassertext: „Intellektuelle Hintergründe der Freiheitsbewegung").
Seite 57, M3, A4, H	Als Vorarbeit zu Aufgabe 4: Analysieren Sie den Text arbeitsteilig in Hinblick auf Paines Definition a) der natürlichen Rechte aller Menschen, b) der Art der künftigen rechtmäßigen Regierung und c) der Rolle von Freiheit und Unabhängigkeit. Führen Sie Ihre Ergebnisse in Dreiergruppen zusammen und halten Sie Paines Konzept für ein unabhängiges Amerika stichpunktartig fest. Geben Sie dabei relevante Belegstellen an.
Seite 66, M1, A2, H	Überprüfen Sie anhand des Verfassertextes auf den Seiten 38 bis 45 und 58 bis 62, inwieweit sich die in M1 dargestellten Beschwerden (siehe Zeile 39-80) faktisch nachweisen lassen.
Seite 66, M1, A4 und A5, H	Als Vorarbeit zu Aufgabe 4 und 5: Analysieren Sie den Text arbeitsteilig in Hinblick auf die Grundsätze der Unabhängigkeitserklärung in Bezug auf a) die natürlichen Rechte aller Menschen, b) die Art der künftigen rechtmäßigen Regierung und c) die Rolle von Freiheit und Unabhängigkeit. Führen Sie Ihre Ergebnisse in Dreiergruppen zusammen und halten Sie die wesentlichen Neuerungen stichwortartig fest.
Seite 67, M3, A2, H	Erläutern Sie die Hintergründe, auf die die Satire anspielt. Nutzen Sie dazu die Informationen des Verfassertextes „Die ‚Hessen'" auf Seite 59.
Seite 68, M5, A2, F	Beurteilen Sie, inwieweit die Petition einen Wandel im zeitgenössischen Freiheitsverständnis der Kolonisten / Revolutionäre darstellt. Zum vorherrschenden zeitgenössischen Freiheitsbegriff siehe nochmals den Verfassertext auf Seite 53 und 54 („Intellektuelle Hintergründe der Freiheitsbewegung").
Seite 69, M6, A3, H	Charakterisieren Sie die sprachliche und inhaltliche Gestaltung der Argumentation von Abigail und John Adams. Mögliche Adjektive wären hierbei: sachlich, logisch, herausfordernd, diplomatisch, beleidigend etc.
Seite 69, M6, A4, H	Nutzen Sie dazu auch die Informationen des Verfassertextes auf Seite 64 („Die Rolle der Frauen bei der Unabhängigkeit") und die Grundsätze der Unabhängigkeitserklärung (M1 auf Seite 65).
Seite 71, M1-M3, A3, F	Erörtern Sie ausgehend von M1 bis M3 und Ihrem Hintergrundwissen, ob man bei der Amerikanischen Revolution von einer „ungeplanten Revolution" oder sogar „widerwilligen Revolution" sprechen kann.
Seite 77, M1, A3, H	Anregungen für die Argumentation finden sich im Verfassertext „Zentralstaat oder Staatenbund?" auf Seite 72.
Seite 77, M2, A2, H	Ziehen Sie die Textinformationen auf Seite 73 („checks and balances") zum Menschenbild hinzu und weisen Sie die Konsequenzen, die daraus gezogen werden, in M2 nach.
Seite 79, M4, A1, H	Analysieren Sie M4 arbeitsteilig in Hinblick auf a) den geforderten Charakter des politischen Systems und seiner Vertreter, b) das geforderte Prinzip der Kontrolle der Regierung und c) die geforderten Menschen und Freiheitsrechte. Tragen Sie anschließend Ihre Ergebnisse in Dreiergruppen zusammen und erstellen Sie ein Schaubild, in dem deutlich wird, wie die einzelnen untersuchten Aspekte zusammenwirken sollen.
Seite 79, M5, A1, F	Erläutern Sie die Gründe für die inhaltlichen Unterschiede zwischen den beiden Dokumenten M4 und M5. Ziehen Sie als Hilfe die Informationen aus den Verfassertexten auf Seite 73 bis 75 hinzu („checks und balances" und „Bill of Rights – Ideal und Realität").
Seite 80, M7, A3, H	Autonomie heißt in diesem Zusammenhang „Unabhängigkeit".
Seite 81, M8, A2, F	Überprüfen Sie durch geeignete Recherchen, inwieweit die USA den von Washington formulierten außenpolitischen Grundsätzen in Vergangenheit und Gegenwart gefolgt sind bzw. folgen.
Seite 88, M1, A1, H	Legen Sie eine Folie über das Gemälde und umranden Sie mit einem Folienstift einzelne Bereiche. Analysieren Sie diese Bereiche dann in Bezug auf ihre Wirkung und Bedeutung hin. Beachten Sie dabei auch die Symbolik in den Bildelementen. Die Bearbeitung kann auch arbeitsteilig erfolgen. Die Bereiche werden dann unter den Gruppenmitgliedern verteilt, die Teilergebnisse werden anschließend zusammengetragen und die Gesamtdeutung gemeinsam erarbeitet.
Seite 89, M2, A, F	Analysieren Sie, für welche Botschaften die jeweils in M2 hergestellten Bezüge zur Gründungsphase genutzt werden. Beurteilen Sie anschließend, inwieweit diese Botschaften historisch vertretbar sind.
Seite 91, M5, A2, F	Weisen Sie anhand der Kriterien Komplexitätsreduktion, Überhöhung, Sinnstiftung und Stilisierung begründet nach, dass bei den in M4 und M5 beschriebenen Sachverhalten eine Mythisierung der Verhältnisse der „Gründungsphase" vorliegt.

„The spirit of '76 (Yankee Doodle)" (Seite 92) und US-Propagandaplakat (Seite 93): Legen Sie eine Folie über die jeweilige Bilddarstellung und umranden Sie mit einem Folienstift einzelne Bereiche. Analysieren Sie diese Bereiche dann in Bezug auf ihre Wirkung und Bedeutung hin. Beachten Sie dabei auch die Symbolik in den Bildelementen. Die Bearbeitung kann auch arbeitsteilig erfolgen. Die Bereiche werden dann unter den Gruppenmitgliedern verteilt, die Teilergebnisse werden anschließend zusammengetragen und die Gesamtdeutung gemeinsam erarbeitet. Seite 92, Abb., A1, H

„The spirit of '76 (Yankee Doodle)" (Seite 92), US-Propagandaplakat (Seite 93) und „Washington Crossing the Delaware" (Seite 95): Klären Sie für die Entstehungszeit der Bildquellen den historischen Kontext und vergleichen Sie anschließend die Bildaussagen vor diesen historischen Kontexten. Erörtern Sie, inwieweit ein Wandel in der Aussageabsicht erkennbar ist. Beachten Sie dabei auch den persönlichen Hintergrund des jeweiligen Künstlers. Seite 93, Abb., A2, F

Entwickeln Sie aus der Perspektive der jeweils in M7 genannten Personengruppen eine These, die die Gründungsväter der amerikanischen Bevölkerung und Politik heute mit auf den Weg geben würden. Seite 93, M7, A1, F

Analysieren Sie hierzu noch einmal die Motive und Ziele der Gruppen, von denen die Amerikanische Revolution ausging. Seite 97, M1, A3, H

Überprüfen Sie anhand der von Ihnen in Aufgabe 1 und 2 im Kernmodul „Krisen" (M5, Seite 14) erstellten Checkliste und des Schaubildes, ob die von Roswell genannten Aspekte, die zur Amerikanischen Revolution führten, Merkmale einer Krise darstellen. Seite 97, M2, A2, F

1.5 Wahlmodul: Die Krise der spätmittelalterlichen Kirche und die Reformation

Analysieren Sie, wie beide Texte ihren jeweiligen Anspruch begründen. Seite 111, M2, A2, H

Charakterisieren Sie, welche Eigenschaften Erasmus von einem wahren Theologen fordert und untersuchen Sie, inwieweit sich dieser Anspruch mit dem „Priestertum aller Gläubigen" Luthers deckt. Seite 111, M3, A3, H

Analysieren Sie dazu arbeitsteilig auch die kurz- und langfristigen gesellschaftlichen und politischen Folgen der Veröffentlichung der Thesen (siehe dazu den Verfassertext auf den Seiten 102 bis 109) und tragen Sie Ihre Ergebnisse als Diskussionsgrundlage zusammen. Seite 112, M4, A4, H

Weisen Sie begründet nach, an welchen Stellen im Text die von Luther entwickelten Glaubensgrundsätze (siehe dazu den Verfassertext „Eine theologische Initiative" auf Seite 102f.) zum Ausdruck kommen. Seite 113, M5, A1, F

Analysieren Sie die Forderungen in den Artikeln arbeitsteilig daraufhin, an welchen Stellen Seite 114, M6, A2, H

a) eine Rückkehr zum „alten Recht" (also Zuständen, wie sie zuvor einmal bestanden) gefordert wird,

b) eine Begründung der Forderung mit der Heiligen Schrift erfolgt.

Tauschen Sie Ihre Ergebnisse anschließend aus und diskutieren Sie das Verhältnis zwischen den Forderungen der Bauern und der Reformation.

Beachten Sie dabei besonders Luthers Ausführungen in Zeile 51 bis 70 (M5). Seite 114, M6, A3, H

Orden Sie die Elemente des Schaubildes verschiedenen Bereichen (z. B. Beratung, Teilhabe, Wahl, Rechtsprechung, Religion usw.) zu und erklären Sie, wie die „Verfassung" in diesen Bereichen jeweils funktionierte. Recherchieren Sie dazu auch die Funktionen des „Reichtages" und des „Reichskammergerichtes" seit 1495. Bearbeiten Sie anschließend das gesamte Schaubild mithilfe der Methode „Verfassungsschemata auswerten" auf Seite 80. Seite 116, M8, A1, H

Informieren Sie sich über die Bestimmungen des Augsburger Religionsfriedens auf Seite 106. Seite 116, M8, A2, H

1.6 Wahlmodul: Französische Revolution

Überprüfen Sie, inwieweit sich die in M1 herausgearbeiteten Ideen der Aufklärung in den Materialien M2 und M3 (Seite 141 bis 143) nachweisen lassen. Seite 141, M1, A1, F

Erklären Sie die Veränderungen zwischen den Verfassungen anhand des jeweiligen historischen Kontextes. Seite 145, M4, A1, F

Erstellen Sie ein Schaubild, in dem das Verhältnis von „Tugend" und „Terror" nach Robespierre deutlich wird. Bringen Sie dabei auch die jeweiligen Funktionen der beiden Begriffe für die Gesellschaft ein. Seite 146, M5, A1, H

Seite 146, M5, A2, H

Erläutern Sie sich gegenseitig anhand der Karte auf Seite 134 die Lage, in der sich die französische Republik im Jahr 1793 befand. Diskutieren Sie dann gemeinsam, inwieweit die Rede Robespierres (erster Text) und die „Schreckensherrschaft" eine verständliche Reaktion auf die jeweiligen Bedrohungen der Republik waren.

Seite 146, M5, A4, F

Nehmen Sie ausgehend von der Bearbeitung von M5 Stellung zu der Frage, inwieweit das Erstreben eines höheren, moralisch wertvollen Zieles auch radikale Mittel zu dessen Erreichung rechtfertigt. Heiligt der Zweck die Mittel?

Recherchieren Sie Beispiele aus der Geschichte, in denen mithilfe von „Terror" eine tugendhafte Ordnung etabliert oder beschützt werden sollte, und stellen Sie diese im Kurs vor. Setzen Sie sich dabei auch damit auseinander, inwieweit die Ziele letztlich erreicht und welche Wirkungen dabei erzeugt wurden.

Seite 147, M6, A2, F

Vergleichen Sie die von Lachenicht dargestellte neue Definition, die der Begriff „Revolution" durch die Französische Revolution erhalten hat, mit denen von Ihnen im Kernmodul (Seite 16 bis 21) entwickelten Charakteristika von Revolutionen.

Recherchieren Sie, welche Rolle die Französische Revolution für das Selbstverständnis der Franzosen spielt, und überprüfen Sie, ob hier Formen einer Mythenbildung (Komplexitätsreduktion, Sinnstiftung, Überhöhung, Stilisierung) nachzuweisen sind.

Seite 147, M7, A2, H

Weisen Sie in M7 und dem Gemälde die Charakteristika einer Mythenbildung (Komplexitätsreduktion, Sinnstiftung, Überhöhung, Stilisierung) nach.

Seite 151, M, A4, H

Überprüfen Sie, inwieweit die Kriterien für eine Revolution und eine Modernisierung, die Sie in den jeweiligen Kernmodulen (Seite 16 bis 27) entwickelt haben, nach Schama (M, Seite 151) und Lachenicht (M6, Seite 146f.) nachzuweisen sind.

2. Wechselwirkungen und Anpassungsprozesse

2.1 Kernmodul: Kulturkontakt und Kulturkonflikt

Seite 155, M1, A1, F

Diskutieren Sie, wie das Schaubild auf Seite 155 ergänzt bzw. in seiner Gestaltung verändert werden müsste, wenn die Bereiche „Akkulturation" und „Kulturverflechtung" nach Bitterli dort eingebracht werden sollen.

Seite 158, M4, A2, H

Visualisieren Sie den Prozess der „Ethnogenese" (vgl. Zeile 30–42) und deren Folgen nach Meier mithilfe eines aussagekräftigen Schaubildes. Nutzen Sie als Hilfe auch den Darstellungstext auf Seite 173.

Seite 159, M5, A2 und A3, H

Stellen Sie die durch die gegenseitigen Kontakte erzeugten Veränderungen der Identitäten von Römern und Barbaren nach Pohl in Form eines Beziehungsdiagramms dar. Beachten Sie dabei die Veränderungen und Wechselwirkungen im Laufe der Zeit.

2.2 Kernmodul: Transformationsprozesse

Seite 161, M1, A1, F

Braudel kann mit der Aussage „Die Geschichte stammt gleichzeitig aus dem Gestern, dem Vorgestern und dem Einst!" zitiert werden. Erklären Sie anhand von M1 den Inhalt dieser Aussage.

Seite 163, M3, A3, H

Beachten Sie dabei, dass Globalisierung definiert ist als Prozess, bei dem sich Beziehungen zwischen verschiedenen Gruppen und Regionen, die weit auseinander liegen, so verstärken, dass eine globale Verflechtung in Bereichen wie Wirtschaft, Politik, Kultur und Umwelt entsteht und dadurch Veränderungsprozesse in diesen Bereichen in Gang gesetzt werden. Untersuchen Sie, ob es entsprechende Beispiele in der Geschichte gab, um ihre Stellungnahme zu unterstützen.

2.3 Kernmodul: Migration

Seite 166, M1, A1, H

Charakterisieren Sie die verschiedenen historischen Phasen der menschlichen Migration nach Bacci in ihren Eigenarten und geben Sie jeder Phase eine aussagekräftige Überschrift (z.B. „Verbreitung der menschlichen Spezies" oder „Verbreitung des Ackerbaus" für die erste Phase). Beachten Sie dabei auch die Rolle, die Europa dort jeweils spielt.

Seite 167, M2, A1, H

Beachten Sie hierbei insbesondere die Zeilen 1–16 in Oltmers Ausführungen.

Informieren Sie sich für eine sachgerechte Argumentation anhand des Darstellungstextes auf Seite 172–179 und der entsprechenden Materialen des zugehörigen Kapitels über die Ursachen und den Verlauf der Völkerwanderung. Seite 169, M5, A3, H

2.4 Pflichtmodul: Die Völkerwanderung

Diskutieren Sie für sich persönlich und anhand von aktuellen Beispielen, inwieweit die von Seneca genannten Ursachen und Anlässe auch heute noch relevant für Migration sind. Seite 180, M1, A3, H

Analysieren Sie den Text im Hinblick auf die Wertungen, die Ammianus Marcellinus vornimmt. Recherchieren Sie anschließend den Hintergrund des Autors und analysieren Sie seine Haltung und seine Intentionen. Beurteilen Sie abschließend den Quellenwert des Textes. Seite 181, M2, A3, H

Informieren Sie sich auf Seite 186 über die Rolle der germanischen Heermeister und weisen Sie begründet nach, an welcher Stelle Synesios von Kyrene diese in seiner Rede thematisiert. Erklären Sie auf Basis ihrer Sachinformationen seine Haltung zu den germanischen Heermeistern. Seite 181, M3, A1, F

Lesen Sie dazu noch einmal den Darstellungstext auf Seite 172–179 und arbeiten Sie die Situation heraus, in der sich das Römische Reich um 400 befindet. Analysieren Sie dabei auch, über welche militärischen, finanziellen und materiellen Mittel das Reich in dieser Zeit verfügt und welchen innen- und außenpolitischen Herausforderungen es sich stellen muss. Seite 181, M3, A3 und A4, H

Diskutieren Sie, inwieweit die von Fehr und von Rummel in Zeile 9–19 angeführten, in der jüngeren Vergangenheit konstruierten Charakteristika der Identität von „Völkern" bei Ihnen persönlich an Grenzen stoßen. Erklären Sie dann, warum es sich bei dem Begriff „Volk" um eine Utopie (etwas, was in der Vorstellung der Menschen existiert, aber nicht Wirklichkeit ist) handelt. Seite 183, M5, A1, F

Lesen Sie hierzu noch einmal den Abschnitt „Wandel durch Kontakt: Rom verändert die Germanen" auf Seite 173 sowie M4 auf Seite 158 und analysieren Sie diese und die Kapitel „Die Westgoten und ihre Ansiedlung im Römischen Reich", „Die Ostgoten und ihre Reichsgründung in Italien" und „Das Frankenreich der Merowinger" im Hinblick auf die Identität der dort beschriebenen Gruppen als „Volk". Seite 183, M5, A3, H

Legen Sie eine Folie über die Nachzeichnung des Medaillons und umranden Sie mit einem Folienstift einzelne Elemente, Gruppen und Symbole. Analysieren Sie diese Elemente dann in Bezug auf ihre Wirkung und symbolische Bedeutung. Die Bearbeitung kann auch arbeitsteilig erfolgen. Die verschiedenen Elemente werden unter den Gruppenmitgliedern verteilt, die Teilergebnisse werden dann zusammengetragen und die Gesamtdeutung gemeinsam erarbeitet. Seite 183, M6, A1 und A2, H

Legen Sie eine Tabelle an, in der auf der einen Seite die ursprünglichen Ziele Athaulfs, die Veränderungen dieser Ziele und die Begründung dafür vermerkt sind. Seite 193, M3, A2, H

Ziehen Sie hierzu die Ergebnisse aus Aufgabe 2 und die Informationen des Darstellungstextes auf den Seiten 189–191 heran. Seite 193, M3, A4, H

Beachten Sie, dass das Äußere in der antiken Vorstellung als der Spiegel des Inneren des Menschen, also seiner moralischen Werte und Fähigkeiten, gesehen wurde. Seite 194, M4, A2, H

Informieren Sie sich, z. B. im Internet, über den Hintergrund von Salvian von Marseille und untersuchen Sie mithilfe dieser Informationen den Text quellenkritisch. Beachten Sie dabei besonders seinen „beruflichen" Werdegang und die Intentionen hinter seinen Schriften. Seite 195, M6, A3, F

Setzen Sie die Aussage des Medaillons in Beziehung zu den Ausführungen von Procopius in M1: Wo entspricht die Aussage des Medaillons den Aussagen des Schriftstellers? Nutzen Sie als Hilfe auch den Darstellungstext auf den Seiten 196–199. Seite 202, M2, A2, F

Nutzen Sie, was das Herrschaftsverständnis Theoderichs und sein Verhältnis zu den jeweiligen oströmischen Kaisern (Zeno und Anastasius I.) betrifft, auch die Informationen aus dem Darstellungstext auf den Seiten 196–199. Seite 202, M3, A2, H

Beziehen Sie die Informationen auf den Seiten 196–199 und mithilfe der Karte auf Seite 170 auch die strategisch-geographische Lage des Ostgotenreiches in Italien im Verhältnis zum Oströmischen Reich in die Beurteilung mit ein. Seite 203, M4, A3, H

Nutzen Sie als Kriterien der Stellungnahme Aspekte wie Effizienz und Loyalität (Sachebene) sowie Zusammenhalt, Identifikation, Inklusion und Exklusion (Wertebene). Ziehen Sie auch die Informationen des Darstellungstextes auf den Seiten 197–200 heran. Seite 204, M6, A4, H

Der Historiker Patrick J. Geary spricht von einer doppelten Identität bei den Franken, die der römische Einfluss erzeugt habe. Der (eigentlich römische) Begriff „Bürger" mit dem Attribut „fränkisch" zeige die Zugehörigkeit des Mannes zur entstandenen Gruppe der Franken, der Begriff „römischer Soldat" zeige die Barbarisierung des römischen Heeres. Erklären Sie die Vorteile, die diese Doppelidentität mit sich bringen konnte (siehe auch den Darstellungstext auf Seite 206 f.). Seite 206, Abb., A, H

Seite 211, Abb., A, H	Legen Sie eine Folie über die Buchmalerei und umranden Sie mit einem Folienstift einzelne Elemente und Personen. Analysieren Sie diese Elemente dann arbeitsteilig in Bezug auf ihre symbolische Bedeutung. Tragen Sie die Teilergebnisse zusammen und diskutieren Sie, in welchen Beziehungen die einzelnen Bildelemente und Personen in ihrer Bedeutung zueinander stehen (Größenverhältnisse, Abstufungen, Bildebenen, Gestik). Entwickeln Sie anschließend eine Gesamtdeutung. Weitere Hilfe: Die Fahne steht für ein weltliches Lehen, also die Herrschaft über Land und Leute, die von einem Oberherren an den Vasallen verliehen wird.
Seite 212, M1, A1, H	Legen Sie eine Tabelle an, die die Spalten „Beigabe", „Kategorie" und „Herkunft" enthält. Kategorien der jeweiligen Grabbeigaben können z. B. Würdezeichen, Statussymbole, Waffen, Herrschaftszeichen oder Reichtümer sein (manche Beigaben können hier durchaus mehrere Funktionen haben). Unter „Herkunft" vermerken Sie, ob die Beigabe römischen oder barbarischen Ursprungs ist.
Seite 212, M1, A5, F	Setzen Sie die Ergebnisse von Aufgabe 1 und 2 in Beziehung zu der Aussage der Grabinschrift auf Seite 206 und der Lösung der zugehörigen Aufgabe.
Seite 214, M4, A2 und A5, H	Charakterisieren Sie die im Text von Gregor von Tours deutlich werdenden Eigenschaften, die Chlodwig haben muss, um seine Herrschaft bei den Franken wirkungsvoll durchzusetzen. Ziehen Sie wenn nötig auch die Informationen des Darstellungstextes auf Seite 208 f. als Hilfe heran.
Seite 215, M5, A1, F	Beurteilen Sie den Inhalt des Textes quellenkritisch. Betrachten Sie dazu den Hintergrund des Autors Gregor von Tours und seine Intentionen. Stellen Sie Textstellen heraus, in denen Sachverhalte stark vereinfacht und überhöht dargestellt werden. Erörtern Sie abschließend die Frage, ob der Text eine Mythenbildung (Komplexitätsreduktion, Überhöhung, Sinnstiftung, Stilisierung) darstellt.
Seite 215, M5, A4, H	Informieren Sie sich über die sogenannte „Konstantinische Wende" sowie die Schlacht an der Milvischen Brücke zwischen Konstantin und Maxentius und die Mythenbildung, die damit einhergeht.
Seite 217, M10, A1, H	Nutzen Sie die Definitionen von Bitterli (M1 auf Seite 155) und Osterhammel (M3 auf Seite 157) zur Erläuterung der Indizien.
Seite 222, Abb., A1 und A2, H	Klären Sie für die Entstehungszeit der Bildquelle den historischen Kontext der deutschen Geschichte. Hilfen finden sich dabei in den Teilkapiteln „Nationen und Nationalstaatsbildung" auf den Seiten 306–310 und „Der Weg zur Reichsgründung" auf den Seiten 324–333. Ordnen Sie dann die Bildaussage in diesen historischen Kontext ein. Recherchieren Sie dabei auch den Hintergrund des Malers Heinrich Leutemann und bringen Sie diesen in die Einordnung ein.
Seite 223, Abb., A, H	Informieren Sie sich dazu auf Seite 175 f. über die Hunnen und nutzen Sie auch die Charakterisierung, die Ammianus Marcellinus (M2 auf Seite 180) in Zeile 1–5 vornimmt.
Seite 225, M1, A2, H	Nutzen Sie dazu die Charakteristika eines Mythos. Diese sind: Sinnstiftung (eine für eine Gemeinschaft verbindende, identitätsstiftende Geschichte wird erzählt), Komplexitätsreduktion (Ereignisse und Fakten, die die Geschichte verkomplizieren und der Aussage im Wege stehen könnten, werden weggelassen) und Überhöhung (bestimmte Aspekte werden besonders hervorgehoben, um die gewünschte Aussage zu erzeugen).
Seite 225, M1, A4, H	Nutzen Sie dazu die Definition des Begriffes „Ethnogenese", die in den Materialien M4 auf Seite 158 sowie M5 auf Seite 182 und im Darstellungstext auf S. 173 („Wandel durch Kontakt: Rom verändert die Germanen") gegeben wird.
Seite 226, M2, A3, H	Klären Sie für die Entstehungszeit des Gedichtes den historischen Kontext der deutschen Geschichte. Hilfen finden sich dabei in den Teilkapiteln „Nationen und Nationalstaatsbildung" auf den Seiten 306–310 und „Die deutsche und die polnische Nationalbewegung" auf den Seiten 311–321. Ordnen Sie dann die Bildaussage in diesen historischen Kontext ein. Recherchieren Sie dabei auch den Hintergrund des Autors August von Platen und bringen Sie diesen in die Einordnung ein.
Seite 227, M4, A2, F	Entwickeln Sie eine sachlich fundierte Gegenrede zu Rosenbergs Sicht auf die Völkerwanderung.
Seite 228, M5, A3, F	Setzen Sie Piganiols Fazit und die Stellungnahmen von Halsall sowie Knaut und Quast in Beziehung zu den Beurteilungen von Demandt, Wolfram und Pohl auf der Seite 230 f. (M1–M3). Diskutieren Sie dann in Gruppen die verschiedenen Einschätzungen und geben Sie ein begründetes Gesamturteil ab.
Seite 229, M7, A1 und A2, H	Ordnen Sie die Kernthesen Büschers tabellarisch nach „Parallelen" und „Unterschieden".

Der Historiker Mischa Meier erklärt, dass die Beschäftigung mit der Völkerwanderung für die Analyse der aktuellen Migrationsbewegungen keine Hilfestellung leisten könne, weil sie sich nicht in einen einfachen, eindeutigen Geschehenszusammenhang setzen lassen könne und weil sie vor ganz anderen strategischen, politischen und kulturellen Rahmenbedingungen geschehen sei, als denjenigen, die heute herrschten. So wäre jeder Vergleich zur Gegenwart oberflächlich und problematisch. Setzen Sie sich bei der Bearbeitung der Aufgaben 3 und 4 auch mit Meiers Thesen auseinander. Seite 229, M7, A3 und A4, F

2.5 Wahlmodul: Romanisierung und Kaiserzeit

Erörtern Sie die These: „Nur durch die *pax Romana* war die Romanisierung überhaupt möglich!" Seite 246, M1, A2, F

Vergleichen Sie den in M2 dargestellten Einfluss der römischen Kultur und Sprache auf die einheimische Bevölkerung Spaniens in der römischen Kaiserzeit mit dem gegenwärtigen Einfluss der amerikanischen Kultur und Sprache auf Ihr eigenes Leben. Beziehen Sie dabei auch die jeweiligen Gründe für die Übernahme von Sprache und Lebensweise mit ein. Seite 246, M2, A3, F

Listen Sie alle Veränderungen in der Lebensweise der Britannier, die in M5 beschrieben werden, auf. Diskutieren Sie dann im Partnergespräch, inwieweit diese Veränderungen Vor- bzw. Nachteile für die Britannier brachten. Unterscheiden Sie dabei zwischen der „vornehmen" und „einfachen" britannischen Bevölkerung und beziehen Sie auch Tacitus' Wertungen ein. Seite 248, M5, A2, H

Erörtern Sie, inwiefern die Verbreitung der Terra sigillata als Beispiel für eine „antike Globalisierung" gelten kann. Informieren Sie sich dazu zunächst über die Bedeutung des Begriffes „Globalisierung" in der Gegenwart. Weiten Sie die Diskussion danach auf alle Bereiche der Romanisierung in der Kaiserzeit aus. Seite 249, M7, A2, F

Stellen Sie in Form einer Tabelle dar, von wem und zu welchen Gegebenheiten die lateinische bzw. griechische Sprache und Schrift jeweils genutzt wurde. Seite 250, M8, A1, H

2.6 Wahlmodul: China und die imperialistischen Mächte

Erstellen Sie anhand der in M2 angegeben Daten passende Diagramme (achten Sie auf die Zeitabstände!) und beschreiben Sie mittels der erstellten Graphen die Bevölkerungsentwicklung. Seite 270, M2, A1, H

Listen Sie die von den USA geforderten Regelungen im Einzelnen auf und diskutieren Sie danach, welche Nationen jeweils einen Profit daraus ziehen und welche gegebenenfalls benachteiligt werden. Seite 272, M5, A2, H

Überprüfen Sie anhand des Sachtextes auf Seite 265f. und eigener Recherchen, inwieweit das von Ihnen in Aufgabe 4 konkretisierte Reformprogramm umgesetzt wurde, und beurteilen Sie die Wirkungen, die die Umsetzung erzielte. Seite 274, M7, A4, F

Listen Sie in Form einer Tabelle die Aspekte der Missionierung auf, die eine stabilisierende bzw. destabilisierende Wirkung auf die chinesische Gesellschaft hatten. Seite 275, M8, A5, H

3. Wurzeln unserer Identität

3.1 Kernmodul: Nation – Begriff und Mythos

Informieren Sie sich über realen historischen Hintergründe und Auswirkungen der Schlacht von Tannenberg/Grundwald im Jahre 1410. Stellen Sie anschließend die in M4 und M6 dargestellten Mythen, die sich auf deutscher und polnischer Seite entwickelten, sachlich begründet kritisch in Frage (Dekonstruktion). Seite 290, M4, A2, F

Als Vorbereitung für Aufgabe 3: Analysieren Sie das Gemälde in seinen Bildelementen in Hinblick auf die Kennzeichen eines Mythos. Zum Beispiel: Sinnstiftung, Überhöhung, Komplexitätsreduktion und Stilisierung (Reduktion auf ein Muster mit hohem Wiedererkennungswert). Seite 291, M5, A3, F

3.2 Kernmodul: Deutungen des deutschen Selbstverständnisses

Als Abschlussaufgabe für das gesamte Kernmodul: Diskutieren Sie nach der Bearbeitung der Materialien M1 bis M6 Ihr persönliches Selbstverständnis als Deutsche/Deutscher mit Ihren Mitschülern. Erörtern Sie dabei, welche Rolle der Postnationalismus (also die sinkende Bedeutung der „eigenen" Nation zugunsten übergeordneter Organisation wie z. B. der EU) und der Seite 294, M1, A5, F

Patriotismus für Ihre eigene Identität spielen. Überlegen Sie anschließend, inwieweit sich das deutsche Selbstverständnis durch die Geschichte gewandelt hat.

3.3 Kernmodul: Deutscher Sonderweg und transnationale Geschichtsschreibung

Seite 299, M1, A2, H

Ziehen Sie für einen Vergleich mit Frankreich oder den USA die Darstellungstexte der entsprechenden Kapitel im Buch (Seite 72ff. bzw. Seite 124ff.) heran. Zum Einfluss des Luthertums in Europa können die Informationen des Darstellungstextes im Modul „Die Krise der spätmittelalterlichen Kirche und die Reformation" ab Seite 98 helfen, zur Bedeutung der Weimarer Republik die Informationen ab Seite 390. Über die Vorgeschichte und die Bedingungen der deutschen Reichsgründung geben die Darstellungstexte des Moduls „Das deutsch-polnische Verhältnis" ab Seite 304 Auskunft.

Seite 302, M3, A2, F

Überprüfen Sie anhand des Moduls „Die Krise der spätmittelalterlichen Kirche und die Reformation" (Seite 98ff.) und den Teilkapiteln „Die deutsche und die polnische Nationalbewegung" (Seite 311ff.), „Der Weg zur Reichsgründung" (Seite 324 ff.) sowie „Nation und Minderheiten" (Seite 334ff.), inwieweit sich die von Winkler dargestellten Merkmale und Ursachen des „deutschen Sonderweges" nachweisen lassen.

Seite 303, M5, A3, F

Überprüfen Sie anhand des Darstellungstextes zum Kapitel „Ursachen und Verlauf der Völkerwanderung" (Seite 172ff.), ob sich auch in den Migrations- und Transformationsprozessen der „Völkerwanderung" Elemente einer Vorform von „transnationaler Geschichtsschreibung" erkennen lassen.

3.4 Pflichtmodul: Das deutsch-polnische Verhältnis

Seite 310, M3, A1, H

Stellen Sie die von Wehler im Text beschriebenen Loyalitätsbindungen in Form eines Beziehungsdiagramms dar. Gehen Sie dabei jeweils von der „Ich-Identität" aus und beschriften Sie die Beziehungspfeile geeignet.

Seite 310, M3, A2, F

Beurteilen Sie die in M1 bis M3 dargestellten Positionen in Hinblick auf ihre Schlüssigkeit.

Seite 311, Abb., A, F

Arbeiten Sie aus der Karte heraus, was der Wiener Kongress für „Deutschland" bzw. „Polen" bedeutete und stellen Sie dies vergleichend in Form einer Tabelle dar. Ergänzen Sie Ihre Ergebnisse mit den Informationen aus dem Darstellungtext auf Seite 312 und 313.

Seite 321, M6, A3, H

Als Vorbereitung für Aufgabe 3: Diskutieren Sie die in M6 von Nipperdey dargestellten Gründe für das Scheitern der Revolution von 1848 und stellen Sie danach ein begründetes Ranking auf, welche Gründe Ihrer Meinung nach am relevantesten sind.

Seite 331, M2, A, F

Überprüfen Sie, inwieweit sich die von Bismarck betriebene Reichsgründung an seiner Erklärung von 1862 (M2) orientiert. Siehe dazu nochmals die Darstellung auf den Seiten 325 bis 329.

Als Abschlussaufgabe für das Teilkapitel: Erörtern Sie anhand der Ergebnisse der Bearbeitung der Materialien M2, M3, M4 und M6 sowie dem Verfassertext „Die Verfassung des Deutschen Reiches" auf Seite 329 die These, ob die Entstehung des deutschen Nationalstaats 1871 als „Einheit ohne Freiheit" zu sehen ist.

Seite 361, M1, A2, F

Charakterisieren Sie, in welcher Weise sich die Nationsidee in Polen zwischen 1919 und 1939 seit dem 19. Jahrhundert gewandelt hat. Sie können dazu auch die Verfassertexte auf Seite 354 bis 360 heranziehen.

Seite 369, Abb., A2, F

Informieren Sie sich über den Warschauer Aufstand von 1944 und setzen Sie sich damit auseinander, inwieweit die Aussage, die das Denkmal dem Betrachter vermitteln will, historisch plausibel ist. Lesen Sie dazu auch den Verfassertext „Der polnische Aufstand vom Sommer 1944" auf Seite 368f.

Seite 372, M5, A, F

Weisen Sie das dritte Stadium der Radikalisierung, das Liulevicius im M5 darstellt (vgl. Zeile 21 bis 30), in M2, M3 und M4 auf den Seiten 370 und 371 nach.

Seite 383, M3, A1, F

Informieren Sie sich über den Inhalt des Warschauer Vertrags vom 7. Dezember 1970 und Brandts Fernsehansprachen dazu. Überprüfen Sie, ob sich die Botschaft, die die Fotos (M3) dem Betrachter vermitteln, auch in diesen Quellen widerspiegeln.

Beurteilen Sie die Bedeutung von Brandts Handlungen und seiner Politik für das deutsch-polnische Verhältnis.

3.5 Wahlmodul: Die Gesellschaft der Weimarer Republik

Ordnen Sie die Debatte in den historischen Kontext des ausgehenden Jahres 1918 ein. Sie können dazu als Hilfe die Darstellung auf den Seiten 392f. heranziehen. Seite 408, M1, A1, F

Recherchieren Sie den Text der Verfassung der Weimarer Republik und des Bonner Grundgesetzes. Weisen Sie die Eigenschaften, die Sebastian Haffner der Weimarer Verfassung und dem Bonner Grundgesetz zuschreibt, in den jeweiligen Texten begründet nach. Seite 410, M3, A1, F

Beziehen Sie die Informationen des Darstellungstextes „Kriegsende und Revolution" auf Seite 392 in die Stellungnahme bzw. Beurteilung mit ein. Seite 411, M4, A2 und A3, H

Diskutieren Sie, inwieweit ähnlich ausgerichtete Hetzschriften auch heute noch existent sind und dann ggf. in einem nächsten Schritt, welche Wirkungen diese gegenwärtig erzeugen. Seite 411, M5, A2, F

Informieren Sie sich über den Hintergrund von Kronprinz Wilhelm als Adressaten Stresemanns und erklären Sie vor diesem Hintergrund die Argumentation des Außenministers. Seite 412, M8, A1, H

Legen Sie eine Folie über die Collage von John Heartfield und umranden Sie mit einem Folienstift einzelne Bereiche bzw. Bildebenen. Analysieren Sie diese dann in Bezug auf ihre Wirkung und Bedeutung hin. Beachten Sie dabei auch die Symbolik in den Bildelementen. Die Bearbeitung kann auch arbeitsteilig erfolgen. Die Bereiche sind dann unter den Gruppenmitgliedern zu verteilen. Im Anschluss werden die Teilergebnisse zusammengetragen und die Gesamtdeutung gemeinsam erarbeitet. Seite 414, Abb., A1, H

Diskutieren Sie, wie die in M11 aufgeführten Faktoren zu gewichten sind – auch in Hinblick auf ihr jeweiliges Zusammenwirken. Als Hilfe können die Seiten 392 bis 407 genutzt werden. Seite 415, M11, A2, F

Legen Sie eine Folie über das Gemälde von George Grosz und umranden Sie mit einem Folienstift einzelne Bereiche bzw. Bildebenen. Gehen Sie anschließend vor, wie weiter oben beschrieben. Siehe die Hilfestellung zur Seite 414, Abb., A1. Seite 415, Abb., A1, H

3.6 Wahlmodul: Deutsches und europäisches Selbstverständnis nach 1945

Legen Sie eine Folie über die Karikatur und umranden Sie mit einem Folienstift einzelne Personen und Symbole. Identifizieren Sie diese in ihrer Funktion und analysieren Sie sie dann in Bezug auf ihre Wirkung und Bedeutung hin. Die Bearbeitung kann auch arbeitsteilig erfolgen. Tragen Sie die Ergebnisse anschließend zusammen, indem Sie die Beziehungen der Elemente/Personen untereinander diskutieren. Seite 424, Abb., A, H

Setzen Sie die Haltung Hesses in Beziehung zu der Aussage der Karikatur auf Seite 424. Nutzen Sie auf der derselben Seite auch die Informationen des Textabschnittes „Schuld und Sprachlosigkeit". Seite 438, M1, A2 und A3, F

Legen Sie eine Folie über das Titelblatt des „Ulenspiegel" und umranden Sie mit einem Folienstift einzelne Bereiche. Gehen Sie anschließend vor, wie weiter oben beschrieben. Siehe die Hilfestellung zur Seite 414, Abb., A1. Seite 439 Abb., A, H

Erstellen Sie zu den Daten einen Verlaufsgraphen. Beachten Sie dabei, dass die Zeitachse gleichmäßig skaliert wird (z.B. 1 cm für 1 Jahr). Beschreiben Sie anschließend den Verlauf des Graphen. Erklären Sie ihn auch anhand der Informationen auf den Seiten 424 bis 437. Seite 440, M3, A, H

Setzen Sie die Aussagen des Textes in Beziehung zur Revolutionstheorie von Marx und Engels (M1, Seite 18). Untersuchen Sie, inwieweit Elemente der marxschen Lehre in M4 nachzuweisen sind. Seite 440, M4, A2, F

Setzen Sie sich damit auseinander, inwieweit die im Text jeweils angesprochenen Defizite in der jeweiligen Vergangenheitspolitik heute behoben sind. Seite 442, M6, A2, F

Informieren Sie sich über die von Münkler angesprochenen Inhalte. Überprüfen Sie dann, inwieweit hier jeweils eine Mythisierung vorgenommen wurde, indem Sie untersuchen, ob die Kriterien der Sinnstiftung, Überhöhung und Komplexitätsreduktion jeweils erfüllt sind. Seite 443, M8, A2, H

Legen Sie eine Folie über die Karikatur und umranden Sie mit einem Folienstift einzelne Personen und Symbole. Gehen Sie anschließend vor, wie weiter oben beschrieben. Siehe die Hilfestellung zur Seite 424, Abb., A. Seite 448, Abb., A, H

Suchen Sie nach Fotos und Abbildungen des Reichstagsgebäudes aus vergangenen Zeiten und untersuchen Sie jeweils, inwieweit sich die Architektur im Vergleich zur gegenwärtigen jeweils verändert hat bzw. gleich geblieben ist. Analysieren Sie die Gründe dafür. Seite 449, Abb., A, H

Erstellen Sie eine Mindmap mit dem Titel „Charakteristika der Berliner Republik". Seite 450, M13, A1, H

Anregungen können hier die Module „Amerikanische Revolution", „Französische Revolution", „China und die imperialistischen Mächte" und „Das deutsch-polnische Verhältnis" liefern. Seite 451, M15, A2, H

4. Geschichts- und Erinnerungskultur

4.1 Kernmodul: Geschichtsbewusstsein und Geschichtskultur

Seite 462, M2, A3, H

Skizzieren in einem Verlaufsdiagramm den Weg, den die „faktische Vergangenheit“ durch die Beschäftigung mit Geschichte bis zur „Konsensobjektivität“ nach nehmen kann. Verwenden Sie daneben auch Begriffe wie „Rekonstruktion“, „Urteil“ und „Perspektive“.

Seite 462, M3, A1, H

Erstellen Sie ein Schaubild, in dem das Verhältnis zwischen der individuellen und kollektiven Seite des Geschichtsbewusstseins deutlich wird. Bringen Sie dabei auch Beispiele, wie Sie in Zeile 14 bis 27 genannt werden, ein.

4.2 Kernmodul: Historische Erinnerung

Seite 467, M1, A2, H

Erstellen Sie eine Mindmap, in der die Wirkungen, Funktionen aber auch Problemstellungen, die nach Jeismann von der Beschäftigung mit Geschichte ausgehen, abgebildet sind.

Seite 469, M4, A1, F

Übertragen Sie die von Pandel aufgestellten Kriterien der Authentizität auf einen Geschichtsspielfilm Ihrer Wahl. Überprüfen Sie dann anhand dieser Kriterien den Authentizitätsgrad nach Pandel.

Seite 469, M4, A3, H

Charakterisieren Sie eine Person einer Epoche wie zum Beispiel einen polnischen Arbeiter im Deutschen Kaiserreich um 1900 in seiner Mentalität, seinen Aufgaben, Zielen etc. Diskutieren Sie anschließend, welche Eigenschaften in einer entsprechenden Geschichtserzählung zum Ausdruck kommen müssten, damit diese „typenauthentisch“ ist.

4.3 Pflichtmodul: Nationale Gedenk- und Feiertage in verschiedenen Ländern

Seite 474, M1, A2, H

Nutzen Sie die in Aufgabe 1 zusammengefassten Vorschläge Justis als Kriterien eines staatlichen Feiertages und überprüfen Sie, inwieweit diese auf gegenwärtige Feiertage übertragbar sind.

Seite 475, M2, A1, H

Erstellen Sie ein Flussdiagramm, in dem verdeutlicht wird, wie der 14. Juli von einem geschichtlichen zu einem „historischen“ und im Ergebnis zu einem „erinnerungswürdigen“ Ereignis wurde (vgl. Zeile 1–11 in M2 auf Seite 474).

Seite 475, M3, A3, H

Erstellen Sie ein Flussdiagramm, in dem verdeutlicht wird, wie der 11. November 1918 von einem geschichtlichen zu einem „historischen“ und im Ergebnis zu einem „erinnerungswürdigen“ Ereignis (vgl. Zeile 1–11 in M2 auf Seite 474) in Frankreich wurde. Führen Sie dies ebenso für die Bedeutung des 11. November 1918 in Deutschland durch und setzen Sie in einer letzten Stufe das gemeinsame Gedenken an diesen Tag durch Deutschland und Frankreich hinzu.

Seite 478, M1, A2, F

Analysieren Sie die Rede in Hinblick auf die Kennzeichen einer Mythisierung (Sinnstiftung, Überhöhung, Komplexitätsreduktion und Stilisierung). Setzen Sie Ihre Ergebnisse anschließend in Beziehung zu den Theorien über Formen und Funktion historischer Erinnerung nach Assmann (siehe M4, Seite 463).

Seite 479, M2, A2, H

Analysieren Sie, welche Form und Funktion die Erinnerung an den „12. Oktober“ hier einnimmt. Nutzen Sie dazu die entsprechende Theorie nach Assmann (siehe M4, Seite 463).

Seite 479, M3, A3, H

Entwickeln Sie unter Einbeziehung der Materialien M1 (Seite 478) und M2 (Seite 478 f.) Ideen für einen konstruktiven Umgang mit der Erinnerung an den 12. Oktober 1492 und lassen Sie diese in den Kommentar einfließen.

Seite 481, M1, A1, F

Überprüfen Sie anhand Ihres Sachwissens über die Amerikanische Revolution, inwieweit die in M1 getroffenen Bewertungen historisch triftig sind. Erläuterungen zum Begriff „triftig“ befinden sich auf der Seite 459.

Seite 482, M2, A2, H

Erläutern Sie anhand Ihres Sachwissens und unter Zuhilfenahme geeigneter Quellenbezüge, die „großen Prinzipien politischer Freiheit“ (vgl. M2, Zeile 4–7) auf die sich Douglas bezieht.

Seite 482, M2, A2, F

Erörtern Sie, inwieweit die „Bill of Rights“ (siehe M4 und M5, Seite 78 f.) und die Unabhängigkeitserklärung (siehe M1, Seite 65) Frederick Douglas eine Argumentationsgrundlage für seine Haltung und seine Forderungen liefern.

Seite 483, M3, A2, H

Recherchieren Sie – zum Beispiel im Internet – über die möglichen Intentionen, die hinter Donald Trumps Auftritt am Unabhängigkeitstag standen.

Seite 483, M3, A3, H

Diskutieren Sie auf Basis Ihrer bisherigen Ergebnisse des Kapitels, in welcher Art und Weise die Politik generell an Gedenk- und Feiertagen agieren sollte.

Vergleichen Sie das Gemälde mit der Radierung „Ouverture des Etats Généraux à Versailles le 5 Mai 1789" (dt.: „Eröffnung der Generalstände in Versailles am 5. Mai 1789") aus den 1790er-Jahren von Isidore Stanislas Helman nach einer Zeichnung von Charles Monnet. Recherchieren Sie dazu im Internet.	Seite 487, Abb., A1, F
Nutzen Sie dazu die Informationen des Verfassertextes auf Seite 374 bis 378 (Kapitel „Deutsche und polnische Geschichte nach 1945").	Seite 489, M3, A2, H
Charakterisieren Sie die Wandlungen, die der 3. Mai in Polen als Feiertag seit 1791 in Form und sinnstiftender Bedeutung erfahren hat. Nutzen Sie dazu die Materialien M1 bis M3 sowie den Verfassertext auf Seite 484 bis 486.	Seite 489, M3, A3, F
Arbeiten Sie dazu die den jeweiligen Feiertagen innewohnenden sinnstiftenden Deutungen heraus und stellen Sie diese einander gegenüber.	Seite 489, M4, A1, H
Arbeiten Sie dazu die den jeweiligen Feier- und Gedenktagen innewohnenden sinnstiftenden Deutungen heraus und erörtern Sie, inwieweit diese Deutungen mit den gegenwärtigen gesellschaftlichen Verhältnissen und Normen verträglich bzw. auf diese übertragbar sind. Entwickeln Sie ggf. Ideen wie mit einem Feier- oder Gedenktag aus der kommunistischen Ära umgegangen werden müsste, um ihn auch gegenwärtig legitim beibehalten zu können.	Seite 489, M4, A3, F
Erklären Sie anhand der Theorie von Assmann (siehe M4 auf Seite 463), in welcher Weise durch den „Marsch der Lebenden" mit der historischen Erinnerung umgegangen wird.	Seite 493, Abb., F
Arbeiten Sie aus dem Text die inhaltlichen Unterschiede zwischen den Begriffen „Schuld" und „Verantwortung" heraus.	Seite 494, M2, A3, H
Erörtern Sie, inwieweit sich die anderen von Bodemann in M5 in Zeile 15 bis 25 genannten Daten für einen „Tag des Gedenkens an die Opfer des Nationalsozialismus" im Sinne der Position von Roman Herzogs (siehe M2 auf Seite 493 f.) eignen würden.	Seite 496, M5, A4, H
Arbeiten Sie aus dem Redeauszug die inhaltlichen Unterschiede zwischen den Begriffen „Schuld" und „Verantwortung" heraus. Vergleichen Sie diese anschließend mit der Definition, die Roman Herzog in seiner Rede (siehe M2, Seite 493 f.) gibt.	Seite 497, M6, A3, F
Entwickeln Sie eine begründete Position für ein geeignetes Datum zur deutschen Einheit. Klären Sie dazu durch eine entsprechende Recherche (für den 9. November 1989 siehe auch Seite 504 f.) die Bedeutungen der im Text angesprochen Daten sowie die des 9. Oktober 1989.	Seite 500, M1, A3, F
Erläutern Sie, wie Sie persönlich den Tag gestalten und entwickeln Sie Ideen wie der Tag für Sie als Gedenk- und Feiertag attraktiv sein kann.	Seite 501, M2, A2, H
Informieren Sie sich über die Hintergründe und Folgen der verschiedenen Ereignisse, die sich in der deutschen Geschichte am 9. November ereigneten.	Seite 505, M1-M3, A3, H

Lexikon zur Geschichte: Begriffe

Ablass (althochdt. *Ablaz*: Nachlass): kirchliche Vorstellung von der Verringerung zeitlicher Sündenstrafen im Jenseits. Ein Ablass wurde als Gegenleistung für gute Werke gewährt, wenn der Betreffende zugleich Buße tat. Im Spätmittelalter bot die Kirche Ablässe gegen Gebühren an.

Absolutismus: die (in der Theorie) ungeteilte Herrschaft des Monarchen. Sie wird hergeleitet aus dem Gottesgnadentum des Herrschers, der über dem Gesetz steht.

Alamannen: Römische Bezeichnung für ab Mitte des 3. Jahrhunderts sich rechts des Oberrheins ansiedelnde Germanen aus dem Elbegebiet. Zu Beginn des 6. Jahrhunderts gerieten die Alamannen unter die Herrschaft der ▸*Franken* und wurden Teil des Frankenreiches. In einigen europäischen Sprachen geht bis heute die Bezeichnung für Deutschland auf die Alamannen zurück, so z.B. „l'Allemagne" im Französischen.

Ancien Régime (wörtlich: alte, ehemalige Regierung): Der Begriff steht für die vorrevolutionären Zustände.

Arianismus: Vom Katholizismus unterschied sich der Arianismus vor allem dadurch, dass er einen Rang- und Wesensunterschied zwischen Gott und dessen Sohn Jesus Christus annahm. Während sich im Römischen Reich die katholische Form des Christentums durchsetzte und zur Staatsreligion wurde, blieben die ▸*Goten* arianische Christen, was die Integration erschwerte und besonders ab dem 4. Jahrhundert zu Spannungen führte.

Arrondissements: den Departements untergeordnete Verwaltungseinheiten

Aufklärung: Die bis heute gültige Definition von „Aufklärung" lieferte der Königsberger Philosoph Immanuel Kant (1724–1804): „Aufklärung ist der Ausgang des Menschen aus seiner selbst verschuldeten Unmündigkeit." Die Vernunft sollte zum Maßstab allen Denkens werden. Auswirkungen hatte dies für den Kampf gegen (religiöse) Vorurteile, für Bildung und Rechte der Bürger sowie in einer Hinwendung zu den Naturwissenschaften.

Aufstand vom 17. Juni 1953: Nachdem die ▸*SED*-Führung die Arbeitsnormen heraufgesetzt hatte, kam es in Ost-Berlin und 700 weiteren Städten der DDR zu Aufständen. Diese wurden mithilfe sowjetischer Truppen blutig niedergeschlagen.

Auschwitz: Das Lager Auschwitz wurde nahe der polnischen Stadt Oświęcim 1939 für die politischen Häftlinge aus Polen eingerichtet. Ab September 1941 begann der Ausbau zum größten Vernichtungslager im deutschen Machtbereich. Dort wurden ab Mai 1942 vornehmlich jüdische Häftlinge systematisch ermordet (▸*Holocaust*). Außerdem entstanden mehrere große Industriebetriebe (z.B. IG Farben in Monowitz), für die die Häftlinge Zwangsarbeit leisten mussten. Bis zur Befreiung von Auschwitz am 27. Januar 1945 starben dort etwa eine Million Menschen.

Barbaren: Die Römer bezeichneten alle Zivilisationen, die sie als unterlegen ansahen, als Barbaren, d.h. wörtlich als unzivilisierte Menschen, die eine unverständliche Sprache sprechen. Dazu gehörten u.a. Kelten, Skythen und Germanen. Der von ihnen bewohnte Raum ist das „Barbaricum". Der Begriff „Germanen" ist eine Sammel- und Fremdbezeichnung der Römer für einen Teil dieser Barbaren, nämlich die nördlich der römischen Grenzen bis zur Nord- und Ostsee lebenden, in eine Vielzahl von Stämmen aufgeteilten Gruppen.

Boxerbewegung: Die Bewegung wurde nach den Kampfübungen ihrer Anhänger oder ihrem Namen „In Rechtschaffenheit vereinigte Faustkämpfer" benannt.

Burgunder: Nachdem die Burgunder im Jahre 406/07 die römische Rheingrenze überschritten hatten, wurden sie 413 von Kaiser Honorius in der Gegend um Worms im heutigen Rheinland-Pfalz als Föderaten (▸*Foedus*) angesiedelt. Als sie ihr Siedlungsgebiet eigenmächtig zu erweitern versuchten, wurde ihr Reich vom römischen Heermeister Aetius 436 vernichtet. Den Überlebenden wurden am Genfer See neue Wohnsitze und Militärdienste zugewiesen, woraufhin die Burgunder dort ein neues Königreich gründeten. 534 wurde dieses schließlich von den ▸*Franken* erobert und ins Frankenreich integriert. Der Name „Burgund" für ihr ehemaliges Siedlungsgebiet blieb jedoch bestehen und bezeichnet noch heute eine Region in Frankreich.

Club des Cordeliers: so benannt nach seinem ersten Tagungsort, einer Kirche der Franziskaner, die im Volksmund „cordeliers" genannt wurden

Club des Feuillants: benannt nach dem ehemaligen Feuillantinerkloster in Paris

Common Sense: Der Titel „Common Sense" ist mit einem deutschen Begriff nicht zu übersetzen. Er bedeutet zugleich gesunder Menschenverstand, Gemeinsinn, Nüchternheit und praktische Vernunft.

Dekret (von lat. *decernere*: beschließen, entscheiden): rechtlich bindende Verfügung

Deutscher Bund: Er bestand von 1815 bis 1866 und war ein lockerer Staatenbund, dem die meisten deutschsprachigen Territorien angehörten. Seine Grenzen waren allerdings nicht identisch mit den Staatsgrenzen, beispielsweise gehörten die östlichen Teile Preußens und viele der nicht-deutschsprachigen Teile Österreichs nicht zum Bund. Einige Gebiete, die – wie Schleswig und Holstein – von ausländischen Herrschern regiert wurden, gehörten hingegen dazu. Ziel des Bundes war es, die innere und äußere Sicherheit der Mitgliedstaaten zu gewährleisten.

Deutscher Zollverein: Binnenmarkt, dem die meisten deutschen Staaten ohne Österreich angehörten

East India Company: Die englische Ostindienkompanie wurde 1600 als Aktiengesellschaft gegründet. Sie bildete das Rückgrat des britischen Imperiums in Asien. Die Kompanie verfügte über eine eigene Verwaltung, hatte das Recht, selbstständig Verträge zu schließen und stellte Söldnerarmeen und Flotten auf.

Edikt von Nantes: von König Heinrich IV. gewährte Bestimmung, die den Protestanten in Frankreich freie Religionsausübung und rechtliche Gleichstellung versprach, zugleich aber den katholischen Glauben als Staatsreligion festschrieb. Nach der Aufhebung des Edikts 1685 setzten neuen Verfolgungen der Protestanten ein, die massenhaft in andere Länder Europas, nach Amerika oder Südafrika flohen.

Einigungsvertrag („Vertrag über die Herstellung der Einheit Deutschlands"): zentrales Abkommen zur politischen und rechtlichen Vereinigung von DDR und alter Bundesrepublik, trat im Oktober 1990 in Kraft

Entente: Kriegsbündnis, dem Frankreich, Großbritannien, Russland, Italien und zahlreiche weitere Staaten angehörten

Expressionismus (von lat. *expressio*: Ausdruck): vom Ende des 19. Jahrhunderts bis ca. 1925 bestehende Kunstrichtung in Europa, die Erlebtes expressiv ausdrückt.

Feudal: abgeleitet von lat. *foedum*: Lehensgut

Foedus (Pl.: foedera): So wurde von den Römern ein Bündnis oder ein Vertrag mit auswärtigen Gruppen bezeichnet. Die Vertragspartner wurden Föderaten genannt. Häufig wurden solche Föderaten in die römische Armee aufgenommen.

Franken: Die neu entstehenden germanischen Verbände am Niederrhein wurden von den Römern als „Franken" bezeichnet, am Oberrhein als ►*„Alamannen"*. Die Germanen nördlich der Donau fassten die Römer als ►*„Goten"* zusammen.

Freimaurer: internationale Bewegung, die bereits Anfang des 18. Jahrhunderts gegründet worden war. Ihre Ideale bestehen aus Freiheit, Gleichheit, Brüderlichkeit, ►*Toleranz* und Humanität. Sie praktizierten aber auch geheime Rituale, wurden deshalb häufig angefeindet und ihr Internationalismus stieß auf die Gegnerschaft von überzeugten Nationalisten.

Geheime Staatspolizei (Gestapo): Die 1933 gegründete Organisation verfolgte politische Gegner des NS-Staates.

Generalgouvernement: Bezeichnung für die besetzten polnischen Gebiete, die nicht unmittelbar dem Reich angegliedert worden waren

Generalstände: Ständevertretung ganz Frankreichs mit je 300 Abgeordneten des ►*Klerus*, des Adels und des Dritten Standes (= Bürger, Bauern)

Ghetto: primär in Polen und den besetzten Gebieten der Sowjetunion eingerichtete abgesperrte Wohnbezirke, in denen die jüdische Bevölkerung unter unmenschlichen Bedingungen zusammengepfercht und häufig sich selbst überlassen wurde. Die Konzentrierung der Juden wurde gleichzeitig für die Ausbeutung ihrer Arbeitskraft genutzt. Katastrophale hygienische Verhältnisse, Unterversorgung und Epidemien führten zum Tod vieler zehntausend Menschen. Nach Auflösung der Ghettos wurde die jüdische Bevölkerung fast ausnahmslos in Vernichtungslager (►*Auschwitz*) deportiert (►*Holocaust*).

Goten: Die neu entstehenden germanischen Verbände am Niederrhein wurden von den Römern als ►*„Franken"* bezeichnet, am Oberrhein als ►*„Alamannen"*. Die Germanen nördlich der Donau fassten die Römer als „Goten" zusammen.

Gotizismus: Die im 17. und 18. Jahrhundert in Schweden populäre Ideologie betonte die Leistungen und die Erfolge der west- und ostgotischen Wanderungen und Reichsgründungen der Völkerwanderungszeit. Innenpolitisch nutzte insbesondere der schwedische König Gustav II. Adolf (1594 – 1632) den Stolz seiner Untertanen auf die angebliche Abkunft von den ►*Goten* zur Stabilisierung seiner Herrschaft. Außenpolitisch leitete er aus der Gleichsetzung der Schweden mit den Goten Ansprüche auf Einfluss und Prestige der schwedischen Großmacht in Europa während des Dreißigjährigen Krieges ab.

Grabmal des unbekannten Soldaten: besonderes Soldatendenkmal, durch das an die nicht namentlich identifizierbaren Gefallenen und an die jeweiligen Kriege erinnert werden soll

Guerillakrieg: Als Guerilla (dt.: der „kleine Krieg") oder Partisanenkrieg wird eine Kriegsführung bezeichnet, bei der die schwächere Seite Schlachten vermeidet. Stattdessen werden Hinterhalte gelegt und Überfälle durchgeführt. Oft beteiligen sich auch Zivilisten, d. h. sie kämpfen einige Wochen und kehren dann in ihren Heimatort zurück. Für die Gegenseite ist nur schwer zu erkennen, wer Kriegsteilnehmer und wer Zivilist ist, deshalb tendieren solche Konflikte zu extremer Grausamkeit.

Guillotine: Hinrichtungsgerät, benannt nach dem Arzt Joseph Ignace Guillotin (1738–1834), der sich als Abgeordneter in der Konstituante für einen humaneren und für alle Stände gleichen Vollzug der Todesstrafe eingesetzt hatte

Hochstift: weltlicher Herrschaftsbereich eines geistlichen Reichsfürsten (Fürsterzbischof, -bischof, Reichsabt, -äbtissin usw.)

Hohenzollern: das – eigentlich protestantische – Fürstengeschlecht, aus dem die preußischen Könige stammten

Holocaust (Shoah) (griech. *holócaustos*: „völlig verbrannt" bzw. „Brandopfer"): wurde zunächst als Lehnwort ins Englische übernommen, gilt heute weltweit als Synonym für die systematische Ermordung von mindestens sechs Millionen europäischer Juden und anderer Opfergruppen. In der jüdischen Tradition wird für diesen Genozid (▸ *Völkermord*) der Begriff „Shoah" (hebr. „Großes Unheil, Katastrophe") verwendet, der sich jedoch ausschließlich auf die Judenvernichtung bezieht. In der NS-Terminologie wurde häufig auch der Begriff „Endlösung" verwendet.

Hugenotten: seit Mitte des 16. Jahrhunderts Bezeichnung für die Protestanten in Frankreich, die stark vom Reformiertentum geprägt waren

Humanismus (von lat. *humanitas*: Menschenwürde): spätere Bezeichnung für eine geistige Bewegung im Europa des 14. bis 16. Jahrhunderts. Sie nahm das Wissen und die Ideen der griechisch-römischen Antike zum Vorbild, um die eigene Gesellschaft sittlich zu verbessern.

Hunnen: Mit dem Begriff „Hunnen" wurden verschiedene nomadisch lebende Reitergruppen aus den eurasischen Steppengebieten zusammengefasst. Ihre sehr mobile Lebens- und Wirtschaftsform basierte ausschließlich auf der Viehzucht ohne Ackerbau und erbrachte nur geringe Überschüsse. Um sich zuverlässig zu versorgen und Wohlstand zu erwerben, waren die Hunnen deshalb auf den Kontakt zu ackerbautreibenden Nachbarn angewiesen.

Hyperinflation: eine völlig außer Kontrolle geratene Geldentwertung durch Ansteigen aller Preise

Imperialismus: Als „Zeitalter des Imperialismus" wird die Zeit zwischen dem späten 19. Jahrhundert und dem Ausbruch des Ersten Weltkrieges bezeichnet. In dieser Periode teilten die europäischen Mächte Afrika und Teile Asiens unter sich auf.

„Indianer": Die Namensgebung geht auf den Irrtum von Christoph Kolumbus zurück, der glaubte, 1492 in Indien gelandet zu sein. Der Begriff gilt heute als herabsetzend und wird in den USA meist durch die Bezeichnung „Native Americans" oder „indigene Bevölkerung" ersetzt. Erst 1924 erhielten sie die volle amerikanische Staatsbürgerschaft.

Indemnität: nachträgliche Billigung einer Regierungsmaßnahme

Jagiellonische Staatsidee: benannt nach dem mittelalterlichen bzw. frühneuzeitlichen Königsgeschlecht der Jagiellonen

Jakobinerklub: benannt nach dem Dominikanerkloster Saint-Jacques, in dessen Räumen sich die Mitglieder versammelten

Jesuiten (eigentlich: Gesellschaft Jesu): geistlicher Orden, von dem Spanier Ignatius von Loyola (1491–1556) 1534 gegründet und 1540 von Rom anerkannt. Die Jesuiten widmen sich dem Unterricht in Schule und Universität sowie der Missionierung. Sie tragen keine eigene Ordenskleidung und betonen den Gehorsam gegenüber dem ▸ *Papst*.

Kalenderreform: von ▸ *Papst* Gregor XIII. verfügte Korrektur des Kalendersystems. Der neue Gregorianische Kalender wich damals um zehn Tage vom bisherigen Julianischen Kalender ab, die Differenz nahm später noch zu. Protestantische Länder führten den neuen Kalender teils erst im 18. Jahrhundert ein. Auch das Reich war in dieser Frage lange gespalten.

Kalter Krieg: Bezeichnung für den politischen, wirtschaftlichen und militärischen Konkurrenzkampf zwischen den Supermächten USA und UdSSR und ihren Bündnissen (▸ *NATO* und ▸ *Warschauer Vertrag von 1955*). Frühe Höhepunkte waren die Blockade West-Berlins von 1948 und der Korea-Krieg (1950–1953). Die amerikanische „Politik der Stärke und des Dialogs" und die Reformen Gorbatschows in der Sowjetunion (Glasnost und Perestroika) beendeten 1989/90 den Kalten Krieg.

Kapuziner (von ital. *cappuccio*: Haube, Kapuze): Zweig des Franziskanerordens, 1528 vom ▸*Papst* bestätigt. Die Mönche leben in größter Armut und verdingen sich als Seelsorger sowie als Helfer für Kranke, Arme und Obdachlose.

Klerus (von lat. *clericus*: Geistlicher): Sammelbegriff für alle Geistlichen

Konkordat: völkerrechtlicher Vertrag zwischen Staat und katholischer Kirche zur Regelung kirchlich-staatlicher Angelegenheiten

Konkordienbuch: Sammlung der für die evangelisch-lutherische Kirche maßgeblichen Bekenntnisschriften (u. a. ▸*Luthers* Katechismen, Confessio Augustana von 1530, ▸*Konkordienformel*), 1580 veröffentlicht

Konkordienformel (von lat. *concordia*: Eintracht): gemeinsame Bekenntnisformel evangelisch-lutherischer ▸*Reichsstände*, 1577 unterzeichnet. Die Konkordienformel versuchte, einen Schlussstrich unter die Lehrstreitigkeiten innerhalb des Luthertums (▸*Luther*) zu ziehen.

Konkubinat (von lat. *concubinus*: Geliebter): (heute veraltet für) eheähnliches Verhältnis. Im Mittelalter wurde es als Lebensgemeinschaft für Personen geduldet, die keine Ehe eingehen konnten.

KSZE: Konferenz für Sicherheit und Zusammenarbeit in Europa, die seit Anfang der 1970er-Jahre in loser Folge zusammentrat. Im Oktober 1990 tagten die Außenminister der damals 35 Teilnehmerstaaten in New York, um u. a. den ▸*Zwei-plus-Vier-Vertrag* zur Kenntnis zu nehmen.

Kurie (von lat. *curia*: Rat, Hof): Gesamtheit der dem ▸*Papst* unterstehenden Zentralbehörden zur Leitung der katholischen Kirche

Laien (von lat. *laicus*: weltlich): Bezeichnung für Christen ohne geistliches Amt

Landeshoheit: einheitliche Herrschaftsgewalt eines Fürsten oder einer reichsstädtischen Obrigkeit über die Einwohner. Sie blieb bis zum Ende des Reiches beschränkt durch Reichsgesetze, Gewohnheitsrechte und das Appellationsrecht der Untertanen an die Reichsgerichte.

Landwehr: Bestandteil des preußischen Heeres. Sie umfasste alle Männer bis zum 40. Lebensjahr, die nicht dem stehenden Heer angehörten.

Langobarden: Die Langobarden siedelten ursprünglich an der unteren Elbe. Im Zuge der germanischen Migrationsbewegungen fanden sie zunächst neue Siedlungsgebiete an der Donau im heutigen Serbien und Ungarn. Unter Kaiser Justinian kämpften sie als oströmische Föderaten in Italien gegen die Ostgoten. Nach dem Sieg über diese machten sie sich selbstständig und gründeten ihr Reich in Italien.

Lebensraumideologie: fester Bestandteil der NS-Außenpolitik zur Vergrößerung des deutschen „Lebensraumes im Osten" (Polen und Russland). Das Recht dazu wurde aus der Rassenideologie abgeleitet. Der aus der Biologie stammende Begriff „Rasse" wurde im 19. Jh. auf Menschen angewandt und zur weltanschaulichen Frage. Rassistisches Denken geht davon aus, dass die eigene Rasse einer fremden überlegen ist („Sozialdarwinismus").

Leibeigenschaft: Rechtszustand einer dauernden persönlichen und wirtschaftlichen Abhängigkeit von einem Herrn

Limes: Der obergermanisch-rätische Limes war die Landgrenze des Römischen Reiches zwischen den Flüssen Rhein und Donau. Er war mit Gräben, Wällen, Mauern und Wachtürmen gesichert.

Menschenrechte: Wo immer Menschen heute Freiheit und Gerechtigkeit fordern, berufen sie sich direkt oder indirekt auf die „Erklärung der Menschen- und Bürgerrechte" von 1789. Das Vorbild lieferte die Virginia Bill of Rights von 1776, mit der sich die von der britischen Krone abtrünnige Kolonie ▸*Virginia* eine eigene Verfassung gab. Im 19. Jahrhundert wurden die Menschenrechte zunächst Gegenstand nationaler Verfassungen und im 20. Jahrhundert schließlich sogar Bestandteil internationaler Abkommen. Die Vereinten Nationen oder der Europarat haben Menschenrechtsvereinbarungen getroffen, die von ihren Mitgliedstaaten anerkannt werden mussten – als Bedingung für die Aufnahme in diese internationalen Organisationen. Die Verwirklichung und Sicherung der Menschenrechte bleibt auch in Zukunft eine ständige nationale und internationale politische Aufgabe. Sie steht und fällt mit dem Engagement der Bürger.

Miliz (von lat. *militia*: Militärdienst): Bürger- oder Volksarmee, deren Angehörige nur kurzfristig ausgebildet und nur im Kriegsfall einberufen werden

Mittelmächte: Kriegsbündnis aus dem Deutschen Reich, Österreich-Ungarn, dem Osmanischen Reich und Bulgarien

Nationalgarde: Am 11./12. Juli 1789 in Paris entstandene Bürgerwehr, die einerseits die Bürger vor der königlichen Armee schützen und andererseits das Eigentum der Bürger sichern sollte. Ihre Mitglieder kamen aus dem Bürgertum. Die Nationalgarde bestand mit Unterbrechungen bis 1871.

Neuenglandkolonien: Kolonien im Nordosten der USA, in denen die Besiedelung durch Briten begann. Es handelt sich um Connecticut, New Hampshire, Maine, Massachusetts, Rhode Island und Vermont. Südlich schlossen sich die sogenannten Mittelatlantikkolonien an, dann folgten die Kolonien im Süden.

Nibelungenlied: Das Nibelungenlied ist das berühmteste Heldenepos der mittelhochdeutschen Literatur. Es wurde um 1200 von einem unbekannten Dichter in Passau niedergeschrieben. Die strophische Dichtung in 39 sogenannten Aventiuren (= Abenteuern) erzählt von der Liebe des Drachentöters Siegfried zur burgundischen Königstochter (▸*Burgunder*) Kriemhild, ihrer Heirat, von Siegfrieds Tod durch Hagen und Kriemhilds Rache mithilfe des ▸*Hunnenkönigs* Etzel (▸*Attila*), die zum Untergang des Burgunder-Reiches führt.

Norddeutscher Bund: Der 1866 gegründete Bund bestand aus Preußen, 17 Kleinstaaten nördlich der Mainlinie und vier Freien Städten. Er ging 1871 im Deutschen Kaiserreich auf.

North Atlantic Treaty Organization (NATO): 1949 gegründetes Militärbündnis. Die Mitglieder sicherten sich gegenseitigen Beistand bei einem Angriff zu. Der NATO gehören 28 Staaten an (seit 2009). Zu den Gründungsmitgliedern zählen die USA und Kanada sowie Belgien, Dänemark, Frankreich (1966 wieder ausgetreten), Großbritannien, Island, Italien, Luxemburg, Niederlande, Norwegen und Portugal.

Ostblock: Sammelbezeichnung für die kommunistisch regierten Länder in Ost- und Mitteleuropa, die bis Ende der 1980er-Jahre dem Machtbereich der UdSSR angehörten (▸*Kalter Krieg*).

Pantheon: Bezeichnung sowohl für die Gesamtheit der Götter als auch für das ihnen geweihte Heiligtum

Papst: Bezeichnung für den Bischof der Stadt Rom. Die römischen Bischöfe beanspruchten in der katholischen Kirche seit dem 4. Jahrhundert eine religiöse Vorrangstellung. Diese führten Sie darauf zurück, dass der Apostel Petrus, der von Jesus Christus zu seinem Stellvertreter ernannt worden sei, als der erste christliche Bischof in Rom amtiert habe. Während der zunehmenden Schwäche und nach dem Ende des Kaisertums im Weströmischen Reich im 5. Jahrhundert konnten die Päpste auch ihren politischen Einfluss ausbauen.

Paramilitärische Verbände: Truppen, die nicht einer regulären Armeeführung unterstehen, sondern sich auf eigene Initiativen hin zusammengefunden haben und/oder privat aufgestellt und finanziert werden

Partisanen: bewaffnete Widerstandskämpfer im Hinterland (▸*Guerillakrieg*)

Präambel: Eine Präambel ist eine Art Vorwort, das einem wichtigen Text wie einer Verfassung oder einer Grundsatzerklärung vorangestellt wird, um die Entstehung, den höheren Sinn oder den Zweck dieses Textes kurz zu erläutern.

Protestation (von lat. *protestari*: bezeugen): Rechtshandlung eines Reichsstandes (▸*Reichsstände*), sich gegen einen Mehrheitsbeschluss zu erklären. Dabei blieb es fraglich, ob der Protestierende von der Entscheidung ausgenommen war oder ihr dennoch folgen musste.

Psalmen (von altgriech. *psalmós*: Lied, Saitenspiel): Sammlung von Gedichten, Liedtexten und Gebeten im Alten Testament

Puritaner: Selbstbezeichnung (lat. *puritas*: Reinheit) der Angehörigen einer strenggläubigen protestantischen Glaubensrichtung in England und Schottland, die vor allem durch den Reformator ▸*Johann Calvin* geprägt wurde. Sie gerieten im 16. Jahrhundert in Konflikt mit der anglikanischen Staatskirche, da sich diese nach ihrer Ansicht nicht weit genug vom Katholizismus gelöst hatte.

Quäker: protestantische Sekte, die sich auf die Gleichheit aller Menschen beruft. Aus ihrem Bibelverständnis heraus lehnen sie Eid, Kriegsdienst und Sklaverei sowie jegliche kirchlichen und staatlichen Autoritäten ab und wurden daher in Europa zeitweise verfolgt.

Räterepublik: Herrschaftsform der direkten Demokratie. Räte sind gewählte Ausschüsse von Bewohnern eines Bezirks, Arbeitern und Soldaten. Sie sind an die Weisungen der Wähler gebunden und vereinen gesetzgebende, ausführende und rechtsprechende Gewalt auf sich.

Realpräsenz: Lehrauffassung von der Gegenwart Christi in der Abendmahlsfeier. Christus ist demnach in Brot und Wein „leibhaftig" anwesend. Gemäß der Lehre von der **Spiritualpräsenz** (von lat. *spiritus*: Seele, Geist) ist Christus nicht körperlich, sondern durch den Heiligen Geist zugegen.

Reichsacht: Ausschluss aus der Gesellschaft wegen schwerer Verbrechen. Der Geächtete war rechtlos und durfte straflos beraubt oder getötet werden. Die Reichsacht wurde vom Kaiser verhängt, jedoch erst nach einem ordentlichen Verfahren.

Reichsexekution: (militärisches) Mittel eines Bundesstaates oder Staatenbundes gegenüber seinen Gliedstaaten

Reichsstände: Inhaber von Sitz und Stimme auf Reichstagen (geistliche und weltliche Kurfürsten und Fürsten sowie Reichsstädte)

Religionskolloquium: Religionsgespräch, Verhandlungen über theologische Lehrauffassungen. Die Kolloquien von 1540/41, 1546 und 1557 brachten keine Einigung.

Reliquie (von lat. *reliquiae*: Zurückgelassenes): (angeblicher) Überrest einer heiligen Person, etwa ein Körperteil, getragene Kleidung, ein Gegenstand aus deren Besitz

Renaissancepapsttum: spätere Bezeichnung für die Regierung der Päpste (▸*Papst*) von Mitte des 15. bis zur Mitte des 16. Jahrhunderts, die wie weltliche Fürsten auftraten und ihren Herrschaftssitz Rom zu einem Zentrum der Renaissance (Wiederbelebung der klassischen Antike) machen wollten.

Rezeption (lat. *receptio*: Aufnahme): Mit Rezeption ist in der Geschichtswissenschaft gemeint, wie vergangene Ereignisse oder Personen zu unterschiedlichen Zeiten von den jeweiligen Zeitgenossen wahrgenommen und verstanden wurden. Die Rezeption kann sich im Laufe der Zeit wandeln, sodass ein und dasselbe geschichtliche Ereignis ganz unterschiedlich beurteilt und in der Wissenschaft, der Literatur, der Kunst und auch in der Politik jeweils zeitgebunden anders behandelt und dargestellt werden kann.

Rheinbund: Zusammenschluss der kleineren deutschen Staaten im Jahre 1806, der aber fast vollständig von den Franzosen abhängig war. Nach der Völkerschlacht bei Leipzig löste sich der Rheinbund 1813 auf.

Sakramente (von lat. *sacrare*: weihen, heiligen): Weihehandlungen, die nur von Priestern durchgeführt werden können. Im Mittelalter wurden sieben Sakramente festgelegt: Taufe, Firmung, Abendmahl (Kommunion), Buße (Beichte), Krankensalbung („letzte Ölung"), Priesterweihe und Ehe.

Säkularisation (von lat. *saecularis*: weltlich, zeitlich): Enteignung von Kirchengut durch dessen Umwandlung in weltlichen Besitz

Sansculotten (franz. *sans culotte*: ohne Kniebundhose): Anhänger der städtischen Volksbewegung, die nicht die Kniehose (*culotte*) der „guten Gesellschaft", sondern lange Hosen der einfachen Bürger trugen. Weitere Kennzeichen der Sansculotten waren die rote Mütze („*Bonnet rouge*"), die Pike (Spieß) und das brüderliche Du.

Schisma (altgriech.: Spaltung, Trennung): Spaltung einer Religionsgemeinschaft, aus der keine abweichende Glaubensrichtung hervorgeht. Als Schisma wird etwa auch die Trennung zwischen römischer und griechisch-orthodoxer Kirche im 11. Jahrhundert bezeichnet.

Schlacht auf den Katalaunischen Feldern: In der Schlacht im heutigen Nordostfrankreich konnte der römische Heermeister Aetius mit Unterstützung germanischer Föderaten (▸*Foedus*), insbesondere der Westgoten (▸*Goten*), den hunnischen (▸*Hunnen*) Angriff stoppen. Die Schlacht endete unentschieden, wobei der westgotische König Theoderich im Kampf fiel.

Schutzpatron: Im Christentum biblische, legendäre oder historische Gestalt, die als Beschützer/in oder Gründer/in eines Gemeinwesens verehrt wird (z. B. in Paris die Heilige Genoveva, in Venedig der Evangelist Markus, der Heilige Patrick in Irland oder der Heilige Stephan in Ungarn).

Schutzstaffel (SS): 1925 gegründete Parteiformation zum persönlichen Schutz ▸*Hitlers*, ab 1934 „selbstständige Organisation" der NSDAP mit polizeilicher Machtbefugnis

SED: Sozialistische Einheitspartei Deutschlands, gegründet 1946. Bis zum November 1989 kontrollierte sie in der DDR alle öffentlichen Einrichtungen und manipulierte Wahlen und Abstimmungen, die übrigen Parteien und Verbände mussten ihre Führungsrolle anerkennen.

Senat (lat. *senatus*: Ältestenrat/Rat erfahrener Politiker): oberster Rat des Römischen Reiches. In ihn wurde nur aufgenommen, wer Magistrat („Regierungsbeamter") gewesen war und über großes Vermögen verfügte. Unter Augustus umfasste der Senat 600 Mitglieder.

Shays' Rebellion: Ab August 1786 behinderten einige hundert Farmer aus Massachusetts mit Gewalt die Durchführung von Gerichtsverfahren. Sie sahen sich von Zwangsversteigerungen und dem Verlust ihrer Existenzgrundlage bedroht. Ihr Anführer war der pensionierte Hauptmann Daniel Shays. Erst im Februar 1787 gelang es einer Miliz von 4000 Mann, die Proteste der Farmer mit Gewalt zu beenden.

Soldatenkaiser: So werden die Kaiser bezeichnet, die zwischen 235 und 284/85 im Römischen Reich herrschten. Mitunter gab es gleichzeitig mehrere konkurrierende Kaiser in verschiedenen Teilen des Reiches. Die Bürgerkriege unter den verschiedenen Herrschern schwächten die Verteidigungskraft zusätzlich und lösten so neue germanische Einfälle aus.

Toleranz (von lat. *tolerare*: dulden, ertragen): fried- und respektvoller Umgang mit Andersdenkenden; Verhalten, das über eine rein rechtliche Duldung Andersdenkender noch hinausgeht

Triftigkeit: Der historische Erkenntnisprozess beruht auf der Rekonstruktion von Ereignissen und Personen (Sachanalyse). Durch einen Quellenvergleich wird versucht herauszufinden, wie vergangene Ereignisse von den Zeitgenossen (vermutlich) wahrgenommen wurden, warum sie wie gehandelt bzw. nicht gehandelt haben. Diese Beurteilung berücksichtigt die zeitgenössischen Wert- und Weltvorstellungen (Sachurteil). Auf dieser Grundlage und einer entsprechenden Deutung und Gewichtung werden kausale Zusammenhänge gebildet. Die Vergangenheit wird dann nach heutigen Maßstäben beurteilt, Gegenwartsbezüge werden hergestellt und Perspektiven für die Zukunft entwickelt (Werturteil). Erfolgt dies nach den Gesetzen der Logik und der wissenschaftlichen Methode, spricht man von Triftigkeit.

Ultramontanismus (von lat. *„ultra montes“*: „jenseits der Berge“): also jenseits der Alpen dem Papsttum (▸*Papst*) und nicht dem preußischen Staat gegenüber loyal

Ultraquisten (von lat. *sub utraque specie*: unter beiderlei Gestalt): christliche Glaubensgemeinschaft in Böhmen, die das Abendmahl unter Einschluss des Laienkelchs (▸*Laien*) praktizierte.

Verfassungsorgane: im Grundgesetz festgelegte Organe der Staatsgewalt, namentlich Bundestag (Parlament), Bundesrat (Vertretung der Länder), Bundesregierung, Bundespräsident, Bundesverfassungsgericht und Bundesversammlung

Verfassungspatriotismus: von dem Politikwissenschaftler Dolf Sternberger und dem Soziologen Jürgen Habermas entwickeltes Konzept. Demnach kann sich ein Staatsvolk über die eigene Demokratie und Rechtsstaatlichkeit definieren (statt über gemeinsame Abstammung oder Sprache).

Virginia: Die Siedler nannten das noch unbebaute Land nach der unverheirateten (engl. *virgin*: Jungfrau) Königin Elisabeth I., die England von 1558 bis 1603 regierte.

Völkermord (Genozid): Auslöschung willkürlich definierter Gruppen von Menschen unter zumeist extrem brutalen Begleitumständen; der englische Begriff für Völkermord, *genocide*, geht auf den poln.-jüd. Juristen Raffael Lemkin zurück, der ihn im Jahr 1944 prägte. Beispiele für Genozide in der Geschichte sind der ▸*Holocaust* sowie der Völkermord an den Armeniern während des Ersten Weltkrieges.

Volkskammer: Bezeichnung für das Parlament der DDR mit Sitz in Ost-Berlin

Warschauer Vertrag von 1955 („Vertrag über Freundschaft, Zusammenarbeit und gegenseitigen Beistand“): Militärbündnis, gegründet am 14. Mai 1955. Ihm gehörten die UdSSR, Albanien (bis 1968), Bulgarien, die Tschechoslowakei, die DDR (bis 1990), Polen, Rumänien und Ungarn an. Der Vertrag wurde am 1. April 1991 aufgelöst.

Wiener Kongress: 1814/15 versammelten sich die europäischen Mächte in Wien, um eine neue Friedensordnung zu beschließen, die mehrere Jahrzehnte funktionieren sollte.

Wilson-Frieden: Der US-amerikanische Präsident Woodrow Wilson hatte am 8. Januar 1918 einen „14-Punkte-Plan“ vorgelegt, in dem er seine Vorstellungen von den Grundlagen einer zukünftigen Friedensordnung in Europa formulierte. Diese sollte auf dem Selbstbestimmungsrecht der Völker und dem Autonomie- und Nationalitätenprinzip basieren.

Zensuswahlrecht: Das Recht des Wählers oder das Gewicht der Stimme ist an den Nachweis eines bestimmten Besitzes, Einkommens oder einer bestimmten Steuerleistung (Zensus) gebunden.

Zwei-plus-Vier-Vertrag („Vertrag über die abschließende Regelung in Bezug auf Deutschland“): Völkerrechtlicher Vertrag vom September 1990, benannt nach den sechs Vertragsparteien. Er legte u.a. Deutschlands endgültige Grenzen fest und übertrug ihm die volle Souveränität.

Lexikon zur Geschichte: Personen

Adams, John (1735–1826): Der Jurist kam aus einer ▸*puritanischen* Familie aus Massachusetts. Er unterstützte die Unabhängigkeitsbewegung und beteiligte sich an der Abfassung der Unabhängigkeitserklärung. Er wurde 1789 Vizepräsident und 1797 zweiter Präsident der Vereinigten Staaten.

Adenauer, Konrad (1876–1967): 1917–1933 katholischer Oberbürgermeister von Köln, 1948 Vorsitzender des Parlamentarischen Rates, 1950–1966 Mitbegründer und Bundesvorsitzender der CDU, 1949–1963 Bundeskanzler, 1951–1955 zugleich Bundesaußenminister.

Alarich I. (um 370–410): Er wurde wahrscheinlich im heutigen Rumänien geboren und war spätestens ab 394 Anführer und König der Westgoten (▸*Goten*) auf dem Balkan. Er starb 410 in Italien.

Athaulf († 415): Er folgte 410 ▸*Alarich I.* als König der Westgoten (▸*Goten*) nach. Unter seiner Führung versuchten sich die Westgoten in Südfrankreich und Spanien anzusiedeln, scheiterten aber am Widerstand des weströmischen Kaisers Honorius. 415 wurde Athaulf in Spanien ermordet.

Attila († 453): König der ▸*Hunnen* (434–453). Sein Tod wird in der ▸*Nibelungensage* literarisch verarbeitet.

Bismarck, Otto von (1815–1898): von 1862 bis 1890 preußischer Ministerpräsident; 1871–1890 Reichskanzler und Außenminister

Bora, Katharina von (1499–1552): stammte aus dem sächsischen Landadel, seit 1515 Nonne, Mitglied der Zisterzienserinnen, verließ 1523 die Klostergemeinschaft und heiratete 1525 ▸*Martin Luther*, mit dem sie sechs Kinder hatte und ein bürgerliches Leben führte.

Brandt, Willy (1913–1992): 1966–1969 Außenminister und Vizekanzler in der großen Koalition zwischen CDU/CSU und SPD, 1969–1974 Bundeskanzler der sozialliberalen Koalition. Erhielt 1971 den Friedensnobelpreis.

Brüning, Heinrich (1885–1970): 1930 bis 1932 Reichskanzler; 1934 Emigration in die USA

Calvin, Johannes (1509–1564): französischer Jurist, Humanist und Reformator, entwickelte eine reformierte Kirchenordnung für Genf, die 1541 in Kraft trat. Von 1536 bis 1559 verfasste er sein großes Lehrwerk „Institutio christianae religionis“ (dt.: „Unterricht in der christlichen Religion“).

Childerich I. († 481/82): König der ▸*Franken* von ca. 463 bis 481/82. Er stammte aus der Familie der Merowinger und legte den Grundstein für den Aufstieg des Frankenreiches unter seinem Sohn und Nachfolger ▸*Chlodwig I.*

Chlodwig I. (um 466–511): König der ▸*Franken* von 481/482 bis 511. Er gilt als Begründer des Frankenreiches mit der Hauptstadt Paris. Sein Übertritt zum katholischen Christentum war eine wichtige Weichenstellung für die Geschichte Europas im Mittelalter.

Danton, Goerges Jacques (1759–1794, hingerichtet): Er war Mitbegründer des ▸*Cordeliers-Clubs*, wurde 1792 Abgeordneter des Nationalkonvents und war zeitweise Mitglied des Wohlfahrtsausschusses.

Ebert, Friedrich (1871–1925): Er arbeitete als Sattler, Redakteur und Gastwirt. Ebert engagierte sich früh in Partei und Gewerkschaft, war ab 1913 SPD-Vorsitzender, übernahm nach Ausrufung der Republik 1918 die Regierungsgeschäfte und wurde 1919 erster Reichspräsident der Weimarer Republik.

Ferdinand I. (1503–1564): Herrscher aus dem Haus Habsburg, Erzherzog von Österreich, seit 1526/27 König von Böhmen, Ungarn und Kroatien. 1531 zum römisch-deutschen König gewählt, blieb er Stellvertreter ▸*Karls V.* und wurde nach dessen Tod 1558 Kaiser.

Friedrich Wilhelm IV. (1795–1861): preußischer König seit 1840, trat 1858 aus gesundheitlichen Gründen von seiner Regentschaft zurück

Havel, Václav (1936–2011): tschechischer Schriftsteller und Bürgerrechtler, von 1993 bis 2003 Präsident der Tschechischen Republik

Himmler, Heinrich (1900–1945): „Reichsführer SS“ (▸*Schutzstaffel*); ab 1936 zudem Chef der Deutschen Polizei; einer der Hauptverantwortlichen für den ▸*Holocaust* und die zahlreichen Verbrechen der Waffen-SS; 1945 Selbstmord

Hindenburg, Paul von (1847–1934): Als Sohn eines adligen Offiziers und Gutsbesitzers durchlief Hindenburg ab 1866 eine militärische Karriere. Er wurde 1914 zum Oberbefehlshaber der Truppen an der Ostfront berufen und stieg im Ersten Weltkrieg zum Generalfeldmarschall auf. Von 1925 bis 1934 war er Reichspräsident, als welcher er am 30. Januar 1933 ▸*Adolf Hitler* zum Reichskanzler ernannte.

Hitler, Adolf (1889–1945): Hitler stammte aus dem österreichischen Braunau (Inn), kam 1913 nach München, wo er sich erfolglos als Künstler durchschlug. 1914 freiwillige Teilnahme am Ersten Weltkrieg in bayerischem Regiment, Verwundung und Auszeichnung, 1919 Propagandist der DAP, seit 1920 NSDAP; 1921 Vorsitzender der Partei, 1923 Hitler-Putsch und Festungshaft, 1925 Neugründung der NSDAP und Aufstieg zur Massenpartei, 1933 Ernennung zum Reichskanzler, ab 1934 „Führer und Reichskanzler".

Hus, Jan (um 1370–1415): tschechischer Theologe, Prediger und Kirchenkritiker, Rektor der Universität Prag, wird bis heute als tschechischer Nationalheld verehrt

Karl V. (1500–1558): Herrscher aus dem Haus Habsburg, seit 1515 Herr über die Niederlande, seit 1516 König von Spanien, Herr über Neapel und Sizilien, seit 1519 römisch-deutscher König, seit 1520 „erwählter römischer Kaiser", 1530 vom ▸*Papst* zum Kaiser gekrönt

Kohl, Helmut (1930–2017): 1969–1976 Ministerpräsident von Rheinland-Pfalz, 1973–1998 Bundesvorsitzender der CDU, 1982–1998 Bundeskanzler

Ludendorff, Erich (1865–1937): seit Herbst 1914 gemeinsam mit ▸*Paul von Hindenburg* Oberbefehlshaber im Osten, seit Herbst 1916 Generalquartiermeister im Großen Generalstab (3. Oberste Heeresleitung), damit faktisch Oberbefehlshaber der gesamten deutschen Armee; 1924–1928 Abgeordneter im Reichstag

Luther, Martin (1483–1546): Theologe und Reformator aus Eisleben in Thüringen. Seit 1505 Mitglied des Ordens der Augustiner-Eremiten, seit 1512 Professor für Bibelauslegung an der Universität Wittenberg. Im Streit um seine Ansichten über Glaube und Kirche wurde er 1521 vom ▸*Papst* zum Ketzer erklärt. Seit 1525 lebte er als Ehemann, Hausvater und Priester in Wittenberg. Auf seine Lehren geht die evangelisch-lutherische Kirche zurück.

Luxemburg, Rosa (1871–1919): einflussreiche Vertreterin der europäischen Arbeiterbewegung und Mitgründerin des „Spartakusbundes" sowie der „Kommunistischen Partei Deutschlands"

Maizière, Lothar de (*1940): deutscher Politiker, von November 1989 bis Oktober 1990 Vorsitzender der CDU der DDR, von April bis Oktober 1990 letzter Ministerpräsident der DDR

Małachowski, Stanisław (1736–1809): polnischer Politiker und Reformer, führte den Vorsitz des Vierjährigen Sejms, einer der „Väter" der Verfassung von 1791

Melanchthon, Philipp (1497–1560): Humanist, Theologe, Dichter und Reformator. Ab 1518 Professor für Altgriechisch in Wittenberg, seither ▸*Luthers* Anhänger und Mitarbeiter, nach Luthers Tod Wortführer der Reformation. Er widmete sich zumal der Reform des Unterrichtswesens.

Metternich, Klemens Wenzel Lothar Fürst von (1773–1859): auf dem ▸*Wiener Kongress* österreichischer Außenminister und in den folgenden Jahren wichtigster europäischer Politiker

Müntzer, Thomas (1486/90–1525): Theologe, Priester und Revolutionär. Er forderte neben einer Enteignung der Kirchen und Klöster auch die Abschaffung der Vorrechte des Adels. Als Teilnehmer am Bauernkrieg in Thüringen wurde er 1525 hingerichtet.

Mussolini, Benito (1883–1945): Begründer des italienischen Faschismus, einer nationalistischen, antidemokratischen Bewegung. Nach einem „Marsch auf Rom" übernahm er die Regierung. Seine Diktatur war lange Zeit Vorbild für die deutschen Nationalsozialisten.

Napoleon Bonaparte (1769–1821): Er kämpfte als Offizier zunächst gegen die Royalisten, später im Auftrag des Direktoriums in Italien. Er kam 1799 durch einen Staatsstreich an die Regierung, krönte sich 1804 selbst zum Kaiser der Franzosen und nannte sich fortan Napoleon I. Er starb in Verbannung auf der Atlantikinsel St. Helena.

Odoaker (um 433–493): Der Germane Odoaker war ab ca. 470 Offizier in der Leibwache der weströmischen Kaiser in Italien. 476 setzte er den dort regierenden Kaiser Romulus Augustulus ab und beendete so das weströmische Kaisertum. Stattdessen ließ er sich zum König von Italien ausrufen und vom oströmischen Kaiser Zenon bestätigen. Als Odoaker 493 den Machtkampf um die Herrschaft in Italien gegen ▸*Theoderich* verlor, wurde er von den Ostgoten (▸*Goten*) getötet.

Paine, Thomas (1737–1809): englischer Steuereinnehmer, Journalist und Politiker; emigrierte 1774 nach Amerika, wurde Mitherausgeber des Pennsylvanian Magazine und Aktivist im Kampf gegen die Sklaverei; 1776 Veröffentlichung seiner Schrift ▸*„Common Sense"*. Paine gilt als einer der geistigen „Gründungsväter" der USA.

Papen, Franz von (1879–1969): 1932 Reichskanzler; im Nürnberger Prozess gegen die Hauptkriegsverbrecher 1946 freigesprochen

Rathenau, Walther (1867–1922): Industrieller und Schriftsteller; 1919 Mitbegründer der DDP; 1922 von Rechtsradikalen ermordet

Robespierre, Maximilien de (1754–1794, hingerichtet): Rechtsanwalt; Mitglied des ▸*Jakobinerklubs* und Abgeordneter des Nationalkonvents und seit Juli 1793 im Wohlfahrtsausschuss tätig

Rousseau, Jean-Jacques (1713–1778): aus Genf stammender Philosoph und Naturforscher. Seine Schriften über Gesellschaft, Politik und Erziehung beeinflussten u.a. die Französische Revolution.

Sieyès, Emmanuel Joseph (1748–1836): Angehöriger des ▸*Klerus* und Politiker. Er war einer der einflussreichsten Wortführer des Dritten Standes, wurde Abgeordneter des Nationalkonvents und unterstützte 1799 als Mitglied der Regierung den Staatsstreich ▸*Napoleons*.

Sigmund, auch Sigismund (1368–1437): Herrscher aus dem Haus Luxemburg, das nach ihm ausstarb. 1378–1388 und 1411–1415 Kurfürst von Brandenburg, seit 1387 König von Ungarn und Kroatien, seit 1411 römisch-deutscher König, seit 1419 auch König von Böhmen, 1433 zum Kaiser gekrönt.

Stanisław II. August Poniatowski (1732–1798): letzter König von Polen und Großfürst von Litauen, 1764 gewählt, dankte 1795 ab

Stresemann, Gustav (1878–1929): Wirtschaftswissenschaftler und Politiker, 1923 Reichskanzler, 1923–1929 Außenminister. Er prägte die Weimarer Republik und erwirkte die Aufnahme Deutschlands in den Völkerbund.

Talleyrand, Charles Maurice (1754–1838): Priester und Politiker. Seit 1789 war er als Bischof von Autun Vertreter des Ersten Standes in den ▸*Generalständen*. Er wurde Mitglied der Nationalversammlung, leistete 1790 den Eid auf die Verfassung, woraufhin er vom ▸*Papst* aus der Gemeinschaft der Gläubigen gebannt wurde. Von 1797 bis 1807 Außenminister ▸*Napoleons* und nach dessen Niederlage ab 1814 erneut Außenminister.

Theoderich der Große (um 453–526): 461 kam Theoderich im Alter von acht Jahren als Geisel an den oströmischen Kaiserhof in Konstantinopel. Stark durch die römische Kultur geprägt, erhielt er das römische Bürgerrecht und führte den römischen Namen Flavius Theodericus. 471 kehrte er aus der Geiselhaft zu den Ostgoten (▸*Goten*) auf den Balkan zurück.

Theodosius I. (347–395): 379 bis 395 römischer Kaiser. Nach seinem Tod wurde die Herrschaft zwischen seinen Söhnen Honorius im Westen und Arcadius im Osten aufgeteilt. Obwohl formal an der Einheit des Reiches festgehalten wurde, führte dies zu einer dauerhaften Teilung.

Wałęsa, Lech (*1943): polnischer Arbeiterführer und Bürgerrechtler, erhielt 1983 den Friedensnobelpreis, 1990 bis 1995 Staatspräsident Polens

Wilhelm I. (1797–1888): preußischer König (1861–1888) und Deutscher Kaiser ab 1871

Wilhelm II. (1859–1941): seit 1888 König von Preußen und Deutscher Kaiser. Nach seiner Abdankung im Jahre 1918 lebte er im Exil im niederländischen Doorn.

Zwingli, Ulrich (1484–1531): Schweizer Theologe, Priester und Reformator, seit 1523 verantwortlich für die Einführung der Reformation in Zürich und anderen Schweizer Orten. Zürich unterlag 1531 im Krieg gegen katholische Kantone. Zwingli fiel in der Schlacht.

Die **fettgedruckten Namen und Seitenzahlen** verweisen auf biografische Informationen in der Randspalte des Darstellungsteils.

Die **fettgedruckten Begriffe und Seitenzahlen** verweisen auf Erläuterungen in der Randspalte des Darstellungsteils.

© 2020 FIREFLY HOLDINGS LIMITED. All rights reserved. – S. 465; AdobeStock, Yaroslav – S. 107; akg-images – S. 133, 136, 138, 188, 222, 253, 262, 264, 304, 338, 340, 399, 400, 490; - / bilwissedition – S. 188; - / Peter Connolly – S. 244; - / © Estate of George Grosz, Princeton, N. J., VG Bild-Kunst, Bonn 2020 – S. 415; - / Heritage Images, CM Dixon – S. 249; - / Historisches Auge – S. 176; - / Erich Lessing – S. 291; - / picture-alliance, dpa – S. 383; - / Pictures From History – S. 259; - / Science Source – S. 41, 44; - / Yvan Travert – S. 369; - / © Underwood Archives – S. 403; Alamy Stock Photo / AF archive – S. 86; - / age fotostock, Kevin O'Hara – S. 72; - / ART Collection – S. 106; - / Art Collection 4 – S. 103; - / Bible-LandPictures, Zev Radovan – S. 251; - / Eden Breitz – Cover; - / Ian Dagnall – S. 54, 95; - / GL Archive – S. 106, 130, 138; - / Granger Historical Picture Archive – S. 46, 61, 71, 101, 375; - / Pierrette Guertin – S. 85; - / Heritage Image Partnership Ltd – S. 104, 105, 213, 226, 484; - / Historic Images – S. 100; - / Angelo Hornak – S. 199; - / Lebrecht Music & Arts – S. 50, 403; - / Pictorial Press Ltd – S. 102, 147, 472; - / robertharding – S. 205, 477; - / Johann Scheibner – S. 284: - / Science History Images, Photo Researchers – S. 51; - / George Sheldon – S. 64; - / Stan Tess – S. 28; - / The Granger Collection – S. 59; - / The Picture Art Collection – S. 127; - / Universal Images Group North America LLC – S. 33; - / Zoonar GmbH, Markus Gann, www.begann.de – S. 87; Alimdi.net / Jim West, Deisenhofen – S. 84; Archäologisches Museum, Frankfurt am Main – S. 245; Archäologische Staatssammlung München / GD 2000-230, Statue Augustus, Fotograf: Manfred Eberlein – S. 236; Artothek, Spardorf / © VG Bild-Kunst, Bonn 2020 – S. 402; Bilddatenbank zu antiken Steindenkmälern / Photo O. Harl, www.lupa.at – S. 206; bpk-Bildagentur – S. 102, 266, 287, 390, 406; - / Hermann Buresch – S. 221, 306; - / Deutsches Historisches Museum – S. 441; - / Deutsches Historisches Museum, Sebastian Ahlers, © VG Bild-Kunst, Bonn 2020 – S. 427; - / Deutsches Historisches Museum, Indra Desnica – S. 390; - / Deutsches Historisches Museum, © The Heartfield Community of Heirs, VG Bild-Kunst, Bonn 2020 – S. 414; - / Münzkabinett, Staatliche Museen zu Berlin, Ingrid Geske – S. 177; - / Münzkabinett, Staatliche Museen zu Berlin, Lutz-Jürgen Lübke – S. 185 (2), 202 (2); - / Münzkabinett, Staatliche Museen zu Berlin, Reinhard Saczewski – S. 201; - / RMN-Grand Palais, Jean-Gilles Berizzi, Paris, MuCEM, Museé des Civilisations de l'Europe et de la Méditerranée – S. 124; - / RMN-Grand Palais, Bulloz, Paris, Museé Carnavalet – S. 17; - / RMN-Grand Palais, Thierry Ollivier – S. 258; - / RMN-Grand Palais, Michel Urtado, Paris, museé du Louvre – S. 140; - / Staatsbibliothek zu Berlin – S. 289; - / The Trustees of the British Museum, London, British Museum – S. 194, 196; Bridgeman Images / Private Collection, © Christie's Images, Hausmann, Raoul, © VG Bild-Kunst, Bonn 2020 – S. 401; Bundesarchiv / Sig. Bild 146-2007-0112 – S. 430; - / Sig. Bild 183-66400-0142, Bestand: Bild 183, Allgemeiner Deutscher Nachrichtendienst, Zentralbild, Zastorm, Koblenz – S. 431; - / Sig. Plakat 002-037-029, Grafik Karl Geiss, August 1930 – S. 417; © ddrarchiv.de / Herbert Sandberg – S. 439; dpa Picture-Alliance – S. 190; - / abaca, Christian Liewig – S. 8; - / akg-images – S. 112, 114, 128, 165, 176, 192, 196, 215, 217, 226, 294, 329, 343, 353, 377, 387, 393, 395, 397, 400, 409; - / akg-images, Erich Lessing – S. 252; - / akg-images, Gilles Mermet – S. 207; - / AP Photo, Michelle R. Smith – S. 479; - / arkivi – S. 301; - / Ulrich Baumgarten – S. 378; - / Bildarchiv – S. 459, 460; - / Bildarchiv Monheim, Florian Monheim – S. 444; - / CPA Media, Pictures From History – S. 398; - / CPA Media Co. Ltd, Pictures From History – S. 273; - / CTK, Nosekova Jana – S. 378; - / dieKLEINERT.de, Andreas Prüstel – S. 470; - / dpa-Report, dpaweb, Ingo Wagner – S. 132; - / dpa-Report, Friso Gentsch – S. 154; - / dpaweb, Ingo Wagner – S. 132; - / © epa-Bildfunk, SCANPIX, NORWAY, Marit, Hommedal – S. 27; - Fotoreport, Gerd Herold – S. 429; - / Friso Gentsch – S. 380; - / Karl-Josef Hildenbrand – S. 435; - / Holger Hollmann – S. 464; - / imageBROKER, Jim West – S. 8; - / Imagechina, Yan Zheng – S. 22; - / Imagno – S. 405, 407; - / Rainer Jensen – S. 433; - / © joke, Helga Lade Fotoagentur GmbH – S. 89; - / Judaica, Sammlung Richter – S. 365; - / Sebastian Kahnert – S. 284; - / Eva Krafczyk – S. 382; - / Wolfgang Kumm – S. 284, 497; - / Andreas Lander – S. 449; - / Kay Nietfeld – S. 475; - / NurPhoto, Artur Widak – S. 491; - / Pacific Press Agency, Anna Ferensowicz – S. 351; - / Pacific Press Agency, Martin Alan Smith – S. 307; - / Swen Pförtner – S. 174; - / prismanoline, Reinhard Schultz – S. 481; - / REUTERS, X00303, Philippe Wojazer – S. 475; - / Robert Robertodiaz – S. 328; - / ROPI, Maule, Fotogramma – S. 178; - / Schnoerrer – S. 446; - / Peter Steffen – S. 465; - / Süddeutsche Zeitung Photo, Schellnegger, Alessandra – S. 403; - / Jerry Tavin, Everett Collection – S. 69; - / The Print Collector – S. 286; - / ullstein bild – S. 397; - / Armin Weigel – S. 224; - / Zentralbild, Arno Burgi – S. 25; - / Zentralbild, euroluftbild.de, Gerhard Launer – S. 239; - / Zentralbild, Waltraud Grubitzsch – S. 8; - / Zentralbild, Michael Hanschke – S. 432; - / Zentralbild, Karlheinz Schindler – S. 295; - / ZUMA PRESS, SOPA via ZUMA Wire, Victor Serri – S. 436; - / ZUMA Press, Li Wen – S. 22; dtv Verlagsgesellschaft mbH & Co. KG, München – S. 223; dtv Verlagsgesellschaft, München / Hermann Kinder / Werner Hilgemann / Manfred Hergt: dtv-Atlas Weltgeschichte. Grafiken von Harald und Ruth Bukor und Werner Wildermuth. © 1966, 1991, 2005, 2015 – S. 330; Dr. Ralph Erbar, Mainz 1988 – S. 256; Doreen Eschinger, Berlin – S. 428; Fotolia / beermedia – S. 10; - / Christian Müller – S. 314; Getty Images Plus / iStockphoto, Christian Müller – S. 309; - / iStockphoto, Santirf – S. 328; - / iStockphoto, scull2 – S. 88; - / iStockphoto, WaffOzzy – S. 76; Dr. Horst Hoheisel, Kassel / © VG Bild-Kunst, Bonn 2020 – S. 422; Le Monde diplomatique (Hg), Berlin (taz Verlag) / 2016, Festung Europa 2016 – S. 229; Library of Congress – S. 261; Limesmuseum Aalen / Ulrich Sauerborn – S. 242; Mauritius Images / Alamy Stock Photo, AGB Photo Library – S. 325; - / Alamy Stock Photo, Alto Vintage Images – S. 90 ,- / Alamy Stock Photo, ART Collection – S. 135; - / Alamy Stock Photo, Artokoloro Quint Lox Limited – S. 43; - / Alamy Stock Photo, Maciej Beldowski – S. 480; - / Alamy Stock Photo, Bernard Bialoruck – S. 486; - / Alamy Stock Photo, Eden Breitz – S. 456; - / Alamy Stock Photo, Castle Light Images – S. 456; - / Alamy Stock Photo, Cultural Archive – S. 173; - / Alamy Stock Photo, Ian G. Dagnall – S. 76; - / Alamy Stock Photo, Ian Dagnall Computing – S. 74, 75, 88; - / Alamy Stock Photo, EJames202 – S. 482; - / Alamy Stock Photo, Adam Estland – S. 182 ; - / Alamy Stock Photo, FALKENSTEINFOTO – S. 206; - / Alamy Stock Photo, FLHC7 – S. 137; - / Alamy Stock Photo, GL Archive – S. 325; - / Alamy Stock Photo, Henry Westheim Photography – S. 154; - / Alamy Stock Photo, Historic Collection – S. 315, 373; - / Alamy Stock Photo, Historic Images – S. 473; - / Alamy Stock Photo, Hi-Story – S. 68; - / Alamy Stock Photo, Industry And Travel – S. 223; - / Alamy Stock Photo, Christian Kober 1 – S. 492; - / Alamy Stock Photo, Andriy Kravchenko – S. 81; - / Alamy Stock Photo, Niday Picture Library – S. 48; - / Alamy Stock Photo, Painters – S. 292; - / Alamy Stock Photo, Panther Media GmbH – S. 498; - / Alamy Stock Photo, Photo12 – S. 165, 427; - / Alamy Stock Photo, Planetpix – S. 483; - / Alamy Stock Photo, PRISMA ARCHIVO – S. 107, 189; - / Alamy Stock Photo, Peter Righteous – S. 104; - / Alamy Stock Photo, Maurice Savage – S. 63; - / Alamy Stock Photo, Philip Scalia – S. 39; - / Alamy Stock Photo, Stoyanh – S. 476; - / Alamy Stock Photo, TCD, Prod. DB – S. 366; - / Alamy Stock Photo, The History Collection – S. 40, 525; - / Alamy Stock Photo, The Picture Art Collection – S. 197, 313, 484, 487; - / Alamy Stock Photo, Michael Ventura – S. 65; - / Alamy Stock Photo, Visions of America, LLC – S. 52; - / Alamy Stock Photo, Markus Wissmann – S. 463; - / Alamy Stock Photo, Zoonar GmbH – S. 53, 129; - / Alamy Stock Photo, ZUMA Press, Inc. – S. 456, 491, 493; - / Science Source, LOC – S. 92, 345, 392; - / United Archives – S. 93; - / United Archives, De Agostini, A. Dagli Orti – S. 220; - / United Archives, WHA – S. 528; - / United Archives, WHA, World History Archive – S. 393; Montanhistorisches Dokumentationszentrum (montan.dok) beim Deutschen Bergbau-Museum, Bochum – S. 341; Niedersächsische Staatskanzlei – S. 293, 499; Graphik Michael Ober, Mainz, nach Knaut/Quast – S. 155; Ökumenisches Heiligenlexikon / Joachim Schäfer – S. 211; Österreichische Nationalbibliothek / ANNO, Neues Österreich Nummer 381 vom 20.07.1946, In Nürnberg und anderswo - er hat mir's doch befohlen – S. 424; Peabody Essex Museum, Salem – S. 41; © Punch Cartoon Library / Top Foto – S. 234; Schwalme.de – S. 434; Solo Syndication dmg media / David Low – S. 365; St. Gallen, Stiftsbibliothek / Cod. Sang. 731, p. 234 – Lex Romana Visigothorum, Lex Salica, Lex Alamannorum – S. 209; Ivan Steiger, München – S. 378; Klaus Stuttmann, Berlin – S. 448; Süddeutsche Zeitung Photo / Bilderdienst – S. 368, 392, 425; - / Forum – S. 358; - / Rue des Archives – S. 223; THE CLASH OF CIVILISATIONS, Simon & Schuster, New York 1996 / © 1996 Samuel P. Huntington, Permission by Mohrbook AG, Zürich – S. 156; ullstein bild – S. 270; - / AISA – S. 247; - / Archiv Gerstenberg – S. 187; - / BPA – S. 346, 426; - / imagebroker.net, TPG – S. 275; - / imagebroker.net, Konrad Wothe – S. 238; - / Pictures From History – S. 278; - / Prisma Etienne – S. 385; - / Roger-Viollet, Bruno de Monés – S. 161; - / Roger-Viollet, Albert Harlingue – S. 399; - / Sven Simon – S. 379, 383, 498; - / Sinopictures, Fotoe – S. 269; - / Süddeutsche Zeitung Photo, Scherl – S. 276, 353; - / The Granger Collection – S. 272; - / Top Foto – S. 35; - / TopFoto, Archive – S. 260, 381; - / XAMAX – S. 297; - / Wilfried Zeckai – S. 445; Walter Ballhause-Archiv – S. 405; © Wilhelm-Busch-Gesellschaft e. V., Hannover – S. 453; www.wikimedia.org – S. 56, 183; - / Bialozielony – S. 336; - / Brunswyk – S. 435

Quellen und Methoden

Die Vergangenheit hat zahllose Spuren in unserer Gegenwart hinterlassen, die uns überall begegnen. Historiker bezeichnen diese Überreste aus früheren Zeiten als Quellen. Allgemein lassen sich folgende Arten unterscheiden:
- **schriftliche Quellen** (Textquellen): Gesetze, Zeitungen, Briefe etc.
- **visuelle Quellen** (Bildquellen): Gemälde, Karikaturen, Fotografien etc.
- **gegenständliche Quellen** (Sachquellen): Münzen, Fahrzeuge, Bauwerke etc.
- **mündlich überlieferte Geschichte** (mündliche Quellen): Sagen, Mythen, Zeitzeugenberichte etc.

Für jede Quellenart werden eigene Verfahren und Arbeitsweisen benötigt, um möglichst viele und verlässliche Informationen zu erhalten. Die nachstehende Übersicht bietet daher Hinweise auf Erklärungen, wie Sie Schritt für Schritt bei der **Quellenanalyse** vorgehen können. Zum einen wird auf die entsprechende Schulbuchseite verwiesen. Zum anderen finden Sie Codes, die sich auf Methoden beziehen, die nicht im Schulbuch abgedruckt sind.

Methoden im Schulbuch

Methoden im Internet

Um auf die folgenden Methoden zuzugreifen, geben Sie bitte in das Suchfeld auf unserer Internetseite (www.ccbuchner.de) den in der Randspalte genannten Code ein.

Code 32035-78 Autobiografien analysieren
Code 32035-79 Essays verfassen
Code 32035-80 Lieder auswerten
Code 32035-81 Literarische Texte als Quellen verwenden
Code 32035-82 Mittelalterliche Urkunden untersuchen
Code 32035-83 Politische Symbole interpretieren
Code 32035-84 Ton- und Filmdokumente historischer Ereignisse auswerten
Code 32035-85 Zeitzeugen befragen